禮

中華禮藏編纂委員會

學術委員會

主　任　安平秋　王　寧

委　員　陳戍國　林慶彰　劉曉東　彭　林

　　　　單周堯

指導委員會

主　任　任少波

副主任　羅衛東　邵　清

委　員　黄華新　樓含松　楊建新

　　　　余遜達　袁亞春

編纂委員會

主　編　王雲路

副主編　杜澤遜　關長龍　賈海生　許建平

委　員　崔富章　竇懷永　馮國棟　龔延明

　　　　束景南　朱大星　祖　慧　張文冠

中華禮藏

禮經卷

儀禮之屬

儀禮集編

（上册）

〔清〕盛世佐　撰

袁　茵　點校

浙江大學出版社
ZHEJIANG UNIVERSITY PRESS

本書受國家古籍整理出版專項經費資助

題　解

《儀禮集編》十七卷，清盛世佐撰。盛世佐（1719—1755），字庸三，號存齋，浙江秀水人。乾隆辛酉（1741）舉於鄉，乙丑會試中式，戊辰殿試賜同進士出身，官至貴州龍里知縣。師從桑調元，曾參校秦蕙田《五禮通考》。《儀禮集編》一書採用“集解”式編著體例，全録《儀禮》經文，經文之後，盛世佐以時代爲序，編次前代禮家衆説，節録其要，並折衷己意，下案語於後，或取某家之長，或駁某家之誤，或補充闡釋，或自立新説，體例嚴整。

清初《儀禮》學較元明之時漸有復興之勢，孫奇逢、顧炎武、黄宗羲等大儒有戒於晚明王學之流弊，倡導“以經學濟理學之窮”，並以禮學復興作爲經學復興的先聲。乾隆初年開設“三禮館”，纂修《三禮義疏》，促成了如方苞《儀禮析疑》、李光坡《儀禮述注》、徐乾學《讀禮通考》等大量禮學著作的成書。至乾嘉年間，禮學發展到達鼎盛，《儀禮集編》成書於乾隆年間，在治禮方法上，體現出盛世佐對前代禮家的揚棄，如重視經文校勘、劃分章節、明晰句讀、總結禮例等。

《儀禮》在十三經中經、注、疏合刻時間最晚，最先是明陳鳳梧刻本（陳本），此後有李元陽刻本（閩本）、萬曆北京國子監刻本（監本）、毛氏汲古閣刻本（毛本），均以陳本爲祖本，輾轉覆刻，脱訛較多，張爾岐特作《儀禮監本正誤》和《儀禮石本誤字》兩篇予以訂正。盛世佐雖將張氏《正誤》與《誤字》全文鈔録附於書後，但以張氏僅據石本、監本、吴澂本校訂，而唐石經碑板剥落，補字荒陋，不可作爲校勘所據之定本，其結論存在有待商榷之處，故以案語更正於各條之下。盛世佐所録經注之文所據爲何本，凡例没有明言，通過將《集編》所録之經注與陳本、閩本、監本、毛本對勘，發現《集編》之經注多有與毛本相合而與他本不合者。《儀禮經傳通解》、《儀禮圖》、《儀禮集説》可以較大程度上反映《儀禮》宋元舊本的情况，盛世佐以之參校，補正了《儀禮》經注的多處脱訛。較之張爾岐，盛世佐擴大了《儀禮》校勘參校舊本的範圍。由於盛氏撰作此書的主要目的不在於文本校勘，故没有形成較爲系統、嚴謹的校勘記，僅以案語的形式隨文補正，並且存在考辨不審，結論有誤的情況。

《儀禮》所載爲典禮儀節，文辭繁瑣，章節的劃分使得儀注更加明晰，此法在唐宋以來的禮家中備受重視。賈公彦《儀禮疏》中就已經對經文進行粗略的分章，但存在重複、遺漏、體例不一等缺陷。賈疏之後，《集編》之前，現存對《儀禮》進行章節劃分的代表性著作主要有南宋朱熹《儀禮經傳通解》、南宋黄榦《儀禮經傳通解續》、南宋楊復《儀禮圖》、元敖繼公《儀禮集説》、清張爾岐《儀禮鄭注句讀》和清吴廷華《儀禮章句》。各家對《儀禮》章節起訖劃分的不同，體現出對禮典儀注不同的理解。從《儀禮疏》至《通解》、《集説》、《句讀》，《儀禮》的章節劃分呈現出精細化和層次化的趨勢，盛世佐大致參考了以上三家的分章方式，其間有所依違，以成己説，具有在從細劃分章節的同時兼顧章節層次性的特點。同時盛世佐在採擇各家之説時對敖繼公的章節劃分方式有一定傾向性，説明盛世佐只是在斟酌衆本的基礎上，選取自認爲較優長者，或選此家，或選彼家，但其自身没有形成一個完整的體系，故《集編》一書中對《儀禮》章節的處理方式没有一定之原則，這也是盛世佐章節體系的局限之處。

《儀禮》經文句密字實，一字屬上或屬下讀的不同，就會造成對經義的異解。鄭玄注三《禮》，從其引述經文之起訖可略睹其句讀，賈公彦作《儀禮疏》，必引述作"云某某者"，以標經注之分句；敖繼公解《儀禮》，或有不同於舊説者，郝敬《節解》對經文全文施以句讀，但因多爲新説，故其句讀間或有與鄭、賈不同者；張爾岐將句讀範圍擴大至鄭注，且大抵尊鄭學，也存在旁取别家，改賈氏句讀的情況。盛世佐在凡例中言"音義、句讀，小學之功，亦説經者所不廢"，對於郝敬、張爾岐、姜兆錫諸家之句讀，其紕繆之處在案語中予以駁正，共計三十餘條：一類是盛世佐駁正鄭玄、賈公彦之後的禮家句讀之失；另一類則是認爲鄭、賈句讀有誤，采納敖繼公、郝敬等後儒句讀或自爲新説。盛世佐判斷句讀正誤的方法或依據主要有兩種：其一，通過參照《儀禮》不同篇章之間，乃至三《禮》相關文獻，比照相關儀節中的類似句法、中相應儀節，以定句讀之正誤；其二，參考三《禮》及其他相關文獻，在明晰儀節參與者、順序、面位及其中藴含的禮義的基礎上，定句讀之正誤。盛世佐對歷代禮家有關句讀的誤説進行了一定的駁正，釐清了個别易引起歧義者，其説被胡培翬等後儒所採納，此爲有功於《儀禮》之處。但是從對經文理解的準確性來看，盛世佐對部分敖繼公句讀不合宜之處没有加以駁正，反而遵從其説，並且在部分條目的案語中，盛世佐僅籠統地指出某家句讀爲優，或簡略言及從某家之説，缺乏詳細的舉證分析，有臆斷之嫌，此爲盛世佐辨析《儀禮》句讀存在的缺憾。

《儀禮》中的禮例，作記者已有所發明，鄭玄注中有發凡之語數十條，至賈公彦作疏，又據鄭注有進一步闡發，敖繼公亦有發凡之論，但其説有與鄭玄相異者。盛世佐《集編》略早於凌廷堪《禮經釋例》，其案語中有言“凡”以發例者，亦有不言“凡”而實際爲例者，共計五十餘條。有直接來源於記、注或疏。如“凡奠觶，將舉者于右，不舉者于左”、“凡執玉，無藉者襲”、“凡致禮，皆用其饗之加籩豆”，見於《聘禮記》；以及“凡賓主相見，惟新升爲士有贄”見於《士相見禮》篇之賈疏等；有不用鄭、賈之言而採納敖氏之説者，也有駁正敖説之誤者，還有部分盛世佐自行總結的禮例。盛世佐案語中總結的禮例主要建立在對儀節所反映的禮義的基礎上，在内容上主要集中在賓客、飲食之例方面，其説既有優長之處，又有部分不能全面反映《儀禮》中相關儀節的共通性、不符合作爲凡例的條件而發凡起例者。

《儀禮集編》一書的學術特點，從方法上來説，具有淹通漢宋的特點，既遵循漢儒文字訓詁、文獻考證之法，又採納朱熹、楊復、敖繼公、郝敬、張爾岐等後儒分章、繪圖、明晰句讀等治禮方法。在禮學觀點上博采衆説，既不墨守鄭學，又能駁正後儒之誤。雖然盛世佐的理想是選取衆家之説中至當者而從之，但不可避免會存在傾向性。敖繼公《儀禮集説》對元至清初的禮家有較大的影響力，在考證名物、闡釋禮義、今古文去取、禮例、句讀、分章等方面，盛世佐對敖繼公的觀點多有採納，其中固然有較優長者可補正舊説，但也間或因考證不精而反從敖氏誤説。總而言之，《儀禮集編》彙輯了由漢至清初《儀禮》相關問題的主要學説，資料詳實，體例完備，時有新見，是清代“集解體”《儀禮》學文獻的代表，對《五禮通考》的編纂體例有重要的影響。具體的考證觀點雖有疏漏之處，但仍具有較爲重要的參考價值。

《儀禮集編》一書主要版本有二，分别是清乾隆間内府鈔文淵閣《四庫全書》本和清嘉慶九年馮氏貯雲居刻本。文淵閣《四庫全書》本四十卷，卷首分上下兩卷，半頁八行，行二十一字，書前有四庫館臣提要、乾隆十一年桑調元序、凡例和引用姓氏。據書前提要，是書原爲十七卷，因卷帙繁重，故分爲四十卷，又《浙江採進遺書總目》載是書末附《勘正監本石經》，而館臣所見之本闕此篇，故《四庫全書》本無之。馮氏貯雲居刻本十七卷，半頁十三行，行二十三字。書前有阮元嘉慶十年序、桐鄉馮浩序，書末有馮集梧跋，卷四十末録張爾岐《儀禮監本誤字》和《儀禮石本正誤》，有所補正則於張氏校勘語後加案語。據阮元、馮浩序可知，《集編》一書曾繕寫一本，呈至盛氏座師史貽直處，家藏止一稿本，則馮氏刻本所據之底本爲盛世佐家藏稿本。兩版本相較，馮氏刻本在内容上較《四庫》本完整，在文字的精審方面，《四庫》本存在較多因抄寫造成的文字倒、衍、脱、訛，馮氏刻本校勘較爲精嚴，訛誤較少。

本次整理以嘉慶九年馮氏貯雲居刻本爲底本，以乾隆間内府鈔文淵閣《四庫全書》本爲校本。首列《儀禮集編總目》，次列阮元序、馮浩序，附《四庫》本提要、桑調元序，此後《凡例》、《引用姓氏》、《儀禮集編綱領》等一依馮刻本次序。主要參校的《儀禮注疏》版本有陳鳳梧刻本、李元陽刻本、萬曆北監本、毛氏汲古閣刻本、文淵閣《四庫全書》本（庫本）、阮元校刻《十三經注疏》本（阮本），經注本有明徐氏翻宋刻本、清黄氏士禮居翻宋嚴州本，單疏本爲清汪士鐘影宋刻本。校勘過程中參考了阮元《儀禮注疏校勘記》、盧文弨《儀禮注疏詳校》、孫詒讓《儀禮注疏校記》、《四庫全书》本《儀禮注疏》卷末考證、《四庫全書考證》、曹元弼《禮經校釋》等相關校勘成果。《儀禮集編》大量引用前人著述，今亦一一核對原書。盛世佐引用他人著述較嚴謹，大部分爲原文引用，但也存在節略其文的情況，賈疏的引文最爲明顯。因此凡底本與校本同，引文雖與所據原書版本有文字增删之類的出入，但於文意無涉者，皆不改不出校；《儀禮》經、注、疏部分底本與校本異，各有版本可依，且難定其是非者，則校其異同，不改原文；底本誤，甚至底本與校本皆誤，則據引用原書修改並出校。

目　録

儀禮集編總目

阮元序

《儀禮》一書於諸經中通習者固少，而流傳者尤不多。自《漢書·藝文志》之外，《隋書·經籍志》著録得三十餘家，今存者唯鄭氏一注而已。新、舊《唐書·藝文志》著録二十餘家，今存者唯賈公彦一疏而已。《宋史·藝文志》著録亦二十餘家，今存者唯陸德明《釋文》，李如圭《釋宫》、《集釋》，張淳《識誤》，朱子《經傳通解》，黄榦《續通解》，楊復《儀禮圖》，魏了翁《要義》而已。其他如《七録》、《中興館閣録》、《崇文總目》、《通典》、《通考》、《玉海》之所歧出者更無有也。《元史》不列志，今所存者，亦止敖繼公《集説》、吴澄《逸經傳》、汪克寬《禮經補逸》三者。至於明人，經訓尤鹵莽，今傳者無一人，則甚矣學者難而傳者之不易也。我朝經學昌明，從事於此者項踵相望，然開榛薙草之功，實以張氏爾岐爲之首，秀水盛君世佐繼張氏草創之後，纂玄鉤要，耽思旁訊，聚古今説禮之人一百九十七家而折衷之，積袟二千餘翻，其意將欲與李氏《周易集解》、衛氏《小戴記集説》争爲雄長而不自憚其難也。然未及栞行而卒。辛酉春，其子婦之舅弟馮君鷺庭哀其志，取稿於其家，謀之同志，以付剞劂。越一年，甲子夏落成，以印本來乞敘。憶余於壬子年在祕府校勘石經，曾分得是書，因先取古人離經辨志之義，字績而句櫛之，不僭不濫，未嘗敢以難而輕掉之也。閲數月而后，粗有端緒，成《校勘記》一書，用是不敢以不知爲辭，乃受而讀之，然後知其決擇之嚴，裁斷之精，如《士昏禮》"贄不用死"則辨敖氏議記之非，《鄉射禮》"射於州序"則辨郝氏據《孟子》之過，《冠禮》"筮於廟門"則辨賈氏不筮月之謬，《大射禮》"笙磬西面"則辨陳氏應笙磬之妄，《特牲饋食禮》"乃食食舉"則辨姜氏分屬上下之惑。蓋其不敢輕以從同者，正其不敢輕以立異也。昔朱子嘗病賈疏不甚分明，後之儒者又欲取其原本而删削之。今余之言雖不足張大此書，然得其説而存之，即以爲賈疏之諍臣，非過也。讀是書者，其亦知通習之難歟。嘉慶十年揚州阮元序。

馮浩序

《儀禮集編》，余友盛君之遺書也。君諱世佐，字庸三，秀水縣人，居聞湖之濱。乾隆辛酉舉於鄉，乙丑會試中式，戊辰殿試賜同進士出身，發貴州試湄潭令，授龍里令，丁父艱，服闋赴部，發雲南，以公事卒江南舟次，乙亥九月也。君天性篤學，寒暑刻苦不少輟，取歷代儒先之解經者薈萃穿穴，糾駁印正，搜之極廣，而擇之綦嚴，尤精於三《禮》。時伏念聖朝於《周易》、《書》、《詩》、《春秋》皆有定本，昭若日星，頒於黌序，惟三《禮》尚未告成，思以草野之論著效贊助於百一，乃從《儀禮注疏》下逮衆説，鉤校辨析，斷以己見，折千古之訟而決其平，名曰《儀禮集編》，將次及於《周官》、《戴記》，兼及餘經，惜乎君之精力，僅得成此一書也。君將赴部，時大司寇錫山味經秦公著《五禮通考》，以參校之責屬余，余敬謝不敏，言君於秦公，君乍至，公急以禮館君邸舍，退食之暇，相與論難，或讙然喜，或怫然争。余每規君勿戇，而君以經術所關，一字不假借。《五禮通考》中君所論定，實居其半，而君自有專書以爲可獨傳也。嘗繕清本呈君座師溧陽史相公，家藏止一槀本，中有未移正者數十條，子溶窮悴，得一衿饔飧或不給，余與君有中表誼，少同學，申以婚姻，同成進士，自愧學殖遠不敢望君力，又不能使之流布以慰君畢生之志。惟誡君二子，敬謹寶藏，視執玉捧盈，意加百倍。天雖促君以年，或默然有以相君此書也。余抱心疾，隔二三載偶至聞湖，坐君書齋，春草滿庭，叢篁拂户。啟篋而繙遺編，不禁涕淚承睫，且爲世之學古者共歔欷歎息也。桐鄉馮浩。

儀禮集編凡例

秀水盛世佐撰

歐陽公[①]曰："學者跡前代之所聞而校其得失，或有之矣。若不見先儒中間之説，欲特立一家之學，吾未之信。"斯言誠釋經之圭臬也。是編采自先秦，迄於本朝，凡百九十七家。就中有全解行世者僅十數家，文集、語類、雜説及他經解苟有與此經相發明者，務摭而録之，志在博收，兼存[②]異義，不專主一家言。

宋太學生遺書時宰論服制，稱嚴陵方氏説，而不知其出於《正義》，衛正叔嘗引以爲戒，見所著《禮記集説》。謂其遺本而宗末也。是書編次衆説，一以時代爲序，二説略同，則録前而置後，後足以發前所未備，始兼録之。或有襲用先儒之説而没其姓氏者，必與追正，庶不使伯宗、郭象之流得售其攘善之技。

記曰："毋勦説，毋雷同。"韓子亦曰："自古於辭必己出，降而不能，乃剽賊。"有明中葉以後，經解之書往往隱没古人名字，將爲己説。顧炎武嘗病之。見所著《日知録》[③]。不揣弇陋，思表章微學，潛心是經幾十年，始克成編，間有一得之愚，附於先儒之説之後，隨時劄記。見有先我而得之者，則削之惟恐不盡，雖未必盡得遺經之旨要，蘄無蹈昔人所譏云爾[④]。

是經遭王安石廢罷之後，讀者絶少。宋人陳祥道、張淳、李如圭輩之講説多不傳。明國子監所刻《十三經注疏》，此經譌脱特甚。或欲據關中石經刊正之，見顧炎武所作《儀禮句讀序》。不知唐之石經在當時已譏其蕪累，

---

① "歐陽公"，校本作"歐陽子"。

② "存"原作"在"，校本作"存"。據文意，"在"應爲訛字，據校本改。

③ "病之"下校本無"見所著日知録"六字。

④ "云"字校本下無"爾"字。

又況碑版[①]剥落，補字荒陋，惡可據爲定本邪。張爾岐參校爲《正誤》，嘉惠後學不淺，惜其所據止石本、監本、吴澂本而已，未嘗博考宋、元人舊本及其論著，故從違容有未當。今更取朱子《通解》、楊氏《圖》、敖氏《集説》諸本，辨其異同，務歸至當。注疏闕誤可考者，亦與補正，庶不至謬種流傳，疑誤後學。

康成祖讖緯，兼有牽率傅會之病[②]，同時通人已有譏其多臆説者。見《太平御覽》孔融《與諸卿書》。然其家世習禮，身復博通羣籍，故其爲文簡嚴該洽，先王之制度賴以不墜，其功居多，王子邕雖力排之，而卒不能掩。賈公彦等作疏，芟除異議，鄭注遂孤行至今。有宋而後，説經者夥矣。他經舊説多遭擯棄，而此書獨以罕習，故得完。朱子及其門弟子著《經傳通解》，裒集禮書，垂千古不刊之典。至於詮解[③]，多仍舊文。敖繼公《集説》出，間發新義以易之，而於制度文爲反多闕而未備。計其優劣[④]，蓋與陳澔之《禮記集説》等。京山郝氏尤好立異，所著《節解》一書，掊擊鄭、賈，不遺餘力，而考据未精，穿鑿已甚。今竝録諸家之説，斷以己意，亦欲講去其非而求是耳，非敢與先儒角短長也。

朱子嘗謂《儀禮疏》説得不甚分明，故《通解》所引用往往加以潤色。後儒因之，於賈疏各有删改，今掇其勝於原文者著於篇，而分注其下，曰"從某書節本"，蓋不没其所自也。若其未經删改者，及他講師之説，則但去其冗長而已，不敢妄加增損，致乖本旨。

《鄉射禮》文有與《鄉飲酒禮》同者，《大射儀》有與《燕禮》、《鄉射禮》同者，鄭氏各爲之註，未免前後複出，今遇此等處，概從節去。

分節法昉於《通解》，而後之説《儀禮》者多遵之，以其便於讀者也。顧其分合之處，參錯不符，人各有見。今斟酌衆本，擇善而從，務使經文血脈流貫，條理秩然，覽者幸勿以割裂見誚。記文舊不分章，張氏《句讀》始分之，今於諸長篇亦用其法。若寥寥數語，讀者易了，毋庸過爲離析也。

以記分屬於經文每條之下，亦《通解》例也。而以爲釋是經之例，則其勢有不可行者，敖氏論之詳矣。或謂朱子於《易》之《彖》、《象》、《文言》

① "版"，校本作"板"。
② "傅"，校本作"附"。
③ "解"，校本作"釋"。
④ "計"，校本作"記"。

爲費、鄭、王諸儒所亂者，方且離之以復於古，豈有著禮書而反合其所本離者乎？蓋編纂之初，不得不權立此例，以便尋省，惜未卒業，而門人繼之，因仍不改，非朱子本意也，吴草廬亦疑《通解》經傳混淆，爲朱子未定之稾。此言未知然否。要之《通解》一書，規模闊大，原不爲詮解《禮經》而設，而讀者亦不可以釋經之例繩之也。是編一依鄭本，經自爲經，記自爲記，不敢學步邯鄲，失其故步。

漢唐人説經皆慎重，守師説不敢變，宋初猶然。當時儒者不敢議鄭康成，毋論經傳。後來名儒輩出，人心不安於舊，而新是圖。於是有黜退傳注，改竄經文者，千百年相傳之遺經，面目爲之一變。雖其廓清釐正之功誠非拘墟者所及，而逞一己之私見，以滋紛更者，亦不能保其必無矣。愚於是經《士冠》、《士相見》、《喪服》等篇經、記、傳、注相汨處，心知其非聖經之舊，然不敢輒爲改易，倣蔡氏《書傳》例，别爲考定，以附於後。僭罔之罪[①]，後之君子其有以諒之。

古人之制度不可見矣，信齋楊氏繪爲圖以著之，而其門庭、户牖、堂室之制，升降、揖讓之容，如在目前。後人歎其明便。然以圖釋經，毫釐之差[②]，正有千里之謬[③]。楊氏一遵注、疏，無所是正。時復有并注、疏之意而失之者，不無遺憾焉。今其書世多有之，不須備録，惟揆之於理而未安，考之於古而未協者[④]，則舍其舊而别構之。細流土壤，仰裨高深，諒亦先儒所不棄也。

《周禮》，周公未成之書。大、小戴《記》，綴緝自漢儒手，醇疵參半。故禮書之存於今者，惟此經稱完備，惜古文增多三十九篇佚不傳。然冠、昏、喪、祭、鄉、相見六禮，修之司徒，以節民性，爲士大夫日用所不可闕者，具在是矣，所亡惟軍禮耳。抑嘗思之，孔子自謂未學軍旅，而《周禮·夏官》之職亦多闕文。《隋志》言河間獻王得《司馬穰苴兵法》一百五十篇，無敢傳之者。豈以其書禁祕，非儒者所素習，故不傳於後與？要不足爲是經累也。自漢以來，人無異議，張子、朱子尤尊信此書。世儒乃有疑其非盡出於聖人者，徐積説。有疑其非高堂生之書者，張淳説。少所見則多

---

① “罔”，校本作“妄”。

② “毫”原作“豪”，校本作“毫”，據改。

③ “正”，校本作“便”。

④ “考”，校本作“稽”。

所怪，其信然乎。樂史發五疑之論，章山堂擇焉，不精采其説而引伸之，致令周公之所作、孔子之所雅言者反不得與漢儒之傳義竝，惑莫甚焉。夫今之《儀禮》，在漢謂之“禮經”，“儀禮”之名蓋起於唐初，《隋經籍志》猶目十七篇曰“古經”。出於高堂生，五傳弟子名著簡策。班固《藝文志》、鄭康成《六藝論》皆有確據，何得云漢儒未嘗以教授邪？《禮古經》出於魯淹中及孔壁，其十七篇與此同，河間獻王、孔安國皆嘗獻之，而云諸儒不獻之朝，妄矣。《漢志》所謂“經十七篇”，即高堂生所傳也。傳寫者倒其文，誤以十七爲七十。清江劉氏已正之，史乃謂《七略》九種竝不著《儀禮》，何其弗深考也。以是推之，則其所謂五疑者，皆捕風捉影之談耳。又况徐積、郝敬輩郝仲輿嘗謂作《儀禮》者未及親見古人，又云《儀禮》作於衰世。以私意窺聖人，見其不合於俗而妄訾之，何足與深辨哉。愚既釋是經，又撮其大要爲綱領一卷，上自制作之本原，下逮授受源流，先儒評論得失皆著之，俾讀者有以考焉。

音義句讀，小學之功，亦説經者所不廢。而是編未之及，以其各有成書可考故也。音義自《説文》、《字林》而外，有陸德明《釋文》、張參《五經文字》、唐元度《九經字樣》等書。句讀則近代郝氏敬、張氏爾岐、姜氏兆錫諸家之解皆有之，其紕謬處已僭爲駁正，至於順文會意，願讀者自得諸簡編。

儀禮集編引用姓氏

周

左氏丘明

孟子

荀氏況

公羊子高

穀梁子赤　一名淑，字元始

秦

孔氏鮒　子魚

漢

伏氏勝

韓氏嬰

毛氏萇

賈氏誼

戴氏德　延君

戴氏聖　次君

孔氏安國　子國[①]

司馬氏遷　子長

劉氏向　子政

揚氏雄　子云

翼氏奉　少君

匡氏衡　稚圭

劉氏歆　子駿

---

① 校本"戴氏聖"與"孔氏安國"兩條先後位置互乙。

桓氏譚　君山

杜氏子春

班氏固　孟堅

鄭氏興　少贛

鄭氏衆　仲師

賈氏逵　景伯

馬氏融　季長

許氏慎　叔重

服氏虔　子慎　初名重，改名祇[①]，後定名虔

盧氏植　子幹

郑氏玄　康成

孔氏融　文舉

趙氏岐　邠卿

何氏休　邵公

應氏劭　仲遠　一字仲瑗，一字仲援

阮氏諶　士信

劉氏熙　成國

蔡氏邕　伯喈

荀氏悦　仲豫

魏

徐氏幹　偉長

王氏肅　子邕

蘇氏林　孝友

張氏宴　子博

如氏淳

張氏揖　稚讓

孫氏炎　叔然

何氏晏　平叔

田氏瓊

---

① “祇”原作“衹”，校本作“祇”，《後漢書・服虔傳》作“又名祇”，據改。

吴

韋氏昭　宏嗣

射氏慈　孝宗

晉

傅氏玄　休奕

杜氏預　元凱

郭氏璞　景純

賀氏循

束氏皙　廣微

虞氏喜

范氏宣　宣子

臣瓚未詳姓氏,一作傅瓚

袁氏準

孔氏倫　敬序

鄭氏昕

葛氏洪　稚川

賀氏瑒

范氏甯　武子

徐氏邈　仙民

宋

范氏曄　蔚宗

陳氏銓

雷氏次宗　仲倫

庾氏蔚之

崔氏凱

齊

阮氏孝緒

黄氏慶

孫氏惠蔚[①]

---

① "孫氏惠蔚"一條,校本無。

梁

劉氏繐　彦和

皇氏侃

崔氏靈恩

北齊

熊氏安生

隋

王氏通　仲淹

李氏孟悊

唐

陸氏德明　元朗

魏氏徵　玄成

顔氏師古　籀

孔氏穎達　仲達，一作沖遠

賈氏公彦

李氏元植

杜氏佑　君卿

韓子[1]愈　退之　昌黎

楊氏倞

張氏鎰

梁氏正

後晉

劉氏昫

宋

聶氏崇義　洛陽

邢氏昺　叔明

歐陽氏修　永叔　廬陵

周子敦頤　茂叔　濂溪

張子載　子厚　横渠

① “韓子”，校本作“韓氏”。

劉氏敞　原父　公是　清江
司馬氏光　君實　涑水
程子顥　伯淳　明道
程子頤　正叔　伊川
周氏諝　希聖　延平
周氏行已　恭叔　永嘉
沈氏括　存中
范氏祖禹　淳夫　華陽
蘇氏軾　子瞻　東坡
徐氏積　仲車
吕氏大臨　與叔　藍田
陸氏佃　農師　山陰
陳氏祥道　用之　長樂
陳氏暘　晉之
胡氏安國　康侯　建安
葉氏夢得　少藴　石林
吕氏本中　居仁
張氏淳　忠甫　永嘉
董氏逌　彦遠
方氏慤　性夫　嚴陵
馬氏晞孟　彦醇
鄭氏樵　漁仲　夾漈
高氏閌　抑崇　息齋　會稽
鄭氏鍔　剛中　三山
胡氏寅　明仲　致堂
晁氏公武　昭德
朱子熹　元晦　考亭　紫陽　新安
張氏栻　敬夫　南軒
陳氏傅良　君舉　止齋
吕氏祖謙　伯恭　東萊
陳氏振孫　伯玉

游氏桂　元發　廣安

項氏安世　平甫　容齋

李氏如圭　實之

陳氏騤　叔進①

葉氏適　正則　水心　龍泉

黄氏幹　直卿　勉齋

輔氏廣　漢卿　潛菴　慶源

蔡氏沈　仲默　九峯

陳氏淳　安卿　北溪

陳氏師道

李氏方子

楊氏復　茂方　信齋　秦溪

祝氏穆

真氏德秀　希元　西山

魏氏了翁　華父　鶴山臨卭

慮氏未詳名字②，世次見衛湜《禮記集説》

衛氏湜　正叔　櫟齋

王氏名字未詳，見王與之《周禮訂義》

王氏與之　次點　東巖

章氏如愚　俊卿　山堂

林氏希逸③鬳齋

王氏應麟　伯厚　深寧叟　浚儀

熊氏禾　去非　退齋，又號勿軒

黄氏震　東發

馬氏廷鸞　翔仲　碧梧　番陽

李氏微之　名未詳，見敖繼公《儀禮集説》

家氏鉉翁　則堂④

---

① “叔進”二字，底本原無，據校本補。

② “未詳名字”，校本作“名字未詳”。

③ “逸”，校本作“夷”。

④ “家氏”、“李氏”兩條，校本前後位置互乙。

三禮正義

禮圖說以上二書未詳撰人，見王與之《周禮訂義》[①]

元

熊氏朋來　與可

敖氏繼公　君善，一字長壽

李氏俊民　用章

吴氏澂　幼清　草廬　臨川

虞氏集　伯生　道園

馬氏端臨　貴與

吴氏師道　正傳

陳氏櫟　壽翁　定宇

陳氏澔　可大　雲莊　東匯

明

宋氏濂　景濂

曾氏魯　得之

汪氏克寬　德輔，一字仲裕　環谷

楊氏士奇　名寓，以字行　東里

曾氏棨　子啟

劉氏績　孟熙

程氏敏政　克勤

王氏鏊　濟之　守溪

何氏孟春　子元

湛氏若水　元明　甘泉

劉氏瑞

唐氏伯元

童氏承敘　士疇，一字漢臣

桂氏萼

何氏喬新　廷秀

焦氏竑　弱侯　漪園

① “三禮正義”、“禮圖説”兩條，校本位置在“王氏與之”之前。

李氏舜臣　懋欽，一字夢虞

李氏黼

徐氏三重　伯同

吴氏繼仕

徐氏師曾　魯菴

張氏萱　孟奇

郝氏敬　仲輿　京山

馮氏復京　嗣宗

張氏采　受先

顧氏炎武　寧人　亭林

趙氏魏史

國朝

張氏爾岐　稷若　濟陽

萬氏斯大　充宗

朱氏彝尊　錫鬯　竹垞

汪氏琬　苕文　堯峯

毛氏奇齡　大可

閻氏若璩　百詩

姜氏兆錫　上均

儀禮集編綱領

一、通論制禮之本

《書·皋陶謨》:“天敘有典,敕我五典五惇哉。天秩有禮,自我五禮有庸哉。”

《周禮·春官》:“大宗伯之職,掌建邦之天神、人鬼、地示之禮,以佐王建保邦國。以吉禮事邦國之鬼、神、示,以禋祀祀昊天上帝,以實柴祀日月星辰,以槱燎祀司中、司命、飌師,雨師。以血祭祭社稷、五祀、五嶽。以貍沈祭山林川澤。以疈辜祭四方百物。以肆、獻、祼享先王,以饋食享先王,以祠春享先王,以禴夏享先王,以嘗秋享先王,以烝冬享先王。以凶禮哀邦國之憂,以喪禮哀死亡,以荒禮哀凶札,以弔禮哀禍烖,以襘禮哀圍敗,以恤禮哀寇亂,以賓禮親邦國。春見曰朝,夏見曰宗,秋見曰覲,冬見曰遇,時見曰會,殷見曰同,時聘曰問,殷覜曰視。以軍禮同邦國:大師之禮,用衆也;大均之禮,恤衆也;大田之禮,簡衆也;大役之禮,任衆也;大封之禮,合衆也。以嘉禮親萬民,以飲食之禮親宗族兄弟。以昬冠之禮親成男女①,以賓射之禮親故舊朋友,以饗燕之禮親四方之賓客,以脤膰之禮親兄弟之國,以賀慶之禮親異姓之國。”

《論語·學而》:“禮之用,和爲貴,先王之道,斯爲美,小大由之。”〇《爲政》:“殷因於夏禮,所損益可知也。周因於殷禮,所損益可知也。其或繼周者,雖百世可知也。”〇《八佾》:“人而不仁,如禮何。”〇“禮與其

---

① 阮元《周禮注疏校勘記》曰:“昏字依《説文》從氐省爲正,其云‘一曰民聲’者,淺人所增竄也。”黄焯《經典釋文彙校》:“《儀禮石經校勘記》云:‘昬字本從民,作昏者避太宗諱。《説文》昏字唐人所改,徐鉉從氐省,其説難通。考漢碑昬字並從民,可證。《釋文》民不避諱者,彼書隋末即成也。’焯案,阮氏妄疑《説文》,又以《釋文》成於隋末,皆未合。”

奢也寧儉，喪與其易也寧戚。”〇《先進》：“先進於禮樂，野人也。後進於禮樂，君子也。如用之，則吾從先進。”〇《陽貨》：“禮云，禮云，玉帛云乎哉。”

《左傳》成公十三年，劉子曰：“民受天地之中以生，所謂命也。是以有動作禮義威儀之則，以定命也。能者養之以福，不能者敗以取禍。”〇昭公二十五年，子大叔曰[①]：“夫禮，天之經也，地之義也，民之行也。天地之經，而民實則之。”

《禮記·禮器》：“先王之立禮也，有本有文。忠信，禮之本也。義理，禮之文也。無本不立，無文不行。〇禮，時爲大，順次之，體次之，宜次之，稱次之。〇君子曰：甘受和，白受采，忠信之人可以學禮。苟無忠信之人，則禮不虛道，是以得其人之爲貴也。”〇《經解》：“恭、儉、莊、敬，禮教也。”〇《中庸》：“仁者，人也，親親爲大。義者，宜也，尊賢爲大。親親之殺，尊賢之等，禮所生也。”

孟子曰：“仁之實，事親是也。義之實，從兄是也。禮之實，節文斯二者是也。”

荀氏況曰：“禮起於何也？曰：人生而有欲，欲而不得，則不能無求。求而無度量分界，則不能不争，争則亂，亂則窮。先王惡其亂也，故制禮義以分之，以養人之欲，給人之求。使欲必不窮乎物，物必不屈於欲，兩者相持“持”《史記》作“待”而長，是禮之所起也。故禮者，養也。君子既得其養，又好其别。曷爲别？曰：貴賤有等，長幼有差，貧富輕重皆有稱者也。〇天地者，生之本也。先祖者，類之本也。君師者，治之本也。無天地惡生，無先祖惡出，無君師惡治，三者偏亡焉，無安人。故禮上事天，下事地，尊先祖而隆君師，是禮之三本也。”

賈氏誼曰：“夫禮者，禁于然之前，而法者，禁於已然之後。是故法之所用易見，而禮之所爲難知也。若夫慶賞以勸善，刑罰以懲惡。先王執此之政，堅如金石，行此之令，信如四時，據此之公，無私如天地耳，豈顧不用哉。然而曰‘禮云禮云’者，貴絶惡于未萌，而起教于微眇[②]，使民日遷善遠皋而不自知也。”

---

① “大”，校本作“太”。

② “眇”，校本作“渺”。

司馬氏遷曰:“洋洋美德乎,宰制萬物,役使羣衆,豈人力也哉。余至大行禮官觀三代損益,乃知緣人情而制禮,依人性而作儀,其所由來尚矣。”

劉氏向曰:“禮以養人爲本,如有過差,是過而養人也。刑罰之過或至死傷。今之刑,非皋陶之法也,而有司請定法,削則削,筆則筆,救時務也。至於禮樂,則曰不敢。是敢于殺人,不敢於養人也。爲其俎豆筦弦之間小不備,因是絶而不爲,是去小不備而就大不備,大不備或莫甚焉。夫教化之比於刑法,刑法輕,是舍所重而急所輕也。且教化所恃以爲治也,刑法所以助治也,今廢所恃而獨立其所助,非所以致太平也。”

楊氏雄曰[①]:“禮多儀,或曰:日昃不食肉,肉必乾。日昃不飲酒,酒必酸。賓主百拜,而酒三行不已,華乎?曰:實無華則野,華無實則史,華實副則禮。○或問德表曰:莫知作上作下,請問莫知。曰:禮行于彼,而民得于此,奚其知。或曰:孰若無禮而德?曰:禮,體也。人而無禮,焉以爲德。○聖人之治天下也,礙諸以禮樂,無則禽,異則貉。吾見諸子之小禮樂,不見聖人之小禮樂也。”

荀氏悦曰:“使遽者揖讓百拜,非禮也。憂者弦歌鼓瑟,非樂也。禮者,敬而已矣。樂者,和而已矣。匹夫、匹婦處畎畝之中,必禮樂存焉爾。”

徐氏幹曰:“夫法象立,所以爲君子法象者,莫先乎正容貌,慎威儀。是故先王之制禮也,爲冕服采章以旌之,爲佩玉鳴璜以聲之,欲其尊也,欲其莊也,焉可懈慢也。夫容貌者,人之符表也。符表正,故情性治,情性治,故仁義存,仁義存,故盛德著,盛德著,故可以爲法象,斯謂之君子矣。○夫禮也者,敬之經也。敬也者,禮之情也。無敬無以行禮,無禮無以節敬,道不偏廢,相須而行。是故能盡敬以從禮者,謂之成人,過則生亂。○孔子稱安上治民,莫善于禮。移風易俗,莫善于樂。存乎六藝者,著其末節也。謂夫陳籩豆、置尊俎、執羽籥、擊鍾磬,升降趨翔,屈伸俯仰之數也,非禮樂之本也。禮樂之本也者,其德音乎?”

王氏通曰:“白黑相渝,能無微乎?是非相擾,能無散乎?故齊、魯、毛、韓,《詩》之末也,大戴、小戴,《禮》之衰也。○或曰:‘君子仁而已矣,

① “楊”,校本作“揚”。

何用禮爲?’子曰:‘不可行也。’或曰:‘禮豈爲我輩設哉?’子不答,既而謂薛收曰:‘斯人也,旁行而不流矣,安知教意哉!’有若謂‘先王之道斯爲美’也。〇禮,其皇極之門乎?聖人所以嚮明而節天下也,其得中道乎?故能辨上下,定民志。〇門人有問姚義孔庭之法:‘曰《詩》,曰《禮》,不及四經,何也?’姚義曰:‘嘗聞諸夫子矣。《春秋》斷物,定志而後及也;《樂》以和闕一字,德全而後及也;《書》以制法,從事而後及也;《易》以窮理,知命而後及也。故不學《春秋》無以主斷,不學《樂》無以知和,不學《書》無以議制,不學《易》無以通理。四者非具體不能及,故聖人後之,豈養蒙之具耶?’或曰:‘然則《詩》、《禮》何爲而先也?’義曰:‘夫教之以《詩》,則出辭氣,斯遠暴慢矣。約之以禮,則動容貌,斯立威嚴矣。度其言,察其志,考其行,辨其德,志定則發之以《春秋》,于是乎斷而能變,德全則導之以樂,于是乎和而知節,可從事則達之以《書》,于是乎可以立制,知命則申之以《易》,于是乎可以盡性。若驟而語《春秋》,則蕩志輕義;驟而語《樂》,則喧德敗度;驟而語《書》,則狎法;驟而語《易》,則玩神。是以聖人知其必然,故立之以宗,列之以次,先成諸己,然後備諸物。先濟乎近,然後形乎遠。亶其深乎,亶其深乎。’子聞之曰:‘姚子得之矣。’”

孔氏穎達曰:夫禮者,經天地,理人倫。本其所起,在天地未分之前,故《禮運》云“夫禮,必本于太一”,是天地未分之前,已有禮也。禮者,理也,其用以治,則與天地俱興,故昭二十六年《左傳》稱晏子云:“禮之可以爲國也,久矣,與天地竝。”但于時質略物生,則自然而有尊卑。若羔羊跪乳,鴻雁飛有行列,豈由教之者哉?是三才既判,尊卑自然而有。但天地初分之後,即應有君臣治國。但年代緜遠,無文以言。案譙周《古史考》云:“有聖人以火德王,造作鑽燧出火,教民熟食,人民大悦,號曰‘燧人’。次有三姓,乃至伏羲制嫁娶,以儷皮爲禮,作琴瑟以爲樂。”又《帝王世紀》云:“燧人氏没,包羲氏代之。”以此言之,則嫁娶嘉禮始于伏羲也。《世紀》又云:“神農始教天下種穀,故人號曰‘神農’。”案《禮運》云:“夫禮之初,始諸飲食,燔黍,捭豚,蕢桴而土鼓。”又《明堂位》云:“土鼓、葦籥,伊耆氏之樂。”又《郊特牲》云:“伊耆氏始爲蜡。”蜡即田祭,與種穀相協。“土鼓、葦籥”又與“蕢桴、土鼓”相當,故熊氏云:“伊耆氏即神農也。”既云“始諸飲食”,致敬鬼神,則祭祀吉禮起于神農也。又《史記》云“黄帝與蚩尤戰于涿鹿”,則有軍禮也。《易·繫辭·黄帝九事章》云“古者葬諸中野”，則有凶禮也。又《論語撰考》云“軒知地利，九牧倡教”，既有九州之牧，當有朝聘，是賓禮也。若然，自伏羲以後至黄帝，吉、凶、賓、軍、嘉五禮始具。其唐堯，則《舜典》云“脩五禮”，鄭康成以爲公、侯、伯、子、男之禮。又云“命伯夷典朕三禮”，案《舜典》云“類于上帝”則吉禮也，“百姓如喪考妣”則凶禮也，“羣后四朝”則賓禮也，“舜征有苗”則軍禮也，“嬪于虞”，則嘉禮也。是舜時五禮具備，直云“典朕三禮”者，據事天、地與人爲三禮。其實事天地惟吉禮也，其餘四禮，竝人事兼之矣。案《論語》云“殷因於夏禮”，“周因於殷禮”，則夏、商亦有五禮。鄭康成註《大宗伯》唯云唐虞有三禮，至周分爲五禮，不言夏、商者，但書篇散亡，夏、商之禮絶滅，無文以言，故據周禮有文者而言耳。武王没，成王幼弱，周公代之，攝政六年，致太平，述文武之德而制禮也。

周子曰：“禮，理也。樂，和也。陰陽理而後和，君君、臣臣、父父、子子、兄兄、弟弟、夫夫、婦婦，萬物各得其理然後和，故禮先而樂後。”

程子曰：“禮之本出于民之情，聖人因而導之耳。禮之器出於民之俗，聖人因而節文之耳。聖人復出，必因今之衣服器用而爲之節文，其所謂‘貴本而親用’者，亦在時王斟酌損益之耳。○大凡禮必須有意，‘禮之所尊，尊其義也’。失其義，陳其數，祝史之事也。”

張子曰：“禮者，理也。須是學窮理，禮則所以行其義，知理則能制禮。然則禮出於理之後，今在上者未能窮，則在後者烏能盡。今禮文殘闕，須是先求得禮之意，然後觀禮。合此禮者，即是聖人之制，不合者，即是諸儒添入，可以去取。”

歐陽氏修曰①：“由三代而上，治出于一，而禮樂達于天下。由三代而下，治出于二，而禮樂爲虚名。古者宫室、車輿以爲居，衣裳、冕弁以爲服，尊爵、俎豆以爲器，金石、絲竹以爲樂。以適郊廟，以臨朝廷，以事神而治民。其歲時聚會，以爲朝覲聘問。懽忻交接，以爲射鄉食饗。合衆興事，以爲師田學校。下至里閭田畝，吉凶哀樂，凡民之事，莫不一出于禮。由之以教其民，爲孝慈友悌，忠信仁義者，常不出于居處動作、衣服飲食之間，蓋其朝夕從事者，無非乎此也。此所謂治出于一，而禮樂達于天下。使天下安習而行之，不知所以遷善遠罪而成俗也。及三代已亡，

① “修”原作“脩”，校本作“修”，史籍多通用作“修”，據改。

遭秦變古，後之有天下者，自天子百官名號位序、國家制度、宫車服器，一切用秦，其間雖有欲治之主，思所改作，不能超然遠復三代之上，而牽其時俗，稍即以損益，大抵安于苟簡而已。其朝夕從事，則以簿書、獄訟、兵食爲急，曰：此爲政也，所以治民。至于三代禮樂，具其名物而藏于有司，時出而用之郊廟朝廷，曰：此爲禮也，所以教民。此所謂治出于二，而禮樂爲虚名。故自漢以來，史官所記事物名數、降登揖讓、拜俛伏興之節，皆有司之事耳，所謂禮之末節也。然用之郊廟朝廷，自搢紳大夫從事其間者皆莫能曉習，而天下之人，至于老死未嘗見也，況欲識禮樂之盛，曉然喻其意，而被其教化以成俗乎？”

周氏行已曰：“禮經三百，威儀三千，皆出於性，非僞貌飾情也。天尊地卑，禮固立矣。類聚羣分，禮固行矣。人者，位乎天地之間，立乎萬物之上，尊卑類分，不設而彰。聖人循此，制爲冠、昏、喪、祭、朝聘、鄉射之禮，以行君臣、父子、兄弟、夫婦、朋友之義。其形而下者，見于飲食器服之用；其形而上者，極于無聲無臭之微。衆人勉之，賢人行之，聖人由之，故所以行其身，與其家，與其國，與其天下者。禮治則治，禮亂則亂，禮存則存，禮亡則亡。上自古始，下逮五季，質文不同，罔不由是。然而世有損益，惟周爲備。夫子嘗曰：‘郁郁乎文哉，吾從周。’逮其弊也，忠信之薄，而情文之繁。林放問禮之本，孔子欲從先進，蓋所以矯正反弊也。然豈禮之過哉？爲禮者之過也。”

周氏諝曰：“夫禮者，性命之成體者也。蓋道德仁義同出于性命，而所謂禮者，又出乎道德仁義而爲之節文者也。方其出于道德仁義，則道德仁義者乃禮之本也，故曰：‘仁者，人也，親親爲大；義者，宜也，尊賢爲大。親親之殺，尊賢之等，禮所生也。’方其爲之節文，則道德仁義反有資於禮也。故曰：‘道德仁義，非禮不成。’嗚呼，此禮之所以爲禮者也。若夫吉凶之殊，軍賓之别，其言不盡于意，其意必寓於象，故一服飾、一器械，有以存于度數之間者，象也。象則文也，及推而上之，有以見于度數之表者，意也，意則情也，所謂意者，歸于性命而已矣。《書》曰：‘天秩有禮，自我五禮，有庸哉。’蓋其以欲滅命，以人廢天者，聖人不爲惟其天秩之所有，是乃聖人之所庸者也，然聖人之所以庸之者，豈特使天下後世知有尊卑之分，而苟自異於禽獸耳，蓋又將爲入道之資也。”

朱子曰：“古禮繁縟，後人於禮日益疏略，然居今而欲行古禮，亦恐情文不相稱，不若今只就今人所行禮中删脩，令有節文制數等威足矣。○問：先王所謂古禮，繁文不可考究，欲取今見行禮儀增損用之，庶其合于人情，方爲有益，如何？曰：固是。曰：若是，則禮中所載冠、昏、喪、祭等儀有可行者否？曰：如冠、昏禮，豈不可行，但喪、祭有繁雜耳。問：若是，則非理明義精者不足以與此。曰：固是。○聖人有作古禮，未必盡用，須别有箇措置，視許多瑣細制度，皆若具文，且是要理會大本大原。曾子説：'君子所貴乎道者三：動容貌，斯遠暴慢矣；正顔色，斯近信矣；出辭氣，斯遠鄙倍矣。籩豆之事，則有司存。'上許多正是大本大原，如今所理會許多正是籩豆之事，夫子焉不學而亦何常師之有？到孟子，已是不説到細碎上，只説諸侯之禮，吾未之學也。吾嘗聞之矣，三年之喪，齊疏之服，飦粥之食，自天子達于庶人，這三項便是大本大原。"

陳氏淳曰："人徒見升降裼襲，有類乎美觀，鏗鏘節奏，有近乎末節，以爲禮樂若無益于人者，抑不知釋回增美皆由於禮器之大備，而好善聽過皆本于樂節之素。明禮以治，躬則莊敬，不期而自肅，樂以治心，則鄙詐不期而自銷。蓋接于視聽者所以養其耳目，而非以娱其耳目，形于舞蹈者所以導其血氣，而非以亂其血氣，則禮樂之用可知矣。"

陳氏澔曰："前聖繼天立極之道莫大於禮，後聖垂世立教之書亦莫先于禮。禮儀三百，威儀三千，孰非精神心術之所寓，故能與天地同其節。"

郝氏敬曰："聖人盛德至善，從心所欲，自然周旋中禮，如《論語·鄉黨》一篇，皆聖人從心之矩，曲禮三千，悉由此出。○昔子游譏子夏之門人小子灑掃、應對、進退抑末也，説者病其言過高，然亦足以見聖門教人有本，未嘗屑屑儀文可知。子曰：'禮云，禮云，玉帛云乎哉？'言禮則曰復、曰約，言教則曰一、曰不多。繁文縟節非聖人語上之教，是商師之學也。"

姜氏兆錫曰："《樂記》説：'天高地下，萬物散殊，而禮制行矣。'禮便是自然有這道理，加減一毫不得。古皇之世，狉狉榛榛，後來聖人繼作，逐漸發明出來，然猶多闕略，故二代時猶稱尚忠、尚質。到得周公，監視損益，詳盡曲至，故孔子曰'郁郁乎文哉！吾從周'，此自是恰好了。到得末流，卻又太過，故孔子曰'文質彬彬，然後君子'，又自曰'吾從先進'。學者須是損過就中，至于成德，方得動容周旋中禮。記禮者《大學》、《中庸》皆列于篇，亦是流傳得這箇意思在。○禮樂只是序而和，其本原卻只是仁敬處發來。周室盛時，自朝廷達于閭巷，凡所行吉、凶、賓、軍、嘉五禮，盎溢周徹，謂之太和之世。到得後來，虚僞僭妄，其本都亡了，故孔子曰：'禮云，樂云，玉帛云乎哉？鐘鼓云乎哉？'又曰：'人而不仁，如禮何？如樂何？'春秋至戰國，亂逆無等，無可窮詰，秦號强暴，祖龍卻又怕學士家將禮法束縛他，以故燔書遂自此起。"

一、序禮經廢興傳述人附。

《漢藝文志》曰："《禮古經》五十六卷，《經》七十篇，后氏、戴氏。○朱子曰："此即今《儀禮》也。"臨江劉敞云："七十當作十七，計其篇數則然。"今從之。《記》百三十一篇，七十子後學者所記也。《明堂陰陽》三十三篇，古明堂之遺事。《王史氏》二十一篇，七十子後學者。師古曰："劉向别録云：'六國時人也。'"《曲臺后倉》九篇，如淳曰："行禮射于曲臺，后倉爲記，故名曰《曲台記》。"《漢官》曰："大射于曲臺。"晉灼曰："天子射宫也[①]。西京無太學，於此行禮也。"《中庸説》二篇，師古曰：今《禮記》有《中庸》一篇，亦本禮經，蓋此之流。《明堂陰陽説》五篇，《周官經》六篇，王莽時劉歆置博士。師古曰："即今之《周官禮》也。亡其《冬官》，以《考工記》充之。"《周官傳》四篇。○《易》曰：有夫婦、父子、君臣、上下，然後禮義有所錯，而帝王質文，世有損益，至周，曲爲之防，事爲之制，師古曰："委曲防閑，每事爲制也。"故曰：'禮儀三百，威儀三千。'韋昭曰："《周禮》三百六十官也。三百，舉成數也。"臣瓚曰："禮經三百，謂冠、昏、吉、凶。周禮三百，是官名也。"師古曰："禮經三百，韋説是也。威儀三千，乃謂冠、昏、吉、凶，蓋《儀禮》是〔也〕[②]。"及周之衰，諸侯將踰法度，惡其害己，皆滅去其籍，自孔子時而不具，至秦大壞。漢興，魯高堂生傳士禮十七篇，訖孝宣世，后倉最明，戴德、戴聖、慶普皆其弟子，三家立於學官。朱子曰："此即上文誤作七十篇者。"《禮古經》者，出於魯淹中，蘇林曰："里名也。"及孔氏，朱子曰："'及孔氏'舊註屬下句。劉敞云：'孔氏安國所得壁中書也，當屬上句。'今案，此即上文五十六卷者，其讀當從劉氏。"學七十篇文相似，多三十九篇，朱子曰："劉敞云：'學'當作'與'，'七十'當作'十七'。五十六卷除十七，正多三十九，其説是也。蓋上文經七十篇本註'后氏、戴氏'，又言高堂生傳《士禮》十七篇，后倉、二戴皆其弟子，則彼所謂后、戴之禮，即是傳此高堂生之所得，而今號《儀禮》者也。况劉氏所考，於所增多篇數適合，而上文經目又别無高堂生十七篇之禮，其證甚明，賈公彦疏亦云：古文十七篇，與高堂生所傳相似。是唐初時《漢志》猶未誤也，故知此誤錯三字，皆當從劉氏

① "宫"原作"官"，校本作"宫"，《漢書》晉灼注同，據改。

② "是"下原無"也"字，不辭，"是也"校本作"矣"，《漢書》顔師古注作"是也"，應據補。

説。"及《明堂陰陽》、《王史氏記》所見，多天子、諸侯、卿大夫之制，雖不能備，猶瘉倉等推士禮而致于天子之説。"師古曰："瘉與愈同，勝也。"

《隋經籍志》曰："漢初有高堂生傳十七篇，又有古經出於淹中，而河間獻王好古愛學，收集餘燼，得而獻之，合五十六篇，竝威儀之事，而又得司馬穰苴《兵法》一百五十五篇，及《明堂陰陽》之記，竝無敢傳之者，唯古經十七篇與高堂生所傳不殊，而字多異，自高堂生至宣帝時，后倉最明其業，乃爲《曲臺記》。倉授梁人戴德及德從兄子聖、沛人慶普，於是有大戴、小戴、慶氏三家竝立，後漢唯曹元傳慶氏[①]，以授其子褒，然三家雖存竝微，相傳不絶，漢末鄭玄傳小戴之學，後以古經校之，取其於義長者作註，爲鄭氏學。其《喪服》一篇，子夏先傳之，諸儒多爲註解，今又别行。而漢時有李氏得《周官》，《周官》蓋周公所制官政之法，上於河間獻王，獨闕《冬官》一篇，獻王購以千金不得，遂取《考工記》以補其處，合成六篇奏之。至王莽時，劉歆始置博士，以行于世，河南緱氏、杜子春受業于歆，因以教授，是後馬融作《周官傳》以授鄭玄，玄作《周官註》。漢初，河間獻王又得仲尼弟子及後學者所記一百三十一篇獻之，時亦無傳之者，至劉向考校經籍，檢得一百三十篇，向因第而敘之，而又得《明堂陰陽記》三十三篇、《孔子三朝記》七篇、《王氏史氏記》二十一篇、《樂記》二十三篇，凡五種，合二百十四篇，戴德删其繁重，合而記之，爲八十五篇，謂之《大戴記》，而戴聖又删大戴之書爲四十六篇，謂之《小戴記》。漢末馬融遂傳小戴之學，融又足《月令》一篇、《明堂位》一篇、《樂記》一篇，合四十九篇，而鄭玄受業于融，又爲之註。今《周官》六篇，古經十七篇，《小戴記》四十九篇，凡三種，唯鄭註立于國學，其餘竝多散亡，又無師説。"

《唐藝文志》曰："袁準、孔倫、陳銓、蔡超宗、田僧紹之註，杜預、賀循、王逡之、崔游、蔡謨、趙成、沈文阿諸家之禮服，皆《儀禮》之學也。"

陸氏德明曰："安上治民，莫善于禮。鄭子太叔曰：'夫禮，天之經，地之義，民之行也。'《左傳》云，禮，所以經國家，定社稷，序民人，利後嗣者也。禮教之設，其源遠哉，帝王質文，世有損益，至于周公，代時轉浮，周公居攝，曲爲之制，故曰：'禮經三百，威儀三千。'及周之衰，諸侯始僭，將踰法度，惡其害已，皆滅去其籍，自孔子時而不具矣。孔子反魯，乃始删

---

① "元"原作"充"，校本作"元"，《隋書》同，據改。

定。值戰國交争，秦氏坑焚，惟故禮經崩壞爲甚。漢興，有魯高堂生傳《士禮》十七篇，即今之《儀禮》也。而魯徐生善爲容，孝文時爲禮官大夫。景帝時，河間獻王好古，得古《禮》獻之。鄭《六藝論》云：'後得孔氏壁中河間獻王古文《禮》五十六篇，《記》百三十一篇，《周禮》六篇。其十七篇與高堂生所傳同，而字多異。'劉向《别録》云：'古文《記》二百四篇。'《藝文志》曰：'《禮》古經五十六篇，出于魯淹中。'或曰：河間獻王開獻書之路，時有李氏上《周官》五篇，失《事官》一篇，乃購千金不得，取《考工記》以補之。瑕邱蕭奮以禮至淮陽太守，授東海孟卿，孟喜父。卿授同郡后蒼及魯閭邱卿。其古《禮經》五十六篇，蒼傳十七篇，所餘三十九篇闕一字。付書館，名爲《逸禮》。蒼説《禮》數萬言，號曰《后蒼曲臺記》。在曲臺校書著記，因以爲名。孝宣之世，蒼爲最明，闕一字。授沛聞人通漢，字子方，以太子舍人論石渠，至中山中尉。及梁戴德、字延君，號大戴，信都太傅。戴聖、字次君，號小戴，以博士論石渠，至九江太守。沛慶普，字孝公，東平太傅。由是《禮》有大、小戴、慶氏之學。普授魯夏侯敬，又传族子咸。豫章太守。大戴授瑯邪徐良，字斿卿，爲博士，州牧郡守，家世傳業。小戴授梁人橋仁字季卿，大鴻臚，家世傳業。及楊榮。字子孫，瑯邪太守。王莽時劉歆爲國師，始建立《周官經》以爲《周禮》，河南緱氏、杜子春受業於歆，還家以教門徒，好學之士鄭興父子興字少贛，河南人，後漢太中大夫。子衆字仲師，大司農，竝作《周禮解詁》。等多往師之。賈景伯亦作《周禮解詁》。《禮記》者，本孔子門徒共撰所聞以爲此記，後人通儒各有損益，故《中庸》是子思伋所作，《緇衣》是公孫尼子所制，鄭玄云《月令》是吕不韋所撰，盧植字子幹，涿郡人，後漢北中郎將，九江太守。云《王制》是漢時博士所爲。陳邵字節良，下邳人，晉司空長史。《周禮論序》云：戴德删古《禮》二百四篇爲八十五篇，謂之《大戴禮》，戴聖删《大戴禮》爲四十九篇，是爲《小戴禮》，漢劉向《别録》有四十九篇，其篇次與今《禮記》同名，爲他家書拾撰所取，不可謂之小戴禮。後漢馬融、盧植考諸家同異，附戴聖篇章，去其繁重及所敘略而行于世，即今之《禮記》是也。鄭玄亦依盧、馬之本而註焉。范曄《後漢書》云：中興，鄭衆傳《周官經》，後馬融作《周官傳》，授鄭玄，玄作《周官註》。鄭註引杜子春、鄭大夫、鄭司農之義，鄭玄《三禮目録》云：'二鄭信同宗之大儒，今贊而辨之。'玄本治小戴《禮》，後以古經校之，取其于義長者、順者，故爲鄭氏學。玄又註小戴所傳《禮記》四十九篇，通爲三《禮》焉。漢初，立高堂生禮博士，後又立大、小戴、慶氏三家，王莽又立《周禮》，後漢三《禮》皆立博士。今慶氏《曲臺》久亡，《大戴》無傳學者，唯鄭註《周禮》、《儀禮》、《禮記》竝列學官，而《喪服》一篇又别行于世。今三《禮》俱以鄭爲主。○鄭玄註《儀禮》十七卷，馬融、王肅、孔倫、字敬序，會稽人，東晉廬陵太守，集衆家註。陳銓、不詳何人。裴松之、字士期，河東人，宋太中大夫，西鄉侯。雷次宗、蔡超、字希遠，濟陽人，宋丞相，諮議參軍。田僴之、字僧紹，馮翊人，齊東平太守。劉道拔、彭城人，宋海豐令。周續之。自馬融以竝註《喪服》。"○朱氏彝尊曰："陸氏《釋文序録》載註解傳述人，于《儀禮》有鄭康成註，此外馬融、王肅、孔倫、陳銓、裴松之、雷次宗、蔡超、田僴之、劉道拔、周續之，凡十家。云'自馬融以下並註《喪服》'，考《隋經籍志》十家之中，惟載王肅《儀禮註》十七卷，其餘未嘗有全書註也。《舊唐書・經籍志》于馬融《喪服記》下云：'又一卷鄭玄註，又一卷袁準註，又一卷陳銓註，又二卷，蔡超宗註，又二卷田僧紹註。'亦未載諸家有全書註。至《新唐書・藝文志》始載袁準註《儀禮註》一卷，孔倫註一卷，陳銓註、蔡超宗註二卷，田僧紹註二卷，竝不著其註《喪服》，則誤以《喪服註》爲《儀禮》全書註也。下至鄭氏《通志略》，既于《儀禮》全書註載袁準、孔倫、陳銓、蔡超宗、田僧紹姓名，而又于《喪服傳》註五家複出，由是西亭王孫《授經圖》、焦氏《經籍志》皆沿其誤，當以陸氏《序録》爲正也。"

孔氏穎達曰："《禮記》之作，出自孔氏，但正禮殘缺，無復能明，故范武子不識殽烝，趙鞅及魯君謂儀爲禮。至孔子没後，七十二子之徒共撰所聞，以爲此記，或録舊禮之義，或録變禮所由，或兼記體履，或雜序得失，故編而録之，以爲記也。《周禮》、《儀禮》亦是禮記之書，自漢以來，各有傳授。鄭君《六藝論》云：'案《漢書・藝文志》、《儒林傳》云傳《禮》者十三家，唯高堂生及五傳弟子戴德、戴聖名在也。'又案《儒林傳》云：漢興，高堂生傳《禮》十七篇，而魯徐生善爲容，孝文時，徐生以容爲禮官大夫。瑕邱蕭奮以《禮》至淮陽太守，孟卿，東海人，事蕭奮，以授戴德、戴聖。《六藝論》云'五傳弟子'者，熊氏云則高堂生、蕭奮、孟卿、后蒼及戴德、戴聖爲五也，此所傳皆《儀禮》也。《六藝論》云：'今《禮》行于世者，戴德、戴聖之學也。'又云戴德傳《記》八十五篇，則《大戴禮》是也。戴聖傳《禮》四十九篇，則《禮記》是也。《儒林傳》云，大戴授琅邪徐氏，小戴授梁人橋仁字季卿、楊榮字子孫，仁爲大鴻臚，家世傳業。其《周官》者，始皇深惡之，至孝武帝時始開獻書之路，既出于山巖屋壁，復入秘府，五家之儒莫得見焉，至孝成時，通人劉歆校理秘書，始得列序著於《録》、《略》，爲衆儒排棄，歆獨識之，知是周公致太平之道，河南緱氏、杜子春永平時初能通其讀，鄭衆、賈逵往受業焉，其後馬融、鄭玄之等各有傳授。"

魏氏了翁曰："人生而莫不有仁義之性存乎其心，經禮三百，曲禮三千，聖人稟諸天地，所以合内外之道，而節文乎仁義者也。自周衰，諸侯去籍，雖以二代之後而不足徵，猶賴夫子之所雅言，羣弟子之所記録，故尚有存者。迨是古挾書之令作，而《禮》再厄，又得河間獻王、二戴、馬、鄭相與保殘補壞，晉、宋、隋、唐諸儒迭爲發揮，三《禮》得不盡亡。自《正義》既出，先儒全書泯不復見，自列于科目，博士諸生亦不過習其句讀以爲利禄。計至金陵王氏，又罷《儀禮》取士，僅存《周官》、《戴記》之科，而士習于禮者滋鮮，唯關洛諸大儒上接洙泗之傳，乃僅及聞人弟子難疑答問，而未及著爲全書。嗚呼，學殘文缺，無所因襲，驅一世而冥行焉，豈不重可嘆與！”

衛氏湜曰："賈公彦同李元植編《儀禮疏》，《儀禮》自鄭註之後僅有黄慶、李孟悊二家疏義，公彦等定爲五十卷。”

吴氏澂曰："《禮經》殘闕之餘，獨此十七篇爲全書，自王安石行新經義，廢黜此經，學者罕傳習矣。”

童氏承敘曰："《儀禮》有諸儒傳記，鄭康成註，賈公彦疏，朱文公又合經傳爲《通解》，皆彰彰較著矣，公門人楊復又各爲之《圖》，俱可蹈迪，匪直易讀也。”

趙氏魏史曰："《儀禮》者，周公監二代而制之以經世者也。《中庸》云'優優大哉，禮儀三百，威儀三千'，大經小曲皆謂之儀，是'三百'，《儀禮》之綱領，'三千'，《儀禮》之條件。《禮經》之大全，登孔門者猶及見之，而孟氏以後，殘缺多矣。漢興，河間獻王得孔壁《禮經》五十六篇，自十七篇與高堂生所傳同，外餘三十九篇在于祕府，謂之《逸禮》，繼以新莽之亂亡焉，故迄今所存止此而已。其篇次，二戴與劉氏《别録》參差不同，而鄭本一依劉氏。其註疏，朱子蓋嘗以浮蕪病焉，欲力爲釐正而不果，近代吴氏亦嘗嗣爲考定焉而未盡。”

顧氏炎武曰："禮者，本于人心之節文，以爲自治、治人之具，是以孔子之聖猶問禮于老聃，而其與弟子答問之，言雖節目之微，無不備悉，語其子伯魚曰：'不學禮，無以立。'《鄉黨》一篇，皆動容周旋中禮之效。然則周公之所以爲治，孔子之所以爲教，舍《禮》其何以焉？三代之禮，其存于後世而無疵者，獨有《儀禮》一經。自熙寧中，王安石變亂舊制，始罷《儀禮》，不立學官，而此經遂廢，此新法之爲經害者一也；南渡以後，二陸起于金谿，其説以德性爲宗，學者便其簡易，羣然趨之，而于制度文爲一切鄙爲末事，賴有朱子正言立辨，欲脩三《禮》之書，而卒不能勝，夫空虚妙悟之學，此新説之爲經害者二也。沿至于今，有坐皐比稱講師，門徒數百,自擬濂洛,而終身未讀此經一遍者。若天下之書皆出于國子監所頒,以爲定本,而此經誤文最多,或至脱一簡一句,非唐石經之尚存于關中,則後儒無繇以得之矣。據石經刊監本,復立之學官以習士子,而姑勸之以利禄,使毋失其傳,此有天下者之責也。”

姜氏兆錫曰:“《禮》看來有三變,自上世到周公時極盛,其後却壞了,此一興廢。猶自人行禮者言之,其後孔子修明禮樂,又一盛,到燔書却大壞,此一興廢,并典籍亦都亡。其後漢興,《儀禮》得高堂生并其五傳弟子,至大、小戴,遂集爲《記》,《周禮》至河間獻王亦顯,其後義解繁多,後鄭註三《禮》,號有功,然溺祖讖緯之學,聖證論多力争之。宋世最右文,遭荊公棄經任傳,三《禮》諸科多罷,中間更數廢興,雖經存,亦與無經相似,以是朱子與其門弟子釐修典籍,良非得已。”

一、論作經之人記、傳附。

崔氏靈恩曰:“《儀禮》者,周公所制吉禮,唯得臣禮三篇,凶禮得四篇,上自天子,下自庶人,其禮同等,餘三篇皆臣禮,賓禮唯存三篇,軍禮亡失,嘉禮得七篇。”

孔氏穎達曰:“《洛誥》云:‘考朕昭子刑,乃單文祖德。’又《禮記·明堂位》云周公攝政六年,制禮作樂,頒度量於天下,所制之禮,則《周官》、《儀禮》也。”

陸氏德明曰:“《周》、《儀》二禮,竝周公所制。”

晁氏公武曰:“西漢諸儒得古文《禮》凡五十六篇,高堂生傳《士禮》十七篇,爲《儀禮喪服傳》一卷,子夏所爲。”

朱子曰:“《漢志》諸《記》自一百三十一篇以下,與經文本不相雜,疑今亦多見於本篇後‘記’及二戴之《記》、《孔子家語》等書,特不可考其所自耳。”

馬氏廷鸞曰:“周公之經,何制之備也。子夏之傳,何文之奇也。”

敖氏繼公曰:“《儀禮》何代之書也?曰:周之書也。何人所作也?曰:先儒皆以爲周公所作,愚亦意其或然也。何以言之?周自武王始有天下,然其時已老矣,必未暇爲此事也。至周公相成王,乃始制禮作樂,以致太平,故以其時考之,則當是周公之書。又以其書考之,辭意簡嚴,品節詳備，非聖人莫能爲，益有見其果爲周公之書也。然周公此書乃爲侯國而作也，而王朝之禮不與焉，何以知其然也？書中十七篇，《冠》、《昏》、《相見》、《鄉飲》、《鄉射》、《士喪》、《既夕》、《士虞》、《特牲饋食》凡九篇，皆言侯國之士禮，《少牢饋食》上下二篇，皆言侯國之大夫禮，《聘》、《食》、《燕》、《大射》四篇，皆言諸侯之禮，唯《覲禮》一篇，則言諸侯朝天子之禮，然主於諸侯而言也。《喪服》篇中言諸侯及公子、大夫、士之服，詳矣，其間雖有諸侯與諸侯之大夫爲天子之服，然亦皆主於諸侯與其大夫而言也。由是觀之，則此書決爲侯國之書無疑矣。然則聖人必爲侯國作此書者，何也？夫子有言曰：'夫禮必本於天，殽於地，列於鬼神，達於喪、祭、冠、昏、射、御、朝、聘，聖人以禮示之，故天下國家可得而正也。'以夫子此言證之，則是書也，聖人其以爲正天下之具也歟？故當是時，天下五等之國莫不寶守是書而藏之，有司以爲典籍，無事則其君臣相與講明之，有事則皆據此以行禮，又且班之於其國，以教其人，此有周盛時，所以國無異禮，家無殊俗，兵寢刑措，以躋太平者，其以是乎。其後王室衰微，諸侯不道，樂於放縱而憚於檢束也，於是惡典籍之不便於己，而皆去之，則其曏之受於王朝者不復藏於于有司矣，曏之藏於有司者，或私傳於民間矣。此十七篇之所以不絶如綫而倖存以至今日也。○《禮古經》十七篇，其十三篇之後皆有記四篇①，則無之四篇者，《士相見》、《大射》、《少牢》上下也，然以意度之，此四篇者未必無一記之可言，或者有之而亡逸焉耳。"

熊氏朋來曰："《儀禮》是經，《禮記》是傳，儒者恒言之，以《冠義》、《昏義》、《鄉飲酒義》、《射義》、《燕義》、《聘義》與《儀禮・士冠》、《士昏》、《鄉飲酒》、《射》、《燕》、《聘》之禮相爲經傳也。劉氏又補《士相見》、《公食大夫》二義，以爲二經之傳。及讀《儀禮》，則《士冠禮》自'記冠義'以後，即《冠禮》之記矣，《士昏禮》自'記士昏禮凡行事'以後，即《昏禮》之記矣。《鄉飲酒》自'記鄉朝服而謀賓介'以後，即《鄉飲》之記矣。《鄉射禮》自'記大夫與公士爲賓'以後，即《鄉射》之記矣。《燕禮》自'記燕朝服於寢'以後，即《燕禮》之記矣。《聘禮》自'記久無事則聘焉'以後，即《聘禮》之記矣。《公食大夫禮》自'記不宿戒'以後，即《公食大夫》之記矣。《覲禮》自'記凡俟於東箱'以後，即《覲禮》之記矣。《士虞禮》自'記虞沐浴不櫛'

① "三"字上原無"十"字，校本有，與敖繼公《儀禮集説》後序同，據補。

以後，即《士虞禮》之記矣。《特牲饋食禮》自‘記特牲’以後，即《特牲》之記矣。《士喪禮》則‘士處適寢’以後，附在《既夕》者，即《士喪禮》之記矣。《既夕禮》則‘啓之昕’以後，即《既夕》之記矣。漢儒稱《既夕禮》即《士喪禮》下篇，故二記合爲一也。《喪服》一篇，每章有子夏作《傳》，而‘記公子爲其母’以後又别爲《喪服》之記，其記文亦有傳，是子夏以前有此記矣。十七篇唯《士相見》、《大射》、《少牢饋食》、《有司徹》四篇不言記，其有記者十有三篇。然《冠禮》之記有‘孔子曰’，其文與《郊特牲》所記《冠義》正同，其餘諸篇唯《既夕》之記略見於《喪大記》之首章，《喪服》之傳與《大傳》中數與“與”疑當作“語”。相似，餘記自與《小戴》冠、昏等六義不同，何二戴不以禮經所有之記文而傳之也？十三篇之後各有記，必出於孔子之後，子夏之前，蓋孔子定禮而門人記之，故子夏爲作《喪服傳》而并其記亦作傳焉。〇《聘禮》篇末‘執圭如重’、‘入門鞠躬’、‘私覿愉愉’等語，未知《鄉黨》用《聘禮》語，抑《聘禮》用《鄉黨》語，大抵《禮經》多出於七十二子之徒所傳，案朱子《鄉黨集註》引晁氏曰：‘定公九年，孔子仕魯，至十三年適齊，其間無朝聘之事，疑使擯、執圭二條但孔子嘗言其禮如此。’又引蘇氏曰：‘孔氏遺書，《雜記》、《曲禮》非必孔子事也，見得古有《儀禮》之書，聖門因記其語。’”

何氏喬新曰：“《儀禮》未知孰作，或以爲周公之作也。孔子有學《禮》之言，《禮記》有讀《禮》之文，當是時，固已有簡牘之傳矣，決非秦漢間筆也。其法度必出於聖人，若曰周公作之，則非所敢知也。”

湛氏若水曰：“《儀禮》有有經而無傳者矣，《公食大夫》也、《士相見》也；有有傳而無經者矣，《郊特牲》也、《諸侯釁廟》也、《遷廟》也、《公符》也、《投壺》也；有經中之傳者矣，凡《儀禮》之稱曰‘記’者也；有傳中之傳者矣，《玉藻》之有《深衣》也，《明堂》之有《月令》也。”

劉氏績曰：“漢初，高堂生爲博士，傳《儀禮》十七篇，先儒以爲周公作，按《記》哀公使孺悲之孔子，學《士喪禮》，《士喪禮》於是乎書，則中晦而孔子述之者也，獨《喪服》子夏爲傳，豈以通上下兼經權難知與？”

郝氏敬曰：“《儀禮》者，禮之儀，周衰禮亡，昔賢纂輯見聞著爲斯儀，非必盡先聖之舊[1]。然欲觀古禮，舍此末由矣。”

---

① “先”字原作“上”，校本作“先”，郝敬《儀禮節解》同，據改。

唐氏伯元曰："《儀禮》存者爲古經尚矣，凡禮有經、有記、有義、有傳，記亦經也，綴之經則不成章，傳亦義也，不曰義而曰傳，遜辭也。唯《冠》有義，惟《喪》有傳，而諸禮皆無者，失之也。"

一、論《儀禮》與《周禮》、《禮記》不同

孔氏穎達曰："鄭作《序》云：'禮者，體也，履也。統之於心曰體，踐而行之曰履。'鄭知然者，《禮器》云'禮者，體也'，《祭義》云'禮者，履此者也'，《禮記》既有此釋，故鄭依而用之。禮雖合訓體、履，則《周官》爲體，《儀禮》爲履，故鄭《序》又云'然則三百三千雖混同爲禮，至於竝立俱陳，則曰此經禮也，此曲禮也。或云此經文也，此威儀也'，是《周禮》、《儀禮》有體、履之别也。所以《周禮》爲體者，《周禮》是立治之本，統之心體，以齊正於物，故爲體。賀瑒云：'其體有二，一是物體，言萬物貴賤、高下、小大、文質，各有其體；二曰禮體，言聖人制法，體此萬物，使高下、貴賤各得宜也。'其《儀禮》但明體之所行踐履之事，物雖萬體，皆同一履，履無兩義也。"

陸氏德明曰："三《禮》次第，《周》爲本，《儀》爲末。"

賈氏公彦曰："《周禮》、《儀禮》發源是一，理有始終，分爲二部，竝是周公攝政太平之書，《周禮》爲末，《儀禮》爲本。"

張子曰："看得《儀禮》，則曉得《周禮》與《禮記》。"

吕氏大臨曰："冠、昏、射、鄉、燕、聘，天下之達禮也。《儀禮》所載謂之禮者，禮之經也，《禮記》所載謂之義者，訓其經之義耳。"

周氏諝曰："禮經之殘缺久矣，世之所傳曰《周禮》、曰《儀禮》、曰《禮記》，其間獨《周禮》爲太平之成法，《儀禮》者又次之，《禮記》者，雜記先王之法言，而尚多漢儒附會之疵，此學者所宜精擇。"

朱子曰："《周官》一書固爲禮之綱領，至其儀法度數，則《儀禮》乃其本經，而《禮記》是解《儀禮》之義。○禮書如《儀禮》尚完備於他書。○《儀禮》是經，《禮記》是解《儀禮》，且如《儀禮》有《冠禮》，《禮記》便有《冠義》，《儀禮》有《昏禮》，《禮記》便有《昏義》，以至燕、射之禮，莫不皆然，只是《儀禮》有《士相見禮》，《禮記》却無《士相見義》，後來劉原甫補成一篇，學《禮記》下言語，只是解他《儀禮》。"

慮氏曰:"《禮記》乃《儀禮》之傳,《儀禮》有《冠禮》,《禮記》有《冠義》以釋之,《儀禮》有《昏禮》,《禮記》則有《昏義》以釋之,《儀禮》有《鄉飲酒禮》,《禮記》則有《鄉飲酒義》以釋之,《儀禮》有《燕禮》,《禮記》則有《燕義》以釋之,《儀禮》有《聘禮》,《禮記》則有《聘義》以釋之。其他篇中雖或雜引四代之制,而其言多與《儀禮》相爲表裏,但《周禮》、《儀禮》皆周公所作,而《禮記》則漢儒所録,雖曰漢儒所録,然亦《儀禮》之流也。何以言之?《周禮》雖得之於河間獻王,時無有傳之者,武帝以爲末世瀆亂之書,何休以爲六國陰謀之書,至於漢末乃行於世,唯《儀禮》之書漢初已行,故高堂生傳之蕭奮,蕭奮傳之孟卿,孟卿傳之后蒼,后蒼傳之戴德、戴聖,二戴因習《儀禮》而録《禮記》,故知《禮記》,《儀禮》之流也。"

三禮正義曰:"《周禮》、《儀禮》竝周公所記,所謂'禮經三百,威儀三千',禮經則《周禮》也,威儀則《儀禮》也。"

熊氏朋來曰:"三《禮》之中如《周禮》,大綱雖正,其間職掌繁密,恐傳之者不皆周公之舊。《左傳》所引周公制周禮曰殊與今《周禮》不相似,亦恨其僅以"以"本或作"似"。《左傳》之文爾。大、小戴所記固多格言,而訛謬亦不免,惟《儀禮》爲禮經之稍完者,先儒謂其文物彬彬,乃周公制作之僅存者,後之君子有志於禮樂,勿以其難讀而不加意也。"

湛氏若水曰:"《曲禮》大醇而小疵,《儀禮》極醇而無疵。"

萬氏斯大曰:"《儀禮》一書與《禮記》相爲表裏,考儀文則《儀禮》爲備,言義理則《禮記》爲精,在聖人即吾心之義理,而漸著之爲儀文,在後人必通達其儀文,而後得明其義理,故讀《禮記》而不知《儀禮》,是無根之木,無源之水也。"

張氏爾岐曰:"在昔周公制禮,用致太平,據當時施于朝廷、鄉國者,勒爲典籍,天下共守之,其大體爲《周官》,其詳節備文則爲《儀禮》。"

一、論《儀禮》不可廢疑經者附。

《論語·述而》:"子所雅言,《詩》、《書》,執禮皆雅言也。"〇《季氏》:"不學禮,無以立。"

《春秋説題辭》曰:"禮者,所以設容,俯仰以信,進退以度,禮得,則天下咸宜,不可須臾離也。"

徐氏幹曰："夫禮也者，人之急也，可終身蹈而不可須臾離也，須臾離則慆慢之行臻焉，須臾忘則慆慢之心生焉，況無禮而可以終始乎？"

劉氏勰曰："禮立體宏，用據事剬範，章條纖曲，執而後顯，採掇片言，莫非寶也。○銘誄箴祝，則禮總其端。"

王氏通曰："冠禮廢，天下無成人矣。昏禮廢，天下無家道矣。喪禮廢，天下遺其親矣。祭禮廢，天下忘其祖矣。嗚呼！吾末如之何也已矣。"

韓子曰："余嘗苦《儀禮》難讀，且又行於今者蓋寡，沿襲不同，復之無由考，於今誠無所用之然。然文王、周公之法制，具在於是。孔子曰'吾從周'，謂其文章之盛也。古書之存者希矣，百氏雜家尚有可取，況聖人之制度耶？於是掇其大要奇辭奥旨著於篇，學者可觀焉，惜吾不及其時，揖讓進退於其間，嗚呼盛哉！"

徐氏積曰："《儀禮》纔爲完書，然決非盡出乎聖人，何以知之？夫禮者，出乎人情也，而《儀禮》有曰父在，母不可以爲三年之服，又曰嫂叔無服，所以避嫌也，又曰師無服，此豈人情哉？蓋多出於漢儒喜行其私意，或用其師説，或利其購金而爲之耳。"

吕氏本中曰："後生學問且須理會《曲禮》、《少儀》、《儀禮》等，學洒掃、應對、進退之事，及先理會《爾雅》訓詁等文字，然後可以語上，下學而上達，自此脱然有得，自然度越諸子。不如此，則是躐等，犯分陵節，終不能成，孰先傳焉，孰後倦焉，不可不察也。"

張氏淳曰："劉歆言高堂生所得獨爲士禮，而今《儀禮》乃有天子、諸侯、大夫之禮，居其大半，疑今《儀禮》非高堂生之書，但篇數偶同耳。"

朱子曰："張忠甫疑今《儀禮》非高堂生之書，但篇數偶同爾，此則不深考於劉歆説所訂之誤，又不察其所謂士禮者，特略舉首篇以明之。其曰'推而致於天子'者，蓋專指冠、昏、喪、祭而言，若燕、射、朝、聘，則士豈有是禮而可推耶？○《儀禮》不是古人預作一書如此，初間只是以義起，漸漸相襲，行得好，只管巧至於情，文極細密、極周緻處，聖人見此意思好，故録成書。○《儀禮》事事都載在裏面，其間曲折難行處，他都有个措置得恰好。"

魏氏了翁曰："《儀禮》一經幸存，以之參考諸經，尤爲有功。○灑掃應對，進退恭敬，辭遜樽節，非由外心以生也，非忠信之薄也，非人情之僞也，凡皆人性之固有，天秩之自然，而非有一毫勉强增益也。學者誠能即是僅存而推尋之，内反諸心，隨事省察，充而至于動容周旋之會，揖遜征伐之時，則是禮也，將以宅天衷而奠民極，豈形器云乎哉！”

章氏如愚曰：“大宋朝樂史謂《儀禮》有可疑者五，漢儒傳授《曲臺雜記》，後馬融、鄭衆始傳《周官》，而《儀禮》未嘗以教授，一疑也；《周禮》缺《冬官》，求之千金不可得，使有《儀禮》全書，諸儒寧不獻之朝乎？班固《七略》，劉歆《九種》竝不著《儀禮》，魏、晉、梁、陳之間是書始行，二疑也；《聘禮》篇所記賓行饔餼之物，禾米芻薪之數，籩豆簠簋之實，鉶壺鼎甕之列，考之《周官・掌客》之説不同，三疑也；其中一篇《喪服》蓋講師設問難以相解説之辭，非周公之書，四疑也；《周官》所載，自王以下至公、侯、伯、子、男，皆有其禮，而《儀禮》所謂《公食大夫禮》及《燕禮》皆公與卿大夫之事，不及於王，其他篇所言曰‘主人’、曰‘賓’而已，似侯國之書，使周公當太平之時，豈不設天子之禮，五疑也。今考其書，猶有可疑者，且吉、凶、賓、嘉皆有其禮，而軍禮獨闕焉，自天子至士皆有冠禮，而大夫獨無焉，鄉飲酒之禮有黨正以正齒位，而今獨不載焉，賓禮之别有八，燕禮之等有四，冠、昏之篇皆冠以士，大射之禮獨名曰‘儀’，朝、遇之禮不録，而獨存《覲禮》，其他禮食不載，而獨有《公食大夫禮》，以至言本末之異同，是皆考究精微者焉。”

王氏應麟曰：“韓文公讀《儀禮》，謂考於今無所用。愚謂天秩有禮，小大由之，冠、昏、喪、祭，必於是稽焉。文公大儒以爲無所用，毋怪乎冠禮之行不非鄭尹而快孫子也。”

馬氏廷鸞曰：“《儀禮》爲書，於奇辭奥旨中有精義妙道焉，於纖悉曲折中有明辨等級焉，不惟欲人之善其生，且欲人之善其死，不唯致嚴於冠、昏、朝、聘、鄉射，而尤致嚴於喪、祭。後世徒以其推士禮而達之天子，以爲殘闕，不可。考之書，徐而觀之，一士也，天子之士與諸侯之士不同，上大夫與下大夫不同，等而上之，固有可得而詳者矣。”

敖氏繼公曰：“先王之世，人無貴賤，事無大小，皆有禮以行之，蓋以禮有所闕，則事有所遺，故其數不容不如是之多也。去古既遠，而其所存者乃不能什一也，可勝歎哉！夫其已廢壞而亡逸者，固不可復見矣，其幸有而未泯者，吾曹安可不盡心而講明之乎？固不宜以其無用於今爲説而絶之也。”

宋氏濂曰:“周制朝、覲、燕、饗、饋食、昏、喪諸禮,其升降揖讓之節既行之矣,然後筆之爲《儀禮》之文。”

徐氏三重曰:“《儀禮》一書無論是否先王之舊,即於今所傳者,若士大夫少而誦習之,長而謹守奉行之,終其身恐朝夕跬步有違也如此,心安得不收斂,身安得不齋飭,一言一動,安得不循分秉禮,而上臨下奉,何一人不賢良君子乎?此古昔敦讓教化,成就人材之軌物,所以臻太平盛治者,孰謂不由此道也。”

童氏承敘曰:“或曰:高堂生所傳特士禮耳,餘多散佚。又曰:古禮於今無所用之,雖昌黎亦云然。夫禮也者,理也,先王以承天之道,以治人之情。孔子曰:‘殷因於夏禮,所損益,可知也;周因於殷禮,所損益,可知也。’因者,其本也,損益者,其末也。協諸義而協,則先王所未有者可以義起矣,故后蒼有推而致於天子之説。然今觀之,《冠》、《昏》、《相見》,士禮也,《鄉飲》、《鄉射》,大夫禮也,《燕》、《射》、《覲》、《聘》、《公食大夫》,諸侯禮也,《士喪》、《既夕》、《士虞》、《特牲饋食》,諸侯士禮也,《少牢饋食》、《有司徹》,諸侯卿大夫禮也,《喪服》則通於上下,顧獨曰士禮,何哉?夫禮無本不立,無文不行,雖夏、商之際,不能無文焉,至周而備爾,孔子曰‘虞、夏之文不勝其質,商、周之質不勝其文’,蓋思本也。然文之蠹也久矣,其在于今宜無所用,至其本固未泯也,是故因其文而遡之可知也,因其本而拓之可行也,不猶逾於并其文而亡之乎?”

郝氏敬曰:“禮非强作,是人道之經緯,無禮則無人道。凡是書所言冠、昏、喪、祭,品節秩序皆天理之不得不然,其間牽强拘泥,煩瑣迂僻,强世難行者,則時勢古今之異,學禮者所以貴達也。○《鄉射》即《鄉飲酒禮》,《大射》即《燕禮》,《既夕》即《士喪禮》,《有司徹》即《少牢饋食禮》,其實止十有二篇,然不啻詳已。冠、昏、喪、祭、朝、聘、燕、饗,禮之大物止此,飲食男女、養生送死、人生日用止此,升降進退、周旋裼襲、行禮節文止此。天子、諸侯同此,人倫同此。儀則隆殺、多寡,因時制宜,孔子所謂殷因於夏禮,周因於殷禮,所損益可知,而人主爲禮法之宗。禮難預設,若一一定爲常制,使百世共守,則是禮有因無損益,雖二帝、三王不能矣。○是書詳處太瑣,如祭醴始扱一祭,又扱再祭,執皮内文,兼執足,三分庭一在南。鄉飲工左荷瑟,後首,挎越,内弦。牲體肩、臂、脊、脅、肫、胳、一骨、二骨之類,何其瑣也。及其行禮大節目,如冠于廟而竟不及其祖、禰,既冠見母、見君、見鄉里親戚士大夫，而竟不及其父，《昏禮》自壻迎婦降西階，以至入室同牢，燭出燕息，而竟不言夫婦拜至，明日新婦見舅姑，饋食醴饗，而竟不及夫壻，此類又何畧也。如謂但舉其槩而已，則後儒讀《禮》，何爲往往添補之乎？〇作《儀禮》者亦未及親見古人，故其辭多罔象，如凡禮行于廟，竟不言告廟之儀，冠冕衣裳，皆不定其制度、物色，廟寢、堂階、房室、户牖皆不明言其向背，使後人猜度影響，迄無定論，每于篇中引記聞參伍，其無晝一之見，可知親見古人必不爾。〇《儀禮》作于衰世，故其儀文雖詳而大綱不清，雖不及天子之禮，而時或雜越，以大夫亂諸侯，諸侯亂天子，往往有之。如《燕禮》稱君爲公，是諸侯之禮也，諸侯稱公已爲僭矣，而其臣又有稱諸公，位在卿大夫上者，惟天子有三公，諸侯之臣貴無加于卿，而稱公，是亂天子也。鄭玄謂爲大國之孤四命，此《周禮·典命》之説，《周禮》亦非古也。稽古以《孟子》爲正，《孟子》曰：'天子一位，公一位，侯一位，伯一位，子、男同一位，凡五等。君一位，卿一位，大夫一位，上士一位，中士一位，下士一位，凡六等。'此周班也，何嘗諸侯有臣稱公，大國卿上有孤稱諸公者乎？《鄉射禮》諸公席三重，大夫席再重，按《尚書·顧命》王席亦三重，《周禮·司几筵職》亦云王席三重，而《禮運》曰王席五重，諸侯席三重，今云諸公席三重，大夫再重，亦亂也。《周禮》天子射三侯九節，諸侯七節，《大射禮》諸侯也，而侯道九十弓，是亂天子也。惟天子之事稱大，與諸侯射則用大侯，稱大射，諸侯與其臣射用大侯，稱大射，亦亂也。説者謂《士冠》、《士昏》、《士喪》皆士禮，然冠用爵弁，昏乘墨車，遣馬有繁纓，遣奠用五鼎，容非僭與？周衰禮廢，諸侯强梁，大夫、士無等，作者承襲其訛，非盡先聖之舊也。昔夫子作《春秋》，于諸侯名號、禮樂亡等，皆因之而不變，欲直書其事以存亂亡之蹟，示後世是非之公耳。《禮經》正名辨分，别嫌明微，烏可以相倣，禮襲其謬，是訓亂也。言《禮》與言《春秋》異，世儒未達耳。〇世儒欲以《儀禮》爲經，割諸禮附之。嗟夫，諸禮家言，雖聖人復生，不能盡合矣，虞、夏、殷、周，因革損益，尚不相襲，以孔子之聖，學夏、商之禮，無徵不信，而曰'吾從周'，况世儒欲彌縫新故不同之蹟，以通之百世，就使補輯完備，校勘精切，必能一一可用之今日乎？略舉其近者，如士冠不論有爵、無爵，輒用命服，今可乎？士親迎乘大夫車馬，今可乎？女子既許嫁笄矣，出教于宗室三月，今可乎？納采使者至門外，主人迎拜不答，入拜又不答，今可乎？主人迎賓門外，先入，及階又先升，今可乎？主人門外送賓再拜，賓遂去不顧，今可乎？男女相拜，男拜手伏地，女子直立肅拜，今可乎？士相見賓五請始得主人一出，又不升堂，止于大門内一拜，今可乎？臣侍食于君，不待君命先飯，徧嘗飲食，今可乎？侍食于先生異爵者，先飯而後已，今可乎？盛服行禮，忽爾袒衣旋襲，又袒又襲，如是數十次不已，今可乎？尊、俎、爵、篚供饌之具，不設几案，錯諸地，今可乎？食飯不以箸，以手，今可乎？書必刀，文必篆，册必竹簡、木板，今可乎？人死三日然後殯斂，今可乎？明器、苞、筲等無用之物併納諸壙中，今可乎？凡送幣獻酬之類，賓主不同，拜送者立，俟受者拜，而受者又立，俟送者答拜，雖君臣父子皆然，今可乎？賓酢主人，不親舉爵，主人自酌以飲，今可乎？食不設主席，主人亦不陪食，今可乎？孫爲祖尸，父拜其子，明日儐尸，則子爲父客，受其獻酬，今可乎？舅下堂親洗爵，獻新婦，今可乎？婦翁出門，再拜送新壻，今可乎？子冠懷脯見母，母再拜受，今可乎？父母爲子喪三年，父在母喪與妻同服，庶子後父爲其母緦麻，今可乎？其他大事朝聘祭享，小事拜起坐立，難通行者不可盡舉，必欲一一可信可傳，使人必從雖聖人復起能乎？"

張氏爾岐曰："《漢志》所載傳《禮》者十三家，其所發明，皆《周官》及此十七篇之旨也。十三家獨小戴大顯，近代列於經，以取士，而二《禮》反日微。蓋先儒于《周官》疑信皆半，而《儀禮》則苦其難讀故也。夫疑《周官》者尚以新莽荊國爲口實，《儀禮》則周公之所定，孔子之所述，當時聖君、賢相、士君子之所遵行，可斷然不疑者，而以難讀廢，可乎？"

一、論題號篇目次第

孔子穎達曰："《周禮》爲本，聖人體之，《儀禮》爲末，賢人履之，故鄭序云'體之爲聖，履之爲賢'是也。既《周禮》爲本，則重者在前，故宗伯序五禮，以吉禮爲上。《儀禮》爲末，輕者在前，故《儀禮》先冠、昏，後喪、祭，故鄭序云'二者或施而上，或循而下'。"

賈氏公彦曰："《周禮》言周不言儀，《儀禮》言儀不言周，既同是周公攝政六年所制，題號不同者，《周禮》取别夏、殷，故言周，《儀禮》不言周者，欲見兼有異代之法。故此篇有醮用酒，《燕禮》云諸公士，《喪禮》云

'商祝'、'夏祝',是兼夏、殷,故不言周。又《周禮》是統心,《儀禮》是履踐,外内相因,首尾是一,故《周禮》已言周,《儀禮》不須言周,周可知矣。且《儀禮》亦名'曲禮',故《禮器》云'經禮三百,曲禮三千',鄭註云'曲,猶事也,事禮謂今禮也',其中事儀三千,言儀者,見行事有威儀,言曲者,見行事有屈曲,故有二名也。○《周禮》六官敘官之法,事急者爲先,不問官之大小。《儀禮》見其行事之法,賤者爲先。故以《士冠》爲先,無大夫冠禮,諸侯冠次之,天子冠又次之,其《昏禮》亦士爲先,大夫次之,諸侯次之,天子爲後。諸侯鄉飲酒爲先,天子鄉飲酒次之,《鄉射》、《燕禮》以下皆然。又以《冠》、《昏》、《士相見》爲先後者,以二十而冠,三十而娶,四十强而仕,即有摯見鄉大夫、見已君及見來朝諸侯之等,又爲鄉大夫、州長行鄉飲酒、鄉射之事,以下先吉後凶,凶盡則行祭祀吉禮,次敘之法[①],其義可知。○戴德、戴聖與劉向《别録》十七篇次第,皆《冠禮》第一,《昏禮》第二,《士相見》第三,自玆以下,大戴即以《士喪》、《既夕》、《士虞》、《特牲》、《少牢》、《有司》、《鄉飲》、《鄉射》、《燕禮》、《大射》、《聘禮》、《公食》、《覲禮》、《喪服》爲次,小戴則以《鄉飲》、《鄉射》、《燕禮》、《大射》、《士虞》、《喪服》、《特牲》、《少牢》、《有司》、《士喪》、《既夕》、《聘禮》、《公食》、《覲禮》爲次,皆尊卑、吉凶先後雜亂,故鄭説不從之,唯劉向《别録》《大射》以上七篇與小戴同,而其下乃以《聘》、《食》、《覲禮》、《喪服》、《士喪》、《既夕》、《士虞》、《特牲》、《少牢》、《有司》爲次,皆尊卑、吉凶次第倫敘,故鄭用之也。"

張氏淳曰:"漢初未有《儀禮》之名,疑後學者見十七篇中有儀有禮,遂合而名之耳。"

陳氏騤曰:"《儀禮》者,乃周家行禮涉於儀度委曲之書,若後世所謂儀注者是也,其初蓋三千餘條。"

熊氏朋來曰:"《儀禮》名爲十七篇,實十五篇而已,《既夕禮》乃《士喪禮》之下篇也,《有司徹》乃《少牢饋食禮》之下篇也。"

李氏黼曰:"《儀禮》亦周公之所作也,凡冠、昏、喪、祭、飲、射、朝、聘之儀法度數具焉,故謂之《儀禮》。"

何氏喬新曰:"《冠》、《昏》、《相見》三篇皆士禮也。《鄉飲》、《鄉射》二

① "敘"原作"序",校本作"敘",陳本、閩本、監本、毛本同,據改。

篇，大夫禮也。《燕》、《射》、《聘》、《覲》、《公食大夫》五篇，諸侯禮也。《士喪》、《既夕》、《士虞》、《特牲饋食》四篇，皆諸侯之士喪、祭禮。《少牢饋食》、《有司徹》二篇皆諸侯之卿大夫祭禮，《喪服》一篇則通言上下之制。"

姜氏兆錫曰："案大戴篇目之首，蓋以冠、昏、喪、祭爲次，而遞及于飲、射、聘、覲也，其以《喪服》居後者，上各篇皆言禮儀之節，而此篇乃因《儀禮》而及其喪服之制，以見凡行喪禮之儀，所相依以爲用者，故後之與？由是以推劉向篇目之次，固勝于小戴，而其視大戴則有不及者，鄭氏蓋未免失所從違也。"

一、論逸禮

劉氏歆曰："魯共王得古文於壞壁，《逸禮》有三十九，天漢之後，孔安國獻之。"

桓氏譚曰："古佚《禮記》有四十六卷。"

後漢書曰："孔安國所獻《禮》古經五十六篇，及《周官》經，前世傳其書，未有名家。"

阮氏孝緒曰："古經出魯淹中，其書周宗伯所掌五禮威儀之事，有六十六篇，無敢傳者，後博士高堂生得十七篇，鄭註，今之《儀禮》是也，餘篇皆亡。"

孫氏惠蔚曰："淹中之經，孔安國所得，惟有卿大夫、士饋食之篇，而天子諸侯享廟之祭、禘、祫之禮盡亡。"

孔氏穎達曰：《漢氏・藝文志》漢初，高堂生傳《禮》十七篇，至武帝時，河間獻王得古禮五十六篇，獻王獻之。又《六藝論》云：後得孔子壁中古文《禮》凡五十六篇，其十七篇與高堂生所傳同，而字多異，其十七篇外，則逸禮是也。

朱子曰："今《儀禮》多是士禮，河間獻王得古《禮》五十六篇，乃孔壁所藏之書，其中却有天子、諸侯禮，所以班固言愈於推士禮以知天子、諸侯之禮，是固作《漢書》時，其書尚在，鄭康成亦及見之，今註疏中有援引處，不知甚時失了，真可惜也。漢時儒者專門名家，自一經之外，都不暇講，故先儒謂聖經不亡於秦而大壞於漢儒，其説亦好。温公論景帝太子既亡，當時若立獻王爲嗣，則漢之禮樂制度必有可觀。"

葉氏適曰:“《儀禮》者,士之禮,通於大夫、諸侯,而天子無考焉。所記有司之事,以其所存逆其所不存,當時舉一禮必有儀,儀不勝紀,則何止於此。”

陳氏振孫曰:“此乃儀更須有禮書,《儀禮》只載行禮之威儀,所謂‘威儀三千’是也,禮書如云天子七廟、諸侯五、大夫三、士二之類是也,是説大經處方是禮,須自有文字。”

王氏應麟曰:“《逸禮》三十九,其篇名頗見於他書,若《學禮》見《賈誼傳》,《天子巡狩禮》見《周官・内宰》註,《朝貢禮》見《聘禮》註,《朝事儀》見《覲禮》註,《禘嘗禮》見《射人》疏,《中霤禮》見《月令》註及《詩・泉水》疏,《王居明堂禮》見《月令》、《禮器》註,《古大明堂禮・昭穆》篇見蔡邕論,《本命篇》見《通典》,《聘禮志》見《荀子》[①],又有《奔喪》、《投壺》、《遷廟》、《釁廟》、《曲禮》、《少儀》、《内則》、《弟子職》諸篇,見大、小戴《記》及《管子》。〇《逸禮・中霤》在《月令》註疏、《奔喪》、《投壺》,《釋文》引鄭氏云‘實曲禮之正篇’,又《遷廟》、《釁廟》見《大戴記》,可補經禮之闕。〇孔壁古文多三十九篇,康成不註,遂無傳焉。註謂古文作某者,即十七篇古文也,《論衡》以爲宣帝時河南女子壞老屋得佚禮,恐非。《天子巡狩禮》、《朝貢禮》、《王居明堂禮》、《烝嘗禮》、《朝事儀》見于三《禮》註,《學禮》見于賈誼書,《古大明堂》之禮見于蔡邕論,雖寂寥片言,如斷圭碎璧,猶可寶也。”

敖氏繼公曰:“或曰此十七篇豈其本數,但如是而已乎?抑或有亡逸而不具者乎?曰:是不可知也。但以經文與其禮之類考之,恐其篇數本不止此也[②]。是經之言士禮特詳,其於大夫,則但見其祭禮耳,而其昏禮、喪禮則無聞焉,此必其亡逸者也。《公食大夫禮》云‘設洗如饗’,謂如其公饗大夫之禮也,而今之經乃無是禮焉,則是逸之也,明矣。又諸侯之有覲禮,但用於王朝耳,若其邦交,亦當有相朝、相饗、相食之禮。又諸侯亦當有喪禮、祭禮,而今皆無聞焉,是亦其亡逸者也。然此但以經之所嘗言禮之,所可推者而知之也,而况其間又有不盡然者乎?由此言之,則是經之篇數本不止於十七,亦可見矣,但不知諸侯既去其籍之後即失之邪,抑傳之民間久而後失之也,是皆不可得而考矣。”

---

① “志”下原無“見荀子”三字,校本有,與朱彝尊《經義考》同,據補。

② “篇”字原作“編”,校本作“篇”,與《集説》自序同,據改。

吴氏澂曰:“漢興,高堂生得《儀禮》十七篇,後魯恭王壞孔子宅,得古文《禮經》於孔氏壁中,凡五十六篇,河間獻王亦得而上之,其十七篇與《儀禮》正同,餘三十九篇藏在秘府,謂之《逸禮》。哀帝初,劉歆欲以列之學官,而諸博士不肯置對,竟不得立。孔、鄭所引《逸中霤禮》、《禘於太廟禮》、《王居明堂禮》,皆其篇也,唐初猶存,諸儒曾不以爲意,遂至於亡,惜哉!今所彙八篇,其二取之《小戴記》,其三取之《大戴記》,其三取之鄭氏註,《奔喪》也、《中霤》也、《禘於太廟》也、《王居明堂》也,固得《逸禮》三十九篇之四,而《投壺》之類未有考焉,疑古《禮》逸者甚多,不止於三十九也。《投壺》、《奔喪》篇首與《儀禮》諸篇之體如一,《公冠》等三篇雖已不存此例,蓋作記者删取其要以入記,非復正經全篇矣。《投壺》大、小戴不同,《奔喪》與《逸禮》亦異,則知此兩篇亦經刊削,但未如《公冠》等篇之甚耳。五篇之經文殆皆不完,然實爲《禮經》之正篇,則不可以其不完而擯之於記,故特纂爲《逸經》以續十七篇之末。至若《中霤》以下三篇,其經亡矣,而篇題僅僅見於註家片言隻字之未泯者,猶必收拾而不敢遺,亦我愛其禮之意也。○《儀禮》有《士冠禮》、《士昏禮》,《戴記》則有《冠義》、《昏義》;《儀禮》有《鄉飲酒禮》、《鄉射禮》、《大射禮》,《戴記》則有《鄉飲酒義》、《射義》,以至《燕》、《聘》皆然,蓋周末漢初之人作以釋《儀禮》,而戴氏抄以入記者也。今以此諸篇正爲《儀禮》之傳,故不以入記,依《儀禮》篇次稡爲一編,文有不次者,頗爲更定,《射義》一篇迭陳天子、諸侯、卿大夫之射,雜然無倫,釐之爲《鄉射義》、《大射義》二篇,《士相見義》、《公食大夫義》則用清江劉氏原父所補,並因朱子而加攷詳焉,於是《儀禮》之經自一至九,經各有其傳矣,惟《覲義》闕然。《大戴·朝事》一篇,實釋諸侯朝覲天子及相朝之禮,故以備《覲禮》之義,而爲傳十篇云。”

汪氏存寬曰:“自樂亡而經行於世惟五,《易》、《書》、《詩》、《春秋》,雖中不無殘闕,而未若《禮經》甚焉。三百、三千不傳,蓋十之八九矣,世之所傳三《禮》,曰《周禮》、曰《儀禮》、曰《禮記》,其實《禮記》乃《儀禮》之傳,《儀禮》乃《周禮》之節文,而三《禮》之要則在乎吉、凶、軍、賓、嘉五禮之别也。吉禮之别十有二,凶禮之别有五,賓禮之别有八,軍禮之别有五,嘉禮之别有六,此其大較也。《儀禮》十有七篇,吉禮之存惟《特牲饋食》篇,乃諸侯國之士祭祖廟之禮,《少牢饋食》及《有司徹》篇乃諸侯卿大夫祭祖、禰廟之禮。凶禮之存,唯《喪服》篇,乃制尊卑、親踈、冠絰、衣服之禮,

《士喪禮》篇乃士喪其親，自始死至既殯之禮，《士虞禮》篇乃士既葬其親，迎精而反，日中而祭於殯宫之禮。賓禮之存，唯《士相見禮》篇，乃士以職位相親，始承贄相見之禮，《聘禮》篇乃諸侯相交，久無事，使相問之禮，《覲禮》篇乃諸侯秋朝天子之禮。嘉禮之存，唯《冠禮》篇，乃士之子始加冠之禮，《士昏禮》篇乃士娶妻之禮，《鄉飲酒禮》乃鄉大夫賓興賢能飲酒之禮，《鄉射禮》篇乃士爲州長會民射於州序之禮，《燕禮》篇乃諸侯燕饗其臣之禮，《大射儀》篇乃諸侯將有祭祀之事，與羣臣燕飲之禮，《公食大夫禮》篇乃諸侯以禮食鄰國小聘大夫之禮。自此之外，如朝、遇、會、同、郊祀、大饗、帝大喪之禮，蓋自亡逸，況軍禮無存，闕細故此，豈散軼已在於夫子正禮之前哉！是以當時吉禮之失，如魯君之郊僭天子之禮，孟獻子之禘，七月而爲之，夏父弗綦躋僖公而逆祀，三桓大夫立公廟於私家，管仲鏤簋朱紘，晏平仲豚肩不揜豆，至於太廟説笏，與燔柴於奥，諸侯宫縣而祭以白牡之類是也。凶禮之失，如伯魚喪出母期而猶哭，子路姊喪過而弗除，子上母死而不喪，成人兄死而不爲衰，有爲慈母練冠、爲妾齊衰者，有居喪沐浴佩玉與浴於爨室者，有朝祥而莫歌與既祥而絲屨組纓者，以至小斂而奠於西方，既祖而反柩受弔，有以大夫而遣車一乘，有葬其夫人而醯醢百甕之類是也。賓禮之失，如天子下堂而見諸侯，諸侯朝覲而私覿主國，王臣以私好而朝諸侯者有焉，諸侯以强大而盟天子之三公者有焉，庭燎之百，侯國用之，繡黼丹朱中衣，大夫用之者又有焉。嘉禮之失，如魯昭公娶於吴則不告天子，魯哀公爲重《肆夏》以饗賓，天子以喪賓燕者有之，夫人出境而饗諸侯者有之，大夫反坫與不識殽烝者又有之。軍禮之失，如齊桓公亟舉兵，作僞主以行，魯莊公及宋戰，以失御而敗，戰而復矢，始於升陘，敗而髽弔，始於臺駘，以至蒐田不時，丘甲始作之類可考也[①]，又況出師專征，習視故常，争地黷武，歲無虚日，使《禮經》舊典具存於當時，則五禮之失豈至如是之甚哉！由是知周之叔世，禮典多已散逸，蓋不特火於秦而亡於漢也。”

湛氏若水曰：“《儀禮》之爲經也，《禮記》之爲傳也，不可易矣，然而今也皆亡而不全，故有《士冠禮》而無天子、諸侯冠禮，有《士昏禮》而無天子、諸侯昏禮，其於喪、祭也亦然，故祭則《小戴・郊特牲》也，《大戴・諸

① “丘”原作“邱”，校本作“丘”，作“邱”者蓋因避孔子諱而改，今改回“丘”，後放此。

侯釁廟》也、《遷廟》也，冠則《公符》也，及其散見於《禮記》也班班焉耳，皆其傳也，而經則亡矣。〇吴文正以《大戴·釁廟》、《遷廟》、《投壺》、《公符》、《奔喪》補經也，奈何曰非也，其爲《逸經》傳也，《投壺》之爲傳也，何徵？曰：稱魯令、薛令也，可知其爲傳。”

何氏喬新曰：“臨川吴文正公校正《儀禮》，既因鄭氏序而詮次其篇章，凡經文散見於《戴禮》鄭註者，則表而出之，爲《逸經》八篇。禮必有義，又取《戴記》所存與清江劉原父所補者爲傳十篇，若《士相見義》、《公食大夫義》，則原父所補也。予近得《原父文集》[①]，又得《投壺》一篇，蓋釋禮經投壺之義也，故録於《朝事》之後，以補逸經之傳焉。正經十七篇，有傳者十，逸經八篇，有傳者一，其餘缺焉，崇禮君子雖追而補之，可也。”

吴氏繼仕曰：“《儀禮》經多散佚，如《投壺》、《奔喪》、《世子明堂》，乃是經而逸於記中者。”

郝氏敬曰：“十七篇不言天子、諸侯禮，鄭康成因冠、昏、喪、虞禮皆稱士，遂謂禮獨士存，拘也。士先四民，禮義由士出，故言禮繫之士，公、卿、大夫皆士之仕者，上而諸侯，又上而天子，可引而伸矣。故夫《特牲》不言士，《少牢》不言大夫，士用特牲，而不止士也，大夫用少牢，而不止大夫也，但舉隆殺爲例耳。讀禮者固執不通，遂謂天子、諸侯禮亡，亦猶夫禮經存而樂經亡之陋説也。”

焦氏竑曰：“漢初《禮經》出魯淹中，河間獻王得而奏之，乃高堂生獨傳十有七篇，即今之《儀禮》也，后蒼從堂講業，尋以授戴德兄弟及沛人慶普，後三家竝微，鄭玄明小戴之學，自爲之註，乃盛行。《喪服》一篇相傳出於子夏。而獻王又從李生得《周官》書，以《冬官》缺，取《考工記》足成之，顧不知《冬官》未嘗缺也。蓋冢宰六屬，屬六十，今冬官之屬才二十八，而五官數各有羨，天官六十有三，地官七十八，春官七十，夏官六十九，秋官六十六，遺編斷簡錯出乃爾，取其羨數還之冬官，不獨百工得歸其部，而六官譌舛因可類考，亦足快矣。《儀禮》多逸，永樂中御史劉有年獻《逸經》十有八篇，時未加表章，旋就湮没。夫以古經出於千百世之後而不爲寶，惜劉歆所謂杜道餘，滅微學，寧獨漢人而已。”

張氏采曰：“永樂初，太平守劉有年進《逸禮》，則知初唐所亡之書，國

---

① “近得”，校本同，《經義考》“得”作“讀”。

初猶有表獻者。”

朱氏彝尊曰："《明一統志》沅洲劉有年洪武中爲監察御史，永樂中上《儀禮逸經》十有八篇，楊用脩訝有年何從得之，又怪當時廟堂諸公不聞有表章傳布之請，且求之内閣，不見其書。吾意有年所進，即草廬吴氏本爾，《逸經》八篇，《傳》十篇，適合其數。當時内閣諸老知其爲草廬書，是以《館閣書目》止載草廬本，無有年姓名也，此無足致疑。"

毛氏奇齡曰："三代之禮，至春秋已亡，孔子能説夏、殷禮，而杞宋無徵，韓宣子聘魯，見《易・象》，《春秋》即歎爲周禮在魯，夫《易・象》何與於禮，秖《春秋》記事多，案典制爲是非，而即以爲一代之禮盡在於是。然則周禮之亡也久矣，是以孟子在滕，其國不知有三年之喪，而至於棺椁、衣衾厚薄何等，即門人如充虞、樂正子輩亦不能之解也，特漢傳三《禮》，一録官政，而其一則但譜士禮，又闕軼未備，一則散輯諸議禮之文[1]，彼我參錯，全然無可爲紀要者。"

閻氏若璩曰："案孔壁古文《禮》三十九篇，讀隋《牛宏傳》，始知書亡於隋以前，故《隋經籍志》無其目。〇《朝事儀》見《大戴禮記》卷十二，非逸經也。〇賈誼引《學禮》，本《禮記・保傅》，《古大明堂》之禮，蔡邕明言《禮記》，皆非逸經。"

姜氏兆錫曰："大宗伯所掌吉、凶、賓、軍、嘉五者之禮，而《儀禮》蓋即五禮節文之儀也，通校五禮之類，袛三十有六，則先聖所云'禮儀三百，威儀三千'者何也？案吉禮十有二類，賓禮八類，皆第約其目，而凶禮、軍禮各五類，嘉禮六類，又止總其綱，則其目之藴于綱，綱之析于目者，數固博矣。況大宗伯所掌，王禮爲主，而推而放之，凡自諸侯而達于大夫、士者，又數之不勝數乎？此其所爲以三百包三千而優優大哉至是也。然則今存者止十餘篇，又何亡之甚也，此秦實亡之，而不惟秦亡之也。秦燔書，典籍固多澌滅，然孔壁既出今《詩》、《書》、《易・象》、《春秋》，汔于四子，雖間有殘脱，猶號完書，即《周禮》猶有五官也，若《儀禮》之尤闕，則有以矣。考《周禮》除闕冬官外，其天、地、夏、秋四官皆布法懸象，而春官惟王大封頒祀于邦國、都家、鄉邑而已，其一切法象皆不和布以懸觀也，凡言和布者，謂取其故典，與時損益，調和而布之也，獨禮文謂之掌故，則不待

[1] "議禮"之"議"原作"儀"，校本作"議"，毛奇齡《喪禮吾説篇》及《經義考》引文同，據改。

歲爲調和矣，且其文委曲繁重，懸之既莫殫，觀之又莫究，故凡王朝將行大禮，亦唯太史以書協禮，及臨事，各執事以詔相之，則其逵于大夫、士以下者，亦概可知耳。彼其書既不布在人間，此所以澌滅猶甚，今唯諸侯以下大夫、士所行者僅存諸篇，而其王朝（大朝）大禮藏之故府者多不存也[①]。”

一、論古今文

賈氏公彦曰：漢興，求録遺文之後，有古書今文。《漢書》云，魯人高堂生爲漢博士，傳《儀禮》十七篇，是今文也。至武帝之末，魯共王壞孔子宅，得亡《儀禮》五十六篇，其字皆以篆書，是爲古文也。古文十七篇與高堂生所傳者同，而字多不同，其餘三十九篇絶無師説，在於祕館，鄭註《禮》之時，以今古二字竝之，若從今文不從古文，即今文在經，于註内疊出古文，若從古文不從今文，則古文在經，註内疊出今文。《儀禮》之内，或從今或從古，皆逐義强者從之，若二字俱合義者，則互换見之。

李氏舜臣曰：“余讀《冠禮》‘筮於庿門’，釋者曰：庿，古文廟字也。蓋十七篇本古文爾，而承以秦隸至於今，則多俗筆，甲乙或易。如‘昏禮下達，納採用鴈’，納本補紩，而鴈，鵝也，酢，酸漿也，讀酬酢之酢，豈不遠哉。不揣弇陋，正以大篆，用其邊旁，以爲楷書，兼以《周禮》、《戴記》正焉。”

何氏喬新曰：“漢興，高堂生得之，以授瑕丘蕭奮，奮授東海孟卿，卿授后蒼，蒼授戴德、戴聖，是爲今文。魯共王壞孔子宅，得古經五十六篇於壁中，河間獻王得而上之，其十七篇與《儀禮》正同，餘三十九篇藏於祕府，是爲古文。”

一、論經禮威儀之别

孔氏穎達曰：“《周禮》見於經籍，其名異者見有七處：案《孝經説》云

① “王朝大禮”原作“王朝大朝大禮”，校本作“王朝大朝之禮”，姜兆錫《儀禮經傳》作“王朝大禮”，應據删。

‘經禮三百’，一也；《禮器》云‘經禮三百’，二也；《中庸》云‘禮儀三百’，三也；《春秋説》云‘禮經三百’，四也；《禮説》云‘有正經三百’，五也；《周官外題》謂‘爲《周禮》’，六也；《漢書藝文志》云‘《周官經》六篇’，七也。七者皆云‘三百’，故知俱是《周官》。《周官》三百六十，舉其大數而云‘三百’也。其《儀禮》之别亦有七處，而有五名：一則《孝經説》、《春秋》及《中庸》竝云‘威儀三千’，二則《禮器》云‘曲禮三千’，三則《禮記》云‘動儀三千’，四則謂爲《儀禮》，五則《漢書藝文志》謂‘《儀禮》爲古《禮經》’。凡此七處，五名稱謂竝承三百之下，故知即《儀禮》也。所以三千者，其履行《周官》五禮之别，其事委曲，條數繁廣，故有三千也，非謂篇有三千，但事之殊别，有三千條耳，或一篇一卷則有數條之事，今行於世者，唯十七篇而已。”

吕氏大臨曰：“《禮器》云‘經禮三百，曲禮三千，其致一也’，《中庸》云‘禮儀三百，威儀三千，待其人而後行’，然則‘曲禮’者，威儀之謂，皆禮之細也。布帛之有經，一成而不可變者也，故經禮象之，‘經禮三百’，蓋若祭祀、朝、聘、燕、饗、冠、昏、鄉射、喪紀之禮，其節文之不可變者有三百也。布帛之有緯，其文曲折有變而不可常者也，故曲禮象之，‘曲禮三千’，蓋大小、尊卑、親疎、長幼竝行兼舉，屈伸損益之不可常者有三千也。今之所傳《儀禮》者，經禮也，其篇末稱記者，記禮之變節，則曲禮也。《禮記》所載，皆孔子門人所傳授之書，雜收于遺編斷簡者，皆經禮之變節也。”

葉氏夢得曰：“‘經禮三百，曲禮三千’，經禮一而曲禮十，經禮其常，猶言制之凡也，曲禮其變，猶言文之目也，故言‘禮儀三百，威儀三千’。先王之時，皆有書與法藏，有司官掌之，士習之，有司守之，謂之執禮，《周官》太史掌邦之六典，禮居一焉，其曰大祭祀‘與羣執事讀禮書而協事，祭之日執書以次位常，大會同、朝覲以書協禮事，將幣之日執事以詔王’，小史‘大祭祀讀禮法’，或讀之以喻衆，或執之以行事，至周衰，而二者皆亡，惟孔子獨能知之，故亦謂之執禮。今《禮記》首載《曲禮》，此非其書與法之正，漢儒雜記其所聞而纂之耳，故言《曲禮》曰以表之如毋放飯、毋流歠，《孟子》亦云，則孟子猶及見其畧與？所謂經禮者，無複聞矣。”

朱子曰：“‘禮經’、‘威儀’，《禮器》作‘經禮’、‘曲禮’，而《中庸》以‘禮經’爲‘禮儀’，鄭玄等皆曰：‘“經禮”，即《周禮》三百六十官，“曲禮”即今

《儀禮》冠、昏、吉、凶，其中事儀三千，以其有委曲威儀，故有二名。’獨臣瓚曰：‘《周禮》三百，特官名耳，經禮，謂冠、昏、吉、凶。’蓋以《儀禮》爲經禮也。而近世括蒼葉夢得曰：‘經禮，制之凡也；曲禮，文之目也。先王之世，二者蓋皆有書，藏于有司，祭祀、朝覲、會同則太史執之以涖事，小史讀之以喻衆，而卿、大夫受之以教萬民，保氏掌之以教國子者，亦此書也。’愚意禮篇三名，《禮器》爲勝，諸儒之説，瓚、葉爲長，蓋《周禮》乃制治立法，設官分職之書，於天下事無不該攝，禮典固在其中，而非專爲禮設也，故漢志列其經傳之目，但曰‘周官’而不曰‘周禮’，自不應指其官目以當禮篇之目，又況其中或以一官兼掌衆禮，或以數官通行一事，亦難計其官數以充禮篇之數。至於《儀禮》，則其中冠、昏、喪、祭、燕、射、朝聘，自爲經禮大目，亦不容專以‘曲禮’名之也，但《曲禮》之篇未見于今何書爲近，而‘三百’、‘三千’之數，又將何以充之耳。又嘗考之經禮，固今之《儀禮》，其存者十七篇，而其逸見於它書者，猶有《投壺》、《奔喪》、《遷廟》、《釁廟》、《中霤》等篇，其不可見者，又有古經增多三十九篇。而《明堂陰陽》、《王史氏記》數十篇，及河間獻王所輯禮樂古事，多至五百餘篇，倘或猶有逸在其間者，大率且以《春官》所領五禮之目約之，則其初固當有三百餘篇亡疑矣。所謂曲禮，則皆禮之微文小節，如今《曲禮》、《少儀》、《内則》、《玉藻》、《弟子職》篇所記，事親、事長起居、飲食、容貌、辭氣之法，制器備物、宗廟宫室、衣冠車旗之等。凡所以行乎經禮之中者，其篇之全數雖不可知，然條而析之，亦應不下三千有餘矣。若或者專以經禮爲常禮，曲禮爲變禮，則如《冠禮》之不醴而醮用酒、殺牲而有折俎、若孤子冠、母不在之類，皆禮之變，而未嘗不在經禮篇中，‘坐如尸’、‘立如齋’、‘毋放飯，毋流歠’之類，雖在《曲禮》之中，而不得謂之變禮，其説誤也。”

王氏應麟曰：“《三禮義宗》云，《儀禮》十七篇，吉禮三，凶禮四，賓禮三，嘉禮七，軍禮皆亡。《禮器》註曲禮謂今禮也，即指《儀禮》，而《儀禮疏》云‘亦名曲禮’，晉荀崧亦云。朱文公從《漢書》臣瓚註，謂‘儀禮’乃經禮也，‘曲禮’皆微文小節，如今《曲禮》、《少儀》、《内則》、《玉藻》、《弟子職》所謂‘威儀三千’也。”

敖氏繼公曰：“《記》有之，曰‘經禮三百，曲禮三千’。所謂‘經禮’，即十七篇之類也，其數乃至三百者，豈其合王朝與侯國之禮而言之歟？若所謂‘曲禮’，則又在經禮之外者，如《内則》、《少儀》所記之類是也。”

郝氏敬曰："夫儀之不可爲經，猶經之不可爲儀也。經者，萬世常行；儀者，隨時損益。父子、君臣、夫婦、長幼、朋友，經也。禮儀三百，威儀三千，儀也。皆以節文斯五者，五者三代相因，而儀者所損益可知也。"

姜氏兆錫曰："三千之數，若以篇數求之，恐其數或無以充。或者以爲經禮是禮之大條件，曲禮是其中之小條件，曲禮與經禮非是劃然兩項，曲禮即在經禮之中，其分二名，只是一綱一目，猶《大學》所謂三綱領、八條目也，但不得專以變禮當之耳。且如《儀禮》今存十七篇，是經禮，其中之威儀條件，卻有許多便是曲禮，惟經禮是綱領，藏得這許多，故經禮每禮自爲一篇，而曲禮亦在其中也。"

一、雜論註、疏傳説得失

孔氏融曰："鄭康成多臆説，人見其名學，謂有所出也，證案大要在《五經》、四部書，如非此文，近爲妄矣。"

晉書元帝踐祚，《周官》、《禮記》鄭氏置博士，荀崧上疏曰："《儀禮》一經，所謂《曲禮》，鄭玄於禮特明，皆有証據，宜置鄭《儀禮》博士一人。"

賈氏公彦曰："信都黄慶者，齊之盛德，李孟悊者，隋曰碩儒，慶則舉大略小，經註疏漏，猶登山望遠而近不知，悊則舉小略大，經註稍周，似入室近觀而遠不察，二家之疏互有修短，時之所尚，李則爲先。案《士冠》三加有緇布冠、皮弁、爵弁，既冠，又著玄冠見于君，有此四種之冠，故記人下陳緇布冠、委貌、周弁以釋經之四種，經之與記都無天子冠法，而李云委貌與弁皆天子始冠之冠，李之謬也。《喪服》一篇，凶禮之要，是以南、北二家章疏甚多，時之所以皆資黄氏，案鄭註《喪服》引《禮記・檀弓》云'絰之言實也，明孝子有忠實之心，故爲制此服焉，則絰之所作，表心明矣'，而黄氏妄云'衰以表心，絰以表首'，以黄氏公違鄭註，黄之謬也。黄、李之訓，略言其一，餘足見矣。今以先儒失路，後宜易塗，故悉鄙情，聊裁此疏，未敢專欲，以諸家爲本，擇善而從，兼增已義，仍取四門助教李玄植，詳論可否，僉謀已定，庶可施矣。函丈之儒，青衿之俊，幸以去瑕取玖，得無譏焉。"

沈氏括曰："予爲《喪服後傳》，書成，熙寧中，欲重定《五服敕》，而予預討論，雷、鄭之學，謬闕頗多。"

晁氏公武曰："齊黄慶、隋李孟悊各有疏義，公彦删二疏爲此書，國朝嘗詔邢昺是正之。"

朱子曰："《儀禮疏》説得不甚分明。"

衛氏湜曰："鄭氏註雖間有拘泥，而簡嚴該貫，非後學可及。"

馬氏廷鸞曰："康成之註，公彦之疏，何學之博也。"①

敖氏繼公曰："此書舊有鄭康成註，然其間疵多而醇少，學者不察也。"

陳氏澔曰："鄭氏祖讖緯，孔疏惟鄭之從，雖有他説，不復收載，固爲可恨，然其灼然可據者不可易也。"

郝氏敬曰："昔人謂《儀禮》難讀，未知文辭難耶？義理難耶？義理奥不于他經，文辭煩瑣，詳思自解。三《禮》惟《戴記》多名理，《周禮》多疑竇，《儀禮》差易，鄭康成拘泥名理，殊非所長，人見其附會多端，以爲特詳于制，然紕漏處難可一二數也，每憑管見，時加檢舉，貴使學者自得，非敢與之角短長也。如《冠禮》'緇布冠，缺項'本謂冠後有缺未合，約之以組，鄭謂'缺，讀如《詩》"有頍者弁"之"頍"'，圍髮際也。又'白屨，以魁柎之'，魁，屨頭也，柎與跗同，足底也，即今之韡様，反頭爲底是也，鄭解魁作蜃，柎作注，謂以蜃蛤附屨使白也。又既冠，見母于東壁，東壁者，廟中東偏室，東爲東壁，西爲西壁，《士虞禮》云'饎爨在東壁，西面'，《特牲記》云'饎爨在西壁'，子冠，母亦在廟，鄭謂母在闈門外，廟中通宫中門曰闈門，則是以闈門之外爲東壁也，古制左廟，如鄭説，廟不在宅之右乎？東壁爲闈門，西壁又何門乎？《昏禮》'姆纚笄宵衣'，宵衣，謂玄色衣也，故《特牲饋食禮》亦云婦宵衣，以其繼喪祭後，吉尚玄，變于素也，鄭改宵作綃，引《詩》'素衣朱繡'之'繡'。又舅姑醴婦，婦疑立于席西，凡不正相向曰疑，《士相見禮》亦云'不疑君'，謂不敢邪向君也，鄭解疑爲定立之貌。又上大夫相見以羔，四維之，如麛，麛，小鹿，羔，小羊，鹿野物難馴，執之須繩維其足，執羔亦當如小鹿四維也，鄭謂執麛有成禮，執羔如之。《鄉飲酒禮》主人再拜崇酒，崇者，奬藉之意，賓告旨，故主人謝其崇奬己酒，鄭云'崇，充也，酒惡相充實'也。又'主人釋服，乃息司正'，謂主人朝服拜謝賓，歸釋服，即治具勞司正，非謂息司正不用朝服也，猶《聘記》云'幣

① "馬氏廷鸞"至"學之博也"，校本無。

之所及’,‘勞不釋服’,皆敏速意,鄭謂脱朝服,更服玄端,而不知玄端即朝服也。《鄉射記》云君射于國則皮樹中,郊則閭中,大夫兕中,士鹿中,中者,盛算之器,刻木似獸形,閭中似驢皮,樹中似馬,即《易》所謂駁馬也,馬有駁,樹亦有駁,《詩》云‘隰有六駁’,駁,樹皮斑駁似馬[①],故云‘皮樹’,鄭知閭之爲驢,而不知皮樹之爲馬也。《燕禮》主人媵觚于賓,媵與賸通,猶副也,正獻之外謂之媵爵,鄭解媵爲送,又疑爲騰字之誤。《燕禮記》云‘栗階不過二等’,栗與歷通,凡歷階者,一足踐一級,故曰‘不過二等’,過二等則超越失儀,鄭謂不盡階二等,左右足一發升堂也。《大射禮》連設三侯,有干侯、參侯、大侯,參侯立二侯中,故曰參,干侯在内,近而易犯,故曰干,猶水邊曰河干也,鄭謂參作糝,干作豻。《鄉射記》侯道弓二寸,以爲侯中,中即鵠也,《考工記》云‘侯三分其廣而鵠居一’,鄭疑其過大,乃以侯中爲全侯,不知古人射主行禮,大其鵠,使人易中,故鵠本大鳥也,鄭云‘鵠,小鳥’。又‘簜倚于頌磬,西紘’,紘者,簜兩旁懸耳繩,如冠之有紘,而鄭以紘爲懸磬。《聘記》飧賓不拜,‘沐浴而食之’,本謂飧熟食禮輕,不以君命,故賓不拜,道途風塵,至館沐浴乃食,鄭謂沐浴,尊君也,尊君則何以不拜?又‘上介不襲,執圭’,‘賓襲,執圭’,公授宰玉,裼,還玉賓襲,還璋賓裼,凡執玉,單藉曰裼,重包曰襲,玉有繅而赤手執之曰裼,以衣掩其手而併繅執之曰襲,故《曲禮》及《聘記》曰執玉有藉者裼,無藉者襲,鄭泥《玉藻》見美、充美,以衣裘解,謂執玉時或裼裘、或襲裘也。又君使大夫還玉,賓升自西階,自大夫左受玉,退,負右房而立,右房即東房,升堂以東爲右,猶入門東之言入門右也,鄭謂右房爲西房,古宫室制未有西房者。又《聘記》大夫來使,無罪則饗之,過則餼之,本謂大夫以謝罪通好來,與假道經過者或饗之、或餼之,鄭謂嘉賓則與饗,有過則不饗而餼之,將以附合《聘義》愧厲之説,其實非也。既飯而飲酒曰酳,酳者,胤也[②],繼續之意,鄭謂酳之言演也,演安其所食也。《公食大夫禮》鼎鼏‘若束若編’,本謂陳鼎門外,防不潔,故鼏蓋其鼎而以繩編之、束之,鄭謂以茅爲鼎幂,茅可以爲幂乎?《覲禮》‘匹馬卓上,九馬隨之’,謂十馬以一馬居前爲上首,九馬并列于後,所謂庭實之旅也。鄭云卓如‘卓王

① “斑”原作“班”,校本作“斑”,郝敬《談經》同,據改。

② “胤”原作“肻”,爲避諱改字,今改回正字,後放此。

孫'之卓，猶的也，以素的一馬爲上，書其國名，後當識其何産，引晉屈産之乘爲證。《喪服》斬衰苴絰、絞帶，本謂以苴麻絞爲首絰，又絞爲帶，絞帶與絰同，故謂之要絰。所謂布帶，則禮服之大帶也，與要絰異，而鄭云要絰象大帶，絞帶象革帶，則是以布帶爲要絰也。又'朝一溢米，夕一溢米'，溢，盈也，盈，一握曰溢，溢之言搤也，一手所握曰搤，與搹通，鄭謂二十兩曰鎰，二十四分升之一也。又繼母服齊衰，與因母同，因母者，嫡母也，因嫡而後有繼，故繼謂嫡曰因，鄭訓因，親也。又女子子在室爲父布總、箭笄、髽衰三年，不言裳，同衰可知，鄭云婦人衣裳不殊，按《詩》'緑兮衣兮，緑衣黄裳'，又云'衣錦褧衣，裳錦褧裳'，非婦人衣、裳殊與？又'無服之殤以日易月'，本謂長殤大功九月者爲喪九日，中殤小功七月者爲喪七日，如不飲酒、不作樂之類，鄭謂生一月者哭一日，有如八歲殤無服，不當哭百日乎？是毁過于斬衰矣。又大功章'爲夫之昆弟之婦人子適人者'，即同居繼父之子也，叔伯兄弟俱死，而叔伯母猶爲之服，鄭以婦人子爲女子子。《喪禮》幎目用緇，幎與幂同，遮蔽也。握手牢中，牢，猶籠也，本謂空其中以籠尸手，鄭謂幎讀如縈，牢讀如樓，又屨綦結于跗，跗，足下也，如花跗、弓跗，前云屨魁，柎正與此同，謂屨底也。死者著屨，連底束之，使牢固，鄭以跗爲足上。又襲尸'設決麗于掔，自飯持之'，設握乃連掔，本謂將飯含，先以決繫麗其指于腕間，使手不旁垂，乃施握交臂如生時也，鄭于此段文義全不解。又大斂饌髭豆兩，其實葵菹芋，芋即所謂蹲鴟，鄭謂齊人語，全菹爲芋。又卜葬日，宗人受龜，示高，高猶上也，本謂龜甲上可兆之處，先以示主人而後灼，《周禮・太卜》亦云眡高猶俗言上頭高處云爾，鄭謂龜甲高起，龜板平，未聞有高處也。《喪禮》有遣車，即送葬之乘車，鄭謂爲土木偶車納于壙中者。又《喪禮》主人脱髦，猶言散髮也，髦與毛同，始死孝子投冠留笄纚，小斂解去笄纚，以麻括之，既殯成服，解其麻，加冠絰，皆所謂脱髦也，鄭以髦爲子事父母之飾。又'隸人涅厠'，滌死者便器也，鄭謂閉塞溷厠。又'籩豆實具設，皆巾之'，謂既實菹醢果脯之具設，必加巾，鄭訓具，偶也，成偶乃巾，一籩一豆不巾。《既夕記》朔月薦新則不饋于下室，下室即室也，對堂上言曰下，鄭謂下室内堂也。又祭前三日筮尸，常禮也，《特牲》與《少牢》同，鄭不解《少牢》宿與前宿之文，遂謂士祭前三日筮，大夫祭前一日筮，避君禮也，夫用筮同，何爲又避其日乎？《少牢》主婦被錫衣，錫通作緆，細布也，與錫衰之錫同，朝服布十五升,用其半爲錫衰,此錫衣則用朝服布也,主人朝服,故主婦被錫衣,漢人謂曳阿錫是也,鄭欲附會《周禮·追師》之文,謂錫衣當作髲鬄。他如此類,不可勝記,而隱僻譸張,皆似此,附見各章。○今人用字尚象,古人用字尚音。尚象者辨其點畫,尚音者切其意響,二者不同。然文字以義理爲主,苟恣意假託,則愈譸張失真,如角柶之柶爲匙也,賓厭介之厭爲壓也,孝子圭爲之圭爲蠲也,苴刌茅之苴爲藉也,一溢米之溢爲搤也,栗階之栗爲歷也,閭中之閭爲驢也,錫衣之錫爲緆也,交錯以辯之辯爲徧也,酳爵之酳爲胤也,綏祭之綏爲墮也,面枋之枋爲柄也,若此類響切而意合,故古人隨宜用之。若夫緇布冠缺項之缺以爲頍也,騰羞之騰以爲媵也,媵爵之媵以爲騰也,握手牢中之牢以爲樓也,幎目之幎以爲縈也,酳爵之酳以爲演也,純衣之純以爲緇也,崇酒之崇以爲充也,旅酬之酬以爲周也,參侯之參以爲糝也,錫衣之變而爲髲鬄也,芋之變而爲全菹也,若斯之類,風影附合,譸張爲幻,不可從也。鄭之訓詁多此類,俗儒一切耳食,引以證文字,後生不察,轉相師承,其誤可勝窮乎。”以上論註、疏。

朱子曰:“劉原父卻會效古人爲文,其集中有數篇論全似《禮記》。○紹興初,行《鄉飲酒禮》,其儀乃是高抑崇撰,如何不看《儀禮》,只將《禮記·鄉飲酒義》做這文字,是貽笑千古者也。”

何氏喬新曰:“或曰束晳補《南陔》諸詩,白居易補《湯征》,皆見非于君子,原父所補,亦《南陔》、《湯征》之類耳,豈可取以爲訓哉。予以爲不然,《南陔》、《湯征》,經也,經出于聖人所删,補之,僭也。《冠》、《昏》諸義,傳也,傳出于周末、漢初諸儒所作,補之,奚不可耶?且朱子嘗補格物致知之傳矣,今與曾子之傳竝列于學官,未有非之者,苟以補傳爲不韙,則朱子豈爲之哉?”以上論劉敞補傳。

《玉海》:“元祐八年正月,侍讀學士范祖禹言,太常博士陳祥道註解《儀禮》三十二卷,精詳博學,乞下兩制看詳,并所進禮圖付太常,以備禮官討論,從之。”論陳祥道註解。

陳氏振孫曰:“古《禮》,永嘉張淳忠甫所校,以古監本、巾箱本、杭細本、嚴本校定,識其誤而爲之序,謂高堂生所傳《士禮》爾。今此書兼有天子、諸侯、卿、大夫禮,決非高堂生所傳,其篇數偶同,自陸德明、賈公彦皆云然,不知何所據也。”

朱子曰:“張忠甫疑今《儀禮》非高堂生之書,但篇數偶同耳,此則不深考於劉歆説所訂之誤,又不察其所謂《士禮》者,特略舉首篇以明之,其曰推而至于天子者,蓋專指冠、昏、喪、祭而言,若燕、射、朝、聘,則士豈有是禮而可推耶? ○《儀禮》人所罕讀,難得善本,而鄭註賈疏之外,先儒舊説多不復見,陸氏《釋文》亦甚疎略,近世永嘉張淳忠甫校定印本,又爲一書,以識其誤,號爲精密,然亦不能無舛謬。○張忠甫所校《儀禮》甚仔細,然卻於《目録》中《冠禮》'玄端'處便錯了,但此本較他本爲最勝。"以上論張淳校定古《禮》、《釋文》、《識誤》。

《中興藝文志》曰:"《儀禮》既廢,學者不復誦習,或不知有是書。乾道間,有張淳始訂其訛,爲《儀禮》釋訛。淳熙中,李如圭爲《集釋》,出入經傳,又爲《綱目》以別章句之指,爲《釋宫》以論宫室之制,朱熹嘗與之校定禮書,蓋習於禮者。"

魏氏了翁曰:"李氏《儀禮集釋》功夫緻密,附以古音,至不易得第一,唯鄭、賈之言是信有不可盡從者。"

張氏萱曰:"宋淳熙間,李寶之如圭取鄭氏註而釋之,首一卷爲《儀禮綱目》,以分別章句之指次。《集釋》十七卷,皆發明前人未備,末一卷爲《釋宫》,考論宫室之制,凡一十九卷。"以上論李如圭《集釋》。

朱子曰:"《儀禮》,禮之根本,而《禮記》乃其枝葉。《禮記》本秦漢上下諸儒解釋《儀禮》之書,又有他書附益于其間,今欲定作一書,先以《儀禮》篇目置于前而附《禮記》于其後,如《射禮》則附以《射義》,似此類,已得二十餘篇,若其餘《曲禮》、《少儀》又自作一項,而以類相從,若疏中有説制度處,亦當采取以益之。"○又《乞修三禮劄子》曰:"臣聞之六經之道同歸,而禮樂之用爲急,遭秦滅學,禮樂先壞,漢晉以來,諸儒補緝,竟無全書,其頗存者,三禮而已。《周官》一書固爲禮之綱領,至其儀法度數,則《儀禮》乃其本經,而《禮記·郊特牲》、《冠義》等篇乃其義疏耳,前此猶有三禮、通禮學究諸科,禮雖不行,而士猶得以誦習而知其説。熙寧以來,王安石變亂舊制,廢罷《儀禮》而獨存《禮記》之科,棄經任傳,遺本宗末,其失已甚,而博士、諸生又不過誦其虚文,以供應舉。至於其間亦有因儀法度數之實而立文者,則咸幽冥而莫知其源,一有大議,率用耳學臆斷而已。若乃樂之爲教,則又絶無師授,律尺短長,聲音清濁,學士大夫莫有知其説者,而不知其爲闕也。故臣頃在山林,嘗與一二學者考訂其説,欲以《儀禮》爲經而取《禮記》及諸經史雜書所載有及於禮者,皆以附於本經之下，具列註、疏、諸儒之説，略有端緒，而私家無書檢閱，無人鈔寫，久之未成，會蒙除用，學徒分散，遂不能就，而鐘律之制，則士友間亦有得其遺意者，竊欲更加參考，别爲一書，以補六藝之闕，而亦未能具也。欲望聖明特詔有司，許臣就祕書省關借《禮》、《樂》諸書，自行招致舊日學徒十數人，踏逐空閑官屋數間，與之居處，令其編類，雖有官人，亦不繫銜請俸，但乞逐月量支錢米以給飲食，紙札油燭之費，其鈔寫人即乞下臨安府差撥貼書二十餘名，候結局日量支犒設，别無推恩，則於公家無甚費用，而可以興起廢墜，垂之永久，使士知實學，異時可爲聖朝制作之助，則斯文幸甚。〇禮書異時必有兩本，其據《周禮》，分經傳，不多取《國語》雜書，迂僻蔓衍之説者，吾書也，其黜《周禮》，使事無統紀，合經傳，使書無間，别多取《國語》雜記之書，使傳者疑而習者蔽，非吾書也。"

《中興藝文志》曰："熹書爲《家禮》三卷，《鄉禮》三卷，《學禮》十一卷，《邦國禮》四卷，《王朝禮》十四卷，其曰《儀禮經傳通解》者凡二十三卷，熹晚歲所親定，唯《書數》一篇闕而未補。"

李氏方子曰："先生以《儀禮》爲經，而取《禮記》及諸經史書所載有及于禮者，皆以附于本經之下，具列註疏諸儒之説，補其闕遺，而析其疑晦，雖書不克就，而宏綱大要固已舉矣。"

祝氏穆曰："文公所編《儀禮》上篇：《士冠禮》、《冠義》附。《士昏禮》、《昏義》附。《士相見禮》、《鄉飲酒禮》、《鄉飲酒義》附。《鄉射禮》、《射義》附。《燕禮》、《燕義》附。《大射禮》、《聘禮》、《聘義》附。《公食大夫禮》、《覲禮》；下篇：《喪服》、《喪小記》、《大傳》、《服問》、《閒傳》附。《士喪禮》、《既夕禮》、《士虞禮》、《喪大記》、《奔喪》、《問喪》、《曾子問》、《檀弓》附。《特牲饋食禮》、《少牢饋食禮》，次以《禮記・曲禮》、《内則》、《玉藻》、《少儀》、《投壺》、《深衣》爲一類，《王制》、《月令》、《祭法》三篇爲一類，《文王世子》、《禮運》、《禮器》、《郊特牲》、《明堂位》、《大傳》、《樂記》七篇爲一類，《經解》、《哀公問》、《仲尼燕居》、《孔子閒居》、《坊記》、《儒行》六篇爲一類，《學記》、《中庸》、《表記》、《緇衣》、《大學》五篇爲一類，以問吕伯，恭後更詳定。"

陳氏振孫曰："《通解》以古十七篇爲主，而取大、小戴及他書傳所載繫于禮者附入之，二十三卷已成書，闕《書數》一篇，其十四卷草定，未删改，曰《集傳集註》云者，蓋此書初名也。"

王氏應麟曰："文公以《儀禮》爲經，取《禮記》及諸經史書所載附本經之下，具列註疏諸儒之説，爲《經傳通解》二十三卷，喪、祭二禮屬之門人黄幹類次。”

熊氏禾曰：“《儀禮》爲六經之一，乃周公所作，孔子所定，元有三百、三千之目，至漢僅存一十七篇。大、小戴《記》不過如《春秋》之《左氏》、《公》、《穀》，乃其傳耳。自王安石廢罷《儀禮》，但以《小戴》設科，與五經並行，自是學者更不知有禮經矣。文公晚年，始爲《經傳通解》一書，自家鄉以至邦國、王朝，凡禮之大綱細目，靡不具戴，歷門人勉齋黄氏、信齋楊氏三世，始克成書，初本所纂註疏語頗傷繁，後信齋楊氏爲之圖解，又復過畧，而文公初志將欲通闕一字。及諸史志[1]、會要等書，與夫開元、天寶、政和禮斟酌損益，以爲百王不易之大法，而志則未逮。”

吴氏師道曰：“以三《禮》論，則《周官》爲綱，《儀禮》乃本經，而《禮記》諸篇則其疏義，三者固有本末之相，須而不可闕，是以子朱子慨然定爲《儀禮經傳通解集註》之書，未完者，門人又足成之，可謂禮書之大全，千古之盛典也。”

虞氏集曰：“先王既遠，禮樂崩壞，秦漢以來，諸儒相與綴緝所傳聞而誦説之，使後世猶得稍見緒餘者，則其功也，然其臆説自爲牴牾，亦不無焉，自非真知聖人之道，不能有所決疑于其間。伊洛諸君子出，然後制作之，本蓋庶幾矣，至于朱子將觀於會通，以行其典禮，故使門人輯爲《儀禮經傳通解》，其志固將有所爲也，事有弗逮[2]，終身念之。而所謂《家禮》者，因司馬氏之説而麤加檃括[3]，特未成書而世已傳之，其門人楊氏以其師之遺意爲之記註者，蓋以補其闕也。”

曾氏榮曰：“朱子挈《儀禮》正經以提其綱，輯《周禮》、《禮記》諸經有及于禮者以補其闕，釐爲家、鄉、邦國、王朝之目，自天子以至于庶人之禮，謂之《儀禮經傳通解》，然亦未及精詳。”

劉氏瑞曰：“子朱子嘗欲請於朝修三禮劄[4]，不果上，晚乃著《儀禮經傳通解》，始家禮，次鄉禮，次學禮，次邦國禮，而王朝禮終焉，凡四十七卷，視初論少異，蓋自成一家言矣。書未就，先生告終，喪、祭二禮則成于

---

① 據《經義考》，“通”字下闕字或爲“典”。

② “弗”字原作“勿”，校本作“復”，與《經義考》合，據改。

③ “因”字原作“固”，校本作“因”，與《經義考》合，據改。

④ “嘗”字原作“常”，校本作“嘗”，與《經義考》合，據改。

勉齋黄氏，其規模次第授於先生者也，爲卷凡二十有七。”以上論朱子《通解》。

楊氏復曰：“嚴陵趙彦肅嘗作《特牲》、《少牢》二禮圖，質諸先師文公，先師喜曰：更得《冠》、《昏》圖及堂室制度并考之乃爲佳。”論趙彦肅《圖》。

楊氏復曰：“昔文公朱先生既修家、鄉、邦國、王朝禮，以喪、祭二禮屬勉齋黄先生編之，先生伏膺遺訓，取向來喪禮稿本，精專修改，書成，凡十有五卷，復伏讀曰：大哉書乎！秦漢而下未有也。近世以來，儒生習誦，知有《禮記》而不知有《儀禮》，士大夫好古者知有唐開元以後之禮，而不知有《儀禮》，今因篇目之僅存者，爲之分章句，附傳記，使條理明白而易考，後之言禮者有所據依，不至于棄經而任傳，遺本而宗末。王侯大夫之禮關於綱常者爲尤重，《儀禮》既闕其書，後世以來，處此大變者咸幽冥而莫知其源，取具臨時，沿襲鄙陋，不經特甚，可爲感慨，今因《小戴·喪大記》一篇合《周禮》、《禮記》諸書以補其闕，而王侯大夫之禮莫不粲然可考，於是喪禮之本末經緯莫不悉備。既而又念喪禮條目散闊，欲撰《儀禮喪服圖式》一卷以提其要，而附古今沿革於其後，草具甫就，而先生没矣。嗚呼，此千載之遺恨也。先生所脩《祭禮》，本經則《特牲》、《少牢》、《有司徹》，《大戴禮》則《釁廟》，所補者，則自天地神祇、百神宗廟以至因事而祭者，如建國、遷都、巡狩、師田、行役、祈禳，及祭服、祭器，事序始終，其綱目尤爲詳備。先生嘗爲復言祭禮用力甚久，規模已定，每取其書緟閱而推明之間一二條，方欲加意脩定而未遂也。嗚呼，禮莫重於喪、祭，文公以二書屬之先生，其責任至不輕也，先生於二書也，推明文王、周公之典，辨正諸儒異同之論，掊擊後世蠹壞人心之邪説，以示天下後世，其正人心、扶世教之功至遠也，而《喪服圖式》、《祭禮》遺稾尚有未及訂定之遺恨，後之君子有能繼先生之志者，出而成之，是先生之所望也。抑復又聞之先生曰：‘始余創二禮粗就，奉而質之先師，先師喜謂余曰：“君所立喪、祭禮規模甚善，他日取吾所編家、鄉、邦國、王朝禮，其悉用此規模，更定之。”’嗚呼，是又文公拳拳之意，先生欲任斯責而卒不果也，豈不痛哉！”

陳氏振孫曰：“《續儀禮經傳通解》二十九卷，外府丞長樂黄幹直卿撰。幹，晦菴之壻，號勉齋。始晦庵著禮書，喪、祭二禮未及論次，以屬幹續成之。”

曾氏棨曰：“黄榦《通解續》晚年《祭禮》尚未脱藳，又以授之楊復，復研精覃思，蒐經摭傳，積十餘年，以《特牲饋食》、《少牢饋食》爲經，冠之

《祭禮》之首，輯《周禮》、《禮記》諸書分爲經傳，以補其闕，綜之以通禮，首之以天神，次之以地祇，次之以宗廟，次之以百神，次之以因祭，次之以祭物，次之以祭統，有變禮，有殺禮，有失禮，竝見之，篇終郊祀、明堂、廟制，皆折衷論定，以類相從，各歸條貫，使畔散不屬者悉入於倫理，疵雜不經者咸歸于至當，而始得爲全書。又因朱子之意取《儀禮》十七篇悉爲之圖，制度名物粲然畢備，以圖考書，如指諸掌，西山真德秀稱爲千古不刊之典焉。"

張氏萱曰："《儀禮經傳通解續》，宋淳祐間信齋楊復著。朱晦庵編集《儀禮經傳通解》，獨喪、祭二禮未完，以屬黄勉齋榦續成之，勉齋即世祭禮猶未就，於是信齋據二公草本，參以舊聞，精加修定，凡十四卷八十一門。"以上論黄榦、楊復《續通解》。

桂氏蕚曰："《儀禮》經朱子考證已定，楊復《圖》尤爲明便，其文雖屬難讀，然因圖以指經，因經以求義，斯了然矣。"論楊復《圖》。

張氏萱曰："敖註多仍舊文，與朱子《通解》稍異。"

劉氏績曰："漢末鄭玄爲十七篇註，唐賈公彦爲疏，其他皆亡矣。宋朱子爲《通解》，門人楊復爲《圖》，至敖繼公爲《集説》，嗚呼，去周、孔數千年，習者不知幾何人，傳者尚有此數家，然皆精不知蘊奥，粗并亡制度，禮亦難言矣。"以上論敖繼公《集説》。

李氏俊民曰："秦焰既熄，掇拾遺餘，兼收竝蓄，得傳于後漢儒之力也，依稀論著以傳其舊，唐賢之學也，會通經傳，洞啟門庭，以祛千載之惑，朱子之特見也，若夫造詣室奥，疏别户牖，各有歸趣，則至草廬吴先生始無遺憾焉。世有好禮之士，先觀註、疏舊本，次考朱子《通解》，然後取先生所次、所釋而深研之，乃知俊民之言爲不妄也。"

朱氏彝尊曰："吴氏《儀禮逸經》八篇：《投壺》一，《奔喪》二，《公冠》三，《諸侯遷廟》四，《諸侯釁廟》五，《中霤》六，《禘於太廟》七，《王居明堂》八。《傳》十篇：《冠義》一，《昏義》二，《士相見義》三，《鄉飲酒義》四，《鄉射義》五，《燕禮》六，《大射義》七，《聘義》八，《公食大夫義》九，《朝事義》十。方諸朱子《通解目録》，文簡而倫敘秩然，以之頒學官可也。"已上論吴澄《逸經傳》。

曾氏魯曰："六籍之闕也久矣，而禮爲甚。漢興，區區掇拾于秦火之餘，而淹中古經旋復散失，所存者十有七篇而已。《周官》雖後出，而《司空》之篇竟莫能得補，二戴所傳，又往往雜以秦、漢之記。然則學者之欲覩夫成周三千、三百之目之全，固亦難矣，宜乎其學之寥寥而莫講也。雖以韓子之賢尚苦難讀，而謂於今誠無所用，矧他人哉。至宋慶歷、元祐諸儒，先後慨然有志于復古，及朱子乃始斷然謂《周禮》爲禮之綱，《儀禮》其本經，而《禮記》其義疏，於是創爲條目，科分臚列，出入經傳，補其遺闕，以爲王朝、邦國、家、鄉、學禮，而喪、祭二禮則以屬門人黄氏，其有功于學者甚大。然其書浩博，窮鄉晚進，有未易以遽究者。祁門汪先生德輔父間嘗因其成法，别爲義例，以吉、凶、軍、賓、嘉五禮之目會稡成書，名曰《經禮補逸》，辭約而事備，學者便焉，學禮之士誠能因汪氏之所輯以達于朱子之書，則三百、三千之目雖不能復覩其全，然郁郁乎文之盛，豈不若身歷而目擊之矣乎。"

程氏敏政曰："鄉先正環谷汪先生著書凡十餘種，《經禮補逸》一篇尤號精確。"以上論汪克寬《經禮補逸》。

顧氏炎武曰：濟陽張稷若篤志好學，不應科名，録《儀禮》鄭氏註，而采賈氏、吴氏之説，略以己意斷之，名曰《儀禮鄭註句讀》，又參定監本脱誤凡二百餘字，并考石經脱誤凡五十餘字，作《正誤》一篇，附于其後，後之君子因句讀以辨其文，因文以識其義，因其義以通制作之原，則夫子所謂以承天之道而治人之情者，可以追三代之英矣。論張爾岐《句讀》。[1]

一、論讀《儀禮》法

朱子曰："《儀禮》雖難讀，然卻多是重複倫類，若通，則其先後彼此，展轉參照，足以互相發明，久之自通貫也。"

楊氏復曰："學者多苦《儀禮》難讀，雖韓昌黎亦云何爲其難也。聖人之文，化工也，化工所生，人物品彙，至易至簡，神化天成，極天下之至巧莫能爲焉。聖人寫胸中制作之妙，盡天理節文之詳，經緯彌綸，混成全體，竭天下之心思，莫能至焉。是故其義密，其辭嚴，驟讀其書者，如登太華，臨滄溟，望其峻深，既前且卻，此所以苦其難也。雖然，莫難明於《易》，可以象而求，莫難讀於《儀禮》，可以圖，而見圖亦象也。復曩時從

① "論張爾岐句讀"六字，此本原無，據校本補。

先師朱文公讀《儀禮》，求其辭而不可得，則擬爲圖以象之，圖成而義顯，凡位之先後秩序，物之輕重權衡，禮之恭遜文明，仁之忠厚懇至，義之時措從宜，智之文理密察，精粗本末，昭然可見。夫周公制作之僅存者，文物彬彬，如此之盛，而其最大者，如朝、宗、會、遇、大享、大旅、享帝之類，皆亡逸而無傳，重可歎也。"

敖氏繼公曰："繼公晚讀此書，沈潛既久，忽若有得，每一開卷，則心目之間如親見古人於千載之上，而與之揖讓周旋於其間焉，蓋有手之舞、足之蹈而不自知者，夫如是，則其無用、有用之説尚何足以芥蔕于胸中哉。"

郝氏敬曰："不讀《儀禮》，不見古人周詳縝密之思，然善讀者舉其一篇，而十七篇要領皆可知。讀十七篇，而人倫日用、品節度數無不在其中矣。不善學者執數求多，案跡摸擬十七篇，猶以爲未足耳。〇《儀禮》皆古人虛影，學者精神淹貫，方有理會，若但尋行數墨，如鄭康成輩較勘同異，辨正文字，案本演習，如傀儡登場，無生機血脈，老聃所謂芻狗，莊生所謂蜩甲，辜負聖人雅言之意。〇讀禮切忌附合，凡禮家言，非出一人一手，世遠傳疑，安得盡同，但據本文解釋同者，自然脗合，異者不妨并存，牽强比附，失之愈遠。鄭玄諸人所以多爲之説而愈紛也。"

張氏爾岐曰："方愚之初讀之也，遥望光氣，以爲非周、孔莫能爲已耳，莫測其所言者何等也。及其矻矻乎讀之，讀已又默存而心歷之，而後其俯仰揖遜之容如可覩也，忠厚藹惻之情如將遇也，周文郁郁，其斯爲郁郁矣，君子彬彬，其斯爲彬彬矣，雖不可施之行事，時一神往焉，仿佛戴弁垂紳，從事乎其間，忘其身之喬野鄙僿，無所肖似也，使當時遇難而止，止而竟止，不幾于望辟雝之威儀而卻步不前者乎？噫，愚則幸矣，願世之讀是書者勿徒憚其難也。"

姜氏兆錫曰："凡讀《儀禮》，莫作一朝綿蕞看了，學者試想未有此禮時此心如何，行此禮時又如何，見這意思方得。〇《儀禮》三百、三千，不單是道問學正，是德性所流露處，大德是敦那化的，小德從這大處流出來，先儒所發體用一原四字，以此故曰合外内之道。"

一、論以記傳附經

朱子曰："《儀禮》，禮之根本，而《禮記》乃其枝葉，《禮記》本秦漢上下諸儒解釋《儀禮》之書，又有他書附益於其間，今定作一書，先以《儀禮》篇目置於前而附《禮記》於其後，如《射禮》則附以《射義》之類。若其餘《曲禮》、《少儀》，又自作一項，以類相從[①]。前賢嘗謂《儀禮》難讀，以經不分章，記不隨經[②]，註、疏各爲一書，故讀者不能遽曉，今訂此本，盡去諸弊，恨不得令韓文公見之。"

馬氏廷鸞曰："記不隨經，註、疏各爲一書，讀者不能遽曉，此猶古《易》之《彖》、《象》、《文言》、《繫辭》各自爲書，鄭康成所以欲省學者兩讀而爲今《易》也。文公於《禮》書之離者合之，於《易》書之合者離之，是亦學者所當知也。"

敖氏繼公曰："夫記者，乃後人述其所聞以足經意者也，舊各置之於其本篇之後者，所以尊經而不敢與之雜也。《漢・藝文志》言禮經與記各自爲篇數，是班固之時，經、記猶不相合也，今乃各在其本篇後者，其鄭氏置之與？朱子作《儀禮通解》，乃始以記文分屬於經文每條之下，謂以從簡便，予作《集説》，而於此則不能從也。予非求異於朱子也，顧其勢有所不可耳，何以言之？《儀禮》諸篇之記有特爲一條而發者，如《士冠記》云"始冠，緇布之冠"之類是也。有兼爲兩條而發者，如《聘記》云"大夫來使，無罪饗之，過則餼之"是也。亦有兼爲數條而發者，如《冠記》云"適子冠於阼，以著代也，醮於客位，加有成也"云云之類是也。亦有於經意之外别見他禮者，如《鄉射記》言君射之禮，《士冠記》言無大夫冠禮而有其昏禮，《士昏記》言壻見妻父之類是也。若其但爲一條而發者，固可用通解之例矣，非是，則未見其可也，何則？《通解》之書，規模大而篇數繁，其記文有不可附於本篇每條之下者，則或於其篇末見之，否則於他篇附之，故雖未必盡如其所謂以從簡便之説，而其於記文亦皆包括而無所遺也。然以記者之意考之，則亦不爲無少異矣。予之所撰者，但十七篇之《集説》耳，若亦用此法，則其所遺者不既多乎？故不若仍舊貫爲愈，而不敢效朱子《通解》之

① 自"儀禮"至"相從"，校本無。

② "記"原作"疏"，校本作"記"，朱熹《晦庵先生朱文公文集》、《經義考》同，據改。

爲也。且夫《易》之爲書也，更四聖而后成，伏羲畫卦爻，文王、周公作卦爻之辭，孔子作《文言》、《彖》、《象》之辭，其始也，四聖之書，或前或後，各居一處，不相雜也，後世學者乃各分而合之以從簡便，及至朱子復釐正之，以復古經之舊。夫《文言》與《彖》、《象》之辭，可以附於每卦、每爻之下者也，朱子猶且正之，蓋不欲其相雜也，而況此記之文有不可盡入於本篇每條之下者乎？由是言之，則予之不敢用《通解》之法也，亦宜矣。"

王氏鏊曰："今經唯禮最繁亂，惜不一經朱子緒正，朱子嘗欲以《儀禮》爲經，《禮記》爲傳，經傳相從，誠千古之特見也，若《士冠禮》則附以《冠義》，《士昏禮》則附以《昏義》，《士相見禮》則附以《士相見義》，《鄉飲酒禮》附以《鄉飲酒義》，《鄉射禮》附以《鄉射義》，又《燕禮》附以《燕義》，《大射禮》附以《大射義》，《聘禮》附以《聘義》，《公食大夫禮》附以《公食大夫義》，《覲禮》附以《朝事》，如草廬所附，亦得矣。然其餘有不可附者，亦無如之何，姑循其舊而釋之，庶不失古之義。朱子晚年著《儀禮經傳》，始家禮、次鄉禮、次學禮、次邦國禮、次王朝禮，秩然有序，可舉而行，然其間雜引《大戴禮》、《春秋》内外傳、《新序》、《列女傳》、賈誼《新書》、《孔叢子》之流，雜合以成之，乃自爲一書，非以釋經也。至勉齋續喪、祭二禮，草廬纂言割裂經文，某亦未敢從也。"

何氏喬新曰："《儀禮》十七篇，有禮、有記，禮則其正經，先儒以爲周公所作，記則述其儀節之詳，蓋周末諸儒所記，以補正經之未備者也。每篇正經居首，而記附焉。自高堂生所傳及唐石經皆如此，紫陽朱子作《儀禮經傳通解》，始以記文附於正經各章之末，臨川吴文正公疑其經傳混淆，爲朱子未定之稾，乃重加考訂，一仍高堂生之舊而爲之詮次焉，先王之制度粗可見矣。喬新不揣庸陋，輒因唐人石經兼考敘録，詳加校定，經自爲經，記自爲記，不相雜糅，其章次則依朱子所定，亦不敢妄爲紛更。《冠》、《昏》二篇賓主問對，冠、字、醴、醮之辭，石本在經文之後，今因朱子移置各章之末，蓋以便於讀者也。"

儀禮篇第

士冠禮第一
士昏禮第二
士相見禮第三
士喪禮第四
既夕第五
士虞禮第六
特牲饋食禮第七
少牢饋食禮第八
有司第九
鄉飲酒禮第十
鄉射禮第十一
燕禮第十二
大射儀第十三
聘禮第十四
公食大夫禮第十五
覲禮第十六
喪服第十七
　右大戴篇第
士冠禮第一
士昏禮第二
士相見禮第三
鄉飲酒禮第四
鄉射禮第五
燕禮第六

大射儀第七

士虞禮第八

喪服第九

特牲饋食禮第十

少牢饋食禮第十二

有司第十二

士喪禮第十三

既夕第十四

聘禮第十五

公食大夫禮第十六

覲禮第十七

右小戴篇第

士冠禮第一

士昏禮第二

士相見禮第三

鄉飲酒禮第四

鄉射禮第五

燕禮第六

大射儀第七

聘禮第八

公食大夫禮第九

覲禮第十

喪禮第十一

士喪禮第十二

既夕第十三

士虞禮第十四

特牲饋食禮第十五

少牢饋食禮第十六

有司第十七

右劉向《别録》篇第，鄭康成從之，即今傳本是也。朱子著《儀禮經傳通解》，以家、鄉、學、邦國、王朝禮爲次，《士冠》、《士昏》屬家禮，《士相見》、《鄉飲》、《鄉射》屬鄉禮，於《士相見禮》出其見君數條入《學禮》、《臣禮》篇。《燕》、《大射》、《聘》、《公食》屬邦國禮，《覲》屬王朝禮。未卒業。門人黄勉齋氏續之，以《喪服》、《士喪》、復《既夕禮》名《士喪禮下》。《士虞》入喪禮，《特牲》、《少牢》、《有司》入祭禮，此《通解》之篇第也。雖其篇目時有增益創造，而先後之次無改于其舊，讀者不察，遂謂此十七篇之次似出於制禮者所定而不可易，則過也。案《周禮》大宗伯所掌五禮：曰吉禮，《特牲》、《少牢》、《有司》是也；曰凶禮，《喪服》、《士喪》、《既夕》、《士虞》是也；曰賓禮，《士相見》、《聘》、《覲》是也；曰軍禮，闕；曰嘉禮，《冠》、《昏》、《鄉飲》、《鄉射》、《燕》、《大射》、《公食》是也。若以是次之，則與鄭本固不能無異矣。記云，夫禮始于冠，本于昏，重於喪祭，尊於朝聘，和於射鄉，此禮之大體也，所言之序亦復不同。今以鄭本相傳已久，未敢輒爲改易，附識於此，以俟知者。

儀禮集編卷首　男盛溶澄校字

儀禮集編卷一

秀水盛世佐學　後學歙鮑漱芳、石門顧修參校

士冠禮卷第一

鄭《目録》云:"童子任職居士位,年二十而冠。主人玄冠朝服,则是仕於諸侯[①]。天子之士,朝服、皮弁、素積。朱子曰:"諸侯朝服以日視朝,天子皮弁以日視朝,皆君臣同服。故言此篇言'主人玄冠朝服',则是仕於诸侯而爲士者。若天子之士,則其朝服當用皮弁、素積,不得言玄冠、朝服也。鄭氏本文如此,今見疏義,而《釋文》乃以'天子'二字加于'諸侯'之上,則舛謬而無文理矣。温本亦误,今定從疏。"古者四民世事,士之子恒爲士。冠於五禮屬嘉禮[②]。"張氏尔岐曰:"篇目下語与經注同出康成,必别之曰'鄭《目録》云'者,以其自为一篇,疏者始分於各篇之首,故殊異於註也。"

疏曰:鄭云"童子居士位"者,據下《昏禮》、《相見禮》皆士身所行,故知此是士身自加冠也。云"四民世事,士之子恒爲士"者,是《齊語》文。引之者,證此士身年二十,加冠法若士之子。則四十强而仕,何得有二十爲士自加冠也。朱子曰:"此説不可曉,竊詳鄭意,似謂士之子虽未仕,然亦得用此禮爾。疏恐誤也。"二十而冠者,鄭據《曲禮》文"二十曰弱冠",其大夫始仕者,二十已冠訖,五十乃爵命爲大夫,故大夫無冠禮。又案《喪服》小功章云"大夫爲昆弟之長殤",鄭云"大夫爲昆弟之長殤小功,謂爲士者若不仕者也,以此知爲大夫無殤服也"。《小記》云:"大夫冠而不爲殤。"大夫身已加冠,降兄殤在小功,是身有德行,得爲大夫,冠不以二十始冠也。若諸侯則十二而冠,故《左傳》"國君十五而生子。冠而生子,禮也",天子亦與諸侯同。

---

① "主人玄冠朝服則"原作"朝服則主人玄冠",校本、阮本及汪氏翻刻單疏本皆作"主人玄冠朝服則",據改。又"是仕於諸侯",校本同,阮《校》云:"《要義》同,毛本'是'下有'仕'字。"

② "屬"原作"爲",校本作"屬",陳本、閩本、監本、毛本同,據改。

《金縢》云"王與大夫盡弁",時成王年十五而著弁,則知天子亦十二而冠矣。若天子之子,則亦二十而冠,故《禮記·祭法》云"王下祭殤五",又《禮記·檀弓》云"君之適長殤車三乘",是年十九已下乃爲殤,故二十乃冠矣。世佐案,孔疏云:"天子之子亦早冠,所以祭殤有五。其諸侯之子,皆二十冠也,故《檀弓》云'君之適長殤,及大夫之適長殤'是也。"與此微異,疑孔疏是。天子、諸侯自有冠禮,故《大戴禮》有《公冠》篇,但《儀禮》之内亡耳。士既三加,爲大夫早冠者,亦依士禮三加。若天子、諸侯,禮則多矣。故《大戴禮·公冠》篇云"公冠四加"者,緇布、皮弁、爵弁,後加玄冕。天子亦四加,後當加衮冕矣。案下文云"天子之元子猶士,天下無生而貴者",則天子之子雖早冠,亦用士禮而冠。案《家語·冠頌》云"王大子之冠擬焉",則天子元子亦擬諸侯四加。若然,諸侯之子不得四加,與士同三加可知。

孔氏穎達曰:"冠禮起早晚,書傳既無正文,案《略説》稱周公對成王云'古人冒而句領',註云'古人,謂三皇時,以冒覆頭,句領繞頸,至黄帝時,則有冕也',故《世本》云'黄帝造火食、旒冕①',是冕起於黄帝也。但黄帝以前則以羽皮爲之冠,黄帝以後乃用布帛。"

陳氏祥道曰:《玉藻》曰:"玄冠,朱組纓,天子之冠也;緇布冠、繢緌,諸侯之冠也。"鄭氏曰:"皆始冠之冠。"考之於禮,始冠緇布冠,自諸侯下達,所以異於大夫、士者,繢緌耳。天子始冠則不以緇布而以玄冠。若然,則諸侯始加緇布冠、繢緌,次加皮弁,三加爵弁,四加玄冕。天子則始加玄冠,朱組纓,次加皮弁,三加爵弁,四加玄冕,五加衮冕矣。

敖氏繼公曰:"此篇主言士冠其適子之禮。然此'士'云者,據其子而立文也,下篇放此。冠者,加冠之稱。凡經言士禮者,皆謂諸侯之士,其言大夫禮者亦然。蓋此經乃天子爲諸侯制之,以爲其國之典籍者也,故不及王朝大夫、士之禮。"

郝氏敬曰:"冠爲成人之始,故諸禮首冠。古之有德行道藝,已仕、未仕者通謂之士,人未有生而貴者,其初皆士也,故禮多由士設。惟士習于禮,所謂由賢者出也。"

姜氏兆錫曰:"禮不下庶人,凡禮多自士始。士冠之禮,蓋人自幼學以來至二十而冠,而其時將升於司徒而爲選士、俊士,與升於學而爲造

① "旒冕","旒"原作"旈",校本及阮本《禮記注疏》作"旒",據改。

士，故竝得以士禮冠而名士冠禮。若其後升於司馬而爲進士，則固將用爲旅下士與中士、上士[①]，乃所謂‘四十曰强而仕’之時，而非‘二十曰弱冠’之時矣。舊註乃謂此童子任職居士位所行之冠禮，則於四十强仕不亦失之遠乎？”

士冠禮

敖氏曰：“此目下文所言之禮也。後篇皆放此。”

筮于廟門。

註曰：“筮者，以蓍問日吉凶於《易》也。冠必筮日於廟門者，重以成人之禮成子孫也。廟，謂禰廟。不於堂者，嫌蓍之靈由廟神。”

疏曰：不筮月者，《夏小正》云：“二月綏多士女，冠子取妻時也。”既有常月，故不筮也。此經唯論父子、兄弟，不言祖孫，鄭兼言孫者，家事統於尊，若祖在，則爲冠主，故兼孫也。《儀禮》之内單言廟者，皆是禰廟，若非禰廟，則以廟名别之，如《聘禮》言“先君之祧”又言“祖廟”是也。士於廟，若天子、諸侯冠，在始祖之廟，是以襄九年，季武子云：“以先君之祧處之。”祧，謂遷主所藏始祖廟也。無大夫冠禮，若有幼而冠者，與士同在禰廟也。

張氏爾岐曰[②]：“將冠，先筮日，次戒賓，至前期三日，又筮賓、宿賓，前期一日又爲期，告賓冠期。前事凡五節。”

世佐案，下經云“屨，夏用葛”，又云“冬皮屨可也”，然則冠無常月明矣。筮日而不筮月，筮之常法也。疏誤。

主人玄冠、朝服、緇帶、素韠，即位于門東，西面。

註曰：“主人，將冠者之父兄也。玄冠，委貌也。朝服者，十五升布衣而素裳也。衣不言色者，衣與冠同也。筮必朝服，尊蓍龜之道也。緇帶，黑繒帶也。士帶博二寸，再繚四寸，屈垂三尺。素韠，白韋韠也，長三尺，上廣一尺，下廣二尺，其頸五寸，肩革帶博三寸。天子與其臣，玄冕以視朔，皮弁以日視朝，諸侯與其臣，皮弁以視朔，朝服以日視朝。凡染黑，五入爲緅，七入爲緇，玄則六入與？”

---

① “旅下士與中士、上士”，校本同，《經傳》“上士”作“下士”。按《周禮》多舉“上士”、“中士”、“旅下士”，據文意，蓋作“上士”爲是。

② “張氏爾岐”，校本無“爾岐”二字。

疏曰：云"素裳"者，雖經不言裳，然裳與韠同色，既云"素韠"，故知裳亦積白素絹爲之也。"黑繒帶"者，謂以黑飾白繒帶也。《玉藻》曰"士練帶率下裨[①]"，又言"士緇裨"，率與繂同，謂緶緝也。裨，飾也。蓋以練熟白繒單作帶體，其廣二寸，而緶緝其兩邊，又以緇飾其垂下之兩末與兩邊也。"再繚四寸，屈垂三尺"者，帶之垂者必反屈向上，又垂而下，大夫則裨其屈與垂者，士則惟裨其向下垂者，而不裨其屈者也。"頸五寸"，亦謂廣也。頸中央、肩兩角皆上接革帶，肩與革帶廣同。此韠即韍也，祭服謂之韍，朝服謂之韠也。韠、屨同色，此素韠，則白屨也。又引天子、諸侯視朔、視朝之服者，以在朝君臣同服，故以此證玄冠朝服是諸侯之士也。從《通解》節本。

楊氏復曰："朝服重於玄端，冠時，主人玄端、爵韠，今此筮亦在廟，不服玄端而服朝服，是尊蓍龜之道也。"

敖氏曰："士帶以禪練爲體，其博四寸，又以緇繒之博二寸者二合，而辟其帶下之垂者，故謂之緇帶。帶下長三尺，其屈垂者二尺。""韠之義，説者謂古者田狩而食其肉，衣其皮，先以兩皮如韠，以蔽前後，後世聖人易之以布帛，猶存其蔽前，示不忘古云。"

郝氏曰：玄冠，玄繒爲之。朝服，見君之禮服，十五升麻布爲之。帶，大帶，以繒爲之。韠，蔽膝，以韋爲之。門，廟門。

張氏曰："主人欲筮日先服此服，即位禰廟門外以待事。朝服以朝，玄端以夕，是朝服尊於玄端也。玄端與朝服衣同而裳異。'士帶博二寸'三句，《玉藻》文。再繚四寸，再繞之乃四寸也。"

有司如主人服，即位于西方，東面，北上。

註曰："有司，羣吏有事者，謂主人之吏，所自辟除府史以下也。"

張氏曰[②]："羣吏與屬吏不同，屬吏，君命之士，羣吏，則府史胥徒也。"

敖氏曰："有司，即筮者、占者、宰、宗人之類。"[③]

筮與席、所卦者具饌于西塾。

註曰：筮，謂蓍也。所卦者，所以畫地記爻。《易》曰："六畫而成卦。"

---

① "裨"原作"禆"，校本作"裨"，朱熹《儀禮經傳通解》同，據改。

② "張氏曰"原作"疏曰"，據校本改。

③ "張氏曰"和"敖氏曰"兩條，校本前後順序互乙。

饌，陳也。具，俱也。西塾，門外西堂也。

疏曰：《爾雅》云："門側之堂謂之塾。"筮在門外，故知此經"西塾，門外西堂也"。

敖氏曰："蓍而云'筮'者，以其所用名之。席，蒲筵也。士用蒲席，神人同。所卦者，所以畫地記爻及書卦之具也。《士喪》筮日之禮云：'奠龜于西塾上，南首，有席。燋在龜東。'然則此時具饌之位，蓍亦當南鄉，席在其後，而所卦者則在蓍右，亦變於筮時也。"

郝氏曰："所卦者，謂刀筆、木簡之類。"

張氏曰："廟門東西有四塾，内外各二。筮不正當門中而在闑西，西面，故將筮，而蓍與席與畫地記爻之木俱陳于門外西堂也。"

布席于門中，闑西閾外，西面。

註曰："闑，門橛也。閾，閫也。"

敖氏曰："闑西，東西節也。閾外，南北節也。此席西於闑，乃云'門中'，則二扉之間惟有一闑明矣。"

郝氏曰："門中，西扉之中。闑，當兩門間，置木窒門者也。閾，門限。"

張氏曰："布席，將坐以筮也。前具之西塾，至此乃布之。云'門中'者，以大分言之。闑西閾外，則布席處也。"

世佐案，闑有二説：謂門只有一闑者，出於孔疏，後儒多宗之；賈疏則謂門有二闑。今以朝聘時賓介入門之節推之，賈疏爲長，詳見《聘禮》。此席于闑西而云"門中"者，以大分言之也。敖及郝説似泥。

筮人執筴，抽上韇，兼執之，進受命于主人。

註曰："筮人，有司主三《易》者也。韇，藏筴之器也。今時藏弓矢者，謂之韇丸也。兼，并也。進，前也。自西方而前。受命者，當知所筮也。"

疏曰：言"上韇"者，其制有上下，下者，從下鄉上承之；上者，從上鄉下韜之也。《少牢》曰，史"左執筮，右抽上韇，兼與筮執之"。從《集説》節本。

敖氏曰："《少牢饋食禮》言爲大夫筮者，史也。此爲士筮，宜亦如之。史而云'筮人'者，因事名之也。'筴'當作筮，亦謂蓍也。上云'筮與席'，下云'徹筮席'，以其上下文徵之，則此筴字乃傳寫誤也。又《特牲》、《少牢禮》皆云'執筮'，益可見矣。"

張氏曰："筴，即蓍。兼執之者，兼上韇與下韇而并執之。此時蓍尚在下韇，待筮時乃取出以筮。三《易》，《連山》、《歸藏》、《周易》也。筮得一卦，而三人各據一《易》以占也。"

世佐案，《曲禮》云"筴爲筮"，則筴亦蓍也，不須改作筮。韇，蓋以革爲之。兼執之者，以上韇并諸筴而二手執之，不游手，敬也。郝云"左執筴，右執韇"，非。

宰自右少退，贊命。

註曰："宰，有司主政教者。自，由也。贊，佐也。命，告也，佐主人告所以筮也。《少儀》曰：'贊幣自左，詔辭自右。'"

朱子曰："所贊之辭未聞。下疏云'文不具也'。蓋當云：某有子某，將以來日某，加冠於其首，庶幾從之。"

郝氏曰：宰，家臣之長。少退，不敢竝主人也。

筮人許諾，右還，即席坐，西面，卦者在左。

註曰："即，就也。東面受命，右還，北行就席。卦者，有司主畫地識爻者也。"

楊氏曰：筮人東面受命于主人，右還即席，西面坐筮。《少牢禮》亦東面受命于主人，西面立筮。又《士喪》卜葬日，宗人西面命龜，退負東扉。卜人西面作龜。以此知龜、筮皆西面。

敖氏曰："凡卜筮于門者皆西面。筮宅於兆南則北面，蓋以西北陰方，故鄉之以求諸鬼神也。筮用四十九蓍，分而爲二，掛揲而歸奇焉，又以所餘蓍如上法者再，乃成爻，六爻備而成卦。《少牢饋食禮》曰'卦者在左，坐卦以木，卒筮，書卦于木'，此不言坐，則是立也，其亦士禮異與？"

張氏曰："士蓍三尺，故坐筮；大夫蓍五尺，則立筮矣。卦者在左，亦西向。"

世佐案，卦者必坐，便其畫地識爻也。《少牢》之文承"立筮"之下，故言"坐"以别之。此與《特牲禮》皆坐筮卦者可知也，故不言坐。大夫、士之禮之異在筮者，不在卦者。

卒筮，書卦，執以示主人。

註曰："卒，已也。書卦者筮人，以方寫所得之卦也。"

敖氏曰："執之不言筮人，文省也。"

張氏曰："先畫地識爻，至六爻畢，卦體成，筮人更以方寫之，以示主人。方，版也。"

姜氏曰："卒筮，通筮人揲蓍、卦者畫卦而言。書卦，則卦者既畫，乃寫所畫之卦于木，而執示主人，初非卦者畫卦而筮人寫以示主人，如注疏之説也。蓋此卒筮書卦，猶《特牲》'卒筮寫卦'，其爲卦者既畫而寫甚明，但《特牲》則别用'筮者執以示主人'，此則畫卦與書寫與執示皆卦者一人，故此絶不言筮人，而至'反之'之後乃特言筮人也。"

世佐案，註疏謂書卦、執示皆筮人事，姜氏謂皆卦者事，俱未合。書卦者，書也。執，筮人執也。《特牲饋食禮》曰"卦者在左，卒筮寫卦，筮者執以示主人"，是其徵矣。此于"卦執"之間省"筮人"二字耳。疏又云《士喪禮》卦者自畫自示主人，亦非也。詳彼文，亦是筮者執示，但不言寫卦耳。然既云執卦，則其寫于版，固不待言也。

主人受眡，反之。

註曰："反，還也。"

張氏曰："主人既知卦體，還之筮人，令占吉凶。"

筮人還，東面旅占，卒，進告吉。

註曰："旅，衆也。還與其屬共占之。"

疏曰：卜筮之法，《洪範》"七，稽疑"云："擇建立卜筮人"，"三人占，從二人之言。"又《金縢》云："乃卜三龜，一習吉。"則天子、諸侯卜時三龜竝用，於《玉》、《瓦》、《原》三人各占一兆也，筮時《連山》、《歸藏》、《周易》，亦三《易》竝用。夏、殷以不變爲占，《周易》以變者爲占，亦三人各占一《易》，卜筮皆三占從二。三吉爲大吉，一凶爲小吉，三凶爲大凶，一吉爲小凶。又《喪禮》亦云"與其屬共占"，彼註云其屬，謂"掌《連山》、《歸藏》、《周易》者"。又卜葬日云"占者三人"，註云"占者三人，掌《玉兆》、《瓦兆》、《原兆》者也"，《少牢》大夫禮亦云三人占，則鄭意大夫卜筮同用一龜一《易》，三人共占之矣。

朱子曰："案《少牢禮》無此文，未詳何據。"

蔡氏沈曰："凡卜筮必立三人以相參考。舊説卜有《玉兆》、《瓦兆》、《原兆》，筮有《連山》、《歸藏》、《周易》者非是。"

敖氏曰："占者，占所遇之卦若其爻之吉凶也。必旅占者，欲盡衆人之見也。"

世佐案,所占者,《周易》而已。一《易》而三人共占之,廣異見也。夏、殷之《易》,其揲蓍求卦之法必與《周易》不同,今筮者唯一人,而謂占之乃用三《易》,可乎?以是論之,舊説之誤明矣。

若不吉,則筮遠日,如初儀。

註曰:"遠日,旬之外。"

疏曰:"《曲禮》'吉事先近日',此冠禮是吉事,故先筮近日,不吉,乃更筮遠日。是上旬不吉,乃更筮中旬,又不吉,乃更筮下旬。云'如初儀'者,自'筮于廟門'已下至'告吉'是也。"

張子曰:"祭之筮日,若再不吉則止,諏日而祭,更不筮。據《儀禮》唯有'筮遠日'之文,不云三筮,筮日之禮只是二筮,先筮近日,後筮遠日,不從,則直諏用下旬遠日,蓋亦足以致聽於鬼神之意,而祀則不可廢。"

敖氏曰:"遠日,去初筮者蓋旬有一日也,以其干同,故謂之遠日。《少牢》'日用丁己',而以後丁、後己爲遠日則可見矣","凡經言不吉而改筮者,皆不至於再重,瀆神也。此筮若又不吉,則直用其後之遠日,不復筮矣。凡筮賓、筮尸、卜日之屬皆類此。"

張氏曰:"《少牢》云:'若不吉,則及遠日,又筮日如初。'此大夫諏日而筮,上旬不吉,必待上旬乃更筮之,其云'如初',乃自'筮于廟門'已下至'告吉'也。此《士冠禮》若筮上旬不吉即筮中旬,不更待他日,其云'如初儀',止從'進受命于主人'以下至'告吉'而已,不自'筮于廟門'也。"

徹筮席。

註曰:"徹,去也,斂也。"

敖氏曰:"筮,蓍也。蓋既筮則釋于闑西,今乃并與席徹去之。"

宗人告事畢。

註曰:"宗人,有司主禮者也。"

敖氏曰:"宰、宗人、筮人之屬,皆公家所使給事於私家者也。告事畢,東北面。"

右筮日。

主人戒賓,賓禮辭許。

註曰:"戒,警也,告也。賓,主人之僚友。古者有吉事,則樂與賢者歡成之，有凶事，則欲與賢者哀戚之。今將冠子，故就告僚友使來。禮辭，一辭而許也。再辭而許曰固辭。三辭曰終辭，不許也。”

敖氏曰：“戒賓亦朝服。凡既筮而有事，如戒、宿之類，皆因筮服無變也”，“此雖親相見，其辭則皆擯者傳之，宿賓放此。”

張氏曰：“主人筮日訖，三日之前，廣戒僚友，使來觀禮。戒賓者，主人親至賓大門外，賓西面，主人東面戒之，其戒辭、對辭竝見後。”

主人再拜，賓答拜。主人退，賓拜送。

敖氏曰：“主人再拜，謝其許也，後禮類此者，其義皆然。凡拜送客者，皆於其既退乃拜之，故不答拜。吉禮拜送者必再拜，經或不見之，文省耳。”

世佐案，凡拜送者客不答拜，禮有終也。

右戒賓。

前期三日筮賓，如求日之儀。

註曰：“前期三日，空二日也。筮賓，筮其可使冠子者。《冠義》曰：‘古者冠禮筮日、筮賓①，所以敬冠事。’”

朱子曰：“前已廣戒衆賓，此又擇其賢者筮之，吉則宿之，以爲正賓，不吉則仍爲衆賓，不嫌於預戒也。”

敖氏曰：“如求日之儀，是亦不過再筮而已。初筮者若不吉，則改筮其次者爲正賓，若次者又不吉，則不復筮，而即以第三者爲正賓，亦以初筮者爲次賓也。主人於賓既次第其先後矣，然猶筮之者，蓋慮其異日或以他故而不及與，則將廢冠事，此乃非人之所能預知者，故不可不問於神而用舍壹聽之。”

張氏曰：“疏云命筮之辭蓋云‘主人某爲適子某加冠，筮某爲賓，庶幾從之’，若庶子則云‘庶子某’。愚意主人二字似未安，亦言其銜位可耳。”

右筮賓。

乃宿賓，賓如主人服，出門左，西面再拜，主人東面答拜。

註曰：“宿，進也。宿者必先戒，戒不必宿。其不宿者爲衆賓，或悉來

---

① “冠禮”下原無“筮日”二字，校本有，李如圭《儀禮集釋》、《通解》、陳本、閩本、監本、毛本同，據補。

或否。主人朝服。”

朱子曰:“此云‘宿賓’,言主人往而宿之,以目下事,如篇首言‘筮于廟門’,後亦多有此例也。主人方往宿時,擯者固當入告,然此言乃爲主人發,不爲擯者發也。又按‘不宿者爲衆賓,或悉來或否’,鄭註本謂正賓或時不來,則將不得成禮,故雖已戒之,而又宿之,欲其必來。其非正賓,則不更宿,蓋但使爲衆賓,雖不悉來,亦無闕事也。疏與音皆非是,爲只合作如字讀,賓字句絶。”

楊氏曰:“上文主人戒賓者,廣戒僚友,使來觀禮,及前期三日筮賓,乃於廣戒僚友之中又筮其可使冠子者。筮得其人,於是宿以進之。其衆賓則但戒而不宿,故曰‘宿者必先戒,戒不必宿’。”

敖氏曰:“既筮即宿賓,故云‘乃’。宿之爲言速也,既戒之,則宜速之使來也。不曰速,而曰‘宿’者,以其事在異日也。賓尊,故主人親宿之。出門左,出大門而左也。西面再拜,拜其辱也,禮又謂之拜迎。”

世佐案,“乃”者,繼事之辭,不必與上事同日也。上經云“前期三日筮賓”,下經云“厥明夕爲期”,則宿賓之節明在冠前二日,爲筮賓之明日矣。敖氏、郝氏、張氏皆謂既筮即宿,非。

乃宿賓,賓許。主人再拜,賓答拜。主人退,賓拜送。

註曰:“乃宿賓者,親相見,致其辭。”

張氏曰:“重言‘乃宿賓’者,上文言主人往行此禮,此乃親致宿之之辭也。辭竝見後。”

宿贊冠者一人,亦如之。

註曰:“贊冠者,佐賓爲冠事者,謂賓若他官之屬,中士若下士也。宿之以筮賓之明日。”

朱子曰:“佐賓雖輕,亦必擇其賢而習禮者爲之。不來則亦有闕,故并宿之,使必來也。”

敖氏曰:“經之所言,乃主人親宿者耳。若衆賓則或使人宿,其禮簡,故經不著之。”

張氏曰:“‘佐賓爲冠事’,即下文坐櫛、設纚、卒紘諸事。助賓成禮,故取其屬,降于賓一等者爲之。”

右宿賓。

厥明夕，爲期于廟門之外。主人立于門東，兄弟在其南，少退，西面，北上。有司皆如宿服，立于西方，東面，北上。

註曰："宿服，朝服。"

疏曰："厥明夕"，謂宿賓、贊之明日向莫時也。"爲期"，爲加冠之期也。從《通解》節本。

敖氏曰："云'有司皆如宿服'，則主人及兄弟可知矣。"

張氏曰："宿賓之明夕，冠前一日之夕也。爲期猶言約期也。"

擯者請期，宰告曰："質明行事。"

註曰："擯者，有司佐禮者。在主人曰擯，在客曰介。質，正也。宰告曰：'旦日正明行冠事。'"

敖氏曰："請期東面，《少牢禮》主人南面，宗人北面請祭期。"

告兄弟及有司。

註曰："擯者告也。"

疏曰：上文兄弟有司皆已在位，此復告者，禮取審慎之義也。從《通解》節本。

敖氏曰："此告兄弟蓋東北面告，有司蓋西北面也。"

告事畢。

註曰："宗人告也。"

擯者告期于賓之家。

敖氏曰："賓，謂賓及衆賓也。"

右爲期。

夙興，設洗，直于東榮，南北以堂深，水在洗東。

註曰："夙，早也。興，起也。洗，承盥洗者棄水器也，士用鐵。榮，屋翼也。周制，自卿大夫以下，其室爲夏屋。水器尊卑皆用金罍，及大小異。"

疏曰："此篇與《昏禮》、《鄉飲酒》、《鄉射》、《特牲》皆直言水，不言罍，《大射》雖云罍水，不云枓，《少牢》云'司宫設罍水於洗東，有枓'，鄭註云'設水用罍，沃盥用枓，禮在此也'，欲見罍、枓俱有，餘文無者，不具之意也。"又曰："堂深，從堂廉北至房室之壁。'南北以堂深'者，洗去堂遠近取於堂上深淺。假令堂深二丈,洗亦去堂二丈,以此爲度。”

朱子曰:“詳註文‘罍’下‘及’字恐誤。”

敖氏曰:“《説文》曰‘屋梠之兩頭起者爲榮’,又曰‘梠,楣也’,《爾雅》曰‘楣謂之梁’,然則榮者,乃梁東西之兩端也。直東榮,謂遥當之。周制,卿大夫以下爲夏屋,故其設洗以東榮爲節;人君爲殿屋,故以東霤爲節,其處同也。水,所以盥洗者,洗在東方,則沃洗者宜西面,故水在洗東。”

張氏曰:“至期,先陳設冠服器物,主賓各就内外之位,主人迎賓及贊冠者入,乃行三加之禮,加冠畢,賓醴冠者,冠者見于母,賓字冠者,凡九節而冠禮成,賓出矣。盥手、洗爵,皆一人挹水沃之,下有器承此漉水,其器曰洗。堂下設洗,其東西當屋東翼,其南北則以堂爲淺深。以罍貯水,在洗之東。夏屋兩下爲之,故有東西翼,天子、諸侯則四阿。《釋文》曰:‘凡度淺深曰深。’”

世佐案,洗及水器蓋皆以瓦爲之,説見《燕禮》註。“罍”下“及”字疑當作“其”。

陳服于房中,西墉下,東領,北上。

註曰:“墉,牆。”

疏曰:“冠時先用卑服,北上,便也。”

劉氏熙曰:“房,旁也,在堂兩旁也。”

朱子曰:“古人於房前有壁,後無壁,所以通内。”

張氏曰:“所陳之服,即下文爵弁服、皮弁服、玄端三服也。北上者,爵弁服在北,皮弁服次南,玄端最南也。”

世佐案,房,東房也。古人之屋五架,正中曰棟,棟後一架有壁,壁以南爲堂,北爲室,室之東西偏曰房。天子、諸侯東西房皆有,大夫、士東房西室。西墉者,房室間之牆也。

爵弁服,纁裳、純衣、緇帶、韎韐。

註曰:“此與君祭之服。《雜記》曰:‘士弁而祭於公。’爵弁者,冕之次,其色赤而微黑,如爵頭然,或謂之緅,其布三十升。纁裳,淺絳裳。凡染絳,一入謂之縓,再入謂之赬,三入謂之纁,朱則四入與?純衣,絲衣也。餘衣皆用布,唯冕與爵弁服用絲耳。先裳後衣者,欲令下近緇,明衣與帶同色。韎韐,緼韍也。士緼韍而幽衡,合韋爲之,士染以茅蒐,因以名焉,今齊人名蒨爲韎韐。韍之制似韠。冠弁者不與衣陳而言於上,以冠名服耳。"

疏曰:凡冕以木爲體,長尺六寸,廣八寸,以三十升麻布衣之,上玄下纁,前後有旒,低前一寸二分,故取其俛而謂之冕。其爵弁制大同,唯爲爵色而無旒,又前後平,故不得爲冕,而其尊卑則次於冕也。鄭註純字或爲絲,或爲色,皆望經爲註。古緇、紂二字並色,緇以才爲聲,聲又相同,經文據布爲色者則爲緇字,據帛爲色者則爲紂字。緇布之緇本字不誤,紂帛之紂則多誤爲純也。案此文上下,陳服則於房,緇布冠、皮爵弁在堂下,是冠弁不與服同陳。今以弁在服上,竝言之者,以冠弁表明其服耳,不謂同陳之也。

聶氏崇義曰:"爵弁亦長尺六寸,廣八寸,前圓後方,無旒而前後平。"

敖氏曰:"純衣,絲衣而緇色者也。《周官》云'純帛',《論語》云'今也純儉',此其徵矣。言'纁裳'於衣上者,以其與冕服之裳同,尊之也。韎者,韋之蒨者也。韐之制如韠,不曰韠者,尊之,異其名耳,其在冕服者尤尊,則謂之韍。"

郝氏曰:"爵、雀通。燕雀玄色,以玄繒爲弁,士之上服也。弁言服者,首戴爵弁則身著絲衣纁裳也。服在東房,弁與冠在西坫。服則冠者自阼階入房自著,冠弁則賓自西階取以加之也。纁,赤色,《考工記》'三入爲纁'。下曰裳,上曰衣。純,帛也,衣以帛爲之。古禮服多用布,爵弁貴服,用帛不言色,即玄端也。凡禮衣色多玄緇。三冠同衣,但爵弁衣帛耳。先言裳,後言衣者,衣帶同緇,故連帶言之。'七入爲緇',即玄色之深黑者。韎,赤色。韐,合皮爲蔽膝,即韠也。"

張氏曰:"此士助祭于公之服,服之尊者,第三加所服也。"

世佐案,《書》云"二人雀弁",《詩》云"絲衣其紑,載弁俅俅",皆謂是服也。《周禮·司服》云"士之服自皮弁而下",不言爵弁者,賈疏云:"爵弁之服,惟有承天變時,及天子哭諸侯乃服之,所服非常,故列天子吉服不言之。今以次轉相加不得,輒於士上加爵弁,故以皮弁爲首是也。"陳氏祥道云"韋弁即爵弁",非,辯見《聘禮》[1]。陳又云"弁象古文形,則其制

① "辯",校本作"辨"。"辯"、"辨"二字,底本與校本多混用,今一以底本爲準,後放此。

上鋭,如合手然,非如冕也”,此則得之。爵,其色也。經但言其色,而不言所以爲之者,衣與冠同,下云“純衣”,則弁亦以絲爲之可知矣。弁言爵,衣言純,互见也。純衣之色亦爵。又案鄭註《周禮》云:“韋弁服以韎韋爲弁,又以爲衣裳。今時伍伯緹衣,古兵服之遺色。”疏云:漢時宿衛者之行長服此纁赤之衣[①],是古兵服赤色之遺象也。此註云爵弁者黑色,然則二弁之色異矣。又韋弁,王及諸侯卿大夫之兵服,爵弁,士與君祭之服,其用亦不同。张鎰《三禮圖》退爵弁于韋弁之下,不聶氏更置之玄冕之下爲得其次也。

皮弁服,素積,緇帶,素韠。

註曰:“此與君視朔之服也。皮弁者,以白鹿皮爲冠,象上古也。積,猶辟也。以素爲裳,辟蹙其要中。輔氏廣曰:“禮服取其方正,故裳用正幅。而人身之要爲小,故於要之兩旁爲襞積,即今衣摺也。”皮弁之衣用布亦十五升,其色象焉。”

疏曰:此不言衣者,以其用白布,衣與冠同色故也。又曰,《喪服》註云“祭服、朝服辟積無數”,唯喪服裳幅三袧有數耳。

聶氏曰:“舊《圖》云:‘以鹿皮淺毛黄白者爲之,高尺二寸。’《周禮》王及諸侯孤卿大夫之皮弁,會上有五采、三采、二采,玉瑧、象邸,唯不言士之皮弁有此等之飾。”

敖氏曰:“其衣蓋亦絲衣,而色如其裳。二弁之衣用絲者,宜别於冠服也,冠服之衣用布。”

郝氏曰:“皮弁以皮爲弁,色與爵弁同,而飾以玉石。素積,即素裳。積,折其要間曰積。積素而衣亦玄端也,不言裳言積者,裳不恒素。言素積,别于諸裳也。周以白爲勝色,惟所宜則用之。”

張氏曰:“此視朔時君臣同服之服,卑於爵弁,陳之在爵弁南,第二加所服。”

世佐案,朝祭之服,裳皆有積,惟深衣要半,下齊倍要,則無積。韠亦以合韋爲之。經於上云“裳”,於此云“積”,上云“韐”,此云“韠”,皆互見也。不言衣者,衣與弁同色,而亦以皮爲之,可知也。從省文。

玄端,玄裳、黄裳、杂裳可也,緇带、爵韠。

註曰:“此莫夕於朝之服。玄端即朝服之衣,易其裳耳。上士玄裳,

---

① “纁”原作“重”,校本作“纁”,賈公彦《周禮疏》同,據改。

中士黄裳,下士雜裳。雜裳者,前玄後黄。《易》曰:‘夫玄黄者,天地之雜也,天玄而地黄。’士皆爵韋爲韠,其爵同。不以玄冠名服者,是爲緇布冠陳之。《玉藻》曰:‘韠,君朱、大夫素、士爵,韋。’”

疏曰:“上下經三等之服同用緇帶者,以其士唯有一幅裨之帶,故三服共用之。大帶所以束衣,革帶所以佩韠及佩玉之等。不言革者,舉韠有革帶可知,故略不言耳。”

朱子曰:“註‘其爵同’三字未詳。”世佐案,註云“其爵同”者,謂公、侯、伯之士皆一命,子、男之士皆不命也。士雖有上、中、下三等,而其爵則同,故皆以爵韋爲韠。

楊氏曰:“《特牲》‘冠端玄’,疏云‘下言玄者,玄冠有不玄端者,不玄端則朝服,玄冠一冠冠兩服也’。朝服十五升緇布衣而素裏,但六入爲玄,七入爲緇,大判言之。緇衣亦名玄,故云‘周人玄衣而養老’,玄衣指朝服言之。鄭康成釋《儀禮》,謂‘玄端即朝服之衣易其裳爾’,此説不然。《儀禮》大夫筮日以朝服,士筮日以玄端,《冠禮》主人朝服,既冠,冠者服玄端,《雜記》襚禮自西階受朝服,自堂受玄端,則朝服與玄端異矣。”

敖氏曰:“玄端、玄裳,謂玄端之服其裳以玄者爲正也。若無玄裳,亦許其用黄裳若雜裳,故曰‘黄裳、雜裳可也’。雜裳者,或前玄後黄,或前黄後玄也。黄裳雖貶於玄裳,然其色純,故言於雜裳之上。玄裳、黄裳、雜裳而皆爵韠,近裳色也。”

郝氏曰:“玄端,玄衣也。禮衣制方曰端。”

張氏曰:“此士向暮之時夕君之服,服之下,陳皮弁服南,初加緇布冠所服也。玄端與朝服同用緇色十五升布,正幅爲之,但朝服素韠,韠裳同色,此用三等裳、爵韠,故異其名也。又此服平時皆著玄冠服之,當以玄冠名其服,今不言者,以加冠時以配緇布冠故也。”

姜氏曰:案《周禮·司服》云“其齊服有玄端”,《春秋左傳》云“端委而治”,《論語》云“宗廟、會同,端章甫”,及本經各篇所載,則齊也,朝祭也,冠、昏、飲、射、燕、食也,皆服玄端。玄端之用廣矣,註疏專以爲莫夕于君及聽其家私朝之服,殆非。

世佐案,上二服之裳不參用他色,而此乃有玄黄雜之,異者,以其爲士之常服,故得隨所有而用之,不必如上二服之期于畫一也。經云“可也”,是許其參用之意,敖説得之。鄭註强生上士、中士、下士之辯,何以服之。尊者其裳无辯,而獨辯之於其下者乎,其説盖不可通矣。

缁布冠，缺項，青組纓，屬于缺。緇纚廣終幅，長六尺。皮弁笄，爵弁笄，緇組紘，纁邊，同篋。

註曰："缺，讀如'有頍者弁'之'頍'。緇布冠無笄者，著頍圍髮際，結項中，隅爲四綴，以固冠也。項中有䋿，亦由固頍爲之耳。今未冠笄者著卷幘，頍象之所生也。滕、薛名蔮爲頍。屬，猶著。纚，今之幘梁也。終，充也。纚一幅，長六尺，足以韜髮而結之矣。笄，今之簪。有笄者，屈組爲紘，垂爲飾。無笄者，纓而結其絛。纁邊，組側赤也。同篋，謂此以上凡六物。隋方曰篋。"

疏曰：頍項，註皆無正文，約漢制及以義言之耳。云"結項中"，謂於項上結之也。云"隅爲四綴以固冠"者，既武以下别有頍項，明於首四隅爲綴，上綴於武，然後頍項得安穩也。云"項中有䋿，亦由固頍爲之"者，頍之兩頭皆爲䋿，别以繩穿䋿中結之，然後頍得牢固也。漢時卷幘之狀，今不審知，必以布帛圍繞髮際爲之也。云"纚，今之幘梁"，亦舉漢法以況，至今久遠，亦未審其狀也。既云"韜髮"，乃云"結之"，則是韜訖乃爲紒也。二弁之笄，天子、諸侯用玉，大夫、士用象。聶氏曰："士以骨，大夫以象。"有笄謂之弁。"屈組爲紘"者，謂以一條組於左笄上繫定，繞頤下，右相向上，仰屬於笄，屈繫之，有餘，則因垂爲飾。必屈繫者，擬解時易爲繫屬之也。無笄謂緇布冠。"纓而結其絛"者。絛，即組也[①]，謂以二條組爲纓，兩相屬於頍而下垂，乃於頤下結之也。"組側赤"者，以緇爲中，以纁爲邊側而織之也。聶氏曰："舊《圖》紘兩頭别出細帶，誤。"六物，謂頍項、青組纓爲一物，纚爲二物，二弁笄、紘各一，通爲六物也。隋，謂狹而長也。從《通解》節本。

敖氏曰："下經言賓受冠，'右手執項，左手執前'，則是冠後亦謂之項也。此缺項者，蓋别以緇布一條圍冠而後不合，故名曰缺項，謂其當冠項之處則缺也。其兩端有䋿，别以物貫穿而連結之以固冠，其兩相又皆以纓屬之，而結於頤下以自固。蓋太古始知爲冠之時，其制如此，後世之冠縫著於武，亦因缺項之法而爲之也。纚，舊説謂繒爲之。纚長六尺，則固足以韜其髮矣，然廣惟一幅，則圍髮際而不足，或亦缺其後與？古者布帛幅廣二尺。經言纚於缺項、二笄之間，以見三加同一纚也。紘弁之繫也，

① "即"原作"以"，校本作"即"，《通解》同，據改。

以組一條爲之。冠用纓,弁用紘,各從其便也。"

郝氏曰:"冠後曰項,冠武後缺不屬,以青組二條繫缺端,束之,垂餘爲纓也。組,絛也。纚,以緇色繒韜髮。古帛廣二尺四寸,纚寬用全幅,其長六尺,與髮齊也。笄,所以貫弁冠。無笄而有纓,弁纓曰紘,在旁,纓在後,纓之組,染麻爲青色,紘則緇組,側飾以纁。邊,側也。竹器方曰篋。"

張氏曰:"此所陳者,飾冠之物,非謂冠也。缺項、青組纓屬于缺,共一物,緇纚一物,竝緇布冠所用。世佐案,下再加之時,經云"賓盥,正纚如初",則纚乃冠弁通用之物,非專爲緇布冠設也。皮弁笄一物,爵弁笄一物,緇組紘皮弁、爵弁各有一,共二物,凡六物,同篋貯之,待冠時隨各冠致用也。註謂'缺讀如"有頍者弁"之"頍"',案《詩》自以頍爲弁之貌,非弁上之物也。陳氏祥道云:'鄭説缺項之制蓋有所傳,讀缺爲頍,無所經見。'今註及疏所言缺項之制,蓋謂緇布冠制小,纔足容髮,又無笄,故別爲缺項圍繞髮際,上有綴以連冠,下有纓以結頤下。緇纚,韜髮之帛,加冠時先以纚韜髮結之,乃加冠也。其緇組紘則爲二弁有笄者而設,加弁,以笄横貫之,以一條組於笄左頭繫定,繞頤下,自右向上仰屬于笄,屈繫之,有餘,因垂爲飾,故註云'有笄者,屈組爲紘'也。"

姜氏曰:"註讀缺作頍,其説雖似,然初非經義也。在缺與頍,音文兩無可誤,不應硬改經字。況考《説文》,頍從支,頁聲,乃舉首貌,《詩》'有頍者弁',蓋又以弁有舉首之形而釋爲弁之貌也,則頍初非首服之名,又何得讀缺爲頍,而指爲首服之制乎?且玩本經,'缺項'二字連文,既單以缺爲首服,則項字又如何相屬。如謂以缺繞項,則此方陳服飾,何言冠之之儀,不言各冠之制耶,然則經義安歸?玩字義,項乃冠項之項,非頭項之項。緣,緇布冠其項稍有缺,而爲此制,因以爲名,與下'右手執項'之'項'前後相足,即如註以後'執項'爲冠項之項,此'缺項'則爲頭項之項,亦當'缺項'二字連看。制名缺項,省作纓屬於缺,猶可制名缺,懸空'項'字,不可。蓋此章方是陳具,惟以缺項爲名,而不率爲以缺結項之解,方於陳服爲通,否則寧闕之耳。鄭氏之經學,能存經,亦或亂經而汰改經字,尤其病也。葉文康嘗論其功過參,故愚雖重鄭學,而首發此以致尊經之義。"

世佐案,緇布冠,詩人謂之緇撮,以其制小,纔可撮髮也。缺,讀如字。項,冠後也。下經云"賓右手執項,左手執前",項對前而言,其爲冠後,明矣。缺項者,謂緇布冠之後有缺也。冠制小而又缺其後,故必以青組一條束之,聯屬于缺處,而以其兩端之垂者爲纓,結於頤下,所以固冠也。是時,纓與冠猶未合,而經先言之者,明青組纓爲緇布冠而設,且以見其設之之法也。經文明白如是,自鄭氏讀缺爲頍,又以缺項與青組纓共爲一物,而經義始晦。然經義之在天壤,如日星河嶽然,則亦豈得而終汩之耶。又案,鄭注改經之失,姜氏論之詳矣,今即以注所言論之。卷幘及幗,皆缺項之遺制,而滕、薛又名幗爲頍,則頍亦缺項之别名耳,何必改經以從方言耶。況漢世卷幘一名"闕幘",見《隸釋》、《武榮碑》,蓋亦以其缺後而名之,即緇布冠之遺制,而非别有所謂頍項也。又熊氏朋來云:"《釋文》縨又音缺。蓋縨即缺之上聲,故縨、缺音相通,今俗呼衫紐曰縨。"據此則缺亦可讀如縨。缺項者,其即項中有縨之謂與。姑記之,以廣異聞。

櫛實于簞。

註曰:"簞,笥也。"

郝氏曰:"櫛,梳也,以理髮。竹器圓曰簞。"

蒲筵二,在南。

註曰:"筵,席也。"

張氏曰:"一爲冠子,一爲醴子也。在南,在三服之南,通指缺項、纚、笄、組、櫛等,不專言蒲筵。疏云'對下文"側尊一甒醴,在服北"也'。"

世佐案,張説得之。敖謂筵在簞南,非。

側尊一甒醴,在服北,有篚,實勺、觶、角柶,脯醢南上。

註曰:"側,猶特也,無偶曰側。置酒曰尊。側者,無玄酒。服北者,纁裳北也。篚,竹器如笭者。勺,尊升,所以㪺酒也。爵三升曰觶。柶狀如匕,以角爲之者,欲滑也。南上者,篚次尊,籩豆次篚。"

疏曰:勺,即少牢所謂枓也。《韓詩外傳》曰:"一升曰爵,二升曰觚,三升曰觶,四升曰角,五升曰散。"對文有異,散文則通,故鄭以爵名觶也。從《通解》節本。

敖氏曰:"尊,設尊也。甒,瓦甒。醴尊設於房,臣禮也,國君則於東箱。南上,醢在北。"

郝氏曰："一甒醴，異于醮之設兩甒也。甒，瓦器，以盛醴。醴，體也，酒連糟曰醴，貴初質也。尊在爵弁服北，既服而後用醴也。柶、匙通，長六寸，祭以挑醴，醴有糟，故須柶。脯，乾肉。醢，肉醬也。南上，以尊爲上。"

爵弁、皮弁、緇布冠各一匴，執以待于西坫南，南面，東上。賓升則東面。

註曰："爵弁者，制如冕，黑色，但無繅耳。《周禮》'王之皮弁會五采玉璂，象邸，玉笄。諸侯及孤、卿、大夫之冕、皮弁各以其等爲之'，則士之皮弁又無玉，象邸飾。緇布冠，今小吏冠其遺象也。匴，竹器名，今之冠箱也。執之者，有司也，坫在堂角。"

疏曰：坫有二文，若《明堂位》云"崇坫"，《論語》云"反坫"，則在廟中以亢圭反爵。此所言者，則據堂角爲名耳。

聶氏曰："緇布冠，始冠之冠也。大夫、士無緌，諸侯始加緇布冠繢緌。自士已上，冠訖則弊去之，不復著也。然庶人猶著之，故《詩》云'彼都人士，臺笠緇撮'，謂彼都邑人有士行者，以緇布爲冠，撮持其髮。"

張氏曰："有司三人各執一冠，豫在西階西以待冠事。賓未入，南面序立。賓升堂，則東面向賓也。"

右陳器服。

主人玄端、爵韠，立于阼階下，直東序，西面。

註曰："玄端，士入廟之服也。阼，猶酢也，東階所以答酢賓客也。堂東西牆謂之序。"

敖氏曰："主位謂之阼，故東階謂之阼階。下云'禮于阼'是也。凡牆在堂上者謂之序，堂下者謂之壁，在房室者謂之墉，在庭者謂之牆。"

張氏曰："《特牲》祭服用玄端，玄端是士自祭其先之服，與上所陳加緇布冠之玄端一服也，但玄冠耳。主人服此服，立阼階下以待賓至，其立處與堂上東牆相直。"

世佐案，云"玄端爵韠"，不言裳者，裳或玄、或黄、或雜也。不言帶者，士帶皆緇也。

兄弟畢袗玄，立于洗東，西面，北上。

註曰："兄弟，主人親戚也。畢，猶盡也。袗，同也。玄者，玄衣、玄裳也，緇帶、韠。位在洗東，退於主人。不爵韠者，降於主人也。古文袗爲均也。”

朱子曰：“袗，古文作均，而鄭註訓同。《漢書》字亦作袀，則是當從均、袀爲是矣。但疏乃云當讀如《左傳》‘均服振振一也’，則未知其以袗字爲均耶，抑以袗音爲振也？《集韻》又釋袀爲戎衣偏裻，今亦未詳其義。姑記此以俟知者。”

王氏應麟曰：“按《後漢書・輿服志》秦‘郊祀之服皆以袀玄’，蓋袀字誤爲袗。《釋文》‘之忍反’，亦誤。”

敖氏曰：“畢，猶盡也。袗，如‘袗絺綌’之‘袗’，乃被服之别稱也。玄，玄端也。‘畢袗玄’者，謂盡服玄端也。洗東，於主人爲東南。”

世佐案，袗當從古文作均。疏引《左傳》，蓋謂當讀如均也。《釋文》之誤，王氏已正之矣。然王氏知袗爲袀字之誤，而未知袀字之亦誤也，古只有均字耳。均訓同，同玄，謂衣、裳、帶、韠皆玄也。《左傳》均服是戎服，戎服亦名均者，以其事韋弁服，衣裳皆赤也[①]。陸氏《左傳音義》云“均，字書作袀”，蓋因均是服名，遂加衣旁以别之。如《集韻》以戎衣釋袀是也。然袀字但爲戎服名，而不可通之于他服，後人見均玄之均亦屬衣服之制[②]，遂例改爲袀，而不察其義之不相似也。《漢書》之誤蓋與此同。袀之轉爲袗也，特以字形相近，傳寫致誤耳。鄭氏以今文著于經，而叠見古文于註，其去取固未當矣。然其初猶未誤袀爲袗也，誤袀爲袗，當在鄭氏定本之後。唐代以前，陸氏已爲其所惑，疏家雖知其當讀如均，而故晦其辭以示疑，賴有《左傳》之文可取以證古文之是。而後儒反以《傳》爲誤，以疏家所引爲未可信，是狗末而忘其本矣。至于敖氏謂“袗如‘袗絺綌’之‘袗’，乃被服之别稱”。郝氏又訓爲單，此皆承誤而爲之説者，今亦無所取也。

擯者玄端，負東塾。

註曰：“東塾，門内東堂。負之北面。”

朱子曰：“三者玄端一也。主人玄裳爵韠，兄弟玄裳緇韠，擯者黄裳或雜裳而同用爵韠也。”

---

① “衣裳皆赤”，校本“衣”作“裘”。

② “後人見”，校本“見”作“以”。

張氏曰："擯者立此以待傳命，疏謂别言玄端，不言如主人服，則與主人不同可知，當衣冠同而裳異也。下文贊者别言'玄端'亦然。"

世佐案，擯者亦玄端而不爵韠，故不言"如主人服"也。下文贊者放此。

將冠者采衣紒，在房中，南面。

註曰："采衣，未冠者所服。《玉藻》曰：'童子之飾也[1]，緇布衣，錦緣，錦紳，并紐，錦束髮，皆朱錦也。'紒，結髮。古文紒爲結。"

盧氏植曰："童子紒似刀環。"

聶氏曰："童子既不帛襦、袴，不裘裳，故以錦爲緇布衣緣飾，又以錦爲大帶及結紳之紐，故云'錦紳，并紐'也。紐長與紳齊，又以錦爲之。束髮、總皆用朱錦飾者，以童子尚華，示將成人有文德，故皆用錦，示一文一質之義。衣、襦、袴并緇布，是質也。"

朱子曰："《漢書》髻亦作結，又以上下章考之，則房户宜當南壁東西之中，而將冠者宜在所陳器服之東，當户而立也。"

敖氏曰："童子之衣蓋亦深衣制也。《曲禮》曰'童子不衣裘裳'，不裳，則連裳於衣矣。紒，露髮爲紒也，凶時謂之鬠，吉時謂之紒。《内則》言男子未冠者亦用纚，此乃紒者，爲將冠去之。"

熊氏朋來曰："紒，即髻字。采衣者，緇衣錦緣、錦紳、錦束髮，要亦具慶者如此。"

右即位。

賓如主人服，贊者玄端從之，立于外門之外。

註曰："外門，大門外。"

敖氏曰："贊者，贊冠者而下之衆賓也，皆俟于賓之門，賓出乃從之，立于主人外門之外，西方，東面，北上。"

擯者告。

註曰："告者，出請入告。"

---

① "童子之飾"，校本同。阮《校》云："'節'，毛本作'飾'，徐本、庫本、《集釋》、楊氏、敖氏俱作'節'。按作'節'與《玉藻》合。"

主人迎,出門左,西面再拜,賓答拜。

註曰:"左,東也。出以東爲左,入以東爲右。"

敖氏曰:"答拜不言再,可知也。凡答再拜而不言其數者皆放此。"

主人揖贊者,與賓揖,先入。

註曰:"贊者賤,揖之而已。又與賓揖,先入道之,贊者隨賓。"

每曲揖。

註曰:"周左宗廟,入外門,將東曲,揖,直廟,將北曲,又揖。"

疏曰:"周左宗廟"者,《祭義》與《小宗伯》俱有此文,對殷右宗廟也。入大門而東,則主人在南,賓在北,俱東向,爲一曲;至廟門,則主人在東,賓在西,俱北向,爲一曲。爲當將曲之時,賓主皆相見,故皆一揖,通下將入廟門揖爲三也。

至于廟門,揖入,三揖,至于階,三讓。

註曰:"入門將右曲,揖。將北曲,揖。當碑,揖。"

敖氏曰:"揖入,主人揖而先入門右,西面也。賓入門左,贊者皆入門左,東面,北上。主人乃與賓三揖也。三揖者,於入門左右之位揖,參分庭一在南揖,參分庭一在北揖。凡經言'揖入'、'三揖'者放此。讓,據主人言也。主人三讓,而客三辭。既,則主人先升一等,而賓從之。凡讓升之法,賓主敵則主人先讓而先升,主人尊亦然;若客尊,則客先讓而先升也。惟天子之使則不讓。"

張氏曰:"上文'每曲揖',據入大門向廟時。既入廟,主人趨東階,賓趨西階,是主人將右,欲背賓,宜揖;既當階,主賓將北面趨階,與賓相見,又宜揖;廟中測影麗牲之碑在堂下三分庭之一在北,是庭中之大節,至此又宜揖,皆因變伸敬以道賓也。"

主人升,立于序端,西面。賓西序,東面。

疏曰:"不拜至者,冠子非爲賓客,故異於《鄉飲酒》之等也。"

敖氏曰:"賓不言升,省文。"

世佐案,凡賓爲燕飲而至者,主人有拜至之禮,其餘否。序端不言東,西序不言端,文互見也。

右迎賓。

贊者盥于洗西，升，立于房中，西面，南上。

註曰："盥於洗西，由賓階升也。立于房中，近其事也。南上，尊于主人之贊者。"

疏曰：按《鄉飲酒》主人盥于洗北，南面。賓盥于洗南，北面。各由其從來之便也。贊亦從外來，但卑不可與賓竝，故在洗西，東面。

朱子曰："贊者西面，則負東墉而在將冠者之東矣。"

敖氏曰："盥者，重冠禮，故將執事而自潔清也。盥于洗西者，以洗西無篚，故得辟正賓而盥於此也，不然則否。"

張氏曰："贊者止一人，云'南上'者，與主人之贊者爲序也。"

姜氏曰："此贊者專謂賓贊也。據前文，宿賓之贊冠者止一人，然賓之贊冠雖一人，賓贊實非一人也。觀後文醴賓節，贊者皆與贊冠者爲介，義亦明矣。舊但知賓贊冠者止一人，而因疑此序立者乃與主贊爲序也，殆未之考與。"

世佐案，張説近之而未備，姜説蓋因醴賓節註，以衆賓釋贊者而誤也。此篇起宿賓節，止醴賓節，言贊者十有三，中間明言"主人之贊者"一，餘皆不言其爲誰之贊者，而于始末二節特書曰"贊冠者"，則凡不言者可知，此書法也。然其中有兼主贊言者，此節是也，兼，故下言"主人之贊者"以别之。有兼主贊、衆賓言者，醴賓節是也，兼，故下言"贊冠者"以别之。知書法，則知經矣。

主人之贊者筵于東序，少北，西面。

註曰："主人之贊者，其屬中士若下士。筵，布席也。東序，主人位也。適子冠於阼。少北，辟主人。"

敖氏曰："主人之贊者，私臣也。此席南上。"

張氏曰："爲將冠者布席也。"

將冠者出房，南面。

註曰："南面立於房外之西，待賓命。"

疏曰：知在"房外之西"者，以房外之東南當阼階故也。

朱子曰："按此疏則阼階，切近東序之西，正當房户之東壁矣。"

贊者奠纚、笄，櫛于筵南端。

註曰："贊者，賓之贊冠者也。奠，停也。"

疏曰：不言餘物及篋簞者，皆來可知也。又凡言主人之贊者，即加“主人”字，今此不言，故知是賓之贊冠者也。從《集説》節本。

敖氏曰：“奠于筵南端，以將冠者升降由下也。”

賓揖將冠者，將冠者即筵坐。贊者坐，櫛，設纚。

疏曰：“此二者勞役之事，故贊者爲之也。”

張氏曰：“古人坐法，以膝著地，兩蹠向前，如今之跪。經凡言坐皆然。”

賓降，主人降。賓辭，主人對。

註曰：“主人降，爲賓將盥，不敢安位也。辭對之辭未聞。”

敖氏曰：“主人降，立于阼階東，當東序，西面。賓蓋於階前辭之。主人對，少進，既則復位。”

世佐案，賓降，爲將盥也。主人降，從賓也。辭者，辭其從已。對者，對以不敢不降也。後凡禮之類此者，不重釋之。

賓盥，卒，壹揖，壹讓，升。主人升，復初位。

註曰：“揖讓皆壹者，降於初。”

敖氏曰：“賓盥當於洗南北面也。升，亦主人先而賓從之。惟云主人復初位，所以見賓之不然。”

張氏曰：“初位，東序端也。”

賓筵前坐，正纚，興，降西階一等。執冠者升一等，東面授賓。

註曰：“正纚者，將加冠，宜親之。興，起也。降，下也。下一等，升一等，則中等相授。冠，緇布冠也。”

疏曰：“案《匠人》天子之堂九尺，賈、馬以爲傍九等爲階，則諸侯堂宜七尺，則七等階，大夫堂宜五尺，則五等階，士宜三尺，則三等階，故鄭以中等解之也。”

賓右手執項，左手執前，進容乃祝，坐如初，乃冠，興，復位，贊者卒。

註曰：“進容者，行翔而前鶬焉，至則立祝。坐如初，坐筵前。復位，西序東面。卒，謂設缺項、結纓也。”

疏曰：項，謂冠後耳，非頍項也。翔，謂行而張拱也。鶬與蹌同，容貌舒揚也。從《通解》節本。

郝氏曰："祝，祝願冠者吉祥也，辭見後。"

世佐案，上"缺項"之"項"宜與此"項"字同解。卒者，終其事也。謂以青組纓束冠，而又爲之結于頤下也。

冠者興，賓揖之，適房，服玄端、爵韠，出房，南面。

註曰："復出房南面者，一加禮成，觀衆以容體。"朱子曰："觀，示也。宜古喚反。"

右初加。

賓揖之，即筵坐。櫛，設笄。賓盥，正纚如初，降二等，受皮弁，右執項，左執前，進祝，加之如初，復位，贊者卒紘。

註曰："如初，爲不見者言也。卒紘，謂繫屬之。"

疏曰：笄有二種，一是紒内安髮之笄，一是冕弁固冠之笄。此未加冠而設笄，明是安髮笄也，緇布冠亦宜有之。彼言"設纚"而不言"設笄"，恐與上文兩弁之笄相亂，又此章但言"設笄"而不言"設纚"，則亦可互見矣。其皮弁固冠之笄，則賓加弁時自設之可知。云"不見"者，謂上章所有而此章不言者。從《通解》節本。

敖氏曰："不言去冠、去纓(其)〔及〕設纚①，可知也。"

郝氏曰："未弁而先設笄者，笄在筵端，不與弁同處。笄首有紘，須先設而理之也。"

姜氏曰：疏義多臆説。凡設笄，合于設纚之後，加冠之前行之。《内則》言冠服之儀，櫛訖而縰，縰訖而笄，笄訖而總，而拂髦，髦訖而冠，冠訖而緌纓，其序如此，不言冠後有笄也。若如疏義，則經初不言緇布冠有笄，乃謂其無固冠之笄而有安髮之笄，經但言皮弁、爵弁有笄，乃謂其有安髮之笄，又有固冠之笄，其以疏經乎，抑以亂經乎？且二弁陳固冠之笄，而所設何又爲安髮之笄，既二弁設安髮之笄，而緇布冠安髮之笄何又不言設也？然則經止有此笄設于未冠時者，何也？笄非以安髮，但以固冠與垂緌，故設笄于纚旁，既加冠，乃以組繞頤上係于笄之左右而垂其餘爲緌，所謂卒紘也。纚以韜髮，又總以束之，何安髮之笄之有？又《玉藻》

---

① "及"原作"其"，校本同，《集説》作"及"，應據改。

云“居冠屬武”,“有事然後緌”,蓋居常之冠不用垂其組爲緌,則連屬其武,有禮事當垂組爲緌,則其武臨著冠乃合,而不預爲連屬。笄插纚旁,正當冠武,雖以固冠,而非但爲固冠設也。疏不詳玩其義,妄疑笄以固冠,不應未冠先笄,因臆爲别一安髮之笄,雖展轉遷就以爲辭,而經義胥失矣。

世佐案,姜氏之詆疏極矣,其説實始于敖氏。敖氏謂笄之度短,果爾,則笄不横貫冠外,何以固冠,何以繫組。姜説雖加詳,然于笄以固冠,不應未冠先笄之疑,終未有以解也。又所舉《内則》文,孔疏亦引,熊氏謂此安髻之笄,非固冠之笄,故文在冠上。則二笄之説,禮家傳之有自,謂皆臆説可乎? 故兩録之,以俟知者。

興,賓揖之,適房,服素積、素韠,容,出房,南面。

註曰:“容者,再加彌成,其儀益繁。”

敖氏曰:“上不見皮弁之衣,故此亦不言之,皆省文也。”

張氏曰:“容者,整其威儀容觀也。方加緇布冠時,其出亦有容,至此益盛,乃言之耳。”

右再加。

賓降三等,受爵弁加之。服纁裳、韎韐,其他如加皮弁之儀。

註曰:“降三等,下至地。他,謂卒紘、容出。”

敖氏曰:“受爵弁降三等者,以其最尊,故就而受之。不言純衣,亦文省。”

徹皮弁、冠、櫛、筵,入于房。

註曰:“徹者,贊冠者,主人之贊者爲之。”

疏曰:冠,緇布冠也。賓贊者徹櫛,主贊者徹筵,以其先設,還遣之也。

右三加。

筵于户西,南面。

註曰:“筵,主人之贊者。户西,室户西。”

敖氏曰:“户西,即户牖間也,後皆放此。户西,客位也,筵於此者,以其成人尊之,此席東上。”

世佐案，大夫、士東房西室，故以户牖間爲客位。若室有東西房者，則以牖前爲客位，皆取其近西也。詳見《鄉飲酒禮》。

贊者洗于房中側，酌醴，加柶，覆之，面葉。

註曰："洗盥而洗爵者，《昏禮》曰房中之洗在北堂，直室東隅，篚在洗東，北面盥。側酌者，言無爲之薦者。面，前也。葉，柶大端。贊酌者，賓尊不入房。古文葉爲擖。"

敖氏曰："洗，洗觶也。酌醴，蓋西面也。云'側'，明無佐之酌者。凡贊者酌醴皆側也，特於此見之。"

郝氏曰："側，特也，特一酌無三醮也。葉，匙首，寬薄如葉。"

張氏曰："註引《昏禮》，證房中别有洗，非在庭之洗也。側酌者，贊者自酌還自薦也。柶，類今茶匙。葉，即匙頭。贊者前其葉以授賓者，欲賓得前其柄以授冠者，冠者得之，乃前其葉以扱醴而祭也。柶用時仰之，贊者不自用，故覆之以授也。"

世佐案，側，偏也。房中側，謂房中之西偏也。蓋房中之洗直室東隅，則其於房爲西側也明矣。經言此者，著贊者洗觶之處也。"側"字句絶，先儒以"側酌醴"爲句，而訓側爲特，宜其説愈多而愈支也。又案《昏禮》醴使者及醴婦皆贊者自酌還自薦脯醢，而不云"側酌"，則註義絀矣。凡贊者之酌，未聞有佐之者，何獨於是而云"側"乎？敖説亦不可通也。

賓揖，冠者就筵，筵西南面。賓受醴于户東，加柶，面枋，筵前北面。

註曰："户東，室户東。今文枋爲柄。"

敖氏曰："贊者出房西面，賓由西序往，故受醴于室户東。言'面枋'，見其訝受也。固加柶矣，乃言之者，見其更爲之也。"

張氏曰："致祝當在此時，祝辭見後。"

世佐案，訝受，竝受之。辨見《聘禮》。

冠者筵西拜受觶，賓東面答拜。

註曰："筵西拜，南面拜也。賓還答拜于西序之位，東面者，明成人與爲禮，異於答主人。"

張氏曰："冠者拜訖，進受觶。賓既授觶，乃復西序之位答之。賓答主人拜當西階北面，此西序東面，故註云'異於答主人'。"

薦脯醢。

註曰："贊冠者也。"

敖氏曰："不言於席前可知也。薦脯醢，脯在西。"

冠者即筵坐，左執觶，右祭脯醢，以柶祭醴三，興，筵末坐，啐醴，捷柶，興，降筵坐，奠觶拜，執觶興，賓答拜。

註曰："捷柶，扱柶於醴中，其拜皆如初。"

疏曰："祭醴三"者，如昏禮始扱一祭，又扱再祭也。此啐醴不拜既爵者，以其不卒爵故也。

敖氏曰："祭脯醢，以脯祭，擩醢而祭之。既祭不言右執觶者，可知也。筵末，席之西端也。亦以柶兼諸觶乃坐啐醴。建，猶立也。云'建'者，上葉下枋，與扱時異，又以明其已入于觶，則不復執之也。降筵，坐於筵西也。不卒爵，故既啐則拜，其意與拜既爵者同。"

世佐案，祭，祭先代始爲飲食之人也①。必祭之者，示不忘本也。啐，嘗也。嘗醴，成賓意也。不中席者，明此席所以行禮，不主爲飲也。"捷"當作"建"，字之譌也。《士昏禮》、《聘禮》皆云"建柶"，謂以柶插于醴中也。插之，蓋上枋下葉。不卒觶者，糟醴不可盡也。

右醴冠者。朱子曰："醴，依下章註當作禮，謂以醴禮之也。"

冠者奠觶于薦東，降筵，北面坐取脯，降自西階，適東壁，北面見于母。

註曰："薦東，薦左。凡奠爵，將舉者於右，不舉者於左。適東壁者，出闈門也。時母在闈門之外，婦人入廟由闈門。"

疏曰：薦左，據南面爲正也。闈門，見《雜記》，彼註云"宫中之門曰闈門，爲相通者"是也。

敖氏曰："籩豆而云'薦'者，上經云'薦脯醢'，故因其事而名之，省文，後皆放此。必取脯者，見其受賜也。"

郝氏曰："降自西階，父在，不敢由阼也。東壁，廟東側室。冠子則父主外事在東序，母主内事在東壁，子既冠，入見也。鄭註東壁爲闈門外。古廟在宅東，由廟中入宅曰闈門，果爾，當云適西壁，何爲反適東壁乎？

① "祭，祭先代始爲飲食之人也"，"祭"字原不重出，校本重出，依文意，應據校本補。

有事于宗廟，宜夫婦共親之，豈父在廟，母獨在宅乎？非也。”

母拜受，子拜送，母又拜。

註曰：“婦人於丈夫，雖其子猶俠拜。”

敖氏曰：“母於其子乃俠拜者，重冠禮也。凡婦人與丈夫爲禮，其禮重者則俠拜。”

郝氏曰：“古者婦人肅拜。《少儀》云婦人雖君賜，肅拜。肅拜者，立拜也。男子跪拜，婦人立拜，故古婦人與男子爲禮必俠拜。俠拜者，婦人先一拜，男子答拜，婦人又一拜也。”

世佐案，母先子拜，先儒多疑之。《冠義》云：“見於母，母拜之。見於兄弟，兄弟拜之。成人而與爲禮也。”夫禮之而先拜，於敵者則可，於其子終嫌太重。孔氏穎達云：“廟中冠子，以酒脯奠廟訖，子持所奠酒脯見于母，母拜其酒脯，重從尊者處來，故拜之，非拜子也。”斯言得之。觀見母以脯而見，兄弟以下徒見也，亦足以明之矣。然則篇中無奠廟文，何也？曰冠者受醴於廟，是即奠廟矣，非必以其受薦之餘復薦之皇祖也。母又拜何也？曰此註所謂“俠拜”也。敖氏曰：“凡婦人與丈夫爲禮，禮重則俠拜。”受廟脯，固重禮也。

右冠者見于母。

賓降，直西序，東面。主人降，復初位。

敖氏曰：“初位，阼階東，直東序之位。”

冠者立于西階東，南面。賓字之，冠者對。

註曰：“對，應也。其辭未聞。”

疏曰：“未字先見母，字訖乃見兄弟之等，急於母，緩於兄弟也。”

郝氏曰：“字以代名也。辭見後。”

右字冠者。

賓出，主人送于廟門外。

註曰：“不出外門，將醴之。”

敖氏曰：“賓出而贊者不從，以其當與冠者爲禮也。”

張氏曰：“此下冠禮既成，賓出就次以後諸事：冠者見兄弟、見贊者、見姑姊爲一節；易服見君、見鄉大夫、先生爲一節；主人醴賓又一節，凡三節。”

請醴賓，賓禮辭，許，賓就次。

註曰："此醴當作禮。次，門外更衣處也，以帷幕簟席爲之。"

朱子曰："醴冠者章言醴者，皆指其物而言，故註不改字。此醴與'醴冠者'之'醴'同義，故改之。下章醴賓亦此義，故不重出。"

敖氏曰："請醴之辭，則《士昏記》有之，此禮雖與彼異，辭宜略同。醴賓之禮，壹獻，有俎，有幣，似饗矣，乃曰醴者，亦因用醴而名之。"

右賓出就次。

冠者見於兄弟，兄弟再拜，冠者答拜。見贊者，西面拜，亦如之。

註曰："見贊者西面拜，則見兄弟東面拜。贊者後賓出。"

疏曰："亦如之"者，言贊者先拜而冠者答之也。從《集説》節本。

敖氏曰："兄弟與贊者皆先拜之，亦重冠禮也。兄弟位在洗東，贊者位在西方，亦西當西序。贊者爲禮竟，則亦出而就次，此時兄弟之在廟者，冠者皆見之。乃不見父者，以難爲禮也。蓋此時冠者於凡所見者皆不先拜而答拜，乃其禮當然爾。父至尊也，是禮有不可行，故闕之。且父爲冠主，雖不見之，亦無嫌也。不見賓者，賓既醴之，則交拜矣，是亦見也，若復行禮，則幾於褻。"

世佐案，敖氏論不見賓之故，得之。不見父者，直以父爲冠主故耳。自爲主者，冠畢自當見父。《大戴禮》云："太子與庶子，其冠皆自爲主。"如謂至尊難爲禮，則君亦至尊也，下文有奠摯于君之禮矣，何嫌乎？又疏以爲冠畢已見，不言可知，蓋皆不知禮意，而遷就其説者。

入見姑姊，如見母。

註曰："入，入寢門也。廟在寢門外。如見母者，亦北面，姑與姊亦俠拜也。不見妹，妹卑。"

世佐案，姜氏云"弟亦皆見，見姊不見妹，省文"，非也。兄弟乃同姓之稱，上文"兄弟畢袗玄"，寧必冠者之兄弟哉，不得援以爲見妹之證。敖氏謂"未成人則不與爲禮"，得之。

右冠者見兄弟、贊者、姑姊。

乃易服，服玄冠、玄端、爵韠，奠摯見於君，遂以摯見於鄉大夫、鄉先生。

註曰："易服不朝服者，非朝事也。摯，雉也。鄉先生，鄉中老人爲卿大夫致仕者。"

疏曰：鄉先生，即《鄉飲酒》、《鄉射禮》"先生"，《書傳》所謂"父師"也，亦有士之少師，鄭以經但言"鄉大夫"，故略不言也。

敖氏曰："此玄端更言玄冠者，别於纚之緇布冠也。奠贄見于君，謂執贄至下，奠贄，再拜稽首也。見於君亦玄端，而不朝服者，以其未仕也。所見者，亦玄端見之。鄉大夫，鄉之異爵者也。或曰鄉大夫即主治一鄉者，未知孰是。先生，德齒俱尊者也。《士相見禮》曰'士見於大夫，終辭其贄，於其入也，一拜其辱'，見於先生之禮亦宜如之。"

顧氏炎武曰："士之嫡子，繼父者也，故得奠摯見于君，庶子不得見君。《左傳・昭公四年》'仲與公御萊書觀于公'，叔孫怒而逐之是也。"

張氏曰："見君、見鄉大夫、先生非必是日，因見兄弟等類言之耳。"

世佐案，鄉大夫，當以敖氏後説爲正。

右見于君及鄉大夫、鄉先生。

乃醴賓以壹獻之禮。

註曰："壹獻者，主人獻賓而已，即燕無亞獻者。獻、酢、酬，賓、主人各兩爵而禮成。《特牲》、《少牢》饋食之禮獻尸，此其類也。士禮一獻，卿大夫三獻，賓醴不用柶者，泲其醴。《内則》曰：'飲，重醴，稻醴清糟，黍醴清糟，粱醴清糟。'凡醴事，質者用糟，文者用清。"

疏曰：此"醴"亦當爲"禮"，文不具也。

朱子曰："註不言改字，説見上，非不具也。"

張氏曰："註引《内則》者，明醴有清有糟，前醴子用糟，此醴賓其清者也。"

主人酬賓，束帛儷皮。

註曰："飲賓客而從之以財貨曰酬，所以申暢厚意也。束帛，十端也。儷皮，兩鹿皮也。"

敖氏曰："此酬賓之禮當行於賓受獻之後，未卒爵之前，猶食禮既受侑幣乃卒食也。"

張氏曰："酬賓，大夫用束帛乘馬，天子、諸侯以玉將幣，士束帛儷皮，獻數多少不同，其酬幣唯于奠酬之節一行之。"

贊者皆與，贊冠者爲介。

註曰："贊者，衆賓也。皆與，亦飲酒爲衆賓。介，賓之輔，以贊爲之，尊之。飲酒之禮，賢者爲賓，其次爲介。"

朱子曰："贊者，謂主人之贊者也，恐字誤作衆賓耳。"

敖氏曰："言此於酬賓之後者，明酬幣惟用於正賓也。介，副也，以副於正賓名之。飲酒之禮，有賓、有介、有衆賓，此贊冠者爲介，其餘爲衆賓也。衆賓之位亦在堂。《鄉飲酒禮》賓席于户牖間，介席于西序，衆賓之席繼賓而西。"

世佐案，贊者，蓋兼衆賓及主人之贊者言也。衆賓，即戒而不宿者。既來觀禮，亦有助主人成禮之意，故云贊者，註意如此，非誤也。但註言衆賓而不及主人之贊者，爲未備耳。《鄉飲酒記》云"主人之贊者，西面北上，不與無算爵。"然後與此宜亦如之。

右醴賓。

賓出，主人送于外門外，再拜，歸賓俎。

註曰："一獻之禮有薦、有俎，其牲未聞，使人歸諸賓家也。"

世佐案，此俎蓋以乾肉載之，冠子者不殺，禮之正也。不殺，則不用鮮肉可知。必歸之者，俎，肴之貴者，與人飲食而歸其貴者，厚之也。

右送賓。

朱子曰："此章以上，正禮已具，以下皆禮之變。"

張氏曰："以上《士冠禮》正經，頗疑數事。冠於廟，重成人也。未冠不以告，既冠不以見，何也？見于母而不見於父，見贊者而不見賓，疏以爲冠畢已見，似矣，然醴畢即見于母，儀節相承，則見父、見賓當於何時，豈在酌醴定祥之前與？又言歸俎而不言載俎，其牲未聞，註已陳之，要皆文不具也。"

世佐案，古人凡事稟命于禰，矧冠、昏重禮乎。經不言者，可知也。《曲禮》言取妻者齊戒以告鬼神，而《士昏禮》亦不具，即此例。不見父與賓，説見前，非文不具也。

若不醴，則醮用酒。

註曰："若不醴，謂國有舊俗可行，聖人用焉不改者也，《曲禮》曰'君子行禮，不求變俗。祭祀之禮，居喪之服，哭泣之位，皆如其國之故，謹修其法而審行之'是也。酌而無酬、酢曰醮。醴亦當爲禮。"

疏曰："自此以上説周禮冠子之法，自此以下至'取籩脯以降，如初'，説夏、殷冠子之法。"

劉氏敞曰："'若不醴，則醮用酒'，謂庶子也。醴重醮輕，昏禮適婦醴之，庶婦醮之，丈夫之冠猶婦人之嫁，則醮用酒者必庶子也。下文曰庶子冠于房外，南面，遂醮焉，是矣。註云'謂國有舊俗可行，聖人用焉'，又註'醮于客位'，云夏、殷禮也，皆非也。夏、殷有天下千有餘歲，冠禮行之久矣。設以醮爲禮焉，溥天之下皆醮也，周公何以改之？然則醮于客位，當曰醴于客位，嫡子冠于阼，醴于客位，以變爲敬也。庶子冠與醮相因，不于阼，亦不于客位，略庶子也。醮禮繁，醴禮簡，以簡爲貴也。醮三舉，醴一辭，以少爲貴也。醮用酒，醴用醴，以質爲貴也。醮有折俎，醴脯醢而已，不尚味也。酒在房外，醴在房中，以變爲敬也。此皆聖人分别嫡庶，異其儀也。"

朱子曰："不醴而醮，乃當時國俗不同，有如此者，如魯、衛之幕有縿布，衻有離合，皆周禮自不同，未必夏、殷法也。記註所云若以杞、宋二代之後及他遠國未能純用周禮者言之，則或可通，然亦未有明文可考也。此註又言改字者，上下文異，故須别出也。"

敖氏曰："此醮與醴大意略同，惟用酒而儀物繁爲異。上既見醴禮矣，此復言不醴，則醮者蓋冠禮之始，惟醴而已，然少近於質，故後世聖人又爲此醮禮，與之並行焉。言'若'者，文質在人用之，惟所欲耳。"

郝氏曰："醮，釂也，盡飲之名。醴一酌，醮三酌。加折俎，盛者殺牲較醴多，文矣。凡禮先質而後文，醴與醮皆歷世已行之跡。若者，隨時不定之辭，若醴則用醴，若醮則用酒。醴濁而酒清。"

張氏曰："醴、醮二法，其異者：醴側尊在房，醮兩尊于房户之間；醴用觶，醮用爵；醴篚從尊在房，醮篚從洗在庭；醴待三加畢乃一舉，醮每一加即一醮；醴薦用脯醢，醮每醮皆用脯醢，至三醮又有乾肉折俎；醴贊冠者酌授賓，賓不親酌，醮則賓自降取爵，升酌酒；醴者每加入房，易服出房，立待賓命，醮則每醮訖，立筵西，待賓命；醴者每加冠，必祝，醴時又有醴辭，醮者加冠時不祝，至醮時有醮辭，其餘儀節並不異也。”

姜氏曰：“此‘若不醴’，及下文‘若殺’，皆禮之變。用酒禮盛于醴，殺牲禮盛于脯醢折俎，而冠禮不以盛禮先之者，聖人于始冠示以淳古之意，即始加用緇布冠之意也。其又及于用酒，殺牲者，則權也。夫拜下改爲拜上，聖人雖違衆而不從其泰，若麻冕改純，則聖人亦以無害于禮而從之，若不醴、若殺，意亦如此。若如疏者之説，則夏尚忠，商尚質，而反謂其文勝于周也，豈理之所可通哉。”

世佐案，衆説不同，當以朱子爲正。凡禮，皆由質而趨于文。疏以醴之質者爲周禮，醮之文者爲夏、殷禮，倒矣。宜後儒莫之從也。劉氏知疏説之非，而其自爲説亦未善。如以此節爲醮庶子，經當云“若庶子，則醮用酒”，而下文亦不應別見庶子冠法矣。朱子謂庶子一醮以酒，安得有若此及下文殺牲之盛禮哉。蓋冠禮之初，惟醴而已。庶子則一醮以酒，所謂“醴重而醮輕”也。“醴重醮輕”，鄭註《曾子問》語。若三醮殺牲，乃後人爲此以尊異適子，而庶子不敢干焉，然非聖人之意矣。聖人之所以分適庶者，以質爲貴，以變爲敬，二語盡之。貴繁、貴多，固非制禮者之意，而貴簡、貴少又非變禮者之意也。敖氏知冠禮始惟有醴，後乃爲醮，所見最卓，而以醮爲聖人所制，則惑也。此特叔世變禮之後，國俗有此不同，記者以其無甚害于禮而存之，猶夫子從純之意耳，豈真聖人所制哉。姜説實本朱子，然亦不能堅守其説而遷就之，至以用酒殺牲爲聖人之權，蓋見此節列于經文之内，不敢斷然以爲變禮，不得不曲爲回護，而其辭屈矣。是皆不知此篇經、記混淆之所致也。竊謂此篇之經至“歸賓俎”而止矣，自此以下，皆記也。凡爲記者有三：有記經所未備者，有記禮之變異者，變以時代言，異以國俗言。有各記所聞，頗與經義相違者。記經所未備者，周公之徒爲之，與經並行者也。記禮之變異，則非周之盛時之書矣。蓋自巡守禮廢，天子不能申變禮易樂之討，而異政殊俗者出焉，其在春秋之際乎？至于各記所聞，而頗失經意者，則七十子後學所記也。意其初，經與記分，記與記亦不相雜，至漢儒掇拾灰燼之餘，竄以經師之説，而三者之辨不可復知。且有經連于記，記混于經者，錯亂無次，于記爲甚。讀者不可不分別觀之也。何以明自此以下之爲記也？試以《昏禮》較之。此“若不醴”及下文“若殺”，猶《昏禮記》“若不親迎”也，所謂記禮之變異也。“若孤子”、“若庶子”及“冠者母不在”，猶《昏禮記》庶婦及宗子無父之類，所謂記經未備也。諸辭,則《昏禮》俱屬記尤爲明證。唯屨制一節,朱子移附陳器服節之末,或是彼處脱簡。然詳其文體,亦似《昏禮記》"摯不用死"、"腊必用鮮"之類。經蓋以屨賤,不與冠服並言,而記者詳之,亦是記所未備也。自"冠義"以下,乃漢儒取《戴記》、《家語》以成文,觀其中載孔子之言,而篇末又雜出老氏之意,其非本記之舊,明矣。首以"冠義"二字題之,若《小戴記》篇目然,十七篇無此例也[①]。作者原不敢自附于本經之記,而編禮者誤以"記"之一字加之,若移彼"記"字于此節之首,則得矣。此非愚之創見也,朱子謂醴賓節以上正禮已具,以下皆禮之變,固已微示其意矣。張氏未嘗見《通解》,亦謂送賓歸俎以上,《士冠禮》正經,似與朱子有暗合者,愚故推明之,以自附于竊取之意云。

尊于房户之間,两甒,有禁,玄酒在西,加勺,南枋。

註曰:"房户間者,房西室户東也。禁,承尊之器也。名之爲禁者,因爲酒戒也。玄酒,新水也,雖今不用,猶設之,不忘古也。"

敖氏曰:"两甒,一酒、一玄酒也。玄酒在西,尊西上也。尊西上者,以冠者之位在其西,故順之。他篇不见者,其義皆放此。加勺,加于二尊之上而覆之也。玄尊亦加勺者,不以無用待之也。南枋,爲酌者北面,覆手執之,便也。"

郝氏曰:"水曰玄酒。玄,水色。"

洗,有篚在西,南順。

註曰:"洗,庭洗,當東榮,南北以堂深。篚亦以盛勺、觶,陳於洗西,南順,北爲上也。"

敖氏曰:"醮而設洗之節,亦與醴同,惟有篚爲異,此見其異者耳。篚以盛爵也。下篚之爵三。"

始加,醮用脯醢。賓降,取爵于篚,辭降如初,卒洗,升酌。

註曰:"始加者,言一加一醮也。加冠于東序,醮之於户西,同耳。始醮,亦薦脯醢。賓降者,爵在庭,酒在堂,將自酌也。辭降如初,如將冠時降盥,辭主人降也。凡薦出自東房。"

朱子曰:"'始加'二字,乃疊見前始加緇布冠一章之禮。醮用脯醢,

---

① "此"下原有"比"字,校本無。疑"比"字爲涉上衍文,據校本删。

乃題下事，其實賓答拜後乃薦之也。賓升酌時，冠者猶在出房南面之位。”

敖氏曰：“贊者筵于户西，賓乃降也。用爵醮，禮文也。卒洗，亦當壹揖、壹讓乃升。”

世佐案，此章于其儀文之與醴同者，每云“如初”，則醴在先，而醮爲後起，益可見矣。

冠者拜受，賓答拜如初。

註曰：“贊者筵于户西，賓升，揖冠者就筵，乃酌。冠者南面拜受，賓授爵，東面答拜，如醴禮也。於賓答拜，贊者則亦薦之。”

張氏曰：“賓亦筵前北面釋醮辭訖，冠者乃南面拜受。”

冠者升筵坐，左執爵，右祭脯醢，祭酒，興，筵末坐，啐酒，降筵拜，賓答拜。冠者奠爵于薦東，立于筵西。

註曰：“冠者立俟賓命，賓揖之，則就東序之筵。”

朱子曰：“此正醮禮也，下兩醮及後章三醮凡言‘如初’者，皆謂如此禮也。”

張氏曰：“降筵奠爵而後拜，執爵興，賓乃答拜，拜訖，冠者乃奠爵薦東，其節亦與醴同。註云‘就東序之筵’，謂當更加皮弁也。”

徹薦、爵，筵、尊不徹。

註曰：“徹薦與爵者，辟後加也。不徹筵、尊，三加可相因，由便也。”

敖氏曰：“徹之亦贊冠者也。每醮禮畢，必徹薦爵者，所以新後醮之禮，若不相因然。徹薦、爵，蓋入于房。”

加皮弁，如初儀。再醮、攝酒，其他皆如初。

註曰：“攝，猶整也。整酒，謂撓之。”

朱子曰：“此‘如初儀’者，如前再加一章之儀也，下條放此。再醮攝酒，其他皆如初言。唯攝酒異於始醮，其他皆如之也。”

張氏曰：“撓，謂更益整頓之，示新也。”

加爵弁，如初儀。三醮，有乾肉折俎，嚌之，其他如初。

註曰：“乾肉，牲體之脯也，折其體以爲俎。嚌，嘗之。”

疏曰：《周禮·腊人》鄭註云“大物解肆乾之，謂之乾肉，若今梁州烏翅矣。薄析曰脯，棰之而施薑桂曰腶脩”，若然，乾肉與脯脩别。言之“今梁州鳥翅”者，或爲豚解而七體以乾之，謂之乾肉，及用之，將升于俎則節析爲二十一體，故總名“乾肉折俎”也。

陳氏祥道曰：“肱骨三：肩、臂、臑也。股骨三：肫、胳、觳也。脊骨三：正脊、脡脊、横脊也。脅骨三：代脅、長脅、短脅也。正脅之前則膉也，肫之上則髀也。然則左右肱之肩、臂、臑，與左右股之肫、胳、觳而爲十有二，脊骨三與左右脅骨六而爲九。二觳正祭不薦於神尸、主人之俎，兩髀不升于主人、主婦之俎，膉不升於吉祭之俎，則祭之所用者去髀、膉而二十有一，去二觳而爲十九矣。《國語》曰，禘郊之事則有全脀，王公立飫有房脀，親戚燕飲有殽脀，則全脀豚解也，房脀體解也，殽脀骨折也。《士喪禮》‘特豚四鬄去蹄，兩胉脊’，《既夕》鼎實羊左胖亦如之。然則四鬄者，殊左右肩、髀而爲四，又兩胉、一脊而爲七，此所謂豚解也。若夫正祭，則天子、諸侯有豚解、體解，《禮運》曰‘腥其俎，熟其殽體’，其犬、豕、牛、羊，腥其俎謂豚解，而腥之爲七體，熟其殽，謂解之、爓之爲二十一體是也。大夫、士有體解，無豚解，以其無朝踐獻腥之禮故也。”

朱子曰：“豚解之義，陳説得之。二十一體，則折脊爲三：曰正脊，曰脡脊，曰横脊；兩胉各三：曰代脅，曰長脅，曰短脅，凡六；兩肱各三：曰肩，曰臂，曰臑，凡六；兩股各三：曰髀，曰肫，曰胳，凡六，通爲二十一體。凡牲與腊方解割時皆是如此，但牲則兩髀以賤而不升於正俎耳，故《少牢禮》具列自髀以下凡二十一體，但髀不升耳，而鄭氏註云凡牲體之數備於此，初不及他體也。況此言腊，則又不殊，賤也。而《周禮・内饔》及此經《昏禮》兩疏皆言二十一體，乃不數兩髀，而不計其數之不足，蓋其疎略。至《少牢》疏及陳祥道乃去髀，而以兩觳足之，蓋見此經後篇猶有脰及兩觳可以充數，然欲盡取之，則又衍其一，故獨取兩觳，而謂脰非正體，若果如此，則觳亦非正體，又何爲而取之耶？此其爲説雖巧，而近於穿鑿，不可承用。又曰初儀見上三醮，唯攝酒及有乾肉折俎嚌之爲異，其它皆如始醮也。”

敖氏曰：“俎設於脯醢之南，《士虞禮》曰‘有乾肉折俎，二尹縮，祭半尹’，此乾肉亦縮俎，而左朐右末，其所嚌即祭半尹者也，亦振祭乃嚌之。唯言嚌，省文耳。物至齒謂之嚌，知其味謂之嘗。”

世佐案，折俎，折牲體載于俎也。用乾肉者，不殺故也。

北面取脯，見于母。

敖氏曰："著此者，見其與醴同也，下放此。"

右醮。

若殺，則特豚，載合升，離肺實于鼎，設扃鼏。

註曰："特豚，一豚也。凡牲皆用左胖。煑於鑊曰亨，在鼎曰升，在俎曰載。載合升者，明亨與載皆合左右胖。離，割也。割肺者，使可祭也、可嚌也。"

疏曰：升載之法，載在後，升在前，今先言載後言升，又合字在載、升之間者通言之，欲見在俎、在鑊俱曰合也。鼏者，以茅覆鼎，長則束其本，短則編其中。扃，牛鼎大扃，長三尺，𦏁鼎小扃，長二尺，皆依漢禮而知，今此豚鼎當用小扃也。周禮《少牢》、《特牲》、《鄉飲》、《鄉射》皆用右胖，唯虞禮、喪祭反吉，故用左。此云"用左胖"，或據夏、殷之法也。凡肺有二種：一者舉肺，一者祭肺。就舉肺之中，復有三稱：一名舉肺，爲食而舉；二名離肺，《少儀》云三牲之肺"離而不提心"也；三名嚌肺，以齒嚌之，此三者皆據生人爲食而有也。就祭肺之中，亦復有三稱：一者謂之祭肺，爲祭先而有之；二者謂之忖肺，切之使斷；三者謂之切肺，名雖與忖肺異，實則同也，三者皆爲祭而有。朱子曰："'忖'亦作'刌'，疑即'切'字，寫誤爲二耳。"

陳氏曰："豚則吉凶皆合升，用成牲則升其胖而去髀，吉升右而凶升左，脊脅六而肱股五，爲十一體也。"

敖氏曰："載衍文，《士喪禮》曰'特豚四鬄去蹄，兩胉脊'，此其合升之體數也。肺離之者，使絕之而爲祭也。既祭則嚌之，故又名嚌肺，其與脊同舉者，則謂之舉肺。鼎設扃，是亦舉之也。孤子則舉鼎陳于門外，此不陳，惟俟時而入錯于阼階前也。"

郝氏曰："肺，即豕肺。周人尚肺，火德勝金，祭食先肺。扃，鉉也。鼎兩旁有鉉，反向上以木横貫，蓋上而舉之，且以壓制鼎，蓋如門之扃。鼏、冪通，密閉也。"

張氏曰："案《特牲》、《少牢》及《鄉飲酒》皆用右胖，此合升左右胖，或以嘉禮，故異之與？註云'凡牲皆用左胖'，疏以爲鄭據夏、殷之法，未知然否。"

世佐案，殺牲而醮，又醮禮之異者也。每變而益侈，其去聖人尚質之意遠矣。言合于“載”、“升”之間，見其合升于鼎而載之也，句法與《公食大夫禮》云“蓋執豆”相似。敖以“載”爲衍字，非。載于俎，亦合者，唯爲冠者一人設也，人多則折。又案註“左胖”之“左”，恐是“右”字之譌。

始醮，如初。

註曰：“亦薦脯醢，徹薦、爵，筵、尊不徹矣。”

朱子曰：“初，謂前章之始醮也。”

再醮，兩豆：葵菹、蠃醢；兩籩：栗、脯。

註曰：“蠃醢，蝛蝓醢[①]。今文蠃爲蝸。”

疏曰：“案鄭註《周禮·醢人》云‘細切爲齏，全物若牒爲菹。作醢及臡者，先膊乾其肉，乃後莝之，雜以粱麴及鹽，漬以美酒，塗置甀中，百日則成矣’，是作醢及菹之法也。”

熊氏曰：“蠃，註謂蝛蝓。案《方言》燕、趙間以爲蜘蛛，《韻書》以爲蝸牛。蜘蛛、蝸牛非可食者，疏引《爾雅》爲證，彼《爾雅》乃訓詁之儒集經註以爲書者，或疑《内則》有蝸醢，恐是蝛蝓蝸牛之謂，然《内則》之蝸乃力戈切，《集韻》古螺字作蝸，《韻釋》云蚌屬也，非蝸牛之蝸矣。陸佃直謂蝸牛可醢，蓋爲禮註所誤爾。蠃即螺字，亦作蝸，《韻書》以爲香螺也。”

朱子曰：“再醮唯攝酒、加籩豆爲異，不言如初者，可知也。”

敖氏曰：“兩豆、兩籩之位，若以有俎之禮言之，則醢在菹東，栗在菹西，脯在栗南也。此薦雖不與三醮有俎者相因，而位則亦放之與?”

郝氏曰：“蠃，蛤屬，圓者爲蠃，剉而漬之，以酒爲醢。”

三醮，攝酒如再醮，加俎，嚌之，皆如初，嚌肺。

註曰：“攝酒如再醮，則再醮亦攝之矣。加俎，嚌之，嚌當爲祭，字之誤也。祭俎如初，如祭脯醢。”

疏曰：祭先之法，祭乃嚌之，又不宜有二嚌，故註破“加俎”之“嚌”爲“祭”也。

朱子曰：“初，謂上章之始醮也。上章及此三醮兩節但皆攝酒、嚌俎爲異，而其它皆如初，則祭已在其中矣，故註於上章三醮初不改字，於此

---

① “蝛”原作“蜮”，校本同。阮《校》曰：“《釋文》、徐本、《集釋》、《通解》、敖氏俱作蝛，此字從蟲威聲。”今當改作“蝛”，後放此。

蓋誤改之，疏又妄爲之説，皆非也。但上章之俎無肺，而此有肺，故又特言所嚌者肺，而不嫌於複出，則此嚌字從本文爲是。陸氏亦云嚌讀如字。嚌肺，釋上嚌之爲嚌肺也。凡言之法多此類。”

敖氏曰：“‘攝酒如再醮’，此與不殺之禮互言也。加俎者，謂於籩豆之外又加豚俎也，設之當菹醢之南。三加後者彌尊，故三醮而後者愈盛，禮宜相稱也。嚌之謂絶祭嚌之，不言祭者，亦文省。肺之嚌者必祭，祭者不必嚌也。‘皆如初’，謂此再醮、三醮之所不見者，皆如不殺始醮之禮也。云‘嚌肺’者，又明其所嚌之異於不殺者也，不殺，則祭用乾肉而嚌之。”

張氏曰：“加俎者，不徹豆籩而加設此牲俎也。其祭亦止祭俎肺，不復祭脯醢。”

世佐案，上章云“徹薦、爵，筵、尊不徹”，謂每醮之籩、豆與爵皆如其舊而更之，惟筵、尊仍舊也。此章云“如初”，則豆籩之加者亦徹而更設可知。加俎之義，當如敖説，張誤。

卒醮，取籩脯以降，如初。

敖氏曰：“籩脯，謂其在籩者也。言此以别於所祭者耳。”

右殺牲而醮。

若孤子，則父兄戒、宿。

註曰：“父兄，諸父、諸兄。”

敖氏曰：“孤子雖尊於家，然未冠，則不可與成人爲禮於外，故戒、宿賓客則諸父若兄爲之。惟言父兄戒、宿，則筮日、筮賓、爲期之事皆將冠者自主之可知。”

冠之日，主人紒而迎賓，拜，揖，讓，立于序端，皆如冠主，禮于阼。

註曰：“冠主，冠者親父若宗兄也。古文紒爲結，今文禮作醴。”

楊氏曰：“父在時冠於東序，醴於户西，此則冠於東序，三加訖，又改筵，受醴於東序也。”

敖氏曰：“孤子未冠而於此乃行成人之禮者，無父則得伸其尊也。諸父若兄不主其事者，家無二主也。必立于序端者，因冠主之位也。禮，謂賓與冠者行禮也，蓋指三加與醴之類而言。行禮皆於阼，亦見其異於父在者，以其爲主人故也。然則若醮、若醴，皆因冠席爲之與？”

張氏曰：“有父加冠，則將冠者紒而俟于房中，孤子則紒而迎賓，拜，揖，讓，立，皆如爲子加冠之主人。有父加冠，則醴于室户西，孤子則醴于阼，此其異也。”

世佐案，惟言紒，則不采衣可知。記曰“孤子當室冠，衣不純采”是也。禮，當從今文作醴，謂以醴禮冠者也。敖説非。父在者，冠于阼，醴于户西，此特記其與彼異者耳。三加于阼，不待言也。疏云“言禮，則兼醴醮二法”，亦非也。古者唯醴而已。又案註云“冠主，冠者親父若宗兄”，蓋謂冠主之中兼斯二者。父在，父爲主，父没，宗兄爲主，家統于一尊也。然則孤子冠而自爲主人，其唯宗子與？

凡拜，北面于阼階上，賓亦北面于西階上答拜。

敖氏曰：“此賓主相拜之正位也。”

張氏曰：“父在加冠，受醴户西，拜于筵西，南面，賓答拜于序端，東面，此則與賓各專階，北面也。”

若殺，則舉鼎陳於門外，直東塾，北面。

註曰：“孤子得申禮，盛之。父在有鼎不陳于門外。”

疏曰：“凡陳鼎在外者，賓客之禮也；在内者，私家之禮也，是在外者爲盛也。”

敖氏曰：“直東塾，當其南也。鼎陳於此，亦俟時而入錯之。大夫、士陳鼎於門外，皆北面，惟喪奠乃西面耳。國君陳鼎南面，天子未聞。”

世佐案，此又記孤子冠之變禮。

右孤子冠。

世佐案，《曾子問》“父没而冠，則已冠掃地而祭于禰，已祭而見伯父、叔父，而后饗冠者”，可補此節之闕。

若庶子，則冠于房外，南面，遂醮焉。

註曰：“房外，謂尊東也。不於阼階，非代也。不醮於客位，成而不尊。”

疏曰：“周之庶子宜依適子用一醮，夏、殷庶子亦依三醮。三代適子有祝辭，若庶子則無，故下文註云‘凡醮者不祝’。”

朱子曰：“疏説恐非。蓋一醮以酒者，正也。其用醴與三醮，爲適而加耳。世佐案,三醮是後世所加。庶子則皆一醮以酒,足矣。"世佐案,庶子冠無變禮。

楊氏曰:"記云'適子冠於阼以著代也',庶子不於阼而冠於房外南面,非代故也。記云'醮於客位,加有成也',是適子於客位,成而尊之,此則成而不尊,故因冠之處遂醮焉。"

敖氏曰:"言'遂'者,見其因冠席也,冠醮同處,可以不必別布席。此言庶子,指父在者也。父在而冠,宜别於適,父没則其禮同矣。"

世佐案,庶子之冠之異于適者,唯此三事耳。冠位不於東序,一也。禮之用酒而不用醴,二也。醮于冠位,而不别布席,三也。其他皆如之。下註云"凡醮者不祝",謂三醮耳,非指庶子而言,疏引之,誤。又案,此不别言庶子之父存没,見其禮皆如是也。敖氏謂父没與適子同,非。蓋庶子父没,則宗子爲冠主。《昏禮》云"支子則稱其宗",是其例矣,焉得同。

右庶子冠。

冠者母不在,則使人受脯于西階下。

疏曰:"《内則》云:'舅没則姑老。'若死當云没,不得云'不在',且母死則不得使人受脯,今言'不在'者,或歸寧,或疾病也。'使人受脯',爲母生在,於後見之也。"

朱子曰:"經云'不在',恐兼存没而言,若被出而嫁亦是也。蓋主人若非宗子,則固有無主婦者,此云'使人',未必母使之也。又《昏禮》使者授人脯之後,又執以反命,則此使人受脯之後,亦必更有禮節,但文不具,不可考耳。"

右母不在。

戒賓,曰:"某有子某,將加布於其首,願吾子之教之也。"

註曰:"吾子,相親之辭。吾,我也。子,男子之美稱。"

疏曰:上某,主人名;下某,子之名。布,緇布冠也。教之者,以加冠行禮爲教之也。從《集説》節本。

敖氏曰:"冠禮三加,乃惟云'布'者,取其始加而質者言之,謙也,又以《士昏禮》例之,此以下所載諸辭,皆當爲記文,乃在經後記前,亦未詳。"

世佐案,諸辭之當爲記,敖氏已見及之,特狃于漢儒所定本,而未能斷耳,且不知是篇之記之混于經者,固不止此也。

賓對曰:"某不敏,恐不能共事,以病吾子,敢辭。"

註曰:"病,猶辱也。"

主人曰:"某猶願吾子之終教之也。"賓對曰:"吾子重有命,某敢不從。"

註曰:"敢不從,許之辭。"

宿曰:"某將加布於某之首,吾子將莅之,敢宿。"賓對曰:"某敢不夙興。"

註曰:"莅,臨也。"

敖氏曰:"正賓而下,其宿之之辭皆同,惟以主人之親宿與否别之耳。"

始加,祝曰:"令月吉日,始加元服。

註曰:"令、吉,皆善也。元,首也。"

朱子曰:"諸辭皆當以古音讀之,其韻乃叶。"

棄爾幼志,順爾成德。壽考惟祺,介爾景福。"

註曰:"祺,祥也。介、景,皆大也。因冠而戒且勸之,女如是則有壽考之祥,大女之大福也。"

朱子曰:"順,古與慎通用。"

敖氏曰:"'棄爾幼志',戒之也。'慎爾成德',勉之也。言先去幼志而後能慎成德也,幼志,即傳所謂童心,成德,成人之德。"

張氏曰:"《冠義》云即冠,將責以父子、君臣、長幼之禮,即所謂成德也,祝以有是德,即有是福,是勸之也。"

再加,曰:"吉月令辰,乃申爾服,

註曰:"辰,子、丑也。申,重也。"

敬爾威儀,淑慎爾德。眉壽萬年,永受胡福。"

註曰:"胡,猶遐也、遠也。"

杜氏佑曰:"案詁訓胡不訓遐,疑胡當作嘏,嘏訓爲大,或當時傳寫謬誤,鄭康成不審正,臆斷爲遐耳。"

敖氏曰:"有威而可畏謂之威,有儀而可象謂之儀。德者,得也。行道而有得於心之謂德者,内也,威儀者,外也。學者固當以德爲先,威儀爲後,然不重其外,亦未必能保其中之所有者也,故此先言敬威儀,乃後言慎德淑善也。眉壽,豪眉也,人年老者,必有豪眉秀出者。"

世佐案,民受天地之中以生,是以有動作威儀之則。"威儀"云者,聲音笑貌云乎哉。容貌顔色,曾子所謂道。動容周旋中禮,孟子所謂盛德,蓋有諸中必形諸外,制乎外所以養其中,而敬之一字則又合内外,徹始終者也。冠子之時而即以是勗之,可謂知要矣。

三加,曰:"以歲之正,以月之令,咸加爾服,

註曰:"正,猶善也。咸,皆也。皆加女之三服,謂緇布冠、皮弁、爵弁也。"

兄弟具在,以成厥德。

敖氏曰:"厥者,指兄弟而言。能成兄弟之德,則正身齊家之事也,以此勉之,其所以責成人之道也深矣。"

張氏曰:"言成此冠禮,是成其德也。"

世佐案,厥,指冠者言也,敖説非。

黄耇無疆,受天之慶。"

註曰:"黄,黄髮也。耇,凍梨也[①],皆壽徵也。疆,竟。"

疏曰:凍梨,面如凍梨之色也。

張氏曰:"首三句爲一聯,服叶德,慶叶疆,音羌,正、令二句又自相叶。"

醴辭曰:"甘醴惟厚,嘉薦令芳。

註曰:"嘉,善也。善薦,謂脯醢芳香也。"

敖氏曰:"醴言厚,見其未泲。"

拜受祭之,以定爾祥。承天之休,壽考不忘。"

註曰:"休,美也。不忘,長有令名。"

張氏曰:定祥、承休與《易》凝命之旨相類,天人之理微見于此。

① "梨"原作"棃",疑爲"黎"字之誤,校本作"棃",同"梨",陳本、閩本、毛本皆作"梨",監本作"棃",今改作"梨"。

醮辭曰:“旨酒既清,嘉薦亶時。

註曰:“亶,誠也。”

始加元服,兄弟具來,孝友時格,永乃保之。”

註曰:“善父母爲孝,善兄弟爲友。時,是也。格,至也。永,長也。保,安也。行此乃能保之。凡醮者不祝。”

敖氏曰:“保守而有之也。言女方加元服,而兄弟皆來者,蓋女孝友之德有以感格之也。然自今以後,當常常保守此德而勿失之,美而復戒之也。一加則一醮,故每醮之辭輒見加冠之序,以明其各有所爲,而不嫌與祝辭同也。經於醮禮始加無異文,於再加、三加皆云‘如初儀’,乃見醮禮則是醮者亦祝明矣,醮禮文,故以多儀爲貴。”

張氏曰:“孝友時格,孝友極其至也,教以盡孝友之道,乃可長保之也。註‘凡醮者不祝’,謂用酒以醮者,每加冠畢,但用醮辭醮之,其方加冠時,不用祝辭也。詳醮詞‘始加元服’等句與祝辭相類,兼用之則複矣。疏以爲醮庶子不用祝辭,錯會註意。來‘力之反’與‘時之’叶。”

世佐案,張説得之。保之者,謂保其元服也。孝弟爲仁之本,士庶人不仁,不保四體。始醮而言,及于此,其所以詔之者切矣。又案,醮而不祝,唯適子三醮者耳。庶子一醮,每加仍有祝辭,其醮辭亦與此異,大抵如醴辭而易其首句與?

再醮,曰:“旨酒既湑,嘉薦伊脯。

註曰:“湑,清也。伊,惟也。”

敖氏曰:“獨言脯者,欲協音耳,亦但舉其所上者言也。凡一籩、一豆,則先脯後醢。”

乃申爾服,禮儀有序。祭此嘉爵,承天之祜。”

註曰:“祜,福也。”

敖氏曰:“序,謂始加、再加之次第。”

三醮,曰:“旨酒令芳,籩豆有楚。

註曰:“旨,美也。楚,陳列之貌。”

疏曰:“用再醮之籩豆,不增改之,故云‘有楚’。”

世佐案,每醮籩豆皆更易之。疏誤。

咸加爾服，肴升折俎。

敖氏曰："肴謂乾肉，若豚也。《詩》曰：'爾殽伊脯。'"

承天之慶，受福無疆。"

張氏曰："亦兩句叶。"

世佐案，醮辭，後世變禮者所撰，視醴辭加多矣。然推本孝友，猶有古訓之遺則焉，記者所以取之與？

字辭曰："禮儀既備，令月吉日，昭告爾字，爰字孔嘉。

註曰："昭，明也。爰，於也。孔，甚也。"

髦士攸宜，宜之于假。

註曰："髦，俊也。攸，所也。于，猶爲也。假，大也，宜之是爲大矣。"

朱子曰："假，恐與嘏同，福也，注説非是。"

敖氏曰："假，《通典》作嘏，今從之。髦士，才德過人之稱，言髦士乃與嘉字相宜，若宜之則爲嘏矣。"

永受保之，曰伯某甫。"仲、叔、季，唯其所當。

註曰："伯、仲、叔、季，長幼之稱。甫是丈夫之美稱，孔子爲尼甫，周大夫有家甫[①]，宋大夫有孔甫，是其類。甫字或作父。"

疏曰："某甫"者，若云尼甫、嘉甫也。伯、仲、叔、季，若兄弟四人，則依次稱之。夏、殷質則積仲，周文則積叔，若管叔、蔡叔是也。殷質，二十造字之時，便兼伯、仲、叔、季稱之，周文，造字時未呼伯、仲，至五十乃加而呼之，故《檀弓》云"幼名冠字，五十以伯仲，周道也"，若孔子始冠，但字尼甫，至年五十乃稱仲尼是也。從《通解》節本。

朱子曰："案《檀弓》孔疏云人年二十冠而加字，如曰'伯某甫'者，年至五十耆艾轉尊，則又舍其'某'字而直以伯、仲別之，與此賈疏不同，疑孔説是。"

王氏應麟曰："二十爲字，未呼伯、仲，至五十乃加呼之，此《儀禮》賈疏也。二十已有伯某甫，仲、叔、季，雖云伯、仲皆配某甫而言，至五十直呼伯、仲，此《禮記》孔疏也。朱文公曰疑孔疏是，石林葉夢得號。謂五十爲

---

① "家甫"，張爾岐《儀禮鄭注句讀》、魏了翁《儀禮要義》引注文同，阮《校》曰："按'家'與《春秋》合。"校本"家"作"嘉"，士禮居翻刻嚴州本、陳本、閩本、監本、毛本、庫本同。

大夫,去某甫言伯、仲而冠以字,如南仲、榮叔、南季之類,然仲山甫、尹吉甫皆卿士,亦以字爲重。"

張氏曰:"此辭賓直西序東面,與子爲字時命之也。據《釋文》,備與日叶爲一韻,字音滋,嘉叶'居之反'爲一韻,假叶音古,與甫爲一韻。顧炎武云:備與字一韻,嘉與宜一韻,假與甫一韻,古人文字錯綜,不必二句一韻也。"

右辭。

郝氏曰:"祝辭雜用《詩》語,多後人補撰。"

世佐案,諸辭唯醮辭後人擬作,其餘皆周公制作時所定,未必周公自作,蓋祝雍、史佚輩承旨爲之,使天下後世皆遵而用之也。《大戴禮·公冠》云"成王冠,周公使祝雍祝王曰:'達而弗多也。'"是其徵矣。

屨,夏用葛。玄端黑屨,青絇繶純,純博寸。

註曰:屨者,順裳色。玄端黑屨,以玄裳爲正也。絇之言拘也,以爲行戒,狀如刀衣鼻,在屨頭。繶,縫中紃也。純,緣也。三者皆青。博,廣也。

疏曰:屨順裳色者,禮之通例。衣與冠同,屨與裳同也。縫中紃,謂相接之處,縫中有條紃也。緣,謂繞口緣邊也。絇純,亦以條爲之。博寸,謂純之廣也。從《集説》節本。

敖氏曰:"絇,取屈中之義而名之,綴於屨頭以爲飾也。"

張氏曰:"此下言三服之屨,不與上服同陳者,屨賤,故別言之。夏葛屨,冬皮屨,春秋熱則從夏,寒則從冬。此玄端黑屨,初加時所用。"

素積白屨,以魁柎之,緇絇繶純,純博寸。

註曰:"魁,蜃蛤。柎,注也。"

疏曰:魁,即蜃蛤,一物也。煆爲炭灰,用之柎,注謂塗注於上,使色白也。

郝氏曰:"魁,頭也。柎、跗同,底也,即《士喪禮》'綦結于跗'之'跗'。以魁跗之,謂以頭爲底,如今鞾頭,反底向上也。"

張氏曰:"此皮弁服之屨,再加時所用。"

世佐案,魁柎,敖以爲皆未詳,今且依註疏説之[①]。

---

① "説之"二字校本互乙。

爵弁纁屨，黑絇繶純，純博寸。

註曰："爵弁屨以黑爲飾，爵弁尊，其屨飾以績次。"

疏曰："案《冬官》畫繢之事云'青與白相次，赤與黑相次，玄與黄相次'，鄭云'此言畫繢六色所象及布采之第次，繢以爲衣'，又云'青與赤謂之文，赤與白謂之章，白與黑謂之黼，黑與青謂之黻'，鄭云'此言刺繡采所用，繡以爲裳'，此是對方爲繢次，比方爲繡次，案鄭註《屨人》云'複下曰舄，禪下曰屨'[①]，又註云'凡舄之飾如繢之次，凡屨之飾如繡之次也'者，即上黑屨以青爲絇繶純，白屨以黑爲絇繶純，則白與黑，黑與青爲繡次之事也，今次爵弁纁屨，纁，南方之色赤，不以西方白爲絇繶純，而以北方黑爲絇繶純者，取對方繢次爲飾，舉舄者，尊爵弁是祭服，故飾與舄同也。"

朱子曰："三屨經不言所陳處，註疏亦無明文，疑亦在房中，故既加冠而適房改服，即得并易屨而出也，但不知的在何處，疑服既北上，則或各在其裳之南也。"

敖氏曰："此見屨者或言衣、或言裳、或言冠，錯綜以爲文也。先卑而後尊，以三加之次言之也。三屨陳之，蓋在其裳之西。"

張氏曰："此三加所用之屨。"

世佐案，朱子云屨在裳南者，據經服北上言也。敖氏云在裳西者，據經服東領言也。蓋服既東領，則裳與帶、韠以次而西，屨當在其末。敖説近是。北上，三服之次也。

冬，皮屨可也。

疏曰："冬時寒，許用皮，故云'可也'。"

敖氏曰："皮屨，不見其色與飾，同於上可知。上言夏，此言冬，則是周之禮，四時皆可冠矣。"

不屨繐屨。

註曰："繐屨，喪屨也。縷不灰治曰繐。"

疏曰："《喪服記》云'繐衰四升有半'，繐衰既是喪服，明繐屨亦是喪

---

① "禪"原作"單"，校本作"禪"，《要義》、《集釋》、《通解》、楊復《儀禮圖》、陳本、閩本、監本、毛本、庫本及《周禮・天官・屨人》經文同，據改。

屨。言此者，欲見大功未可以冠子，恐人以冠子，故於屨末因禁之也。”

敖氏曰：“‘不屨’之‘屨’，著屨之稱也。繐乃布之疏者，以之爲屨，則輕涼也。言此者，嫌夏時冠或得用之繐，非吉布，而冠則嘉禮之重者，是以不宜屨，此屨若燕居則或屨之可。”

世佐案，註以繐屨爲喪屨，疏云言此者，見大功未可以冠子，故于屨末禁之，殆非。今以《喪服》考之，斬衰菅屨，又公士大夫之衆臣爲其君繩屨，齊衰疏屨，不杖麻屨，此喪屨之見于經者也。齊衰三月與大功同繩屨，繐衰與小功以下同吉屨，無絇，此喪屨之見于記及註疏者也。五服之屨，如斯而已，不見有所謂繐屨者。註特以繐是衰布意之耳，未可信也。又《曾子問》云“如將冠子，而未及期日而有齊衰、大功、小功之喪，則因喪服而冠”，《雜記》云“以喪冠者，雖三年之喪可也”，謂大功未可冠子者，禁其吉冠，不禁其喪冠也。屨喪屨，是喪冠矣，又何禁焉。且大功合著繩屨，非繐屨也。蓋凡布之細而疏者即謂之繐，漢時南陽有鄧繐以造此布得名，此布之用蓋不止爲衰也，敖説似得之矣。或曰，繐屨，繐衰之屨也。繐衰之屨與吉同，但無絇耳。絇是屨頭之飾，古以爲行戒，恐後人或不辨其有無而屨之也，故言此以禁之，未知是否。考《三禮圖》，童子服黑屨，無絇，青繶純。則無絇之屨，未冠者著之，既冠則以此爲喪屨，而不復著矣。

右屨。

世佐案，朱子移此附陳器服章，敖氏從之，今考其文，亦記體也，故仍其舊。

記

疏曰：“凡言‘記’者，皆是記經不備，兼記經外遠古之言，鄭註《燕禮》云‘後世衰微，幽、厲尤甚，禮樂之書，稍稍廢棄’，蓋自爾之後有記乎？又案《喪服記》子夏爲之作《傳》，不應自造還自解之，記當在子夏之前、孔子時，未知定誰所録。”

熊氏曰：“《儀禮》是經，《禮記》是傳，儒者恒言之，以《冠義》、《昏義》、《鄉飲酒義》、《射義》、《燕義》、《聘義》與《儀禮·士冠》、《士昏》、《鄉飲酒》、《射》、《燕》、《聘》之禮相爲經傳也。劉氏又補《士相見》、《公食大夫》二義，以爲二經之傳。及讀《儀禮》，則《士冠禮》自‘記冠義’以後即《冠禮》之記矣，《士昏禮》自‘記士昏禮凡行事’以後，即《昏禮》之記矣，《鄉飲酒》自‘記鄉朝服謀賓介’以後，即《鄉飲》之記矣，《鄉射禮》自‘記大夫與公士爲賓'以後,即《鄉射》之記矣,《燕禮》自'記燕朝服於寢'以後,即《燕禮》之記矣,《聘禮》自'記久無事則聘'以後,即《聘禮》之記矣,《公食大夫禮》自'記不宿戒'以後,即《公食大夫》之記矣,《覲禮》自'記几俟於東廂'以後,即《覲禮》之記矣,《士虞禮》自'記虞沐浴不櫛'以後,即《士虞禮》之記矣,《特牲饋食禮》自'記特牲'以後,即《特牲》之記矣。《士喪禮》則'士處適寢'以後,附在《既夕》者,即《士喪禮》之記矣,《既夕禮》則'啓之昕'以後,即《既夕》之記矣,漢儒稱《既夕禮》即《士喪禮》下篇,故二記合爲一也。《喪服》一篇,每章有子夏作傳,而'記公子爲其母'以後,又别爲《喪服》之記,其記文亦有傳,是子夏以前有此記矣。十七篇惟《士相見》、《大射》、《少牢饋食》、《有司徹》四篇不言記,其有記者十有三篇,然《冠禮》之記有'孔子曰',其文與《郊特牲》所記《冠義》正同,其餘諸篇惟《既夕》之記略見於《喪大記》之首章,《喪服》之傳與《大傳》中數與"與"疑當作"語"。相似,餘記自與《小戴》冠、昏等六義不同,何二戴不以禮經所有之記文而傳之也?十三篇之後各有記,必出於孔子之後、子夏之前,蓋孔子定禮而門人記之,故子夏爲作《喪服傳》而并其記亦作傳焉。"

世佐案,諸記不出一手,亦非一代所成,其别有三,説已見前疏。所謂作于幽、厲之後者,特其一耳。若其翼經而行者,自有此禮以來不可一日而闕,寧待後世而具乎?子夏所傳,亦其最先出者。此篇記有"孔子曰",乃漢儒所録,未可執是而謂十三篇之記盡出于孔子之後,子夏之前也。據《漢書·藝文志》所載諸記與經文各自爲書,本不相雜,以記附于逐篇之下者,其始于鄭氏乎?鄭氏註《易》,合《彖》、《象》於經,見《魏志》博士淳于俊語。亦其例也。朱子又以記文分繫于逐節之左,亦欲學者尋省易了,今不從之者,恐亂經文也。竊取朱子《周易本義》之意云。

冠義

朱子曰:"此篇之末本有記一章,今考之,皆見於《家語》郲隱公篇,而彼詳此略,故今於此删去,而取彼文修潤以附《冠義》。"

張氏曰:"此記已有'孔子曰',當在孔子後,不知定誰所録。'冠義'又記中小目,餘篇不復言某義者,或欲舉一例餘也。又《戴記》亦有《冠義》,又後儒所爲,故與此異也。"

世佐案,自此已下,與《郊特牲》所記《冠義》正同,非本經之記也,其體裁自别,讀者詳之。

始冠，緇布之冠也。太古冠布，齊則緇之。其緌也，孔子曰："吾未之聞也。"冠而敝之可也。

註曰："太古，唐、虞以上。緌，纓飾。未之聞，太古質，無飾。重古，始冠冠其齊冠。白布冠，今之喪冠是也。"

疏曰："太古冠布"者，謂著白布冠也。云"齊則緇之"者，將祭而齊則爲緇，以鬼神尚幽闇也。云"其緌也，孔子曰'吾未之聞也'"者，孔子時有緌者，故非之。諸侯則得著緌，故《玉藻》云"緇布冠繢緌，諸侯之冠也"。云"冠而敝之可也"者，據士以上冠時用之，冠訖則敝之，不復著也。若庶人猶著之，故《詩》云"彼都人士，臺笠緇撮"，是用緇布冠籠其髮，是庶人常服之矣。鄭云"白布冠者，今之喪冠是也"者，以其太古時吉凶同服白布冠，未有喪冠，三代有牟追之等，則以白布冠爲喪冠，若然，喪服起自夏禹以下也。

敖氏曰："其緌也，孔子曰'吾未之聞'者，謂太古之時冠但有纓，未聞其緌也[①]。緌者，以纓之餘長爲飾者也。古者之纓足以固冠，則已未知爲飾，後世若或用古冠，亦宜存古意，若緌之則失之矣。《玉藻》曰'緇布冠繢緌，諸侯之冠也'，此其夫子之所非者與？冠，謂始加之後也，敝，猶毁壞也，敝之猶可，則不復用可知，既不復用，則亦何必以緌爲飾乎？"

張氏曰："記者以經有緇布冠、皮弁、爵弁、玄冠四等之冠，各記其所從來與古今因革之異，此節記緇布冠爲太古齊冠，本無緌，又始冠加之，以存古意，加後不復更著也。"

適子冠於阼，以著代也。

敖氏曰："著，明也。著代，明其代父也。"

世佐案，阼，謂東序少北，西面也。阼是主人之位，適子將爲父後，故冠之於此，庶子不代父，則於房外南面矣。

醮於客位，加有成也。

敖氏曰："加，猶尚也，尊也。有成，謂有成人之道也，尊其有成，故以客禮待之。"

張氏曰："加有成，加禮于有成德者也。"世佐案，是説本《家語》王肅註。

① "其"下原無"緌也"二字，校本有，《集説》同，據補。

姜氏曰："客位，謂户西也。加、嘉同。適子冠于阼，醴于户西，醮用酒，亦如之。若庶子則冠于房户外，因醮焉，凡以嘉之也。"

世佐案，此亦承上適子而言，古者適子醴而已，不曰醴而曰醮，則此記之作于後人也，益可見矣。客位非子所宜居也，而醮之於此者，以其有成人之德而加尊之，若庶子，則因其所冠之位而醮焉，是雖有成而不加尊也。

三加彌尊，諭其志也。

敖氏曰："凡人之志皆欲自卑而尊，故三加之禮，其最尊者在後，蓋諭其志而然也。諭，謂深曉之。彌，益也。"

張氏曰："諭其志，教諭之，使其志存修德，每進而上也。"

世佐案，張説得之。

冠而字之，敬其名也。

註曰："名者質，所受于父母，冠成人，益文，故敬之。"

張氏曰："敬其名，敬其所受于父母之名，非君父之前不以呼也，皆冠義之大者，故記者釋之。"

委貌，周道也。章甫，殷道也。毋追，夏后氏之道也。

註曰："或謂委貌爲玄冠。委，猶安也，言所以安正容貌。章，明也。殷質，言以表明丈夫也。甫或爲父，今文爲斧。毋，發聲也。追，猶堆也。夏后氏質，以其形名之。三冠皆所常服以行道也，其制之異同未之聞。"

張氏曰："此因冠者冠畢，易服玄冠，故記之。道，猶制也，言三代冠制，此其同等者也。"

周弁，殷冔，夏收。

註曰："弁名出于槃。槃，大也，言所以自光大也。冔名出於幠。幠，覆也，言所以自覆飾也。"

敖氏曰："弁，爵弁也。冔收與弁同稱，是亦弁之類也。"

張氏曰："此因三加爵弁而記其制之相等者。"

三王共皮弁，素積。

註曰："質不變。"

敖氏曰："記言此於爵弁之下者，欲令異者以類相從，然後言同者耳，蓋文法宜然。”

張氏曰:“言三代再加所同用也,疑‘委貌’以下節當在適子節之前,與首節皆言冠制,當以類從。”

無大夫冠禮而有其昏禮,古者五十而后爵,何大夫冠禮之有?

註曰:“據時有未冠而命爲大夫者。周之初禮,年未五十而有賢才者,試以大夫之事,猶服士服,行士禮。二十而冠,急成人也。五十乃爵,重官人也。大夫或時改娶,有昏禮是也。”

敖氏曰:“‘無大夫冠禮而有其昏禮’,據禮經而言也,其下二句所以釋無大夫冠禮之意也。古者,謂始有冠禮之時也。五十而爵者,以其年艾德盛,乃可服官政也,後世雖未必五十而后爵,然亦不至於未冠而爲大夫,故作記之時去古雖遠,而猶不别立大夫冠禮也。”

張氏曰:“自此至末,皆明士冠禮可以上達之,故此言大夫無冠禮,如有未冠而爲大夫者,其冠亦從乎士而已。”

世佐案,自此以下,即劉歆所謂倉等推士禮而致于天子之説也。古者,謂殷以前耳,非周初也。《喪服》殤小功章云“大夫爲昆弟之長殤”,此周公之書也,身爲大夫,其兄乃有未冠而殤者,則年未二十而爲大夫者有矣。如謂試爲大夫而仍行士禮[①],則爲昆弟之長殤當服大功,不得降而爲小功也,降而爲小功,則已爵也。又案大夫以上本無冠禮,而《玉藻》記天子、諸侯始冠之冠,《家語》記成王冠頌及公侯冠禮,《左傳》載魯襄公冠事,《國語》載趙文子冠事,然則諸侯冠禮始于夏末,天子冠禮始于周初,大夫冠禮其始于周之季世乎?孔穎達謂此記直云諸侯,不云天子,又下云天子之元子猶與士同,則天子冠禮由來已久,但無文以明之,此臆説也。《家語》言天子冠禮,而直以成王之事實之,且曰“此周公之制也”,足徵其所自起矣。惟其先有諸侯冠禮,而後有天子冠禮,故《大戴禮·公冠》篇“公冠”今本作“公符”。云“天子儗焉”,歸有光作天子、諸侯無冠禮論,乃訾之,殆未之深考與。

公侯之有冠禮也,夏之末造也。

註曰:“造,作也。自夏初以上,諸侯雖父死子繼,年未滿五十者亦服

---

① “行”字校本無。

士服，行士禮，五十乃命也。至其衰末，上下相亂，篡弑所由生，故作公侯冠禮，以正君臣也。”

張氏曰：“此言不獨大夫無冠禮，雖公侯冠禮亦夏末始作，非古也。據註訓造爲作，則末字當一讀，近徐師曾解《郊特牲》云，末造，猶言末世，則二字連讀，制作義在末造之外，讀者酌之。”

世佐案，“夏之末造也”，句法與《檀弓》“魯禮之末失也”相似，皆當於末字一讀，徐説非。

天子之元子猶士也，天下無生而貴者也。

註曰：“元子，世子也。無生而貴，皆由下升。”

張氏曰：“天子之元子猶用士禮，又不但公侯已也。”

繼世以立諸侯，象賢也。

註曰：“象，法也。爲子孫能法先祖之賢，故使之繼世也[①]。”

張氏曰：“諸侯繼世而立，疑其生而貴矣，實以其象賢乃立之，天子元子亦以象賢乃享天位，均非生而貴者也，故其冠皆用士禮也。”

以官爵人，德之殺也。

註曰：“殺，猶衰也。德大者爵以大官，德小者爵以小官。”

張氏曰：“凡以官位爵人，皆以德爲等殺，爵以待有德，安得有生而貴者乎？”

死而謚，今也。古者生無爵，死無謚。

註曰：“今謂周衰，記之時也。古謂殷，殷士生不爲爵，死不爲謚。周制以士爲爵，死猶不爲謚耳，下大夫也。今記之時，士死則謚之，非也。謚之，由魯莊公始也。”

朱子曰：“此於冠義無所當，疑錯簡也，然疏義亦非是，此蓋老子不尚賢，貴因任之意，言上古之時，民各推其賢者，奉以爲君，没則復奉其子以繼之，其後遂以爲諸侯，然其子之立也，但象似其賢而已，非故擇賢而立之也。至於中古，乃在上者擇人任官，而爲之爵等，此則德之衰殺，不及上古之時矣。又至於周而有謚法，則生而有爵者，死又加謚，此則又其殺

① “使”下“之”字原無，校本有，《集釋》、《通解》、陳本、閩本、監本、毛本、士禮居翻刻嚴州本同，據補。

也。上古民自立君，故生無爵，中古未有謚法，故雖須有爵而無謚，又以申言古今之變也。”

世佐案，“天下無生而貴者也，繼世以立諸侯，象賢也”，此三句即《禮運》“天下爲公”，“選賢與能”之意，謂古者不家天下，雖儲君必有著德乃貴，不以世及爲禮，雖繼世，必能法祖乃立，是皆非生而貴者，故其冠皆用士禮。“以官爵人”以下與上文似不相屬，詳味之，蓋亦申言用士禮之故也。孔氏之疏《郊特牲》也，有曰“四十强而仕，亦應無士冠禮，而云士有冠禮者，士是有識之目，故立禮悉用士爲正，所以(王)〔五〕等竝依士禮冠子也[①]”，是説也可取以釋此焉。天下既無生而貴者，則自天子之元子以至于士皆庶民耳，何以行士禮也？士固非貴者也，殷以前之士有官而無爵，周制始以其官而爵之，此則德之衰矣，然猶未有謚也。士死而爲之謚，自周衰始也。古者生不予爵，死不予謚，士固非貴者也，故其禮可通于上下。或難之曰：“死而謚”以下，註固以士言之矣，殺是等殺之殺，而子以衰殺解之，何也？曰：此本之朱子也。或曰：朱子之解具在，而子所爲説又似不與之盡同，何也？曰：朱子解自“繼世以立諸侯”以下别爲一義，與上文絶不相屬，以其爲錯簡也，竊疑此與《郊特牲》文同，不應兩處皆屬錯簡。“象賢”二字，見《書・微子之命》，亦指古者天子命諸侯而言，非民自立君之謂，彼雖出于今文，當得二字之本義，且象賢者謂能象法前人之賢，非僅象似而已也。釋經亦求其是而已，問之心而不敢以爲安，故稍易之而不辭其妄耳。至于記所陳世道升降之故，愚以爲與《禮運》相似，《禮運》固先儒所謂有老氏意者，亦猶遵朱子之説也。或又曰：然則“以官爵人，德之殺也”之説，可得詳與？曰：古者年未五十而有賢才者，使之試守其官，而不授之以爵，必待其功德昭著而後爵之，是爵人者不以其官也，諸侯、大夫皆然。其終身有官而無爵者，士也。後世以世及爲禮，懼其上下相亂，君賤則不足以鎮撫之，于是幼而嗣位者，勢不得不爵之以杜篡弑之源，此以官爵人之法所由肇也。大夫未五十而爵，自諸侯而例之也。士之有爵，又自諸侯、大夫之例而推之也，而究其原，則皆自弭亂始，所以爲德之殺。或曰：官與爵異乎？曰：《説命》曰“官罔及私昵，惟其能；爵罔及惡德，惟其賢”，未嘗一之也，單言之，義可相兼，《仲虺之

---

① “五等”之“五”原作“王”，校本同，孔穎達《禮記疏》作“五等”，於文意合，應據改。

誥》曰"德懋懋官"是也，對舉之，則官是使之試守，爵是謂命之，《王制》曰"論定然後官之，任官然後爵之"是也。

楊氏曰："《儀禮》所存者惟士冠禮，自士以上，有大夫、諸侯、天子冠禮，見於《家語・冠頌》、《大戴・公冠》與《禮記・特牲》、《玉藻》者，雖遺文斷缺不全，而大槩亦可考，如趙文子冠則大夫禮也，魯襄公、邾隱公冠則諸侯禮也，周成王冠則天子禮也。大夫無冠禮，古者五十而後爵，何大夫冠禮之有？其冠也，則服士服，行士禮而已。始冠緇布冠，自諸侯下達，諸侯始加緇布冠繢緌，緇布冠有緌，尊者飾也。其服玄端，再加皮弁，三加玄冕，《大戴・公冠》'四加玄冕'，鄭註'四當爲三'。○朱先生曰：'案本文但言玄端、皮弁、玄冕，則三加，鄭説爲是，唯天子三加其袞冕與?'天子始冠加玄冠朱組纓，《玉藻》云：'玄冠朱組纓，天子之冠也。'鄭氏曰：'始冠之冠也，玄冠委貌。'再加皮弁，三王共皮弁素積。○疏曰：此條論第二所加之冠自天子達於士，以其質素，故三王同之，無所改易也。三加袞冕，見上文。又君冠必以祼享之禮行之，以金石之樂節之，以鐘磬爲之節。以先君之祧處之，諸侯以始祖之廟爲祧。又諸侯醴賓以三獻之禮，其酬賓束帛乘馬，其詳見於《儀禮經傳通解》。"

郝氏曰："古無大夫冠禮，亦附會之説。禮所以獨有士者，禮莫不始于士也，明乎士禮，而大夫以上可引而伸之，加其等，益其數，天子、諸侯皆可知矣。今謂五十爲大夫，故無大夫冠禮，天子、諸侯未聞必五十而後爲，其亦無冠禮，又何也？《玉藻》云'玄冠朱組纓，天子之冠，緇布冠繢緌，諸侯之冠'，《大戴記》云諸侯冠禮'四加玄冕'，《春秋傳》云公冠用'祼享之禮行之，金石之樂節之'，此禮謂皆起于夏末乎焉。知士冠之獨始于古也，古有士即有大夫，有士冠即有大夫冠，而諸侯、天子所損益可知也。"

徐氏師曾曰："古者天子、諸侯十二而冠，與大夫皆用士禮，故《儀禮》無天子、諸侯、大夫之冠禮，非逸也。設不幸天子崩，太子未冠則冕而踐阼，不行冠禮，蓋已奉宗統，君天下，不可復責以成人之道也，故《家語》孔子曰'古者王世子雖幼，其即位則尊爲人君，人君治成人之事者，何冠之有'，又曰'君薨而世子主喪，是亦冠也'，所謂因喪而冠也，蓋世子未命于天子，故不言即位而言主喪，周氏不考於禮，乃謂元子、世子不當用士禮，而引《玉藻》、《公符》、《左傳》、《冠頌》以補之，殊不知《玉藻》、《公符》、《左傳》所云皆後世之失，成王冠頌如誠有之意者，周公欲王修德，故因仍夏末之禮，而使祝雍作頌以勗之爾，安可取以補《儀禮》之逸乎？”

世佐案，大、小戴《記》、《家語》、《左傳》、《國語》諸書及此篇之記所論天子、諸侯、大夫冠禮之有無，何其殊也。有謂天子、諸侯即位已冠，無冠禮者，《冠頌》云“古者王世子雖幼，其即位則尊爲人君，人君，治成人之事者，何冠之有”，又云“君薨而世子主喪，是亦冠也已，人君無所殊也”是也。有援此以證大夫者，鄭註《喪服》云“大夫無殤服”，疏云“已爲大夫則冠矣[①]，大夫冠而不爲殤”，朱子云“得爲大夫之時，已治成人之事，如《家語》所説人君之例”。有謂天子之元子、諸侯之世子其冠與士禮同者，《冠頌》云“邾隱公既即位，將冠，使大夫因孟懿子問禮于孔子，孔子曰：其禮如世子之冠，雖天子之元子猶士也。其禮無變，天下無生而貴者故也”，故此記亦云“天子之元子猶士”是也[②]。有謂諸侯、大夫因喪而冠，後不改冠者，《曾子問》云“天子賜諸侯、大夫冕弁，服于太廟，歸，設奠，服賜服于斯乎，有冠醮無冠醴”註云“不醴，明不爲改冠”，然則此諸侯、大夫亦因喪而冠者，疏乃謂其“幼弱未冠，總角從事，至當冠之年，因朝天子”，非。是也。有謂諸侯、大夫年未五十，猶服士服，行士禮，至五十乃命，所以無冠禮者，此記與《郊特牲》所云是也。此皆論其無者之據也。言天子冠者，《冠頌》記冠成王之頌，《公冠》云“天子儗焉”，《玉藻》記天子之冠是也。言諸侯、王太子、庶子之冠與士異者，《冠頌》記公冠則以卿爲賓，至其酬幣于賓，則束帛乘馬等儀節，又云“王太子、庶子之冠儗焉”，《公冠》篇略同，及《左傳》季武子之説，《玉藻》記諸侯之冠是也。言大夫冠者，《國語》云晉趙文子冠是也。此則論其有者也。或一禮而異議，或一篇而異詞，覽者幾茫乎不知所從矣，然其説蓋各有指焉，未可是彼而非此也。夏以前諸侯無冠禮，周以前天子無冠禮，春秋以前大夫無冠禮，凡言無者，皆推本古義以見世代之升降，而其中有二説焉，即位已冠，爲繼世者言之也；五十乃命，爲崛起者言之也。至于除喪不改冠者，爲其先已冠訖，特與吉冠不同耳，今亦畧見于《雜記》，《記》云：“既冠于次，入，哭踊者三，乃出。”非無其禮也。夫自天子、諸侯之冠禮既作，必有成書以著其詳，中更去籍滅學之變而亡之，故本經不能具，要其大節目之所在，未嘗不以士禮爲準，而其中四加、三獻之類，

① “已”原作“以”，校本作“已”，《喪服》賈疏同，據改。

② “此”字上校本無“故”字。

則亦尊卑隆殺之所由辨也。見謂同者不盡同，見謂異者不盡異，自天子以至諸侯之世子，其冠禮大畧可覩矣。惟大夫之冠僅一見于《國語》，而其禮不得聞，記者殆以其衰世之制而略之與？諸書纂述不一手，聞見各異辭，而采摭于漢儒者又往往錯亂附益于其間，所以初讀之若紛紏而莫可詰，務條析而會通之，庶犂然其各有當也，執一説而盡廢其餘，豈通論哉！

儀禮集編卷一　男盛溶澄校字

儀禮集編卷二

秀水盛世佐學　後學歙鮑漱芳、石門顧修參校

士昏禮卷第二

鄭《目録》云:"士娶妻之禮,以昏爲期,因而名焉。必以昏者,陽往而陰來,日入三商爲昏,昏禮於五禮屬嘉禮。"

疏曰:"商謂商量,是漏刻之名。案馬氏云:'日未出、日没後皆云二刻半,前後共五刻。'今云三商者,據整數而言。"

孔氏曰:"譙周云'太昊制嫁娶,儷皮爲禮',是儷皮起於太昊也。《孟子》云'舜不告而娶',是娶告父母亦起於五帝也。其昏之年幾,案《異義》:'《大戴》説,男三十,女二十,合爲五十,應大衍之數。自天子達於于庶人,一也。《春秋左氏》説:國君十五而生子,禮也。二十而嫁,三十而娶,庶人禮也。禮,夫爲婦之長殤。長殤,十九至十六。知夫年十四、十五,見《士昏禮》也。許君謹案:舜三十不娶謂之鰥,文王十五而生武王,尚有兄伯邑考,知人君早昏娶,不可以年三十。非非字疑衍重昏嗣也。'若鄭意依正禮,士及大夫皆三十而後娶,及《禮》云夫爲婦長殤者,關異代也。或有早娶者,非正法矣。天子諸侯昏禮則早矣,如《左氏》所釋。《毛詩》所用《家語》之説,以男二十而冠,女十五而笄,自此以後可以嫁娶。至男三十,女二十,是正昏姻之時,與《家語》異也。"

朱子曰:"案《周禮·媒氏》:'凡男女自成名以上,皆書年、月、日名焉,令男三十而娶,女二十而嫁。'又案,孔子曰'霜降逆女,冰泮殺止',而《媒氏》又言'中春之月,令會男女',此皆昏禮之大期也。《左傳》云'國君十五而生子',是人君早娶,所以重繼嗣也。"

敖氏曰:“此篇主言士之適子娶妻之禮。”

郝氏曰:“冠者,成人之始。昏者,生人之始。古者冠而後昏,故昏禮次冠。”

馮氏復京曰:“案朱子《詩集傳》宗鄭義,以《桃夭》爲昏姻之候,今人多用其説,不知毛、鄭二義,合之則兩得,離之則兩偏也。爲毛説者以秋冬爲期。《孔子家語》云:‘霜降而婦功成,嫁娶者行焉。冰泮而農桑起,昏禮殺於此。’孫卿、韓嬰皆曰:‘霜降逆女,冰泮殺止。’爲鄭説者以二月爲期。《夏小正》曰:‘二月綏多女士。’綏,安也,冠子取婦之時也。《月令》仲春祀郊禖,蓋玄鳥生乳之月,以爲嫁娶之候,天子重之而祀焉。《白虎通》曰:‘嫁娶以春,何也?春天地始通,陰陽交接之時也。’凡此諸書,皆二家證據,未易評定得失。然鄭本據《媒氏》之文,愚請即以《周禮》正之。《媒氏》云,仲春‘令會男女’,‘奔者不禁,司男女之無夫家者而會之’,蓋時至仲春,則農桑已起,昏期過晚,故不禁奔者。或無夫家,則司而會之,若正爲昏姻之時,而復不禁奔,豈禮也哉。據荀卿云‘霜降逆女,冰泮殺止’,其意謂九月至二月皆可昏也。此近得其實矣。”

姜氏曰:“案禮‘三十曰壯,有室’,《家語》魯哀公嘗疑其已晚,孔子對曰‘夫禮言其極,不是過也’,則冠以後,三十以前,固可有室,而此士昏之禮蓋亦將爲選士、俊士、造士之時。舊註乃並目士爲已仕之上、中、下士,則又昧‘三十曰壯,有室’與‘四十曰强,而仕’之别,而其病猶《士冠》之訓矣。”

昏禮。下達,納采用鴈。

註曰:“達,通達也。將欲與彼合昏姻,必先使媒氏下通其言,女氏許之,乃後使人納其采擇之禮。用鴈爲摯者,取其順陰陽往來。《詩》云:‘取妻如之何?匪媒不得。’昏必由媒,交接設紹介,皆所以養廉恥。”

疏曰:下達者,男爲上,女爲下,取陽唱陰和之義,謂以言辭下通于女氏也。納采,言始相採擇也。《周禮》六摯,“大夫執鴈,士執雉”。此昏禮無問尊卑皆用鴈者,取其木落南翔,冰泮北徂,能順陰陽往來,以明婦人從夫之義也。從《通解》節本。

陸氏佃曰:“若逆女之類,自天子達是也。大夫有昏禮而無冠禮,則冠禮不下達矣。”

朱子曰:“下達之説,註疏迂滯不通,陸氏説爲近是。蓋大夫執鴈,士執雉，而士昏下達，納采用鴈，如大夫乘墨車，士乘棧車，而士昏親迎乘墨車也。註疏知乘墨車爲攝盛，而不知‘下達’二字本爲用鴈一事而發，言自士以下至於庶人皆得用鴈，亦攝盛之意也。蓋既許攝盛，則雖庶人不得用匹。又《昏禮》‘摯不用死’，故不得不越雉而用鴈爾。今註疏既失其指，陸於‘下達’之義雖近得之，然不知其與用鴈通爲一義，則亦未爲盡善也。”

敖氏曰：“昏禮不言士者，辟‘下達’之文也。自天子下達於庶人，納采皆用鴈。經惟有《士昏禮》，故因以‘下達’之文見之也。以此推之，則餘禮之用鴈者皆當下達，惟納徵之禮或異耳。媒妁傳言，女家已許，乃敢納其采女之禮。采者，取也。用鴈者，先儒謂取其不再偶義，恐或然。《春秋傳》曰‘鄭徐吾犯之妹美[①]，公孫黑使强委禽焉’，是大夫納采亦用鴈也，此其徵矣。”

張氏曰：“昏禮有六：納采、問名、納吉、納徵、請期、親迎是也。請期以上五禮，皆遣使者行之。春秋莊公二十二年《穀梁傳》曰：‘納幣，大夫之事也’，‘公之親納幣，非禮也。’”

姜氏曰：“案《士冠》、《士相見》、《士喪》、《士虞》諸禮，章首皆冠以‘士’，獨《士昏禮》章首不冠以‘士’而曰‘昏禮下達’，則知此爲昏之達禮，當如陸氏及《通解》之義，而註疏之失不待辯矣。”

世佐案，下達，猶言下際也。男尊女卑，而男必先施乎女，故云“下達”。昏禮六，自納采以至請期，皆男氏使使者致命，而逆女則壻又親之，皆下達事也。天氣下降而萬物興，明王下交而賢人出，男子下達而昏姻之禮正。《易・咸卦》以少男下於少女，而其《彖》曰“取女吉”，亦此意也。“下達”二字，足盡此篇之義矣。凡昏禮皆下達，故不言士。士摯當用雉，而雉不可生致，故舍雉而用鴈，記云“摯不用死”是也。先儒取其順陰陽往來及不再偶之説，固屬附會。朱子謂與親迎乘墨車同爲攝盛，亦恐未盡。且“下達”二字兼六禮而言，不專指用鴈也。敖氏謂自天子至於庶人，納采皆用鴈，此又用朱子之説而過者。詳朱子之意，蓋謂鴈乃大夫之摯，本非士庶人所得用，故爲攝盛。若卿以上，自當用其本等之摯，不必下同于大夫也。

---

① “犯”字下原無“之”字，校本有，《集説》同，據補。

主人筵于户西，西上，右几。

註曰："主人，女父也。筵，爲神布席也。户西者，尊處，將以先祖之遺體許人，故受其禮于禰廟也。席西上，右設几，神不統于人。席有首尾。"

疏曰：《鄉射》、《燕禮》之等設席皆東上，張氏曰："以近主人爲上。"是統於人。今以神尊，不統於人，取地道尊右之義，故席西上，几在右也。《公食記》言席卷自末，是席有首尾。

敖氏曰："筵之者，有司也。乃云'主人'者，對使者立文也。几，漆几也。右几，席南面，几在席西端也。"

使者玄端至。

註曰："使者，夫家之屬，若羣吏使往來者。"

疏曰："案《士冠》贊者於中士、下士差次爲之，此云'夫家之屬'亦當然。假令主人是上士，屬是中士；主人是中士，屬是下士；主人是下士，屬亦當是下士，禮窮即同也。"

敖氏曰："此士之家臣也，乃服玄端以行禮，則玄端亦不獨爲士之正服矣。至，謂至于門外。"

世佐案，玄端，説見上篇。使者亦士也，故服之。《士冠禮》擯者及贊者皆服玄端是也，敖説非。

擯者出，請事，入告。

註曰："請，猶問也。禮不必事，雖知猶問之，重慎也。"

敖氏曰："賓之將命者入告，擯者告主人，乃出請事也。其辭蓋曰：'某也使某請事。'凡賓非主人之所戒速而來者，則有請事之禮。凡請事者西面，入告者東面，大夫、士之禮也。"

郝氏曰："擯，女父所使。迎賓者出，請使者來事，入告於主人。"

張氏曰："前已有媒氏通言，今使者至門，當知有昏事，而猶問之，是重慎也。"

主人如賓服，迎于門外，再拜，賓不答拜。

註曰："門外，大門外。不答拜者，奉使不敢當其盛禮。"

疏曰："大夫、士唯有兩門：寢門、大門而已。廟在寢門外之東，此下有'至于廟門'，明此是大門外可知也。"

張氏曰:"當亦如《士冠禮》主人迎賓,主人西面,賓東面,此時賓自執鴈。"

揖入。

敖氏曰:"與賓揖,先入也。揖入之後,亦每曲揖。不著之者,此與上篇皆士禮,其同可知,下文放此。"

至于廟門,揖入,三揖,至于階,三讓。主人以賓升,西面。賓升西階,當阿,東面致命。主人阼階上北面再拜。

註曰:"阿,棟也。入堂深,示親親。今文阿爲庪。"

疏曰:"主人不言當阿,則如《鄉飲酒》主人當楣再〔拜〕[①]。《鄉飲酒》[②]、《聘禮》皆云賓'當楣',無云'當阿'者,獨此云'當阿',故云'示親親'也。凡士之廟,五架爲之,棟北一楣下有室户,中脊爲棟,棟南一架爲前楣,楣前接簷爲庪。棟在室外,故賓得深入當之也。"

熊氏曰:"《少牢饋食》疏,大夫、士廟室'皆兩下,五架,正中曰棟,棟南兩架,北亦兩架。棟南一架曰前楣,承簷曰庪'。庪果綺切。讀如'諸戎掎之'之'掎'。棟北爲室,南壁開户,《士昏禮》賓'當阿,東面致命',當阿,言當棟也,入堂不入房也。阿,今俗名棟。楣,今俗名柃間横梁,亦曰楣。庪,今俗名簷柱。"

敖氏曰:"主人以賓升,謂主人先升,而賓從之也。致命,謂致其主人之辭也。"

世佐案,《曲禮》云"主人與客讓登,主人先登,客從之",此敵者之禮也。主客敵而主先升,道客也。惟客尊于主人,則客先升,詳見《聘禮》。此疏云"禮之通例,賓主敵者,賓主俱升,若《士冠》與此文是也",非,當以敖説爲正。

授于楹間,南面。

註曰:"授於楹間,明爲合好,其節同也。南面,竝授也。"

敖氏曰:"此文承主人之下,則授宜作受。受者南面,則授者北面矣。爲人使而授于堂,乃不南面者,辟君使於大夫之禮也。主人拜受而賓不

---

① "當楣再拜"原作"當楣再",校本作"當楣拜",陳本、閩本、監本、毛本疏作"當楣再拜",據補。

② "鄉飲酒"之"鄉"字上,校本有"案"字,毛本同。

拜送，以其非己物也，此與上文不答拜之意異。凡爲使之禮皆放此。”

張氏曰：“授，謂授鴈。楹間，兩楹之間。凡授受，敵者于楹間，不敵者不於楹間，君行一，臣行二是也。今使者不敵而授于楹間，明爲合好，故其遠近之節同也。”

世佐案，凡堂上授受贄幣之法，主人尊則近東楹，賓尊則近西楹。蓋尊者宜逸，卑者宜勞，故或就而授，或就而受也。於楹間南面並授，敵者之禮也，《聘禮》賓面大夫，大夫“北面當楣再拜，受幣于楹間，南面”是也。此使者卑于主人，而用敵禮者，以其奉壻父之命故也。《聘禮》賓亦奉其君之命來聘，而其受玉也，乃于中堂與東楹之間，君禮之異者也。敖氏改授爲受，於義亦通，而以爲授者北面，則非矣。

賓降，出；主人降，授老鴈。

註曰：“老，羣吏之尊者。”

敖氏曰：“出，出廟門。老，室老，大夫、士之貴臣。授鴈於階下，既，則進立於中庭。”

右納采。

擯者出請。

註曰：“不必賓之事有無。”

賓執鴈，請問名。主人許，賓入，授，如初禮。

註曰：“問名者，將歸卜其吉凶。”

敖氏曰：“問名，問女之名也。擯者入告，主人許，乃出告賓，而賓入也。初禮，‘三揖’以下之儀也。此雖俟於中庭，亦有三揖，與《聘禮》同。”

張氏曰：“案記主人受鴈，還，西面對，賓受命乃降，是主人既受鴈，還復阼階之位，西面，以女名對賓，賓乃降階出門也。此一使兼行二禮，既采須卜，其事相因故也。”

右問名。

擯者出請，賓告事畢，入告，出，請醴賓。

敖氏曰：“凡自敵以下，其使之行重禮者，事畢則醴之，所以見殷勤也。擯者請醴賓，亦以其降等也。若敵者，則主人自請之。”

賓禮辭，許。主人徹几改筵，東上，側尊甒醴于房中。

註曰：“徹几改筵者，鄉爲神，今爲人。側尊，亦言無玄酒。側尊于房中,亦有篚,有籩豆,如冠禮之設。"

敖氏曰:"改筵者,易他筵而布之也。"

郝氏曰:"醴賓仍在户牖間,但以東爲上,人道貴左也。"

張氏曰:"徹去其几,後將授賓也。改筵,改西上而東上也。爲人設則東上者,統于主人也。"

主人迎賓于廟門外,揖讓如初,升。主人北面再拜,賓西階上北面答拜。

疏曰:初,納采時也。主人再拜,拜至也。從《集説》節本。

敖氏曰:"復迎之禮,更端也。主人拜至,賓答拜,禮爲己也。"

主人拂几,授校,拜送。賓以几辟,北面設于坐,左之,西階上答拜。

註曰:"拂,拭也。拭几者,尊賓,新之也。校,几足。辟,逡遁[①]。"

疏曰:"案《有司徹》'主人西面,左手執几,縮之,以右袂推拂几三,二手横執几,進授尸于筵前',凡敵者拂几皆若此。卑于尊者,則内拂之。凡授几之法,卑者以兩手執几兩端,尊者則以兩手于几間執之,授設皆然。受時或受其足,或受于手間,皆横受之。及其設之,皆旋几縱執,乃設之,于坐南北面陳之,位爲神則右之,爲人則左之,不坐設之者,几輕故也。"

敖氏曰:"几校未詳,以《有司徹》執几之法推之,則校者其謂左廉與?云'以几辟'者,嫌辟時或釋几也。凡自敵以下,其於拜者皆辟,經不盡見之也。左之,在席上之東也,設几於左,便其右也。授几於筵前西面,拜送亦於阼階上北面。"

張氏曰:"此經'授校',是執其中間授之以其足,以使者是彼羣吏,亦不敵者也。"

贊者酌醴,加角柶,面葉,出于房。

註曰:"贊者亦洗、酌,加角柶,覆之,如《冠禮》矣。出房南面,待主人

---

① "遁",毛本同,校本作"巡"。阮《校》云:"《釋文》、徐本、《集釋》、敖氏'巡'俱作'巡',《通解》、楊氏作'遁'。張氏云:'鄭氏於《儀禮》用"逡遁"字凡十有一。開寶《釋文》獨於此作"巡",諸《釋文》本皆作"遁"。'"

迎受。"

主人受醴，面枋，筵前西北面。賓拜受醴，復位。主人阼階上拜送。

註曰："主人西北面疑立，待賓即筵也。賓復位於西階上北面，明相尊敬，此筵不主爲飲食起。"

敖氏曰："西北面，以賓在西階上，不可背之也。醴子、醴婦皆北面者，以其立於席西也。賓拜亦於西階上。復位，俟既薦乃升席。於賓之拜也，主人少退，主人拜送，賓亦如之。"

張氏曰："主人執醴，筵前西北面以待賓，賓拜于西階上，乃進筵前受醴。受訖，復西階北面之位。主人乃于阼階上拜送此醴。古人受爵、送爵，相拜之法率如此。"

贊者薦脯醢。賓即筵坐，左執觶，祭脯醢，以柶祭醴三，西階上北面坐，啐醴，建柶，興，坐奠觶，遂拜。主人答拜。

註曰："即，就也。左執觶，則祭以右手也。凡祭于脯醢之豆間。必所爲祭者，謙敬，示有所先也。啐，嘗也。嘗之者，成主人之意。建，猶扱也。"

敖氏曰："祭不言右，可知也。"

張氏曰："賓即筵坐而祭醴，南面坐也。啐醴，則西階北面之位。奠觶、遂拜，亦于西階。遂拜者，因事曰遂。坐奠觶，不起而遂拜也。"

賓即筵，奠于薦左，降筵，北面坐，取脯，主人辭。

註曰："薦左，籩豆之東。降，下也。自取脯者，尊主人之賜，將歸，執以反命。辭者，辭其親徹。"

敖氏曰："主人辭者，蓋見賓珍己之物而取之，則以不腆辭之。"

張氏曰："即筵，奠于薦左，南面奠之，因祭酒之面也。"

賓降，授人脯，出，主人送于門外，再拜。

註曰："人，謂使者從者。授于階下西面，然後出去。"

張氏曰："前迎于門外，是大門外。此送亦大門外。"

世佐案，上云"主人辭"，此不言賓對者，文省。

右醴賓。

納吉,用鴈,如納采禮。

註曰:"歸卜於廟,得吉兆,復使使者往告,婚姻之事於是定。"

疏曰:"未卜時恐有不吉,婚姻不定,故納吉乃定也。"

敖氏曰:"如納采禮,兼醴賓而言也。下禮放此。"

郝氏曰:"問名而後納吉,慎重不迫,禮之序也。乃昏姻之約自納采、問名時定矣,故昏辭曰:'吾子有惠貺室,請納采。'如必問名始卜,倘卜不吉,可中廢乎?故用禮通其義而已。"

右納吉。

納徵,玄纁束帛、儷皮,如納吉禮。

註曰:"徵,成也,使使者納幣以成昏禮。用玄纁者,象陰陽備也。束帛,十端也。《周禮》曰:'凡嫁子娶妻,入幣純帛,無過五兩。'儷,兩也。執束帛以致命,兩皮爲庭實。皮,鹿皮。"

疏曰:納徵不用鴈,以其自有束帛可執故也。《周禮》註云:"'納幣用緇,婦人陰'也。凡娶禮,必用其類。五兩,十端也。必言兩者,蓋取配合之義。士大夫以玄纁束帛,天子加以穀圭,諸侯加以大璋。《雜記》云'納幣一束,束五兩,兩五尋',然則每端二丈。"若彼據庶人空用緇色,無纁,故鄭云"用緇,婦人陰",此玄纁俱有,故云"象陰陽備也"。"玄纁束帛"者,合言之。陽奇陰耦,三玄二纁也。

敖氏曰:"納吉,則成昏矣,故於納吉之後復納其成昏之禮。六禮惟此最重,故特用皮帛而不用鴈也。玄纁合而爲兩束帛,玄纁各五端也。用束帛、儷皮,則當至廟門,主人揖,先入,賓乃執束帛,而庭實先入設也。如是,則納吉禮不足以蒙之。乃云'如'者,以其異者可得而見也。下言'如納徵禮'類此。"

郝氏曰:"徵,聘也。男氏使人奉幣爲質徵以聘女也。玄,黑色,象陰。纁,赤色,象陽,皆帛也。五兩爲束。"

張氏曰:"鄭註《周禮》,以純爲緇,故疏以緇爲庶人之禮。陳氏祥道云:《蘇秦傳》'錦繡千純',裴駰註曰'純,端名',則《周禮》所云'純帛'者,匹帛也。鄭改純爲緇,誤矣。庶人亦用玄纁,但不必五兩耳。"

世佐案,疏以三玄二纁釋五兩,則玄六端,纁四端矣。其説本之《聘禮》鄭註,鄭註本之《雜記》,《雜記》云"魯人之贈也,三玄二纁"是也。但贈是送死之制幣，此則用以聘女，吉凶不同，其制或異，故敖以玄纁各五端易之，今亦無以定其孰是也。古"紂"字多譌爲"純"，鄭註《周禮》，改"純"爲"緇"，不爲無據。然玄而不纁，與此不合。疏以緇爲庶人禮，亦無明文可據也。采陳説以備考焉。

右納徵。

請期，用鴈，主人辭，賓許，告期，如納徵禮。

註曰："主人辭者，陽倡陰和，期日宜由夫家來也。夫家必先卜之，得吉日，乃使使者往，辭即告之。"

敖氏曰："壻家既得吉日，乃不敢直以告女家，而必請之者，示聽命於女家之意，尊之也。"

右請期。

期，初昏，陳三鼎于寢門外東方，北面北上。其實特豚，合升，去蹄，舉肺、脊二，祭肺二，魚十有四，腊一肫，髀不升，皆飪，設扃鼏。

註曰："期，取妻之日。鼎三者，升豚、魚、腊也。寢，壻之室也。北面，鄉内也。特，猶一也。合升，合左右胖升於鼎也。去蹄，蹄甲不用也。舉肺、脊者，食時所先舉也。肺者，氣之主也，周人尚焉。脊者，體之正也，食時則祭之，飯必舉之，貴之也。每皆二者，夫婦各一耳。凡魚之正，十五而鼎，減一爲十四者，欲其敵偶也。腊，兔腊也。肫，或作純。純，全也。凡腊用全。髀不升者，近竅，賤也。飪，熟也。扃，所以扛鼎。鼏，覆之。"

疏曰：命士以上，父子異宫，故壻别有寢。若不命之士，父子同宫，雖大院同居，其中亦隔别，各有門户，故經總云"寢門外"也。云"舉肺脊"、"祭肺"者，下文"祭薦、黍、稷、肺"即祭肺也。"授肺、脊，皆食以湆醬，皆祭舉、食舉也"，即舉肺、脊也。祭時二肺俱有，生人唯有舉肺皆祭，今此得有祭肺者，《記》論娶婦"玄冕齊戒，鬼神陰陽也"，故與祭祀同二肺也。《特牲》、《少牢》魚皆十五，此欲其敵偶，故減其一，而夫婦各有七也。又此鬼神陰陽，故同祭禮。若生人，則《公食大夫》一命者七魚，再命者九魚，三命者十有一魚。天子、諸侯無文，或諸侯十三魚，天子十五魚也。腊，《少牢》用麋，則士用兔可知。凡牲體用一胖，腊則左右體脅相配，共爲一體,故得全名。《特牲》、《少牢》亦用全,《士喪》大斂與《士虞》皆用左胖,不全者,喪禮略文。

敖氏曰:"初昏,謂日方入之時。東方,直東塾少南也。其實,鼎實也。合升者,用豚之法宜然也。去蹄者,指兩肩、兩髀而言。《士喪禮》曰'四鬄去蹄'是也。舉肺、脊者,所舉之肺、脊也。此二者先飯則舉之,每飯則啗之。脊,正脊也。祭肺,切肺也。他肺亦祭,此乃直以祭名之者,以其惟主於祭而已,無他用也,故又謂之肺祭。凡食而有牲俎者,皆有祭肺。不言四鬄、兩胉者,《士喪禮》有成文,故此略之。士禮腊用一胖,此一純,乃用左右胖者,亦異昏禮也。《特牲記》曰:'腊如牲骨。'然則此腊之體骨亦略放於豚,惟去髀爲異,去髀則用肫也。設扃鼏,鼏在上也。○鄭本純作肫。註曰:'肫或作純。'則是當時或本有作純者也。案《少牢饋食禮》云:'腊一純者二。'然則此亦當作純明矣。今以或本爲正,改肫作純。"

郝氏曰:"北面,鼎面向北也。北上,自北陳而南,豚鼎在北也。合升,全體解折,熟于鑊而升于鼎。去蹄,去四蹄甲。舉,猶食也,手舉食之也。肺爲氣之主,脊爲體之正,食先舉之,將食先祭之。所食之肺、脊與所祭之肺,皆升之鼎者也。全禽之乾者曰腊,謂兔也。肫當作純,一純,一雙也。《少牢》云'腊一純而鼎'是也。髀,尾骨。《内則》云'兔去尻',故不升于鼎。"

張氏曰:"此下言親迎之禮,先陳同牢之饌,乃乘車往迎,婦至成禮,共三節。"

世佐案,《鄉射禮》云"二算爲純",則純有雙義,其郝説之所本與?

設洗于阼階東南。

敖氏曰:"設洗之節,詳於前篇,故此略之。"

饌于房中,醯醬二豆,菹醢四豆,兼巾之。黍稷四敦,皆蓋。

註曰:"醯醬者,以醯和醬,生人尚褻味。兼巾之者,六豆共巾也。巾爲禦塵,蓋爲尚温。《周禮》曰:'食齊視春時。'"

聶氏曰:"舊圖云:'敦受一斗二升,漆赤中,大夫飾口以白金。'崇義案,《九嬪職》云:'凡祭祀,贊玉齍。'音咨。註云:'玉齍,玉敦也。受黍稷器。'然則天子八簋之外，兼用敦也。又《少牢禮》曰，主婦'執一金敦，黍有蓋'，凡設四敦，皆南首。註云：'敦有首者，尊器飾也，飾象龜形。周之禮，飾器各以其類。'又《明堂位》曰：'有虞氏之兩敦，夏后氏之四璉，殷之六瑚，哀十一年《傳》，杜預以瑚爲夏之禮器，杜既不信《禮記》，未知别有何據。周之八簋。'鄭注云：'皆黍稷器，制之異同未聞。'今依《孝緯》説，與簠簋容受並同，上下内外皆圓爲異。"

敖氏曰："菹醢，葵菹、蝸醢也。蓋以會。"

世佐案，二者，夫婦各一。四者，夫婦各二。

大羹湆在爨。

註曰："太羹湆，煑肉汁也。大古之羹無鹽菜。爨，火上。《周禮》曰：'羹齊視夏時。'今文湆皆作汁。"

敖氏曰："云'大羹'，復云'湆'者，嫌羹當用肉也。爨，烹豚之竈也。不言鑊者可知也。"

尊于室中北墉下，有禁，玄酒在西，綌冪，加勺，皆南枋。

註曰："绤，麤葛。"

敖氏曰："《士虞禮》曰'尊于室中北墉下，當户'，此東西之節宜如之。尊不言其器，如上篇可知。以巾覆物謂之冪。"

尊于房户之東，無玄酒。篚在南，實四爵，合巹。

註曰："無玄酒者，略之也。夫婦酌於内尊，其餘酌於外尊。合巹，破匏也。四爵、兩巹，凡六，爲夫婦各三酳。一升曰爵。"

敖氏曰："無玄酒，則惟一尊而已。無玄酒，用一尊，且不尊于房户之間，又不冪，皆遠下尊者也。篚實爵、巹，主酳夫婦也。乃設於此者，非常禮，因有尊而爲之耳。凡設此篚于堂者，必在尊南。《鄉飲酒禮》曰：'設篚于禁南，東肆。'巹云'合'者，謂合而實之也。"

世佐案，此尊爲媵御設也。古人房室之户皆在東南，房户之東，則東序也。不曰東序，而曰"房户之東"者，尊統于户，不統于牆也。或曰東當作間。

右陳器饌。

主人爵弁，纁裳，緇袘。從者畢玄端，乘墨車，從車二乘，執燭前馬。

註曰："主人，壻也，壻爲婦主。爵弁而纁裳，玄冕之次。大夫以上亲迎，冕服。冕服迎者，鬼神之。鬼神之者，所以重之、亲之。纁裳者，衣緇衣。不言衣與帯而言袘者，空其文，明其與袘俱用緇。袘谓緣，袘之言施，以緇緣裳，象陽氣下施。從者，有司也。乘貳车，從行者也。畢，猶皆也。墨車，漆車，士而乘墨車，攝盛也。執燭前馬，使徒役持炬火居前炤道。"

敖氏曰："此禮據壻家而言，故以壻爲主人。爵弁者，以親迎當用上服也。此言緇袘，不言衣、帶、韠，與前篇互見也。從者，謂在車及執燭者也，從者棧車也。"

張氏曰："一命大夫，冕而無旒。士變冕爲爵弁，故云'冕之次'，士助祭于公用之，是士服之盛者。大夫以上，親迎則皆冕服矣。疏以爲五等諸侯亦不過玄冕，天子親迎當衮冕，或然也。大夫乘墨車，士乘棧車。今親迎乘大夫之車，故云'攝盛'。案《巾車》註云'棧車不革鞔而漆之'，則士之棧車亦漆，但無革鞔爲異。"

世佐案，《郊特牲》孔疏云"士昏用上服以爵弁"，"則天子以下皆用上服以五冕，色俱玄，故總稱玄冕也"，朱子嘗是其説，賈云五等諸侯亦不過玄冕，殆誤。

婦車亦如之，有裧。

註曰："亦如之者，車同等。士妻之車，夫家共之。大夫以上嫁女，則自以車送之。裧，車裳幃，《周禮》謂之容。車有容，則固有蓋。"

敖氏曰："有裧者，婦人重自蔽，且以别於男子之車也。裧，亦以布爲之。在上曰裧，在下曰裳帷。此惟有裧而已，其形制則未聞。喪時，婦車裧用疏布。"

郝氏曰："婦車，壻家往迎婦之車，亦執燭前馬也。裧、幨通，車衣也。"

世佐案，如之者，如其"乘墨車"而下之儀也。嫁時之車，王后重翟，上公夫人厭翟，侯、伯、子、男、大夫翟車，孤卿以下至士皆與大夫同[①]，唯有裧爲異。裧，《周禮》謂之容，《詩》謂之帷裳，亦名童容。《周禮》註作"潼容"。容者，以爲車之容飾也。帷裳者，以其帷障車之傍，如裳也。其上有蓋，謂之童容，四傍垂而下，謂之裧，裧與襜同。其實一物也。男子立乘，有蓋無裧。婦人坐乘，重自蔽，故有蓋，復有裧。敖云"以布爲之"，想當然耳。

又云"在上曰裧，在下曰裳帷，此惟有裧而已"，以裧與裳帷爲二，非也。鄭註《雜記》云："裧，謂鼈甲邊緣。"裧固在旁，不在上。

又案，裧車之形不見于聶氏《三禮圖》，而厭翟車獨存。考《周禮》所謂翟者，以雉羽爲車兩旁之蔽，所以禦風塵也。《詩》云"翟蔽以朝"，是其徵矣。蔽，今《詩》作茀，義同。重翟，以雉羽二重爲之。厭翟，謂羽相次而厭其本。翟車，又不厭其本也。馬氏等云重翟爲蓋，如今之羽蓋，後鄭不從者，以翟既是蓋，經不須又云"皆有容蓋"也。然則翟與容蓋别矣，今《圖》乃畫雉于容，又不取其羽，而徒肖其形[②]，其得爲古制乎。

至于門外。

註曰："婦家大門之外。"

主人筵于户西，西上，右几。

註曰："主人，女父也。筵，爲神布席。"

敖氏曰："此主於女家而言，故復以女父爲主人。"

顧氏炎武曰："'主人爵弁、纁裳、緇袘'，註'主人，壻也。壻爲婦主'，'主人筵于户西'，註'主人，女父也'，親迎之禮，自夫家而行，故壻稱主人。至於婦家，則女父又當爲主人，故不嫌同辭也。女父爲主人，則壻當爲賓，故曰'賓東面答拜'，註'賓，壻也'，對女父之辭也。至於賓出而婦從，則變其文而直稱曰壻。壻者，對婦之辭也。曰主人，曰賓，曰壻，一人而三異其稱，可以見禮時爲大，而義之由内矣。"

女次，純衣，纁袡，立于房中，南面。

註曰："次，首飾也，今時髲也。《周禮·追師》：'掌爲副、編、次。'純

---

① "大夫"之"大"字原脱，據校本補。

② "形"字下校本有一"焉"字。

衣，絲衣。女從者畢袗玄，則此衣亦玄矣。袡亦緣也，袡之言任也，以纁緣其衣，象陰氣上任也。凡婦人不常施袡之衣，盛昏禮，爲此服。《喪大記》曰'復衣不以袡'，明非常。"

疏曰：不言裳者，以婦人之服不殊裳也。《周禮·追師》註云："外内命婦衣鞠衣、襢衣者服編，衣褖衣者服次。"此純衣即褖衣，是士妻助祭之服。助祭，謂從夫助君祭。尋常不用纁爲袡，今用之，故云"盛昏禮爲此服"。王后以下，初嫁皆有袡也。

敖氏曰："袡者，裳連於衣而異其色之稱。此緇衣而纁裳，故曰'纁袡'也。婦人衣裳異色者，惟此時耳。嫁時特服此衣者，亦所以重之。立于房中，亦當户。"

郝氏曰："女，即出嫁之女。次，今鬒髻也。袡，裳也，字與襜通。《詩》云：'終朝采藍，不盈一襜。'今裙也。"

世佐案，婦人尚專一，故衣裳不異色。《周禮·内司服》"皆不殊裳"是也。敖、郝二説恐非是。

姆纚笄，宵衣，在其右。

註曰："姆，婦人年五十，無子，出而不復嫁，能以婦道教人者，若今時乳母。纚，縚髪。笄，今時簪也。纚亦廣充幅，長六尺。宵，讀爲《詩》'素衣朱綃'之'綃'，綃，《毛詩》作繡。陸氏德明曰："繡音秀。"衆家申毛，並依字。鄭改爲宵，宵音綃，本亦作綃。《魯詩》以綃爲綺屬也。姆亦玄衣，以綃爲領，因以爲名，且相别耳。姆在女右，當詔以婦禮。"

敖氏曰："《少牢饋食禮》'主婦被褖衣'，褖，本作錫。鄭讀爲髲，敖氏改作褖。《特牲饋食禮》'主婦纚笄宵衣'，以是差之，則宵衣次于褖衣矣。亦用布爲之，但其所以異于褖衣者，則未之聞。"

郝氏曰："纚，黑繒裹髪也。笄，加簪以綰髻也。宵衣，黑色衣，女子宵衣，猶男子玄端。宵，小也。列采爲夏，全黑爲宵，猶俗謂青衣爲小衣也。"

世佐案，婦人褖衣，因男子之玄端。玄端亦名褖衣，《士喪禮》陳襲事于房，云"爵弁服、皮弁服、褖衣"是也。男子之服，唯爵弁服用絲，其餘皆用布，則婦人褖衣亦當用布。宵衣，次于褖衣，其用布可知，敖説不爲無本。宵衣，士妻之正服，其上服褖衣。純衣與褖衣制同而用絲，乃嫁時之盛服，非常服也。褖衣玄，宵衣亦玄，而謂之宵者，以褖衣是后御于王之服，三夫人以下御于王當衣宵衣。《詩》云"肅肅宵征"，以其宵時所衣，故名宵衣與？其所以異于褖衣者[①]，《少牢饋食禮》云"主婦被錫衣，侈袂"，說者謂侈袂，大袖之衣。然則宵衣之制，其袖狹小爲異，其餘則同也。考士之玄端，袂長二尺二寸，袪尺二寸。大夫以上侈之，蓋半而益一，其袂三尺三寸，袪尺八寸，宵衣與褖之異亦猶是矣。一說宵之言小也，以其袖狹小，故名。

女從者畢袗玄，纚笄，被纇黼，在其後。

註曰："女從者，謂姪娣也。《詩》云：'諸娣從之，祁祁如雲。'袗，同也。同玄者，上下皆玄也。纇，禪也[②]。《詩》云：'素衣朱襮。'《爾雅》云：'黼領謂之襮。'《周禮》曰：'白與黑謂之黼。'天子、諸侯后、夫人狄衣，卿大夫之妻刺黼以爲領，如今偃領矣。士妻始嫁，施禪黼於領上，假盛飾耳。言被，明非常服。"

陳氏曰："袗，設飾也。《說文》曰：褧，檾也[③]，枲屬。纇與褧、檾通。袗玄，設飾以玄也。纇黼，以枲爲領而刺黼也。"

敖氏曰："玄者，玄衣也。其亦宵衣與？纇、絅同。《玉藻》曰'禪爲絅'，蓋指衣而言。《考工記》曰：'白與黑謂之黼。'纇黼者，以黼爲禪衣而被之於玄衣之上，亦猶婦之加景然也。昏禮尚飾，故用纇黼。不登車乃被之者，遠別於婦也。被纇黼，則玄衣不見矣。必言袗玄者，以其正也。在其後，蓋東上。"

世佐案，《白虎通義》云："卿大夫一妻二妾者何？尊賢重繼嗣也。不備姪娣何？北面之勢[④]，不足盡人骨肉之親。士一妻一妾何？下卿大夫也。"據此，則卿大夫已不備姪娣，士安得備乎？女從者，謂女之從者，即下經所謂"婦人送者"也。云"畢"，明非一人也。《詩》云"諸娣從之"，乃諸侯禮，鄭引以證此，誤。袗當作均，說見前篇。玄，敖氏謂亦宵衣，得之。纇與褧通，禪也。黼，謂領也。纇黼者，蓋爲無裏之領，而刺黼于其上也，詳被字。則此領與凡領不同，凡領連于衣，此蓋別以絲爲之，而加于領上與？

---

① "褖衣"原脫"衣"字，據校本補。

② "禪"原誤作"襌"，據校本改。後文之"禪黼"、"禪爲絅"、"禪衣"同。

③ "檾"原誤作"森"，據校本改，後文之"褧檾通"同。

④ "北面之勢"不辭，《白虎通義》作"北面之臣勢賤"，疑脫"臣"、"勢"二字。

主人玄端，迎于门外，西面再拜，賓东面答拜。

註曰："賓，壻。"

敖氏曰："亦擯者出請，入告，乃出迎之。此時賓爵弁服，而主人玄端，不嫌於服異者，主人不正與賓爲禮，特迎而道之入廟耳。"

主人揖入，賓執鴈從，至于廟門，揖入，三揖，至于階，三讓。主人升，西面。賓升，北面奠鴈，再拜稽首，降，出。婦從，降自西階。主人不降送。

註曰："賓升，奠鴈拜，主人不答，明主爲授女耳。主人不降送，禮不參。"

疏曰：賓升，北面奠鴈，再拜稽首，此時當在房外，當楣，北面。何休《公羊傳》註云："夏后氏逆于庭，殷人逆于堂，周人逆于户。"禮不參者，禮，賓主宜各一人。從《句讀》節本。

敖氏曰："稽首，頭下至手也。拜時兩手至地，左手在上。若稽首，則以頭加於左手之上。再拜稽首者，始拜則但拜而已，於其卒拜，則因而遂稽首焉，《書》曰'拜手稽首'是也。此禮之重者而爲之，重昏禮之始也。《昏義》曰'再拜奠鴈，蓋受之於父母'，是亦一義也。〇案註云'禮不參'者，據凡行禮者言也。此壻迎女而女從之，是壻、女二人爲禮矣，故主人不參之。"

世佐案，《周禮·大祝》："辨九𢷎音拜。一曰䭫音啓，本又作稽。首，二曰頓首，三曰空首。"鄭註云："稽首，拜頭至地也。頓首，拜頭叩地也。空首，拜頭至手，所謂拜手也。"疏云："此三者相因而爲之。空手者，先以兩手拱至地，乃頭至手，以其頭不至地，故名空首。頓首者，爲空首之時，引頭至地，首頓地即舉，故名頓首。稽，稽留之字，頭至地多時，則爲稽首也。"敖氏所論稽首法與註疏異，今以註疏爲正。《書》云"拜手稽首"者，始拜首至手，而於其卒拜，則首至地也。"稽首，拜中最重，臣拜君之拜"，乃於奠鴈行之者，《昏義》云"蓋親受之于父母也"，得其旨矣。上言女，對其父言也。此言婦，對其夫言也。既從夫而出，即謂之婦，此禮經正名之義。

壻御婦車，授綏，姆辭不受。

註曰："壻御者，親而下之。綏，所以引升車者。《曲禮》曰：'僕人之禮，必授人綏。'"

敖氏曰："《曲禮》曰：'凡僕人之禮，必授人綏。若僕者降等則受，不然則否。'此壻爲御,故如僕人之禮而授綏,然非降等者也,故姆辭不受。"

世佐案,婦不親辭者,夫婦始接,情有廉恥,姆道其志也。辭見後。

婦乘以几,姆加景,乃驅,御者代。

註曰:"乘以几者,尚安舒也。景之制蓋如明衣,加之以爲行道禦塵,令衣鮮明也。景,亦明也。驅,行也。行車輪三周,御者乃代壻。"

疏曰:乘以几者,謂登車時也。景,蓋以禪縠爲之。從《集説》節本。

熊氏曰:"景,合讀作褧。《中庸》'尚絅',釋者引《衛詩》'衣錦絅衣'爲莊姜初嫁之飾。尚,加之謂也。景,即褧,絅音訛也。"

敖氏曰:"衣名以景者,取其鮮明之意。《詩》云:'衣錦褧衣,裳錦褧裳。'然則此景之制亦連衣裳爲之,與其他上衣同矣。姆爲加之,是姆亦與女同車也。已登車乃加景,則未下車其脱之與?"

世佐案,《詩·碩人》及《丰》言初嫁之服,皆曰"衣錦褧衣",而此有褧無錦,説者謂錦是國君夫人嫁服,庶人妻卑,得與之同,非士妻所得用也。然庶人妻攝盛當服純衣,何得進而假君夫人之服。以爲卑,故得與之同,則士妻已卑,無所嫌矣。《記》云"有順而摭"者,謂如君沐粱,士亦沐粱之類是也。且褧本爲文大著而設,此不衣錦,安用褧爲,疑景當作錦,音之訛也。言錦而不言褧,衣錦者必尚褧可知也。錦不在六服之列,故上下皆得衣之。

壻乘其車先,俟于門外。

註曰:"壻車在大門外,乘之先者,道之也。男率女,女從男,夫婦剛柔之義,自此始也。門外,壻家大門外。"

右親迎。

婦至,主人揖婦以入,及寢門,揖入,升自西階。媵布席于奥。夫入于室,即席,婦尊西南面。媵、御沃盥交。

註曰:"升自西階,道婦入也。媵,送也,謂女從者也。御,當爲訝。訝,迎也,謂壻從者也。媵沃壻盥於南洗,御沃婦盥於北洗。夫婦始接,情有廉恥,媵、御交道其志。"

李氏微之曰:"御,壻家之女侍也。"

敖氏曰:"奥,室中西墉下少南也。布席東面北上,宜變於神席也。即席,立于席上也。婦立于尊西,則尊亦當户明矣。交者,御沃媵盥,媵沃御盥也。居室之始即行此禮，相下相親之義也。此盥蓋於北洗。”

郝氏曰：“主人，謂壻也。導婦升由西階，父在，子不由阼也。夫先入室，就奧間席上，東面。婦入，立于尊西、南面。尊在室北墉下，婦立當西北隅也。西北爲乾，西南爲坤，婦乾夫坤，交泰之象也。沃，酌水也。盥，洗手也，夫婦將飲食，先盥手。御進夫盥，媵爲沃；媵進婦盥，御爲沃，故曰交。”

世佐案，《曲禮》云：“爲人子者，居不主奧，坐不中席。”主奧、中席，皆尊者之道也。夫先即席于奧，而婦於尊西立俟，始入室，示以尊卑之辨也。郝説鑿矣。盥者，夫婦也，以將禮食，故盥。敖以爲媵御盥，非。夫盥亦于北洗，故經不見其出入之文。註謂“壻盥于南洗”，亦非。

贊者徹尊冪。

敖氏曰：“事已至也。”

郝氏曰：“贊，相禮者，徹去覆尊之巾。”

世佐案，贊者，室老也。下經云“贊醴婦”，而舅姑既没章云“老醴婦于房中”，明是一人矣。不云老，而云“贊”者，以事命之。

舉者盥，出，除鼏，舉鼎入，陳于阼階南，西面北上。

敖氏曰：“盥，北面盥於南洗也。除鼏者，右人也。既陳鼎，則右人抽扃委于鼎北，而西面于鼎東以俟。”

匕、俎從設。

註曰：“執匕者、執俎者從鼎而入，設之。匕，所以别出牲體也。俎，所以載也。”

敖氏曰：“執匕俎者，從鼎入而設於其鼎之西也。既設俎，則各加匕於其鼎，東枋，遂退。此三匕、三俎從設，則是有司三人各兼執一匕、一俎與？”

北面載，執而俟。

註曰：“執俎而立，俟豆先設。”

疏曰：《特牲禮》右人于鼎北，南面匕肉出之，左人于鼎西俎南，北面承取肉，載于俎，此與之同也。

敖氏曰：“北面載者，左人也，右人則西面匕。此載，以俎承物之稱。《士喪禮》載豚云‘載兩髀于兩端，兩肩亞，兩胉亞，脊肺在於中，皆進柢’，載魚‘左首，進鬐，三列。腊進柢’。此魚十有四，則爲二列也。載腊如豚，惟無肺耳。俟，俟時而升。”

世佐案，匕與載，皆舉鼎者爲之。張氏乃謂執匕者匕，執俎者載，蓋未之考耳。執匕俎者設訖即退，不待卒匕也。

匕者逆退，復位于門東，北面西上。

註曰："執匕者事畢逆退，由便。至此乃著其位，略賤也。"

敖氏曰："匕者，乃右人以匕出鼎實者也。逆退，則匕下鼎者在先，匕上鼎者在後也。言'復位'，見其初位在此。'門東，北面，西上'，私臣之位也。《特牲饋食記》曰：'私臣門東，北面，西上。'逆退者，由便也，亦便其復位也。凡逆退而復位者，其義皆然。"

世佐案，左人執俎而俟，則退者爲右人明矣，此亦舉鼎者也。謂之匕者，以事命之，且以别于載者也。註以是爲執匕者，非。

贊者設醬于席前，菹醢在其北。俎入，設于豆東，魚次，腊特于俎北。

註曰："豆東，菹醢之東。"

敖氏曰："菹醢在醬北，南上也。别見魚、腊，則此'俎'云者，指豚俎也。當豚俎北端而云'特'者，明不與豚俎爲列，亦横設之。凡俎數奇，故於其下者特設之。"

郝氏曰："贊者先設醬，醬爲味主也。席，謂夫奥間席東向者也。席前，坐席前，筵間也。《曲禮》[①]云：'食坐盡前。'設食不于坐席，豆既陳，俎入設于豆東，在豆之外也。腊在菹東，魚在醢東，次腊，豚在魚北特設，無豆并也。"

張氏曰："魚次者，又在俎東也。腊特設俎北，若復東，則饌不得方故也。"

世佐案，此設俎豆之次，皆以南爲上者，夫席東向，便其右也。設俎者，即載牲體之左人也。魚次，次豚而東也。俎北，豚俎北也。腊云"特"，則豚魚之並可見矣。郝以"魚次腊"爲句，非。

贊設黍于醬東，稷在其東，設湆于醬南。

註曰："饌要方也。"

疏曰："豆東兩俎，醬東黍稷，是其要方也。"

敖氏曰："黍在豚南，稷在魚南，湆不言其器，在豆可知。《少牢禮》

① "曲禮"，校本同，郝氏《節解》原作"玉藻"，按"食坐盡前"爲《禮記·曲禮》文。

曰:'進二豆湇。'"

張氏曰:"二豆並列醬北,二敦直列醬東,此爲夫設。下對設二豆、二敦,則爲婦。三俎夫婦共之。"

設對醬于東。

註曰:"對醬,婦醬也,設之當特俎。"

敖氏曰:"下文云'設黍于腊北',而此醬宜在黍東,則於特俎爲東北也。"

世佐案,此爲婦設也。夫西婦東,故云"對"。凡饌皆對,獨于醬言之者,以其首設也。設之于夫饌之東,少北,惟云"東"者,舉其大判言之耳。不云席前者,婦席未設也。

菹醢在其南,北上。

敖氏曰:"二豆在醬南,俱當特俎之東也。"

世佐案,北上者,以婦席西向故也,亦便其右。

設黍于腊北,其西稷。

敖氏曰:"腊北即醬西也,必云'腊北'者,所以見對饌東西南北之節也。稷在黍西,則在腊之西北,而遥當壻醢之北矣。惟於設黍云'腊北',可見特俎亦横設之也。"

設湇于醬北。

敖氏曰:"此豆、敦之位,其左右皆與壻饌同,惟南北爲異。"

御布對席。

敖氏曰:"對席,婦席也。經於婦之菹醢云'北上',則此對席南上矣。凡設豆於生人之席前者,其所上率與席之所上相變,此禮於《少牢》下篇見之。未設而布壻席,已設乃布婦席,示尊卑之義也。媵布夫席,御布婦席,見其事之之意也。此於壻席爲少北,不正相鄉,特取其一東一西,故云'對'耳。對醬之類亦然。"

贊啟會,卻于敦南,對敦于北。

註曰:"啟,發也。"

敖氏曰:"'對敦于北',謂啟婦敦之會,則卻于敦北也。其南北之會各當其湇之東西。"

張氏曰："會，敦之蓋。卻，仰也。開敦蓋，各仰置敦右。"

世佐案，醬二豆，二敦湆，夫婦各者也。三俎，共者也。共俎者，《記》所謂"共牢而食"，"同尊卑以親之"也。夫席在室之西南隅，婦席在其東少北。室中迫隘，而饌又在其西偏，則二饌蓋相連矣。連，故得共俎，且成其方也。閱信齋楊氏《圖》，作二席正對狀，恐非經意。又夫婦各有三俎，尤經所未之見者。經云"設對醬于東"，註謂"當特俎"，敖氏以下文"設黍于腊北"參之，當在特俎之東北，而《圖》之對醬與二豆俱當夫饌之魚俎，則并非註意矣。且經云"設黍于腊北"者，腊即上文"腊特于俎北"之腊，非有二也。乃謂婦饌別有豚、魚、腊，而案其設黍之處，又不在腊北而在豚北，何其顯與經文相背與。今故更定一圖如左，而仍列舊圖于上，使覽者得以考見其得失焉。

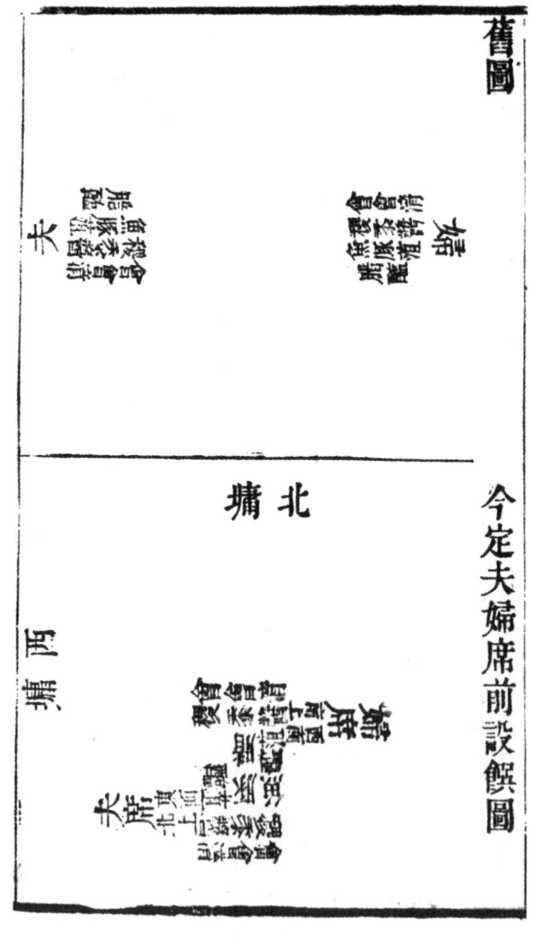

贊告具。揖婦即對筵，皆坐，皆祭，祭薦、黍、稷、肺。

註曰："贊者西面告饌具也。壻揖婦使即席。薦，菹醢。"

敖氏曰："贊揖婦使即席者，以主此禮故也。'祭薦、黍、稷、肺'，釋上所謂祭者，此也。祭薦以菹，擩于醢而祭也。"

張氏曰："其祭之序，由近及遠。肺，指祭肺，非舉肺也。"

世佐案，告具，告于主人也。揖婦，不言主人，可知也。敖以爲贊者揖，非。皆[1]，夫婦也。至是云"皆坐"，則緜者夫之即席，猶立也。

贊爾黍，授肺、脊。皆食以湆醬，皆祭舉、食舉也。

註曰："爾，移也，移置席上，便其食也。皆食，食黍也。以，用也。用者，謂啜湆咂醬。"世佐案，刊本"啜"上有"用口"字，"咂醬"上有"用指"，今從鍾氏本節去。

敖氏曰："惟爾黍者，夫婦各有二敦，故但取其尊者而食之。凡爾敦者，皆右之於席上，經特於《少牢禮》見之。授肺、脊，兼舉而授之也。皆受以右手，惟飯時則左執之也。贊授夫於饌南，西面；婦則於饌北，東面，皆訝受之。皆食，謂一飯也。以湆醬，皆謂咂之[2]，未食舉，故用此安食耳。舉，謂肺、脊，以其先食舉之，因名之曰舉。祭，謂振祭，嚌之。一飯乃祭舉，異於饋食禮也。食舉，謂啗之。再飯、三飯則皆食舉，不復以湆醬矣。"

郝氏曰："爾、邇通，近也。"

三飯，卒食。

註曰："卒，已也。同牢示親，不主爲食起，三飯而成禮也。"

敖氏曰："三飯而卒食，其遠下饋食之禮與？士之饋食，九飯而止。飯猶食也，或言食，或言飯，隨文便耳。不言贊者受肺、脊，文省。"

贊洗爵，酌，酳主人，主人拜受，贊户内北面答拜，酳婦亦如之，皆祭。

註曰："酳，漱也。酳之言演也，安也。漱所以潔口，且演安其所食。酳酌内尊。"張氏曰："内尊，尊于室中北墉下者也。"

疏曰：壻拜當東面，婦拜當南面。《少牢》"蓑答拜"，註云"在東面席

① "皆"，校本重出，疑爲衍文。

② "咂"，校本同，《集説》作"咂"。

者東面拜,在西面席者南面拜”,故知婦拜南面。若贊答婦拜,亦於户内北面也。從《句讀》節本。

敖氏曰:“洗爵,洗于庭也。酳之言胤也,繼也,其字從酉。蓋既食之而復繼之以酒,故因以爲名,取其酒食相續之意也。此拜受者皆在席。户内,户内之西也。祭,謂祭酒。凡酳,皆坐受爵。”

贊以肝從,皆振祭,嚌肝,皆實于菹豆。

註曰:“肝,肝炙也,飲酒宜有肴以安之。”

敖氏曰:“‘以肝從’,謂以肝俎從於酒而進之,二肝蓋共俎而進本。贊則縮執之,振祭者執而振動之以爲祭也。此亦以肝擩于鹽乃振祭。肝從之法,《少牢饋食禮》備之矣。”

郝氏曰:“振,以手揮振,使浄潔,如振幣之振。後凡言振祭倣此。所嚌之餘,以實于盛菹之豆。”

張氏曰:“從,猶繼也。振,猶舉也。”

卒爵,皆拜。

註曰:“婦拜,見上篇見母章、此篇婦見奠菜一章,及《内則》‘女拜尚右手’下。”世佐案,註“手下”,“下”字刊本脱,今從《通解》補。下,謂彼註也。

敖氏曰:“卒爵而拜,拜其飲己之賜也。”

贊答拜,受爵。

敖氏曰:“受爵出,奠于篚,乃復洗他爵以升。”

世佐案,答拜,各答一拜也,亦於户内北面。“贊答拜”下不云“婦又拜”,是不俠拜矣。不俠拜者,以其禮輕故也。

再酳如初,無從。

張氏曰:“如初者,如自‘贊洗爵’以下至‘答拜,受爵’,但無從爲異。無從,不以肝從也。”

三酳用巹,亦如之。

註曰:“亦無從也。”

敖氏曰:“至是乃用巹者,昏禮將終,示以合體相親之意也。‘亦如之’者,亦如初而無從也。”

張氏曰:“酳爵不襲,贊受爵即返之於篚,别取爵再酳,三酳則用沓也。”

贊洗爵，酌于户外尊，入户，西北面奠爵拜，皆答拜，坐祭，卒爵拜，皆答拜，興。

註曰：“贊酌者，自酢也。”

敖氏曰：“三酳乃自酢，變於常禮也。自酢之禮，代人酢己耳。洗爵者，象其爲己洗也。奠爵拜者，象受也。夫婦皆答拜，則象同酢之也。興，謂夫婦也。上‘户’字疑衍，下云‘贊酌外尊’，則可見矣。”

郝氏曰：“酌户外尊，不敢參内尊也。入户，入室户。西北面拜，兼拜兩席也。”

世佐案，户外尊，即上經所謂尊于房户之東者也。言户外，所以别于室中也。下不言户，文省耳。

主人出，婦復位。

註曰：“復尊西南面之位。”

敖氏曰：“主人出，爲將説服于房也。婦但當説服于室，故不出，惟變位而已。”

乃徹于房中，如設于室，尊否。

註曰：“徹室中之饌設于房中，爲媵、御餕之。徹尊不設，有外尊也。”

敖氏曰：“徹之者，亦贊也。如設于室，謂其饌與席之位也，亦皆東西相鄉。”

主人説服于房，媵受。婦説服于室，御受，姆授巾。

註曰：“巾，所以自潔清。”

敖氏曰：“于房、于室，男女宜異處，亦重褻也。”

郝氏曰：“説，脱同，夫婦皆脱禮服也。巾，帨也。姆授，授婦也。”

世佐案，下記云：“姆施衿結帨。”帨，即巾也。至是與服俱脱，故姆還以授之，使之不忘父母之戒云爾。

御衽于奥，媵衽良席在東，皆有枕，北止。

註曰：“衽，臥席也。婦人稱夫曰良。《孟子》曰：‘將瞯良人之所之。’止，足也。古文止作趾。”

疏曰：“衽于奥”，主于婦席。使御布婦席，使媵布夫席，此亦示交接有漸之義。《曲禮》云:"請衽何趾。"鄭云,臥問趾,明衽臥席也。布同牢,席夫在西,婦在東,今乃易處者,前者示陰陽交會有漸,今取陽往就陰也。從《通解》節本。

郝氏曰:"良,良人,至是始成夫婦焉,稱良,戚之也。止、趾同。北止,趾向北,首向陽也。"

張氏曰:"設衽曰衽,猶置尊曰尊,布筵曰筵也。上文媵受主人服,御受婦服。此御衽婦席,媵衽夫席,皆與'媵、御沃盥交'義同。"

主人入,親説婦之纓。

註曰:"入者,從房還入室也。婦人十五許嫁,笄而禮之,因著纓,明有繫也,蓋以五采爲之,其制未聞。"

疏曰:纓有二:《曲禮》云"女子許嫁,纓",示有從人之端也,即此"説纓"之"纓"也。《内則》云男女未冠笄者"總角衿纓",此幼時纓也,皆與男子冠纓異,故云"其制未聞"。從《集説》節本。

敖氏曰:"主人親説之者,明此纓爲己而繫也,亦示親之。"

燭出。

註曰:"昏禮畢,將臥息。"

媵餕主人之餘,御餕婦餘,贊酌外尊酳之。

註曰:"外尊,房户外之東尊。"

敖氏曰:"食人之餘曰餕。此餕之位,媵當東面,而長者在南;御當西面,而長者在北,略如《少牢饋食》餕者之位也。不洗而酌,略賤也。此酳之儀惟拜受、拜送而已,不拜既爵。"

媵侍于户外,呼則聞。

註曰:"爲尊者有所徵求。今文侍作待。"

敖氏曰:"媵雖婦之從者,然自婦至之後,凡主人有事,皆媵爲之。此侍于户外乃不使御而使媵者,亦主於夫也。"

郝氏曰:"呼,謂有事召呼。呼則聞,釋所以侍于户外之義。"

右婦至成禮。

夙興,婦沐浴,纚笄,宵衣以俟見。

註曰:"夙,早也,昏明日之晨。俟,待也,待見於舅姑寢門之外。古者命士以上,年十五父子異宫。"

敖氏曰："士妻之纚笄、宵衣，猶士之玄冠、玄端也。《内則》言子事父母服玄端，又云'婦事舅姑如事父母'，則宵衣者，亦士妻事舅姑之常服耳。婦之始嫁即以此服見而不爲之加者，昏禮不主於舅姑也。"

郝氏曰："沐浴，潔敬之至也。纚笄，脱次也。宵衣，解見前。不敢純衣纁袡，降如姆服，卸靡麗，示執役也。"

張氏曰："此下言昏之明日，婦見舅姑，贊者於舅姑堂上醴婦，婦饋舅姑於室，舅姑饗婦，舅姑饗婦家送者，凡五節。"

世佐案，纚笄、宵衣，士妻之正服。次、純衣、纁袡，爲始嫁而加盛飾焉耳。事已，則復其常也。

質明，贊見婦于舅姑。席于阼，舅即席。席于房外，南面，姑即席。

註曰："質，平也。房外，房户外之西。"

敖氏曰："見者，通言於舅姑，使得見也。阼席亦西面。舅姑即席，亦立于席也。"

郝氏曰："舅席在阼，示爲主也。姑席在東房，户外南面，爲内主也。"

婦執笲棗栗，自門入，升自西階，進拜，奠于席。

註曰："笲，竹器而衣者，其形蓋如今之筥筌籚矣[①]。進拜者，進東面乃拜。奠之者，舅尊不敢授也。"

敖氏曰："'笲棗栗'，二物同一器也。門，舅姑寢門也。始執笲用二手，及拜時，則惟右手執之。凡婦人之拜，以左掌據地，故右手執物而可以拜也。《内則》曰：'凡女拜尚右手。'"

郝氏曰："笲，竹盤，盛棗栗爲贄也。升自西階，不敢由阼也。手捧贄，進至舅席前，東面立拜。古婦人拜不著地，故執贄拜而後奠于席。"

舅坐撫之，興，答拜。婦還，又拜。

註曰："還又拜者，還於先拜處拜。婦人與丈夫爲禮則俠拜。"

張氏曰："撫，撫棗栗笲也。撫之者，示受也。"

世佐案，還、旋通。婦還者，盤旋以辟，不敢當舅拜也。

---

① "筌"，校本同。阮《校》曰："徐本、《釋文》、《集釋》、敖氏、嚴、鍾、《通解》同。毛本'䒗'作'筌'。按《説文》：'凵盧，飯器。凵或從竹去聲。'"

降階，受笲腶脩[①]，升，進北面拜，奠于席。姑坐，舉以興，拜，授人。

註曰："人，有司。姑執笲以起，答婦拜，授有司徹之。舅則宰徹之。"

疏曰：《公羊傳》云："棗栗云乎，腶脩云乎。"棗栗取其早自謹敬，腶脩取其斷斷自修也。從楊氏《圖》節本。

敖氏曰："棗栗、腶脩所以爲贄也，乃皆奠之而不敢授者。凡相見之禮，尊卑不敵則奠之，亦示親授也。此不撫之者，不敢同於舅也。舉以興乃拜，既拜乃授人，則拜時亦不釋笲矣。"

世佐案，階西階也。受，蓋受于婦氏人。腶脩，脯也。姑不撫之而舉以興，婦於姑之拜也，不還，不又拜，皆下於舅。

右婦見舅姑。

疏曰："案《雜記》云'婦見舅姑，兄弟、姑姊妹皆立于堂下，西面，北上，是見已'，註云'婦來爲供養也，其見主於尊者，兄弟以下在位，是爲已見，不復特見'，又云'見諸父，各就其寢'，註云'旁尊也，亦爲見時不來'，今此不言者，文略也。"

贊醴婦。

註曰："醴當爲禮。贊醴婦者，以其婦道新成，親厚之。"

敖氏曰："贊爲舅姑醴婦也。舅姑必醴之者，答其行禮於己也。舅不自醴之者，於其始至，宜示以尊卑之禮也。是時，舅姑皆立于席。"

郝氏曰："凡禮用醴，貴初質真率之意。設醴言'醴'，猶設尊言'尊'也。鄭于'醴子'、'醴婦'輒變作'禮'，非也。"

席于户牖間。

註曰："室户西，牖東，南面位。"

疏曰："禮子、禮婦、禮賓客皆於此，尊之故也。"

側尊甒醴于房中。

敖氏曰："亦有篚、籩、豆在其北，惟云'側尊'，文省。"

---

① "腶"原作"服"，校本、毛本同。阮《校》云："服，唐石經作股，《釋文》作段。段玉裁云：'本又作腶。'瞿中溶云：'石本原作段，朱梁重刻譌作股，陸本作段，正與石本原刻同。'"據改，後"腶"誤作"服"者皆放此。

婦疑立于席西。

註曰："疑，正立自定之貌。"

郝氏曰："疑立，立不安貌，敬之至也。舅在阼，姑在房外，南面。己不敢并立，常以身邪向舅姑曰疑。"

世佐案，疑、凝通。鄭讀爲"仡然從于趙盾"之"仡"，非。疑立者，不偏倚，不動摇之意。《玉藻》云"立容德"是也。立于此者，俟贊者酌醴而出也。立時少久，故特著其容。後凡言疑立者放此[①]。

贊者酌醴，加柶，面枋，出房，席前北面。婦東面拜受，贊西階上北面拜送，婦又拜。

註曰："婦東面拜，贊北面答之，變于丈夫始冠成人之禮。"

疏曰：東面拜者，以舅姑在東，宜鄉之拜也。從《集説》節本。

敖氏曰："婦於贊乃俠拜者，重其爲舅姑醴己也。婦又拜，蓋執觶拜也。其下二拜亦然。"

薦脯醢。

敖氏曰："亦贊薦之。"

婦升席，左執觶，右祭脯醢，以柶祭醴三，降席，東面，坐啐醴，建柶，興拜，贊答拜，婦又拜。奠于薦東，北面坐取脯，降，出，授人于門外。

註曰："奠于薦東，升席奠之。取脯降出授人，親徹，且榮得禮。人，謂婦氏人。"

張氏曰："祭醴南面，啐醴東面。奠觶又南面，取脯則北面。"

右醴婦。

舅姑入于室，婦盥饋。

註曰："饋者，婦道既成，成以孝養。"

郝氏曰："婦人之禮，孝養舅姑，故始至有饋舅姑。既醴婦，入室。婦將致饋，先自盥其手。"

世佐案，盥以致其潔，饋以致其養。於既授脯即反而行是禮，《昏義》

---

① "放"，校本作"倣"。"放"、"倣"二字，底本及校本多混用，今以底本爲準，後放此。

云“明婦順”是也。

特豚合升，側載，無魚、腊，無稷，竝南上，其他如取女禮。

註曰：“側載者，右胖載之舅俎，左胖載之姑俎，異尊卑。竝南上者，舅姑共席于奥，其饌各以南爲上。其他，謂醬、湇、菹醢。女，謂婦也。如取婦禮同牢時。今文竝作併[1]。”

疏曰：“自‘側載’以下，‘南上’以上與取女異。周人吉禮尚右，故知右胖載之舅俎，左胖載之姑俎，以異尊卑也。”從《集説》節本。

敖氏曰：“‘南上’之文，主於菹醢，蓋特舉此以見舅姑之皆東面，且明席之北上也。席北上，則舅在北，姑在南矣。姑不别席於北方者，辟婦之位也。其他，謂‘爾黍’以至‘卒食’也。”

世佐案，側，獨也。“合升，側載”者，合左右胖升于鼎，而載之俎，則獨用右胖也。《特牲》、《少牢》及《鄉飲酒禮》皆用右胖，此亦宜然。然則舅姑亦共俎矣，不合載者，此婦供養之道，非盛禮也，註疏説恐非是。敖氏、郝氏皆謂無魚腊，故云“側”。然《冠禮》云“載合升”，亦無魚腊而不云“側”，何也？且既以“側”爲無魚腊矣，下不當復云“無魚腊”，猶既云“側尊”，則不復云“無玄酒”也，今亦不取。又案，楊氏《圖》此舅姑之席，舅在南，姑在北，與敖説異，蓋據《曲禮》席“東鄉，西鄉，以南方爲上”之文也。今考《曲禮》所云，孔疏謂“據平常布席如此，若禮席則不然”，此亦禮席也，固不可以平常布席之法例之矣。且舅在姑北，正合《檀弓》吉事尚左之意，當以敖説爲長。

婦贊成祭，卒食，一酳，無從。

註曰：“贊成祭者，授處之。今文無成也。”

疏曰：“授處，謂授之又處置，令知在於豆間也。”

敖氏曰：“卒食，亦三飯而止也。婦之酳也，當洗於北堂，而酌于室中北墉下之尊。酳舅於席前之南，姑於席前之北，皆西面。其拜亦在户西，北面也。舅姑皆答拜於其席。”

席于北墉下。

註曰：“墉，牆也，室中北牆下。”

---

① “今文竝作併”，《集釋》、《通解》同，校本作“竝當作併”，監本、毛本同。陳本、閩本作“並當作併”。

疏曰："此席將爲婦餕之位。"

敖氏曰："此席當在尊西而東上。"

婦徹，設席前如初，西上。

世佐案，席，北墉下之席也。初，謂饋舅姑之設法也。西上，著其異者。

婦餕，舅辭，易醬。

註曰："婦餕者，即席將餕也。辭易醬者，嫌淬汙。"

敖氏曰："舅辭者，見婦即席將餕己饌，故辭之。婦不言對，不敢與尊者爲禮也。下經云'婦餕姑之饌'，則是從舅命矣。易醬，易姑醬也，蓋御爲之。"

郝氏曰："婦先餕舅之饌，舅尊也。舅辭，易醬，示别也。託謂醬已食餘，使更也。"

世佐案，辭，辭其餕也。婦將餕姑之饌，姑不辭而舅辭者，統於尊也。易醬，示從舅命也。

婦餕姑之饌。

疏曰："不餕舅餘者，以舅尊，嫌相褻。"

張氏曰："舅姑之饌竝設席前，婦所餕，則姑之饌。"

世佐案，婦餕姑餘，禮之當然也，初不因舅之辭而爲之。

御贊祭豆、黍、肺、舉肺、脊。

世佐案，餕餘亦祭，敬尊者之餘也。豆，菹醢也。上"肺"，祭肺也。所祭者五，詳著之，見其無不祭也。且與上"婦贊成祭"之文互備也。

乃食。卒，姑酳之，婦拜受，姑拜送。坐祭，卒爵，姑受奠之。

註曰："奠之，奠于篚。"

敖氏曰："婦拜于席，南面。姑亦拜于西墉下東面之位也。卒爵而姑受，亦不拜既爵矣。餕禮輕。"

世佐案，篚在房户之東南。

婦徹于房中，媵、御餕。

敖氏曰："其設之當略如同牢禮。"

姑酳之。雖無娣，媵先。

註曰："古者嫁女，必姪娣從之，謂之媵。姪，兄之子。娣，女弟也。娣尊姪卑，若或無娣，猶先媵，客之也。"

敖氏曰："此酳亦酌外尊。"

世佐案，婦人送者，皆曰媵。娣，則妻之女弟從嫁者也。送者非一人，其中容有娣姪從嫁者，以士得有一妻一妾故也。士妻從嫁者，或娣或姪，科取其一。經惟言娣者，舉尊以見卑耳。無娣，謂無從嫁者也。"北面之勢，不足盡人骨肉之親"，雖不以娣姪從，可也。諸侯一娶九女，卿大夫不備娣姪，士或有或無，此尊卑之差也。

於是與始飯之，錯。

註曰："始飯，謂舅姑。錯者，媵餕舅餘，御餕姑餘也。古文始爲姑。"

疏曰：舅姑始飯，而媵餕舅餘，御餕姑餘，是交錯之義。舅姑爲飯始，不爲餕始。俗本云"與始餕之，錯"者，誤也。

世佐案，此句未詳，當闕。"錯"字之義，註雖近之，而上六字則不可通。敖氏讀錯爲措，且云"文意似謂既酳，則于是乎改設之，如饋之錯也，錯猶設也"，疑"與始飯"三字皆誤。夫媵御既餕，則其饌當徹矣，何以改設爲耶？且設之將于何所耶？改經文至三字，而其説尚如此，此愚之所未解也。郝氏云："媵既餕，于是御乃與食，如始同牢交錯，媵餕舅餘，御餕姑餘也。始飯，謂昨(日)〔夕〕同牢[①]，燭出，媵御餕也。"其説祖註而以始飯爲始餕，蓋蹈俗本之誤。媵先御後，酳之之節然耳。謂媵既餕，于是御乃與食，亦非。古文始爲姑，亦不可曉。

右婦饋舅姑。

舅姑共饗婦以一獻之禮，舅洗于南洗，姑洗于北洗，奠酬。

註曰："以酒食勞人曰饗。南洗在庭，北洗在北堂。設兩洗者，獻、酬、酢以潔清爲敬。奠酬者，明正禮成，不復舉。凡酬酒，皆奠于薦左，不舉。其燕則更使人舉爵。"

疏曰："此饗與上盥饋同日爲之，知者，見《昏義》'舅姑入室，婦以特豚饋，明婦順也。厥明，舅姑共饗婦'，鄭彼註云'《昏禮》不言厥明，此言

① "夕"原作"日"，校本同，《節解》作"夕"，應據改。

之者，容大夫以上禮多，或異日'，故知此士同日可也。世佐案，《昏義》饗於饋之明日，此不言厥明，亦文省。若與饋同日，則一日之内既醴婦又饗之，毋乃數乎？此與上事相因，亦於舅姑寢堂之上，與禮婦同在客位也。云'共饗婦以一獻之禮'者，案下記云：'饗婦，姑薦焉。'註云：'舅姑共饗婦，舅獻爵[①]，姑薦脯醢。'但薦脯醢無盥洗之事，今設此洗，爲婦人不下堂也。云'姑洗于北洗'，洗者，洗爵，則是舅獻姑酬共成一獻，仍無妨姑薦脯醢也。"

孔氏曰：以鄉飲酒之禮約之，席在室户西。舅酌酒于阼階獻婦，婦西階上受，飲畢，又酢舅，乃先酌，自飲畢，更酌酒以酬姑。姑受爵，奠于薦左，不舉爵，正禮畢也。世佐案，此説舅獻姑酬之禮蓋非然。此乃《昏義》孔疏也，不知朱子《通解》何故入賈疏内。賈疏所謂舅獻姑酬者，當是舅獻婦，婦酢舅訖，姑乃酌觶自飲，復酌以酬婦，婦奠觶于薦左，而一獻之禮畢矣。豈婦酬姑，姑奠爵之謂哉。

楊氏曰："舅洗于南洗，洗爵以獻婦也。姑洗于北洗，洗爵以酬婦也。賈疏云'舅獻姑酬共成一獻，仍無妨姑薦脯醢'，此説是也。但婦酢舅，更爵自薦，又云奠酬、酬酢皆不言處所[②]，以例推之，舅姑之位當如婦見，舅席于阼，姑席于房外，而婦行更爵自薦及奠酬之禮與？"

敖氏曰："舅洗，洗爵以獻也。姑洗，洗觶以酬也。婦酢舅，亦洗于北洗，皆不辭洗，不拜洗。其獻、酢則各于其席前，舅拜于阼階上，北面，婦拜于席西，東面，姑酬婦則于主人之席北，而奠觶于婦之薦西。奠酬者，婦取姑之酬酒而奠(觶)〔之〕于薦東也[③]。必言此者，明其禮止於是也。不燕者，尊卑之分嚴也。"

郝氏曰："一獻之禮，謂主人獻賓，賓酢主人，主人又酌，自飲，復酌以酬賓，賓奠爵，禮遂終，舅姑共成一獻也。不言牲饌，文省也。有歸俎，亦特豚也。南洗設于堂下，北洗設于堂上之北，婦人洗不下堂也。奠酬，酬畢奠爵也。"

張氏曰："案註'其燕則更使人舉爵'者，汎言他經正獻後更舉爵行酬之事，非此經所有。"

世佐案，饗之異于燕者，饗立而卒事，燕末則坐也。故饗體尊嚴，燕

---

① "舅獻爵"，與下記文"饗婦姑薦焉"鄭注合，校本"獻"字下無"爵"字，《要義》、陳本、閩本、監本、毛本、庫本同。

② "酬"，校本作"酧"。"酧"爲"酬"之俗字，今正字作"酬"，後放此。

③ "之"原作"觶"，校本同，《集説》作"之"，應據改。

情歡洽。舅姑于婦不燕者,婦始至,當示以尊卑之體也。

舅姑先降自西階,婦降自阼階。

註曰:"授之室,使爲主,明代己。"

疏曰:"《曲禮》云'子事父母,升降不由阼階',阼階是主人、尊者升降之處,今舅姑降自西階,婦降自阼階,是授婦以室之義也。'授之室',《昏義》文。"

敖氏曰:"舅姑先降自西階,然後婦乃敢降自阼階,蓋達尊者之意也。"

歸婦俎于婦氏人。

註曰:"言俎,則饗禮有牲矣。婦氏人,丈夫送婦者。使有司歸以婦俎,當以反命於女之父母,明其得禮。"

郝氏曰:"尊前卑名,故稱氏也。人,婦從者。"

世佐案,歸,舅姑使有司授之俎,蓋特豚也。歸俎,饗賓之禮也。饗婦亦歸其俎者,亦所以厚禮之。

右舅姑饗婦。

舅饗送者以一獻之禮,酬以束錦。

註曰:"送者,女家有司也。爵至酬賓,又從之以束錦,所以相厚。古文錦皆作帛。"

敖氏曰:"《聘禮》使介行禮,用錦不用帛者,辟主國君之幣也。此無所辟,不當用錦,宜從古文皆作帛。"

世佐案,冠禮酬賓用束帛儷皮,此不用帛用錦,送者賤,宜下賓也。敖説非。

姑饗婦人送者,酬以束錦。

註曰:"婦人送者,隸子弟之妻妾。凡饗,速之。"

疏曰:《左氏傳》云:"士有隸子弟"。尊無送卑,故知婦人送者是隸子弟之妻妾。凡饗,皆就館速之,男子則主人親速。其婦送者不親速,以其婦人迎客不出門,當别遣人速之。

若異邦,則贈丈夫送者以束錦。

註曰:"贈,送也,就賓館。"

敖氏曰:“以物餽將行者曰贈,酬之外又贈以此幣,以其勞於道路故也。獨云‘贈丈夫’,則是古者婦人不越疆而送嫁也。”

右饗送者。

若舅姑既没,則婦入三月乃奠菜。

註曰:“没,終也。奠菜者,以篚祭菜也,蓋用菫。”

疏曰:必三月者,三月一時,天氣變,婦道可以成之故也。此言“舅姑(俱)〔既〕没”者[①],若舅没姑存,則當時見姑,三月亦廟見舅,若舅存姑没,婦人無廟可見,或更有繼姑,自然如常禮也。鄭知菜“蓋用菫”者,取謹敬,亦因《内則》有菫、荁、芬、榆供養,故疑用之也。

孔氏曰:“若舅姑偏有没者,庾氏云‘昏夕厥明,即見其存者,以行盥饋之禮,至三月,不須廟見亡者’,崔氏云‘厥明,盥饋於其存者,三月又廟見於其亡者’,未知孰是。”

世佐案,下記云“婦入三月,然後祭行”,謂助夫祭也。此奠菜之禮特爲見婦而設,當在助祭之前,先見而後祭也。若舅没姑存,其禮當如崔説。舅存姑没,則三月祭行,因祭而見與?不更擇日而祭者,以其祔于祖姑,不别立廟也。

席于廟奥,東面右几,席于北方,南面。

註曰:“廟,考妣之廟。北方,墉下。”

疏曰:“案《周禮·司几筵》云‘每敦一几’,鄭註云‘周禮雖合葬及時同在殯,皆異几,體實不同。祭于廟同几,精氣合’,又《祭統》云‘設同几’,同几即同席,此即祭于廟中而别席者。生時見舅姑,舅姑别席異面,是以今亦别席異面,象生,不與常祭同也。”

敖氏曰:“右几,見席南上也。凡設几,例在席之上端。舅席東面而南上,姑席南面其西上與?生人室中之席東面者北上,南面者東上,鬼神則變之。生時見舅姑,舅不用几,此有之者,異其神也。姑席無几,几主於尊者也。”

張氏曰:“席于奥者,舅席也。席于北方者,姑席也。”

---

① “既”原作“俱”,校本及毛本同。阮《校》云:“毛本‘既’誤作‘俱’。”今據改。

祝盥，婦盥于門外，婦執笲菜，祝帥婦以入。祝告，稱婦之姓，曰："某氏來婦，敢奠嘉菜于皇舅某子。"

註曰："帥，道也。入，入室也。某氏者，齊女則曰姜氏，魯女則曰姬氏。來婦，言來爲婦。嘉，美也，皇，君也。"

疏曰："洗在門外，祝與婦就而盥之者，此亦異於常祭，象生見舅姑，在外沐浴，乃入舅姑之寢，故洗在門外也。云'某子'者，言若張子、李子也。"

敖氏曰："云'帥婦以入'，是婦亦升自西階也。此時婦入室，西面，祝在左而爲之告也。某子者，某，謚也，猶言文子、武子矣，此蓋指其爲大夫者也。假設言之，以著其廟見之禮與爲士者同耳。"

顧氏炎武曰："'皇舅某子'，此或謚或字之稱，與《聘禮》'皇考某子'同。疏以爲若張子、李子，婦人内夫家，豈有稱其舅爲張子、李子者哉？"世佐案，郝氏亦云"某"字，"若謚號也"。

張氏曰："疏之意，或以婦新入門，稱姓以告，故亦以姓稱其舅與？"

世佐案，祝盥不言其處，如常祭可知也。婦盥于門外，著其異也。蓋祝先入，筵几於室中，降盥于阼階東南之洗，乃出廟門，帥婦以入也。疏謂祝盥亦于門外，非。"某子"之解，敖説得之。此蓋謂父爲大夫，子爲士者也。廟見，祭類，故以生者爲斷。若其舅亦士也，當稱其字曰"伯某甫"矣。

婦拜，扱地，坐奠菜于几東席上，還，又拜如初。

註曰："扱地，手至地也。婦人扱地，猶男子稽首。"

熊氏朋來曰："古者女拜，常時皆肅拜，惟初嫁及爲夫、爲長子主喪則以手扱地，如男拜。或曰，自唐則天以後，婦人始廢昏喪扱地之拜。"

敖氏曰："奠菜于几東席上，則是几前猶有餘席，亦可見設几之節矣。"

郝氏曰："古婦人拜不坐，惟爲喪主拜稽顙，此言拜扱地，異于常拜，哀敬之至也。扱、插同，即《曲禮》'以箕扱地'之'扱'，俯伏之狀。還，又拜，如舅存見之儀。如初，亦扱地。"

張氏曰："此席，上在奥之席。"

世佐案，婦人拜法見于經傳者五：曰肅拜，《少儀》云"婦人吉事，雖君賜肅拜”是也；曰手拜，《少儀》註云“凶事乃手拜”，孔疏云“婦人除爲喪主，其餘輕喪凶事乃有手拜”是也；曰稽顙，《喪服小記》云“婦人爲夫、爲長子稽顙”是也；曰頓首，《左傳》“晉穆嬴抱太子以適趙氏，頓首于宣子”是也；曰扱地，此奠菜禮是也。惟肅拜爲正，餘皆非。吉禮扱地之拜，蓋介乎吉凶之間，以致其哀敬之意與？以男子九拜例之，肅拜，軍中之拜也。手拜蓋與空首相似，其法，先以手至地，而頭來至手也。稽顙即凶拜。頓首是男子平敵相與之拜，而穆嬴施于其臣，疏家以爲私求法，非禮之正，然嬴時遭襄公之喪，則亦凶拜也，殆如吉拜，拜而後稽顙，爲殷之凶拜與？扱地于九拜無所似，賈疏謂以手至地，而首不至手，又與空首不同。註云“婦人扱地，猶男子稽首”，稽首，拜頭至地，臣拜君之拜，舉以相況者，明其爲拜中之最重，非謂拜法似之也。然則扱地與肅拜異，稽顙又與扱地異，手拜與扱地皆以手至地，而首或至手或不至手，亦異。熊氏謂“初嫁及爲夫、爲長子主喪則以手扱地”，蓋考之未精矣。又案肅拜之法，《周禮》註云“肅拜，但俯下手，今時揖是也”，疏引《鄉飲酒禮》註“推手曰揖，引手曰揖”爲證。揖，經作厭。《少儀》註云：“肅拜，拜低頭也。”若然，女拜蓋不折腰屈膝矣。郝氏謂男子坐拜，婦人立拜，故婦見舅姑，手棗、栗、腶、脩，拜而後奠，若坐拜，必先奠後拜，此説得之。敖氏云“凡婦人之拜，以左掌據地，故右手執物而可以拜”，殆未講乎肅拜之法與？《特牲禮》主婦致爵訖，“酌酢，左執爵，拜”，則以左掌據地之説不辨自破矣。郝氏又謂：“婦拜舅立，而使其舅坐拜答之，于禮未當。且廟見婦拜扱地，舅姑生，拜不當扱地耶。”愚謂扱地之拜爲不逮事舅姑者設，將以生其哀慕之心焉，故與凶事手拜相似，豈宜施于具慶者哉。先聖使婦人肅拜，所以重男女之別也。拜君賜、拜君舅、君姑，非不欲加隆焉，而禮有所止，惡其以不純乎吉者參之也。郝氏每以臆見測古禮，不得其藴，而徒見其不便于後世之人情，毋怪乎其疑之也，謂《儀禮》作于衰世，非聖人之舊，皆坐此。

婦降堂，取笲菜入，祝曰：“某氏來婦，敢告于皇姑某氏。”奠菜于席，如初禮。

註曰：“降堂，階上也。室事交乎户，今降堂者，敬也。於姑言敢告，舅尊於姑。”

疏曰：此奠於北坐之前以見姑也。“室事交乎户”，《禮器》文。從《句讀》節本。

敖氏曰："入，入而北面也，祝亦在左告之。如初禮，拜而奠于席上之右，還又拜也。"

郝氏曰："降堂，自室降也。由堂下階曰降，由室出堂亦曰降。如初禮，如見舅禮。"

世佐案，《聘禮》云"賓降堂，受老束錦"，是時賓在堂上，亦云"降堂"，則郝説非矣。姑之生也，婦見不俠拜，今乃如見舅之禮者，接神之道宜然也。

婦出，祝闔牖户。

註曰："凡廟，無事則閉之。"

疏曰：先牖後户者，先闔牖，後闔户也。無事則閉之，以鬼神尚幽闇也。從《通解》節本。

老醴婦于房中，南面，如舅姑醴婦之禮。

註曰："因於廟見禮之。"

敖氏曰："不于堂，辟尊者在之處也。"

張氏曰："亦象舅姑生時，因婦來見，遂禮之也。房中，廟之房中。"

世佐案，上云"贊醴婦"，贊即老也，以其助舅姑行禮，故曰"贊"，此無所助，故直指其人言之。郝氏於醴婦章嘗以男女不親授受，今用男子酌新婦，而禮文不言用何等男子獻疑。張氏亦云："嘗疑此老與前贊者並是男子，乃使與新婦爲禮，在前聖必自有説，非末學所可臆度。"愚謂老，家臣之長，必有德而年高者爲之，故使之醴婦，所以代舅姑也。《特牲》、《少牢禮》有主婦與尸、祝、佐食、賓獻、酢、致爵之事，古人行禮固不以爲嫌，後儒不之疑而獨疑昏禮，何居？又郝氏謂："三月廟見，以夫婦共爲祭主，非以三月爲限也。苟未三月而及祭期，婦可以不與于祭乎？與于祭，可以不先見乎？"此皆臆説也。婦入三月，然後祭行，未三月而及祭期，婦固不與也，以其未成婦也。

壻饗婦送者丈夫、婦人，如舅姑饗禮。

疏曰："舅姑没，故壻兼饗丈夫、婦人，如舅姑饗禮，并有贈錦之等。"

敖氏曰："此禮之節宜在始嫁之時，因言廟見而及之，故其文在此，非謂行之於老醴婦之後也。"

世佐案，《春秋》宣五年經書"齊高固及子叔姬來"，《左傳》云"反馬也”，杜註云“禮送女留其送馬，謙不敢自安。三月廟見，遣使反馬”。此士禮雖無反馬之事，然送女者則必俟其成婦而後歸，亦猶謙不敢自安之意也。舅姑存，則以昏之明日見於舅姑，舅姑醴之，而婦禮成矣，送者可以歸矣，故舅姑於饗婦之後即饗送者，不必三月也。若舅姑既没，則必待三月廟見而後成婦。記云“擇日而祭於禰，成婦之義也”，又云“女未廟見而死”，“歸葬於女氏之黨，示未成婦也”。成婦，而後送者乃可以歸，故經言壻饗送者于老醴婦之後，著其行禮之節也。敖云此禮宜行於始嫁之時，非，且婦未受醴而先饗送者，亦失其尊卑先後之次矣。

右舅姑既没之禮。

世佐案，此章亦記體也，當在“婦入三月，然後祭行”之後，蓋編禮者誤置于此，否則錯簡耳。斷爲記者，以其言禮之變也。凡言禮之變者二：一後世變禮，自不合入經，如《冠禮》“不醴”、“若殺”，此篇“不親迎”之類是也。一古者元有其禮，以通乎正之所窮，特以非常，故不見于經，而賢者識之，以補其所未備，如《冠禮》“孤子冠”、“母不在”，此篇“宗子無父”之類是也，此章亦其類矣。二者皆記，而作記之人則非一時。愚于上篇詳之矣，後凡言變禮者放此。

記：

士昏禮，凡行事，必用昏昕，受諸禰廟。

註曰：“用昕，使者。用昏，壻也。”世佐案，刊本此下有“壻，悉計反，從士從胥，俗作婿[①]，女之夫”十四字，係陸氏《釋文》誤連于註。

疏曰：用昕，謂納采、問名、納吉、納徵、請期五者皆用昕，即《詩》所謂“旭日始旦”也。昏，親迎時也。從《集説》節本。

郝氏曰：“昕，陽始也。昏，陰終也。父廟曰禰，六禮皆受命于禰，重親之胤也。”

辭無不腆，無辱。

註曰：“腆，善也。賓不稱幣不善，主人不謝來辱。”

郝氏曰：“腆，厚也。辱，汙也。以物贈人，自稱不腆，謙言薄也。賓至，主人稱辱，謙己汙也。男女匹合，不得言薄、言汙，示誠信也。”

---

① “婿”原作“埍”，校本作“婿”，監本鄭注同，據改。

顧氏曰:"'歸妹,人之終始也',先王于此有省文,尚質之意焉,故'辭無不腆、無辱',告之以直信,曰先人之禮而已。所以立生民之本而爲嗣續之基,故以内心爲主,而不尚乎文辭也,非徒以教婦德而已。"

世佐案,顧説得之。敖云"言當善其辭,又不可以辱命",失其旨矣。

摯不用死。

註曰:"摯,鴈也。"

敖氏曰:"此文在皮帛之前,則是指納采之類言也。夫'摯'云者,親奉其物以相見之稱也。納吉之類,禮雖用鴈,然遣使爲之,固不可謂之摯,以摯爲言,記者過也。且'不用死'之云,亦似長語,古人非昏禮而用鴈,豈有用死者乎?佀重失之。"

世佐案,摯,使者及壻所執以相見也。死,謂雉也。不用死,所以釋用鴈之義。註以摯爲鴈,非。敖氏不能正註之誤,而反以議記者,則過矣。

皮帛必可制。

註曰:"皮帛,儷皮束帛也。"

敖氏曰:"制,制爲衣裘也。然則他禮之用皮帛者,其有不可制者乎?亦佀長語矣。"

世佐案,此古人用幣之通法也。《郊特牲》云"幣必誠",《聘禮記》云"幣美則没禮",或失之華靡,或失之濫惡,是皆不可制也,可制則無二者之弊矣。記中此等語最古,《郊特牲》釋昏禮而并此亦釋之可見。敖氏顧以"長語"目之,胡弗之考也。

腊必用鮮,魚用鮒,必殽全。

註曰:"殽全者,不餒敗,不剥傷。"

疏曰:"鮮,取夫婦日新之義。鮒,取夫婦相依附也。全,取夫婦全節無虧之理。此竝據同牢時也。"

郝氏曰:"同牢醴饗用腊,必新乾者。鮒,鯽魚性相依附曰鮒。殽用全,牲體備也。"

世佐案,殽全,謂豚俎也。殽,骨體也。全者,不折也,一骨而分爲二曰折。《特牲》、《少牢禮》言俎之折者不一,是皆有殽而不全也。雖一體完矣,而二十一體不備,亦不可謂全。若同牢之俎,斯爲全耳。張氏云

“殽全，指魚，其體肉完好也”，敖氏云此語似過，“他禮用魚，豈有不殽全者乎”，皆爲註誤，惟郝氏之言庶乎近之。

女子許嫁，笄而醴之，稱字。

註曰：“許嫁，已受納徵禮也。笄女之禮，猶冠男也，使主婦、女賓執其禮。”

敖氏曰：“此禮當於房中行之。醴之，亦謂以醴飲之也。字，若伯姬、仲氏之類矣。女子之笄有二節：一則成人之笄，一則許嫁之笄。其醴之，而婦人執其禮並同，惟以稱字與否爲異。《周易·屯》六二之辭曰‘女子貞不字，十年乃字’，言許嫁乃字也。然則未許嫁而笄者，不字明矣。古者女子成人乃許嫁。”

世佐案，《雜記》云“女子許嫁，笄而字[①]，雖未許嫁，年二十而笄，禮之，婦人執其禮”，此敖説之所本也。然先儒之論二笄禮則異是。賀氏瑒謂，許嫁者“主婦爲之著笄，女賓以醴禮之”；未許嫁而笄，婦人禮之，無女賓。賈疏謂未許嫁而笄，“無主婦、女賓，使婦人而已”，又謂“許嫁者用醴禮之，未許嫁者當用酒醮之”。朱子謂許嫁而笄，“主婦當戒外姻爲女賓，使之著笄，而遂禮之”；未許嫁者，“則不戒女賓，而自以家之諸婦行笄禮”。諸説皆用鄭義。鄭註此節云“使主婦、女賓執其禮”，註《雜記》云“言婦人執其禮，明非許嫁之笄”，蓋以“禮之，婦人執其禮”七字爲指未許嫁者言，而敖則通上許嫁者爲一義，此其所以異也。詳《雜記》文，敖説亦不爲無理，特其所謂未許嫁笄而不字者，後許嫁將復笄而字之乎？抑字而不復笄乎？敖意似謂古者女子皆二十笄而后許嫁，許嫁復笄而字，又與記文不合，是則可疑矣。或曰二笄禮同，笄而字亦同，唯有字而稱與不稱爲異耳。

祖廟未毁，教于公宫三月。若祖廟已毁，則教于宗室。

註曰：“祖廟，女高祖爲君者之廟也，以有緦麻之親，就尊者之宫，教以婦德、婦言、婦容、婦功。宗室，大宗之家。”

張子曰：“祖廟未毁，教于公宫，則知諸侯於有服族人亦引而親之，如家人然。”

李氏微之曰：“此言公族之爲士者也，若祖廟已毁，而教于宗室，然則

① 按“女子許嫁，笄而字”乃《禮記·曲禮》文。

異姓者亦教于宗子之家與?”

敖氏曰:“此據士族之貴者言也。祖,女所自出之君也。毁,壞也。《傳》曰:‘壞廟之道,易檐可也,改塗可也。’禮,國君五廟,太祖之廟不毁,其餘先君若過高祖,則毁其廟而遷之。未毁者,以其猶在今君四親廟之中也。其與君共太祖者,若太祖去今君五世,廟雖不毁,其禮亦與既毁者同。祖廟未毁而教於公宫,統於祖也。祖廟既毁而教於宗室,統於宗也。”

張氏曰:“此謂諸侯同族之女將嫁之前教成之法。其與諸侯共高祖者,是緦麻之親,教之于公宫,其共曾祖、共祖、共禰廟者,皆教于公宫可知也。若與君絶服者,則於大宗之家教之。大宗之家,謂別子之世適長子,族人所宗事者也。”

世佐案,古人極重宗子,所以尊祖收族,其爲法至備而其意至深厚也。宗法壞而族誼薄,族誼薄,而區區數世同財同居者遂傳爲盛事,此亦古今人心風俗升降一大關鍵也。女子將嫁,教于宗室三月,亦收族之一端。郝氏疑此禮難行,而不咎今時宗法之壞,似過矣。朱子《通解》特立《五宗》一篇,其有意復古乎?又案“宗室”,註云“大宗之家”,疏云“不于小宗者,小宗卑故也”,《昏義》孔疏云“大宗、小宗之家,悉得教之。與大宗近者于大宗,與大宗遠者于小宗”,二説不同,當以賈疏爲正。若謂與國君絶服者,教于大宗之家,與大宗絶服者,教于小宗之家,設有繼高祖之宗而與大宗絶服者,其女當于何教乎?教于大宗則已遠,教于己室是無統矣,此則孔説所不通也。

問名,主人受鴈,還,西面對,賓受命乃降。

註曰:“受鴈于兩楹間,南面,還于阼階上,對賓以女名。”

疏曰:“案經直云‘問名如納采之禮’,納采禮中無主人西面對事,故記之也。”

祭醴,始扱壹祭[①],又扱再祭。

疏曰:始扱壹祭,及又扱,則分爲兩祭,是爲祭醴三也。從《集説》節本。

張氏曰:“凡祭醴之法皆如此。其記於此者,以問名諸禮皆醴賓

① “壹”,校本作“一”,毛本同。阮《校》云:“唐石經、徐本、《集釋》、《通解》、楊、敖同,毛本‘壹’作‘一’。”

故也。”

賓右取脯，左奉之，乃歸，執以反命。

註曰：“反命，謂使者問名、納吉、納徵、請期，還報于壻父。”

疏曰：右手取脯，左手兼奉之以降，授從者於西階下，乃歸。

納徵，執皮攝之，内文，兼執足，左首，隨入，西上，參分庭一在南。

註曰：“攝，猶辟也。兼執足者，左手執前兩足，右手執後兩足，左首，象生。《曲禮》曰：‘執禽者左首。’隨入，爲門中阨狹。西上，中庭位併。”

疏曰：案經直云，納徵“如納吉禮”，至于庭實之皮，無可如者，故記之。執皮者二人相隨乃可以入，不得並行也。至中庭，則稍寬，故得俱北面西上。

敖氏曰：“先儒讀攝爲摺，則訓疊也。今人屈物而疊之謂之摺，古之遺言與？‘執皮攝之’者，中屈其皮，疊而執之也。‘内文，兼執足’，攝之之法也。文，獸毛之文也。内文者，事未至也。左首，爲西上也。云‘隨入’者，以其並設，嫌亦並行也。西上，統於賓也。‘參分庭一在南’者，參分庭深，而所立之處當其參分之一，故二分在北，一分在南也。此設皮之位，亦當在西方。”

世佐案，設皮之位，説見《聘禮》。敖云在西方，非是。

賓致命，釋外足見文。主人受幣，士受皮者自東出于後，自左受，遂坐，攝皮，逆退，適東壁。

註曰：“賓致命，主人受幣，庭實所用爲節。士，謂若中士、下士、不命者，以主人爲官長。自，由也。”

疏曰：經云“釋外足”者，據人北面以足向上執之，足遠身爲外，釋之則文見，故“釋外足見文”也。云“受皮”者，取皮自東方。“出于後，自左受”者，謂自東方出于執皮者之後，至于左北面受之，故云“自左受”也。朱子曰：“此疏引經文‘皮者’下有‘取皮’二字，今本無之，未詳孰是。”○世佐案，疏於“者”下有“取皮”二字，“東”下有“方”字，皆非經之原文也。“逆退”者，二人相隨自東而西，今以後者先向東行，故云“逆退”也。又曰，賓堂上致命時，庭中執皮者北面[①]，

① “庭中執皮者北面”，《通解》同，校本無“北面”二字，陳本、閩本、監本、毛本同。

釋外足見文。主人堂上受幣時[①]，主人之士於堂下受取皮，是其"庭實所用爲節"也。諸侯之士，國皆二十七人。依《周禮·典命》，侯、伯之士一命，子、男之士不命。命與不命國皆分爲三等，上九、中九、下九。世佐案，《王制》云："其有中士、下士者，數各居其上之三分。"徐氏師曾註云："此錯簡，當在後章'小國上士二十七人'之下，蓋其所言三國之制，皆自上士而止，故又言此以足之。"數各居其上之三分者，謂天子及三等之國，其中士皆三倍于上士，下士皆三倍于中士也。據此，則二十七人特其上士之數耳，若合上、中、下三等之士而止于二十七人，不應諸侯置士如是之少。《周禮》三百六十官皆有官長，其下皆有屬官。但天子之士，上士三命，中士再命，下士一命，與諸侯之士異，若諸侯，上、中、下士同命。今言"士，謂若中士、下士不命者"，據上士爲官長者，若主人是中士，則士是下士。若主人是下士，則士是不命之士、府史之等。此不命與子、男之士不命别，彼雖不得君簡策之命，仍得人君口命爲士，此則不得君命，是官長自辟除者也。案《既夕》宰舉幣，是士之府史，則庭實胥徒爲之。

敖氏曰："'釋外足，見文'，所謂張皮也。見文者，事已至也。皮以文爲美，故當授受之節宜示之，他時則否。士，謂主人之私臣，非指有爵者也。自東，自門東而來也。士之私臣，其位在門東，北面，'後'與'左'皆據執皮者言也。受者居客之左，便其先執前乃執後也。《聘禮》曰：'賓出當之，坐，攝之。'逆退，在東者先退，由便也。此記與《聘禮》互見，當參攷。"

父醴女而俟迎者，母南面于房外。

註曰："女既次純衣，父醴之于房中，南面，蓋母薦焉，重昏禮也。女奠爵于薦東，立于位而俟壻。壻至，父出，使擯者請事。母出，南面房外，示親授壻，且當戒女也。"

疏曰："舅姑共饗婦，姑薦脯醢，故知父母醴女亦母薦脯醢。"

女出于母左，父西面戒之，必有正焉，若衣若笄。

註曰："必有正焉者，以託戒之，使不忘。"

敖氏曰："女之衣、笄固自正矣，今乃復正之者，欲其以此爲識耳。"

郝氏曰："正，整也，爲整其衣若笄，教以正也。"

---

① "受"原作"授"，毛本同，校本作"受"，《通解》、陳本、閩本、監本同。按作"受"與經文"主人受幣"相合，據改。

世佐案，出，出房也。云“出于母左”，則母在房户之西明矣。是時父在阼，女就而受戒。父西面，女當東面也。以物爲憑曰正，母施衿結帨，庶母施鞶，皆謂以物予之，則此衣若笄亦父戒時予女，使服之，識而弗忘也。

母戒諸西階上，不降。

疏曰：春秋桓公三年《穀梁傳》云：“禮，送女，父不下堂，母不出祭門。”祭門則廟門。言不出廟門，則似得下堂者。彼諸侯禮，與此異。

敖氏曰：“母不降送，尊也。《孟子》曰：‘女子之嫁也，母命之，往送之，門戒之。’或此禮至後世而變與？”

世佐案，敖説近是。《孟子》、《穀梁傳》蓋皆據當時之變禮而云然爾。

婦乘以几，從者二人坐持几，相對。

註曰：“持几者，重慎之。”

疏曰：“此几謂將上車時而登，若王后則履石，大夫、諸侯亦應有物履之，但無文以言[①]，今人猶用臺，是石几之類也。”

世佐案，“從者二人”，蓋夫家之從者。跪而持之者，几卑故也。相對，各持其几之一端也。

婦入寢門，贊者徹尊冪，酌玄酒，三屬于尊，棄餘水于堂下階間，加勺。

註曰：“屬，注也。玄酒涚水，貴新，昏禮又貴新，故事至乃取之，三注于尊中。”

敖氏曰：“云‘酌’，則以勺也。棄餘水者，不欲人褻用之也。徹冪、加勺，兼指二尊而言。”

笲，緇被纁裏加于橋。舅答拜，宰徹笲。

註曰：“被，表也。笲有衣者，婦見舅姑，以飾爲敬。橋，所以庪笲，其制未聞。”

敖氏曰：“舅既答拜而興，宰乃徹笲，節也[②]。”

---

① “大夫諸侯”原作“諸侯夫人”，校本作“大夫諸侯”，陳本、閩本、監本、毛本同，據改。

② “節”原作“飾”，校本作“節”，《集説》同，據改。

世佐案，橋制，漢時已不可考[①]，無論後世。聶氏云："舊《圖》云讀如橋舉之橋，以木爲之，似今之步案，高五尺，下跗午貫，舉笲處亦午爲之，此則漢法也。"郝氏云："橋，笲蓋曲起如橋，以被覆其上，奉以進。《曲禮》'奉席如橋衡'，《聘禮》'勞以二竹簋方，玄被纁裏，有蓋，其實棗、栗'與此同。"二説不同，請以經文折之。經云"加于橋"，則所以庪笲也，當從註。云"笲蓋"者，非字從木則以木爲之，當從《圖》命名之意，或取其狀相似則如橋之説，亦未可盡廢，特其所稱橋衡之義亦與鄭異，鄭註《曲禮》云："橋，井上桿橰。"

婦席、薦饌于房。

註曰："醴婦、饗婦之席、薦也。"

郝氏曰："婦席，婦設饋舅姑之席。薦，俎豆之屬。饌，陳設也。先設于房中，而後薦于室，《公食大夫禮》亦云'凡宰夫之具，饌于東房'。"

世佐案，經但云"席于户牖間"，而不見席未設時所陳處，但云"側尊甒醴于房中"，而不見薦所陳處，故記之。薦，謂脯醢也。《冠禮》筵在南，尊在北，籩豆次尊，南上，此宜亦如之。未設時先饌于房，及其設之，則席在舅姑寢堂上客位，脯醢設于席前饗婦之位，同註説，是郝氏非之過矣[②]，且其自爲説也，以"婦席"二字爲句，"薦饌于房"又爲一句，云"爲新婦之饋自外來，明其停止之處"，割裂經文，成何辭語。婦饋章經云"如取女禮"，則饌于房中已于取女禮見之，何必再記？種種紕繆，好立異之弊，一至此哉[③]。

饗婦，姑薦焉。

註曰："舅姑共饗婦，舅獻爵，姑薦脯醢。"

婦洗在北堂，直室東隅，篚在東，北面盥。

註曰："洗在北堂，所謂北洗。北堂，房中半以北。洗，南北直室東隅，東西直房户與隅間。"

疏曰：房無北壁，故得北堂之名。房與室相連爲之而無北壁，是以得設洗直室東隅。從《集説》節本。

---

① "考"，校本作"攷"，"考"、"攷"二字，底本與校本多混用，今以底本爲準，後放此。

② "氏"，校本作"説"。

③ "一"，校本作"亦"。

敖氏曰："室之東隅有二，云'在北堂'，故無嫌於南。篚盛爵、觶，爲婦酢、姑酬也。庭中設洗，水在洗東，篚在洗西。此篚在洗東，則水在洗西矣。盥，爲將洗爵以酢舅也。無嫌於不洗，故惟以盥見之。此洗，内洗也，亦曰北洗。凡其設之與盥者之位皆如此。記主爲婦禮發之，故惟云'婦洗'。"

世佐案，古宫廟之制，楊氏《儀禮旁通圖》最分曉，唯北堂之説略焉。今以禮家言推之，大夫、士屋皆兩下，五架。正中曰棟，棟南兩架爲楣、爲庪，皆堂也。棟北兩架，西爲室，東爲房。室與房之南皆有壁、有户、有牖，室北有牆，謂之北墉。房北無牆，故名其半以北曰北堂，婦洗設于此。云"直室東隅"者，明其在房之西偏也。謂天子、諸侯有左右房，大夫、士唯有東房西室者，此鄭義也。陳氏祥道則謂"大夫、士之房室與天子、諸侯同"。復齋是陳非鄭，而其所著《儀禮圖》尚仍註疏之舊，則亦未能斷也。今依鄭義作《北堂圖》，而以婦洗及饗婦之席附焉，楊氏《圖》所已詳者，則不復見也。

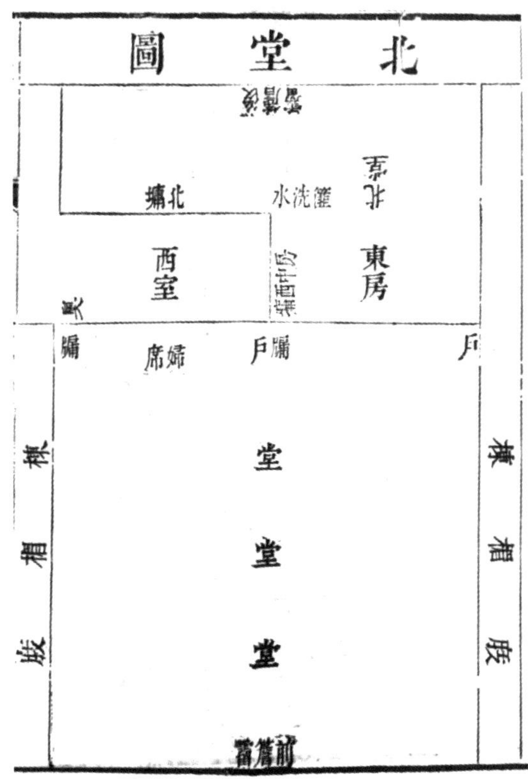

婦酢舅，更爵，自薦。

註曰："更爵，男女不相因也。"

敖氏曰："自薦者，爲姑親薦己，故不敢使人薦舅。行禮欲其稱也。"

郝氏曰："更爵，不敢用舅獻己之爵，爲己飲而褻也。"

不敢辭洗，舅降則辟于房。不敢拜洗。

註曰："不敢與尊者爲禮。"

敖氏曰："此謂舅將獻婦之時也。舅降，謂降洗也。婦辟于房者，既不從降。又不敢安於堂上，故宜辟也。"

張氏曰："辭洗、拜洗，賓主敵者之禮，婦于舅則不敢也。"

凡婦人相饗，無降。

註曰："姑饗婦人送者于房無降者，以北洗、篚在上。"

疏曰："言'凡'者，欲見舅姑共饗婦及姑饗婦人送者皆然。"

婦入三月，然後祭行。

註曰："入夫之室三月之後，於祭乃行，謂助祭也。"

疏曰："此據舅在無姑，或舅没姑老者。亦謂適婦，其庶婦無此事。"

世佐案，《特牲》、《少牢禮》婦人助祭者、内賓、宗婦皆與此，不專指適婦。若謂助夫祭爲主婦，必舅姑既没或老而傳者乃得爲之。舅在無姑，婦仍不得爲主婦也，疏誤矣。敖氏知此禮該舅姑之存没，而不兼庶婦言，亦未爲備。今爲圖于左，以見婦人助祭之法云。

	舅爲宗子	舅爲庶子
舅姑俱存	從姑助舅祭。 庶婦同。	從姑助祭于宗子之家。 庶婦同。
舅存姑没	宗子雖七十無無主婦，故無其禮。 若有繼姑，自與舅姑俱存者同也。	助祭于宗子之家。 庶婦隨冢婦往。
舅姑老而傳	助夫祭，爲主婦。 庶婦隨冢婦助適兄公祭。	同上
舅没姑老	同上。	助祭祖廟于宗子之家，助夫祭禰廟，爲主婦。 庶婦隨冢婦助祭祖于宗子之家，隨冢婦助適兄公祭禰。
舅姑俱没	同上。	同上

又案，老而傳謂年八十者，《王制》云“八十齊喪之事不及”，註云“不齊則不祭”是也。若七十之時，祭猶親之，其視滌濯鼎俎則長子，此亦謂宗子。若庶子年老，但授家事于子，無祭事可傳也。舅爲庶子，而婦得助夫祭禰爲主婦者。吕氏大臨曰：“宗子之弟死，其子欲祭其父，必從祖祔食，祭于宗子之家乎？將就其宫而祭，使其子自主之乎？從祖祔食，止謂殤與無後，若有後者，亦使宗子主之，則是子有不得事其父矣。《傳》曰‘子不私其父，則不成爲子’，故兄弟生而異宫，所以盡子之私養，及其没也，反不得主其祭，于義可乎？蓋異宫者必祭于其宫，使其子主祭其祭也，必告于宗子而後行，宗子有祭，必先與焉，卒祭而後祭其父，故曰‘支子不祭，祭必告于宗子’，又曰‘終事而後敢私祭’。若非異宫，則禮有所不得申，雖祔食于祖廟，亦可以安，所謂不得已焉者也。”

庶婦則使人醮之，婦不饋。

註曰：“庶婦，庶子之婦也。使人醮之，不饗也。酒不酬、酢曰醮，亦有脯醢。適婦酌之以醴，尊之，庶婦酌之以酒，卑之，其儀則同。不饋者，共養統於適也。”

張氏曰：“亦昏之明日，婦見舅姑時，因使人醮之於房外之西，如醴婦之儀。婦不饋，則舅姑亦不饗也。”

世佐案，庶婦之醮，當適婦之醴。其不饗，又因不饋而見，非一義也。註以“不饗”釋醮，疏云“以醮替饗”，誤矣。醮之之位未聞，以冠禮醮庶子法例之，當在房外。敖謂亦在户牖間，非。或疑醮禮亦行于婦見舅姑之日，斯時房外之位，姑實在焉，豈庶婦見舅姑，其位亦異于適與？曰，非也。上文贊醴婦時，舅姑尚在阼與房外之位，禮畢乃入室，若親醴之然，所以尊適也。此云“使人醮之”，則舅姑早入于室矣，無妨婦席于房外也。人，亦室老也。舅姑不在其位，故不云“贊”。

昏辭曰：“吾子有惠，貺室某也。

註曰：“昏辭，擯者請事告之辭。吾子，謂女父也。稱有惠，明下達。貺，賜也。室，猶妻也，子謂‘公冶長可妻’也。某，壻名。”

世佐案，疏云：“壻家舊已有辭下達[1]，女家見許，故今得言貺室。”若

---

[1] “下達”二字原無，校本有，各本賈疏同，《四庫全書考證》曰：“原本脱‘下達’二字，又‘許’訛‘詩’，並據注疏增改。”據補。

然,則納采之前固有行媒以合二姓之好矣,經不具者,以不在六禮之内也。註家乃即以"下達"當之,則未免鑿耳。

某有先人之禮,使某也請納采。"

註曰:"某,壻父名也。某也,使名也。"

郝氏曰:"禮必稱先,不忘初也。"

對曰:"某之子惷愚,又弗能教。吾子命之,某不敢辭。"

註曰:"對曰者,擯出納賓之辭。某,女父名也。吾子,謂使者。"

致命曰:"敢納采。"

疏曰:此使者升堂,致命於主人之辭。亦當有主人對辭,不言之者,文不具也。

敖氏曰:"此不言對,則是主人惟拜而已。"

張氏曰:"對辭亦當與擯出納賓之辭不異。"

世佐案,此三説,敖氏得經旨矣。

問名,曰:"某既受命,將加諸卜,敢請女爲誰氏?"

註曰:"某,使者名也。誰氏者,謙也,不必其主人之女。"

疏曰:納采,則知女之姓矣,今問爲誰氏者,謙不敢必其主人之女,或是所收養外人之女也。蓋名有二種:一者是名字之名,三月之名是也;一者是名號之名,若以姓氏爲名之類也。故本云問名而云"誰氏"者,婦人不以名行,不問三月之名也。從《通解》節本。

敖氏曰:"命,謂已受其納采之禮也。加諸卜,謂指女名以問卜也。氏,謂女之伯仲也,戴嬀仲氏[1],亦其一耳。問名而云'誰氏',不敢褻之,敬也。"

張氏曰:"疏以爲使者升堂致命之辭,愚意告擯者之辭當亦不異。"

姜氏曰:"註疏此條殊失經義。經明云問名,而解爲問姓,且云'謙不必其主人之女',是何説也?所謂不以名行者,如帝妃脩儀[2]、簡狄,聖母徵在之屬是名,而婦人常不以名聞于外耳。氏,謂字也,伯仲之類是也,《春秋》所書,如仲子、叔姬者,蓋不勝數矣,未聞其不以字行也。"

---

① "戴嬀仲氏",校本同,《集説》"仲"字上有"爲"字。

② "脩",校本同,《經傳》作"修"。

世佐案，古人有姓有氏，姓如姬、姜之類，氏如季孫、叔孫之類。男子恒稱氏，婦人恒稱姓。《記》云“幼名冠字，五十以伯仲”，男子之禮也。婦人既笄之後，即以伯仲爲字而稱之，皆與男子異，故以姓配伯仲，婦人之通稱。間有以姓配氏者，如欒黶之妻曰欒祈[①]，東郭偃之姊曰東郭姜之類，蓋傳者以此相别耳，非常稱也。婦人之氏有二種，而姓氏之氏不與焉：一則以姓爲氏，如曰姬氏、姜氏是也；一則以字爲氏，如《詩》稱戴嬀、太任皆曰“仲氏”是也。上文云“某氏來婦”，某，姓也。此云“女爲誰氏”，誰，字也。禮本問名，辭乃問字者，使者不敢斥言，主人之對則直告以女名矣。若女之姓氏于媒氏傳言時已知之，何必問邪？註誤以問名爲問姓，嫌于知而復問，故以“謙不必其主人之女”解之，真曲説也。疏家主于護註，遂創爲名有二種之説，今皆不取。然爲此説者，皆泥于婦人不以名行之説故耳。夫不以名行者，特以婦人無外事，故名不聞于人，非謂有名而不稱也。昭二十七年《左傳》云“請以重見”[②]，是婦人稱名之例矣。《周禮·媒氏》云：“凡男女自成名以上皆書歲月日名焉。”《記》云：“男女非有行媒，不相知名。”然則女子未字以前，其名不出于梱，唯媒氏知之，而男家則猶待問也。姜氏亦知註疏之謬，而其説似以問名爲問字，亦未爲得。又其駁註“不必其主人之女”云即收養爲己女，亦當姓主人之姓，豈有養女仍以本姓姓之，而待請其姓者，此尤非也。男女辨姓，收養之女不可不以本姓姓之。不知其姓，寧以實告男家而使卜之，如買妾不知其姓則卜之之例，豈得冒己之姓，而犯同姓爲昏之厲禁哉。然其告之也，亦當于媒氏傳言之時，不待納采後尚煩男家之問，此註説所以難通也。《昏義》孔疏云，問名者，問其女之所生母之姓名。云“爲誰氏”，言女之母何姓氏也，亦非問女名，將以卜之也，問女母之姓名何爲哉？又案，此辭及下文“吾子有命”以下至“某不敢辭”，皆賓在廟門外與擯者對答之辭，即經所謂擯者出請，賓執鴈請問名，主人許者也。賓致命于堂，當曰“敢問名”，主人則以女名對之，即上記所謂“主人受鴈，還，西面對”者也，疏以此爲致命之辭，張氏謂告擯者之辭當亦不異，今皆不取。敖説近是，而謂致命亦當曰“敢請女爲誰氏”，恐非也。不敢斥言而云“誰氏”者，使者之辭。

① “祈”，校本作“祁”。

② “請以重見”，校本同，春秋昭公二十七年《左傳》作“請使重見”。

直云"問名"者,壻父之命,自納采以至請期、致命之辭俱相似,故記于納采、納徵見其例,而餘則略之。

對曰:"吾子有命,且以備數而擇之,某不敢辭。"

註曰:"卒曰某氏,不記之者,明爲主人之女。"

敖氏曰:"命,謂問女名也。備數而擇之,若曰不專采己女然,謙也。"

世佐案,上記云"問名,主人受鴈,還,西面對",註云"還于阼階上",對賓以女名,而此註云"卒曰某氏",何其自相戾也。然所謂"不記之者,明其爲主人之女"者,言主人雖對以己女之氏,而記者以其可知而不記耳,疏乃云"若他女,主人終卒對賓之辭當云某氏。主人之女舊知之,故不對",是又錯會註意,而顯與上文之記悖矣。

醴,曰:"子爲事故,至於某之室。某有先人之禮,請醴從者。"

註曰:"言從者,謙不敢斥也。"

對曰:"某既得將事矣,敢辭。"

註曰:"將行。"

"先人之禮,敢固以請。"

註曰:"主人辭。"

"某辭不得命,敢不從也。"

註曰:"賓辭也。不得命者,不得許己之命①。"

敖氏曰:"此皆擯者傳賓主之辭,即經所謂'請醴賓,賓禮辭,許'者也。"

納吉,曰:"吾子有貺命,某加諸卜,占曰吉,使某也敢告。"

註曰:"貺,賜也。賜命,謂許以女名也。某,壻父名。"

世佐案,疏於"貺"字絶句,非。

對曰:"某之子不教,唯恐弗堪。子有吉,我與在,某不敢辭。"

註曰:"與,猶兼也。"

---

① "許",校本作"辭",阮《校》曰:"毛本'許'作'辭'。"

敖氏曰："此亦擯者傳賓主之辭也。賓致命，亦宜曰'某敢納吉'。"

納徵，曰："吾子有嘉命，貺室某也。某有先人之禮，儷皮束帛，使某也請納徵。"致命，曰："某敢納徵。"

疏曰："吾子有嘉命"以下至"請納徵"，是門外鄉擯者辭也。"致命，曰：某敢納徵"，是升堂致命辭也。

敖氏曰："致命之辭宜在'敢不承命'之後，蓋因而遂記之耳，其次則見於納采。"

對曰："吾子順先典，貺某重禮，某不敢辭，敢不承命。"

註曰："典，常也，法也。"

疏曰："'對曰'者，是堂上主人對辭也。"

敖氏曰："此亦擯者傳主人辭也。主人于堂亦唯拜命而已，無辭。"

世佐案，此錯簡也，當在"致命，曰：某敢納徵"之上。

請期，曰："吾子有賜命，某既申受命矣。惟是三族之不虞，使某也請吉日。"

註曰："三族，謂父昆弟、己昆弟、子昆弟。虞，度也。不億度，謂卒有死喪。此三族者，己及子皆爲服期，期服則踰年，欲及今之吉也。《雜記》曰：'大功之末，可以冠子、嫁子。'"

疏曰：大功之喪服内不廢成禮，若期親内則廢，故舉合廢者而言。父昆弟，則伯叔及伯叔母，己昆弟，則己之親兄弟，子昆弟，則己之適子、庶子，皆己之齊衰期服之内親也。從《通解》節本。

敖氏曰："族，有親者之稱。三族，謂從父、從祖、從曾祖之親也。從父之親，齊衰、大功也。從祖之親，小功也。從曾祖之親，緦麻也。喪服不止於此，但舉三者言之耳。有凶服則廢嘉禮，故欲及今之吉也。或曰三族謂父、母、妻之族。"

張氏曰："申受命者，自納采以來，每度受命也。"

世佐案，三族之説當從註，疏、敖及或説俱未是。

對曰："某既前受命矣，唯命是聽。"

註曰："前受命者，申前事也。"

張氏曰："主人以期當自壻家來，故辭之。"

曰："某命某聽命于吾子。"

註曰："曰某，壻父名也。"

對曰："某固惟命是聽。"使者曰："某使某受命，吾子不許，某敢不告期，曰某日。"

註曰："某，吉日之甲乙。"

敖氏曰："曰某日，堂上致命之辭也。其上則皆擯者所傳者也。"

對曰："某敢不敬須。"

註曰："須，待也。"

敖氏曰："此乃主人堂上受命時語也。"

世佐案，此節張氏謂皆賓與主人面相往復之辭，敖氏則以"吾子有賜命"以下至"某敢不告期"爲擯者所傳，"曰某日"以下方屬堂上往復之辭，二説俱未安。謂皆堂上致命之辭，則失却擯者傳言一段。如敖説，又未免割裂之病。蓋此辭皆使者在門外與擯者所往復者也，其致命于堂，當曰"敢請期"，而主人亦唯拜命而已。不于堂告期者，以在門外已告也。仍曰"請期"者，以壻父之命本欲使者請女氏示期，所謂"某命某聽命于吾子"也，若于堂上直告之，曰某日，豈得爲致命乎？故以吉日私告擯者，而致命仍曰"敢請期"，斯于情文兩得矣。不記之者，如上記納吉辭之例也。又案昏辭凡使者稱吾子，皆謂女父也。擯者稱吾子，皆謂壻父也。註以擯辭之吾子爲指使者，其餘尚可强通，納徵對曰"吾子順先典"，此則不可通矣。使者明云"某壻父名。有先人之禮"，而對辭乃謂使者順先典，是以重禮之貺爲出于使者矣，其可乎？或疑向使者不合稱壻父爲吾子，然使者之稱吾子亦非面女父之辭也，況壻父是使命所自出，女家顧無一辭及之，豈理也哉。惟醴辭曰"子爲事故"之"子"指使者言，納吉對曰"子有吉"，亦指使者，而意則不專使者，猶下言"我與在"，雖爲擯者自我，而意亦不專擯者也。何以知擯者自我也？凡擯者稱女父，皆稱其名，此不云某而云"我"，則非指女父矣。何以不稱"吾子謂壻父。有吉，某女父名。與在"也？吉不專在壻、女之父也，二姓之人，皆在吉中，而使與擯周旋其間，而樂其事之有成者，亦與有榮焉。曰子、曰我，舉情之疎者，而戚者可知也。問名曰"某既受命，將加諸卜"，註以某爲使者名，亦非也。此與"某加諸卜"、"某既申受命矣"兩處語意相似，某字當皆指壻父名，時雖未反命，而使者已受命，即如壻父親受命矣，將加諸卜，不可謂使者卜也。一使兼行二禮，皆出自壻父之命，故辭必稟之。“某敢納徵”之“某”亦當指壻父名，以此是致壻父之命也。

凡使者歸，反命，曰：“某既得將事矣，敢以禮告。”主人曰：“聞命矣。”

註曰：“告禮所執脯。”

張氏曰：“凡者，五禮使者皆然。”

世佐案，上記云：“賓右取脯，左奉之，乃歸執以反命”，則知此禮是謂所執脯矣，蓋以已之得禮，明不辱命也。至其在女家交際之儀、酬答之辭，自當一一述于主人，而記者則不及詳。敖氏謂“禮即女家所受納采、問名之類”，郝説祖之，要不若註説之安也。

父醮子。

註曰：“子，壻也。”

張氏曰：“父爲子將迎婦，以酒醮之于寢，其儀當如冠子醮法。”

命之曰[①]：“往迎爾相，承我宗事。

註曰：“相，助也。宗事，宗廟之事。”

敖氏曰：“父命之，亦當在筵前北面之時。”

世佐案，爾相，謂婦也。《祭統》記國君取夫人之辭而曰“此求助之本”，故謂婦爲相。“承我宗事”，即《昏義》所云“上以事宗廟，而下以繼後世”也。

勗帥以敬先妣之嗣，若則有常。”

註曰：“勗，勉也。若，猶女也。勉帥婦道[②]，以敬其爲先妣之嗣。女之行則當有常，深戒之。《詩》云：‘大姒嗣徽音。’”

---

① “之”字下，校本有“辭”字。阮《校》云：“毛本‘之’字下有‘辭’字。唐石經、徐本、《集釋》《要義》、敖氏俱無‘辭’字，《通解》、楊氏有。《石經考文提要》云：‘記乃通記昏辭，每解俱無辭字。’”今從底本。

② “勉帥婦道”，校本同。阮《校》云：“張氏云：‘《釋文》上帥道之注云下帥道同，謂此句也。此句當云：勉帥道婦。’按張氏之説是也。帥之訓道，上文已具，故此不復言，但疊帥道兩字以見義。《通典》云：‘勉導以敬其爲先妣之嗣’，正合注意。蓋敬其爲先妣之嗣即是婦道，若云‘勉帥婦道’，則不可通矣。”

世佐案，註以“勗帥以敬先妣之嗣”八字爲句，張氏謂“當四字爲句，事、嗣叶，相、常首尾叶”，敖云“勉帥之以敬，謂以身先之也。彼能敬則盡婦道，而可以嗣續我先妣之事矣”，此説得之。嗣先妣者，敬耳。《詩》曰：“大姒嗣徽音”，亦謂嗣大任之齊也。末句註訓若爲女，敖、張二氏皆從之，謂申戒之之辭也。郝氏曰：“若，順也。則，法也。”二説皆未安。若之爲言如也，言如此則夫婦之道乃能常久也。《易大傳》曰：“夫婦之道，不可不久也，故受之以恒。”有常者，恒之謂也。《詩》曰“謔浪笑敖，中心是悼”，又曰“士也罔極，二三其德”，夫婦之道衰，未有不始于不敬者，故以敬爲有常之本。孔子論《詩》，以《關雎》爲首。漢儒説《詩》者曰：“情欲之感，無介乎容儀。燕私之意，不形乎動静。夫然後可以配至尊而爲宗廟主”，蓋得此敬字之旨。然此云“勗帥”，則可見倡隨之義焉，序《詩》者美后妃而不及文王，難乎免于後儒之議矣。

子曰：“諾。唯恐弗堪，不敢忘命。”

敖氏曰：“堪，任也。唯恐不任帥以敬之事，蓋謙恭之辭。子既對，乃拜受觶。”

賓至，擯者請，對曰：“吾子命某，以兹初昏，使某將，請承命。”對曰：“某固敬具以須。”

註曰：“賓，壻也。命某，某，壻父名。兹，此也。將，行也，使某行昏禮來迎。”

父送女，命之曰：“戒之，敬之，夙夜毋違命。”

註曰：“命，舅姑之教命。”

敖氏曰：“夙夜，舉一日之始終而言。”

張氏曰：“即前記云‘父西面戒之，必有正焉’之辭。”

世佐案，疏云：“父戒之，使無違舅命。母戒之，使無違姑命。故父云命，母云戒。此註有‘姑’字者，傳寫誤也。”下文“宫事”，謂“姑命婦之事”，此説似泥。命，謂舅姑之命，註中“姑”字非衍也。宫事，謂凡宫中之事，不可違夫命也。《孟子》載母戒女辭曰“無違夫子”，堪與此記互相發矣。

母施衿結帨，曰：“勉之敬之，夙夜無違宫事。”

註曰：“帨，佩巾。”

郝氏曰："衿、紟通，即帨也。帨，紟之垂者。予之紟而結其帨，以誌不忘，猶書紳佩韋弦之意。"

張氏曰："即前記云'母戒諸西階上'之辭。衿，衣小帶，一云衣領。"

世佐案，衿，註疏無明文，《内則》註云"衿，猶結也"，又與此義不合，故敖氏以爲未詳。張説蓋用《説文註》及《詩傳》。《漢書》註應劭曰"衿，帶也"，竊疑此説于此義稍近，蓋施帶于身，而結巾于帶以爲識也。

庶母及門内，施鞶，申之以父母之命，命之曰："敬恭聽，宗爾父母之言。夙夜無愆，視諸衿鞶。"

註曰："庶母，父之妾也。鞶，鞶囊也。男鞶革，女鞶絲，所以盛帨巾之屬，爲謹敬。申，重也。宗，尊也。愆，過也。諸，之也。示之以衿鞶，皆託戒使識之也。不示之以衣笄者，尊者之戒，不嫌忘之。視乃正字，今文作示，俗誤行之。"

敖氏曰："門内，廟門内也。庶母位在下，故送之及門内。"

張氏曰："鞶，大帶。其訓囊者，從糸不從革。視諸衿鞶者，教以見衿鞶即憶父母之言也。"

世佐案，以鞶爲囊者，鄭義也。杜氏註《左傳》，以爲紳帶一名大帶，賈、服皆與杜同，《説文》亦云"大帶也"。孔氏之疏每曲鄭而直杜，以《易·訟》之上九云"或錫之鞶帶"，知鞶即帶也。《左傳》疏又以《内則》"縏袠"之"縏"亦當爲帶。然縏字從系，鞶字從革，則一爲囊，一爲帶，自屬兩義，張説近得其實。上文"母施衿"，愚既以帶解之矣，此鞶又爲帶者，丈夫之帶有二：一爲大帶以束衣，一爲革帶以佩韍、玉之等。婦帶應如之，鞶爲大帶，則衿猶丈夫之革帶與？知衿非衣小帶者，小帶散在于衣，非總束其身，且非所用以佩物也。凡佩繫于革帶，故施衿則結帨以爲之佩，抑有疑焉者。《玉藻》論大帶之制，自天子以至于士，皆以絲爲之，而《内則》云"男鞶革，女鞶絲"，是杜義爲不可通矣。意者《内則》之鞶當作縏，所謂小囊盛帨巾者也。《易》與《春秋傳》之鞶則如字，而爲大帶之别名，與《内則》所論男女幼小時飾，《易》、《春秋傳》所陳命服之飾，其指不同也。或曰，此記之鞶，鄭義亦可通。蓋母爲之結帨，而庶母施囊以盛之也。鞶與縏，古通用。

壻授綏，姆辭，曰："未教，不足與爲禮也。"

註曰："姆，教人者。"

張氏曰："此節監本脱，據石經及吴本補入。或當有鄭註，而今逸之矣。"

世佐案，記十四字敖本、郝本皆有之，在"視諸衿鞶"下。朱子《通解》、楊氏《圖》置親迎章之後，註四字亦具焉。雖其詳已見于上經註，今仍録之者，恐後人或以其闕逸爲恨也。

宗子無父，母命之。親皆没，己躬命之。

註曰："宗子者，適長子也。命之，命使者。母命之，在《春秋》'紀裂繻來逆女'是也。躬，猶親也。親命之，則'宋公使公孫壽來納幣'是也。言宗子無父，是有有父者。禮，七十老而傳，八十齊喪之事不及。若是者，子代其父爲宗子，其取也，父命之。"

朱子曰："言宗子無父，則是有有父之宗子，如老而傳、齊喪不及者。其子雖代父主家，至於遣使定昏，則猶父命之。無父，然後母命之也。"

敖氏曰："宗子，大宗子也。親皆没，己自命之，雖有諸父、諸兄，不稱之者，宗子尊，不統于族人也。"

張氏曰："此因請期以上五禮，皆命使者行之，故言使命所出，必自其父。若無父者，則母命之。母命之者，亦但命子之父兄師友使之命使，不得稱母命以通使也。親皆没，不得已，乃親命之，所以養廉遠恥也。註引紀裂繻逆女事，見春秋隱二年《公羊傳》，公孫壽事見成八年，其昏禮不稱主人，母命不得通使之義，並見彼《傳》及何休註。"

世佐案，母命之者，母使子之諸父兄命五禮之使者，親迎則使命其子，昏辭皆稱母所使出命者之名也，雖有諸父、諸兄，不敢擅爲昏主，必待母命而後爲之，尊大宗也。母没，則族人無敢主其昏矣，故己躬命之。躬命之者，親命五禮之使者，親迎則告于禰，而其辭皆稱壻名也。母不通使，義見《公羊傳》。《説苑》載諸侯親迎之辭，直稱"某國寡小君使寡人"云云，而嫁女之國亦以女母夫人對，是婦人得與外事矣。又言諸侯以至士庶人，親迎皆用屨，或三兩二兩，而以所加琮與束脩爲異，無用鴈者，亦與此經不合，蓋劉向雜取諸書所成，未可盡信也。昏禮當使同姓主之，《公羊傳》云"稱諸父兄師友"，《説苑》載大夫、士昏辭，亦曰"某之父，某之師友"，師友異姓，而與父兄並稱，恐未安。

支子則稱其宗。

註曰："支子，庶昆弟也。稱其宗子命使者。"

敖氏曰："支子，謂宗子之族人也，此指其無父母與親兄者而言。宗，亦大宗子也。稱其宗子命使者，宗子尊也。言'稱其宗'，則非宗子自命之矣，下文'弟稱其兄'亦然。此支子與《喪服傳》所云者不同。"

世佐案，此亦謂無父者。支子與庶子異，庶者對適而言，支者對宗而言。有庶子而爲宗者，如庶子爲父後是也。有宗子而爲支者，如身是繼禰之宗，而父非適長，則于祖爲支矣；身是繼祖之宗，而祖非適長，則于曾祖爲支矣，推而上之，即至爲繼高祖之宗，而于大宗仍爲支子也。《曲禮》云"支子不祭，祭必告于宗子"，以支子對宗子言，與此同，《喪服傳》所云者，非支子之正解也。宗，五宗也，大宗一，小宗四。稱，謂昬辭所稱之名，如曰"某有先人之禮"之類是也。父在，則某是父名。無父，則是繼禰之宗子名，身繼禰，則稱繼祖之宗，身繼祖，則稱繼曾祖之宗，其他可以類推矣。

弟則稱其兄。

註曰："弟，宗子母弟。"

敖氏曰："弟，謂凡無父母而有親兄者也。兄雖非宗子，猶稱之也。有兄則不稱宗子者，尚親也。"

張氏曰："亦謂無父者。"

世佐案，上既云"支子則稱其宗"矣，弟之稱兄，亦在稱宗之例，而復云此者，蓋爲宗子行卑者發也。如有昆弟數人，其季未昬而伯没，伯之子爲宗子，以兄子而主叔父之昬，于情未順，則其仲雖非宗子，而得稱之，亦通變之一法也。若無同父之兄，則亦稱其兄子之爲宗者而已。以是推之，繼禰之宗，父非適長，合稱繼祖之宗，而繼祖者行卑，則稱同祖之父兄。繼祖之宗，祖非適長，合稱繼曾祖之宗，而繼曾祖者行卑，則稱同曾祖之父兄，五宗皆然。然則稱宗者，謂無諸父、諸兄，或有之，而宗子亦在父兄行者也。註以弟爲宗子母弟，蓋祖《春秋》家母弟稱母之説，程子嘗辭而闢之矣。近顧氏炎武又力伸程義，是誠可以破陋儒之見，而爲救世衰薄之藥石也。顧説見所著《日知録》，今録于左。

顧氏曰："'齊侯使其弟年來聘'，《公羊傳》：'其稱弟何？母弟稱弟，母兄稱兄。'《左氏》宣公十七年《傳》亦曰：'凡稱弟，皆母弟也。'何休以爲'春秋變周之文，從殷之質，質家親親，明當親厚異於羣公子也'。夫一父之子而以同母不同母爲親疏，此時人至陋之見。春秋以下，骨肉衰薄，禍亂萌生，鮮不由此。詩人美鳲鳩均愛七子，豈有於父母則望之以均平，於兄弟則教之以疏外，以此爲質，是所謂直情而徑行戎狄之道也。郭氏曰：'若如《公羊》之説，則異母兄弟不謂之兄弟乎？'程子曰：'禮文有"立嫡子同母弟"之説，其曰同母弟，蓋謂嫡耳，非以同母弟爲加親也。若以同母弟爲加親，則知有母不知有父，是禽獸也。'"

若不親迎，則婦入三月然後壻見，曰："某以得爲外昏姻，請覿。"

註曰："女氏稱昏，壻氏稱姻。覿，見也。"

敖氏曰："不親迎，謂使人迎之，此指無父者也。記曰'父醮子而命之迎'，《昏義》曰'子承命以迎'，是親迎者必受父之命也。若無父，則子無所承命，故其禮不可行。壻見，見於婦之父也。親迎之時，主人迎壻以入，母立于房外，壻奠鴈而降，是亦見婦之父母矣。若不親迎，則壻須别見，故於此時爲之。必俟三月者，婦無舅姑者，三月而廟見，故此壻之行禮於婦家亦以之爲節也。下文云'某之子未得濯溉於祭祀'，然則此在廟見之後，祭行之前乎。"

張氏曰："此下記不親迎者，婦入三月，壻見婦父母之辭命儀節。豈周公制禮，因其舊俗而爲之節文與？自此至'敢不從'，並是壻在婦家大門外與擯者請對傳致之辭。"

世佐案，此記禮之變也，作記者其春秋以後之人與？親迎，禮之大者，殷以前或未盡行，豈周公制禮而不之正，則謂"因其舊俗而爲之節文"者，非也。《著》之《詩序》曰："刺時也，時不親迎也。"使有舊俗可因，詩人何以刺耶？考鄭氏《詩譜》，此詩蓋作于懿王時，時周德始衰，周禮初變，故詩人怪而刺之。暨其後，習而安焉，雖以學士經師猶或不察，而儼然筆之于書以附經後，則世變所由來者久也，故曰作記者其春秋以後之人與？敖氏求其義而不得，遂創爲無父者不親迎之説，據昭元年《左傳》載楚公子圍娶婦事，云"請以衆迎"又云"圍布几筵，告于莊、共之廟而來"，則無父者告于廟而後迎，禮也，豈以無所承命而廢鬼神陰陽之大典乎？隱二年經書"紀履緰來逆女"，《公羊傳》曰"譏始不親迎也"，莊二十有四年"公如齊逆女"，杜氏註云"親迎禮也"，《詩》曰"韓侯迎止，于蹶之里"，冕而親迎，孔子以告哀公，是諸侯之迎且不以無父廢也，而况大夫以下乎？敖氏之云，其爲臆説無疑矣。

主人對曰:“某以得爲外婚姻之數[①],某之子未得濯溉於祭祀,是以未敢見。今吾子辱,請吾子之就宫,某將走見。”溉,敖本作摡。

註曰:“主人,女父也。以白造緇曰辱。”

敖氏曰:“濯,洗也。摡,拭也。濯摡於祭祀,謂祭祀則濯摡祭器也,此非主婦之事,乃言某之子,亦謙辭也。”

張氏曰:“擯傳主人之言。未得濯溉於祭祀,謂三月以前婦未與祭也。”

對曰:“某以非他故,不足以辱命,請終賜見。”

註曰:“非他故,彌親之辭。命,謂將走見之言。今文無終賜。”

張氏曰:“非他故,謂以非他人之故而來見。疏云是‘爲壻而來見’。又似‘他故’二字連讀。”

世佐案,“他故”二字連讀,非。

對曰:“某以得爲婚姻之故[②],不敢固辭,敢不從。”

註曰:“不言外,亦彌親之辭。古文曰外昏姻。”

敖氏曰:“此所謂禮辭也。得爲昏姻,則異於賓客,所以不敢固辭也。先辭其見,而後不辭其贄,亦異於賓客。‘得以’宜從上文作‘以得’,又此云‘之故’,上云‘之數’,疑有一誤。〇鄭本無‘外’字,註曰:‘古文曰外昏姻。’繼公案,上云‘外昏姻’,此不宜異,當從古文。”

張氏曰:“《石本正誤》云:‘某得以爲昏姻之故’,監本作‘某以得爲(婚)〔昏〕姻之故’[③],監本似長。”

主人出門左,西面。壻入門,東面,奠贄,再拜,出。

註曰:“出門,出内門。入門,入大門。出内門不出大門者,異於賓客也。壻見於寢。奠贄者,壻有子道,不敢授也。贄,雉也。”

敖氏曰:“主人出門左,西面,則近于門矣,此異于見賓客之位,蓋親

---

① “外婚姻”之“婚”,校本同,與《通解》、陳本、閩本、監本、毛本同,唐石經、庫本作“昏”,楊氏、敖氏、士禮居翻刻嚴州本作“昬”。

② “婚”,校本同,與毛本同,唐石經、《通解》、陳本、閩本、監本、庫本作“昏”,楊氏、敖氏、士禮居翻刻嚴州本作“昬”。

③ “昏”原作“婚”,校本同。監本記文作“昏”,《監本正誤》同,據改。

之也。壻入門，亦入門左也，記似脱一'左'字[①]。此賓主服玄端。"

郝氏曰："主人出門，壻入門，皆大門也。主人以迎賓之禮出，壻不敢當，先入門内，東面，奠贄再拜，如父子禮，不敢親授也。主人不答拜，示不敢受也。"

世佐案，見壻之異于見賓者，主人出門而左，不拜、不揖入是已，不必以不出大門爲異也。郝説兩"門"字皆作大門，解較註爲長。凡門，出則以東爲左，入則以西爲左。記于"壻入門"下云"東面"，則壻亦入門左矣，不言左，省文也。疏云："案《聘禮》賓執贄入門右，從君臣禮。辭之乃出，由門左西向，北面，從賓客禮，此亦然。"似以壻入門爲右者，然入門右者，奠贄當北面，此云東面，明與《聘禮》有間，當以敖説爲正。

擯者以贄出，請受。

註曰："欲使以賓客禮相見。"

敖氏曰："壻既出，擯者東面取贄以出，西面于門東。其辭蓋曰：'某也使某，請受。'"

郝氏曰："擯者復以贄出門請。壻受，改行賓禮也。"

壻禮辭許，受贄入。

敖氏曰："壻東面辭，既許則進訝受其贄，入，立于寢門外之右，東面鄉主人也。"

主人再拜受，壻再拜送，出。

註曰："出，已見女父。"

疏曰："擬出，更與主婦相見也。"

敖氏曰："主人拜于位，進，訝受于門中，皆西面，壻復位，東面拜送。"

張氏曰："壻出，更以請見主婦告擯者，乃入見也。"

世佐案，此禮蓋與聘禮上介覿主國君相似。壻受贄，入門左，主人再拜于中庭，壻進，北面授贄，退，復位，乃再拜送也。

見主婦，主婦闔扉，立于其内。

註曰："主婦，主人之婦也。見主婦者，兄弟之道，宜相親也。闔扉者，婦人無外事。扉，左扉。"

---

① "記"，校本同，《集説》作"設"，但作"設"語義不通，疑爲訛字。

疏曰:《爾雅》"母與妻之黨爲兄弟",故知主婦于壻者,兄弟之道也。《士喪禮》云:"闔東扉,主婦立于其内。"東扉,即左扉也。從《通解》節本。

敖氏曰:"扉,門扇也①,雙言之則謂之門,單言之則謂之扉。'門'上似脱一'東'字。闔東扉,立于其内,示内外之限也,不言西面可知。擯者出請,入告,主婦乃位于此,然後壻入必出乃入者,禮更端,不敢由便也。主婦此時亦纚笄,宵衣。"

張氏曰:"扉,内門扉也。"

世佐案,扉,註云"左扉"是也。門以向堂爲正,左扉,西扉也。闔西扉立于其内,主婦之正位也,蓋取夫東婦西之義。《士喪禮》云"闔東扉,主婦立于其内",凶禮變于吉也。敖氏據之而以此扉爲東扉,誤矣。疏謂東扉即左扉,尤誤。

壻立于門外,東面。主婦一拜,壻答再拜。主婦又拜,壻出。

註曰:"必先一拜者,婦人于丈夫必俠拜。"

敖氏曰:主婦與壻行禮乃俠拜者,重始見也。

主人請醴,及揖讓入,醴以一獻之禮,主婦。奠酬,無幣。

註曰:"及,與也。無幣,異於賓客。"

疏曰:"《士冠禮》醴賓酬之以幣,《昏禮》饗賓酬以束錦,《燕禮》、《大射》酬賓客皆有幣,此無幣,故云'異於賓客'也。"

敖氏曰:"'及',當作'乃',字之誤也。入,謂入大門與寢門也。入寢門,則三揖,至于階,三讓,升,記大略言之耳。醴之,亦謝其辱也。'主婦薦',示夫婦共此禮也。'奠酬',壻奠主婦酬觶於薦東也。此禮略如舅姑饗婦之禮而無俎,其他異者,則以意求之。"

世佐案,主人送壻于寢門外,因請醴之,遂及壻揖讓而入也。云"及"者,嫌使擯者請之,且以見壻。見主婦而出,亦主人送也。敖云"'及'當作'乃'",非。入,入寢門也,此時壻尚未出大門,《士冠禮》云"賓出,主人送于廟門外,請醴賓,賓禮辭,許",此宜亦如之,但壻見于寢,則爲寢門而非廟門耳。

① "扇"原作"扉",校本作"扇",《集説》同,據改。

壻出，主人送，再拜。

敖氏曰："送，謂送于外門外。"

世佐案，郝氏以此節合上宗子無父節爲一章，云"宗子"以下論孤子無父母者不得親迎之禮，蓋本敖氏之説，辨見上。郝又云："記云昏辭無辱，而主人辭壻，又云'吾子辱'，是亦自背其説也。"禮文湊輯，記言參伍，難盡求合。愚謂上記所云，乃謂六禮之辭，《郊特牲》所謂"告之以直信"是也，此禮在婦入三月之後，稱辱固無害，如上記云"贄不用死"，而此贄自當用雉，不得以用死爲嫌也，郝説亦未是。然記之不出一手，則郝氏亦見及之矣。

楊氏曰："《儀禮》所存者，惟《士昏禮》大夫以上無文。案《儀禮・士昏》親迎，主人'爵弁，乘墨車'，註云'爵弁，玄冕之次。士而乘墨車，攝盛也'，疏云：大夫以上，自祭用朝服，助祭用玄冕。士家自祭用玄端，助祭用爵弁。今士親迎用爵弁，是用助祭之服以爲攝盛，則卿、大夫親迎當用玄冕，攝盛也。天子、諸侯尊，不須攝盛，宜用家祭之服以迎，則天子當服衮冕，而五等諸侯皆玄冕。是以記云'玄冕，齋戒鬼神陰陽也，將以爲社稷主'，以社稷言之，據諸侯而説也。《周禮・巾車》王之車有玉輅、金輅、象輅、革輅、木輅，諸侯自金輅以下，孤乘夏篆，卿乘夏縵，大夫乘墨車，士乘棧車，庶人乘役車。今士乘大夫墨車爲攝盛，則庶人當乘棧車，大夫當乘夏縵，卿當乘夏篆，天子、諸侯亦不假攝盛，當乘金輅矣。又《白虎通・王度記》天子諸侯一娶九女之制，《曾子問》有變禮，記、傳有事證，詳見《儀禮經傳通解》。"

世佐案，此篇于親迎以前不言告廟之事，《白虎通義》因有娶妻不先告廟者，示不必安也之説，然《記》有之，曰："日月以告君，齊戒以告鬼神，爲酒食以召鄉黨、僚友，以厚其别也。"齊戒以告鬼神，謂非告廟，可乎？《儀禮》之文不具者多矣，他傳記足以補之者，君子弗棄也。隱八年《左傳》載鄭公子忽逆婦，先配而後祖，陳鍼子譏之之事，註云："禮，逆婦必先告廟而後行，鄭忽先逆婦而後告廟，故曰：先配而後祖。"杜義要有所本，竊疑告廟之禮當是壻父率其子以告，孤子則自告，時忽父見在，而疏以爲逆者當自告，恐未是。鄭氏蓋主不告廟之説，故其解《左傳》以祖爲軷道之祭，註《曲禮》之"告鬼神"則以《昏禮》凡受女之禮，皆于廟爲神席當之。解左之失已見斥于孔疏，而《曲禮》註顧未有非之者。夫于廟爲神席，乃女氏之事，記者之意，蓋主男氏而言，不可援以爲證也。况女父筵几于廟，是重以先祖之遺體許人，亦與厚别意微異。《左傳》又載楚公子圍娶婦告廟事，疏云："聘禮，臣奉君命聘于隣國，猶釋幣于禰乃行，况婚是嘉禮之重，《文王世子》曰'五世之孫，祖廟未毁，雖爲庶人，冠、取妻必告'，鄭云'告于君也'，亦既告君，必須告廟。"此説得之。朱子《經傳通解》右《白虎通義》而疑《左氏》，不足信，愚未敢以爲安。

儀禮集編卷二　男盛溶澄校字

儀禮集編卷三

秀水盛世佐學　後學歙鮑漱芳、石門顧修參校

士相見禮卷第三

鄭《目録》云："士以職位相親，始承摯相見之禮。於五禮屬賓禮。"

疏曰："篇内含卿大夫相見，以其新升爲士，或士自相見，或士往見卿大夫，或卿大夫下見士，或見己國君，或士、大夫見他國君來朝者。新出仕從微至著，以士爲先，後更有功乃升爲大夫已上，故以士爲總號也。"

郝氏曰："士相見禮，士君子初相接之禮也。古之君子論行而結交，行苟同矣，未遽合也，必有介以相見，有辭以相命，有摯以相將，有儀以相敬，然後無苟合而免失身之悔。無禮而接，其交不固。獨舉士者，分卑莫如士，守禮莫如士。春秋時孔子不見陽貨，七國時孟子不見諸侯，皆以其無相見之禮也。"

張氏曰："據經，初言士相見禮，次言士見于大夫，又次言大夫相見，又次言士大夫見于君，末及見尊長諸儀，皆自士相見推之，故以'士相見'名篇。"

姜氏曰："此士相見禮之下，凡禮七：曰士見大夫禮，曰士嘗爲大夫臣相見禮，曰大夫相見禮，曰凡始見君禮，曰凡燕見于君禮，曰凡侍坐于君子禮，曰先生異爵者見士禮。舊簡錯混，而疏乃爲之説如此，甚矣其牽以率而不顧經義之失也。且諸禮既混爲篇，又并以所記言稱、瞻視、持行之節亦雜厠其間，是又不但文義之不合，而并昧其體製之不倫矣。"

世佐案，《儀禮》十七篇，無記者五，《士相見》、《大射》、《士喪》、《少牢饋食》、《有司徹》。而此篇居其一焉。愚嘗求其説而不得也，及細閲之，則非本無記，編禮者誤合于經耳。此篇之經，止士相見一章，自"士見于大夫"以下，皆

記也。其中見大夫、大夫相見、見君三節，文與本篇相似，猶可曰自士相見推之也。至“凡燕見于君”以下，則其體宛似《戴記》，且與彼大同小異者，亦多有以是續經，其爲編次之誤無疑。朱子出其見君者數條入《臣禮》篇，而“凡言”、“凡與大人言”、“凡侍坐于君子”三條仍列經後。竊疑此三條蓋屬本經，主人請見，賓反見之。記以《通解》例定之，當係于請見節之下。鄭云“賓反見則燕矣，下云‘凡燕見于君’至‘凡侍坐于君子’，博記反見之燕義”，此説近是。疏家緣不曉《經》記錯混，故其爲説如此。姜氏訶之固當，特其以“凡燕見於君”、“凡侍坐于君子”二條别爲二禮，與士見大夫等禮並列而爲七，則亦未爲得也。

士相見之禮。贄，冬用雉，夏用腒，左頭奉之。

註曰：“贄，所執以至者。君子見於所尊敬，必執贄以將其厚意也。士贄用雉者，取其耿介，交有時，别有倫也。雉必用死者，爲其不可生服也。夏用腒，備腐臭也。左頭，頭，陽也。”

疏曰：凡執贄之禮，唯有新升爲臣及聘朝及他國君來、主國之臣見，皆執贄相見，常朝及餘會聚皆執笏，無執贄之禮。又執贄者或平敵，或以卑見尊，皆用贄。尊無執贄見卑之法，《檀弓》云哀公執贄見己臣周豐者，彼謂下賢，非正法也。[①]

朱子曰：“古者笏以記事，指畫而搢之腰間，故漢魏以前不見有言執笏者，至晉始言執手版。今疏云朝會執笏，未知何所考也。”

敖氏曰：“乾禽謂之腒，猶乾獸謂之腊也。此乾雉乃泛言腒者，與雉互見，不嫌其爲他物也。惟見冬夏，而不言春秋，蓋春則先從冬，後從夏，秋則反之，亦若屨然與[②]？必左頭者，頭宜向内也。不言服者，亦玄端可知。”

曰：“某也願見，無由達，某子以命，命某見。”

註曰：“無由達，言久無因緣以自達也。某子，今所因緣之姓名也。以命者，稱述主人之意。”

疏曰：“案《鄉飲酒》云‘某子受酬’，註云‘某者，衆賓姓’，又《鄉射》云

---

① 按此節疏文原在下經文“上大夫相見”至“如麛執之”下，《通解》移至此節經文下，盛氏從《通解》節本。

② “與”字原無，校本有，與《集説》同，據補。

‘某酬某子’，註云‘某子者，氏也’，與此註‘某子’爲‘姓名’不同者，彼旅酬下爲上，尊敬在上。以《公羊傳》‘名不若字，字不若子’，故下者稱姓以配子，彼對面語，故不言名，此非對面之言，于彼遥稱紹介之意，若不言名直稱姓，是何人？故鄭以姓名解之也。若然，《特牲》云‘皇祖某子’，註爲伯子、仲子者，以孫不宜云父祖姓，故以伯子、仲子言之。望經爲義，故註有殊。”

陸氏德明曰：“凡卑於尊曰見，敵而曰見，謙敬之辭也。”

敖氏曰：“‘某子’之‘某’，所因緣者之姓也。”

郝氏曰：“‘曰某也’以下，賓與主人擯者相對之辭。主人使擯請事于門外，賓告以求見之意。”

世佐案，古人男子無稱姓者。“某子”之“某”，所因緣者之氏也。《鄉飲酒》、《鄉射》所云“某子”同。《特牲》云“皇祖某子”，則謚也。註惟于《鄉射》得之，餘皆失經義，而疏每曲爲之説，故不敢不辨。

主人對曰：“某子命某見，吾子有辱。請吾子之就家也，某將走見。”

註曰：“有，又也。某子命某往見，今吾子又自辱來，序其意也。走，猶往也。”

疏曰：走，取急往之意，非走驟也。

敖氏曰：“有辱，謂有所屈辱也。賓來見己，是自屈辱。走，言其不敢緩。”

郝氏曰：“主人對擯者傳主人意以對賓也，下倣此。”

世佐案，“有”當依註讀作“又”，敖説非。

賓對曰：“某不足以辱命，請終賜見。”

註曰：“命，謂請吾子之就家。”

主人對曰：“某不敢爲儀，固請吾子之就家也，某將走見。”

註曰：“不敢爲儀，言不敢外貌爲威儀，忠誠欲往也。固，如故也。”

賓對曰：“某不敢爲儀，固以請。”

註曰：“言如固，請終賜見也。”

世佐案，註“如”下“固”字疑當作“故”。

主人對曰:“某也固辭,不得命,將走見。聞吾子稱贄,敢辭贄。”

註曰:“不得命者,不得見許之命也。走,猶出也。稱,舉也。辭其贄,爲其大崇也。”

疏曰:“凡賓主相見,唯此新升爲士有贄,又初不相識,故有贄爲重,對重相見則無贄爲輕。是以始相見辭之,爲大崇故也。”

賓對曰:“某不以贄不敢見。”

註曰:“見於所尊敬而無贄,嫌大簡。”

主人對曰:“某不足以習禮,敢固辭。”

註曰:“言不足習禮者,不敢當其崇禮來見己。”

敖氏曰:“禮,謂授受往來之禮,蓋指用贄而言。”

賓對曰:“某也不依於贄,不敢見,固以請。”

註曰:“言依於贄,謙自卑也。”

敖氏曰:“依於贄,言託之以爲重。”

主人對曰:“某也固辭,不得命,敢不敬從。”

張氏曰:“以上皆賓在門外,擯者傳言以相往復。”

出迎于門外,再拜,賓答再拜。主人揖,入門右。賓奉贄,入門左。主人再拜受,賓再拜送贄,出。

註曰:“右,就右也。左,就左也。受贄於庭,既拜受送則出矣[①]。不受贄於堂,下人君也。”

疏曰:凡門,出則以西爲右,以東爲左;入則以東爲右,以西爲左。《聘禮》賓升堂致命授玉[②],又下云“君在堂,升見無方階”,亦是升堂見君法,故云不於堂,下人君也。

楊氏曰:“受贄于庭,不受贄于堂,註謂‘下人君’,此義難曉。案《聘禮》賓至于近郊,君使卿朝服,用束帛勞,賓受于舍門内,諸公之臣則受于

---

① “拜受送”,校本同,與《通解》、楊氏《圖》、陳本、閩本、監本、毛本同疏述注文無“受”字,阮《校》云:“注文‘受’字疑衍文。”蓋此“受”字疑衍。

② “授”原作“受”,校本作“授”,陳本、閩本、監本、毛本、庫本、汪氏翻刻單疏本同,據改。

堂。又案,《聘禮》賓私面于卿,受幣于楹間,及衆介面,則受幣于中庭。以此言之,則受於堂爲重,受於庭爲輕,其義可知也。"

敖氏曰:"主人入門而右,賓入門而左,是賓主之位在大門内之東西也。其拜則相鄉,其贄則東西訝受于門中。此賓主相見而授贄于大門内,大夫、士之禮也。士惟昏禮受雁于堂,大夫私面乃受幣于堂者,因問及之,非相見之正禮。"

世佐案,受贄之處,註疏謂於庭,敖氏謂即在門中,郝同敖説,今以經文正之。言入門,而不言至于庭,則敖説似勝。又案,受贄于堂蓋兩君相見之禮,非謂臣見君也。《聘禮》賓升堂致命授玉[①],以其奉君命而來,且執主器,故以客禮見。及至私覿時,賓"入門右,北面奠幣,再拜稽首"。註云"奠幣再拜,以臣禮見也",然則臣見于君,其不升堂入贄也明矣。下文"君在堂"云云,乃指燕見圖事而言,非始見于君之儀,疏引之,殆誤。

主人請見,賓反見,退。主人送于門外,再拜。

註曰:"請見者,爲賓崇禮來,相接以矜莊,歡心未交也,賓反見則燕矣。下云'凡燕見於君'至'凡侍坐於君子',博記反見之燕儀。臣初見於君,再拜,奠贄而出。"

疏曰:"鄭欲見自'燕見于君'下至'凡侍坐於君子'皆反見燕法,其中仍有臣見于君法,臣始仕見于君法[②],禮畢,奠摯而出,君亦當遣人留之燕也。若然,下有他邦之人則還摯,雖不見反燕,臣尚燕,他邦有燕可知,但文不具也。"

朱子曰:"案註云廣説反燕義者,凡四章,本皆在此篇後。一'燕見於君',今入《臣禮》篇,二'凡言',三'凡視',今在本處,'侍坐於君子'今入《少儀》篇。"

主人復見之以其贄,曰:"嚮者吾子辱,使某見,請還贄於將命者。"

註曰:"復見之者,禮尚往來也。以其贄,謂嚮時所執來者也。嚮,曩也。將,猶傳也。傳命者,謂擯相也。"

---

① "授"原作"受",校本作"授",與《聘禮》經文合,據改。

② "始仕見于君",庫本同,校本作"事",《要義》、陳本、閩本、監本、毛本、汪氏翻刻單疏本同。倉石武四郎《儀禮疏攷正》曰:"殿本、《正字》'事'皆作'仕'。"

敖氏曰:“使某見,謂因其見已而使得於家見之也。云‘請還贄於將命者’,不敢斥主人。”

主人對曰:“某也既得見矣,敢辭。”

註曰:“讓其來答己也。”

疏曰:“上言主人,此亦言主人者,上言主人者據前爲主人而言,此云主人者謂前賓今在己家而説也。”

賓對曰:“某也非敢求見,請還贄于將命者。”

註曰:“言不敢求見,嫌褻主人,不敢當也。”

疏曰:“賓主頻見,是褻也。今云‘非敢求見,嫌褻主人’,不敢更相見也,故不敢當相見之法[①],直云‘還贄’而已。”

主人對曰:“某也既得見矣,敢固辭。”賓對曰:“某不敢以聞,固以請於將命者。”

註曰:“言不敢以聞,又益不敢當。”

疏曰:“上云‘非敢求見’,已是不敢當,此云‘不敢以聞’,耳聞疏於目見,故云‘又益不敢當’也。”

敖氏曰:“謂不敢以還贄之辭聞於主人,特固以請於將命者耳。請,謂請還之。”

主人對曰:“某也固辭,不得命,敢不從。”賓奉贄入,主人再拜受,賓再拜送贄,出。主人送于門外,再拜。

註曰:“許受之也。異日則出迎,同日則否。”

敖氏曰:“賓得主人見許之命,則不俟主人之迎而即自入,蓋急欲還贄,且尊主人也。是亦復見之禮異於始見者與?授受不著其所,如上可知。”

姜氏曰:“不言迎,恐亦是省文。復見于其家,宜無不迎之禮。”

右士相見禮。

---

① “不”下原無“敢”字,校本有,《通解》、楊氏、陳本、閩本、監本、毛本賈疏同,《四庫全書考證》曰:“原本脱‘敢’字,據注疏增。”據補。

士見于大夫，終辭其贄，于其入也，一拜其辱也。賓退，送，再拜。

註曰："終辭其贄，以將不親答也。凡不答而受其贄，唯君於臣耳。大夫於士不出迎，入一拜，正禮也。送再拜，尊賓。"

疏曰："《少儀》云：'始見君子，曰：願聞名。'此不言願聞，亦文不具也。"

敖氏曰："士於大夫，降等者也。受贄而不答則疑於君，答之則疑於敵，使人還之，則又疑於待舊臣，是以終辭之也。一拜其辱，亦於大門内之東爲之。大夫云'一拜'，則士或答再拜與？大夫於士不出迎，入一拜，又不出送，亦以其降等也。入一拜而送乃再拜，則是凡拜而送者之禮皆然，固不可得而殺也。送而一拜，喪禮也。"

世佐案，大夫于士不出迎，蓋賓得主人見許之命，則不俟其迎而即自入，所以尊主人也。送，送于門外也。送再拜，亦猶士相見禮也，而記特見之者，嫌其拜與拜辱同也。《曲禮》云："大夫、士相見，雖貴賤不敵，主人敬客，則先拜客，客敬主人，則先拜主人。"《玉藻》云："士于尊者先拜，進面，答之拜則走。"所記皆與此異。此云"拜辱"，則士不先拜也。言拜于入後，則大夫不出迎也。既拜不云賓辟，則士亦答再拜也。註云"大夫于士不出迎，入一拜，正禮也"，以此爲正，則彼記皆非禮之正與？以愚考之，鄭註《曲禮》以爲尊賢，當矣，孔疏同國、異國之辨，朱子固疑之，愚亦不取也。《玉藻》所云"尊者"不知其何所指，姑以士往見卿大夫釋之，則"先拜進面"云者，蓋亦客敬主人，則先拜主人之謂。"答之拜"，即謂之入而後拜也。可鄭謂卿大夫出迎，答拜，不幾自背其説乎？《曲禮》又云"士見于大夫，大夫拜其辱"，疏家引此章爲證，且云謂平常相答拜，非加敬也。然則此章乃士見大夫之常禮，而二篇所記則其加敬焉者也。

右士見于大夫。

世佐案，自此以下當屬記文。經名"士相見禮"，而記乃言見大夫以至于見君者，蓋推廣相見之法如此。劉歆謂蒼等推士禮而致于天子，此類是與？

若嘗爲臣者，則禮辭其贄，曰："某也辭，不得命，不敢固辭。"

註曰："禮辭，一辭其贄而許也。將不答而聽其以贄入，有臣道也。"

敖氏曰："嘗爲臣者，謂曏爲其家臣，今爲公臣者也。然則士大夫以贄相見，亦不獨始相見者爲然。禮辭之者，異於見爲臣者也，見爲臣則不辭之。"

世佐案，疏云"凡賓主相見，唯新升爲士有贄，又初不相識，故有贄"，蓋謂以贄相見有此二種也。嘗爲臣者以贄見，亦謂新升爲公士耳。新升爲士者毋論素相識與否，皆以贄見也。其新升爲大夫者亦然。若亟見而亟用贄，斯瀆矣，瀆則何以爲禮？敖氏之疑，殆未明乎疏之意與？又案"嘗"監本誤作"常"，今從張氏改正。

賓入，奠贄，再拜，主人答壹拜。

註曰："奠贄，尊卑異，不親授也。"

敖氏曰："入，亦入門左也。奠贄再拜，亦東面也。答一拜者，主人尊也。言主人答拜，是不拜其辱矣。"

姜氏曰："稱賓者，雖臣亦賓也。《詩・鹿鳴》燕其臣云'我有嘉賓'是也。"

賓出，使擯者還其贄于門外，曰："某也使某還贄。"

註曰："還其贄者，辟正君也。"

敖氏曰："賓退而主人不拜送，亦異於不爲臣者也。以其不見爲臣，故當還贄。某也，大夫名。"

賓對曰："某也既得見矣，敢辭。"

註曰："辭君還其贄也。"

擯者對曰："某也命某，某非敢爲儀也，敢以請。"

註曰："還贄者請使受之。"

朱子曰："某也，蓋主人之名。"

敖氏曰："非敢爲儀，言必欲還之。請，亦請還贄也。還贄而擯者自爲之辭，亦以主人尊也。"

郝氏曰："某非敢爲儀，擯者述主人命己之辭。"

世佐案,朱子止以"某也"爲主人之名,則自餘"某"字皆爲擯者自名矣。然亦有疑焉,如此節第三"某"字若作擯者自名,終于義未協,以還贄非出自擯者意也,郝説似勝。

賓對曰:"某也夫子之賤私,不足以踐禮,敢固辭。"

註曰:"家臣稱私。踐,行也。言某臣也,不足以行賓客禮。賓客所不答者,不受贄。"

敖氏曰:"私,謂私屬。《春秋傳》曰:'郳,滕人之私也。'"

世佐案,《玉藻》云"士于大夫曰外私",猶他國之人曰外臣也。又云"大夫私事,使私人擯",蓋公家之士謂之公士,故臣于大夫者爲私人也。

擯者對曰:"某也使某,不敢爲儀也,固以請。"賓對曰:"某固辭,不得命,敢不從。"再拜受。

註曰:"受其贄而去之。"

疏曰:以其嘗爲臣爲輕,既不受其摯,又相見無饗燕之禮,故鄭云"去之"以絶之也。

右士嘗爲臣者見于大夫。

下大夫相見,以鴈,飾之以布,維之以索,如執雉。

註曰:"鴈,取知時,飛翔有行列也。飾之以布,謂裁縫衣其身也。維,謂繫聯其足。"

疏曰:"言下大夫者,國皆有三卿五大夫。言上大夫,據三卿,則此下是五大夫也。二十七士與五大夫轉相副貳,則三卿宜有六大夫而五者,何休云'司馬事省,闕一大夫'。如執雉,亦左頭奉之。"

敖氏曰:"云'飾之以布',則非白布也。《曲禮》曰'飾羔鴈者以繢',則此布其繢者與?"

世佐案,飾羔鴈之法,諸侯大夫以布,天子大夫以畫,此《曲禮》註文也。然《曲禮》所云,未見其必爲天子大夫而發,鄭蓋爲此説以通經言之異耳。如敖説,則二者正互相備,非有二義也,且于飾字義亦合,當從之。

上大夫相見,以羔,飾之以布,四維之,結于面,左頭,如麛執之。

註曰:"上大夫,卿也。羔,取其從帥,羣而不黨也。面,前也。繫聯四足，交出背上，於胸前結之也。如麛執之者，秋獻麛，有成禮如之。或曰麛，孤之摯也。其禮蓋謂左執前足，右執後足。”

如士相見之禮。

註曰：“大夫雖贄異，其儀猶如士。”

敖氏曰：“此相見之禮，蓋兼復見者言之也。上、下大夫亦當有互相見之禮，經不言之者，蒙士禮，故惟見其敵者焉，非謂其得相見者僅止于是也。大夫相見，朝服。”

張氏曰：“士與士相見，敵者之禮也。兩大夫相見，亦敵者，故其儀如之。”

右大夫相見。

郝氏曰：“朋友新知，操一禽以將意，非傷惠也。受其物而稱物以報，亦非傷廉也，況以卑見尊，尤不可無藉。而必辭之，是不與其進也。必使人還之，是終不納其款也。于人情未宜，然亦足以見古人交際之嚴，取予之節。辭受不苟，則人己各得，與朋友交終身無怨悔，賴有此耳。舉世昏濁，清士乃見斯禮，所以爲衰世維風而作。孟子曰：‘交以道，接以禮，雖孔子受之矣。’”

世佐案，用贄是以卑見尊法，平敵用贄，所以自卑而尊人也，所以行禮也，豈尋常問遺比哉？受之而不答者，唯君于其臣耳。下此，則終辭之，或使人還之，敵則已復見而還之，皆不受也。不受也者，不敢也。他國之君且然，而況人臣乎？郝氏疑其不情，過矣。至以禮爲衰世維風而作，是蒙莊之旨也，意者有爲言之與？

始見于君，執贄，至下，容彌蹙。

註曰：“下，謂君所也。蹙，猶促也。促，恭慤貌也。其爲恭，士、大夫一也。”

疏曰：不言所而言下者，凡臣視袷已下，故不言所而言下。

敖氏曰：“至下，謂當帶也。《曲禮》曰‘凡奉者當心，提者當帶’，此執物高下之節也。執贄當帶，見至尊者之禮也。《春秋傳》曰：‘邾子執玉高，其容仰，子貢觀之，曰：“高仰，驕也。”’然則執贄至下之爲恭也，明矣。”

郝氏曰：“至下，至堂下。容，容貌。蹙，恭敬不寧也。”

世佐案，至下之義，註疏當矣，後儒必欲易之者，蓋失于分句之不審也。舊本皆以"執贄至下"四字爲句，愚謂"執贄"二字當句。云"始見于君執贄"者，見贄唯新臣有之，常朝及燕見則不用也。云"至下容彌蹙"者，謂臣自入門，即著恭慤之容，而至于君所，則其蹙愈甚也。觀《鄉黨》"入公門"一章，愈近君則愈恭，其義可見矣。敖氏以至下爲執贄之法，引《曲禮》及《春秋傳》爲證。今考《曲禮》，自明奉提常法，謂物有宜奉持之者，有宜提挈之者，各因其宜而爲此高下之節，不聞其以提者爲恭于奉也。其下"執天子之器則上衡"云云，言臣爲其主奉提之禮，與執贄之義自不侔。《春秋傳》言國君執玉之法當平衡，高則爲驕，卑則爲替，亦不聞以下爲恭也。執贄之法雖無明文，然以義推之，則亦當爲奉而不爲提，何則？羔鴈等物于奉爲便，上文云"左頭奉之"是也。又如《聘禮》"賓奉束錦以請覿"，束錦亦所以爲贄也，而云"奉"，則羔鴈等亦奉可知。且私覿之時，賓方以臣禮見，而亦云"奉"，則不以當帶爲敬可知，此可以破敖說之謬矣。郝氏、張氏雖用註説，而分句處尚沿敖氏之訛，愚亦未敢從也。

庶人見於君，不爲容，進退走。

註曰："容，謂趨翔。"

張氏曰："庶人，謂在官者，府史、胥徒是也。其見於君，不爲趨翔之容，進退唯疾走而已。即《曲禮》云'庶人僬僬'①。"

士、大夫則奠贄，再拜稽首，君答壹拜。

註曰："言君答士、大夫一拜，則於庶人不答之。庶人之摯，鶩。"

敖氏曰："臣以贄見于君，北面奠贄于中門之内而拜。是時，君位亦在路門外之東南鄉也。君於臣之再拜稽首而答一拜者，惟奠摯之禮則然，蓋以此明君臣之義也。此奠摯之儀主於大夫、士，則庶人之見於君者，其不用贄與？"

張氏曰："案《曲禮》君於士不答拜，此得與大夫同答一拜者，新升爲士，故答拜，或新使反也。君答一拜，疏以爲當作空首，九拜中奇拜是也。"

世佐案，士大夫始見君之禮，其詳不可聞矣。以《聘禮》賓覿"入門右，北面奠幣，再拜稽首"，及《覲禮》"侯氏入門右，坐奠圭，再拜稽首"參

---

① "僬僬"原作"憔憔"，校本同，《句讀》及《禮記・曲禮》皆作"僬僬"，據改。

之，則士、大夫奠贄處當在門東，拜亦北面也。是時，君位蓋在堂上，答壹拜者，遥答之也。《曲禮》曰“大夫見于國君，國君拜其辱”，熊氏謂“以初爲大夫，敬之”，殆爲是與。上文註云“臣初見于君，再拜奠贄而出”，謂拜畢即出，無升堂入贄之事也。《聘禮》賓再拜奠幣後，擯者辭，賓復入，升，授幣。知此無其事者，彼以外臣行客禮，故與此異也。《覲禮》亦有“擯者謁，侯氏坐取圭，升致命”之文，同爲君臣禮，而此又異者，辟天子也。此雖無升堂入贄之事，而于臣既出之後，君或留之燕，則有矣。前疏云“臣始仕見于君法，禮畢，奠摯而出，君亦當使人留之燕”是也，蓋自《士相見禮》賓反見而燕推之也。又案上文“始見于君，執贄”蓋兼大夫、士、庶人而言，此奠贄之儀獨言士、大夫者，以君于庶人則不答拜也。庶人執鶩，見《大宗伯》文，謂庶人不用摯可乎，敖氏之疑過矣。

右大夫、士、庶人見于君。

若他邦之人，則使擯者還其贄，曰：“寡君使某還贄。”賓對曰：“君不有其外臣，臣不敢辭。”再拜稽首，受。

疏曰：“賓不辭即受贄，以君所不臣，禮無受他臣贄法，賓如此法[①]，不敢亢禮于他君，故不辭即受之也。臣無境外之交，今得以贄見他邦君者，謂他國之君來朝，此國之臣因見之，若《掌客》‘卿皆見以羔’之類是也。《春秋》卿大夫與他國之君相見者，皆因聘會乃見之，非特行也。”

敖氏曰：“人，蓋通大夫、士而言。此于已臣惟以還贄爲異，則是歸者亦奠贄矣。主君于聘使與上介之私覿乃終不許其奠幣，而必親受之者，重其爲使介，且幣又隆于贄故也。”

右他邦之人見于君。

凡燕見于君，必辯君之南面。若不得，則正方，不疑君。

註曰：“辯，猶正也。君南面，則臣見正北面。君或時不然，當正東面若正西面，不得疑君所處，邪嚮之。此謂特見圖事，非立賓主之燕也。疑，度之。”

疏曰：“案上文註以此爲‘博記反見之燕義’，則此與《燕義》、“燕義”二字疑衍。《燕禮》立賓主之燕别，以其此經君之面位正南，臣北面嚮之，若不

---

① “如此法”，校本同，與陳本、閩本、監本、毛本合，庫本“如”作“知”，曹元弼《禮經校釋》云：“殿本作‘知’。”

得南面，或君東西面，則臣亦正方嚮之，不可預度君之面位，邪立嚮之，皆與《燕禮》君在阼階西面爲正異，故知此經是特見圖事並與賓反見之燕義也。”

敖氏曰：“辯，猶視也，下文放此。”

郝氏曰：“燕見，謂私見，非公朝行禮之時。君南面，臣北面，禮也。燕見，則君有時不南面，臣必辯方，君不南面，臣自正北，不疑立邪向也。凡言疑者，立不定之貌。”

張氏曰：“經本言士與士相見，遞推至見大夫，大夫與大夫相見，士、大夫見君，見禮已備。此下博言圖事、進言、侍坐、侍食、退辭，稱謂諸儀法，殆類記文體例矣。”

世佐案，郝說雖似近理，而詳味經文，當以註疏爲正。蓋古者堂陛之間，未若後世之闊絶，而特見圖事，又非有朝士建其法，司士正其位也。故義取嚮君，而不必以北面爲正，且以《周禮·司士職》考之，三公北面，孤東面，卿西面，王族故士、虎士等南面，此朝儀之位也，何嘗盡北面乎？方，猶向也。《詩》云：“萬邦之方。”“若不得，則正方”者，謂君若東面，則正西向之；若西面，則正東向之也。必正向君者，取其顔色辭氣之間便于觀察也。疑與擬通，古字少，故多通用，後人以偏傍加之，則一義一字，一字一音，而通用者寡矣。如一“疑”也，加手則爲“擬”，疑君之疑是也。加冫則爲“凝”，疑立之疑是也。郝氏混而釋之，殆未明乎通用之例與？又案張説亦有見，然本篇之記當自士見于大夫始，而不始于此也。“士見于大夫”以下至此，與此下體製又别，則所記固不一手也。

君在堂，升見無方階，辯君所在。

註曰：“升見，升堂見於君也。君近東則升東階，君近西則升西階。”

疏曰：“此文據君所在，隨便升階，無常之事，亦謂反燕及圖事之法。若立賓主，君升自阼階，賓及主人升自西階，《燕禮》所云是也。”

敖氏曰：“方，猶常也。此云‘君在堂’，則上之燕見未必專在堂。”

張氏曰：“疏以爲兼反見之燕，恐亦于事理不合，疏蓋太泥前反見註文也。”

世佐案，疏兼反燕言亦無害，譏之者過也。此時君在堂，則士大夫奠贄之時，君位亦槩可見。敖云在路門外者，乃王日視朝事之所，未可引以爲據也。

右燕見于君。

凡言，非對也，妥而後傳言。

註曰："凡言，謂己爲君言事也。妥，安坐也。傳言，猶出言也。若君問，可對則對，不待安坐也。"

敖氏曰："凡言，謂凡與人言也。妥，安也，謂安和其志氣乃言，不可怱遽也。《易大傳》曰：'君子易其心而後語。'惟有所對答，則或可怱遽言之。"

張氏曰："此下言進言之法。凡進言，唯承尊者之問而對則不待安坐，苟非對也，則必安坐而後出言。《大傳》曰'易其心而後語'，亦此旨也。註專指爲君言，似泥。疏以妥爲君安坐，亦不可從。"

世佐案，敖、張二説略同，勝註疏遠矣。敖訓妥爲安，則不若仍用《爾雅·釋詁》文也。

與君言，言使臣。與大人言，言事君。與老者言，言使弟子。與幼者言，言孝弟于父兄。與衆言，言忠信慈祥。與居官者言，言忠信。

註曰："博陳燕見言語之儀也。言使臣者，使臣之禮也。大人，卿大夫也。言事君者，臣事君以忠也。祥，善也。居官，謂士以下。"

敖氏曰："今本云'言忠信慈祥'，《大戴禮》註引此，無'忠信'字，今有之者，蓋後人因下文有'言忠信'三字而誤衍之也。今以彼註爲據，删之。"

張氏曰："所與言之人不同，則言亦各有所宜。言雖多端，大旨所主，不離乎此。"

世佐案，敖説雖有所據，然今本有"忠信"二字，于義亦通。況此本流傳已久，疏家亦相承解之，當示傳疑之意，未可輕改也。

凡與大人言，始視面，中視抱，卒視面，毋改，衆皆若是。

註曰："始視面，謂觀其顔色可傳言未也。中視抱，容其思之，且爲敬也。卒視面，察其納己言否也。毋改，謂傳言見答應之間，當正容體以待之，毋自變動，爲嫌解惰不虚心也。衆，謂諸卿大夫同在此者。皆若是，其視之儀無異也。今文衆爲終。"

疏曰："云'今文衆爲終'，不從者，以上已有卒，卒爲終，故從古爲衆也。"

敖氏曰:"'毋改',謂不可變亂其三視先後之序也。'終皆若是',謂與言之時,自初至終,皆當如上所云,亦不可以久故而或改之也。"○又曰:"鄭本終作衆。註曰:'今文衆作終。'繼公謂衆字無意義,宜作終。"

郝氏曰:"毋改,凝視不遊目也。衆,不止士也。"

世佐案,此大人,蓋有德位者之通稱。疏指君,敖指卿、大夫,恐俱未備。"毋改"之義,註得之。衆當從今文作終,愚向有此説,敖氏其先得我心者與。蓋人與尊者相對,其始必有嚴憚之心,惟久則怠生,或至變動其容體。故經既以毋改戒之,而即繼之曰"終皆若是"者,謂與言者自始至終皆不可變動其容體也。或嫌與上"卒"字複出,不知上"卒"字對"始"、"中"而言與,言中之一節耳。此"終"字與"毋改"爲一義,該始、中、卒而言,自不相犯也。若依鄭本作衆,而以諸卿大夫同在此者釋之,則首句一"凡"字足以該之,而此句反爲贅設矣。郝氏狃于鄭本,其説亦無足採也。

若父,則遊目,毋上于面,毋下于帶。

註曰:"子於父,主孝不主敬,所視廣也,因觀安否何如也。"

敖氏曰:"此謂與父言之時也。其異于大人者,遊目耳。'毋上于面',視面時也。'毋下于帶',視抱時也。此與視大人者無以異,乃著之者,嫌遊目,則或不然也。"

世佐案,遊目,目不定也,時而上,時而下,蓋不必拘始、中、卒之候,特其上下之節則不得過于視大人耳,此所以爲孝且敬也。敖説太泥,似與遊目之旨不合。《曲禮》云"凡視,上于面則敖,下于帶則憂",此視之節限也,故曰"毋上于面,毋下于帶"。

若不言,立則視足,坐則視膝。

註曰:"不言,則伺其行起而已。"

疏曰:"已上皆據臣子與君父言語之時,此據不言之時。"

世佐案,視足、視膝,亦視君父也。郝氏以爲自視,非。

右言視之法。

凡侍坐于君子,君子欠伸,問日之早晏,以食具告,改居,則請退可也。

註曰:"君子,謂卿大夫及國中賢者也。志倦則欠,體倦則伸。問日早早字監本脱，今從《集説》補。晏，近於久也。具，猶辯辯，當從《釋文》作辨。也。改居，謂自變動也。"

敖氏曰："以食具告，謂以所食之具告從者，蓋欲食也。卑幼之於尊長，請見不請退，而此乃得請退者，緣君子意也。可者，許之之辭，明其異於常禮。"

郝氏曰：張口曰欠，舒體曰伸。侍者以食具告，將飲食也。

世佐案，此五者皆倦怠厭客之意，故侍者可以退以食具告，蒙上君子而言，亦謂君子告其從者也。具，作器具解，雖與註小異，然詳味經文，則敖説勝矣。

夜侍坐，問夜、膳葷，請退可也。

註曰："問夜，問其時數也。膳，謂食之[①]。葷，辛物，葱薤之屬，食之以止臥。"

疏曰：註云"時數"者，謂若鐘鼓漏刻之數。

右侍坐于君子。

若君賜之食，則君祭先飯，徧嘗膳，飲而俟，君命之食然後食。

註曰："君祭先飯，謂君監本譌作"食其"。祭食，臣先飯，示爲君嘗食也。此謂君與之禮食。膳，謂監本衍一"進"字。庶羞。既嘗庶羞則飲，俟君之徧嘗也。今文呫嘗膳。"世佐案，此節註監本多誤字，近所刊朱子《通解》同，賴有敖氏《集説》可考，故備録而正之。

疏曰："凡君將食，必有膳宰嘗君之食，備火齊不得，下文是也。此膳宰不在，則侍食者自嘗己前食。既不嘗君食，則不正嘗食，故註云'示爲君嘗食'。"又曰："此謂君與臣小小禮食法，非正禮食，正禮食則《公食大夫》是也，彼君前無食，此君臣俱有食，故知小小禮食。"

孔氏穎達曰："飲而俟者，禮食。未飧必先啜飲，以利滑喉中，不令澀噎。君既未飧，故臣亦不敢飧而先嘗羞，嘗羞畢而啜飲以俟君飧，臣乃敢飧。"

敖氏曰："賓主共食，則賓當祭。此君臣共食，君祭而臣否，所以别尊

---

① "膳謂食之"，校本同，與《集説》同。《集釋》、《通解》、楊氏、陳本、閩本、監本、毛本、庫本"膳"下有"葷"字。

卑也。”

郝氏曰:“飯,黍稷也。膳,肴品也。飲,水漿所以澆飯。三飯告飽而飧則用飲。君未飧,臣飲而俟,君命之食乃食也。”又曰:“臣不敢當賓,是已,然君未飲食而先食、先飲、徧嘗,不近于草野而饕餮者與?此襲《論語》‘君祭先飯’之迹,而緣飾之過,未可用也。”世佐案,本經之記雖時有出于漢儒者,然此文見于《論語》、《玉藻》,並無異辭,不可議也。

姜氏曰:“若者,承燕見于君而言也。既嘗羞則飲,若酳然也。俟者,俟君命之食乃食,不敢即食也。”又曰:“此與《玉藻》賜食而君客之者不同,君客之而命之祭,此之謂禮食,而此不祭、先嘗者,豈其然乎?此乃鄭註《玉藻》所謂侍食則臣“臣”當是“正”字之譌。不祭是也。鄭註彼此不免自背,宜疏亦依違而無定見與?”

世佐案,以文次考之,此章當屬于燕見節之下,姜氏本得之。然此文亦見《戴記・玉藻》篇,而彼詳此略,似纂彼記而成者。愚謂本經之記有出漢儒手者,此類是也。本篇闕譌處當以《玉藻》爲正,故備録之,而釋其義于左,舊説未安者,則亦少更定之云。

《玉藻》曰:“若賜之食而君客之,則命之祭,然後祭。

世佐案,侍食者不祭,正禮也。客之而命之祭,君之加禮于其臣也。必待命而後祭,臣雖見禮,而猶不敢擅也。本篇不云者,文不具耳,其實同爲小小禮食,若正禮食,則賓每食必祭,無待命者,《公食大夫禮》是也。姜氏于此强生異同,而責鄭註之自背,過矣。

先飯,辯嘗羞,飲而俟。

世佐案,此謂膳宰不在也。凡侍食之禮,君客之,或不客之,所異者,止在祭與否耳,其他則同。孔疏以有嘗羞者爲非君所客,然則君所客者,必無膳宰乎?其説殆難通也。本篇云“君祭先飯”,則臣不祭可知。知臣祭亦先飯者,《玉藻》又云“侍食于先生異爵者,後祭先飯”,是其例也。飲而俟之義,孔疏得之。《公食大夫禮》賓食正饌訖,宰夫執觶漿飲以進,賓受,坐祭,遂飲,雖與侍食禮異,亦可見飲在飯後,而與用飲澆飯之飧别矣。郝氏混而解之,誤。鄭註《玉藻》,以俟爲俟君食而後食,説《儀禮》者又謂俟君命之食乃食,皆非也。斯時,侍食者已飯矣,偏嘗羞矣,飲矣,復何俟乎?所俟者,俟君覆手而飧也。本篇于此下有“君命之食然後食”七字,蓋衍文也。君命之食然後食,唯有嘗羞者則然,所謂“君命之羞,羞近者，命之品嘗之，然後唯所欲”是也。若膳宰不在，則侍食者先飯，徧嘗膳，皆不俟君命，且既云“先飯，徧嘗膳”矣，則所謂命之食者，復食何物也？所以衍者，因下文有“君之食然後食”六字，而《玉藻》又有此等句法，如“命之祭然後祭”之類，記者或襲用之也。或曰，若移“此飲而俟君命之食然後食”十字置“俟君之食然後食”之下，則與《玉藻》文合矣。

若有嘗羞者，則俟君之食然後食。飯飲而俟，君命之羞，羞近者。命之品嘗之，然後唯所欲。

世佐案，此謂膳宰在也。俟君之食然後食，不嘗食也。飯，飯黍稷。飲，飲水漿。孔疏云“飯飲者，飲之也”，非。俟，俟君命也，斯時猶未敢嘗羞也。必君命之羞而後羞，而所羞猶止其近者，必君命之徧嘗之，而後徧嘗之，既徧嘗之，而後羞唯所欲，不復次第焉，是皆臣之恭也。本篇所謂君命之食然後食，意實類此，而誤入上節，則于禮不合矣。自“飯飲而俟”已下，本篇闕。

凡嘗遠食，必順近食。

世佐案，此言嘗羞之通禮。

君未覆手，不敢飧。君既食，又飯飧。飯飧者，三飯也。

世佐案，此亦侍食之通禮。覆手者，謂食畢以手循口邊，恐有肴粒污著也。飧者，謂禮食竟，更用飲澆飯于器中，以勸助令飽也。君未覆手，不敢飧，不敢先君飽也。君既食，臣又飯飧，蓋不敢不飽之意。飧止于三者，過多則貪味，過少則不足以成君惠。

君既徹執飯與醬，乃出授從者。”

世佐案，此食畢徹饌之儀，亦小小禮食故爾。若正禮食，則但親徹之，不敢授己之從者也。

若有將食者，則俟君之食然後食。

註曰：“將食，猶進食，謂膳宰也。膳宰進食，則臣不嘗食。《周禮·膳夫》：‘授祭品，嘗食，王乃食。’”

敖氏曰：“君食然後食，臣侍君食之正禮。”

郝氏曰：“有宰夫，則侍食者不先嘗，惟俟君之所食然後食之，君食飯然後食飯，君食羞然後食羞。”

世佐案，上文膳宰不在，偶然耳。敖氏以此爲侍食之正禮，得之。“俟君之食然後食”，亦大槩言之，以見其不敢先之義，其實庶羞必俟君命而敢嘗，非若飯然，但俟君食，斯食也。郝氏之言似失考矣。又案，此下疑有闕文，或謂上文“飲而俟君命之食然後食”十字當在此，然亦僅得其半也。

若君賜之爵，則下席，再拜稽首，受爵，升席祭，卒爵而俟。君卒爵，然後授虛爵。

註曰：“受爵者於尊所，至於授爵，坐授人耳，必俟君卒爵者，若欲其釂然也。”

疏曰：“此經文與《玉藻》文同，皆燕而君客之賜爵法，故臣先飲，以酒是甘味，欲美君之味，故先飲，必待君卒爵而後授虛爵者，臣意若欲君盡爵然也。案《曲禮》云：‘侍飲於長者，酒進則起，拜受于尊所。長者辭，少者反席而飲。長者舉未釂，少者不敢飲。’彼是大燕飲禮，故鄭註引《燕禮》曰‘公卒爵而後飲’。案《燕禮》當無算爵後得君賜爵，待君卒爵乃飲是也。”

孔氏曰：必在君前先飲者，亦示其賤者先即事，後授虛爵者，亦不敢先君盡爵。然此謂朝夕侍者始得爵也，若其大禮，則君先飲而臣後飲，《燕禮》“公卒爵而後飲”是也。此經先再拜稽首而後受，《燕禮》則先受而後再拜，與此不同者，《燕禮》據大飲法，故先受爵而後奠爵再拜，此經據朝夕侍君而得賜爵，故再拜而後受。必知此經非饗燕大飲者，以此下云受一爵而至三爵而退①，明非大饗之飲也。若燕禮，非惟三爵而已。

敖氏曰：“賜之爵，使人授之于其席也。下，降也。降席者，降而當席末也。既拜，興，受爵，君答再拜，乃升席，坐祭酒，既卒爵，興，授人爵也。臣先卒爵，亦先飯，嘗膳之意。君卒爵而授虛爵，則是授爵亦先於君矣。此受爵、卒爵、授爵之節皆異于《燕》之無算爵者，禮貴相變也。”

世佐案，此亦謂燕見于君，而君與之飲也。食竟宜飲酒，故次侍食禮。若者，或賜或否，亦唯君意也。侍食不祭，此云祭，就君所客者而言，與上文互相備也。受爵者于“尊所”，註據《曲禮》文，然彼是大燕飲禮，不可援以爲證。拜受之儀，當如敖説。臣先卒爵，亦取與燕禮相變，郝氏云

---

① “而至”，校本同，《禮記疏》“而”作“以”。

“燕主行禮，以讓爲文，賜爵主飲，以敏爲恭”是也。至于授爵，註以爲坐授，敖以爲興授，案《燕禮》“受賜爵者興授，執散爵”，此既與《燕禮》相變，則註説爲不可易矣。《玉藻》此下有云“君子之飲酒也，受一爵而色洒如也，二爵而言言斯，禮已三爵而油油以退”，記侍飲受爵之數特詳，亦本篇所闕也。

退，坐取屨，隱辟而後屨。

註曰：“謂君若食之、飲之而退也。隱辟，俯而逡巡。”

疏曰：“案《曲禮》云‘鄉長者而屨’，此亦當然。”

孔氏曰：“坐，跪也。初跪説屨堂下爲敬，故退而跪取屨，起而逡巡隱辟而著之。”

敖氏曰：“是時屨在西階下，《曲禮》曰：‘就屨，跪而舉之，屏於側。’世佐案，《曲禮疏》云：“就，猶著也。初升時解置階側，今下著之，先往階側跪舉取之，故云‘就屨，跪而舉之’。屏於側者，屏，退也。退不當階也。”此坐取屨，即跪而舉之也。隱辟，即屏于側之時也。屨，謂納屨。”

姜氏曰：“此言凡退而就屨之儀也。”

世佐案，退，謂士大夫侍飲食于君而退也，《玉藻》文亦然，姜氏以此屬侍坐于君子節之下，爲退出之通禮，豈未之考與？此章承燕見于君而言，燕見于君之禮，升見無方階，則説屨處蓋亦無定所。敖氏據《燕禮》決其在西階下，非。若其據《曲禮》以釋隱辟之義則得之，《曲禮》云“就屨，跪而舉之，屏于側”，孔疏謂“此侍者或獨暫退時取屨法”也。又云“鄉長者而屨，跪而遷屨，俯而納屨”，疏謂“此明少者禮畢退去，爲長者所送之法也”。此章所云，蓋爲君所不送者，當如《曲禮》上一條法。何以知之？下文云“君若降送之”，則此爲不送明矣。賈疏謂當如《曲禮》後條，非也。《玉藻》于此下又記納屨之法云：“坐左納右，坐右納左。”

君爲之興，則曰：“君無爲興，臣不敢辭。”君若降送之，則不敢顧辭，遂出。

註曰：“辭君興而不敢辭其降，於己太崇，不敢當也。”

疏曰：云“不敢辭其降”者，謂君降送時，明有不降法。云“若”者，不定之辭也。

張氏曰：“‘君無爲興，臣不敢辭’，即臣辭興之語也。”

大夫則辭，退，下，比及門，三辭。

註曰："下，猶降也①。"

疏曰："云'大夫則辭，退，下'者，對上不敢辭是士，士卑不敢辭降，大夫之内，兼三卿、五大夫，臣中尊者，故得辭降也。"

敖氏曰："大夫起而退則君興，下階則君降，及門則君送，於此三節皆辭之，故曰'三辭'。此著大夫，則上之不敢辭者爲士，明矣。"

郝氏曰："不顧辭，不回顧君告辭也。大夫貴，與士異禮。顧辭而後退，退則君興，下階則君降，及門則君送，皆三辭于君也。"

姜氏曰："此疏更誤。此乃士侍君、卿、大夫及賢者之禮，故以'君子'二字通指之。本章蓋言侍君而爲之興降，則士但辭興而不敢辭降。若侍卿、大夫之屬，而爲之興降，且出送，則士于三者皆辭，義蓋甚明。註疏于侍君子節釋爲士侍卿、大夫以下而不及君，于'君爲之興'節忽釋爲士侍于君，而於'大夫則辭'節則又别釋爲大夫侍君，而并忘其爲士之所侍矣。竊念漢儒承秦火之後，既誤以士見大夫及大夫相見以下凡六篇之文而通目爲'士相見之禮'，説經者初不體正其誤，而于各禮復率爲之訓，如此，則先聖之遺經將益晦矣，故不辭僭而謹正之。"

世佐案，張本以"大夫則辭退下"爲句，從疏説也。郝、姜二本皆以"大夫則辭"爲句，"退"、"下"一字一句，從敖説也。愚亦以敖説爲長，蓋如疏説，則於文不順，而經中"退"字亦幾虚設②，不若敖説之字字有著落矣。三辭，敖以退而辭興，下而辭降，及門而辭送當之，疏家專指辭送，謂自君降階以至于及門，凡有三辭也，不數辭興者，豈以士亦辭與？然士之辭興也，曰"臣不敢辭"，猶是不敢與君爲禮之意，大夫則直辭之，是亦與士異也，并辭興數之，何不可之有？又案，凡辭必顧，上云"不敢顧辭"者，不敢顧而辭君之降也。郝氏以爲不回顧君告辭，非所解，三辭，祖敖説而小變之，亦非。蓋凡辭之禮，一辭而許曰禮辭，再辭而許曰固辭，三辭曰終辭，不許也。使于君興時終辭之，豈復有送而至于門之事邪？爲此説者，何其弗深考也。又案，自"君爲之興"已下至此，《玉藻》所無，然亦當與上文通爲一節，蓋侍飲食于君而退，退而君爲之興且送，末乃言其辭否

---

① "猶"，《通解》同，校本作"亦"，《集釋》、楊氏《圖》、陳本、閩本、監本、毛本同。

② "設"原作"説"，校本作"設"，於文意爲長，據改。

之儀視臣之尊卑爲異，經文之節次明甚也。朱子以之入《臣禮》篇，而曰“此與《玉藻》所記互有詳略，故並列之”，于註疏之説無異議。信齋楊氏始以“若君賜之食”至“然後授虛爵”爲一節，而結之曰“右君賜食賜爵”；自“退，坐取屨”至此别爲一節，而結之曰“右見君見大夫退”。云“見大夫退”，隱然以“大夫則辭”已下爲士見大夫禮矣，然未嘗侈張其説而顛倒經文以成之也。姜氏師其意而又甚焉，毅然取數千載相傳之遺經而易其次，而掊擊註疏幾于大聲而疾呼矣。然説經者當平心以求其義之所安，不可執偏見而盡廢先儒之説也。夫苟不爲先儒之所愚，而獨開生面以正千古之謬，則雖改定經文，古人亦所不惜。若非義關至極，則寧守傳聞之舊，不失爲慎重。奈何所見遠遜乎前，而可肆其詆譏乎哉。姜氏以賜食節直接燕見節，愚未嘗不韙之，所論經文錯混處，得失半焉，説見此卷之首。至以“退，坐取屨”已下直接“侍坐于君子”節，而又多方以附會之，則其失顯然，亦不敢是今而非古也。

右士大夫侍飲食于君。

世佐案，此章廣燕見于君之義，當屬其下，乃爲“凡言”、“凡侍坐于君子”兩節所間，蓋錯簡也。朱子《通解》入《臣禮》篇，楊氏《儀禮圖》分爲二章，誤。

若先生、異爵者請見之則辭。辭不得命，則曰：“某無以見，辭不得命，將走見。”先見之。

註曰：“先生，致仕者也。異爵，謂卿大夫也。先見之者，出先拜也。《曲禮》曰：‘主人敬賓，則先拜賓。’”

疏曰：“云‘異爵，謂卿大夫也’者，此《士相見》本文是士，故以卿大夫爲異爵也。”

敖氏曰：“卿、大夫之爵於士爲踰等，故曰‘異爵’。辭者，(辭)〔謂〕其以尊就卑[①]，已不敢當也。辭不得命，謂三辭而不見許也。無以見，言其非敵，不可以接見之。走者，行之速也。‘先見’之‘先’，亦當作‘走’，蓋既傳言，即走而見之也，此禮當在以贄見于先生異爵者之後。又先生異爵者之見于士，其禮同，則士之以贄見于先生，亦當如見于大夫之禮明矣。”

---

① “謂”字原作“辭”，校本同，《集説》作“謂”，應據改。

郝氏曰："無以見，謙己無足以見也。"

張氏曰："某無以見，言無故不敢輕見也。"

姜氏曰："某無以見者，言無德可以相見，再述始辭之詞，以起下文也。"

世佐案，敖云"此禮當在以贄見于先生異爵者"之後，是矣。辭不得命，謂再辭而不見許也。敖以爲三辭，非。士相見禮，賓在大門外時，主人辭其見者再，此亦如之，特其措詞異耳。某無以見，此即其所以辭之意。以，因也。謙不敢當尊者見己，故反言己欲見尊者而無因也。蓋以卑見尊，必執贄而往見于其家，如士見大夫禮，乃爲有所因。今尊者在己門外，而己又不執贄，故云"無因"也，舊説俱未安。不見辭贄者，以尊見卑，不用贄也。《士相見禮》云"出迎于門外，再拜"，是敵者亦主人先拜也。此註云"先見之"者，出先拜也，似與彼無異，愚謂彼之拜爲迎賓，此拜爲先見，其所以拜不同。此既爲先見而拜，則不敢迎賓而入矣，尊者欲入則入，故《玉藻》云："士于大夫不敢拜迎而拜送。"敖氏改"先見"之"先"爲"走"，非。

右先生異爵者請見士。

非以君命使，則不稱"寡"，大夫、士則曰"寡君之老"。

註曰："謂擯贊者辭也。不稱寡君[①]，不言寡君之某，言姓名而已。大夫、卿士，其使則皆曰寡君之某。《檀弓》曰：'仕而未有禄者，君有饋焉曰獻，使焉曰寡君之老。'"

疏曰："云'非以君命使，則不稱寡'者，此則《玉藻》云'大夫私事使，私人擯則稱名'，以其非聘問之禮，則爲私事使私人擯也。《聘禮》云'若有言，則以束帛，如享禮'，引《春秋》晉侯使韓穿來言汶陽之田歸于齊，《玉藻》註亦引之是也。鄭云'謂擯贊者辭也'者，以《玉藻》自'諸侯之于天子'以下至大夫，皆云'擯者曰'，故知不自稱，是擯贊之辭也。云'其使則皆曰寡君之某'者，釋經'大夫、士則曰寡君之老'，爲公事使也。此則《玉藻》云'公士擯，則曰寡大夫、寡君之老。大夫有所往，必與公士爲賓'，亦一也，彼註云'謂聘也，大聘使上大夫，小聘使下大夫'，則曰寡君

① "不稱寡君"，校本同，與楊氏、陳本、閩本、監本、毛本同。《集釋》、士禮居翻刻嚴州本、庫本"君"皆作"者"。

之某，世佐案，"則曰寡君之某"句疑衍，否則當云"下大夫曰寡大夫，上大夫曰寡君之老"。故鄭總云'某'也。若然，經直云大夫，鄭兼云士者，經本文是士，則云'非以君命使'，可以兼士也。但士無特聘問，或作介，往他國亦有稱謂，而云寡君之士某也。"

敖氏曰："此文不可强通，或曰'君之老'與'大夫士'之文宜易處，蓋傳寫者因寡字之同而誤也，未審是否。"

郝氏曰："以君命使，謂出使他邦致君命。稱寡君，代君稱也。若非君命，以己意與他邦人言，則不得稱寡君。若言及大夫、士，則稱寡君之老可也。老者，臣僕之長也。"

張氏曰："此經當有脱文。註引《檀弓》亦多'之老'二字。《玉藻》云'大夫私事使，私人擯則稱名，公士擯則曰寡大夫、寡君之老'，與此經相發明，謂非以君命而有事他國，則擯辭不得稱寡君之某，稱名而已。若以君命出聘，公士爲擯，下大夫則曰寡大夫，上大夫則曰寡君之老。"

世佐案，此節及下文"自稱于君"節皆當在"他邦之人見于君"節之後，而此節又當在"自稱于君"節之後也。然其文頗有闕譌，始疑此記似纂《玉藻》而成，于此益信。舊説皆以"則不稱寡"爲句，愚謂當于"夫"字絶句。且以《玉藻》文考之，"夫"下脱一"公"字，"士"下脱一"擯"字，下句必有此二字始可通。非以君命使，則不稱寡大夫，謂下大夫以私事使也。公士擯則曰寡君之老，謂上大夫聘也。于私事使見下大夫之稱，于聘見上大夫之稱，互相備耳。本篇是士禮，而記獨見大夫稱謂者，士恒與大夫作擯，此皆擯者辭也，故得附於篇與？鄭君不曉闕文，註故未盡合，然其意亦非如疏所云也。鄭云"不稱寡君，不言寡君之某"者，釋經"不稱寡"之中含斯二義：一則自稱己君不得曰寡君，一則擯者稱己不得曰寡君之某也。《玉藻》註云"大國之君，自稱曰寡人，擯者曰寡君"，是稱寡君之證，不言寡君之某，指大夫言，不兼士也。下大夫曰寡大夫，上大夫曰寡君之老，故言某以該之。若士作介，更無擯者，自稱只合云外臣。皇氏謂，士對他國君稱傳遽之臣亦通[①]。賈疏乃謂士作介往他國，而云寡君之士某，蓋誤也。註又云"大夫、卿士，其使則皆曰寡君之某"，卿士，六卿

① "士"原作"上"，校本作"士"，據《禮記·玉藻》"士曰傳遽之臣"下疏文，應作"士"，據校本改。

之外，更爲都官，以總六官之事者，亦上大夫也。鄭意士即以公事使，亦必無稱寡君之老之例，故爲此説以通之，見經文士字非上、中、下士之謂[①]，然非經意矣。疏乃謂“鄭兼云士”，則又非註意也。註末引《檀弓》，蓋取“使焉曰寡君”之義，世佐案，孔氏曰[②]：“‘使焉曰寡君’者，使焉，謂爲君使往他國，此臣若出使，則自稱己君謂寡君也。”證公事使則稱其君曰寡君也。“之老”二字，出處所無，傳寫者因經有“寡君之老”之文而衍耳。疏不正其誤，而曲爲之説，尤誤之甚者。諸儒之説，惟張氏近是，郝説固謬，敖氏所録或説，亦殊不可曉。

右稱于他邦之辭。

凡執幣者不趨，容彌蹙以爲儀。

註曰：“不趨，主慎也。以進而益恭爲威儀耳。”

疏曰：“案《小行人》合六幣，玉、馬、皮、圭、璧、帛皆稱幣，下文别云‘執玉’，則此幣謂皮馬享幣及禽贄皆是。”

敖氏曰：“執幣，謂以幣相見，及爲使者也。凡者，通尊卑言之。行而張足曰趨。蓋以容彌蹙爲儀，故不趨也。惟著凡執幣者之儀如是，則執贄者或不然矣。士大夫執贄于君前，其儀乃與此同。”

世佐案，此蓋指使臣見他國君，及主國之臣見朝君而言。幣，則束錦、羔鴈之類是也，故其儀與始見于君同。若尋常以幣相見，未必有是容也。步趨之節，見于《戴記》者特詳，如帷薄之外、堂上、城上。執玉、執龜筴皆云不趨，而不及執幣，益可見此非常禮矣。若然，則此亦當在“他國之人見于君”節之後。朱子《通解》以之附士相見章，蓋用疏説而誤也。

執玉者則唯舒武，舉前曳踵。

註曰：“唯舒者，重玉器尤慎也。武，迹也。舉前曳踵，備蹪跲也。”

疏曰：“此篇直見在國以禽贄相見之禮，無執玉朝聘鄰國之事而云‘執玉者’，因執贄相見，故兼言朝聘執玉之禮也。”

朱子曰：“案註疏以舒字絶句，陸佃曰：‘容彌蹙同，唯武則舒然，則讀武字絶句矣。’其説近是。”

敖氏曰：“執玉，謂朝君與聘使執圭璧以行禮之時也。唯舒武，謂僅

① “上中下”之“上”原作“士”，據校本改。

② “氏”原作“子”，校本作“氏”，下文爲孔穎達《禮記疏》文，據校本改。

舒其武耳。舉前曳踵，見其舒武之法也。踵，足後也。足之前起而後不離地，則步之促狹可知，此又不止于不趨而已。"

世佐案，此因見他國君而及之，指聘賓執圭時言，而朝君亦用此禮也。《玉藻》云:"君與尸行接武，大夫繼武，士中武，徐趨皆用是。"然則執玉者聘賓與？合繼武，若朝君，則接武也，舒，舒徐也，敖氏似作展舒解，非。陸氏句讀雖善，其説亦未安。案《論語》"執圭勃如戰色，私覿愉愉"，此之執幣當彼私覿時執玉，當彼執圭時，則其容亦未必同矣，豈獨以舒武爲異哉。"唯舒武"者，謂步武之間唯以舒徐爲主，唯字正極形其慎重之意，作僅字解不得，作獨字解亦不得也。

右執幣玉之儀。

凡自稱于君，士、大夫則曰"下臣"，宅者在邦則曰"市井之臣"，在野則曰"草茅之臣"，庶人則曰"刺草之臣"，他國之人則曰"外臣"。

註曰:"宅者，謂致仕者也。致仕者去官而居宅，或在國中，或在野。《周禮》載師之職:'以宅田任近郊之地。'今文宅或爲託。"

敖氏曰:"士大夫，謂見爲臣者也。宅者，未仕而家居者也。他國之人亦謂士大夫。"

姜氏曰:"案此以市井艸茅之臣謂士大夫，而下别云庶人曰刺草之臣，故註以致仕者訓之，與《孟子》不同。又案《玉藻》上大夫稱下臣擯者曰'寡君之老'，下大夫稱名，擯者曰'寡大夫'，與此不同者，蓋彼爲與鄰君之稱，而此爲自稱于君，故異詞與？"

世佐案，《玉藻》記自稱于君之辭，"上大夫曰下臣，下大夫自名，士曰傳遽之臣"，與此異者，此亦有闕譌也。姜氏以《玉藻》爲對他國君，非。宅當從今文爲託，託，寄也，謂他國士大夫寄居其地而未仕者，不曰外臣者，既居其地，不可復同于他國也。不曰刺草之臣者，以非土著之民，且嘗爲士大夫故也。《孟子》云"在國曰市井之臣，在野曰草莽之臣，皆謂庶人"，正與此相發明。孟子之時，士好遊，故據託者之禮言之。謂之庶人者，以其于所寓之國實未仕也。鄭本作宅，而以致仕者釋之，遂與《孟子》説齟齬，蓋爲古文所誤。鄭于此既引《周禮》宅田爲證[1]，而于《載師職》

① "證"原作"誤"，據校本改。

文，又據此以易先鄭之説，彼此牽引，總屬臆説也。

右自稱于君。

世佐案，此節之下，當以稱于他邦之辭節繼之，使稱謂之禮得以類相從，而非以“君命使”云云即承“他國之人則曰外臣”句而言，于文亦順也。

劉氏敞曰：“自天子至于庶人皆有贄，贄者，致也，所以致其志也。天子之贄鬯，諸侯玉，卿羔，大夫鴈，士雉。鬯也者，言德之遠聞也。玉也者，言一度不易也。羔也者，言柔而有禮也。鴈也者，言進退知時也。雉也者，言死其節也。故天子以遠德爲志，諸侯以一度爲志，卿以有禮爲志，大夫以進退爲志，士以死節爲志。明乎志之義，而天下治矣。故執斯贄者，致志者也。君之贄以事神，臣之贄以養人。唯君受贄者，唯君受養也。非其君則辭贄，不敢當養也。古者非其君不仕，非其師不學，非其人不友，非其大夫不見。士相見之禮，必依于介紹，以言其不苟合也。必依于贄，以言其道可親也。苟而合唯小人無恥者能之，君子可見也，不可屈也，可親也，不可狎也，可遠，也不可疎也。賓至門，主人三辭見賓，稱贄，主人三辭贄，所以致尊嚴也。大夫以禮相接，士以禮相諭，庶人以禮相同，然而争奪興于末者，未之有也。人苟悦而相若者末必争，苟簡而相親者末必怨，是故士相見禮者，人道之大也，所以使人重其身而毋邇于辱也，所以使人慎其交而毋邇于禍也。唯仕于君者召而往，未仕而見于君者冠而奠贄，在邦曰市井之臣，在野曰草莽之臣，君雖召不往也，是故，雖有南面之貴，千乘之富，士之所以結者，禮義而已矣，利不足稱焉。刑罰行于國，所誅者，好利之人，未有好利而其俗不亂者也。無介而相見，君子以爲諂，故諸侯大國九介，次國七介，小國五介。”

陳氏師道曰：“宗周之制，士見于大夫、卿、公，介以厚其别，詞以正其名，贄以効其情，儀以致其敬，四者備矣，謂之禮成。士之相見，如女之從人，有願見之心而無自行之義，必有紹介爲之前焉，所以别嫌而慎微也，故曰介以厚其别，名以舉事，詞以導名。名者，先王所以定名分也。名正則詞不悖，分定則名不犯，故曰詞以正其名，言不足以盡意，名不可以過情，又爲之贄，以成其終，故授受焉，介以通名，擯以將命，勤亦至矣，然因人而後達也，禮莫重於自盡，故祭主於重，婚主於迎，賓主於贄，故曰贄以效其情。誠發于心而諭于身，達于容色，故又有儀焉。詞以三請，贄以三獻，三揖而升，三拜而出，禮煩則泰，簡則野，三者禮之中也，故曰儀以致其敬。是以貴不陵賤，下不援上，謹其分守，順于時命，志不屈而身不辱，以成其善，當是之世，豈特士之自賢，而亦有禮爲之節也。夫周之制禮，其所爲防至矣，及其晚世，禮存而俗變，猶自是而失身，況於禮之亡乎？自周之禮亡，士知免者寡矣。世無君子明禮以正之，既相循以爲常，而史官又載其事，故其弊習而不自知也。”又曰：“先王之制，士不傳贄爲臣，則不見於王公。夫相見所以成禮，而其弊必至於自鬻，故先王謹其始以爲之防，而爲士者世守焉。”

郝氏曰：“禮辭，即行禮之心，辭讓之心，人皆有之，作者以是道人心所本有，達其恭敬之意云爾。苟徒依倣其辭，無其心，是相習爲僞耳，故曰，非禮之禮，大人弗爲，其人可與，何必三辭不可，雖謬爲恭敬，終弗屑也。賓五請然後一見，見又于大門内不歷階，不升堂，不交一語輒出，既出，又請見賓，又反見，始何其難，而終何其亟也。鄭謂爲將與燕，然則始見不延之堂室，俟其出而后召之，此類煩複于人情，未可强通。大抵此節之儀，春秋戰國以來，士之抗節，公卿大夫造門，請見其辭如此，苟士見于士，無貴爲此矣。”

世佐案，交際之道，情也，有分焉，情不洽則暌，分不嚴則褻，褻之害甚于暌，其端兆于士林，而其禍延于公、卿、大夫之際，傾險者啟釁于睚眦，卑瑣者失身于闒茸，先王防其微，必自士相見始，是故將之以贄，先之以介紹，五請而后許，一見而輒退，所以難其合也。合之也難，則其交必不濫合之也。難則其交亦不易離，然猶慮其尊嚴而未足以達賓主之情也，故爲之燕以伸其款曲焉。燕不于始入而于反見者，謂不可以干盛禮也云爾。斯禮也，降及戰國而廢不講矣，唯孟子爲能守之，以重其道，故七篇之中三致意焉。觀其答公孫丑不見諸侯之問，而引曾、仲二子之言爲證，則士之能抗節公、卿者未有不于尋常交契中慎之也。《易・大傳》曰：“君子上交不諂，下交不瀆，其知幾乎微哉。”斯言非。《豫》之六二有“安静堅確”之德，其孰能與于斯？郝氏以俗情測之，則見爲煩複而不可通也，亦宜覽劉氏、陳氏之説，夫亦足以明其義矣。

今考定士相見禮

士相見之禮。贄，冬用雉，夏用腒。左頭奉之，曰：“某也願見，無由達，某子以命命某見。”主人對曰：“某子命某見，吾子有辱。請吾子之就家也，某將走見。”賓對曰：“某不足以辱命，請終賜見。”主人對曰：“某不敢爲儀，固請吾子之就家也，某將走見。”賓對曰：“某不敢爲儀，固以請。”主人對曰：“某也固辭，不得命，將走見。聞吾子稱贄，敢辭贄。”賓對曰：“某不以贄不敢見。”主人對曰：“某不足以習禮，敢固辭。”賓對曰：“某也不依於贄，不敢見，固以請。”主人對曰：“某也固辭，不得命，敢不敬從。”出迎于門外，再拜，賓答再拜。主人揖，入門右。賓奉贄，入門左。主人再拜受，賓再拜送贄，出。主人請見，賓反見，退。主人送于門外，再拜。主人復見之以其贄，曰：“曏者吾子辱，使某見，請還贄于將命者。”主人對曰：“某也既得見矣，敢辭。”賓對曰：“某也非敢求見，請還贄于將命者。”主人對曰：“某也既得見矣，敢固辭。”賓對曰：“某不敢以聞，固以請于將命者。”主人對曰：“某也固辭，不得命，敢不從。”賓奉贄入，主人再拜受，賓再拜送贄，出。主人送于門外，再拜。

右經。

士見于大夫，終辭其贄，于其入也，一拜其辱也。賓退，送，再拜。○若嘗爲臣者，則禮辭其贄，曰：“某也辭，不得命，不敢固辭。”賓入，奠贄，再拜，主人答壹拜。賓出，使擯者還其贄于門外，曰：“某也使某還贄。”賓對曰：“某也既得見矣，敢辭。”擯者對曰：“某也命某，某非敢爲儀也，敢以請。”賓對曰：“某也夫子之賤私，不足以踐禮，敢固辭。”擯者對曰：“某也使某，不敢爲儀也，固以請。”賓對曰：“某固辭，不得命，敢不從。”再拜受。○若先生、異爵者請見之則辭，辭不得命，則曰：“某無以見，辭不得命，將走見。”先見之。○下大夫相見，以鴈，飾之以布，維之以索，如執雉。上大夫相見，以羔，飾之以布，四維之，結于面，左頭，如麛執之。如士相見之禮。○始見于君，執贄，至下，容彌蹙。庶人見于君，不爲容，進退走。士、大夫則奠贄，再拜稽首，君答壹拜。○若他邦之人，則使擯者還其贄，曰：“寡君使某還贄。”賓對曰：“君不有其外臣，臣不敢辭。”再拜稽首，受。○凡執幣者不趨，容彌蹙以爲儀；執玉者則唯舒武，舉前曳踵。○凡自稱于君，士、大夫則曰“下臣”，宅者在邦則曰“市井之臣”[①]，在野則曰“艸茅之臣”，庶人則曰“刺草之臣”，他國之人則曰“外臣”。非以君命使，則不稱“寡”，大夫、士則曰“寡君之老”。○凡燕見于君，必辯君之南面。若不得，則正方，不疑君。君在堂，升見無方階，辯君所在。若君賜之食，則君

① “宅”原作“託”，校本作“宅”，前經文同，據改。

祭先飯，徧嘗膳，飲而俟，君命之食然後食。若有將食者，則俟君之食然後食。若君賜之爵，則下席，再拜稽首，受爵，升席祭，卒爵而俟。君卒爵，然後授虚爵。退，坐取屨，隱辟而後屨。君爲之興，則曰："君無爲興，臣不敢辭。"君若降送之，則不敢顧辭，遂出。大夫則辭，退，下，比及門，三辭。〇凡言，非對也，妥而後傳言。與君言，言使臣。與大人言，言事君。與老者言，言使弟子。與幼者言，言孝弟於父兄。與衆言，言忠信慈祥。與居官者言，言忠信。〇凡與大人言，始視面，中視抱，卒視面，毋改，終皆若是。若父，則遊目，毋上於面，毋下於帶。若不言，立則視足，坐則視膝。〇凡侍坐于君子，君子欠伸，問日之早晏，以食具告，改居，則請退可也。夜侍坐，問夜，膳葷，請退可也。

右記。

儀禮集編卷三　男盛溶澄校字

儀禮集編卷四

秀水盛世佐學　後學歙鮑溦芳、石門顧修參校

鄉飲酒禮卷第四

鄭《目録》云："諸侯之鄉大夫三年大比，獻賢者、能者於其君，以禮賓之，與之飲酒，於五禮屬嘉禮[①]。"

疏曰："凡鄉飲酒之禮，其名有四：案此賓賢能謂之鄉飲酒，一也；又案《鄉飲酒義》云'六十者坐，五十者立侍'，是黨正飲酒亦謂之鄉飲酒，二也；鄉射州長春秋習射于州序，先行鄉飲酒，亦謂之鄉飲酒，三也；案《鄉飲酒義》又有卿、大夫、士飲國中賢者用鄉飲酒，四也。"

吕氏大臨曰："鄉人凡有會聚，皆當行此禮，恐不止四事。《論語》載'鄉人飲酒，杖者出，斯出矣'，亦指鄉人而言之。"

朱子曰："孔穎達以爲吉禮，非也。以《周禮》考之，唯祭祀爲吉禮，其飲食、賓射、燕饗皆屬嘉禮。則鄭云嘉禮爲是，而孔説誤也。《射義》放此[②]。"世佐案，《鄉飲酒義》孔疏曰："案鄭《目録》云'此于《別録》屬吉事'"，陸氏《釋文》亦引鄭云"《別録》屬吉禮"，則以此爲吉禮之説，蓋出于劉向，而鄭君見之于《禮記目録》，不始于孔氏也。又案《禮記》《冠》、《昏》、《鄉飲酒》、《射》、《燕》、《聘》諸義，孔疏引鄭《目録》皆云"《別録》屬吉事"，唯《鄉飲酒》、《射》二義，《釋文》引鄭云"《別録》屬吉禮"，《釋文》"禮"字蓋"事"字之誤。鄭註《儀禮》，於《冠》、《昏》、《鄉飲酒》、《射》、《燕》云"嘉"，而《聘》云"賓"者，以《周官》五禮言之也。若以事言之，則吉者對凶之辭，嘉也、賓也，皆可以言吉也。此鄭于《禮記目録》所以復存劉説與？

楊氏曰："案疏所引四條，後一條出《鄉飲酒義》：'鄉人、士、君子尊于

---

① "於"字上原有"鄉飲酒"三字，校本無此三字，陳本、閩本、毛本、監本疏引鄭《目録》同，據删。

② "放"原作"倣"，校本作"放"，《通解》同，據改。

房户之間，賓主共之也。'註云[①]：'鄉人，鄉大夫也。士，州長、黨正也。君子，謂卿、大夫、士也。卿、大夫、士飲國中賢者，亦用此禮也。'"

敖氏曰："鄉飲酒者，士與其同鄉之士、大夫會聚於鄉學而飲酒之禮也。"

郝氏曰："鄉飲酒禮者，鄉之人有事相與飲酒，皆得行此禮也。"

張氏曰："疏言鄉飲有四，此篇所載，三年大比賓賢之禮也，常以正月行之。將射而飲，下篇所列是也，於春秋行之。黨正正齒位，于季冬蜡祭。卿、大夫飲國中賢者則無常時[②]。"

姜氏曰："此《周禮》五州爲鄉，鄉大夫興賢能，與之飲酒之禮，而侯國亦如之也。鄉飲酒之屬之禮僅存此篇，考其禮，蓋專主尚賢，而註疏乃兼及尚齒，世佐案，註疏于尚德尚齒之異，未嘗不分别言之，姜氏猶訾其兼及尚齒，似過。謂大蜡之時，黨正以齒飲民于序，鄉大夫臨觀行禮，亦名鄉飲酒也。今案，序賢、序齒禮不相混，謂其通名鄉飲酒則可，謂其通行此禮，則失矣。況註疏于《記・義》'六十者坐'以下，又明言黨飲酒與鄉飲酒之異禮乎？"

世佐案，此篇所陳，乃侯國鄉大夫賓賢之禮。他如黨正正齒位，州長春秋習射，及卿、大夫、士飲國中賢者，雖亦名鄉飲酒，而其禮固不能無異也。自吕氏之説見采于《通解》，而後儒宗之，遂以爲鄉人聚會飲酒之通禮矣。然《論語》所載有尚齒之意，謂與黨正飲酒法相似則可，援以證此則不可。且其所謂鄉人者，鄉之人耳，與《鄉飲酒義》"鄉人、士、君子"之"鄉人"，註以爲鄉大夫者亦别。顧麟士曰"鄉人飲酒，與鄉飲酒禮無預"，是也。姜氏序賢、序齒之辨甚善，若其釋爲天子鄉大夫興賢能之禮，而謂侯國亦如之，則非也。以下文特懸磬考之，其非天子之大夫明甚。愚故于註疏之説不敢有異議云。

鄉飲酒之禮。主人就先生而謀賓、介。

註曰："主人，謂諸侯之鄉大夫也。先生，鄉中致仕者。賓、介，處士賢者。《周禮》大司徒之職：'以鄉三物教萬民而賓興之：一曰六德，知、仁、聖、義、忠、和；二曰六行，孝、友、睦、婣、任、恤；三曰六藝，禮、樂、射、御、書、數。'《鄉大夫》以'正月之吉，受灋于司徒，退而頒之于其鄉吏，使

---

① "註云"，校本同，楊氏《圖》作"注疏云"。按"鄉人鄉大夫也"至"亦用此禮也"爲《禮記・鄉飲酒義》鄭注，楊氏《圖》之"疏"字疑爲衍文。

② "卿大夫"之"卿"，校本作"鄉"，《句讀》同。按據賈疏引《禮記・鄉飲酒義》曰"又有卿、大夫、士飲國中賢者"，則作"鄉大夫"蓋誤。

各以教其所治,以考其德行,察其道藝。及三年大比而興賢者、能者,鄉老及鄉大夫帥其吏與其衆寡以禮禮賓之。厥明,獻賢能之書于王',是禮乃三年正月而一行也,諸侯之鄉大夫貢士于其君,蓋亦監本脱"亦"字,今從疏增。如此云。古者年七十而致仕,老於鄉里,大夫名曰父師,士名曰少師,而教學焉,恒知鄉人之賢者,是以大夫就而謀之,賢者爲賓,其次爲介,又其次爲衆賓而與之飲酒,是亦將獻之,以禮禮賓之也。今郡國十月行此飲酒禮,以《黨正》每歲邦索鬼神而祭祀,則以禮屬民而飲酒于序,以正齒位之説然句,此篇無正齒位之事焉。凡鄉黨飲酒,必於民聚之時,欲其見化,知尚賢尊長也。《孟子》曰:'天下有達尊三:爵也、德也、齒也。'"

疏曰:云"《周禮》"至"書數",並《大司徒職》文,引此者,欲兼諸侯司徒亦使鄉大夫教民以三物,教成,行飲酒之禮。興,舉之也。云"鄉大夫"已下至"于王",並《周禮·地官·鄉大夫職》文。彼是天子鄉大夫法,諸侯鄉大夫無文,以此約之,故云"諸侯之鄉大夫貢士于其君,蓋亦如此云"也。云"賢者爲賓"至"是亦將獻之,以禮禮賓之也"者,據此經諸侯鄉大夫貢士之法,亦如天子之鄉大夫,故云"亦"也。若據鄉貢一人,其介與衆賓不貢之矣,但立介與衆賓輔賓行禮,待後年還以貢之耳。案《射義》云"古者天子之制,諸侯歲獻貢士",註引舊説"大國三人,次國二人,小國一人",大國三鄉,次國二鄉,小國一鄉,所貢之士與鄉同,則鄉送一人至君所。其國有遂,數亦同。其鄉并有公邑、采地,皆有賢能貢之,而貢士與鄉數同。不言遂與公邑、采地所貢者,蓋當鄉送一人至君所,君又總校德之大小取以貢之,縱取鄉外,仍準鄉數爲定。鄉大夫雖行飲酒禮賓之于君,其簡訖,仍更行飲酒禮賓之于王。是鄉大夫及諸侯貢士,皆行飲酒禮禮賓也。云"今郡國"至"之説然"者,鄭欲解此鄉飲酒貢士法,漢時所行者是正齒位,與此不同之意。云"以《黨正》每歲邦索鬼神而祭祀"者,《禮記·郊特牲》云"歲十二月,合聚萬物而索饗之",周之十二月,即夏之十月,農功畢而蜡祭也。云"則以禮屬民而飲酒于序,以正齒位"者,謂當蜡祭之月,黨正聚民於序學中,以三時務農,將闕于禮,此時農隙,故行正齒位之禮。《鄉飲酒義》云"六十者坐,五十者立侍","六十者三豆,七十者四豆,八十者五豆,九十者六豆,年長者在上",是正齒位之法也。云"之説然"者,漢時十月飲酒禮,取《黨正》之文而然,與此篇《鄉飲酒禮》異也。民聚之時,謂大比、大蜡之時。尚賢,據此篇鄉飲酒;尊長,據《黨正》鄉飲酒也。但《黨正》飲酒，以鄉大夫臨觀行禮，或鄉大夫居此黨内，則亦名鄉飲酒也。引《孟子》者，以證鄉大夫飲酒是尚德也，黨正飲酒是尚齒也，爵於此無所當，連引之耳。或曰“賓若有遵者”一章即尚爵之義也。世佐案，自“或曰”已下，監本所無，見《通解》，疑此説當是朱子纂入，而傳寫者誤屬于疏耳。然楊氏《儀禮圖》已仍之，今亦未敢遽删也。

楊氏曰：“此篇主于賓賢，雖無正齒位法，然自賓、介而下，衆賓有長，立于堂下者，有東上、北上，樂正與立者皆薦以齒，旅酬少長以齒，是亦正齒位法，但無《黨正》三豆、四豆、五豆、六豆之等差耳。”

張氏曰：“案此鄉飲酒禮有獻賓，有樂賓，有旅酬，有無算爵、樂，凡四大段而禮成。此下至‘當楣，北面答拜’則將飲酒之始事：初謀賓、戒賓，次陳設，次速賓、迎賓拜至，凡三節。”

世佐案，或説及信齋之言，此篇三達尊之義備矣，但其意所專屬則在尚德耳。姜氏謂尚齒與鄉飲酒無涉，似泥。敖氏于主人賓介等俱泛言，非，辨見前。

右謀賓介。

主人戒賓，賓拜辱，主人答拜，乃請賓。賓禮辭，許，主人再拜，賓答拜。

註曰：“拜辱，出拜其自屈辱至己門也。不固辭者，素所有志。”

疏曰：知賓出門者，見《冠禮》主人宿賓，賓出門左，《鄉射》戒賓亦出門故也。《士相見》固辭，此禮辭即許者，賓已知欲貢己，又以學習德業，情意相許也。案《冠禮》主人先拜，賓答拜，此賓先拜，主人答拜者，彼《冠禮》主人戒同寮，同寮尊，又使之加冠于子，尊重之，故主人先拜。此則鄉大夫尊矣，賓是鄉人，卑矣，又將貢己，宜尊敬主人，故賓先拜辱也。

朱子曰：“學成行修，進仕于朝，上以致君，下以澤民，此士之素所有志也。”

敖氏曰：“此拜辱，即拜迎也。”

張氏曰：“主人戒賓，言主人往至賓門，欲相警告，非謂已戒之也。至請賓，方是發詞相戒耳。主人再拜，拜其許己也。”

世佐案，主人，鄉大夫也。賓，處士也。主人戒賓，當如先生異爵者請見禮，先生異爵者請見，先見之，不敢拜迎。而此乃云“拜辱”者，當賓興大典，主人好善忘勢，而賓亦以道自重，故以處士而儼然與大夫抗禮，不爲驕也。一辭而許[1]，註以爲"素所有志"，固已然。考《士冠禮》、《鄉射禮》于主人之戒賓也，皆云"賓禮辭許"，不聞有固辭者。然則一辭而許，爲賓之道固然，此亦如其常而已。以爲將貢己而固辭，君子惡其矯也。賓先拜，主人答拜者，考《士冠》宿賓、《鄉射》戒賓皆然，是亦禮之常也。《士冠》戒賓云"賓禮辭許，主人再拜，賓答拜"，主人之拜，是拜賓之許己，非先拜也。方其始至賓家之時，仍當賓先拜，彼不言者，文不具耳。以宿賓禮例之可見也。蓋主人至賓家戒之，則主人爲賓，賓爲主人，賓既爲主人，禮應先拜。疏家誤謂冠禮主人先拜，而其釋此賓先拜之故，亦似沾滯。

主人退，賓拜辱。

敖氏曰："此即拜送也。拜迎、拜送皆言'拜辱'者，蓋一儀而兼二義也[2]。迎送者，據己言也。辱者，據彼言也。此經言戒賓之儀略者，亦以《士冠禮》宿賓之儀見之也。下速賓放此，後篇同。"

世佐案，凡賓主相見，始而拜迎，退而拜送，禮之常也。拜迎可名拜辱，則拜送獨不可名拜辱乎？鄭君求其説而不得，因有"以送謝之"之解。疏又云"將貢己，宜尊敬主人"，是以去又拜辱，以送謝之，斯何見之陋也。夫主人之于賓，即後世之所謂舉主也，所謂座主，門生也。古者鄉舉里選，一以德行道藝爲主而進退之，故在舉之者，自盡其職之所當爲，非以樹恩也，而所舉者亦必克副其實，而後應之，公義重而私恩輕，何僕僕而亟謝爲？爲此説者，習見漢世報舉主之厚而意之耳。夫以漢世篤交念故之誼議者，猶或非之，況自中唐而後，一蒙賞拔，名曰恩門，長奔競之風，胎朋黨之禍，其流極可勝道哉。韓子曰："吾未嘗聞有登第于有司，而進謝其門者。"斯固有識者之所恥也，豈先王制禮而不慮及此乎？然則飲酒之明日，賓鄉服拜賜，何也？曰，謝其以禮禮己也。夫禮，未有見禮于人而不之謝者。鄉射非貢士，賓亦拜賜是已。爲貢己而以送謝之，私也；爲貢己而明日不拜賜，避嫌也，避嫌亦私也。此于士習官方頗有關係，故不敢不辨[3]。

① "辭"原作"拜"，校本作"辭"。按經曰"賓禮辭"，注曰"不固辭者，素有所志"，禮辭爲一辭而許，據校本改。

② "儀"原作"言"，校本作"儀"，與《集説》同，據改。

③ "辨"，校本作"辯"。"辨"、"辯"二字底本與校本多混用，以底本爲準，後放此。

介亦如之。

註曰："如戒賓也。"

右戒賓介。

乃席賓，主人、介、衆賓之席，皆不屬焉。

註曰："夙興往戒，歸而敷席。賓席牖前，南面。主人席阼階上，西面。介席西階上，東面。席衆賓于賓席之西。不屬者，不相續也，皆獨坐，明其德各特。"

疏曰："《鄉射》云'席賓，南面東上，衆賓之席繼而西'，此衆賓之席亦當然，但不屬爲異耳。《鄉射》註云'言繼者，甫欲習衆庶，未有所殊别'，此乃特貢于君，故衆賓之席皆不屬焉。雖不屬，猶統賓爲位，同南面也。"

楊氏曰："《鄉飲酒禮》註'席賓於牖前'，與《周禮·司几筵》'筵國賓于牖前'似同而實異。賓位在西北，以天子、諸侯室有東西房言之，則室前之中爲中，此乃王位設扆之處。自中以西便爲西北，又是'牖前'，如《司几筵》'筵國賓於牖前'是也。以大夫、士東房西室言之，房室之間爲中，故户西牖東，西北之位，家、鄉、國皆以爲重。《士冠禮》子'筵于户西'，《士昏禮》婦'席于户牖間'，《鄉飲》'席于牖前'，《鄉射》賓席在于户牖之處，名雖不同，皆是一義。《鄉飲》雖云'牖前'，亦是牖東也，蓋户西牖東，正西北之賓位也。《士冠禮》子、《士昏禮》婦亦在此位，敬禮之，如賓客然，所謂'醴於客位'是也。若牖前，則近于西此隅矣。果賓席在牖前，則三賓當如《鄉射記》東面北上，今經云'衆賓之席繼而西'，則賓席決不在牖前明矣。雖然，此特以鄭義大夫、士東房西室言之也。又案陳祥道云：'《鄉飲酒》"薦脯五挺"，"出自左房"，《鄉射記》籩豆"出自東房"，《大射》"宰胥薦脯醢，由左房"，夫《鄉射》、《鄉飲》大夫禮，《大射》諸侯禮，其言相類，蓋言左以有右，言東以有西，則大夫、士之房室與諸侯同可知，鄭氏謂大夫、士無西房，恐未然也。'"

敖氏曰："'席賓、主人、介'者，爲賓、主人、介設席也。席賓于户牖間，主人於東序，介于西序。《少牢》下篇席主人于東序，西面，席侑於西序，東面，侑、介之位同也。衆賓，衆賓長三人也。屬，連接也。必不屬者，爲其升降皆由下也。以是觀之，則賓位在户西牖東，而當兩楹之間明矣。此席亦東上。凡席，皆有司設之。"

郝氏曰："古者，大饗必于宗廟，廟堂後中爲室，室東爲房，室與房皆有牖、有户，牖皆居中，户皆在牖東，皆南向，故户牖間爲堂中，賓席在焉。賓所立位在堂西階上，東向，主席在堂東階上，西向，此廟中之禮也。鄉飲酒不行于廟，于學宫諸館舍，其位次與在廟殊，饌席皆在堂上，而拜立之位仍在東西階，故或退而復位，進而升席也。"

張氏曰："註言敷席面位，可訂近日鄉飲隅坐之失。"

姜氏曰："鄉飲席位，經無明文，註蓋據《鄉飲酒義》而言也。但《鄉飲》、《鄉射》之席，賓與衆賓皆相繼而不屬，言其通爲位則相繼，言其各爲位則不屬，二者參互推之可見，非有殊禮也。所以《鄉射》言'繼而西'，《鄉飲》言'皆不屬'者，《鄉射》單以賓與衆賓言之，故言'繼而西'，而《鄉飲》合言席賓、主人、介、衆賓之席[①]，凡十字爲句，則賓與衆賓雖不屬，而自相繼，主、介一東階，一西階，則不相屬而亦不相繼矣。而疏乃于句讀有差，因於義釋有誤，乃謂賓以將貢于君，有所殊别，故衆賓之席不屬而不相繼也，不亦率爲之説而使經義之盡晦哉。"

世佐案，此節當以"乃席賓"三字爲句。"主人、介、衆賓之席"又句。舊説及郝氏、姜氏析句俱未安。經但言席賓，而不言位面，以見于《鄉射禮》者可參考也。《鄉射》無介，註知介席在西階上東面者，以《少牢》下篇所載席侑之處見之也。《鄉射禮》衆賓之席繼而西，此則云"不屬"者，興賢大典，所以殊異賓於衆也。皆者，皆主人、介、衆賓也。主人也、介也，與賓之席遠矣，云"皆不屬"者，詞雖總承，而意則專主于衆賓也。敖氏謂爲其升降皆由下，姜氏謂"言其通爲位則相繼，言其各爲位則不屬"，二説皆未得經意，當以註疏爲正。但註家誤看經文皆字，謂衆賓皆獨坐，則猶未盡也。經意蓋謂主人、介、衆賓之席皆不屬于賓耳，非謂衆賓各不相屬也。賓是所興賢能之人，故别異之。彼衆賓者，既不得與于貢，則其德故相埒也，焉得人人而别之乎？又案古人宫室之制，前堂後室，室之東西偏曰房。室與房皆有户，室又有牖。考《儀禮圖》，室有户有牖，房有户無牖。郝云室與房皆有牖、户，非。户在東而牖在西，室西南隅爲奥。奥者，以人所安息之處名之也。《論語》載"子問伯牛疾，自牖執其手"，則牖亦在西南可見。郝氏謂牖皆居中，非。户牖之間，堂之中也，故古人重之。室之有東西房者，則以牖前爲賓位，取其在西北

① "合言"原作"言合"，校本作"合言"，與《經傳》同，據乙。

也,《司几筵》所云是也。室之有東房而無西房者,則以户牖之間爲賓位,亦取其在西北也,《士冠》、《士昏禮》所云是也。鄭氏謂大夫、士東房西室,以其私家言之也。鄉飲酒行禮于庠,鄉射于序,庠序皆學舍,與私家之制異,安見其必無西房乎?陳氏祥道之説極爲有據。然此註不曰賓席户牖之間,而曰"賓席牖前",則鄭氏固未嘗謂其無西房也。若無西房,則牖前乃堂之西北隅,賓既席于此,則賓西更無容席之地,不得云"衆賓之席繼而西"矣。《公食大夫記》云"蒲筵常",倍尋曰常,丈六尺也。三賓之席合之,凡四丈八尺,若無西房,何許著此。惟有西房。故賓席雖在室之牖前,而其西尚可以容衆賓之席也。然則此註所云"牖前"與《司几筵》所云"牖前",其實無以異也。楊氏因陳氏之言,而疑鄭氏大夫、士無西房之説之誤,殆未明乎庠序與私家之異歟。今繪圖于左,使讀者得以考焉。

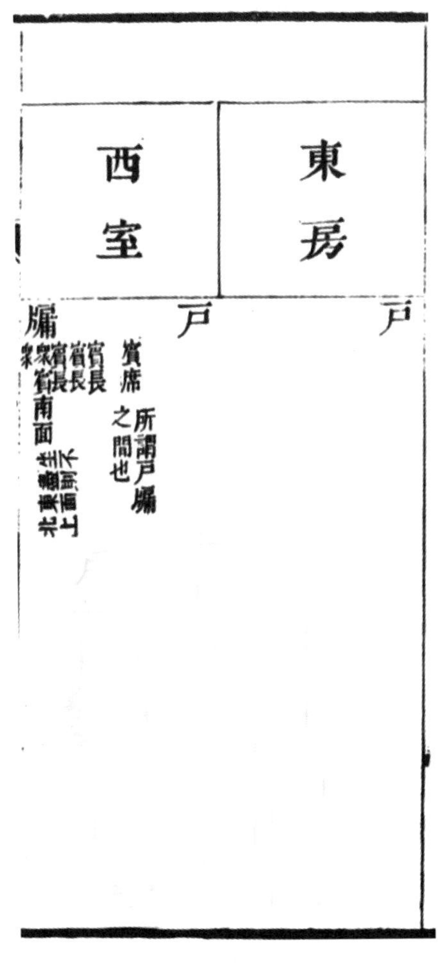

右舊《鄉飲酒禮賓位圖》。

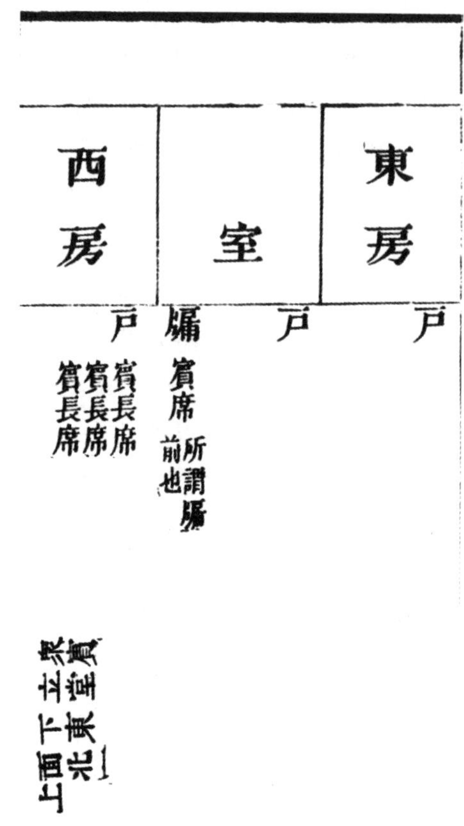

右今更定《鄉飲酒禮賓位圖》。舊《圖》云"衆賓南面坐,不盡,則東面北上",亦誤。説見後。

尊兩壺于房户間,斯禁,有玄酒在西。設篚于禁南,東肆,加二勺于兩壺。

疏曰:"東肆,以頭首爲記,從西向東爲肆,則大頭在西也。"又曰:"士之棜禁,大夫之斯禁,名雖異,其形同,若天子、諸侯承尊之物謂之豐,上有舟。"

敖氏曰:"設篚于禁南,其間當容人,蓋酌者北面也。記云'尊綌冪,賓至徹之'，則此二勺皆加于冪上矣。"

張氏曰："兩壺，酒與玄酒各一也。斯禁以承壺，玄酒在酒之西，設篚以貯爵，在禁之南，向東陳之，其首在西。壺各有勺，以備挹酌。"

姜氏曰："案《玉藻》斯、棜異制，棜較卑也，疏誤。"

世佐案，户，室之户也。房户間，當左楹。

設洗于阼階東南，南北以堂深，東西當東榮。水在洗東，篚在洗西，南肆。

張氏曰："堂上設篚，此復設篚者，上篚所貯三爵，每一爵行畢，即奠下篚，且貯餘觶也。"

右設席器。

羹定。

註曰："肉謂之羹。定，猶熟也。著之者，下以爲節。"

敖氏曰："註云'下以爲節'者，謂下事以此爲節也。諸篇凡言'羹定'者皆然。"

世佐案，監本註中脱"著之者下以爲節"七字，今從敖氏本補入。

主人速賓，賓拜辱，主人答拜，還，賓拜辱。

敖氏曰："速賓之儀與戒賓同，此經文又略也。賓不遂從之者，爲主人復當速介。"

世佐案，拜辱，即拜送也，説見上。《聘禮》使下大夫至賓館，《公食大夫禮》使大夫戒賓，二處賓皆不拜送者，以賓遂從之也。此處賓不遂從，故仍行拜送之禮，非有他義。疏謂鄉大夫尊，賓卑，又擬貢，故特拜辱而送之，非。

介亦如之。

註曰："如速賓也。"

疏曰：是日必當遣人戒速衆賓，但略而不言，故下云"賓及衆賓皆從之"。

敖氏曰："衆賓亦戒速，而經惟言賓、介者，亦以主人親爲之，其禮重，故特著之爾。"

賓及衆賓皆從之。

註曰："言及衆賓，介亦在其中矣。"

敖氏曰："主人既速介，即先歸。介及衆賓皆至于賓之門外，俟賓同往也。"

右速賓、介。

主人、一相迎于門外，再拜賓，賓答拜，拜介，介答拜。

註曰："相，主人之吏，擯贊傳命者。"

敖氏曰："相，蓋學中之有司，給事于飲射之禮者。古者與鄉人飲射必于學宫者，以其深廣，且有司及器用皆備具故也。"

世佐案，註以相爲主人之吏，而敖氏易之，非也。古者黨有庠術，鄭讀爲遂。有序。教民之職在鄉，則掌于州長，黨正以下而統于鄉大夫，在遂，則掌于縣正，鄙師以下而統于遂大夫。治民之官即教民之官，非若後世守令之外别有教職也。主人，鄉大夫也。自州長以至比長，皆其屬吏，此相恐是擇州長中一人爲之。《周禮・州長職》云"三年大比，則大攷州里，以贊鄉大夫廢興"，則相主人者，舍州長而誰。學中有司如樂師，大、小胥之屬，于國學則有之，鄉學則未之聞也。

揖衆賓。

註曰："拜介、揖衆賓，皆西南面。"

疏曰："賓、介、衆賓在門外位以北爲上，主人與賓正東西相當，則介與衆賓差在南，東面。主人正西面拜賓，則側身向西南拜介、揖衆賓矣。"

主人揖，先入。

註曰："揖，揖賓也。先入門而西面。"

敖氏曰："不言入門右可知也。"

賓厭介，入門左。介厭衆賓，入。衆賓皆入門左，北上。

註曰："皆入門西，東面。賓之屬相厭，變於主人也。推手曰揖，引手曰厭。"

疏曰："'引手曰厭'者，以手向身引之。"

郝氏曰："厭、壓同。行先衆曰壓。賓在介上，厭介；介在衆賓上，厭衆賓也。"

世佐案，厭，今文皆作揖。文雖小異，其爲以手禮人則一也。鄭氏定從古文，取變于主人之義，是矣。郝氏顧譏其鑿而改訓爲壓，于義何取，不亦鑿之甚乎？

主人與賓三揖，至于階，三讓，主人升，賓升。

敖氏曰："三揖三讓，説皆見《士冠禮》。《鄉射禮》曰：'主人升一等，賓升。'"

主人阼階上當楣北面再拜，賓西階上當楣北面答拜。

註曰："楣，前梁也。"

敖氏曰："此拜至也。"

右迎賓拜至。

主人坐取爵于篚，降洗。

敖氏曰："取爵，蓋北面也。爲洗而降，故云'降洗'。"

張氏曰："此下至'以爵降奠于篚'，言主人獻賓、介、衆賓之儀，凡六節。"

世佐案，篚，謂堂上禁南之篚。

賓降。

註曰："從主人也。"

敖氏曰："賓降之位見下文。"

主人坐奠爵于階前，辭。

註曰："重以己事煩賓也。"

敖氏曰："奠爵乃辭者，事異則不宜相雜，且爲敬也。西面坐奠爵，興，辭。"

賓對。

註曰："賓主(人)之辭未聞[①]。"

郝氏曰："主人辭賓降，賓對以不敢不降。如《聘記》辭曰'非禮也，敢'，對曰'非禮也，敢'，後倣此。"

主人坐取爵，興，適洗，南面坐，奠爵于篚下，盥，洗。

註曰："篚下，篚南。"

敖氏曰："南面坐于洗北，乃奠爵于篚南，不敢由便也。'盥，洗'，既

① "賓主人"，校本同，徐本、《集釋》、《通解》、楊氏《圖》、《集説》、陳本、閩本、監本、毛本、士禮居翻刻嚴州本俱無"人"字，應據删。

盥，復坐取爵而將洗之也。凡洗者必盥，盥、洗皆立。”

張氏曰：“篚下，當篚之下，非于篚也。盥洗者，盥訖取爵擬洗，亦非謂遽已洗也。”

世佐案，此篚，謂堂下洗西之篚。

賓進，東北面辭洗。

註曰：“必進東行，示情。”

敖氏曰：“進者，少南行也。”

世佐案，敖説是。賓初降時，立當西序。而此云“東北面辭洗”，則位已在洗南矣，其進而南可知也。

主人坐奠爵于篚，興對。賓復位，當西序，東面。

註曰：“言復位者，明始降時位在此。”

主人坐取爵，沃洗者西北面。

張氏曰：“古人盥、洗並用人執器灌沃，下別有器承其棄水，故有沃洗者。”

卒洗，主人壹揖，壹讓，升。

敖氏曰：“升，亦主人先而賓從之。”

賓拜洗，主人坐奠爵，遂拜，降盥。

敖氏曰：“必盥者，爲將酌也。既拜而盥，爲拜時以右掌據地，不無坋汙也。《内則》曰：‘凡男拜尚左手。’”

張氏曰：“因事曰遂，言遂拜者，主人坐奠爵，因不起而遂拜也。後凡言遂者，皆因上事。”

賓降，主人辭，賓對，復位，當西序。

敖氏曰：“對時違其位，故云‘復’，下主人對放此。”

卒盥，揖讓升，賓西階上疑立。

疏曰：“不言一揖，一讓，從上可知。”

主人坐取爵，實之，賓之席前西北面獻賓。

註曰：“獻，進也，進酒於賓。”

敖氏曰：“實者，實以酒，謂酌也。”

張氏曰："必西北面者，賓在西階，欲其就席受爵，故西北向之也。"

賓西階上拜，主人少退。

註曰："少退，少辟。"

賓進受爵以復位，主人阼階上拜送爵[①]，賓少退。

註曰："復位，復西階上位。"

疏曰："《鄉射》云：'賓進，受爵于席前。'"

張氏曰："賓進席前受爵，復持此爵還西階上位。"

薦脯醢。賓升席，自西方。乃設折俎。

註曰："升由下也，升必中席。"

疏曰："案《曲禮》云'席南鄉、北鄉，以西方爲上'，今升席自西方，云'升由下'者，以賓統于主人，以東方爲上也。"

主人阼階東疑立。賓坐，左執爵，祭脯醢。

註曰："坐，坐於席。祭脯醢者以右手。"

奠爵于薦西，興，右手取肺，卻左手執本，坐，弗繚，右絶末以祭，尚左手嚌之，興，加于俎。

註曰："肺，離之本端厚大者。繚，猶紾也。大夫以上威儀多，紾絶之。尚左手者，明垂紾之，乃絶其末。"

疏曰："《少儀》云'取俎、進俎不坐'，是以取時奠爵興，至加于俎又興也。此《鄉飲酒》大夫禮，故云繚祭，《鄉射》士禮，云絶祭。但云繚必兼絶，言絶不得兼繚也。"

敖氏曰："尚左手嚌之，謂舉其左手，而右手在下，以末授口嚌之也。將嚌乃尚左手，則祭時不然矣，加于俎以右手。"

郝氏曰："末，肺端也。左手執之，右手絶而祭之，神道貴右也。既祭，上其左手，舉肺嚌之，人道貴左也。尚、上同。"

張氏曰："卻左手者，仰其左手也。弗繚者，直絶末以祭，不必繚也。繚祭，以手從肺本循之至末乃絶之，絶祭不循其本，但絶末而已。大夫以上乃繚，士則否。經言'弗繚'，以賓固士也，他事皆從士禮。註疏獨于此

---

① "送爵"原作"受爵"，校本作"送爵"，《集釋》、《通解》、陳本、閩本、監本、毛本經文皆作"送爵"，據改。

處解作繚祭,不敢從。"

姜氏曰:"'弗繚'之'弗',註未釋,蓋讀如'紼綍'之'紼',佛捩之義。'尚左手'當連'嚌之'爲句,註釋恐未安。"

世佐案,經文明言"弗繚",而註疏乃云"繚祭",則"弗"字之讀當如姜説。然此固士禮也,安得以大夫以上之禮釋之乎?註疏誤矣。註之誤在以"尚左手"三字連上句爲義,疏又因註而誤也。曷不以《鄉射禮》參觀之,《鄉射禮》云"坐絶祭,尚左手嚌之"。夫《鄉射》固所稱士禮也,絶祭而不繚者也。乃其經文亦云"尚左手",則"尚左手"當連"嚌之"爲句,而"弗繚"之"弗"當讀如字,其説爲不可易矣。

坐挩手,遂祭酒。

註曰:"挩,拭也,拭以巾。挩手,爲絶肺染汙也。"

疏曰:"《内則》事佩之中有帨,則賓客自有帨巾以拭也。"

興,席末坐啐酒。

疏曰:《鄉飲酒義》註云:"祭薦、祭酒、嚌肺於席中,唯啐酒于席末。"

敖氏曰:"席末,席西端也。"

降席,坐奠爵,拜,告旨,執爵興。主人阼階上答拜。

註曰:"降席,席西也。"

賓西階上北面坐,卒爵,興,坐奠爵,遂拜,執爵興。主人阼階上答拜。

註曰:"卒,盡也,於此盡酒者,明此席非專爲飲酒起。"

敖氏曰:"必西階上卒爵者,以壓者於此拜受故也。"

世佐案,《鄉飲酒義》云"是席之正,非專爲飲食也",註蓋本此。謂卒爵于西階上,即啐酒于席末之意也。此説深得禮意,敖説淺矣。

右主人獻賓。

賓降洗,主人降。

註曰:"亦從賓也。降,降立阼階東,西面。"

賓坐奠爵,興,辭。

註曰:"西階前也。"

疏曰:"《鄉射》云'賓西階前,東面坐奠爵,興,辭降',此亦然。"

主人對。賓坐取爵，適洗南，北面。

敖氏曰："'洗南，北面'，别於主人也。"

主人阼階東，南面辭洗。賓坐奠爵于篚，興對。主人復阼階東，西面。

疏曰：案《鄉射》賓盥訖，將洗，主人乃辭洗，先後不同者，彼與鄉人習禮輕，故盥訖乃辭洗，此鄉人將賓舉之，故未盥先辭洗，重之也。

朱子曰："此等恐或文有先後，未必有此輕重之别也[①]。"

敖氏曰："南面辭洗，猶不離阼階東，示違其位而已。此主人辭洗在賓盥之先，與他禮微異，未詳。"

張氏曰："前獻賓，主人既盥而後辭洗，此則賓未盥而已辭洗，故主人奠爵初在篚下，繼乃于篚，以初未聞賓命也。賓奠爵即于篚，以已聞主命也。"

世佐案，盥而後辭洗，禮之常也。未盥而辭洗，變以示重也。疏説朱子雖疑之，然于此亦可見古人尊賢之禮，故存之。

賓東北面盥，坐取爵，卒洗，揖讓如初，升。

敖氏曰："凡盥洗于洗南者皆北面，此云'東北'，未詳，疑'東'衍文也。初，一揖一讓也。"

姜氏曰："不言沃洗者，省文。"

世佐案，上言"沃洗者西北面"，此不言可知也。主人在洗北，沃洗者在洗南，見《儀禮圖》。故主人南面而沃，洗者西北面，沃之便也。今賓在洗南，沃洗者在其右，故賓方盥洗，必東北面邪向之，亦取其便也。敖氏以"東"爲衍文，非。

主人拜洗，賓答拜，興，降盥，如主人禮。

敖氏曰："如主人禮，謂如上'降盥'以至'坐取爵'之儀，但面位異耳。"

賓實爵，主人之席前東南面酢主人。

張氏曰："主人在阼階，賓自主席前向之，故東南面。"

① "輕"原作"經"，校本作"輕"，與《通解》同，據改。

主人阼階上拜，賓少退。主人進受爵，復位，賓西階上拜送爵。薦脯醢。主人升席自北方，設折俎，祭如賓禮。

註曰："祭者，祭薦俎及酒，亦嚌啐。"

敖氏曰："北方，席下也。主人、介席皆南上。"

不告旨。

註曰："酒，己物也。"

疏曰："云'不告旨'，明亦啐也。"

敖氏曰："酒，主人之物也，其不告旨，不言可知，乃必言之者，宜別於'如賓禮'也。"

自席前適阼階上，北面坐卒爵，興，坐奠爵，遂拜，執爵興。賓西階上答拜。

註曰："自席前者，啐酒席末，因從北方降，由便也。"

疏曰："凡升席必由下，降由上。今主人當降自南方，以啐酒于席末，遂從席北頭降，是由便也。"

敖氏曰："從北方降，正也。"

世佐案，升席由下，降由上，此鄭義也。敖氏則謂"升降皆由下"，故以此從北方降爲正。看來古人升席必由下，至于降席，只是取便，或由上，或由下，原無一定之例也。疏云"降由上之正，亦是便"，此爲通論。若必執一例求之，而于其所不通者諉曰是由便也，則固矣。

主人坐奠爵于序端，阼階上北面再拜崇酒，賓西階上答拜。

註曰："東西牆謂之序。崇，充也，言酒惡相充實。"

疏曰："'奠爵于序端'者，擬後酬賓訖，取此爵以獻介也。"

熊氏曰："崇，充也，添酌充滿之。"

敖氏曰："崇，重也，謂賓崇重己酒，不嫌其薄而飲之既也，故拜謝之。卒爵乃拜者，若曰已飲之，乃審知其薄然。"

世佐案，崇酒之義，敖氏得之。郝氏敬、李氏之藻皆同敖義。鄭君之説，郝氏譏其鑿，今詳其意，蓋謂以惡酒充賓腹，故拜以謝，過于經義，未有大失。然既訓崇爲充，充字並無酒惡之意，勢必添字乃通，固不如敖説之直截也。至于熊説，則去經旨遠甚。凡酌酒于爵，經皆云“實爵”，不云“崇酒”，況此爵虚爵也，下文取以獻介，方將洗而實之，豈于其奠之之時即酌而充滿之乎，其爲謬誤顯然矣。又案姜氏云“此乃謝賓之酢爵也，崇之言隆，謂之崇酒者，謝賓酢之隆施耳”，如以崇酒爲謝酒之惡，當于獻賓、賓告旨之時，不當于酢主、主不告旨之後，此説亦可備一解。

右賓酢主人。

主人坐取觶于篚，降洗。賓降，主人辭降。賓不辭洗，立當西序，東面。

註曰：“不辭洗者，以其將自飲。”

敖氏曰：“主人辭，不言奠觶，又不言賓對者，如上禮可知。自飲乃洗者，亦象賓之飲己也。”

張氏曰：“獻用爵，酬用觶。一升曰爵，三升曰觶。”

卒洗，揖讓升，賓西階上疑立，主人實觶酬賓，阼階上北面坐奠觶，遂拜，執觶興，賓西階上答拜。

註曰：“酬，勸酒也。”

張氏曰：“先自飲，所以勸賓也。拜賓者，通其勸意也。答拜者，答其勸己也。”

坐祭，遂飲，卒觶興，坐奠觶，遂拜，執觶興，賓西階上答拜。

敖氏曰：“此象賓之飲己，故其拜亦皆與受之于人者同。”

主人降洗，賓降辭，如獻禮，升，不拜洗。

註曰：“不拜洗，殺於獻。”

敖氏曰：“‘如獻禮’，如其降後升前之儀。”

賓西階上立。主人實觶賓之席前，北面，賓西階上拜，主人少退，卒拜，進，坐奠觶于薦西。

敖氏曰：“奠觶于薦西者，主人以此觶不舉，不敢親授之，重勞賓也。凡酬酒，有卒不舉者，有未即舉者，主人皆奠之而不授，其意則同。《燕》與《大射》及《少牢》下篇主人酬尸與賓皆授觶，與士禮異。”

張氏曰：“奠觶西，欲賓舉此觶也。”

世佐案，酬觶奠而不授，亦殺于獻也。奠于薦西，仍是欲賓舉此觶。若逆料其不舉而不親授，則非主人殷勤之意矣。

賓辭，坐取觶，復位。主人阼階上拜送，賓北面坐奠觶于薦東，復位。

註曰："酬酒不舉，君子不盡人之歡，不竭人之忠，以全交也。"

敖氏曰："辭，辭其奠觶也。奠觶，酬之正禮也。然奠而不授，亦不能無降等之嫌，故辭之。辭之而不獲命，乃坐取觶，示受也。辭及取觶皆當東面。"

張氏曰："賓辭，疏以爲辭主人復親酌己，愚以主人方酌時不辭，殆非辭酌也，仍是辭其親奠，如《鄉射》二人舉觶時。"

世佐案，奠觶于薦東，示不舉也。凡奠觶，將舉者于右，不舉者于左。辭是辭奠，前二説得之。

右主人酬賓。

主人揖，降。賓降，立于階西，當序，東面。

註曰："主人將與介爲禮，賓謙，不敢居堂上。"

敖氏曰："賓降之位，其南北之節皆于階西，至此始見之也。主人降，西面于門東。"

主人以介揖讓升，拜如賓禮。

疏曰：主人與賓三揖至于階之時，介與衆賓亦隨至西階下東面。此云"揖讓升"，唯于升堂時相讓，無庭中三揖矣。

敖氏曰："介入門左，止于其位，至是乃進。"

世佐案，上迎賓拜至節不見介與衆賓隨至西階下之事，則介與衆賓尚在門西北上之位也。此云"揖讓升，拜如賓禮"，謂三揖、三讓及拜至之禮皆如賓也，何得無庭中三揖乎。疏誤，當以敖説爲正。

主人坐取爵于東序端，降洗，介降，主人辭降，介辭洗，如賓禮。

敖氏曰："爵，即縣之所奠者也。賓禮者，'賓降'至'壹揖，壹讓，升'之儀也，此時介降之位在賓南。"

升,不拜洗。

註曰:"介禮殺也。"

介西階上立。

註曰:"不言疑者,省文。"

主人實爵介之席前,西南面獻介。

張氏曰:"介席東面,介立西階上,在席南,故主人西南面向之。"

介西階上北面拜,主人少退。介進,北面受爵,復位。

敖氏曰:"主人西南面獻介,而介乃北面正方受爵。以是推之,則賓酢主人,主人亦北面受。主人獻賓,賓其東面受與?"

世佐案,《儀禮圖》主人獻賓,賓酢主人,受爵者皆北面。經于賓、主人受爵雖不言其何面,而于此特見之,則其餘從同矣。《鄉射禮》"主人西北面獻賓,賓西階上北面拜,主人少退,賓進,受爵于席前",夫拜既北面,則受亦北面可知。敖氏謂主人獻賓,賓東面受,非。

主人介右北面拜送爵,介少退。

註曰:"主人拜于介右,降尊以就卑也。"

敖氏曰:"主人獻介,乃拜于其右者,降于賓也。凡堂上之獻、酢,皆分階而拜者,賓主二人而已,其餘則否。"

主人立于西階東。

張氏曰:"在介右而又稍東,以設薦之時介方升祭,主人無事,故立于此。"

薦脯醢。

敖氏曰:"介席南上,則此薦當脯在北方,與《少牢》下篇'設侑之豆'同矣。"

介升席自北方,設折俎,祭如賓禮,不嚌肺,不啐酒,不告旨。

敖氏曰:"凡所不者,下賓。"

自南方降席，北面坐，卒爵，興，坐奠爵，遂拜，執爵興，主人介右答拜。

敖氏曰："降席，適西階上也。"

右主人獻介。

楊氏曰："介禮殺于賓者：不拜洗，主人不拜于阼階而拜于介右，不嚌肺，不啐酒，不告旨。"

介降洗，主人復阼階，降、辭如初。

敖氏曰："初，謂賓酢之時，'主人降'以下至'坐取爵，卒洗'之禮也。"

卒洗，主人盥。

疏曰："此主人自飲而盥者，尊介也。"

介揖讓升，授主人爵于兩楹之間。

註曰："就尊南授之，介不自酌，下賓。"

敖氏曰："以後篇大夫禮例之，'介'字宜在'授'字上。於主人之盥也，介立于洗南以俟之，主人既盥，乃揖而行也。"

張氏曰："介但授虛爵，不自酌者，介卑，不敢必主人爲己飲也。"

介西階上立，主人實爵，酢于西階上，介右坐奠爵，遂拜，執爵興，介答拜。主人坐祭，遂飲，卒爵興，坐奠爵，遂拜，執爵興，介答拜。主人坐奠爵于西楹南，介右再拜崇酒，介答拜。

註曰："奠爵西楹南，以當獻衆賓。"

世佐案，註"當"字本或作"爵"，誤。

右介酢主人。

主人復阼階，揖降。介降立于賓南。主人西南面三拜衆賓，衆賓皆答壹拜。

註曰："三拜、一拜，示徧，不備禮也。不升拜，賤也。"

疏曰："主人在阼階下，衆賓在賓、介之南[1]，故西南向拜之。"

朱子曰："此疏云'衆賓各得主人一拜，主人亦徧得一拜'，《鄉射》疏

---

① "賓介"之"賓"原作"衆"，校本作"賓"，《要義》、《通解》、陳本、閩本、監本、毛本賈疏同，據改。

又云衆賓無論多少，止爲三拜，是示徧也。然則主人之拜衆賓不能一一拜之，但爲三拜以示徧，而衆賓之長者三人各答一拜也。然經文及註疏但言衆賓一拜，而無三人之文，未詳其説，《鄉射》放此。”

敖氏曰：“是時衆賓皆在門内之西，主人少南行，近于門東，乃西南面鄉之而拜。三拜者，旅拜之法也。衆賓皆答壹拜，亦答旅拜之法也，此禮大夫、士同之。”

世佐案，主人與賓、介行禮之時，衆賓固在門西北上之位，迨其行禮既畢，則衆賓皆進而立于賓介之南矣。無庭中三揖者，賤不敢當主人之迎也。經不著其進立之節，文不具也。唯其已在賓介之南也，故主人得于阼階下西南面拜之。敖説似太泥。主人之三拜衆賓，與拜至之意相類，特不升之于堂而一一拜之，是亦以其賤略之也。又案，禮成于三，故旅拜之法，無論衆賓多少，但爲三拜以示徧，初不爲賓長三人而設也。經云“衆賓皆答壹拜”，亦統指衆賓而言，不專謂三賓也。疏欠分明，故朱子不能無疑。然即以經文證之，則其疑可釋矣。旅拜之法，大夫、士微有不同。大夫三拜衆賓，衆賓答以壹拜，此及《鄉射》、《少牢》、《有司徹》所陳是也，大夫尊，不敢備禮也。士三拜衆賓，衆賓答以再拜，《特牲》所陳是也，士卑，得備禮也，詳見疏。敖氏謂此禮大夫、士同之，殆未深考與。

主人揖升，坐取爵于西楹下，降洗，升實爵，于西階上獻衆賓。衆賓之長升，拜受者三人。

敖氏曰：“此獻之儀，主人蓋執爵西南面于西階上，衆賓則以次升受之，不獻于席前，辟尊者禮也，其拜者亦北面。後‘于’字衍。”

張氏曰：“‘主人揖升’，主人自升也，衆賓尚在堂下，至主人于西階上獻爵，衆賓始一一升受之耳。經文自明，疏以揖升爲揖衆賓升，非也。又記云‘衆賓之長一人，辭洗如賓’，當亦從堂下東行辭之，疏以爲降辭，亦未是。”

主人拜送。

註曰：“於衆賓右。”

坐祭，立飲，不拜既爵，授主人爵，降復位。

註曰：“既，卒也。卒爵不拜，立飲，立授，賤者禮簡。”

敖氏曰：“位，堂下之位，介之南也。於此云‘復’，則主人揖升之時，衆賓其皆進與?"

張氏曰:"一人飲畢,授爵降,次一人乃升,拜受也。"

世佐案,衆賓皆進,當在主人與介行禮甫畢之時,不在主人揖升時也,敖説誤。説又見上。

衆賓獻則不拜受爵,坐祭,立飲。

註曰:"次三人以下也。不拜,禮彌簡。"

張氏曰:"亦升受,但不拜耳。"

每一人獻,則薦諸其席。

註曰:"謂三人也。"

敖氏曰:"此薦之節當在坐祭、立飲之後,與《特牲饋食》之衆賓同。無俎矣,又既飲乃薦,遠下賓、介也。不言不祭,可知也。"

衆賓辯有脯醢。

註曰:"亦每獻薦於其位,位在下。"

疏曰:"知'位在下'者,以其言堂下立侍,不合有席,既不言席,故位在下。"

敖氏曰:"衆賓,三人之外者也。衆賓長以下,其堂下之位繼賓、介之位而南。"

世佐案,是時,賓降立于階西,當序,東面。介降立于賓南,故敖知衆賓堂下之位當繼賓、介而南也。又案,此則衆賓自三人之外皆無席,亦無南面立于堂上者矣。而《儀禮圖》乃于賓長三席之西復有衆賓之位,云"南面坐不盡,則東面北上",似誤也。

主人以爵降,奠于篚。

郝氏曰:"奠爵于堂下洗西之篚,示不用也。"

右主人獻衆賓。張氏曰:"自初獻賓至此,爲飲酒第一段。"

揖讓升,賓厭介升,介厭衆賓升,衆賓序升,即席。

疏曰:"'衆賓序升'者,謂三賓堂上有席者,以年長爲首,以次即席也。"

敖氏曰:"'揖讓升'者,謂主人獨與賓一揖一讓而先升也。'賓厭介升'者,賓既厭介乃升也,介厭衆賓升亦然。三賓長則不相厭,但以次序而升耳。”

張氏曰:“此下言一人舉觶,待樂賓後爲旅酬之端也。”

一人洗,升,舉觶于賓。

註曰:“一人,主人之吏。”

敖氏曰:“獻禮既備,即舉觶爲旅酬始,示留賓之意也。既洗乃升,則用下篚之觶也。舉觶,猶揚觶。”

世佐案,舉觶者將自飲乃洗者,敖氏謂其意與主人酬賓之禮同,是也。

實觶,西階上坐奠觶,遂拜,執觶興,賓席末答拜。

疏曰:“‘賓席末答拜’者,謂于席西南面,非謂席上。近西爲末,以其無席上拜法也,已下賓拜皆然。”

敖氏曰:“賓席末拜,示違其位也。不降席答之者,以其賤也,下‘二人舉觶’放此。舉觶者拜亦當楣。”

世佐案,降席而拜,故是常法。但經既云“席末答拜”,與上文“席末坐啐酒”同,是于席之西端,不當仍指爲降席也。《史記》載魏其行酒,獨故人避席,餘半膝席,蓋以其失勢而忽之。此賓之席末答拜與半膝席相似,則以舉觶者賤故也。敖説似長。

坐祭,遂飲,卒觶興,坐奠觶,遂拜,執觶興,賓答拜。

姜氏曰:“《鄉射》云‘舉觶者坐祭’,此省文。”

降洗,升實觶,立于西階上,賓拜。

註曰:“賓拜,拜將受觶。”

進,坐奠觶于薦西。賓辭,坐受以興。

註曰:“舉觶不授,下主人也。”

敖氏曰:“此實取之,而經云‘受’者,原賓意也。”

張氏曰:“案主人酬賓亦奠觶,而不親授,似酬法當然。註以爲‘下主人’,恐宜再議。”

姜氏曰:“《鄉射》云‘舉觶者進’,此省文。”

世佐案,禮敵者親授,卑于尊則奠而不授,不敢也。主人酬賓,亦奠而不授,禮之殺也。于獻固嘗親授矣,今舉觶者之奠而不授,自是卑于尊法，初不因禮之殺。註云“下主人”，良然，張氏議之過矣。賓辭者，亦辭其坐奠也。

舉觶者西階上拜送，賓坐奠觶于其所。

註曰：“所，薦西也。”

疏曰：“賓奠于其所者，待作樂後立司正，賓乃取此觶以酬主人，以其將舉，故且奠之于右也。”

舉觶者降。

右一人舉觶。

疏曰：“案《鄉射》‘舉觶者降’後有大夫，此不言者，大夫觀禮之人，或來或否，故不言也。”

世佐案，遵者之禮，《鄉射》文屬于此，而此篇則具書于賓出之後，非不言也，但以其或來或否，故記載不同耳。楊氏著《儀禮圖》移“賓若有遵者”一條于此節之下，蓋以行禮之序序之也。姜氏因之，遂以此篇爲錯簡，殊失經文變通之意，今不從。

設席于堂廉，東上。

註曰：“爲工布席也，側邊曰廉。”

敖氏曰：“此云設席于堂廉，言其南北節也。《鄉射》云‘席工于西階上，少東’，言其東西節也，文互見耳。”

張氏曰：“此下作樂樂賓，有歌、有笙、有間、有合，凡四節。”

世佐案，工席北向，乃東上者，亦統于主人也。

工四人，二瑟，瑟先。相者二人，皆左何瑟，後首，挎越，内弦，右手相。

註曰：“四人，大夫制也。二瑟，二人鼓瑟，則二人歌也。相，扶工也，衆賓之少者爲之，每工一人，天子相工使視瞭者。後首者，變于君也。挎，持也。相瑟者則爲之持瑟。其相歌者，徒相也。越，瑟下孔也。内弦，側擔之。”“之”下本或有“者”字，今從敖氏本删。

疏曰：此鄉大夫飲酒而云“四人”，《大射》諸侯禮而云“六人”。若然，士當二人，天子當八人，爲差次也。工二人歌，相亦二人，以空手無事，故不言也。《燕禮》云“小臣左何瑟，面鼓”，註云“燕尚樂，可鼓者在前也”，鄉飲酒亦尚樂而不面鼓，是變于君也。

敖氏曰："瑟先歌後，行時以後爲尊，亦工禮之異者也。在肩曰何。後首，瑟之首在後也。挎，以指鉤之也。後越，去瑟廉差近，故以巨擘承下廉，而三指挎越也。内弦，弦鄉身也。右手相者，便也。"

樂正先升，立于西階東。

註曰："正，長也。"

敖氏曰："此先升而立于西階東，明其不與工序也。《鄉射禮》云'樂正先升，立于工席之西'，亦與此文互見也。"又曰："天子樂師以下大夫、上士、下士爲之。諸侯之樂師唯當用上士、下士，然則此使之給事者，其下士與？"

工入，升自西階，北面坐。相者東面坐，遂授瑟，乃降。

註曰："降立于西方，近其事。"

疏曰："《鄉射》云'樂正適西方，命弟子贊工遷樂'，故知西方是近其事也。"

敖氏曰："相者東面，坐於其席前之西也。授瑟，以瑟首鄉東授之。"

工歌《鹿鳴》、《四牡》、《皇皇者華》。

註曰："三者皆《小雅》篇也。《鹿鳴》，君與臣下及四方之賓燕，講道修政之樂歌也，此采其己有旨酒，以召嘉賓，嘉賓既來，示我以善道，又樂嘉賓有孔昭之明德可則傚也。《四牡》，君勞使臣之來樂歌也，此采其勤苦王事，念將父母，懷歸傷悲，忠孝之至，以勞賓也。《皇皇者華》，君遣使臣之樂歌也，此采其更是勞苦，自以爲不及，欲諮謀于賢知而以自光明也。"

疏曰："凡歌《詩》之法，皆歌其類。此時貢賢能，擬爲卿大夫，或爲君所燕食，以《鹿鳴》詩也，或爲君出聘，以《皇皇者華》詩也，或使反爲君勞來，以《四牡》詩也，故賓賢能而預歌此三篇，使習之也。"

朱氏曰："《鹿鳴》即謂今日燕飲之事，所以導達主人之誠意，而美嘉賓之德也。《四牡》言其去家而仕于朝，辭親而從王事於此乎始也。《皇皇者華》言其將爲君使而賦政于外也。《學記》曰'《宵雅》肄三，官其始也'，正謂此也。蓋此三詩，先王所制以爲燕飲之樂，用之鄉人，用之邦國，各取其象而歌之也。"

敖氏曰："《春秋傳》曰：'《文王》、《大明》、《緜》，兩君相見之樂也。'兩君相見，得歌《大雅》，則士、大夫相飲得歌《小雅》，差之宜也。此凡所歌者，皆不取其詩之義，但以其所得用者樂賓耳。不言瑟者，瑟依歌，其同可知。《書》曰'戛擊、鳴球、搏拊、琴瑟以詠'，《禮》又有'頌磬'、'頌鐘'，頌，猶歌也。然則工歌之時，亦奏堂下之樂以應之矣，不言者，主于歌也，下放此。"

世佐案，歌詩不類，古人所誚也。此凡所歌者，故是上下通用之樂。然既歌其詩，則必有取于詩之義，註疏及朱子所云，皆可參觀也。敖氏謂但以其所得用者樂賓，而不取其義，非。又案《尚書蔡氏傳》云"堂上之樂，惟取其聲之輕清者與人聲相比"，則二人歌時，必二人鼓瑟以合詠歌之聲，不言可知。敖氏乃謂"工歌之時，亦奏堂下之樂以應之"，則從古無此凌亂雜揉之樂也。《書》曰"戛擊、鳴球、搏拊、琴瑟以詠"，此堂上之樂也；"下管鼗鼓，合止柷敔，笙鏞以間"，此堂下之樂也。堂上之樂以歌爲主，堂下之樂以管爲主。歌發則堂下之樂不作，管奏則堂上之樂亦停，所謂無相奪倫者，此也。此篇所記與《虞書》異者三：堂上有瑟無琴，一也；磬以石爲之，又在堂下，二也；堂下之樂無管鼗諸器，而以笙爲主，三也。之三者或因虞、周異制，或因天子宗廟與大夫、士相飲隆殺不同，至其上下迭奏之法，則古今一轍，家國同揆也。敖氏解《書》未精，致有此誤。昔新安陳氏譏王氏炎看《儀禮》疎率而誤解《書》，今敖氏又因《書》而誤解《禮》。甚矣，治經者之不可不博通也。新安陳氏之説見《書集傳纂疏》，辨證甚悉，今節録之于左。

陳氏櫟曰："《郊特牲》曰：'歌者在上，匏竹在下，貴人聲也。'即此説以證此章，謂《虞書》"戛擊、鳴球"章。與《儀禮》皆無不合。戛擊、搏拊以詠歌詩章所謂歌者在上也，管鼗、柷敔、笙鏞皆在堂下以間者，此衆樂與堂上之樂更代而間作也，所謂匏竹在下也。奏石絲以詠歌之時，則堂下之樂不作，奏匏竹等衆樂之時，則堂上之樂不作。以今奏樂例之，亦如此耳。今諸解徒見《鄉飲酒》、《燕禮》並有'間歌《魚麗》'之文，遂引以證此章，林氏唱之，其辭欠明。若王氏炎則看《儀禮》疎率，陳大猷復引《儀禮》分註其下，改却本文，尤非。蓋閒歌《魚麗》、《南有嘉魚》、《南山有臺》，與笙《由庚》、《崇丘》、《由儀》相更替也，與《書》之'以間'初不相干，不過一'間'字同，間代更替之義亦同耳。雙溪謂堂上登歌，堂下間歌，直引'間歌《魚麗》'以解'笙鏞以間'，謂'以間'即是'間歌'，殊不知堂下安得有歌乎?”

卒歌,主人獻工。工左瑟,一人拜,不興,受爵,主人阼階上拜送爵。

註曰:“一人,工之長也。凡工賤,不爲之洗。”

敖氏曰:“一人,工之長,乃歌者也。不興,受爵,瞽者不能如禮也,主人亦坐授之。主人獨拜于阼階上者,以工拜受於其位,故不得拜於其右也。”

張氏曰:“‘工左瑟’者,移瑟于左,身在瑟右,以便受爵也。”

世佐案,一人,謂鼓瑟者之長。瑟賤,而先得獻者,以其先就事也。説又見《鄉射禮》。左瑟,以主人于其右授爵也。工北面,以東爲右。

薦脯醢,使人相祭。

註曰:“使人,相者,相其祭酒、祭薦。”

工飲,不拜既爵,授主人爵。

註曰:“坐授之。”

衆工則不拜,受爵,祭飲,辯有脯醢,不祭。

註曰:“祭飲,獻酒重,無不祭也。”

敖氏曰:“祭飲,祭酒乃飲也。”

大師則爲之洗,賓、介降,主人辭降,工不辭洗。

註曰:“大夫若君賜之樂,謂之大師,則爲之洗,尊之也。賓、介降,從主人也。工,大師也。上既言獻工矣,乃言大師者,大師或瑟或歌也。其獻之,瑟則先,歌則後。”

敖氏曰:“大師,《周官》以下大夫爲之,諸侯則宜用上士也。主人辭,賓亦對。衆賓不降,別于賓、介也。工不辭洗,亦不降。”

張氏曰:“大師在瑟歌四人之内,通謂之工,獻之亦依瑟先歌後之序,但爲之洗爲不同。”

世佐案,大師乃君所賜有爵者,無論或瑟或歌,必先獻,不當依瑟先歌後之序。經既言“獻工”,乃言“大師”者,以其出于君賜,不必有也,註誤。

笙入堂下，磬南北面立，樂《南陔》、《白華》、《華黍》。

註曰："笙，吹笙者也，以笙吹此詩以爲樂也。《南陔》、《白華》、《華黍》，《小雅》篇也，今亡，其義未聞。昔周之興也，周公制禮作樂，采時世之詩以爲樂歌，所以通情，相風切也，其有此篇明矣。後世衰微，幽、厲尤甚，禮樂之書稍稍廢棄。孔子曰：'吾自衛反魯，然後樂正，《雅》、《頌》各得其所。'謂當時在者而復重雜亂者也，惡能存其亡者乎？且正考父校商之名《頌》十二篇于周大師，歸以祀其先王，至孔子二百年之間，五篇而已，此其信也。"

疏曰：案《詩序》云："《南陔》，孝子相戒以養也。《白華》，孝子之潔白也。《華黍》，時和年豐，宜黍稷也。"以上是子夏《序》文。云"有其義而亡其辭"者，此是毛公續《序》。云"有其義"者，指子夏《序》有其義也。云"亡其辭"者，謂詩辭亡矣。《南陔》註云："孔論《詩》，《雅》、《頌》各得其所，時俱在耳。遭戰國及秦之世而亡之，其義則與衆篇之義合編，故存。"彼《詩》鄭註又與此不同者，鄭君註《禮》之時未見《毛傳》，以爲此篇孔子前亡。註《詩》之時既見《毛傳》，以爲孔子後失也。

劉氏敞曰："此三篇皆笙詩也。《小序》云：'有其義而亡其辭。'亡，謂本無，非亡逸之亡也。《鄉飲酒禮》鼓瑟而歌《鹿鳴》、《四牡》、《皇皇者華》，然後笙入堂下，磬南北面立，樂《南陔》、《白華》、《華黍》。《燕禮》亦鼓瑟而歌《鹿鳴》、《四牡》、《皇皇者華》，然後笙入，立于縣中，奏《南陔》、《白華》、《華黍》。《南陔》以下，今無以考其名篇之義，然曰笙、曰樂、曰奏，而不言歌，則有聲而無辭明矣。下《由庚》、《崇丘》、《由儀》放此。"

朱子曰："《小序》於此六笙詩皆著其義，蓋序者以意言之，今鄭此註云'其義未聞'，則亦不敢信其説矣。"

敖氏曰："磬南，阼階西南也。北面立，蓋亦東上，如工立于磬南，近其所應之樂也。"

郝氏曰："堂下之樂笙爲主，磬亦在堂下，樂即笙磬。"

張氏曰："磬縣南面，其南當有擊磬者。此笙入磬南，北面，在擊磬者之南[①]，北面也。"

世佐案，笙詩之説，從來聚訟。《詩》、《禮》二註出康成一手，尚爾異

① "擊磬者"，校本同，《句讀》"磬"上無"擊"字。

同，况生于其後者乎？謂六篇之辭雖亡，而其義幸以《序》而存者，箋、疏而外，陸氏德明、束氏皙、蘇氏轍、范氏處義、黄氏櫄、嚴氏粲也。謂其辭既亡，則其義不可得而知，作《序》者但考二字，便率意作一篇之序者，鄭氏樵、李氏樗也。讀“亡其辭”之“亡”爲“無”，而謂此六篇有聲無辭者，劉氏敞、商氏份、董氏逌、王氏質、黄氏震也。朱子于有聲無辭之解既用原父，而以《小序》爲無理，則同漁仲，其説詳見《詩集傳》及《辯説》，固足爲定論矣，然猶未足以厭後人之心而關其口，何也？《書》曰“詩言志，歌永言，聲依永”，又曰“予欲聞六律、五聲、八音在治忽，以出納五言，汝聽”，然則有辭而後有聲，聲之不可離辭而成樂也，自古然矣。又況古人名篇之例，或以詩之首二字，或一句，或次取篇中一二字以爲題，亦有舍篇中字而别命之者，要未有無其辭而可命之曰某詩某詩也。夫《詩》之逸者多矣，如《貍首》、《采齊》、《肆夏》見于《禮記》;《祈招》、《河水》、《新宫》見于《春秋左氏傳》;“三《夏》”之名見《國語》;“九《夏》”之名見《周禮》。考其辭與義，必無夫子所删者，而今《詩》皆不能具，其亡于夫子之前而不及收與？抑亡于夫子之後，而今之所存者或非其舊與？是皆未可知也。何獨于《南陔》以下六篇而保其非逸耶？若徒以其曰笙、曰樂、曰奏而不言歌以爲有聲無辭之證，則吕氏祖謙、郝氏敬論之詳矣，其説可得而申也。《鄉射禮》云“奏《騶虞》”，《國語》云“金奏《肆夏》、《樊遏》、《渠》”，吕叔玉云“《肆夏》，時邁也。《樊遏》，執競也。《渠》，思文也”，其説采于《詩集傳》，是皆有辭，而亦云奏。《周禮·籥章》以籥“吹《豳詩》”，即《七月》也。《禮記》“升歌《清廟》，下管《象》”，《象》即《維清》也。《燕禮》“升歌《鹿鳴》，下管《新宫》”，而《左傳》昭二十五年“宋公賦《新宫》”，謂之賦，則有辭矣。《國語》又稱“伶簫詠歌”，“《鹿鳴》之三”，是籥與簫管所吹之詩皆有辭，而謂笙所吹者獨無辭可乎？張子曰：“既無詩，安得有此篇。必是有其辭，所以亡者，良由施之于笙，非若歌之可習。”此言殆爲平允矣。

主人獻之于西階上，一人拜，盡階，不升堂，受爵，主人拜送爵。階前坐祭，立飲，不拜既爵，升授主人爵。

註曰：“一人，笙之長者也。笙三人，和一人，凡四人。《鄉射禮》曰：‘笙一人拜于下。’”

疏曰：案《鄉射記》云：“三笙一和而成聲。”《爾雅》曰：“笙小者謂之和。”

敖氏曰:“主人獻時亦西南面也,主人拜亦北面,升授主人爵,亦盡階,不升堂。”

張氏曰:“前獻歌,工在阼階上,以工在西階東也。此獻笙在西階上,以笙在階下也。”

衆笙則不拜,受爵,坐祭,立飲,辯有脯醢,不祭。

註曰:“薦之皆於其位。”

敖氏曰:“《鄉射禮》曰:‘主人以爵降奠于篚,反升就席。’”

乃間,歌《魚麗》,笙《由庚》;歌《南有嘉魚》,笙《崇丘》;歌《南山有臺》,笙《由儀》。

註曰:“間,代也,謂一歌則一吹。六者皆《小雅》篇也。《魚麗》言太平年豐物多也,此采其物多酒旨,所以優賓也。《南有嘉魚》言太平君子有酒,樂與賢者共之也,此采其能以禮下賢者,賢者纍蔓而歸之,與之燕樂也。《南山有臺》言太平之治以賢者爲本,此采其愛友賢者,爲邦家之基,民之父母,既欲其身之壽考,又欲其名德之長也。《由庚》、《崇丘》、《由儀》今亡,其義未聞。”

疏曰:“云‘謂一歌則一吹’者,堂上歌《魚麗》終,堂下笙中吹《由庚》續之,以下皆然。案《詩序》云‘《由庚》,萬物得由其道也。《崇丘》,萬物得極其高大也。《由儀》,萬物之生各得其宜也’,‘有其義而亡其辭’。堂上歌者不亡,堂下笙者即亡,蓋當時方以類聚,笙歌之詩,各自一處①,故存者併存,亡者併亡也。”

世佐案,疏言笙詩併亡之故,要不若張子之確。

乃合樂,《周南》:《關雎》、《葛覃》、《卷耳》;《召南》:《鵲巢》、《采蘩》、《采蘋》。

註曰:“合樂,謂歌樂與衆聲俱作。《周南》、《召南》,《國風》篇也,王后、國君夫人房中之樂歌也。《關雎》言后妃之德,《葛覃》言后妃之職,《卷耳》言后妃之志,《鵲巢》言國君夫人之德,《采蘩》言國君夫人不失職,《采蘋》言卿大夫之妻能循其法度。昔大王、王季居于岐山之陽,躬行《召南》之教以興王業,及文王而行《周南》之教以受命。《大雅》云‘刑于寡

① “自”原作“是”,校本作“自”,《要義》、陳本、閩本、監本、毛本、汪氏翻刻單疏本同,據改。

妻，至于兄弟，以御于家邦'，謂此也。其始一國耳，文王作邑于豐，以故地爲卿士之采地，乃分爲二國。周，周公所食；召，召公所食。於時文王三分天下有其二，德化被于南土，是以其詩有仁賢之風者，屬之《召南》焉；有聖人之風者，屬之《周南》焉。夫婦之道，生民之本，王政之端。此六篇者，其教之原也，故國君與其臣下及四方之賓燕，用之合樂也。鄉樂者，《風》也。《小雅》爲諸侯之樂，《大雅》、《頌》爲天子之樂。《鄉飲酒》升歌《小雅》，禮盛者可以進取也。《燕》合鄉樂，禮輕者可以逮下也。《春秋傳》曰：'《肆夏》:《繁》、《遏》、《渠》，天子所以享元侯也。《文王》、《大明》、《緜》，兩君相見之樂也。'然則諸侯相與燕，升歌《大雅》，合《小雅》，天子與次國、小國之君燕亦如之。與大國之君燕，升歌《頌》，合《大雅》，其笙、間之篇未聞。"

疏曰："'歌樂衆聲俱作'者，堂上有歌、瑟，堂下有笙、磬，合奏此詩也。"

孔氏曰[①]："合樂三終者，謂堂上下歌、瑟及笙並作也。若工歌《關雎》，則笙吹《鵲巢》合之，若工歌《葛覃》，則笙吹《采蘩》合之，若工歌《卷耳》，則笙吹《采蘋》合之。"見《禮記·鄉飲酒義》疏。

朱子曰："二南之分，註疏説皆未安，唯程子曰'以周公主内治，故以畿内之詩言文王、太姒之化者，屬之《周南》；以召公掌諸侯，故以畿外之詩言列國諸侯、大夫之室家被文王之化而成德者，屬之《召南》'，此爲得之。謂之南者，言其化自岐、雍之間，被于江漢之域，自北而南也。《詩》曰'以雅以南'，即謂此也。"又曰："'合樂'，孔疏非是，當從賈疏之説。言三終者，二《南》各三終也。"

敖氏曰："鄉飲酒，士禮之盛者也，故歌《小雅》與鄉樂。若其禮輕者，則唯鄉樂而已，下文'息司正'是也。"世佐案，鄉飲酒，大夫享士之禮也，敖直以爲士禮，非。然以下文"息司正"觀之，則大夫燕士之樂，略可觀矣。

張氏曰："案此合樂即《論語》所謂'《關雎》之亂'者也。"

世佐案，饗燕所用詩之差等：天子用《大雅》，諸侯《小雅》，大夫《風》，此其宜也。《春秋傳》曰："《肆夏》:《繁》、《遏》、《渠》，天子所以享元侯也。"《頌》是天子郊廟之樂歌，而享諸侯亦用之者，所謂禮盛者可以進取

---

① "氏"原作"子"，校本作"氏"。此爲孔穎達《禮記疏》文，據校本改。

也。燕則升歌《大雅》，合《小雅》與[1]，合《小雅》者，所謂禮輕者可以逮下也[2]。《傳》又曰："《文王》、《大明》、《緜》，兩君相見之樂也。"亦謂享禮進取也。燕則升歌《小雅》，合鄉樂，合鄉樂者，亦逮下也。今鄉大夫享士，而升歌、笙、間俱用《小雅》者，亦進取也。註疏分别，未妥。敖氏不知《春秋傳》及此經所云皆是享禮進取，因謂諸侯宜歌《大雅》，大夫、士宜歌《小雅》，亦未是也。《傳》稱穆叔如晉，晉侯饗之，"歌《鹿鳴》之三，三拜"，饗也，而與燕同樂，諸侯于聘大夫之禮則然，賈疏據此遂謂饗燕同樂，尤非。《詩譜》云"天子諸侯燕羣臣及聘問之賓，皆歌《鹿鳴》，合鄉樂"，此則得之。凡笙、間之詩，皆與升歌同等，而諸侯以上又有以樂納賓之禮，以樂納賓，則升歌之後下管乃笙，所奏之詩亦皆與升歌同等，《燕禮》具焉，其他則未之聞也。《仲尼燕居》以"升歌《清廟》，下管《象》"爲兩君相見之樂，蓋記者譌也。《清廟》，祀文王之升歌也。《書大傳》云："周公升歌《清廟》，苟在廟中，嘗見文王者，愀然如復見文王焉[3]。"魯以成王之賜，得用之周公之廟，《明堂位》云："季夏六月，以禘禮祀周公于大廟，升歌《清廟》，下管《象》。"已爲非禮，孔子曰："魯之郊禘，非禮也。周公其衰矣。"程子曰："成王之賜，伯禽之受，皆非也。"而謂大饗用之，其可哉。今詳列其差等如左。

<table>
<tr><th></th><th>天子享諸侯</th><th>燕</th><th>享群臣及聘問之賓</th><th>燕</th><th>諸侯相享</th><th>燕</th><th>享群臣及聘問之賓</th><th>燕</th><th>大夫相享</th><th>燕</th><th>享士</th><th>燕</th></tr>
<tr><td>升歌</td><td>頌</td><td>大雅</td><td>大雅</td><td>小雅</td><td>大雅</td><td>小雅</td><td>小雅</td><td>小雅</td><td>小雅</td><td rowspan="4">鄉樂唯欲</td><td>小雅</td><td rowspan="4">鄉樂唯欲</td></tr>
<tr><td>笙</td><td>頌</td><td>大雅</td><td>大雅</td><td>小雅</td><td>大雅</td><td>小雅</td><td>小雅</td><td>小雅</td><td>小雅</td><td>小雅</td></tr>
<tr><td>間</td><td>頌</td><td>大雅</td><td>大雅</td><td>小雅</td><td>大雅</td><td>小雅</td><td>小雅</td><td>小雅</td><td>小雅</td><td>小雅</td></tr>
<tr><td>合樂</td><td>大雅</td><td>小雅</td><td>小雅</td><td>風</td><td>小雅</td><td>風</td><td>風</td><td>風</td><td>風</td><td>風</td></tr>
</table>

工告于樂正，曰："正歌備。"樂正告于賓，乃降。

註曰："樂正降者，以正歌備，無事也。降立西階東，北面。"

右樂。張氏曰："此作樂樂賓，是飲酒禮第二段，並上段鄭氏以爲禮樂之正，是也。"

---

① "雅"下"與"字，校本無，語義較順，參考下文"升歌《小雅》，合鄉樂"之文例，底本之"與"疑爲衍字。

② "逮下"二字，校本作"下逮"，下"合鄉樂者，亦逮下也"同。

③ "愀"原作"愁"，校本作"愀"，《尚書大傳》同，據改。

主人降席自南方。

註曰:"不由北方,由便。"

張氏曰:"此下言旅酬之儀。立司正以監酒,司正安賓表位,於是賓酬主人,主人酬介,介酬衆賓,衆賓以次皆徧焉。"

側降。

註曰:"賓、介不從。"

疏曰:側,特也。賓介不從,故言側。以方燕,禮殺故也。

作相爲司正,司正禮辭,許諾。主人拜,司正答拜。

註曰:"作,使也。禮樂之正既成,將留賓,爲有懈惰,立司正以監之。拜,拜其許。"

疏曰:"上經云'一相迎于門外',今將燕,使爲司正,監察賓主之事也。"

敖氏曰:"主人自作之者,辟君禮也。司正之職亦主于相爾,乃更其名者,禮異于上,宜新之也。謂之司正者,以其正此飲酒之禮而名之與?"

主人升,復席。司正洗觶,升自西階,阼階上北面受命于主人。主人曰:"請安于賓。"司正告于賓,賓禮辭,許。

註曰:"告賓於西階。"

司正告于主人,主人阼階上再拜,賓西階上答拜。司正立于楹間以相拜,皆揖,復席。

註曰:"再拜,拜賓許也。司正既以賓許告主人,遂立楹間以相拜。賓、主人既拜,揖就席。"

敖氏曰:"楹間,東西節也,宜於楹爲少南。凡相拜,皆有相之者,經不悉見之。"

司正實觶,降自西階,階間北面坐奠觶,退共,少立。

註曰:"階間北面,東西節也。其南北當中庭。共,拱手也。少立,自正慎其位也。己帥以本或作"而",誤。正,孰敢不正。"

敖氏曰:"奠觶不拜者,獨行禮則不象受觶之儀也。不南面奠觶,亦變於君禮。退而少立,以其位在是也。《燕》與《大射》則其位少進,亦異者也。"

郝氏曰:"介不得自實觶,司正得自實觶者,介不敢同于賓,而司正不妨同于主,司正得專罰也。"

坐取觶,不祭,遂飲,卒觶興,坐奠觶,遂拜,執觶興,洗,北面坐奠觶于其所,退立于觶南。

註曰:"洗觶奠之,示潔敬。立於其南,以察衆。"

疏曰:"執觶興,洗",《鄉射》、《大射禮》皆不云"盥",此俗本有"盥"者誤。

敖氏曰:"坐取觶,亦進坐,取觶而反坐也。不祭者,變于獻酬也。卒觶拜者,宜謝主人也。酒,主人之物也。主人不答拜者,不與爲禮,則不敢當也。主人請立司正,而司正乃實觶自飲者,所以爲識,又欲因以虚觶識其位也。"

世佐案,唐時《石經》"洗"上尚有"盥"字,即賈氏所謂俗本也。監本無之,蓋從朱子《通解》本删。

右立司正。

賓北面坐取俎西之觶,阼階上北面酬主人。主人降席,立于賓東。

註曰:"初起旅酬也。凡旅酬者,少長以齒,終於沃盥者,皆弟長而無遺矣。"

疏曰:云"取俎西之觶"者,謂前一人舉觶,奠于薦右,今爲旅酬而舉之,主人酬賓奠于薦東者不舉,故言"俎西"以别之。"主人降席",不云自南方、北方者,下記云"主人、介凡升席自北方,降席自南方",指此文也。又曰:下記云"主人之贊者西面北上,不與","無算爵,然後與",若然,此旅酬得終于沃洗者。鄭解酬之大法,欲見堂上賓、主人之黨無不與,故連引無算爵而言,其實此時未及沃洗也。

敖氏曰:"俎西,于薦西爲少南。上經惟云'奠觶于其所',故此明之。賓于一人所舉之觶亦取而遷之者,以其代主人行禮也。"

賓坐奠觶,遂拜,執觶興,主人答拜。不祭,立飲,不拜,卒觶,不洗,實觶,東南面授主人。

註曰:"賓立飲卒觶,因更酌以鄉主人,將授。"

敖氏曰:"'不拜卒觶',猶言不拜既爵也,'東南面',於阼階上。"

主人阼階上拜，賓少退。主人受觶，賓拜送于主人之西。

註曰："旅酬同階，禮殺。"

賓揖，復席。

註曰："酬主人訖。"

主人西階上酬介，介降席自南方，立于主人之西，如賓酬主人之禮。主人揖，復席。

註曰："其酌，實觶，西南面授介。自此以下旅酬，酌者亦如之。"

朱子曰："賓、主、介相酬，初皆北面，但實觶之後，授觶之時，賓、介介字疑衍。則東南面授主人，主人則西南面授介。已受之後即授者，又還北面之位，賓、介介字亦疑衍。則拜送于主人之西，主人則拜送于介之東，皆北面也。故下文受介酬者得由其東，亦既受乃還北面拜送也。"

敖氏曰："惟既實觶，則西南面酬介，異于賓禮也。"

張氏曰："主人以所受于賓之觶往酬介，亦先拜介，自飲，實觶，授介，拜送于其東。註'自此以下旅酬，酌者亦如之'，謂皆西南面授之也。"

司正升相旅，曰："某子受酬。"受酬者降席。

註曰："旅，序也。於是介酬衆賓，衆賓又以次序相酬。某者，衆賓姓也。同姓則以伯仲别之，又同則以其字别之。"

敖氏曰："於賓酬主人、主人酬介司正不升，則唯相之于下耳，尊之也。若有遵者，則先衆賓酬之，既，則司正乃升也。"

顧氏炎武曰："《鄉射禮》'某酬某子'，註'某子者，氏也'，古人男子無稱姓者，從《鄉射禮》註爲得，如《左傳》叔孫穆子言叔仲子、子服子之類。"

司正退立于序端，東面。

註曰："辟受酬者，又便其贊上贊下也。始升相，西階西北面。"

疏曰："司正初時在堂上西階西，北面命受酬者訖，退立于西序端東面者，一則案此下文'衆受酬者受自左'，即是司正立處，故須辟之，二則東面時贊上贊下便也。"

敖氏曰："序端，東面，惟退而俟事之時則然，自是以後，於凡作受酬者則皆少違此位。堂上者北面作之，堂下者南面作之，既，則皆復此位也。"

世佐案，堂上者北面作之，唯相介酬衆賓則然，其他則司正東面自若也。《鄉射禮》在下者皆升受酬于西階上，司正安得南面作之乎？敖説非也。

受酬者自介右。

註曰："由介東也。尊介，使不失故位。"

疏曰：北面以東爲右。凡授受之法，授由其右，受由其左。此受介酬者應自介左，而自介右者，介位在西，故云"尊介，使不失故位"也。

楊氏曰："主人酬介，介立于主人之西，是主人在介右也。及介酬某子，某子受酬，亦在介右，蓋尊介，使不失故位也。"

敖氏曰："受介酬者獨居其右，與他受酬者不同，明介尊，不與衆賓序也。若遵者受介酬亦然。自介右，則介當東南面酬之。"

世佐案，自介右，則介之酬衆賓也當東北面，敖云"東南面"，非。註疏謂自主人酬介以下，皆西南面授之，亦不盡然也。

衆受酬者受自左。

註曰："後將受酬者，皆由西，變於介也。"

疏曰："衆受酬者"，謂堂上衆賓自第二以下并堂下衆賓也。言"變于介"者，即是授受之常法也。

楊氏曰："自介酬某子之後，衆受酬者皆立于酬者之左，亦如賓酬主人，立于主人之左。"

郝氏曰："受介酬者自介右，尊介在左也。衆人轉相酬，則受酬者在左，酬者尊受者如賓也。"

拜，興，飲，皆如賓酬主人之禮。

註曰："嫌賓以下異也。"

敖氏曰："亦惟受酬者立于酬者之西，及酬者既實觶，進西南面爲異耳。"

世佐案，堂上衆賓相酬，當西北面。蓋酬者之于受酬者，必向其位，所以通指也。賓酬主人東南面，主人酬介西南面，皆以是三賓之位在賓西南面，則其自相酬亦必西北向之可知[①]。唯堂下衆賓則當西南面酬之

① "向"，校本作"面"。

耳,受酬者皆北面。

辯,卒受者以觶降,坐奠于篚。

註曰:"辯,辯衆賓之在下者。《鄉射禮》曰:'辯,遂酬在下者,皆升,受酬于西階上。'"

疏曰:引《鄉射》者,彼禮與此同,經直言"辯",文不具,故引以證也。

敖氏曰:"卒受者無所旅,自飲于上乃降。"

司正降,復位。

註曰:"觶南之位。"

右旅酬。張氏曰:"此飲酒禮之第三段。"

使二人舉觶于賓、介,洗,升,實觶,于西階上皆坐奠觶,遂拜,執觶興,賓、介席末答拜。皆坐祭,遂飲,卒觶興,坐奠觶,遂拜,執觶興,賓、介席末答拜。

註曰:"二人,亦主人之吏。若有大夫,則舉觶于賓與大夫。《燕禮》曰:'媵爵者立于洗南,西面北上,序進盥洗。'"

疏曰:云"賓、介席末答拜"者,賓于席西南面,介于席南東面。云"若有大夫,則舉觶于賓與大夫"者,以大夫尊于介故也。引《燕禮》者,證此二人舉觶將洗俗本作"盥"。時,亦以次盥手也。世佐案,上一人舉觶,洗而不盥,此亦同,辟君禮也。註引《燕禮》者,證此舉觶者之位、面、序進與彼同耳,非謂盥亦同也,疏誤。

敖氏曰:"至是乃併舉觶于介者,異之也。正言賓介者,明雖有大夫,猶及介。後'于'字亦衍。"

郝氏曰:"使司正,以主人意使也。"

張氏曰:"此下言無算爵,初使二人舉觶,次徹俎,次坐燕,飲酒之終禮也。"

世佐案,鄉飲酒禮本以尊賢,非爲貴貴。大夫雖尊,不當先介。且《鄉飲酒義》云"坐僎于東北,以輔主人",則遵者亦有主義焉。方主人舉觶留賓,豈得舍介而之大夫乎?註非,當以敖説爲正。席末答拜,説見上。

逆降,洗,升,實觶,皆立于西階上,賓、介皆拜。

註曰:"於席末拜。"

敖氏曰:"《鄉射禮》曰:'立于西階上,北面東上。'"

郝氏曰:"逆降,先升者後降,立于西階上,避賓、介拜也。"

皆進，薦西奠之，賓辭，坐取觶以興，介則薦南奠之，介坐受以興。退，皆拜送，降，賓、介奠於其所。

註曰："賓言取，介言受，尊卑異文。"

敖氏曰："賓云取，介云受，經文錯綜，以見其同也。介亦辭，文不具耳。《鄉射禮》曰：'賓與大夫辭。'介宜與彼大夫同也。"

張氏曰："此二人所舉之觶，待升坐後賓、介各舉以酬，爲無算爵者，即此二觶。"

世佐案，"取"、"受"二字，經往往互用。如上文一人舉觶之時，云"賓辭，坐受以興"，而《鄉射禮》則云"取"。《鄉射禮》二人舉觶之時，云"賓與大夫辭，坐受觶以興"，而此則于賓言"取"，介言"受"，蓋取者指其實，而受者原其意也。註因"取"、"受"異文，遂生尊卑之解，殊爲牽率。敖氏改之，是已，而謂經有意錯綜，以見其同，則亦非也。經所以複言"介坐受以興"者，正以見介之不辭，與賓爲異，其義初不在此一字也。介何以不辭，蓋辭者，辭其坐奠也，卑於尊者，不敢親授，故有坐奠之儀。賓與大夫尊，嫌以尊者自居，故辭之。介卑，無所嫌，故不辭也。

右二人舉觶。

司正升自西階，受命於主人，主人曰："請坐于賓。"賓辭以俎。

註曰："至此盛禮俱成，酒清肴乾，賓主百拜，强有力猶倦焉。張而不弛，弛而不張，非文武之道。請坐者，將以賓燕也。俎者，肴之貴者。辭之者，不敢以禮殺當貴者。"

疏曰："案《鄉射》'司正升自西階，阼階上受命于主人，適西階上，北面請坐于賓'，此亦同。"又曰："自此以上，皆立行禮，人皆勞倦，故請坐于賓也。"

敖氏曰："辭以俎者，以俎辭其請坐之命，謂俎在此，不敢坐也。司正于是又反命于主人。"

郝氏曰："俎，禮之盛也。《少儀》云：'有折俎則不坐。'當俎而坐，是輕之也，故賓以俎辭。"

主人請徹俎，賓許。

註曰："亦司正傳請告之。"

司正降階前，命弟子俟徹俎。

註曰："西階前也。弟子，賓之少者。俎者，主人之吏設之。使弟子俟徹者，明徹俎賓之義。"

疏曰："西階前命之，故知賓弟子。"

敖氏曰："俟徹俎者，俟尊者徹俎，乃受之也。"

姜氏曰："以降自西階決其爲賓黨弟子，恐未然。司正凡升降皆西階，一以輔賓，一以監衆，安得以'西階'二字臆揣之耶。味下文，弟子當是主黨。蓋徹俎是賓所命，而受俎非司正一人所辦，故司正首受俎，主黨弟子輔之，而賓、介、大夫之從者受于外也。本記賓、介、大夫之俎皆出授從者，而主俎則弟子以東，明司正與弟子皆主黨，而從者則賓、大夫之從者可見也。"

世佐案，姜説近是。

司正升，立于序端。

註曰："待事。"

賓降席，北面。主人降席，阼階上北面。介降席，西階上北面。遵者降席，席東南面。

註曰："皆立，相須徹俎也。遵者，謂此鄉之人仕至大夫者也。今來助主人樂賓，主人所榮而遵法者也，因以爲名。或有無，來不來，用時事耳。"

疏曰："遵不北面者，以其尊，故席東南面向主人。"

敖氏曰："遵者席西上，降席而立于席東，便也。"

賓取俎，還授司正，司正以降，賓從之。

敖氏曰："北面取俎，還，南面授司正。賓降，立于西階西。"

主人取俎，還授弟子，弟子以降自西階，主人降自阼階。介取俎，還授弟子，弟子以降，介從之。若有諸公、大夫，則使人受俎①，如賓禮。衆賓皆降。

註曰："取俎者皆鄉其席，既授弟子，皆降，復初入之位。"

① "受"原作"授"，校本作"受"，唐石經、《通解》、楊氏《圖》、《集説》、陳本、閩本、監本、毛本同，據改。

敖氏曰:"主人之俎乃以降自西階者,辟君禮也。人,亦謂弟子。《鄉射禮》曰'大夫取俎,還授弟子'是也。主人降立于阼階東,介在賓南,大夫在介南,衆賓又在大夫南,少退。"

張氏曰:"註云'復初入之位'者,東西階相讓之位也。"

右徹俎。

說屨,揖讓如初,升,坐。

註曰:"說屨者,爲安燕當坐也。必說於下者,屨賤,不空居堂。說屨,主人先左,賓先右。"

敖氏曰:"說屨者,各於其階側,北面坐于堂,而說屨于上者,惟尊長則然。此賓主人其尊相敵,故皆說于下,賓黨之屨亦北上也。揖讓,謂主人與賓一揖一讓也。賓則厭介,介厭大夫,大夫厭衆賓,亦以次而升。"

郝氏曰:"揖讓如初,謂三揖,三讓,升,如初迎賓時也。坐,主賓皆坐席上,跪而以股帖足也。"

世佐案,揖讓如初,當如敖說。

乃羞。

註曰:"羞,進也。所進者,狗胾醢也。鄉設骨體,所以致敬也。今進羞,所以盡愛也。敬之、愛之,所以厚賢也。"

敖氏曰:"案註云:'所進者,狗胾醢也。'《少牢》、《特牲饋食》之庶羞,皆以其牲肉爲胾,又有醢,故知此禮當放之也。"

無算爵。

註曰:"算,數也。賓主燕飲,爵行無數,醉而止也。《鄉射禮》曰'使二人舉觶于賓與大夫',又曰'執觶者洗,升實觶,反奠於賓與大夫',皆是。"

疏曰:"引《鄉射禮》者,證此無算爵從首至末,更從上至下,惟醉乃止。"

楊氏曰:"《鄉飲酒禮》無算爵,其文略,註疏引《鄉射》無算爵以釋之。案《鄉射》無算爵,'賓與大夫不興,取奠觶飲,卒觶不拜,執觶者受觶,遂實之,賓觶以之主人,大夫之觶,衆賓長受而錯,皆不拜',註'錯者,實主人之觶以之次賓,實賓長之觶以之次大夫',此鄉飲酒禮亦同。但鄉射有賓無介，鄉飲酒有賓有介，當實賓之觶以之主人，實大夫之觶以之介，及其交錯而行也，當實主人之觶以之衆賓長，實介之觶以之次大夫，又實衆賓長之觶以之第三位次大夫，實次大夫之觶以之第二位次賓長，如此交錯以辯，卒受者興，以旅在下者于西階上，及其辯也，執觶者洗，升，實觶，反奠于賓與大夫，所以復奠之者，燕以飲酒爲歡，醉乃止，此所以爲無算爵也。”

敖氏曰：此異于《鄉射禮》者，舉觶及反奠者不于大夫而于介耳，其賓觶亦以之主人，介觶則以之大夫，其餘皆可以類推之也。

世佐案，《鄉射禮》無介，故云“賓與大夫不興，取奠觶，飲”。此篇有賓有介，上既言“使二人舉觶于賓、介”，則此時取奠觶而飲者，亦當爲賓與介矣。其行酒之法，敖云賓觶以之主人，介觶以之大夫，是也。及其交錯而行也，當實主人之觶以之衆賓長，實大夫之觶以之次賓長，又實衆賓長之觶以之次大夫，實次賓長之觶以之第三位次大夫，循是而辯，此堂上旅酬之法也。其旅在下者于西階上之法，詳見下篇。楊氏惑于鄭註“若有大夫，則舉觶于賓與大夫”之説，故持論如此，而其爲圖亦不能無誤，今更定之如左。

世佐案，遵者之有無多少，皆不可定。是圖作一公、二大夫者，聊舉以示例耳，讀者當以意會也。舊圖無諸公，有南面之大夫三，西面之大夫一，而西面之大夫又與南面者相次，而題之曰十二。謂其受觶之次。堂上三賓而外，又有東面之衆賓，次在十三，皆與經不合，今削去。

無算樂。

註曰：“燕樂亦無數，或間或合，盡歡而止也。《春秋》襄二十九年，吴公子札來聘，請觀于周樂，此國君之無算。”

疏曰：無算之樂，還依尊卑用之。若然，則諸侯宜歌《小雅》，大夫宜歌《風》，但不以三終爲限耳。

敖氏曰：“爵行則奏樂，爵止則樂闋，故爵無算而樂亦無算。”

郝氏曰：“向者獻酬有節，歌、笙、間、合皆三終。燕樂無算，不拘于三也。”

世佐案，《左傳》載季札觀周樂之事，乃魯因札之請而備陳之。《聘禮》云“歸大禮之日，既受饔餼，請觀”是也，非國君之無算也。註引之，誤。

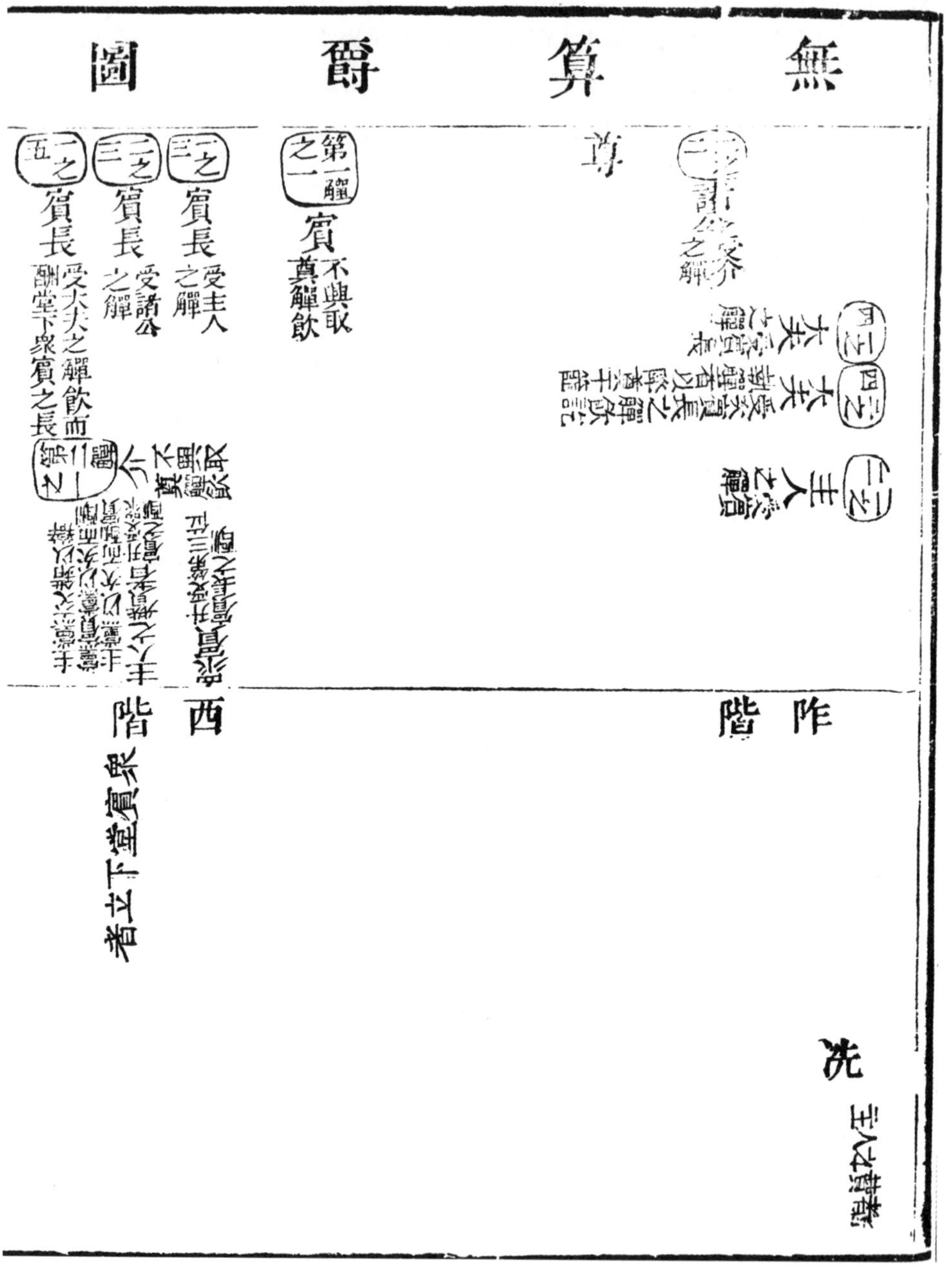

無算爵圖

阼階

二之一 主人 受賓之觶

三之四 大夫 受賓長之觶

四之五 大夫

賓長

公 受諸公之觶

第一觶之一 賓 不與取奠觶飲

一之三 賓長 受主人之觶

二之三 賓長 受諸公之觶

一之五 賓長 受大夫之觶飲而酬堂下衆賓之長

第二觶之一 介

西階

衆賓堂下立者

洗

主人之贊者

右燕。張氏曰："此飲酒第四段，飲禮始畢。"

賓出，奏《陔》。

註曰："《陔》，《陔夏》也。陔之言戒也，終日燕飲，酒罷，以《陔》爲節，明無失禮也。《周禮・鍾師》：'以鍾鼓奏九《夏》。'是奏《陔夏》則有鍾鼓矣。鍾鼓者，天子、諸侯備用之，大夫、士鼓而已。蓋建於阼階之西，南鼓。《鄉射禮》曰：'賓興，樂正命奏《陔》，賓降，及階，《陔》作，賓出，衆賓皆出。'"

世佐案，《周禮・鍾師》註云："九《夏》皆詩篇名，《頌》之族類也。此歌之大者，載在樂章，樂崩亦從而亡，是以《頌》不能具。"則《陔》亦《頌》之逸篇與？然以大夫而送賓之樂儼然與天子同，何其無差等也。《鍾師》"陔夏"之"陔"本作"祴"，杜子春云，"祴"讀爲"陔鼓"之"陔"。而此篇及《鄉射》、《燕禮》皆言"奏《陔》"而不言《夏》，然則《陔》之與《祴夏》同乎，否乎，今皆不可得而考矣。竊謂《夏》，大聲也，列之于《頌》，必非諸侯以下之所得干。諸侯、大夫所奏，蓋別爲一詩，而今亦亡之也。或以音節爲別，如《豳詩・七月》，一篇而有風、雅、頌之異與？《樂師》鄭司農註云："今時行禮于太學，罷出，以鼓《陔》爲節"，則《陔》之音節至漢猶有存者，康成乃與《鍾師》之《祴夏》混而一之，至令天子、諸侯、大夫之樂尊卑莫辨，其誤甚矣。疏家乃爲之説，曰："天子則九《夏》俱作，諸侯則不用《王夏》，得奏其《肆夏》以下，大夫以下據此用《陔(南)〔夏〕》[①]"，以是爲尊卑不同，不知諸侯進取僅得歌《大雅》，大夫進取僅得歌《小雅》，未聞有歌《頌》者。魯之有《頌》，相傳爲成王所賜，議者猶以爲僭。三家《雍》徹，夫子譏之。彼金奏《肆夏》之三，諸侯之僭禮也，寧得以爲正而據之乎？

主人送于門外，再拜。

註曰："門東西面拜也，賓、介不答拜，禮有終也。"

右賓出。

賓若有遵者諸公、大夫，則既一人舉觶，乃入。

註曰："不干主人正禮也。遵者，諸公、大夫也。謂之賓者，同從外來耳。大國有孤，四命謂之公。"

---

① "陔夏"原作"陔南"，校本作"南陔"。《儀禮疏》作"陔夏"，據改。

疏曰:"言'不干主人正禮也'者,正禮,謂賓主獻酢是也,是一人舉觶爲旅酬始,乃入,若然,即是作樂前入而于此篇末乃言之者,以其無常,或來或不來,故于後言之也。"

敖氏曰:"大國有孤,其官或與天子之三公同名,故亦謂之公。晉有大師、大傅,亦可見矣。息司正之禮云'以告于先生君子',然則主人之於遵者,其亦使人告之與?"

張氏曰:"此下言諸公大夫來助主人樂賓,主人與爲禮之儀。遵不必至,故曰'若有'。"

席于賓東,公三重,大夫再重。

註曰:"席此二者於賓東,尊之,不與鄉人齒也。天子之國,三命者不齒。於諸侯之國,爵爲大夫則不齒矣。"

疏曰:"席有地可依,若衣裳在身,一領即爲一重,'再重'、'三重'猶二領、三領也。賓在户牖之間,酒尊又在户東,席此二者又在酒尊之東,但繼賓而言耳。"

孔氏曰:"尊者須温厚,故多重乃稱也。三重,則四席也。熊氏云:'二重,則三席也。'"世佐案,孔氏不數在下之筵,故與賈異,今以賈疏爲正。

敖氏曰:"席此于賓東,尊之,不與正賓齒,亦不加尊于正賓也。貴貴、尊賢、尚齒,三者之義並行而不相悖,於斯見之矣。三重、再重,皆蒲席,緇布純者也。上下之席同物,故不必言加,此重席亦兼卷而設之。"

張氏曰:"不與鄉人齒者,衆賓之席在賓西,此特爲位于酒尊東,不在衆人行列中,故曰不與齒也。"

世佐案,席于賓東者,東房户牖之間也。遵者爲助主人樂賢而來①,故席之于此。《鄉飲酒義》云"坐僎于東北,以輔主人"是也。註云"尊之,不與鄉人齒",是解經不于賓西之故,義在貴貴,存之以備一解,于經意未必合也。又註所謂"鄉人"者,堂上三賓耳。敖氏以爲不與正賓齒,尤非。三賓德劣,以年之長幼爲序,故云"不與之齒",正賓曷嘗論齒哉。又案,庠有東西房②,賓席當在牖前。疏云"户牖之間",是以東房西室言也,非。

① "賢",校本作"賓"。

② "庠"原作"序",校本作"庠"。按,前"乃席賓,主人、介、衆賓之席"下盛世佐案語曰:"鄉飲酒行禮于庠,鄉射于序。"此處案語從校本作"庠"爲宜,據改。

圖説見上。

公如大夫入，主人降，賓、介降，衆賓皆降，復初位。主人迎，揖讓升。公升如賓禮。

註曰："如，讀若今之若。主人迎之於門内也。"

朱子曰："'如，讀若今之若'，但謂如字讀之如今人所用之若字耳，無他義也，疏説迂。"

敖氏曰："'公如大夫入'，猶言若公、若大夫入也。入，謂入門左也。'初位'，階西以南之位也。迎不拜者，别于賓介，亦以其在門内也。迎于門内而拜，降等者之禮也。公于主人爲踰等，乃後升者，非正賓也。升階正法，客尊則先升。'如賓禮'，如其獻禮也。"

郝氏曰："'公如大夫入'，謂公入門禮亦如大夫也。大夫入禮見《鄉射》。主、賓、介與衆賓皆降，復初入門左之位，待公入也。"

張氏曰："公若大夫入，言或公入，或大夫入，其降迎皆如下文所云也。如賓禮，謂拜至、獻爵、酢爵並如之也。"

世佐案，如字之義，敖、張二説得之。復初位，疏云"復西階下東面位"，是也。蓋亦介在賓南，衆賓在介南矣。郝云"復初入門左之位"，非。

辭一席，使一人去之。"使一人去之"，敖本作"主人去之"。

註曰："辭一席，謙自同於大夫。"

敖氏曰："諸侯之加席與其下席而二，此席雖非加，而數則過于二焉，故辭之。而主人亦許而徹之也。"

世佐案，《周禮·司几筵》設席之法，天子惟三重，諸侯二重。此云"公三重，大夫再重"，敖氏嫌其尊卑無辨，故設爲"此席非加"之説以通之，然下文明言加席，則其説固不可得而通也。蓋天子以至于大夫，尊卑之辨在五席之名物，不全繫于席之重數也。五席者，次、繅、莞、蒲、熊也。天子之三重，莞也，繅也，次也。諸侯之再重，祭祀則蒲也，莞也；胙則莞也，繅也，不聞用次。卿大夫以下，則唯蒲筵，緇布純而已，加席以莞，不聞用繅，此則其差等也。若夫席之重數，寧有常乎？《禮器》云："天子之席五重，諸侯之席三重，大夫再重。"此亦大槩言之耳。《周禮疏》云："五重者，據天子大祫祭而言，若禘祭當四重，時祭當三重。諸侯三重，上公當四重，亦謂大祫祭時，若禘祭降一重，諸侯二重，禘與時祭同。卿大夫以下,《特牲》、《少牢》唯見一重耳。若爲賓饗則加。重數非常法,故不與祭祀同也。"又諸侯相饗則三重,《郊特牲》云"大饗,君三重席而酢焉"是也。燕他國之臣則一重,《郊特牲》云"三獻之介,君專席而酢焉,此降尊以就卑也"是也,《公食大夫禮》"蒲筵,緇布純,加莞鄭本作萑。席",而《燕禮》筵賓于户西,無加席,臣以君屈也。由斯而譚,席之重數隨時變易,義各有主,固不可執一而論也。即如此篇,主人,鄉大夫也,然以賓故,不敢有加席,亦是降尊以就卑之義。士一重,大夫再重,禮之正也。大國之孤又尊于大夫,故爲設三重以異之,猶諸侯三重而上公四重也。然因其辭而即去之,則亦再重而已,豈可議其僭乎?又案《公食大夫記》云"蒲筵常,緇布純,加莞席尋",此公與大夫之加席亦當與彼同,記不言者,文不具耳。敖云上下之席同物,非。

大夫則如介禮,有諸公則辭加席,委于席端,主人不徹;無諸公則大夫辭加席,主人對,不去加席。

註曰:"加席,上席也。大夫席再重。"

疏曰:"云'加席,上席也'者,以其再重、三重,席皆一種故也。記云'蒲筵,緇布純',明無異也。"世佐案,註疏之誤,説見上。

楊氏曰:"獻遵一條,經文所載差畧。謂'公升如賓禮',則自拜至以後,其禮當與賓同,見前《獻賓圖》。謂大夫如介禮,則不拜洗,不嚌肺,不告旨,禮殺于賓,參之《獻介圖》及《鄉射禮》可見。但無諸公,則獻大夫當如獻賓之禮。"

敖氏曰:"如介禮,亦如其獻禮耳。若其酢,則主人於公、大夫一也。《鄉射》言大夫之酢,其儀與此介同。諸公雖尊,禮宜如之,所以辟正賓也。席端,席北端也。大夫辭加席,謙也。有諸公則自委于席端者,公惟再重,己宜辟之,主人不徹,明其有爲而爲之,非正禮。無諸公,則主人不聽其辭而去之者,士亦一重,異爵者不可以無所别也。無諸公,則大夫之席在尊東,南面。有諸公,則席在主人之北,西面。此重席乃云'加席'者,但取其在上故爾,非謂此席即加席也。凡加席與其下席異物,而長半之,重席則否。"

張氏曰:"如介禮,其入門、升堂、獻酢等,皆如介之殺于賓也。"

世佐案,此云"公升如賓禮","大夫則如介禮",《鄉射記》云"若有諸公,則如賓禮,大夫如介禮。無諸公,則大夫如賓禮",及考《鄉射禮》所載遵者獻酢之禮，僅與介同，不見所謂如賓禮者。諸公之禮既無明文可考，于是諸儒各以己意爲説。楊氏但謂自拜至以後當與賓同，見前《獻賓圖》，而不及酢。敖氏謂如賓禮，如其獻禮耳，酢則仍與介同，辟正賓也。張氏則謂拜至、獻、酢並如之。是三説者，今既備録于右矣。然以經文斷之，則張説近是，而亦有所未備也。蓋經文簡而該，"如賓禮"三字，足以櫽括一章待公之禮，無事于繁複敷陳也。既云"如賓禮"，則自拜至而獻、而酢、而酬，無一不如之矣。《鄉射禮》所陳，特其所謂大夫如介禮者耳。言大夫，則諸公可知也。言有諸公之大夫，則無諸公可知也。此蓋貴貴之禮，有必不可殺者，焉得以辟正賓爲辭乎。張言獻、酢而不及酬，是其所未備也。如介禮，則無酬矣。席端，席南端也。大夫之西面者，北上。敖云席北端，非。敖氏所論重席、加席之異，見《燕禮》。

右遵者之禮。

郝氏曰："《周禮·春官·司几筵職》天子席三重，諸侯再重，《尚書·顧命》王席亦三重。今云諸公席三重，是諸侯之孤用天子席。大夫再重，是大夫用諸侯席也。《禮器》又云'天子席五重，諸侯席三重'，若是，則諸侯之孤與諸侯同席，亦僭也。是書所言，多衰世之意。春秋以來，大夫皆稱公。"

世佐案，大夫再重，正也。公三重，特設此以尊異之耳，不可謂僭。且席之等級隆殺，三禮中所著甚悉。郝氏弗深考，而敢于非經，何其悖也。大國之孤稱公，敖氏嘗言之矣，以其或與天子之三公同名故也。謂是衰世之僭稱，可乎？

明日，賓鄉服以拜賜。

註曰："鄉服，昨日與鄉大夫飲酒之朝服也。不言朝服，未服以朝也。今文曰：賓服鄉服。"

朱子曰："註云'今文曰：賓服鄉服'，明古經文無'服'，今有之，衍文也。今删去。"

敖氏曰："鄉飲酒，士禮也，乃朝服者，放君之燕禮，故如其服也。拜賜，拜謝其飲己之賜也。介不拜賜者，禮主于賓也。"

張氏曰："此下至篇末，言鄉飲明日拜謝、勞息諸事。"

世佐案，于此云"鄉服"，則正行禮之日，賓蓋處士服矣。處士之服，緇衣冠，深衣，錦帶。

主人如賓服以拜辱。

註曰:"《鄉射禮》曰:'賓朝服以拜賜于門外,主人不見,如賓服,遂從之,拜辱於門外,乃退。'"

疏曰:引《鄉射禮》者,明彼此賓主皆不相見,造門外拜謝而已。

敖氏曰:"辱,拜賜之辱也。主人往拜賓辱者,敵也。凡尊卑不敵,則不答拜賜之禮。"

右拜賜、拜辱。

主人釋服。

註曰:"釋朝服,更服玄端也。"

郝氏曰:"鄉飲之朝服,即玄端、玄裳、緇帶。鄭云'釋朝服,更服玄端',非也。《聘記》'勞不釋服',謂聘享畢即勞賓,不及釋服,敏于事也。此云'釋服,乃息司正',謂暫釋朝服,治具從容之辭,行禮則仍服之,非謂息司正遂不朝服也。"

世佐案,朝服以朝,玄端以夕,是朝服尊于玄端也。飲酒朝服,則息司正當服玄端,隆殺之宜也。郝云皆朝服,非。朝服之衣與玄端同,而裳則異。朝服素韠,裳與韠同色。玄端之裳有三,或玄、或黄、或雜,唯所有而用之,此其異也,詳見《士冠禮》。郝以玄裳爲朝服,亦非,惟引《聘禮》,謂此云"釋服"有治具從容之意,則得之。

乃息司正。

註曰:"息,勞也,勞賜昨日贊執事者。獨云司正,司正,庭長也。"

敖氏曰:"息字未詳,疑即燕之異名。《考工記》曰'張獸侯則王以息燕'是也。此禮亦于學宫行之。"

無介。

註曰:"勞禮畧也,司正爲賓。"

敖氏曰:"是禮雖主于司正,未必以司正爲賓。公父文伯飲南宫敬叔酒,以路堵父爲客,是其徵矣。"

世佐案,司正蓋以州長爲之,諸侯之州長,士也。此乃大夫燕士之禮,敖氏所引《左傳》,蓋大夫族飲禮,故以異姓爲賓,非此比也。當以註説爲正。

不殺。

註曰:"不殺則無俎。"

敖氏曰:"皆貶於飲酒。"

薦脯醢。

敖氏曰:"薦同也。"

羞唯所有。

疏曰:"上文正行飲酒之時用狗胾,今不殺,故言'羞唯所有',雜物皆是也。"

徵唯所欲。

疏曰:"正行飲酒,不得喚親友,今禮食之餘,别召知友,故言'徵唯所欲'也。"

以告于先生、君子可也。

註曰:"告,請也。先生不以筋力爲禮,於是可以來。君子,國中有盛德者。可者,召不召,唯所欲。"

敖氏曰:"君子,國中有德有爵者也。亦使人告之,云'可'者,嫌其禮輕不必告也。惟言告,是不請矣,不請則不速可知,皆異於賓也。先生、君子若與,其位葢如遵。"

世佐案,曏者,主人就先生而謀賓介,則興賢之典,先生與有勞焉,而昨日之禮乃不以告,何也?葢正行禮之時,酒清肴乾,賓主百拜,非强有力弗能勝也,敢以是煩長者乎,故不以告也。至是,則禮已輕矣,又不敢請,而但使人告之,葢不敢必其來也。古之鄉大夫待先生之忠且敬也葢如此。

賓、介不與。

註曰:"禮瀆則褻。"

鄉樂唯欲。

註曰:"鄉樂,《周南》、《召南》六篇之中,唯所欲作,不從次也。不歌《鹿鳴》、《魚麗》者,辟國君也。"

敖氏曰:"《國風》爲大夫士之樂,《小雅》爲諸侯之樂,《大雅》、《頌》爲天子之樂,禮盛者可以進取,故鄉飲酒升歌《小雅》也。息司正禮輕,故唯用其正樂耳。《鄉射禮》云'一人舉觶,遂無算爵',然則工入之節,其在無算爵之時乎?"

右息司正。

記:鄉朝服而謀賓、介。

註曰:"朝服,冠玄端,緇帶,素韠,白屨。"

敖氏曰:"鄉,鄉飲酒也,不言飲酒,省文耳。孔子曰'吾觀於鄉',《王制》曰'冠、昏、喪、祭、鄉相見',皆其徵也。於此云'鄉'者,如《燕禮記》先言'燕',《特牲饋食記》先言'特牲饋食'之類也。"

張氏曰:"鄉,謂鄉飲酒之禮,註指人,恐義不盡。"

世佐案,"鄉"字之義,前二説得之,註誤。

皆使能,不宿戒。

註曰:"再戒爲宿戒。禮,將有事,先戒而復宿戒。"

敖氏曰:"皆,皆賓介也。能,謂善于禮者也。宿戒者,前期日而戒之也。此于當日乃戒之,故曰'不宿戒'。"

郝氏曰:"皆使能,謂諸有司供事輩惟能者是使,非如賓介先期告戒也。"

張氏曰:"宿戒之者,恐其容有不能令得肄習,今鄉飲,賓、介皆使賢而能爲禮者,故不煩宿戒也。"

世佐案,能,賢能也。使能者,即《周禮·鄉大夫職》云"攷其德行道藝,而興賢者、能者"是也。變"興"言"使"者,合衆而尊寵之謂之興,此以鄉大夫尊,士卑,又其所治,故云"使"也。夫使民興賢,出使長之,使民興能,入使治之,一不肖者得倖進,則殆矣。介亦後年擬貢者,云"皆使能",蓋其慎也。不宿戒者,謂如《士冠禮》之類,三日前戒賓,至行禮前一日又宿之,而此則否也。所以然者,冠禮筮日,筮賓,若不先期告戒,恐其至期或以他故不至,則不能成禮,故須戒而又宿。鄉飲酒之禮,則三年一行,必于正月,煌煌大典,誰不聞之,况幼學壯行,士之素志,寧有以他故而不至者,無事數數而戒宿也。蓋冠一家之私禮,而鄉飲一國之公禮,此其所以異也。二句義不相蒙,先儒乃混而釋之,殊失經意。若謂此以使能,故不宿戒,則凡禮之宿戒者,所使皆非能者乎,知其不能,則不必使使之,而又逆料其不能,不敬孰甚焉。且古之君子,禮樂未嘗斯須去身,冠禮又其習見者，亦何所不能而必宿之耶？此則愚之所未解也。

蒲筵，緇布純。

註曰："純，緣也。"

尊綌冪，賓至徹之。

註曰："綌，葛也。冪，覆尊巾。"

其牲，狗也，亨于堂東北。

敖氏曰："凡學宫惟一門，故牲爨不于門外，而于堂東北。堂東北，即東夾之東北也。學宫有左右房，則亦當有夾室。"

郝氏曰："《易·象》：'艮爲狗。'東北艮方，陽氣所發生，飲以養生，故牲用狗。烹于東北，象陽也。鄭解牲狗爲取其擇人，迂也。"

獻用爵，其他用觶。

敖氏曰："其他，謂酬及舉觶之屬也。然記之文意似失於不備，夫酢亦用爵也，何獨獻哉？此上篚之爵三觶一，下篚之觶三。"

薦，脯五挺，横祭于其上，出自左房。

註曰："挺，猶膱也。《鄉射禮》曰：'祭半膱，膱長尺有二寸。'《冠禮》之饌，脯醢，南上。《曲禮》曰：'以脯脩置者，左朐右末。'"

疏曰：引《冠禮》者，欲見此房中之饌亦南上也。引《曲禮》者，欲見此脯設之皆横于人前。鄭彼註云"屈中曰朐"，以左手案之，右手擘之便。

敖氏曰："左房，東房也。有左房，則有右房可知。"

張氏曰："薦脯用籩，其挺五，别有半挺横于上以待祭。脯本横設人前，横祭者，于脯爲横，于人爲縮。陳之左房，至薦時乃出之。"

俎由東壁，自西階升。

註曰："亨狗既孰，載之俎，饌於東方。"

疏曰："既饌于東方，恐由東階升，故記辨之。"

世佐案，堂下之牆曰壁。

賓俎,脊、脅、肩、肺。主人俎,脊、脅、臂、肺。介俎,脊、脅、胳、肺。肺皆離,皆右體,進腠。

註曰:"凡牲,前脛骨三,肩、臂、臑也;後脛骨二,膞、胳也[①]。尊者俎尊骨,卑者俎卑骨。《祭統》曰:'凡爲俎者,以骨爲(上)〔主〕[②]。'骨有貴賤,凡前貴後賤。離,猶掔也。腠,理也。進理,謂前其本也。"

疏曰:"此序體。賓用肩,主人用臂,介用胳,其間有臑、肫在而介不用者,蓋爲大夫俎,故此闕焉。或有介俎肫、胳(不)〔兩〕言者[③],欲見用體無常。若有一大夫,即介用肫,若有二大夫則介用胳,故肫、胳兩見,亦是也。"

朱子曰:"'介俎,脊、脅、胳、肺',印本'胳'上有'肫'字,然《釋文》無音,疏又云有臑、肫而介不用,明本無此字也,成都石經亦誤,今據音、疏删去。"

敖氏曰:"皆,皆肩、臂、胳也。凡脊、脅不謂之體。右體者,吉禮所尚,故于三俎用之。介俎用胳者,欲以臑爲諸公俎,肫爲大夫俎也。遵者若多,則自三以下皆用左體,是亦示其相下之意也。若無遵者,介俎猶用胳,不爲之變也。肺在後者,便其取之也。凡俎横設其後,皆于所爲設者爲右。"

郝氏曰:"凡俎貴骨,骨貴正與前。脊,正骨也,脅,"脅"字疑衍。肩前骨也。臂,肩下骨也。胳,骼通後脛骨也。賓俎用貴,主人次之,介又次之。周人尚肺,肺皆離,割而不絶也。右體,牲脊、脅"脊脅"當作"肩臂"。等,骨用右也。進腠,肉皮向上也。"

張氏《監本正誤》云:"'介俎:脊、脅、肫、胳、肺',脱'肫'字。"〇又曰:

---

① "膞"原作"膊",校本同。阮《校》云:"盧文弨改'膊'爲'膞'。按'膞'即'肫'字。《説文》:'肫,面頯也,从肉屯聲。膊,切肉也,从肉專聲。'皆非脛骨之義,蓋假借用之。專、屯同音,膞、肫同字。今注疏刊本俱誤作'膊',膊以尃爲聲,不得與'肫'混用。《周禮·醢人》'豚拍',杜子春讀爲膊。"底本"膞"與"膊"多訛混,今據此改"膊"爲"膞",後放此。

② "主"原作"上",校本同。阮《校》云:"徐本、《集釋》、《通解》、敖氏同,毛本'主'作'上'。"《禮記·祭統》作"主",據改。

③ "兩"原作"不",校本、毛本同。阮《校》云:"'不',敖氏引作'兩'。"曹氏云:"'不'當爲'兩',下云'肫、胳兩見'是其證。"據改。

"'肫、胳',即註'膊、胳',後脛二骨也。賓主俎各(一)〔三〕體[①],而介俎肫、胳並言者,以肩臂之下留其貴者爲大夫俎,若有一大夫,則大夫用臑,而介用肫,若有二大夫,則大夫用臑與肫,而介用胳,用體無常,故肫、胳兩見也。"

世佐案,"介俎脊、脅、胳、肺","胳"上或有"肫"字,蓋自唐時已然,故疏中元有二説:既云有臑、肫,而介不用。又云,或有介俎肫、胳,不"不"疑當作"並"。言者,欲見用體無常,故肫、胳兩見,亦是也。其説依違如此,詳味經文,當以前説爲是。肫、胳並言者,誤也。蓋介俎用胳,正也,不以遵者之多少而有所變。若謂有一大夫則介用肫,有二大夫則介用胳,然則無大夫,則介當用臑矣,經何以不云"介俎:脊、脅、臑、肫、胳、肺"也?且有三大夫,則介更何所用乎,其説固不可通也。自朱子删定之後,今之監本及敖氏、郝氏諸本俱無復有肫字矣。張氏反據《石經》而改監本,以其未見《通解》故也。

以爵拜者,不徒作。

註曰:"作,起也。言拜既爵者不徒起,起必酢主人。"

敖氏曰:"以爵拜,蓋指賓、主、介、遵既卒爵,而奠爵拜者也。既拜而興,則與飲已者爲禮,故曰'不徒作'。"

張氏曰:"不拜既爵者,則不酢也。"

世佐案,"以爵拜"者,謂凡奠爵拜,執爵興者也。"不徒作"者,謂起必有所事,無空起也。試以經文考之,蓋一一不爽。如主人獻賓,賓之告旨也,"坐奠爵,拜","執爵興",是以爵拜也,下即云"賓西階上,北面坐,卒爵",是不徒作也,其拜既爵也亦然。又如賓酢主人,主人坐卒爵,興,坐奠爵,遂拜,執爵興,是以爵拜也,下文即言其再拜崇酒之事,是亦不徒作也。以是推之,凡介、遵之禮皆然。至于獻衆賓,衆賓不拜既爵,是不以爵拜也,下云"授主人爵,降復位",是徒作也。凡拜必奠爵,記乃言"以爵拜",不言奠爵拜,何也?凡拜畢,即執爵興者,謂之以爵拜,不執以興者,謂之奠爵拜。奠爵拜則有徒作者矣,如介酢主人,"主人坐奠爵于西楹南,介右再拜崇酒",下云"主人復阼階",是其徵也。若夫拜受爵之禮,

---

① "三"原作"一",校本同。《句讀》作"三",且經文賓、主人、介之俎除肺之外皆有三體,是其證。據改。

先拜而後受爵，方其拜時，爵固未入手也，不得謂之以爵拜。註專以拜既爵訓以爵拜，以酢主人訓不徒作，固偏。敖氏雖兼賓、主、介、遵而言，然但指其卒爵之拜，亦未備，且未知奠爵、以爵之分，而反疑記失，豈不謬哉。

坐卒爵者拜既爵，立卒爵者不拜既爵。

註曰："唯工不從此禮。"

敖氏曰："此與下條，唯以鄉飲、鄉射之禮言之則可，若推于他禮，則有不盡然者矣。"

凡奠者於左。

註曰："不飲者，不欲其妨。"

疏曰：主人酬賓之觶，客奠之于左，是也。

將舉於右。

註曰："便也。"

疏曰：一人舉觶爲旅酬始，二人舉觶爲無算爵始[①]，是也。

衆賓之長一人辭洗，如賓禮。

註曰："於三人之中，復差有尊者。餘二人雖爲之洗，不敢辭。其下不洗。"

敖氏曰："主人獻衆賓，惟于始者一爲之洗。經曰'主人取爵于西楹下，降洗'是也。一人辭之者，禮主于己也。"

張氏曰："主人統爲衆賓三長一洗，一人進與爲禮，餘二人不敢往參，非又爲二人各一洗也。又按，經文'洗，升，實爵'後始言'衆賓之長升拜，受者三人'，此時三人尚未升堂，其辭洗亦自階下，東行辭之。疏于前經以主人揖升爲揖衆賓升，以此辭洗爲降辭，皆誤。"

世佐案，經文主人獻衆賓惟有一洗，蓋以衆賓之長一人也[②]，故此人辭之。餘二人並不爲之洗，何辭之有？註云"餘二人雖爲之洗，不敢辭"，誤。

---

① "觶"原作"酬"，校本作"觶"，《要義》、《通解》、楊氏《圖》、陳本、閩本、監本、毛本同，據改。

② "以"，校本作"爲"。

立者東面北上，若有北面者則東上。

註曰："賢者衆寡無常也，或統於堂，或統於門。"

疏曰："此謂堂下立者，鄉人賢者或多或少，若少，則東面北上，統於堂也，若多，東面立不盡，即門西，北面東上，統於門也。"

敖氏曰："此謂在門内位之時也，賓入門左，位近庭南，介以下又居其南。衆賓若多，則容有北面者。北面者與東面者相繼，當西上，云'東'者，字誤也。"

世佐案，經云"衆賓辯有脯醢"，不見其位面及上下之次，故記之。記在"一人辭洗"之下，其爲堂下衆賓之位無疑。敖氏見朱子《通解》載此條于迎賓之後，遂云"在門内位之時"，非也。《周禮·鄉大夫職》云："鄉老及鄉大夫帥其吏與其衆寡，以禮禮賓之。"則行飲酒禮之時，鄉人之善者皆在，故容有北面者。北面者與東面者相繼。當西上，乃云"東上"者，猶賓席南鄉，而以東爲上，説者以爲統于主人，是也。敖氏改東爲西，似未達此義。註云"統于門"，亦未的。

樂正與立者皆薦以齒。

註曰："謂其飲之次也。尊樂正同于賓黨，不言飲而言薦，以薦諸本皆脱此字，今從《集説》增。明飲也。既飲，皆薦於其位。樂正位西階東，北面。"

敖氏曰："此樂正乃公有司，非衆賓也。又不立于西方，嫌其禮異，故明之。"

張氏曰："樂正本主人之官屬，故以齒于賓黨爲尊之。"

世佐案，經文獻衆賓之時不言樂正，故記之。立者，亦謂堂下衆賓也。與讀如字，舊音預，非。

凡舉爵，三作而不徒爵。

註曰："謂獻賓、獻大夫、獻工，皆有薦。"

郝氏曰："'舉爵三作'，謂獻賓、獻介、獻衆賓不徒爵，謂樂作也。禮成于三，三爵既備，禮宜少變。遵者可入，遵者入而後樂作，以觀德也。"

世佐案，舉爵，謂初取爵于篚也。作，起也。三作，謂奠爵之後復取之而起三次也。徒，空也。不空爵，謂實之以酒。此禮獻賓、獻大夫皆然，故云"凡"。試以獻賓禮證之，經云"主人坐取爵于篚"，即此所謂舉爵也。既因辭賓降而奠，賓對後，復"坐取爵，興，適洗"，是一作也。既又因對賓辭洗而奠，賓復位後，復“坐取爵，卒洗”，是二作也。既又因答賓拜洗而奠，盥後，復“坐取爵，實之”，是三作而不徒爵也。獻介，介不拜洗，則少盥後一作矣。獻衆賓，無辭降之文，則又少賓對後一作矣。記此者，欲見獻賓及大夫禮隆，不與介以下同也。《鄉射記》此句在“凡奠者於左”之上，見獻賓禮也。此記于“樂作，大夫不入”之上，見獻大夫如賓禮也。獻介及衆賓皆仍獻賓之爵，不得謂之舉爵。獻大夫則易爵，故得以舉爵統之也。註于記中“凡”字、“而”字俱無所發明，且獻之有薦，經文明白，何待記乎？郝説初讀之似有理，及細考之，亦非。《鄉射禮》無介，獻賓及衆賓後即遵入而樂作矣，是舉爵二作而不徒爵也，何以彼記亦云“舉爵三作而不徒爵”乎？以此證之，則其紕謬顯然矣。

樂作，大夫不入。

註曰：“後樂賢者。”

敖氏曰：“此謂大夫之來也後，不及一人舉觶之節者也。樂作之時，不可亂之，故不入。若樂既作，則獻工與笙矣，大夫之獻又不宜後于工也。”

張氏曰：“大夫本爲助主人樂賢而來，時既後，則不入矣。”

世佐案，二説當參看。

獻工與笙，取爵于上篚，既獻，奠于下篚。

註曰：“明其異器，敬也。如是，則獻大夫亦然。上篚三爵。”

敖氏曰：“獻工不仍用獻大夫之爵者，節異則不相因也。既獻大夫而酢，則奠爵于西楹南。註云‘獻大夫亦然’者，惟謂亦取爵于上篚耳。”

張氏曰：“獻賓、介、衆賓一爵，獻大夫一爵，獻工與笙又一爵，以異器示敬。”

其笙，則獻諸西階上。

註曰：“謂主人拜送爵也。於工拜于阼階上者，以其坐於西階東也。”

敖氏曰：“此記乃與經同者，特因上文而言之耳。”

磬，階間縮霤，北面鼓之。

註曰：“縮，從也。霤以東西爲從。鼓，猶擊也。大夫而特縣，方賓鄉人之賢者，從士禮也，射則磬在東。”

聶氏崇義曰：“諸侯之大夫特縣磬，天子之大夫兼有鍾。及孔子在衞，所擊皆謂編磬，非大磬也。”“大夫”皆當作“士”。

陳氏暘曰：“磬之爲器，昔人謂之樂石。立秋之音，夷則之氣也。蓋其用，編之則雜而小，離之則特而大，叔之離磬，則專簴之特磬，非十二器之編磬也。古之爲鐘，以十有二律爲之齊量，其爲磬非有齊量也，因玉石自然，以十有二律爲之數度而已。《爾雅》：‘大磬謂之罄，徒鼓磬謂之蹇。’《周官·磬師》：‘掌教擊磬、擊編鐘。’言編鐘，則知有編磬矣。《爾雅》言大以見小，《磬師》言鐘以見磬，大則特縣，小則編縣。《儀禮》：‘𥫗倚于頌磬西紘。’則所謂紘者，其編磬之繩歟？《小胥》：‘凡縣鐘、磬，半爲堵，全爲肆。’鄭康成釋之，謂編縣之十六枚同在一簴謂之堵，鐘、磬各一堵謂之肆，禮圖取其倍八音之數而因之，是不知鐘、磬特八音之二耳，謂之取其數可乎？《典同》：‘凡爲樂器，以十有二律爲之數，度以十有二聲爲之齊量。’則編鐘、編磬不過十二耳，謂之十六，可乎？嘗讀《漢書》，成帝時於犍水濱得石磬十六，未必非成帝之前工師附益四清而爲之，非古制也，康成之説得非因此而遂誤歟？古有大架，二十四枚同一簨簴，通十二律正倍之聲，亦庶乎古也。宋朝元豐中[①]，(於)〔施〕用李照編鐘[②]，阮逸編磬，仍下王朴樂二律，以寫中和之聲，可謂近古矣。然補注四聲以足十六律，非先王之制也。”

敖氏曰：“前霤兩端東西鄉，設磬當其下，亦如之，故於霤爲縮。比禮特縣則有磬、鐘、鑮及鼓、鼙，惟言磬者，以其爲縣之主而居首，且可以取節于霤故也。‘北面鼓之’，明磬南面設，磬蓋在阼階西，鼓在西階東。”

張氏曰：“《周禮·小胥》掌‘正樂縣之位，王宫縣，諸侯軒縣，卿、大夫判縣，士特縣。凡縣鐘、磬，半爲堵，全爲肆’。宫縣，四面皆縣，如宫有牆也。軒縣去其南面，判縣又去其北面，特縣又去其西面，特立一面而已。鐘、磬編縣之，十六枚在一簴，謂之堵，鐘一堵、磬一堵謂之肆。諸侯之卿、大夫半天子之卿、大夫，西縣鐘，東縣磬，士亦半天子之士，縣磬而已。此《鄉飲酒》本諸侯卿、大夫，合鐘、磬俱有，而直有磬者，以方賓賢，俯從士禮也。”

世佐案，磬，編磬也，小磬十二枚在一簴。《周禮·小胥職》云“半爲

---

① “宋朝”，《樂書》作“聖朝”。

② “施”原作“於”，校本同，不辭，陳暘《樂書》作“施”，疑“於”爲“施”字之訛，應據改。

堵"，是也。階間，堂下兩階之間也。霤，郝氏云檐間承溜也。縮霤者，當霤下東西設之，於霤爲從，於堂爲横也。天子之士特縣，本鐘磬俱有，此則從諸侯之士禮，故唯磬一堵而已。敖云"比禮特縣則有磬、鐘、鑮及鼓、鼙"，非也。又案，編縣之法，經無明文可考，鄭云十六枚，取象八風而倍之也。服氏虔云十九枚，取十二辰加七律也。唐李沖用二十四枚，取十二律倍聲也。大周正樂用十四枚，取五聲二變之倍數也。諸説紛如，未有定論。鄭公之言頗與《樂緯》四清聲合[①]，後世多祖之，蓋以十二律加四清，合二八之數也。四清者，半律也。十二律皆有半，而此缺其八，且無變律，朱子嘗譏其法太疎略，而用有不周，則其非古制明矣。馬氏端臨善李沖所傳，謂其上不失之四清，下不失之二變，然考朱子《鐘律篇》所著十二律正變倍半之法，有三十六聲，去其不用者八聲[②]，亦當有二十八聲，李氏僅取十二律正倍之聲而不及其變與變半，則猶未備也。惟陳氏以《周禮·典同》之文定爲十二枚，其議發于范鎮，最爲有據。《尚書傳》曰："天子將出，撞黄鍾之鐘，右五鐘皆應。入則撞蕤賓之鐘，左五鐘皆應。"則鐘之應乎十二律也古矣，大者如此，小亦宜然。陳氏之言殆得之矣，故録之。

主人、介，凡升席自北方，降自南方。

註曰："席南上，升由下，降由上，由便。"

世佐案，主人受酢之時，經云"自席前適阼階上"，不從此禮。

司正既舉觶，而薦諸其位。

註曰："無獻，因其舉觶而薦之。"

敖氏曰："無獻者異于衆賓有薦者，别于其黨。"

凡旅，不洗。

註曰："敬禮殺也。"

敖氏曰："凡，凡尊卑也。"

不洗者不祭。

敖氏曰："此承上文，惟爲旅者言也。若獻酒，雖有不洗者，亦祭之。"

---

① "鄭公"，校本作"鄭氏"。

② "八聲"原作"八音"，校本作"八聲"，與上下文合，據改。

既旅，士不入。

註曰："後正禮也。"

敖氏曰："此士亦主人請之爲衆賓，或有故而不及與賓介同來者也。經不言士入之節，而記見此，則是未旅以前皆可以入也。士賤於大夫，可以不獻，然不與旅，則與主人之贊同，故不與旅則不入矣。士，亦謂當在堂下者也，其入則以齒立于西方，主人不迎。"

世佐案，此士謂有爵命者，《周禮・典命職》大國、次國之士一命是也，其入也以觀禮，亦遵者之類也。大夫尊，當與于獻，故其入，以一人舉觶爲節，樂作則不入矣。士賤于大夫，故不得與于獻，然非主人之官屬，故得與于旅，其入當以司正舉觶爲節，既旅，則不入矣。《王制》云"命鄉論秀士，升之司徒，曰選士"，即此經所貢之賓也。"司徒論選士之秀者而升之學，曰俊士"，"升于學者不征于司徒[①]，曰造士"，"大樂正論造士之秀者以告于王，而升諸司馬[②]，曰進士。司馬辨論官材，論進士之賢者以告于王，而定其論，論定然後官之，任官然後爵之"。爵謂命爲大夫、士也。然則此士與衆賓固不侔矣，敖氏一之，誤甚，且謂"未旅以前皆可入"，皆非也。其位亦在堂下，東面北上，與衆賓齒，《黨正職》云"一命齒于鄉里"是也。

徹俎，賓、介、遵者之俎，受者以降，遂出授從者。

敖氏曰："授從者云'出'，則是飲酒之禮，他人無事者皆不入門。"

主人之俎以東。

世佐案，此於賓、介、遵者之俎云"出授從者"，而主人之俎不云授主人之贊者，則是受者爲主黨弟子無疑矣。

樂正命奏《陔》，賓出，至于階，《陔》作。

疏曰："命擊鼓者。"

敖氏曰："此見命之之人與奏之之節也。"

若有諸公，則大夫於主人之北，西面。

註曰："其西面者北上，統於公。"

---

① "司徒"原作"司馬"，校本作"司徒"，《禮記・王制》同，據改。

② "司馬"原作"司徒"，校本作"司馬"，《禮記・王制》同，據改。

疏曰："若無諸公，則大夫南面西上，統於賓也。"

主人之贊者西面北上，不與。

註曰："贊，佐也，謂主人之屬，佐助主人禮事，徹冪，沃盥，設薦俎者。"

敖氏曰："西面之位，其在洗東南與？與，謂與其禮也。下言'無算爵，然後與'，則此所謂不與者，獻與旅酬也，是句似有脱文。位西面，且不與獻酬，亦飲酒于學之禮異者也。《特牲饋食記》曰：'公有司門西北面東上，獻次衆賓，私臣門東北面西上，獻次兄弟。'"

世佐案，記文雖似錯雜，然皆依經文之序鱗次櫛比，固秩然而不紊也。間有數節之儀該兹一記，則或見于前，或見于後，俾讀者得以參考，要未有淩亂隔越而不相比者。此及下文一條，以經文訂之，當在"樂正與立者皆薦以齒"之下，否則在"既旅，士不入"之下，今在此，蓋脱簡也。不與者，謂薦與旅耳，今乃綴之于末，與上文之言薦、言旅者隔越不屬，則所謂不與者，竟不知其何所指矣。敖氏疑有脱文，而不知其爲脱簡，殆未深考與。

無算爵，然後與。

敖氏曰："此遠下于賓黨也。《鄉射禮》云，無算爵'執觶者皆與旅'，執觶亦主人之贊者也。《鄉飲酒義》曰'賓酬主人，主人酬介，介酬衆賓，少長以齒，終于沃洗者焉'，是謂沃洗者得與旅酬，與此異矣。參攷經文，似當以此爲正。"

郝氏曰："《論語》云'鄉人飲酒'即鄉飲酒也。鄭氏謂爲鄉大夫興賢能而賓之，因記有'使能'之文而失其解也。歲時伏臘，賓朋宴集，鄉士君子有酒，何時不可行禮，而奚必于賓興。禹惡旨酒，周公作誥，兢兢焉，至其行禮必以酒，此禮所以防流居敬而作也。飲食、男女，人之性情，聖人因人情易流者，爲節其嗜好，裁其恣睢，而人道庶幾矣。孔子大聖人，自惟不爲酒困，無量不及亂，盛德之至，從心不踰矩，是以難也。故行禮以酒，其器以一升之爵，二升之觚，三升之觶，四升之角，五升之散，終燕而飲至石，醉而歸，奏《陔夏》而出，庸詎非盛德之至者與？則禮之功用大矣，是以其人曰賓、曰介。賓，冰也。介，戒也。位乎西北，西北者，嚴凝之方，敬義之至也。能爲賓、介，然後可與飲酒，故觀人者醉之以酒而試其守，聖人約人情而制爲斯禮也。”

世佐案，古者酒禁甚嚴，爲人臣者平時固皆剛制之矣，其得以燕飲爲樂者，唯鄉飲酒及祭祀二端而已。《書》曰“爾大克羞耈惟君，爾乃飲食醉飽”，即此篇興賢能而以禮禮賓之之事也。又曰“爾尚克羞饋祀，爾乃自介用逸”，則此經《特牲饋食》、《少牢》二禮所陳是也。鄉飲酒之禮有四，見篇首疏。而賓賢最重。云“大克羞耈惟君”者，言其大能進老成人于君所也。賢能之人謂之耈者，耆儒碩彦尤古人之所重，故舉以告之。召公戒成王之詞曰：“今沖子嗣，則無遺壽耈，曰：其稽我古人之成德，矧曰其有能稽謀自天。”，亦此意也。先儒乃以養老釋之，則“惟君”二字遂不可解矣。或曰：《鄉飲酒義》孔疏曰“賓賢能則用處士爲賓，其次爲介，其次爲衆賓，皆以年少者爲之”，何得云羞耈也？予應之曰：人之德業成就，蚤暮不同，古之用人，初無限年之例。然將以息浮而静躁，則苟非有敦敏徇齊之質者，固無取乎其速進也。《記》云“四十曰强而仕，五十曰艾，服官政”，又曰“古者五十而后爵”，則古人仕進之時，皆非年少可知。其視後世舉士，惟取少年能報恩者，公私之殊，奚啻天壤，故《書》曰“羞耈”，《記》曰“使能”，《周禮》曰“興賢”，其義一也，孔氏之言，失其旨矣。賓賢能必行飲酒禮，何也？酒者，所以養陽氣，洽歡心，爲人生所不可闕，然而無以節之，則必至于喪德亂儀，而其禍有不可勝言者，故聖人制爲斯禮以節宣之，使之席末而啐，再拜而飲，司正以監之，奏《陔》以戒之，如此而猶有及于亂者，否矣，一張一弛，文武之道，其是之謂乎？鄭解此篇爲諸侯之鄉大夫賓賢之禮，愚既遵用之矣，或又謂篇内有“諸公”之文，當是天子之鄉大夫興賢之禮，《周禮》鄉老及鄉大夫帥其羣吏以禮禮賓之是也，鄭謂是諸侯之鄉大夫者，徒以其特懸磬決之耳，不知天子之大夫與諸侯之大夫雖有尊卑，而其所興之賓則皆處士也，既是俯從士禮，則雖天子之鄉大夫何不可降而特懸乎？此説亦似有理，附識于此。又案，《遂大夫職》云“三年大比，則帥其吏而興甿”，亦當以此禮禮賓之也。

儀禮集編卷四　男盛溶澄校字

儀禮集編卷五

秀水盛世佐學　後學歙鮑漱芳、石門顧修參校

鄉射禮卷第五

鄭《目録》云："州長春秋以禮會民而射於州序之禮。謂之鄉者，州，鄉之屬，鄉大夫或在焉，不改其禮。射禮於五禮屬嘉禮。"

聶氏曰："射之所起，在于黄帝，故《易・繫》黄帝九事云，古者'弦木爲弧，剡木爲矢，弧矢之利，以威天下'。又《世本》以黄帝臣揮作弓，夷牟作矢，是弓矢起于此矣。《虞書》曰：'侯以明之。'《傳》云：'當行射侯之禮，以明善惡之教。'則射侯見于堯、舜，夏、殷無文，至周大備。"

敖氏曰："鄉射者，士與鄉之士大夫會聚于學宫，飲酒而習射也。此與上篇大同小異，惟多射一節耳。亦飲酒，而但以射言者，主于射也。"

郝氏曰："洪荒之初，禽獸逼人，聖王以弧矢爲威，教民自衛，其來尚矣。此男子之業，故古者天子至庶人，莫不有事于射。比其敝也，相角而争，聖人制爲禮，以教之讓，於是乎射禮興焉。其爲鄉射何也？朝廷之上謂之國，邦國之中謂之鄉。鄭氏附會《周禮》，以鄉飲酒爲鄉大夫賓興，鄉射爲州長教民。士、大夫欲習射，孰不可用此禮者，何必鄉大夫與州長？禮主善俗，冠、昏以士，飲酒、習射以鄉，皆化民成俗之意。鄭謂鄉飲于庠，庠，鄉學。習射于序，序，州學。庠、序、學、校，同地異名。養則爲庠，射則爲序，豈養老一學，習射又一學也？"

張氏曰："據註，此州長射禮，而云'鄉射'者，《周禮》'五州爲鄉'，一鄉管五州，鄉大夫或宅居一州之内，來臨此射禮，又鄉大夫大比興賢能訖，而以鄉射之禮五物詢衆庶，亦行此禮，故名鄉射禮也。"

世佐案，此篇陳天子之州長春秋習射之禮，鄉老及鄉大夫賓賢能訖，

亦用此禮詢衆庶，侯國亦如之。注疏專指諸侯之州長，似未備，先儒或目爲士、大夫習射之通禮，非。蓋以禮屬民而讀法，飲、射皆有，民社者之責也，豈士、大夫平居所常行乎？士、大夫相與燕飲，其事有類于射者，投壺是已。投壺禮見大、小戴《記》，頗與經文相類，吴氏澄嘗取以補《儀禮》之逸。又案，庠、序之説，經傳各異。《鄉飲酒義》云"主人拜，迎賓于庠門之外"，則庠爲鄉學矣。《周禮·州長》"春秋以禮會民，而射于州序"，《黨正》"國索鬼神而祭祀，則以禮屬民，而飲酒于序"，則序爲州黨學矣，鄭説蓋本諸此。又《學記》云："黨有庠，術有序。"術，鄭讀爲遂，孔疏云，此"是鄉之所居，黨爲鄉學之庠，不别立序，凡六鄉之内，州學以下皆爲序，六遂之内，縣學以下皆爲序也"，又云"庾氏云，黨有庠，謂夏殷禮，非周法，義或然也"。《孟子》則謂："夏曰校，殷曰序，周曰庠，學則三代共之。"夫鄉學之設，但聞鄉、黨殊名，不聞殷、周異號，且《王制》云："有虞氏養國老於上庠，養庶老於下庠。夏后氏養國老於東序，養庶老於西序。殷人養國老於右學，養庶老於左學。周人養國老於東膠，養庶老於虞庠。"陳氏祥道云：四代之學如此，而周則又有辟廱、成均、瞽宗之名。《明堂位》亦云："魯之米廩，有虞氏之庠也。序，夏後氏之序也。瞽宗，殷學也。頖宫，周學也。"然則國學之名，亦代不相襲矣，乃云"三代共之"，此皆不可曉。朱子《通解·學制》篇既竝列諸説，而斷之曰："孟子説與上下數條皆不合，未詳其故。"又云："古者教人，其立法大意皆萬世通行，不可得而變革。若其名號、位置，節文之詳，則自經言之外，出于諸儒之所記者，今皆無以考其實矣，然不敢有所取舍，姑悉存之，讀者亦不必深究也。"斯言真得闕疑之旨矣。然以諸説之先後時世考之，竊謂當以《鄉飲酒義》及《周禮》之言爲正，蓋周之學制，自春秋時已廢不復講，故佻達成風，《子衿》作刺，魯僖能修泮宫，史克至作頌以誇美之。及其季世，七國兵争，此制益蕩然矣，故孟子所至，輒惓惓以興復學校爲勸説，然其名號沿革之詳，容有得之傳聞而失實者，又況漢儒攟摭灰燼之餘，雜以夏、殷之禮，何怪其參差而不相符乎？乃若《儀禮》、《周禮》皆周公制作時所定，而《鄉飲酒義》即《儀禮》之義疏也，亦不容有誤。鄭公據此極爲有見，郝氏乃執孟子之言而詆之，過矣。且謂庠、序、學、校同地異名，則于鄉學、國學之辨尤欠分曉，不更爲無稽之譚乎？

鄉射之禮。主人戒賓，賓出迎，再拜，主人答再拜，乃請。

註曰："主人，州長也。鄉大夫若在焉，則稱鄉大夫也。不言拜辱，此爲習民以禮樂，不主爲賓己也。不謀賓者，時不獻賢能，事輕也。今郡國行此禮以季春。《周禮》鄉老及鄉大夫，三年正月，獻賢能之書於王，退而以鄉射之禮五物詢衆庶。諸侯之鄉大夫既貢士於其君，亦用此禮射而詢衆庶乎？”

疏曰：“案鄉大夫是諸侯鄉大夫，則此州長亦諸侯之州長，以士爲之，是以經云‘釋獲者執鹿中’，記云‘士鹿中’，是皆爲此州長射而言，是諸侯州長可知。若天子州長，中大夫爲之，若然，記云‘大夫兕中’者，爲鄉大夫詢衆庶而言也。云‘《周禮》’至‘衆庶’，皆《周禮·鄉大夫職》文，引之者，證此鄉射中兼有鄉大夫行射禮，故有射於堂及兕中之事。云‘五物’者，按彼云‘一曰和，二曰容，三曰主皮，四曰和容，五曰興舞’，鄭註云‘和載六德，容包六行也。庶民無射禮，因田獵分禽則有主皮。主皮者，張皮射之，無侯也。主皮、和容、興舞，則六藝之射與禮樂與[①]？當射之時，民必觀焉，因詢之也’，是也。”

朱子曰：“五物之説未詳，當闕。”

敖氏曰：“‘請’下似脱一‘賓’字。迎者，出見之之稱，故雖不入門，亦謂之迎。”

郝氏曰：“射必有賓，教民序也。不謀賓，無介禮，主射，將觀德焉，非專禮賓也。”

張氏曰：“案此射禮先與賓飲酒，如鄉飲酒之儀。及立司正，將酬旅，乃暫止不旅而射，射已，更旅酬、坐燕，並如鄉飲。凡賓至之前，賓退之後，其儀節並不殊也。此下言將射戒賓、陳設、速賓，凡三節，皆禮初事。賓以州中處士賢者爲之，若大夫來爲遵，則易以公士。”

姜氏曰：“《周禮》註所釋五物之義雖甚大，但此賓賢能之後，方思合民儲材，豈能遽繩以備德耶？考馬融《論語》註引此，一曰和志，言其平心志也。二曰和容，言其和威儀也。三曰主皮，言其審正鵠也。四曰和頌，言其合音節也。五曰興舞，言其中舞蹈也。其説皆本射，以推于義爲安。”

世佐案，主人，謂天子及諸侯之州長也。若其詢衆庶與，則鄉大夫也。鄉大夫所居之州，雖春秋習射，亦鄉大夫爲主人。其戒賓也親之，不

---

① “與禮樂”之“與”原作“及”，校本作“與”，各注疏本同，據改。

合使州長。疏謂“大夫來臨禮，州長戒賓，不自稱，稱鄉大夫”，非。又案《周禮》六鄉之外更有六遂，遂大夫以下，其官皆卑于鄉一等，而其爲牧民之職一也。《遂大夫》“三歲大比，則帥其吏而興甿”，與鄉同，則其詢衆庶及春秋習射亦同可知。縣習射，縣正爲主人矣。侯國遂數如其鄉數，主人之稱，實兼此數者，疏家泥于“釋獲者執鹿中”之文，專指諸侯州長，頗覺掛一漏萬，故備論之。又案，主人戒賓，必詣賓家請之，註云“出迎，出門也”者，謂賓出己家大門外迎主人耳，疏曰“謂出序之學門”，非。又案，此篇與《鄉飲酒禮》相同處互有詳畧，參觀乃備。《鄉飲酒禮》兩云“賓拜辱”，此則云“迎送者拜辱”，明其意迎送，指其事無異也，註説似求之過矣。

賓禮辭，許，主人再拜，賓答再拜。主人退，賓送，再拜。無介。

註曰：“雖先飲酒，主於射也。其序賓之禮畧。”

敖氏曰：“無介者，以介尊次於賓，同於大夫，射時難爲耦也。”

世佐案，無介之義，註得之，敖説似曲。

右戒賓。

乃席賓，南面東上。

註曰：“不言於户牖之間者，此射於序。”

疏曰：“此據州長射于序，以其無室，無户牖，設席亦當户牖之處耳。”

敖氏曰：“不言户牖間者，可知也。記云‘出自東房’，有東房、西房，則中有室，而席賓於室之户牖間也，明矣。凡席於此者皆東上，經不悉見之也，惟爲神席則西上。”

世佐案，此賓席亦當在牖前，經不言者，容射于序也。鄉大夫射于庠，庠有室，云牖前，可也。州長射于序，序無室，云牖前，不可也。序何以無室也？州之學小于鄉，其堂淺，去其室壁之限，堂斯深矣。無室則無房，本記云“出自東房”，爲射于庠言之也，敖氏據此決其有室，非。序雖無室，然其制亦三間五架[1]，與大夫、士之私室殊，而謂席賓于户牖間，亦非。庠之圖已見上篇，今更參取楊氏、郝氏之説，作《序圖》于左云。

---

① “間”原作“門”，校本及後文《序圖》皆作“間”，據改。

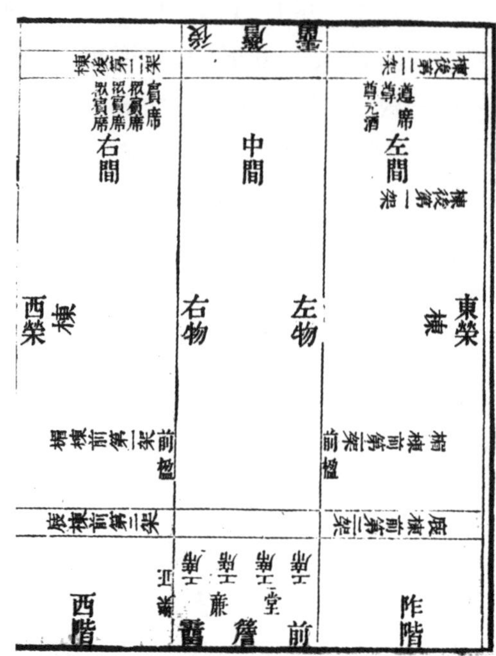

案棟後第一架即有室者之南壁也，户牖皆啟于此。西後楹之東即室之牖也，席賓之處，以東西節言之，則當西楹之東，以南北節言之，則當棟後第二架。棟後第二架亦有牆，席在牆前與？知在棟後第二架者，本記云："序則物當棟，堂則物當楣。"席與物每隔一架，以席前當設薦俎，恐其妨也。若仍在牖前，何取乎序之無室也？

衆賓之席繼而西。

註曰："言繼者，甫欲習衆庶，未有所殊别。"

疏曰："《鄉飲酒》三賓之席不屬。"

敖氏曰："衆賓，亦衆賓之長三人也。繼，繼賓席也。"

席主人于阼階上，西面。

敖氏曰："阼階上，東西節也。南北當東序，凡主位皆然。"

尊于賓席之東，两壺，斯禁，左玄酒，皆加勺。篚在其南，東肆。

註曰："設尊者北面，西曰左，尚之也。"

敖氏曰："賓席之東，即房户之間也，此亦與前篇互見其文。"

世佐案,《鄉飲酒禮》云"尊兩壺于房户間",此不言房户間,而言賓席之東者,容或有射于序者,無房户可言也。賓席隨地而移,故依之以見設壺之處,且與前互備,此古人立言之法。

設洗于阼階東南,南北以堂深,東西當東榮,水在洗東,篚在洗西,南肆。縣于洗東北,西面。

註曰:"此縣謂磬也。縣於東方,辟射位也。但縣磬者,半天子之士,無鐘。"

疏曰:"《鄉飲酒》無射事,縣于階間,此兼有鄉大夫詢衆庶,當爲判縣,宜有鐘而總云'無鐘'者,方以禮樂化民,雖大夫亦同士特縣也。天子、諸侯鐘、磬、鎛具,卿、大夫、天子士已下亦無鎛,知者,以其諸侯卿大夫、士半天子卿大夫、士,若有鎛,添鐘、磬爲三,半不得也。"

敖氏曰:"縣不近階者,權移於此,宜辟東縣之正位也,大射東縣在阼階之東。縣,謂縣鐘、磬與鑮於筍簴也,鼓、鼙之屬亦存焉。《周官·小胥職》曰:'凡縣鐘、磬,半爲堵,全爲肆。'又曰:'天子宫縣,諸侯軒縣,卿大夫判縣,士特縣。'然則凡爲士者之樂,皆得縣鐘與磬,惟以特而别於其上耳。《大射儀》言國君西方之縣,先磬,次鐘,次鑮,鼓、鼙在其南。下經云'不鼓不釋',《鐘師職》曰'掌以鐘鼓奏九《夏》',《鎛師職》[①]曰'掌金奏之鼓',此與上篇皆賓出奏《陔》,《陔夏》,金奏之一也,然則是禮亦有鐘、鼓、鑮明矣。"

世佐案,縣,編縣也。不言所縣者,所縣非一等也。天子之鄉大夫、州長、遂大夫皆判縣,鐘、磬二肆。諸侯之鄉大夫半之,鐘、磬各一堵。天子之縣正特縣,鐘、磬一肆。諸侯之州長半之,唯磬一堵。斯禮也,實兼此數者故也。大夫判縣,當東西分列,今皆在洗東北者,辟君也。大射君禮,本合三面皆縣,以辟射位,闕其北,唯東西各一肆,故此宜辟之。又案,春秋襄十一年《左傳》云:"鄭人賂晉侯,歌鐘二肆,及其鎛、磬,晉侯以樂之半賜魏絳。魏絳於是始有金石之樂,禮也。"孔疏云:"以魏絳蒙賜,始有金石之樂,知未賜不得有也。賜之而云'禮也',知禮法得賜之也。"據此,諸侯之大夫未蒙君賜,在私家不得有鐘、磬與鎛之樂,其有之者,蓋出于特典。此在公所行禮,雖未賜,亦合鐘、磬俱有。鎛未聞,據賈疏,則

① "鎛"原作"鑮",校本作"鎛",《集説》同,據改。

卿大夫以下皆無鏄也。下經云“不鼓不釋”，則鼓亦有之，以其非金石之樂，大夫、士皆可用也。此與上篇皆大夫、士之禮，敖氏雜引天子、諸侯禮釋之，誤。經云“西面”，則鼓之者東面矣。若有鐘，在其南，鼓又在其南，皆西面也，鼙未聞。

乃張侯，下綱不及地武。

註曰：“侯，謂所射布也。綱，持舌繩也。武，迹也。中人之迹尺二寸。”

疏曰：《周禮·梓人》云：“上綱與下綱出舌尋，縜寸焉。”註云：“綱，所以繫侯於植者也。”“中人之迹尺二寸”者，無正文，漢禮云“五武成步，步六尺”，或據此而言也。從《集説》節本。

敖氏曰：“射布而曰侯者，王朝射之以威不寧侯，遂以名之也，諸侯以下則因其名而不改與？下綱，謂已繫者也。綱不及地武，則下个亦然。”

郝氏曰：“射布曰侯，形似猴也。”

張氏曰：“侯制有中、有躬、有舌、有綱、有縜。中，其身也，方一丈。倍中以爲躬，中之上下横接一幅，各二丈，謂之躬。倍躬爲左右舌，用布四丈，接於躬上，左右各出一丈爲舌，下舌半上舌，用布三丈接躬下，左右各出五尺也。其持舌之繩，謂之綱，維其綱於幹者，又謂之縜。上下各有綱，下綱去地之節，則尺二寸。”

世佐案，侯義未詳，《考工記》曰：“祭侯之禮，以酒、脯醢，其辭曰：‘惟若寧侯，毋或若女不寧侯，不屬于王所，故抗而射女。’”敖氏本此立説。然象人而射之，毋乃傷仁乎？郝説蓋取便捷，雖中與正鵠之類同義，而改侯爲猴，亦出臆説，姑並存之，以俟知者。又案，鄉侯以布爲之，侯中用布，五幅，幅長一丈，廣二尺。古者布幅廣二尺二寸，以二寸爲縫，諸幅皆以二尺計之。又以一幅横接于中之上下，謂之躬，躬各二丈。其接于躬者謂之舌，亦謂之个。上舌四丈，下舌三丈，上廣下狹也。合之，用布十六丈。下綱不及地武，則上綱去地丈九尺二寸矣。

不繫左下綱，中掩束之。

註曰：“事未至也。”

敖氏曰：“侯以左爲尊，故事未至，則未繫左下綱也。‘中掩束之’者，中掩左下个，而以綱束之也。下个出於躬五尺，中掩之，是所掩者二尺五寸矣。"

張氏曰:"侯向堂爲面,以西爲左,射事未至,故且不繫左下綱。並綱與舌向東掩束之,待司馬命張侯,乃脱束繫綱也。"

世佐案,中,讀如字。《釋文》"丁仲反",非。下舌三丈,中掩之,是所掩者丈五尺也。姜氏訓中爲侯中之中,謂掩其中而束之也,亦是一解,存之。

乏,參侯道,居侯黨之一,西五步。

註曰:"容謂之乏,所以爲獲者御矢也。侯道五十步,此乏去侯北十丈,西三丈。"

敖氏曰:"《爾雅》曰:'乏謂之防。'説者云:'如今牀頭小曲屏風也。'侯黨,指侯之西邊而言,此乏參分侯道而居其一也,乃云'侯黨'者,明雖取數於侯道,實取節於侯黨也。西五步,亦謂侯黨之西也。然則此乏其南十丈,其東三丈,乃與侯黨相當與?"

郝氏曰:"乏以皮爲之,形如曲屏,唱獲者所隱蔽,一名容,容身于内以避矢,矢力至此乏竭,故名乏。黨,偏近也。《玉藻》云:'侍坐引去君之黨。'鄉侯去射位五十步,蓋三十丈也。三分之而乏偏近侯一分,則去侯十丈,去堂上二十丈也。西五步,謂去侯西三丈,避矢道也。"

張氏曰:"黨,旁也。三分侯道而居旁之一,偏西者五步,此設乏之節也。侯道五十步,步六尺,計三十丈,乏居三之一,西五步,故云'北十丈,西三丈'。必於此者,取可察中否,唱獲聲達堂上也。"

世佐案,此言設乏之法也。"參侯道,居侯黨之一"者,其南北節也。"西五步"者,東西節也。黨,郝訓偏,近得之。蓋侯道三十丈,若第云三分侯道而居其一,未知其近堂與?近侯與?惟云"居侯黨之一",而後知其去侯十丈也。先儒以侯旁釋之,其義頗晦,且經云"西五步",則其在侯西偏明矣,何必以黨爲旁乎。

右設器、席,張侯。

羹定。主人朝服,乃速賓。賓朝服出迎,再拜。主人答再拜,退。賓送再拜。

註曰:"射,賓輕也,戒時玄端。"

敖氏曰:"禮,戒速同服。此速賓朝服,則戒時亦朝服可知。"

世佐案，於此乃言朝服，則戒時不朝服明矣。《鄉飲酒禮》不言主人服，而其記云"朝服而謀賓介"，是戒速亦皆朝服也。主人待賓輕重之差，于此可見，敖説非。

賓及衆賓遂從之。

右速賓。

敖氏曰："自此以後，經文及記文有與《鄉飲酒禮》同者，不重釋之。"

及門，主人、一相出迎于門外，再拜，賓答再拜。

世佐案，若射于序，則爲之相者，其黨正與？

揖衆賓。主人以賓揖，先入。賓厭衆賓，衆賓皆入門左，東面北上，賓少進。

註曰："以，猶與也。少進，差在前。"

敖氏曰："'賓厭衆賓入門左'，此脱三字爾。少進，謂少東。"

世佐案，少進，謂少北。既云"北上"，又云"賓少進"者，衆賓雖皆北上，其實比肩而立，賓序在前，去衆賓差遠也。敖云"少東"，非。

主人以賓三揖，皆行，及階，三讓，主人升一等，賓升。

敖氏曰："皆行，言無先後也。主人升一等，賓乃升，敵者之禮也。"

郝氏曰："皆行，主人與正賓同行也。正賓升堂，而衆賓立門内左以俟。"

世佐案，前二説是。疏謂"賓主既行，衆賓亦行，故云'皆行'"，非矣。此亦與《鄉飲酒禮》同，但文有詳畧耳。

主人阼階上當楣北面再拜，賓西階上當楣北面答再拜。

右迎賓拜至。

主人坐取爵于上篚，以降。賓降，主人阼階前西面坐奠爵，興，辭降，賓對。主人坐取爵，興，適洗，南面坐，奠爵于篚下，盥，洗。賓進，東北面辭洗。主人坐奠爵于篚，興對。賓反位。

註曰："反從降之位也。《鄉飲酒》曰：'當西序東面。'"

主人卒洗，壹揖，壹讓，以賓升。賓西階上北面拜洗，主人阼階上北面奠爵，遂答拜，乃降。賓降，主人辭降，賓對。主人卒盥，壹揖，壹讓，升。賓升，西階上疑立。主人坐取爵，實之，賓席之前西北面獻賓。

敖氏曰："'席之'，當作'之席'。"

賓西階上北面拜，主人少退。賓進受爵于席前，復位。主人阼階上拜送爵，賓少退。薦脯醢。賓升席，自西方。乃設折俎。主人阼階東疑立。賓坐，左執爵，右祭脯醢，奠爵于薦西，興，取肺，坐絶祭。

世佐案，《鄉飲酒禮》云："右手取肺，卻左手執本，坐，弗繚，右絶末以祭。"此亦同，但文畧耳。

尚左手，嚌之，興，加于俎，坐捝手，執爵，遂祭酒，興，席末坐啐酒，降席，坐奠爵，拜，告旨，執爵興。主人阼階上答拜。賓西階上北面坐，卒爵，興，坐奠爵，遂拜，執爵興。主人阼階上答拜。

右主人獻賓。

賓以虛爵降，主人降。賓西階前東面坐奠爵，興，辭降，主人對。賓坐取爵，適洗，北面坐奠爵于篚下，興，盥，洗。主人阼階之東，南面辭洗。賓坐奠爵于篚，興對，主人反位。

註曰："反位，從降之位也。主人辭洗，進也。"

世佐案，《鄉飲酒禮》云："主人復阼階東，西面。"

賓卒洗，揖讓如初，升。主人拜洗，賓答拜，興，降盥，如主人之禮。賓升，實爵。

世佐案，後"升"字疑衍。《鄉飲酒禮》云："賓實爵。"

主人之席前東南面酢主人[1]。主人阼階上拜,賓少退。主人進受爵,復位,賓西階上拜送爵。薦脯醢。主人升席自北方,乃設折俎,祭如賓禮,不告旨,自席前適阼階上,北面坐卒爵,興,坐奠爵,遂拜,執爵興。賓西階上北面答拜。主人坐奠爵于序端,阼階上再拜崇酒。賓西階上答再拜。

疏曰:"奠爵于序端,此擬下獻衆賓。"

右賓酢主人。

主人坐取觶于篚,以降。賓降,主人奠觶,辭降。賓對,東面立。

世佐案,《鄉飲酒禮》云:"立當西序,東面。"

主人坐取觶,洗,賓不辭洗。卒洗,揖讓升,賓西階上疑立。主人實觶酬之,阼階上北面坐奠觶,遂拜,執觶興,賓西階上北面答拜。主人坐祭,遂飲,卒觶興,坐奠觶,遂拜,執觶興,賓西階上北面答拜。主人降洗,賓降辭,如獻禮。升,不拜洗。賓西階上立,主人實觶賓之席前,北面,賓西階上拜,主人坐奠觶于薦西。

世佐案,《鄉飲酒禮》云:"主人少退,卒拜,進坐,奠觶于薦西。"

賓辭,坐取觶以興,反位。主人阼階上拜送,賓北面坐奠觶于薦東,反位。

右主人酬賓。

主人揖,降。賓降,東面立于西階西,當西序。

註曰:"主人將與衆賓爲禮,賓謙,不敢獨居堂。"

主人西南面三拜衆賓,衆賓皆答一拜。主人揖升,坐取爵于序端。

世佐案,序端之爵,即受酢時所奠者。

① "東南面"之"南"字原無,校本有,各本經文同,且《鄉飲酒禮》賓酢主人章經文亦作"東南面",《四庫全書考證》曰:"原本脱'南'字,據注疏本增。"據補。

降洗，升實爵，西階上獻衆賓。衆賓之長升，拜受者三人，主人拜送。坐祭，立飲，不拜既爵，授主人爵，降，復位。

敖氏曰："位，亦堂下之位，賓之南也。"

衆賓皆不拜，受爵，坐祭，立飲。每一人獻，則薦諸其席，衆賓辯有脯醢。主人以虚爵降，奠于篚。

右主人獻衆賓。

揖讓升。賓厭衆賓升，衆賓皆升，就席。一人洗，舉觶于賓。升，實觶，西階上坐奠觶，拜，執觶興，賓席末答拜。舉觶者坐祭，遂飲，卒觶興，坐奠觶，拜，執觶興，賓答拜。降洗，升實之，西階上北面，賓拜。舉觶者進，坐奠觶于薦西。賓辭，坐取以興。

註曰："若親受然。"

敖氏曰："前篇言'受'，此言'取'，互文也。"

舉觶者西階上拜送，賓反奠于其所，舉觶者降。

右一人舉觶。

大夫若有遵者，則入門左。

註曰："謂此鄉之人爲大夫者也。謂之遵者，方以禮樂化民，欲其遵法之也。其士也，於旅乃入，鄉大夫、士非鄉人，禮亦然，主於鄉人耳。"

敖氏曰："入門左，則歸者賓入之位也。不俟於門外，别於正賓。"

張氏曰："按《鄉飲酒》於篇末略言遵者之禮，此經乃著其詳，正所云'如介禮'者也。"

世佐案，註云"其士也，於旅乃入"，則鄉中命士來觀禮者亦得謂之遵矣。云"鄉大夫、士非鄉人，禮亦然"者，謂他鄉之大夫、士偶來爲遵者，其待之之禮，隆殺之宜，亦如本鄉也。

主人降。

註曰："迎大夫於門内也。不出門，别於賓。"

賓及衆賓皆降，復初位。

註曰："不敢居堂，俟大夫入也。初位，門内東面。"

敖氏曰："初位，階西以南，當序之位。"

世佐案，此亦與《鄉飲酒禮》同。復初位者，復初降時西階下東面位也。衆賓在賓南，鄭解爲初入門内之位，非。

主人揖讓，以大夫升，拜至，大夫答拜。主人以爵降，大夫降。主人辭降，大夫辭洗，如賓禮。

敖氏曰："此賓禮，自'三揖，三讓'以至于'一揖，一讓，升'之儀也。"

世佐案，以爵降，亦取爵于上篚也。

席於尊東。

註曰："尊東，明與賓夾尊也。不言東上，統於尊也。"

疏曰："下云大夫降席東南面，降由上，故知西上，統於尊也。"

敖氏曰："此言'尊東'，《鄉飲酒》言'賓東'，亦文互見也。"

世佐案，遵者之席，於庠則在東房前之西，於序則在棟後第二架，當左楹之左，皆所謂尊東也。此亦謂無諸公則然，若有諸公，則大夫于主人之北，西面。

升，不拜洗。主人實爵，席前獻于大夫。

敖氏曰："席前獻，其西北面與？主人既拜送，則亦立于階東。"

世佐案，凡獻，必向所獻者之位。獻大夫當東北面，以其位在東北故也。敖云"西北面"，非。

大夫西階上拜，進受爵，反位，主人大夫之右拜送。大夫辭加席，主人對，不去加席。

註曰："辭之者，謙不以己尊加賢者也。不去者，大夫再重席，正也，賓一重席。"

敖氏曰："《鄉飲酒禮》曰：'大夫則如介禮，有諸公，則辭加席，委于席端，主人不徹；無諸公，則大夫辭加席，主人對，不去加席。'此惟主言無諸公之大夫，則是鄉射禮諸公不與。"

世佐案，本記云："若有諸公，則如賓禮，大夫如介禮。無諸公，則大夫如賓禮。"今觀此章所陳，正與上篇介禮相同，蓋爲有諸公之大夫而言也。有諸公，則大夫之辭加席也，亦當如上篇所云"委于席端，主人不徹"，此乃云"主人對，不去加席"，是又與無諸公之禮同矣，何其互異若此與？蓋遵者之來否及諸公之有無皆不可定，經故錯舉一二以示例，其隆殺信屈之詳，必待記而後備，記之所以有功于經也。然觀乎此，則其所謂"如賓禮"者，亦可以類推矣。敖氏據此遂爲鄉射之禮諸公不與，并訾記者之失，毋乃以辭害意與？

乃薦脯醢。大夫升席，設折俎，祭如賓禮，不嚌肺，不啐酒，不告旨，西階上卒爵，拜，主人答拜。

註曰："大夫升席由東方。"

敖氏曰："主人答拜，亦於大夫之右。"

大夫降洗。

註曰："將酢主人也。大夫若衆，則辯獻，長乃酢。"

世佐案，大夫雖衆，然受獻後須一一酢主人，如經所陳也。"辯獻長，乃酢"，惟主人尊賓賤乃可，今大夫尊于諸侯之州長，於鄉大夫爲敵，不可也。疏引《有司徹》爲證，非其倫矣。

主人復阼階，降辭如初。卒洗，主人盥。

註曰："盥者，雖將酌自飲，尊大夫，不敢褻。"

揖讓升，大夫授主人爵于兩楹間，復位。主人實爵，以酢于西階上，坐奠爵，拜，大夫答拜，坐祭，卒爵拜，大夫答拜。主人坐奠爵于西楹南，再拜崇酒，大夫答拜。主人復阼階，揖降。大夫降，立于賓南。

疏曰："此受大夫酢，不奠於篚者，爲士於旅乃入，擬獻士，故奠爵於此也。"

敖氏曰："必降者，宜與賓序升也。立于賓南，下之也。"

主人揖讓，以賓升，大夫及衆賓皆升，就席。

敖氏曰："賓亦厭大夫，大夫亦厭衆賓乃升也。衆賓，其長三人也。"

右遵者之禮。

席工于西階上，少東。樂正先升，北面立于其西。

註曰："言少東者，明樂正西側階。不欲大東，辟射位。"

敖氏曰："少東，據工之下席而言也。樂正立于其西，猶未至階也。《鄉飲酒禮》曰：'樂正先升，立于西階東。'"

張氏曰："案《鄉飲酒》不射，席工亦與此同。此註云'辟射位'，恐非經意，或是欲其當賓席耳。"

世佐案，蒲筵丈六尺，工四人，席六丈四尺也。即謂周以八寸爲尺，《王制》云："古者以周尺八尺爲步，今以周尺六尺四寸爲步。"註云："周尺之數未詳聞也。按禮制周猶以十寸爲尺，蓋六國時多變亂法度，或言周尺八寸。"亦當今之五丈有奇，此豈西階上少東所能容乎？且《鄉飲酒禮》云"樂正先升，立于西階東"，此云"樂正先升，北面立于其西"，文互見也。樂正立于工席之西，猶于西階爲東，則工席更東可知。經云"少東"，據工席之最西者言也。工賤者先就事，布工席亦先布其最西者，故經據之而言也，敖說得之。下經云"樂正適西方，命弟子贊工遷樂于下"，辟射也。夫將射乃辟，則此席不辟明矣。註云"辟射位"，固非，張云"欲其當賓席"，亦未爲得也。

工四人，二瑟，瑟先。相者皆左何瑟，面鼓，執越，内弦，右手相。入，升自西階，北面東上。工坐，相者坐授瑟，乃降。

註曰："瑟先，賤者先就事也。面，前也。鼓在前，變于君也。執越，内弦，右手相，由便也。越，瑟下孔，所以發越其聲也。前越言執者，内有弦結，手入之淺也。相者降，立西方。"

疏曰：案《大射》大師、少師歌，衆工瑟，是瑟賤也。凡工皆先瑟後歌，是賤者先即事，故得獻亦在前也。《鄉射》與《大射》相對，《大射》君禮而後首，此臣禮前首，故云"變于君"。

敖氏曰："前越，去廉差遠，故不可挎，但執之而已。面鼓，亦變於飲酒。"

張氏曰："面鼓者，瑟首在前也。鼓，謂可鼓處，與《鄉飲酒》不同者，在《鄉飲酒》，欲其異於《燕》，在《鄉射》欲其異於《大射》，皆爲變於君也。"

世佐案，瑟體首寬尾狹，内越，孔雖長，廣狹亦等，但弦居瑟上，近首，鼓處則寬近尾，不鼓處并而狹，此疏說也。若然，則側持之法，近鼓持之，手入得深，宜云挎，近尾持之，手入得淺，宜云執。今以經文考之，反是，此與《燕禮》皆面鼓，乃云"執"，《鄉飲酒》與《大射》皆後首，乃云"挎"，鄭公"内有弦結"之説不可通矣當，以敖說爲正。蓋瑟體尾狹，則後越去瑟廉差近，故可挎，首寬則前越去瑟廉差遠，故僅可執也。

姜氏曰："註疏變于君之説覺支。鄉射禮輕于鄉飲，燕禮輕於大射。鄉飲賓賢，大射選士，其禮重矣，故可鼓者皆在後，主于將敬也。若鄉射祇習藝,燕禮祇達情而已,故可鼓者皆在前,以鳴豫也。"

世佐案,姜説與註疏合之,其義乃備。蓋以鄉飲與燕禮對,鄉射與大射對,則爲變于君,以鄉飲與鄉射對,大射與燕禮對,則又爲將敬與鳴豫之别,《儀禮》一書,此等至纖細之處亦精密周帀乃爾,横説豎説,無所不通,信非聖人不能爲也,讀者幸以是求之。

笙入,立於縣中,西面。

註曰:"堂下樂相從也。縣中,磬東立,西面。"

世佐案,縣中,磬南鏞北也。此主大夫判縣而言。《鄉飲酒禮》云:"笙入堂下,磬南,北面立",與此異。

乃合樂,《周南》:《關雎》、《葛覃》、《卷耳》;《召南》:《鵲巢》、《采蘩》、《采蘋》。

註曰:"不歌、不笙、不間,志在射,略於樂也。不略合樂者,《周南》、《召南》之風,鄉樂也,不可略其正也。"

工不興,告于樂正曰:"正歌備。"樂正告于賓,乃降。

註曰:"不興者,瞽矇禮略也。"

世佐案,正歌,謂鄉樂也。大夫、士以歌風爲正。《鄉飲酒》升歌、笙、間用《小雅》,禮盛者進取也,於此益可見矣。

主人取爵于上篚,獻工,大師則爲之洗。賓降,主人辭降。

註曰:"大夫不降,尊也。"

敖氏曰:"大夫不降,亦别于賓。"

世佐案,經不言大夫降,以大夫或來或否也。若來,亦當從主人降,大夫不尊于賓也,註非。《鄉射禮》云賓、介降,"大夫如介禮",亦不得云别于賓也。

工不辭洗。卒洗,升實爵。

敖氏曰:"主人卒洗,亦與賓揖讓乃升。此以上著大師之禮異也。"

工不興,左瑟,一人拜受爵。

註曰:"左瑟,辟主人授爵也。一人,無大師則工之長者。"

主人阼階上拜送爵。薦脯醢，使人相祭。工飲，不拜既爵，授主人爵。衆工不拜受爵，祭飲，辯有脯醢，不祭。不洗，遂獻笙于西階上。

註曰："不洗者，賤也。衆工而不洗矣，而衆笙不洗者，笙賤於衆工。正君賜之，猶不洗也。"

敖氏曰："非大師，則工之長亦不洗矣。乃著笙不洗者，正使笙師猶不洗也，諸侯之笙師蓋以下士爲之。"

笙一人拜于下，盡階，不升堂，受爵，主人拜送爵。階前坐祭，立飲，不拜既爵，升，授主人爵。衆笙不拜，受爵，坐祭，立飲，辯有脯醢，不祭。主人以爵降，奠于篚。反升，就席。

註曰："亦揖讓以賓升，衆賓皆升。"

疏曰：云"亦"者，亦前主人共大夫行禮訖，主人揖讓以賓升，大夫及衆賓皆升就席也。上賓降時雖不言衆賓降，衆賓卑，從降可知，故今從賓升也。

世佐案，主人揖讓以賓升之節當在此經，不言者，以大師或有或無也。若無大師，不爲之洗，賓亦不降也。

右樂。

主人降席自南方，側降。作相爲司正，司正禮辭，許諾。主人再拜，司正答拜。主人升，就席。司正洗觶，升自西階，由楹内適阼階上，北面受命于主人。

註曰："洗觶者，當酌以表其位，顯其事也。楹内，楹北。"

疏曰：受命，謂受主人請安賓之命。

世佐案，楹，謂前楹，由楹内言其入堂之節也。圖見上。

西階上北面請安于賓。

註曰："傳主人之命。"

敖氏曰："賓爲射事而來，此時未射，若無嫌於不安，乃亦請安于賓者，飲酒之節宜然也。"

賓禮辭，許。司正告于主人，遂立于楹間以相拜。主人阼階上再拜，賓西階上答再拜，皆揖，就席。

敖氏曰："賓辭者，亦不敢必主人之終行射事也。"

世佐案，主人所以請安于賓者，爲行禮既久，恐賓身或有不安也，賓辭，亦恐主身有不安也，禮之體人情也，至矣。如第曰爲賓欲去留之，則此賓爲射而來，事未至，而故留之，賓故辭，毋乃文繁而詐乎？

司正實觶，降自西階，中庭北面坐奠觶，興，退，少立。

敖氏曰："此中庭，其阼階前南北之中與？蓋射時司正爲司馬，至誘射之後，方易位於司射之南，則此位必不在階間，如《鄉飲酒》司正之位也。"

世佐案，司正奠觶處，《鄉飲酒禮》云"階間"，此云"中庭"，互見也，其位同。及其爲司馬也，乃位于司射之南，辟射也，敖説誤。

進，坐取觶，興，反坐，不祭，遂卒觶，興，坐奠觶，拜，執觶興，洗，北面坐奠于其所，興，少退，北面立于觶南。

註曰："立觶南，亦其故擯位。"

右立司正。

未旅。

張氏曰："鄉飲酒立司正即行旅酬，今此禮主於射，故且未旅，急在射也。"

三耦俟于堂西，南面東上。

註曰："司正既立，司射選弟子之中德行、道藝之高者，以爲三耦，使俟事於此。"

楊氏曰："此時擬取三耦之人，俟事于此，未比三耦。"

郝氏曰："凡射，二人爲耦，天子六耦，諸侯四耦，大夫、士三耦，謂之正耦。鄉射正耦三，用六人。"

張氏曰："自此以下，始言射事。射凡三番：第一番三耦之射，獲而不釋獲；第二番賓、主、大夫、衆賓耦射，釋獲，升飲；第三番以樂節射。此下至乃'復求矢加于楅'，言三耦之射。司射請射于賓，命弟子納射器，比三耦，司馬命張侯，又命倚旌，樂正遷樂器，三耦取弓矢，司射誘射，乃作三耦射，司馬命設楅取矢，凡九節，射之第一番也。"

司射適堂西，袒、決、遂，取弓于階西，兼挾乘矢，升自西階，階上北面告于賓，曰："弓矢既具，有司請射。"

註曰："司射，主人之吏也。於堂西袒、決、遂者，主人無次，隱蔽而已。袒，左免衣也。決，猶闓也，以象骨爲之，著右大擘指以鉤弦闓體也。遂，射韝也，以韋爲之，所以遂弦者也。其非射時，則謂之拾。拾，斂也，所以蔽膚斂衣也。方持弦矢曰挾。乘矢，四矢也。《大射》曰：'挾乘矢於弓外，見鏃於弣，右巨指鉤弦。'"

疏曰：主人無次，對《大射》人君禮有次，在東方，不須適堂西也。凡事無問吉凶，皆袒左，唯有受刑袒右。

敖氏曰："設決，謂之決設。遂，謂之遂。兼，皆也。未射，則不搢三挾一，異于耦也。"

郝氏曰：袒，露左臂也。遂，著于左臂。挾之言夾也，夾于第二、三間也。每射必四矢，象四方也。

世佐案，挾矢之法，蓋以左手執弣，右大指鉤弦，而并夾四矢于第二、第三指間，於弓外見鏃於弣，如大射之儀也。

賓對曰："某不能，爲二三子許諾。"

註曰："言某不能，謙也。二三子，謂衆賓已下。"

司射適阼階上，東北面告于主人，曰："請射于賓。"賓許。

敖氏曰："阼階上告主人當北面，'東'似衍文。上言司正阼階上，北面受命于主人，足以見之矣。北面告，變于君也。《大射儀》：'司射東面請射于公。'"

右司射請射。

司射降自西階，階前西面命弟子納射器[①]。

註曰："弟子，賓黨之年少者也。納，内也。射器，弓、矢、決、拾、旌、

① "降自西階階前"，"階"字原不重出，校本"階"字重出，《集釋》、《通解》、楊氏《圖》、敖氏、陳本、閩本、監本、毛本同，據補。

中、籌、楅、豐也。賓黨東面[1]，主人之吏西面。”

乃納射器，皆在堂西。

敖氏曰：“初納之時，總置於堂西，未有所分别。既則陳其弓矢，如下文所云。”

賓與大夫之弓倚于西序，矢在弓下，北括。衆弓倚于堂西，矢在其上。

註曰：“上，堂西廉。矢亦北括。”

敖氏曰：“謂此以弓位之上下見尊卑也。下文云‘東序東’，則此‘序’下似脱一‘西’字也。序西，堂西之弓，其亦皆北上與？”

郝氏曰：“西序，堂上西牆。括，矢端受弦處。括言會也，矢與弦會也。括向北，鏃向南，順也。衆耦之弓倚于堂西階下，矢在階上。”

主人之弓矢在東序東。

姜氏曰：“賓與大夫之弓矢亦在西序西，主人之弓亦倚于東序，矢在其下，北括，皆互文也。”

右納射器。

司射不釋弓矢，遂以比三耦于堂西。三耦之南，北面命上射曰：“某御於子。”命下射曰：“子與某子射。”

註曰：“比，選次其才相近者也。”

敖氏曰：“比，猶合也，謂合之而爲耦也。上下射相配謂之耦，命上下射之辭異，示尊卑也。其命之，惟以所立之序爲先後，故不復變位。既命耦，乃定所謂比也。下比衆耦放此。”

郝氏曰：“司射自初取弓挾矢，至是不釋，執所事也，後倣此。凡耦，尊者立右，爲上射，武事尚右，左爲下。”

張氏曰：“御，進也，侍也。進而侍射于子，尊辭也。”

世佐案，某，字也。某子，氏也。下射稱字，上射稱子，亦尊卑異辭也。

右比三耦。

---

① “黨”字原無，校本及各注疏本皆有“黨”字，且賈疏引注曰“云‘賓黨東面，主人之吏西面’者”，證底本有脱文，據補。

司正爲司馬。

註曰:“兼官,由便也。立司正爲涖酒耳。今射,司正無事。”

敖氏曰:“遠辟君禮也。《大射儀》司馬二人,司正如故。”

司馬命張侯,弟子説束,遂繫左下綱。

註曰:“事至也。”

司馬又命獲者倚旌于侯中。

註曰:“爲當負侯也。獲者,亦弟子也,謂之獲者,以事名之。”

郝氏曰:射中曰獲,報中之人曰獲者。旌,獲者所執。矢中,揚旌唱獲時,司射將誘射,司馬命獲者取旌,倚侯北正中。

獲者由西方坐取旌,倚于侯中,乃退。

敖氏曰:“云‘坐取旌’,見其偃于地也。侯中,侯之中央也。倚之於此,若示射者以中,地然退反于西方之位也。倚旌而未負侯,蓋當誘射之節,則異於耦射也,且行事亦宜有漸。”

郝氏曰:“取旌由西方,射器在堂西也。”

右張侯倚旌。

樂正適西方,命弟子贊工遷樂于下。

註曰:“當辟射也。贊,佐也。遷,徙也。”

敖氏曰:“適西方,自西階東而往西階前也。樂,謂瑟也,亦西面命之。”

弟子相工,如初入,降自西階,阼階下之東南,堂前三笴,西面北上坐。

註曰:“笴,矢幹也。”

疏曰:“案《矢人》註‘矢幹長三尺’,是去堂九尺也。”

敖氏曰:“如初入,謂何瑟之儀與後先之序也。必空三笴者,辟主人往來堂東之路也。位於堂下而坐,惟工耳,亦無席。”

世佐案,坐必於席,蓋遷樂時并工席亦遷之也。敖云“無席”,非。

樂正北面立于其南。

註曰:“北面,鄉堂,不與工序也。”

右遷樂。

世佐案,以上三節皆一時事,當司射比三耦之時,司馬即命張侯倚旌,而樂正命遷樂矣。經文序事不得不爾,非真有先後也。

司射猶挾乘矢,以命三耦:"各與其耦讓,取弓矢,拾。"

註曰:"拾,更也。"

敖氏曰:"猶者,言其未變改也。取云拾者,謂更迭取之也。"

郝氏曰:"三耦既比,司射先自射教之。射者禮儀未閑,司射挾乘矢命各與其耦揖讓,迭取弓矢,勿相雜越,皆司射命也。"

姜氏曰:"命各與其耦讓者,射以觀德,命之揖讓,以審其比禮比樂之意,此《鄉大夫》所謂'退而以五物詢衆庶'者也。拾取弓矢,亦其中和容之一徵,故首命之。"

世佐案,郝氏、姜氏皆于讓字句,得之。

三耦皆袒、決、遂,有司左執弣,右執弦而授弓,遂授矢。

註曰:"有司,弟子納射器者也。"

敖氏曰:"上云'衆弓倚于堂西,矢在其上',是納射器則陳之矣。弟子乃留于堂西,主授受之事,故此復執以授之。"

郝氏曰:"弣,弓把也。"

三耦皆執弓,搢三而挾一个。

註曰:"未違俟處也。搢,插也,插于帶右。"

郝氏曰:"插三矢于帶間,挾一矢于第二指間,備先射也。一个,謂一矢,凡奇曰个。"

司射先立於所設中之西南,東面。

敖氏曰:"下經云'設楅于中庭,南當洗',又云'設中,南當楅,西當西序',然則此時司射之位少南於洗,而西當榮,與司射先立於此,欲三耦知其位也。"

郝氏曰:"中器名木爲之,以盛算。射中釋筭故謂中。"

張氏曰:"中,謂鹿中,以釋獲者。其設之處,南當楅,西當西序。此時尚未設中,云'所設中之西南'者,擬將來設中之處也。"

三耦皆進,由司射之西,立于其西南,東面北上而俟。

敖氏曰:"進亦每耦並行,上射在左,如退適堂西之儀也。俟,俟作射。”

右三耦取弓矢俟射。

司射東面立于三耦之北，搢三而挾一个。

註曰：“爲當誘射也。固東面矣，復言之者，明卻時還。”

敖氏曰：“復云‘東面’者，以其違於舊處，且明既還而後搢三挾一也。三耦之北，其正位之西也，立於此者，示三耦以揖進之節耳。”

張氏曰：“據註疏言，司射本立于中之西南，今命三耦已，復還立此，經上文‘先’字，非先後之先，乃舊先之先。愚詳經文，似當仍作先後字爲妥。此復言之者，欲言其將誘射，故復從立處説起耳。”

姜氏曰：“司射原在中之西南，東面，因三耦來，立于其西南。其時，司射卻身遜避，以便其進立，至三耦立定，隨復回向三耦之北，東面而立。註云‘復言之者，明卻時還’也，味文義，當是如此，而疏説未明，故順其意而發之。”

世佐案，司射自請射之後，即于階前命弟子納射器，比三耦于堂西，又命三耦取弓矢，其初固未有定位也。經云先立者，謂先三耦而立于所設中之西南，以示射位也。下經云“司射先反位”，與此先字義同，其非舊先之先明矣。張氏辨之甚當，然其自爲説亦非也。案上經三耦立于司射之西南，見司射之位在其東北也。此云“立于三耦之北”，則進而西矣。既違故位，嫌其所面亦異，故復云“東面”以決之，非複出也。由三耦東北進，而立于其北，未嘗有所退卻回還也。註云“卻時還”，亦非。

揖進，當階。北面揖，及階揖，升堂揖。豫則鉤楹内，堂則由楹外。當左物，北面揖，及物揖。

註曰：“鉤楹，繞楹而東也。序無室，可以深也。周立四代之學於國，而又以有虞氏之庠爲鄉學，《鄉飲酒義》曰‘主人迎賓於庠門外’是也。庠之制，有堂有室也。今言豫者，謂州學也，讀如‘成周宣榭災’之‘榭’，《周禮》作序。凡屋無室曰榭，宜從榭。州立榭者，下鄉也。左物，下物也。今文豫爲序，序乃夏后氏之學，亦非也。”

疏曰：《王制》云有虞氏上庠、下庠，夏后氏東序、西序，殷人左學、右學，周人東膠、虞庠，“周立四代”者，通已爲四代也。故周之小學爲有虞氏之庠制而在西郊，立殷之右學爲瞽宗，亦在西郊，立夏后氏之東序爲東膠,而在王宫之東,而又以有虞氏之庠爲鄉學,其制有堂有室,又以序爲州學,則有堂無室也。

朱子曰:"下記云'上射於右',故此以左物爲下物也。註疏所言四代之學,未有以見其必然,姑存其大略而已。但豫有室,堂無室[①],則粗可見。蓋有室則四分其堂去一以爲室,故淺;無室則全得其四分以爲堂,故深也。"

敖氏曰:"自'揖進'以下,皆教三耦以射儀也。誘射而就左物者,亦以其爲主黨也。序,州黨之學,堂即庠也,鄭氏以爲鄉學,是也。黨屬於州,州屬於鄉,以此言之,則三者之學,其小大深淺可知矣。序則鉤楹内,謂繞楹之東而北,以其物當棟也。堂則由楹外,謂循楹之南而東,以其物當楣也。蓋射者必履物,而物之在堂有深有淺故爾。〇鄭本'序'作'豫',註曰:'今文豫作序。'繼公謂,序之文意明白於豫,且記亦以序與堂對言,宜從今文。"

郝氏曰:"'司射東面立'以下,皆司射自射以教射也。揖進,即所立之次,東向一揖;進當西階塗,北向一揖;及西階下一揖,此堂下三揖也。楹,即今廳中四柱。負棟者鉤楹,謂近檐,兩楹内可鉤行。古人堂,牖户皆在後楹間,室與房在堂之北。後楹中間户牖,室也。後楹東間户牖,房也。所謂東西階,位皆在堂深處,而前當兩階,非就檐下布席也。"

張氏曰:"物者,以丹若墨畫地作十字形,射者履之以射。左物,下射所履,故云'下物'也。"

姜氏曰:"物者,猶物色之物。《大射禮》云'若丹若墨,畫物而午'是也。"

世佐案,《禮記·學記》云"術有序",《周禮·州長職》云"春秋以禮會民而射於序",本記云"序則物當棟",皆作"序",此古文作"豫",誤也。鄭公從之者,取其與榭字略似,便改讀,以求合于《爾雅》"無室曰榭"之文耳,詎知榭是臺上之屋,所以臨觀講武,與此州黨學舍絶不相干,不可援以爲據也。若夫序之無室,其證有三,而《爾雅》不與焉。蓋序爲州黨學,其規模制度必狹小于鄉學之庠,而其器席、陳設一與庠同,又須留餘地以

① "豫有室堂無室",宋刊元明遞修本《通解》同。校本"有"下無"室"字,《經傳》引《通解》同。

通行禮者之往來,若復去其四分之一以爲室,其勢必不能容,一也。庠大于序,而射者所履之物止于當楣。楣,棟前一架也。序小于庠,而物反當正中之棟,若其有室,則室之牖前爲賓席,席前又設薦,俎與物同在一架之内,能無礙乎?二也。又以經文證之,序本與庠對,今以堂對言者,互文也。堂者,對室之稱,無室不可以言堂,故言序則知堂之爲庠矣,言堂則知序之無室矣,其言簡而義該如此,三也。之三者,皆足以明序之無室。鄭公不一爲拈出,而輕改經文以申己臆,過矣。若以序爲夏后氏之學,其説出于《王制》、《明堂位》,與《孟子》異,未知孰是。然即謂周人立夏之學于州,去室而仍取序名,亦無不可,何必改序爲榭耶?

左足履物,不方足,還,視侯中,俯正足。

註曰:"方,猶併也。志在於射,左足至,右足還併足,則是立也。南面視侯之中,乃俯視併正其足。"

疏曰:"案《大射》納射器之下,即言'工人士與梓人升自北階,兩楹間,疏數容弓,若丹若墨,度尺而午',此不言者,卑者文略,亦當在納射器後即畫之也。"

朱子曰:"此疏解註文不可曉,恐有脱誤。蓋註意若曰左足履物,而右足不併,便還足,南面視侯之中也。若便併右足,則是立矣。以志在相射,故未暇立而先視侯,既視侯而後俯併其足也。"

敖氏曰:"'左足履物',履從畫也。《大射儀》曰,司射'由下物少退',則履物者當履其從畫也。'不方足',未暇北面而立也。他時凡欲還者,必先立,故言此以明之。還,謂右還而南面也。右還者,爲下射宜向上射也。既視侯中,乃俯視而正足,則視侯中之時,右足其亦在從畫而少退與?正足,謂左右各履横畫之兩端也,亦左先而右次之。"

世佐案,射之立法與他時異,他時併足而立,可也,而射者之足則不可併,併則不可射。聖人于此恐人或有未嫻也,故先于射位畫爲一縱一横之物,而使之取正焉。司射于誘射之時,既視侯中,即俯而視足,以察其合法與否,皆所以教也。方足者,併足而立也,此常法也。正足者,正其足于物也。物一縱一横,履之者亦左足縱而右足横,如其所畫也。至今射者之立,取象于丁,猶古人畫午之遺意與?註于正足、方足之分,茫然莫辨,而敖氏遂以左右各履横畫之兩端釋之,若然,則其身正南面而立矣,將何以支左詘右而射乎?蓋自文武殊科,而射爲武事,於是習于射者既不能講明容體以證于經，而儒生、學士游于藝者蓋寡，又徒守紙上之空言，謬誤相承，莫能是正，而經義遂晦矣，此愚之所以讀之而慨然也。至於疏説之誤，則由讀註之不審。註云“左足至，右足還”者，謂志在於射，故左足甫至物，右足即還，不及併足而立也。又云“併足，則是立也”者，反言以明之耳。疏以“右足還”三字連下爲句，則非矣。得朱子之解，註意始明，而近世又有謂“左足至句，右足還併足句，則是立也”三句皆是反言者，亦失註意，故復論之。

不去旌。

郝氏曰：“凡射獲者持旌，侯西唱獲。此教射，不計獲，故旌倚侯不去也。”

誘射，將乘矢。

註曰：“誘，猶教也。將，行也，行四矢，象有事於四方。”

執弓不挾，右執弦。

註曰：“不挾，矢盡。”

敖氏曰：“執弓，左執弣也。挾弓者，以右巨指鉤弦也。此不挾，則但執弦而已。”

南面揖，揖如升射，降，出于其位南，適堂西，改取一个，挾之。

註曰：“改，更也。不射而挾之，示有事也。”

敖氏曰：“‘南面揖’，揖退也。‘揖如升射’，謂如其當物升堂之揖也。云‘出于其位南’，見是時未有司馬西方之位也。自賓與大夫之外，凡南行而適堂西，與堂西出而北行者，皆由於此，惟發於其位及反位者則否。”

張氏曰：“司射位在所設中之西南，東面，今乃出其位南，北廻適堂西者，疏以爲教衆耦威儀之法故也。衆耦射畢，皆當自此適堂西，釋弓，脱決、拾也。”

遂適階西，取扑搢之，以反位。

註曰：“扑，所以撻犯教者。《書》云：‘扑作教刑。’”

張氏曰：“反位，所設中之西南東面也。”

右司射誘射。

司馬命獲者執旌以負侯。

註曰："欲令射者見侯與旌，深有志於中。"

郝氏曰："旌先倚侯，三耦將射，乃命獲者執旌北向，背侯立，俟司馬命也。"

張氏曰："上文命張侯倚旌，疏云'同是西階前'，至此未有他事，當亦西階前命之也。"

世佐案，下記云"命負侯者由其位"，正謂此也。張云"西階前命之"，非。

獲者適侯，執旌負侯而俟。

疏曰："俟司馬命去侯。"

司射還，當上耦，西面作上耦射。

註曰："還，左還也。"①

張氏曰："三耦在司射之西南東面，今欲西面命射，故知左還。"

司射反位，上耦揖進，上射在左，並行，當階北面揖，及階揖，上射先升三等，下射從之，中等。

註曰："中，猶間也。"

敖氏曰："中等，空一等也。同階升者，前後相當，宜空一等，以相遠爲敬，與異階升者之義不同，其降亦然。"

上射升堂，少左，下射升，上射揖，並行。

註曰："並，併也，併東行。"

疏曰：云"少左"者，辟下射升階也。

皆當其物，北面揖，及物揖，皆左足履物，還，視侯中，合足而俟。

疏曰："俟司馬命去侯。"

敖氏曰："不云不方足，省文耳。"

張氏曰："當物，上射當右物，下射當左物。'履物，還視侯中'，皆倣誘射之儀。"

---

① "也"字下，校本有"作使也"三字。

世佐案,合足,猶正足也,謂俯察其足之縱横必合于所畫之物。

司馬適堂西,不決、遂,袒,執弓。

註曰:"不決、遂,因不射,不備。"

敖氏曰:"惟云'適堂西',是猶未出于司射之南也。云'執弓',是亦不挾也。不決、遂,不挾弓,變於《大射》也。"

出于司射之南,升自西階,鉤楹,由上射之後,西南面立于物間,右執簫,南揚弓,命去侯。

註曰:"簫,弓末也。《大射》曰:'左執弣。'揚,猶舉也。"

敖氏曰:"去,離也。命去侯者,令辟射,且當獲也。"

郝氏曰:"時獲者南負侯,所居乏在西,故西南面命之。簫、弰同。"

獲者執旌許諾,聲不絶,以至于乏,坐,東面偃旌,興而俟。

註曰:"聲不絶,不以宫商,不絶而已,鄉射威儀省。偃,猶仆也。"

疏曰:《大射》云"負侯皆許諾,以宫趨,直西及乏南,又諾以商,至乏,聲止",是其威儀多,此不者,威儀省故也。

敖氏曰:"此去侯亦宜趨直西,乃折北,而就乏東面。偃旌,是旌亦東首矣。俟,俟中則獲也。"

司馬出於下射之南,還其後,降自西階,反由司射之南適堂西,釋弓,襲,反位,立于司射之南。

註曰:"圍下射者,明爲二人命去侯。"

疏曰:司射命去侯訖,若自物間南行,西向,適階降,是其順矣。然如此,似直爲上射命去侯,是以於物間之南轉而東向,又轉而北,繞下射東,然後西折而適西階,明爲二人命去侯也。

敖氏曰:"圍下射而降者,往來相變以爲儀也。反,謂復其故道也。司射之南,皆指其虚位言也。是時,司射不在此襲復衣也。此襲對袒而言,上衣雖裼,猶爲襲也。《玉藻》曰:'尸襲,執玉龜襲。'非是,則皆裼矣。反位而著,其在司射之南,則前此猶在觶南之位也。方有此位而言反,以鄉者由是而往故也。"

世佐案,此疏意未明,故《通解》潤色之①,然非經義也。圍下射者,威

---

① "故"原作"做",校本作"故"。據文意依校本改。

儀之法應爾也。下文司射命取矢之時,上下射皆不在,亦圍左物而降,則可見矣。鄭解似迂,當以敖説爲正。云"反位",則其在此位也,不自此始矣,方其爲司正也,位在觶南,及爲司馬,則位在司射之南,反爲司正,復就觶南之位,蓋觶南之位當階間中庭,故射則遷之也。必于司射之南,從其類也。不于其爲司馬時著之者,以司馬之位取節于司射,彼時未見司射位,故至是始言之也。敖云"前此猶在觶南之位",非。

司射進,與司馬交于階前,相左,由堂下西階之東,北面視上射,命曰:"無射獲,無獵獲。"上射揖,司射退,反位。

註曰:"射獲,謂矢中人也。獵,矢從傍。"

疏曰:"相左之時在司階之西,司馬由北而西行,司射由南而東行,各以左相近,故云'相左'也。司射既不升堂,不得與司射向北、司馬向南而相左也。云'射獲,謂矢中人也'者,人謂獲者。"

敖氏曰:"司射進,與司馬交於階前,著其進之節也。相左,著其行之方也。司馬南行,司射北行而相過,故謂之交。司馬在西,司射在東,故謂之相左。蓋南行者以東爲左,北行者以西爲左也,下放此。由堂下者,自堂下而少東行也。西階之東,當上物之南也,其於堂中爲少西,故取節於西階也。惟命上射者,以其先發而下射從之,且下射共聞之矣,故不復戒。戒其射獲、獵獲而不及其他者,獲近於侯,舉近以見其遠也。揖,以揖受其戒。"

郝氏曰:"司射不升堂,由西階東北向。上射命曰:'射無計獲。'善射者正己無争勝之心,則發必中度。獵,猶争也,不由拾發,獵次争勝,射者所戒。蓋初射誘習,不釋算計獲,故以此曉之。"

世佐案,凡升堂者,皆自其位東行,當階前,乃直北,至階反位,亦如之。上經云"出于司射之南,升自西階",是其徵矣。若然,則相左之説當如敖解,疏誤也。疏中"西階之西",下"西"字姜氏改作"前",與疏意不協,亦非。無射獲,戒其傷人也。無獵獲,戒其驚人也,郝説非。

乃射,上射既發,挾弓矢,而后下射射,拾發,以將乘矢。

敖氏曰:"'弓'字衍文,挾矢則挾弓可知,不必言也,《大射儀》無'弓'字。既發而挾矢,是射時乃傅矢也,此亦可以見其節矣。云'拾發'者,亦見下射既發,挾矢,而後上射射也。古之射者,其序整齊而不紊,其儀從容而不迫，大抵類此。”

張氏曰：“上射發第一矢，復挾三矢，下射乃發矢，如是更發，以至四矢畢。”

世佐案，“弓”字非衍也，謂上射既發第一矢，復于帶間取第二矢傅于弓而挾之也。《大射儀》無“弓”字，省文耳。張云“復挾三矢”，亦非。

獲者坐而獲。

註曰：“射者中，則大《集説》作“坐”。言獲。獲，得也。射，講武田《集説》“田”上有“師”字。之類，是以中爲獲也。”

敖氏曰：“必坐而獲者，旌在地，須坐乃舉之以獲也，且示有所變。”

舉旌以宫，偃旌以商。

註曰：“宫爲君，商爲臣，聲和律吕相生。”

疏曰：以宫大言獲也，以商小言獲也。

敖氏曰：“此一中而兩言獲也。”

獲而未釋獲。

註曰：“但大言獲，未釋其算。”《集説》無“大”字。

張氏曰：“釋算，所以識中之多寡。註上下文皆言‘大言獲’，疏乃以宫爲大言獲，商爲小言獲，是一矢而再言獲，恐未是，或一聲漸殺，各有所合與？”

世佐案，《大射儀》云：“負侯[①]，皆許諾以宫。及乏南，又諾以商。”此獲者，受去侯命之聲也，亦宫商爲二聲，非一聲而漸殺。註兩言“大言獲”者，據第一聲而言也，張氏以此非疏，誤。

卒射，皆執弓，不挾，南面揖，揖如升射。

註曰：“不挾，亦右執弦，如司射。”

敖氏曰：“不挾者，變于大射。”

上射降三等，下射少右，從之，中等，並行，上射於左。

世佐案，上經云“上射升堂，少左”，此云下射稍右從之，互文也。凡獨升者，中階而升也。共升，則差尊者在左，差卑者在右，雖間一等，如其並行之節也。並行，上射於左，兼在堂上、堂下言也。張云“既降階而並

---

① “負”原作“三”，校本作“負”，與《大射儀》經文同。據改。

行”,敖云“堂上並行,下射在左”,皆非。

與升射者相左,交于階前,相揖,由司馬之南適堂西,釋弓,説決、拾,襲而俟于堂西,南面東上。三耦卒射,亦如之。

敖氏曰:“進退者交則相揖,以其事同也。司馬之南,即鄉者所謂‘司射之南’也。此時已有司馬之位,又在司射之南,正當往來者之北,故以之爲節耳。釋弓,説決、拾,以己初射之事畢也。説遂而言拾者,别於用時也。俟,俟司射命也。‘三’當作‘二’字之誤也。二耦,謂次耦,下耦也。下耦與此異者,無與升射者相左、相揖之事耳。”

司射去扑,倚于西階之西,升堂,北面告于賓曰:“三耦卒射。”

註曰:“去扑乃升,不敢佩刑器即尊者之側。”

賓揖。司射降,搢扑,反位。

註曰:“以揖然之。”

右三耦射。

楊氏曰:“司射專主射事,如請射、作射之類,皆司射主之。司馬兼總射政,如命負侯、命去侯之類,皆司馬命之。司馬者,衆目所觀仰,而號令所從出也,故凡自堂降階,適堂西者不從階下徑過堂西,必向南而行,由司馬之南復自北面以適堂西,非特以示威儀,乃所以見聽命司馬之意如此,三耦適堂西之類是也。記曰‘適堂西,皆出入于司馬之南,唯賓與大夫降階,遂西取弓矢’,註云‘尊者宜逸’,是也。有射位,有堂西位,司射立于中之西南,司馬立于司射之南,三耦、衆耦又立于其南,此射位也。堂西乃授弓矢、比三耦之位,故射畢則適堂西①,釋弓,説決、拾,而立於堂西以俟。”

司馬適堂西,袒,執弓,由其位南進,與司射交于階前,相左,升自西階,鈎楹,自右物之後立于物間,西南面揖弓,命取矢。

註曰:“揖,推之也。”

---

① “西”字上原無“堂”字,校本作“堂西”,與楊氏《圖》同,據補。

敖氏曰："揖弓，繼西南面而言，是弓亦西南鄉矣，蓋以獲者與弟子皆在西南故也。"

世佐案，揖弓與揚弓相變，揚者，舉之向上也，揖者，推之向外也。《論語》曰："上如揖。"蓋揚則高，而揖則平與？敖以揖爲推而下之，非。命取矢者，命取歸誘射及三耦射之矢以加於楅也。

獲者執旌許諾，聲不絶，以旌負侯而俟。

註曰："俟弟子取矢，以旌指教之。"

敖氏曰："獲者許諾者，取矢之事，己主之也，獲者審於視矢，雖不親取，而主其事。"

司馬出於左物之南，還其後，降自西階，遂適堂前，北面立于所設楅之南，命弟子設楅。

註曰："楅，猶幅也，所以承笴齊矢者。"

疏曰："訓楅爲幅者，義取若布帛有邊幅整齊之意。"

朱子曰："註脱'齊'字，據疏文補之。"

敖氏曰："司馬立于所設楅之南，示弟子以設處也。凡言所設某者，皆謂器之未設者也。"

乃設楅于中庭，南當洗，東肆。

註曰："東肆，統于賓。"

疏曰：《大射》云："小臣師設楅，司馬正東面，以弓爲畢。"鄭註云："畢，所以教助執事者。"明此亦然。下記云："楅長如笴，博三寸，厚寸有半，龍首。"鄭註云："兩端爲龍首。"若然，則有首無尾而言西上者，應有刻飾記之爲首尾也。

敖氏曰："中庭，東西節也。東肆，龍首在西也。司馬不以弓爲畢者，辟大射禮也。"

世佐案，中庭，兩階之間也。南當洗，亦南北以堂深也。東肆，向東陳之，首在西也。郝氏謂設楅當中庭之南，東與洗並，前後兩首，南北直設，殊謬。

司馬由司射之南退，釋弓于堂西，襲，反位。

敖氏曰："司馬所由者，亦其位南也。是時司射在其位之北，故以司射爲節。"

弟子取矢，北面坐委于楅，北括，乃退。司馬襲進，當楅南，北面坐，左右撫矢而乘之。

註曰："撫，拊之也，就委矢左右手撫而四四數分之也。上既言襲矣，復言之者，嫌有事即袒也，凡事升堂乃袒。"

疏曰："若司射不問堂上、堂下，有事即袒。"

世佐案，委，加矢于楅上也。北括，則於楅爲横也。楅之東西設也，於兹蓋信。

若矢不備，則司馬又袒執弓，如初，升，命曰："取矢不索。"

註曰："索，猶盡也。"

敖氏曰："此自'適堂西'以至'揖弓'皆如初也。"

郝氏曰："矢不備，有遺也。三耦，二十四矢乃備。"

弟子自西方，應曰："諾。"乃復求矢，加于楅。

註曰："纍獲者許諾，至此弟子曰諾，事同，互相明。"

敖氏曰："弟子已應，即往取矢。司馬乃降，由司射之南，執弓反位如初。弟子既加矢于楅，司馬進撫之如初，此經文畧也。"

右取矢加于楅。

司射倚扑于階西，升，請射于賓，如初，賓許諾。

敖氏曰："此請射，請三耦之外皆射也。其辭亦曰'有司請射'耳。"

張氏曰："自此至'釋獲者少西，辟薦，反位'，言賓主大夫衆賓耦射、釋獲、升飲之儀，射之第二番也。司射請射比耦，三耦取矢于楅，衆耦受弓矢序立，乃設中爲釋獲之射，三耦射，賓、主人射，大夫射，衆賓射，司馬取矢乘矢，司射視釋獲者數獲，設豐飲不勝者，獻獲者，獻釋獲者，凡十三節。"

右再請射。

賓、主人、大夫若皆與射，則遂告于賓，適阼階上告于主人，主人與賓爲耦。

註曰："言若者，或射或否，在時欲耳。告賓曰：'主人御于子。'告主人曰：'子與賓射。'"

敖氏曰：賓若不與射，則不告。主人與賓爲耦，禮也。假令或有一人不欲射，則闕此一耦，蓋不可與餘人爲耦故爾。告于主人，亦北面。

遂告于大夫，大夫雖衆，皆與士爲耦，以耦告于大夫，曰："某御於子。"

註曰："大夫皆與士耦，謙也。來觀禮，同爵自相與耦，則嫌自尊别也。大夫爲下射，而云'御于子'，尊大夫也。士，謂衆賓之在下者及羣士來觀禮者也。《禮》：'一命已下，齒于鄉里。'"

敖氏曰："大夫宜與衆賓長爲耦，若衆則以次而爲之，不足，乃及于堂下者焉。"

郝氏曰："主人耦賓，尊賓爲上射也。大夫耦士，以貴下賤也。"

世佐案，士，謂命士來觀禮者，非衆賓也。敖云"衆賓長"，亦非。然觀此註所言，則士之來觀禮者亦與衆賓齒可見矣。讀《鄉飲酒禮》者亦當參考也。

西階上北面作衆賓射。

世佐案，衆賓，謂堂上三賓也。

司射降，搢扑，由司馬之南適堂西，立比衆耦。

註曰："衆耦，大夫耦及衆賓也。命大夫之耦曰：'子與某子射。'其命衆耦如三耦。"

敖氏曰："立比衆耦，謂立於此爲比衆耦耳。比之之事，俟衆賓降而後爲之。"

世佐案，是時衆耦猶未比也，先言之者，明司射立此之意耳，經中此例間有之，如《鄉飲酒》及此篇獻賓禮皆云"南面坐奠爵于篚下，盥洗"，亦非謂遽已洗也，敖説是。此註若移于下經"司射乃比衆耦"之下，則得矣。

衆賓將與射者皆降，由司馬之南適堂西，繼三耦而立，東上，大夫之耦爲上。

敖氏曰："云'將與'，則或有不與者矣，記曰'衆賓不與，射者不降'是也。降者適堂西，而堂下之衆賓皆從之，不言者可知也。繼三耦而立，居其西也。衆賓之立以齒，則大夫之耦爲上可知，乃著之者，嫌其不與耦並立，則或變于有耦者也。"

若有東面者，則北上。

敖氏曰："謂衆賓若多，堂西南面之位不足以盡之，則當東面于西壁而北上也。言'若有'者,見堂下之士多寡無定數也。"

賓、主人與大夫皆未降。

註曰:"言未降者,見其志在射。"

敖氏曰:"尊者事至乃降也。"

郝氏曰:"鄭謂賓、主人、大夫未降,志在射,非也。衆賓欲射者孰不志在射,未降者爲志,則降者爲無志乎?"

世佐案,註意蓋曰,經不言不降,而言"未降"者,見其志在于射,俟三耦卒射乃降也,此于義未爲失。疏家不曉而爲之説,曰言"志在射"者,以其射在堂上故也,郝氏遂從而詆之,其誣鄭公也實甚,故特爲白之。《大射儀》云"諸公、卿皆未降",鄭註亦云"言未降者,見其志在射",疏云"言未者,後當降,故云未,若終不射,不得言未",則得註意矣。

司射乃比衆耦,辯。

敖氏曰:"乃者,言其方有事也,是時衆賓皆已立于司射之北若西,然後可比之。云'辯'者,爲下節也。"

遂命三耦拾取矢,司射反位。

註曰:"反位者,俟其袒、決、遂來。"

郝氏曰:"始誘射三耦,與司射共矢二十八箇,是三耦餘一乘也,皆收委于楅,故就楅取之。拾取,上射取一,下射取一,彼此更迭至四也。"

右比衆耦。

三耦拾取矢,皆袒、決、遂,執弓,進立于司馬之西南。

註曰:"必袒、決、遂者,明將有射事。"

疏曰:"案上司射位在中西南,司馬位在司射南,今'立于司馬之西南',亦東面北上也。"

朱子曰:"此'拾取矢'字疑衍。"

敖氏曰:"惟云'執弓',是亦不挾也,亦變於大射者與?此所立者,即其故位,更以司馬爲節,近故爾。鄉者司馬未在此,故以司射爲節。"

世佐案,於此言拾取矢者,明其袒、決、遂,執弓,擬爲此事耳,即上文司射立,比衆耦之例也,朱子疑是衍文,愚不敢信。

司射作上耦取矢,司射反位。

註曰:"作之者,還當上耦,如作射。"

疏曰:"案上文司射作射之時,左還當上耦,西面作上耦射,今作取矢,亦如之。"

上耦揖進,當楅,北面揖,及楅揖。

註曰:"當楅,楅正南之東西。"

敖氏曰:"'當楅北面揖'者,當楅南,則折而北行,故北面揖也。'及楅揖'者,爲上下射將折而西東也。"

張氏曰:"上耦發位東行時,一南一北並行,及至楅南,北面向楅,亦一東一西相並也。"

姜氏曰:"'及楅揖'不言面者,下賓、主人及楅揖,註所謂當楅之東西,主西面,賓東面相揖也,前後互推之可見。"

世佐案,及楅揖,謂及楅之東西而揖也,姜説得之。下云"上射東面,下射西面",即謂此揖之時也,經文句法倒耳。敖云"爲上下射將折而西東",非。

上射東面,下射西面。

敖氏曰:"上射在西,下射在東,如其物之位也。"

上射揖進,坐,横弓,卻手自弓下取一个,兼諸弣,順羽且興,執弦而左還,退反位,東面揖。

註曰:"横弓者,南踣弓也。卻手由弓下取矢者,以左手在弓表,右手從裏取之,便也。兼并矢於弣,當順羽,既又當執弦也。順羽者,手放而下,備不整理也。不言毋周,在阼非君,周可也。"

疏曰:云"南踣弓也"者,覆左手以執弓,卻右手以取矢,便也。表,弓背也,覆手以執背,故云"左手在弓表"。云"右手從裏取之,便也"者,覆手在表執弓,右手卻在裏取矢,故云"便也"。《大射》云:"左還,毋周,反面揖。"鄭註云:"左還,反其位。毋周,右還而反東面也。君在阼,還周下射將背之。"此直云"左還"、"反位",不言"毋周",明周可也。

朱子曰:"《燕禮》云司正右還,疏云'以右手向外'者,以奠觶處爲内而言也。《鄉射》云三耦左還,疏云'以左手向外'者,以所立處爲内而言也。《大射》云'毋周'者,既以左手向外繞其所立之處,及至將匝之時,乃復以右手向外而轉身也。《鄉射》註云:'周,可也。'則以左手向外繞其所立之處,以至於匝,乃不復以右手向外而即便轉身也。《燕禮》則右還而未至於匝，故不言周與不周也。”

敖氏曰：“進坐，不言北面，可知也，下放此。矢南鄉，人於楅南北面取之，便也。横弓，蹄弓也。此横弓，覆手也，坐而横弓，亦便也。覆手横之，以上端鄉下射，敬之也。弓下，弦弣之下也。兼諸弣，明左手并執矢也。凡執弓者，左執弣，兼矢於弣，即順羽，興，則是横弓者唯取矢之時則然也。執弓者，言不挾也。左還者，以左體向右而還也。於楅前必左還者，以楅東肆，宜順之。反位不言毋周，是亦左還也。此與順羽且興，皆變於大射云。”

世佐案，此揖進，謂自其楅西東面之位揖進就楅也。此時上射仍東面于楅西取矢，敖云“於楅南北面取之”，非也。取矢必坐者，以楅卑故也。以下記楅制考之，則其不高大可見矣。横弓，註云“南蹄弓”，是也，蓋東西向者，以南北爲横。卻，仰也。手，右手也。弓下，弓弦之下也。東面坐而南蹄弓，則執弓之手必覆，覆者，手在弓背之上而弦向下也。左手覆弓上執之而仰右手，自弓下取矢，兩手相對爲便也。經言右手之卻，則左手之覆可知。言右手自弓下，則左手在弓上亦可知，此立言之法也。註大意已得，而以表、裏字易經上、下字，尚未安[1]。取一个者，取一矢于楅上也。矢加楅上，北括，非插楅中，郝云“取楅中矢”，非。兼，并也。弣，弓把也。并矢于左手弓把間，而以右手順其羽且興者，疏云謂順羽之時則興也，順羽之説，註得之，郝云“矢羽在北，右手仰取矢，身左轉向南，羽順在北”，非，執弦亦右手也。左還，向左而還也。敖云“以左體向右而還”，非。反位，反其楅西東面之位也，復云“東面”者，嫌其因左還而變也。蓋東面者以北爲左，左還則面北矣，於是遂西轉，南向，至其故處，而仍東面焉。此則左還而周也，與大射異者，大射威儀多，此則惟取其便故也。註在阼非君之説似迂。此節儀文繁縟，而經義簡奥，説者互有得失，故詳解之，俾後之讀者易曉云。

下射進，坐，横弓，覆手自弓上取一个，興，其他如上射。

註曰：“覆手由弓上取矢者，以左手在弓裏，右手從表取之，亦便。”

朱子曰：“上文東向，覆手，南蹄弓，則弦向身。此云西向，卻手，南蹄弓，則弦向外。”

---

① “安”，校本作“妥”。

敖氏曰:"此横弓,卻手也。卻手横之,亦以上端鄉上射也。人北鄉,弓東西鄉,於人、於弓皆爲横也。弓上,弦弣之上也。凡覆手、卻手而横弓,其弦皆鄉身與?他,謂'兼諸弣'而下也,惟西面揖異爾。"

世佐案,下射進,謂自其楅東西面之位而進也,不云揖者,文省耳。坐,西面坐也。横弓,亦南踣弓也。西面坐而南踣弓,則執弓之手自仰矣。仰手執弓者,手在弓下而弦向上也。執弓之手既仰,則取矢之手不得不覆,亦取其便也。弓上,弓弦之上也。他,謂"兼諸弣"以下,是也。所異者,位面耳。西面者,以南爲左,則其左還之法正與上射相反也。又案,朱子弦向身、向外之説即自註中手在弓表、弓裏悟來,今不從者,蓋以卻手與覆手相對,卻手取矢,則執弓之手必覆,覆手取矢,則執弓之手必卻。若謂上射横弓之法,手在弓表而弦向身,是左手未全覆也,謂下射横弓之法,手在弓裏而弦向外,是左手未全卻也,與經文覆、卻相對之意未合,愚故不敢棄經而任傳也。敖云"凡覆手、卻手而横弓,其弦皆向身",亦非。又案,諸儒之説,惟郝氏最爲謬戾,至云卻手、覆手,"虚文多而實意少,强世而行,其失也勞",夫禮者,所以固人肌膚之會,筋骸之束,雖勞何害?况此卻覆之儀,皆因乎勢之所必然而無所强也,聖人豈有一毫造作于其間哉。註中二"便"字,最得經意。郝于楅之制度、陳設及上下射之位面俱未之究,而譊譊焉訾聖人之禮之失,其爲經害也甚矣,予故不可以不辨。

既拾取乘矢,揖,皆左還,南面揖。

敖氏曰:"不梱矢,不兼挾,皆左還,亦變於大射。"

皆少進,當楅南,皆左還,北面,搢三挾一个。

註曰:"楅南,鄉當楅之位。"

張氏曰:"拾取乘矢,更遞而取,各得四矢也。楅南,前者進時,北面揖之位也,今退至此,皆左還,北面,搢三矢而挾一矢。"

世佐案,進,謂各自其楅東西之位而南行也。當楅南,將折而西矣,故以是爲搢挾之節也。敖云"進,謂東西行而相近也。當楅南,鄉及楅之位",皆非。

揖,皆左還,上射於右。

註曰:"上射轉居右,便其反位也。下射左還,少南行,乃西面。"

敖氏曰:"上射固居右矣,復言之者,嫌或當如卒射而退,轉居左也。凡每耦既射,若既取矢而退者,其曲折皆與進時同。"

張氏曰:"搢挾已而揖,皆左還,西面並行。前者進時,上射在北,是在左,今仍在北,是於右,取其反位,北上爲便也。"

與進者相左,相揖,反位。

註曰:"相左者,由進者之北。"

敖氏曰:"此惟云'相左',而不著所交之處者,以其東西相過可知也。相揖者,亦以事同也。"

張氏曰:"進者自南東行,反位者自北西行,故得相左。"

世佐案,位,司馬西南之位。

三耦拾取矢,亦如之。後者遂取誘射之矢,兼乘矢而取之,以授有司于西方,而后反位。

註曰:"取誘射之矢,挾五个。"

朱子曰:"後者遂取誘射之矢,則是下耦之下射也。"

敖氏曰:"'三'亦當作'二',《大射》云'二耦'是也。下耦之下射於既拾取之後,又兼取誘射之四矢,皆兼諸弣,至楅南乃北面,搢三挾五个。至西方,以四矢授有司,而挾一个以反位,此見其異者也,又下耦亦無與進者相左、相揖之事,經不見之者可知也。此西方,即堂西也。《士喪禮》以東堂下、西堂下爲東方、西方,亦其徵也。有司,即弟子之納射器者,因留,主授受於堂西,故此下射出於其東面位之後,以乘矢就而授之也。《大射儀》曰'以授有司于次中,皆襲,反位',亦謂就而授之。"

張氏曰:"以授者,以誘射之矢授之也。"

世佐案,以授有司于西方,而后反位,則是下耦之下射就而授之也。註云"弟子逆受于東面位之後",非。

右三耦拾取矢于楅。

衆賓未拾取矢,皆袒、決、遂,執弓,搢三挾一个,由堂西進,繼三耦之南而立,東面北上,大夫之耦爲上。

註曰:"未,猶不也。衆賓不拾者,未射,無楅上矢也。"

敖氏曰:"未拾取矢,謂於堂西取矢不拾也。堂西取矢,固不拾矣,乃言之者,以繼三耦拾取之後,嫌當如之也,其後取矢於楅,乃拾,故此云

‘未’也。是時雖未拾取矢，亦讓取弓矢拾，如𦒿者三耦之爲。進，立射位，以射事至也。”

張氏曰：“衆賓初射，當于堂西受弓矢於有司，故不拾取矢。案三耦初射時，亦云‘各與其耦讓取弓矢，拾’，則衆賓不拾取矢，又不僅以未射也。”

世佐案，此衆賓於堂西受弓矢于有司，皆如三耦初取弓矢之儀，其取之之法亦更迭取之，上經云“三耦各與其耦讓取弓矢，拾”，是其徵也。云“未拾取矢”者，謂不如三耦之拾取矢于楅耳，不言不而言“未”者，以第三番射時衆賓亦有拾取矢于楅之事故也。張云“衆賓不拾取矢”，“不僅以未射”，非。三耦之南，東面北上，此俟射之位也，皆在司馬之西南。

右衆賓取弓矢俟射。

司射作射如初，一耦揖升如初。司馬命去侯，獲者許諾。司馬降，釋弓反位。

敖氏曰：“‘命去侯’以下，不蒙‘如初’者，可知也。”

司射猶挾一个，去扑，與司馬交于階前，升，請釋獲于賓。

敖氏曰：“司射于誘射之後，改挾一个，至此時猶然也。必云‘猶’者，嫌既久則可以不挾也。官以司射爲名，故執弓必挾矢以掌射事也。先去扑乃進，與司馬交于階前，則去扑當於西方而不於階下矣。不言相左，不言升及堂上所立處，亦文省。”

郝氏曰：“釋獲，釋籌于地，計射者所中。獲，射中也。”

賓許，降，搢扑，西面立于所設中之東，北面命釋獲者設中，遂視之。

註曰：“視之，當教之。”

疏曰：“教之，謂教其釋算，安置左右，及數算告勝負之事。”

敖氏曰：“‘西面立于所設中之東’，亦示以設之之處如前設楅之爲也。釋獲者在堂西，故北面命之，既則復西面視之。中，實算之器也，名之曰中者，取其中於侯而後釋算也。此不以弓爲畢，亦辟大射禮。”

釋獲者執鹿中，一人執算以從之。

註曰：“鹿中，謂射於榭當作“序”。也。於庠，當兕中。”

敖氏曰:“釋獲者自執中而不執算,亦變於君禮。”

張氏曰:“中,形如伏獸,鑿其背以受八算。算,射籌也。”

世佐案,鹿中,特爲諸侯之州長言耳。若天子之州長,射于序,亦兕中。

釋獲者坐設中,南當楅,西當西序,東面,興,受算,坐實八算于中,横委其餘于中西,南末,興,共而俟。

註曰:“興還北面受算,反東面實之。”

敖氏曰:“南末,象矢之北括而南鏃也。俟,待其將射乃執算。”

郝氏曰:“算,籌也。中制,鑿背,可容八算,一耦八矢,一算直一矢也。”

世佐案,中,蓋東西設之,首在東也。知者,以經言餘算委于中西,其末在南,而于中爲横[①],則中之東西設可知矣。下記云“鹿中”,“釋獲者奉之,先首”,而此云“釋獲者坐設中”,“東面”,則其首在東亦可知矣。

司射遂進,由堂下北面命曰:“不貫不釋。”上射揖,司射退,反位。

註曰:“貫,猶中也。不中正,不釋算也。”

敖氏曰:“貫,謂中而不脱。言此者,明雖中而不貫,猶不釋算。”

世佐案,司射亦於西階之東視上射命之,經文省也。鄉射射質,不貫質,不釋算。

釋獲者坐取中之八算,改實八算于中,興,執而俟。

註曰:“執所取算。”

疏曰:“八算者,人四矢,一耦八矢,雖不知中否,要須一矢則一算。‘改實八算’,擬後來者用之。”

敖氏曰:“俟,謂俟射中乃釋算。”

乃射,若中則釋獲者坐而釋獲,每一个釋一算,上射於右,下射於左。若有餘算,則反委之。

註曰:“委餘算,禮尚異也。委之,合於中西。”

---

① “于”,校本作“以”。

敖氏曰："若中，則獲者言獲，此則釋之。釋，謂置算於地，獲則用此算，故因名此算曰獲。坐而釋獲，既釋則興。下言數獲，謂奇者縮之，然則此每釋一算亦縮之與？蓋中西之算橫，則釋者縮，亦宜也。餘算，釋之不盡者也。"

張氏曰："釋，猶舍也，以所執之算坐而舍于地，中首東鄉，其南爲右，其北爲左，中西則其後也。"

又取中之八算，改實八算于中，興，執而俟。三耦卒射。

右三耦再射。

賓、主人、大夫揖，皆由其階降，揖。主人堂東袒、決、遂，執弓，搢三挾一个，賓於堂西亦如之。

敖氏曰："司射不告賓、主人射者，辟君禮也。'皆由其階'，謂主人東階，賓、大夫西階也。賓、主人之弓各倚于其序，矢在其下，而二人乃皆於堂下執弓挾矢，蓋有司取以授之。"

世佐案，賓、主人之弓矢本在東西牆之外，堂廉之上，豈得于堂上取之哉，敖説殆誤矣。

皆由其階，階下揖，升堂揖，主人爲下射，皆當其物北面揖，及物揖，乃射。

世佐案，復言"皆由其階"者，三耦同階而升，嫌此亦如之也。

卒，南面揖，皆由其階，階上揖，降階揖。

敖氏曰："凡耦之升降，皆上射先而下射後，此賓爲上射，主人爲下射，乃分階而行，又不别見其升降之序，則是主人先而賓後，如常禮，亦與其他爲耦者不同也。"

賓序西，主人序東，皆釋弓，説決、拾，襲，反位，升，及階揖，升堂揖，皆就席。

註曰："或言堂，或言序，亦爲庠、榭互言也。賓主人射，大夫止於堂西。"

朱子曰："案，後記有'君袒，朱襦'，大夫袒，纁襦，'君在，大夫射則肉袒'，然則士射皆肉袒與？"

敖氏曰："位者，主人階東，賓階西，當序之位也，反立於此，相待而升也。此升堂揖，揖就席也。”

世佐案，此所謂序，東西牆也，與庠序之序異，註誤。

大夫袒、決、遂，執弓，搢三挾一个，由堂西出于司射之西，就其耦。大夫爲下射。

敖氏曰：“大夫與賓同降，止於堂西，至是，乃袒、決、遂，執弓矢，亦尊者事至而後爲之也。大夫執弓，亦有司授之於堂西。就其耦，亦由其西而立于其南也。”

揖進，耦少退，揖如三耦，及階，耦先升，卒射，揖如升射，耦先降，降階，耦少退，皆釋弓于堂西，襲。耦遂止于堂西。大夫升就席。

註曰：“耦於庭下，不並行，尊大夫也。在堂如上射之儀，近其事，得申。”

敖氏曰：“此經言士與大夫爲耦之儀，其異於三耦者，惟於庭少退耳，則其他皆同可知。”

衆賓繼射。

敖氏曰：“不言‘如三耦’可知也。”

釋獲皆如初。

敖氏曰：“皆，皆賓、主人以下也。”

司射所作，惟上耦。

註曰：“於是言惟上耦者，嫌賓、主人射亦作之。《大射》三耦卒射，司射請于公與賓。”

疏曰：“記云‘賓、主人射，則司射擯升降’，是雖不作，猶爲擯相之，但不請也。”

卒射，釋獲者遂以所執餘獲，升自西階，盡階，不升堂，告于賓曰：“左右卒射。”降，反位，坐委餘獲于中西，興，共而俟。

註曰：“司射不告卒射者，釋獲者於是有事，宜終之也。餘獲，餘算也。無餘算，則空手耳。俟，俟數也。”

敖氏曰：“執獲以告，已所有事者也。不升堂，降於司射也。左右，猶言上下射也。此亦據其所立之物而言之。”

右賓、主人、大夫衆賓皆射。

司馬袒、決,執弓,升,命取矢如初。獲者許諾,以旌負侯,如初。司馬降,釋弓,反位。弟子委矢如初,大夫之矢則兼束之以茅,上握焉。司馬乘矢如初。

註曰:"兼束大夫矢,優之,是以不拾也。束於握上,則兼取之順羽便也。握,謂中央也。不束主人矢,不可以殊於賓也。言大夫之矢,則矢有題識也。肅慎氏貢楛矢,銘其括。"

朱子曰:"註疏上握之説未明,疑束之之處當在中央手握處之下,使握在上,則去鏃近而去羽遠,取之便易也。"

敖氏曰:"禮無決而不遂者,此'決'字當爲衍文。上經云'司馬適堂西,不決遂,袒執弓',此宜亦如之也。上握,謂上于手握之處也。矢以鏃爲上,括爲下,下經云'面鏃'是也。《周官·鄉師職》曰:'黨共射器,州共賓器,鄉共吉凶禮樂之器。'然則古之射於學宫者,其射器亦皆公家共之與?此大夫之矢未必大夫所自有也,但於衆矢之中取乘矢而兼束之,即爲大夫之矢矣。"

郝氏曰:"大夫之矢束以茅,使大夫并取,不煩拾取也。握,手執處,束上于握,近鏃,勿傷羽也。"

姜氏曰:"'兼束',《大射》作'異束',疑此誤,文當從《大射》。"

世佐案,"決"字當從敖氏作衍文。註云"大夫之矢有題識",非,亦當從敖説也。矢兼束之以茅者,大夫之禮宜然,非以其不拾取故也。《大射儀》賓、諸公、卿大夫之矢皆異束之以茅,而其取之也亦拾,則可見矣。雖鄉大夫爲主人,亦不束者,以賓故,俯從士禮也。上,矢鏃也,四寸曰握,下記云"箭籌八十,長尺,有握"是也。上握焉者,謂束之之處去鏃四寸也。矢笴長三尺,羽六寸,刃二寸,束之去鏃四寸,則去羽尺有八寸矣。必於此者,恐其傷羽也。《大射》云"異束",以每人各一束而言也。此云"兼束",以四矢共一束而言也。姜氏欲改此從彼,非。

右再取矢。

司射遂適西階西,釋弓,去扑,襲,進由中東,立于中南,北面視算。

敖氏曰:"釋弓,并矢去之。去扑而視算,爲算中有尊者之獲,不敢佩刑器以視之,敬也。必釋弓矢者,射事已矣,因去扑之時可以并去之也。不執弓則不宜袒,故襲。不言説決拾,文省。云'由中東',明於階西直進也。"

世佐案,司射視設中,命上射訖,即反中西南之位,至是云"遂適西階西"者,謂自其位而北行也。進由中東,則於階西東行而出于中之北矣。

釋獲者東面于中西坐,先數右獲。

註曰:"固東面矣,復言之者,爲其少南就右獲。"

敖氏曰:"先數右獲,尊上射也。"

二算爲純。

註曰:"純,猶全也,耦陰陽。"

一純以取,實于左手。

敖氏曰:"取,謂以右手數即取之。"

十純則縮而委之。

註曰:"縮,從也,於數者東西爲從。"

敖氏曰:"委之,當在所釋右獲之南。"

每委異之。

註曰:"易校數。"

有餘純則横於下。

註曰:"又異之也,自近爲下。"

敖氏曰:"有餘純,不成十者也。自二以上,則亦每純異之,以次而西,此横者,亦南末也,其縮者東末與?"

世佐案,横,南北設也。下,中西少南也。純之縮者順中而設,故亦以西爲下。敖云"縮者東末"①,非。註云"自近爲下"者,謂以近釋獲者爲下也。

一算爲奇,奇則又縮諸純下。

註曰:"奇,猶虧也。"

世佐案,純下,謂餘純之南也。

---

① "末"原作"設",校本作"末",與《集説》同,據改。

興，自前適左，東面。

註曰："起《集説》"起"上有"更端故"三字。由中東就左獲，少北於故，東面鄉之。"

坐，兼斂算，實于左手，一純以委，十則異之。

註曰："變於右。"

張氏曰："於右獲，則自地而實於左手，數至十純則委之；於左獲，則自左手而委於地，數至十純則異之，是其變也，其從横之法則同。"

其餘如右獲。

註曰："謂所縮、所横。"

敖氏曰："謂如其所縮、所横及每委異之也，異之，則次而北與？"

世佐案，敖説"每委"二字當作"十純"。

司射復位，釋獲者遂進取賢獲，執以升，自西階，盡階不升堂，告于賓。

註曰："賢獲，勝黨之算也。齊之而取其餘。"

敖氏曰："賢獲，勝黨所餘之算也。言賢者，因下文也。既數左獲，少退，當中之正西，校其算之多寡，卒，進取其所餘者，二手共執之以升。"

若右勝，則曰："右賢於左。"若左勝，則曰："左賢於右。"以純數告，若有奇者亦曰奇。

註曰："賢，猶勝也。言賢者，射之以中爲雋也。假如右勝，告(之)曰[①]：'右賢於左若干純，若干奇。'"

疏曰："若干者，數不定之辭。凡數法，一二已上，得稱若干。奇則一也，一外無若干。鄭亦言'若干'者，因純有若干，奇亦言若干。奇言若干者，衍字也。"

孔氏曰：勝者若雙數，則曰若干純；隻數，則曰若干奇。猶十算則云五純，九算則云九奇也。

朱子曰："孔説差勝，然恐或是九算則曰四純一奇也。"

---

① "告之曰"，校本同，《集釋》、《通解》、楊氏《圖》、陳本、閩本、監本、毛本、士禮居翻刻嚴州本"告"字下俱無"之"字，或爲衍文，應據删。

世佐案,《投壺》孔疏與註合,若朱子所言,則奇仍不可言若干矣。又案,《投壺》云:"遂以奇算告,曰:'某黨賢於某黨若干純。'奇,則曰奇。"若然,則釋獲者之取賢獲,無論多寡,止一算而已,亦不盡所餘而執之也。

若左右鈞,則左右皆執一算以告,曰:"左右鈞。"降復位,坐,兼歛算,實八算于中,委其餘于中西,興,共而俟。

疏曰:"此將爲第三番射,故豫設之,或實或委,一如前法也。"

右數獲。

郝氏曰:"算獲之法,槩左右三耦通計勝負。左右非一人,而中有多寡,或全中,或全不中。不中者得隱芘,而多中者蒙枉罰,何以別乎?据罰觶,勝者與不勝者升,是以各耦爲勝負也,逐耦而算,何止十純,通三耦左右不過十二矢。本文或有疑誤,不然何告獲與飲罰殊不相應也,豈算獲則併三耦,而飲不勝仍分各耦與?"

世佐案,此算獲之法,合三耦及衆射者而統計之,分左右不分各耦,下文飲不勝者亦然。其間誠有不中而隱芘,多中而蒙罰者,此正聖人深意所在,不可不知。蓋古者射以觀德,賢不肖分焉,争心所易起也。若每耦自分勝負,則相形之下,難乎其爲不勝者矣。惟如是,則其不勝非一人之咎,而其勝也亦非一人之長。使不能者知耻,而勝者亦無所容其矜焉,所以潛消其争鬬之萌,而養其寬厚和平之德也。鄉射但以習禮樂,非以別賢否故爾。若夫天子試士於射宫,中多者得與於祭,中少者不得與於祭,其法必與此異,而今不可考矣。郝氏之言,殆未達斯意與。

司射適堂西,命弟子設豐。

註曰:"將飲不勝者。設豐,所以承其爵也。豐形蓋似豆而卑。"

聶氏曰:"舊圖引《制度》云:'射罰爵之豐作人形,豐,國名,其君坐酒亡國,戴杅以爲戒。'張鎰云:'鄭註《鄉射》與《燕禮》義同,以明其不異也。'《制度》之説,何所據乎?且聖人一獻之禮,賓主百拜,此其所以備酒禍也,豈獨于射事而以亡國之豐爲戒哉,恐非也。其制一同爵坫,更不別出。"〇又曰:"坫以致爵,亦以承尊。若施于燕射之禮,則曰豐音豐。賈義云:今諸經承尊爵之器不用本字之豐,但用豐年之豐,從豆爲形,以豐爲聲也。何者?以其時和年豐,穀豆多有,粢盛豐備,神歆其祀,人受其福也。"

敖氏曰："命設豐乃不搢扑者，以尊者亦當飲此豐上之觶故也。"

弟子奉豐升，設于西楹之西，乃降。

敖氏曰："降，反于堂西。"

勝者之弟子洗觶，升，酌，南面坐奠于豐上，降，袒，執弓，反位。

註曰："勝者之弟子，其少者也。耦不酌，下無能也。酌者不授爵，畧之也。執弓反射位，不俟其黨，已酌有事。"

敖氏曰："弟子不待司射命之，而洗觶升酌者，設豐、實觶，其事相因可知也。此不命之，而弟子知其爲勝黨者，蓋於釋獲者升告之時已與聞之矣。勝者之黨實觶者，主於飲不勝者也。酌者不授爵，辟飲尊者之禮也。反位，反堂西之位。此時袒執弓，於禮無所當，三字疑衍，《大射儀》無之。"

世佐案，勝者之弟子亦與于射者也，其洗觶升酌也，自堂西而來，則其反位也，亦反于堂西耳。註乃以爲反射位者，因經"袒執弓"三字在"反位"之上而誤也。夫衆射者之弓皆釋於堂西，禮未有于階前袒執弓者，敖氏所以有衍文之疑也。以愚考之，則亦非衍也。蓋云"降，袒執弓"，則其適堂西可知矣。反位者，反南面東上之位，就其耦也。先袒執弓，而後反位者，爲其耦已執，弛弓而俟也。經言此者，欲著"司射遂袒執弓"以下事與此"洗觶、升酌"同節也，且以見此弟子之亦與射也。不言決遂，文省也。

司射遂袒，執弓，挾一个，搢扑，北面于三耦之南，命三耦及衆賓勝者皆袒、決、遂，執張弓。

註曰："執張弓，言能用之也。右手執弦，如卒射。"

敖氏曰："司射袒，亦決、遂，經文省耳。執張弓，射時執弓之常法也。"

不勝者皆襲、説決、拾，卻左手，右加弛弓于其上，遂以執弣。

註曰："固襲，説決、拾矣，復言之者，起勝者也。執弛弓，言不能用之也。兩手執弣，又不得執弦。"

敖氏曰:“此亦司射以是命之也。不勝者固襲,説決拾矣,復言之者,承命勝者之後,宜明言之,不然,則嫌亦袒、決、遂,與之同也。弛弓而又横執之,皆變於常,且示辱也。”

司射先反位。三耦及衆射者皆與其耦進立于射位,北上。

郝氏曰:“射位,始序立作射之位,司射與司馬位之西南也。”

司射作升飲者,如作射。一耦進,揖,如升射。及階,勝者先升,升堂少右[①]。

註曰:“先升,尊賢也。少右,辟飲者也,亦相飲之位。”

朱子曰:“右,自北面而言則東也,所以辟當飲者,使得升取觶也。相飲之位,謂飲之者立於飲者之右也。”

敖氏曰:“先升,勝者升三等,而不勝者從之也。上、下射在庭,如初儀,至階,乃以勝負分先後,蓋屈伸之節然爾。先者少右,辟飲者,變於射時也。耦不酌、不授乃同升而並立者,示相飲之意也。”

不勝者進,北面坐取豐上之觶,興,少退。立卒觶,進,坐奠于豐下,興,揖。

註曰:“立卒觶,不祭不拜。受罸爵,不備禮也。右手執觶,左手執弓。”

敖氏曰:“進,固北面矣,乃言之者,嫌南面奠觶,則亦當南面取觶也。少退者,欲與勝者並乃飲也。豐下,豐下之南。”

不勝者先降。

註曰:“後升先降,畧之,不由次。”

敖氏曰:“不勝者,若下射也,則既降而少右,上射則少左,庭中之行如射時。”

與升飲者相左,交于階前,相揖,出于司馬之南,遂適堂西,釋弓,襲而俟。

註曰:“俟復射。”

---

① “勝者先升升堂”,校本“升”字不重,阮《校》云:“徐本、楊氏、敖氏俱重‘升’字,唐石經、《通解》、毛本俱不重。”

敖氏曰："不勝者釋弓而已，勝者又説決拾而襲也，經文省爾。俟，謂南面東上，以俟司射之後命。"

有執爵者。

註曰："主人使贊者代弟子酌也。於既升飲而升自西階，立于序端。"

執爵者坐取觶，實之，反奠于豐上。

註曰："每者輒酌，以至於徧。"

敖氏曰："取觶，北面奠之，亦南面。"

升飲者如初。三耦卒飲。賓、主人、大夫不勝則不執弓，執爵者取觶，降洗，升實之，以授于席前。

註曰："優尊也。"

敖氏曰："上射勝則酌主人、大夫，下射勝則酌賓。"

受觶，以適西階上，北面立飲。

註曰："受罰爵者不宜自尊别[①]。"

卒觶，授執爵者，反就席。

敖氏曰："必授之者，宜反於其所受者也。"

大夫飲，則耦不升。

註曰："以賓、主人飲，耦在上，嫌其升。"

敖氏曰："不升，立於射位也。大夫既飲，則徑適堂西而釋弓與?"

若大夫之耦不勝，則亦執弛弓，特升飲。

註曰："尊者可以孤，無能。"

敖氏曰："言'特升飲'，明大夫在席自若也。"

郝氏曰："大夫耦飲，大夫不(升)〔同〕[②]，則賓、主人耦飲同，可知。"

世佐案，註意蓋謂不勝者特升飲，是以其無能而孤之也。大夫與其耦尊卑不敵，故可耳，其敵者則必與之偕也。監本于"能"下衍一"對"字，今從《通解》本删。

---

① "罰"字下原無"爵"字，校本有"爵"字，《集釋》、《通解》、陳本、閩本、監本、毛本同，據補。

② "同"原作"升"，校本同，《節解》此處作"同"，上文有"惟大夫飲耦不升，賓主人飲勝者同升"之文，此蓋涉上而誤，據改。

衆賓繼飲,射爵者辯,乃徹豐與觶。

註曰:“徹,猶除也。設豐者反豐於堂西,執爵者反觶於篚。”

敖氏曰:“衆賓繼飲,皆如三耦也。自‘命設豐’以下,皆言勝者飲不勝者之禮,若左右鈞,則無此,而即獻獲者與?”

郝氏曰:“射爵即罰觶。”

右飲不勝者。

司馬洗爵,升實之以降,獻獲者于侯。

註曰:“鄉人獲者賤,明其主以侯爲功得獻也。”

敖氏曰:“獲者受命於司馬,故司馬主獻之。是時獲者負侯未退,就而獻之,辟君禮也,獻時蓋西南面。大射之禮,獻獲者于侯西北三步。”

薦脯醢,設折俎,俎與薦皆三祭。

註曰:“皆三祭,爲其將祭侯也,祭侯三處也。”

疏曰:“‘三處’者,下文右與左、中是也。”

敖氏曰:“先設薦俎乃受爵,亦變於君禮也。其設之亦當侯中,在獲者之前。”

張氏曰:“皆三祭,脯之半脡,俎之離肺,皆三也。”

世佐案,此俎之祭,敖謂刌肺,得之。蓋此祭肺爲侯神設也,不爲獲者。

獲者負侯,北面拜受爵。司馬西面拜送爵。

註曰:“負侯,負侯中也。拜送爵不同面者,辟正主也。其設薦俎,西面錯,以南爲上。爲受爵於侯,薦之於位。”

疏曰:上文正主獻賓、獻衆賓皆北面,與受獻者同面,今此與受獻者不同面,故云“辟正主”也。此云“負侯,北面拜受爵”,是受爵于侯下。云“左个之西北三步,東面設薦”,是薦之于位也。

敖氏曰:“固負侯北面矣,復言之者,明其還而倚旌乃拜,且嫌受獻或異面也。此拜送爵不同面者,明其異於常禮也。”

世佐案,註意蓋謂上文設薦俎之法,設者西面錯之,以南爲上,俎在薦南也。知西面錯者,以送爵者亦西面故也。先設于此者,爲其受爵于侯,故亦于其負侯之位薦之也。獲者北面,而設俎在薦南者,以其暫錯于此,且變於祭侯也,疏誤。

獲者執爵，使人執其薦與俎從之，適右个，設薦俎。

註曰："獲者以侯爲功，是以獻焉。人，謂主人贊者，上設薦俎者也。爲設，籩在東，豆在西，俎當其北也。言使設，新之。"

疏曰："侯以北面爲正，依《特牲》、《少牢》，皆籩在右，故知籩在東右廂，豆在西左廂可知也①。"

敖氏曰："獲者因射侯而得獻，故就侯而祭其薦俎與酒焉，示不忘本也。"

郝氏曰："侯北向，以東爲右，偏(則)〔側〕爲个②。"

姜氏曰："獻爵于侯，負侯拜受，謂居侯北三步而不西耳，若謂于侯拜受③，則侯中與左右个皆一侯之内也，相去幾何，何以云'使人執其薦與俎從之，適右个'耶？惟去其侯三步，東往右个，故曰'執'而'從之'，又曰'適'。"

世佐案，經云"獻獲者于侯"，又云"獲者負侯北面，拜受爵"，則其于侯中明矣。侯中與右个在一侯之内，乃云"使人執其薦與俎從之而適"者，禮以變易爲敬，不徑自中而移於東也。下經云"適左个，中亦如之"，然則自右而移于左，自左而復移于中，皆使人執其薦俎從之而適也，豈必去侯三步而後可云適哉？姜説誤矣。

獲者南面坐，左執爵，祭脯醢，執爵興，取肺，坐祭，遂祭酒。

註曰："爲侯祭也，亦二手祭酒，反注，如《大射》。"

敖氏曰："必云'執爵興'者，見其所取者非離肺也。取離肺者，必奠爵乃興。"

興，適左个，中皆如之④。

註曰："先祭左个，後中者，以外即之至中，若神在中也。"

---

① "左"原作"右"，校本作"左"，《通解》、陳本、閩本、監本、毛本、庫本同，據改。

② "側"原作"則"，校本同，《節解》作"側"，應據改。

③ "拜"，校本同，《經傳》作"獻"。

④ "皆"，校本作"亦"。阮《校》曰："唐石經、徐本、楊氏同，《通解》、敖氏、毛本'皆'作'亦'。按敖云'謂適左个，又適侯中，皆如適右个而祭之儀也'，則敖所見本亦作'皆'，刻《集説》者誤改爲'亦'耳。"

郝氏曰:“左个,侯西偏。中,侯中閒。”

左个之西北三步,東面設薦俎。獲者薦右東面立飲,不拜既爵。

註曰:“不就乏者,明其享侯之餘也。立飲薦右,近司馬,於是司馬北面。”

敖氏曰:“左个之西北三步,獲者受獻之正位。薦右,脯南也,飲于薦右,亦變于大射禮也。”

世佐案,“東面設薦俎”,謂主人之贊者東面設也。舊説獲者東面,設者西面,非。張氏《句讀》以此五字爲句,今從之。

司馬受爵,奠于篚,復位。

敖氏曰:“司馬於此方言復位,則是既獻獲者于侯之後,即北面立于侯之西北,以俟獲者之來與?”

獲者執其薦,使人執俎從之,辟設于乏南。

註曰:“還設薦俎就乏,明已所得禮也。言辟之者,不使當位,辟舉旌、偃旌也。設于南,右之也。凡他薦俎,皆當其位之前。”

敖氏曰:“獲者於此自執其薦者,已授爵,則不敢徒手而勞人也。辟,如辟奠之辟,謂離於故處也。此改設于乏南,故云‘辟設’,必就乏者,宜近其位也。不當其位,辟旌。”

世佐案,辟設之義,敖得之。

獲者負侯而俟。

敖氏曰:“俟,俟命去侯。”

右司馬獻獲者。

司射適階敖本“階”上有“西”字,衍。西,釋弓矢,去扑,説決、拾,襲,適洗,洗爵,升實之,以降,獻釋獲者于其位,少南。薦脯醢折俎,有祭。

註曰:“不當其位,辟中。”

敖氏曰:“釋弓矢,説決、拾,爲將洗酌而行禮也。不執弓矢,則當襲矣。去扑者,獻則不可佩刑器也。釋獲者聽命于司射,故司射主獻之。‘折’上當有‘設’字,蓋文脱也。有祭,脯與切肺也。”

世佐案，司射作升飲者訖，即爲此獻釋獲者之事，亦與司馬獻獲者同節也。經中此類甚多，若必一事畢乃爲一事，則一日之間有不能終禮者矣。階西，司射倚弓矢與扑之所。説決、拾，襲，當於堂西，不言者，從省文。

釋獲者薦右東面拜受爵，司射北面拜送爵。釋獲者就其薦坐，左執爵，祭脯醢，興，取肺，坐祭，遂祭酒，興，司射之西，北面立飲，不拜既爵，司射受爵，奠于篚。

敖氏曰："'就其薦'，謂於薦西也。司射之西，則又少南於薦右之位矣，蓋與司射俱北面，則宜並立也。拜受、立飲不同面者，異於堂上之獻也，獲者亦然。"

釋獲者少西辟薦，反位。

註曰："辟薦少西之者，爲復射妨司射視算也，亦辟俎。"

敖氏曰："辟，與上經辟設之意同，惟云'辟薦'，據釋獲者所執而言也，辟俎，則有司爲之。"

司射適堂西，袒、決、遂，取弓于階西，挾一个，搢扑，以反位。

敖氏曰："爲獻事畢也。至此乃言反位，則嚮者於既奠爵于篚，乃遂適堂西矣。"

右司射獻釋獲者。

郝氏曰："獲與釋獲者分卑，而獻爵、薦俎之禮均，蓋射以侯爲主，以中爲賢，獲者司侯，釋獲者司中，敬其事，因重其人，雖以歌工笙師，爵無不徧獻，無不拜，旅酬終燕，雖主人之贊亦與焉。古人飲食之際，情至禮恭如此，可以達禮之義矣。"

司射去扑，倚于階西，升，請射于賓，如初。賓許。

敖氏曰："搢扑而即去，反位而即往，皆禮節當然也。不於未搢扑而遂請者，有事於尊者，不宜與獻賤者之禮相因也。"

張氏曰："自此下至'退中與算而俟'，言以樂節射之儀。司射又請射命耦，三耦賓主人大夫衆賓卒射，皆拾取矢，司射作上射升射，請以樂爲節，三耦賓主人大夫衆賓卒射，又命取矢乘矢，又視算數獲，又設豐飲不勝者，又拾取矢授有司，乃説侯綱、退旌、退楅、退中與算，共九節，射之第三番也。”

右三請射。

司射降，搢扑，由司馬之南適堂西，命三耦及衆賓，皆袒、決、遂，執弓，就位。

註曰：“位，射位也。不言射者，以當序取矢。”

疏曰：“射位在司射之西南東面。”

司射先反位。

註曰：“言先三耦及衆賓也。既命之，即反位，不俟之也。”

世佐案，上經於三耦初取弓矢之時已云“司射先立于所設中之西南”，及其將飲不勝者也，又云“司射先反位”，并此凡三言“先”矣，其義一也。第二番將射，命三耦拾取矢，司射反位，不言先，文有詳畧耳。註云“鄉不言先，三耦未有拾取矢位，無所先”，非。又案，射者堂下止有二位：堂西南面比耦之位，一也；司射之西南射位，二也。司馬之西南，即司射之西南也，疏以此位分爲二，非。

三耦及衆賓皆袒、決、遂，執弓，各以其耦進，反于射位。

註曰：“以，猶與也。”

司射作拾取矢[①]。三耦拾取矢如初，反位。

敖氏曰：“司射亦惟作上(射)〔耦〕也[②]。位，亦射位。”

賓、主人、大夫降，揖，如初。主人堂東，賓堂西，皆袒、決、遂，執弓，皆進，階前揖。

註曰：“南面相俟而揖行也。”

世佐案，賓、主人各于堂下之東西方袒、決、遂，執弓訖，乃皆進。賓進而東，主人進而西，及階，各於其階前南面揖而行。蓋楅在中庭之南，當洗，故自堂東西來者，皆須南行就之也。註所謂“南面相俟而揖行”者，

---

① “作”原作“伦”，校本作“作”，各本經文同，據改，下引敖氏文“惟作”同。

② “耦”原作“射”，校本同。《集説》作“耦”，且《鄉射禮》有“司射還，當上耦西面，作上耦”、“司射作上耦取矢”之文，是作“耦”字之證，應據改。

蓋如此。疏云"各于堂上北面[1],相見而揖",非。

及楅揖,拾取矢如三耦。

註曰:"及楅,當楅東西也。主人西面,賓東面,相揖拾取矢。不北面揖,由便也。"

敖氏曰:"階前揖而南,及楅揖而止,所止之處即拾取矢之位也,是其位猶未離乎階前矣。然則衆耦於楅東西之位,亦宜如是也。"

卒,北面搢三挾一个。

敖氏曰:"卒即北面而爲此,是猶未離其位也。此儀異於三耦者,蓋退於北,與退於南者不同也。"

世佐案,敖説是。疏云,此與上再請射章三耦取矢訖,搢三挾一个同,又同處,非。

揖退。

世佐案,賓、主人北面揖訖,各由其故道而反堂東西之位。此進而北行也,乃云"退"者,自楅而言也。註云"已揖,左還",非。

賓堂西,主人堂東,皆釋弓矢,襲,及階揖,升堂揖,就席。

註曰:"將袒先言主人,將襲先言賓,尊賓也。"

大夫袒、決、遂,執弓,就其耦。

註曰:"降袒、決、遂於堂西,就其耦於射位,與之拾取矢。"

揖,皆進,如三耦。

敖氏曰:"'如三耦',則耦不少退也,以其行事於庭,無堂上、堂下之異,故不得如升射之儀也。"

耦東面,大夫西面。大夫進,坐,説矢束,興,反位,而后耦揖,進。

註曰:"説矢束者,下耦,以將拾取。"

敖氏曰:"凡大夫之取矢于楅者,必説其矢束以當拾取也。其自爲耦者並行至楅南即爲之,其與士爲耦者即位而後爲之,此其異者也。大夫進及反位皆不揖,以非與耦行禮之事也。"

---

① "北"原作"南",校本作"北",《四庫全書考證》曰:"原本'北'訛'南',據注疏改。"據改。

世佐案,此大夫之説矢束言于"西面"之下,則亦西面説也。敖云"北面",非。又案,註蓋原大夫説矢束之意,亦欲如三耦之拾取,是以敵者之禮待其耦,故云"下耦"也,疏闕,爲補之。

坐,兼取乘矢,順羽而興,反位,揖。

註曰:"兼取乘矢者,尊大夫,不敢與之拾也。相下、相尊,君子之所以相接也。"

敖氏曰:"此與三耦異者,惟不拾取矢耳,餘則同。"

大夫進坐,亦兼取乘矢,如其耦,北面搢三挾一个。

註曰:"亦於三耦爲之位。"

揖退,耦反位。大夫遂適序西,釋弓矢,襲,升,即席。

註曰:"大夫不序於下,尊也。"

衆賓繼拾取矢,皆如三耦,以反位。

右射者皆取矢于楅。

司射猶挾一个以進,作上射如初,一耦揖升如初。

註曰:"進,前也。曏言'還,當上耦,西面',是言'進',終始互相明也。今文或言作升射。"

敖氏曰:"進,由司馬之東而進也。此以適南爲進者,凡進退之文無常,大抵以有事於彼爲進,卒事而反爲退也。'上'字似衍,否則其下當有'耦'字。'今文或言作升射',蓋後人亦疑其誤而易之矣。"

司馬升,命去侯,獲者許諾。司馬降,釋弓,反位。司射與司馬交于階前,去扑,襲,升,請以樂樂于賓,賓許諾。

敖氏曰:"司射惟去扑耳,其決、遂,執弓,挾矢,自若也。似不宜襲,此言襲,蓋衍文。'以樂樂'者,用樂爲歡樂也。以此請之于賓,故曰'請以樂樂于賓'。《大射儀》曰:'請以樂。'"

世佐案,此"襲"字非衍也,蓋射武事也,故請射則袒,樂文事也,故請樂則襲。言襲,則其説決、拾,可知矣。不釋弓矢者,射未畢也。

司射降,搢扑,東面命樂正曰:"請以樂樂于賓,賓許。"

註曰:"東面,於西階之前也。不就樂正命之者,傳尊者之命於賤者,遥號命之可也,樂正亦許諾。"

敖氏曰："必搢扑而後命樂正者，辟併敬也。"

司射遂適階閒，堂下北面命曰："不鼓不釋。"上射揖，司射退反位。

註曰："不與鼓節相應，不釋算也。鄉射之鼓五節，歌五終，所以將八矢。一節之閒，當拾發，四節四拾，其一節先以聽也。"

疏曰：《射人》云，王以《騶虞》九節，諸侯以《貍首》七節，卿、大夫以《采蘋》五節，士以《采蘩》五節。是卿、大夫、士同五節，尊卑樂節雖多少不同，四節以盡乘矢則同，其餘外皆以聽，以知樂終始長短也。王九節者，五節先以聽。諸侯七節者，三節先以聽。卿、大夫、士五節者[1]，一節先以聽。尊者先以聽則多，卑者先以聽則少，優至尊，先知審也。

敖氏曰："鄉射之歌五終而鼓五節，其三節先以聽，而二節之閒拾發乘矢焉，《射人職》所謂'五節二正'是也。王之大射，九節五正，諸侯七節三正，卿、大夫與士同。"

世佐案，此當以疏説爲正，敖氏好立異，而引《周禮·射人職》爲證，以愚考之，則不然。蓋自敖説推之，則王之九節五正，五節之閒拾發乘矢，而其先以聽者，四節也。諸侯之七節三正，三節之閒拾發乘矢，而其先以聽者亦四節也。夫天子以下降殺，以兩禮之大凡也。今其先以聽者，天子、諸侯同爲四節，而大夫、士僅減其一焉，固已不倫矣，且其拾發乘矢一也，而乃有五正、三正、二正之不同，是節之多者似促數，而節之少者反舒長，此亦理之不可通者。蓋《射人》所云"九節"、"七節"、"五節"者，以其樂節言也。所云"五正"、"三正"、"二正"者，以其侯采言也。鄭註蓋不可易矣，何必改先儒已定之説以證己之臆見耶？又《射人》所言當屬賓射之禮，敖氏乃以大射目之，亦非，説見後。

樂正東面命大師，曰："奏《騶虞》，閒若一。"大師不興，許諾，樂正退反位。

註曰："東面者，進還鄉大師也。《騶虞》，《國風·召南》之詩篇也。《射義》曰：'《騶虞》者，樂官備也。'其詩有'一發五豝、五豵，于嗟騶虞'之

---

① "卿"字原無，校本有"卿"字，《要義》、《通解》、楊氏《圖》、陳本、閩本、監本、毛本、庫本同，據補。

言。樂得賢者衆多,嘆思至仁之人以充其官。此天子之射節也而用之者,方有樂賢之志,取其宜也。其他賓客、鄉大夫,則歌《采蘋》。閒若一者,重節。”

疏曰:《采蘋》是鄉大夫樂節,其他謂賓射與燕射,若州長、他賓客自奏《采蘩》。此篇有鄉大夫、州長射法,則同用《騶虞》,以其同有樂賢之志也。“閒若一”,謂五節之閒長短希數皆如一,則是重樂節也。

朱子曰:“據《詩》,但取一發五豝之義耳。騶虞,則爲仁獸之名,以庶類蕃殖,美國君之仁如之也。樂官備云者,諸儒有以騶爲文王之囿虞,爲主囿之官,故立此義,而鄭註因之與?其《詩箋》自相違異,今姑存之。”

敖氏曰:“言‘命大師’者,見所命者必其長也,此惟據有大師者言之。”

世佐案,樂正及大師之位,見上遷樂章。反位,反工南北面位也。又案,禮射有三,大射、賓射、燕射是也。士無大射,大夫以下無燕射而有鄉射,《射義》及《射人職》所言以樂節射之差,皆賓射也,故與此異。鄉射得歌《騶虞》者,二《南》爲鄉樂,《騶虞》篇次在《召南》内,故得用之,且大夫、士去天子遠,無嫌于僭也,若諸侯之大射與賓射同,《大射儀》云“奏《貍首》”是也。以是推之,則天子及大夫之大射亦與其賓射同樂,可知矣。又《投壺》云“命弦者曰:請奏《貍首》”,投壺,大夫、士燕射之類也,乃奏《貍首》者,燕禮殺,故變而與諸侯之賓射同,所謂禮窮則同也。然但以瑟奏之,而不用金石之樂,亦其異也。鄉射與投壺雖奏《騶虞》、《貍首》,而其節則止於五下,記云“歌《騶虞》若《采蘋》,皆五終”是也。

乃奏《騶虞》以射,三耦卒射,賓、主人、大夫、衆賓繼射,釋獲如初。卒射,降。

註曰:“皆應鼓與歌之節,乃釋算。降者,衆賓。”

疏曰:“次番射時,賓與主人、大夫卒射皆升堂,故知此降者衆賓也。”

敖氏曰:“降,指衆耦之最後者而言,以見釋獲者升告之節也。”

釋獲者執餘獲升,告左右卒射,如初。

右三射以樂。

司馬升,命取矢,獲者許諾。司馬降,釋弓,反位。弟子委矢,司馬乘之,皆如初。司射釋弓視算,如初。

註曰:"算,獲算也。"

釋獲者以賢獲與鈞告,如初,降,復位。

敖氏曰:"言'如初',又言'降復位',爲司射命設豐之節也,亦以見其所如者止於此,無復實算于中之事矣,蓋以其不復射故也。"

右取矢數獲如初。

司射命設豐,設豐、實觶如初。遂命勝者執張弓,不勝者執弛弓,升飲如初。

敖氏曰:"《大射儀》此下云'卒,退豐與觶如初',此脱一句也。"

右飲不勝者如初。

司射猶袒、決、遂,左執弓,右執一个,兼諸弦,面鏃,適堂西,以命拾取矢,如初。

註曰:"側持弦矢曰執。面,猶尚也。并矢於弦,尚其鏃。將止,變於射也。"

張氏曰:"方持弦矢曰挾者,矢橫弦上而持之。側持弦矢曰執者,矢順并於弦而持之。尚其鏃者,鏃向上也。"

世佐案,司射之請以樂樂于賓也。經既云"襲"矣,至是言"猶袒"者,蓋自其命勝者、不勝者之時而袒也,其閒命樂正及視算皆襲。

司射反位,三耦及賓、主人、大夫、衆賓皆袒、決、遂,拾取矢,如初。矢不挾,兼諸弦弣以退,不反位,遂授有司于堂西。

註曰:"不挾,亦皆執之如司射也①。不以反射位授有司者,射禮畢。"

疏曰:"執之如司射",兼諸弦弣則與司射異。司射直執一个,無三矢兼於弣。三耦以下則執一个并于弦,又以三矢并于弣,所以異也。

敖氏曰:"拾取時猶皆兼諸弣,至楅南北面,則不挾矣,但取一矢兼諸弦,餘三矢則兼諸弣自若,亦象搢三挾一之儀,且如司射之戒也。賓與主

① "亦皆執之",《句讀》引注同,校本"皆"作"謂",《集釋》、《通解》、陳本、閩本、監本、毛本同。

人則亦於楅東西之位爲之。位,射位也,不反位,但由司馬之南而過也。授有司,授之以弓矢也。必授之者,射事止,則宜反於所受者也。此文主於三耦及衆賓也,大夫與其耦亦存焉。若賓,則自階下以授有司于堂西,主人則以授有司于堂東也。"

辯拾取矢,揖,皆升就席。

註曰:"謂賓、大夫及衆賓也。相俟堂西,進立于西階之前。主人以賓揖升,大夫及衆賓從升,立時少退于大夫,三耦及弟子自若留下。"

疏曰:"衆賓則三賓也,皆依上文獻後升及留在下之法。"

敖氏曰:"'揖,皆升就席',謂衆賓三人也。衆賓三人必俟拾取矢者辯而後升,若主人、賓、大夫則既授弓矢即升,如初禮,固不俟其辯也。"

世佐案,敖説非。賓、主人、大夫必俟辯拾取矢而後升者,以射事至是而終,故變于初也。

右射者復皆拾取矢,授有司。

司射乃適堂西,釋弓,去扑,説決、拾,襲,反位。

疏曰:"司射之扑在階西,今來去扑于堂西之等,以其不復射也。"

敖氏曰:"反位,其猶在中西南與?不言釋矢,可知也。"

司馬命弟子説侯之左下綱而釋之。

註曰:"説,解也。釋之,不復射,掩束之。"

敖氏曰:"釋,則是不束也。説而釋之,變於射與未射之時。"

世佐案,敖説是。説侯之左下綱,異於射時也。釋之,謂不掩束,異於未射時也。其不全去之者,見此禮主爲射也。疏云"備復射",非。

命獲者以旌退,命弟子退楅。司射命釋獲者退中與算而俟。

註曰:"諸所退,皆俟堂西,備復射也。旌言以者,旌恒執也。獲者、釋獲者亦退其薦俎。"

敖氏曰:"案註云'獲者、釋獲者亦退其薦俎',此據《大射儀》而言也。退薦俎,各當其位之前與?"

郝氏曰:"俟,俟旅酬也。"

右退諸射器,射事竟。

司馬反爲司正，退，復觶南而立。

註曰："當監旅酬。"

敖氏曰："射事已而復其故職也。云'復觶南'，見射時觶不徹，是時司射亦當復東方之位。"

張氏曰："此下言射訖飲酒之事。旅酬，二人舉觶，徹俎，坐燕，送賓，以至明日拜賜，息司正諸儀，並同《鄉飲酒禮》。"

樂正命弟子贊工即位，弟子相工，如其降也，升自西階，反坐。

註曰："贊工遷樂也。降時如初入。樂正反，自西階東北面。"

敖氏曰："'命弟子'，亦適西方命之也。'如其降'，亦謂後先及相之之儀也。'反坐'，謂反其故位而坐也。工既坐，弟子亦降，立于西方。"

張氏曰："西階東，北面，樂正告樂備後降立之位。遷樂于下，則立阼階東南，北面。今當命弟子，又復來此也。遷工反位，爲旅酬後將有無算樂也。"

賓北面坐取俎西之觶，興，阼階上北面酬主人。主人降席，立于賓東。賓坐奠觶，拜，執觶興，主人答拜。賓不祭，卒觶，不拜，不洗，實之，進東南面。

註曰："所不者，酬而禮殺也。賓立飲。"

主人阼階上北面拜，賓少退。主人進受觶，賓主人之西，北面拜送。賓揖，就席。主人以觶適西階上酬大夫，大夫降席，立于主人之西，如賓酬主人之禮。

註曰："其既實觶，進西南面，立鄉所酬。"鄉、向通，或作嚮，非。

主人揖，就席。若無大夫，則長受酬，亦如之。

敖氏曰："長，謂衆賓之長也。此惟據主人所酬者而言，大夫若衆，則相酬辯乃及長。"

世佐案，大夫若衆，則大夫長受主人酬訖，即實觶酬衆賓長，衆賓長酬次大夫，交錯以辯也。敖説非。

司正升自西階，相旅，作受酬者曰："某酬某子。"

註曰："某者，字也。某子者，氏也。稱酬者之字，受酬者曰某子，旅酬下爲上,尊之也。《春秋傳》曰:'字不若子。'此言某酬某子者,射禮畧於飲酒。飲酒言某子受酬,以飲酒爲主。"

敖氏曰:"此謂大夫酬長,若長相酬之時也。司正稱酬者之字,稱受酬者曰'某子',彼此之辭也。此主爲酬者命受酬者,緣酬者意,欲尊敬之,故於此言字,於彼言子,所以不同。"

世佐案,此謂無大夫而衆賓長相酬之時也。賓、主人及大夫旅酬,皆不相,至衆賓,乃相之。若主人酬長,相之之辭當曰:"主人酬某子。"猶主人與賓爲耦,而告賓曰:"主人御于子也。"若大夫酬長,辭當曰:"某子酬。"某,猶大夫爲下射,而以耦告之曰:"某御于子也。"受酬者自大夫右,大夫如介禮也。

受酬者降席,司正退立于西序端,東面。衆受酬者拜,興,飲,皆如賓酬主人之禮。辯,遂酬在下者,皆升,受酬于西階上。

註曰:"在下,謂賓黨也。《鄉飲酒記》曰:'主人之贊者西面北上,不與。無算爵,然後與。'此異於賓。"

卒受者以觶降,奠于篚。司正降,復位。

右旅酬。

使二人舉觶于賓與大夫。舉觶者皆洗觶,升,實之,西階上北面,皆坐奠觶,拜,執觶興,賓與大夫皆席末答拜。舉觶者皆坐祭,遂飲,卒觶興,坐奠觶,拜,執觶興,賓與大夫皆答拜。

敖氏曰:"大夫席末,席東端也。"

舉觶者逆降,洗,升,實觶,皆立于西階上,北面東上,賓與大夫拜。舉觶者皆進,坐奠于薦右。

註曰:"坐奠之,不敢授。"

敖氏曰:"東上,主賓者在右也。至是乃言之者,以其將奠觶也。"

賓與大夫辭,坐受觶以興。

註曰:"辭,辭其坐奠觶。"

舉觶者退,反位,皆拜送,乃降。賓與大夫坐,反奠于其所,興。若無大夫,則唯賓。

敖氏曰:"言此者,明不舉觶於賓長。此二人舉觶雖曰正禮,然若無大夫則闕一人,以其禮唯當行於尊者耳。"

右二人舉觶。

司正升自西階,阼階上受命于主人,適西階上,北面請坐于賓,賓辭以俎,反命于主人,主人曰:"請徹俎。"賓許。

註曰:"上言'請坐于賓',此言'主人曰',互相備耳。"

司正降自西階,階前命弟子俟徹俎。司正升,立于序端。賓降席,北面。主人降席自南方,阼階上北面。大夫降席,席東南面。賓取俎,還授司正,司正以降自西階,賓從之降,遂立于階西,東面。司正以俎出,授從者。

註曰:"授賓家從來者也。古者與人飲食,必歸其盛者,所以厚禮之。"

主人取俎,還授弟子,弟子受俎,降自西階以東。主人降自阼階,西面立。

註曰:"以東,授主人侍者。"

世佐案,鄭爲此説者,所以成其爲賓黨弟子耳。姜云弟子當是主黨,則其以俎而東也,無授主人侍者之事矣。説見上篇。

大夫取俎,還授弟子,弟子以降自西階,遂出授從者。大夫從之降,立于賓南。衆賓皆降,立于大夫之南,少退,北上。

右徹俎。

主人以賓揖讓,説屨,乃升。大夫及衆賓皆説屨,升,坐。

註曰:"説屨則摳衣,爲其被地。"

疏曰:"案《少儀》云'排闔説屨於户内,一人而已矣',鄭註云'雖衆敵,猶有所尊也',彼尊卑在室,則尊者説屨在户内,其餘説屨於户外,若尊卑在堂,則亦尊者一人説屨在堂,其餘説屨於堂下,是以《燕禮》、《大射》臣皆説屨於階下,公不見説屨之文,明公舄在堂矣,此及《鄉飲酒》臣禮，賓、主人行敵禮，故皆説屨於堂下也。”

乃羞。

註曰：“燕設啗具，所以案酒。”

無算爵，使二人舉觶。賓與大夫不興，取奠觶飲，卒觶，不拜。

註曰：“二人，謂爲者二人也。使之升，立于西階上。賓與大夫將旅，當執觶也。卒觶者固不拜矣，著之者，嫌坐卒爵者拜既爵。此坐于席，禮既殺，不復崇。”

敖氏曰：“使之亦司正也。此舉觶，謂取而酌之，即下文所云‘執觶者受觶遂實之之’事。”

執觶者受觶，遂實之。賓觶以之主人，大夫之觶長受，而錯，皆不拜。

註曰：“長，衆賓長。錯者，實主人之觶以之次賓也，實賓長之觶以之次大夫。其或多者，迭飲於坐而已。皆不拜受，禮又殺也。”

敖氏曰：“錯，謂以次更迭而受也。大夫若惟一人，則衆賓長先受其觶，以次錯行之。大夫若有二人以上，則皆及於大夫，乃及衆賓，蓋先尊而後卑也。云‘大夫之觶長受而錯’，則賓觶但至主人而止與？所以然者，以二觶並行，難爲旅也。若無大夫，乃行主人之觶，爲其無二觶故爾。先者不拜而飲，故受者皆不拜，禮蓋相因也。”

張氏曰：“大夫與衆賓等，則得交相酬，或大夫多於賓，或賓多於大夫，則多者無所酬，自與其黨迭飲也。”

世佐案，敖説於“錯”字義不合，蓋非也。又以“大夫之觶長受而錯”爲一句，亦非。

辯，卒受者興，以旅在下者于西階上。

註曰：“衆賓之末，飲而酬主人之贊者，大夫之末，飲而酬賓黨，亦錯焉。不使執觶者酌，以其將旅酬，不以己尊孤人也。其末若皆衆賓，則先酬主人之贊者，若皆大夫，則先酬賓黨而已。執觶者酌，在上辯，降復位。”

世佐案，註云“不使執觶者酌，以其將旅酬，不以己尊孤人也”者，堂上皆坐飲，故使執觶者酌在下者，于西階上立飲，若使坐者自若而飲者特升，是以己之尊孤人也。所以卒受者必升自酌以旅在下者，此當與大夫之耦不勝則特升飲參看，彼是罰爵，故云“尊者可以孤無能”，此方旅酬，義取弟長而無遺，故云“不以己尊孤人也”。疏欠明，刊本註疏中“孤”字多譌作“於”，今從《通解》本改正，復論之。

長受酬，酬者不拜，乃飲，卒觶，以實之。

註曰：“言‘酬者不拜’者，嫌酬堂下異位當拜也。古文曰：受酬者不拜。”刊本脱“受”字，今從《通解》補。

世佐案，長，謂堂下衆賓之長也。酬者，即三賓之卒受者。

受酬者不拜受。

註曰：“禮殺，雖受尊者之酬，猶不拜。”

辯旅，皆不拜。

註曰：“主人之贊者於此始旅，嫌有拜。”

執觶者皆與旅。

註曰：“嫌已飲不復飲也，上使之勸人耳，非逮下之惠也，亦自以齒與于旅也。”

卒受者以虚觶降，奠于篚。

敖氏曰：“此以降者一觶也，然則主人所飲之觶，執觶者其先以奠于篚與？”

世佐案，上文及此，兩言卒受者，依註，二觶並行，則卒受者二人也。敖氏主唯行大夫之觶，故云然，今亦不取。竊謂堂上旅酬，皆執觶者酌以送之，受者各于其席坐飲，故二觶可以並行。至于旅在下者之時，同在西階上，酬者又須親酌，若復二觶並行，頗覺其雜揉而無次。況一階之上而行禮者常四人，焉能曲盡其進退雍容之度乎？然則旅在下者蓋用一觶也，所用之觶，毋論賓與大夫，但取行至三賓之末者，三賓之末飲而酬堂下衆賓之長，堂下賓長飲而酬主人之贊者，亦以次交錯而辯也。其一觶則執觶者以降奠于篚，註云執觶者酌在上者辯，降復位，其在斯時與？敖謂堂上惟行一觶，註謂堂下亦行二觶，皆未合，讀者試以上下經文反復玩味，必有能辯之者。

執觶者洗,升實觶,反奠于賓與大夫。

註曰:"復奠之者,燕以飲酒爲歡,醉乃止,主人之意也。今文無執觶及賓觶、大夫之觶皆爲爵,實觶,觶爲之。"

敖氏曰:"二觶元在賓與大夫之前,故云'反奠',餘則皆如上文'賓與大夫不興,取奠觶,飲'以下之儀。不言者,可知也。此後酒行,終而復始,儀亦如之,至醉而止,所謂無算爵也。"

世佐案,註"今文無執觶","無"字衍,蓋謂"今文執觶及賓觶、大夫之觶",數"觶"字皆爲"爵"字耳,不從者,以此時用觶不用爵也。然經文爵、觶亦有通用者,如飲不勝者亦用觶,而云"有執爵者"是也,疏欠明。

無算樂。

右燕。

賓興,樂正命奏《陔》。賓降及階,《陔》作。賓出,衆賓皆出,主人送于門外,再拜。

右賓出。

明日,賓朝服以拜賜于門外。主人不見,如賓服,遂從之,拜辱于門外,乃退。

世佐案,云"朝服"者,據公士爲賓言也。處士則曰鄉服。

右賓拜賜,主人拜辱。

主人釋服,乃息司正。

註曰:"息,猶勞也。勞司正,謂賓之與之飲酒,以其昨日尤勞倦也。《月令》曰:'勞農以休息之。'"

無介。

註曰:"此已下皆記禮之異者。"

朱子曰:"此《鄉射禮》本自無介,不但勞禮無介,疑此衍文也。"

敖氏曰:"昨日正禮已無介,則此可知矣,乃言之者,嫌不射而飲或用介也。"

不殺。使人速。

世佐案,速,速司正也。使人,言主人不親也。敖云亦當使人戒乃速，經文畧也。

迎于門外，不拜，入，升。不拜至，不拜洗。薦脯醢，無俎。賓酢主人，主人不崇酒。

敖氏曰："言'不殺'，復言'無俎'者，嫌不殺者亦或有俎也。《士冠》、《士虞》以乾肉折俎，主人不崇酒，則賓亦不告旨矣，其他不見者，可以意求之。"

世佐案，不崇酒，不拜崇酒也，文省耳。

不拜衆賓。

敖氏曰："此謂不拜之於庭，指將獻之時也。若獻，則衆賓亦拜受爵，而主人答之。"

既獻衆賓，一人舉觶，遂無算爵。

註曰："言遂者，明其閒闕也。賓坐奠觶于其所，擯者遂受命于主人，請坐于賓，賓降，説屨升坐矣。不言遂請坐者，請坐主于無算爵。"

敖氏曰："此一人舉觶在獻衆賓之後，雖與正禮之舉觶爲旅酬始者同，實爲無算爵始也。言'遂無算爵'，明其説屨升坐，即取此觶飲也。"

世佐案，此章言鄉樂唯欲，則無升歌、閒、合之禮可知也。無司正，則無安賓、表位、相旅之禮可知也。無介，則亦無二人舉觶矣。無俎，則亦無徹俎之禮矣。此皆可以類推，乃復言之者，經文之詳也。

無司正。

註曰："使擯者而已，不立之。"

賓不與。徵唯所欲，以告于鄉先生、君子可也。羞唯所有。鄉樂唯欲。

敖氏曰："此與前篇息司正之禮亦同，但文有詳略爾。"

右息司正。

記：

大夫與，則公士爲賓。

註曰："不敢使鄉人加尊於大夫也。公士，在官之士。鄉賓主用處士。"

敖氏曰:“所以不可用處士者,以處士去大夫之尊遠故也。大夫於一人既舉觶于賓乃入,主人必無臨時易賓之理,然則大夫之與此會者,乃亦主人請之明矣。”

世佐案,公士,鄉人之爲命士者,明非主人之屬也。大夫雖入于一人舉觶之後,而其有無來否,主人必預知之,其用公士、處士蓋自戒賓之時而已定矣,非俟大夫至而後易之也。此與《鄉飲酒禮》異者,彼所以賓賢,不可以大夫故易也。

使能,不宿戒。

註曰:“能者敏於事,不待宿戒而習之。”

世佐案,亦云使能者,此賓雖輕,然必以有才德者爲之,不可使不賢而居尊位也。不宿戒者,亦以國之公禮詢衆庶習射,皆有定期故也,註説之誤見上篇。

其牲,狗也。亨于堂東北。尊綌冪,賓至徹之。蒲筵,緇布純。西序之席,北上。

註曰:“衆賓統于賓。”

敖氏曰:“經言衆賓長升就席者,三人耳,又曰‘衆賓之席繼而西’,是未必有‘西序之席,北上’者,此記未詳。”

張氏曰:“堂上,自正賓外,衆賓三人而已,今乃有西序東面之席,豈三人非定法歟?疏以爲大夫多,尊東不受,則於尊西,賓近於西,則三賓東面未知然否,要之爲地狹不容者,擬設耳。”

世佐案,此爲射于州序言之也。序之制狹于庠,賓席有定位,不可移而東,三賓之席四丈八尺,有非右一閒所能容者,于是又繼而南,所以有西序之席也,疏説非。大夫若多,亦當席于主人之北,西面北上,其不于尊西,于賓之正位也,必矣。

獻用爵,其他用觶。以爵拜者,不徒作。薦,脯用籩,五膱,祭半膱横于上,醢以豆,出自東房,膱長尺二寸。

註曰:“脯用籩,籩宜乾物也。醢以豆,豆宜濡物也。膱,猶脡也,爲記者異耳。祭横于上,殊之也,於人爲縮。膱廣狹未聞也。”

敖氏曰:“《曲禮》曰‘以脯脩置者,左朐右末’,是膱長尺二寸而中屈之也。《士虞記》‘有乾肉折俎’,亦曰‘朐在南’,此可以見其制矣。祭半臓,則不屈之。”

世佐案,云“東房”,言於序也。序無室,則無房,設饌之處,其在東側之室與?

俎由東壁,自西階升。賓俎:脊、脅、肩、肺。主人俎:脊、脅、臂、肺。肺皆離,皆右體也,進腠。

註曰:“賓俎用肩,主人用臂,尊賓也。右體,周所貴也。若有尊者,則俎其餘體也。”

敖氏曰:“不言大夫俎者,有無不定也。”

張氏曰:“註‘尊者’當作‘遵者’。經云‘大夫若有遵者’,此所指正大夫也。餘體,謂臑若膞、若胳也。”

凡舉爵,三作而不徒爵。凡奠者於左,將舉者於右。衆賓之長一人辭洗,如賓禮。若有諸公則如賓禮,大夫如介禮。無諸公則大夫如賓禮。

敖氏曰:“賓禮、介禮,亦謂其受獻時之儀耳。云‘有諸公則如賓禮,大夫如介禮’,其言略與《鄉飲酒》之經合似也。云‘無諸公則大夫如賓禮’,其言大與此經違,則非矣。此經所言遵者大夫之儀,正指無諸公者也,而其儀亦無以異於介,烏在其爲如賓禮乎?蓋大夫之禮宜降於賓,固不以諸公之有無而爲隆殺,又經惟屢見大夫禮,而略不及公,則無諸公明矣。記乃著有諸公之禮,皆似失之。”

張氏曰:“鄉射無介,此以飲酒禮中之賓、介明其差等也。”

世佐案,經不見如賓禮之儀,略也,猶賴此記之存得以考其隆殺之大凡,而敖氏反疑之,過矣,説見上。

樂作,大夫不入。樂正與立者齒。

敖氏曰:“但云‘與立者齒’,則獻薦與旅皆在其中矣,惟位則異。”

三笙一和而成聲。

註曰:“三人吹笙,一人吹和,凡四人也。《爾雅》曰:‘笙小者謂之和。’”

敖氏曰:“三人吹笙,而一人歌其所吹之詩以和之,而後笙之辭顯,且成聲也。此其在無算樂之時乎?笙之入也,以將射之,故不奏之。”

郝氏曰:"'三笙一和',謂三人吹笙,一人歌以和之也。鄭據《爾雅》笙小爲和,《爾雅》多後人附會,三大笙一小笙,于義何取,豈四笙并吹,無一歌者乎?"

世佐案,此當以註説爲正。《爾雅》曰:笙十九簧曰巢,十三簧曰和。傳曰:"大笙音聲衆而高也,小者音相和也。"《説文》曰:"笙,正月之音,物生,故謂笙。"列管匏中,施簧管端,宫管在中央三十六簧曰竽宫,管在左旁,十九簧至十三簧曰笙,其他皆相似也。陳氏《樂書》曰:"笙爲樂器,其形鳳翼,其聲鳳鳴,其長四尺。大者謂之巢,以衆管在匏,有鳳巢之象也。小者謂之和,以大者唱則小者和也。"以上諸説,皆此記之箋疏也,豈鄭公一人之私言哉。蓋聲者,宫、商、角、徵、羽也。笙之管應乎律,大小相調,五聲乃成,此吹笙之法,所謂律以平聲也。《國語》曰"匏竹利制",又曰"匏竹尚議",韋昭註曰:"利制,以聲音調利爲制,議從其調利也。"然則大小相調,匏竹之器類然,若竽、若簫、若籥、若管、若篪,皆有大小,豈以笙而獨無之,今其音雖不可考,其義猶可推而知也。宋李照作巢笙,合二十四聲以應律吕正倍之聲,作和笙應笙竽,合清濁之聲,識者稱其能復古制,若謂于義無取後人,何以能師其意而作,作而調乎?若夫敖説之誤,有不得不辯者。夫有志而后有詩,有詩而后有歌,於是五聲以依之,十二律以和之,然後被之八音而爲樂,此帝舜命夔之言,所以爲千古論樂之元本也。笙特八音之一耳,歌乃人聲也,謂笙以和歌,則可謂歌以和笙可乎哉,其誤一也。《記》曰:"歌者在上,匏竹在下,貴人聲也。"堂下安得有歌,其誤二也。況此篇無升歌、笙、閒,但有合樂,謂堂上歌瑟,堂下笙磬合奏二《南》六篇之詩也。堂上既有二人之歌,安得堂下又有一人歌乎,其誤三也。敖氏亦自知其説之不可通,而謂此在無算樂之時,則其辭遁矣,郝氏襲其謬,而反譏鄭失,豈公論乎。

獻工與笙,取爵于上篚。既獻,奠于下篚。其笙,則獻諸西階上。立者東面北上。

註曰:"賓黨。"

疏曰:此謂來觀禮者與堂下衆賓齒。

敖氏曰:"門内堂下之位同。"

世佐案,此謂堂下衆賓也,士之來觀禮者亦在焉,説見上篇。

司正既舉觶而薦諸其位。

註曰:"薦于觶南。"

三耦者,使弟子,司射前戒之。

註曰:"弟子,賓黨之少者也。前戒,謂先射請戒之。"

疏曰:"謂請射之前戒之。"

敖氏曰:"三耦射則在先,立則居前,乃以弟子爲之者,爲司射當誘射故也。誘射有教之之意,故以少者爲三耦而誘之,不使長者,嫌其待之淺也。惟前戒,故不待命而先俟于堂西。"

司射之弓矢與扑,倚于西階之西。

註曰:"便其事也。"

司射既袒、決、遂而升,司馬階前命張侯,遂命倚旌。

註曰:"著並行也。"

敖氏曰:"經言司馬命張侯及倚旌,乃在司射比三耦之後,記言此,以明其在司射升,請射于賓之時,非若經文之次也。然經文所以如彼者,欲終上事,乃言下事故爾。"

世佐案,階前,西階前也。觶南,位在中庭,敖云"階前即觶南之處",非。

凡侯,天子熊侯,白質;諸侯麋侯,赤質;大夫布侯,畫以虎豹;士布侯,畫以鹿豕。

註曰:"此所謂獸侯也,燕射則張之。鄉射及賓射當張采侯二正而記此者,天子、諸侯之燕射,各以其鄉射之禮而張此侯,則經獸侯是也,由是云焉。白質、赤質,皆謂采其地。其地不采者,白布也。熊、麋、虎、豹、鹿、豕,皆正面畫其頭,象於正鵠之處耳。君畫一,臣畫二,陽奇陰耦之數也。燕射,射熊、虎、豹,不忘上下相犯,射麋、鹿、豕,志在君臣相養。其畫之,皆毛物之。"

凡畫者,丹質。

註曰:"賓射之侯、燕射之侯,皆畫雲氣於側以爲飾。必先以丹采其地,丹淺于赤。"

朱子曰:"《周禮·梓人》有皮侯、采侯、獸侯,其曰'張皮侯而棲鵠'

者，天子大射三侯，用虎、熊、豹皮飾侯之側，而畫以五采之雲氣，號曰皮侯，而又各以其皮爲鵠，綴之中央，似鳥之棲，故謂之棲鵠。其曰'五采之侯'者，賓射之侯也。正之方外如鵠，亦三分其侯而居一，中二尺畫朱，其外次白、次蒼、次黄、次黑，充其尺寸，使大如鵠，而亦畫其側爲五采云氣。三正之侯則去黑、黄，二正之侯則去青、白，直以朱、緑也，《射(儀)〔義〕》[①]註所謂'畫布曰正，棲皮曰鵠'是也。其曰獸侯，則燕射之侯，此記所謂'天子熊侯，白質；諸侯麋侯，赤質；大夫布侯，畫以虎豹；士布侯，畫以鹿豕'者是也，蓋皆用布，而皆畫獸頭於正鵠之處，故名獸侯，且天子、諸侯則以白土、赤土塗其布以爲質，大夫、士則用布而不塗其側，所畫云氣采色之數則亦如采侯之差等也。但天子只云熊侯者，此禮褻，天子以下唯有五十步侯而已，無尊卑之别也。又案鄭註不忘上下相犯，疏解忘爲苟，然則乃妄字也，以文勢考之，似皆未安，或恐射此野獸，止是取其服猛除害之義，未必如鄭説也。"

敖氏曰："此謂獸侯也，其於大夫、士則爲鄉射，天子、諸侯則爲燕射也。《燕禮》曰：'若射，則如鄉射之禮。'《梓人職》曰：'張獸侯，則王以息燕。'是天子、諸侯雖無鄉射，其燕射則皆用鄉射之禮而張此侯，故記之於此。云'熊侯'、'麋侯'者，皆以其獸皮之全者二，夾置於其質之旁也。凡皮侯之制亦然，惟不質而鵠爲異爾。大夫、士之鄉射，於布侯之上但畫此四獸爲飾，不以皮也。此云'布'，見熊、麋二侯，其體亦布也。此云'畫'，見熊、麋二侯之非畫也。質，亦的名，《荀子》曰'質的具而弓矢至'是也。《圉師職》曰：'射則共椹質。'《考工記》曰：'利射革與質。'則質者以木爲之，而其方如鵠與？白、赤、丹者，質上所塗之色，各因其所宜以爲飾，且相别異也。凡畫者丹質，謂畫虎、豹、鹿、豕之侯皆以丹質，言其質同也。大射之禮，王則虎侯、熊侯、豹侯，諸侯則熊侯、豹侯、豻侯，卿大夫則麋侯，士則豻侯，此天子用其三侯之次，諸侯又用卿、大夫之侯，大夫、士又但畫而已，皆辟其大射也。一侯而畫獸二者，亦宜夾其質也。不畫一獸者，變於用皮者也。不以熊與麋爲畫者，雖不用皮，猶不與君燕射之侯同物，所以遠下之也。下記云'禮射不主皮'，此皮謂革也。《周官》及《考工

---

① "義"原作"儀"，校本同。《通解》作"義"，且下引"畫布曰正，棲皮曰鵠"爲《禮記·射義》文，應據改。

記》言射者，皆以質與革並言，是其堅類也。禮射不主皮，爲力不同科，此射亦禮射也，乃用質者，以其近，故與侯近，則質雖堅而易貫，故與主皮之義異。"

郝氏曰："熊侯、麋侯，侯以熊、麋皮爲鵠，外仍布質正也。侯中曰鵠，鵠心曰正。虎、豹、鹿、豕則純用布，但畫其形耳，其正色皆丹。○案《周禮・司裘》云，王射虎侯、熊侯、豹侯，諸侯熊侯、豹侯，卿、大夫麋侯，《射人職》云士豻侯，皆與此異，或云彼大射，此鄉射，然不應大夫、士鄉射用天子物也。鄭謂虎、豹、鹿、豕一侯畫二物，臣數用偶，鑿説也。畫虎則無豹，畫鹿則無豕。"

張氏曰："侯制有三，大射之侯用皮，王三等，虎、熊、豹，諸侯二等，熊、豹，卿、大夫用麋，所謂'棲皮曰鵠'，《梓人》云'張皮侯而棲鵠，則春以功'是也。賓射之侯用布，畫以爲正。王五正，中朱，次白，次蒼，次黄而黑在外[①]。諸侯三正，損黑、黄。大夫、士二正，去白、蒼，畫朱、緑，所謂'畫布曰正'，《梓人》云'張五采之侯則遠國屬'是也。燕射之侯，畫獸以象正鵠，此記所言是也，《梓人》亦云'張獸侯以息燕'也。此鄉射當張采侯二正，而記燕射之侯者，以燕射亦用此鄉射之禮，但張侯爲異耳。疏云：'案《梓人》云"參分其廣而鵠居一焉"，據大射之侯。若賓射之侯，則三分其侯，正居一焉。若燕射之侯，則獸居一焉，故云象其正鵠之處。'"

姜氏曰：註説有合有離，所稱此謂獸侯，本《考工記・梓人職》之文，所稱王侯之燕射各以其鄉射之禮而張此侯，本此經《燕禮》之文，凡此皆於義合。而所稱鄉射及賓射當張采侯二正，則背《周禮・射人職》、《司裘職》之文，又稱賓射、燕射之侯皆畫雲氣於側，而先以丹采其地，則更背本記之文，凡此皆于義離也。案《周禮》王有大射、燕射之二禮，而其大射、燕射各有王射、賓射之二節，註初未審其義，謬以大射、燕射之禮與賓射分爲三，而又臆分三侯以附之，則汰甚矣。考《射人職》所謂三侯、二侯、一侯者，言射侯，而其謂五正、三正、二正者，言樂節也。"正"讀去聲，樂先歌以聽，後歌以射，而以聽爲正也。《司裘職》所謂虎、熊、豹者，即王以六耦射三侯；熊、豹者，即諸侯以四耦射二侯；麋者，即卿大夫以三耦射一侯也。二職之符合如此，如之何以五正、三正、二正爲五采、三采、二采之

---

① "黑"，校本同。《句讀》作"玄"，下"損黑黄"同。

侯，而因以當王三侯、諸侯二侯、卿大夫一侯之數也。且《考工記》所謂“張皮侯而棲鵠”者，固即司裘所掌之各侯，諸侯獻功，王與之大射，而射人治其法儀者也。五采之侯，自是柔遠人之義，而獸侯，則王以之息燕，制起于上，而用達于下，故註本此而言，又如之何以柔遠人、懷諸侯二禮混而爲一，而率以五正、三正、二正者當之也。據本記，白質爲天子之熊侯，赤質爲諸侯之麋侯，則丹質當屬大夫、士虎、豹、鹿、豕之侯，而註又以爲凡畫賓射、燕射之侯，皆先以丹采其地，是更何説耶。夫經云“凡”者，凡大夫與士，非并凡王侯也，亦明矣。文義之顯然者尚率爲之詞，又何怪其以五正、三正、二正之節率訓爲五采、三采、二采之侯，以滋之誤乎？

世佐案，三侯之論，人各不同，讀者苦其難曉，今備採經傳及衆説于左，以便覽云。

《周禮·司裘職》曰：“王大射，則共虎侯、熊侯、豹侯，設其鵠，諸侯則共熊侯、豹侯，卿大夫則共麋侯，皆設其鵠。”○註：“大射者，爲祭祀射。王將有郊廟之事，以射擇諸侯及羣臣與邦國所貢之士可以與祭者，射者可以觀德行其容體比於禮，其節比於樂，而中多者得與於祭。諸侯，謂三公及王子弟封於畿内者。卿大夫亦皆有采地焉，其將祀其先祖，亦與羣臣射以擇之。凡大射，各于其射宫。侯者，其所射也，以虎、熊、豹、麋之皮飾其側，又方制之以爲䡅，諸允反[①]，本亦作準。謂之鵠，著于侯中，所謂皮侯。王之大射虎侯，王所自射也。熊侯，諸侯所射。豹侯，卿大夫以下所射。諸侯之大射熊侯，諸侯所自射豹侯，羣臣所射、卿大夫之大射麋侯，君臣共射焉。凡此侯道，虎九十弓，熊七十弓，豹、麋五十弓。列國之諸侯大射，大侯亦九十，糝七十，豻五十，遠尊得伸，可同耳。所射正謂之侯者，天子中之則能服諸侯，諸侯以下中之則得爲諸侯。鄭司農云：‘鵠，鵠毛也。方十尺曰侯，四尺曰鵠，二尺曰正，四寸曰質。’康成謂，侯中之大小取數于侯道，《鄉射記》曰‘弓二寸，以爲侯中’，則九十弓者，侯中廣丈八尺，七十弓者，侯中廣丈四尺，五十弓者，侯中廣一丈，尊卑異等，此數明矣。《考工記》曰：‘梓人爲侯，廣與崇方，參分其廣而鵠居一焉。’然則侯中丈八尺者，鵠方六尺，侯中丈四尺者，鵠方四尺六寸大半寸，侯中一丈者，鵠方三尺三寸少半寸。謂之鵠者，取名于鳱鵠。鳱鵠，小鳥而難

① “允”原作“充”，校本作“允”，既讀同“準”，反切下字應作“允”，據改。

中，是以中之爲儁，亦取鵠之言較。較者，直也，射所以直己志，用虎、熊、豹、麋之皮示服猛，討迷惑者。射者大禮，故取義衆也。士不大射，士無臣，祭無所擇。”○説陳氏傅良曰：“王大射張三侯，乃是養人，主不争之德，以萬乘之尊下與諸侯羣臣射，射有中否，則有勝負，使人主有争勝負之意則不可，故特設三侯于侯道九十弓之地，一侯高一侯，其侯又廣，其弓又良，又有相助之者，則易爲中，雖以優至尊，乃是養其不争之德，諸侯二侯亦此意。”

《射人職》曰：“王以六耦射三侯，三獲，三容，樂以《騶虞》，九節五正。諸侯以四耦射二侯，二獲，二容，樂以《貍首》，七節三正。孤卿、大夫以三耦射一侯，一獲，一容，樂以《采蘋》，五節二正。士以三耦射豻侯，一獲，一容，樂以《采蘩》，五節二正。”○註：“鄭司農云：‘三侯，虎、熊、豹也。容者，乏也，待獲者所蔽也。九節，析羽九重，設於長杠也。正，所射也。《詩》云：“終日射侯，不出正兮。”二侯，熊、豹也。豻侯，豻者，獸名也。獸有貙、豻、熊、虎。’康成謂三侯者，五正、三正、二正之侯也；二侯者，三正、二正之侯也；一侯者，二正而已，此皆與賓射于朝之禮也。《考工·梓人職》曰：‘張五采之侯則遠國屬。’遠國，謂諸侯來朝者也。五采之侯，即五正之侯也。正之言正也，射者内志正則能中焉。畫五正之侯，中朱，次白，次蒼，次黄，玄居外，三正損玄、黄，二正去白、蒼而畫以朱、緑。其外之廣皆居侯中參分之一，中二尺，今儒家云，四尺曰正，二尺曰鵠，鵠乃用皮，其大如正，此説失之矣。《大射禮》豻作干，讀如‘宜豻宜獄’之‘豻’。豻，胡犬也，士與士射，則以豻皮飾侯，下大夫也。大夫以上與賓射，飾侯以雲氣，用采各如其正。九節、七節、五節者，奏樂以爲射節之差。言節者，容侯道之數也。《樂記》曰：‘明乎其節之志，不失其事，則功成而德行立。’”疏曰：“此《射義》文，云‘樂記’者，誤也。”○説鄭氏鍔曰：“大射之侯用皮飾其側，則以皮爲鵠；賓射之侯用皮飾其側，則以五采爲正，此所以不同。”○王氏《詳説》曰：“荆公以《司裘》之虎侯、熊侯、豹侯即《射人》之三侯，《司裘》之熊侯、豹侯即《射人》之二侯，《司裘》之麋侯即《射人》之一侯。陸農師謂：‘王射三侯，於侯内以五采畫正；諸侯二侯，以三采畫正；卿、大夫一侯，以二采畫正。’其説皆失之。《司裘》所言者，大射也。《射人》所言者，賓射也。《梓人》曰‘張皮侯而棲鵠’，則大射之侯也，又曰‘張五采之侯’，則賓射之侯也，又曰‘張獸侯’，則燕射之侯也。《司裘》言侯而及鵠，《射人》言侯而及正。《射人》所謂三侯，當如康成謂五正、三正、二正之侯也。諸侯二侯，即三正、二正之侯也。卿、大夫一侯，則二正而已。若以《司裘》之熊侯、豹侯而降殺之，則《梓人》所謂皮侯與五采之侯何别乎？若謂天子之侯皆五正，則是天子與諸侯、卿、大夫射而同其侯矣，臣下與天子角勝負可乎？當從康成之説，謂異其侯，蓋上得以兼下，下不得以僭上也。”

“若王大射，則以貍步張三侯。”〇註：“鄭司農云：‘貍步，謂一舉足爲一步，於今爲半步。’康成謂，貍，善搏者也。行則止而擬度焉，其發必獲，是以量侯道法之也。侯道者，各以弓爲度。九節者，九十弓。七節者，七十弓。五節者，五十弓。弓之下制，長六尺。《大射禮》曰‘大侯九十，参七十，豻五十’是也。三侯者，司裘所共虎侯、熊侯、豹侯也。列國之君大射亦張三侯，數與天子同。大侯，熊侯也。参讀爲糝，糝，雜也。雜者，豹鵠而麋飾，下天子大夫。”

《考工記》曰：“梓人爲侯，廣與崇方，参分其廣而鵠居一焉。”〇註：“崇，高也。方，猶等也。高廣等者，謂侯中也。天子射禮，以九爲節。侯道九十弓，弓二寸以爲侯中，高廣等。則天子侯中丈八尺，諸侯於其國亦然。鵠，所射也，以皮爲之，各如其侯也，居侯中参分之一，則此鵠方六尺。惟大射以皮飾侯，大射者，將祭之射也。其餘有賓射、燕射。”

“上兩个，與其身三；下兩个，半之。”〇註：“鄭司農云：‘兩个，謂布可以維持侯者也。上方兩枚，與身三。設身廣一丈，兩个各一丈，凡爲三丈。下兩个，半之，傅地，故短也。’康成謂，个讀若‘齊人搚幹’之‘幹’。上个、下个皆謂舌也。身，躬也。《鄉射禮記》曰：‘倍中以爲躬，倍躬以爲左、右舌，下舌半上舌。’然則九節之侯，身三丈六尺，上个七丈二尺，下个五丈四尺，其制，身夾中，个夾身，在上下各一幅。此侯凡用布三十六丈，言上个與其身三者，明身居一分，上个倍之耳，亦爲下个半上个出也。个或謂之舌者，取其出而左右也。侯制上廣下狹，蓋取象于人也。張臂八尺，張足六尺，是取象率焉。”

“上綱與下綱出舌尋，縜寸焉。”〇註：“綱，所以繫侯於植者也。上下皆出舌一尋者，亦人張手之節也。鄭司農云：‘綱，連侯繩也。縜，籠綱者。縜讀爲竹中皮之縜。舌，維持侯者。’”

“張皮侯而棲鵠，則春以功。”〇註：“皮侯，以皮所飾之侯。《司裘職》

曰'王大射,則共虎侯、熊侯、豹侯,設其鵠',謂此侯也。春,讀爲蠢蠢作也,出也。天子將祭,必與諸侯羣臣射以作其容體,出其合於禮樂者,與之事鬼神焉。"○説林氏希逸曰:"春,鄭以爲蠢,看來只是春時用也。"

"張五采之侯,則遠國屬。"○註:"五采之侯,謂以五采畫正之侯也。《射人職》曰'以射法治射儀,王以六耦射三侯,三獲,三容,樂以《騶虞》九節五正',下曰'若王大射,則以貍步張三侯',明此五正之侯非大射之侯明矣。其職又曰'諸侯在朝,則皆北面',遠國屬者,若諸侯朝會,王張此侯與之射,所謂賓射也。正之方外如鵠,内二尺。五采者,内朱,白次之,蒼次之,黄次之,黑次之。其侯之飾,又以五采畫雲氣焉。"○説鄭氏鍔曰:"五采之侯,即《射人》所謂五正之侯也。虎侯五正,熊侯三正,豹侯二正。"

"張獸侯,則王以息燕。"○註:"獸侯,畫獸之侯也。《鄉射記》曰'凡布侯,天子熊侯白質,諸侯麋侯赤質,大夫布侯畫以虎豹,士布侯畫以鹿豕,凡畫者丹質',是獸侯之差也。息者,休農息老物也。燕,謂勞使臣若與羣臣飲酒而射。"○説陳氏用之曰:"此三侯者,皆王所射也。皮侯則飾之以皮,采侯則飾之以采,獸侯則無飾也,爲熊虎豹而已。《射人》'以射法治射儀,王以六耦射三侯','九節五正',此總言王所射者也,其所謂三侯,即熊、虎、豹是也,其所謂五正,即五采是也。或爲熊、虎、豹之形而不采,或爲而采之又飾之以熊、虎、豹之皮焉,則所用之異也。皮侯則司裘所共者是也,《司裘》言王大射共熊、虎、豹之侯,則大射之侯所飾之皮可知矣,所以知采侯爲熊、虎、豹之形而飾之以采,以《射人》見之也。所以知獸侯爲熊、虎、豹之形者,蓋以王之所射在此三者故也。先儒不此之思,引《鄉射記》以爲獸侯之制,夫《鄉射》所記已無所攷據,況彼所記鄉射,而引之以證燕,可乎?大射張皮侯,其義則以功爲主,賓射張采侯,其義則以禮爲主,燕射張獸侯,其義則以質爲主,示其情故也。"

孔氏曰:凡天子、諸侯及卿、大夫禮射有三:一爲大射,是將祭擇士之射;二爲賓射,諸侯來朝天子而與之射也,或諸侯相朝而與之射也;三爲燕射,謂息燕而與之射。天子、諸侯、大夫三射皆具,士無大射,故《司裘職》云大射惟明王及諸侯、卿、大夫,不及于士,其賓射、燕射士皆有之,故《射人》云士射豻侯二,正是士有賓射也。又《鄉射記》云"士布侯,畫以鹿豕",是士有燕射矣。其侯,天子大射,則張虎侯、熊侯、豹侯;畿内諸侯大射，則張熊侯、豹侯；若畿外諸侯大射，亦張三侯：一曰大侯，二曰糝侯，三曰豻侯；若畿内卿、大夫射，麋侯；其畿外卿大夫射侯無文，於諸侯既得三侯，其卿、大夫蓋降君一等，則糝侯、豻侯也。大射之侯皆有鵠，鵠則三分侯中而居其一。其賓射之侯謂之正，天子賓射，用五正、三正、二正之侯，諸侯用三正、二正之侯，卿、大夫用二正之侯，士亦用二正之侯，又飾以豻。畿外諸侯以下賓射，其侯無文，若天子以下燕射，則尊卑皆用一侯。其射宫所在，天子大射在廟，故《司服》云“享先公、饗射則鷩冕”，《司几筵》云“大朝覲、大饗射，依前南鄉”是也。其服鷩冕，賓射則在朝，故《射人》云“諸侯在朝則皆北面”是也，其服皮弁服矣。燕射則在寢，其服則玄冕，緇衣，素裳也。諸侯大射在郊學，其服無文，或云皮弁以射在學宫，《學記》云“皮弁祭菜”故也。其賓射若在國，則亦在朝，與天子同，若在國外相會，則在竟，其服亦皮弁服，以《聘禮》君受聘皮弁故也。其卿、大夫以下，射之所在及所服之衣無明文。此三射之外又有鄉射，其侯並同賓射之法，故鄭註云鄉侯二正。又有主皮之射，凡主皮之射有二：一是卿、大夫從君田獵，班餘獲而射，《書傳》云“凡祭取餘獲陳於澤，然後卿、大夫相與射也”，鄭註《鄉射》云“主皮者無侯，張獸皮而射之，主於獲也”；二是庶人亦主皮之射，故鄭註《周禮》云庶人無侯，張皮而射之是也。又有習武之射，故《司弓矢》云“弧弓以授射，甲革椹質者”是也。節録《射義》疏。

《圖説》曰：“大射射鵠，賓射射正，鄉射射質，而燕射則因鄉射之侯。蓋諸侯之射必先行燕禮，大夫之射必先行鄉飲酒之禮，故射侯相因。鄭氏註《儀禮》以燕張獸侯，鄉射當張采侯，誤矣。”

陳氏祥道曰：“大射在廟，則賓射在朝可知。賓射在朝，則燕射在寢，鄉射、州射在序可亦知也。”

鄭氏鍔曰：“或謂大射名曰鵠，賓射名曰正，何耶？蓋大射擇士，故取於鵠。鵠之言直也，所以直己之志，人君中之，可以爲君鵠，人父中之，可以爲父鵠，以直其志爲義。若夫賓射取於尚文德，以懷賓客，故以五采爲之，所尚者文而已。”

〇又曰：“或謂《司裘》言天子、諸侯、卿、大夫之侯而不及士，《射人》乃有射豻侯之法，何也？蓋《司裘》所言者，大射也，《射人》所言者，賓射也，士無大射而有賓射，故于正特言豻侯，以有賓射而言，其侯則用二采以爲正，與孤卿、大夫同，侯不同而正與節皆同，蓋士之位去卿、大夫爲不遠，其禮可以與之同。”

王氏《詳説》曰：“鄭司農謂：‘方十尺曰侯，四尺曰鵠，二尺曰正，四寸曰質。’孔叢子謂：‘張布謂之侯，侯中謂之鵠，鵠中謂之正，正方二尺，正中謂之槷，槷方六寸。’夫大射之禮重于賓射，賓射之禮重于燕射。若從司農、孔叢子之説，鵠中有正，正中有槷，則是賓射、燕射重于大射矣。康成謂大射之侯用鵠，賓射之侯用正，燕射之侯用質。以《梓人》考之，康成之説爲長。”所引《孔叢子》今見《小爾雅》。

世佐案，射有三等，侯亦異制，皆梓人爲之，故其職文備焉。司裘所共大射之侯也，即所謂“張皮侯而棲鵠，則春以功”者也。射人所治，賓射之侯也，即所謂“張五采之侯，則遠國屬”者也。《鄉射》所記，燕射之侯也，即所謂“張獸侯，則王以息燕”者也。《記》曰：“古者諸侯之射也，必先行燕禮。卿、大夫、士之射也，必先行鄉飲酒之禮。”《燕禮》曰：若射，則如鄉(飲酒)〔射〕之禮[①]。蓋諸侯以上無鄉射，其燕射之侯，則自鄉射等而上之也。大夫以下無燕射，其鄉射之侯則自燕射等而下之也，故獸侯之名通乎上下，而《鄉射》之記兼及王侯，皆以此耳。先儒不此之思，遂謂此篇所記等侯皆爲燕射而設，又以鄉射重于燕，當與賓射同，張采侯二正，皆非也。凡侯中棲之以皮曰鵠，《司裘》所云“設其鵠”是也。畫之以采曰正，《射人》所云“五正”、“三正”、“二正”是也。塗之以土曰質，此記所云“白質”、“赤質”、“丹質”是也。各隨其所宜而命之，其實皆射之的而已。《梓人》云“參分其廣而鵠居一焉”，則鵠又侯中之揔名也。鄭解此質爲質地之質，亦非。凡侯，皆以布爲之，而飾之以皮。此于鄉射之侯獨曰布者，明其不以皮飾也。於鄉射之侯曰布，則熊、麋二侯之非純布可知矣。於鄉射之侯曰畫，則熊、麋二侯之非畫可知矣。又云“凡畫者丹質”，則白質、赤質者之非畫益可知矣。凡者，凡大夫、士也。此言顯爲鄉射之侯而發，鄭乃以賓射、燕射之侯皆畫云氣于側釋之，則誤甚矣，其爲後儒所詆訾也宜哉。或謂凡侯皆以布爲之而飾之以皮，則三射之侯何别乎？曰，别之以其侯中而已，皮侯以鵠，采侯以正，獸侯以質。或又謂燕射之侯既不畫，何以謂之獸也？曰若以其所飾而謂之皮，則無以别于大射也，且其

---

① “如鄉飲酒之禮”，校本同。《燕禮》曰：“若射，則大射正爲司射，如鄉射之禮。”疑此“鄉飲酒”爲“鄉射”之誤，應據改。

中未嘗棲皮也；以其所塗而謂之采，則無以别于賓射也，且其中未嘗盡采也[①]。燕侯雖不畫，而熊、麋之屬皆獸名，故以其名命之，且大夫、士之畫者則固有獸象焉，又以見此名之通乎下也。皮侯、采侯取義于中，獸侯取義于側，亦相變也。然則天子何以張熊侯也？曰熊侯，諸侯所射也。天子與其臣燕而張其臣之侯，降尊以就卑也，諸侯麋侯亦此意。先王之制侯也，於大射、賓射則異之，不異無以嚴君臣之分也；於燕則同之，不同無以通上下之情也。或謂大夫之侯畫以虎豹，不幾與天子之大射侯同乎？曰大夫、士去天子遠，則無嫌于僭，予于其奏《騶虞》已言之，況彼以其皮設于中，此以其象畫于側，君奇臣耦，惡乎同？或謂天子、諸侯無鄉射，則既聞命矣，先儒皆謂大夫、士有燕射，而子獨曰無之，亦有説乎？曰，燕禮之殺也，天子之大射、賓射皆三侯，諸侯之大射、賓射或三侯或二侯，今皆殺而爲一侯矣，大夫、士止一侯，更何所殺乎，故其與客燕飲、講論才藝之禮，投壺而已。《投壺》記魯鼓薛鼓之節，而曰"取半以下爲投壺禮，盡用之爲射禮"，則投壺亦射之類，而殺于射者也。所謂射禮，即鄉射、賓射也，鄭指爲燕射，以其誤解此記而傅會之耳。今欲正千古之訛，而未免援誤以證誤，將何時而有定論耶？且夫鄉射重于燕，若謂大夫、士之鄉射與其燕射同侯，則失其輕重之倫矣。若謂此記自爲燕射，而鄉射别有所謂采侯二正者，則記者不應舍其當用之鄉侯不記，而反及燕侯，詳略失宜乃爾。又下記云"唯君有射于國中，其餘否"，亦一證也。以是數者互相參較，則大夫、士之無燕射，非愚一人之臆説也。或又謂諸儒之説，人各不同[②]，其是非可得而論與？曰，采侯之解，剛中鄭氏鍔字先得。獸侯之制，敖説差長。《射人》之三侯爲虎、熊、豹，二侯爲熊、豹，一侯爲麋，則先鄭之傳宜從也。大射射鵠，賓射射正，鄉射射質，則《圖説》之言可采也。他如孔疏長于考據，而其失在信註之過深，姜論好爲新奇，而其失在攻註之太甚。陳氏用之、郝氏敬疑註而并及于記，王氏詳説護註而實背乎經，或以大射達乎下士，或以采侯用之外蕃，此皆一偏之見，幾等無稽之言，集衆説之長而務棄其短，研遺經之志而不害于辭，是在讀者分别觀之也。或又謂後鄭以《射人》之三侯爲五正、三正、二正之侯，而子不從，何耶？曰，

① "盡"校本作"畫"。
② "人"字校本無。

《射人》云“王以六耦射三侯”，又云“若王大射，則以貍步，張三侯”，兩言“三侯”，當屬一解，康成强爲分别，徒以大射、賓射二禮不可同侯故耳，不知大射、賓射所異者在其侯中之以皮、以采，而不在其旁之所飾也。今以士之豻侯二正推之，則王之三侯爲虎、熊、豹而畫以五正、三正、二正；諸侯之二侯爲熊、豹，而畫以三正、二正；大夫之一侯爲麋，而畫以二正，皆可見矣。《司裘》以士無大射，故其所共之侯但有王侯，大夫而不及士，《射人》于《司裘》所已見者略之，而于其所未見者詳之，蓋互相備也。或又謂《射人》之五正、三正、二正，先儒有訓爲樂節者矣，子何以知其必非耶？曰，敖氏見此文在樂節之下，遂附會其説。愚既前辨之矣，姜氏又祖其説而小變之，果如所言，則賓射之侯真與大射無别[①]，而《梓人》所謂“五采之侯”究用之何等之射乎？故當以康成爲長也。愚既備列衆説而僭評之，又繫之以圖，先陳鄭義，次伸己説，俾覽者易曉云。

鄭説禮射侯圖

大射皮侯	賓射采侯	鄉射采侯	燕射獸侯
天子三侯 虎侯（王所自射） 熊侯（諸侯所射） 豹侯（卿、大夫以下所射，以虎、熊、豹皮飾侯之側，又方制以爲鵠，著于侯中。）	天子三侯 五正侯（畫五采） 三正侯（畫三采） 二正侯（畫二采） （五正之侯中二尺，畫朱，次白，次蒼，次黄，黑居外。三正損黑、黄。二正去白、蒼，畫以朱、緑，皆充其尺寸，使大如鵠，又飾其側以雲氣，用采各如其正。凡畫雲氣者必先以丹采其地。）	天子無	天子一侯 熊侯白質 （以白采其地，正面畫熊頭，象其正鵠之處，侯側畫雲氣，先以丹采其地。）
畿内諸侯二侯 熊侯（諸侯所自射） 豹侯（羣臣所射） （其制與天子之熊侯、豹侯同） 畿外諸侯三侯 大侯（即熊侯） 糝侯（豹鵠而麋飾） 豻侯（豻鵠豻飾）	諸侯二侯 三正侯 二正侯 （制見前）	諸侯無	諸侯一侯 麋侯赤質 （以赤采其地，正面畫麋頭，象其正鵠之處，餘同前。）

① “真”字校本作“直”。

續表

大射皮侯	賓射采侯	鄉射采侯	燕射獸侯
畿内卿、大夫一侯 麋侯(君臣共射) (以麋皮飾侯,又以爲鵠) 畿外卿、大夫二侯 糝侯 豻侯 (其制同畿外諸侯)	卿、大夫一侯 二正侯 (制見前)	大夫一侯 二正侯 (制同賓射)	大夫一侯 布侯畫地以虎、豹 (其地不采,正面畫虎、豹二頭,象其正鵠之處,侯側亦飾以雲氣。)
士無	士一侯 豻侯(畫朱、緑二采,又以豻皮飾其側。)	士一侯 二正侯 (制與其賓射同。)	士一侯 (布侯畫以鹿、豕,其地不采,正面畫鹿、豕二頭,向其正鵠之處,餘同前。)

今考定射禮侯制

射皮侯	賓射采侯	燕射、鄉射獸侯
天子三侯 虎侯 熊侯 豹侯 (凡侯皆以布爲之,此三侯各以其皮飾侯之側,而其中又棲皮以爲鵠,鵠居侯中三分之一。)	天子三侯 虎侯(五正) 熊侯(三正) 豹侯(二正) (此三侯亦各以其皮飾侯之側,其中不棲皮而以采畫其處,謂之正,正之大小如鵠,王所自射三采,卿大夫以下所射二采。)	天子燕射一侯 熊侯(白質) (此以熊皮飾侯之側,其中亦不棲皮而以白土塗其處,謂之質,質之大小亦如鵠。)
畿内諸侯二侯 熊侯 豹侯 (制同前) 畿外諸侯三侯 大侯 參侯 干侯	諸侯二侯 熊侯(三正) 豹侯(二正) (制見前)	諸侯燕射一侯 麋侯(赤質) (此以麋皮飾侯之側,而其質以赤土塗之。)
畿内卿大夫一侯 麋侯 畿外卿大夫二侯 參侯 干侯	卿大夫一侯 麋侯 (此以麋皮飾侯之側,而以二采畫其正。)	大夫鄉射一侯 虎豹侯(布丹質) (不以皮飾,但畫虎、豹二象于侯側,而以丹塗其質。)
士無 以上並如鄭説	士一侯 豻侯 (此以豻皮飾侯之側,而以二采畫其正。)	士鄉射一侯 鹿豕侯(布丹質) (亦不以皮飾,但畫鹿、豕二象于侯側,而以丹塗其質。)

射自楹閒，物長如笴，其閒容弓，距隨長武。

註曰："自楹閒者，謂射於序也。楹閒，中央東西之節也。物，謂射時所立處也。謂之物者，物猶事也，君子所有事也。長如笴者，謂從畫之長短也。笴，矢幹也，長三尺，與跬相應，射者進退之節也。閒容弓者，上下射相去六尺也。距隨者，物橫畫也。始前足至東頭爲距，後足來合而南面爲隨。武，跡也，尺二寸。"

敖氏曰："其閒容弓，爲從畫言也。横畫之距隨長武，則上下射之相去不及五尺矣。射者南面，還視侯中之後，先以左足履物之東端，乃以右足履其西端而合之，故名東端爲距，西端爲隨，取其左足至則右足從之也。距，至也。隨，猶從也。"

郝氏曰："物長如笴，與人步一跬相應。三尺爲跬，六尺爲步。從長半步不言横，同也。其閒，謂兩物相去，中閒可容弓。六尺曰弓，即一步也。兩人麗立，中空一步，以便射也。左足先履物，拒其外曰距，右足來合曰隨，足跡曰武，武長尺有奇，兩足收斂迫狹，方可容一武也。"

張氏曰："榭鈎楹内，堂由楹外，雖不同，皆以楹中央爲東西之節。註云'謂射於庠'，恐未是。"

世佐案，"射自楹閒"，張説得之。"物長如笴"，謂其從畫也，郝説非。"其閒容弓"，謂兩物相去也，敖説非。"距隨長武"，謂其横畫也，名横畫曰距隨者，蓋先以左足距從畫之南端，而後以右足隨之，履其横畫，顧名思義，益可以悟射者之立法矣。舊説之誤，辨見上。

序則物當棟，堂則物當楣。

註曰："是制五架之屋也。正中曰棟，次曰楣，前曰庪。"

敖氏曰："當棟，當楣，其以庭之深淺而異與？堂之庭深於序，故進退其物以合侯道之數。此侯道五十弓。"

張氏曰："序無室，堂有室，故物深淺異，設此物南北之節也。"

世佐案，此當以張説爲正。

命負侯者，由其位。

註曰："於賤者禮略。"

疏曰："司馬自在己位遥命之。"

敖氏曰："位觶南也。此與前二命皆不離其位者，以射事未至，略之，由便也。”

世佐案，此謂司馬命獲者執旌以負侯之時也。位，司射之南也。此時司馬位已不在觶南矣，敖説非。

凡適堂西，皆出入于司馬之南。唯賓與大夫降階，遂西取弓矢。

註曰：“尊者宜逸，由便也。”

敖氏曰：“凡，凡司射、司馬、三耦、衆耦也。必出入於此者，近於其位也。此於司射、司馬之位爲南，於耦之射位爲北，故以之爲節。云賓無射位，大夫不立於射位，故取弓矢於堂西，不由之，大夫卒射而退，乃由此者，統於上射，非正禮也。”

郝氏曰：“凡司射、三耦、衆耦往來堂西，皆由司馬之南而西，惟賓與大夫取弓矢于堂西，下階即折而西，不由司馬之南，尊者可直遂，不出卑者之下也。賓、大夫非取弓矢不往堂西，故申明之。”

世佐案，凡適堂西，皆出入于司馬之南，蓋威儀之法，有不得由便者，唯賓與大夫則否，優尊也。敖氏近于其位之説失之。

旌，各以其物。

註曰：“旌，總名也。雜帛爲物，大夫、士之所建也。言各者，鄉射或於庠，或於榭。”

疏曰：《周禮·司常》云，九旗“通帛爲旃，雜帛爲物”，“全羽爲旞，析羽爲旌”，各别，今名物爲旌者，散文通，故云“旌，總名也”。通帛者，通體並是絳帛。雜帛者，中絳，緣邊白也。大夫、士同建物，而云“各”者，大夫五仞，士三仞，不同也。從張氏《句讀》節本。

敖氏曰：“記據士之爲主人者言也。士之物云‘各’，則是三等之士，其物亦有不同者矣。《士喪禮》曰‘爲銘，各以其物’，亦此意也。”

張氏曰：“旌，射時獲者所執，各用平時所建，故云‘各以其物’也。”

世佐案，敖説非記意也。

無物則以白羽與朱羽糅，杠長三仞，以鴻脰韜上，二尋。

註曰：“無物者，謂小國之州長也。其鄉大夫一命，其州長士不命，不命者無物。此翿旌也，翿亦所以進退衆者。糅者，雜也。杠，橦也。七尺曰仞。鴻，鳥之長脰者也。八尺曰尋。”

敖氏曰："以白羽、朱羽相雜而綴于杠之首，亦象析羽爲旌之意也。"

郝氏曰："《周禮·司常》云'析羽爲旌，雜帛爲物'，'大夫、士建物'，《春秋傳》曰'采謂之物'，無物謂士之未命者，旌無帛則不得畫物。杠，旌竿。八尺曰仞，亦曰尋。以白、朱二色羽雜綴竿首，竿長三仞，二丈四尺也。鴻，大鴈。長頸，脰頸也。韜，以綃籠杠，如鴈頸，三分其竿，韜上二尋，爲一丈六尺，餘下不韜者，八尺也。"

張氏曰："不命之士不得用物，則以赤、白雜羽爲翿旌以射，其杠三仞，又以鴻脰韜杠之上長二尋。鴻脰之制，註疏皆不言，疑亦縫帛爲之，其圓長若鴻項然也。"

姜氏曰："旌各以其物，即《司常職》'掌九旗之名物'之'物'，故云各以其物，而無物，則以朱、白羽糅杠，乃因不命之士無九旗之名物而爲之也，註誤釋物爲'雜帛曰物'之物，則'各'字不可通，而疏乃以杠之長短別之，則所謂順而爲之詞，而不自知其率矣。糅訓爲雜，亦不可解。糅，謂交纏之也。七尺曰仞，四尺曰仞之訓竝失，以《考工記·匠人》考之，畎深廣各一尺，遂深廣各二尺，溝廣深各四尺，洫廣深各八尺，澮廣深各十有六尺。今其文云'澮廣二尋，深二仞'，則尋與仞皆八尺，而一言其廣，一言其深耳。由此推之，廣八尺曰尋，深八尺曰仞，對文也，若散文，則廣八尺亦通稱仞，深八尺亦通稱尋，而諸説之紛紛何爲乎？"

世佐案，《春秋傳》云"采謂之物"，采，即雜帛也。雜帛，非一色也。郝謂帛上畫物，似失之。姜以物爲名物之物，而究不能指言何物，不如仍以大夫、士"建物"之文爲證也。云"無物，則以白羽與朱羽糅"，此謂不命之士以羽代帛也。"杠長三仞"以下，又言旌竿之制度，物與無物者所同也。以鴻脰韜者，執旌所以唱獲，故取其飛鳴之象，説者謂縫帛爲之，非。上二尋，謂在其杠二尋之上也。此與經云"上握焉"句法相似，或以"上"字絶句，非。杠長二丈一尺，韜于二尋之上，則所韜者五尺矣。王氏肅云，四尺曰仞，孔氏安國云，八尺曰仞，所見各異，今且依鄭義釋之。

凡挾矢，於二指之閒横之。

註曰："二指，謂左右手之第二指。此以食指、將指挾之。"

疏曰："第二指爲食指，《左傳》云'子公之食指動'是也，第三指爲將指，《左傳》云'吴王闔閭傷於將指'是也。"

敖氏曰："云'凡'者，謂挾矢或多或寡，其法皆然。寡則挾以食指、將指,多則以餘指分挾之。"

司射在司馬之北。司馬無事不執弓。

註曰:"以不主射故也。"

始射,獲而未釋獲,復釋獲,復用樂行之。

註曰:"君子取人以漸。"

敖氏曰:"始射,謂第一番三耦射時。復,又射也,前言復,謂第二番射時,後言復,謂第三番射時。三耦始射,志在於中,中則當言獲。未釋獲者,此如習射然,未宜較勝負,且三耦之外皆未射,難以相飲,亦不可以徒釋之也。至次射,則賓、主而下皆繼射,乃可以釋獲。及第三射,則其事已熟,乃可以樂爲節也。此皆行事有漸,且示先質後文之意。"

上射於右。

註曰:"於右物射。"

楅,長如笴,博三寸,厚寸有半,龍首,其中蛇交,韋當。

註曰:"博,廣也。兩端爲龍首,中央爲蛇身相交也。蛇、龍,君子之類也。交者,象君子取矢於楅上也。直心背之衣曰當,以丹韋爲之。司馬左右撫矢而乘之,分委於當。"

聶氏曰:"舊《圖》云:'楅長三尺,有足,置韋當于背。'"

楊氏曰:"兩端爲龍首,所以限矢也。其中爲蛇身,兩兩相交相對,則置之于地而安也。以丹韋爲當,則四四分矢,而委之于其上也。"

敖氏曰:"'長如笴',兩端相去之度也。龍首者,刻其上端作龍首之狀爲識,且以飾也。上端爲首,則下端爲尾明矣。經云'東肆',是其證也。蛇交者,以兩木屈曲爲之狀,如蛇交然,必屈曲爲之者,象弓也。當者,其以當矢而名之與?楅身蛇交,廣狹相閒,必通設韋當於其上,乃可以承矢。"

郝氏曰:"韋,皮也。當,中也,與襠通[①]。中衣袴曰襠,兩腹各半圜,交處脊起如衣襠。撫矢乘之,則分委兩腹以韋,輓之如襠衣也。"

姜氏曰:"以當爲楅衣固似,但謂當爲直心背之衣,則當須讀作襠,而歷考字典,初無襠作當之文,即當字義解數十條,又無通當作襠之義也,

① "襠"原作"檔",校本作"襠",與《節解》同,據改。

況本記以楅字領起全文，下文又著楅字，覺上下文義不協，而獨以'楅髤'二字合于下節，義例彌復未安。或讀當爲當車之當，'韋當楅'爲句，'髤'句，謂韋當楅中而色則髤也，此于義爲穩，宜從之。"

世佐案，楅，承矢架也。"長如笴，博三寸，厚寸有半"，皆謂其承矢之横木也。蓋楅身屈曲如蛇交，必以此木横設于上，乃可以安矢。云"其中蛇交"，則兩端皆爲龍首，鄭必有所傳矣。敖説非。當，底也，《韓非子》曰"玉巵無當"，是也。以皮爲底，防傾欹也，註誤，姜説尤鑿，此皆不得其解而謬爲之説者。

楅，髤，横而奉之，南面坐而奠之，南北當洗。

註曰："髤，赤黑漆也。"

朱子曰："'横而拳之'，'拳'當作'奉'字之誤也。陸氏音拳，亦非是。"

世佐案，石本尚沿"拳"字之誤，自朱子改正後，刊本無復有作"拳"者矣。又案，此再言楅者，以其通體言也。若以"韋當楅"爲句，則髤但爲韋色，不知楅體更作何色耶。

射者有過，則撻之。

註曰："過，謂矢揚中人。凡射時矢中人，當刑之。今鄉會衆賢，以禮樂勸民而射者中人，本意在侯，去傷害之心遠，是以輕之，以扑撻於中庭而已。《書》曰：'扑作教刑。'"

敖氏曰："射時司射搢扑以涖事，然則撻之者，其司射與？"

衆賓不與射者不降。

註曰："不以無事亂有事。"

敖氏曰："衆賓，在三人之中者也。"

取誘射之矢者，既拾取矢而后兼誘射之乘矢而取之。

註曰："謂反位已禮成，乃更進取之①，不相因也。"

疏曰："云'不相因'者，既自拾取己之乘矢反位，東西望訖，上射乃更向前，兼取誘射之矢，禮以變爲敬，故'不相因'。"

朱子曰："上經云'後者遂取誘射之矢'，此註乃云反位禮成，'乃更進

① "進"字原無，校本有，陳本、閩本、監本、毛本、庫本同，據補。

取之’，似相矛盾，其上‘射’字亦與‘後者’二字不相應，當作下耦之下射。”

敖氏曰：“經云‘後者遂取誘射之矢’，此則見其於既拾取己矢乃爲之。”

張氏曰：“註所謂‘反位已’者，非司馬西南東面之位，乃楅東西取矢之位。前經所云‘上射東面，下射西面’者也。但彼處疏云是下射取之，此乃云上射，未審何者爲是。”

世佐案，此註顯與經背，當以朱子及敖説爲正。

賓、主人射，則司射擯升降，卒射即席而反位卒事。

註曰：“擯賓、主人升降者，皆尊之也。不使司馬擯其升降，主於射。”

疏曰：“司馬本是司正，不主射事。”

敖氏曰：“擯，謂以辭贊之。射時擯升降，則取矢亦當然也。將擯而去扑，搢之乃反位。”

鹿中，髤，前足跪，鑿背，容八算。釋獲者奉之，先首。

註曰：“前足跪者，象教擾之獸受負也。”

世佐案，先首，首向前也，此于奉之者爲縮。

大夫降，立于堂西以俟射。

註曰：“尊大夫，不使久列于射位。”

張氏曰：“賓、主人、大夫同時降，賓、主先射，大夫且立于堂西，其耦在射位，俟當射，大夫乃就其耦升射。”

大夫與士射，袒纁襦。

註曰：“不肉袒，殊于耦。”

敖氏曰：“袒纁襦，尊者不見體也。襦先著於衣内，袒時則出之。大夫非射於君所，固不肉袒矣。乃以與士射爲言者，嫌爲下射，或當統於上射，而不宜異之也。”

郝氏曰：“纁，赤色。襦，裹衣。袒禮衣，見繻，不肉袒也。”

世佐案，“纁”，石本作“薰”，張氏以爲誤。敖同石本，且釋之曰：“薰，讀爲纁，古字通用也。”殆不免郢書而燕説矣，今從《通解》及監本定作“纁”。

耦少退于物。

註曰:“下大夫也,既發則然。”

敖氏曰:“經言耦於大夫,射時之禮,在下則屈,在上則伸,然則似未必有此少退于物之儀也。且侍射於君乃退于物,尊君也。大夫之耦,此禮亦不宜與君之耦同,記似過矣。”

郝氏曰:“耦,謂士爲大夫耦,則士居右物爲上射,每既發一矢,輒少退,避尊也。”

世佐案,此亦貴貴之禮則然。然云“少退”,則與侍君射之禮有閒矣。敖氏議之,非也。侍君射之禮,見下記。

司射釋弓矢視算,與獻釋獲者釋弓矢。

註曰:“惟此二事休武主文,釋弓矢耳,然則擯升降不釋。”

敖氏曰:“司射於射事未畢而釋弓矢,唯此二事,故記者併言之也。視算而去弓矢者,爲射事已,因去扑之節而并去之也。獻釋獲者而釋弓矢者,爲有洗、酌、答拜等事故也,二者之意義不同。”

禮射不主皮,主皮之射者,勝者又射,不勝者降。

註曰:“禮射,謂以禮樂射也,大射、賓射、燕射是矣。不主皮者,貴其容體比於禮,其節比於樂,不待中爲雋也。言不勝者降,則不復升射也。主皮者無侯,張獸皮而射之,主于獲也。《尚書傳》曰:‘戰鬭不可不習,故於蒐狩以閑之也。閑之者,貫之也。貫之者,習之也。凡祭,取餘獲陳於澤,然後卿大夫相與射也。中者雖不中也取,不中者雖中也不取。何以然?所以貴揖讓之取也而賤勇力之取。嚮之取也,於囿中,勇力之取也。今之取也,於澤宫,揖讓之取也。’澤,習禮之處,非所於行禮,其射又主中,此主皮之射與?天子大射張皮侯,賓射張五采之侯,燕射張獸侯。”

朱子曰:“案《書傳》之文不具,蓋曰取蒐狩之餘獲,陳於澤,今之中者,鄉雖不中亦取也,今之不中者,鄉雖中亦不取也。”

敖氏曰:“禮射,謂此篇所載與大射、燕射之類是也。禮射則張皮侯若采侯與獸侯,而加正鵠。主皮之射則不用正鵠,但欲射中其皮耳,此皮與所謂皮侯者之皮不同,蓋以中甲之革爲之。《周官》云‘射甲革’,《樂記》云‘貫革之射’,皆指此而言也。中甲之革,犀、兕若牛之皮也。其爲物堅厚,惟强有力者乃能貫之,故禮射則不主皮,爲力不同科故也。勝者言又射，不勝者言降，文互見也。主皮之射以又射與不射示榮辱，亦異於禮射者也，其相飲之禮有無則未聞。”

張氏曰：“不主皮，當依《論語》作‘主於中而不主于貫革’爲確。貫革之射，習戰之射也，其射當亦三番，故勝者又射，不勝者則不復射也。”

主人亦飲于西階上。

疏曰：“此謂主人在不勝之黨受罰爵之時也。”

獲者之俎：折脊、脅、肺、臑。

註曰：“臑，若膞、胳、觳之折，以大夫之餘體。”

疏曰：“上賓、主人已用肩、臂，唯有臑及膞、胳、觳。若脊、脅骨多，尊卑皆有，自臑已下，各得其一。今鄭具言之，欲見科取其一不定，以其若無大夫，獲者得臑，即經所云者，故臑在肺下，欲見無大夫，已合得。若大夫一人，大夫得臑，獲者得膞。若大夫二人，獲者即得胳。若大夫三人，獲者即得觳。若大夫公卿更多，則折之不得正體，或更取餘體也。故鄭又云‘折以大夫之餘體’也。”

敖氏曰：“折，謂折分其牲體，不用全體也。無大夫則臑折，有大夫則折其餘體。此俎先言折，則其載之次又異於堂上之俎矣。肺，離肺也，下同。”又曰：“今本‘肺’下有‘臑’字。繼公謂，臑在肺下，非其次，且與‘折’文不合，蓋傳寫者因註首言‘臑’而衍也。《大射》註引此無‘臑’字，又下文云‘釋獲者之俎：折脊、脅、肺’，則此俎不當言臑，亦明矣。今據《大射》註删之。”

郝氏曰：“獻獲者之俎，折牲體，脊、脅、肺與臑爲之。臂下骨曰臑。獲者之俎視釋獲者，加臑以祭侯左、右、中三處也。”

世佐案，《士虞》：“用專膚爲折俎。”註云：“折俎，謂主婦以下俎也。體盡人多，折骨爲之。”又《特牲》“主婦俎觳折”，“佐食俎觳折”，然則體盡人多，乃折牲體以充俎，今此唯賓、主人用肩、臂，其餘體尚多而獲者之俎用折者，獲者賤也。折，謂自臑以下也。脊、脅骨多，不須折。言臑于肺下者，舉所折之例也。此特爲無大夫言之耳，若有大夫，則以大夫之餘體也。記若云“獲者之俎：脊、脅、臑折、肺”，豈不文順而意顯，今其文若此者，欲見此俎之折於禮爲宜，不因大夫多而然也。又以見自臑以下皆可折，以爲俎不限于臑也。敖氏删去“臑”字，殊失記者之意，今不從。

東方謂之右个。

註曰:"侯以鄉堂爲面也。"

釋獲者之俎:折脊、脅、肺,皆有祭。

註曰:"皆,皆獲者也。祭,祭肺也。"

敖氏曰:"此折與獲者共一體與?皆,皆二俎也。經於二俎已見其有祭,記復言之者,以此云肺,嫌爲祭肺也,是以明之。二俎有離肺,復有祭肺者,爲獲者祭於三處而加之,釋獲者俎遂因之,亦加祭肺一也。"

世佐案,折,亦謂自臑以下也。此及上文所謂肺,皆舉肺也。祭,則祭肺也。祭祀之時,二肺俱有,其他則惟有舉肺而已。舉肺亦皆以祭,今此有舉肺,復有祭肺者,爲獲者之祭侯而設也。釋獲者亦有祭,則又因獲者之禮也。獲者之祭肺三,釋獲者之祭肺一。

大夫説矢束,坐説之。

敖氏曰:"經文已明。"

歌《騶虞》若《采蘋》,皆五終。

註曰:"每一耦射,歌五終也。"

世佐案,歌《騶虞》,説見前。《采蘋》,卿、大夫賓射所歌也,故亦得用之,然則諸侯之州長歌《騶虞》若《采蘩》與?五終,即《周禮》所謂五節也。《騶虞》亦五終,何嫌于僭乎?

射無算。

敖氏曰:"射者多寡隨宜,無定數也。"

古者於旅也語。

註曰:"禮成樂備,乃可以言語,先王禮樂之道也。疾今人慢於禮樂之盛,言語無節,故追道古也。"

敖氏曰:"言'古'者,以見周禮之不然。古,謂殷以上也。於旅而語,以敬殺也,然則周之禮其燕坐乃語與?"

世佐案,此云"古"者,蓋謂周之盛時也。然則記之作也,其在春秋之際乎?

凡旅,不洗。不洗者不祭。既旅,士不入。

註曰:"士入,齒於鄉人。"

大夫後出。

註曰:“下鄉人,不干其賓主之禮。”

主人送于門外,再拜。

註曰:“拜送大夫,尊之也。主人送賓還,入門揖,大夫乃出,拜送之。”

敖氏曰:“大夫後出,與其後入之意同,亦欲使主人各得盡其待賓與大夫之禮,而賓與大夫亦各得伸其尊也。主人送賓入門,大夫乃出,大夫雖多,亦惟拜送其長而已。”

鄉侯,上个五尋。

註曰:“上个,謂最上幅也。八尺曰尋,上幅用布四丈。”

中十尺。

註曰:“方者也,用布五丈,今官布幅廣二尺二寸,旁削一寸。《考工記》曰‘梓人爲侯,廣與崇方’,謂中也。”

疏曰:“此言十尺,用布五幅,幅廣二尺二寸,兩畔各削一寸爲縫,幅各二尺在,故五幅爲一丈也。漢法幅二尺二寸,亦古制存焉,故舉以爲況。”

世佐案,此謂侯中也。鄉侯之質,居侯中三分之一,蓋方三尺三寸有奇矣,正鵠亦然,但其尺寸則隨侯中之大小以爲準則耳。張云“中即正也”,非。

侯道五十弓,弓二寸以爲侯中。

註曰:“言侯中所取數也。量侯道以貍步而云弓者,侯之所取數,宜於射器也①。正二寸者,骹中之博也。”

疏曰:“《周禮·弓人》云‘骹解中有變焉’,謂弓弣把中側骨之處博二寸,故於此處取數焉。”“骹”,《考工記》本作“茭”,康成謂:“茭讀如‘齊人名手足掔爲骹’之‘骹’,茭,解接中也。”

張氏曰:“侯之遠近五十弓,每弓取二寸以爲侯中之數,故十尺也。”

① “於射”,校本作“用射”。據阮《校》,徐本作“於躬”,毛本作“用射”,聶崇義《新定三禮圖》、《通解》、楊氏《圖》皆作“於射”。

倍中以爲躬。

註曰:“躬,身也,謂中之上下幅也,用布各二丈。”

疏曰:“身爲中上、中下各横接一幅布者。”

倍躬以爲左右舌。

註曰:“謂上个也。居兩旁謂之个,左右出謂之舌。”

張氏曰:“即最上四丈之横幅隨所目而異名,左右出各一丈。”

下舌半上舌。

註曰:“半者,半其出於躬者也,用布三丈。所以半上舌者,侯,人之形類也。上个象臂,下个象足。中人張臂八尺,張足六尺,五八四十,五六三十,以此爲衰也。凡鄉侯,用布十六丈,數起侯道五十弓以計。道七十弓之侯,用布二十五丈二尺。道九十弓之侯,用布三十六丈。”

疏曰:上舌兩相各一丈,今下舌兩相各五尺,通躬二丈,故云“用布三丈”也。云“凡鄉侯,用布十六丈,數起侯道五十弓以計”者,中五幅,幅一丈,用布五丈,上下躬摠用布四丈,上个四丈,下个三丈,是通用布十六丈也。云“道七十弓之侯,用布二十五丈二尺”者,中七幅,幅丈四尺,用布九丈八尺,上下躬摠用布五丈六尺,上个五丈六尺,下个四丈二尺,通用布二十五丈二尺也。云“道九十弓之侯,用布三十六丈”者,中九幅,幅丈八尺,用布十六丈二尺,上下躬摠用布七丈二尺,上个亦七丈二尺,下个五丈四尺,通用布三十六丈也。從敖氏節本。

敖氏曰:“下舌所以半上舌者,慮其植之妨於往來者也。下舌之長若如上舌,則兩植相去五丈六尺有餘矣,故須半之也。《攷工記》曰:‘上綱與下綱出舌尋,縜寸焉。’”

郝氏曰:“侯形像猴,猴性善伺候,取立以伺射也。猿猴臂長,上兩舌如舒臂,下兩舌稍短,如足。性黠捷,善援矢,故射以像之。”

張氏曰:“用布三丈,横綴下躬之下,左右出於躬各五尺。”

世佐案,侯制上廣下狹,便射也。蓋侯植于庭,而射者從堂上射之,則其所平視者,侯中以上而已,其下無取乎廣也。《禮器》云:“天子之堂九尺,諸侯七尺,大夫五尺,士三尺。”此堂高于庭之度也,侯之下綱去地僅尺二寸,下舌所以半上舌者,殆爲是與?註象人之説固非,敖云“慮其植之妨于往來者”,亦似迂。

箭籌八十。

註曰:"箭,篠也。籌,算也。籌八十者,略以十耦爲正,貴全數。其時衆寡從賓。"

敖氏曰:"上記云'射無算',而箭籌惟止於八十,則是此射者雖多,亦不過十耦也。釋獲者之執算,各視射者之矢數。"

張氏曰:"箭,竹也。以竹爲籌,釋獲者所執之算也。人四矢,耦八籌也。"

世佐案,經云"釋獲者執鹿中,一人執算從之",此記云"箭籌八十",以一人所執言也。中一个,釋一算。射者未必皆中,故經又云"若有餘算,則反委之",則此八十籌固不止供十耦之用矣。如不足,則射器之納於堂西者可復取也,豈必以十耦爲限哉,敖説非。

長尺,有握,握素。

註曰:"握,本所持處也。素,謂刊之也。刊本一膚。"

疏曰:"《公羊傳》何休云'側手爲膚',又《投壺》云'室中五扶',註云'鋪四指曰扶,一指案寸',皆謂布四指,一指一寸,四指則四寸也。"

敖氏曰:"尺有握,猶言尺有四寸也。必云'握'者,亦見其爲所握處也。"

郝氏曰:"握素,謂手捉處,刊削使素,外加髹飾也。"

世佐案,註曰"刊本一膚",謂刊此箭籌之本一膚耳,明握與膚同也。今本有云"刊本一作膚"者,"作"字衍也。有云"刊一本膚"者,"一本"字倒也。又有云"握本一作膚"者,因"作"字之衍而誤改"刊"字也。今定從《通解》本。

楚扑長如笴,刊本尺。

註曰:"刊其可持處。"

君射則爲下射,上射退于物一笴,既發則答君而俟。

註曰:"答,對也。此以下雜記也。"

敖氏曰:"君爲下射者降,尊以就卑,則不宜與卑者序,而從尊卑爲耦之常法也。且下射之物在東,亦不失其主位也。上射,賓也。答君,謂東面立而對之。射時進左手,微背於君,故既射則還對之,俟待君發也。"

世佐案,自此以下,朱子移入《燕禮》及《大射儀》。記于此者,以燕射用鄉射之禮故也。

君，樂作而後就物。君，袒朱襦以射。

註曰："君尊。"

敖氏曰："樂，謂奏《貍首》也。此記先言樂，乃後見君之射儀，則是君之燕射於再射即用樂行之，亦變於大射也。投壺之禮，因飲酒而爲之，於其再投，即用樂，此意其類之乎鄉射，三射乃用樂行之。"

郝氏曰："君樂作而后就物爲耦者，先就物待也。君射袒朱襦，爲耦者肉袒也。"

小臣以巾執矢以授。

註曰："君尊不搢矢、不挾矢，授之稍屬。"

敖氏曰："以巾執矢，敬君物，不敢褻也。《大射儀》曰：'小臣師以巾內拂矢，而授矢于公，稍屬。'蓋以巾拂之，而又藉手以執之也。"

若飲君，如燕，則夾爵。

註曰："謂君在不勝之黨也。賓飲君，如燕賓媵觚于公之禮，則夾爵。夾爵者，君既卒爵，復自酌。"

敖氏曰："夾爵，謂夾君爵而自飲也。以《大射儀》考之，飲君之禮，其所以異於燕賓之媵觶者，於"於"當作"非"。獨夾爵而已，記但以此言之，亦大略之說也。"

世佐案，"如燕"，謂自降洗、升酌以至酌膳、下拜諸儀皆如之也，則夾爵，此異於燕者也。侍射者先酌散自飲，乃酌膳奉君，君飲訖，又酌自飲，故曰夾爵。《燕禮》賓媵觶于公，惟先自飲而已。敖云"非獨夾爵而已"者，《燕禮》賓酌膳，坐奠于薦南，拜畢，反位，此則酌膳以致，俟公卒觶而進受之，亦其異也。

君國中射則皮樹中，以翿旌獲，白羽與朱羽糅。

註曰："國中，城中也，謂燕射也。皮樹，獸名。以翿旌獲，尚文德也。"

疏曰：知城中是燕射者，燕在寢故也。燕主歡心，故旌從不命之士。

聶氏曰："張鎰《圖》云：皮樹，人面獸形。今文樹作豎。"

敖氏曰："《燕禮》、《大射儀》皆射於公宫，即此國中射也。必云'國中'者，對郊竟而言也。"

郝氏曰："皮樹，馬也。馬皮毛斑駁如樹[1]。《易・説卦》云：'乾爲駁馬。'《詩》云：'隰有六駁。'[2]榆樹有蘚痕如駁，刻中爲駁馬，故云'皮樹'。"

世佐案，敖説非，當從註疏爲燕射也。皮樹未詳何獸，當闕之。

於郊則閭中，以旌獲。

註曰："於郊，謂大射也。大射於大學。《王制》曰：'小學在公宮之左，大學在郊。'閭，獸名，如驢一角，或曰如驢岐蹄。《周書》曰：'北唐以閭。'析羽爲旌。"

疏曰："云'大射於大學'者，據諸侯而言也。天子大射在虞庠小學，以其天子大學在國中，小學在郊。'岐蹄'已上[3]，《山海經》文。《周書》見於《國語》。"

郝氏曰："閭、驢通，刻中爲驢形也。"

於竟則虎中，龍旜。

註曰："於竟，謂與隣國君射也。畫龍於旜，尚文章也。通帛爲旜。"

疏曰："'與鄰國君射'，則賓射也，以其君有送賓之事，因送則射。"

朱子曰："'於竟則虎中，龍旜'，亦是燕射。"

敖氏曰："'虎中，龍旜'，遠則彌文也。記言君之中與所獲者有國中、郊竟之異，而不言爲某射於某所，則是其所以異者惟繫於地之遠近，不繫於射之大小也。若然，則固有大射而用皮樹，中翿旌者，亦有燕射而用虎中，龍旜者矣。"

世佐案，諸侯相朝，於是乎有賓射，賓射不必于竟也。天子賓射在朝，則諸侯可知矣。於竟，會、遇也，《曲禮》曰"諸侯未及期相見曰遇，相見於卻地曰會"是也。因會、遇而射，其禮亦以賓射行之，記蓋據此而言也。《春秋傳》云"嘉樂不野合"，謂燕享也，射雖亦以樂節，然非合樂之謂，故得行於竟與？

大夫兕中，各以其物獲。

註曰："兕，獸名，似牛，一角。"

敖氏曰："其指大夫而言，大夫有上、中、下之異，故物亦有差。《司常

---

① "斑"原作"班"，校本作"斑"，與《節解》同，據改。

② "隰"原作"山"，《節解》同，校本作"隰"，與《詩・秦風・黄鳥》合，據改。

③ "上"原作"下"，校本作"上"，《要義》、陳本、閩本、監本、毛本、庫本同，據改。

職》曰:'大夫、士建物。'"

張氏曰:"大國、小國大夫命數不同,故云'各以其物'。"

士鹿中,翿旌以獲。

註曰:"謂小國之州長也。用翿爲旌以獲,無物也。古文無以獲。"

敖氏曰:"翿旌,即白羽與朱羽糅者也。上記言士禮,云'旌各以其物,無物則以白羽與朱羽糅',此直見翿旌而已,蓋記者雜也。"

世佐案,此記七字,註二十一字監本脱,今從石本及朱子《通解》本補。

惟君有射於國中,其餘否。

註曰:"臣不習武事于君側也。"

敖氏曰:"'其餘否',謂人臣不爲射,主於國中也。君有射於國中者,以其於公宫爲之也。若人臣之家,其庭淺隘,器用又未必備,故射則必於鄉州之學行事焉,是雖居於國而欲射於其中亦不可得也。此不惟見尊君之意,亦其勢然爾。"

世佐案,射于國中,謂燕射也。其餘,謂大夫以下也。觀此,則大夫、士無燕射益信。

君在,大夫射則肉袒。

註曰:"不袒纁襦,厭於君也。"

世佐案,此篇之記頗雜,不盡依經文之序,而中又有疾今道古之意焉,蓋非一手所作也。

吕氏大臨曰:"孔子曰:'射不主皮,爲力不同科,古之道也。'蓋有禮射,有主皮之射。不主皮,禮射也,所謂大射、鄉射是也。爲力者,主皮之射也。主皮者,主於獲而已,尚力而不習禮,故曰'爲力不同科'也。禮射者必先比耦,故一耦皆有上射、下射,皆執弓而搢挾矢。其進也,當階、及階、當物、及物皆揖,其退也亦如之,其行有左右,其升降有先後,其射皆拾發。其取矢于楅也,始進揖,當楅揖,及楅揖,取矢揖,卒取矢揖,既搢挾揖,退與將進者揖。及取矢也,有横弓,卻手,兼弣,順羽,拾取之節焉。卒射而飲,勝者袒、決、遂,執張弓,不勝者襲,説決拾,加弛弓,升飲相揖如初,則'進退周還必中禮'可見矣。夫先王制禮,豈苟爲繁文末節使人難行哉,亦曰以善養人而已。蓋君子之於天下,必無所不中節,然後成德，必力行而後有功。其四支欲於安佚也，苟恭敬之心不勝，則怠墮敖慢之氣生，怠墮敖慢之氣生，則動容周旋不能中乎節，體雖佚而心亦爲之不安，安其所不安，則手足不知所措，故放辟邪侈，踰分犯上，將無所不至，天下之亂自此始矣。聖人憂之，故常謹於繁文末節以養人，於無所事之時使其習之而不憚煩，則不遜之行亦無自而作，至於久而安之，則非法不行，無所往而非義矣。君子敬以直内，義以方外，敬義立而德不孤，則不疑其所行矣，故發而不中節者，常生乎不敬，所存乎内者敬，則所形乎外者莊矣，内外交修，則發乎事者中矣，故曰'内志正，外體直，然後持弓矢審固，持弓矢審固，然後可以言中也'。射，一藝也，容比於禮，節比於樂，而不失正鵠者，是必有樂於義理，久於恭敬，用志不分之心，然後可以得之，則其所以得之者，其德可知矣，故曰'可以觀德行'矣。"

儀禮集編卷五　男盛溶澄校字

儀禮集編卷六

秀水盛世佐學　後學歙鮑漱芳、石門顧修參校

燕禮第六

鄭《目録》云:"諸侯無事,若卿大夫有勤勞之功,與羣臣燕飲以樂之。燕禮於五禮屬嘉禮。"

疏曰:"燕有四等。《目録》云諸侯無事而燕,一也;卿大夫有王事之勞,二也;卿大夫有聘而來還,與之燕,三也;四方聘客與之燕,四也。"

燕禮。小臣戒與者。

註曰:"小臣相君燕飲之法。戒與者,謂留羣臣也。"

疏曰:"案《周禮·大僕職》云'王燕飲則相其法',又案《小臣職》云'凡大事,佐大僕',則王燕飲,大僕相,小臣佐之。此諸侯禮,降於天子,故宜使小臣相,是以下云'小臣師一人在東堂下',註云'師,長也。小臣之長一人,猶天子大僕,正君之服位者也'。"

朱子曰:"留羣臣,謂羣臣朝畢將退,君欲與之燕,故使小臣留之。疏説非是[①]。"

敖氏曰:"與者,羣臣之與此燕者也。君所主與之燕者亦存焉。"

郝氏曰:"戒猶宿也。與,與燕諸臣,未定爲賓,皆曰與。"

膳宰具官饌于寢東。

註曰:"膳宰,天子曰膳夫,掌君飲食膳羞者也。具官饌,具其官之所饌,謂酒也、牲也、脯醢也。寢,路寢。"

疏曰:"云'寢,路寢'者,以其饗在廟,服朝服。下記云'燕,朝服於

① "是"字原無,校本有,與《通解》同,據補。

寢’,正處在路寢,不在燕寢可知。”

朱子曰:“‘於寢’下,疑脱‘既朝服,則宜於’六字。”

敖氏曰:“具官饌,謂具諸官所當饌之物也。寢東,蓋其東壁之東也。此時所具者,其薦羞乎?及既設賓席,官乃改饌之,《大射》云‘官饌’是也。”

郝氏曰:“寢東,路寢東房。《鄉飲》亦云‘東壁’,云‘左房’,養由東出也。”

樂人縣。

註曰:“縣,鐘、磬也。國君無故不徹縣,言“言”或作“宫”,誤。縣者,爲燕新之。”

疏曰:“《周禮·眡瞭職》云:‘掌大師之縣。’諸侯無眡瞭,則使僕人縣樂,大師以聲展之,樂師又監之。”

敖氏曰:“此縣蓋在階間。磬在阼階西,南面,鍾、鑮次而西,建鼓在西階東南,鼓、鼙在其東。國君燕禮輕於大射,故不備樂,且於其日乃縣之,而與常時同。《鄉飲酒記》曰:‘磬階間縮霤,北面鼓之。’”

世佐案,縣,軒縣也。軒縣之法,見《大射禮》。敖引《鄉飲酒禮》特縣况之,非。此縣亦使眡瞭,疏諸侯無眡瞭之説誤,説見後。

設洗篚于阼階東南,當東霤,罍水在東,篚在洗西,南肆。設膳篚在其北,西面。

註曰:“設此不言其官,賤也。當東霤者,人君爲殿屋也,亦南北以堂深。肆,陳也。膳篚者,君象觚所饌也,亦南陳。言西面,尊之,異其文。”

疏曰:“漢時殿屋四向流水,故舉漢以况周。對大夫、士言東榮,兩下屋故也。”

敖氏曰:“洗與罍,蓋瓦爲之,下云‘君尊瓦大’,則此可知矣。先設洗西之篚以爲節,故膳篚後設也。設四器,亦司宫也,見《大射》與《少牢禮》,此經省文耳。膳篚者,實君之象觚、象觶者也。君物而曰‘膳’者,以其善於諸臣所用者而言也。下文類此者,皆以是推之。○諸本皆云‘設洗篚’,繼公謂,諸篇於此但言‘設洗’,無連言‘篚’者,而此有之,衍文耳。又下别云‘篚在洗西’,則於此言篚文意重複,似非經文之體。且篚在洗西,亦不可以東霤爲節,其衍明矣。今以諸篇爲據,删之。”

世佐案,“洗篚”之“篚”,當從敖氏作衍文。賈云,洗“士用鐵,大夫用銅,諸侯白銀,天子黄金”。夫一承棄水之器,而以金銀爲之,侈矣。敖説蓋得之。罍字從缶,亦瓦可知也。鄭云尊卑皆用金罍,此酒器也,以木爲之而飾以金。《詩》云“我姑酌彼金罍”是也,盛水之罍豈其比哉。又案,此二篚皆在堂下,一盛諸臣飲器,一盛君飲器,而無堂上篚者,蓋堂上之篚所以盛爵,燕禮輕,獻不用爵故也。

司宫尊于東楹之西,兩方壺,左玄酒,南上。公尊瓦大兩,有豐,幂用綌若錫,在尊南,南上。尊士旅食于門西,兩圜壺。

註曰:“司宫,天子曰小宰,聽酒人之成要者也。尊方壺,爲卿、大夫、士也,臣道直方。於東楹之西,予君專此酒也。《玉藻》曰:‘唯君面尊。’玄酒在南,順君之面也。瓦大,有虞氏之尊也。《禮器》曰:‘君尊瓦甒。’豐形似豆,卑而大。幂用綌若錫,冬夏異也。在尊南,在方壺之南也。尊士旅食者用圜壺,變於卿、大夫也。旅,衆也。士衆食,謂未得正禄,所謂庶人在官者也。”

疏曰:庶人在官者,謂府史胥徒。

朱子曰:“‘在尊南’者,謂瓦大在方壺之南耳。疏云,幂未用而陳於方壺之南,不雜於方壺、瓦大之間,誤也。若然,則正在二者之間矣,何得言不雜耶?”

敖氏曰:“先尊方壺於楹西以爲節,乃設公尊,與上文後設膳篚之意同。臣尊用壺,又以方者,且無幂,爲與君尊相屬,宜遠别之也。‘左玄酒’,據設尊者而言也,蓋凡設尊者,皆面其鼻,《玉藻》曰‘惟君面尊’,是尊鼻東向也,此設尊者西面,故玄酒在南而爲左,若以尊言之,則爲右矣。瓦大,瓦甒也。用瓦甒者多矣,惟君尊,則或謂之大,豈制或異與?尊皆南上者,統於君位也。君位亦南上,故順之。此尊乃不統於賓者,君臣之禮異也,《大射儀》放此。錫者,麻五十升去其半,而加灰之布也。幂或以綌,亦見其貶於大射耳,大射之幂用錫若絺。此尊,士旅食之尊,亦當北面,與大射同,惟設之深淺異耳。方、圜壺,亦皆瓦爲之。”

張氏曰:“諸侯之司宫與天子之小宰所掌同。公席阼階上,西向。尊在東楹之西,南北並列。尊面向君設之,與《鄉飲酒》賓主共之者不同,故註云‘予君專此酒也’。南上,亦玄酒在左也。圜壺,無玄酒。”

世佐案,司宫即天子之宫人也。《周禮・宫人職》云“掌王之六寢之修”,又云“凡寢中之事,埽除,執燭,共爐炭。凡勞事,四方之舍事亦如之”。此燕于路寢,六寢之一,而設尊筵賓,又皆勞事,故以司宫爲之。下經云“司宫執燭于西階上”,是其執燭之證矣,大射于郊,而亦用司宫者,所謂“四方之舍事亦如之”也。宫人中士,則司宫下士也。小臣于天子爲上士,以小臣設公席,以司宫設臣席,亦其差也。鄭乃以小宰當之,誤矣。小宰,諸侯之小卿也,以尊官而執斯賤役可乎?又主人獻卿之時,經云“司宫兼卷重席,設于賓左,東上”,疏云:“案《大射》席小卿賓西,東上。註云‘席於賓西’,射禮辨貴賤也。以此言之,燕禮主歡,不辨貴賤,小卿與大卿皆在賓東。”若然,則小宰爲小卿之首,是時亦當受獻,乃爲己設席,且爲次於己者設席,必無是理,豈可以其聽酒人之成要而遂當設尊之役乎?又案,士旅食者,蓋下士也。下士與庶人在官者同禄,故謂之士旅食與?《周禮》云“旅下士”。

司宫筵賓于户西,東上,無加席也。

註曰:“席用蒲筵,緇布純。無加席,燕,私禮,臣屈也。諸侯之官無司几筵也。”

疏曰:“諸侯兼官,使司宫設尊并設席。”

世佐案,户西,牖前也。寢亦有東西房,當以牖前爲客位。若户牖之間,則堂之中矣。郝云“室户西,牖間,客位也”,非。據經,公席設于將即位之時,與《大射儀》異。敖云“設賓席當後于公席,乃先言之者,終言司宫之事耳”,非。大射賓有加席,而此無之,燕禮輕也。公食大夫有加席,異國之臣得伸也。三者參稽,其義乃見。

右告戒,設具。

射人告具。

註曰:“告事具於君。射人主此禮,以其或射也。”

疏曰:“《大射》‘告具’之上有‘羹定’,此不言‘羹定’者,文不具也。”

敖氏曰:“是時,公蓋在阼階東南,南鄉。射人北面告之。”

張氏曰:“《周禮》射人掌‘三公、孤卿、大夫之位’,‘又以射法治射儀’。”

小臣設公席于阼階上，西鄉，設加席。公升，即位于席，西鄉。

註曰："《周禮》：'諸侯昨席，莞筵紛純，加繅席畫純。'後設公席者，凡禮，卑者先即事，尊者後也。"

疏曰："此燕私禮，故賤者先即事。《大射》辨尊卑，故先設公席，後設賓席也。"

朱子曰："此篇與《大射》雖設席先後不同，然皆公先升即位，然後納賓，非卑者先即事也，但其言偶不同耳，不當據文便生異義也。註疏説皆非是。"

敖氏曰："加席别言設，見其更取而設之也，亦可見設加席之法矣。羣臣未入，公先升即位，尊者之禮也。"

張氏曰："註引《周禮·司几筵》文。昨，音義如酢，酢席，祭祀受酢之席也，引之者，欲見燕席與酢席同。"

世佐案，大射之禮重于燕，燕禮之賓卑于大射，於加席之有無見之矣。惟設席之次亦然，大射先設公席，後設賓席，賓猶得與公序也。此設公席在告具之後，則不與賓序矣。君益尊而賓益卑，此其所以異與？註疏之説宜不爲朱子之所取也。

小臣納卿、大夫，卿、大夫皆入門右，北面東上。士立于西方，東面北上。祝史立于門東，北面東上。小臣師一人在東堂下，南面。士旅食者立于門西，東上。

註曰："納者，以公命引而入也。自士以下，從而入，即位耳。師，長也。小臣之長一人，猶天子大僕，正君之服位者也。凡入門而右由闑東，左則由闑西。"

疏曰：卿、大夫入門右，北面東上。此是擬君揖位，君爾之，始就庭位。士立于西方，東面北上，此士之定位。士賤，不待君揖，即就定位也。又云，註"凡入門而右由闑東"者，臣朝君之法，"左則由闑西"者，聘賓入門之法。從張氏《句讀》節本。

敖氏曰："納卿、大夫之辭，蓋曰：'君須矣，二三子其入也。'卿、大夫入門右之位，蓋近庭南而當階。士西方之位，亦宜於庭少南，而東西則當西序，門東之位近於門也，門西亦如之。此北面者東上，東面、西面者北上，皆統於君。凡己之臣子，入門而左右皆由闑東。”

世佐案，士立于西方，是入門左矣，然亦由闑東，《曲禮》曰“士、大夫出入君門由闑右”是也。註欠明，疏家此等處有功于鄭。

公降立于阼階之東南，南鄉，爾卿，卿西面北上，爾大夫，大夫皆少進。

註曰：“爾，近也，移也。揖而移之，近之也。大夫猶北面，少前。”

敖氏曰：“古文爾、邇通，爾揖之，使進而近於己也。公俟其入乃降而揖之，明降尊之義也。大夫不西面，自別於卿也。君於卿與大夫，各旅揖之。《大射儀》：‘小臣師詔揖諸公、卿、大夫。’”

右即位。

射人請賓。

疏曰：“君南面，射人北面。”

敖氏曰：“請於君，謂使誰爲賓也。”

公曰：“命某爲賓。”

註曰：“某，大夫也。”

郝氏曰：“卿不爲賓，嫌逼也。”

射人命賓，賓少進，禮辭。

註曰：“命賓者，東面南顧。禮辭，辭不敏也。”

敖氏曰：“命賓者南面鄉之，其辭蓋曰：‘君命子爲賓。’少進者，宜違其位。〇案註云‘辭不敏’者，以士冠之賓辭曰‘某也不敏’，故意此賓亦然。”

世佐案，註云“命賓者，東面南顧”者，嫌背君也。此時君尚南面，射人在君右，敖云南面命賓，非。

反命。

註曰：“射人以賓之辭告於君。”

又命之，賓再拜稽首，許諾。

敖氏曰：“公不許其辭，故射人復命之。賓再拜稽首，爲受君命也。”

射人反命。

註曰：“告賓許。”

賓出，立于門外，東面。

註曰："當更以賓禮入。"

敖氏曰："《大射儀》云'北面'，此'東'字蓋誤也。"

公揖，卿、大夫乃升就席。

敖氏曰："揖之乃升，禮之也，亦異揖之。"

世佐案，此揖卿、大夫，共一揖也。蓋略于爾之之時矣。敖云"亦異揖之"，恐未是。

右命賓。

小臣自阼階下北面，請執冪者與羞膳者。

註曰："執冪者，執瓦大之冪也，方、圜壺無冪。羞膳，羞於公，謂庶羞。"

敖氏曰："士之掌此二事者有常職，乃請之者，蓋白之於君，然後敢命之也。膳亦謂君物，此雖指羞而言，然薦亦存焉。"

世佐案，羞，進也。羞膳者，謂進膳于公者也。君物曰膳，謂脯醢也。知不兼庶羞者，下記云"凡薦與羞者，小膳宰也"，則是有常職矣。羞膳、執冪皆以士，必請之者，諸侯兼官，士之掌此二事者無常職，惟君所命故也。

乃命執冪者，執冪者升自西階，立于尊南，北面東上。

註曰："以公命，於西階前命之也。東上，玄酒之冪爲上也。羞膳者從而東，由堂東升自北階，房中西面南上。不言之者，不升堂，略之也。"

疏曰：下記云："羞膳者與執冪者皆士也。"士位在西方，東面，故知西階前命之。"羞膳者"以下盡略之，鄭知義然者，以經羞膳者無升文，又且東面階、西面階婦人之階，非男子之所升，則羞者升自北階。知"由堂東"者，以羞在房。又《大射》："工人士與梓人升自北階。"知"房中西面南上"者，約《士冠禮》贊者立于房中，西面南上也。言"略之"者，解不由前堂升。

世佐案，註云"房中西面南上"者，薦脯者在南，薦醢者在北也。羞膳者不由前堂升，以其士賤，且所事者在房故也。云"略之"者，解經不言之故。疏云"解不由前堂升"，非。

膳宰請羞于諸公卿者。

註曰:"小臣不請而使膳宰,於卑者彌略也。禮以異爲敬。"

郝氏曰:"斯禮本公燕臣,而稱臣亦曰諸公,是用王禮也。惟王臣有公,諸侯之臣稱公,自季世始。"

世佐案,"羞于諸公卿"者,亦謂進脯醢者也。郝以羞膳、羞卿皆爲進酒者,非。又案,君稱公,臣稱諸公,一字而尊卑辨矣。大國之孤曰公,説見《鄉飲酒禮》。

右命執事。

射人納賓。

註曰:"射人爲擯者也。"

敖氏曰:"納賓之辭蓋曰:'君須矣,吾子其入也。'"

賓入,及庭,公降一等,揖之。

註曰:"及,至也。至庭,謂既入而左北面時。"

敖氏曰:"一等者,階也,并堂爲二等矣。揖之,使之升也。《大射儀》云:'賓辟。'"

公升,就席。

註曰:"以其將與主人爲禮,不參之也。"

右納賓。

賓升自西階,主人亦升自西階,賓右北面,至再拜,賓答再拜。

註曰:"主人,宰夫也。宰夫,大宰之屬,掌賓客之獻飲食者也。其位在洗北,西面。君於其臣,雖爲賓,不親獻,以其尊,莫敢伉禮也。至再拜者,拜賓來至也。天子膳夫爲獻主。"

疏曰:知主人是宰夫者,《燕義》云"使宰夫爲獻主"是也。"其位在洗北,西面"者,下文"胥薦主人于洗北,西面"是也。

敖氏曰:"諸侯之宰夫,蓋以士爲之,其位亦在西方,故賓進,則主人因從而升也。至再拜者,於賓始至而拜之,所謂拜至也。"

郝氏曰:"《周禮·膳夫職》云:'王燕飲酒則爲獻主。'王膳夫上士,則諸侯宰夫亦士。士代君主,猶孫爲王父尸也。"

張氏曰:“主人亦升自西階者,代君爲獻主,不敢由阼階也。”

世佐案,宰夫,士也,初位在西方,敖、郝二説得之。洗北西面,乃其受薦之位耳,不可援以爲證。

右拜至。

郝氏曰:“王燕飲,使膳夫主獻,此一人之禮,未聞諸侯也,飲臣而不自主,賓大臣而主以士,簡也。天子尊無二上,臣代主可,諸侯用之,泰也。昔齊景公用斯禮饗魯昭公,以臣待魯侯,而以王自處,昭公所以去之。世儒定以爲諸侯燕禮,不亦好大之過與?議禮者不可不辨也。”

世佐案,王燕飲,使膳夫主獻。公燕飲,使宰夫主獻。皆所以明君臣之義也。郝氏譏其泰過矣。《左傳》昭二十七年,齊侯飲公酒,使宰獻。卑之比于大夫也,曷嘗以王自處哉。

主人降洗,洗南,西北面。

註曰:“賓將從降,鄉之。”

賓降,階西東面。主人辭降,賓對。

敖氏曰:“階西東面,東西亦當序。此賓降而主人於洗南辭之,則其降之節亦可見矣。賓對,亦少進,既則復位。”

主人北面盥,坐取觚洗。賓少進,辭洗。主人坐奠觚于篚,興對,賓反位。

註曰:“賓少進者,又辭,宜違其位也。獻不以爵,辟正主也。古文觚皆爲觶。”

疏曰:“此宰夫爲主人,非正主,故用觚,對《鄉飲酒》、《鄉射》是正主,皆用爵。”

敖氏曰:“獻公用象觚,則此觚乃角觚也,下放此。賓少進者,少南行而東面也。主人興、對,亦西北面。”

郝氏曰:“反位,反西階下東面之位。”

張氏曰:“凡觴,一升曰爵,二升曰觚,三升曰觶,四升曰角,五升曰散。”

主人卒洗,賓揖乃升。

敖氏曰:“賓每先升者,以宰夫是士,且非正主也。”

主人升，賓拜洗，主人賓右奠觚答拜，降盥。賓降，主人辭，賓對。

敖氏曰："降辭之位，皆如初可知。"

卒盥，賓揖升，主人升，坐取觚。

註曰："取觚，將就瓦大酌膳。"

執冪者舉冪，主人酌膳，執冪者反冪。

註曰："君物曰膳，膳之言善也。酌君尊者，尊賓也。"

敖氏曰："賓者，君之所命者也，故主人代君飲之，則酌君尊，蓋達君之意也。酌膳，東面。"

郝氏曰："反冪，既酌，反冪于尊上。"

主人筵前獻賓，賓西階上拜，筵前受爵，反位。主人賓右拜送爵。

註曰："賓既拜，前受觚，退復位。"

敖氏曰："獻賓，蓋亦西北面，與《鄉飲酒》同，故不著之。"

膳宰薦脯醢，賓升筵，膳宰設折俎。

註曰："折俎，牲體骨也。《鄉飲酒記》曰：'賓俎：脊、脅、肩、肺。'"

張氏曰："引《鄉飲酒記》，明此亦同也。"

世佐案，此賓俎宜用臂，公用肩，尊卑之差也。敖説見後，當從之。

賓坐，左執爵，右祭脯醢，奠爵于薦右，興，取肺，坐絶祭，嚌之，興，加于俎，坐捝手，執爵，遂祭酒，興，席末坐，啐酒，降席，坐奠爵，拜，告旨，執爵興，主人答拜。

註曰："降席，席西也。"

疏曰："'降席，坐奠爵，拜'，鄭云'降席，席西'，不言面，案前例降席，席西拜者皆南面，拜訖則告旨。"

敖氏曰："此賓乃大夫也，亦絶肺以祭。而下文又云'公祭如賓禮'，則是自上至下，此禮同也。舊説謂大夫以上繚祭，惟士絶祭，其不攷諸此乎？於此乃言爵者，上文已明，不嫌其異，故隨文便耳，下文放此。凡觚、觶、角、散，亦通稱爵。酒非主人之物，賓乃告旨者，以其爲獻主也。"

世佐案，絶祭、繚祭之分，本《周禮·大祝職》文，康成謂"禮多者繚之，禮略者絶則祭之”是也。攷之此經，祭肺之儀，但見其絶，未聞其繚。説者欲以《鄉飲酒禮》當之，誠誤。然《鄉飲酒禮》云“弗繚”，明大夫以上固有繚者矣。其繚也，必于饗。饗禮雖亡，以類推之，可知也。《鄉飲》、《鄉射》絶祭，士賤也。《燕禮》、《大射》亦絶祭，禮略也。尊于士，詳于燕，其惟大夫以上之饗禮乎？若以此經無繚祭之文，遂謂自上至下同絶祭，則汰矣。《鄉飲酒禮》疏云：“《燕禮》、《大射》雖諸侯禮，以賓皆大夫爲之，臣在君前，故不爲繚祭，皆爲絶祭也。”此説近之。

賓西階上北面坐卒爵，興，坐奠爵，遂拜，主人答拜。

敖氏曰：“執爵興，主人乃答拜。凡答拜皆於所答者興乃爲之，經或不言其興，文省爾。”

右主人獻賓。

世佐案，此節有與《鄉飲酒禮》同者，不重釋，下放此。

賓以虚爵降，主人降，賓洗南坐奠觚，少進，辭降，主人東面對。

註曰：“上既言爵矣，復言觚者，嫌易之也。《大射禮》曰：‘主人西階西，東面，少進，對。’”

敖氏曰：“坐奠觚，興，少進，皆西北面。”

賓坐取觚，奠于篚下，盥洗。

註曰：“篚下，篚南。”

主人辭洗。賓坐奠觚于篚，興對。

敖氏曰：“辭亦宜少進，如賓也。於賓，既對則反位。”

卒洗，及階，揖升。主人升，拜洗如賓禮。

敖氏曰：“及階乃揖，以己當先升也。賓揖主人，乃離其位。然則賓於主人卒洗之時，固不待其及階而揖升矣。如賓禮，謂迭拜。”

賓降盥，主人降，賓辭降。卒盥，揖升，酌膳，執冪如初。

敖氏曰：“酌膳者，主人酌。此獻賓，故賓酢亦如之，亦以其代君飲己，尊之也。執冪，執冪者舉反之節也。”

以酢主人于西階上。主人北面拜受爵，賓主人之左拜送爵。

註曰："賓既南面授爵，乃之左。"

世佐案，酢，主人亦于西階上，以公在阼也。

主人坐祭，不啐酒。

註曰："辟正主也。未薦者，臣也。"

張氏曰："正主人皆有啐酒，唯不告旨。賓獻訖，即薦脯醢。此主人是臣，故酢時不薦，至獻大夫後，乃薦于洗北。"

世佐案，不于此時薦主人者，亦辟正主之義，且以其士賤也。

不拜酒，不告旨。

註曰："主人之義。"

世佐案，拜酒、告旨本是一意。上經云"降席，坐奠爵，拜，告旨"即其禮也。凡言不告旨，則不拜酒可知。此並著之者，文詳也。

遂卒爵，興，坐奠爵，拜，執爵興，賓答拜。主人不崇酒，以虚爵降，奠于篚。

敖氏曰："不崇酒者，無崇酒之拜也。酒非己物，故是禮亦不可得而行。"

賓降，立于西階西。

敖氏曰："己之獻、酢畢，而主人又將與君爲禮，故不敢居堂。"

射人升賓，賓升，立于序内，東面。

註曰："《大射禮》曰：'擯者以命升賓。'"

敖氏曰："升賓者，優之也。序内東面，鄉君也。"

右賓酢主人。

主人盥，洗象觚，升，實之。

註曰："象觚，觚有象骨飾也。取象觚者東面。"

敖氏曰："亦酌膳、執冪如初。不言者，可知也。○案註云'象骨'，恐當作'象齒'。"

東北面獻于公。

敖氏曰："酒乃君物，主人進之於君，而曰獻者，以主人爲獻主故也。"

公拜受爵。

疏曰:"凡此篇内,公應先拜者,皆後拜之,尊公故也,是以下舉旅行酬,皆受酬者先拜,公乃答拜。此公先拜受爵者,受獻禮重故也。"

主人降自西階,阼階下北面拜送爵。

敖氏曰:"拜於下者,臣也。此惟一拜而已,蓋答公拜也。一拜則不稽首,答公拜而不稽首,亦獻禮然也,其他則否。凡臣先拜其君,皆再拜稽首。"

郝氏曰:"升降不敢由阼,避正主也。"

士薦脯醢,膳宰設折俎,升自西階。

註曰:"《大射禮》曰:'宰胥薦脯醢,由左房。'"

疏曰:"前獻賓、薦脯醢及設折俎皆使膳宰者,賓卑故也。今於公,'士薦脯醢,膳宰設折俎'異人,以其士尊於膳宰,君尊,故使士薦。引《大射禮》者,證此經脯醢從左房而來。"

敖氏曰:"升自西階者,俎也。著之者,嫌設公俎宜由阼也。此公俎似當用肩,賓俎用臂,與《鄉飲酒》賓主之俎異。膳宰既設俎,則少退,東(西)〔面〕而俟[①]。既,贊授肺乃降。"

公祭如賓禮。

敖氏曰:"祭,謂祭薦、祭肺、祭酒也。其異者,於下見之。"

膳宰贊授肺,不拜酒,立卒爵,坐奠爵,拜,執爵興。

敖氏曰:"'贊授肺'者,以授肺而贊之也。君尊,不興取肺,未祭則授之,既祭則受之。惟言'授',但見其一耳。'不拜酒'者,以其爲己物也。不拜酒,則亦不啐酒。凡男子之坐卒爵者,奠爵乃拜。婦人之尊者立卒爵,而執爵拜,此立卒爵而奠爵拜,其君禮與?公於其臣乃先拜既者,亦獻禮重也。"

主人答拜,升受爵以降,奠于膳篚。

敖氏曰:"云'奠于膳篚',見爵者取之亦在此也。"

右主人獻公。

---

① "面"原作"西",校本同,《集説》作"面",應據改。

世佐案，受獻之禮，君先拜臣，臣乃荅以一拜。上以恭接下，下以質應上，太和氣象在成周堂陛間，迄今猶可想見。所謂於朝曰君臣焉，於燕曰賓主焉，先王以禮使臣之厚也，嗚呼盛哉[①]！

更爵洗，升，酌膳酒以降，酢于阼階下，北面坐奠爵，再拜稽首，公答再拜。

註曰："更爵者，不敢襲至尊也。"

疏曰："主人受公酢而自酌者，不敢煩公，尊君之義。"

楊氏曰："君尊，不酢其臣。主人自酢，成公意也。雖更爵，亦酌君之膳酒者，明酢之之意出於君也。"

敖氏曰："更爵者，改取南篚之觚，蓋不敢用君器也。上下文酌膳皆無'酒'字，此有者，衍也。"

主人坐祭，遂卒爵，再拜稽首，公答再拜，主人奠爵于篚。

敖氏曰："亦興、坐奠爵，乃再拜稽首，執爵興。"

右主人受公酢。

主人盥洗，升，媵觚于賓，酌散。

註曰："媵，送也，讀或爲揚。揚，舉也。酌散者，酌方壺酒也，於膳爲散。今文媵皆作騰。"

敖氏曰："洗，洗角觶也。自飲而盥洗，象賓之飲己也，下文類此者，其義皆然。主人因在下，遂盥洗，故賓不降，亦異於正主者也。騰，猶揚也。觚，當作觶，此酬賓也，乃云'騰觶'者，以主人於賓爲降等故爾。云'騰觶于賓'者，題其事耳。騰者，亦取其自下而上之意。酌散者，以其將自飲。凡卑者之酌酬酒，其於臣禮則曰'舉觶'，於君禮則曰'騰觶'云。"

郝氏曰："媵，言酳，嗣舉也。初獻爲正，再酌爲媵，媵，副也，與賸通。貳嫡曰媵，獻而又酬，所以爲媵。"

世佐案，媵，送也，副也，合二義乃備。敖氏改從今文，不若仍用鄭本。凡酬用觶，而此及《大射儀》酬賓皆用觚，辟君也。獻公用觚，媵爵用觶，以異爲敬，故賓宜辟之。改觚爲觶，非。

---

① "嗚呼盛哉"四字，校本無。

西階上坐奠爵，拜。賓降筵[①]，北面答拜。

疏曰：案賓前受獻訖，立于序内以來，未有升筵之事，且《鄉飲酒》、《大射》酬前，賓皆無逆在席者。或言降筵者，蓋誤。從《句讀》節本。

郝氏曰："賓自酢主人後立序内，至主人酌散，賓降自筵者，當主人盥洗升，賓已就筵矣。或疑降筵爲誤，非也。"

世佐案，"降筵"二字當從疏作衍文，疏曰"或言降筵者，蓋誤"，則唐時傳本尚有無此二字者，今所傳皆其誤本也。郝氏據誤本而議疏，亦不審所去從矣。

主人坐祭，遂飲，賓辭，卒爵拜，賓答拜。

註曰："辭者，辭其代君行酒，不立飲也。此降於正主酬也。"

朱子曰："正主之酬，皆坐卒爵，此代君酬，當降禮而立飲，今不立而坐，則是不降，故辭不敢當也。"

敖氏曰："賓見主人將飲，故辭之，蓋欲即受此觶，不敢復煩主人之更酌己，且遠辟媵爵于公之禮也。媵爵于公者，亦皆先自飲，乃更酌之。云'卒爵拜'，省文也。《大射禮》曰：'卒爵興，坐奠爵，拜，執爵興。'"凡敖説"騰"字，今仍從鄭本，改爲"媵"。

世佐案，賓辭之意，敖蓋得之。如註説，則主人之代君久矣，卿受賓酢[②]，亦不立飲，賓何以不辭耶？

主人降洗，賓降，主人辭降，賓辭洗。卒洗，揖升。

敖氏曰："此皆如獻禮也。"

不拜洗。主人酌膳，賓西階上拜。

註曰："拜者，拜其酌也[③]。"

疏曰："案《鄉飲酒》、《鄉射》主人酬賓，皆主人實觶，席前北面，賓始西階上拜。此及《大射》主人始酌膳時，賓已西階上拜者，以其燕禮、大射皆是主人代君勸酒，其賓是臣，急承君勸，不敢安暇，故先拜也。"

---

① "賓降筵"，校本重出一"賓"字。阮《校》云："賓，唐石經、敖氏俱不重，徐本、《集釋》、《通解》、《要義》、楊氏、毛本俱重。《石經考文提要》云：《大射禮》此節不疊賓字。"

② "卿"原作"鄉"，據校本及文意改。底本中多"卿"、"鄉"混用者，今依文意録定，後放此。

③ "也"，校本、閩本、監本、毛本同，徐本、《集釋》、《通解》、楊氏、庫本、士禮居翻刻嚴州本俱作"已"。

敖氏曰："拜，爲將受之。是時，主人已在筵前，北面。"

世佐案，《鄉飲酒禮》云"主人實觶，賓之席前，北面，賓西階上拜"，此亦與彼同，但文有詳略耳。註疏説恐未是，當以敖説爲正。《大射儀》放此。

受爵于筵前，反位，主人拜送爵。

敖氏曰："主人酬賓，不奠乃授之者，亦與士禮異者也。主人拜，亦於賓右。"

賓升席，坐祭酒，遂奠于薦東。

註曰："遂者，因坐而奠，不北面也。"

郝氏曰："賓不飲酬酒，猶必坐祭後奠，敬君也。"

主人降，復位。

敖氏曰："位，西方東面也。此時未有洗北西面位，至既獻大夫而薦，乃有之。"

賓降筵西，東南面立。

註曰："賓不立於序内，位彌尊也。位彌尊者，其禮彌卑[①]。《記》所謂一張一弛者，是之類與？"

疏曰：賓初得獻，立序内。此酬訖，立席西，漸近賓筵，是位彌尊，酬禮漸殺，故云"禮彌卑"也。從《句讀》節本。

李氏微之曰："東南面立，鄉君也。"

敖氏曰："降，降筵也。曩者賓降于階下，而君命升之，故此時惟降筵而已，恐褻禮而重煩君命也。不立于序内者，升降異處，以相變爲敬。"

世佐案，此亦敖説得之，註似迂晦。

右主人酬賓。

小臣自阼階下請媵爵者，公命長。

敖氏曰："此媵爵以爲旅酬始也。長，謂下大夫之長也。此但云命長，不言下大夫者，其以下大夫媵觶有常職故與？"

世佐案，長，官之長，非年之長也。下大夫五人，以屬于司徒者爲長。

---

① "禮"原作"體"，校本作"禮"。阮《校》曰："徐、陳、《集釋》、《通解》、楊氏同，毛本'禮'作'體'。按《大射》疏引此亦作'禮'。"據改。

蓋朝廷莫如爵,鄉黨莫如齒,其義異也。

小臣作下大夫二人媵爵。

註曰:“作,使也。卿爲上大夫,不使之者,爲其尊。”

敖氏曰:“以公命作之也。二人,所謂長也。大夫在入門左之位,北面,則小臣作之者,其亦南面與?”

世佐案,註意蓋謂媵爵之事賤,不可使尊官爲之也。此與命大夫爲賓,宰夫爲主人義異,疏誤。

媵爵者阼階下皆北面再拜稽首,公答再拜。

註曰:“再拜稽首,拜君命也。”

敖氏曰:“北面,亦東上。”

媵爵者立于洗南,西面北上,序進盥,洗角觶,升自西階,序進,酌散,交于楹北,降阼階下,皆奠觶,再拜稽首,執觶興,公答再拜。

註曰:“序,次第也,猶代也。楹北,西楹之北也。交而相待於西階上,既酌,右還而反,往來以右爲上。”

疏曰:“西面北上”者,是未盥相待之位。“序進盥”,則北面向洗。又云二大夫盥洗訖,先升者由西楹之北向散尊,酌訖,右還,復由西楹之北向西階上北面相待。後升者亦由西楹之北進向尊所,酌訖,右還而反,二人往來,相遇於楹之北。先酌者待後酌者至,乃次第而降,故註云:“交而相待於西階上。”從《句讀》節本。

敖氏曰:“序進之節,先者既洗,後者乃進也。先者既洗,即升立于西階上,以俟後洗者也。酌散更言序進,明其復發於西階上也。交于楹北,交相右也。凡經文惟言交者,皆謂相右也。階上之位,退者在東,進者在西,以相右爲便。降時亦先者降三等,後者乃降,蓋同階而同時俱降之法然爾。”

媵爵者皆坐祭,遂卒觶,興,坐奠觶,再拜稽首,執觶興,公答再拜。媵爵者執觶,待于洗南。

註曰:“待君命也。”

敖氏曰:“洗南西面,鼏者之位。”

小臣請致者。

註曰:"請使一人與?二人與?優君也。"

敖氏曰:"致,如致爵之致。酒,君物也,以進於君,故謂之致。"

張氏曰:"或皆致,或一人致,取君進止。"

若君命皆致,則序進,奠觶于篚,阼階下皆再拜稽首,公答再拜。

敖氏曰:"皆,皆二人也。言'若'者,不定之辭。下文云'若命長致',與此互見也。亦小臣命之,乃序進。"

媵爵者洗象觶,升實之,序進,坐奠于薦南,北上,降阼階下,皆再拜稽首送觶,公答再拜。

註曰:"序進,往來由尊北,交于東楹之北,奠于薦南,不敢必君舉也。《大射禮》曰:'媵爵者皆退,反位。'"

疏曰:前二人酌酒,降自西階,故交於西楹之北。此酌酒,奠于君所,故交於東楹之北。先酌者東面,酌訖,由尊北,又楹北往君所,奠訖,右還而反。後酌者亦於尊北,又於楹北與反者相交。先者於南西過後者,於北東行,奠訖,亦右還而反,相隨降自西階。凡奠爵,將舉者於右。今媵爵於公,爲將舉旅,當奠薦右,而奠于薦左,是不敢必君之舉也。引《大射禮》者,見此二人阼階下拜訖,亦反門右北面位也。從《句讀》節本。

敖氏曰:"此進退皆不相待于西階上,蓋急于爲君酌與拜送也。"

世佐案,升實之,不云酌膳可知也。序進,先酌者先進也。敖云"既酌而並立于尊所乃行",非。公席在阼階上,西鄉,薦南即其左也。奠于薦南,與《鄉飲酒記》所謂"將舉者於右"之義異,故註以"不敢必君舉"釋之,是也。郝云君南面,與尋常奠爵薦右異也,何弗考之甚耶。

右二大夫媵觶于公。

楊氏曰:"二人媵爵,公取此媵爵以酬賓,賓以旅酬於西階上,此與《鄉飲酒禮》'一人舉觶于賓'以爲旅酬始,其義同,而禮則不同。"

公坐取大夫所媵觶,興以酬賓。賓降,西階下再拜稽首。公命小臣辭,賓升成拜。

註曰:"興以酬賓,就其階而酬之也。升成拜,復再拜稽首也。先時君辭之,於禮若未成然。"

疏曰:"賓降拜,不於阼階下而言西階下,故知公在賓西階上也。"

敖氏曰:"曏者,君與賓各受主人之獻,其情意猶未接,至是,公乃酬賓,而與之爲禮也。興以酬賓,謂興立于席,舉觶鄉賓而酬之也。酬賓亦不下席,君尊也。'西階下,再拜稽首',雖爲賓,不敢不盡臣禮也。辭者,不受其拜下之禮,賓之也。賓升成拜,順君賓己之意也。"

世佐案,公酬賓於西階上,以貴下賤也。敖説非,當以註疏爲正。

公坐奠觶,答再拜,執觶興,立卒觶。賓下拜,小臣辭,賓升,再拜稽首。

註曰:"不言成拜者,爲拜故下,實未拜也。下不輒拜,禮殺也。此賓拜於君之左,不言之者,不敢敵偶於君。"

疏曰:上云"公酬賓于西階上",則此賓升再拜者,拜於君之左可知。經不言者,不敢敵耦于君,闕其文也。從《通解》節本。

敖氏曰:"'小臣辭',亦公命之,經不盡見之也。賓未卒拜而小臣辭之,亦異於初也。此不言成拜者,未卒拜於下,無所成也,下文放此。賓受公酬而每先拜,蓋君臣飲燕之禮然。禮,旅酬不拜既。"

世佐案,奠觶、答拜皆于西階上,敖云"奠于薦右",郝云"答于阼階上",皆非也。君無北面之禮,雖就賓階酬之,然其西面自若也。賓之拜也,於其西北面,則不得云"拜于君之左"矣。註疏説亦未是。

公坐奠觶,答再拜,執觶興。賓進受虚爵,降奠于篚,易觶洗。

註曰:"君尊,不酌故也。凡爵,不相襲者也。於尊者言更,自敵以下言易。更作新。易,有故之辭。進受虚爵,尊君也。不言公酬賓於西階上及公反位者,亦尊君,空其文也。"

朱子曰:"'更'、'易'二字,註疏之説雖詳,然於例頗有不合,疑本無異義,不必强爲分别也。"

敖氏曰:"篚,謂膳篚。'易觶',謂更取角觶也。或言'更',或言'易',互文耳。"

郝氏曰:"君既自飲,不酌,以虚爵授賓,異于敵者親酌授也。"

世佐案,賓於此云"進",則拜時於西階上少西矣。受虚爵,亦北面。

敖云“受于君席之前,東面”,非。公既授觶,反位。

公有命,則不易不洗。

敖氏曰:“命,謂使之仍用象觶也。賓則不易之,不敢違君意也。不洗者,嫌也。承尊者後而復洗之,則嫌若不以爲絜然。”

反升,酌膳觶。

敖氏曰:“‘觶’字衍文,《大射儀》無之。‘酌膳’者,以爲公所酬,亦達其意也。雖易觶,猶酌膳。”

下拜。小臣辭,賓升,再拜稽首。

註曰:“下拜,下亦未拜。凡下未拜有二,或禮殺,或君親辭。君親辭,則聞命即升,升乃拜,是以“以”,《通解》作“亦”。不言成拜。”

疏曰:云“凡下未拜有二”,禮殺者,謂若此酬時也。“或君親辭”者,謂若《公食大夫》云“公拜至,賓降西階,東北面答拜,公降一等,辭,賓升,階上北面,再拜稽首”,是階下未拜,不得言升成拜也。從《通解》節本。

公答再拜。

註曰:“拜於阼階上也,於是賓請旅侍臣。”

疏曰:云“於是賓請旅侍臣”者,見下記與《大射禮》。從《集説》節本。

賓以旅酬於西階上。

疏曰:此目旅酬之事[①],下文“射人作大夫長”以下,乃言其法。從《通解》節本。

射人作大夫長升受旅。

註曰:“言作大夫,則卿存矣。長者尊先而卑後。”

疏曰:“賓則旅三卿,三卿徧,次第至五大夫,大夫徧,不及士。”

敖氏曰:“長,如若長之長。大夫長,謂上卿,若諸公也。此惟據受賓酬者而言,若有諸公,則先酬之。”

賓大夫之右坐奠觶,拜,執觶興,大夫答拜。

註曰:“賓在右者,相飲之位。”

疏曰:賓在西階上酬卿,賓與卿並北面,賓在東,卿在西,是賓在大夫

① “目”原作“自”,校本作“目”,與《通解》同,據改。

之右。賓位合在西，而今在東者，相飲之位也。從《句讀》節本。

敖氏曰："惟云大夫者，諸公與卿亦大夫耳。大夫未獻，乃先受旅者，此酬禮不主於己，故無嫌。"

賓坐祭，立飲卒觶，不拜。

註曰："酬而禮殺。"

疏曰："此對酢之時。坐卒爵，拜既爵，是禮盛也。"

敖氏曰："賓獨祭酬酒者，以此酒爲公所酬，異之也。"

若膳觶也，則降更觶洗，升，實散。大夫拜受，賓拜送。

註曰："言更觶，卿尊也。"

敖氏曰："公優所酬者，或使得用象觶而不可以及乎其他，是以更用角觶。旅酬而洗者，亦爲更觶，新之也，餘則不洗。賓既拜送，則就席。"

張氏曰："膳觶本非臣所可襲，以君命，故得一用。至酌他人，則必更矣。註釋'更'字義亦未可信。"

世佐案，此爲公有命則不易不洗者言也。若既易，則不更不洗而竟實散矣。不復酌膳者，異于公所酬也。

大夫辯受酬，如受賓酬之禮。

敖氏曰："如'射人作升，受旅'以下之儀也。"

不祭。

疏曰：不祭者，酬禮殺也。

敖氏曰："此見其異者也。酬酒不祭，乃其正禮。賓之祭者，有爲爲之耳。"

卒受者以虛觶降，奠于篚。

註曰："卒，猶後也。《大射禮》曰：'奠于篚，復位。'"

疏曰："復門右北面位。"

敖氏曰："卒受者，下大夫之末者也。無所酬，獨飲于西階上，不言復位，文省，下放此。"

右公爲賓舉旅。

楊氏曰："公取媵爵以酬賓，此别是一禮，與尋常酬賓不同，此所謂公爲賓舉旅也。燕禮君使宰夫爲獻主，以臣莫敢與君伉禮也。今君舉觶於西階之上以酬賓,可乎? 蓋君臣之際,其分甚嚴,其情甚親,使宰夫爲獻主,所以嚴君臣之分,今舉觶以酬賓,賓西階下拜,小臣辭,升成拜,公奠觶,答再拜,公卒觶,賓下拜,公答再拜,略去勢分,極其謙卑,所以通君臣之情也。註云不言君酬賓於西階上及公反位,尊君,空其文也。此又所以嚴君臣之分也。"

郝氏曰:"媵爵有二,君以一酬賓,一尚在薦南,後一人再媵,遂成三爵。酬不及士,堂上無士席,三旅後乃徧及也。"

主人洗,升,實散,獻卿于西階上。

註曰:"酬而後獻卿,别尊卑也。飲酒成於酬也。"

疏曰:此酬非謂尋常獻酬,乃是君爲賓舉旅行酬。飲酒之禮成於酬,酬辯乃獻卿,以君尊卿卑,是以君禮成,卿乃得獻。

楊氏曰:"卿者,君之股肱腹心,燕禮之所當先也。獻禮後卿,何也?《燕義》曰:'不以公卿爲賓,而以大夫爲賓,爲疑也,明嫌之義也。'既命大夫爲賓,故先獻賓,獻賓而後獻公。又獻禮成於酬,禮成而後獻卿,此事之序,禮之宜,非後於卿也。"

敖氏曰:"實散,降於賓也,凡獻于西階上,皆西南面。"

司宫兼卷重席,設于賓左,東上。

註曰:"重席,重蒲筵,緇布純也。卿坐東上,統於君也。席自房來。"

敖氏曰:"兼卷,謂以兩席相重而并卷之也,其卷亦自末。執時兼卷,是設時亦兼布之矣,此固異於設加席之法,亦以其二席之長短同,故得由便爲之爾。東上者,席也,其位亦如之。每獻一人,則設席。"

張氏曰:"重席,但一種席重設之,故註云'重蒲筵,緇布純也'。加席,則於席上設異席,如《公食大夫記》云'司宫具几與蒲筵常,緇布純,加萑席尋,玄帛純'是也。"

世佐案,卿席于賓左,猶《鄉飲酒禮》之遵者席于賓東也,惟東上爲異。遵席西上,遵亦主也,故統于賓。卿席東上,卿亦臣也,故統于君。《鄉飲酒禮》尊于房户之間,故遵在賓東,實在尊東,此雖尊于東楹之西,而席卿之處亦如之。知不繼賓而東者,以賓東户牖之間爲王設扆之處,宜辟之也。三卿之序,亦以東爲上,司徒最東,次司馬,次司空也。

卿升，拜受觚，主人拜送觚。

敖氏曰："拜送，不言卿右，可知也，下放此。"

卿辭重席，司宮徹之。

註曰："徹，猶去也。重席雖非加，猶爲其重累去之，辟君也。"

張氏曰："以君有加席兩重，此雖蒲筵一種，重設，嫌其兩重，與君同也。"

乃薦脯醢，卿升席坐，左執爵，右祭脯醢，遂祭酒，不啐酒，降席，西階上北面坐卒爵，興，坐奠爵，拜，執爵興。主人答拜，受爵。卿降，復位。

註曰："不酢，辟君也。卿無俎者，燕主於羞。"

疏曰："此薦脯醢，不言其人，略之，故下記辨之云'羞卿者，小膳宰'是也。"

敖氏曰："不啐酒，則不拜酒、不告旨可知，此亦降於賓者也。無俎者，燕禮輕於大射，故卿遠下賓也。卿升降席皆自西方。"

張氏曰："獻公，主人酢於阼階下，此不酢者，嫌與獻公同也。"

世佐案，復位，復堂下西面位也。

辯獻卿，主人以虛爵降，奠于篚。

敖氏曰："辯獻卿，如'賓散'以下之儀，惟不洗耳。主人既奠爵，復位于西方。"

射人乃升卿，卿皆升就席。若有諸公，則先卿獻之，如獻卿之禮。

註曰："諸公者，謂大國之孤也。孤一人，言諸者，容牧有三監。"

敖氏曰："此禮通五等侯國言之，故於諸公云'若有'，蓋上公之國乃有四命之孤，侯、伯以下則無之也。'先卿獻之'，謂先獻公，乃獻卿，亦既獻則升就席，不與卿序升也。"

張氏曰："鄭司農註《典命》云：'上公得置孤卿一人。'後鄭從之，是孤卿本一人也。《王制》云：'天子使其大夫爲三監，監於方伯之國，國三人。'是方伯之國或有三公，故云'諸公'也。疏又云，立三監是殷法，'周使伯佐牧，不置監。其有監者，因殷不改者'也。故鄭云'容'，容有異代之法也。"

世佐案,孤一人而曰"諸公"者,以别於其君之稱公也。諸,衆也,若曰"猶",是衆臣云爾。《周禮·典命職》云:"公之孤四命,以皮帛眡小國之君。"註云:"視小國之君者,列於卿、大夫之位,而禮如子、男也。"惟其禮如子、男,故亦得稱公。惟其列于卿、大夫之位,故加"諸"以别之。亦有言"公"而不加"諸"者,《鄉飲酒禮》云"公三重"是也,以其在鄉里言之也。天子之上公亦有稱諸公者,《曲禮》曰"諸公東面"是也,以其在王朝言之也。正名之義,各有攸當,註乃引殷法以釋之,誤矣。

席于阼階西,北面東上,無加席。

註曰:"席孤北面,爲其大尊,屈之也,亦因阼階西位近君,近君則屈,親寵苟敬私昵之坐。"

疏曰:孤無加席者,亦是爲大尊屈之也。記云:"賓爲苟敬,席于阼階之西以爲敬。"此孤亦席於阼階之西,故爲苟敬私昵之坐也。從《通解》節本。

敖氏曰:"席之於此,以其尊於卿而不與之序也。阼階之西,於君席爲西南,直其左也。諸公在君之左,卿在君之右,蓋以左爲尊也。東上者,亦統於君也。無加席者,以太近於君,故設時即不敢與之同,而不待其辭也。上爲卿設重席而已,而於公乃云'無加席'者,明其尊於卿,若或於君所而用兩席焉,則當有加席,而非重也。禮,加席尊於重席。"

右主人獻諸公、卿。

小臣又請媵爵者,二大夫媵爵如初。

敖氏曰:"上經云'皆致',是猶有一奠觶未舉也。小臣又請之者,此媵觶之節耳。蓋曏者公命皆致,今猶有一奠觶,若惟命長致,則奠觶無矣,故於是時不以奠觶之有無皆當媵爵,蓋以爲節也。"

張氏曰:"二大夫媵爵,自阼階下,皆北面再拜稽首,至執觶待于洗南,皆與前二人媵爵者同也。"

請致者,若命長致,則媵爵者奠觶于篚,一人待于洗南,長致。致者阼階下再拜稽首,公答再拜。

敖氏曰:"長,二人中之尊者。命長致云'若',則或有命皆致者矣。蓋説屨升坐以前,君凡三行酬,則大夫所致者當有三爵。然大夫致爵之節惟止於再,故公之命致爵者或前多則後寡,或前奇則後偶,皆互爲進退，以取足於三觶之數，使之無過與不及耳。此經之所明言者，乃前多後寡者也。其所不見者，則皆言‘若’以包之。若然，則此時之當致者蓋有定數，而小臣猶請之者，當由君命，而不敢自專也。”

張氏曰：“前媵爵云‘若命皆致’，此媵爵云‘若命長致’，皆不定之辭，非謂前必二人，後必一人也，欲互見其儀耳。”

洗象觶，升實之，坐奠于薦南，降，與立于洗南者二人皆再拜稽首送觶，公答再拜。

註曰：“奠于薦南者，於公所用酬賓觶之處。二人俱拜，以其共勸君。”

敖氏曰：“不致者亦拜，以始者並受君命，宜終之也，亦拜于阼階下。”

張氏曰：“前二人媵觶，奠二觶於薦南，公取上觶，爲賓舉旅，下觶仍在。今又媵一觶，奠於薦南，知其在公所用酬賓觶之空處也。”

右二大夫再媵觶于公[1]。

公又行一爵，若賓若長，唯公所酬，以旅于西階上，如初。

註曰：“一爵，先媵者之下觶也。若賓若長，則賓禮殺矣。長，公、卿之尊者也。賓則以酬長，長則以酬賓。”

疏曰：“言‘如初’者，一如上爲賓舉旅之節。”

敖氏曰：“先若二人致，則此一爵乃先致者之下觶。先若一人致，則此乃後致者之上觶也。長，公若卿之尊者也。至是云‘若長’者，公卿已在堂，故君得酬之，君酬之，是亦賓之也，故其爲禮與正賓同。此酬主於公若卿，乃或又酬賓者，容遂尊者之所欲耳。公卿既受獻，君乃爲之舉酬，禮之序也，下於大夫之禮亦然。旅者，賓則以酬長，長則以酬賓在堂者，酬訖，大夫乃升受旅以辯。”

大夫卒受者以虛觶降，奠于篚。

敖氏曰：“言大夫卒受，以見士不與也。”

右公爲諸公、卿舉旅。

楊氏曰：“經云‘如初’，謂如前公爲賓舉旅時禮也。前君命二人皆致，有兩觶，奠于薦南。後命長致，有一觶，奠于薦南，前後凡有三觶。

---

[1] “二”原作“下”，校本作“二”，與上經文“二大夫媵爵如初”合，據改。

《燕禮》自'立司正'以前，凡有三舉旅，用此三觶也。初酬賓時，公坐取所媵一觶以酬賓，是行一觶也。此公又行一爵，'若賓若長，唯公所酬'，註云公又行一爵，'先媵者之下觶也'。下觶未舉，今舉之，是行二觶也。工歌之後，笙入之前，公又舉奠觶，唯公所賜，以旅于西階上如初，是行三觶也。註疏之文不甚顯焕，故表而出之。又主人獻士之後，賓媵觶于公，公取此觶爲大夫舉旅，此又在三觶之外也。"

主人洗，升，獻大夫于西階上。

敖氏曰："不言酌散者，可知也，後皆放此。大夫，中、下大夫也，中大夫即小卿。"

世佐案，《周禮》天官之屬：大宰卿一人，小宰中大夫二人，宰夫下大夫四人。是卿之下有中、下大夫而無上大夫也。春秋成三年《左傳》云"次國之上卿當大國之中，中當其下，下當其上大夫。小國之上卿當大國之下卿，中當其上大夫，下當其下大夫"，是三卿之下有上、下大夫而無中大夫也。《王制》云"諸侯之上大夫卿、下大夫、上士、中士、下士，凡五等"，是亦有上、下大夫而無中大夫，且以卿與上大夫爲一也。《論語》記孔子與上、下大夫言，亦不見中大夫。諸經所陳，參錯如此。説者謂諸侯無中大夫，而卿即上大夫，有中大夫者，自爲天子之制，其言似矣，奈與《左傳》不合，何？蓋天子、諸侯之制，所異者在設官之多寡，而其卿、大夫尊卑之差大略相似。天子六卿分職，無上、中、下之等，而有三公、三孤之號。諸侯惟公國有孤一人，其餘則皆無之，卿止三人，亦分三等，此其異也。至于大夫，則皆分爲二等。《左傳》所謂上大夫，即《周禮》之中大夫也。《周禮》通卿而言，卿爲上大夫，則其下爲中大夫、下大夫也。《左傳》别卿而言，卿既分上、中、下，則大夫亦自分上、下也。以卿與大夫對言，則卿爲上大夫，大夫爲下大夫，《王制》及《論語》所記是也。《孟子》亦云"卿一位，大夫一位"，其實細分之，則卿之中仍有三等，大夫之中仍有二等也。然則以卿爲一等，大夫爲二等者，天子之制也。卿爲一等，大夫爲一等者，以其尊卑大段言之也。卿爲三等，大夫爲二等者，以其隆殺小節言之也。詳略雖殊，曷嘗見其齟齬而不合哉。諸侯之國無論大小，皆有三卿、五大夫。惟畿内之國二卿。《王制》云："小國二卿，皆命於其君。"註云："小國亦三卿，一卿命於天子，二卿命於其君。"此文似脱誤耳，或者欲見畿内之國二卿與？三卿者何？立司徒兼冢宰之事，上卿也；司馬兼宗伯之事；中卿也。司空兼司寇之事,下卿也。合言之,皆上大夫也。五大夫者何?司徒之下,置小卿二人,一是小宰,一是小司徒;司空之下,亦置二小卿,一是小司寇,一是小司空也;司馬之下惟置一小卿,小司馬也。合言之,皆下大夫。分言之,其小宰、小司寇爲上大夫,小司徒、小司馬、小司空爲下大夫與?三卿亦總謂之上卿,五大夫亦總謂之下卿。春秋襄十一年《公羊傳》云"三軍者何?三卿也。古者上卿、下卿,上士、下士",何休云"古者諸侯有司徒、司空,上卿各一,下卿各二。司馬事省,上、下卿各一。若有軍事,上士相上卿,下士相下卿,足以爲治"是也。以予所考,諸侯之卿、大夫尊卑之差若是,敖氏分大夫爲中、下,而以中大夫爲小卿,語焉不詳,故及之。

大夫升,拜受觚,主人拜送觚。

敖氏曰:"拜位亦如獻賓。"

大夫坐祭,立卒爵,不拜既爵。主人受爵,大夫降,復位。

註曰:"既,盡也。不拜之者,禮又殺。"

疏曰:前獻卿不酢,已是禮殺,今獻大夫,不但不酢,又不拜既爵,故云"禮又殺"。從《句讀》節本。

敖氏曰:"獻而不拜既爵,亦差卑也。"

郝氏曰:"不祭脯醢,至終燕脱屨升席而後祭也。降復位,反堂下北面東上之位也。"

胥薦主人于洗北,西面,脯醢,無脀。

註曰:"胥,膳宰之吏也。主人,大夫之下,先大夫薦之,尊之也。不於上者,上無其位也。脀,俎實。"

疏曰:"脀者,升也,謂升牲體于俎,故云'俎實'也。"

敖氏曰:"宰夫,士也,先大夫薦之者,以其爲主人,異之也。不於賓酢而薦之者,以其爵本賤也。宰夫之位本在西方,亦以其爲主人,故至是而薦之于洗北,因使之易位焉,其意與卿、大夫、士既獻而易位者同。洗北於正主阼階東之位爲近,主人居之,亦宜也。薦西面,主人在其東也。無脀者,賤也,自卿已下已無脀矣,乃於主人見之者,嫌其與賓行禮,或當有之。胥,亦宰胥也。"

張氏曰:"宰夫代君爲獻主,君在阼階上,則己不得干正主之位,而薦之堂下。故註云'上無其位'也。"

世佐案，宰夫，天子以下大夫爲之，在諸侯當爲士也。天子膳夫爲獻主，膳夫亦是上士。敖説蓋得之矣。

辯獻大夫，遂薦之，繼賓以西，東上。

註曰："徧獻之乃薦，略賤也。亦獻而後布席也。"

疏曰："凡大夫升堂受獻，得獻訖，即降，獻徧，不待大夫升，遂薦於其位，大夫始升，故言'遂'也。"

敖氏曰："辯獻乃布席，布席然後薦，是皆變於卿者也。'繼賓以西，東上'，言其薦之次也，其席亦如之。主人辯獻大夫，則降奠爵于篚，而立于洗北之位，下禮放此。"

世佐案，繼賓以西，若鄉射三賓之位然，從其類也。賓東之席，惟三卿，小卿亦在賓西，言大夫則兼之矣。疏云"小卿與大卿皆在賓東"，"此賓西無小卿位"，非。

卒，射人乃升大夫，大夫皆升就席。

右主人獻大夫。

席工于西階上，少東。樂正先升，北面立于其西。

註曰："樂正，于天子樂師也。凡樂，掌其序事，樂成則告備。"

敖氏曰："'樂正先升'，亦變於射禮也。'北面立于其西'，亦與《大射儀》'樂正立于西階東'之文互見也。"

小臣納工。工四人，二瑟。小臣左何瑟，面鼓，執越，内弦，右手相。入，升自西階，北面東上坐。小臣坐授瑟，乃降。

註曰："工四人者，燕禮輕，從大夫制也。面鼓者，燕尚樂，可鼓者在前也。相，扶工也。後二人徒相。天子大僕二人也，小臣四人，祭僕六人，御僕十二人，皆同官。"

敖氏曰："此諸侯之小臣，乃多於《周官》所言天子小臣之數，亦其異者也。《序官》云：'小臣上士四人。'"

郝氏曰："《周禮・夏官》小臣四人，公燕，小臣相工四人，其他請媵、辭賓之類又小臣，則諸侯小臣不多于天子乎？故禮言難盡合也。"

世佐案，小臣止四人，而盡用之相工，鄭疑其不足于他用，故引《周禮・序官》之文，以見其同官者衆，或可兼攝遞换也，殊不知此相工之小臣即歸之請媵辭賓者。蓋小臣之職，掌王之小命詔、小法儀，正燕服位，于諸侯當亦不異。今以此篇考之，其始戒羣臣，設公席，納卿、大夫。既而請執冪及羞膳者，請媵，請致，辭賓下拜皆以小臣爲之，至是又納工而爲之相，前後職事各不相妨，雖四人，何慮其不給乎？若謂其不止于四人，則諸侯設官必無多于天子之理，適足以滋後人之惑，亦愚所不取也。又案，小臣相工，方行禮之時則然耳，非專司其事也，專司其事者，眡瞭也。舊説諸侯無眡瞭，使小臣代之，非。蓋瞽者不可一刻無相，《周禮》上瞽、中瞽、下瞽共三百人，眡瞭之數亦如之，每瞽一相，必不可少也。諸侯之眡瞭雖減于天子，亦豈小臣所能充其數乎？且眡瞭非官也，而小臣則以上士爲之，於諸侯亦當爲中士，豈得以羣僕侍御之臣而親兹細事乎？然則《眡瞭職》云"凡樂事，相瞽"，常職也，此篇及《大射儀》納工之時，相以小臣等官，以樂賓，故重其事也，若以暫時之相而廢其常職，有以知其必不然矣。小臣降立于西方，東面，北上，上士之位也。

工歌《鹿鳴》、《四牡》、《皇皇者華》。

敖氏曰："《春秋傳》曰：'《文王》、《大明》、《緜》，兩君相見之樂。'是諸侯之樂自《大雅》而下皆得用之，此君與臣燕，其禮輕，故但自《小雅》而下，而先歌此三篇也，其意與《鄉飲酒》息司正而用鄉樂之意同。"

世佐案，《小雅》，諸侯所宜歌也，其相見或歌《大雅》，禮盛者可以進取也，敖説誤。説見《鄉飲酒禮》。

卒歌，主人洗，升獻工。

註曰："工歌乃獻之，賤者先就事也。"

敖氏曰："此不辨工之爲大師與否，皆爲之洗，以其取觶于洗西之篚，宜因而洗之也。下洗獻笙，其義亦然。鄉飲酒、鄉射非獻大師則不洗者，以其取爵于上篚，故不特爲賤者降也。"

世佐案，鄉飲、鄉射人臣禮，大師之有無未可知，故或洗或不洗。燕、大射人君禮，大師無不在，故皆洗也。

工不興，左瑟，一人拜受爵，主人西階上拜送爵。

註曰："左瑟，便其右。一人，工之長者也。工拜於席。"

世佐案，一人，謂大師也。

薦脯醢。

註曰："輒薦之，變於大夫也。"

世佐案，每獻輒薦，自是獻工之常禮。註説鑿。

使人相祭。

世佐案，人，其眡瞭與？不言其升，相賤，略之也。

卒爵，不拜。主人受爵。衆工不拜，受爵，坐祭，遂卒爵。辯有脯醢，不祭。主人受爵，降奠于篚。

敖氏曰[①]："工之長云'不興'，此云'坐祭，遂卒爵'，文互見也。"

右樂作。

公又舉奠觶，唯公所賜，以旅于西階上，如初。

註曰："言賜者，君又彌尊，賓長彌卑。"

敖氏曰："賜與酬其禮同，特經之立文異耳。言'唯公所賜'，則是觶或及于大夫矣，以此節爲大夫舉旅故也。"

郝氏曰："公又舉奠觶，舉前長一人所媵觶，奠于薦南者，前後媵三觶，一酬賓，再酬賓長，三惟公賜。"

卒。

註曰："旅畢也。"

世佐案，言此者，爲下節也。

右公爲大夫舉旅。

笙入，立于縣中，奏《南陔》、《白華》、《華黍》。

註曰："縣中，縣中央也。《鄉飲酒禮》曰：'磬南北面。'"

疏曰：諸侯軒縣，闕南面而已，故得言"縣中"。《鄉飲酒》唯有一磬縣，不得言縣中，而云"磬南"。註引之者，欲見此立處亦近北面，縣之南也。

主人洗，升，獻笙于西階上。一人拜，盡階，不升堂，受爵，降，主人拜送爵。階前坐祭，立卒爵，不拜既爵，升，授主人。

敖氏曰："末句之下當有'爵'字，如《鄉飲酒》、《鄉射禮》之所云，此文脱耳。"

---

① "氏"字原無，校本作"敖氏"，按文例，應據補。

衆笙不拜，受爵降，坐祭，立卒爵，辯有脯醢，不祭。乃間歌《魚麗》，笙《由庚》；歌《南有嘉魚》，笙《崇丘》；歌《南山有臺》，笙《由儀》。遂歌鄉樂，《周南》：《關雎》、《葛覃》、《卷耳》；《召南》：《鵲巢》、《采蘩》、《采蘋》。

世佐案，此歌鄉樂，亦與衆聲俱作，惟云"歌"者，舉重而言樂，以人聲爲貴也。

大師告于樂正曰："正歌備。"

註曰："大師，上工也。掌合陰陽之聲，教六詩，以六律爲之音者也。"

世佐案，註說本《周禮・大師職》文，所謂"六詩"者，風、賦、比、興、雅、頌也。"詩"刊本誤作"師"，張氏釋之云："六師，《周禮》磬、鍾、笙、鎛、韎、籥等六師也。"何弗考之甚耶。

樂正由楹内東楹之東告于公，乃降，復位。

註曰："言由楹内者，以其立于堂廉也。復位，位在東縣之北。"

敖氏曰："'由楹内'，堂上東行者之節也，必著之者，以其立于堂廉，嫌或由便而自楹外過也。'告于公'，亦北面，不告賓者，臣統於君，與鄉禮異也。云'復位'，則是反其初位矣。初位，未詳其處。《鄉飲酒》註云：'樂正降立西階，東北面。'"

世佐案，上經不見樂正所立處，而此云"復位"，則亦在西方東面北上之位矣。蓋樂正於天子爲樂師，樂師下大夫，則樂正士也。士之位已見上，故于此言復。註云"位在東縣之北"，蓋出于臆說。敖引《鄉飲酒》註況之，亦未確。

右樂終。

楊氏曰："《燕禮》歌、笙、間、合四節與《鄉飲酒禮》同，《鄉飲酒禮》則四節相繼而作，《燕禮》於工歌三終之後，公爲大夫舉旅，既舉旅之後，乃笙入三終，間歌三終，合樂三終，而後樂備。蓋燕尚飲酒，故於工歌之後、笙入之前有旅酬之禮。"

射人自阼階下請立司正，公許，射人遂爲司正。

註曰："君許其請，因命用爲司正。君三舉爵，樂備作矣，將留賓飲酒，更立司正以監之，察儀法也。射人俱相禮，其事同。"

郝氏曰："初燕禮嚴，終則易懈。初酬賓，卿、大夫人少，終酬士人衆，故正之以司正也。"

司正洗角觶，南面坐奠于中庭，升，東楹之東受命，西階上北面命卿、大夫："君曰以我安。"卿、大夫皆對曰："諾，敢不安！"

註曰："洗奠角觶于中庭，明其事以自表，威儀多也。君意殷勤，欲留賓飲酒，命卿、大夫以我故安，或亦其實不主意於賓也。"

敖氏曰："中庭，亦南北之中，蓋阼階前也。司正不位於階間者，以燕亦有時而射，宜辟之也。洗角觶，爲將酌也。奠之乃升受命者，君命尊，不敢執觶由便以受之也，受命亦北面。'以我安'云者，若曰以我爲司正，所以安汝也，蓋達君之意而自爲之辭。《大射儀》曰：'命賓、諸公、卿、大夫。'此不言賓、諸公者，文省耳，下文放此。'敢不'者，奉命之辭。"

郝氏曰："君曰'以我安'，即命辭。以，猶與也。我，君自謂也，賓安則我安，望諸臣共留安賓，因以安君，慇懃誠切之至也。"

張氏曰："司正述君之言以命卿、大夫。我者，君自我也，言我欲留賓，當爲我安坐以留之也。"

世佐案，司正奠觶之處與《鄉飲酒》、《鄉射禮》同，皆在兩階之間，庭之中也。《鄉射禮》云"設楅于中庭，南當洗"，當洗既爲南北之節，則中庭爲東西節明矣。此惟言中庭，則南北之中亦因以可見。敖云"阼階前"，非。階前爲堂塗，何云中庭也。若射，則司正爲司馬，遷位于司射之南，説見《鄉射》。《鄉飲》、《鄉射》司正奠觶皆北面，此獨南面者，立司正所以監衆，君在堂，北面，嫌于監至尊，故南面以示監堂下諸臣也。一獻之禮，賓主百拜，非强有力者弗能勝，故於禮成樂備之後設有請安一節。君尊，惟恐其臣或以己故而不敢久留也，故命司正告之曰"子大夫其與我而俱安乎"，蓋示以留之之意也。於是賓、卿、大夫不復辭，而直應之曰"諾，敢不安也"[①]。敢不安者，言君安，孰敢不安也。詩人之愛其君也，曰"大夫夙退[②]，無使君勞"。君之禮其臣也，曰"以我安"。古之君臣藹然，家人父子之情，一體相關之誼於斯可覩矣。

---

① "敢不安"之"安"原作"敢"，校本作"安"，與下"敢不安者"合，據改。

② "夙"原作"速"，校本作"夙"，《毛詩・衛風・考槃》同，據改。

司正降自西階，南面坐取觶，升，酌散，降，南面坐奠觶，右還，北面少立，坐取觶，興，坐，不祭，卒觶，奠之，興，再拜稽首。

註曰："右還，將適觶南，先西面也。必從觶西，爲君之在東也。"

疏曰：右還，謂奠時南面，乃以右手向外而西面，乃從觶西南行而右還北面，蓋君在阼，若從觶東而左還北面，則背君也。從《通解》節本。

敖氏曰："將於觶南北面則右還，於觶北南面則左還，皆欲從觶東往來也。必從觶東者，變於在堂者升席、降席之儀而由上也。司正之位東上，少立者，定其位也。再拜稽首，謝君惠也。酒，君物也。"

世佐案，右還，説見《鄉射禮》。敖云"從觶東"，非。右還、左還皆威儀之法應爾。註爲君在東之説，恐未然。於觶南乃北面者，爲當取觶而飲，鄉堂而拜，示受命于君之意也。

左還，南面坐取觶，洗，南面反奠于其所。

註曰："反奠虚觶，不空位也。"

右立司正。

升自西階，東楹之東，請徹俎，降，公許。

敖氏曰："此'降'乃衍文，《大射儀》無之。曏者司正受命安賓，諸公、卿、大夫、賓奉命而不敢辭以俎，今司正請徹之，所以達其意。"

世佐案，司正于此不請坐于賓，而遽請徹俎于公，亦君禮之異者也。

告于賓。賓北面取俎以出。膳宰徹公俎，降自阼階以東。

註曰："膳宰降自阼階，以賓親徹，若君親徹然。"

敖氏曰："告于賓，亦西階上北面告之，既則降燕。賓乃執俎而出者，臣也，出授從者。"

郝氏曰："人臣升降由西階，膳宰徹君俎，降由阼階，重君物，别于諸臣也。以東，歸東壁也。"

世佐案，鄉飲、鄉射主人之俎亦降自西階，從賓也。燕，公俎降自阼階，君尊，得自由其階也。

卿、大夫皆降，東面北上。

註曰："以將坐，降待賓反也。"

疏曰：東面北上，西階下位也。從《集説》節本。

右徹俎。

賓反入，及卿、大夫皆説屨，升就席，公以賓及卿、大夫皆坐，乃安。

註曰："禮者尚敬，敬多則不親。燕安坐，相親之心也。"

疏曰：不云君降説屨者[①]，《少儀》云："排闔説屨於户内者，一人而已矣。"彼據尊者坐在室，則尊者一人説屨在户内。今此燕在堂上，則君尊，説屨於堂上席側可知也。從《通解》節本。

敖氏曰："賓入，少立於卿之北，司正升賓，賓乃及卿、大夫説屨而升也。自此以後，有升降而行禮者，皆跣也，至醉而退，乃屨。"

世佐案，《大射儀》云"司正升賓，賓諸公、卿、大夫皆説屨，升，就席"，此不言"司正升賓"者，文略也。

羞庶羞。

註曰："謂膷肝膋、狗胾醢也。骨體所以致敬也，庶羞所以盡愛也。敬之、愛之，厚賢之道。"

敖氏曰："亦先賓乃及公，而後及其餘。未獻士而羞，此則是不及於在下者矣。"

大夫祭薦。

註曰："燕乃祭薦，不敢於盛成禮也。"

敖氏曰："獻時不得祭薦，故至是乃爲之。必祭之者，宜終此禮，然後可以食庶羞也。"

郝氏曰："初獻，大夫于西階上，未升席，故未祭。至是升席，乃祭也。"

司正升受命，皆命："君曰無不醉。"賓及卿、大夫皆興，對曰："諾，敢不醉！"皆反坐。

註曰："皆命者，命賓，命卿、大夫也。起對必降席，司正退立西序端。"

敖氏曰："惟云'受命，皆命'，又不著其所，如上文可知。既對，則司正降而復位。"

---

① "云"原作"言"，校本作"云"，《通解》同，據改。

世佐案，註云"司正退立西序端"，蓋約《鄉飲酒禮》言之，然非也。西序端者，相旅之位，此下方獻士，未須相，況獻士之時，司正亦將與焉，則其降復觶南之位以俟可知也。當以敖説爲正。

右説屨升坐。

主人洗，升，獻士于西階上。士長升，拜受觶，主人拜送觶。

註曰："獻士用觶，士賤也。今文觶作觚。"

敖氏曰："凡獻，無用觶者，當從今文。"

郝氏曰："樂終而後獻士，士卑也。士長，士之尊者，如司正、司士等是也。"

世佐案，觴以小爲貴，故獻用爵，其他用觶，鄉飲酒之禮是也。燕禮輕，故獻用觚，觚大于爵也。大夫以上既用觚，則獻士用觶，禮亦宜之。今文作觚者，以"觶"字"角"旁著"氏"，與"觚"相涉致誤也。敖氏定從今文，非。《禮器》云："貴者獻以爵，賤者獻以散。"夫宗廟之祭，獻以散者有之矣，燕禮以觶獻士，何以決其必無哉。

士坐祭，立飲，不拜既爵。其他不拜，坐祭，立飲。

註曰："他，謂衆士也，亦升受爵，不拜。"

郝氏曰："拜受，不拜既爵，禮殺也。其他，謂長以下，即祝、史、小臣等。不拜，謂受、送皆不拜也。"

乃薦司正與射人一人、司士一人、執冪二人立于觶南，東上。

註曰："天子，射人、司士皆下大夫二人，諸侯則上士，其人數亦如之。司正爲上。"

疏曰：此等皆士而先薦者，以其皆有事故也。司士掌羣士爵禄、廢置之事，士中之尊，故亦先得薦。司正爲上者，以其爲庭長故也。士位在西，有事者别在觶南，北面東上。

敖氏曰："此皆士也。獻與士序，每獻則薦之，薦不與士序者，亦異之也。司士之位正當觶南，射人而下，以次而西。執冪者既薦，則復立于尊南。"

郝氏曰："乃薦，謂既獻于西階上，乃以脯醢各薦于其位。先薦司正等四人,先長也。司正即射人爲之,故曰'一人'。"

世佐案,此五人者,皆士長也。得獻在先,故因獻而薦之。射人,大射正也。司士二人,此在觶南者,又其長也。觀司士之先得薦,可見士受獻亦以尊卑爲序,不以齒矣。疏云"此經三者當官雖多,皆取長先薦,其餘在於衆位,依齒也",非。

辯獻士,士既獻者立于東方,西面北上,乃薦士。

註曰:"每已獻而即位于東方,蓋尊之。畢獻,薦于其位。"

疏曰:"庭中之位,卿東方西面,大夫北面,士西方東面,是東方尊。今卿、大夫得獻升堂,位空,故士得獻,即東方卿位,是尊之。"

祝、史、小臣師亦就其位而薦之。

註曰:"次士獻之,已,不變位,位自在東方。"

疏曰:"上設位之時,祝史在門東,小臣師在東堂下。"

郝氏曰:"此以上獻士,皆堂上方壺之尊也。"

主人就旅食之尊而獻之,旅食不拜,受爵,坐祭,立飲。

註曰:"北面酌,南鄉獻之於尊南。不洗者,以其賤,略之也。亦畢獻乃薦之。主人執虚爵,奠于篚,復位。"

敖氏曰:"不洗者,因獻士之爵而遂用之,不復别取於篚也。凡取爵於下篚,雖所爲酌者賤,亦必爲之洗。旅食者與士異尊矣,乃繼士獻之,而遂因士爵,且不殊其長,皆略賤也。"

郝氏曰:"旅食之尊,門西兩圜壺也。士旅食者立于門西,東上。"

右主人獻士。

若射則大射正爲司射,如鄉射之禮。

註曰:"大射正,射人之長者也。如鄉射之禮者,燕爲樂卿、大夫,宜從其禮也。如者,如其'告弓矢既具'至'退中與算'也。納射器而張侯,其告請先于君,乃以命賓及卿、大夫,其爲司正者亦爲司馬,君與賓爲耦。《鄉射記》曰自'君射'至'龍旜',亦其異者也。薦旅食乃射者,是燕射主於飲酒。"

敖氏曰:"此大射正,即上經所謂'射人一人'者也。此記及《鄉射記》言君燕射之儀,與《大射儀》略同,乃云'如鄉射之禮'者,以其惟一侯,侯道五十弓,而射器皆在堂西也。如是,則自君射之外,凡他禮與鄉射大同小異，而於大射則或有不可以相通者，此所以惟蒙《鄉射禮》也。先徹階間之縣，遷於東方，乃張麋侯，納射器，其再射，即用樂行之，亦其異者。○案註以《鄉射禮》爲據，謂此亦納射器乃張侯，似未爲當。《鄉射》於納射器之後云'命張侯'者，謂繫左下綱耳，非謂始張侯也，恐不必以之爲據。此禮則當先徹階前之縣，遷於東方，乃始張麋侯赤質，并繫左下綱，其侯道亦惟五十弓而已。既張侯，乃納射器，其節蓋與《鄉射》不得不異，鄭氏於此，蓋偶攷之不詳耳。"

張氏曰："若者，不定之辭，或射或否，唯君所命。若不射，則主人獻旅食後，賓即媵觶酬賓，註云'薦旅食乃射，是燕射主于飲酒'者，對大射主于射，未爲大夫舉旅即射也。"

右燕射。

賓降洗，升，媵觚于公。

註曰："此當言媵觶，酬之禮皆用觶，言觚者，字之誤也。古者觶字或作角旁氏，由此誤爾。"

敖氏曰："媵觶于公，乃下大夫之事，而賓於是時爲之者，不敢以賓自處，恭敬之至也。"

酌散，下拜。

敖氏曰："'執觶'以下，如下大夫媵觶者之爲，但拜于西階下異耳。"

公降一等，小臣辭，賓升再拜稽首，公答再拜。

敖氏曰："公降一等者，重其媵觶之禮也。賓從命，則公升矣。"

賓坐祭，卒爵，再拜稽首，公答再拜。

敖氏曰："此拜不下者，拜受、拜既本同一節，不敢再煩君命也。"

賓降，洗象觶。

敖氏曰："賓降，奠角觶于篚，乃洗象觶。"

升，酌膳，坐奠于薦南，降拜。小臣辭，賓升成拜，公答再拜，賓反位。

註曰："反位，反席也。"

敖氏曰："此降拜已，再拜稽首，故下云成拜。"

世佐案，此降拜，亦未拜也。凡賓下拜之禮，無論已拜未拜，聞君命即升,升又再拜,經於此或言"升成拜",或言"升,再拜稽首",文互異耳,敖説太泥。賓於下必再拜稽首,而后升成拜者,惟初受公酬之時爲然,餘則否。

右賓媵觶于公。

公坐取賓所媵觶,興,唯公所賜。

註曰:"至此又言興者,明公崇禮不倦也。"

敖氏曰:"此酬主於士,而所賜則不及之,以其賤而在下也。"

郝氏曰:"此君爲士舉旅,而不即賜士,由貴逮賤也。前此君三舉旅,一爲賓,再爲卿,三爲大夫,未及士以下,故因賓媵之爵再舉旅,以終惠也。"

受者如初受酬之禮。

敖氏曰:"初受酬者,賓也。"

張氏曰:"如其自'賓降'至'進受虚爵'也。"

降,更爵洗。

敖氏曰:"曏者三舉觶,其末皆云'如初',此乃别云'更爵洗',蓋先時公或命之勿易觶,此則全不命之,亦以禮殺也。"

升,酌膳,下拜。小臣辭,升成拜,公答拜。乃就席,坐行之。

註曰:"坐行之,若今坐相勸酒。"

有執爵者。

註曰:"士有盥升主酌授之者。"

敖氏曰:"坐而行酒,故須有執爵者代酌授之。"

張氏曰:"前三舉旅,皆酬者自酌授人,至此乃有代酌授之者。"

唯受于公者拜。

註曰:"公所賜者也,其餘則否。"

郝氏曰:"唯最初一人受公賜爵者拜,其餘執爵者所送皆就席,坐飲,不拜也。"

司正命執爵者爵辯,卒受者興以酬士。

註曰:"欲令惠均。"

敖氏曰:"'爵辯,卒受者興以酬士',謂行爵已辯於堂上,則告大夫卒受者,使之興,以酬士,司正以是命執爵者也。必命執爵者告之者,備有未知者也。是後則司正不命,而執爵者亦不復告之。"

張氏曰:"前三舉旅,皆止於大夫,今爲士舉旅,故命之相旅,固司正職也。執爵者爵辯,卒受者興以酬士,即其命之之辭。"

世佐案,是時司正蓋升于西階,西北面命執爵者,命訖,退立序端,以相旅與。

大夫卒受者以爵興,西階上酬士。

註曰:"興酬士者,士立堂下,無坐位。"

敖氏曰:"於是執爵者降,以己亦當與旅也。"

士升,大夫奠爵拜,士答拜,大夫立卒爵,不拜,實之。士拜受,大夫拜送。

敖氏曰:"此旅酬之正禮也。士始受旅,故從其正禮,至無算爵,則旅不拜矣。"

士旅于西階上,辯。

註曰:"祝、史、小臣,旅食皆及焉。"

敖氏曰:"其旅,皆如大夫酬士之儀,卒受者亦以觶降奠于篚。"

士旅酌。

註曰:"士以次序自酌相酬,無執爵者。"

卒。

世佐案,旅畢,司正降復位。

右公爲士舉旅。

主人洗,升自西階,獻庶子于阼階上,如獻士之禮,辯,降洗,遂獻左右正與内小臣,皆于阼階上,如獻庶子之禮。

註曰:"庶子,掌正六牲之體及舞位,使國子修德學道,世子之官也而與膳宰、樂正聯事。樂正亦學國子以舞。左右正,謂樂正、僕人正也。小樂正立于西縣之北,僕人正、僕人師、僕人士立于其北,北上,大樂正立于東縣之北。若射,則僕人正、僕人士陪于工後。内小臣,奄人,掌君陰事、陰令,后夫人之官也,皆獻于阼階上,别於外内臣也。獻正下及内小臣,則磬人、鐘人、鎛人、鼓人、僕人之屬盡獻可知也。凡獻,皆薦也。”

敖氏曰:“庶,猶衆也。庶子,謂卿、大夫、士之子,《周官》亦多以庶子繼士而言,正指此者也。《燕義》以此爲諸子之官,似失之。獻之於阼階上,變於其父所飲之處也。庶子未必皆有爵,乃先左右正獻之者,明不與之序也。左右正,未詳其官,然與内小臣同獻,則意其亦爲内臣也。降洗乃獻,以其尊於庶子,故更新之與?獻於阼階上,則以别内外也。此與獻庶子於阼階之義不同。”

郝氏曰:“庶子、左右正、内小臣,皆君侍從之臣,主人于獻士後皆獻之。庶子,即公、卿、大夫子侍衛者。左右,君左右。《詩》云:‘膳夫左右。’正,長也。内小臣,奄士。以上三臣在君側,就阼階上獻之。”

張氏曰:“諸侯之庶子,即天子之諸子,皆世子之官也。左右正,據庭中之位而言,大樂正在東縣北,故曰左正,僕人正在西縣北,故曰右正。别于内外臣者,在鄉、遂、采地者爲外臣,在朝廷者爲内臣。庶子以下,皆人君近習,故云‘别于外内臣’也。”

世佐案,《周禮·宫伯職》云“掌王宫之士庶子凡在版者”,鄭司農云:“庶子,宿衛之官。”康成謂:“王宫之士謂王宫中諸吏之適子也,庶子,其支庶也。”《大司馬職》云“王弔勞,士庶子則相”,庶子,卿、大夫之子從軍者。又云“大會同,則帥士庶子而掌其政令”,《司士職》“周知卿、大夫、士庶子之數”,《酒正職》“共饗士庶子之酒”,凡此皆以庶子繼士而言,謂卿、大夫、士之支庶也,以其貴遊子弟,且有宿衛之勞,故獻之。以其未有爵命,故得獻在士後。以其爲宫衆,故獻于阼階上。若《燕義》所謂庶子官即《周禮》之諸子也,爲其掌庶子之戒令教治,故以名其官,其職與司士相連,其爵爲下大夫,于諸侯則上士也,其位當在西方東面,其獻亦當在西階上,不于此也。左右者,侍御近習之臣,而正,則其長也。左右非一,故不言其官。然以《詩》、《書》考之,《雲漢》以膳夫共稱,《立政》與攜僕並數,則其職掌亦略可見矣。内小臣亦得與于獻者,以其爲士,異之也。鄭以庶子爲諸子,蓋因《燕義》而誤。至其所釋左右正,則皆臆説也,今不從。庶子以下皆扈衛親近之臣,故皆獻之於阼上。經不著其入門位次者,以其本在門内故也,其位,蓋在東方,西面北上。

右獻庶子、左右正、内小臣。

無算爵。士也有執膳爵者，有執散爵者。

敖氏曰："亦各序進，盥洗其觶以升。"

郝氏曰："士也，謂執爵皆士也。膳爵，君之爵。散爵，賓、卿、大夫之爵。"

執膳爵者酌以進公，公不拜，受。

郝氏曰："酌以進公，酌膳尊，不拜送也。"

執散爵者酌以之公命所賜。

郝氏曰："酌以之公，酌方壺，往俟君命也。"

世佐案，膳爵[①]，象觶也，以酌膳，故曰"膳爵"。散爵，角觶也，以酌散，故曰"散爵"。[②]

所賜者興，受爵，降席下，奠爵，再拜稽首，公答拜。

註曰："席下，席西也。古文曰：公答再拜。"

疏曰："自旅酬已前，受公爵皆降拜，升成拜，至此不復降拜者，禮殺故也。賓與卿、大夫席皆以東爲上，故知席下爲席西也。"

姜氏曰："大射嚴君臣之禮，尚有'再'字，燕禮可知，當從古文。"

世佐案，經但云"答拜"者，答一拜也。燕禮貴和，君于臣皆答再拜，姜説得之。

受賜爵者以爵就席坐，公卒爵，然後飲。

註曰："不敢先虛爵，明此勸惠從尊者來也。"

執膳爵者受公爵，酌，反奠之。

註曰："宴歡在於飲酒，成其意。"

敖氏曰："此不言所奠之處，則亦在薦南與？士既終旅，則君自舉之。"

世佐案，公既卒爵，不以降奠于篚而復實之者，欲公重舉此觶也。不與散爵並行而反奠于君所者，象觶非臣所飲也。

受賜爵者興，授執散爵，執散爵者乃酌行之。

註曰："予其所勸者。"

---

① "膳"原作"觶"，校本作"膳"，與上經文"執膳爵者"合，據改，下"故曰膳爵"同。

② 此條案語校本在"無算爵"下。

敖氏曰："必興授者，以纍者亦興受也。非賜爵者，受授則皆坐。行之，謂每授之於席也，受賜爵者，若賓也，則此觶先以之諸公若卿，受賜爵者若諸公若卿若大夫也，則此觶先以之賓，餘皆以次行之，惟已飲賜爵者，則不復授之。《大射》云'授執散爵者'，此脱一'者'字。"

唯受爵于公者拜，卒受爵者興，以酬士于西階上。士升，大夫不拜乃飲，實爵。士不拜受爵，大夫就席。

註曰："乃，猶而也。"

敖氏曰："大夫自實爵旅酬之禮也。於是執爵者降，以酬者自酌，且己亦與旅也。"

郝氏曰："與上節酬士禮同，而此則大夫，不復奠拜，先飲，士亦不拜直受，大夫即還就席，禮終而愈殺也。"

士旅酌亦如之。

敖氏曰："如其不拜而飲，不拜而受及自酌也。"

公有命徹冪，則卿、大夫皆降西階下，北面東上，再拜稽首。公命小臣辭，公答再拜，大夫皆辟。

註曰："命徹冪者，公意殷勤，必盡酒也。小臣辭，不升成拜，明雖醉正臣禮也。不言賓，賓彌臣也。君答拜於上，示不虚受也。"

敖氏曰："冪，兩甒之冪也。命徹冪者，命執冪者遂徹之也。徹之者，示與臣下同此酒，不自異也。在堂者皆降拜，謝君意也。士不拜，賤，不敢與君爲禮也。云'有命'，又云'則'，見其然否不定也。徹冪之節，其在大夫就席之時乎？辭者，辭之使升拜。辭之而不敢從命，小臣以復于公，公乃答拜，卒拜於下，而不升成拜，臣之正禮也。必辭之者，以賓在其中也。賓與羣臣皆卒拜於下，禮宜然也。於此云'辟'者，嫌旅拜則不必辟也。不言賓及諸公，文省。凡小臣辭，皆公命之，經特於始末兩著之，以見其餘也。"

遂升，反坐。士終旅於上，如初。

註曰："卿、大夫降而爵止，於其反席卒之。"

敖氏曰："初，即'旅酌亦如之'之儀。"

張氏曰："士方旅酌，以卿大夫降而遂止，及其拜訖，反席，士復終旅于西階上。”

無算樂。宵則庶子執燭于阼階上，司宫執燭于西階上，甸人執大燭于庭，閽人爲大燭于門外。

註曰：“宵，夜也。燭，燋也。甸人，掌共薪蒸者。庭大燭，爲位廣也。閽人，門人也。爲，作也。作大燭以俟賓客出。”

歐陽氏修曰：“燕禮有宵則設燭之禮，是古雖以禮飲酒，有至夜者，所以申燕私之恩，盡殷勤之意。”

世佐案，燕禮行於朝，退之後而賓主獻酢之節又繁，不繼以火，則不能盡歡，故《詩》與《禮》皆有夜飲之事。若君飲於臣家則不可，《春秋傳》載齊敬仲飲桓公酒，而曰“臣卜其晝，未卜其夜”是也。舊説敬仲非齊同姓，故不敢，非。

右無算爵。

賓醉，北面坐取其薦脯以降。

敖氏曰：“賓至是取其薦脯以賜鐘人，則古之以禮飲燕者，其於所薦之豆、籩亦惟祭之而不食，斯可見矣。”

郝氏曰：“賓醉，燕以醉爲節，衆出，以賓爲節也。取薦脯，榮君惠也。”

世佐案，《詩》云“厭厭夜飲，不醉無歸”，又云“醉而不出，是謂伐德”，故賓出必以醉爲節也。

奏《陔》。賓所執脯，以賜鐘人於門内霤，遂出。

註曰：“必賜鐘人，鐘人掌以鍾鼓奏九《夏》。今奏《陔》以節己，用賜脯以報之，明雖醉不忘禮。”

敖氏曰：“此非擊鐘以奏《陔》之鐘人，乃其黨之在旅食之位者，先立於此，因過而賜之，以其同事也。”

郝氏曰：“内霤，門内檐下。”

卿、大夫皆出。

註曰：“隨賓出也。”

公不送。

郝氏曰：“賓本臣，始無迎，終亦無送也。”

右賓出。

公與客燕。

註曰:“謂四方之使者。”

張氏曰:“此下言國君將與異國臣燕,使卿、大夫就館戒客,及客應對之辭,其儀節與燕本國諸臣同,唯戒賓爲異,故於禮末見之。”

曰:“寡君有不腆之酒,以請吾子之與寡君須臾焉,使某也以請。”

註曰:“君使人戒客辭也。禮,使人各以其爵。寡,鮮也,猶言少德,謙也。腆,善也。上介出請,入告。”

敖氏曰:“須臾者,言其不敢久。”

對曰:“寡君,君之私也,君無所辱賜于使臣,臣敢辭。”

註曰:“上介出答主國使者辭也。私,謂獨受恩厚也。君無所辱賜于使臣,謙不敢當也。敢者,怖懼用勢決之辭。”

李氏微之曰:“私之言屬也,謙辭也。《春秋傳》載叔孫穆子之言曰‘邾,滕人之私也,我列國也,何故視之’,茅夷鴻告吴人之言曰‘魯賦八百,乘君之貳也。邾賦六百,乘君之私也’,此可見矣。”

敖氏曰:“客自謙,不敢以敵國之使自處,故云然。”

“寡君固曰不腆,使某固以請。”“寡君,君之私也,君無所辱賜于使臣,臣敢固辭。”

註曰:“重傳命。”

朱子曰:“‘寡君,君之私也’以下,是客對辭。”

“寡君固曰不腆,使某固以請。”“某固辭,不得命,敢不從。”

註曰:“許之也,於是出見主國使者。”

朱子曰:“‘某固辭’以下,是客對辭。”

敖氏曰:“賓於是出拜辱,大夫不答拜致命云云。”

致命曰:“寡君使某有不腆之酒,以請吾子之與寡君須臾焉。”

註曰:“親相見,致君命辭也。”

"君貺寡君多矣，又辱賜于使臣，臣敢拜賜命。"

朱子曰："'君貺寡君多矣'以下，是客對辭。"

敖氏曰："賓既對，遂再拜稽首，所謂拜賜命也。於是大夫還，賓遂從之。"

右公與客燕。

記：

燕，朝服于寢。

註曰："朝服者，諸侯與其羣臣日視朝之服也，謂冠玄端，緇帶，素韠，白屨也。燕於路寢，相親昵也。"

敖氏曰："朝服，兼君臣而言也。玄冠、玄端、素裳、緇帶、素韠、白屨，士之朝服也。大夫冠衣之屬皆與士同，惟雜帶以玄、黄爲異。若人君，則又朱、緑帶也。其餘亦與士同。《玉藻》曰'大帶四寸，雜帶，君朱、緑，大夫玄、黄，士緇，辟二寸，再繚四寸'，是其異也。"

其牲，狗也，亨于門外東方。

註曰："亨于門外，臣所掌也。"

疏曰：此與公食皆君禮，故亨于門外。《鄉飲酒》亨于堂東北，不在外者，臣禮宜主人親供也。從《通解》節本。

敖氏曰："門外東方，爨所在也，故於焉亨之。古者寢廟之門外皆有爨，吉則在東，凶則在西。"

若與四方之賓燕，則公迎之於大門内，揖讓升。

註曰："四方之賓，謂來聘者也。自戒至于拜至，皆如《公食》，亦告饌具而後公即席，小臣請執冪、請羞者，乃迎賓也。"

賓爲苟敬，席于阼階之西，北面，有脀，不嚌肺，不啐酒，其介爲賓。

註曰："苟，且也，假也。主國君饗時，親進醴於賓。今燕，又且獻焉[①]。人臣不敢褻煩尊者，至此升堂而辭讓，欲以臣禮燕，爲恭敬也，於

① "且"，校本、陳本、閩本、監本、毛本同，《集釋》、《要義》、《通解》、楊氏、士禮居翻刻嚴州本俱作"宜"。

是席之如獻諸公之位。言苟敬者，賓實主國所宜敬也。脀，折俎也。不嚌、啐，似若尊者然也。介門西北面西上，公降迎上介以爲賓，揖讓升，如初禮。主人獻賓、獻公既，獻苟敬，乃媵觚，羣臣即位如燕也。"

敖氏曰："苟，誠也，實也。苟敬者，國君於外臣所燕者之稱號也，其類亦猶鄉飲酒之介、遵矣。此燕主爲賓而設，賓於是時雖不爲正賓，而實爲主君之所敬，故以賓爲苟敬也。此席當有加席，與食禮者同而東上。公與賓既揖讓升，公拜至，賓答拜，公乃揖賓，各就其席。公降，擯者以命命上介爲賓，上介禮辭許，再拜稽首，公答拜。上介出，公乃升就席。擯者納賓，皆如羣臣爲賓之禮。必以上介爲賓者，禮君與臣燕，其爲賓者不以公、卿而以大夫，雖燕異國之臣宜亦如之。賓，卿也，上介[1]，大夫也，此其不以賓爲賓，而以上介爲賓也與？阼階之西，諸公之位也。席苟敬於是，且有脀，皆尊異之。不嚌、啐者，辟正賓，又下記言與卿燕，則大夫爲賓；與大夫燕，亦大夫爲賓，此以介爲賓，固足以明其卿爲聘使之禮。若大夫爲聘使，則燕賓其以主國之大夫爲之與？"

郝氏曰："此禮多可疑，君燕其臣，以宰夫爲主，以大夫爲賓，可也，燕他國之臣，而君自爲主，亦以其大夫爲賓，何哉？非所尊而故以爲賓，非所賓而苟以爲敬，苟非君子所以名禮也。子云：物不可苟合，行禮而苟，忠信之薄，君子弗由也。列國之聘必以卿，上介必以大夫，此五霸之令，小國事大國，故大國之卿尊於小國諸侯，如春秋晉韓起、趙孟之聘，主君皆屈體下之，所謂苟敬，非先王之禮也。夫以諸侯相聘，必使其卿，有如諸侯聘天子，將誰使乎？凡燕，爲賓設也。先王唯曰'我有嘉賓，式燕以樂'，今所燕非所賓，所賓非所燕，虛文無實，豈敦厚崇禮之義。如謂君不可爲主，臣不可爲賓，則大夫獨非臣與？而燕亦可勿設矣。先王所爲燕不可見，其義可知，蓋飲食致養，生人之情，醉飽興戎，無禮節之也，一臠之肉，一爵之酒，即愛敬辭讓之心，而仁義之實也，雖以臣子之賤奉君父之尊，必再拜而后受，坐祭而嚌、啐，卒爵而拜，如此其不苟者，人亦可以反求而自得矣。如以飲食醉飽爾，爪牙搏噬，禽獸皆然，何事于人。故文因情設，禮由義起，義以爲質，禮以行之，遜以出之，信以成之，遜出無信，好禮無義，規規虛文浮格，何以言禮。故君子名必可言，言必可行，君子

① "上"原作"土"，校本作"上"，與《集説》同，據改。

于言，無所苟而已矣。國君燕大賓屠一狗，事近褻，即名其賓爲苟敬，殆于緯稗齊諧，不似先王正大典禮，崇雅之訓。”

張氏曰：“苟敬者，坐近君側而簡於禮儀，疑於苟矣，實則敬之，故立以爲名。”

世佐案，苟敬之義，敖氏得之，而其解以賓爲苟敬，以介爲賓之故，則非也。蓋燕禮輕于饗，而外臣與己國之臣又有間，若以聘賓爲燕賓，公親獻與？則賓意既有所不安，且非所以申款曲、致殷勤也。使宰獻與？則與待己國之臣無異，又非所以尊賓也。於是席之于君側諸公之位，不嚌、不啐，其禮似殺于賓，而折俎之設又有非己國諸公所得同者，則其敬之也，不以文而以實矣，故以是名之與？必以介爲賓者，《聘禮》公於賓壹食再饗，介壹食壹饗，其與賓行禮之時，介每爲賓所厭，而不得以伸我敬焉，故必特爲介設食饗之禮，至燕則合之，而以介爲正賓，則其所以待介者亦不薄也，此其斟酌尊卑豐殺之宜，化裁乎賓主君臣之道，洵有非聖人不能爲者。蓋禮以義起，而義由内出，孟子所謂“庸敬在兄，斯須之敬在鄉人”，亦此意也，豈必卿爲聘使，而後以其介爲賓哉。郝氏少見多怪，又溺于鄭且假之訓，遂以緯稗齊諧詆之，固不足辨，特是諸侯之臣相爲國客見于《周禮·司儀職》者甚詳，謂出于五霸之令可乎？此雖燕他國之臣，亦以宰夫爲獻主，註有明文，而云君自爲主，未知其何所本耶。

無膳尊，無膳爵。

敖氏曰：“膳尊，瓦大也。膳爵，象觚，象觶也。所燕者非己臣子，故不宜自異，然則尊、篚之數皆減矣。”

與卿燕則大夫爲賓，與大夫燕亦大夫爲賓。

註曰：“不以所與燕者爲賓者，燕爲序歡心，賓主敬也。公父文伯飲南宫敬叔酒，以路堵父爲客，此之謂也。君但以大夫爲賓者，大夫卑，雖尊之，猶遠于君。”

疏曰：“此謂與己臣子燕法。”

朱子曰：“公所與燕者雖不爲賓，亦當如異國之賓爲苟敬也。”

敖氏曰：“云‘與卿燕，則大夫爲賓’者，嫌爲賓或當以所燕者也。云‘與大夫燕，亦大夫爲賓’者，嫌爲賓者或當降於所燕者一等，如上例也。必以大夫爲賓者，賓位於堂，且與君爲禮，宜用稍尊者也。不以公卿爲之者,以其太尊於主人故也。"

世佐案,不以公卿爲賓,自是明嫌之義。敖云"以其太尊於主人",似曲。賓爲苟敬,唯燕四方聘客則然,若己國之臣,各有位次,阼階西北面之位,非諸公莫敢居也。朱子之説亦未敢以爲然。

羞膳者與執冪者皆士也。

註曰:"尊君也,膳宰卑於士。"

敖氏曰:"經但云'請執冪者與羞膳者'耳,而不見其爵,故記明之。"

世佐案,士,上士也。諸侯上士二十七人,凡位于西方者,皆是膳宰,即《周禮》膳夫也。膳夫上士,則膳宰非上士明矣。故註云"膳宰卑於士",疏云"士則膳宰之長",非。膳宰已是食官之長,豈得更有長乎?

羞卿者,小膳宰也。

註曰:"膳宰之佐也。"

郝氏曰:"羞膳,謂酌膳尊。羞膳與執冪者皆奉君,故皆用士。羞卿,謂酌卿、大夫酒者,用小膳宰,卑于士也,不言賓,謂賓亦用士,與君同也。"

張氏曰:"以經不辨其人,故記者指言之。"

世佐案,羞膳、羞卿,皆謂薦脯醢者耳。鄭專言庶羞,敖兼言羞、薦,郝又以爲是進酒者,皆誤,而郝説尤妄。此禮惟無算爵之時有進酒者,然皆以士爲之,無君卿之别。經云"士也有執膳爵者,有執散爵者"是也,其他獻則主人親酌媵觶,則大夫及賓未聞有所謂進酒者,郝氏之言竟何所指乎。

若以樂納賓,則賓及庭奏《肆夏》。賓拜酒,主人答拜而樂闋。

註曰:"《肆夏》,樂章也,今亡。以鐘、鑮播之,鼓、磬應之,所謂金奏也。《記》曰'入門而縣興','示易以敬也'。卿、大夫有王事之勞,則奏此樂焉。"

疏曰:自此盡"若舞則《勺》",論臣子有王事之勞與之燕之事。若者,不定之辭,以其常燕已[①],臣子無樂,王事之勞或有或無,故言"若"也。

---

① "已",校本作"也"。

《鐘師》云"掌金奏"，又云"凡樂事，以鐘鼓奏九《夏》"，是奏《肆夏》時有鐘、鏄、鼓、磬，彼經雖不言磬，但縣内有此四者，故鄭兼言磬也。《仲尼燕居》云："兩君相見，揖讓而入門，入門而縣興，揖讓而升堂，升堂而樂闋。"《郊特牲》云："賓入大門而奏《肆夏》，示易以敬也。"必引二記文者，以燕在寢，賓及寢庭，與《仲尼燕居》"入門而縣興"事相類，故引之證賓及庭樂作之義也。此《肆夏》以金奏之，故引《郊特牲》證用《肆夏》之義也。不取賓入大門者，大門非寢門故也。

敖氏曰："君與臣燕，不以樂納賓，常禮也，其或於此用樂者，在君所欲耳。及庭而奏《肆夏》，尊賓也。未卒爵而樂闋，辟君也。必於此而樂闋者，亦以其爲獻禮一節之終也。"

世佐案，以樂納賓，亦謂與四方之賓燕也，賓即其上介也。聘賓爲苟敬，公迎之於大門内而不以樂，其介爲賓，則亦擯者納之，及庭，公降一等揖之而以樂，所以寵異之也。註云"卿、大夫有王事之勞，則奏此樂"，非。蓋卿、大夫有王事之勞，是公所與燕者也，賓則他大夫也，既不以所與燕者爲賓，何取乎納賓之時而奏此樂以尊之乎？《肆夏》，逸詩也。《周禮·大司樂職》云"尸出入則令奏《肆夏》"，又《鐘師職》"以鐘鼓奏九《夏》"，其二曰《肆夏》。與此名雖同，而音節必異，若皆頌之族類，必非諸侯所敢用，且彼是迎尸、送尸之樂歌，而王出入于大寢，亦用以爲行節。燕禮納賓，於義何取。鄭即以金奏釋此，亦誤。拜酒，謂賓既啐酒而拜告旨之時也。闋，止也。樂終曰闋，必于此時樂闋者，升堂而樂闋，則嫌于兩君相見也。卒爵而樂闋，則嫌于獻公也，故以是爲節與。

公拜受爵而奏《肆夏》，公卒爵，主人升受爵以下而樂闋。

敖氏曰："公受爵而奏，以其獻禮始於此也。卒爵乃闋，獻禮之終也。此蓋以樂與其禮相爲終始，亦足以見尊君之義矣。"

世佐案，獻公，亦以樂因賓也。賓于獻時樂未闋，獻公若否，則非尊君之義矣。卒爵乃闋，明此樂爲獻而奏也。

升歌《鹿鳴》。

敖氏曰："歌《鹿鳴》之三也。《大射》云'三終'是也。凡升歌，皆歌三篇，不止一篇而已，下管亦然。"

下管《新宫》。

註曰："《新宫》,《小雅》逸篇也。"

敖氏曰："歌者降,而以管奏《新宫》,亦三終。《大射儀》曰:'太師及少師、上工皆降立於鼓北,羣工陪于後,乃管《新宫》三終。'足以明之矣。舊説謂管如篴而小,併兩而吹之。"

笙入三成。

敖氏曰："三成,謂奏《南陔》、《白華》、《華黍》也。於歌與管但言篇名,於笙言三成,文互見也。"

遂合鄉樂。

註曰："鄉樂,《周南》、《召南》六篇。言遂者,不間也。"

敖氏曰："不間者,或以樂已盛於上,故於此殺之與?獻時不奏《肆夏》,則不下管乃有間。"

世佐案,燕樂止四節,謂歌、笙、間、合也。此則有管而無間,亦取合四節之數與。

若舞則《勺》。

註曰："《勺》,《頌》篇,告成《大武》之樂歌也。其詩曰'於鑠王師,遵養時晦',又曰'實維爾公允師'。既合鄉樂,萬舞而奏之,所以美王侯、勸有功也。"

疏曰："言'若'者,或爲之舞,或不爲之舞,在於君意,故以不定而言。云'舞則《勺》'者,謂爲之舞,則歌《勺》詩以爲之曲。云'萬舞而奏之'者,釋經舞時,作周萬舞之舞而奏《勺》詩。宣八年《公羊傳》云'萬者何?干舞也',謂秉干以奏《勺》詩也。"

敖氏曰："《勺》者,舞名,但不詳其爲何代之樂耳。"

張氏曰："升歌不盡《鹿鳴》以下三篇,而但歌《鹿鳴》,下管不奏《南陔》、《白華》、《華黍》而管《新宫》,不用間歌,笙入三終而遂合鄉樂,又或爲之舞,而歌《勺》以爲節,皆與常燕異。初既以樂納之,及作正樂,又有此異節,以其有王事之勞,故特異之也。"

世佐案,《内則》:"十三舞《勺》,成童舞《象》。"註:"先學《勺》,後學《象》,文武之次也。"疏家謂以其年尚幼,故習文武之小舞,然則《勺》蓋文舞之小者,故燕禮得用之。朱子《詩集傳》云:"萬者,舞之總名。武用干戚，文用羽籥。”是舞《勺》當用羽籥，疏引《公羊傳》以爲干舞，蓋非。先儒以《象》爲《維清》，《勺》爲《酌》，皆《周頌》之篇，而舞時歌以爲節，今亦相承解之，然未有以見其必然也。又案張説歌管之法與敖異，當以敖爲正。

唯公與賓有俎。

註曰：“主于燕，其餘可以無俎。”

敖氏曰：“經文已明，記復言之者，嫌所與燕者，或當有俎，如異國之賓然也。”

獻公曰：“臣敢奏爵以聽命。”

註曰：“授公釋此辭，不敢必受之。”

疏曰：“謂主人獻公，賓媵觶於公，雖非獻，亦釋此辭也。”

敖氏曰：“奏，進也。命，謂君受與否之命。”

世佐案，主人親授公爵，故釋此辭。二大夫及賓媵觶皆奠于薦南，示不敢必君舉之意，無庸釋此辭也，疏誤。

凡公所辭，皆栗階。

註曰：“栗，蹙也，謂越等急趨君命也。”

敖氏曰：“辭之而升，其禮則然。越等而上曰栗階，下曰躇階。栗與歷聲相近。”

郝氏曰：“凡公所辭，辭拜下也。栗階，猶歷階。凡升階，兩足並一級更進曰拾，一足一級曰歷。”

凡栗階，不過二等。

註曰：“其始升，猶聚足連步。越二等，左右足各一發而升堂。”

疏曰：“凡堂及階，尊者高而多，卑者庳而少。案《禮器》云‘天子之堂九尺，諸侯七尺，大夫五尺，士三尺’，《士冠禮》‘降三等，受爵弁’，鄭註云‘降三等，下至地’，則士三等階，以此推之，則一尺爲一階。大夫五尺，五等階；諸侯七尺，七等階；天子九尺，九等階可知。今云‘凡栗階，不過二等’，言‘凡’，則天子九等已下至士三等，皆有栗階之法。栗階不過二等，據上等而言，故鄭云‘其始升，猶聚足連步’也，故《曲禮》云‘涉級聚足，連步以上’，鄭註云‘涉等聚足，謂前足躡一等，後足從之併。連步，謂足相隨不相過也’，此即聚足也。天子以下皆留上等爲栗階，左右足各一發而升堂，其下無問多少，皆連步。《雜記》云‘主人之升降散等’，鄭註云‘散等,栗階',則栗階亦名散等。凡升階之法有四等:連步,一也;栗階,二也;歷階,三也,歷階,謂從下至上皆越等,無連步,若《禮記·檀弓》云'杜蕢入寢,歷階而升'是也;越階四也,越階,謂左右足越三等,若《公羊傳》云'趙盾避靈公,躇階而走'是也。"

敖氏曰:"凡,凡公所辭者也。不過二等,明雖急趨君命,猶有節也。二等,階之上二等也。以諸侯七等之階言之,則至五等左右足乃各一發,盡階則復聚足,然後升堂。"

世佐案,疏言四等升階之法,恐未必然,而其所論堂階之制頗詳,亦學禮者所不可不知也,故録之。

凡公所酬,既拜,請旅侍臣。

註曰:"既拜,謂自酌升拜時也。擯者阼階下告于公,還西階下告公許。旅,行也,請行酒于羣臣。必請者,不專惠也。"

敖氏曰:"凡,凡四舉旅之禮。請,請于擯者。侍臣,侍飲之臣也。其禮見《大射儀》。"

凡薦與羞者,小膳宰也。

註曰:"謂於卿、大夫以下也。上特言羞卿者小膳宰,欲絶於賓,羞賓者亦士。"

敖氏曰:"謂於大夫以下者也。上言'羞卿者,小膳宰'者,釋經文也。此無所釋,故并薦言之,文法宜然也。然則經言羞膳、羞卿之類,亦并薦言之,明矣。"

郝氏曰:"凡薦,謂薦俎,羞,謂庶羞,與前羞膳、羞卿異。前言酒,小膳宰惟羞卿,此則君、賓、卿、大夫薦羞皆小膳宰也。"

世佐案,經云羞庶羞,不言其人,故記著之。凡,凡公、賓、卿、大夫也。士以下無羞、薦進也。"與"猶"以"也,或曰衍文,朱子《通解》本無"與"字。羞,庶羞也,謂以庶羞進者,皆小膳宰也。獻禮重,故薦脯醢者異之。説屨升坐以後[①],禮益殺,故薦庶羞者同之。觀此,則經記中所謂羞膳、羞卿者皆專指薦脯醢言之,明矣。經於賓云"膳宰薦脯醢",於公云"士薦脯醢",記亦云羞膳者士,士尊于膳宰也。於卿之薦,經不言其人,而記著之曰"羞卿者,小膳宰也",小膳宰卑于膳宰也。經于主人云"胥

① "坐",校本作"堂"。

薦”，胥又卑于小膳宰也。於大夫以下皆不言薦之之人，記亦不著之者，以胥是最卑，主人既用胥，則薦在主人之後者可知也。薦脯醢者尊卑之差如此。又案，薦賓者膳宰，薦公者士，經有明文，郝氏顯與之背，何也？

有内羞。

註曰：“謂羞豆之實，酏食、糁食；羞籩之實，糗餌、粉餈。”

敖氏曰：“内羞，即房中之羞也。祭禮，尊者之庶羞、内羞同時進之。○案註以《周官·醢人》、《籩人職》所言羞豆、羞籩之實爲此内羞，禮恐或然，但未必其皆用之也。”

郝氏曰：“内羞，自中饋女工出者。外庖所煎和曰庶羞。”

世佐案，《周禮》籩人、醢人皆以奄及女奴爲之，此郝説之所本也。

君與射，則爲下射，袒朱襦，樂作而後就物。小臣以巾授矢，稍屬。

敖氏曰：“言與射，則君於燕射或時不與矣。稍屬者，稍與發矢時相連屬也。每於將發之節則授之，説又見《鄉射記》。”

郝氏曰：“稍屬，四矢稍稍連屬，不絶，以授君也。”

張氏曰：“稍屬者，發一矢，復授一矢，接續而授也。”

姜氏曰：“‘稍屬不以樂志’爲句，言小臣授矢于公，以漸相繼，其節自與樂節相應，而公初不必以樂爲識。”

世佐案，稍，猶漸也。屬，猶付也。稍屬，謂以四矢稍稍付公，不并授也。張云“發一矢，復授一矢”，得之，而訓屬爲續則非。蓋以下記及《大射儀》考之，公既發一矢，必使人執弓以俟其耦，耦亦一發，而后公再發，則以爲接續而授，及連屬不絶者誤矣。《大射》第二番射時未以樂節射，亦云“授矢于公，稍屬”，則謂“稍屬不以樂志”爲句者亦誤矣。

不以樂志。

註曰：“辟不敏也。”

敖氏曰：“古文志、識通。‘不以樂志’者，言其每發不以樂之節爲識，而必欲應之也，此亦優君也。”

世佐案，“不以樂志”者，謂雖不與鼓節相應，亦得釋算也。凡射者，不鼓不釋，而君獨否，所以優之也。

既發,則小臣受弓,以授弓人。

註曰:"俟復發也。不使大射正,燕射輕。"

敖氏曰:"'受弓以授弓人',蓋卒射之事也。記於既發言之未詳,其或有脱文與?"

郝氏曰:"凡射,俟同耦揖降,發畢,弓猶在手,惟君既發,小臣即受弓以授弓人,不俟同耦也。"

世佐案,《大射儀》云:"公既發,大射正受弓而俟,拾發以將乘矢。"此以弓人代大射正之役,故註云"燕射輕"也。必由小臣授之者,弓人疎且賤,不敢親受之于君也。然則其授弓也,亦小臣受之于弓人以授公與?每發必使人執弓而俟,亦君禮之異者也,敖疑此有脱文,非。既發,發一矢也,郝以爲發畢,亦非。

上射退于物一笴,既發則答君而俟。若飲君,燕則夾爵。君在,大夫射則肉袒。

敖氏曰:"説皆見《鄉射記》。"

世佐案,《鄉射記》云:"若飲君,如燕,則夾爵。"此脱"如"字。

若與四方之賓燕,媵爵曰:"臣受賜矣,臣請贊執爵者。"

註曰:"受賜,謂公鄉者酬之,至燕,主人事賓之禮殺,賓降洗,升媵觶于公,答恩惠也。"

敖氏曰:"賓,謂介爲賓者也。執爵,似指歸之媵觶者而言。贊,猶佐也。"

世佐案,賓媵觶于公之時,則釋此辭也。

相者對曰:"吾子無自辱焉。"

註曰:"辭之也。亦告公,以公命答之也。"

敖氏曰:"此下當有賓再請而相者許之辭,記不備見之也。"

有房中之樂。

註曰:"絃歌《周南》、《召南》之詩而不用鐘、磬之節也,謂之房中者,后、夫人之所諷誦以事其君子。"

陳氏暘曰:"《周禮·磬師》'教縵樂、燕樂之鐘磬',《詩》云'窈窕淑女,鐘鼓樂之',然則房中之樂非無鐘磬也,毛萇、侯芭、孫毓皆云有鐘磬是已。鄭康成、王肅謂絃歌《周南》、《召南》而不用鐘磬，(蕭)〔陳〕統云婦人尚柔[①]，以静爲體，不宜用鐘，是不深考《關雎》、《磬師》之過也。賈公彦亦謂以祭祀則有鐘磬以燕，則無鐘磬是亦文先儒之過，又從而爲之辭也。唐禮書房中之樂不用鐘、鎛，以十二大磬代之，是不知一音不備，不足以爲樂也。"

敖氏曰："奏之於房，故云'房中之樂'，蓋别於堂上、堂下之樂也。"

郝氏曰："房中之樂，所謂縵樂也，無鐘鼓而有管絃奏之。房中詩云：'左執簧，右招我由房。'《周禮・春官・旄人》掌散樂，賓客以舞其燕樂，即房中之樂也。"〇又曰："房中之樂繫之末簡，其非盡雅樂可知，鄭必以二《南》當之，亦非也。"

張氏曰："疏云承上文與四方之賓燕乃有之，愚謂常燕有無算樂，恐亦未必不有也。"

世佐案，鄭氏樵曰："古之達禮三：一曰燕，二曰享，三曰祀，所謂吉、凶、軍、賓、嘉，皆主此三者以成禮。古之達樂三：一曰風，二曰雅，三曰頌，所謂金、石、絲、竹、匏、土、革、木，皆主此三者以成樂。禮樂相須以爲用，禮非樂不行，樂非禮不舉。"然則作樂以行禮，舍風、雅、頌末由也。頌爲郊廟祭祀之樂歌。大雅之體，亦肅穆宏達，諸侯以下用者鮮焉，其上下通用者，不過《小雅・鹿鳴》、《南陔》以下十二詩及二《南》耳。《詩》云"以雅以南，以籥不僭"，非是則不免于僭也。《湛露》、《彤弓》亦屬《小雅》，而諸侯歌以燕客，猶取譏焉，矧其他乎？《燕禮》升歌、笙、間以《小雅》，合以二《南》，若以樂納賓，升歌、管笙以《小雅》，亦合以二《南》。以是差之，則房中之樂，其爲二《南》無疑也。程子曰："二《南》之詩，爲教于衽席之上，閨門之内，上下貴賤之所同也，故用之。鄉人邦國而謂之正風。"朱子亦謂："周公制作禮樂，采文王之世風化所及民俗之詩被之筦弦，以爲房中之樂，而又推之以及於鄉黨、邦國，所以著明先王風俗之盛，而使天下後世之修身、齊家、治國、平天下者，皆得以取法焉。"其旨蓋深遠矣。郝氏乃謂其非盡雅樂，是以後世之黄帳外樂疑聖人也，何其陋哉。至其用鐘磬與否，則先儒之説各有異同，今又後之數千載，音樂久失傳，將何以定其孰非而孰是。然以義推之，則康成、王肅之論亦未可盡非也。蓋古者

① "陳統"原作"蕭純"，校本作"蕭統"，《樂書》作"陳統"，應據改。

樂懸之制，必視其人以爲之等，是故天子、諸侯鐘、磬、鎛俱有，大夫以下無鎛，諸侯之士又無鐘，其卿、大夫之有金石，必待有功而後賜之，誠以樂主乎散，而地道尚静故也。后夫人之德，尤以幽閒貞静爲主，其於金石之樂似非所宜，一也。樂之設也各有其地，歌者在上，匏竹在下，琴瑟在堂，鐘鼓在庭，皆一定之位，毋相亂也。此樂奏之於房，房非設縣之所，二也。《梁書》曰："周備六代之樂，至秦，餘韶房中而已。"《漢書》亦云："房中祠樂，高祖唐山夫人所作也。周有房中樂，至秦名曰《壽人》"，"孝惠二年，使樂府令夏侯寬備其簫管，更名曰《安世樂》"。然則漢之《安世》即房中之遺響也。史臣但云"備其簫管"，而不及其他，此亦無鐘磬之一證矣。或謂《安世房中歌》有云"高張四縣，樂充宫庭"，何以知其無鐘磬耶？曰《安世樂》蓋用之于禱祠，此特序其祭祀之時張此樂縣耳，非謂歌此詩者必奏此樂也。且其言曰"樂充宫庭"，則又可見其宫縣之在庭而不在房矣。然則《周禮》所謂燕樂，鄭即以房中之樂釋之，何耶？曰燕樂有鐘磬，有舞，教于磬師，掌于旄人，皆謂在庭之樂，非房中也。特是祭祀賓客之時，房中之絃歌既作，則在庭之樂皆應之，而舞者亦取節于是焉，猶合鄉樂之意也。《旄人職》云"凡祭祀、賓客，舞其燕樂"，謂以二《南》之詩爲節而舞，即《春秋傳》所謂"南籥"也。賈疏云"舞之以夷樂"，豈不謬哉。以其因燕而作，故皆謂之燕樂。燕之爲樂也，既有在庭之樂，又有房中之樂。其羞也，既有庶羞，而又有内羞，此可以見君之厚其臣者，蓋有加而無已矣。内羞與房中之樂皆不見于經，而記著之，以其爲禮樂之小者也。且云"有"者，見其出于君之加厚，非常典也。《關雎》之卒章曰"鐘鼓樂之"者，詩人以既得淑女而狀其歡欣和説之意耳。先儒以朝廷贄見之際釋之是已，若援以爲房中之樂之證，則出于傅會，而陳氏取之，過矣。唐人採蕭統之説，去鐘而用磬，亦一偏之見也。

儀禮集編卷六　男盛溶澄校字

儀禮集編卷七

秀水盛世佐學　後學歙鮑漱芳、石門顧修參校

大射儀第七

鄭《目録》云："名曰大射者，諸侯將有祭祀之事，與其羣臣射以觀其禮，數中者得與於祭，不數中者不得與於祭。射儀於五禮屬嘉禮。"

敖氏曰："諸侯與其羣臣飲酒而習射之禮也。言大射者，别於賓射、燕射也。"

郝氏曰："大射，諸侯與其臣燕而射也。凡天子之事稱大，諸侯稱大，非古也。不曰禮，曰儀，射主儀也。射者，争之器，行之以揖讓，故貴儀。子云：'射者何以射，何以聽，循聲而發，發而不失正，唯賢者乎？'射有儀，所以難也。記云，天子將祭，先習射。中多者得與於祭。夫射中而不失儀，承大祭可也。鄭謂大射專爲祭行，不盡然也。"

世佐案，《射義》云"諸侯之射也，必先行燕禮"，又云"諸侯君臣盡志於射以習禮樂"，此篇所陳是也。蓋古者天子以射選諸侯卿大夫士，即有虞氏"侯以明之"之遺法。貢士之取舍，諸侯之黜陟皆繫焉，故諸侯與其臣相與盡志于此，以求安譽而免流亡也。將祭，而擇士習之于澤，試之于射宫，惟天子之制則然。篇内無擇士之意，鄭乃引《射義》所言天子之制以釋之，誤矣，亦曰大射者，别於鄉射也。鄉大夫與其民習射于鄉學，謂之鄉射。諸侯與其臣習射于大學，謂之大射。其與賓射、燕射異者，彼是因賓燕而射，射否唯欲，主于序歡情也。此則爲射而燕，主于習禮樂也。不曰禮，而曰儀，以其威儀之法比鄉射尤詳也。

大射之儀。

敖氏曰："他篇於此言禮，是乃言儀者，以其儀多於他篇，故特顯之。

禮者，摠名，儀則其節文也。"

君有命戒射。

註曰："將有祭祀之事，當射。宰告於君，君乃命之。言'君有命'，政教宜由尊者。"

世佐案，《考工記》云："張皮侯而棲鵠，則春以功。"然則王大射以春矣，用林氏希逸説。諸侯大射之時未聞，註云"將有祭祀之事"，非也。

宰戒百官有事於射者。

註曰："宰，於天子冢宰，治官卿也，作大事，則掌以君命戒於百官。"

疏曰：《周禮·大宰職》云"掌百官之誓戒"①，故鄭以天子冢宰言之。其實諸侯無冢宰，立司徒以兼之也。

射人戒諸公、卿、大夫射，司士戒士射與贊者。

註曰："射人掌以射法治射儀，司士掌國中之士治，凡其戒命，皆司馬之屬也。殊戒公、卿、大夫與士，辯貴賤也。贊，佐也，謂士佐執事不射者。"

疏曰："上文宰官尊，總戒，此射人、司士色別重戒之。"

右戒羣臣。

世佐案，此皆射前旬有一日之事。

前射三日，宰夫戒宰及司馬、射人。

註曰："宰夫，冢宰之屬，掌百官之徵令者。司馬，於天子政官之卿，凡大射則合其六耦。"

郝氏曰："宰夫即燕主人，宰，膳宰，宰夫之屬，掌治官饌，故宰夫戒之②。司馬、射人皆掌射事。"

張氏曰："前者宰已戒百官，至此宰夫又以射期將至來告于宰，上下交飭也。又及司馬者，此日量道張侯，司馬職也。"

世佐案，復戒此三官者，以宰是百官之長，司馬、射人皆於射有職守故也。六卿分職，故司馬言及，射人不言及者，以其即司馬之屬也。郝以宰爲膳宰，非。量道張侯，皆射前一日事，張云即此日，亦非。

---

① "誓戒"原作"戒誓"，校本作"誓戒"，各本疏文同，與《周禮》經文合，據乙。

② "夫"原作"大"，校本作"夫"，《節解》同，據改。

右再戒宰及司馬、射人。

宿視滌。

註曰："滌，謂溉器，掃除射宫。"

敖氏曰："宰夫戒此三官，以當宿視滌也。宿，謂前射一日爲之。"

張氏曰："射人宿視滌，掃除濯溉，又在前射三日之前一夕，故云宿。"

世佐案，宿，謂前射一日也。視滌，亦宰夫事。《周禮·宰夫職》云"從大宰而眂滌濯"是也。此惟宰夫視之，宰不親者，射異于祭也。必視之者，以學中器具房舍皆不常用故也。燕於寢，則無庸視矣。敖以"宰夫"至"視滌"十二字爲句，張以"射人宿視滌"爲句，皆非。知者，以《周禮》唯《大宰職》有"視滌濯"之文，司馬、射人皆無視滌之事也。張又以宿爲前射三日之前一夕，尤非。

司馬命量人量侯道與所設乏以貍步，大侯九十，參七十，干五十，設乏各去其侯西十、北十。

註曰："量人，司馬之屬，掌量道巷塗數者。侯，謂所射布也。尊者射之以威不寧侯，卑者射之以求爲侯。量侯道，謂去堂遠近也。貍之伺物，每舉足者，止視遠近，爲發必中也，是以量侯道取象焉。《鄉射記》曰'侯道五十弓'，《考工記》曰'弓之下制六尺'，則此貍步六尺明矣。大侯，熊侯，謂之大者，與天子熊侯同。參，讀爲糝。糝，雜也。雜侯者，豹鵠而麋飾，下天子大夫也。干，讀爲豻。豻侯者，豻鵠豻飾也。大夫將祭，於己射麋侯。士無臣，祭不射。"

敖氏曰："侯道，侯去物之步數也。所畫物在兩楹間，正當楣也。此時未有物，當以楣間爲節也。步者，蓋量器長六尺者之名，如丈、尺、尋、引之類。刻畫貍形於其上以爲識，故曰'貍步'云。參，如'毋往參'之'參'[①]，謂介於二者之間也。大侯者，以其大於二侯名之也。參侯者，以其參於二侯名之也。此大侯，熊侯也，則參侯其豹侯與？九十、七十、五十，其步數也。君至尊，而侯道反遠於卿、大夫、士者，蓋位尊則所及者遠，位卑則所及者近，故侯道象之，以見其義也。設乏之處各去其侯之北十步者，以其當二侯相去之中，故以爲節也。去其侯之西亦十步者，則因

---

① "毋往參"，校本同，《集説》"毋"作"無"。

其北之成數而用之，亦以公宫之庭寬廣故爾。《周官·司裘職》言'諸侯大射共熊侯、豹侯'，《射人職》言'諸侯以四耦射二侯'，亦謂熊侯、豹侯也。其侯數少於此，則侯道未必有九十步者矣。蓋作經有先後，故禮制有隆殺，所以異也。舊説謂《周官》言畿内之諸侯，非也。《周官》凡言諸侯，皆謂畿外者耳，畿内安得有諸侯之國哉？"

郝氏曰："大侯，是熊、豹侯。參，謂參于二侯之間[①]，即孤卿、大夫所共射之麋侯。干，迫近也，近易干，即士所射豻侯。三侯同道連設，由堂而南五十步張干侯，又南二十步張參侯，又南二十步張大侯。設乏，三侯皆設乏也。"〇又云："《周禮·射人職》云王射三侯九節，諸侯二侯七節，則是大侯九十弓者，王射也。今諸侯用之，稱大射，其卿、大夫侯道用七十，得非僭邪。"

張氏曰："三侯共道遞近，以二十步爲率。尊者射遠，卑者射近。侯遠則鵠大，侯近則鵠小。設乏西十、北十，西與北各去其侯六丈也。"

世佐案，鄭釋侯義，本《考工記》及《射義》，恐是後儒附會，非先王本意也。量侯道之法，鄭得之，蓋不數堂上也。三侯皆所謂皮侯也，説見《鄉射記》。此與《司裘職》文異者，彼是畿内諸侯法，此則畿外也。畿内亦有諸侯乎？曰：有。《王制》云"天子之縣内諸侯禄也"是也。祭伯，凡伯之類，見于《春秋》者多矣，豈鄭氏一人之私言哉。外諸侯設三侯者，以遠尊，得伸也。君射熊侯，謂之大者，别于臣所射也。參侯，卿大夫所射。參，讀如字，以其參用豹侯、麋侯之制而名之也。不敢純用豹者，辟天子也。亦不純用麋者，以是諸侯之卿大夫所射，又當下天子之卿大夫也。敖、郝二説皆非。干侯，士所射。干，當如鄭讀胡犬也，郝説鑿矣。此雖設三侯，而上不及虎，下不取豹，以參易麋，而益以士之豻侯，所以别嫌明微者至矣，惡得而議其僭耶。諸侯之卿大夫自與其臣習射，當設參侯、豻侯，下其君一等也。賈疏云"亦用麋侯"，非，當以《射義》孔疏爲正。諸侯以下，大射皆不爲祭擇士，鄭云"大夫將祭，于已射麋侯"，亦非。

遂命量人、巾車張三侯，大侯之崇，見鵠於參，參見鵠於干，干不及地武。不繫左下綱。設乏，西十、北十。凡乏用革。

註曰："巾車，於天子宗伯之屬，掌裝衣車者，亦使張侯。侯、巾類。

---

① "于"原作"干"，校本作"于"，與《節解》同，據改。

崇,高也。高必見鵠。鵠,所射之主。鵠之言較。較,直也,射者所以直己志。或曰:鵠,鳥名,射之難中,中之爲俊,是以所射於侯取名也。《淮南子》曰:'鳱鵠知來。'然則所云'正者,正也',亦鳥名,齊、魯之間名題肩爲正,正、鵠皆鳥之捷黠者。《考工記》曰:'梓人爲侯,廣與崇方,參分其廣,而鵠居一焉。'則大侯之鵠方六尺,參侯之鵠方四尺六寸大半寸,豻侯之鵠方三尺三寸少半寸。及,至也。武,迹也。中人之足,長尺二寸,以豻侯計之,參侯去地一丈五寸少半寸,大侯去地二丈二尺五寸少半寸。凡侯北面,西方謂之左。前射三日,張侯、設乏,欲使有事者豫志焉。"

疏曰:上文直命量人量侯道及乏遠近之處,此經論張侯高下之法也。侯之廣狹取度于侯道,世佐案,《鄉射記》云:"弓二寸,以爲侯中。"三分其侯而鵠居一焉。大侯侯道九十弓,則侯中丈八尺,世佐案,此弓取二寸之數。故鵠方六尺也。世佐案,此三分居一之數,下放此。參侯侯道七十弓,則侯中丈四尺,故鵠方四尺六寸大半寸也。豻侯侯道五十弓,則侯中一丈,故鵠方三尺三寸少半寸也。凡侯之上躬、下躬及上舌、下舌各二尺,合八尺,是豻侯侯中及躬與舌丈八尺,張法,豻侯下綱不及地尺二寸,則上綱去地丈九尺二寸也。參侯,侯中倂躬舌爲二丈二尺,張法,參鵠下畔與豻侯之上綱齊,所謂"見鵠於豻",其鵠下八尺六寸大半寸,爲豻侯所掩,是參下綱去地一丈五寸少半寸,則上綱去地三丈二尺五寸少半寸也。大侯侯中倂躬與舌爲二丈六尺,張法,大侯鵠下畔與參侯上綱齊,所謂"見鵠於參",其鵠下一丈爲參所掩,是大侯下綱去地二丈二尺五寸少半寸,則上綱去地四丈八尺五寸少半寸也。凡言大半寸者,三分寸之二。少半寸者,三分寸之一。參用《通解》、《集説》節本。

劉氏敞曰:"《鄉射記》曰:'鄉侯上个五尋,中十尺。'上个者,最上幅也。中者,最中幅也。世佐案,中對躬與舌而言,非侯之最中也。侯之最中者曰鵠,曰正,曰質。又曰:'侯道五十弓,弓二寸,以爲侯中。'此説中幅所以用十尺者,取之侯道者也。又曰:'倍中以爲躬,倍躬以爲左右舌。'此説躬與舌各一幅也。世佐案,但云躬與舌各一幅,未見倍倍者,謂中廣十尺而躬長二十尺,舌又長四十尺也。又曰:'下舌半上舌。'此説上下皆躬、舌也。世佐案,此於記文"半"字亦欠詳。侯中一幅,上二幅,下二幅,幅各濶二尺,則與侯中方矣。世佐案,此但説得侯中耳,躬與舌皆不計在内。《梓人職》所謂'廣與崇方'者也。世佐案,"廣與崇方",謂侯中也。若論侯之全體,"上兩个與其身三,下兩个半之",仍不能方也。先量侯道乃制侯中，既制侯中乃定躬、舌，既定躬、舌乃因侯中之廣而求其崇，必方其足。世佐案，“足”疑當作“中”。凡五十弓之侯，其中十尺，其布五幅，躬、舌各一幅也。七十弓之侯，其中丈四尺，其布七幅，躬各二幅，舌各一幅也。九十弓之侯，其中丈八尺，其布九幅，躬與舌各二幅也，其崇則中十尺，崇亦十尺矣，中丈四尺，崇亦丈四尺矣，中丈八尺，崇亦丈八尺矣。世佐案，此皆誤以侯中爲侯之全體也。謂之中者，正以其居中也。中者，對上之言也，有上有中則有下矣。九十弓之侯布九幅，以五爲中。七十弓之侯布七幅，以四爲中。五十弓之侯布五幅，以三爲中矣。世佐案，其初衹謂最中一幅爲中，而此更以三幅爲中，亦自相矛盾矣。《大射儀》曰‘大侯之崇，見鵠於參，參見鵠於干，干不及地武’，此高下之節也。大侯崇丈八尺，棲鵠於其中，從遠視之，令出於參之右舌下也。所以必出於舌下者，舌能蔽之，故以見爲節也。干侯之鵠則去地武，武三尺也。世佐案，《鄉射禮》云“下綱不及地武”，此云“干不及地武”，亦謂其下綱也。若以十尺之侯，而其鵠去地僅三尺，則鵠反不得居侯之中矣，何其謬耶。世言步武，步六尺，則武三尺，武者，迹之也，兩迹之間則三尺，武以是名之。世佐案，尺二寸爲武，鄭據漢禮五武成步言也。劉云三尺，則成臆説矣。干侯之鵠用此爲高，亦幾中矣。其設之次，大侯在東，參次之，干次之。世佐案，似此則大侯偏于東，干侯偏于西，射者立兩楹之間，有不能正對侯中者矣，將何以中。使密不至相掩，踈足以射，其勢參差相入，是謂貍步。鄭云，中猶身也。世佐案，鄭無此説。《考工記》註云：“身，躬也。”劉氏豈未之考耶？身之外復有躬、舌，躬、舌、身三者異者，則五十弓之侯，其崇丈八尺，七十弓之侯，其崇二丈二尺，九十弓之侯，其崇二丈六尺。既難卷舒矣，世佐案，古人制侯，大爲之體，而小爲之鵠。體必大者，所以優尊也，使其君射之易爲中。鵠必小者，所以示雋也。凡射者，不貫鵠不釋。劉氏蓋未達斯意與。至其設之，又令參侯去地一丈五寸少半寸，計其上綱，則三丈二尺五寸少半寸也。大侯去地二丈二尺五寸少半寸，計其上綱，則四丈八尺五寸少半寸也。此之難信，不俟言矣。世佐案，鄭皆據經而言，以干不及地武計之，當如是也。劉以爲難信，過矣。鄭意以謂不如是則大侯之鵠不見於參，參不見於干，然雖如鄭説求之，大侯之鵠終不能見於參，參亦終不能見於干也。胡不嘗試以勾股求之，人去干五十步，干去參二十步，干高一丈九尺二寸，令人目高七尺①，從干望參，計參侯之鵠去地二丈四尺五分寸之四乃能見之。今

① “令”原作“今”，校本作“令”，《七經小傳》同，據改。

鄭所説參侯之鵠去地一丈九尺二寸，高則高矣，欲使鵠裁見不足二寸，如使鵠盡見，不足四尺八寸五分寸之四，從參視大侯亦然，然則非也。世佐案，此論從干望參，但以目高七尺計之，而不計堂去庭之數，宜其不能見鵠也。天子之堂九尺，諸侯七尺，所處高，則不蔽於近矣。且鄭意謂三侯重張，當使後侯高前侯耳，是與經不合。經令獲者執旌，各負其侯，執旌者欲使射者視之審也。如令大侯在參之背，參在干之背，其去地皆數十尺，雖執旌安得而負之，而射者亦安得而覩之哉。世佐案，大侯之旌長七仞，强參五仞，干三仞，旌各出其侯尺八寸，射者孰不覩之，所以負侯者欲令人見旌耳。旌既見，雖不見負侯者可也。立而背之亦得謂之負，此義不足以破鄭也。又經云'貍步張三侯'者，非謂射者之志，謂張之者之法也。而鄭以謂射當如貍之擬物，何預於張侯乎？"世佐案，貍步，乃量侯道之器名。步而刻畫以貍，則取其伺物而發必中之義，凡古人之飾器物各以其類也。後來説者唯敖氏得之，鄭義固未備，而劉説更去之遠矣。

敖氏曰："張侯之序，以大侯爲先，參次之，干爲後。乃云某見鵠於某者，蓋先以尺寸計而張之，及既張之後，則遠侯之鵠自各見於近侯之上，非謂先張近侯乃張遠侯也。二侯之高俱見鵠，而不盡見其鵠下之中，是射者惟以貫鵠爲中，而其外則否，於此見之矣。此張侯之法，大而遠者則高，小而近者則下，乃其勢之不得不然者，而尊卑之義亦存焉。禮意之妙，大抵類此。"

郝氏曰："三侯道有遠近，侯亦有大小。大侯最大，參侯次之，干侯最小。侯小則卑，侯大則崇。崇者遠在外，卑者近在内。諸侯堂高七級，自堂上射，故豻外見參之鵠，參外見大侯之鵠。鵠，大鳥，鶴屬。豻侯下綱離地尺二寸，以在内最近易見者約之，二侯在外可知矣。再言'西十、北十'，前言量，此言設也。乏用革、用皮，蔽矢也。"〇又云："鄭謂參侯去地一丈五寸少半寸，大侯去地二丈二尺五寸少半寸，非也。《考工記》云'梓人爲侯，廣與崇方，參分其廣而鵠居一'，《鄉射記》云鄉侯道'五十弓，弓二寸以爲侯中'，中即鵠也。二五爲十尺，則是五十弓之鵠方一丈也。三分之，則鄉侯高廣凡三丈，即干侯也。參侯七十弓，高廣三丈四尺。世佐案，以郝説推之，七十弓之鵠方一丈四尺，三分之，則參侯高廣凡四丈二尺，其大于干侯者凡一丈二尺，今云"高廣三丈四尺"，未詳。大侯九十弓，高廣三丈八尺。世佐案，以郝説推之，九十弓之鵠方一丈八尺，三分之，則大侯高廣凡五丈四尺，其大于參侯者亦一丈二尺，今云"高廣三丈八尺”，未詳，豈故謬其説以惑人與①？侯在外者漸遠漸高，而堂上地又高，故其鵠可見。鄭疑過大，故解侯中爲全侯，世佐案，鄭説侯中之上下又皆有躬、有舌，非以侯中爲全侯也。而以大侯全體爲高一丈八尺。世佐案，鄭説大侯全體爲高二丈六尺，非一丈八尺也。丈八尺乃其侯中之數耳。又疑不見鵠，故以爲張之去地二丈二尺五寸，于事理轉謬矣。古之射者所重在禮，不以中小爲能，故侯中崇廣取象大鳥，乃所以爲近情，而鄭反謂鵠爲小鳥難中，又左矣。”

世佐案，註疏論張侯高下之法最爲精細，而後儒多非之者，過也。劉説侯制與鄭義頗異，然以《鄉射記》及《考工記》校之，則其是非判然矣。至所論張侯之法尤謬，愚恐後之好異者或有取焉，故録之而辨其下。云遠侯之鵠必出于近侯之上者，便射也。參侯不去地一丈有奇則不能見鵠于干，大侯不去地二丈二尺有奇則不能見鵠于參。鵠不見，何以射？如以郝説干侯高廣三丈，參侯三丈四尺，大侯三丈八尺計之，則參侯之出于干，大侯之出于參僅四尺耳，縱使侯遠堂高，或能見鵠，而自四尺以下爲近侯所掩者，豈能越近而中之乎，此亦不通之論也。又案，漢高祖歌云“鴻鵠高飛，一舉千里”，賈誼賦云“黄鵠之一舉兮，知山川之紆曲”，則鵠是鳥之有力飛遠者，射鵠取義，未知其果以此否，而以爲小鳥，則非矣。鄉射禮張侯與射同日，此乃於前一日爲之者，大射重于鄉也。鄭云“前射三日”，亦誤。

樂人宿縣于阼階東，笙磬西面，其南笙鍾，其南鑮，皆南陳。

註曰：“笙，猶生也。東爲陽中，萬物以生。《春秋傳》曰：‘大蔟所以金奏，贊陽出滯，姑洗所以修絜百物，考神納賓。’是以東方鍾、磬謂之笙，皆編而縣之。《周禮》曰：‘凡縣鍾、磬，半爲堵，全爲肆。’有鍾、有磬爲全。鑮如鍾而大，奏樂以鼓、鑮爲節。”

陳氏暘曰：《大射儀》“樂人宿縣于阼階東，笙磬西面”，西階之西，頌磬東面。蓋應笙之磬謂之笙磬，應歌之磬謂之頌磬。笙磬位乎阼階之東而面西，以笙出於東方，震音，象萬物之生也。頌磬位乎西階之西而面東，以頌出於歌聲，而聲出於西，言之方也。鼗倚于頌磬西紘。頌磬在西而有紘，是編磬在西而以頌磬名之。特磬在東而以笙磬名之，《周官》“眡

① “豈故謬其説”之“謬”，校本作“繆”。

瞭掌凡樂事播鼗、擊頌磬，掌太師之縣”，則頌磬，編磬也；笙磬，特磬也。縣則又兼編與特言之，然言笙磬繼之以鍾鎛，應笙之鍾鎛也，笙師共笙鍾之樂是已。言頌磬繼之以鍾鎛，應歌之鍾鎛也，《左傳》“歌鍾二肆”是已。《詩》言“笙磬同音”，《書》言“笙鏞以間”，大鐘謂之鏞，則笙鏞，特縣之鐘也。以笙鏞爲特縣之鐘，則笙磬爲特縣之磬明矣。

敖氏曰：“宿縣，謂前射一日縣之也。明日當射，故此日云‘宿’。笙磬、笙鐘，皆與笙相應者也。磬外面爲股，内面爲鼓。西面者，鼓在西而擊者東面也。鍾、鑮皆南陳，亦以其北上也，其面有二，故不言西面而擊者，亦與磬同也，下放此。”

郝氏曰：“笙磬，笙與磬相次，吹笙則鐘磬和之，故謂笙磬、笙鐘也。笙，生也，列竹于匏，象物生出地。東爲生方，故設于東階下東。南，笙磬之南。笙磬、笙鐘小而編縣。鑮，大鐘，特縣[①]。”

張氏曰：“諸侯軒縣，三面各有一肆，此其東一肆也。”

世佐案，《燕禮》縣與燕同日，此亦於射前一日爲之者，大射重于燕也。軒縣之法，東、西、北三面各一肆，一肆之中而磬、鐘、鑮之屬具焉。磬與鐘，編縣者也，其他則特縣。笙磬、笙鐘以其在東而名之；頌磬、頌鐘以其在西而名之，鄭解蓋得之矣。獨是編縣十二枚，備十有二律之數，度鄭乃引《春秋外傳》以證此，似東縣獨協大簇、姑洗二律，西縣獨協夷則、無射二律，所以啓後人之疑耳。陳氏以笙磬爲應笙之磬，頌磬爲應歌之磬，諸儒多右其説，竊恐亦未的也。蓋樂以人聲爲貴，故歌者在上，匏竹在下。上下，謂堂上、堂下也。陳氏云“頌磬歌于西”，是南鄉、北鄉，以西方爲上，所以貴人聲也。笙磬吹于東，是以東方爲下，所以賤匏竹也，非。就堂下樂中亦有差等，笙管，聲之發乎人者也；磬鐘之屬，聲之發乎器者也。故有時以笙爲主，而磬以下應之，所謂笙奏也，《詩》云“笙磬同音”是也；有時以管爲主，而磬以下應之，所謂下管也，《詩》云“嘒嘒管聲，既和且平，依我磬聲”是也。下經云“乃管《新宫》三終”，則大射樂以管爲主矣，何以但有應笙之鐘磬而無應管之鐘磬耶？且歌者在上，西方安得有歌，而云頌磬歌乎西，是亂上下之列矣。至于合樂之時，歌瑟與衆音並作，亦豈唯西縣爲與歌相應也。凡縣鐘磬，皆編縣之而陳，以編磬、特磬爲頌笙之别，亦非。毛氏萇云“笙

① “特縣”，校本同，《節解》“縣”作“懸”。

磬,東方之樂也”,則鄭説傳之有自,愚故不敢有異議。云“南陳”,謂向南陳之,簴首在北也。皆,皆磬、鐘、鑮也。陳之於堂爲縮。

建鼓在阼階西,南鼓。應鼙在其東,南鼓。

註曰:“建,猶樹也,以木貫而載之,樹之跗也。南鼓,謂所伐面也。應鼙,應朔鼙也。先擊朔鼙,應鼙應之。鼙,小鼓也。在東,便其先擊小後擊大也。鼓不在東縣南,爲君也。”

疏曰:“《明堂位》云‘殷楹鼓,周縣鼓’,今言建鼓,則殷法也。主于射,略于樂,故用先代鼓。”

敖氏曰:“此鼓鼙乃在東縣南者也。以君當於阼階東南揖卿大夫,且主人之位亦在洗北,皆當鑮之南,故移鼓鼙於此以辟之也。鼓鼙若在東縣南,則鼓在左,鼙在右,今設於此乃反之者,明其變位也。”

郝氏曰:建鼓,即楹鼓也。應鼙亦懸設。

張氏曰:“此鼓本在東縣之南,與磬、鐘、鑮共爲一肆,移來在此者,鄭以爲爲君,以君在阼階上,近君設之,故云‘爲君’也。”

世佐案,註“爲君”之説似迂,當以敖説爲正。

西階之西,頌磬東面。其南鐘,其南鑮,皆南陳。一建鼓在其南,東鼓。朔鼙在其北。

註曰:“言成功曰頌。西爲陰中,萬物之所成。《春秋傳》曰:‘夷則所以詠歌九則,平民無忒。無射所以宣布哲人之令德,示民軌義。’是以西方鐘、磬謂之頌。朔,始也。奏樂先擊西鼙,樂爲賓所由來也。鐘不言頌,鼙不言東鼓,義同,省文也。”

敖氏曰:“頌之言誦也,謂歌樂也。此磬與歌樂相應,故曰‘頌磬’。此鐘之用亦宜與磬同。《春秋傳》曰‘歌鐘二肆’,其謂是鐘與鼓在南,鼙在北,明其不統於縣。”

郝氏曰:“建鼓言一,所以殊于東者。”

張氏曰:“此西一肆也。”

世佐案,頌磬之説,郝氏、張氏皆與敖説相類,今不具録,辨見上。

一建鼓在西階之東,南面。

註曰:“言面者,國君於其羣臣,備三面爾,無鐘、磬,有鼓而已。其爲諸侯則軒縣。”

敖氏曰："國君合有三面樂，東方、西方與階間也。階間之縣東上，其鼓則西上，與在東方、西方者之位相類也。大射盛於燕，宜備用樂，乃以辟射之故，去其階間之縣，但設其鼓於故位而已。上言南鼓、東鼓，惟此言南面，蓋闕中縣則不擊此鼓，故異其文以見之。此鼓不擊乃設之者，明有爲而去其縣，非禮殺也。"

郝氏曰："又言'一建鼓'，所以殊于西階西者。"

世佐案，此闕其北一肆，辟射也。猶設鼓者，别于判縣也。北縣南面，故此鼓亦南面。不云南鼓者，見其當一面也。既設之，亦須擊，敖云"此鼓不擊"，非。既因辟射，雖賓射亦當闕之。若不爲射，雖於其臣亦當設之，註説非。《燕禮》縣法宜與此同，爲燕亦有時而射也。

簜在建鼓之間。

註曰："簜，竹也，謂笙、簫之屬倚於堂。"

敖氏曰："簜，即工之所管者，故近工位設之。"

世佐案，建鼓之間，即兩階之間也。設于此者，以管爲堂下樂之主也。

鼗倚于頌磬西紘。

註曰："鼗如鼓而小，有柄，賓至，摇之以奏樂也。紘，編磬繩也。設鼗于磬西，倚于紘也。"

敖氏曰："西紘，磬紘之西出者也。"

郝氏曰："鼗，小鼓有耳、有柄，摇擊，不縣設，倚置于頌磬東。紘，鼗兩旁懸耳繩，如冠之有紘。鼗倚于磬簴東，故其紘西委也。"

世佐案，西紘之説，郝氏爲長。若從註説，則經"西紘"二字當乙。編磬繩不可言東西也，以聶氏《三禮圖》考之可見。《三禮圖》編縣在一簴爲二列，半在上，半在下。敖云"磬紘之西出者"，誤矣。

右視滌、張侯、縣樂。

世佐案，此皆前射一日事。

厥明，司宫尊于東楹之西兩方壺，膳尊兩甒在南，有豐。幂用錫若絺，綴諸箭，蓋幂，加勺，又反之。皆玄尊，酒在北。

註曰："膳尊，君尊也。後陳之，尊之也。豐以承尊也，説者以爲若井鹿盧，其爲字從豆𧯛聲，近似豆，大而卑矣。幂，覆尊巾也。錫，細布也。

絺，細葛也。箭，篠也。爲冪蓋卷辟，綴於篠，横之也，又反之，爲覆勺也。皆玄尊，二者皆有玄酒之尊，重本也。”

疏曰：“此陳設器物與《燕禮》同，但文有詳略耳。”

敖氏曰：“冪横綴於箭而從蓋於甒，勺亦從加於冪上，西枋，與箭而午，乃以餘冪反蓋于勺，亦爲塵之著于勺也。蓋以君飲此酒，故謹重之如是。《燕禮》云‘尊南上’，此云‘酒在北’，文互見爾，説見前篇。方壺不用庪之者，遠下君。”

張氏曰：“綴諸箭者，綴錫若絺於箭而張之，以覆也。蓋冪加勺又反之，此覆尊之法，勺加冪上，復撩冪之垂者以覆勺。”

世佐案，郝以“綴諸箭蓋”爲句，非，當從張氏。

尊士旅食于西鑮之南，北面，兩圜壺。

註曰：“圜壺，變於方也。賤，無玄酒。”

敖氏曰：“鑮南，言東西節也。鑮南有鼓，此不以鼓爲節者，鼓高而鑮下，圜壺在地，取節於其下者，宜也。《燕禮》旅食與其尊皆在門西，此旅食者在西方之南，於燕位爲少西，則此尊之南北亦宜近之。”

郝氏曰：“士旅食者之尊，燕禮設于門西，旅食者立門西也。大射較鄉射侯道遠，逼近門，旅食者皆立堂下士南，避射也，故尊改設堂下西鑮之南。”

世佐案，鑮南有鼓，此尊又在鼓南也。舍鼓而取節于鑮者，以鼓之在西者有二，故以鑮爲識也。敖云“取節于其下”，非。

又尊于大侯之乏東北兩壺獻酒。

註曰：“爲隸僕人、巾車、參侯、豻侯之獲者[①]。獻，讀爲沙。沙酒濁，特泲之，必摩沙者也。兩壺皆沙酒。《郊特牲》曰：‘汁獻涚于醆酒。’服不之尊，俟時而陳於南，統於侯，皆東面。”

敖氏曰：“此尊俟時而設，經蓋因上禮而連言之耳。獻酒，獻三侯之獲者及巾車、隸僕人之酒也。於此獨云‘獻’者，嫌其爲祭侯，且見不他用也。壺亦圜壺。”

張氏曰：“註引《郊特牲》以證沙酒之義。涚，泲也，泲沙酒者，和以醆

① “參侯豻侯之獲者”，校本、姜氏《經傳》同。《通解》、《集釋》、楊氏《圖》、陳本、毛本、監本“參”俱作“糝”。

酒而摩挲之,以出鬱鬯之汁也,以其祭侯,故用鬱鬯。設服不之尊,在飲不勝者以後,故註云'俟時',明此尊不爲服不氏設也。"

世佐案,下經云"司宫尊侯于服不之東北",即此尊也。是時未設而先言之者,從其類而備舉之,以見尊卑之差也。如諸公、卿大夫之席亦皆未設而先言之,是其徵矣。獻酒之解亦當從敖説,舊以爲鬱鬯,非也。鬱鬯之酒,天子以爲贄,諸侯未賜圭瓚不敢爲,豈宜以獻僕隸下人乎?即云"祭侯",亦非所宜也。且酌鬱齊以彝,不以尊。見《周禮·司尊彝》。

設洗于阼階東南,罍水在東,篚在洗西,南陳。設膳篚在其北,西面。又設洗于獲者之尊西北。水在洗北,篚在南,東陳。

註曰:"亦統於侯也。無爵,因服不也。有篚,爲奠虚爵也。服不之洗,亦俟時而陳於其南。"

敖氏曰:"此云'又設洗',亦因上禮而連言之,其實未設也。獲者,即服不之屬。惟云'水',是不用罍也。君禮而水不用罍,以所獻者賤故爾。"

張氏曰:"此篚中不設爵,將因獻服不之爵而用之也。"

世佐案,獲者之尊,即設于大侯之乏東北者。下經云"設洗于尊西北",即謂此洗也。篚中所實者,一散也。亦未設而先言之,註以此與服不之洗分爲二,而張氏從之,非。

小臣設公席于阼階上,西鄉。司宫設賓席于户西,南面,有加席。卿席賓東,東上。小卿賓西,東上。大夫繼而東上。若有東面者,則北上。席工于西階之東,東上。諸公阼階西,北面。東上。

註曰:"唯賓及公席布之也,其餘樹之於位後耳。小卿,命於其君者也。"

疏曰:知"賓及公席布之,其餘樹之於位後"者,下文更有"孤卿、大夫席"文,故知也,此實未布而言布之者,欲辨尊卑也。孤尊而後言之者,有無不常定也。"小卿,命於其君"者,案《王制》云"大國三卿,皆命於天子,次國三卿,二卿命於天子,一卿命於其君。小國亦三卿,一卿命於天子,二卿命於其君",世佐案,《王制》本云"小國二卿皆命於其君",此從鄭註補正。若言小卿，據次國已下有之。從《通解》節本。

敖氏曰："賓有加席，亦蒲筵加莞席也。公不言設加席，如燕禮可知，或亦蒙'有加席'之文也。射禮重於燕，故賓有加席。此惟公席及賓席布之，其餘猶在房，俟時乃設。言之於此者，亦因設公席、賓席而遂及之耳。卿，上大夫也。小卿，中大夫也。大夫，下大夫也。小卿席于賓西而統於賓，則此賓其以中大夫爲之與？'繼而'之下當有'西'字。東面者，在西序下，少北。言'若有'者，國有大小，則大夫亦有衆寡也，諸公亦或有或無，故後言之。"

世佐案，卿，三卿也。小卿，上大夫也。大夫，下大夫也，説見《燕禮》。諸侯之卿大夫皆有定數。云"若有東面"者，以國有大小，則其學宫亦有廣狹也。此諸席之位次皆與《燕禮》同，惟賓有加席而設之後，于公爲異耳。

官饌。

註曰："百官各饌其所當共之物。"

敖氏曰："官各饌之於其所也。《燕禮》曰'膳宰具官饌于寢東'，與此互見，其先後之節耳。"

世佐案，此亦膳宰總具之于堂東，而官乃分饌之于其所也。所饌之物，見《燕禮》註。

右陳設。

敖氏曰："自此以後，其經文有與《燕禮》同者，則不重釋之。"

羹定。射人告具于公，公升，即位于席，西鄉。小臣師納諸公、卿、大夫，諸公、卿、大夫皆入門右，北面東上。士西方，東面北上。大史在干侯之東北，北面東上。士旅食者在士南，北面東上。小臣師、從者在東堂下，南面西上。

註曰："大史在干侯東北，士旅食者在士南，爲有侯，故入庭深也。小臣，師正之佐也。正相君，出入君之大命。"

敖氏曰："大史在干侯東北，爲有事，故深入。東上，小史在西也。不著祝位者，與史異處，故略之。其位自在門東，士旅食者在士南者，爲辟射也。門西之位，其東西稍近於侯。從者，小臣師之屬也。"

郝氏曰："大史掌辭命，立干侯東北北面者，近君也。"

世佐案，大史與士旅食者之位皆與《燕禮》異者，辟射也。大史釋獲，故移于干侯之東北，近其事也。云"東上"，謂與祝序也。不言祝者，以其無事，略之也。敖云祝位自在門東，非。士旅食者移于士南，從其類也。觀此，則士旅食者即《周禮》"旅下士"，益可見矣。《燕禮》在東堂下者唯小臣師一人，今則及其從者皆立于此。云"西上"，亦統于君也。凡庭中之位，阼階以西皆東上，其東則西上。

公降，立于阼階之東南，南鄉。小臣師詔揖諸公、卿、大夫。諸公、卿、大夫西面北上。揖大夫，大夫皆少進。

註曰："上言'大夫'，誤衍耳。"

敖氏曰："阼階東南，蓋於鏄南也，《燕禮》言'爾'，此言'揖'，亦互文。"

郝氏曰："言'揖諸公、卿、大夫'，又言'揖大夫'者，卿爲上大夫也。"

世佐案，經兩言"諸公、卿、大夫"，因上有"大夫"與"諸公、卿"連文，而誤衍"大夫"字耳。郝説曲，當從註。

右即位。

大射正擯。

註曰："大射正，射人之長。"

擯者請賓，公曰："命某爲賓。"擯者命賓，賓少進，禮辭。反命。又命之，賓再拜稽首，受命，擯者反命。賓出，立于門外，北面。

世佐案，《燕禮》云"賓出，立于門外，東面"，此北面者，大射辨尊卑，故賓于門外執臣禮也。

公揖卿、大夫升，就席。

右命賓。

小臣自阼階下北面，請執冪者與羞膳者。

註曰："請士可使執君兩甒之冪及羞脯醢、庶羞于君者。"

世佐案，鄭解此羞膳，兼脯醢、庶羞而言，與《燕禮》註異，亦非也。説見《燕禮》。

乃命執冪者，執冪者升自西階，立于尊南，北面東上。膳宰請羞于諸公、卿者。

世佐案，下經主人獻公之時，云“宰胥薦脯醢”，則羞膳者非士矣。執冪及羞于諸公、卿者，經無明文，以類求之，蓋亦宰胥也。是與《燕禮》請雖同，而所命者則異。

右命執事者。

擯者納賓，賓及庭，公降一等揖賓，賓辟。公升，即席。

註曰：“辟，逡遁，不敢當盛。”

敖氏曰：“凡受公禮者皆辟，經不盡見之也。”

奏《肆夏》。

註曰：“《肆夏》，樂章名，今亡。吕叔玉云：‘《肆夏》，《時邁》也。’《時邁》者，太平巡守，祭山川之樂歌。其詩曰：‘明昭有周，式序在位。’又曰：‘我求懿德，肆于時夏。’奏此以延賓，其著宣王德、勸賢與？《周禮》曰：‘賓出入，奏《肆夏》。’”

疏曰：“《燕禮記》云：‘若以樂納賓，則賓及庭，奏《肆夏》。’鄭云：‘卿、大夫有王事之勞，則奏此樂焉。’此亦同彼註也，若臣無王事之勞，則如常燕，無以樂納賓法也。又此納賓樂，故諸侯亦得用者，升歌則不可，若賓醉而出，奏《陔夏》，與此異也。”

敖氏曰：“此爲賓奏之，當作西方之縣也。《周官》言九《夏》，次曰《肆夏》。《春秋傳》言《肆夏》之三曰：《肆夏》、《繁遏》、《渠》。然則每《夏》之中各有篇數，如《肆夏》之類乃其首篇名耳。穆叔聘于晉，晉侯享之，金奏《肆夏》之三，穆叔曰：‘三《夏》，天子所以享元侯也，使臣不敢與聞。’此惟奏《肆夏》而不及《繁遏》、《渠》，其辟天子之享禮與？”

世佐案，燕禮輕，故不以樂納賓，惟與四方之賓燕則奏之。大射禮重，故雖以己之臣子爲賓，而納之必以樂，豈問其有王事之勞與否哉，疏誤矣。吕叔玉之説，鄭於《周禮》註既破之，而于此復引之者，亦以廣異聞，存疑異耳[①]。然以禮斷之[②]，則此《肆夏》必非頌之族類也。頌非諸侯

① “異”字校本作“義”。

② “禮”字校本作“理”。

所敢用也，且天子與諸侯奏法亦别。天子宗廟之中，尸出入以鐘鼓奏之，《詩》云“鼓鐘送尸”是也。《周禮》謂之“金奏”，此及《燕禮》但云“奏《肆夏》”，不聞以金，蓋即賓出鼓《陔》之意，明與天子異矣。《傳》言晉侯金奏《肆夏》之三，是僭天子也。《記》言趙文子奏《肆夏》，是僭諸侯也。又案杜子春云：“四方賓來，奏《納夏》。”然則天子納賓，不奏《肆夏》矣。鄭引《周禮》，易“尸”爲“賓”，亦非。

右納賓。

賓升自西階，主人從之，賓右北面，至再拜，賓答再拜。

右拜至。

主人降洗，洗南，西北面。賓降，階西東面。主人辭降，賓對。主人北面盥，坐取觚洗。賓少進，辭洗。主人坐奠觚于篚，興對，賓反位。主人卒洗，賓揖乃升。主人升，賓拜洗，主人賓右奠觚答拜，降盥。賓降，主人辭降，賓對。卒盥，賓揖升，主人升，坐取觚。執冪者舉冪，主人酌膳，執冪者蓋冪，酌者加勺，又反之。

敖氏曰：“舉冪之儀當與蓋冪者相類，蓋主人取觚而適尊所，執冪者則進而發其冪之反者，主人取勺，執冪者乃舉冪也。又反之，亦執冪者也。”

筵前獻賓，賓西階上拜，受爵于筵前，反位，主人賓右拜送爵。宰胥薦脯醢。

註曰：“宰胥，宰官之吏也。不使膳宰薦，不主於飲酒，變於燕。”

敖氏曰：“宰胥，宰之屬也。薦賓者與公同，亦盛之。”

世佐案，宰胥，膳宰之吏也[①]。《周禮·序官》“膳宰”下云“胥十有二人”是已。燕禮膳宰薦賓，胥薦主人。今薦賓乃使胥者，主于射，略于燕也。

賓升筵，庶子設折俎。

註曰：“庶子，司馬之屬，掌正六牲之體者也。不使膳宰設俎，爲射，

---

① “之”字校本無。

變於燕。"

世佐案,《燕禮》設賓俎亦膳宰,此乃使未爵命之庶子者,略也。庶子,説見上篇。鄭引《周禮·諸子職》釋此,誤。

賓坐,左執觚,右祭脯醢,奠爵于薦右,興,取肺,坐絶祭,嚌之,興,加于俎,坐挩手,執爵,遂祭酒,興,席末坐,啐酒,降席,坐奠爵,拜,告旨,執爵興。主人答拜。樂闋。賓西階上北面坐,卒爵,興,坐,奠爵拜,執爵興,主人答拜。

敖氏曰:"奏《肆夏》及樂闋之節,説見《燕禮記》。"

右主人獻賓。

賓以虚爵降,主人降。賓洗南西北面坐奠觚,少進,辭降。主人西階西,東面,少進,對。

敖氏曰:"西階西,非主人堂下之正位,以從降,暫立於此耳。主人既對,不言反位,亦文省。"

賓坐取觚,奠于篚下,盥洗。主人辭洗。賓坐奠觚于篚,興對,卒洗,及階,揖升。主人升,拜洗如賓禮。賓降盥,主人降,賓辭降。卒盥,揖升,酌膳,執冪如初,以酢主人于西階上。主人北面拜受爵,賓主人之左拜送爵。主人坐祭,不啐酒,不拜酒,遂卒爵,興,坐奠爵,拜,執爵興,賓答拜。主人不崇酒,以虚爵降,奠于篚。賓降,立于西階西,東面。擯者以命升賓,賓升,立于西序,東面。

右賓酢主人。

主人盥,洗象觚,升,酌膳,東北面獻于公。公拜受爵,乃奏《肆夏》。

敖氏曰:"此奏《肆夏》,當以東方之縣。"

世佐案,此奏《肆夏》之法與上同,敖云爲賓奏以西縣,爲公以東縣,謬矣。

主人降自西階,阼階下北面拜送爵。宰胥薦脯醢,由左房。

敖氏曰:"凡堂上之薦皆由左房,特於君見之耳。"

庶子設折俎，升自西階。公祭如賓禮，庶子贊授肺。

世佐案，燕禮士薦，膳宰設，且贊授肺，此皆與之異者，亦爲主于射而略之也。

不拜酒，立卒爵，坐奠爵，拜，執爵興。主人答拜，樂闋，升受爵，降奠于篚。

敖氏曰："篚，膳篚也。奏《肆夏》及樂闋之節，説亦見《燕禮記》。"

右主人獻公。

更爵洗，升，酌散以降，酢于阼階下，北面坐奠爵，再拜稽首，公答拜。主人坐祭，遂卒爵，興，坐奠爵，再拜稽首，公答拜，主人奠爵于篚。

敖氏曰："此亦當酌膳，云'散'，誤也。《燕禮》曰'公答再拜'，此省文也，下不言者皆如之。"

郝氏曰："燕禮酌膳，此酌散。燕禮主飲，故叨君惠，大射主禮，不敢同于尊也。"

姜氏曰："酌方壺酒曰酌散。燕禮酌膳，而此酌散者，燕禮賓主之情，大射君臣之義也。此以下，燕禮多答再拜，而大射但答拜，義亦如之。"

世佐案，後二説得之。

右主人受公酢。

主人盥洗，升，媵觚于賓，酌散，西階上坐奠爵，拜，賓西階上北面答拜。主人坐祭，遂飲，賓辭，卒爵，興，坐奠爵，拜，執爵興，賓答拜。主人降洗，賓降，主人辭降，賓辭洗。卒洗，賓揖升，不拜洗。主人酌膳，賓西階上拜，受爵于筵前，反位，主人拜送爵。賓升席，坐祭酒，遂奠于薦東。主人降，復位。賓降筵西，東南面立。

右主人酬賓。

小臣自阼階下請媵爵者，公命長。小臣作下大夫二人媵爵。媵爵者阼階下皆北面再拜稽首，公答拜。媵爵者立于洗南，西面北上，序進盥，洗角觶，升自西階，序進酌散，交于楹北，降，適阼階下，皆奠觶，再拜稽首，執觶興，公答拜。媵爵者皆坐祭，遂卒觶，興，坐奠觶，再拜稽首，執觶興。公答再拜。

姜氏曰："此亦答再拜者，蓋重祭也。"

世佐案，此云"答再拜"，衍一"再"字耳。姜氏重祭之説似迂。

媵爵者執觶待于洗南。小臣請致者。若命皆致，則序進奠觶于篚，阼階下皆北面再拜稽首，公答拜。媵爵者洗象觶，升實之，序進，坐奠于薦南，北上，降，適阼階下，皆再拜稽首送觶，公答拜。媵爵者皆退，反位。

郝氏曰："反位，反庭中北面之位。大夫初與卿皆入門右，北面，及公揖卿，西面北上，揖大夫，少進，則大夫北面進至庭中矣。鄭云反門右北面之位，非也。"

右二大夫媵觶于公。

公坐取大夫所媵觶，興以酬賓。賓降，西階下再拜稽首。小臣正辭，賓升成拜。

註曰："正，長也，小臣長辭，變于燕。"

敖氏曰："小臣正辭，亦公命之。"

公坐奠觶，答拜，執觶興，公卒觶。賓下拜，小臣正辭，賓升，再拜稽首。公坐奠觶，答拜，執觶興。賓進受虚觶，降奠于篚。易觶興洗。

敖氏曰："言'興洗'，見洗則立也。"

公有命，則不易不洗，反升，酌膳，下拜，小臣正辭，賓升，再拜稽首，公答拜。賓告于擯者，請旅諸臣。擯者告于公，公許。

敖氏曰："旅，旅酬之也。賓因君所賜，請旅諸臣，所以廣君賜也。公許擯者，又以告賓，乃旅也。"

賓以旅大夫于西階上，擯者作大夫長升受旅。賓大夫之右坐奠觶，拜，執觶興，大夫答拜。賓坐祭，立卒觶，不拜。若膳觶也，則降更觶洗，升，實散。大夫拜受，賓拜送，遂就席。

世佐案，賓初立于西序，東面，既，乃於筵西東南面立，至是始就席。禮以漸而殺也。《燕禮》無此三字，文略耳。

大夫辯受酬，如受賓酬之禮，不祭酒。卒受者以虛觶降，奠于篚，復位。

右公爲賓舉旅。

主人洗觚，升，實散，獻卿于西階上。司宫兼卷重席，設于賓左，東上。卿升，拜受觚，主人拜送觚。卿辭重席，司宫徹之。乃薦脯醢。

世佐案，此薦不言其人，蓋亦宰胥也。

卿升席，庶子設折俎。

註曰："卿折俎未聞，蓋用脊、脅、臑折、肺。卿有俎者，射禮尊。"

疏曰："若有諸公①，公用臑，卿宜用膊也。"

世佐案，卿有俎，别之于大夫也，亦辨尊卑之義。註云卿用臑，謂上卿耳，其下二人則又折以上卿之餘體也。

卿坐，左執爵，右祭脯醢，奠爵于薦右，興，取肺，坐絶祭，不嚌肺，興，加于俎，坐捝手，取爵，遂祭酒，執爵興，降席，西階上北面坐卒爵，興，坐奠爵，拜，執爵興。

姜氏曰："祭肺不嚌，猶祭酒不啐，皆降于賓也。不言不啐酒，蓋省文。"

主人答拜，受爵。卿降，復位。辯獻卿，主人以虛爵降，奠于篚。擯者升卿，卿皆升就席。若有諸公，則先卿獻之，如獻卿之禮。席于阼階西，北面東上，無加席。

右主人獻諸公卿。

---

① "若有諸公"，《集説》同，校本無"諸"字，陳本、閩本、監本、毛本、庫本同。

小臣又請媵爵者，二大夫媵爵如初。請致者，若命長致，則媵爵者奠觶于篚，一人待于洗南。長致者阼階下再拜稽首，公答拜。洗象觶，升實之，坐奠于薦南，降，與立于洗南者二人皆再拜稽首送觶，公答拜。

右二大夫再媵觶于公。

公又行一爵，若賓若長，唯公所賜。

註曰："於是言賜，射禮明尊卑。"

敖氏曰："《燕禮》言酬，此言賜，亦文異耳。"

世佐案，當從註説。

以旅于西階上，如初。大夫卒受者以虚觶降，奠于篚。

右公爲卿舉旅。

主人洗觚，升，獻大夫于西階上。大夫升，拜受觚，主人拜送觚。大夫坐祭，立卒爵，不拜既爵。主人受爵，大夫降，復位。胥薦主人于洗北，西面，脯醢，無胥。辯獻大夫，遂薦之，繼賓以西，東上。若有東面者則北上。卒，擯者升大夫，大夫皆升就席。

右主人獻大夫。

乃席工于西階上，少東。小臣納工，工六人，四瑟。

註曰："六人，大師、少師各一人，上工四人。四瑟者，禮大樂衆也。"

敖氏曰："大射差重於燕，又加瑟者二人。然則諸侯之祭，饗歌與瑟者各四人與？以是推之，天子之制，其隆殺之數亦可知矣。"

世佐案，工六人，諸侯之正禮也。然則天子蓋用八矣。春秋隱五年《左傳》云："公問羽數于衆仲，對曰：天子用八，諸侯用六，大夫四，士二。"亦其例也，敖説非。

僕人正徒相大師，僕人師相少師，僕人士相上工。

註曰："徒，空手也。僕人正，僕人之長，師，其佐也，士，其吏也。天子視瞭相工，諸侯兼官，是以僕人掌之。大師、少師，工之長也，凡國之瞽矇正焉。於是分别工及相者，射禮明貴賤。"

敖氏曰："上工，即上瞽。《周官》上瞽百人。"

世佐案，僕人正、僕人師皆於天子爲大僕也。《周禮》太僕下大夫二人，諸侯則上士也。一爲正，其一爲師，僕人士則祭僕以下，與以此等官。相工，亦重其事也。分别相之，辨尊卑也。《燕禮》皆以小臣，註云以僕人掌眡瞭，非也，説見上篇。上工，堂上之工也，對下羣工爲堂下之工而言，敖云"即上瞽"，非。

相者皆左何瑟，後首，内弦，挎越，右手相。

註曰："謂相上工者後首，主於射，略於此樂也。"

世佐案，後首、挎越之説見《鄉射禮》。

後者徒相。

註曰："謂相大師、少師者也。上列官之尊卑，此言先後之位，亦所以明貴賤。凡相者以工出入。"

疏曰："入時如此，出時亦然。"

世佐案，賤者先就事，工之通禮也，燕禮亦然，但文有詳略耳。註云"此言先後之位，亦所以明貴賤"，似曲。

入，小樂正從之。

註曰："從大師也。後升者，變於燕也。小樂正於天子，樂師也。"

疏曰："《燕禮》樂正先升，又不使小樂正者，彼主於樂，此則略于樂故也。"

敖氏曰："諸侯之小樂正，下士也。前三篇不言小，以此見之也。此樂盛於彼，且用小樂正，則彼可知矣。大射乃亦不使大樂正者，其辟祭饗之類與？"

世佐案，《周禮·序官》云："樂師下大夫四人，上士八人，下士十有六人。"然則諸侯之樂正上士，小樂正下士明矣。《燕禮》使樂正，此乃云"小樂正"者，疏以爲略于樂，是也。工用六人，以示其禮之重。樂正使下士，以示其樂之略，意各有主也。從大師而升者，以其卑也，其序又與工相變也。《鄉飲酒》、《鄉射》皆使樂正者，彼是大夫之樂正也。大夫之樂正皆以下士爲之，無大小之别，故射與飲酒禮同也。

升自西階，北面東上。

註曰："工六人。"

坐授瑟，乃降。

註曰："相者也，降立于西縣之北。"

敖氏曰："相者降位，蓋亦在西方。"

世佐案，僕人正以下皆士也，其位當在西方，註説非。

小樂正立于西階東。

註曰："不統于工，明工雖衆，位猶在此。"

張氏曰："《燕禮》工四人，樂正升，立于工之西，在西階東。此工六人，數衆，疑位移近西，乃樂正猶立西階東不變，是統於階而不統於工也。"

世佐案，《燕禮》樂正北面立于工西，此云"立于西階東"，亦文互見也。

乃歌《鹿鳴》三終。

註曰："歌《鹿鳴》三終而不歌《四牡》、《皇皇者華》，主于講道，畧于勞苦與諮事。"

敖氏曰："三終，謂歌《鹿鳴》之什三篇，篇各一終，如《春秋傳》所謂'工歌《鹿鳴》之三'是也。鄉飲酒之禮，歌《鹿鳴》、《四牡》、《皇皇者華》，其義曰'工歌三終'，則益可見矣。"

世佐案，三終當從敖説。

主人洗，升，實爵，獻工。工不興，左瑟。

註曰："工歌而獻之，以事報之也。洗爵獻工，辟正主也。獻不用觚，工賤，異之也。大師無瑟，於是言左瑟者，節也。"

世佐案，洗者，亦以其大師，敬之也。此唯爲大師一洗耳。疏云"工六人皆爲之洗"，非。爵，亦觚也，註誤。又案，註云"於是言左瑟者，節也"者，謂工四人之左瑟皆以主人實爵獻工爲節，非必受獻乃然也。

一人拜受爵。

註曰："謂大師也。言一人者，工賤，同之也。"

主人西階上拜送爵。薦脯醢。使人相祭。卒爵,不拜。主人受虚爵。衆工不拜,受爵,坐祭,遂卒爵。辯有脯醢,不祭。主人受爵,降奠于篚,復位。

敖氏曰:"位,洗北之位也。"

世佐案,《燕禮》於升歌之後公即爲大夫舉旅,此篇乃移在射後者,急于射而緩于飲酒也。

大師及少師、上工皆降,立于鼓北,羣工陪于後。

註曰:"鼓北,西縣之北也。言鼓北者,與鼓齊面,餘長在後也。羣工陪于後,三人爲列也。於是時,小樂正亦降,立于其南,北面。工立,僕人立于其側,坐則在後。《考工記》曰:'鼓人爲臯陶,長六尺有六寸。'"

疏曰:"'鼓人'誤,當作(鞠)〔鞫〕人[①]。

敖氏曰:"鼓北,鏄南也。不云鏄南者,嫌與尊旅食者之意同也。不取節於鼙者,鼓大鼙小也。羣工,即上工,謂瑟者四人也。陪于後者,其以鼓、鏄之間不足以爲一列與?前列二人,後列四人,皆當北上。射事未至而降,爲管故也,降不言相者可知也。"

郝氏曰:"樂先升歌,歌畢,二師、四工皆降席,立于西階下東,建鼓之北,大師立與鼓齊,少師及四工皆陪立于後,以俟奏管。"

世佐案,大師之屬於此即降者[②],以樂不間合,堂上無事也。立者,謂大師以下六工爲一行,北面東上也。知北面者,以《鄉飲酒》及《燕禮》笙人之位推之可見。鼓北,西階東,建鼓之北也。立于此者,以當奏管,近其事也。註云"西縣之北",非,若在西縣之北[③],何得近舍頌磬而遥取節于鼓耶?疏云"取形大又面向東",皆飾説也。知亦不在鏄南者,以鼓、鏄間有鼙,設縣之時,鱗次櫛比,其間未必有餘地,就有餘地,豈能容此衆工及相者之位哉。且簜在建鼓之間,即大師之所管者,亦不宜舍之而遠立他所也。羣工,堂下之工也。陪于後者,亦六人爲一行也。知亦六人者,以上三篇歌瑟四人,堂下笙者亦四人,推之可見。是時小樂正降,立

① "鞫"原作"鞠",校本、毛本同,陳本、閩本、監本、庫本俱作"鞫"。按疏引鄭玄注《考工記》曰:"鞫即陶,字從革。"故作"鞫"爲正,應據改。

② "屬"原作"不",校本作"屬",與經文之意相合,據改。

③ "非若在西縣之北"七字,校本無。

于其西北面。

乃管《新宫》三終。

註曰:“管,謂吹簜以播《新宫》之樂,其篇亡,其義未聞。笙從工而入,既管不獻,畧下樂也,立于東縣之中。”

敖氏曰:“此承上文而言,是降者管之明矣。《春官・大師》、《少師職》皆云‘登歌下管’,然簜一而已,其大師管之與?三終者,管《新宫》并及其下二篇也,二篇之名未聞。《書》曰‘下管鞉鼓’,《詩》曰‘鞉鼓淵淵,嘒嘒管聲,既和且平,依我磬聲’,則管時亦奏此西方之樂以應之矣。此不笙不合鄉樂者,爲射故畧於樂也。不畧《小雅》者,《小雅》爲諸侯之正樂,故不畧其正,亦如鄉射之不畧鄉樂矣。”

張氏曰:“《燕禮》:‘笙入,立于縣中。’註云:‘縣中,縣中央也。’《鄉飲酒禮》曰:‘磬南,北面。’疏云:‘諸侯軒縣,闕南面而已,故得言縣中。《鄉飲酒》唯以磬縣而已,不得言縣中,而云磬南。註引《鄉飲酒》者,欲見此雖軒縣,近北面縣之南也。’此經初設樂,無北面縣,但移東縣建鼓在阼階西,又設一建鼓在西階東,正當北面一縣之處。‘簜在建鼓之間’,註云簜謂笙簫之屬,倚于堂,又與《燕禮》笙入所立之位同,疑設之在此者亦奏之於此,至此‘管《新宫》三終’,註乃云‘立于東縣之中’,不知於經何據。若云辟射位,射事未至,無可辟也。且上文大師等立于鼓北,亦當是此建鼓之北,註以爲西縣之北,不知西縣何以單名爲鼓。竊疑大師等立此或亦以將奏管,故臨之,非徒立也。至下管三終,乃相率而東耳。既從工而入,工升堂,笙即立堂下,亦其宜也。”

世佐案,管之者,大師諸人也,管數未聞,然以《鄉射記》“三笙一和”推之,則管亦不止于一矣。管奏,則堂下諸樂並奏以應之。敖但云奏西方之樂,非。《書》曰:“下管鞉鼓,合止柷敔[①],笙鏞以間。”奏管之時亦吹笙,經不見笙入之文者,以其不爲樂主,略之也。或曰上經云“簜在建鼓之間”,註云“簜,笙簫之屬”,然則笙與管蓋並設也。愚謂笙是匏屬,不可云簜,或説恐未是。又案,疏引《燕禮記》云“下管《新宫》,笙入三成”以爲吹管者亦吹笙之證,非也。彼是管畢而後吹笙,此則笙管並奏,管畢而樂終矣,詎與《燕禮記》同乎?既管不獻者,以奏管者既受獻,羣工賤,又不

---

① “柷”原作“祝”,校本作“柷”,與《尚書・益稷》同,據改。

奏管故也。餘同敖義。註説之誤，張氏論之詳矣。

卒管，大師及少師、上工皆東坫之東南，西面北上坐。

註曰："不言縣北，統於堂也。於是時大樂正還北面立于其南。"

疏曰："不言去堂遠近，當如《鄉射》遷工'阼階下之東南[①]，堂前三笴，西面北上'。"

敖氏曰："坫東南，當在東縣之東北。射事未至，工既管乃不復升，而遂遷於此者，堂上之樂畢故也。於是小樂正北面立于其南，相者退立于西方。"

郝氏曰："坫，堂下閣物處，《冠禮》有'西坫'，是堂東西皆有坫也。"

世佐案，東坫之東南，蓋在東縣之東也。註云"縣北"，敖云"東縣之東北"，皆非。章内無大樂正，註云"大樂正"，當是"小樂正"之譌也。樂終而不告備，亦以其略也。

右樂。

擯者自阼階下請立司正。

敖氏曰："君再舉旅，而即請立司正，爲射故也。"

公許，擯者遂爲司正。司正適洗，洗角觶，南面坐奠于中庭。

敖氏曰："此中庭者，亦阼階前南北之中，與《燕禮》司正之位同，以當辟射也。"

世佐案，敖説誤。見《鄉射》及《燕禮》。

升，東楹之東受命于公，西階上北面命賓、諸公、卿大夫："公曰以我安。"賓、諸公、卿、大夫皆對曰："諾，敢不安。"

敖氏曰："此羣臣皆爲射而來，是時猶未射，固無嫌於不安，而司正乃受命以安之者，緣其意，若不敢必君之終行射事然也。受命亦北面，與請徹俎同。"

世佐案，請安，説亦見《燕禮》。

---

① "阼階下"之"下"字原無，《集説》、《經傳》同。校本有"下"字，陳本、閩本、監本、毛本、庫本同，且《鄉射禮》原文亦作"阼階下"，據補。

司正降自西階，南面坐取觶，升，酌散，降，南面坐奠觶，興，右還，北面少立，坐取觶，興，坐，不祭，卒觶，奠之，興，再拜稽首，左還，南面坐取觶，洗，南面反奠于其所，北面立。

敖氏曰："北面立，亦在觶南。"

右立司正。

司射適次，袒、決、遂，執弓，挾乘矢於弓外，見鏃於弣，右巨指鉤弦。

註曰：司射，射人也。次，若今時更衣處，張幃席爲之，耦次在洗東南。見鏃於弣，順其射也。右巨指，右手大擘。從《集説》節本。

疏曰：云"耦次在洗東南"者，此無正文，案《鄉射記》設楅南北當洗，此下三耦拾取矢，出次西行，又北行鄉楅，則次在洗東南也。

敖氏曰："司射，射人，亦大射正也。《燕禮》曰'大射正爲司射'，是其徵矣。諸侯之大射正蓋上士二人。次，所謂耦次也。《周官・掌次職》云：'射則張耦次。'執弓，左手執弣也。挾乘矢於弓外，謂挾四矢而矢在弦弣之外也。見鏃於弣，明其方執而左鄉，及指間前後之節也。右巨指鉤弦，所謂挾弓也。"

世佐案，大射正與射人，尊卑蓋有間矣。燕射以大射正爲司射，此以射人爲司射，不同者，燕本不爲射，故其初但以射人爲擯，又爲司正，及射而後以大射正爲司射。此禮專爲射，故其初即以大射正爲擯，爲司正，至是則以射人爲司射也。敖引《燕禮》釋此，誤。

自阼階前曰："爲政請射。"

註曰："爲政，謂司馬也。司馬，政官，主射禮。"

敖氏曰："爲政，爲射政者也。言此者，亦示己不敢擅其事也。階前北面，白於公。"

姜氏曰："《鄉射》先請賓，次請主人[①]，主于尊賓。《大射》不請賓但請公，主于尊君。"

遂告曰："大夫與大夫，士御於大夫。"

註曰："因告選三耦於君。御，猶侍也。大夫與大夫爲耦，不足則士

---

① "次請主人"，校本同，"請"字《經傳》作"告"。

侍於大夫，與爲耦也。”

敖氏曰：“此以在堂上者爲耦之法告公也。此大夫亦兼諸公、卿而言，不言士與士者，略賤也。”

張氏曰：“既請射，得命，遂告君以比耦也。”

世佐案，敖説得之，註以此爲選三耦之法，非。

右請射。

敖氏曰：“自此以後，其經文有與《鄉射》同者，不重釋之。”

遂適西階前，東面右顧，命有司納射器。

敖氏曰：“東面而右顧者，有司在南也。此有司，其旅食者與？上經云：‘士旅食者在士南，北面東上。’命之之儀如是者，以其賤也。”

張氏曰：“有司，士佐執事不射者也。士在西階南，東面，故於西階前右顧命之。必東面者，君在阼，宜向之也。”

世佐案，東面右顧者，示命出于君也。有司，敖説近是。

射器皆入，君之弓矢適東堂，賓之弓矢與中、籌、豐皆止于西堂下。衆弓矢不挾，總衆弓矢、楅皆適次而俟。

註曰：“中，閭中。衆弓矢，三耦及卿大夫以下弓矢也。司射矢亦止西堂下。衆弓矢不挾，則納公與賓弓矢者挾之。”

疏曰：“《鄉射記》云‘於郊，則閭中’，據此大射，故知閭中。云‘司射矢亦止西堂下’者，下文云司射卒誘射，‘遂適堂西，改取一个挾之’是也。”

敖氏曰：“總，謂以物合而束之也。衆弓、衆矢異束之，賓之弓與矢皆不在堂上，遠下君也。衆弓矢不挾，亦以其多也。中、籌、豐在堂西，楅在次，各近其所設處也。俟者，兼指射器之在三處者言也。此射於公宫，則中乃皮樹中也。《鄉射記》曰：‘君國中射，皮樹中。’”

世佐案，東堂，謂東序東也。弓倚于東序，矢在其下，北括。大射在郊，敖云于公宫，非。

右納射器。

工人士與梓人升自北階，兩楹之間，疏數容弓，若丹若墨，度尺而午，射正莅之。

註曰：“工人士、梓人皆司空之屬，能正方圜者。一從一横曰午，謂畫物也。"

疏曰：若丹，若墨，科用其一也。云"度尺"者，即《鄉射記》從如笴三尺，横如武尺二寸也。

敖氏曰："北階，北堂之階也。兩楹之間，言當楣也。疏數，猶廣狹也，言二物從畫相去廣狹之度也。午，如十字然也。射正升降蓋自西階，此射正，其小射正與？大射正二人，是時一爲司正，一爲司射。"

郝氏曰："莅，臨視也。"

卒畫，自北階下。司宫埽所畫物，自北階下。

註曰："埽物，重射事也。工人士、梓人、司宫位在北堂下。"

郝氏曰："埽，埽畫處，使分明。"

世佐案，工人士、梓人、司宫，蓋皆下士也，其位當在士南，註云"在北堂下"，非。天子宫人以中士爲之，則諸侯司宫爲下士明矣。工人士、梓人與司宫皆升降于北階[①]，知其亦賤矣。

右畫物。

大史俟于所設中之西，東面，以聽政。

註曰："中未設也，大史俟焉，將有事也。"

敖氏曰："《鄉射禮》曰'設中，南當楅，西當西序'，又曰'乃設楅于中庭，南當洗'，是時中與楅皆未設，大史蓋南當洗，西直西序之西而立也。政，即司射所誓之事。"

郝氏曰："大史，掌釋獲者。"

張氏曰："中尚未設而云'所設中之西'，謂其擬設中之地之西也。《周禮・春官・大史職》云：'凡射事，飾中舍算，執其禮事。'"

司射西面誓之曰："公射大侯，大夫射參，士射干。射者非其侯，中之不獲。卑者與尊者爲耦，不異侯。"大史許諾。

註曰："誓，猶告也。"

疏曰：賓與君爲耦，同射大侯。士與大夫爲耦，同射參侯。以其既與尊者爲耦，不可使之别侯，别侯則非耦也。

---

① "工人士梓人與"，校本"梓人"二字與"與"字互乙。

敖氏曰:"釋獲之事未至乃誓之者[①],欲其豫識之也。"

郝氏曰:"時司射立西階前,轉向大史誓之。"

右誓大史。

世佐案,以上二節《鄉射》無。

遂比三耦。

註曰:"比,選次之也。不言面者,大夫在門右北面,士西方東面。"

疏曰:"天子大射、賓射六耦三侯,畿内諸侯則二侯四耦,畿外諸侯大射、賓射皆三侯三耦,但諸侯畿外、畿内各有一申一屈,故畿外三侯,遠尊得申,與天子同,三耦則屈,畿内二侯,近尊則屈,四耦則申。若燕射,則天子、諸侯例同三耦一侯而已,以其燕私,屈也。若卿大夫、士例同一侯三耦。"

世佐案,《周禮》云"以四耦射二侯",内諸侯之賓射也。此以三耦射三侯,外諸侯之大射也。其賓射亦當用四耦。春秋襄二十九年《左傳》云,范獻子來聘,公享之,射者三耦。蓋與他國之臣射故爾,疏誤。是時大夫在堂,註云"在門右",亦非。又案《周禮・大司馬職》云"若大射,則合諸侯之六耦",此諸侯大射,不使司馬比耦而使司射者,遠下天子也。

三耦俟于次北,西面北上。

敖氏曰:"三耦皆士也,亦司射前戒之,故先立於此以待比也。俟于次北,便其入也。此乃未比時之位,若既比,則位於次中矣。"

郝氏曰:"三耦始誘射,皆士次在堂下東南,士立次外之北,西向以俟。鄉射三耦立堂西,此立堂東者,大射射器在東,統于君也。鄉射射器在西,統于賓也。"

世佐案,大夫自受獻之後皆升就席,至此經不見其降,而直云"三耦俟于次北",則三耦以士爲之明矣。且鄉射三耦使弟子,大射使士,亦其宜也。舊説三耦使大夫,不足而取士,非。

司射命上射曰:"某御於子。"命下射曰:"子與某子射。"

敖氏曰:"是所謂比也。此亦當有司馬命巾車、量人繫左下綱及命獲者倚旌于侯之事,文不具耳。鄉射則於既比三耦爲之。"

---

① "者"字原無,校本有"者"字,《集説》同,據補。

卒,遂命三耦取弓矢于次。

註曰:“取弓矢不拾者,次中隱蔽處。”

敖氏曰:“亦命之讓取弓矢,拾,經文省耳。此下當有三耦袒、決、遂,拾取弓矢之事,亦文不具也。三耦既取弓矢,遂立于次中,而西面,北上。”

世佐案,註説非也。於顯露處則修儀,於隱蔽處則廢禮,豈聖人製作之意哉。當以省文之説爲正。

右比三耦。

司射入于次,搢三挾一个,出于次,西面揖,當階北面揖,及階揖,升堂揖,當物北面揖,及物揖,由下物少退,誘射。

註曰:“由下物而少退,謙也。”

敖氏曰:“既搢挾,則立于三耦之北,而後出次,出次乃西面,是由次北出矣。由下物少退,以其亦射大侯,故不敢履下物,辟君也。此射三侯,故不言視侯中;不在物,故不言俯正足。”

射三侯,將乘矢,始射干,又射參,大侯再發。

敖氏曰:“始射干,誘射主於三耦也。三耦,士也,故先射士侯,乃次及其上。大侯再發,以其尊異之也。”

世佐案,始射干,亦以司射士也。

卒射,北面揖。

註曰:“揖於當物之處。不南面者,爲不背卿。”

敖氏曰:“北面揖者,爲下射與君同物,不可南面揖於楹間,嫌也。”

郝氏曰:“卒射,北面揖,敬君事,殊于《鄉射》揖南面也。”

世佐案,《鄉射》誘射卒,南面揖,此北面者,執臣禮也,雖爲上射亦然,觀下經三耦卒射之儀可見矣。註説固曲,後二説亦未爲得也。

及階揖,降如升射之儀,遂適堂西,改取一个,挾之。

敖氏曰:“‘如升射之儀’,爲堂上所不見之揖言也。降而遂適堂西,則不由其所立位之南矣。此射者不在堂西射位,又不在西方,故其儀與《鄉射》異。”

世佐案,“如升射之儀”者,如其堂上三揖,堂下三揖也。每至故揖處，皆北面揖，及將折而北行適堂西，則東面揖與？若然，則降階亦南行當洗南而后西向，北折以適堂西也。經不以其位爲節者，此時司射未有位也。云"遂"者，見其間無他事也。若自階下適堂西，則堂下衹有二揖矣，且非所以教衆耦威儀之法也，敖説恐未是。西階西有樂縣，豈得由縣間往乎。《鄉射禮》云"南面揖，揖如升射"，則每至故揖處，皆南面揖，及北折而適堂西，則西面揖，皆與此異。

遂取扑搢之，以立于所設中之西南，東面。

註曰："於是言立，著其位也。《鄉射記》曰：'司射之弓矢與扑，倚于西階之西。'"

敖氏曰："云'遂取扑'，則扑亦在堂西矣。所設中之西南，其南北亦南於洗，而東西則直西霤與？此禮三耦之位在東方，故司射至是乃得定其位於此，亦與《鄉射》異也。"

右誘射。

司馬師命負侯者執旌以負侯。

註曰："司馬師，正之佐也。負侯，獲者也。天子服不氏下士一人，徒四人，掌以旌居乏待獲，析羽爲旌。"

敖氏曰："負侯，獲者，皆士旅食者與？旌，謂翿旌。《鄉射記》曰：'君國中射，以翿旌獲。'"

世佐案，司馬師，蓋軍司馬之佐也。負侯者，主負侯及取矢之事。於天子射鳥氏也。《周禮・射鳥氏職》云"射則取矢，矢在侯，高則以并夾取之"，是其徵矣。諸侯蓋以庶人在官者爲之，三侯各一人，註以爲即獲者，非。凡獲者所持皆謂之旌，《周禮・司常職》云"凡射共獲旌"是也。三侯之旌各不同：大侯之旌以析羽爲之，《鄉射記》云於郊則以旌獲是也；參侯、干侯之旌以雜帛爲之，《鄉射記》云"旌各以其物"是也。其旌杠之長短亦異，約《鄉射記》言之，鄉侯上綱去地丈九尺二寸，而旌杠長三仞，依鄭説七尺曰仞，則旌蓋出侯尺八寸矣。由斯而推，干侯與鄉侯同。參侯去地三大二尺五寸少半寸，其旌當長三丈四尺三寸少半寸，爲五仞而弱也。大侯去地四丈八尺五寸少半寸，其旌當長五丈三寸少半寸，爲七仞而强也。旌必出于侯尺八寸者，欲射者見而識之，且以爲别也。敖以旌爲翿旌，固非。鄭統以析羽釋之，而不知其别於經旨，豈盡得哉。

負侯者皆適侯，執旌負侯而俟。

敖氏曰："皆，皆三侯者也。大侯、參侯去地遠，亦云'負'者，但取北面於其北，亦因干侯而言也。先云'適侯'，乃云'執旌'，是旌先倚於侯也。然則上經亦當有命倚旌之類明矣。俟，俟後命。"

世佐案，負侯者蓋皆自西方適侯也。

司射適次，作上耦射。

敖氏曰："東面作之。"

世佐案，鄉射射位在西，故作射者西面；大射次在東，故作射者東面也。

司射反位。上耦出次，西面揖，進，上射在左，並行。

註曰："上射在左，便射位也。"

世佐案，《鄉射》三耦東面，北上，上射本在下射之左。《大射》三耦西面，北上，立時上射在右，及發位並行，則上射轉居左。必居左者，所以便其就右物也。下射在右，就左物亦便。

當階北面揖，及階揖。上射先升三等，下射從之，中等，上射升堂，少左，下射升，上射揖，並行，皆當其物，北面揖，及物揖，皆左足履物，還視侯中，合足而俟。

註曰："視侯中，各視其侯之中。大夫耦則射參中，參中十四尺。士耦則視干中，干中十尺。"

敖氏曰："侯中，干侯之中也。"

世佐案，三耦皆士，皆當射干，敖說是。

司馬正適次，袒、決、遂，執弓，右挾之，出。升自西階，適下物，立于物間，左執弣，右執簫，南揚弓，命去侯。

註曰："司馬正，政官之屬。適下物，由上射後東過也。《鄉射禮》曰：'西南面立於物間。'"

疏曰："案天子有大司馬卿一人，小司馬中大夫二人，此雖諸侯禮，亦應有小司馬，號爲司馬正也。"

敖氏曰："司馬正與司馬師乃射時所立之官，如司射之類也。右挾之，謂以右巨指鉤弦也。適下物，由上射後而少南行也。此行而立于物間,乃云'適下物'者,下言'司馬正出于下射之南,還其後',故於此惟據下物而言。"

世佐案,《周禮·序官》云:"政官之屬:大司馬卿一人,小司馬中大夫二人,軍司馬下大夫四人。"諸侯司馬卿,小司馬下大夫各一人,軍司馬蓋上士二人矣。此云"司馬正"即軍司馬之長也。上云"司馬師",即其佐也。司射以射人爲之,則司馬二人皆以士爲之,亦其宜也。知非司馬及小司馬者,以三卿五大夫之位皆在堂,不在下故也。司馬正袒而決、遂,且挾弓,大射禮重也。《鄉射禮》云:"司射適堂西,不決、遂,袒執弓。"

負侯皆許諾,以宫趨,直西及乏南,又諾以商,至乏,聲止。

註曰:"宫爲君,商爲臣,其聲和相生也。《鄉射禮》曰:'獲者執旌許諾。'"

疏曰:引《鄉射》者,證與此不同之意。

敖氏曰:"宫、商皆謂諾聲也,宫大商小。趨直西,至乏南乃折而北,不自侯西北行者,不敢由便也。古人步趨有法,雖賤者猶謹之而不苟若此,則其上者可知矣。先宫後商乃止,亦有漸也。"

授獲者,退立于西方。獲者興,共而俟。

註曰:"大侯,服不氏負侯,徒一人居乏,相代而獲。參侯、干侯,徒負侯居乏,不相代。《鄉射禮》曰:'獲者執旌許諾,聲不絶,以至於乏,坐,東面偃旌,興而俟。'"

疏曰:"引《鄉射》者,此文不具,宜與彼同。"

敖氏曰:"授獲者以旌也。或曰'者'下當有'旌'字,蓋文脱耳。授旌而退,三侯者皆然,則其負侯居乏者之相代亦宜同也。退立于西方,各當其乏之西與?獲者既偃旌于地乃興。"

世佐案,獲者,大侯服不也。《周禮·服不氏職》云,射則"以旌居乏而待獲",諸侯其以庶人在官者爲之與?參侯、干侯則其徒二人也。《孟子》云"庶人在官者,其禄以是爲差",則其尊卑亦微有辨矣。負侯者各以其旌授獲者而退,事畢也。立于西方,蓋在士南,東面南上與?知在士南者,不敢與士序也。東面,異于士旅食者也。南上,統于侯也,以負大侯者爲上。負侯者位在西方,獲者位在乏,不相侵也。舊説負侯居乏相代,恐未然。鄉射以獲者兼負侯,臣禮省也。

司馬正出于下射之南，還其後，降自西階，遂適次，釋弓，説決、拾，襲，反位。

註曰："《鄉射禮》曰：'司馬反位，立于司射之南。'"

司射進，與司馬正交于階前，相左，由堂下西階之東，北面視上射，命曰："毋射獲，毋獵獲。"上射揖，司射退，反位。乃射，上射既發，挾矢，而後下射射，拾發，以將乘矢。獲者坐而獲。

敖氏曰："此指在干侯之乏者也。大侯、参侯者，亦坐而不獲。"

世佐案，此時大侯、参侯之獲者共立，自如不唱獲不坐也。敖云"亦坐"，非。

舉旌以宫，偃旌以商，獲而未釋獲。卒射，右挾之，北面揖，揖如升射。

郝氏曰："卒射，右挾之，謂矢發盡，左手執弓，右手大二指挾弓弦，就物，内轉向北揖，異于《鄉射》也。"

姜氏曰："《鄉射》云：'皆執弓不挾，南面揖。'"

上射降三等，下射少右，從之，中等，並行，上射於左，與升射者相左，交于階前，相揖，適次，釋弓，説決、拾，襲，反位。

註曰："上射於左，由下射階上少右乃降，待之。言襲者，凡射皆袒。"

敖氏曰："位，次中之位也，亦西面，北上。下凡言三耦之位皆放此。"

郝氏曰："反位，反次北西面北上之位。"

世佐案，上經云"司射適次，作上耦射，司射反位，上耦出次"，則三耦位在次中明矣。郝云在次北，非。

三耦卒射，亦如之。

敖氏曰："'三'亦當作'二'字之誤也。"

司射去扑，倚于階西，適阼階下，北面告于公，曰："三耦卒射。"反，搢扑，反位。

敖氏曰："去扑者，與尊者言，不敢佩刑器也。"

姜氏曰："《鄉射》卒射告于賓者，尊賓也。此不告于賓者，公尊也。

《鄉射》賓揖司馬乃降，搢扑，反位，此不揖者，君非賓比也。”

右三耦射。

司馬正袒、決、遂，執弓，右挾之，出與司射交于階前，相左。

註曰：“出，出于次也，袒時亦適次。”

疏曰：“凡袒、襲皆於隱處。”

敖氏曰：“不言司馬正適次者，以下言出則適次可知，亦以上有成禮，故於此省文也。”

升自西階，自右物之後，立于物間，西南面揖弓，命取矢。負侯許諾，如初去侯，皆執旌以負其侯而俟。

註曰：“俟小臣取矢，以旌指教之。”

敖氏曰：“此負侯即獲者也。如初去侯，謂許諾以宫商，至乏聲止也，惟去來異耳。三耦所射，干侯而已，而三侯之負侯者皆執旌以往者，卑統於尊，且矢亦或有遠近故也。”

張氏曰：“‘負侯許諾，如初去侯’，如去侯時之諾以宫，又諾以商也。”

世佐案，此負侯即立于西方者。云“如初去侯”，則諾聲起于乏，自西方至乏不諾也。“如初”之下復云“去侯”者，以别于初負侯之時不諾也。云“皆執旌”，則獲者又以旌授之矣。

司馬正降自西階，北面命設楅。

註曰：“此出于下射之南，還其後而降之。”

敖氏曰：“北面於所設楅之南。”

郝氏曰：“設楅中庭，南與洗齊，故司馬正北面立其南，使設者止，勿過南也。”

小臣師設楅，司馬正東面以弓爲畢。

註曰：“畢，所以教助執事者。《鄉射記》曰：‘乃設楅于中庭南，當洗，東肆。’”

疏曰：“畢是助載鼎實之物，故司馬執弓爲畢以指授，若《周禮》執殳以爲鞭度然。”

敖氏曰：“‘司馬正東面’，立于所設楅之西也，此楅亦南面坐設之。

畢,所以指畫處置之器,以木爲之,其長三尺,此以弓指畫。設楅之處象畢之用,故曰'以弓爲畢'。云凡以畢指教者,皆立于所設器之側。"

郝氏曰:"小臣師設楅,司馬正又轉西東面立,使設者勿偏西也。畢,竹簡,笏類,形如畢星,即今如意,執以止物,曰畢,與蹕通,止也。臣當君前,不敢指撝,故以弓當笏止其處。"

既設楅,司馬正適次,釋弓,説決、拾,襲,反位。小臣坐委矢于楅,北括,司馬師坐乘之,卒。

世佐案,《鄉射禮》云:"司馬襲,進,當楅南,北面坐,左右撫矢而乘之。"此文省耳。

若矢不備,則司馬正又袒,執弓,升,命取矢如初,曰:"取矢不索。"乃復求矢,加于楅。卒,司馬正進,坐,左右撫之,興,反位。

註曰:"此坐皆北面。"

敖氏曰:"'又袒,執弓',不言決遂,右挾之者,可知也。司馬師既乘矢,其備若否皆以告于正。若不備,則正命取矢;若備,則正亦進撫之也。左右撫者,左手撫其左,右手撫其右,以審定其數耳。"

世佐案,司馬師既乘之矣,司馬復進而撫之,慎其事也。

右取矢加于楅。

司射適西階西,倚扑,升自西階,東面請射于公,公許。

註曰:"倚扑者,將即君前,不敢佩刑器也。升堂者,欲諸公、卿大夫辯聞也。"

敖氏曰:"請射乃升者,以其後有告耦等事,宜在上爲之故也。東面,亦與他儀異。下經云司正東楹之東,北面告于公。"

右再請射。

遂適西階上,命賓御于公,諸公、卿則以耦告于上,大夫則降,即位而后告。

註曰:"告諸公卿于堂上,尊之也。"

敖氏曰:"耦者,謂公卿自爲耦也。'以耦告',亦如命三耦之辭。'大夫則降,即位而後告',見其貶於諸公卿也。下文所云是其事已。若卿與大夫爲耦，則其告亦當有上下之别。諸公、卿大夫爲耦，亦各以其次爲之。"

郝氏曰："命賓御于公，以君命命也。"

司射自西階上北面告于大夫，曰："請降。"司射先降，搢扑，反位。大夫從之降，適次，立于三耦之南，西面北上。

註曰："適次，由次前而北，西面立。"

疏曰："上云司射等適次，謂入次中；此適次者，大夫降自西階，東行適次所，過向堂東，西面立，因過次爲適次，非入次也。"

敖氏曰："於此云'北面'，則是命賓及告諸公卿皆鄉其位也。適次，亦謂進而至於次也。三耦，士也。而在大夫之上者，以其先射尊之三耦之南、大夫之北宜有閒地，以待諸公卿之降。"

世佐案，是時三耦位在次中之北，大夫適次，亦謂入于次也。註疏説誤。

司射東面于大夫之西北，耦大夫與大夫。命上射曰："某御於子。"命下射曰："子與某子射。"

敖氏曰："司射東面，亦在次中，不言適次者，可知也。"

世佐案，"司射東面"，嚮大夫也。大夫之西北，蓋當諸公卿之虛位。必於此者，命當自上下也。合耦曰耦，"耦大夫與大夫"者，謂大夫與大夫射，司射命之以定其耦也。其命之之辭如下文所云。張氏《監本正誤》云："'司射東面于大夫之西，比耦'，'比'誤作'北'。"愚謂監本非誤也，或作"比"者，後人因不審其句讀而妄改之耳，朱子及楊氏、敖氏諸本皆與監本同，今從之。

卒，遂比衆耦。

敖氏曰："衆耦，士耦也。士與大夫爲耦者亦存焉。"

世佐案，是時司射少南東面，于衆耦之西北比之。

衆耦立于大夫之南，西面北上。若有士與大夫爲耦，則以大夫之耦爲上。

註曰："爲上，居羣士之上。"

敖氏曰："'立于大夫之南'，則在次可知，故經亦不言適次。若士與大夫爲耦,亦其長者也,乃著其爲上者,意與《鄉射》同。大夫之耦雖爲上射,猶立于大夫之後者,射事未至,明其不並立也。及將射,乃轉居右而並立云。"

郝氏曰:"大國諸侯臣一孤、三卿、五大夫,三耦自有餘,而時或有與、有不與,故大夫不足,則以士比之。"

世佐案,經云"若有"者,亦兼次國以下無諸公而言。無諸公則有大夫與卿爲耦者,有士與大夫爲耦者,以一大夫爲賓故也,大夫之耦唯一人耳。《鄉射禮》云"大夫雖衆,皆與士爲耦",與此異。

命大夫之耦曰:"子與某子射。"告於大夫曰:"某御於子。"

註曰:"士雖爲上射,其辭猶尊大夫。"

命衆耦,如命三耦之辭。諸公、卿皆未降。

敖氏曰:"諸公卿尊,宜事至乃降也。此時之降者,爲比耦也。緐者既以耦告公卿于上,則耦定矣,故可以未降。"

右比耦。

遂命三耦各與其耦拾取矢,皆袒、決、遂,執弓,右挾之。

註曰:"此命入次之事也,司射既命而反位,不言之者,上射出,當作取矢,事未訖。"

敖氏曰:"司射既於次中東面以次命之,即反西方之位,不言者,亦以其可知也。司射於取矢者惟命之,而不復作之者,以其取矢亦發於次中,與《鄉射》異。"

世佐案,三耦緐在次矣,註云"此命入次之事",非。鄉射比耦位在堂西,射位在司馬之西南,故司射於取矢者既于堂西命之,又于司馬之西南作之。大射惟有次中位,故司射命取矢訖,即反中西南之位,而使小射正作之也。以下經證之,此處蓋有闕文。

一耦出,西面揖,當楅北面揖,及楅揖。

註曰:"三耦同入次,其出也,一上射出,西面立,司射作之,乃揖行也。"

世佐案,註説誤,見上。

上射東面，下射西面。上射揖進，坐，横弓，卻手自弓下取一个，兼諸弣，興，順羽，且左還，毋周，反面揖。

註曰："左還，反其位。毋周，右還而反東面也。君在阼，還周則下射將背之。"

敖氏曰："既順羽，則鈎弦而左還也。自西面而東面，若皆左還，則謂之周。此先左還而後右還，是毋周也，下放此。必毋周者，以相變爲容。"

世佐案，《鄉射》未興而順羽，故云"順羽且興"，此則既興而順羽，故云"順羽，且左還"，其節亦小變也。"毋周"，威儀多也，註説似迂。

下射進，坐横弓，覆手自弓上取一个，兼諸弣，興，順羽，且左還，毋周，反面揖。

敖氏曰："反面，自東面而反西面。"

既拾取矢，梱之[①]。

註曰："梱，齊等之也。"

郝氏曰："梱，叩也。叩四矢使齊也。"

張氏曰："'梱'疑當作'捆'。《孟子》註：'捆猶叩椓也。'叩椓有取齊之義，若梱則門橛耳。"〇《監本正誤》云："'梱之'與'梱復'二'梱'字俱誤作'捆'。"

世佐案，古字少，"梱"與"捆"蓋通用也。梱同捆，張氏改"梱"爲"捆"，亦泥。《孟子》"捆屨"之"捆"或作"梱"，俗字也。

兼挾乘矢，皆内還，南面揖。

註曰："内還者，上射左，下射右。不皆右還，亦以君在阼，嫌下射故左還而背之也。上以陽爲内，下以陰爲内，因其宜可也。"

敖氏曰："亦揖乃皆内還，經文不具也。上射左還，下射右還，皆鄉内，故揔以内言之，皆内還者由便也。"

世佐案，内還者，先以身鄉堂而還也。上射東面左還則鄉堂，下射西面右還則鄉堂。必皆内還者，取其相鄉，且威儀之法不敢由便也。註説

① "梱"原作"捆"，校本作"梱"，毛本同。據阮《校》，唐石經、徐本、陳本俱作"梱"，庫本同，今改作"梱"，下注文中之"梱"同。

似迂晦，敖氏由便之説尤非。凡敖氏所解左還、右還皆與註疏相反[①]，今不從。

適楅南，皆左還，北面揖，搢三挾一个，揖。以耦左還，上射於左。

註曰："以，猶與也。言以者，耦之事成於此，意相人耦也。上射轉居左，便其反位也。上射少北，乃東面。"

疏曰："次在楅東南，北面揖時，已在次西，故知'上射少北，乃東面'，得東當次也。"

敖氏曰："以，如'以賓升'之'以'，謂上射以其耦左還也。此左還者，上射先而下射後，故言'以'。"

世佐案，上射自楅西，下射自楅東，皆南行，適楅南，上射在右。至是將轉而居左，故云"以耦左還"。能左右之曰以，言易位之事，上射實主之也。《鄉射禮》云"皆左還"，不云以耦者，上射仍在右，不須易位也。《鄉射》射位在西，故其反也，上射於右爲便，《大射》次在東，故其反位也，上射於左爲便，蓋西行者以北爲右，東行者以北爲左也。敖云"於左當作於右"非。

退者與進者相左，相揖[②]。退，釋弓矢于次，説決、拾，襲，反位。

世佐案，相左，謂退者由進者之南也。反位，反次中西面北上位。

二耦拾取矢，亦如之。後者遂取誘射之矢，兼乘矢而取之，以授有司于次中。皆襲，反位。

註曰："有司納射器，因留主授受之。"

右三耦取矢于楅。

司射作射如初。

敖氏曰："如初，亦適次作上耦也。其異者，三耦於既作乃袒、決、遂，取弓矢也。司射既作即反位，不俟之。"

---

① "疏"，校本作"説"。

② "揖"字下校本有"還"字，毛本同。阮《校》曰："毛本'揖'下有'還'字，唐石經、徐本、《通解》、楊、敖俱無。"

一耦揖升如初。

世佐案，謂自出次至合足而俟之儀，皆如初射也。

司馬命去侯，負侯許諾如初。司馬降，釋弓，反位。

敖氏曰："司馬，司馬正也，下放此。不言説、決、拾與襲，亦文省。"

世佐案，如初，謂自"司馬正適次"至負侯者退立于西方，皆如初命去侯之儀也，是時獲者亦興，共而俟。

司射猶挾一个，去扑，與司馬交于階前，適阼階下，北面請釋獲于公。公許，反，搢扑，遂命釋獲者設中，以弓爲畢，北面。

註曰："北面，立于所設中之南，當視之也。《鄉射禮》曰：'設中，南當楅，西當西序。'"

敖氏曰："大史前立于所設中之西，於是司射當之，西面命之，既則少西南行而北面，以弓爲畢，指畫以示其處。"

郝氏曰："北面示設中者，不得過南也。"

世佐案，北面於所設中之南，示設中者以南北節也。《鄉射禮》云"西面立于所設中之東北面命釋獲者"，此命釋獲者亦北面，不西面立者，以大史既立于所設中之西，東面，則設中東西之節可見矣，不須司射更示之也。

大史釋獲。

敖氏曰："言此者，明上所謂釋獲者之爲大史也。"

郝氏曰："史掌書記算法，故主獲。"

小臣師執中，先首，坐設之，東面，退。大史實八算于中，横委其餘于中西，興，共而俟。

註曰："先，猶前也。命大史而小臣師設之，國君官多也。小臣師退，反東堂下位。《鄉射禮》曰：'横委其餘于中西，南末。'"

敖氏曰："此不言執算者，又不言大史受算，則是大史自執算矣。實算則坐，故於後言興。是時大史位於中西，小史之位亦宜近之。"

張氏曰："中，形爲伏獸，竅其背以置獲。籌執之則前其首，設之則東其面，面、首一也。"

世佐案，首，據中言也。面，據設中者言也。執之先首，設之東面，則中之東西設，而其首在東也明矣。

司射西面命曰："中，離維綱，揚觸，梱復，公則釋獲，衆則不與。

註曰："離，猶過也、獵也。侯有上下綱，其邪制躬舌之角者爲維。或曰維當爲絹，絹，綱耳。揚觸者，謂矢中他物，揚而觸侯也。梱復，謂矢至侯不著而還復，復，反也。公則釋獲，優君也。衆當中鵠而著。"

朱子曰："綱耳即籠綱，以布爲之。《梓人》謂之'縜'，而此謂之'絹'，字雖異而音則同。"

敖氏曰："西面亦於中東離麗也。中而麗於維綱，言其去鵠遠也，'揚觸，梱復'，言其非正中，又且不必在鵠也，二者甚不宜。釋獲而於君則釋之，優君也。不與，謂不在此釋獲之科也，此特承上文而言耳。其實衆之所射，非正中其鵠者，皆不釋也。或曰：維，謂躬與舌也。躬、舌所以維持侯，未知是否。○案註之'絹'字恐是'縜'字之誤，《梓人》云'縜寸焉'。"

郝氏曰："侯舌曰維繫，侯繩曰綱。梱，叩也。矢叩侯，還反于地。"

姜氏曰："離之言麗，如《詩》'雉離鴻離'之'麗'，註訓爲過，獵則于上，'中'字似難通。"

世佐案，離字之訓，敖得之。維，當以敖氏所引或説爲正。麗于維，去鵠猶近，麗于綱，則尤遠矣。維與綱侯之上下皆有之，而大侯、參侯則唯見其上耳，《韻會》云"梱猶款也，扣也，人物出入多扣觸之"，則梱有扣觸之義矣。復，如"雨星不及地尺而復"之"復"，梱復，謂矢扣觸侯而還復也。或曰：梱謂矢觸侯之左右，如梱之在門兩旁也。復，謂矢至侯而還復也，姑備一解存之。註中"絹"字當依敖氏作"縜"。

唯公所中，中三侯皆獲。"

註曰："值中一侯則釋獲。"

敖氏曰："此愈優君也。中，亦兼'離維綱'與'揚觸，梱復'者而言。皆獲者中一侯，則其侯之獲者主獲之也，此命亦傳告於獲者，故以獲言之。上云'釋獲'下云'獲'，互文也。"

郝氏曰："君射不拘大侯、參侯、干侯，中皆釋獲，衆射非其侯中不算。"

姜氏曰："'唯公所中中'五字爲句，上'中'去聲，謂中之也，下'中'如字，乃侯中之中。蓋言上三者衆不釋獲，公則釋之，然亦一侯釋獲耳。惟公所中在侯中，則三侯皆獲，凡皆以優君也。”

世佐案，上經云“射者非其侯中之不獲”，所以辨其等者嚴矣。此則告以優尊之義，亦爲上得兼下也。姜説傷巧，當以舊説爲正。

釋獲者命小史，小史命獲者。

註曰：“傳告服不，使知此司射所命。”

疏曰：“據在大侯而言告服不，則參侯、干侯告可知，舉遠見近。”

世佐案，釋獲者，謂大史也。必以此命傳告獲者，以其唱獲與釋獲聯事，故須使共聞之。不親往告者，獲者賤，且方有事，不可暫離中側也。

司射遂進，由堂下北面視上射，命曰：“不貫不釋。”上射揖，司射退，反位。

註曰：“射不中鵠不釋算。”

釋獲者坐，取中之八算，改實八算，興，執而俟。乃射，若中則釋獲者每一个釋一算，上射於右，下射於左。若有餘算，則反委之。又取中之八算，改實八算於中，興，執而俟。三耦卒射。

右三耦再射。

賓降，取弓矢于堂西。

註曰：“不敢與君並俟告，取之以升，俟君事畢。”

疏曰：下云“公將射”，則賓降適堂西，袒、決、遂，執弓，搢三挾一个，升自西階，是君事畢乃爾，今此但取之以俟，非即袒、決、遂也，蓋去射時尚遠，不可以即袒。從《通解》節本。

敖氏曰：“此言降而不言升，似有闕文。賓降，取弓矢以升者，明其將侍君射。”

郝氏曰：“賓與君爲耦，君將射，賓先自堂上西序東面降，立階西東面也。”

世佐案，“賓降”，謂自其席而降也，公爲賓舉旅之時，賓既就席矣。郝云“自堂上西序東面降”，非。不言其升者，俟于堂西，未升也。取弓矢之儀，詳見下文。先言之者，與下爲節也。

諸公、卿則適次，繼三耦以南。

註曰："言繼三耦，明在大夫北。"

敖氏曰："不言降者，可知也。"

郝氏曰："初納射器，賓弓矢在堂西，諸臣弓矢在東次，故賓適堂西，諸公卿適次，各取弓矢。"

公將射，則司馬師命負侯，皆執其旌以負其侯而俟。

註曰："君尊，若始焉。"

世佐案，此云"皆執其旌"，則旌之不同益可見矣，亦獲者授之于乏。

司馬師反位。

郝氏曰："位在西階下東面，司馬正之南也。"

隸僕人掃侯道。

註曰："新之。"

郝氏曰："隸僕人，《周禮》司隸之屬。"

世佐案，隸僕人，即《周禮》隸僕也。隸僕下士二人，屬夏官，掌五寢之埽除、糞灑之事，故使之給埽侯道之役。諸侯蓋亦以庶人在官者爲之也。司隸掌五隸之法，屬秋官，郝氏乃引以當之，誤矣。

司射去扑，適阼階下，告射于公，公許，適西階東，告于賓。

註曰："告當射也。"

敖氏曰："告射輕於請射，故不升堂。"

世佐案，此時賓在堂西，故適西階東告之。郝云"賓立西階下西，東面"，非。告公北面，告賓蓋西面與？

遂搢扑，反位。小射正一人取公之決、拾于東坫上，一小射正授弓、拂弓，皆以俟于東堂。

註曰："授弓，當授大射正。拂弓，去塵。"

疏曰：據此經上下或云"大射正"，或云"司射"，或云"小射正"，當是大射正一人爲上，司射次之，司射或謂之小射正，若然，大射正與司射各一人，據其行事，小射正不止一人而已，如此文既云"小射正一人"又云"一小射正"，則小射正二人也。從《通解》節本。

敖氏曰："'授'當作'受'，受弓者，受於有司也，受弓亦於東堂。皆，皆二小射正也。云‘小射正一人’，又云‘一小射正’，則小射正亦多矣。《周官》‘射人下大夫二人，上士四人’，然則諸侯之大射正上士亦二人，小射正中士亦四人與？”

郝氏曰：“小射正授弓，授之大射正，大射正授公。東堂，堂上東，君席側也。”

世佐案，東堂，東序東也。郝云“君席側”，非。初納射器，君之弓矢適東堂，至是小射正受而拂之，與奉決、拾者同俟于此。授當從敖氏作受，蓋受之于弓人也。俟者，俟公就物，則一小射正奉決、拾以從一小射正，以弓授大射正也。大射正唯爲司正者一人，其餘皆小射正也。敖云“大射正二人”，非。

公將射，則賓降，適堂西，袒、決、遂，執弓，搢三挾一个，升自西階，先待于物北北一笴，東面立。

註曰：“不敢與君併，東面立，鄉君也。”

疏曰：“前文賓降適堂西取弓矢，無賓升堂之文，但文不具，其實即升矣，是以此文云‘賓降’。”

敖氏曰：“北一笴，物北空一笴地也。必退於物北一笴者，遠下君，亦爲司馬當由物後而適物間也。”

郝氏曰：“賓降，即前取弓矢降。再言，以明待君之儀。疏謂取弓矢升再降，非也。物北，右物之北。”

世佐案，此當以郝説爲正。蓋三耦卒射，則公將射矣。公將射，則賓及諸公卿皆降。自“司馬師命負侯”至小射正俟于東堂，皆一時事也。觀此經復言“公將射”，則賓降亦是復言可知。必復言之者，見其與上諸事同節也。舊説前降取弓矢，此降又爲袒以下諸儀，則經何以前言降而不言升，宜後儒疑其有闕文也。夫一弓矢也，既取之而升，復以之而降，降而又升，其儀不亦繁複乎？此云“袒、決、遂，執弓，搢三挾一个”，即取弓矢之儀也。曏者取弓矢以升，其儀當復何如？且公之弓矢尚俟于東堂，而賓乃先取之以升，亦無是理也。以是數者推之，則其謬誤顯然矣。

司馬升，命去侯如初，還右，乃降，釋弓，反位。

註曰：“還右，還君之右也。猶出下射之南，還其後也。今文曰右還。”

敖氏曰："'還右'，謂圍右物也。既命去侯，則由右物之南適其右乃降，來由物北去適物右，是還之也。不還左物者，以君將爲下射故也。是時君未立於物，而先辟之，敬之至也。"

郝氏曰："司馬命去侯，還右乃降者，賓物居右，司馬出右物南，即西轉下堂，不還左物也。"

世佐案，司馬，司馬正也。"還右"言于"如初"之下，見其異于初也，敖説得之。位，司射之南也。又案，今文曰右還，義似長，蓋由右物之南適西階，即右還也。

公就物，小射正奉決、拾以笥，大射正執弓，皆以從於物。

註曰："笥，萑葦器。大射正舍司正，親其職。"

敖氏曰："笥蓋竹器，決、拾在坫上時亦宜用笥，至是始見之耳。射時大射正爲司正如故，至是暫舍其職而爲君執弓，重其事也。弓，射器之主也。"

張氏曰："大射正初爲擯者，復自擯者立爲司正，至此又舍司正來執弓也。"

世佐案，大射正執弓，蓋小射正授之于東堂。

小射正坐奠笥于物南，遂拂以巾，取決，興，贊設決，朱極三。

註曰："極，猶放也，所以韜指，利放弦也，以朱韋爲之。三者，食指、將指、無名指。無極，放弦契於此指多則痛。小指短，不用。"

敖氏曰："拂者，拂決、極與拾也。贊設決與極者，爲君設之也。下言贊者放此，君極朱而用三，若臣則用二，其物色亦未聞。《士喪禮》曰'纊極二'，蓋死時變用纊，而數則與生時同。"

小臣正贊袒，公袒朱襦。卒袒，小臣正退，俟于東堂。

敖氏曰："此袒於設決之後，亦異於臣。"

世佐案，俟者，俟公卒射當贊襲也。

小射正又坐取拾，興，贊設拾，以笥退，奠于坫上，復位。

註曰："既袒乃設拾，拾當以韝襦上。"

郝氏曰："小射正復位，與小臣正同立俟于東堂也。"

世佐案，此言設拾而不言遂者，以君不肉袒，故取歛衣之義。復位，復俟于東堂之位也。小射正復位者，亦俟公卒射以笥受決、拾也。

大射正執弓，以袂順左右隈，上再下壹，左執弣，右執簫以授公，公親揉之。

註曰："順，放之也。隈，弓淵也。揉，宛之，觀其安危也。今文順爲循。"

疏曰："以袂向下於弓隈順放之。《考工記·弓人》云'其弓安，其弓危'，以弓弱者爲危，弓強者爲安，則此云觀安危者，謂試弓之強弱。"

敖氏曰："隈者，弓之曲處也。《考工記》曰：'凡角之中，恒當弓之畏。'畏也者，必撓是也。順之者，所以審其厚薄而驗其強弱也。詳上而略下，以其上下之厚薄均。"

郝氏曰："袂，衣袖。順，即拂也。以衣袖順弓上下兩隈拂之，示整潔也。弓仰執，故上隈之裏左右再拂，下隈之背一拂之。"

世佐案，順之以袂，亦拂拭之意，郝得之。前小射正既于東堂拂之矣，至是大射正又順之者，敬君物也。隈分左右，則弓之仰執明矣。上再下壹，左右各三也。上弓裏，下弓表。

小臣師以巾内拂矢而授矢于公，稍屬。

註曰："内拂，恐塵及君也。"

敖氏曰："授矢亦以巾也。《燕禮記》曰：'小臣以巾授矢。'凡授弓矢，皆當於公右。"

世佐案，稍屬，説見《燕禮記》。

大射正立于公後，以矢行告于公。

註曰："若不中，使君當知而改其度。"

下曰留，上曰揚，左右曰方。

註曰："留，不至也。揚，過去也。方，出旁也。"

敖氏曰："左右曰方者，左則曰左方，右則曰右方也。"

世佐案，方與旁通，矢行或左或右皆曰旁，敖説非。

公既發，大射正受弓而俟，拾發以將乘矢。

註曰："公，下射也而先發，不留尊也。"

敖氏曰："俟者，將復授之也。云'拾發以將乘矢'，則是賓先公後，亦如其他上下射之爲也。”

世佐案，敖説非。《燕禮記》於君既發之後乃云“上射退于物一笴，既發則荅君而俟”，是亦公先發之證矣。

公卒射，小臣師以巾退，反位。

世佐案，反東堂下之位。

大射正受弓。

註曰：“受弓以授有司於東堂。”

小射正以笥受決、拾，退，奠于坫上，復位。

世佐案，小射正之位，敖云未詳，郝云於東堂。竊謂諸侯之小射正，蓋中士、下士也，其位本在西方東堂，乃其將射俟事之位。上經云“皆以俟于東堂”是也。事畢，則仍反西方之位與？

大射正退，反司正之位。

敖氏曰：“云‘反司正之位’，是射時其位自若也。然則此司正之位不當東西之中，而與《鄉飲酒》者異，明矣。”

世佐案，此時司正之位蓋亦遷于司射之南，如《鄉射禮》也。經不言者，文不具耳。敖氏據此而改經“中庭”爲“阼階前”，泥矣。郝云“此九字當在三射畢，釋獲者退中與算之後”，亦非。

小臣正贊襲。公還而后賓降，釋弓于堂西，反位于階西，東面。

註曰：“階西東面，賓降位。”

疏曰：“上文賓受獻訖，降立于階西，東面。”

敖氏曰：“公退云‘還’，是其進退亦不由物前也。賓因降而不敢即升，若以是時未有上事也。不言説決、拾，襲，亦文省。”

公即席，司正以命升賓，賓升復筵，而后卿、大夫繼射。諸公、卿取弓矢于次中，袒、決、遂，執弓，搢三挾一个，出，西面揖，揖如三耦，升射。卒射，降如三耦。適次，釋弓，説決、拾，襲，反位。衆皆繼射，釋獲皆如初。

註曰：“諸公、卿言取弓矢，衆言釋獲，互言也。”

敖氏曰：“反位亦在次，於取弓矢之處爲少北耳。衆，謂大夫而下，此不分别士與大夫爲耦之儀，是如三耦也，其以君在，故耦不得盡。其尊大夫之禮與釋獲皆如初，亦指君以下言也。”

卒射，釋獲者遂以所執餘獲適阼階下，北面告于公，曰：“左右卒射。”反位，坐委餘獲于中西，興，共而俟。

右公及賓、諸公、卿大夫皆射。

郝氏曰：“此節叙君射過自矜貴，多衰世驕蹇之風，乏先王恭儉之意。人主既身居下物，折節行禮過自矜飾，何以誨下？至于三射樂作，然後就物，不以樂志，則所稱節奏比禮，容體比樂者，君獨不然，焉用射。君不用禮樂，而能選士御臣者，未之有也。”

世佐案，篇内如“中三侯皆獲”，及“不以樂志”之類，皆所以優至尊而辟不敏也，必如此者，以人主不可有與臣下争勝之心，一有是心，勝則矜，不勝則忮，其爲患匪淺鮮，故設此法以寬之，使知爲人君之道，不必規規見長于一藝之間，而亦不因是形其短，此制禮者之深意也。至于授弓矢，贊決、拾諸儀，官具物備，亦貴貴之義應爾，而郝氏譏之過矣。

司馬袒，執弓，升，命取矢，如初。負侯許諾，以旌負侯，如初。司馬降，釋弓，如初。小臣委矢于楅，如初。

註曰：“司馬，司馬正，於是司馬師亦坐乘矢。”

賓、諸公、卿、大夫之矢皆異束之以茅，卒。正坐，左右撫之，進束，反位。

註曰：“異束大夫矢，尊殊之也。正，司馬正也。進，前也。又言束，整結之，示親也。”

疏曰：公、卿皆異束，但大夫或與士耦，則士矢不束，大夫束之，故註特言大夫，尊殊之也。從《儀禮圖》節本。

敖氏曰：“此文主於束矢而言，蓋見其不在‘如初’之中者也。”

郝氏曰：“左右撫之，數衆矢也。進束，謂既數衆矢，而后進所束之矢于楅。反位，反中西南東面之位。”

世佐案，“異束之”者，人一束也。束之亦於楅上，卒束畢也，敖云衍，非。“正”上似脱“司馬”二字。撫矢之位，《鄉射禮》云“當楅南北面”，此宜亦如之。委矢于楅，北括，束茅于矢上握，則束矢之處於撫矢者爲近矣。既撫而復親束之，乃云“進”者，蓋撫手及之而已，束則於當楅之位又少進也。郝云"進所束之矢于楅",然則未進之前,賓、諸公、卿大夫之矢豈皆委之于地耶?其説蓋不可通矣[①]。

賓之矢,則以授矢人于西堂下。

註曰:"是言矢人,則納射器之有司,各以其器名官職。不言君矢,小臣以授矢人于東堂下可知。"

敖氏曰:"授之亦小臣也。"

司馬釋弓,反位,而後卿、大夫升就席。

註曰:"此言其升,前小臣委矢於楅。"

張氏曰:"方司馬釋弓反位,卿、大夫即升就席,是其升在小臣委矢之前,以上文類言如初諸事,故至此始特言之。"

右再取矢。

司射適階西,釋弓,去扑,襲,進由中東,立于中南,北面視算。釋獲者東面于中西坐,先數右獲。二算爲純,一純以取,實于左手,十純則縮而委之,每委異之,有餘純則横諸下,一算爲奇,奇則又縮諸純下。興,自前適左,東面坐。

敖氏曰:"此'坐'字衍文,《鄉射》無之。"

坐兼斂算,實于左手,一純以委,十則異之,其餘如右獲。司射復位,釋獲者遂進取賢獲執之,由阼階下北面告于公。

世佐案,此亦君禮之異者也。《鄉射禮》云:"升自西階,盡階,不升堂,告于賓。"

若右勝,則曰:"右賢於左。"若左勝,則曰:"左賢於右。"以純數告,若有奇者亦曰奇。若左右鈞,則左右各執一算以告,曰:"左右鈞。"還復位,坐兼斂算,實八算于中,委其餘于中西,興,共而俟。

右數獲。

世佐案,此算獲及飲不勝者之法皆與《鄉射》無異,則亦以習禮樂,而非别賢否可見矣。若果爲將祭擇士之禮,豈可不分各耦而較其中之多

---

① "通"原作"逋",不辭,校本作"通",據改。

少哉。

司射命設豐。

敖氏曰："亦適堂西命之也。"

司宫士奉豐，由西階升，北面坐設于西楹西，降，復位。

敖氏曰："司宫士，司宫之屬也。此時之位亦當在堂西。"

世佐案，司宫而曰士者，别于庶人在官者也。《周禮》宫人中士四人，下士八人。諸侯蓋以下士及庶人在官者爲之。

勝者之弟子洗觶，升，酌散，南面坐奠于豐上，降，反位。

世佐案，弟子，謂士之少者也。位在西方。

司射遂袒，執弓，挾一个，搢扑，東面于三耦之西，命三耦及衆射者。

敖氏曰："司射袒，亦決、遂，文省耳。東面命之於次中。"

勝者皆袒、決、遂，執張弓。不勝者皆襲，説決、拾，卻左手，右加弛弓于其上，遂以執弣。司射先反位。三耦及衆射者皆升，飲射爵于西階上。

疏曰：大射者，所以擇士以助祭，今若在於不勝之黨，雖數中亦受罰，及其助祭，雖飲射爵亦得助祭，但在勝黨，雖不飲罰爵，若不數中，亦不得助祭。飲罰據一黨而言，助祭取一身之藝，義固不同也。從《句讀》節本。

敖氏曰："此目下事也。"

世佐案，疏爲此説以護註耳，其實非也。算獲既以左右計之矣，其數中、不數中，亦孰從而辨之哉？

小射正作升飲射爵者，如作射。一耦出，揖如升射，及階，勝者先升升堂，少右。不勝者進，北面坐取豐上之觶，興，少退，立卒觶，進，坐奠于豐下，興，揖。不勝者先降，與升飲者相左，交于階前，相揖，適次，釋弓，襲，反位。僕人師繼酌射爵，取觶實之，反奠于豐上，退俟于序端。

註曰："僕人師酌者，君使之代弟子也。自此以下，辯爲之酌。"

敖氏曰："僕人師不言命之者，則是此乃其常職，俟時而共之耳。"

升飲者如初，三耦卒飲。若賓、諸公、卿、大夫不勝則不降，不執弓，耦不升。

註曰："此耦謂士也。諸公、卿或闕，士爲之耦者不升。其諸公、卿、大夫相爲耦者不降席，重恥尊也。"

敖氏曰："耦，唯謂士與大夫爲耦者也。不升，則立于射位也。大夫既飲耦，乃釋弓而反位。"

僕人師洗，升，實觶以授。賓、諸公、卿、大夫受觶于席以降，適西階上，北面立飲，卒觶，授執爵者，反就席。

註曰："雖尊，亦西階上立飲，不可以己尊枉正罰也。授爵而不奠豐，尊大夫也。"

敖氏曰："洗者，以承賤者後，新之，其次則不洗矣。降，降席也。西階上，臣飲罰爵之位也。授執爵者，宜反於其所受者也。"

若飲公，則侍射者降，洗角觶，升，酌散，降拜。

註曰："侍射，賓也。飲君則不敢以爲罰，從致爵之禮也。"

張氏曰："角觶，疏以爲以兕角爲之，對下文飲君象觶而言。仍是三升之觶，非'四升曰角'之角也。"

世佐案，賓將自飲，故用角觶。

公降一等，小臣正辭，賓升，再拜稽首，公答再拜。

世佐案，公於是復答再拜者，飲不勝者之禮也。《鄉射記》云"若飲君，如燕"，是也。

賓坐祭，卒爵，再拜稽首，公答再拜。賓降，洗象觶，升，酌膳以致，下拜，小臣正辭，升，再拜稽首，公答再拜。

敖氏曰："此以上與媵觶之禮同者也。'以致'者，亦奠于薦南。"

公卒觶，賓進受觶，降，洗散觶，升，實散，下拜，小臣正辭，升，再拜稽首，公答再拜。賓坐，不祭，卒觶，降奠于篚，階西東面立。

註曰："賓復酌自飲者，夾爵也。但如致爵，則無以異於燕也。夾爵亦所以恥公也，所謂若飲君，燕則夾爵。"

敖氏曰："此與媵觶之禮異者也，所以謂之射爵也。"

擯者以命升賓，賓升就席。

註曰："擯者，司正也。"

若諸公、卿、大夫之耦不勝，則亦執弛弓，特升飲。

註曰："此耦亦謂士也。"

敖氏曰："比耦之時，大夫有與士爲耦者，諸公、卿無與士爲耦者，此'諸公、卿'衍文。"

衆皆繼飲射爵，如三耦。射爵辯，乃徹豐與觶。

右飲不勝者。

司宫尊侯于服不之東北兩獻酒，東面南上，皆加勺，設洗于尊西北，篚在南，東肆，實一散于篚。

註曰："爲大侯獲者設尊也。言尊侯者，獲者之功由侯也。不于初設之者，不敢必君射也。君不射，則不獻大侯之獲者。散，爵名，容五升。"

敖氏曰："爲三侯之獲者及隸僕人、巾車設尊而言。尊侯者，以其功皆由侯也。兩，兩壺也，或脱一'壺'字耳。兩壺皆酒，而云'南上'，是先酌所上者與？加勺，東枋，此在大侯之乏東北，乃云'服不'者，見此時服不在乏也。不於初設之者，因事而獻，故其尊亦俟時而設，所以别於正獻者也。此所設尊洗之類即篇首之所言者也。上言'獲者之尊'，此云'尊侯'，上言'大侯之乏'，此云'服不'，文互見耳。又文亦有詳畧，則以設與未設而異也。"

世佐案，敖説當矣，註以此尊專爲大侯獲者設，非三侯之獲者，其功同，其人相去亦不遠，何必異尊。上經云"大侯之乏東北"，此云"服不之東北"，其地一也。一地而兩尊，或先或後，亦理之所無者。註又云"君不射，則不獻大侯之獲者"，尤屬飾説，因燕而射君，或可以不與，未聞大射而君不與者也。君若不射，《射義》何以言"諸侯君臣盡志于射以習禮樂"乎？云"南上"，是亦有玄酒矣。獻獲者而有玄酒，以祭侯，故重之也。

司馬正洗散，遂實爵，獻服不。

註曰："言服不者，著其官，尊大侯也。服不，司馬之屬，掌養猛獸而教擾之者。洗、酌皆西面。"

敖氏曰："服不爲大侯之獲者，故先獻也，司馬正獻亦異之，獻時蓋亦西南面。"

張氏曰："服不即獲者也，前此皆言獲者，以其事名之，至此乃著其官，是尊大侯也。"

服不侯西北三步，北面拜受爵。

註曰："近其所爲獻。"

疏曰："服不得獻，由侯所爲，故不近乏而近侯。"

司馬正西面拜送爵，反位。

註曰："不俟卒爵，畧賤也。此終言之，獻服不之徒乃反位。"

敖氏曰："既拜送而反位，亦爲其不拜既也。是後則司馬師代之行事，於司馬正既反位，獲者亦反東面。"

張氏曰："此段鄭註可疑，當以經文爲正，服不之徒或在司馬師所獻之中耳。"

宰夫有司薦，庶子設折俎。

註曰："宰夫有司，宰夫之吏也。《鄉射記》曰：'獲者之俎，折脊、脅、肺。'"

敖氏曰："薦於服不之東，俎在薦東。"

世佐案，獲者之俎折以卿之餘體，獲者而有俎，亦以祭侯故也。《鄉射禮》云："俎與薦皆三祭。"

卒錯，獲者適右个，薦俎從之。

註曰："不言服不，言獲者，國君大侯，服不負侯，其徒居乏待獲，變其文，容二人也，司馬正皆獻之。薦俎已錯，乃適右个，明此獻己，已歸功於侯也。適右个由侯内。《鄉射記》曰：'東方謂之右个。'"

敖氏曰："此獲者即服不也，變服不言獲者，見服不亦在乏而獲也。有司與庶子既錯薦俎於地，獲者則以爵適右个，而二人復執薦俎從之，薦錯於獲者之南，俎在薦南。"

張氏曰："信如註言，司馬正並獻二人，當用二爵，經文明言'實一散于篚'，安得有二爵乎？司馬正所獻決是服不氏一人，其徒則司馬師獻隸僕、巾車後乃獻之。"

世佐案，上下註意蓋謂國君大侯，服不與其徒負侯居乏相代，司馬正獻服不之,即獻其徒而后反位,亦非謂二人並獻也。但玩前後經文,負侯及獲者三侯皆有之,負侯者主負侯及取矢,蓋《周禮·射鳥氏》之職,以其取矢知之也。諸侯兼官,即以服不氏攝之。獲者專主唱獲,與負侯者並不相代,司馬正所獻唯服不之長一人,其參侯、干侯之獲者及三侯之負侯者皆司馬師獻之也,而註説之誤了然矣。

獲者左執爵,右祭薦俎,二手祭酒。

註曰:"祭俎不奠爵,不備禮也。二手祭酒者,獲者南面於俎北,當爲侯祭於豆間,爵反注,爲一手不能正也。此薦俎之設,如於北面人焉。天子祝侯曰:'唯若寧侯,無或若女不寧侯,不屬於王所,故抗而射女。彊飲彊食,貽女曾孫諸侯百福。'諸侯以下祝辭未聞。"

敖氏曰:"祭俎者興,取刌肺以坐祭也。二手祭酒,爲散大酒多,一手注之,難爲節也。"

適左个,祭如右个,中亦如之。卒祭,左个之西北三步,東面。

註曰:"此刊本誤作"北",今從《集説》改正。鄉受獻之位也。不北面者,嫌爲侯卒爵。"

敖氏曰:"東面,變於受爵之時也。卒爵與受爵不同面,自是一禮耳,下釋獲者亦然。"

設薦俎,立卒爵。

註曰:"不言不拜既爵,司馬正已反位,不拜可知也。《鄉射禮》曰:'獲者薦右東面立飲。'"

敖氏曰:"卒爵於薦西東面,自若也是,時司馬師蓋已北面於其東。"

司馬師受虚爵,洗,獻隸僕人與巾車、獲者,皆如大侯之禮。

註曰:"隸僕人埽侯道,巾車張大侯,及參侯、干侯之獲者,其受獻之禮,如服不也。隸僕人、巾車於服不之位受之,功成於大侯也。不言量人者,此自後以及先可知。"

疏曰:隸僕人、巾車素無其位,而經云"如大侯之禮",明就大侯之位受獻也。隸僕而得獻,明量人在巾車之先得獻可知。

敖氏曰："承服不後而洗，則是此每獻皆洗矣。隸僕人與巾車皆聽命于司馬，故亦司馬并獻之。不言量人者，或不與此獻與？"

世佐案，獲者，謂參侯、干侯之獲者也，三侯之負侯者亦存焉，於是乃統言獲者，以其事相聯也。

卒，司馬師受虛爵，奠于篚。

註曰："獲者之篚。"

世佐案，獲者之篚，即服不之篚也。

獲者皆執其薦，庶子執俎從之，設于乏少南。

註曰："少南，爲復射妨旌也。隸僕人、巾車、量人自服不而南。"

世佐案，獲者，謂三侯之獲者及負侯者，凡六人也。乏，亦謂三侯之乏也。於是不别言服不者，以其事同也。

服不復負侯而俟。

世佐案，此負侯者也，謂之服不者，著其以服不之徒兼之也。《周禮》服不氏下士及其徒凡五人，而兹乃有六人者，以其兼射鳥氏之職也。是時三侯之獲者皆居乏。

右獻獲者之屬。

司射適階西，去扑，適堂西，釋弓，説決、拾，襲，適洗，洗觚，升，實之，降，獻釋獲者于其位，少南。

註曰："獻釋獲者與獲者異，文武不同也。去扑者，扑不升堂也。少南，辟中。""辟"，刊本或作"辨"，誤，今從《通解》及《集説》改正。

敖氏曰："釋弓亦并釋矢也，《鄉射》有'矢'字。'洗觚，升，實之'，與獲者異，蓋釋獲者無事於侯，且尊於獲者，故獻之，不酌獲者之尊而酌上尊也。"

薦脯醢，折俎，皆有祭。

註曰："俎與服不同，唯祭一爲異。"

敖氏曰："皆，皆薦俎也。祭，亦脯與切肺也。不言所設之人，蓋亦有司與庶子與？"

釋獲者薦右東面拜受爵,司射北面拜送爵。釋獲者就其薦坐,左執爵,右祭脯醢,興,取肺,坐祭,遂祭酒。

註曰:"祭俎不奠爵,亦賤不備禮。"

興,司射之西,北面立卒爵,不拜既爵。司射受虚爵,奠于篚。釋獲者少西辟薦,反位。司射適堂西,袒、決、遂,取弓,挾一个,適階西,搢扑以反位。

世佐案,此司射倚扑之處與《鄉射》同,倚弓矢之處與《鄉射》異。

右獻釋獲者。

司射倚扑于階西,適阼階下,北面請射于公如初。

敖氏曰:"階下請射于公,正禮也。鄉之升者,有爲爲之耳,此言'如初',未詳,疑衍也。"

世佐案,初,謂第一番射時。如初者,謂其請射之辭也。敖以爲衍文,非。

右三請射。

反,搢扑,適次,命三耦皆袒、決、遂,執弓,序出取矢。

敖氏曰:"執弓,亦右挾之。序,謂每耦以次而出也。"

司射先反位。

註曰:"言先,先三耦也。司射既命三耦以入次之事,即反位。三耦入次袒、決、遂,執弓挾矢乃出,反次外西面位。鄉不言司射先反位,三耦未有次外位無所先也。"

疏曰:鄉謂第一番之時,但言司射反位而不言先,是以決之。從《通解》節本。

張氏曰:"註'挾矢'字衍。"

世佐案,三耦袒、決、遂之所與其射位皆在次中,但有南北之異耳。司射位自在中之西南。云"先"者,謂其不俟三耦之袒、決、遂,而即反位也,註誤。

三耦拾取矢如初,小射正作取矢如初。

註曰:"小射正,司射之佐,作取矢,禮殺代之。"

敖氏曰:"'小射正作取矢如初',此一句似衍。大射之禮,司射惟命拾取矢而不復作，與鄉射異，以前後經文徵之可見。又言此於拾取矢之後，似非其次。且上無作取矢之事，亦不宜言如初，其爲衍也明矣。”

世佐案，上云“三耦皆袒、決、遂，執弓，序出取矢”，此司射命之之辭，非謂三耦已爲之也，司射命訖反位，於是三耦皆自射位在次中最北。適次南，少東，袒、決、遂，執弓，右挾之，反射位，而后小射正作上耦取矢也。此皆與第一番取矢之儀同，故以“如初”蔽之。“三耦拾取矢”，言于“小射正作取矢”之上者，以其有袒、決、遂之事，在作取矢前也。云“小射正作取矢如初”，則第一番取矢之時，固有成禮矣，而上經不見之者，文闕也。敖氏不悟上經之闕，而反以此爲衍，誤矣。註謂此以小射正代司射，亦臆説也。

三耦既拾取矢，諸公、卿、大夫皆降，如初位，與耦入于次，皆袒、決、遂，執弓，皆進當楅，進坐，説矢束。上射東面，下射西面，拾取矢如三耦。

註曰：“皆進當楅，進三耦揖之位也。凡繼射，命耦而已，不作射，不作取矢從初。”

敖氏曰：“‘如初位’者，適次，繼三耦以南也。云‘如初位’，又云‘入于次’，見其所進者又深也。凡經云適次而已者，兼深淺而言也。云‘入于次’者，言其深入也。先言適，乃言入，若次中者，則皆先淺而後深也。執弓，亦右挾之，皆進，謂出次而西面之時也。上下射當楅而進坐，説矢束，是俱北面説之也。然則《鄉射》之大夫説矢束，亦北面明矣。既説，則上射少西而反東面，下射少東而反西面，乃拾取之。”

張氏曰：“註‘繼射’，謂繼三耦而射。‘從初’，謂從三耦之法。繼射者皆從耦法，故不再命之也。”

世佐案，適次、入次之辨，敖氏論之詳矣，而其言説矢束之法則非也。北面説矢束，既説而后各就楅西東之位者，大夫與大夫之禮也。既就楅東之位而后説矢束，説之亦西面者，大夫爲下射之禮也，經文甚明，奈何混而一之耶。

若士與大夫爲耦,士東面,大夫西面。大夫進坐,説矢束,退反位。耦揖進,坐,兼取乘矢,興,順羽,且左還,毋周,反面揖。大夫進坐,亦兼取乘矢,如其耦,北面搢三挾一个,揖進。大夫與其耦皆適次,釋弓,説決、拾,襲,反位。諸公、卿升就席。

註曰:"大夫反位,諸公、卿乃升就席,大夫與已上下位。"

敖氏曰:"後'揖進'之'進',當作'退',《鄉射》云'揖退'是也。大夫既反位,諸公卿乃與之序升,公卿之下不言大夫者,文脱耳。又此上下文皆言卿大夫升就席,不應此時獨否也。然則此有脱文明矣。"

張氏曰:"諸公、卿、大夫自爲耦者,拾取矢在前,大夫與士耦者取矢在後,前取矢者待于三耦之南,至大夫與耦取矢反位,乃與之同升就席,以爵同,故相待也。"

衆射者繼拾取矢,皆如三耦,遂入于次,釋弓矢,説決、拾,襲,反位。

右射者皆取矢于楅。

司射猶挾一个以作射如初,一耦揖升如初。司馬升,命去侯,負侯許諾。司馬降,釋弓,反位。司射與司馬交于階前,倚扑于階西,適阼階下北面請以樂于公,公許。

註曰:"請奏樂以爲節也。始射,獲而未釋獲,復釋獲,復用樂行之。君子之於事,始取苟能,中課有功,終用成法,教化之漸也。射用應樂爲難。孔子曰:'射者何以聽?循聲而發,發而不失正鵠者,其唯賢者乎?'"

司射反,搢扑,東面命樂正曰:"命用樂。"

註曰:"言君有命用樂射也。樂正在工南,北面。"

疏曰:"此時工在洗東,西面,樂正在工南,北面,司射在西階下東面,遥命之。"

樂正曰:"諾。"司射遂適堂下[1],北面眂上射[2],命曰:"不鼓不釋。"

註曰:"鼓亦樂之節。《學記》曰:'鼓無當於五聲,五聲不得不和。'凡射之鼓節,《投壺》其存者也。周禮射節,天子九,諸侯七,卿、大夫以下五。"

郝氏曰:"眂、視同。"

上射揖,司射退,反位。樂正命大師曰:"奏《貍首》,間若一。"

註曰:"樂正西面受命,左還東面,命大師以大射之樂章,使奏之也。《貍首》,逸詩《曾孫》也。貍之言不來也,其詩有'射諸侯首不朝者'之言,因以名篇,後世失之,謂之《曾孫》。'曾孫'者,其章頭也,《射義》所載《詩》曰'曾孫侯氏'是也。以爲諸侯射節者,采其既有弧矢之威,又言'小大莫處,御於君所,以燕以射,則燕則譽',有樂以時會君事之志也。間若一者,調其聲之疏數重節。"

世佐案,《貍首》之詩,今無以考其名篇之義,然以《騶虞》、《采蘋》之類推之,亦必其首章有此二字,而取以名之耳。《射義》所載"曾孫侯氏"數語,未知其果是與否,即使果是,亦未必其章頭也。鄭君諱所不知而强爲之説,妄矣。又案《大戴禮·投壺》篇末亦載"曾孫侯氏"之詩,比《射義》特詳,後又雜以《考工記》祭侯祝辭,有"嗟爾不寧侯,爲爾不朝于王所,故亢而射女"之言,或鄭説之所本與?凡以樂節射者,但取其節,而不取其詩之義也。今大、小戴《記》所載"曾孫侯氏"之詩,皆序射事,與《騶虞》、《采蘋》之類不協,疑非《貍首》本篇也。《大戴禮》既言"曾孫侯氏",又云"干侯既亢",尤屬不倫,蓋其所捃拾者龐矣。

大師不興,許諾。樂正反位,奏《貍首》以射,三耦卒射。賓待于物如初。

敖氏曰:"三耦卒射之後,儀亦多矣,此特見其一也。"

---

① "遂"字原無,校本有,徐本、楊氏、敖氏、陳本、閩本、監本、毛本、庫本同,據補。

② "眂",校本、庫本同。唐石經、徐本、《通解》、楊氏、敖氏俱作"視",陳本、閩本、監本、毛本俱作"眡"。

公樂作而后就物，稍屬，不以樂志，其他如初儀。

註曰："不以樂志，君之射儀，遲速從心，其發不必應樂，辟不敏也。志，意所擬度也。《春秋傳》曰：'吾志其目。'"

疏曰："此經云'如初'者，皆如上第二番射法，唯作樂爲異。"

敖氏曰："'稍屬'，謂授矢于公稍屬也。然此當蒙如初儀之中，似不必獨見之，且語句不全，亦恐非出於作經者之意，蓋衍文也。"

世佐案，"稍屬"當從敖氏作衍文。或謂"稍屬不以樂志"爲句，非。説見《燕禮記》。

卒射，如初。

敖氏曰："初，謂公卒射以至賓反位于階西之儀。"

賓就席，諸公、卿、大夫、衆射者皆繼射，釋獲如初。卒射，降，反位。

敖氏曰："三事皆如初也。'降，反位'，指衆射之最後者而言，以見釋獲者升告之節也。"

釋獲者執餘獲進，告左右卒射，如初。

右三射。

司馬升，命取矢，負侯許諾。司馬降，釋弓，反位。小臣委矢，司馬師乘之，皆如初。司射釋弓，視算，如初。釋獲者以賢獲與鈞告，如初。復位。

右取矢數獲如初。

司射命設豐，實觶，如初，遂命勝者執張弓，不勝者執弛弓，升飲，如初。卒，退豐與觶，如初。

敖氏曰："'實觶'之上更有'設豐'二字，如《鄉射》之文，此文脱也。"

右飲不勝者如初。

司射猶袒、決、遂，左執弓，右執一个，兼諸弦，面鏃，適次，命拾取矢如初。司射反位，三耦及諸公、卿、大夫、衆射者皆袒、決、遂，以拾取矢如初。矢不挾，兼諸弦，面鏃，退適次，皆授有司弓矢，襲，反位。

敖氏曰："後'弦'字下蓋脱'弣'字。"

卿、大夫升就席。

敖氏曰："不言諸公者，可知也。諸公、卿、大夫既就席，則士亦當反西方之位矣。"

右射者復，皆拾取矢授有司。

司射適次，釋弓，説決、拾，去扑，襲，反位。司馬正命退楅，解綱。小臣師退楅，巾車、量人解左下綱。司馬師命獲者以旌與薦俎退。

敖氏曰："退楅亦於次，司馬正於此命解綱，則繇亦命繫之明矣。《鄉射》曰：'説侯之左下綱而釋之。'"

司射命釋獲者退中與算而俟。

註曰："諸所退射器皆俟，備君復射，釋獲者亦退其薦俎。"

敖氏曰："亦小臣執中，大史執算也。退中與算，亦於西堂下，既則大史與小史俱復位於門東。"

世佐案，大史當復干侯東北之位。

右退諸射器，射事竟。

世佐案，下經云"無算樂"，則是時亦當有樂正命僕人正等官，相工反坐之事，如《鄉射禮》也，此文不具耳。

公又舉奠觶，唯公所賜，若賓若長，以旅于西階上，如初。大夫卒受者以虚觶降，奠于篚，反位。

敖氏曰："此一舉觶當在未立司正之前，乃降於此者，爲射故也。"

右公爲大夫舉旅。

敖氏曰："此以下經文與《燕禮》同者，亦不重釋之。"

司馬正升自西階，東楹之東，北面告于公："請徹俎。"公許。

李氏寶之曰："'馬'字疑衍。"

遂適西階上，北面告于賓。賓北面取俎以出，諸公、卿取俎如賓禮，遂出，授從者于門外。

敖氏曰："如賓禮，謂亦各鄉其席取之也。諸公南面，卿北面。"

大夫降，復位。

註曰："門東北面位。"

疏曰："大夫雖無俎，以賓及公、卿皆送俎，不可獨立於堂，故'降，復位'。云'門東北面位'者，謂初小臣納卿、大夫門東北面揖位。"

敖氏曰："復位于門東者，以諸公、卿亦以俎出故也。《燕禮》諸公、卿無俎，故與大夫降，而同立于西階下。"

世佐案，復位，門右少進之位[①]。

庶子正徹公俎，降自阼階以東。

敖氏曰："正，庶子之長者也。《燕禮》膳宰設公俎，亦膳宰徹之。然則上之設公俎者，亦庶子正矣。"

右徹俎。

賓、諸公、卿皆入門，東面北上。

註曰："諸公、卿不入門而右，以將燕，亦因從賓。"

敖氏曰："入門，入自闑東也。入門而不左不右，即東面而立，變於常位也。將與大夫同升，宜近之。"

世佐案，東面北上，與《燕禮》卿大夫降位同，蓋近西階下也，敖說非。

司正升賓，賓、諸公、卿、大夫皆説屨，升就席，公以賓及卿、大夫皆坐，乃安。羞庶羞。大夫祭薦。司正升受命，皆命："公曰衆無不醉。"賓及諸公、卿、大夫皆興，對曰："諾，敢不醉。"皆反位坐。

右説屨升坐。

---

① "門"字上校本有"復"字。

主人洗，酌，獻士于西階上。士長升，拜受觶，主人拜送。士坐祭，立飲，不拜既爵。其他不拜，坐祭，立飲。乃薦司正與射人于觶南，北面東上，司正爲上。

註曰："司正、射人，士也。以齒受獻，既乃薦之也。司正，大射正也。射人，小射正，略其佐。"

世佐案，此言射人而不著其數，則不止一人矣，蓋小射正之俟于東堂者皆與也。皆與也者，以其有事也。不言司士者，以其爲士中之尊，不可位于小射正之下也，不言執冪者，執冪者非士也。凡此皆與《燕禮》異，疏以爲文不具，非。

辯獻士，士既獻者立于東方，西面北上，乃薦士。祝、史、小臣師亦就其位而薦之。

註曰："祝、史門東，北面東上。"

敖氏曰："此獻史蓋小史也，大史釋獲，帰已受獻。"

世佐案，祝、史位在干侯之東北，註非。

主人就士旅食之尊而獻之，旅食不拜，受爵，坐祭，立飲。主人執虚爵，奠于篚，復位。

右主人獻士。

賓降洗，升，媵觶于公，酌散，下拜。公降一等，小臣正辭，賓升，再拜稽首，公答再拜。

註曰："今文公答拜無再拜。"

姜氏曰："'答再拜'者，蓋賓致爵與臣異，而既徹俎安坐，又與其前異與？當以古文爲正。"

賓坐祭，卒爵，再拜稽首，公答再拜。賓降，洗象觚，升，酌膳，坐奠于薦南，降拜。小臣正辭，賓升成拜，公答拜，賓反位[①]。

註曰："此觚當爲觶。"

---

① "賓反位"之"賓"字，校本無。阮《校》曰："唐石經、徐本、《通解》、《要義》、敖氏同，毛本無'賓'字。《石經考文提要》云：上云'賓升成拜'，升與反位相承。"

右賓媵觶于公。

公坐取賓所媵觚，興，唯公所賜。受者如初受酬之禮，降，更爵洗，升，酌膳，下，再拜稽首。小臣正辭，升成拜，公答拜。乃就席，坐行之。有執爵者。唯受于公者拜。司正命執爵者爵辯，卒受者興以酬士。大夫卒受者以爵興，西階上酬士。士升，大夫奠爵拜，士答拜。大夫立卒爵，不拜，實之。士拜受，大夫拜送。士旅于西階上，辯。士旅酌。

世佐案，"觚"亦當作"觶"。

右公爲士舉旅。

若命曰復射，則不獻庶子。

註曰："獻庶子則正禮畢，後無事。"

敖氏曰："命，君命也，不猶未也。此雖非正射，然亦當闕一字。正禮中行之，故其節在未獻庶子前也。"

世佐案，此又因燕而射也。《燕禮》射於獻士之後，今移于此者，以前有三番正射，其節宜少間也。

司射命射，唯欲。

註曰："司射命賓及諸公、卿、大夫射，欲者則射，不欲者則止，可否之事，從人心也。"

敖氏曰："以其非正射也。人之力强弱不齊，或有至是而不欲射者，故以唯欲命之。然則正射之時，自諸公以至於士，無有不與射者矣。"

卿、大夫皆降，再拜稽首，公答拜。

註曰："拜君樂與臣下執事無已。不言賓，賓從羣臣禮在上。"

敖氏曰："降拜，拜君命也。公不辭之而即答拜者，以賓不在其中也。賓不與此拜者，以與君爲耦射否宜由君，不敢從唯欲之命也。"

世佐案，皆降拜者，拜君復射之命也。雖將不與射者亦拜，賓亦在焉，而公不辭之者，以其非與公爲禮也。凡因受命而拜者，公皆不辭其下拜，敖説非。

壹發，中三侯皆獲。

註曰："尚歡樂也。"

疏曰：上文唯公中三侯皆釋獲，至此禮殺，臣與君同。

劉氏曰："是言值一中侯，輒釋獲耳。鄭謂矢揚觸而有參中者失之。"

敖氏曰："以其非正射，故上下射惟拾發一矢而已，以其壹發，故雖中，非其侯，而亦獲，是禮亦相因而然也。中，亦謂中其鵠耳。唯公則離維綱，揚觸梱復而皆獲。上云'退中與算而俟'，至是則亦設中執算而釋獲矣，釋獲則有飲射爵之事也。"

郝氏曰："壹發，惟發一矢，中三侯皆釋獲，以一矢獲難也。"

世佐案，此著其禮之異者，其他皆如初可知。凡射必將乘矢，因燕而射亦然。《詩》云"四鍭既鈞"是也。敖氏、郝氏皆以此爲唯發一矢，恐非。"壹發，中三侯皆獲"者，燕射君臣同一侯，見《鄉射記》。此雖仍大射三侯，而射者每發一矢，值中一侯，皆得唱獲釋算，亦取同侯之義也。

右復射。

主人洗，升自西階，獻庶子于阼階上，如獻士之禮，辯獻，降洗，遂獻左右正與内小臣，皆於阼階上，如獻庶子之禮。

註曰："左右正，謂樂正、僕人正也，位在中庭之左右。小樂正在頌磬之北，右也，工在西即北面，工遷於東則東面。大樂正在笙磬之北，左也，工在西則西面，工遷於東則北面。僕人正相大師，工升堂，與其師士降立於小樂正之北，北上，工遷於東則陪其工後。國君無故不釋縣。二正，君之近官也。同獻更洗，以時事不聯也。庶子、内小臣位在小臣師之東，少退西上。"

世佐案，註誤，詳見上篇，今節録其異者。又案《鄉射記》云"樂正與立者齒"，則《大射》獻樂正亦與士序可知矣。上經云"小臣師亦就其位而薦之"，僕人正既與小臣同官，亦當與之同獻，奈何以爲左右正而伍之于奄人耶？

右獻庶子、左右正、内小臣。

無算爵。士也，有執膳爵者，有執散爵者。執膳爵者酌以進公，公不拜，受。執散爵者酌以之公命所賜，所賜者興，受爵，降席下，奠爵，再拜稽首，公答再拜。

世佐案，公於是亦答再拜者，正禮既畢，宜如燕也。

受賜爵者以爵就席坐，公卒爵，然後飲。執膳爵者受公爵，酌，反奠之。受賜者興，授執散爵者，執散爵者乃酌行之。唯受于公者拜，卒爵者興，以酬士于西階上。士升，大夫不拜乃飲，實爵。士不拜受爵，大夫就席，士旅酌亦如之。公有命徹冪，則賓及諸公、卿、大夫皆降西階下，北面東上，再拜稽首。公命小臣正辭，公答拜。

世佐案，此不言再拜者，如《燕禮》可知也。

大夫皆辟，升，反位。士終旅于上，如初。無算樂。宵則庶子執燭于阼階上，司宫執燭于西階上，甸人執大燭于庭，閽人爲燭于門外。

右無算爵。

賓醉，北面坐取其薦脯以降。奏《陔》。賓所執脯，以賜鐘人于門内霤，遂出，卿、大夫皆出，公不送。公入，《驁》。

註曰："《驁夏》，亦樂章也。以鐘鼓奏之，其詩今亡。此公出而言入者，射宫在郊，以將還爲入。燕不《驁》者，於路寢，無出入也。"

疏曰："《鄉射記》'於郊則閭中'，鄭云諸侯大學在郊，是諸侯大射所。"

敖氏曰："入，謂降而入于内也。'驁'上似脱'奏'字，《燕禮》不言公入，此言公入，爲奏《驁》而見之也。公入而奏《驁夏》，亦盛射禮也。出時不奏，遠辟天子之禮也。《大司樂職》曰：'大射，王出入令奏《王夏》。'"

世佐案，"公入"，當依鄭解，後儒據此而謂大射亦在公宫，非也。然此言于"卿、大夫皆出"之後，則公之自大學而歸也，蓋獨後于羣臣矣，亦可見公之勤禮而不倦也。《周禮·鐘師》掌"以鐘鼓奏九《夏》"，其卒曰"驁夏"，未詳何用，杜子春以爲公出入奏之，蓋據此言也。然此惟見公入，而出則無文，又言"驁"而不言夏，則杜説亦未可盡信，大抵公入奏《驁》，猶賓出之奏《陔》，其所歌之詩與奏之之節必與天子之樂有别，而今皆不可考矣，惜哉！

右賓出公入。

郝氏曰："古天子至庶人皆從事于射，士童學舞羽旄、干戚、弓矢、金革之事。《詩》、《書》弦誦之業，道器一貫，純成而無間也。後世文武分途，習《詩》、《書》者爲文，閑射藝者爲武。周之興也，武王臯弓矢以求文德[①]，聖如孔子，自謂俎豆嘗聞，軍旅未學，古今升降，聖人莫之能違矣，故古有射之害，則不可無射之禮，後世射廢禮，遂不講，天下可以無射，不可以無禮。士雖不學射，可以不達射禮之義乎？"

世佐案，此篇無記者，以其與《鄉射》、《燕禮》相出入，可參考而知也。

儀禮集編卷七　男盛溶澄校字

① "臯"原作"櫜"，校本作"臯"，《節解》同，據改。

儀禮集編卷八

秀水盛世佐學　後學歙鮑漱芳、石門顧修參校

聘禮第八

鄭《目録》云："大問曰聘，諸侯相於久無事，使卿相問之禮。小聘使大夫。《周禮》曰：'凡諸侯之邦交，歲相問也，殷相聘也，世相朝也。'於五禮屬賓禮。"

疏曰："下記云'久無事則聘焉'，註云'事，謂盟會之屬'，若有事，事上相見，故鄭據'久無事'而言。'小聘使大夫'者，下經云'小聘曰問，其禮如爲介三介'是也。《周禮·大行人》云歲問殷聘，《聘義》所云'比年小聘，三年大聘'是也。《大行人》又云'上公九介，侯伯七介，子男五介'，又云'凡諸侯之卿，其禮各下其君二等'，《聘義》'上公七介，侯伯五介，子男三介'，是諸侯之卿，介各下其君二等者也。若'小聘曰問'使大夫，又下其卿二等。此《聘禮》是侯伯之卿大聘，以其經云五介，'上介奉束錦，士介四人皆奉玉錦'，又云'及竟，張旜'[①]，孤卿建旜也。"

郝氏曰："古帝王盛時，貢球歸一，諸侯比肩，事天子如《詩》、《書》所稱，巡守述職，共惟帝臣。未聞列國無故歲相問、殷相聘、世相朝也。周衰，五霸强僭，要脅同盟，責以朝貢，於是有小國事大國之禮。君朝卿聘，卑辭重幣，名雖修好，其實臣之。仲尼所以慨然而作《春秋》也。去聖既遠，後人捃拾遺事，爲《聘禮》，其文彌盛，其道彌衰。據《記》，久無事則相聘。夫無事而聘若此其盛也，有事而聘又何加焉？諸侯相聘若此其侈

① "及"原作"入"，校本作"及"。阮《校》曰："陳本、《通解》、《要義》同，毛本'入'作'及'。"作"及"與《聘禮》經文合，據改。

也，聘于天子又何加焉？儒者謂周初千八百國也，而皆如斯禮，晏嬰所謂師行糧食，飢弗食，勞弗息，方命虐民，爲諸侯憂，焉得有無事之日。昔齊宣王問交隣，孟子規以仁義。滕文公問事齊、楚，孟子諷以爲善，豈古有聘禮若斯者，而不少稱述乎？是書所言諸侯禮，多衰世意，非盡先王舊典禮也。"

姜氏曰："聘有三類：比年小聘，三年大聘，此正聘也，雖無故亦行之，此一類也。其有故，則特命使行之，亦如聘然，此又一類也。或有故，不特使，因其時正聘而及之，此又一類也。"

世佐案，此篇所陳，主次國大聘之禮。然以是而差次之，則大國、小國之大聘，及凡諸侯之小聘，皆可得而覩其略矣。大國聘禮，見于《周禮・司儀職》文，所謂"諸公之臣相爲國客"是也。《周禮》舉大國，此經舉次國，蓋互相備也。凡言諸侯之邦交，亦唯同方嶽者耳，非盡千八百國而相爲朝聘也。夫同在方嶽之内，而一往一來以親仁善隣，恤小事大，此情之所不能已，而禮之最鉅者也。其見於《周禮》、《戴記》及《春秋傳》者詳矣。特其年之疏數，經傳不同，要各有所指，或以事天子，或以交鄰國，或陳前代之典，或舉霸國之制，説之所以紛然而莫紀也。今具列于左方，讀者幸分别觀之。

《周禮・大行人職》云："凡諸侯之邦交，歲相問也，殷相聘也，世相朝也。"

註曰："小聘曰問。殷，中也。久無事，又於殷朝者及而相聘也。父死子立曰世，凡君即位，大國朝焉，小國聘焉，此皆所以習禮考義，正刑一德，以尊天子也。必擇有道之國而就修之，鄭司農説殷聘，以《春秋傳》曰'孟僖子如齊殷聘'是也。"

疏曰："言諸侯邦交，謂同方嶽者，一往一來爲交，春秋之世，始有越方岳相聘者，如秦術、吴札之類，時國數少故然，非正法也。《聘義》《王制》皆云'三年一大聘'，此不言'三年'，而云'殷'者，欲見中間久無事，及殷朝者來及，亦相聘，故云'殷'，不云'三年'也。先鄭説殷聘以《春秋傳》者，按左氏昭公九年《傳》曰：'孟僖子如齊殷聘，禮也。'服註云：'殷，中也。自襄二十年，叔老聘於齊至今，積二十一年聘齊，故中復盛聘，與此中年數不相當。'引之者，年雖差遠，用禮則同也。"

胡氏安國曰："謂之殷，則得中而不過，謂之世，則終諸侯之世而一相朝,其爲禮亦節矣。周衰,典制大壞。或來朝而不報其禮,或屢征而不納以歸,無合於殷聘世朝之制矣。"

程子曰:"先儒有王臣無外交之説,非也。若天下有道,諸侯順軌,豈有内外之限,其相交好,乃常理也。然不安官守而遠相朝,無是道也。《周禮》所謂'世相朝',謂隣國耳。"

朱子曰:"《春官》:'殷見曰同。'鄭註云:'殷,猶衆也。十二歲,王如不巡守[①],則六服盡朝。'《大行人》所謂'殷同','殷國'是也。此亦鄭註,乃訓殷爲中,與衆義異,其云'於殷朝者及而相聘',則又與衆義同,蓋以爲十二年而一大聘也。疏既以爲中,又云'盛聘',則與衆義略同,蓋如《喪禮》'殷奠'之類,今未詳其孰是也。"

王氏《詳説》曰:"春秋之時,晉叔向以爲明王之制,間朝以講禮,是三歲一朝也。鄭子太叔又以爲五歲一朝,然比之世相朝,則與子太叔之言異,與叔向之言大異。叔向爲晉地,則欲諸侯朝數之數,故以三歲爲言。子太叔爲鄭地,則欲諸侯朝數之疎,故以五歲爲言,其去《周禮》遠矣。若夫《禮記·王制》與《聘義》,《戴記》一家,又自爲異同之説。《聘義》曰'天子制諸侯,比年一小聘,三年一大聘',是以諸侯之自爲聘爲文也。《王制》曰'諸侯之於天子,比年小聘,三年大聘,五年一朝',是以諸侯之朝聘天子爲文也。《聘義》言'比年小聘',合於《周禮》之'歲相問',言'三年大聘',異於《周禮》之'殷相聘'。蓋殷聘者,謂久無事,則行盛禮。初無年歲之限,如'孟僖子如齊殷聘',服氏以爲殷,中也。自襄之二十年叔老聘於齊,至今二十一年,故中行盛禮,是知殷聘雖爲大聘,然即非所謂三年也,此《聘義》之所以與《周禮》異。《王制》言小聘、大聘,其年數雖與《聘義》同,然其意則與《聘義》異。抑以《聘義》謂諸侯之相聘,而《王制》謂諸侯之聘天子耳?聘天子猶可也,以五年而後一朝天子可乎?使居衛服而五年一朝爲得禮矣,若侯、甸、男、采謂之得禮乎?知此,則知《王制》之言雖紀夫四代,亦雜於春秋之制。鄭氏以《王制》所言五年一朝爲晉文公霸時制,雖未必然,亦有所近似。"

家氏鉉翁曰:"周家盛時,諸侯有歲相問、殷相聘、世相朝之禮。曰'相'云者,亦往復之義,非若諸侯之朝天子也。至於衰世,大國未嘗朝

① "守",《通解》及鄭注同,校本作"狩"。

王，小國乃相率而朝大國，大國倨受其朝而不以爲僭。”

世佐案，此邦交之正法也。殷，即殷見之歲，謂大聘十二年一行也。

《禮記・王制》云：“諸侯之於天子也，比年一小聘，三年一大聘，五年一朝。”

註曰：“比年，每歲也。小聘使大夫，大聘使卿，朝則君自行。然此大聘與朝，晉文霸時所制也。虞夏之制，諸侯歲朝。周之制，侯、甸、男、采、衛、要服，六者各以其服數來朝。

疏曰：昭三年《左傳》曰“文襄之霸也，其務不煩諸侯，令諸侯三歲而聘，五歲而朝”，故云“晉文霸時所制”。云“虞夏之制，諸侯歲朝”者，案《尚書・堯典》云：“五載一巡守，羣后四朝。”鄭註云：“巡守之年，諸侯朝於方嶽之下。”其間四年，四方諸侯分來，朝於京師，歲徧是也。案春秋文十五年《左傳》云：“諸侯五年再相朝，以修王命，古之制也。”案《鄭志》：“孫皓問云：‘諸侯五年再相朝，不知所合典禮。’鄭答云：‘古者，據時而道前代之言。唐虞之禮，五載一巡守。夏殷之時，天子蓋六年一巡守。諸侯間而朝天子，其不朝者朝罷朝，五年再朝，似如此制，禮典不可得而詳。’”如《鄭志》之言，此爲夏殷之禮，而鄭又云“虞夏之制，諸侯歲朝”，以夏與虞同，與《鄭志》乖者，以“羣后四朝”文在《堯典》，《堯典》是虞夏之書，故連言夏，其實虞也。云“周之制”以下，《周禮・大行人》文，故《大行人》云“侯服歲壹見，甸服二歲壹見，男服三歲壹見，采服四歲壹見，衛服五歲壹見，要服六歲壹見”，是六者，各以其服數來朝，皆當方分爲四部分，隨四時而來也。案《大宗伯》云“春見曰朝”，註云“朝，猶朝也，欲其來之早”，“夏見曰宗”，註云“宗，尊也，欲其尊王”，“秋見曰覲”，註云“覲之言勤也，欲其勤王之事”，“冬見曰遇”，註云“遇，偶也，欲其若不期而俱至”，“時見曰會”，註云“時見者，言無常期。諸侯有不順服者，王將有征討之事，即《春秋左傳》云‘有事而會’也”，“殷見曰同”，註云“殷，衆也。十二歲王如不巡守，則六服盡朝。四方四時分來，歲終則徧”，每當一時，一方總來，不四分也。此六者，諸侯朝王之禮。又諸侯有聘問王之禮，故《宗伯》云“時聘曰問”，註云“時聘者，亦無常期，天子有事乃聘之焉”，“殷覜曰視”，註云“殷覜，謂一服朝之歲，以朝者少，諸侯乃使卿以大禮衆聘焉。一服朝在元年、七年、十一年”。其諸侯自相朝，則《大行人》云“凡諸侯之邦交歲，相問也，殷相聘也，世相朝也”。其天子亦有使大夫聘諸侯之禮，故《大行人》云"間問以諭諸侯之志"，"歲徧存，三歲徧覜，五歲徧省"，間年一聘，以至十一歲。案昭十三年《左傳》云："歲聘以志業，間朝以講禮，再朝而會以示威，再會而盟以顯昭明。"賈逵、服虔皆以爲朝天子之法，崔氏以爲朝霸主之法，鄭康成以爲不知何代之禮，故《異義》云："公羊説諸侯比年一小聘，三年一大聘，五年一朝天子。左氏説十二年之間，八聘、四朝、再會、一盟。許慎謹案，公羊説虞、夏制，左氏説周禮。《傳》曰：'三代不同物，明古今異説。'鄭駁之云：'三年聘，五年朝，文襄之霸制。《周禮·大行人》諸侯各以服數來朝，其諸侯歲聘、間朝之屬，説無所出。晉文公，强盛諸侯耳，非所謂三代異物也。'"是鄭以歲聘、間朝文無所出，不用其義也。《異義》："天子聘諸侯，《公羊》説天子無下聘義，《周禮》説'間問以諭諸侯之志'。許慎謹案，禮，臣疾，君親問之，天子有下聘之義，從《周禮》説。"鄭無駁，與許慎同也。

世佐案，此言虞夏之時，諸侯事天子之法也。虞夏《書》曰："五載一巡守，羣后四朝。"謂諸侯分四部來朝，四年而徧。其明年，天子巡守，是即所謂五年一朝也。朱子解《書》，亦主是説。鄭云虞夏之制，諸侯歲朝，是率天下而路矣，不可承用。

《聘義》云："天子制諸侯，比年小聘，三年大聘。"

註曰："比年小聘，所謂歲相問也。三年大聘，所謂殷相聘也。"

疏曰："此經所云，謂諸侯自相聘也。而《王制》云'諸侯之於天子，比年一小聘，三年一大聘，五年一朝'，與此不同者，此經諸侯相聘是周公制禮之正法，《王制》所云謂文、襄之法，故不同也。"

世佐案，此言大聘之期與《周禮》異者，蓋同方嶽之諸侯，又有遠近親疎之不同，則其期之疏數亦因之也。數不過三年，疏不過十二年，合二經觀之，可以見其節矣。

春秋文公十五年《左傳》云："諸侯五年再相朝，以修王命，古之制也。"

疏曰："《周禮》諸侯邦交，唯有世相朝法，無五年再朝之制，此云'古之制也'，必是古有此法，但禮文殘缺，未知古是何時，鄭康成云：'古者，據今而述前代之言。夏殷之時，天子蓋六年一巡守，諸侯間而朝天子，其不朝者朝罷朝，五年再相朝者，似如此。'然此云'古'者，據今時而道前世，非必夏殷，鄭言夏殷禮，非也。僖十五年'公如齊'，杜云：'諸侯五年再相朝，禮也。'引此證彼，則是當時正法，非謂前代禮也。或人見僖公朝齊，杜引此爲證，遂言五年再相朝是(時)〔事〕霸主之法[①]。然則魯非霸主，曹伯何以朝之，曹豈推魯爲霸主，而屈已以朝之也？且云'古之制也'，即是古之聖王制爲此法，天子不衰，諸侯無霸，明德天子豈慮世衰，霸主威權不行，而爲之制此法，敺諸侯以朝之，此不達理之言耳。然則諸侯之邦交者，將以協近鄰，結恩好，安社稷，息民人，土宇相望，竟界連接。一世一朝，踈闊太甚，其於閒天之年[②]，此句疑有脱誤。必有相朝之法。《周禮》言'世相朝'者，以其一舊一新，彼此未狎[③]，疑誤。於此之際，必須往朝，舉其禮之大者，不言唯有此事，五年再相朝，正是周禮之制，《周禮》文不具耳。文襄之霸，其務不煩諸侯，以五年再朝往來大數，更制三年一聘，五年一朝，所以説諸侯也。霸主遭時制宜，非能創制改物，諸侯或從時令，或率舊章，此在文襄之後，仍守舊制，故五年再相朝也。《傳》言'古之制'，以文襄已改故也。"

世佐案，此言古制，未知其爲何代之制也。鄭云夏殷法，固屬臆説，而孔疏於《禮記》則申鄭義，于此又申杜而難鄭，何其依違無定見耶。竊謂世相朝者，同方嶽之國而五年再相朝者，則同屬長連帥之國與。

昭公三年《左傳》云："昔文襄之霸也，其務不煩諸侯，令諸侯三歲而聘，五歲而朝。"

註曰："明王之制，歲聘間朝，在十三年，今簡之。"

疏曰："十三年《傳》云：'明王之制，使諸侯歲聘以志業，間朝以講禮，再朝而會以示威，再會而盟以顯昭明。'彼謂諸侯於天子朝聘會盟之數，計十二年而有八聘、四朝、再會、一盟。此説文、襄之霸，令諸侯朝聘霸主大國之法也。周室既衰，政在霸主，霸主不可自同天子，以明王舊制太煩諸侯，不敢依用，故設此制以簡之。"

世佐案，此晉文之霸制也。蓋陰用虞夏禮，使其所屬之國以此事己，其實較之周禮朝聘之期爲已數，而子大叔猶以爲不煩諸侯者，蓋對當時征求無藝言之耳。

昭公十三年《左傳》云："明王之制，使諸侯歲聘以志業。

---

① "時"，校本同，《春秋左傳正義》作"事"，疑涉音近而誤，應據改。

② "閒天"，校本同，不辭，《春秋左傳正義》作"閒暇"。

③ "狎"，《春秋左傳正義》同，校本作"洽"。

註曰:“志,識也。歲聘以修其職業。”

間朝以講禮。

註曰:“三年而一朝,正班爵之義,率長幼之序。”

再朝而會以示威。

註曰:“六年而一會,以訓上下之則,制財用之節。”

再會而盟以顯昭明。”

註曰:“十二年而一盟,所以昭信義也。凡八聘、四朝、再會。王一巡守,盟于方嶽之下。”

疏曰:“計此十二年間,凡八聘、四朝、再會、一盟方嶽之下也。《尚書·周官》曰:‘六年五服一朝,又六年,王乃時巡,考制度于四岳,諸侯各朝于方岳,大明黜陟。’如彼文,六年五服諸侯一時朝王,即此‘再朝而會’是也。此《傳》之文與《尚書》正合,杜言巡守,盟于方嶽,闇與彼義符,同明此是周典之舊法也。而《周禮》之文不載此法,《大行人》云:‘侯服歲壹見,其貢祀物。甸服二歲壹見,其貢嬪物。男服三歲壹見,其貢器物。采服四歲壹見,其貢服物。衛服五歲壹見,其貢材物。要服六歲壹見,其貢貨物。’先儒説《周禮》者,皆以彼爲六服諸侯各以服數來朝,與此《傳》文無由得合,先達通儒未有解者。古書亡滅,不可備知,然則《尚書·周官》是成王號令之辭,《尚書》之言,定是正法,《左傳》復與彼合,言必不虚,《周禮》又是明文,不得不信。蓋周公成王之時,即自有此二法也。又《周禮》每歲一見,唯言‘貢物’,何必見者即是親朝,各計道路長短,或當遣使貢耳。先儒謂彼爲朝,未有明據。《大行人》又云:‘十有二歲,王巡守殷國。’巡守之歲,《周禮》同於《尚書》六年一朝,《尚書》何必違禮。又《大宗伯》云:‘時見曰會,殷見曰同。’鄭康成以爲‘時見,無常期也,諸侯有不順服者,王將有征討之事,合諸侯而命事焉。十二歲,王如不巡守,則六服盡朝,謂之殷見’。鄭以時見無常期者,出自鄭之意耳,非有明文可據也。殷見是此‘再會而盟’,時見當此‘再朝而會’,未必即如鄭説[1],時見爲無常期也。蓋此《傳》及《尚書》是正禮也,《大行人》歲一見者是遣使貢物,非親朝也。今此上聘朝會雖以爲諸侯於天子之禮,然諸侯相朝,亦當然也。”

---

① “即”原作“既”,校本作“即”,《春秋左傳正義》同,據改。

世佐案，此亦謂諸侯之邦交也，故晉爲盟主，而叔向舉以告齊歲聘，即比年小聘也。間朝，謂朝無定期，惟以王事間暇之時行之。成十二年《傳》云[①]："世之治也，諸侯閒於天子之事則相朝。"亦此意也。朝既無定期，則會盟之取節於朝者，皆無定期矣。朝會之屬，皆不爲立期限者，所以寬諸侯，使得視其遠近親疎以爲之節也。所謂明王之制，蓋如此。如註所言，則十二年之間，政繁期促乃爾，豈得爲周典之舊法哉，且與《尚書》、《周禮》皆不合，而疏家猶曲爲附會，過矣。《書》云"六年五服一朝"，謂六年之間，而諸侯來朝者徧也，其義正與《大行人》所言六服諸侯各以服數來朝者合。《書》止言五服，要服不在其列也。汪氏克寬曰："衛服之外，聖人雖制之服，令蕃國世一見，而不必其來。非若五服一歲至五歲，各以所貢來見也。考之《武成》，止曰邦、甸、侯、衛，《酒誥》、《康王之誥》止曰侯、甸、男、衛，《康誥》亦止曰侯、甸、男、采、衛，而蠻夷、鎮蕃不與焉。於此不必辨其服之異，而自得其説之同矣。"

聘禮。君與卿圖事。

註曰："圖，謀也，謀聘、故及可使者。謀事者必因朝，其位，君南面，卿西面，大夫北面，士東面。"

疏曰：《儀禮》之内，見諸侯三朝。燕朝，《燕禮》是也。又射朝，《大射》是也。路門外正朝，不見疑，當與二朝面位同，故此與《燕禮》、《大射儀》約之，知正朝面位然也。若天子三朝，《射人》見射朝，《司士》見正朝，不見燕朝，以諸侯正朝與燕朝同，明天子燕朝亦與正朝同也。

郝氏曰："大國三卿，五大夫。聘以卿，而大夫爲上介，士爲衆介。卿執政，國有大事，講于諸侯，君與執政大臣圖之。"

姜氏曰："此圖事兼三類。所謂圖者，蓋詞命及使介之屬。其有故，則兼圖，處其事于使命中耳。註疏謂謀聘故，'或因聘，或特行'也，則正聘反略而不言矣，故附論之。"

遂命使者

註曰："聘使卿。"

使者再拜稽首，辭。

註曰："辭以不敏。"

---

① "十二"原作"十三"，校本作"十二"，此本所引乃成公十二年《傳》文，據改。

敖氏曰:“使者少進而北面乃拜,君親命之,故拜而後辭,變於傳命之儀也。”

君不許,乃退。

註曰:“退,反位也。受命者必進。”

敖氏曰:“君不許其辭,故不答拜。使者亦當許而後退。”

既圖事,戒上介,亦如之。

註曰:“戒,猶命也。”

敖氏曰:“既圖事,乃戒之者,以其不在圖事之數也。又使者言命上介言‘戒’,亦異尊卑也。如,如其禮辭也。使者與上介必辭者,不敢以專對之才自許,謙敬也。凡聘使有故,則上介攝其事。”

宰命司馬戒衆介,衆介皆逆命,不辭。

註曰:“宰,上卿,貳君事者也,諸侯謂司徒爲宰。衆介者,士也,士屬司馬。《周禮》司馬之屬司士,掌‘作士適四方,使爲介’。逆,猶受也。”

疏曰:不辭者,賤不敢辭。

宰書幣。

註曰:“書聘所用幣多少也。宰又掌制國之用。”

敖氏曰:“《周官·冢宰》‘以九式均節財用’,‘六曰幣帛之式’,故此主書幣也。”

郝氏曰:“幣,所齎玉帛皮馬之類。書,記數也。”

命宰夫官具。

註曰:“宰夫,宰之屬也。命之使衆官具幣及所宜齎。”

張氏曰:“命之者,宰也。宰既書用幣之數,遂命宰夫使官具之。《周禮·宰夫》:‘掌百官府之徵令。’”

右命使介、具聘物。

及期,夕幣。

註曰:“先行之日夕,陳幣而視之,重聘也。”

敖氏曰:“此云‘及期’,則上亦當有請期、告期之禮,文略耳。夕,如夕月之夕,以夕時陳幣而展之,故曰‘夕幣’。云此,題下事也。”

使者朝服，帥衆介夕。

註曰："視其事也。"

敖氏曰："於此云'朝服'者，嫌朝夕之服異也。下言'君朝服'，放此。"

世佐案，此暮夕于君，而君臣皆朝服，重其事也。常時夕玄端。

管人布幕于寢門外。

註曰："管，猶館也，館人謂掌次舍帷幕者也。布幕以承幣。寢門外，朝也。"

疏曰："《天官》有掌舍、掌次、幕人等。《掌次》云：'有邦事，則張幕設案。'《掌舍職》云：'爲帷宫，設旌門。'又《幕人》云：'掌帷幕幄帟綬之事。'云'寢門外，朝也'者，謂路門外即正朝之處也。"

敖氏曰："管人，其有司之掌勞辱之事者與？"

郝氏曰："管人，司門館之人。"

張氏曰："鄭註：'布幕以承幣。'此幕非在上之幕，乃布之地以爲藉者。"

世佐案，"管人定之"，《方中》詩作"倌人"，蓋一也。説《詩》者以爲主駕，説《禮》者以爲掌次舍之屬，隨文生義。諸侯之禮既亡，無以知其的爲何官也。敖説殆近之。

官陳幣，皮北首西上，加其奉於左皮上，馬則北面，奠幣于其前。

註曰："奉，所奉以致命，謂束帛及玄纁也。馬言則者，此享主用皮，或時用馬。馬入則在幕南，皮馬皆乘。"

疏曰："'官'，即上文'官具者'也。'陳'者，陳于幕上。'所奉以致命'者，下文享時致束帛加璧以享君，玄纁加琮以享夫人者是也。鄭不言璧琮者，璧琮不陳，厥明乃授之也。國無皮者乃用馬，'皆乘'者，下賓覿時'總乘馬'，又云'乘皮'也。從《通解》節本。

敖氏曰："北首，變於執也。西上，放設時之位也。左皮尊，故加幣於其上。馬入，則亦右牽之。前，謂左馬之前，幕之上也。此皮若馬之位，其享主君者在西，享夫人者在東。"

郝氏曰："幣，如《周禮・小行人》所合六幣，玉、帛、皮、馬皆幣也。

皮,虎、豹、熊、麋等皮。凡享禮,皮馬陳庭下,使者親捧玉帛升堂將命,故玉帛曰奉。時圭玉未授,束帛玄纁與皮馬先夕陳設。”

使者北面,衆介立于其左,東上。

註曰:“既受行,同位也,位在幕南。”

疏曰:未受命已前,卿、大夫、士面位各異,是以記云“使者既受行日,朝同位”也。知在幕南者,幣在幕上,使者須親視之故也[1]。

卿、大夫在幕東,西面北上。

註曰:“大夫西面,辟使者。”

疏曰:“此謂處者,大夫常北面,今與卿同西面,故云‘辟使者’。”

宰入告具于君。

註曰:“入告,入路門而告。”

敖氏曰:“是時,君亦立於阼階東南,南鄉,宰北面告之。具,謂所陳者已具。”

君朝服出門左,南鄉。

敖氏曰:“‘出門左’,出路門而少東,辟天子之朝位也。天子日視朝,當宁而立。”

史讀書展幣。

註曰:“展,猶校録也。史幕東西面讀書,賈人坐撫其幣,每者曰‘在’。必西面者,欲君與使者俱見之也。”

疏曰:“賈人當在幕西,東面撫之。”

敖氏曰:“書,謂書享幣之數於方者也。”

宰執書,告備具于君,授使者。使者受書,授上介。

註曰:“史展幣畢,以書還授宰。宰既告備,以授使者。其受授皆北面。”

敖氏曰:“案註云‘宰既告備’,則經文似本無‘具’,字蓋傳寫者誤衍之也。”

---

① “使者須親視之故也”句乃節略賈疏之文。監本、毛本作:“使者須親幣,故在幕南也。”《通解》引疏作“須視幣”,阮《校》云:“按‘視’是也。”疑“親”字爲衍字。

世佐案,"告備具"者,言其幣一一與書符,無闕少也。敖以"具"字爲衍,非。

公揖入。

註曰:"揖,禮羣臣。"

官載其幣,舍于朝。

註曰:"待旦行也。"

疏曰:官,謂從賓行者。

敖氏曰:"載,謂載之于車。古者載幣之車,以人推之。《春秋傳》曰:'用幣必百兩,百兩必千人。'"

張氏曰:"舍于朝[①],須守幣也。"

上介視載者。

註曰:"監其安處之畢,乃出。"

所受書以行。

敖氏曰:"所受書,謂上介所受於使者也。"

張氏曰:"上介所受之書,則將之以行,爲至彼國竟上,當復展也。"

右夕幣。

厥明,賓朝服,釋幣于禰。

註曰:"告爲君使也。賓,使者。謂之賓,尊之也。天子、諸侯將出告羣廟,大夫告禰而已。凡釋幣,設洗、盥如祭。"

疏曰:《曾子問》云"凡告,用牲幣",註云"牲,當爲制",則告無牲,直用幣而已。但奉幣須潔,當有洗以盥手[②],其設洗法,見《士冠禮》。

敖氏曰:"或言賓,或言使者,互見也。釋,舍置也。將出而釋幣于禰,象生時出必告也。大夫三廟,惟告禰者,遠辟天子諸侯也。"

郝氏曰:"天子諸侯將出,告羣廟,載其遷主行。大夫告禰,亦奉其主行。"

① "舍于朝",校本同,《句讀》"舍"下有"止"字。

② "有"字下原無"洗以"二字,"盥"字下原無"手"字,校本皆有,《通解》同,據補。

有司筵几于室中，祝先入，主人從入。主人在右，再拜，祝告，又再拜。

註曰："更云主人者，廟中之稱也。祝告，告以主人將行也。"

敖氏曰："筵几，蓋亦蒲筵漆几也。室中，室中之奥也。筵，亦東面而右几。祝升自右階，先入。主人升自阼階，從之。在右，在祝右也。祝在左者，以親釋辭於鬼神，宜變於他時詔辭之位也。《少儀》曰：'詔辭自右。'主人拜，不稽首，變於祭。祝不拜，辟君禮。"

釋幣，制玄纁束，奠于几下，出。

註曰："祝釋之也。凡物，十曰束。玄纁之率，玄居三，纁居二。《朝貢禮》云：'純，四只。制，丈八尺。'"

疏曰："純，謂幅之廣狹。制，謂舒之長短。《周禮》趙商問：'只長八寸，四八三十二，幅廣三尺二寸，大廣非其度。'鄭康成答云：'古積畫誤爲四，當爲三。三咫則二尺四寸矣。'"

張氏曰："'制玄纁束'，丈八尺之玄纁，其數十卷也。"

主人立于户東，祝立于牖西。

註曰："少頃之間，示有俟於神。"

敖氏曰："其立，東西相鄉。"

世佐案，古人之室，東户西牖。鄭説大夫、士廟無西房，則祝所立處，蓋近西序也。

又入，取幣降，卷幣實于筓，埋于西階東。

註曰："埋幣必盛以器，若藏之然。"

敖氏曰："又入者，祝及主人也。祝既取幣，乃與主人俱出。幣必埋之者，神物，不欲令人褻之。筓，説見《昏禮》。"

世佐案，又入之説，當從敖氏。郝從註云"祝又入"，非。

又釋幣于行。

註曰："告將行也。行者之先，其古人之名未聞。天子、諸侯有常祀在冬。大夫三祀，曰門、曰行、曰厲。喪禮有'毁宗躐行，出于大門'，則行神之位在廟門外西方，不言埋幣，可知也。今時民春秋祭祀有行神[①]，古之遺禮乎？"

疏曰：此謂平地道路之神。至於出城，又有軷祭，祭山川之神，喻無險難也[②]。祭山川之神有軷壇，此祭行神，亦當有軷壤。《月令》註云"行在廟門外之西，爲軷壇，厚二寸[③]，廣五尺，輪四尺"是也。從《通解》節本。

敖氏曰："此釋幣之儀，與室中者異，故不蒙'如之'也。"

遂受命。

註曰："賓須介來，乃受命也。言遂者，明自是出，不復入。"

敖氏曰："受命，謂帥介以受命於朝也。言於此者，明與釋幣之事相接也。"

上介釋幣亦如之。

註曰："如其於禰與行。"

世佐案，衆介亦當有告禰之事，但與大夫禮異耳，經不言者，略也。

右告禰與行。

上介及衆介俟于使者之門外。

註曰："待於門外，東面北上。"

使者載旜。

註曰："旜，旌旗屬也。載之者，所以表識其事也。《周禮》曰：'通帛爲旜。'又曰：'孤卿建旜。'"

敖氏曰："此載旜，爲將受君命以行也。使事於是乎始，故以其旗表之。"

帥以受命于朝。

註曰："至于朝門，使者北面東上。"

疏曰：諸侯三門，皐、應、路，路門外有常朝位，下文"君使卿進使者"，

---

① "祀"原作"祝"，校本作"祀"，各本鄭注同，據改。

② "喻"原作"論"，校本作"喻"，與《通解》同，據改。

③ "二"原作"三"，校本作"二"，與《通解》同，據改。

乃入至朝[1],即此朝門者,臯門外矣。

敖氏曰:"受命于朝,亦目下事之言也。朝,蓋指受命之處而言,謂路門外也。"

世佐案,諸侯三門,庫、雉、路也。《明堂位》云:"庫門,天子臯門。雉門,天子應門。"《春秋》亦書"魯有雉門",《家語》云"衛有庫門",然則諸侯不得有臯、應明矣,此疏誤。使者所俟,蓋在庫門外也。敖云"俟于雉門外",亦非。

君朝服南鄉,卿、大夫西面北上,君使卿進使者。

敖氏曰:"此在朝,固朝服矣。必著之者,嫌命聘使或當皮弁服也。'南鄉',亦在路門外之左也。'使卿進使者',重其事也。使者此時蓋俟命於雉門外。凡人臣,非朝夕之時而欲至公所者,必俟命而後入。"

使者入,及衆介隨入,北面東上。君揖使者,進之。上介立于其左,接聞命。

註曰:"進之者,有命宜相近也。接,猶續也。"

敖氏曰:"入,入雉門而右也。接聞命,釋所以立于其左之意,其實此時君未發命也。上介必接聞命者,爲使者或有故,則上介攝使事,宜與聞之。"

張氏曰:"接聞命者上介,所立之位近於使者,使者述命,可接續而聞也。"

世佐案,云"上介立于其左"[2],則與使者俱進矣。衆介猶在故位。

賈人西面坐啟櫝,取圭,垂繅,不起而授宰。

註曰:"賈人,在官知物賈者。繅,所以藉圭也。其或拜,則奠于其上。"朱子曰:"'在官'上疑有'庶人'二字。"

敖氏曰:"櫝,藏玉之器也。繅,以帛爲之,表玄裏纁,所以藉玉,而又揜其上者也。垂繅,謂開之也,開而不揜,則其繅垂。授玉不起,賤者宜自別也。宰於其右,亦坐受之。"

---

① "乃入至朝",《通解》、楊氏同。校本"乃"字上"使者"二字重出,陳本、閩本、監本、毛本同。

② "云"字校本無。

郝氏曰："圭，瑑圭也。玉比忠信，《聘義》云：'瑕瑜不掩忠也，孚尹旁達信也。'託玉傳信，必面命使者，然後授之。賈人西向跪取，敬也。繅、藻通，畫繪以藉玉也。繅有組垂，解組以呈圭也。不起，跪授也。"

張氏曰："疏謂繅有二種：一者以木爲中幹，以韋衣之，其或拜，則以藉圭；一者以絇組爲之，所以繫玉於韋版，此云'垂繅'、'屈繅'，則絇組之繅也。愚謂據疏所言，仍是一物，韋版、絇組相待爲用，何得言二也。"

宰執圭，屈繅，自公左授使者。

註曰："屈繅者，斂之，禮以相變爲敬也。自公左，贊幣之義。"

疏曰："《少儀》云：'詔辭自右，贊幣自左。'"

敖氏曰："屈繅，以繅拚玉之上也，拚之，則其繅屈。"

使者受圭，同面，垂繅以受命。

註曰："同面者，宰就使者北面並授之，既授之而君出命矣。凡授受者，授由其右，受由其左。"

敖氏曰："於使者受圭，公乃命之，明其執此以申信也。"

既述命，同面授上介。

註曰："述命者，循君之言，重失誤。"

敖氏曰："此授受皆同面，别於聘時賓主之儀也。"

張氏曰："使者受命，又重述之以告上介，故上文云'接聞命'也。"

世佐案，君出命之時，上介既接聞之矣，使者又重述之，以備遺忘，敬慎之至也。張云"述以告上介"，非。

上介受圭，屈繅，出授賈人，衆介不從。

註曰："賈人，將行者，在門外北面。"

疏曰：上介送圭出與賈人訖，當復入，故衆介不從以待之。

敖氏曰："自賈人取圭至此，凡三授受，或垂繅，或屈繅，蓋相變以爲儀，然亦莫不有義存焉也。上介出授賈人，賈人以他櫝藏之。"

受享束帛加璧，受夫人之聘璋、享玄纁束帛加琮，皆如初。

註曰："享，獻也。既聘又獻，所以厚恩惠也。帛，今之璧色繒也。夫人亦有聘享者，以其與己同體，爲國小君也，其聘用璋，取其半珪也。君享用璧，夫人用琮，天地配合之象也。圭璋特達，瑞也。璧琮有加，往德也。《周禮》曰:‘瑑圭璋璧琮,以頫聘。’”

敖氏曰:“凡以玉帛之屬爲禮,其於敵以上者皆曰‘享’。束帛加璧者,束帛之上加以璧也,加琮亦然。此二束帛,即纍之所展而官載之者,至是,復取而合諸璧琮,以見用之之法也。‘享束帛’,不言玄纁,文省耳。夫人之聘璋享琮,謂君復以二器聘享主國君之夫人也。聘享主君而并及其夫人,所以見敬愛主君之至也。記曰:‘君以社稷故,在寡小君。’足以明之矣。聘君用圭,聘夫人用璋,享君用璧,享夫人用琮,尊卑之差也。聘用圭璋以爲信也,享用璧琮以爲禮也。‘圭璋特達’,以其尊,而幣不足以稱之也。‘璧琮有加’,以其降於圭璋,可以用幣,又以將其厚意也。聘享夫人之禮,惟聘則有之,諸侯相朝無是禮也。”

張氏曰:“束帛玄纁,前授幣時已授矣,此復言者,以方授璧琮,取其相配之物兼言之,如云享時束帛上所加之璧,玄纁束帛上所加之琮耳。引《周禮》者,見此出聘之玉以瑑爲文,非君所執之圭與璧也。如初者,如受圭之儀也。”

世佐案,束帛,所以藉璧與琮者也。玄纁,其色也,亦玄三而纁二與?於享夫人之帛言其色,則享君者素也。禮有以素爲貴者,亦此之謂也。璧圓而琮方,天地之象也。圭璋無藉,以將信也。璧琮有加,以致厚也。既聘,則還圭璋而受璧琮也。二束帛,夕既展而載之矣,此時唯受玉,乃并束帛言之者,取其相配,且以别于圭璋之無加者也,張説得之。敖云“復取而合諸璧琮”,非。皆,皆上所受三玉也。初,謂其授受之儀及垂屈之法也。《周禮·典瑞》云:“瑑圭、璋、璧、琮,繅皆二采一就。”是璧也、璋也、琮也亦有繅,如圭矣。

遂行,舍於郊。

註曰:“於此脱舍衣服,乃即道也。《曲禮》曰:‘凡爲君使,已受命、君言,不宿於家。’”

疏曰:鄭註云:“吉時道路深衣。”則此脱朝服,服深衣以行。

敖氏曰:“爲將有事於此也。記曰:‘問大夫之幣,俟于郊。’”

世佐案,郊,近郊也。以下註推之,近郊上公二十五里,侯伯十五里,子男五里。受命之日,必至是而舍者,急公義也。古者吉行日五十里,是日有告禰、受命諸儀,及出國門,又有祖祭、飲餞之事,故不能如常也。

斂旜。

註曰："此行道耳，未有事也。斂，藏也。"

右受命遂行。

若過邦，至于竟，使次介假道，束帛將命于朝，曰："請帥。"奠幣。

註曰："至竟而假道，諸侯以國爲家，不敢直徑也。將，猶奉也。帥，猶道也，請道己道路所當由。"

敖氏曰："次介，士也。假道禮輕，故使次介。將命，猶致命也。此朝，謂大門外"，"奠幣者，賤不敢授也。"

郝氏曰："至竟，抵他國界上，借路以通也。將命，奉主君命以請也。朝，即所過國君之朝。"

下大夫取以入告，出許，遂受幣。

註曰："言遂者，明受其幣，非爲許故也。容其辭讓不得命也。"

疏曰：幣本爲行禮，非爲求許，若因許道受幣，當云"出許，受幣"，不須言"遂"，今云"遂"，是已許道，尚辭讓此幣，不得命，遂受之，故云"遂"也。

郝氏曰："下大夫，謂彼國下大夫。"

餼之以其禮，上賓大牢，積唯芻禾，介皆有餼。

註曰："凡賜人以牲，生曰餼，餼，猶稟也、給也。以其禮者，尊卑有常差也。常差者，上賓、上介牲用大牢，羣介用少牢。米皆百筥，牲陳於門内之西，北面，米設于中庭。上賓、上介致之以束帛，羣介則牽羊焉。上賓有禾十車，芻二十車，禾以秣馬。"

李氏微之曰："'賓大牢'，則介不得用大牢。'積唯芻禾'，則無米可見矣。"

敖氏曰："'其禮'者，賓則大牢，上介則少牢，羣介則特牲也。米、禾、薪、芻皆謂之積。'積唯芻禾'，是無薪與米也。上賓有積，上介以下未必有之。此餼積唯若是，所以降於主國之禮賓也。然以此而待過客，亦不爲不厚矣。餼與積皆陳於門外。其餼以大牢者，牽牛以致之，少牢者，牽羊以致之，特牲則束之也，亦執其紲以致之與？"

張氏曰："'積唯芻禾'，謂所致之積唯芻與，無米車也。介但有餼無積。”

世佐案，鄭謂上介亦飧以大牢，羣介少牢，積又有米，皆與經不合，當以後三説爲正。

士帥，没其竟。

註曰："没，盡。”

郝氏曰："遣士引導，盡彼國界也。”

誓于其竟，賓南面，上介西面，衆介北面，東上。史讀書，司馬執筴立于其後。

註曰："此使次介假道，止而誓也。賓南面，專威信也。史於衆介之前，北面讀書，以敕告士衆，爲其犯禮暴掠也。禮，‘君行師從，卿行旅從’。司馬，主軍法者，執策示罰。”

疏曰："此誓當在使次介假道之時。‘止而誓’，因上説彼國禮法訖[①]，乃更却本而言之，不謂此士帥没竟後。”

敖氏曰："《春秋傳・昭六年》楚公子棄疾聘晉，過鄭，‘禁芻牧採樵，不入田，不樵樹，不采蓺，不抽屋，不强匄，誓曰："有犯命者，君子廢，小人降。"’此所誓者，其類之乎？書，謂誓辭，史讀書，不言東面，亦可知也。此當在次介假道而復命之時，言於此者，終上事而後及之耳。”

右假道。

未入竟，壹肄。

註曰："肄，習也，習聘之威儀，重失誤。”

疏曰："竟，謂所聘之國境。”

世佐案，壹肄，謂一次習之而已，對下展幣凡三次而言也。郝云“壹，逐一也”，非。

爲壝壇，畫階，帷其北，無宫。

註曰："壝土象壇也。帷其北，宜有所鄉依也。無宫，不壝土畫外垣也。”

疏曰：案《覲禮》與《司儀》同爲壇三成，宫方三百步。此壇止壝土爲

---

① “上説彼國禮法訖”，《句讀》同，校本“説”作“設”，陳本、閩本、監本、毛本及汪氏翻刻單疏本同。

之,無成,又無尺數,是象之也。不壝土以畫外垣,是無宫也。從《通解》節本。

敖氏曰:"築壇而卑,曰壝壇,爲壝壇,象堂也。壇卑,故畫地爲階。必畫階者,習升降之儀也。帷其北,象房室,以爲堂深之節。無宫,謂不爲外垣,亦不以他物象之也。天子之禮,有車宫、壇壝宫、帷宫,諸侯未聞。"

郝氏曰:"累土爲圍曰壝。壇,壇埸,壝土以象壇埸,畫地以象東西階。"

張氏曰:"案《廣韻》:'壝,埒也,壇也。'蓋壇之形埒也,壇須築土高厚,有階級,壝則略除地聚土,令有形埒而已。此'壇壝'兼言'壝',亦有壇名也。"

朝服無主,無執也。

註曰:"不立主人,主人尊也。不執玉,不敢褻也。徒習其威儀而已。"

敖氏曰:"必言朝服者,嫌肄聘儀則當如聘服也。固無主矣,乃言之者,嫌習禮則或當以人象之也。無執,不執玉帛也。無主,則無授受之儀,故不必執之,且不敢褻也。凡道路常服,卿大夫則朝服,士以下則玄端與?"

世佐案,道路深衣,至是乃易朝服者,以習儀,重之也。不皮弁,下于聘也,敖説非。執兼玉帛而言,則得之。

介皆與,北面西上。

註曰:"入門左之位也。"

敖氏曰:"言'皆與'者,肄時介無事,嫌不必與也。"

習享,士執庭實。

註曰:"士,士介也。庭實必執之者,皮則有攝張之節。"

敖氏曰:"士,乃有司之主執庭實者也。實,如内實之實,此庭實謂皮若馬也,對堂上之幣而言,故謂之庭實。"

世佐案,玉帛不敢執,尊也。庭實賤,故執之。

習夫人之聘享,亦如之。習公事,不習私事。

註曰:"公事,致命者也。"

疏曰:公事,謂君聘享,夫人聘享,及問卿大夫,皆致君命也。私事,謂私覿于君,私面於卿大夫。

右習儀。

及竟,張旜,誓。

註曰:"張旜,明事在此國也。張旜,謂使人維之。"

敖氏曰:"或云'張',或云'載',互文耳。誓之儀亦如初。"

乃謁關人。

註曰:"謁,告也。古者竟上爲關,以譏異服、識異言。"

疏曰:"《周禮·司關職》云:'凡四方之賓客叩關,則爲之告。'"

世佐案,關人,蓋庶人在官者也。天子每關下士二人。

關人問:"從者幾人?"

註曰:"欲知聘問,且爲有司當共委積之具。"

疏曰:"不問使人,而問從者,關人卑,不敢輕問尊者,故問從者。問得從者,即知使者是大聘、是小聘。以卿行旅從,若大夫,當百人也。共具者,賓客入竟,當於廬宿市設,少曰委,多曰積。"

敖氏曰:"欲知其人數者,所以防奸人。"

以介對。

註曰:"以所與受命者對,謙也。聘禮,上公之使者七介,侯伯之使者五介,子男之使者三介。以其代君交於列國,是以貴之。《周禮》曰:'凡諸侯之卿,其禮各下其君二等。'"

敖氏曰:"以介數對,則人數亦在其中。《春秋傳》曰:'卿行旅從,若侯伯之國也。'介者五人,則知使者之爲卿,而從者五百人矣。"

張氏曰:"上公介九人,諸侯介七人,子男介五人。卿下其君二等,大夫又各下卿二等。不以從者對,而以介對,亦以知介數,即爲聘、爲問可知,其從者多少亦可知也。"

君使士請事,遂以入竟。

註曰:"請,猶問也,問所爲來之故也。遂以入,因道之。"

疏曰:"君得關人告,即知爲聘來,使士迎之。而云'使士請事'[①],君

① "使士"二字原無,校本及各本"請事"上皆有"使士"二字,據補。

子不必人，故知而猶問也。”

敖氏曰：“使者既謁關人，因止於竟，未敢輒入，關人以告于君，於是君使士請事，其辭蓋曰：‘寡君使某請事。’賓既對，遂帥之入竟也。”

右及竟。

入竟，斂旜，乃展。

註曰：“復校録幣，重其事。斂旜，變於始入。”

敖氏曰：“玉幣各有主之者，至是乃復展之，周慎之至也。斂旜乃展者，見非公事不張旜。”

郝氏曰：“斂旜，暫駐也。展，展視玉帛皮馬之類，恐遠道齎持疎虞也。”

布幕，賓朝服立于幕東，西面。介皆北面東上。賈人北面，坐拭圭。

註曰：“拭，清也。側幕而坐，乃開櫝。”

敖氏曰：“布幕亦管人也。介之位蓋在賓西南，賈人則少進，亦在賓之西南，而在幕之東南也。拭圭者就櫝拭之，故下乃云‘執’。”

世佐案，云“介皆北面，東上”，則上介與衆並立也。及視圭之時，上介少進。

遂執展之。

註曰：“持之而立，告在。”

上介北面視之，退復位。

註曰：“言退復位，則視圭進，違位。”

退圭。

註曰：“圭璋尊，不陳之。”

疏曰：“璋未拭而並言之者，欲見皆不陳故。”

敖氏曰：“退之者，其展視畢也，退則藏之於櫝與？”

陳皮，北首西上。又拭璧，展之，會諸其幣，加于左皮上。上介視之，退。

註曰：“會，合也。諸，於也。”

疏曰：“璧言合諸幣者，享時當合，故今亦合而陳之。”

敖氏曰:“璧會諸幣,上介乃視之,貶於圭,且欲並視幣也。退,退復位也。”

世佐案,幣,束帛也。至是言“會諸其幣”者,以其初授幣、授玉異日,未嘗會也。必會之者,見其用之之法也。上介既復位,賈人亦退璧而藏之,有司退皮幣。

馬則幕南北面,奠幣于其前。

註曰:“前,當前幕上。”

敖氏曰:“亦以璧會于幣,乃奠之。”

展夫人之聘享,亦如之。

敖氏曰:“展璋如圭,展琮如璧。”

賈人告于上介,上介告于賓。

註曰:“展夫人聘享,上介不視,貶於君也。賈人既拭璋琮,南面告於上介,上介於是乃東面以告賓,亦所謂放而文之類。”

敖氏曰:“告之以展聘享之玉幣已畢也。”

世佐案,告,告展畢也,註説非。

有司展羣幣以告。

註曰:“羣幣,私覿及大夫者。有司,載幣者,自展自告。”

敖氏曰:“有司自展既,則以告上介,上介亦告于賓。此皮幣蓋不陳於幕,辟君禮也。〇案註云‘及’者,即記所謂‘幣之所及者’也。”

世佐案,羣幣亦展于幕,備塵坋也,但上介不進視耳。

及郊,又展,如初。

註曰:“郊,遠郊也。周制,天子畿内千里,遠郊百里。以此差之,遠郊上公五十里,侯伯三十里,子男十里也,近郊各半之。”

及館,展幣於賈人之館,如初。

註曰:“館,舍也。遠郊之内有候館,可以小休止沐浴。展幣不于賓館者,爲主國之人有勞問己者就焉,便疾也。”

疏曰:"《周禮・遺人職》云:'十里有廬,(二)〔三〕十里有宿[①],五十里有市,市有候館。'畿内道路皆有候館,鄭據此候館在遠郊之内,不謂於此獨有也。"

敖氏曰:"幣,亦兼玉而言。展之於賈人之館者,展事將終,故禮殺而由便也。自入竟至此,凡三展者,以聘事將至而愈慎,且一與主國卿大夫爲禮,則不暇及之矣,此所以屢展而不厭其煩。"

世佐案,展幣皆於館舍,非如習儀之于壝壇也[②]。此云"及館"者,謂卿致館之館,前聘一日也。次于此者,因上事而終言之。註云遠郊之候館,誤。

右展幣。

賓至于近郊,張旜。

敖氏曰:"亦爲有下事也。此後不見斂旜之節,至館爲之可知。"

君使下大夫請行,反,君使卿朝服,用束帛勞。

註曰:"請行,問所之也。雖知之,謙不必也。士請事,大夫請行,卿勞,彌尊賓也,其服皆朝服。"

敖氏曰:"請行,謂請之行,蓋速之也。勞,亦謂勞其道路勞苦,殷勤之意也。使卿,亦以其爵也。主君於朝君則親郊勞,故此禮放之,而以同班,蓋行禮欲其稱也。下凡使卿者,其義皆然。"

世佐案,請行,亦迎賓也。謙,若不敢必其爲己,故曰"請行"。皛使士請事,既知其聘矣,至是,則問其所之也。既知其爲己而來,乃使卿勞,事有漸也。敖以請行爲速之,非。

上介出請,入告。賓禮辭,迎于舍門之外,再拜。

註曰:"出請,出門西面,請所以來事也。入告,入北面告賓也。每所及至,皆有舍。其有來者與,皆出請入告。于此言之者,賓彌尊,事彌録。"

疏曰:"此時賓當在賓館,阼階西面,故上介北面告賓也。前士請事,大夫請行,亦當出請入告。於此始言之者,先士,次大夫,後卿,以是先卑

① "二",校本、陳本、閩本、監本、毛本同,《要義》、《通解》、楊氏《圖》及汪氏翻刻單疏本"二"皆作"三",且作"三"與《周禮》經文合,應據改。

② "儀"字下校本有"時"字。

後尊，今復見此言，故云'賓彌尊，事彌録'也。"

朱子曰："註中'與'字，陸氏音'餘'，監本作'者'。此非疑詞，不當音'餘'，複出'者'字，亦無義理，竊疑本'介'字也。"

敖氏曰："'賓禮辭'者，以其用幣也。上介以賓辭告勞者，復傳言而入，賓乃出迎。若士請事，大夫請行，則上介出請入告，而賓即出，拜于門外，不迎之以入，以其不受幣也。上不言'出請入告'，而於此言之者，禮簡者其文或略，禮繁者其文必備，經之例然爾。"

勞者不答拜。

註曰："凡爲人使，不當其禮。"

賓揖，先入，受於舍門内。

註曰："不受于堂，此主於侯伯之臣也，公之臣受勞於堂。"

疏曰："《司儀》云：'諸公之臣相爲國客，及大夫郊勞，三辭，拜辱，三讓登，聽命。'是公之臣受勞於堂之事。"

敖氏曰："惟云'舍門'，是舍但有一門耳，此公館之異者也。先入門右而北面。"

勞者奉幣入，東面致命。

註曰："東面，鄉賓。"

疏曰："賓在館如主人，當入門西面，故勞者東面向之。"

敖氏曰："入，入門左。致命，致其君命也。"

賓北面聽命，還，少退，再拜稽首，受幣，勞者出。

註曰："北面聽命，若君南面然。少退，象降拜。"

敖氏曰："賓入門即北面，至是乃言之者，亦因事而見之耳。受幣蓋在庭中西。下言歸饔餼之禮，賓升堂，北面聽命，受幣于堂中西。此雖受幣於庭，亦皆當放之。"

世佐案，初入門之時，賓西面，賓爲主人也。及聽命乃北面，臣也。敖云"入門即北面"，非。

授老幣。

註曰："老，賓之臣。"

出迎勞者。

註曰："欲儐之。"

敖氏曰:"勞者出,俟於門外。上介出請勞者,告事畢,上介入告,賓乃出迎之,而告以欲儐之之辭。"

勞者禮辭,賓揖先入,勞者從之,乘皮設。

註曰:"設於門内也。物四曰乘。皮,麋鹿皮也。"

疏曰:"庭實當三分庭一在南設之,今以儐勞者在庭,故'設於門内也'。"

敖氏曰:"乘皮設亦宜在門内之西,其於勞者之南與?"

賓用束錦儐勞者。

註曰:"言儐者,賓在公館如家之義,亦以來者爲賓。"

疏曰:"《司儀》註云:'上於下曰禮,敵者曰儐。'"

敖氏曰:"聘禮凡大夫、士所用之幣皆以錦,蓋不敢與尊者之幣同。因事而用幣,於賓謂之儐,所以見殷勤也。"

勞者再拜稽首受。

註曰:"稽首,尊國賓也。"

疏曰:"《周禮·大祝》辨九拜,一曰稽首,首至地,臣拜君法。二曰頓首,頭叩地,平敵相拜法。三曰空首,首至手,君答臣下拜法。《郊特牲》云:'大夫之臣不稽首,非尊家臣,以辟君也。'今此勞者與賓同類,不頓首而稽首,故云'尊國賓也'。下賓亦稽首送者,以是爲君使,故亦稽首以報之也。"

敖氏曰:"此受幣,蓋當門中南面,賓北面授,既受,則東面俟。"

賓再拜稽首送幣。

註曰:"受、送拜皆北面,象階上。"

疏曰:"案歸饔餼賓儐大夫時,賓楹間北面授幣,大夫西面受,此賓亦宜與彼同,北面授,還北面拜送。若然,云'受、送拜皆北面'者誤,當云'授、送拜皆北面',竝據賓而言也。"朱子曰:"'西面'當作'南面'。"〇張氏曰:"如疏言,則'拜'字不得連下讀,當云'授拜送',不當作'送拜'。"

敖氏曰:"案註云'受送拜'者,謂受者、送者之拜也。'象階上'者,謂放儐于堂之禮也。"

世佐案,下經云:"賓致幣,大夫對,北面當楣,再拜稽首,受幣于楹間,南面退,東面俟。賓再拜稽首,送幣。"是受者、送者之拜皆北面矣。

疏改註“受”字爲“授”，誤。

勞者揖皮出，乃退。賓送再拜。

註曰：“揖皮出，東面揖執皮者而出。”

疏曰：“執皮者在門内，當門，勞者在執皮者之西[1]，故知東面揖皮，揖之若親受之。又執皮是賓之使者，執皮者得揖從出，勞者從人當訝受之。”

敖氏曰：“勞者已執幣，不可以復執皮，故揖執皮者，欲其爲己執之以出也。《公食大夫禮》曰：‘賓北面揖，執庭實以出。’然則此亦北面揖之矣。出則幣與皮各有受之者，不言者可知也。”

世佐案，設皮之處，及揖皮所鄉，經皆無明文，只當以註疏爲正。敖氏必欲易之，亦好立異之過也。公食大夫非敵者之禮，恐不足援以爲證。

夫人使下大夫勞以二竹簋方，玄被纁裏，有蓋。陸氏曰：“‘簋’本或作‘簠’，外圓内方曰簋，内圓外方曰簠。”

註曰：“竹簋方者，器名也，以竹爲之，狀如簠而方，如今寒具筥。筥者圜，此方耳。”

疏曰：“簋皆用木而圓，受斗二升，此則用竹而方，故云‘如簠而方’。”

敖氏曰：“夫人使勞之者，以其亦奉命而聘享己也。”

郝氏曰：“被，巾也。簋有蓋，加被覆之。”

世佐案，以《釋文》考之，當以“簋”字爲正。簋本外圓，故云方以見其制之異也。敖本作“簠”，非。註疏“簠”字亦恐是“簋”字之譌。

其實棗蒸栗擇，兼執之以進。

註曰：“兼，猶兩也。右手執棗，左手執栗。”

敖氏曰：“蒸，熟之也。擇，治之，謂去其皮也。”

賓受棗，大夫二手授栗。

註曰：“受授不游手，慎之也。”

疏曰：“初兩手俱用，既授棗，而不兩手共授栗，則是游暇一手，爲不慎矣。”

① “執皮者之西”，《通解》、《經傳》同。校本“之”字上無“者”字，陳本、閩本、監本、毛本及汪氏翻刻單疏本同。

賓之受，如初禮。

註曰："如卿勞之儀。"

儐之如初。

右郊勞。

下大夫勞者遂以賓入。

註曰："出以束錦授從者，因東面釋辭，請導之以入，然則賓送不拜。"

疏曰："覲禮大夫勞侯氏，侯氏即從大夫入，拜送大夫。天子使尊，故雖從亦拜送，與此異。"

敖氏曰："入，入國門也。賓不拜送者，辟諸侯於天子使者之禮也。"

至于朝，主人曰："不腆先君之祧，既拚以俟矣。"

註曰："賓至外門，下大夫入告，出釋此辭。主人者，公也。不言公而言主人，主人，接賓之辭，明至欲受之，不敢稽賓也。腆，猶善也。遷主所在曰祧。周禮，天子七廟，文、武爲祧。諸侯五廟，則祧，始祖也，是亦廟也。言祧者，祧尊而廟親，待賓客者，上尊者。"

疏曰：《周禮·守祧職》云："掌守先王、先公之廟祧。"鄭註云："廟，謂太祖之廟及三昭三穆。遷主所藏曰祧。先公之遷主藏于后稷之廟，先王之遷主藏于文、武之廟。"天子有二祧，以藏先王之遷主，諸侯無之，但遷祖藏于太祖廟，故此亦以名太祖廟爲祧也。下文受賓聘享皆在廟，此云"先君之祧"，明是太祖廟可知。於太祖廟受聘享以尊之，若饗、食則於禰廟，燕又在寢，彌相親也。此鄭義，若孔君、王肅則以高祖之父及祖爲二祧，非鄭義也。

敖氏曰："守祧掌'守先王、先公之廟祧'，其遺衣服藏焉。又云'其廟則有司修除之，其祧則守祧黝堊之'。然則祧者，廟堂以北之稱也。拚，灑掃也。受聘於廟，故其言若此，蓋緣賓意，欲速達其君命也。"

世佐案，受聘享於太祖廟，尊賓也。廟堂以北非行禮之所，何以稱焉，敖誤矣。

賓曰："俟間。"

註曰："賓之意，不欲奄卒主人也，且以道路悠遠，欲沐浴齋戒，俟間，未敢聞命。"

敖氏曰："間，暇也，言此者，謂己雖欲速達君命，亦不可不俟主人之暇乃爲之，是亦緣主人意而言也。大禮而倉卒受之，非人情。"

郝氏曰："行色倉卒，休沐而後可進，不敢自言間，而言俟君間，婉辭也。"

大夫帥至于館，卿致館。

註曰："致，至也。賓至此館，主人以上卿禮致之，所以安之也。"

敖氏曰："賓言'俟間'，然後致館，亦尚辭讓也。大夫，即帰者以賓入者也。帥，亦謂道賓，賓至于館則入矣。致，如致爵之致，致館，謂以君命致此館於賓也。"

郝氏曰："記云'卿館于大夫'，蓋主于大夫家也。"

張氏曰："以上卿禮致之，謂使上卿以束帛之禮致之也。《周禮・司儀職》云：'諸公之臣相爲國客，致館如初之儀。'鄭註云：'如郊勞也，不儐耳。'郊勞用束帛，則此致館亦用束帛可知也。"

賓迎，再拜。卿致命，賓再拜稽首。卿退，賓送再拜。

註曰："卿不俟設飧之畢，以不用束帛致故也。不用束帛致之者，明爲新至，非大禮也。"

疏曰：卿不言答拜，文略耳。雖不言入，言迎則入門可知。致命者亦東面。

朱子曰："此致，止謂致館耳。註疏云兼致飧，非是。"

敖氏曰："致命者，致其君致館之命也。致命於門外者，以無幣也。"

張氏曰："註'不用束帛致之'，指設飧而言也，設飧禮輕，故可略也。"

世佐案，致館之禮與郊勞相似，而不以幣，不儐，則其異也。雖不以幣，而致命亦當入門。疏云以束帛致，敖云在門外，皆非。

右致館。

宰夫朝服設飧。

註曰："食不備禮曰飧。"

疏曰：云"不備禮"者，對饔餼而言。饔餼生與腥飪俱有，餘物又多，此飧唯有腥飪，餘物又少。

敖氏曰："宰夫，士也，以奉君命，故亦朝服。徒有食而無他饌謂之飧，《傳》曰'盤飧寘璧'是也。徒食食亦曰飧，《玉藻》曰'不食肉而飧'是也。二者所指雖殊，義則同耳。此禮用大牢，其上有簠、簋、豆、鉶之屬，乃云'飧'者，主人之謙辭，所以甚言其菲薄也，故禮亦因以爲名云。"

郝氏曰："熟食曰飧，有腥而言熟食。賓即次，未舉火，饋主熟也。無生牽，故但謂飧。"

飪一牢在西，鼎九，羞鼎三。腥一牢在東，鼎七。

註曰："中庭之饌也。飪，熟也。熟在西，腥在東，象春秋也。鼎西九，東七。凡其鼎實與其陳，如陳饔餼，羞鼎則陪鼎也。以其實言之則曰羞，以其陳言之則曰陪。"

疏曰："'鼎西九，東七'者，九謂正鼎九，牛、羊、豕、魚、腊、腸胃、膚、鮮魚、鮮腊，東七者，腥鼎無鮮魚、鮮腊，故七。陪鼎三，則下云'膷、臐、膮'是也。"

敖氏曰："牢，大牢也，大牢者，牛、羊、豕各一也。飪鼎九，腥鼎七，乃皆云牢者，主于牛、羊、豕也。飪在西，腥在東，以西爲尊也。腥減二鼎，亦明其輕於飪也。此飧牢二，不視其饔餼之死牢者，别於朝君之禮也。"

堂上之饌八，西夾六。

註曰："八、六者，豆數也。凡饌以豆爲本。堂上八豆、八簋、六鉶、兩簠、八壺，西夾六豆、六簋、四鉶、兩簠、六壺，其實與其陳亦如饔餼。"

郝氏曰："堂上之饌，豆簋之類，皆以八爲數。夾，夾室，今廂房。西夾設饌，食從者也。以六爲數，殺也。"

門外米、禾皆二十車。

註曰："禾，稾實並刈者也。諸侯之禮，車米視生牢，禾視死牢，牢十車。大夫之禮，皆視死牢而已，雖有生牢不取數焉。米陳門東，禾陳門西。"

疏曰：註説皆約下歸饔餼知之，後倣此。

敖氏曰："皆二十車者，大夫飧禮，其米禾皆視其牢，牢十車。朝君之飧禮，則米禾共視其牢也。凡飧，皆無生牢。"

薪芻倍禾。

註曰："各四十車。凡此之陳，亦如饔餼。"

郝氏曰："供爨曰薪，飼馬曰芻。"

上介餼一牢在西，鼎七，羞鼎三，堂上之饌六，門外米、禾皆十車，薪芻倍禾。

註曰："西鼎七，無鮮魚、鮮腊。"

世佐案，上介之牢，西鼎減二，無東鼎。堂上之饌亦減二，無西夾之饌。米、禾、薪、芻皆半于賓，此其殺也。

衆介皆少牢。

註曰："亦餼在西。鼎五：羊、豕、腸胃、魚、腊。新至尚熟。堂上之饌，四豆、四簋、兩鉶、四壺，無簠。"

敖氏曰："《少牢》五鼎：羊、豕、魚、腊、膚，與饋食之鼎同也。此少牢，故無堂上之饌。"

世佐案，此五鼎之實當與《少牢饋食禮》同。註以腸胃易膚，而疏云生人食與祭異，蓋飾説也。衆介西鼎又減二，門外之設皆無之，又其殺也。《玉藻》云'朔月少牢，五俎四簋'，則堂之饌當如註説。

右設飧。

郝氏曰："上公之使，其介七人，則是賓與上介一飧之費米、禾、薪、芻車一百八十乘。又衆介六人，數半上介，亦用車一百八十乘，通車三百六十乘也。無論薪米狼戾，雖街衢充塞，何地可容。及饔餼之歸，愈侈費矣，晏嬰所謂'飲食若流'者，其然與?"

世佐案，米、禾、薪、芻，賓共百二十車，上介半之，衆介則無，通車百八十乘而已。蓋卿行旅從，非是則不足以供之也[①]。郝謂用車三百六十乘，而以侈費詆經，妄矣。國之經費，賓、祭最鉅，皆所以弭災而福民，有不可以儉嗇將之者，且大聘十二年一行，而遇國有凶、荒、札、喪之變，則又有殺禮之義，見于《周禮·掌客》，制禮者亦豈漫無樽節於其間哉。

厥明，訝賓于館。

註曰："此訝，下大夫也，以君命迎賓謂之訝。訝，迎也，亦皮弁。"

賓皮弁聘，至于朝，賓入于次。

註曰："服皮弁者，朝聘主相尊敬也。諸侯視朔皮弁服。入于次者，俟辦也。次在大門外之西，以帷爲之。"

---

① "也"，校本作"矣"。

敖氏曰："朝聘必用皮弁服者，宜加於其朝服一等也。侯國君臣日朝朝服，視朔乃皮弁服。"

乃陳幣。

註曰："有司入于主國廟門外，以布幕陳幣，如展幣焉。圭璋，賈人執櫝而俟。"

卿爲上擯，大夫爲承擯，士爲紹擯。擯者出請事。

註曰："擯，謂主國之君所使出接賓者也。紹，繼也，其位相承繼而出也。主君，公也，則擯者五人；侯伯也，則擯者四人；子男也，則擯者三人。《聘義》曰：'介紹而傳命，君子於其所尊不敢質，敬之至也。'既知其所爲來之事，復請之者，賓來當與主君爲禮，爲其謙，不敢斥尊者，啟發以進之。於是時，賓出次，直闑西北面。上擯在闑東，閾外，西面。其相去也，公之使者七十步，侯伯之使者五十步，子男之使者三十步。此旅擯耳，不傳命。上介在賓西北，東面。承擯在上擯東南，西面。各自次序而下，末介、末擯旁相去三丈六尺。上擯之請事，進，南面，揖賓俱前。賓至末介，上擯至末擯，亦相去三丈六尺①。止，揖而請事。還，入告于公。天子、諸侯朝覲，乃命介紹傳命耳。其儀，各鄉本受命，反面傳而下及末，則鄉受之，反面傳而上，又受命傳而下，亦如之。此三丈六尺者，門容二徹參个，旁加各一步也。"

疏曰：此擯陳在主國大門外，主君之擯與賓之介東西相對，南北陳之。按《大行人》天子待諸侯云"上公之禮，擯者五人；侯伯之禮，擯者四人；子男則擯者三人"，今諸侯待聘賓，用天子待己之擯數者，以天子尊，得分辨諸侯尊卑以待之。諸侯卑，故據己國大小而爲擯數也。云"於是時，賓出次，直闑西，北面"者，《玉藻》云"君入門，介拂闑，大夫中棖與闑之間，士介拂棖"，此謂朝君。又云"賓入不中門"，此謂聘賓入門，還依作介入時，亦拂闑也。云"上擯在闑東，閾外，西面"者，主位在東，故賓在闑西。上擯在闑東，以擯位竝門東西面，故上擯亦西面向君也。云"其相去也，公之使者七十步，侯伯之使者五十步，子男之使者三十步"者，此依《大行人》云"諸侯之卿，其禮各下其君二等"，鄭註云"所下者，介與賓主

① "三"原作"二"，校本作"三"，《集釋》、《通解》、楊氏《圖》同。與上下文之"三丈六尺"相應，阮《校》云："毛本'三'誤作'二'。"據改。

之間”，是以步數與介數亦降二等也。云“此旅擯耳”者，《司儀》云“三問，旅擯”，鄭云“旅，陳。陳擯介，不傳辭”。若交擯傳命，則是擯介傳命。此旅擯傳命者，直是賓來至末介下，對上擯傳本君之命也。其介相紹繼，則交擯、旅擯同，唯傳命不傳辭異耳。云“上擯之請事，進，南面揖賓俱前”者，謂上擯入向公前，北面受命，出門南面，遥揖賓使前，擯者漸南行，賓至末介北，東面，上擯至末擯南，西面，東西相去亦三丈六尺。云“還，入告于公”者，賓對訖，上擯入告公，公乃有命納賓也。云“天子、諸侯朝覲，乃命介紹傳命耳”者，此引《聘義》文。自此以下，論天子、諸侯交擯法。云“二徹參个”者[1]，轍廣八尺，參个三八二十四，門容二丈四。云“傍加各壹步”者，門傍各空一步，丈二添二丈四尺爲三丈六尺。

敖氏曰：“《周禮》言天子之擯者，其於上公則五人，於侯伯則四人，於子男則三人，皆以朝者之爵爲差也。此但言上擯、承擯、紹擯，而不言其人數，則是諸侯之擯者三人而已，不以己爵及朝聘者之尊卑而異，所以别於天子也。此擯者雖有三人，惟上擯專相禮事，乃必立承紹者，所以别于諸臣之禮也。擯者，上擯也。云‘請事’，則爲上擯可知，故不必質言之，而但云‘擯者’也。請事云‘出’，則擯者常近於君所矣。是時賓即位于西方，東面。介立于其東南，北面，西上。擯者東方，西面請事，賓對，擯者乃入告于公矣。諸侯相朝，則上擯傳主君之命以請于上介，上介以告于朝君，又以朝君之命告于上擯，所謂交擯也。聘賓臣也，故親對而不交擯。云‘出請事’，而不云入告，省文也。”

郝氏曰：“旅擯，交擯，見《周禮·大行人》。介紹傳命，見《禮記·聘義》，皆無明數。鄭氏以臆粧演，難盡据也。《周禮》上公賓主之間九十步，侯伯七十步，子男五十步，謂諸侯朝位去天子所立遠近以貴賤爲差。鄭謂爲賓主序立之位，以《考工記》應門二徹三个爲三丈六尺，末擯、末介相去亦三丈六尺，合大門之廣，賓至末介、主至末擯亦三丈六尺，穿鑿附會如此，世稱鄭精于禮，皆此類也。”

世佐案，註説依傍《周禮》，非有明文，但以類推之耳。所云“門容二徹參个”，出《考工記·匠人》，乃天子應門之制，恐諸侯之門未必無降殺

---

① “徹”原作“轍”，校本作“徹”。阮《校》曰：“毛本‘徹’作‘轍’，陳、閩、《通解》、《要義》俱作‘徹’，下同，唯‘轍廣’之‘轍’仍從車，楊氏並作‘徹’。盧文弨云：‘老子《道經》云“善行無徹迹”，《説文》無轍字。’按述注則從古作‘徹’，自下語則從俗作‘轍’。”據改。

也。郝氏詆之已甚,然註之不可盡信,亦略可覩矣。今仍録敖説,以備參考焉。

公皮弁迎賓于大門内,大夫納賓。

註曰:"公不出大門,降于待其君也。大夫,上擯也,謂之大夫者,上序可知。從大夫,總無所别也。於是賓、主人皆裼。"

疏曰:案《司儀》"諸公相爲賓",公皮弁,交擯,車迎,拜辱,出大門,此於門内,是"降于待其君也"。《玉藻》云"不文飾也不裼",又云"執龜玉襲",下文行聘時執玉,賓、主人皆襲,此時未執玉,正是文飾之時,故皆裼。

敖氏曰:"於此乃迎賓于大門内,則是擯者出請事之時,公猶未出中門也。大門内者,其在門右西面與?此大夫亦謂上擯也。云'納賓',則爲上擯可知,故變言'大夫',與'卿爲上擯'之文互見,以明卿亦謂之大夫也。此與上經言擯者之意略同,皆錯綜其文以見義爾。納賓亦西面鄉之,其辭曰:'寡君須矣,吾子其入也。'既則道之以入。於公之迎賓也,諸擯皆從之,上擯出納賓,而承擯、紹擯則皆立于門東,北面。"

賓入門左。

註曰:"内賓位也。衆介隨入,北面西上,少退。擯者亦入門而右,北面東上。上擯進相君。"

疏曰:此註亦多約下入廟行聘享文。

敖氏曰:"賓入門左而東面鄉公,介亦立于其東南,北面西上。上擯亦入門而右。《玉藻》曰'賓入不中門,不履閾',又曰'公事自闑西',亦謂此時也。"

公再拜。

註曰:"南面拜迎。"

敖氏曰:"賓入門左,而公乃拜之,是西面拜迎於入門右之處明矣。公迎大夫,乃再拜者,尊國賓也。相見禮,主人於降等者不出迎,一拜其辱。"

賓辟,不答拜。

註曰:"辟位逡遁,不敢當其禮。"

公揖入，每門、每曲揖。

註曰："每門輒揖者，以相人偶爲敬也。凡君與賓入門，賓必後君，介及擯者隨之，竝而鴈行。既入，則或左或右，相去如初。《玉藻》曰：'君入門，介拂闑，大夫中棖與闑之間，士介拂棖。賓入不中門，不履閾。'此賓謂聘卿大夫也。門中，門之正也。不敢與君竝由之，敬也。介與擯者鴈行，卑不踰尊者之迹，亦敬也。賓之介，猶主人之擯。"

疏曰："諸侯三門：臯、應、路，則應門爲中門，左宗廟，右社稷，入大門東行，即至廟門，其間得有每門者，諸侯有五廟，太祖之廟居中，二昭居東，二穆居西，廟皆别門，門外兩邊皆有南北隔牆，隔牆中夾通門。若然，祖廟已西，隔牆有三，則閤門亦有三。東行經三門，乃至太祖廟。門中則相逼，入門則相遠，是以每門皆有曲，有曲即相揖，故'每曲揖'也。云'凡君與賓入門，賓必後君'者，非直聘享向祖廟，若饗食向禰廟，燕禮向路寢，皆當後於主君，故言'凡'以廣之。云'介及擯者隨之，竝而鴈行'者，言上擯與上介竝，次擯與次介竝，末擯與末介竝，各自鴈行于後也。云'既入，則或左或右'者，東行，賓、介於左，君、擯于右也。云'相去如初'者，初謂大門外相去三丈六尺也。《玉藻》曰：'君入門，介拂闑，大夫中棖與闑之間，士介拂棖。'鄭註云：'此謂兩君相見也。君入必中門，上介夾闑，大夫介、士介鴈行於後，示不相沿也。君若迎聘客，擯者亦然。'此經謂聘客，鄭君并引朝君，欲見卿大夫聘來，還與從君爲介時入門同，故并引之也。云'君入門，介拂闑'，又云'門中，門之正'，又云'卑不踰尊者之迹'，若然，聊爲一闑言之，君最近闑，亦拂之而過，上介則隨君而行，拂闑而過，所以與君同行者，臣自爲一列。主君既出迎賓，主君與賓竝入，主君於東闑之内，賓於西闑之内，竝行而入；上介於西闑之外，上擯於東闑之外，皆拂闑；次介、次擯皆大夫，中棖與闑之間；末介、末擯皆士，各自拂棖。如是，得君入中門之正，上擯、上介俱得拂闑，又得不踰尊者之迹矣。又云'賓入不中門'者，此謂聘賓，入門之時，還依與君爲介來入相似也。云'中門，門之正也'[①]者，謂兩闑之間。云'卑不踰尊者之迹'者，士以大夫爲尊，大夫以上介爲尊，上介以君爲尊也。云'賓之介，猶主人之擯'者，欲見擯、介鴈行不别也。"

---

① "中門"，校本、監本、毛本同。阮《校》云："毛本'門中'二字倒。"

朱子曰："案《江都集禮》廟制，諸侯立廟宜在中門外之左右者，宗廟之制，外爲都宫，内各有寢廟，别有門垣。太祖在北，左昭右穆，以次而南，與此疏之説不同，未知孰是。門闑之説，與《玉藻》註疏亦不同。"○又曰："周禮建國之神位左宗廟，則五廟皆當在公宫之東南矣。其制，則孫毓以爲外爲都宫，太祖在北，二昭二穆，以次而南是也。廟皆南向，各有門、堂、室、寢，而牆宇四周焉。"

楊氏曰："賈疏曰'門有東西兩闑'，又《玉藻》'公事自闑西，私事自闑東'，疏云'闑，謂門之中央所竪短木'，則門只有一闑，未知孰是。今案，《爾雅》云'橛謂之闑'，註云'門中之橛名闑'，又曰'在地者謂之闑'，註云'在地及門者名闑'，當以《玉藻疏》及《爾雅》爲正。"

敖氏曰："諸侯三門：庫、雉、路。則庫門爲大門，左宗廟，右社稷，入大門東行而至廟。此每門，指閤門與廟之中門而言也。諸侯有五廟，太祖之廟最東，高祖而下之廟以次而西，廟各有大門，有中門，有廟門。中門外西邊皆有南北隔牆，牆中央通閤門，故入諸侯之廟必有每門也。每門揖者，主人至每門，則揖而先入也。每曲揖者，於曲處則揖而折行也。天子之廟各有五門，與其寢同，是諸侯亦有三門也。康王受顧命於廟，出廟見諸侯，乃云'王出在應門之内'，則天子諸侯廟門之名數可見矣。天子五門：皋、庫、雉、應、路，路門，寢門也。其於廟，則曰廟門。"

世佐案，諸侯五廟之制，當以朱子説爲正。每門者，庫門内之東閤門及都宫之門也。每曲者，自庫門内曲而東，至都宫之門，當太祖廟之南，又曲而北也。惟太祖之廟在北，故得云每曲。如疏説、敖説，則自庫門内至太祖廟門止一曲矣。門闑之説，賈疏得之，孔氏、崔氏、皇氏竝謂門只有一闑，而以棖闑之中央爲門中。其論兩君相見法，主君由門右扉之中，賓由門左扉之中，上擯在主君之後，稍近西而拂闑，上介在賓之後，稍近東而拂闑，大夫擯介各當君後，在棖闑之中央。若然，則大夫入門之節各與其君同也，惡覩所謂"賓入不中門"及《論語》"立不中門"者乎？愚故不敢從也。朱子《論語集註》雖主孔説，而著《通解》仍云二説不同，未知孰是，當更考之，是亦疑而未定矣。

及廟門，公揖入，立于中庭。

註曰："公揖先入，省内事也。既則立於中庭以俟賓，不復出。如此得君行一，臣行二，於禮可矣。公迎賓于大門内，卿大夫以下入廟門即位而俟之。”

疏曰："省内事"，謂如《曲禮》"主人請入，爲席"之類。"君行一，臣行二"者，見君行近，臣行遠，尊者宜逸，卑者宜勞也。初命迎賓于館之時，卿大夫、士固在朝矣，及賓來大門外陳介之時，主君之擯亦在大門外之位，君在大門内時，其卿大夫不以無事亂有事，當於廟中在位矣。蓋當行事之時，"公授宰玉"，"士受皮"，宰夫受公几，更不見此等官入廟之文，明此官已先在位而俟也。又曰"君行一，臣行二"，出《齊語》晏子辭。朱子曰："案《齊語》無此辭，今見《曲禮》雜記章。"

敖氏曰："廟，未詳其爲何廟。以差言之，則受天子之聘宜於太廟，受諸侯之朝若聘，其於高祖而下者與？公揖賓而入，禮之也。凡主人與賓揖而入門者有二義，俱入則爲道之，自入則爲禮之。公先入，俟賓於内也。擯者隨公鴈行而入，負東塾，東上。中庭，東方南北之中，入而俟賓於此，尊也。若敵者，則俟於門内，公立蓋西面。"

世佐案，廟，太祖廟，上經云"先君之祧"是也。中庭，東西節也，南近門，公立蓋南面。又案，天子所以撫邦國諸侯者，曰存、曰覜、曰省而已，無所謂聘也。天王下聘，東遷以後之失禮也，故《春秋》書之以示譏，《穀梁傳》云"聘諸侯，非正也"是已。先儒或以爲有是禮者，蓋據《大行人》"時聘以結諸侯之好"而言，今考鄭註云"時聘者，亦無常期，天子有事，諸侯使大夫來聘，親以禮見之，禮而遣之，所以結其恩好也，天子無事則已"，然則《大行人》文正指諸侯聘天子之禮，先儒乃引以證天子聘諸侯，誤矣。敖云"受天子之聘宜於太廟"，亦承此誤。

賓立接西塾。

註曰："接，猶近也。門側之堂謂之塾。立近塾者，已與主君交禮，將有出命，俟之於此。介在幣南，北面西上，上擯亦隨公入門東，東上，少進於士。"

敖氏曰："接西塾者，在其南而東面也。立於此，俟時而執玉也。介立于其西南，東面北上。"

世佐案，廟門内外各有東西塾，此西塾，則在門外者也。賓東面立此，故云"接"。疏云"賓在門西，北面"，則是鄉西塾矣。介之面位，當依註説。

右迎賓。

几筵既設，擯者出請命。

註曰："有几筵者，以其廟受，宜依神也。賓至廟門，司宫乃于依前設之。神尊，不豫事也，席西上。上擯待而出請，受賓所以來之命，重停賓也。至此言命，事彌至，言彌信也。《周禮》：'諸侯祭祀，席蒲筵，繢純，右彫几。'"

疏曰：知在"扆前"者，案《司几筵》云大朝覲，大饗射，王位依前南鄉，設筵几。《爾雅》云"牖户之間謂之扆"，但天子以屏風設於扆，諸侯無屏風爲異，席亦不同也。《周禮・司几筵》文引之者，證此所設者，設常祭祀之席也。

敖氏曰："案註似脱'如莞席紛純'五字。"

賈人東面坐啟櫝，取圭垂繅，不起而授上介。

註曰："賈人鄉入陳幣，東面俟，於此言之，就有事也。授圭不起，賤不與爲禮也。不言裼、襲者，賤不裼也。繅，有組繫也。"

敖氏曰："玉尊，不與幣同陳，故事至乃取之。上介受圭於其左，亦東面。"

郝氏曰："賈人東面啟櫝取圭，殊于在國西面者，異邦圭爲主也。取圭垂繅，呈圭也。不起授上介，敬也。"

世佐案，是時，上介北面於賈人之南，賈人東面坐，不起而授上介，是受于其右也。敖以授受之常法例之，非。

上介不襲，執圭屈繅，授賓。

註曰："上介北面受圭，進西面授賓。不襲者，以盛禮不在於己也。屈繅，并持之也。《曲禮》曰：'執玉，其有藉者則裼，無藉者則襲。'"

敖氏曰："襲而執圭者，惟賓與主人行禮者二人耳，故上介不襲而執之。必言之者，嫌聘時執玉者必襲也。授賓東面，於其右。"

郝氏曰："襲，重包也。上介不襲，赤手併繅，裼執圭，屈折其繅，以圭授賓。"

張氏曰："疏以屈繅爲無藉，垂繅爲有藉。《曲禮》陳氏註以圭璋特達爲無藉，璧琮有束帛爲有藉。陳説得之，詳見記中。"

世佐案，聘時固不襲矣，至是乃言之者，嫌其與賓之執圭同也。"授賓東面"，敖得之。

賓襲，執圭。

註曰："執圭盛禮而又盡飾，爲其相蔽敬也。《玉藻》曰：'服之襲也，充美也。是故尸襲，執玉龜襲也。'"

疏曰："臣於君所，合裼以盡飾。今既執圭，以瑞爲敬，若又盡飾而裼，則掩蔽執玉之敬，故不得裼也。"

孔氏曰："行聘致君命襲者，聘享相對，聘質而享文，欲文質相變，故裼、襲不同也。"

敖氏曰："襲，謂襲上衣，不見裼衣也。聘以圭爲尊，吉服以襲爲異。《玉藻》曰'服之襲也，充美也'，又曰'禮不盛，服不充'，襲而執圭以行禮，欲其稱也，不言垂繅，可知也。"

郝氏曰："賓以衣重，襲受圭執之，示變也。"又曰："記云'凡執玉，無藉者襲'，則有藉者裼也。襲、裼爲玉甚明，鄭解襲、裼專爲衣服，升降授受須臾不下堂，不入次，易服何所？《玉藻》'裘之裼也，見美也'，'服之襲也，充美也'，倏裼倏襲，於義何取，然則執玉必冬裘而后可乎？"

世佐案，襲，謂以皮弁服及中衣揜其裼衣也。至是言襲，則前此之不襲可見矣。執圭必襲者，以質爲敬也。以質爲敬者，敬之至也。又案，《曲禮》孔疏云："凡衣，近體有袍澤之屬，其外有裘，夏月則衣葛，其上有裼衣，裼衣上有襲衣，襲衣之上有常著之服，則皮弁之屬也。掩而不開謂之襲，若開此皮弁及中衣，左袒出其裼衣謂之爲裼。"據此，則古人裘葛之外，爲衣皆三重，其裼、襲之衣皆禪，而色必稱其服，如皮弁服則衣麑裘，諸侯視朔及受聘，君臣同服，其在天子之朝，皆衣狐白裘。士不衣狐白，雖在天子之朝，亦用麑裘。裼衣以素，諸侯在天子朝，與天子同用錦，其卿、大夫以下則皆用素。襲蓋與裼同，衣錦者尚絅。三者色皆白，《論語》云"素衣麑裘"是也，夏葛亦然。《詩》云"蒙彼縐絺"，《記》云"振絺綌不入公門"，則葛亦有裼明矣。裘之有裼也，爲其褻也。葛之有裼也，爲其形露也。所謂見美、充美者，但以裼衣之露與否爲别耳，不須易服也。襲裘不入公門，今在君所行聘而襲者，所敬不主于君也。郝謂襲、裼爲玉而規鄭過，何其説之陋耶。

擯者入告，出辭玉。

註曰："擯者，上擯也。入告公以賓執圭，將致其聘命。圭，贄之重者，辭之，亦所以致尊讓也。"

疏曰："'致尊讓'，《鄉飲酒義》文。彼爲賓主三辭三讓，是'致尊讓'，此辭玉，亦是‘致尊讓’之事，故引之爲證也。案文公十二年《左氏傳》云：‘秦伯使西乞術來聘，襄仲辭玉。賓對曰：不腆敝器，不足辭也。’彼主人無三辭者，文不具，亦當三辭也。”

敖氏曰：“辭之者，以其禮太崇也，此辭亦禮辭耳。賓對，則擯者復以入告而出納賓也。”

世佐案，辭玉當以禮辭爲正。《春秋傳》言主人三辭者，魯不欲與秦爲好故耳，非禮之正也，疏誤。

納賓，賓入門左。

註曰：“公事自闑西。”

敖氏曰：“賓此時猶待納而後入，以其臣也。”

介皆入門左，北面西上。

註曰：“隨賓入也，介無事，止於此。”

疏曰：“案《司儀》云：‘諸公之臣相爲國客，及將幣，每門止一相，及廟，唯君相入。’註云：‘唯君相入，客，臣也，相不入矣。’此介皆入，不同者，彼云‘每門止一相’，鄭云‘絶行在後耳’，非是全不入廟。又云‘唯君相入’者，謂前相君禮須入，故言之，臣相不前相禮，故不言入，其實皆入，與此同也。”

朱子曰：“疏説與此不通，當闕。”

敖氏曰：“《玉藻》曰‘君入門，介拂闑，大夫中棖與闑之間，士介拂棖’，言朝君之儀也。此聘賓入自闑西，則上介亦由棖闑之間，士介亦拂棖矣。《司儀職》曰‘及廟門，唯君相入’，亦與此異。”

世佐案，《司儀職》文與此異者多矣，如三致積及郊勞致館皆登堂之類是也。蓋彼主言諸公之臣，而此則爲侯伯之聘禮故也。至此處，則文有詳略，其實同。彼所謂相者，指主國之君之擯者也。介者，賓之副，非所以相禮，不可以言相君。相者，謂上擯相君之禮者也。主君之擯者三人，每門止一相，謂於東閣門及都宫之門也。“及廟，唯君相入”，謂唯上擯入太祖廟門，其餘則皆留止于每門也。其紹擯止東閣門，承擯止都宫之門與？必止于每門者，以其旅擯無事也。其賓之介則皆入，不言者，略也。此經言介皆入，而不言擯，又出請入告皆上擯，則承、紹擯亦止于每門可知[①]，此其所以爲同也。鄭註《周禮》，誤以相爲兼擯、介而言，則見其齟齬而不合矣，疏又强爲合之，其不通也宜哉。

三揖。

註曰："君與賓也。入門將曲揖，既曲北面又揖，當碑揖。"

疏曰："前云'公揖入，立于中庭'，三分庭一在南，賓後獨入，得云'入門將曲揖'者，謂公先在庭，南面，賓入門將曲之時，既曲北面之時，主君皆向賓揖之。再揖訖，主君乃東面向堂塗北行當碑，乃得賓主相向之揖[②]。是以得'君行一，臣行二'，非謂賓入門時，主君更向内霤，相近而揖也。"

朱子曰："疏説蓋印本差誤，今以文義考之，更定如此。"

敖氏曰："於賓入門左而揖，參分庭一在南而揖，又皆行而至於參分庭一在北而揖，是三揖也。賓至西方之中庭，公乃與之偕行。"

至于階，三讓。

註曰："讓升。"

公升二等。

註曰："先賓升二等，亦欲君行一，臣行二。"

敖氏曰："下云'公左還，北鄉'，則此時公升堂西鄉可知。"

賓升，西楹西東面。

註曰："與主君相鄉。"

敖氏曰："西楹西，言其東西節也，當在楹西少北。"

擯者退中庭。

註曰："鄉公所立處退者，以公宜親受賓命，不用擯相也。"

敖氏曰："至是而退於中庭，則是擯者從公而立於階下矣。凡公與賓爲禮，擯者皆贊之。"

世佐案，擯者於是退，以賓當致其君之命，擯者不敢與聞，慎之也[③]。

---

① "承"字下校本有"擯"字。

② "相向之揖"，《通解》同。"之"，校本作"而"，《要義》、陳本、閩本、監本、毛本、庫本同。

③ "慎之"原作"之慎"，校本作"慎之"，於文意較洽，據改。

賓致命。

註曰："致其君之命也。"

公左還北鄉。

註曰："當拜。"

擯者進。

註曰："進阼階西，釋辭於賓，相公拜也。"

公當楣再拜。

註曰："拜貺也。"

疏曰：《聘義》云"北面拜貺，拜君命之辱"是也。

敖氏曰："左還乃當楣，則公鄉者亦當東楹少北矣。以此見賓立之處必不正在楹西也。"

世佐案，此拜爲受聘君之命也。敖云"爲將受玉"，非。

賓三退，負序。

註曰："三退，三逡遁也。"

敖氏曰："公再拜之間，賓凡三退，見其頃刻不敢安也。三退，則負序而立矣。此拜雖非爲己，然猶不敢自安若是，敬之至也。"

公側襲，受玉于中堂與東楹之間。

註曰："側，猶獨也。言獨，見其尊賓也。佗日公有事，必有贊爲之者。凡襲，于隱者，公序坫之間可知也。中堂，南北之中也。入堂深，尊賓事也。東楹之間，亦以君行一，臣行二。"

疏曰："《大射》云'公卒射，小臣正贊襲'，是其贊爲之也。"

敖氏曰："襲不著其所，是於拜處爲之也。此受玉之儀，公西面，賓東面授也。東楹之間，四分楹間一在東也。凡堂上授受贄幣之禮，敵者則在兩楹之間，主人尊則於東，賓尊則於西，又皆以遠近爲差。此聘君於主君，其尊同，聘君之命，宜降於主君一等，故使者就主君，於東楹之間而授玉也。中堂者，其凡授受贄幣者南北之節與？"

世佐案，側，蓋堂之東偏也。以其近于側階而名之與？襲宜於隱蔽之所，故公不於拜處爲之，而如堂側也。鄭訓爲獨，恐未安。凡經中"側"字，有獨義，有偏義，當隨文解之，不可執一而論也。

擯者退，負東塾而立。

註曰："反其等位，無事。""等"字非誤則衍，敖本云："反其位。"

敖氏曰："負東塾，則其位在士之東矣。"

世佐案，此謂門内之塾也。負之者，北面。郝云"出廟門外"，非。

賓降，介逆出，賓出。

註曰："逆出，由便。"

世佐案，後入者先出，謂之逆。

公側授宰玉。

註曰："使藏之，授於序端。"

敖氏曰："受玉於上公，尊也。公受玉時亦垂繅，宰既受之，則屈繅矣。"

世佐案，公之授玉也，不於受處，而必如側者，見其親受而藏之之意也，下放此。

裼，降立。

註曰："裼者，免上衣，見裼衣。凡當盛禮者以充美爲敬，非盛禮者以見美爲敬，禮尚相變也。《玉藻》曰：'裘之裼也，見美也。'又曰：'麛裘青豻褎，絞衣以裼之。'《論語》曰'素衣麛裘'，皮弁時或素衣，其裘同可知也。裘者爲温，表之，爲其褻也。寒暑之服，冬則裘，夏則葛。凡襢裼者左。降立，俟享也，亦於中庭。"

疏曰：凡服四時不同，假令冬有裘，襯身禪衫，又有襦袴，襦袴之上有裘，裘上有裼衣，裼衣之上又有上服皮弁、祭服之等。若夏則以絺綌，絺綌之上則有中衣，中衣之上復有上服皮弁、祭服之等。若春秋二時，則衣袷褶，袷褶之上加以中衣，中衣之上加以上服也。言"見裼衣"者，謂袒衿前上服，見裼衣也。諸侯與其臣視朔與行聘禮，皆服麛裘，但君則麛裘還用麛褎，臣則不敢純如君，麛裘則青豻褎。裼衣，君臣亦有異時，在國則君臣同素衣，聘時主君亦素衣，唯臣用絞衣爲裼也。《雜記》云："朝服十五升布。"皮弁亦天子朝服，與諸侯朝服同用十五升布，亦同素積以爲裳。白舄，臣用白屨也。

敖氏曰："裼者，偏免上衣而見裼衣也，此裼亦左爲之與？朝祭之衣，以裼爲常，故當盛禮則襲以爲敬，而盛禮畢，則裼而復其常也。凡裼衣，不必與上衣同色。”

郝氏曰:“不襲曰裼。玉外有繅,不襲手裼執授之,謹也。記云:‘裘之裼,見美也。’《詩》云:‘載衣之裼。’單曰裼,重曰襲。單繅藉玉,不襲執繅,猶裘見美也。”

世佐案,疏説裘葛之外但爲衣二重,與孔疏稍異。以《玉藻》鄭註證之,則賈疏近是。鄭解君衣狐白裘,錦衣以裼之云。《詩》云“衣錦絅衣,裳錦絅裳”,然則錦衣復有上衣明矣。天子狐白之上衣,皮弁服與?亦不言裼衣之上更有襲衣也。麑裘之裼衣,《論語》與《玉藻》異。皇氏云“素衣爲正,記者亂言絞耳”,此説得之。熊氏云“臣用絞,君用素”,賈疏又謂在國君臣同素衣,聘時主君素,臣用絞,皆曲説也。郝説之誤見上,此又以裼執玉爲謹,則豈前之襲執者反爲不謹與?吴氏以謂裼衣外之上服直其領而露出裼衣爲裼,曲其領而揜蔽裼衣爲襲,亦非。

右聘。

擯者出請。

註曰:“不必賓事之有無。”

賓裼,奉束帛加璧享。擯者入告,出許。

敖氏曰:“璧降於圭,故裼而奉之以行禮。即許之也,既受其大,則不必辭其細也。賓出則裼矣。言於此者,亦因事見之。”

世佐案,許,許其以璧入也。

庭實,皮則攝之,毛在内,内攝之,入設也。

註曰:“皮,虎豹之皮。攝之者,右手并執前足,左手并執後足。毛在内,不欲文之豫見也。内攝之者,兩手相鄉也。入設,亦參分庭一在南。言則者,或以馬。凡君於臣,臣於君,麋鹿皮可也。”

敖氏曰:“入設,亦設於西方而西上。”

賓入門左,揖讓如初。

敖氏曰:“此時,介亦入門左。”

升致命,張皮。

註曰①:“張者,釋外足見文也。”

① “註”下原無“曰”,校本有,據本書文例補。

張氏曰："當賓於堂上致命之時，庭實即張之見文，相應爲節也。"

公再拜受幣。

敖氏曰："其儀亦如初，惟不襲耳。幣亦兼玉而言。"

世佐案，此拜亦爲受命。幣，謂璧也。古者玉亦謂之幣，不正言璧者，以其兼有束帛。

士受皮者自後右客。

註曰："從東方來，由客後西，居其左受皮也。執皮者既授，亦自前西而出。"

張氏曰："當公於堂上受幣，士亦於堂下受皮。"

賓出，當之，坐攝之。

註曰："象受于賓。"

張氏曰："士初受皮，仍如前張之。及賓出降至庭，乃對賓坐而攝之，當對也。"

公側授宰幣，皮如入，右首而東。

註曰："如入，左在前。皮右首者，變于生也。"

敖氏曰："右，當作左字之誤也。《士昏禮》皮左首，此亦宜然。入時不言左首，故於此因見之。東，適東壁也。亦逆退。此庭實之儀當與昏禮參考。"

郝氏曰："庭實則有司受，玉帛則君親，故圭璧皆曰'側授'，無擯贊也。如入，謂士受皮者亦如初入，内攝也。右首，以首居右。獻禽者左首，以尊者在左也。受者右首，避尊也。"

張氏曰："執皮者如入時，行在前者立在左。此受皮者東行，亦立在左者行在前，故云'如入'也。《曲禮》云'執禽者左首'，此右首，是變於生。"

世佐案，"皮如入"，謂其攝之之法及右首也。右首而東，首在南也，立在右者行在前。《士昏禮》左首，而此則右首，安知非君禮之變于士者乎？敖氏改右爲左，汏矣。

右享。

聘于夫人用璋，享用琮，如初禮。

註曰："如公立于中庭以下。"

敖氏曰:"聘享皆致聘君之命也。夫人不可以親受,君代受之。其受之之禮,則皆與己之所受者同,以夫妻一體也。不言束帛加琮,省文耳。"

右聘享于夫人。

若有言,則以束帛,如享禮。

註曰:"有言,有所告請,若有所問也。記曰'有故,則束帛加書以將命',《春秋》'臧孫辰告糴于齊','公子遂如楚乞師','晉侯使韓穿來言汶陽之田',皆是也,無庭實也。"

敖氏曰:"'若有言',因聘以達之,故卒聘而後行此禮也。此如'秦伯使西乞術來聘,且言將伐晉'之類。"

右因聘有言。

擯者出請事,賓告事畢。

註曰:"公事畢。"

敖氏曰:"上云'請命',此云'請事'者,以其將命之禮已畢故也。"

賓奉束錦以請覿。

註曰:"覿,見也。鄉將公事,是欲交其歡敬也。不用羔,因使而見,非特來。"

疏曰:"卿初仕,見己君及卿皆見以羔。若諸侯相朝,其臣從君亦得執羔見主君。定公八年經書'公會晉師于瓦',《左傳》云'范獻子執羔,趙簡子、中行文子皆執鴈',亦是從君見主君法也。"

擯者入告,出辭。

註曰:"客有大禮,未有以待之。"

敖氏曰:"辭,欲其後之也。賓既將公事,主人宜先盡其待賓之禮,賓乃可行其私事也。不辭其覿者,已受其君禮,則不必辭其臣禮也。"

請禮賓。賓禮辭,聽命。擯者入告。

註曰:"告賓許也。"

敖氏曰:"'請禮'之'禮',當作'醴'字之誤也。是禮主於醴,故雖用幣,猶以醴名之。此請醴之辭蓋曰:'子以君命辱於敝邑,寡君有不腆先君之禮,請醴從者。'賓曰:'使臣既得將命矣,敢辭。'曰:'寡君固曰不腆,敢固以請。'曰:'某辭不得命,敢不敬從。'"

宰夫徹几改筵。

註曰:"將禮賓,徹神几,改神席,更布也,賓席東上。《公食大夫禮》曰:'蒲筵常,緇布純,加萑席尋,玄帛純。'此筵上、下大夫也。《周禮》曰'筵國賓于牖前,莞筵紛純,加繅席畫純,左彤几'者,則是筵孤也。孤彤几,卿大夫其漆几與?"

疏曰:"'賓席東上',對前爲神而西上也。《司几筵》有五几,從上向下序之:天子玉几,諸侯雕几,孤彤几,卿大夫漆几。下有素几,喪事所用,差次然也。無正文,故云'與'以疑之。"

世佐案,以差次求之,孤、卿、大夫皆彤几,士漆几。《士昏禮》云"主人拂几,授校"是也。

公出,迎賓以入,揖讓如初。

註曰:"公出迎者,己之禮,更端也。"

敖氏曰:"出,出廟門也。公於門内之揖不盡與曏者同處,乃云'如初'者,見其亦三揖耳。"

公升,側受几于序端。

敖氏曰:"公升亦如初也。公與賓升,皆北面,當楣而立,不拜至。醴賓之禮當拜至,此不者,其辟朝君之儐禮與?《周官・司儀》言諸侯相朝之禮云'登再拜',下云'儐亦如之',則其儐禮拜至可見矣。"

世佐案,側,東西節也。序端,南北節也。不受几于立處,而迎受于此者,尊賓之意,示其親奉以進也。

宰夫内拂几三,奉兩端以進。

註曰:"内拂几,不欲塵坋尊者。以進,自東箱來授君。"

敖氏曰:"内拂几,以袂内鄉而拂之也。先言拂,乃言奉,是拂時几猶在地也。未至公所而内拂几,敬也。奉兩端,謂横執之。凡執几,皆横執之,惟設時乃縮也。宰夫横執几而奉兩端,别於賓主也。賓主授受則各執一廉。進,進于序端,南面以授公。"

世佐案,下云"公東南鄉",則宰夫進几蓋西北鄉也。敖云"南面",非。進者措諸公前而已,不親授也。

公東南鄉,外拂几三,卒,振袂,中攝之,進,西鄉。

疏曰:宰夫奉几兩端,故公中攝之,復擬賓用兩手在公手外取之故也。

敖氏曰："宰夫既拂几，公又親重拂之，敬也。卒，謂既拂也。振袂，去塵也。中攝之，謂二手於几之中央攝之也。授几而中攝之，亦君禮異也。進，西鄉于筵前，賓是時猶在西階上，北面。"

世佐案，是時，賓亦在西楹西，東面，故公自序端而進，西鄉鄉之。

擯者告。

註曰："告賓以公授几。"

賓進，訝受几于筵前，東面俟。

註曰："未設也。"

敖氏曰："俟公拜，宜鄉之。下放此。"

世佐案，賓進自西楹西，進而東行，少北也。訝，迎也，相鄉而受曰訝受。筵前，牖前也。《周禮・司几筵職》云"筵國賓于牖前"，是也。俟者，執几而待公拜送也。

公壹拜送。

註曰："公尊也。"

疏曰："賓再拜稽首，公乃壹拜，當空首，故云'公尊也'。"

朱子曰："此經云'公拜送'，而下文乃云'賓答再拜'，此疏反云賓再拜而公乃拜，誤矣，其言空首則得之。"

敖氏曰："壹拜者，送几之常禮。必著之者，以賓答再拜稽首，嫌此拜爲再拜也。公及賓拜或不言北面者，可知也。"

賓以几辟，北面設几，不降，階上答再拜稽首。

註曰："不降，以主人禮未成也。凡賓左几。"

疏曰："《鄉飲酒義》云：'啐酒，成禮也，於席末。'設几主爲啐酒。今未啐醴[①]，故云'禮未成也'。云'凡賓左几'者，對神右几也。"

敖氏曰："不降者，辟盛禮也。此醴賓之禮，以用幣之時爲盛。"

宰夫實觶以醴，加柶于觶，面枋。

註曰："酌以授君也。君不自酌，尊也。宰夫亦洗升實觶，以醴自東

① "啐醴"之"醴"字原作"酒"，校本作"醴"，《通解》、楊氏、各注疏本及汪氏翻刻單疏本同，據改。

箱來，不面擸，不訝授也。”

疏曰：宰夫上授几時，自下而升東箱，今當亦然。經不言者，略賤也。從《通解》節本。

敖氏曰：“宰夫酌醴，面枋而並授，贊者授觶之正禮也。説又見《士冠禮》。”

郝氏曰：“加柶面枋，以匙柄向前也。宰夫將代送觶，故不面葉，禮敵，則贊者面葉授主人，主人轉授賓，柄在内，便賓執也。主尊，贊者代授則否。”

世佐案，面枋，前其枋也。前其枋者，柶蓋仰矣。《士冠禮》“贊者酌醴，加柶覆之，面葉”，此不者，亦君禮之異也。所以異者，以其有訝授[①]、並授之辨也。訝授者必面葉，使受者得前其枋以授所禮者。竝授則不須面葉，而受者亦得前其枋以授所禮者矣。授所禮者必前其枋，便其以柶扱醴也。下經云“公側受醴”，而郝乃謂宰夫代送，何其顯與經背邪。

公側受醴。

敖氏曰：“受醴不言序端者，如受几可知。公既受醴，亦進筵前西北面。”

世佐案，受於堂側序端，亦東南鄉，宰夫在其左。

賓不降，壹拜，進筵前受醴，復位，公拜送醴。

註曰：“賓壹拜者，醴質，以少爲貴。”

敖氏曰：“壹拜，亦受醴之通禮。必著之者，嫌賓拜當再拜稽首也。賓於公乃不降而壹拜，亦辟受幣之儀也。授几、授醴，其禮均而賓之拜不同者，彼答公拜，此則先拜，不無輕重也。位，西階上北面位。”

世佐案，復位，復西楹西東面位。上不著其位，而此云“復”，則其與聘時同可知。

宰夫薦籩豆脯醢，賓升筵，擯者退負東塾。

註曰：“事未畢，擯者不退中庭，以有宰夫也。”

敖氏曰：“必言籩豆者，經蓋見一脯一醢之器也。擯者退，負東塾者，是時賓方有祭薦、祭醢、啐醴之儀，其事稍久，故於此俟之。擯者至此方

① “授”原作“受”，校本作“授”，且作“授”與下文之“訝授”合，據改。

退，則是送几、授醴之類皆擯者告之矣，經不盡見之也。凡擯者之退，近則中庭，遠則負塾，皆視後事之久速以爲節。"

世佐案，退，自階下而退也。擯者相禮皆在階下，暫退則在中庭，事畢而退則負東塾。今事未畢而退負塾者，疏云以其間有宰夫相，己無事故也。豈飲食之禮相之者皆宰夫與？夫相，相君耳。下文自"賓祭脯醢"至"奠于薦東"，皆賓之禮，無事于相，則疏説殆不可通。敖云"視後事之久速以爲節"，得之。

賓祭脯醢，以柶祭醴三，庭實設。

註曰："庭實，乘馬。"

敖氏曰："賓祭醴而庭實設以爲節也。下'公用束帛'及'擯者進'之節皆放此。庭實亦設于西方，西上。"

世佐案，註以庭實爲乘馬者，以下文"賓執左馬以出"知之也。然庭實本無定例，或皮或馬，唯所有耳。經於享禮言皮，於禮賓言馬，互見也，註似泥。

降筵，北面以柶兼諸觶，尚擸，坐啐醴。

註曰："降筵，就階上。"

疏曰：以左手執觶，右手以柶祭醴訖，降筵，北面以柶兼并於觶，兩手奉之也。《鄉飲酒》賓主獻酢，卒爵各於其階。此"降筵，啐醴"，明亦在西階之上。

敖氏曰："尚擸，以擸鄉上也。必以柶兼諸觶者，欲便於啐醴也。"

郝氏曰："尚、上同，擸、葉通。柶端寬薄曰葉。"

張氏曰："擸，音獵，又音拉，折也，又持也，於義並難通。案《冠禮》、《昏禮》'面葉'，葉，柶大端也。古文葉作擖，擖音葉，箕舌也，與匙頭相類，可以借用擸字，或擖字之譌。尚擸，即尚葉也。尚葉者，仰柶端向上也。"

世佐案，以柶兼諸觶，并之左手也。既以右手之柶并之左，仍兩手奉觶，亦取不游手之義。尚擸者，倒執之，變于建也。凡執柶者，持其枋。葉、擖、擸三字音義皆同，張以擸爲譌，非。

公用束帛。

註曰："致幣也，言用，尊于下也，亦受之于序端。"

敖氏曰："醴賓而用束帛庭實，所以將厚意，亦如儐禮也。"

建柶，北面奠于薦東。

註曰："糟醴不啐。"張氏曰："啐字誤。"

敖氏曰："上言兼柶尚擸，則此建柶亦尚擸明矣，故不言扱。奠，奠觶也。"

世佐案，建柶者，以柶插觶中，尚枋也。敖云"亦尚擸"，非。不卒觶者，醴濁，啐之而已。註"啐"，蓋"卒"字之譌。

擯者進，相幣。

註曰："贊以辭。"

敖氏曰："相幣，贊其授受之禮。"

賓降，辭幣。

註曰："不敢當公禮也。"

公降一等辭。

敖氏曰："辭者，止其降，且不許其辭。"

栗階升，聽命。

註曰："栗階，趨君命尚疾，不連步。"

張氏曰："聽命，聽致幣之命也。"

世佐案，栗階法見《燕禮記》。

降拜。

註曰："拜受。"

公辭。

註曰："不降一等，殺也。"

升，再拜稽首，受幣，當東楹，北面。

註曰："亦訝受而北面者，禮主於己，己，臣也。"

疏曰："前行聘享時，賓東面，主君西面，訝授受，但以奉君命，故賓不北面，此以主君禮己，己，臣也，故北面受，異於聘享時也。"

敖氏曰："當東楹，當其北也，其南北亦中堂。'受幣，當東楹'，其視爲君將幣者又過東矣。"

退，東面俟。

註曰："俟君拜也。不北面者，謙若不敢當階然。"

世佐案，東面答君而俟也。註説鑿。

公壹拜，賓降也，公再拜。

註曰："不俟公再拜者，不敢當公之盛也。公再拜者，事畢成禮也。"

敖氏曰："公壹拜而賓即降，不敢安受尊者之拜，因辟之而遂降也。賓已降，而公猶再拜者，送幣之禮當然，宜終之也。此皆所以相尊敬也。"

賓執左馬以出。

註曰："受尊者，禮宜親之也。效馬者并左右靮授之，餘三馬，主人牽者從出也。"

疏曰："《曲禮》云：'效馬、效羊者，右牽之。'效猶呈見，故謂牽馬人爲效馬者也。"

敖氏曰："左馬者，上也，故賓親執之。然則主人之庭實亦設於西方而西上也。主人庭實之位乃如賓者，因賓禮也。左執幣乃北面，右執馬，右"右"當作"左"。還而出。賓出，而公降立。"

上介受賓幣，從者訝受馬。

註曰："從者，士介。"

敖氏曰："從者，蓋賓之私臣也。受馬云'訝'，則幣並受矣。並受幣，訝受馬，皆變於賓主授受之禮也。"

右醴賓。

楊氏曰："聘禮既授玉、授享幣，則聘使之禮畢矣，於是徹几改筵以禮賓焉。前設几筵者，爲廟受聘禮，宜依神也。今徹几改筵，所以禮賓也。神席當室前之中，故註疏以扆前爲據。賓席在西北，故註以筵國賓于牖前爲據。賓席在牖前，其義何居乎？地道尚右，故牖前，西北之位，家、鄉、國皆以爲重。《士冠禮》子筵于户西，《士昏禮》婦席于户牖間，《鄉飲》席于牖前，《鄉射》賓席在於户牖之處，《周禮》筵國賓於牖前，其名不同，皆不越乎此位也。但天子、諸侯與大夫、士室房之制不同，故牖前亦少不同，義詳見於《鄉飲酒禮》。此禮賓之初有三節，受几也，受醴也，受幣也。三者公親受于序端，而後授賓，恭之至也。設几主爲啐醴，故受几、受醴皆於筵前。禮莫重於幣，故受幣當東楹。前行聘享時，賓東面，主君西面,訝〔授〕受①,以賓奉君命,不北面。此以主君禮賓,賓,臣也,故受幣北面。"

賓覿,奉束錦,總乘馬,二人贊,入門右,北面奠幣,再拜稽首。

註曰:"不請、不辭,鄉時已請也。覿用束錦,辟享幣也。總者,總八轡牽之。贊者,居馬間扣馬也。入門而右,私事自闑右。奠幣再拜,以臣禮見也。贊者,賈人之屬,介特覿也。"

疏曰:賓總八轡在前牽之,二人贊者各居兩馬間,各用左右手,手扣一匹也。《玉藻》云"公事自闑西",鄭註云"聘享也",又云"私事自闑東",註云"覿面也",此行覿禮,故引之。由闑東。介又不從,又自牽馬,又不升堂入幣,皆是以臣禮見也。

敖氏曰:"不以客禮見,故庭實在後,且奠幣於入門右之位而不敢授也。賓再拜稽首,而公不答拜者,不受此禮也。"

擯者辭。

註曰:"辭其臣。"

賓出。

註曰:"事畢。"

擯者坐取幣出,有司二人牽馬以從,出門,西面于東塾南。

註曰:"將還之也。贊者有司受馬乃出。凡取幣于庭,北面。"

敖氏曰:"西面于東塾南,鄉賓也。然則賓之外位常接西塾矣。牽馬者蓋在擯者之南,少退。"

擯者請受。

註曰:"請以客禮受之。"

賓禮辭,聽命。

註曰:"賓受其幣,贊者受馬。"

牽馬,右之,入設。

註曰:"庭實先設,客禮也。右之,欲人居馬左,任右手便也。於是牽

① "訝授受"原無"授"字,校本同,楊氏《圖》"訝"字下有"授"字,應據補。

馬者四人，事得伸也。《曲禮》曰：‘效馬、效羊者，右牽之。’”

敖氏曰：“云‘右之’，明牽者四人也。用四人，則左先隨入，而設於西方。”

賓奉幣，入門左。介皆入門左，西上。

註曰：“以客禮入，可從介。”

敖氏曰：“此以客禮入，則當自闑西。《玉藻》所云‘私事自闑東’者，但據始覿而言也。上介禮放此。”

公揖讓如初，升，公北面再拜。

註曰：“公再拜者，以其初以臣禮見，新之也。”

郝氏曰[1]：“公北面再拜，答其始入隆禮也。”

世佐案，醴賓之時不拜至，而於其私覿乃拜者，以其初入門奠幣，再拜答之也。郝説得之。是時賓亦西楹西，東面。

賓三退，反還，負序。

註曰：“反還者，不敢與授圭同。”

敖氏曰：“反還者，反西面而復東鄉也。三退而反還，愈不敢安矣。”

振幣進授，當東楹，北面。

敖氏曰：“此己禮也，故振幣去塵乃授君，以示敬。”

士受馬者自前還牽者後，適其右受。

註曰：“適牽者之右而受之也，此亦並授者，不自前左，由便也，便其已授而去也。受馬自前，變於受皮。”

疏曰：“此亦從東而來，由馬前者，馬是生物，恐驚，故由前，是‘變於受皮’也。”

張氏曰：“牽馬者四人，各在馬西。右手牽馬，北面立。士受馬者從東方來，由馬前各繞牽馬者之後，在人東馬西而受之。牽馬者自前西行而出。此受馬亦視堂上受幣以爲節也。”

牽馬者自前西，乃出。

世佐案，牽馬者西行乃出，則庭實之設于東方可見矣。敖云“亦設于

---

① “郝”原作“敖”，校本作“郝”，此節引文屬郝敬《節解》，據改。

西方”，誤。

賓降，階東拜送，君辭。

註曰：“拜送幣于階東，以君在堂，鄉之。”

疏曰：“賓拜送幣者，私覿己物故也。前享幣不拜送者，致君命，非己物故也。”

敖氏曰：“拜於西階東，别於己君也。凡臣於異國之君，其拜下者皆不當階。拜於階下者，己臣也，拜君命亦然。”

拜也，君降一等，辭。

註曰：“君乃辭之而賓由拜，敬也。”

敖氏曰：“辭者，止其又拜。”

世佐案，註“乃”字當是“已”字之譌。由、猶通。

擯者曰：“寡君從子，雖將拜，起也。”

敖氏曰：“君降一等辭，而賓又將拜，故擯者云然。”

世佐案，敖説非。此即公降一等之時，擯者所釋之辭也。凡公之辭賓，皆擯者贊之。《燕禮》亦云“公命小臣辭”，是也，經特於此著之耳，餘不見者，可以意求之也。

栗階升，公西鄉，賓階上再拜稽首，公少退。

註曰：“爲敬。”

敖氏曰：“君尊，乃少退辟之者，答其反還之意也。”

賓降，出，公側授宰幣，馬出。

註曰：“廟中宜清。”

敖氏曰：“於賓之降也，介亦逆出。”

公降立。

右賓私覿。

擯者出請。

世佐案，亦請之于賓，而賓乃爲言其介之將覿也。

上介奉束錦，士介四人皆奉玉錦束，請覿。

註曰：“玉錦，錦之文纖縟者也。禮有以少文爲貴者。後言束，辭之便也。"

郝氏曰:"織彩曰錦,玉錦,素光如玉也。"

擯者入告,出許。上介奉幣,儷皮,二人贊。

註曰:"儷,猶兩也。上介用皮,變於賓也。皮,麋鹿皮。"

敖氏曰:"賓,卿也。私覿之庭實用乘馬。上介,大夫也,用儷皮。士介不用庭實,此固禮之差等,然亦因其禄之厚薄而爲之品節焉。禮意、人情並行無間,於此見之矣。"

世佐案,於賓覿言馬,於介言皮,亦互見耳。皮以兩,殺于賓也。二人贊,人執一皮也。其執之之法[1],蓋如享禮。

皆入門右,東上,奠幣,皆再拜稽首。

敖氏曰:"皆者,皆上介及衆介也。其行之序,則上介先,贊皮者並而從之,衆介又次之。其立之序,則上介在東,衆介次而西,贊皮者北面立于上介之後。於介之奠幣也,贊皮者奠皮而先出。上介、士介尊卑異,乃同覿者,尊君,不敢自分别,且辟賓禮也。"

擯者辭,介逆出。

敖氏曰:"其意皆與賓禮同。"

擯者執上幣,士執衆幣,有司二人舉皮,從其幣,出請受。

註曰:"此請受,請于上介也。擯者先即西面位請之,釋辭之時,衆執幣者隨立門中而俟。"

疏曰:"言'隨'者,謂相隨從,故《昏禮記》云'納徵執皮,隨入',註云'爲門中阨狹',記云'凡庭實,隨入,左先',明此出時亦隨出而立也。案《匠人》云'廟門容大扃七个',註'大扃,牛鼎之扃,長三尺,七个,則二丈一尺',闑東,明不得並出也。"朱子曰:"'闑東'下疑有脱字。"

敖氏曰:"'其幣',上介之幣也。二人舉皮,亦並行而出。'出請受'者,言其出爲請受也。"

世佐案,上幣,上介之束錦也。衆幣,士介四人之玉錦也。其出之次,擯者在前,舉皮者從之,執衆幣者在其後。經以尊卑爲序,故先言士耳。時猶未請受也,而先著其故於出之下,亦經中之一例也。

---

① "執之之法","之"字原不重出,校本重出"之"字,於文意較洽,據補。

委皮南面。

註曰："擯者既釋辭，執衆幣者進即位，有司乃得委之。南面，便其復入也。委皮當門。"

敖氏曰："執皮者從上擯出門，不俟上擯之釋辭，即委皮而退。執衆幣者於是由皮東而進。委皮不於東塾南，辟執衆幣者，且變於馬也。"

世佐案，委皮之節，敖得之。南面，蓋于門外近東。

執幣者西面北上。擯者請受。

註曰："請于上介也。上言其次，此言其位，互約文也。"

疏曰："以理推之，上當言'擯者執幣，士四人北面東上，坐取幣從。有司二人坐舉皮，從其幣出，隨立於門中。擯者出門西面，于東塾南請受。士執幣者進立擯南，西面北上。執皮者南面委皮于門中，北上'，如是乃爲文備也。"

敖氏曰："不言東塾南，可知也。"

世佐案，以理推之，當言擯者執上幣，有司二人舉皮從，士執衆幣，皆出。舉皮者南面委皮，退，執幣者西面于東塾南，北上，擯者請受。此其事之次也。註疏泥于經文之次，且不知上文所言"請受"乃爲目下事之例，似失其實。今依敖説正之。

介禮辭，聽命，皆進，訝受其幣。

註曰："此言皆訝受者，嫌擯者一一授之。"

敖氏曰："聽請受之命者，上介也，而士介亦皆訝受其幣者，此時統於尊者，而不敢異之也。介既受幣，贊者乃南面取皮。"

上介奉幣，皮先，入門左，奠皮。

註曰："皮先者，介隨執皮者而入也。入門左，介至揖位而立。執皮者奠皮，以有不敢授之義。"

疏曰："賓覿時，'幣入門左，介皆入門左，西上。公揖讓如初，升'，賓至此待揖而後進，明此介亦至揖位而立。"

敖氏曰："奠皮而不敢授，示遠下於賓。介奉幣而皮入，介入門左而奠皮，節也。奠皮之處，亦參分庭一在南。"

公再拜。

註曰："拜中庭也。不受于堂，介賤也。"

敖氏曰："公拜蓋西面也，下放此。"

介振幣，自皮西進，北面授幣，退復位，再拜稽首送幣。

註曰："進者，北行，參分庭一而東行，當君乃復北行也。"

敖氏曰："進者，北行，將至中庭，與公稍相當，乃東行，及公左而北面。公還南面受幣也。此發於入門左之位，而云'自皮西進'，則是凡庭實皆設于西方，參分庭一在南明矣。介退，公復西鄉。介拜亦北面。"

世佐案，介位在門左，士介之西。北面西上。皮在末介之東，少北。三分庭一在南。上介發位北行，當三分庭一在南，乃折而東行，及皮西，又北行，鄉君而授幣也。進者，自皮西而北行也，是時公在中庭，皮西正當公之南，則皮更在東明矣，敖説非。

介出。宰自公左受幣。

註曰："不側受，'受'當作'授'。介禮輕。"

敖氏曰："公不離位，宰就而受之，殺於賓禮也。"

世佐案，此宰受公幣，亦豈有贊公授之者，而經不云側，益可見上之云"側"者，必不當訓獨矣。疏乃謂不云側，當有贊者，則惑甚也。是時，公南面，宰自東來就之，故自其左。

有司二人坐舉皮以東。

張氏曰："上介覿禮竟。"

擯者又納士介。

註曰："納者，出道入也。"

士介入門右，奠幣，再拜稽首。

註曰："終不敢以客禮見。"

敖氏曰："終不敢以客禮見者，以曏者惟上介聽命故也。此與初禮同，乃復爲之者，以既受幣，復入，則禮更端也。"

擯者辭，介逆出。擯者執上幣以出，禮請受。賓固辭。

註曰："禮請受者，一請受而聽之也。賓爲之辭，士介賤，不敢以言通於主君。固，衍字，當如面大夫也。"

疏曰："案下士介面大夫時，'擯者執上幣出，禮請受，賓辭'，無'固'字，故知此'固'衍字。"

敖氏曰："奠幣者四人，擯者惟執其上幣以出，又但禮請受而已，皆殺於上介也。請者，西面請於士介。固辭者，決不從命之稱也，以其決不從命，故士介賤，則不敢辭，而賓爲辭之，一辭而得遂，亦可謂之固。記放此。"

世佐案，上幣，士長一人之玉錦也。唯執其上幣以出者，曏既與上介同請受矣，此其再也。再，故略與？云"固辭"者，以其再請受，而賓又爲之辭，故云"固"。註云衍字，非。

公答再拜，擯者出，立于門中以相拜。

註曰："擯者以賓辭入告，還立門中，閾外西面，公乃遥答拜也，相者贊告之。"

敖氏曰："公曏欲親受幣，故不受其奠幣之拜。士介終不敢授，公乃答之。"

郝氏曰："公答再拜，答于庭也。衆介在外，公拜内。擯者出，立門中贊拜，達其禮于衆介也。"

世佐案，公於士亦答拜者，以其非己臣也。《曲禮》云"君於士不答拜也，非其臣則答拜之"是也。門中，當兩闑之間也。《論語》云"立不中門"，而擯者乃西面于此，以其爲相拜，且不正南面、正北面而立也。

士介皆辟。

註曰："辟，於其東面位逡遁也。"

敖氏曰："必著此者，嫌旅拜之於内，則在外者不必辟也。辟者，所以爲敬，且明其拜之主於己也。"

士三人東上，坐取幣立。

註曰："俟擯者執上幣來也。"

擯者進。

註曰："就公所也。"

敖氏曰："進至中庭，以上幣示公。"

宰夫受幣于中庭以東。

敖氏曰："受幣，受上幣於擯者。"

張氏曰："註云'使宰夫受於士'，實則宰夫止受擯者所執，其餘則執幣者執以從之而東，經文自明。”

執幣者序從之。

敖氏曰：“士三人從宰夫也。”

張氏曰：“以上衆介覿。”

世佐案，敖説得經意，註誤，今削之。

右介私覿。

擯者出請，賓告事畢。

註曰：“賓既告事畢，衆介逆道賓而出也。”

擯者入告，公出送賓。

註曰：“公出，衆擯亦逆道。紹擯及賓竝行，間亦六步。”

世佐案，上擯道公出，承擯、紹擯之止于每門者亦逆出，至庫門内，負東塾而立也。

及大門内，公問君。

註曰：“鄉以公禮將事，無由問也。賓至始入門之位，北面，將揖而出，衆介亦在其右，少退，西上，於此可以問君居處何如，序殷勤也。時承擯、紹擯亦於門東，北面東上，上擯往來傳君命，南面。蘧伯玉使人於孔子，孔子問曰：‘夫子何爲？’此公問君之類也。”

朱子曰：“所引《論語》非聘事，意略相類耳。”

敖氏曰：“曏者行禮之時，各有其節，不可亂之，故問勞之事至是乃爲之也。”

賓對，公再拜。

註曰：“拜其無恙。公拜，賓亦辟。”

公問大夫，賓對。公勞賓，賓再拜稽首，公答拜。

註曰：“勞以道路之勤。”

公勞介，介皆再拜稽首，公答拜。賓出，公再拜送，賓不顧。

註曰：“公既拜，客趨辟。君命上擯送賓出，反告賓不顧，於此君可以反路寢矣。《論語》説孔子之行曰：‘君召使擯，色勃如也，足躩如也。賓退，必覆命曰賓不顧矣。’”

疏曰：案送賓用上擯，孔子爲下大夫而得爲上擯者，君使攝也。

郝氏曰："賓不顧，去無答也。凡主人拜送賓，賓皆不顧①。賓道難進易退也。"

右賓出。

世佐案，《周禮·司儀職》云："及中門之外，問君；客再拜，對；君拜，客辟而對；君問大夫，客對；君勞客，客再拜稽首；君答拜，客趨辟。"此宜亦然，但文稍略耳。其問勞及對辭見彼。鄭註蓋亦以意爲之也。

賓請有事於大夫，公禮辭，許。

註曰："請，問，問卿也。不言問聘，聘亦問也，嫌近君也。上擯送賓出，賓東面而請之。擯者反命，因告之。"

疏曰："賓所請問卿，宜云'有事于某子'。"

敖氏曰："大夫者，卿也，下大夫嘗使至者亦存焉。將問大夫，乃先請之於其君者，明其以君故而問之也。不於内遂請之者，尊者之禮未終，不宜以卑者之事亂之也。賓請，公辭、許皆擯者傳之。"

郝氏曰："必請于主君，臣無私交也。"

賓即館。

註曰："少休息也。即，就也。"

疏曰："此一日之間其事多矣，明旦行問卿，暫時止息。"

卿大夫勞賓，賓不見。

註曰："以己公事未行，上介以賓辭辭之。"

疏曰："其聘享公事已行，仍有問大夫之等公事未行，故不敢見。"

敖氏曰："其勞以爵之高下爲先後，不同時。"

大夫奠鴈再拜，上介受。

註曰："不言卿，卿與大夫同執鴈，下見於國君。《周禮》凡諸侯之卿見朝君，皆執羔。"

敖氏曰："大夫，兼卿言也。又攷此篇，凡於卿所爲之事，但發端言卿，以見其爵而已，其後則惟言大夫，不復言卿也，是其例然爾。大夫即於館之外門外東面奠之，上介受之亦東面。"

---

① "拜送賓賓皆不顧"，"送"字下二"賓"字原不重出，校本重出"賓"字，與《節解》同，據補。

張氏曰："註見朝君，見來朝之君也。卿見來朝之君執羔，此見來聘之賓執鴈，是下於見朝君也。"

勞上介，亦如之。

敖氏曰："勞之於其館，上介亦不見，士介爲受鴈也。"

右卿、大夫勞賓、介。

君使卿韋弁，歸饔餼五牢。

註曰："變皮弁，服韋弁，敬也。韋弁，韎韋之弁，兵服也，而服之者，皮韋同類，取相近耳。其服蓋韎布以爲衣而素裳。牲殺曰饔，生曰餼。"

疏曰："《周禮·春官·司服》王之吉服有九，祭服之下先云'兵事，韋弁服'，後云'視朔，皮弁服'，則韋弁尊於皮弁，故云'敬也'。有毛則曰皮，去毛熟治則曰韋。本是一物，有毛無毛爲異，故云'取相近耳'。鄭註《司服》云'韋弁，以韎韋爲弁，又以爲衣裳'，又'晉郤至衣韎韋之跗注'，《鄭志》解此跗注，以跗爲幅，以注爲屬，謂制韋如布帛之幅而連屬爲衣及裳。今此鄭云以韎布爲衣而素裳，全與兵服異者，鄭以意量之，此爲賓館於大夫、士之廟，既爲入廟之服，不可純如兵服，故爲韎布爲衣而素裳。《鄭志》兵服，以其與皮弁同白舄，故以'素裳'解之，此言'素裳'，又與《鄭志》同。若然，唯變其衣耳，以無正文，故云'蓋'以疑之也。"

陳氏詳道曰：《周禮》有韋弁無爵弁，《書》"二人雀弁"，《儀禮》、《禮記》有爵弁無韋弁。士之服止於爵弁，而荀卿曰"士韋弁"，孔安國曰"雀，韋弁也"，則爵弁即韋弁耳。又曰弁象古文形，則其制上鋭如合手然，非如冕也。韋，其質也。爵，其色也。《士冠禮》再加皮弁，三加爵弁，而以爵弁爲尊。《聘禮》王卿世佐案，"王卿"之"王"，恐是"上"字之譌，或當作"主卿"，爲主國之卿也。贊禮，服皮弁，及歸饔餼，服韋弁，而以韋弁爲敬。韎色赤，爵色亦赤，即一物耳。

敖氏曰："韋弁即爵弁也，其服純衣、纁裳、韎韐、纁屨。韋弁加於皮弁，而歸饔餼用之者，變於聘服，且敬也。"○又曰："案陳氏以爲爵弁即韋弁，其説近是。今攷經傳，見物色之言爵者，於爵弁之外，惟曰爵韠、爵韋耳。若絲與布之類，則皆絶不聞其或以爵名之者。以是參之，則爵弁其果以韋爲之與？然禮經言士之服則曰'爵弁'，言大夫以上之服則曰'韋弁'，是其物雖同，而名則以尊卑而異，蓋必有義存焉。但禮文殘缺，未能定也。"

郝氏曰:"韋弁,熟皮爲弁兜鍪之屬,戎服之冠。犒大衆戎服,敬其事也。歸,送也。五牢:飪一、腥二,皆饔也,生二,皆餼也。"

世佐案,此韋弁與《周禮》之所謂"韋弁服"名同而實則異也。郝以爲即兜鍪之屬,誤矣。蓋《周禮》之韋弁服自爲兵服,其制見《春秋傳》。此經所謂韋弁自爲禮服,其制蓋如皮弁而異其色與?以服之次第求之,則尊于皮弁,而與士之爵弁等也。《周禮》不言爵弁者,以此服唯有承天變時及天子哭諸侯乃服之,所服非常,故列天子吉服不言之也。若即以所謂韋弁服當之,則其言士之服也,何以但云"自皮弁而下",而不及韋弁耶?以此斷之,陳説亦未爲得也。

上介請事,賓朝服禮辭。

註曰:"朝服示不受也,受之當以尊服。"

有司入陳。

註曰:"入賓所館之廟,陳其積。"

敖氏曰:"賓禮辭而許,乃入陳也。"

饔。

註曰:"謂飪與腥。"

敖氏曰:"殺牲而割亨焉曰饔。《周官》内外饔皆掌割亨之事,斯可見矣。是禮有飪、有腥,乃曰'饔'者,主於飪而言也。"

飪一牢,鼎九,設于西階前,陪鼎當内廉,東面北上,上當碑,南陳,牛、羊、豕、魚、腊、腸胃同鼎,膚、鮮魚、鮮腊,設扃鼏,膷、臐、膮,蓋陪牛、羊、豕。

註曰:"陪鼎,三牲臛膷、臐、膮陪之,庶羞加也。當内廉,辟堂塗也。腸胃次腊,以其出牛羊也。膚,豕肉也,唯燖者有膚。此饌先陳其位,後言其次,重大禮,詳其事也。宫必有碑,所以識日景,引陰陽也。凡碑,引物者,宗廟則麗牲焉,以取毛血。其材,宫廟以石,窆用木。"

疏曰:案公食大夫庶羞非正饌,故在正鼎後而言加也。君子不食圂腴,犬豕曰圂[①],故牛羊有腸胃而無膚,豕則有膚而無腸胃也。從《儀禮圖》

① "犬"原作"大",校本作"犬",與楊氏《圖》同,據改。

節本。

聶氏曰："牛鼎受一斛，天子飾以黄金，諸侯飾以白金，今以黍寸之尺計之，口徑、底徑及深俱一尺三寸，三足如牛，每足上以牛首飾之。羊、豕二鼎亦如之。此所謂周之禮，飾器各以其類之義也。羊鼎受五斗，大夫亦以銅爲之，無飾，以黍尺計之，口徑、底徑俱一尺，深一尺一寸。豕鼎受三斗，口徑、底徑皆八寸，深九寸，彊士以鐵爲之，無飾。或説三牲之鼎俱受一斛，案牛、羊、豕鼎扃長短不同，鼎宜各異，或説非也。鼎冪，案《公食大夫禮》云：'冪者，若束若編。'註云：'凡鼎冪蓋，以茅爲之，長則束本，短則編其中央。'此蓋令其緻密不洩氣也。扃以舉鼎，鄭註《匠人》云：'牛鼎之扃長三尺，羊鼎之扃長二尺五寸，豕鼎之扃長二尺，漆丹，兩端各三寸。天子以玉飾兩端，諸侯以黄金飾兩端，亦各三寸，丹飾。'"

朱子曰："註内'景'下'引'字疑當作'别'。又，今禹墓窆石尚存，高五六尺，廣二尺，厚一尺許，其中有竅，以受綍引棺者也，然則窆亦用石矣。《檀弓》云：'公室視豐碑，三家視桓楹。'豈天子諸侯以石，故謂之碑，大夫以下用木，故謂之楹歟？廟中同謂之碑，則固皆謂石也。"

楊氏曰："腸胃同鼎，謂牛羊腸胃同一鼎，不異，其牛羊腴賤也。"

敖氏曰："先言飪，上之也。内廉，西階之東廉也。陪鼎當内廉，而不正設於階前者，明其加也。上當碑，謂牛鼎、膷鼎南北之節也。飪鼎以牛爲上，陪鼎以膷爲上。古者宫庭有碑，蓋居其庭東西南北之中，所以識深淺也。蓋，發語辭。云'陪牛、羊、豕'，明其鼎相當也。"

郝氏曰："烹熟曰飪。一牢，殺牛、羊、豕各一烹之，實鼎九。先設賓階下，禮主饗也。陪鼎，副鼎。鼎主牛、羊、豕，故以鼎副之，即下文膷、臐、膮也。階邊曰廉，内廉，西階級升堂，東折角處。當，對也。鼎在階下，北當内廉，避堂途也。東面，鼎皆東向也。北上，鼎居北者爲首，以次而南也。上當碑，碑在廟庭中，鼎北與碑齊，並西，直陳而南也。九鼎：牛一，羊二，豕三，乾魚四，腊乾禽五，牛、羊腸胃同鼎六，膚純肉七，鮮魚八，鮮腊九也。扃，鼎鉉，詳《士冠禮》及《考工記・匠人職》。鼏，鼎蓋。膷，牛臛。臐，羊臛。膮，豕臛。有菜曰羹，無菜曰臛，即陪鼎之實也。蓋，語辭，釋所謂陪鼎者。陪三牲爲副鼎，以上皆飪鼎也。"

世佐案，經既云"北上"，又云"南陳"者，鼎與鼎序則以牛及膷爲上而在北，其下次而南，各鼎亦自有首末，向南陳之，其首又皆在北也，下放此。正鼎曰鼏，陪鼎曰蓋，皆所以覆鼎也。異其名者，鼏大而蓋小也。鼏以他物爲之，故云設。蓋與鼎同物，故不云設。言蓋而不言扃，陪鼎小，其手舉之與？先儒以"蓋"爲語辭，非。

腥二牢，鼎二七，無鮮魚、鮮腊，設于阼階前，西面，南陳如飪鼎，二列。

註曰："有腥者，所以優賓也。"

敖氏曰："'鼎二七'，降於子男也。《周官·掌客》言子男饔餼云'腥十有八'。'如飪'，亦如其北上，上當碑也。設鼎于階前，皆辟堂塗。其在西階前者宜少東，此則宜少西也。"

郝氏曰："生肉曰腥。二牢，殺牛、羊、豕各二，并魚、腊、腸胃、膚，皆以生肉爲鼎各二，共十四。無鮮魚、鮮腊，少飪鼎之二也。腥設于東，從生氣也。北當碑，東直陳而南，與西飪鼎東西各爲二列。以上皆腥鼎也。"

世佐案，此鼎不云"十有四"而云"二七"者，見其每牢七鼎，爲二行並設也。下云"二列"，即其設之之法矣。牛鼎之扃長三尺，而大夫之家廟庭蓋狹，若使二鼎並設于階前，恐於堂塗有碍。想其西一列亦當如飪之陪鼎，設當内廉與？内廉，則西階之東廉也。經不言者，蒙"如飪鼎"之文也。

堂上八豆，設于户西，西陳，皆二以竝，東上。韭菹，其南醓醢，屈。

註曰："户，室户也。東上，變於親食賓也。醓醢，汁也。屈，猶錯也。"

疏曰："謂其東上醓醢，醓醢西昌本，昌本西麋臡，麋臡西菁菹，菁菹北鹿臡，鹿臡東葵菹，葵菹東蝸醢，蝸醢東韭菹。案《周禮·天官·醢人》朝事之豆有八：韭菹、醓醢、昌本、麋臡、菁菹、鹿臡、茆菹、麇臡；饋食之豆：葵菹、蠃醢。此經直云'韭菹、醓醢，屈'，知此昌本以下八豆者，案《公食》下大夫六豆：韭菹、醓醢、昌本、麋臡、菁菹、鹿臡，又云上大夫八豆，鄭註云'記公食上大夫異於下大夫之豆數，加葵菹、蝸醢'，以充八豆。若然，案朝事八豆菁菹、鹿臡下，仍有茆菹、麇臡不取而取饋食葵菹、蝸醢者，案《少牢》正祭用韭菹、醓醢、葵菹、蝸醢，朝事、饋食之豆兼用之，明此賓上大夫亦兼用朝事、饋食之豆以充八豆可知。案《公食大夫》云'宰夫自東房薦豆六,設于醬東,西上',此云'東上',是'變於親食賓也'。此經菹醢不自相當,皆交錯陳之,故云'錯'也。"

敖氏曰:"'二以並'者,八豆皆兩兩而設也。東上者,每列以東者爲尊也。'韭菹,其南醓醢',見其爲二以並之位也。八豆惟言韭菹、醓醢,則爲朝事之豆可知,文省耳。云'屈'者,言設餘豆之法也。醓醢西昌本,昌北麋臡,臡西菁菹,菹南鹿臡,臡西茆菹,菹北麋臡,曲折而下,所謂屈也。設豆不綪而屈,亦歸禮之異者。"

世佐案,八豆,朝事之豆也。設之之法,經但舉二豆以示例,其他可推而知也。韭菹其南醓醢,則昌本之南爲麋臡,菁菹之南爲鹿臡,茆菹之南爲麋臡皆可知,此則所謂屈也。一菹一醢並設,所謂"皆二以竝"也。韭菹最東,昌本以下順而西,其南麋臡,最西鹿臡,以上遡而東,所謂南陳而東上也。以經文斷之,當如是。先儒各以己意立説,宜其紛紛而不一矣。堂上之饌必東上者,象賓席也。賓席于户西,東上,故此亦順之。

八簋繼之。黍,其南稷,錯。

疏曰:"繼者,繼八豆以西陳之。"

聶氏曰:"舊圖云:'内方外圓曰簋,足高二寸,漆赤中。'崇義案,鄭註《地官·舍人》、《秋官·掌客》及《禮器》云:'圓者簋,盛黍稷之器,有蓋,象龜形,外圓函方,以中規矩。天子飾以玉,諸侯飾以象。'又案《考工記》旊人爲簋,受一斗二升,高一尺,厚半寸,脣寸。又以黍寸之尺校之,口徑五寸二分,深七寸二分,底徑亦五寸二分,厚八分,足底徑六寸。又案賈疏解《舍人》註云'方曰簠,圓曰簋',皆據外而言也。"

敖氏曰:"八簋,黍、稷各四也。錯者,取二物相間之意。"

郝氏曰:"簋以盛黍稷,一黍居北,其南爲稷。二稷居北,其南爲黍。三黍居北,其南爲稷。四稷居北,其南爲黍,故謂錯也。"

六鉶繼之。牛以西羊、豕,豕南牛,以東羊、豕。

註曰:"鉶,羹器也。"

疏曰:"此不言綪、屈、錯者,綪文自具,故不言之也。"

朱子曰:"六鉶之位[①]:東北牛,東南豕,北羊,南羊,西北豕,西南牛。

① "鉶"原作"錯",校本作"鉶",《通解》同,與經文"六鉶"相合。據改。

是牛、豕常相變不相當,惟羊一物自相當。疏云'牛及豕二者相變'是也,而下乃云'羊、豕相當不相變',未詳何謂。"

郝氏曰:"六鉶,牛、羊、豕羹各二,繼簋而西,牛居東,西爲羊,又西爲豕,北一列也。豕南爲牛,牛東爲羊,又東爲豕,南一列也。"

兩簠繼之,粱在北。

註曰:"簠不次簋者,粱、稻加也。凡饌,屈、錯要相變。"

聶氏曰:"舊圖云:'外方内圓曰簠,足高二寸,挫其四角,漆赤中。'崇義案,《掌客》註云'簠,稻粱器',又《考工記》旊人爲簋及豆,皆以瓦爲之,雖不言簠,以簋是相將之器,亦應制在旊人,亦有蓋。疏云據祭天地之神尚質,器用陶匏而已,故《郊特牲》云'器用陶匏以象天地之性也'。若祭宗廟,則皆用木爲之。今以黍寸之尺計之,口圓徑六寸,深七寸二分,底徑亦五寸二分,厚八分,足底徑六寸,厚半寸,脣寸,所盛之數及蓋之形制並與簋同。"

敖氏曰:"粱在北,上也。凡米與食,則粱尊於稻。醴與酒,則稻尊於粱。以西夾饌位例之,則自簋以下亦皆西陳也。"

郝氏曰:"簠以盛稻、粱。兩簠,稻粱各一,繼鉶而西,粱居北,稻居南。"

八壺設于西序,北上,二以並,南陳。

註曰:"壺,酒尊也。酒,蓋稻酒、粱酒。不錯者,酒不以雜錯爲味。"

疏曰:下夫人歸禮,酸、黍、清各兩壺。此若與彼同有黍各兩壺,止成六壺,各三壺,則成九壺,皆不合八數,故知止是稻、粱,但無正文,故云"蓋"以疑之。知非稻、黍者,以稻、粱是加,相對之物也。又曰此陳饔餼,堂上及東西夾簋有二十,簠六,上文設飧時,與此堂上及西夾其對,則簋十四,簠四。案《掌客》設飧,公、侯、伯、子、男簋同十二,公簠十,侯伯簠八,子男簠六,又皆陳饔餼,其死牢如飧之陳,如何此中飧之簋數及饔餼之簠數皆多於君?彼是君禮,自上下爲差,此乃臣禮,或多或少,自是一法,不可與彼相並。又此中致饔餼於賓,醯醢百罋,米百筥。《周禮》上公罋筥百二十,侯伯罋筥百,子男罋筥八十。子男少於此卿大夫禮,禮或損之而益,此其類也。從《通解》節本。

敖氏曰:"八壺之酒:稻也,黍也,粱也。稻黍各二壺,稻在北,黍次之，粱四壺，又次之，蓋如設筥米之例。"

郝氏曰："酒八壺，順堂西牆自北而南，兩兩相對，向南陳也。終酒稻粱，禮主食，成于酒也。此以上，皆堂上之饌。"

世佐案，八壺之實，經無明文，以《周禮·酒正》、《酒人》二職及《内則》考之，其清酒、白酒與？八者，清白各四。知無五齊者，五齊是祭祀獻神所飲，非人常用故也。事酒、昔酒皆謂之白，則四白之中又事、昔各二也。北上，白爲上也。必北上者，别于食物也。先儒以稻、黍、粱三者配之而增減，以足八壺之數，皆未見其確。且稻、黍、粱乃三醴之名，與酒頗異，固不可援以證此也。

西夾六豆，設于西墉下，北上。韭菹，其東醓醢，屈。六簋繼之，黍，其東稷，錯。四鉶繼之，牛以南羊，羊東豕，豕以北牛。兩簠繼之，粱在西，皆二以竝，南陳。六壺西上，二以竝，東陳。

註曰："東陳，在北墉下，統於豆。"

疏曰："六豆者，先設韭菹，其東醓醢，又其東昌本，南麋臡，麋臡西菁菹，又西鹿臡。此陳還取朝事之豆，其六簋、四鉶、兩簠、六壺東陳，其次可知，義復與前同也。"

敖氏曰："西夾，西夾室也。東西室皆云夾者，以與正室夾房而立名也。六壺者，稻酒、黍酒、粱酒各二壺也。壺不著其所，蓋亦近於簠而設之，與在堂上者之位相似，下放此。"

郝氏曰："堂兩廂曰夾。西夾西側室，東向也。西墉，夾室西牆也。北上，堂在北，陳饌自北始。韭菹在西北，其東爲醓醢，醓醢之南昌本，昌本之南麋臡，麋臡之西菁菹[①]，菁菹之北鹿臡，鹿臡之北韭菹，故曰'屈'。六簋，黍稷各三，繼豆而南。黍在西北，東爲稷，稷南爲黍，黍西爲稷，稷南又爲黍，黍東又爲稷，故曰'錯四鉶'。牛二，羊、豕各一，繼簋而南，牛居西北，牛南爲羊，羊東爲豕，豕北爲牛，二牛相當，羊、豕并列也。兩簠，稻、粱各一，繼鉶而南，粱西稻東。豆、簋、鉶、簠皆兩兩相並而南，惟壺近簠，在南墉下，自西陳而東，亦以兩爲列，六壺並爲三列。以上，皆西夾之

① "麋"原作"麐"，校本作"麋"，《節解》同，據改。

饌也。”

姜氏曰:“南陳,謂六豆先設,韭菹其東醓醢,醓醢南昌本,昌本西麋臡,麋臡南菁菹,菁菹東鹿臡也。繼者,繼豆南也,餘並以此推之。疏訓六豆,誤以南陳爲東陳之位次,今正之。”

世佐案,夾者,以其夾輔乎堂名之也。不云室者,蓋南北通爲一,而不以牆隔之也。兩夾皆南向,郝云“東西相向”,非。北上,變于堂,且以兩夾狹而長故也。郝云“堂在北”,亦非。六豆之設,韭菹最北,其東醓醢,韭南昌本,其東麋臡,昌南菁菹,其東鹿臡也,二以並,南陳。云“皆”者,皆豆、簋、鉶、簠也。疏説之誤,朱子既嘗辨之,其後郝氏、姜氏各有更定六豆之次[1],郝與疏前説相符,姜同敖義。而皆非經意,故不取。西夾之饌北上,凡云“繼”者,繼而南也。楊氏《圖》作簋在豆東,鉶又在簋東,簠又在鉶東,蓋爲疏所誤。六壺以堂下之饌例之,當在簠南横設也。註云“在北墉下”,楊氏因置之豆北,皆非。

饌于東方亦如之。

註曰:“東方,東夾室。”

世佐案,之,指西夾也。如者,如其“六豆北上”以下至“皆二以並,南陳”之儀也,唯設于東墉下爲異。

西北上。

註曰:“亦韭菹,其東醓醢也。”

疏曰:於東壁下南陳,西北有韭菹,東有醓醢,次昌本,次南麋臡,次西有菁菹,次北有鹿臡,亦屈錯也。云“西北上”者,恐東夾饌從東壁南陳,以東北爲上,其西有醓醢,與西夾相對陳之,故云“西北上”,見雖東夾,其陳亦與西夾同。從《通解》節本。

張氏曰:“兩夾之饌,方位順同,非相對而陳也。”

世佐案,此自兩簠以上,設法皆與西夾同,已見上。疏説六豆之次與西夾小異,亦非也。楊氏《圖》尚仍西夾之誤,而於簋、鉶、簠三者皆相繼而西,尤與經不合。東夾之饌亦西上者,統於飪鼎也。

壺東上,西陳。

註曰:“亦在北墉下,統於豆。”

---

① “各有更定”之“更”校本作“所”。

朱子曰："凡言北上者皆南陳，西上者皆東陳。此經'西夾六豆，設于西墉下，北上'，至兩簠下結云'皆二以並，南陳'，又云'六壺西上，東陳，饌於東方亦如之，西北上，壺東上，西陳'，則是東西之饌自簠以上皆南陳，惟壺東西陳之。疏於東夾之豆亦云'於東壁下南陳'，其布置之次序亦是南陳。下又云'雖東夾，其陳亦與西夾同'，凡此皆與經文合。而布置西夾之豆乃東陳之，又以簋、鉶、簠皆與壺東陳，不惟與經文不合，而亦自相抵牾，殊不可曉，覽者詳之。"

郝氏曰："東方，東夾室西向，室雖東而饌亦如西夾，以西北爲上，從堂上與西階也。惟六壺在南墉下，自東而西，以順室之西向，成主人東面之義。因餼牢在門，亦東爲上也。此以上，東夾之饌也。"

世佐案，此著其異于西夾者也。豆簋之屬皆食物，故統于鼎。壺是飲器，故不統于鼎，自與西夾相對而陳也。西陳者，亦橫設于簠南，註誤。又案，堂上之饌爲賓設也，兩夾之饌爲其從者也。敖云堂上屬飪牢，兩夾屬腥牢，其説曲，故不載。

醯醢百甕，夾碑，十以爲列，醯在東。

註曰："夾碑，在鼎之中央也。醯在東，醯，穀，陽也；醢，肉，陰也。"

疏曰："案《既夕禮》云：'甕三：醯、醢、屑。'鄭註云：'甕，瓦器，其容亦蓋一觳。'《旊人》云'簋，實一觳'，又云'豆，實三而成觳'，四升曰豆，則甕與簋同受斗二升也。《禮器》云'五獻之尊，門外缶，門内壺，君尊瓦甒'，註云'壺大一石，瓦甒五斗'，即此壺大一石也。"

敖氏曰："'百甕'，醯、醢各半也。云'夾碑'，是居於鼎之中央而上者，少北於鼎矣。'醯在東'，醢爲尊也。設甕刊本作"甕"，誤。之位，飪在西，腥在東，足以見所尚矣。"

郝氏曰："醯，醋也。醢，肉醬也。'十以爲列'，謂左右直列，醯五行在碑東，穀味居左也；醢五行在碑西，肉味居右也。自'飪一牢'以下至此，皆所謂饔也。"

餼二牢陳于門西，北面東上。牛以西羊、豕，豕西牛、羊、豕。

註曰："餼，生也。牛、羊，右手牽之。豕東之，寢右，亦居其左。"

疏曰："案《特牲》云'牲在其西，北首，東足'，鄭註云'東足者，尚右也’，與此不同者，彼祭禮法，用右胖，故寢左上右。《士虞記》云‘陳牲于廟門外，北首，西上，寢右’，鄭註‘寢右者，當升左胖也’，變吉，故與此生人同也。”

敖氏曰：“餼陳于内者，以堂上庭中皆有所陳，宜與之相近，且門外有米、禾、薪、芻之車在焉，亦不足以容此餼禮故也。二牢爲一列，變於腥，亦以惟有牢故也。東上，門西之位然也，亦變於饔。○案註云‘寢右’，言其東上而西足也。”

郝氏曰：“自‘餼二牢’以下，皆所謂餼也。二牢，謂生牛、羊、豕各二。陳于廟門内，西北面向堂，自東而西，牛、羊、豕、牛、羊、豕，六牲相間，共爲一行。”

世佐案，門西，廟門内之西也。

米百筥，筥半斛，設于中庭，十以爲列，北上，黍、粱、稻皆二行，稷四行。

註曰：“庭實固當庭中，言當中庭者，南北之中也。東西爲列，列當醯醢南，亦相變也。此言中庭，則設碑近如堂深也。”

疏曰：上享時直言庭實入設，不言中庭，則在東西之中，其南北三分庭一在南，此更言中庭，欲明南北之中也。上文公立于中庭，宰受幣於中庭，皆南北之中也。知東西爲行者，以經云“北上”，若南北縱陳，止得言東西，不得言北上，何者？以黍、粱、稻及稷每行皆一種，無上下故也，明横陳可知，黍兩行在北，次粱兩行，次稻兩行，次南稷四行。所以不用稻爲上者，稻粱是加，黍稷是正，故黍爲上端，稷爲下端，以見上下而稻粱居其間。云“設碑近如堂深也”者，醯醢夾碑，向南陳之，今米筥，在醯醢之南，南下“南”字元本脱。北之中，則碑近北可知，言“堂深”者，猶若設洗，南北以堂深相似。若然，碑東當洗矣。

敖氏曰：“此米從餼者也。餼陳于内，故米宜從之。中庭乃東西之中，其南北之節，宜於庭少南。黍、稻、粱皆二行，而稷獨四行者，以其下也，故多之以足百筥之數。《掌客職》言待侯伯之禮，醯醢百甕，米百筥，此侯伯之卿，其米與醯醢之數乃與其君同，然則公與子男之卿亦可知矣。凡米以黍爲上，稷爲下，於此見之矣。食則以黍爲上，稻爲下。酒則稻爲上，粱爲下，而不用稷，蓋稷不可以爲酒故也。”

郝氏曰：“筥，竹器。半斛，五斗也。稷獨四行，稷，百穀長，用廣也。

此以上,皆陳于廟門内者。"

張氏曰:"醯醢南北列,米筥東西列,是相變也。"

世佐案,中庭説見上。凡庭實之設,皆在庭東南,故經不言中庭也。註疏説誤。

門外米三十車,車秉有五籔,設于門東,爲三列,東陳。

註曰:"大夫之禮,米禾皆視死牢。秉、籔,數名也。秉有五籔,二十四斛也。籔,讀若不數之數。"

疏曰:"下記云:'十斗曰斛,十六斗曰籔,十籔曰秉。'若然,一秉十六斛,又有五籔爲八斛,總二十四斛也。"

敖氏曰:"經凡言某陳者,皆謂其下鄉之也。此云'東陳',是西轅也,西陳者反是。云'爲三列',每列皆南北爲之,前列在西,後二列以次而東也。"

郝氏曰:"一車二十四石,三十車,共米七百二十石,設于門東,爲三列。每列車十乘,門爲上,以次陳而東也。"

世佐案,門外,大門外也。東陳,輪在西也。《考工記》云"察車自輪始",車之有輪,猶物之首也。首東尾西,故曰"東陳"。下言"西陳"者反是。爲三列者,十車爲一列,在北,其二列以次而南也,敖説非是。

禾三十車,車三秅,設于門西,西陳。

註曰:"秅,數名也。三秅千二百秉。"

疏曰:"下記云:'四秉曰筥,十筥曰稯,十稯曰秅,四百秉爲一秅。'三四十二,爲千二百秉也。"

敖氏曰:"禾不云三列,可知也。其列,則先東而後西。"

郝氏曰:"一車一千二百把,三十車爲禾三萬六千把。設于門西,亦門爲上,陳而西也。"

薪芻倍禾。

註曰:"倍禾者,以其用多也。薪從米,芻從禾。四者之車皆陳,北輈。凡此所以厚重禮也。《聘義》曰'古之用財不能均如此,然而用財如此其厚者,言盡之於禮也。盡之於禮,則内君臣不相陵而外不相侵,故天子制之而諸侯務焉爾。'"

疏曰:"薪可以炊爨,故從米陳之。芻可以食馬,故從禾陳之。"

敖氏曰:"'倍禾',謂車數也。獨言'倍禾'者,以其相類而相等故也。此唯言倍禾而已,不見其設之之法,則是二者之車亦各爲三列,而其陳亦皆如米禾之車與?"

郝氏曰:"'倍禾',則車各六十乘,薪芻各七萬二千把也。"

世佐案,倍者,倍其車數耳。每車束數未聞。薪芻之屬以束計,不以秉計。《詩》云"生芻一束"是也。郝云"各七萬二千把",恐非是。薪從米,亦東陳。芻從禾,亦西陳。

賓皮弁迎大夫于外門外,再拜,大夫不答拜。

註曰:"大夫,使者,卿也。"

敖氏曰:"賓不韋弁而皮弁者,嫌其加於己致君命時之服也。"

揖入,及廟門,賓揖入。

註曰:"賓與使者揖而入,使者止執幣,賓俟之于門内,謙也。古者天子適諸侯,必舍於大祖廟。諸侯行,舍于諸公廟。大夫行,舍于大夫廟。"

疏曰:"聘時主君揖入,立于庭,尊卑法,此賓與使者幣,朱子曰:"'幣'疑當作'敝'。"故賓在門内,謙也。諸公,大國之孤。若無孤之國,諸侯舍于卿廥也。"

敖氏曰:"'及廥門',大夫立接西塾,賓揖而先入,俟之于入門右之位,既則上介出請命矣。記曰'卿館於大夫',經云'及廥門',是賓館於大夫之廥也明矣。廥者,其禰廥乎?是篇言入廟之儀詳矣,獨於入此廟不云每曲揖,是不自主人之寢外門入也。蓋古者之廥亦自有外門,與寢之外門同,無事則閉之。今賓館於此,乃開之以便賓之出入,故自是而入廥,無每曲揖也。凡主人與客東行入廥,其於禰廥則每曲揖[①],於祖廥以上則每門、每曲揖。若諸侯,則雖於其禰廥,亦有每門、每曲揖也。"

世佐案,廥,大夫家之太祖廟也。周左宗廟,在大門内之東,尊卑皆然。故凡與客入者,自大門至廥門,有每門、每曲之揖,而此獨無之,則其廥門與外門正對可知。常時廥無外門,蓋特爲賓館設之與?知不在禰廟者,禰廟在太祖廟之西,賓若館于此,則自外門入者,仍有西行一曲,不得直造廟門矣。

① "每"原作"無",校本作"每",《集説》同,據改。

大夫奉束帛。

註曰："執其所以將命。"

入，三揖，皆行。

註曰："皆，猶竝也。使者尊，不後主人。"

至于階，讓，大夫先升一等。

註曰："讓不言三，不成三也。凡升者，主人讓于客三，敵者則客三辭，主人乃許升，亦道賓之義也。使者尊，主人三讓，則許升矣。今使者三讓，則是主人四讓也。公雖尊，亦三讓乃許升，不可以不下，主人也。古文曰三讓。"

疏曰：《周禮・司儀》云"諸公之臣相爲國客，大夫郊勞，三讓，登聽命"，又云"致饔餼，如勞之禮"，即得行三讓之禮，此中"古文云三讓"，與彼合，鄭不從者，《周禮》則舉其大率而云"三讓"，此《儀禮》據屈曲行事，觀此經直云"讓，大夫先升"，是主人或三讓，大夫無三讓，故不從古文也。

敖氏曰："此三讓者，大夫也。大夫三讓而賓三辭。大夫先讓者，以其奉君命，尊也。客尊，則主人不敢先讓升，於《覲禮》見之。○鄭本去'三'字，註曰'古文曰三讓'，繼公謂宜從古文。"

張氏曰："註意謂凡升者必三讓，敵者則客三辭，主人先升以道之，是成三讓也。客尊，則主人三讓而客即升，如此經'大夫先升'是也。主人三讓，客不三辭，故云'不成三也'。假使客三辭而猶先升，則是主人四讓矣。禮固無四讓法也。故即經文'大夫先升'，知大夫未嘗三辭，是謂'不成三也'。公雖尊，當其爲主人亦必三讓乃先升，此主人自下之義也。"

世佐案，凡升階之法，主人尊於客，主人先升，上行聘時，經云"至于階，三讓，公升二等，賓升"是也。賓主敵，亦主人先升，《曲禮》云"主人與客讓登，主人先登，客從之"是也。孔疏云："讓必以三，三竟而客不從，故主人先登，亦肅客之義。不言三者，畧可知也。"客尊於主人，則客先升。此時大夫爲客，賓爲主人，敵也，而大夫奉君命，故從客尊於主人之例。其讓也，先升者先讓，蓋讓者推己所應得者與人也。己應先升，必讓之于彼，彼終辭，而後己許之也。禮應後升者不敢先讓，非謂主人必讓于客也。讓必三者，禮成於三也，註説誤。敖氏從古文，得之。又案，註云"不可以不下，主人也"者，蓋謂主人之義不可以不下于賓，故雖公爲主人，亦三讓乃許升也，疏欠明。又案，同階而升者，先升者升三等，後者乃升，中隔一等也，其法見《鄉射》及《大射儀》。異階而升者，先升者升二等，後者即升，中不隔也，上經云“公升二等，賓升”，此云“大夫先升一等，賓從”皆是。蓋升二等，賓升，即是先升一等也。

賓從，升堂，北面聽命。

註曰：“北面于階上也。”

敖氏曰：“升堂不西面，而即北面者，辟國君之禮也。國君於天子之命，西面聽之，乃降拜。”

大夫東面致命，賓降，階西再拜稽首。拜餼亦如之。

註曰：“大夫以束帛同致饔餼也。賓殊拜之，敬也，重君之禮也。”

疏曰：“賓拜饔三牢及庭實，又别拜餼二牢及門外米、禾。”

敖氏曰：“‘再拜稽首’，爲將受幣也。乃云‘拜餼亦如之’，然則此幣其主於饔禮乎？下之餼禮雖以太牢，亦無幣，斯可見矣。”

張氏曰：“‘大夫東面致命’，在西階上也。‘賓降，階西再拜’，東階之西也。殊拜者，分别兩次拜之，成拜訖，又降拜也。”

大夫辭。

敖氏曰：“亦稱君命辭之。”

升成拜。

敖氏曰：“亦饔餼異拜也，每者皆再拜稽首。”

張氏曰：“成拜處亦當東階之西。”

世佐案，“拜餼亦如之”，言於“大夫辭”之上，則拜雖兩次，升降只一番也。敖説得之。張云“成拜訖，又降拜”，非。

受幣堂中西，北面。

註曰：“趨主君命也。堂中西，中央之西。”

敖氏曰：“堂中西，四分楹間，一在西也。”

大夫降，出。賓降，授老幣。

敖氏曰：“降授老幣，亦變於君禮。”

出迎大夫。

註曰：“賓出迎，欲儐之。”

大夫禮辭，許，入，揖讓如初。賓升一等，大夫從，升堂。

註曰："賓先升，敵也，皆北面。"

敖氏曰："初，謂三揖三讓。賓於是三讓，而大夫三辭，受儐私事也，故復其常禮。"

庭實設，馬乘。

註曰："乘，四馬也。"

賓降堂，受老束錦，大夫止。

註曰："止不降，使之餘尊。"

敖氏曰："降堂受錦，亦辟君禮。云'大夫止'者，嫌賓爲己受幣，則當從之也。不從者，以降堂禮輕也。《少牢》下篇曰'主人降，受宰几，尸侑降'，降，謂没階也，以此徵之，則'大夫止'之義見矣。"

郝氏曰："賓降受束錦，大夫止不降，贈己嫌訝受也。"

世佐案，大夫不從降者，儐禮輕也。考《鄉飲酒》、《鄉射禮》，賓主獻酢之時，降必皆降，及其立司正也，主人側降。説者以爲禮殺，即其類矣。註説似曲。敖以降堂爲不没階，説本《士昏禮》鄭註，《士昏禮》云："婦降堂。"註云："降堂，階上也。"亦通。郝云辟嫌，則鑿矣。

賓奉幣西面，大夫東面，賓致幣。大夫對，北面當楣再拜稽首。

註曰："稽首，尊君客也。致，對有辭也。"

受幣于楹間，南面，退東面俟。

註曰："賓北面授，尊君之使。"

世佐案，受于楹間，敵也。大夫南面受，則賓亦南面授，可知南面並授，亦敵者之禮也。《曲禮》云"鄉與客竝，然後受"，註云"於堂上則俱南面，禮，敵者並授"是也。凡受君賜，授者西面，受者北面。見上文。是時，賓在大夫之左，與授受之常法異，註誤。俟，俟賓拜送也。

賓再拜稽首送幣，大夫降，執左馬以出。

註曰："出廟門，從者亦訝受之。"

敖氏曰："賓之士於是執三馬隨之，出廟門側[1]，從者並受幣，而皆訝受馬也。"

賓送于外門外，再拜。

右歸賓饔餼。

世佐案，楊氏舊有《歸賓饔餼圖》，多踵註疏之誤，而於東夾之饌考之尤弗審，今頗更定之如左。

明日，賓拜于朝，拜饔與餼，皆再拜稽首。

註曰："拜謝主君之恩惠於大門外。《周禮》曰'凡賓客之治，令訝'聽之。此拜亦皮弁服。"

世佐案，《周禮·掌訝職》云："凡賓客之治，令訝，訝治之。"此註似有脱誤。引之者，欲見賓之拜賜亦以告訝，而訝爲之導也。

右賓拜賜。

上介饔餼三牢。

敖氏曰："三牢，亦降以西也。"

飪一牢，在西，鼎七，羞鼎三。

註曰："飪鼎七，無鮮魚、鮮腊也。賓、介皆異館。"

腥一牢，在東，鼎七。堂上之饌六。

註曰："六者，賓西夾之數。"

西夾亦如之。

郝氏曰："此西夾不殺，以東夾全損也。"

筥及甕如上賓。

敖氏曰："上介之牢與其鼎饌者皆殺於賓，而筥及甕獨否，亦盛大禮也。又此二者初不視牢數以爲隆殺，故得略之，而與賓同筥，米從餼，乃與甕並言於此者，因文而遂及之耳。"

郝氏曰："米、醯、醬不殺，常用等也。以上皆饔也。"

餼一牢。門外米、禾視死牢，牢十車，薪芻倍禾。

敖氏曰："死牢，飪與腥也。牢十車，則二十車也。"

---

[1] "側"原作"則"，校本同，《集説》作"側"，據改。

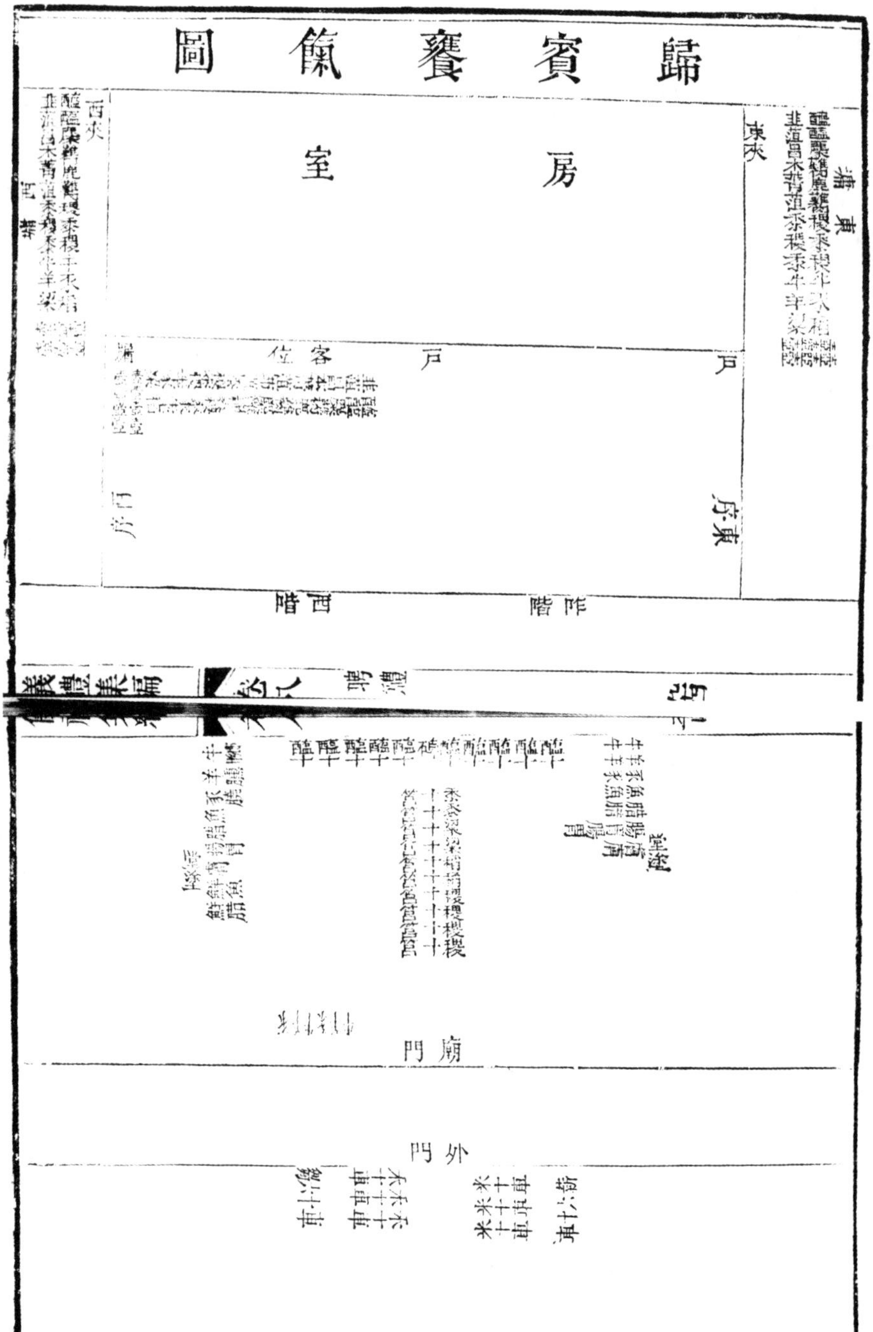

歸賓饔餼圖

西夾　房　室　東夾

東牖

戶　客位　戶

西序　東序

西階　阼階

醯十　醯十　醯十　醯十　醢十　醢十　醢十　醢十

腥鼎

牛　羊　豕

廟門

外門

薪六十車

米十車　米十車　米十車

禾十車　禾十車　禾十車

芻六十車

儀禮集編卷八

男盛滋校字

郝氏曰："米、禾各二十車，米四百八十石，禾二萬四千把。"

世佐案，倍禾者，薪芻各四十車也。

凡其實與陳，如上賓。

註曰："凡，凡飪以下。"

下大夫韋弁，用束帛致之，上介韋弁以受，如賓禮。

註曰："介不皮弁，不敢純如賓也。"

敖氏曰："下大夫致之者，亦使人各以其爵也。上介韋弁以受，主人如賓服，正禮也。曏者皮弁以聘者，上賓也，故上介於此不必皮弁，以無加服之嫌故爾。"

儐之兩馬、束錦。

疏曰："此下大夫使者受上介之儐禮，如卿使者受賓儐禮堂"堂"或誤作"當"，今從《儀禮圖》改正。庭同。"

世佐案，疏云"堂庭同"者，謂其堂上致幣，庭中設馬，其儀並如賓也。然馬以兩，則亦殺于賓矣。

右歸上介饔餼。

世佐案，歸介大禮，亦與賓同日，乃言于拜賜之後者，上文終言賓事，而后及之耳。

士介四人，皆餼大牢，米百筥，設于門外。

註曰："牢米不入門，略之也。米設當門，亦十爲列，北上。牢在其南，西上。"

敖氏曰："大牢各一，降於上介者兩也。此惟有餼與筥米，則筥爲從餼，而饔爲從饔，又可見矣。門，亦所館之外門也。"

宰夫朝服，牽牛以致之。

註曰："執紖牽之，東面致命。朝服無束帛，亦略之。士介西面拜迎。"

敖氏曰："使宰夫亦以其爵也。致之，謂致其禮也，亦以君命。"

張氏曰："此致者在工商之館門外也。"

士介朝服，北面再拜稽首受。

註曰："受，於牢東拜。自牢後適宰夫右受，由前東面授從者。"

敖氏曰:"士介出門左,西面拜迎,北面聽命。宰夫東面致命,士介還少退,再拜稽首,適宰夫右受也。不言宰夫退,士介拜送者,略之也。"

無擯。"擯",今本作"儐"。

註曰:"既受,拜送之矣。明日,衆介亦各如其受之服,從賓拜於朝。"

楊氏曰:"'擯'當作'儐',後'無擯'放此。"

世佐案,士介受饔于門外,則其不儐使者,宜也。必著之者,嫌受君賜或當如賓及上介,亦儐之也。儐,宋、元本作"擯",楊氏復、李氏如圭皆以爲當作"儐",是也。今録楊説以見其訂正之自,而於經文則仍用舊本云。又案,拜賜之禮,賓介當同朝服,殺于聘也。歸者或皮弁,或韋弁,以歸禮者之盛服爲之也。若使上介從賓拜賜,而亦如其受之服,是加于聘矣,註説恐未是。

右饔衆介。

賓朝服問卿。

註曰:"不皮弁,别於主君。卿,每國三人。"

張氏曰:"賓自聘覿主君禮畢,君送賓後,賓即請有事于大夫,至明日拜饔餼于朝,返即備舉此禮。"

卿受于祖廟。

註曰:"重賓禮也。祖,王父也。"

疏曰:"初君送客之時,'賓請有事於大夫,君禮辭,許',是以卿不敢更辭。大夫三廟,有别子者立太祖廟,非别子者并立曾祖廟,王父即祖廟也,今不受於太祖廟及曾祖廟而受於祖廟,以其天子受於文王廟,諸侯受於太祖廟,大夫下君,則受於王父廟。"

下大夫擯。

註曰:"無士擯者,既接於君所,急見之。"

敖氏曰:"下大夫擯,公使爲之也。必使下大夫者,欲與上介之爵相當也。此公事也,故重之。"

郝氏曰:"春秋世,五霸主盟,其執政大臣權與君侔,諸侯事之如事君,斯禮實濫觴矣。以大夫家用公朝,大夫爲擯,非威權震主而若是乎?好信者盡執爲先王之禮,誤矣。"

張氏曰:"設擯多者,示相見有漸,卿與賓既接於君所,故不須士擯。"

世佐案，下大夫，卿之屬也。下大夫爲擯，以受隣國君之問，重其事也，此與卿聘而用大夫爲上介之意同，奈何獨不免於郝氏之議耶？

擯者出請事，大夫朝服迎于外門外，再拜。賓不答拜，揖。大夫先入，每門、每曲揖。

疏曰："大夫二門，入大門東行，即至廟門。未及廟門而有每門者，大夫三廟，每廟兩旁皆南北豎牆，牆皆閤門。假令王父廟在東，則有每門、每曲之事①。"

朱子曰："大夫三廟，則視諸侯而殺其二。然其太祖昭穆之位，猶諸侯也。"

敖氏曰："大夫三廟，曾祖廟在最東，祖廟次而西，禰廟又次之。此受于祖廟，故亦有每門、每曲揖。此每門，謂二閤門也。大夫之廟，惟自曾祖而下，雖别子之後，亦無太祖廟。《王制》云'一昭一穆，與太祖之廟而三'，記者誤也。"

世佐案，大夫三廟之位既與諸侯同，則其每門、每曲亦與上行聘時同也。特是受聘在太祖廟，兹則受于祖廟，祖廟在太祖廟之東南，則自入都宫之門之後，又多東行一曲也，此其異者乎？疏及敖説之誤見上。

及廟門，大夫揖入。

註曰："入者，省内事也。既而俟于宁也。"

疏曰："'省内事'者，《曲禮》云'請入爲席'是也。宁，門屋宁也。不俟于庭者，下君也。《曲禮》云：'客至於寢門，則主人請入爲席，然後出迎客，主人肅客而入。'此卿既入，不重出迎客者，聘問之賓與平常賓客異也。"

擯者請命。

註曰："亦從入而出請。不几筵，辟君也。"

敖氏曰："不几筵者，君使尊，不敢設神位以臨之。不几筵之義有二：禮太重者不設，此類是也；禮差輕者亦不設，小聘之禮是也。"

庭實設四皮。

註曰："麋鹿皮也。"

---

① "每門"二字原無，校本"有"字下有"每門"二字，各本疏文同，與經文相合，據補。

賓奉束帛入,三揖,皆行,至于階,讓。

註曰:"古文曰三讓。"

疏曰:"不從古文者,亦是不成三也。"

敖氏曰:"此三讓者,賓也,宜從古文。"

賓升一等,大夫從,升堂,北面聽命。

註曰:"賓先升,使者尊。"

賓東面致命。

註曰:"致其君命。"

大夫降,階西再拜稽首。賓辭,升成拜。受幣堂中西,北面。

註曰:"於堂中央之西受幣,趨聘君之命。"

賓降,出。大夫降,授老幣。

敖氏曰:"自'三讓'至此,其禮意與歸饔餼同。大夫於是進立于中庭,西面。"

無擯。

註曰:"不儐賓,辟君也。"

世佐案,註"儐"字,《通解》及《儀禮圖》亦皆作"擯",今以疏正之。

右問卿。

擯者出請事,賓面,如覿幣。

註曰:"面亦見也。其謂之面,威儀質也。"

疏曰:"'如覿幣',亦用束錦乘馬也。覿、面竝文,其面爲質,若散文,面亦爲覿,故鄭《司儀》註云'私面,私覿也',又《左傳》云'楚公子棄疾以乘馬八匹私面鄭伯'是也。"

敖氏曰:"聘使私見于主君曰覿,大夫曰面,蓋異其稱以別尊卑也。"

賓奉幣庭實從。

註曰:"庭實,四馬。"

敖氏曰:"擯者入告,出許,賓乃入。介禮皆放此。"

入門右。

註曰:"見,私事也。雖敵,賓猶謙入門右,爲若降等然。《曲禮》曰:'客若降等,則就主人之階。'主人固辭於客,然後客復就西階。"世佐案,此註本在"賓遂左"下,今從《集説》移屬此。

敖氏曰:"亦中門而入乃右也。賓與大夫爵敵,乃若降等然者,不敢自同於奉命之禮也。大夫不出迎,以面與問禮相因也。凡自敵以下,客禮之相因而行者,帷"帷"疑當作"惟"。於内俟之。"

大夫辭。

註曰:"大夫於賓入,自階下辭迎之。"

敖氏曰:"於中庭南面辭之。"

世佐案,敖説近是。

賓遂左。

世佐案,一辭而遂左,此則異於降等者也。

庭實設。揖讓如初。

註曰:"大夫至庭中,旋竝行。"

疏曰:"'如初'者,大夫不出門,唯有庭中一揖,至碑又揖,再揖而已。"

敖氏曰:"如初,謂三揖三讓也。賓亦三辭。"

世佐案,賓初就門左之位,一揖;發位北行,又揖;至碑,又揖,是亦三揖也[①]。如疏説,則經不得云"如初"矣。讓,大夫先讓也。

大夫升一等,賓從之。

註曰:"大夫先升道賓。"

大夫西面,賓稱面。

註曰:"稱,舉也,舉相見之辭以相接。"

敖氏曰:"稱面不言東鄉,可知也。"

大夫對,北面當楣再拜,受幣于楹間,南面,退,西面立。

註曰:"受幣楹間,敵也。賓亦振幣,進北面授。"

---

① "亦",校本作"又"。

敖氏曰:“不稽首,别於聘君之命,賓亦當少退。賓不振幣,異於授主君也。不言受馬之儀,如覿可知。”

世佐案,賓不振幣,當如敖説,亦南面竝授,説見上歸賓饔餼章。唯賓在大夫之右爲異。西面立,亦俟賓拜也。

賓當楣再拜送幣,降,出。大夫降,授老幣。

右賓面卿。

擯者出請事,上介特面,幣如覿,介奉幣。

註曰:“特面者,異於主君,士介不從而入也。君尊,衆介始覿不自别也,上賓則衆介皆從之。”

疏曰:“介初覿主君之時,不敢自尊别,與衆介同執幣而入,今私面於隣國卿,不與衆介同而特行禮焉。上介言‘特面’,則賓問卿與私面,介皆從可知。”

敖氏曰:“上介與大夫尊不相遠,故别於士介而不與之同面。”

郝氏曰:“幣如覿君,亦束錦儷皮也。”

世佐案,特面之義有二:一是不與衆介同執幣而入,異於見主君也;一是不以衆介自隨,下於賓也。

皮,二人贊。

註曰:“亦儷皮也。”

入門右,奠幣,再拜。

註曰:“降等也。”

敖氏曰:“介奠幣,贊者亦奠皮出。”

大夫辭。

註曰:“於辭,上介則出。”

敖氏曰:“於其既拜乃辭之,降於賓也。”

擯者反幣。

註曰:“出還于上介也。”

敖氏曰:“反幣者,取之出請受,而上介受之也。不禮辭者,亦别於君主人之士,亦取皮從其幣以出,委之於門外,上介既受幣,則贊者亦取之。”

庭實設。介奉幣入,大夫揖讓如初。

註曰:“大夫亦先升一等。今文曰入設。”

敖氏曰:“介入門左,少立。大夫亦進,至於入門右之位,揖而皆行也。大夫先升,當楣北面。○‘庭實入設’,鄭本無‘入’字。註云:‘今文曰入設。’繼公謂,此庭實云‘入設’,方見庭實既出而復入之意,若無‘入’字,則文不明白矣,宜從今文。”

介升,大夫再拜受。

註曰:“亦於楹間南面而受。”

敖氏曰:“云‘介升,大夫再拜’,明其不稱面也。介於卿雖降一等,然同爲大夫,故受於堂上,亦得在楹間也。”

介降拜,大夫降辭。介升,再拜送幣。

註曰:“介既送幣,降出也。大夫亦授老幣。”

敖氏曰:“降拜者,亦貶於卿。大夫既辭,則揖而先升,西面。介升拜於西階上,北面也。”

右上介面卿。

郝氏曰:“上介亦大夫,面其主國卿,至入門不敢左,與士介皆奠幣堂下,再拜,比于爲臣。而主卿所以待者,無以異于主君,抑何貴倨甚與?子云‘天下有道,政不在大夫’,是書于大夫禮加詳,故知非先王之舊也。”

世佐案,賓奉其君之命問主國卿,因而私面,故其禮特恭。其初不敢以敵禮見,蓋以敬君之餘,而及其君之所問也。上介、士介本非卿之敵體,則其因是而加恭也,固宜然。其異于覿主君者,經文歷歷可考,惡得誣之以爲無以異也。惟士介與卿尊卑懸隔,故其私面之儀幾與覿君相似,而奠幣再拜不稽首,卿不使擯者辭而自辭,又其初不與上介俱入,入止一次,亦足以見其隆殺之辨矣。郝氏之疑,何其弗思甚耶。

擯者出請,衆介面,如覿幣,入門右,奠幣,皆再拜,大夫辭,介逆出。

敖氏曰:“於士介,亦親辭,辟君也。”

郝氏曰:“如覿幣,各玉錦束也。”

擯者執上幣出,禮請受,賓辭。

註曰:“賓亦爲士介辭。”

大夫答再拜，擯者執上幣，立于門中以相拜，士介皆辟。老受擯者幣于中庭，士三人坐取羣幣以從之。

敖氏曰："此士介私面之儀，大約與其覿禮同，惟以一人而大夫親辭爲異。老受擯者幣于中庭者，以大夫降立於此故也。"

右衆介面卿。

擯者出請事，賓出，大夫送于外門外，再拜，賓不顧。

敖氏曰："此言'賓不顧'，見敵者之禮也。必言之者，嫌其或異於尊者也。禮於尊者拜或辟，去而不敢當。"

郝氏曰："擯者又出請事，蓋禮畢而賓尚在廟門外，故復請終事也。"

世佐案，賓亦告事畢乃出，擯者入告，大夫乃送也。

擯者退，大夫拜辱。

註曰："拜送也。"

敖氏曰："擯者從大夫出門而遂退。拜辱，謝其屈辱而相己也。"

世佐案，拜送擯者，以其下大夫，尊之也。而下大夫不常爲卿擯，亦於斯見矣。

右賓出。

下大夫嘗使至者，幣及之。

註曰："嘗使至己國，則以幣問之也，君子不忘舊。"

敖氏曰："使至者，謂小聘之使，或爲上介者也。"

上介朝服，三介，問下大夫，下大夫如卿受幣之禮。

註曰："上介三介，下大夫使之禮也。"

疏曰：據此篇大聘使卿五介，小聘使大夫三介。若大國之卿七介，小聘使大夫五介，小國之卿三介，小聘使大夫一介也。問下大夫，使上介，是各以其爵也。從《集説》節本。

敖氏曰："此異於卿者，上士擯耳。"

其面，如賓面于卿之禮。

敖氏曰："如其禮耳，庭實則用儷皮也。士介不面，亦殺於正禮。"

世佐案，士介之面于下大夫也，其禮當如上介之面于卿，惟旅見而幣用玉錦束爲異。經不言者，略也。敖云"士介不面"，恐非是。

右問下大夫嘗使至者。

世佐案,下大夫國五人,所問,特其嘗使至者耳,其他不徧及也,經文甚明。郝乃謂下大夫皆有幣及,若嘗使至者,則使上介奉幣致命,其餘下大夫則使士介奉幣,誤甚。

大夫若不見。

註曰:"有故也。"

君使大夫各以其爵爲之受,如主人受幣禮,不拜。

註曰:"各以其爵,主人卿也則使卿,大夫也則使大夫。不拜,代受之耳,不當主人禮也。"

敖氏曰:"必使人代受者,不可虛聘君之命也。各以其爵者,亦欲與使者之尊相當也。"

世佐案,代受,蓋亦於所問者之祖廟。拜,謂迎送及受命之時也。不拜,著其異者,其揖讓之儀亦如之。敖云非主人則無揖讓,非。惟云"受幣",則其不私面可知也。

右代大夫受幣。

夕,夫人使下大夫韋弁歸禮。

註曰:"夕,問卿之夕也。使下大夫,下君也。君使之,云夫人者,以致辭當稱'寡小君'。"

敖氏曰:"次日之夕,夫人乃歸禮。不惟不敢與君同日,又且不敢同其時,皆下之也。亦韋弁者,君與夫人之聘享,其器幣略同,其日又同,則使者之同服亦宜也。"

郝氏曰:"夕,夫人禮從陰也。"

世佐案,君歸大禮,與聘享同日。夫人歸禮,與拜賜、問卿同日。一日之内,禮節繁多。俟賓即館,容有至暮者,於是言夕,見其不以暮廢事,急禮賓也。敖、郝二家釋"夕"字義,皆似鑿。

堂上籩豆六,設于戸東,西上,二以竝,東陳。

註曰:"籩豆六者,下君禮也。臣"臣"字疑衍,否則當作"陳"。設于户東,又辟饌位也。其設,脯其南醢,屈,六籩六豆。"

疏曰:"先於北設脯,即於脯南設醢,又於醢東設脯,以次屈而陳之,皆如上也。"

敖氏曰:"籩豆六,與子男之禮同,重聘使也。凡設籩豆,自二以上皆先豆而後籩。乃言'籩豆'者,文順耳。此六豆、六籩,皆宜用朝事者,而各去其末之二。其設之之序,則豆皆在西,籩繼之而東,韭菹其南醓醢,屈以終。麷其南蕡,亦屈以終。"

郝氏曰:"《周禮》籩豆之實八,此殺其二。户東,室户東。設于東房前,夫人爲房中之主,陳設不中堂,避君也。西上,以西爲首,豆在西籩,繼之而東,變于君饌東上也。二以竝同,東陳則異。"

世佐案,籩豆之實,敖説近是。經不著之者,以君饌八豆既用朝事,此亦可類推也。其設之之法,一豆一籩相竝,韭菹其南麷也。下以次求之。西上,以韭菹、麷爲上,而終于鹿臡、膴也。必西上者,統于賓位也。此惟有堂上之饌,而又不用簋、鉶、簠,皆殺于君。朝事之豆,已見上文。其籩,則《周禮·籩人職》所云"麷、蕡、白、黑、形鹽、膴、鮑、魚鱐"是也[①]。疏云:"麷爲熬麥,一也。蕡爲麻子,二也。白爲熬稻米,三也。黑爲熬黍米,四也。形鹽,鹽似虎形,五也。膴,以魚肉爲大臠,六也。鮑,以魚於楅室糗乾之,七也。鱐爲乾魚,八也。"此用其六,去鮑、魚鱐二者。又案,籩豆各六,是十有二矣。經直云"籩豆六"者,明其竝設也。敖氏、郝氏所言設法皆誤。

壺設于東序,北上,二以竝,南陳,醙、黍、清皆兩壺。

註曰:"醙,白酒也。凡酒,稻爲上,黍次之,粱次之。皆有清白。以黍間清白者,互相備,明三酒六壺也。先言醙,白酒尊,先設之。"

疏曰:"醙,白也。上言白,明黍、粱皆有白。下言清,明稻、黍亦有清。於清白中言黍,明醙即是稻,清即是粱也,故言'互相備'也。"

郝氏曰:"醙酒,未泲而濁,即糟也。清,酒之陳久者。黍,黍酒。酒惟稻、黍、粱三品。《内則》云:'飲重醴。稻醴清糟,黍醴清糟,粱醴清糟。'稻、黍、粱皆清糟二壺,文義錯見。"

張氏曰:"稻、黍、粱三酒,白者、清者各一壺,竝之而陳也。"

世佐案,君饌八壺,所盛者酒也。此六壺,所盛者飲也。君致酒,夫人致飲,夫婦之義也。凡飲有六,《周禮》漿人掌之,一曰水,二曰漿,三曰醴,即《内則》之三醴也。四曰涼,《内則》謂之"濫"。五曰醫,《内則》謂之

① "膴"字原無,校本有,與《周禮·籩人職》經文合,據補。

"醷"。用鄭司農説。六曰酏[①]，即《内則》之"黍酏"也。《酒正職》云："共后之致飲于賓客之禮，醫酏糟。"註云："糟，醫酏不泲者，后致飲，無醴，醫酏不清者，與王同體，屈也。亦因以少爲貴。"《漿人職》云："共夫人致飲于賓客之禮。清醴，醫酏糟。"註云："三物有清有糟，夫人不體王，得備之。"此經所陳，實與《周禮》相表裏。黍，黍酏也。清，清醴也。酸，其醫乎？醫、醷、酸一物也，文字不同，記之者各異耳。醫之爲醷，聲之轉也。"醷"本或作"臆"。醷之爲酸字之訛也。"酸"本或作"酸"。三飲之次，《周禮》以醴爲首，此以酸爲上，又不兼用清糟，内外命婦之别也。舍糟而取清，辟后也。壺設于東序，又殺其兩，皆下其君也。先儒以酒釋之，誤矣。郝氏既以爲酒，又引《内則》三醴爲證，是未考酒與飲之别也。

大夫以束帛致之。

註曰："致夫人命也。此禮無牢，下朝君也。"

疏曰："《周禮·掌客》云上公之禮，'夫人致禮八籩，膳大牢[②]，致饗大牢'，侯伯以下亦皆有牢，是朝君來時有牢，此卿來聘無牢，故云'下朝君'也。"

敖氏曰："以束帛致其禮，亦盛之也。飧不致，此殺於飧，乃致者，蓋主君以設飧爲差輕，而夫人以歸禮爲特重，所以異也。"

賓如受饔之禮，儐之乘馬、束錦。

世佐案，夫人所歸之禮減於君者多矣，而賓之所以儐之者與受君禮同，亦輕財而重禮之義也。

上介四豆，四籩，四壺，受之如賓禮。

註曰："四壺，無稻酒也。不致牢，下於君也。"

敖氏曰："四豆者，去菁菹、鹿臡。四籩者，去形鹽、膴。四壺者，去粱酒。不言其位，如賓可知也。言'受之'，明亦用束帛致之也。如賓禮者，亦如其受饔之禮也。不言所使者，下大夫可知。於上介亦使下大夫者，禮窮則同也。"

郝氏曰："禮，上介殺賓二等，不言士介，禮不及也。"

---

① "六"原作"五"，校本作"六"，與《周禮》經文相合，據改。

② "大牢"，校本作"太牢"，下"致饗大牢"亦同。

世佐案，四壺，無清醴也。醙、黍二物，亦有清有糟。兹則第用其清者，不敢與后同也。禮不及士介者，夫人所歸者，因君堂上之饌而降殺之耳。君於士介止有牢米[①]，無堂上之饌，無所因也。

儐之兩馬、束錦。明日，賓拜禮於朝。

註曰："於是乃言賓拜，明介從拜也。"

右夫人歸禮於賓介。

大夫餼賓大牢，米八筐。

註曰："其陳於門外，黍、粱各二筐，稷四筐，二以竝，南陳，無稻。牲陳於後，東上。不饌於堂、庭，辟君也。"

疏曰："案《掌客》鄰國之君來朝，卿皆見以羔，膳太牢，侯伯子男膳特牛，彼又無筐米，此侯伯之臣得用太牢，有筐米者，彼爲君禮，此是臣禮，各自爲差降，不得以彼難此。"

敖氏曰："君餼賓米百筥，筥半斛。此米八筐，筐五斛，以量言之，則八筐者殺於君米二筐也，所以下之。此亦陳於其館之外門外。"

郝氏曰："大夫即卿。方曰筐，其實五斗。"

賓迎，再拜，老牽牛以致之，賓再拜稽首受。老退，賓再拜送。

敖氏曰："賓出門左，西面拜迎，聽命。老東面致命，賓還北面拜，乃適老右受。此使老致之者，大夫之臣，老爲尊也。賓於老乃拜迎之，亦重其爲使也。大夫不親餼者，以其禮輕，不欲煩賓，且辟君禮也。君歸饔餼於朝，君則親致於賓，亦使卿。"

郝氏曰："老，家相。太牢先牛，故老牽之。"

世佐案，賓受大夫之餼，乃稽首者，以大夫歸者稽首受其儐幣，故亦以是答之也。受于門外，故無儐，且辟君使也。

上介亦如之。

敖氏曰："然則此牢米亦如賓矣，蓋以其具不可得而殺故也。"

衆介皆少牢，米六筐，皆士牽羊以致之。

註曰："米六筐者，又無粱也。士亦大夫之貴臣。"

---

① "於"字校本作"與"。

敖氏曰："米六筐，蓋黍、粱、稷各二筐也。不言受之之禮，如賓可知。"

郝氏曰："士，邑宰[①]。少牢先羊[②]，故士牽之。"

世佐案，下記云"凡餼，大夫黍、粱、稷"，然則大夫所歸之米皆有粱也。註誤，當以敖説爲正。

右大夫餼賓介。

公於賓，壹食再饗。

註曰："饗，謂亨大牢以飲賓也。《公食大夫禮》曰'設洗如饗'，則饗與食互相先後也。"

疏曰："此篇雖據侯伯之卿聘使，五等諸侯其臣聘使，牢禮皆同，無大國次國之别，是以《掌客》五等諸侯相朝，其下皆云'羣介、行人、宰、史皆有飧、饔餼，以其爵等爲之牢禮之陳數'，又云'凡諸侯之卿大夫、士爲國客，則如其介之禮以待之'，以此言之，公侯伯子男大聘使卿，主君一食再饗，小聘使大夫，則主君一食一饗。若然，案《掌客》子男一食一饗，子男之卿再饗，多於君者，以其君臣各自相差[③]，不得以君決臣也。"

敖氏曰："案註云'互相先後'，謂食居二饗之間也。"

郝氏曰："食，設飯以食之。饗，設酒以饗之。食、饗于廟。"

燕與羞、俶獻無常數。

註曰："羞，謂禽羞，鴈鶩之屬，成熟煎和也。俶，始也。始獻，四時新物，《聘義》所謂'時賜'。無常數，由恩意也。"

敖氏曰："燕亦無常數，異於朝君也。"

郝氏曰："燕于寢。熟味曰羞，新物曰俶。"

賓、介皆明日拜于朝。

敖氏曰："上惟見賓禮，乃言介拜，似非其次，蓋此文宜在下句之下也。賓與介之拜賜，各主於其所受者也。饗賓、燕賓之時，介雖與焉，然禮不爲己，故不必拜賓。於禽羞亦拜之者，謝主君之意也。"

---

① "宰"原作"牢"，校本作"宰"，《節解》同，據改。

② "牢"原作"宰"，校本作"牢"，《節解》同，據改。

③ "差"原作"望"，校本作"差"，《通解》、庫本同，孫詒讓《儀禮注疏校記》云："黄以周云：'望，差之誤。'"據改。

郝氏曰:“明日,食饗燕獻之次日。”

世佐案,言此于介禮之上者,欲見賓之拜禮,介當從往,而介之拜禮,賓不偕行也。饗賓、食賓之時,介皆與焉,而燕又以介爲賓,則其從拜可知。上歸饔餼章亦言拜賜于介禮之上,是其例矣。敖云“此文宜在下句之下”,非。

上介壹食壹饗。

註曰:“饗食賓,介爲介,從饗獻矣,復特饗之,客之也。”

疏曰:“不言從食者,《公食》介雖從入,不從食,賓食畢,介逆出,是不得從食矣。”

敖氏曰:“云‘壹食壹饗’,見先食而後饗也。”

世佐案,此經《公食大夫禮》主爲小聘大夫而言,其介士也,故不得從食。若大聘使卿,大夫爲上介,亦宜從食也。但禮文散佚,是以經不能具,疏誤。無燕者,燕賓之時,賓爲苟敬,上介爲賓,是亦足以伸其敬矣,故不特燕之。凡特爲介行禮之時,賓皆不與。

若不親食,使大夫各以其爵,朝服致之以侑幣,如致饔,無儐。

註曰:“君不親食,謂有疾及他故也。必致之,不廢其禮也。致之必使同班,敵者易以相親,敬也。致禮於卿使卿,致禮於大夫使大夫,非必命數也。無儐,以己本宜往。”

敖氏曰:“‘若不親食’之文雖主於君,然賓有故而不及往者,其禮亦存焉。致之各以其爵者,賓、介之爵不同,則所使者亦宜異也。古人於所使者或尊或卑,亦莫不有義存焉。”

張氏曰:“侑幣,食禮有侑食之幣。《周禮·典命》大國、小國卿大夫命數不同,此所使致禮,但取爵同耳,不計命數也。食禮,賓當往君所受禮,無儐使者之法。今雖使人致禮,以賓本宜赴爾①,故仍無儐也。”

致饗以酬幣,亦如之。

註曰:“酬幣,饗禮酬賓勸酒之幣也,所用未聞也。禮幣束帛、乘馬,亦不是過也。《禮器》曰‘琥璜爵’,蓋天子酬諸侯。”

---

① “爾”,校本作“耳”,《句讀》作“廟”。

右食饗燕羞獻。

大夫於賓,壹饗壹食。上介,若食若饗。

敖氏曰:"云'若食若饗',是主於食也。蓋饗賓之時,介已爲介故也。"

若不親饗,則公作大夫致之以酬幣,致食以侑幣。

註曰:"作,使也。大夫有故,君必使其同爵者爲之致之。列國之賓來,榮辱之事,君臣同之。"

疏曰:此直言饗食,不言燕,其實亦有也。從《通解》節本。

敖氏曰:"酬幣、侑幣皆用束錦,亦有庭實。此致之以大夫,不嫌與君同者,公作之故也。"

右大夫饗食賓、介。

君使卿皮弁,還玉于館。

註曰:"玉,圭也。君子於玉比德焉,以之聘,重禮也。還之者,德不可取於人,相切厲之義也。皮弁者,始以此服受之,不敢不終也。"

敖氏曰:"玉,圭璋也。還玉即還贄之義。使卿者,亦欲與賓相當也。"

郝氏曰:"玉以表信,信達而禮行。還以其信歸之,所以受幣還玉。"

世佐案,還玉之義,敖得之,註及郝説皆似迂曲。

賓皮弁,襲,迎于外門外,不拜,帥大夫以入。

敖氏曰:"不事至乃襲,辟君也。不言出請入告,文省也。禮不主於己,故不拜。云'帥以入',則是不揖之也。大夫亦襲,至廟門乃執玉。"

世佐案,賓於大夫迎而不拜[1],帥以入而不揖,皆以其執主器,不敢與之爲禮也。既入,賓止于庭三分庭一在北,不同升,故亦無讓。

大夫升自西階,鉤楹。

註曰:"鉤楹,由楹内,將南面致命。致命不東面,以賓在下也。必言鉤楹者,賓在下,嫌楹外也。"

敖氏曰:"必云'鉤楹'者,見其入堂深而東行也。下文云,賓'自左南面受圭',則是大夫南面立於中堂少西而致命也。南面致命而不東面者,

---

① "夫"字校本作"門",蓋誤。

宜别於親受者，且尊者之禮異也。"

世佐案，"鉤楹"之下不言大夫致命及其位面，疑有脱文。

賓自碑内聽命。

註曰："聽命於下，敬也。"

敖氏曰："負碑北面，立於此，鄉致命者也。"

世佐案，碑内，碑北也。必云"自碑内"者，見其中庭而立，且近堂也。然則致命者蓋南面於堂中央矣。敖云於中堂少西致命，非。聽命不拜，以其不主於己也。

升自西階，自左南面受圭，退，負右房而立。

註曰："自左南面，右大夫且竝受也。退，爲大夫降逡遁。"

疏曰："大夫、士直有東房、西室，天子、諸侯左右房，今不在大夫廟，於正客館，故有右房也。"

朱子曰："或舍於大夫廟中，則當退於堂之西北，負室牖而立。"

敖氏曰："升自西階，非受玉之正主也。亦鉤楹，由大夫之後，乃自左受之。玉當訝受，乃南面竝受者，代受之，示異也。二人俱代君行禮，故皆不北面。賓退，負右房而立，俟降階之節也。必俟於此者，辟主位，且便於降。記曰'卿館於大夫'，而此云'負右房'，則大夫之家亦有左右房明矣。"

世佐案，升不由阼，不敢以主人自居也。左，大夫之東也。自左受，授受之正法也。退，左還而退于西。右房，西房也。房以向南爲正。郝云升堂，西爲左，東爲右，右房即東房，非。歸賓饗餼章云"及廟門"，爲館于大夫者言也。此云"負右房"，爲正客館言也，經文互見之例類然。敖氏據此而决大夫家亦有左右房[①]，亦非。

大夫降中庭，賓降，自碑内東面，授上介于阼階東。

註曰："大夫降出，言中庭者，爲賓降節也。授於阼階東者，欲親見賈人藏之也。賓還阼階下，西面立。"

敖氏曰："中庭，西方南北之中也。大夫降而至于中庭，賓乃發於負右房之位而降，蓋以之爲節也。自碑内者，反其扉者所由之塗也。既授

---

① "而决"二字校本作"爲"。

上介，則復立于中庭。”

世佐案，此章兩言“自碑内”，一言“中庭”，見其升降皆不由堂塗也。蓋分庭而行者，賓主之禮也。此賓與大夫皆代君行禮，不敢以賓主自居，故皆中庭而行，異於常法與？賓既授，俟事之處，當以敖説爲正。

上介出請，賓迎，大夫還璋，如初入。

註曰：“出請，請事於外以入告也。”

敖氏曰：“初入者，自‘帥入’以至‘授介’皆如之也。還璋，爲夫人還之。”

賓裼迎，大夫賄用束紡。

註曰：“賄，予人財之言也。紡，紡絲爲之，今之縳也。所以遺聘君，可以爲衣服，相厚之至也。”

敖氏曰：“裼者，已受聘玉，則復其常也。大夫於賓裼，亦裼。亦上介出請，入告，乃迎之。”

世佐案，於是言裼，則還璋之時，賓與大夫尚襲矣，所謂“圭璋特而襲”也。郝云“如初，入與還圭同，賓裼迎，與受圭異”，以此文亦爲還璋而設，非。賄，主君所以報聘也。既以圭璋還之，而又加之以束紡焉，厚往而薄來也。聘之禮重于享，而報聘之物乃輕於報享者，其輕財而重禮之義乎？且享禮皆受之，而於聘則無所受，故分别報之，亦取相稱而已。

禮玉、束帛、乘皮。

註曰：“禮，禮聘君也，所以報享也。亦言玉，璧可知也。”

疏曰：“上文聘賓行享之時，束帛加璧，束錦加琮，今報享物亦有璧琮致之，故云‘亦言玉，璧可知’，此玉則琮也，以其經言玉，故以玉言之。若然，經言束帛，兼有束錦矣。”

敖氏曰：“不言迎大夫，文又省。乘皮先設，束帛加玉如享禮。”

世佐案，玉，謂璧琮也。禮玉者，謂受其玉而以束帛乘皮禮之，所以報也。禮玉，是此禮之名，猶言賄贈也。觀下經，兩言“禮玉”，斯可見矣。束帛，大夫所奉也。乘皮，庭實也。以此二者遺聘君，而不用玉，嫌于還之也。註疏及敖説皆誤。享君、享夫人凡二次，而禮之惟一次者，以聘既兼報之，故報享亦不分君與夫人也。又案，註云“亦言玉璧可知也”者，釋經所謂玉乃是璧而非琮也。亦者，亦上文“還玉于館”之玉，註以爲專指圭也,疏亦不得其解。束錦,是賓私覿之物,豈得與享禮同報之。疏云"兼有束錦",尤誤。

皆如還玉禮。

敖氏曰:"皆者,皆賄與禮玉也。禮玉之庭實不在'如'中,是亦大槩言之耳。"

大夫出,賓送,不拜。

右還玉及賄禮。

公館賓。

註曰:"爲賓將去,親存送之,厚殷勤,且謝聘君之意也。公朝服。"

敖氏曰:"館者,就其館之稱也。此禮在還玉之明日,是時,公蓋立於賓館之外門,東向,亦接西塾。"

世佐案,公所立處,當依下註在賓館之廟門外,敖云於外門,非。

賓辟。

註曰:"不敢受國君見己於此館也。此亦不見,言辟者,君在廟門,敬也。凡君有事於諸臣之家,車造廟門乃下。"

敖氏曰:"不敢辭,不敢見,若隱辟然,故經以之爲稱。此'辟'字義與上文所云者異。"

上介聽命。

註曰:"聽命於廟門中,西面,如相拜然也。擯者每贊君辭,則曰:'敢不承命,告于寡君之老。'"

敖氏曰:"上介聽命,蓋西面於外門外之東塾①,少南,不敢當君也。"

世佐案,聽命之禮,當北面。其立處,則經無明文,未敢質言也。註及敖說俱未的。或云當門之南,或然與。

聘享、夫人之聘享、問大夫、送賓,公皆再拜。

註曰:"拜此四事,公東面拜,擯者北面。"

敖氏曰:"拜聘、享與問,謝聘君也,所謂拜貺也。拜送賓,以賓將去也。"

---

① "外門外"之上"外"字原無,校本有,《集說》同,據補。

張氏曰："擯者歷舉四事，而君拜之。"

公退，賓從，請命于朝。

註曰："賓從者，實爲拜主君之館己也。言請命者，以己不見，不敢斥尊者之意。"

郝氏曰："以主君有拜四事之命，不敢受于其館，而更請受命于朝，人臣之禮也。"

世佐案，臣之出聘也，君親命之于朝而後行，故其將反也，亦請主國君命之，蓋以臣禮自居也。此實拜辱，而其辭則曰"請命"，謙也。拜辱，賓主之禮也。《周禮》緣其意，而此則據其辭，所以異耳。

公辭，賓退。

註曰："辭其拜也。退，還館裝駕，爲旦將發也。《周禮》曰：'賓從，拜辱于朝。明日，客拜禮賜，遂行。'"

世佐案，辭，辭其請也。賓不拜而退，不敢與敵者拜辱之禮同也。凡拜辱之禮，所拜者不見拜于門外，乃退。

右公館賓。

賓三拜乘禽於朝，訝聽之。

註曰："發去乃拜乘禽，明己受賜，大小無不識。"

敖氏曰："乘禽雖輕，受賜多矣，故爲之三拜，三拜則不稽首。此禮在公館賓之明日。"

郝氏曰："乘禽，鵞鴨之屬，可羣畜者。曰'乘'，《聘義》云'乘禽日五雙'，至是乃拜者，物小賜頻，故于臨行併拜。三拜，報其頻也。訝，主君所使迎賓客者。《周禮·秋官》有訝士，記云'卿大夫訝'，此蓋大夫也。凡拜賜，不親見，入告、出報皆訝聽之。聽，待也。"

世佐案，三拜不言稽首，文省耳。乘禽，微物也。必拜之者，君子不虛取于人，況國君乎。訝，大夫也，見下記。凡賓之拜賜，皆訝聽之，於是乃著之者，以其爲拜禮之終也。

遂行，舍于郊。

註曰："始發且宿近郊。"

右賓拜乘禽，遂行。

公使卿贈，如覿幣。

註曰："贈，送也，所以好送之也。言如覿幣，見爲反報也。"

敖氏曰："出郊而後贈，亦異於答聘君之節也。如覿幣，帛用束也，其庭實亦存焉。親受覿，而使人贈，君臣之禮也。"

受于舍門外，如受勞禮，無儐。

註曰："不入，無儐，明去而宜有已也。如受勞禮，以贈、勞同節。"

敖氏曰："舍門外受之，變於來時也。無儐，以其答己之覿故也。"

使下大夫贈上介，亦如之。使士贈衆介，如其覿幣。

敖氏曰："於上介用束帛庭實，於衆介各用束帛。"

大夫親贈，如其面幣，無儐，贈上介亦如之。使人贈衆介，如其面幣。

敖氏曰："親贈，爲報其面，故不嫌與君禮同，此所贈者皆用錦也，賓與上介之庭實亦同。大夫親贈賓、上介，而使人贈衆介，以其降等也，亦爲鄙者不親受。"

士送至于竟。

敖氏曰："《司儀職》言公、侯、伯、子、男之臣相爲國客，其入也則三積，皆三辭，拜受，其出也，如入之積。《聘義》亦云'主國待客，出入三積'，是篇前後皆不見之，未詳。"

世佐案，《周禮》及《聘義》所言，皆待諸公之臣之禮也，是篇則主爲侯伯之臣，故異。鄭註《周禮》云'侯伯之臣不致積'，是也。

右贈送。

使者歸，及郊，請反命。

註曰："郊，近郊也。告郊人，使請反命於君也。"

敖氏曰："不敢徑入，恭也。請反命，其亦使次介與？"

朝服，載旜。

註曰："行時稅舍于此郊，今還至此，正其故行服，以俟君命，敬也。"

敖氏曰："載旜，爲反命也。君既許，乃可爲之。及郊即載之者，出時受命，至此而斂，歸時反命，至此而載，亦其節也。至己之門外，乃斂之。"

禳乃入。

註曰："禳，祭名也，爲行道累歷不祥，禳之以除災凶。"

敖氏曰："入，謂入國也。"

乃入，陳幣于朝，西上。上賓之公幣、私幣皆陳，上介公幣陳，他介皆否。

註曰："皆否者，公幣、私幣皆不陳。此幣，使者及介所得於彼國君、卿大夫之贈賜也。其或陳，或不陳，詳尊而略卑也。其陳之及卿大夫處者待之，如夕幣。其禮於君者不陳。上賓，使者。公幣，君之賜也。私幣，卿大夫之幣也。他介，士介也。"

疏曰："賓之公幣有八：郊勞幣，一也；禮賓幣，二也；致饔餼[①]，三也；夫人歸禮幣，四也；侑食幣，五也；再饗幣，六也；夕幣，七也；贈賄幣，八也。此八者，皆主君禮賜使者，皆用束錦，故曰'公幣'。賓之私幣，略有十九：主國三卿、五大夫皆一食，有侑幣，饗有酬幣，皆用束錦，則是十六；有三卿郊贈，則十九也。其上介公幣則有五：致饔餼，一也；夫人致禮幣，二也；侑食幣，三也；饗酬幣，四也；郊贈幣，五也。降於賓者，以其上介無郊贈"贈"當作"勞"。幣，又無禮賓幣，又闕一饗幣，故賓八、上介五也。上介私幣有十一：主國三卿、五大夫或饗或食不備，要有其一，則其幣八也；又三卿皆有郊贈，如其面幣，通前則十一也。主國下大夫嘗使己國者，聘亦有幣及之，則亦有報幣之事，其數不定。"

朱子曰："案經文主國禮賜無有夕幣，疏於上介公幣云'無郊贈'，及無禮賓幣，又闕一饗幣，故賓八，上介五，則前公幣中'夕'字當是'饗'字之誤，而其次亦當在再饗之前。"

敖氏曰："此乃入，謂入公門也。"

張氏曰："註云'禮於君者不陳'，謂賄用束紡。禮玉束帛乘皮，不陳之者，以使者將親執以告。"

束帛各加其庭實，皮左。

註曰："不加於其皮上，榮其多也。"張氏曰："不令相掩蔽。"

---

① "致饔餼"下校本有"幣"字，姜氏《經傳》引疏同，此本及《要義》、《通解》、陳本、閩本、監本、毛本皆無"幣"字，下"致饔餼一也"同。

敖氏曰："上經云'陳皮北首'，此皮左，皮上左也，故云'加'。然則此於庭實之皮其各重累陳之乎？是禮蓋主於有皮者言也，若無皮者，則束帛奠之於地與？不布幕，别於君物也。"

世佐案，此陳幣之法與夕幣相似，上經云"皮北首西上"，加其奉于左皮上，此亦然。云"皮左"者，謂皮則加於其在左者。容有馬，則奠幣于其前也。庭實不皆用皮，此則主爲皮而言，故其句法如是。註及敖説皆誤。

公南鄉。

註曰："亦宰告于君，君乃朝服出門左，南鄉。"

疏曰："此陳幣當如初夕幣之時，是以鄭此註亦依夕幣而言之。"

世佐案，註云"出門"，謂出寢門。

卿進使者。使者執圭垂繅，北面。上介執璋屈繅，立于其左。

註曰："此主於反命，士介亦隨入，竝立，東上。"

疏曰："此言'亦'者，亦初行受于朝時。"

世佐案，是時，君臣面位皆與受命時同。註云"士介隨入，竝立，東上"，此初入之位，介亦在賓右也。經云使者北面，上介立于其左，則君揖使者進之之位也。經不見初入之位，文省也[①]。所執之圭、璋，亦賈人取之于櫝而授之，不言者，以其授受不在君前，略之也。使者執圭，垂繅；上介執璋，屈繅，皆象其初受之時也。執圭璋不襲，敬主于君也。

反命曰："以君命聘于某君，某君受幣于某宫，某君再拜，以享某君，某君再拜。"

註曰："君亦揖使者進之，乃進反命也。世佐案，此二句註當屬上節。某君，某，國名也。某宫，若言桓宫、僖宫也。某君再拜，謂再拜受也。必言此者，明彼君敬君，己不辱命。"

世佐案，某宫，所聘之國之太祖廟也。某，太祖謚。不云太廟者，在己國謂之太廟，異國之太廟，亦必舉謚以别之，嫌也。敖氏據此而謂受聘享不在太廟，非。

---

① "文省"二字校本互乙。

宰自公左受玉。

註曰:"亦於使者之東,同面竝受也。不右使者,由便也。"

疏曰:"凡竝授者,授由其右,受由其左,此受由其右者,因東藏之便。"

敖氏曰:"既受玉,則屈繅矣。"

受上介璋,致命亦如之。

註曰:"致命曰:'以君命聘於某君夫人,某君再拜,以享於某君夫人,某君再拜。'不言受幣于某宫,可知,略之。"

敖氏曰:"致命即反命,互文也。反者,復其所自出,致者,傳其所自來,其實一耳。"

張氏曰:"受上介璋,賓受之也。賓受璋當亦垂繅而致命,本以君夫人聘君夫人,但夫人無外事,亦君命之,故言'致命'。"

執賄幣以告曰:'某君使某子賄。'授宰。

註曰:"某子,若言高子、國子。凡使者所當以告君者,上介取以授之,賄幣在外也。"

疏曰:賄幣,束紡也。以其"禮於君者不陳",明在外也。

世佐案,某子,指還玉大夫,某,大夫氏。

禮玉亦如之。

註曰:"亦執束帛加璧也。告曰:'某君使某子禮。'宰受之,士隨,自後左士介,受乘皮如初。上介出取玉束帛,士介後取皮也。"

疏曰:"此即上云'禮玉、束帛、乘皮'也。"

張氏曰:"賓將告君之時,上介出,取玉帛,士介取皮。賓執玉帛以告,宰受玉帛,士即自士介後居其右而受皮,向東藏之。"

世佐案,亦如之者,謂執其束帛以告也。報享不用玉,説見上。註云"束帛加璧",非。

執禮幣,以盡言賜禮。

註曰:"禮幣,主國君初禮賓之幣也。以盡言賜禮,謂自此至於贈。"

郝氏曰:"禮幣,謂其君初儐禮使臣之幣。獨執此言禮者,此主君在廟所親授也。"

張氏曰："自郊勞至贈行，八度禮賓，皆有幣。執郊勞之幣，而歷舉其全以告也。"

世佐案，禮幣，郝説得之，於八幣之中獨執此者，以其行聘享之時所受，故重之也。

公曰："然，而不善乎！"

註曰："善其能使於四方。而，猶女也。"

授上介幣，再拜稽首，公答再拜。

註曰："授上介幣，當拜公言也。不授宰者，當復陳之。"

世佐案，授上介幣，告畢也。必授上介者，反之于所受也。上介受之，復奠于故處。

私幣不告。

註曰："亦略卑也。"

君勞之，再拜稽首。君答再拜。

註曰："勞之以道路勤苦。"

若有獻，則曰："某君之賜也。

註曰："言此物，某君之所賜予爲惠者也。其所獻雖珍異，不言某"某"當依《句讀》作"其"。爲彼君服御物，謙也。其大夫出，反必獻，忠孝也。"

疏曰：此獻物謂入賓者。下記云："既覿賓，若私獻，奉獻將命。"賓有私獻于彼君，彼君亦有以報之，則此獻者也。

敖氏曰："此所獻者，其賄禮中之物與？《傳》云'厚賄之'，是賄禮之厚薄不常也。厚薄不常，故有獻有否。"

世佐案：所獻之物，當以疏説爲正。蓋雖受于彼君，而不在公幣之内，故以之將敬也。賄禮之屬，皆所以遺君，非己物也，詎可云獻乎？若者，或有或無也。客不私獻于彼君①，則亦無所受賜以爲獻。註云"大夫出，反必獻"，乃私行之禮，見《曲禮》。而援以證此，非。獻者亦執其物以告，曰"某君之賜"，明其物所自來也。註云"謙"，"不言其爲彼君服御物"，亦非。

① "客"字原作"容"，不辭，校本作"客"，於文意較洽，據改。

君其以賜乎?”

註曰:“不必其當君也。獻不拜者,爲君之答己也。”

世佐案,此言其物不足以共服御君,其收之以爲賜賚之需乎? 乎者,不敢必君受也。使者釋此辭畢,公乃命宰受之。

上介徒以公賜告,如上賓之禮。

註曰:“徒,謂空手,不執其幣。”

敖氏曰:“徒以告下賓也。如,如其盡言賜禮。”

君勞之,再拜稽首,君答拜。勞士介亦如之。

註曰:“士介四人,旅答壹拜,又賤也。”

疏曰:君勞上介,上介再拜稽首,君答拜,不言再拜,則君答上介一拜矣。勞士亦如之,不言皆,則總答一拜矣。答賓再拜,答上介一拜,介已賤矣,士介四人,共答一拜,故云“又賤”也。此一拜,則《周禮·大祝》九拜,“七曰奇拜”,彼註云“一拜答臣”者是也。《曲禮》云“君於士不答拜”,此以其新行反命而勞苦之,故異於常也。從《通解》節本。

君使宰賜使者幣,使者再拜稽首。

註曰:“以所陳幣賜之也。禮,臣子,人賜之而必獻之君父,不敢自私服也。君父因以予之,則拜受之,如更受賜也。既拜,宰以上幣授之。”

敖氏曰:“使者拜而君不答者,以其拜受於宰也。凡臣拜受君命於擯贊者,則君不答之,其例見於此,及燕射命賓之儀,是或一禮與?”

世佐案,公不答拜者,以其惠不出於己也。答之,嫌于己賜。

賜介,介皆再拜稽首。

註曰:“士介之幣,皆載以造朝,不陳之耳。與上介同受賜命,俱拜。既拜,宰亦以上幣授上介。”

乃退。

註曰:“君揖入,皆出去。”

介皆送至于使者之門。

註曰:“將行,俟于門,反又送于門,與尊長出入之禮也。”

乃退揖。

註曰:“揖別也。”

使者拜其辱。

註曰:“隨謝之也。再拜上介,三拜士介。”

敖氏曰:“此與上文所云‘大夫拜辱’之意同。拜之,亦於門外之左。”

世佐案,使者即于己之門外拜之,謝其屈辱送己也。註云“隨謝之”,非。

右歸反命。

釋幣于門。

註曰:“門,大門也。主于闑,布席于闑西閾外,東面。設洗于門外東方,其餘如初于禰時。出于行,入于門,不兩告,告所先見也。”

敖氏曰:“行爲道路之始,出則禮之。門爲内外之限,入則禮之也。”

乃至于禰,筵几于室,薦脯醢。

註曰:“告反也。”

疏曰:亦司宫設席于奥,東面,右几。從《通解》節本。

敖氏曰:“既筵几,則祝先入,主人後入。主人在右,贊者乃盥,薦脯醢。”

郝氏曰:“室在廟堂之後,所謂奥也。脯醢,薦神也。”

觴酒陳。

註曰:“主人酌,進奠,一獻也。言陳者,將復有次也。先薦後酌,祭禮也。行釋幣,反釋奠,略出謹入也。”

疏曰:不言奠而言陳,以其下仍有室老及士獻,以備三獻,故言陳,陳有次第之言也。從楊氏《圖》節本。

敖氏曰:“下云‘三獻’,則此觴乃用爵也。陳者主人與?酌奠于薦南也,以觴與籩豆並列,故謂之陳。既奠反位,及祝再拜,祝釋辭,主人又再拜,其後二獻,則惟獻者於既奠反位再拜而已。出釋幣而入釋奠,禮相變,且欲行飲至之禮也。”

郝氏曰:“觴爵屬觴酒。陳,備獻也。”

世佐案,觴,爵觶之屬,酒尊也。變尊云酒者,見其無玄酒也,皆贊者陳之以備獻酬之用也。其陳之之處,蓋亦與祭時相似,酒盛于尊,在房户之間,觴貯于篚,在洗南也。此但言其陳設之事耳。註疏及敖説皆主人初獻禮釋之,誤。先薦而後陳設,異于祭。

席于阼。

註曰:"爲酢主人也。酢主人者,祝取爵酌,不酢於室,異於祭。"

疏曰:祭時皆於室内受酢,有尸,其酢又以尸爵,此皆異。從《通解》節本。

敖氏曰:"設酢席于阼,變於祭,且爲將與從者爲禮於堂也。主人既獻,則酌而自酢,與祭而有尸者之儀異。"

世佐案,爲主人布席,將酢於是也。未酢而先設席,祭于室而酢于堂,皆與正祭異。

薦脯醢。

註曰:"成酢禮也。"

疏曰:"《特牲》、《少牢》主人受酢時,皆席于户内,有薦俎,此雖無俎,亦薦脯醢于主人之前,以成酢禮也。"

世佐案,薦,薦于主席也。薦之當在初獻之後,受酢之時,乃言于三獻之上者,因設酢席而併及之爾,非其次也。《特牲》、《少牢》受酢于室,皆無薦俎,因尸之餘也。《有司徹》受酢于堂,薦俎俱有,此酢于堂而有薦無俎,亦其異也。無俎者,以其不殺也。席于户内而有薦俎,惟《特牲》主婦致爵于主人之時爲然,疏説欠明。

三獻。

註曰:"室老亞獻,士三獻也。每獻奠,輒取爵酌,主人自酢也。"

疏曰:"正祭有尸,三獻皆獻尸訖,尸酢主人、主婦、賓長。今此無尸,皆自酢,獨云主人者,主人爲首正,故舉前以包後。"

敖氏曰:"亞獻、三獻皆不薦也。每獻奠爵,相次而南。主人初獻而酢于阼,則亞獻、三獻者皆酢于西階上矣。"

郝氏曰:"三獻,謂初獻禰,主人自酢,再獻室老,室老酢主人,三獻士,士酢主人。"

世佐案,獻,獻神也。三者,主人也,室老也,士也。正祭以主人、主婦、賓長爲三獻。今主婦不與而取士者,以其皆從行之貴臣,故助主人釋奠也。郝説非。

一人舉爵。

註曰:"三獻禮成,更起酒也。主人奠之,未舉也。"

疏曰："此欲獻酬從者，不得酌神之尊，是以《特牲》行酬時，設尊兩壺於阼階東，西方亦如之。鄭註云'謂酬賓及兄弟'，則此亦當然，故知别取酒也。"

敖氏曰："舉爵，舉觶也，亦如《鄉飲》舉觶之爲。"

世佐案，一人，贊者也。舉爵，謂舉觶于主人。奠于薦右而未舉，俟行酬時乃舉此觶也。

獻從者。

註曰："從者，家臣從行者也。主人獻之，勞之也。皆升飲酒於西階上。"

敖氏曰："此獻蓋自室老始，行酬亦如之，獻亦以爵。"

行酬，乃出。

註曰："主人舉奠酬從者，下辯。"

敖氏曰："行酬者，行酬酒也。出，謂主人以下亦既徹，闔牖户而後出也。獻從者而行酬，所謂飲至也。楚令尹子重伐吴歸而飲至，用此禮耳。國君則既飲至，又或有策勳之事。《傳》曰：'凡公行告宗廟，反行飲至，舍爵策勳焉[①]，禮也。'"

上介至亦如之。

敖氏曰："如其釋幣、告至也。"

右釋幣于門，告反于禰。

聘遭喪，入竟，則遂也。

註曰："遭喪，主國君薨也。入竟則遂，國君以國爲體。士既請事，已入竟矣，關人未告，則反。"

敖氏曰："入竟則遂，爲其已承主國君之命也。"

不郊勞。

註曰："子未君也。"

敖氏曰："聘不主於嗣君，使人郊勞則嫌也。不郊勞，則夫人亦不使下大夫勞矣。然則大夫請行者，其以賓人與？"

---

① "舍"原作"合"，校本作"舍"，與《左傳》相合，據改。

不筵几。

註曰:“致命不於廟,就尸柩於殯宫,又不神之。”

疏曰:“鬼神所在曰廟,則殯宫亦得爲廟,則設几筵亦可矣。但始死不忍異於生,不神之,故於殯傍無几筵也。《曾子問》云‘君薨世子生’,告殯,殯東有几筵者,鄭云‘明繼體也’。”

敖氏曰:“此亦受於庿,不筵几者,變於君親受之禮也。”

世佐案,當以註疏爲正。筵几,所以依神也。於殯宫則不設之,臣子之心,不忍以神禮待始薨者也。必受于殯宫者有二義:一則大夫方爲君持服,不可以入庿攝行禮;二則所聘者,故君也,雖薨,而聘君之命不可以不達,故就殯宫致命焉。在使者,爲不廢命;在主國,爲不死其君也。敖説非。

不禮賓。

註曰:“喪降事也。”

敖氏曰:“‘禮’當作‘醴’。君喪,則使大夫受,故不醴賓,以其非正主也。”

世佐案,行聘享訖,而以醴酒禮賓,君受聘于庿之禮也。今受者非君,受之之所又不在庿,其不行此禮也宜哉。

主人畢歸禮。

註曰:“賓所飲食不可廢也。禮,謂饔餼、饗食。”

賓唯饔餼之受。

註曰:“受正不受加也。”

敖氏曰:“唯受饔餼者,以主人雖不遭喪,亦歸之饔餼,故於此受之而不辭。不受饗食者,則以主人有喪,不宜饗食己,故雖致之,亦不受也。受饔餼,則飧亦受可知。飧,饔餼之細也。”

世佐案,受饔餼者,以其所歸皆行者所必需也。饗食之屬,所以禮己,則辭之而已。

不賄,不禮玉,不贈。

註曰:“喪殺禮,爲之不備。”

敖氏曰:“賄與禮玉,主君以報聘君者也。今主君薨,難乎其爲辭,故闕之。贈者，所以答私覿，遭喪則不覿，故主國亦不宜贈。"

張氏曰："賄，謂束紡。禮玉，謂以束帛乘皮報享。贈，謂賓出至郊，以物贈之。"

世佐案，《周禮·掌客職》云"凡禮賓客，札喪殺禮"，謂此也。此以禮玉與賄、贈並言，則其爲禮名，而非以玉報享明矣。

遭夫人、世子之喪，君不受，使大夫受于廟，其他如遭君喪。

註曰："夫人、世子死，君爲喪主，使大夫受聘禮，不以凶接吉也。其他，謂禮所降。"

疏曰："《服問》云：'君所主，夫人妻、大子、適婦。'"

敖氏曰："此大夫廟受之禮，即記所云者是也。遭君喪之禮，凡所降者各有其義。此亦遭喪也，故因其禮而用之耳，其義則或合或否，而不能盡同。"

世佐案，亦受于廟者，君不敢以己之私喪而廢公事也。使大夫者，大夫爲君之妻、長子之服差輕，可以接吉也。其他，謂自不郊勞以下，亦因喪而殺也。受于廟而不筵几，不禮賓者，辟正主也。下記云"若君不見，使大夫受"者，謂君有疾病及他哀慘之事，非遭夫人、世子喪之比也。其受玉之儀雖同，而服式則異。彼時皮弁服，此則長衣練冠，如下文所云也。敖氏一之，非。

遭喪，將命于大夫，主人長衣、練冠以受。

註曰："遭喪，謂主國君薨，夫人、世子死也。此三者，皆大夫攝主人。長衣，素純布衣也，去衰易冠，不以純凶接純吉也①。吉時在裏爲中衣。中衣、長衣繼皆揜尺，表之曰深衣，純袂寸半耳。君喪不言使大夫受②，子未君，無使臣義也。"

疏曰："此長衣與深衣同布，但袖長素純爲異。'去衰易冠'者，謂脱去斬衰之服而著長衣，脱去六升、九升之冠而著練冠也。聘是純吉禮。爲君三升衰裳、六升冠，爲夫人、世子六升衰裳、九升冠是純凶禮，麻絰與

---

① "以"原作"必"，毛本同。校本作"以"。阮《校》云："徐、陳、閩、葛、《集釋》、《通解》、楊、敖同，毛本'以'作'必'。按'以'字與疏合。"據改。

② "使"原作"死"，毛本同。校本作"使"，《集釋》、《通解》、楊氏同，且"使"字與疏合，據改。

屨不易，直‘去衰易冠’而已，故云‘不以純凶接純吉’。長衣、中衣、深衣三者皆用朝服十五升布，六幅分爲十二幅而連衣裳，袖與純緣則異。《玉藻》云‘長、中繼揜尺’，鄭註云‘其爲長衣、中衣則繼袂揜一尺’，此鄭云吉時之服‘純袂寸半’者，純爲衣裳之側，袂爲口緣，皆寸半，表裹共三寸。《深衣目録》云：‘深衣，連衣裳而純以綵。純素曰長衣，有表則謂之中衣。’以此言之，則長衣、中衣皆用素純。若然，臣爲君斬，爲夫人、世子期，輕重不同。今受鄰國之聘禮，同用長衣練冠者，但接鄰國者，禮不可以純凶，故權制此服，略爲一節耳。向來所釋，皆是主君始薨，假令君薨踰年，嗣子即位，鄰國朝聘，以吉禮受之於廟，故成十七年經書‘邾子貜且卒’，十八年邾宣公來朝，《傳》云‘即位而來見’，踰年可以朝他國，他國來朝，亦得以吉禮受之於廟矣。雖踰年而未葬，則不得朝人，人來朝己，亦使人受之於廟，於夫人、世子亦然，以其本爲死者來故也。”

敖氏曰：“此遭喪，亦謂遭主君喪也。主人即大夫，文互見耳。主君喪而受之之服如此，則夫人、世子之喪，其亦皮弁服以受與？”

世佐案，此遭喪，亦謂遭夫人、世子之喪也。“主人長衣、練冠”者，以其廟受聘禮，不可純用凶服，而大夫新有期喪，又不可以吉服將事，故制爲此服以通之。居喪得易服者，以其期服差輕，而接鄰國禮重也。若主國君薨，致命于殯宫，則主人當凶服以受。蓋三年之喪既成服，無時而可釋者，服重而聘輕也。《書·顧命》成王崩，康王以冕服受顧命，見羣臣，儒者猶或非之，豈受聘禮而顧可去斬衰之服，脱六升之冠以從之與？若既葬踰年，則鄰國之來聘者，爲嗣君也，自當受之于廟，其服亦深衣練冠與？踰年而未葬，其禮與始薨同。夫人、世子之喪，既葬，則使大夫以吉禮受之於廟矣。

右遭喪。

世佐案，文六年《左傳》云“季文子將聘於晉，使求遭喪之禮以行”，即謂是也。其儀節與常聘異者蓋多矣，經不能具也。然因是而推之，則其降殺變易之數，亦略可覩矣。

聘，君若薨于後，入竟則遂。

註曰：“既接於主國君也。”

敖氏曰：“後，謂使者既行之後也。云‘入竟則遂’，是未入竟則反而奔喪矣。君薨，則其國使人告使者，而不反之，以其行或有遠近故也。”

赴者未至，則哭于巷，衰于館。

註曰："未至，謂赴告主國君者也。哭于巷者，哭于巷門，未可爲位也。衰于館，未可以凶服出見人。其聘享之事，自若吉也。"

疏曰："本國遭喪，赴者有兩使，一使告聘者，一使告主國。赴主國之使未至，是以未可爲位受人弔禮。"

敖氏曰："赴，告喪者之稱也。其哭也亦爲位。《奔喪》曰'諸臣在他國，爲位而哭'，亦謂此時也。"

世佐案，哭于巷，别于私喪也。巷哭，則不爲位可知。《奔喪》所云，赴者既至之禮也，亦容有私事出疆，及聘而未入竟者，敖氏引之，非。又案，赴主國君者猶未至，而使臣得先聞之者，以其國當遣急使告之，使得未入竟而反，故聞在赴者至之前也。

受禮，不受饗食。

世佐案，"禮"當作"醴"，謂以醴酒飲賓也。醴與饗食，皆主君所以禮己，而有受有不受者，以醴與聘享同日，不可不終其事，且其義不尚味，故得受之。至于饗食，則唯主於飲食而已。己既聞赴，自不當復與。敖云雖歸之，猶不受，是也。饗食在行聘後不一日，而言于"赴者至"之上者，容赴者之至有遲速，且以見斯禮也，赴者雖未至，亦在所必辭也。不言饔餼者，以其所歸如米、禾、薪、芻，爲行者所必需，其勢不得不受，而方歠粥水飲之時，則鼎饌之屬又無所用之，受否不一，故空其文也。註以受禮爲受饔餼，非。

赴者至，則衰而出。

註曰："禮，爲鄰國闕，於是可以凶服將事也。"

疏曰："'凶服將事'，謂主人所歸禮，則賓可以凶服受之，其正行聘享，則著吉服矣。故《雜記》云'執玉不麻'是也。"

敖氏曰："但云'衰而出'，則其出也，非爲聘事矣。以此見赴者之至，例在聘日之後也。"

張氏曰："'禮，爲鄰國闕'，襄公二十三年《傳》語，謂鄰國有喪，爲之徹樂也。"

世佐案，敖説得之，蓋使者出竟，在君未薨之前，則赴者之至，自宜後于聘。且聘者，君生時所命也，既將命而後發其凶問，亦事之次也。若然，則聘時吉服之義明矣。

唯稍受之。

註曰："稍，稟食也。"

疏曰："禮，君行師從，卿行旅從。從者既多，不可闕於稍食。案《周禮》每云'稍事'，皆謂米稟，以其稍稍給之，故謂米稟爲稍。"

敖氏曰："稍，謂漿飲乘禽之屬，以其稍稍給之，故謂之稍。《漿人職》云'共賓客之稍'，《禮記》云'旬而稍，宰夫始歸乘禽'，亦可見矣。"

郝氏曰："稍受，牲牢之類則不受。"

世佐案，稍，謂米、禾、薪、芻之屬。《掌客》云"賓客有喪，唯芻稍之受"是也。敖以漿飲乘禽當之，非。漿飲乘禽，非有喪者所宜受也。上云"不受饗食"，則饗食之外容有可受者。此云"唯稍受之"，則稍外更無一受者矣。此赴者至與未至之别也。

歸，執圭覆命于殯，升自西階，不升堂。

註曰："復命于殯者，臣子之於君父，存亡同。"

疏曰："案《禮記》奔父母之喪，升自西階。此復命於殯，亦升自西階，法生時出必告，反必面。"

敖氏曰："亦衰而執圭也。升自西階而不升堂，告殯之禮然也。是時，上介亦執璋，立于其左。"

郝氏曰："使臣歸國，復命于殯，如事生也。升自西階，殯在西階也。不升堂，臣見君于堂下也。"

世佐案，敖云"衰而執圭"，是也。或泥《雜記》"執玉不麻"之文，謂復命畢而後反喪服，非。上經云"衰而出"在他國，尚可以凶服將事，豈於殯前獨不可乎？且既成服，固無可釋之理也。復命之辭見上文。殯在寢西階上①，使者釋辭畢，北面坐，奠圭于殯南席上，降。宰亦喪服，升自西階，北面坐取圭，降自西階，以東。是時，上介執璋，立于階下少西。

子即位，不哭。

註曰："將有告請之事，宜清淨也。不言世子者，君薨也。諸臣待之，亦皆如朝夕哭位。"

---

① "寢"字上校本有一"路"字。

疏曰："案《公羊傳》：'君存稱世子，君薨稱子某。既葬稱子，踰年稱君。'《奔喪》云奔父之喪，在家者待之，皆如朝夕哭位。"

敖氏曰："子者，諸侯在喪之稱。子位在阼階上。不哭者，子、臣同。"

辯覆命，如聘。

註曰："自陳幣至于上介以公賜告，無勞。"

張氏曰："徧復命於殯，如聘禮之常，但不代君作勞辭耳。"

世佐案，辯覆命，謂自受上介璋致命以下是也。云"如聘"，亦大略言之耳。其實賄幣、禮玉皆不受，則不告，賜禮所不受者言亦不及之。無勞，無獻，皆其異者也。每告則升，璋則奠之殯南，禮幣則以授上介，上介奠于故處。

子臣皆哭。

註曰："使者既復命，子與羣臣皆哭。"

世佐案，臣，謂羣臣在朝夕哭位者。於是乃哭者，因使者之歸而感君親之不見也。於其哭也，使者與介皆出。

與介入，北鄉哭。

註曰："北鄉哭，新至別於朝夕。"

疏曰：復命之時，介在幣南，北面，去殯遠，復命訖，除去幣，賓更與介前入近殯，北鄉哭。朝夕哭位在阼階下，西面。今賓介新至，故於殯前北鄉也。從《句讀》節本。

敖氏曰："云'入'者，既復命則出，至是乃更入。蓋復命、奔喪宜異其節也。《奔喪》云'奔喪者非主人，入門左，中庭北面哭'，然則使介此時之哭，亦在西方之中庭而西上與？"

世佐案，與介入之義，敖得之，疏誤。

出，袒，括髮。

註曰："悲哀變於外，臣也。"

張氏曰："子奔喪，則袒、括髮於殯東矣。"

入門右，即位踊。

註曰："從臣位，自哭至踊，如奔喪禮。"

疏曰："《奔喪》云：'袒，括髮於西階東，即位踊，襲絰於序東。'此門外袒，括髮，入門右，即位踊，亦當襲絰於序東，故鄭云'自哭至踊，如奔喪禮'也。"

右聘君薨。

若有私喪，則哭于館，衰而居，不饗食。

註曰："私喪，謂其父母。哭于館，衰而居，不敢以私喪自聞于主國，凶服于君之吉使。《春秋傳》曰：'大夫以君命出，聞喪，徐行而不反。'"

疏曰："衰而居"，謂服衰居館。行聘享，則皮弁吉服。"大夫"以下，春秋宣八年《公羊傳》文，何氏註："聞大喪而不反，重君命也。徐行者，爲君當使人追代之。"以此言之，使雖未出國境，聞父母之喪遂行，不敢以私廢王事。明至彼所使之國，雖聞父母之喪，不反可知。

敖氏曰："云'哭于館'者，嫌其不敢發哀於主人之廟也。昔'曾子與客立于門側，其徒趨而出。曾子曰："爾將何之？"曰："吾父死，將出哭於巷。"曾子曰："反哭於爾次。"曾子北面而弔焉'，正此意也。'不饗食'，謂主君饗食己則不往也，其致之則斯受之，是亦異於其君之喪。"

世佐案，唯云"不饗食"，則其他皆受之矣。牲牢乘禽之屬亦得受之者，《雜記》云"三年之喪，如或遺之酒肉則受之，必三辭，主人衰絰而受之。如君命，則不敢辭，受而薦之"是也。

歸，使衆介先，衰而從之。

註曰："已有齊斬之服，不忍顯然趨於往來，其在道路，使介居前，歸又請反命，己猶徐行隨之。君納之，乃朝服，既反命，出公門釋服，哭而歸，其他如奔喪之禮。吉時，道路深衣。"

疏曰："既以朝服反命，出門去朝服，還服吉時深衣，三日成服，乃去之。"

敖氏曰："經但見其未及郊之禮耳。若君既許其反命，則朝服而帥衆介以行也。"

世佐案，奔喪之禮有二：一是平時聞赴遂歸，在道不及成服，則服深衣素委貌，至家三哭之明日，乃喪服杖于序東，所謂三日成服也；一是以君命出使，不得遽歸，則成服于外，至家固已喪服，不俟三日，所謂若不得行，"則成服而后行"也。此經所陳，即成服而后行之事。然則出公門即反喪服矣，疏乃引未成服而奔喪者之禮以釋之，非。

右賓有私喪。

賓入竟而死，遂也，主人爲之具而殯。

註曰："具，謂始死至殯所當用。"

疏曰：若未入竟，即反來殯，非謂殯於館、斂於棺而已。從《句讀》節本。

朱子曰："案《周禮》註疏云權殯於棺，此疏非是。"

敖氏曰："殯，即其館而殯之也。尸未得歸，故權殯於此。云'殯'，則不以造朝矣。"

姜氏曰："遂，謂遂使事也。主人，謂主國執事者。"

介攝其命。

註曰："爲致聘享之禮也。初時，上介接聞命。"

君弔，介爲主人。

註曰："雖有臣子、親姻，猶不爲主人，以介與賓竝命於君，尊也。"

疏曰："古者賓聘，家臣、適子皆從行，是以延陵季子聘於齊，其子死，葬於嬴博之間。"

敖氏曰："凡諸侯弔於異國之臣，君爲之主。此時其君不在，故介爲主人，受主君之弔，以此時惟介爲尊故也。君弔，蓋皮弁服。禮，諸侯弔於異國之臣，皮弁錫衰。主人未喪服，則君亦不錫衰。不錫衰，則惟皮弁服矣。此賓死於外，雖已殯，主人蓋未喪服也，介爲主則袒免。《喪服記》曰'朋友皆在他邦，袒免'，謂此類也。凡諸侯弔，主人必免。"

主人歸禮幣，必以用。

註曰："當中奠、贈、諸喪具之用，不必如賓禮。"

郝氏曰："主君歸禮幣，取供喪用，不必如賓。《周禮·掌客》'賓客死，致禮以喪用'是也。"

世佐案，此謂歸于賓者也。

介受賓禮，無辭也。

註曰："介受主君賓己之禮，無所辭也。有賓喪，嫌其辭之。"

郝氏曰："介代受賓禮，直受之，無復如賓存禮辭，所以明代也。"

世佐案，此謂歸于介者也。介既攝命行禮，則主國即以待賓之禮待介。介皆受，唯無辭爲異。無辭者，辟正賓也。辭，謂自郊勞至于贈賄，賓皆禮辭而后受之。

不饗食。

敖氏曰:"與私喪同,亦致則受之。"

郝氏曰:"主君饗食,介皆不就,不以飲食爲悦也。"

張氏曰:"前經云:'上介壹食壹饗。'"

世佐案,此亦謂壹食再饗,張説誤。

歸,介復命,柩止于門外。

註曰:"門外,大門外也。必以柩造朝,達其忠心。"

疏曰:"國君有三門:臯、應、路。又有三朝:内朝在路寢庭,正朝在路門外,應門外無朝,外朝應在臯門外。經直云'止於門外',無入門之言,明知止於大門外,外朝之上。"

姜氏曰:"門外,治朝之門外也。疏謂國君三朝則是,謂三朝内外之位則非。詳考天子有五門:臯、庫、雉、應、路。而諸侯合臯、庫爲一門,雉、應爲一門,路門又爲一門,此固國君之三門也。至三朝因乎三門,外朝在臯門内,即庫門也。治朝爲正朝,在應門内,即雉門也。内朝在路門内,即寢門也。而乃謂'應門外無朝',外朝在臯門外也,何哉?疏所以致此弊者,意以柩不應直造正朝,其所造者乃外朝,而經云'止于門外',則外朝又必在第一門臯門之外也,不知其説絶無根據,與朝制既不相合,而于經義亦多未明。玩本經,賓、介始受命于治朝,則合反命于治朝,且賓死,介將命,以賓柩造于鄰邦之治朝,則賓死,介復命,又合造于本國之治朝。其止於門外者,造于治朝之門外,則固造于朝矣。析言之,有門外、門内之分;統言之,朝門即朝也。柩止朝門,而介將命,禮合下當如是。若如疏家之意,殆疑舉柩朝堂之爲非,而遂以滋此弊也,不亦率哉。"

世佐案,疏"臯應"當作"庫雉",説見上。經云"止于門外",而註云"造朝"者,朝是公所之總名,故大門外亦得謂之朝也。疏必以外朝釋之,似泥。姜以謂治朝之門外,亦非。又案《周禮·朝士》註鄭司農云:"王有五門:外曰臯門,二曰雉門,三曰庫門,四曰應門,五曰路門。路門一曰畢門。外朝在路門外,内朝在路門内。"康成則謂庫門在雉門外,外朝在庫門之外,臯門之内。天子、諸侯皆有三朝:外朝一,内朝二,内朝之在路門内者或謂之燕朝。二説不同,今以後鄭爲正。以其説推之,諸侯之内朝一在路門内,即燕朝也。一在路門外,雉門内,所謂治朝也。其外朝則當在雉門之外,庫門之内。其朝位,在庭中有樹處,非别有屋宇也。疏謂外朝在皋門外,固非。姜氏辨之,亦未明,故復論之。

介卒復命,出,奉柩送之。君弔,卒殯。

註曰:"卒殯,成節乃去。"

疏曰:卒復命,謂復命訖。送之,謂送至賓之家。殯,喪之大節,卒殯而後君與介乃去也。從《集説》節本。

敖氏曰:"卒殯,謂既奠乃去也。大夫之喪自外歸,載柩以輲車,舉柩由阼階升,即適所殯。"

世佐案,大夫之喪至自外之禮,見《雜記》"殯在兩楹之間"。

若大夫介卒,亦如之。

註曰:"不言上介者,小聘上介,士也。"

張氏曰:"亦如之,謂在聘國及反本國諸事。"

士介死,爲之棺,斂之。

註曰:"不具他衣物也,自以時服也。"

君不弔焉。

註曰:"主國君使人弔,不親往。"

若賓死,未將命,則既斂于棺,造于朝,介將命。

註曰:"未將命,'請俟間'之後也。以柩造朝,以已至朝,志在達君命。"

敖氏曰:"此朝謂大門外也。介將命于廟如賓禮,既則歸而殯之於館。"

若介死,歸復命,唯上介造于朝。

敖氏曰:"於賓言'止於門外',於上介云'造於朝',文互見也。"

若介死,雖士介,賓既復命,往,卒殯乃歸。

註曰:"往,謂送柩。"

敖氏曰:"賓送上介,已見於'大夫介卒,亦如之'之中,故惟主士介而言也。不言君弔,其在既殯之後乎?是亦降於賓與上介也。"

右賓、介死。

小聘曰問。不享有獻，不及夫人。主人不筵几，不禮，面不升，不郊勞。

註曰："記貶於聘，所以爲小也。獻，私獻也。面，猶覿也。"

疏曰："'不禮'者，聘訖，不以齊酒禮賓。'面不升'者，謂私覿庭中受之，不升堂。"

敖氏曰："受於廟而不筵几，禮差輕也。'禮'亦當作'醴'。凡受禮而設筵几乃醴賓，此不筵几，故不醴賓，亦相因而然也。面不升，以其爲下大夫也。其禮如大聘之上介，特初覿不與士介同入爲異耳。郊勞乃使臣之禮，故言於君禮之後。云'獻'繼'不享'而言，謂聘君之獻也。經記於大聘皆不言聘君有獻於主君及夫人，而此於小聘，乃以有獻，不及夫人爲異，亦未詳。"

郝氏曰："獻，隨意獻國所有。不筵几，不行禮于廟也。"

世佐案，享與獻，皆聘君之所以遺主君也，而其别有二：享必以玉帛庭實，獻則隨其國之所有而已，一也；享君與夫人皆有之，獻君而已，不及夫人，二也。大聘享而不獻，小聘獻而不享，輕重之差也。註以獻爲私獻，非。敖氏知獻之出于聘君，而不知即所以代享，宜其疑而不能析也。云"不筵几"，則亦在廟可知。受大聘于太祖廟，受小聘蓋于親廟與？

其禮，如爲介，三介。

註曰："如爲介，如爲大聘上介。"

張氏曰："禮，主國待賓之禮，謂饔餼食饗之屬，如待大聘時大夫之爲上介者，其賓，則士三人爲之介也。"

世佐案，小聘之賓與大聘之上介，皆大夫也，故其禮如之。三介，下其卿二等也。然則大國小聘五介，小國一介與？

右小聘。

記：

久無事則聘焉。

註曰："事，謂盟會之屬。"

世佐案，事，謂與鄰國相接之事，即下文所謂"有故"是也。或因事而聘，則及當聘之期，不必再聘。惟久而無事，則必使卿聘焉，所以繼舊好而聯邦交也。記但云"久"，而不明言其年數者，同方嶽之諸侯又各視其遠近親疎以爲之節,無定期也。

右記聘期。

若有故,則卒聘,束帛加書將命。百名以上書於策,不及百名,書於方。

註曰:“故,謂災患及時事相告請也。將,猶致也。名,書文也,今謂之字。策,簡也。方,板也。”

疏曰:簡據一片,策是衆簡相連。鄭作《論語序》云:“《易》、《詩》、《書》、《禮》、《樂》、《春秋》,策皆尺二寸,《孝經》謙半之,《論語》八寸策者,三分居一又謙焉。”是其策之長短。鄭註《尚書》“三十字一簡”之文,服虔註《左氏》云“古文篆書一簡八字”,是一簡之字數。從《通解》節本。

朱子曰:“此簡之長及字數皆未詳,或六經之策皆二尺四寸,乃與下數合,當更考之。”

敖氏曰:“故,猶事也。此與經之所謂‘有言’者互見爾。卒,已也。聘者,兼享而言。束帛加書,以書加於帛上也。將命之時,但稱言以達其君之書而已,未必言及其故。”

張氏曰:“有故,如告糴、乞師之類。卒聘,倉猝而聘,不待殷聘之期也。字多書於策,策,以衆簡編連也。字少書于方,一板可盡也。”

世佐案,卒聘之義,敖得之,張誤。

主人使人與客讀諸門外。

註曰:“受其意,既聘享,賓出而讀之。不於内者,人稠處嚴,不得審悉。主人,主國君也。人,内史也,書必璽之。”

疏曰:“《内史職》云‘凡四方之事書,内史讀之’,故知人是内史也。襄二十九年《左傳》云公如楚還,‘及方城,季武子取卞,使公冶問,璽書追而與之’,故知此書亦璽之也。”

敖氏曰:“公既受書,客降出。公以書授宰,降立,乃使人與客讀書於庿門外。必與客讀之者,欲其審也。不於内讀之者,客降則出矣,無其節也。”

郝氏曰:“讀其書於廟門外,公事,使衆聞也。”

張氏曰:“讀諸門外,就門外燕閒之處讀之。”

世佐案,讀書不於庿中者,以客在門外,宜就之也。是時,卿大夫以下皆即位于廟中，則門外乃清静之所，告請多是密事，故就此讀之，豈欲使衆共聞之意乎？郝説過矣。

客將歸，使大夫以其束帛反命於館。

註曰："爲書報也。"

敖氏曰："大夫，即還玉之卿也。束帛，言其是即歸者加書者也。以其束帛反命，亦如還玉之義，蓋以之爲信也。此一節當繼禮玉之後，不見於經者，以其或有或無，不可必。"

明日君館之。

註曰："既報，館之，書問尚疾也。"

敖氏曰："此反命蓋與還玉同日，而明日君館之，則無此禮者，其館之之節亦可見矣。"

世佐案，此以見反命之節在館賓前一日也。

右記因事而聘。

既受行出，遂見宰，問幾月之資。

註曰："資，行用也。古者君臣謀密草創，未知所之遠近，問行用當知多少而已。"

朱子曰："上言與卿圖事，則固已知所之矣。此但言與宰計度資費之多寡而已，註言未知所之，非是。"

敖氏曰："見宰，見之於其官府也。幾月之資，公費也。問之者，欲以爲私費之節度也。宰制國用，故問之。"

使者既受行，日朝同位。

註曰："謂前夕幣之間。同位者，使者北面，介立于左，少退，别於其處臣也。"

敖氏曰："日朝，每日常朝也。經惟見夕幣與受命之位，故記明之。"

郝氏曰："受行日，謂受命啓行日。朝同位，即前'使者載旜，帥以受命于朝'，'使者入，衆介隨入，北面東上'，所謂朝位也。"

張氏曰："未受命行以前，卿、大夫、士面位各異。"

世佐案，此見受行之後，夕幣之前，每日朝位也。卿、大夫、士尊卑有間矣，至是乃同其位者，示奉命而往，榮辱苦樂，無不共之，所以一衆志也。疏及郝氏、張氏皆於"日"字絶句，非，當以敖説爲正。

出祖釋軷，祭酒脯，乃飲酒于其側。

註曰："祖，始也。既受聘享之禮，行出國門，止陳車騎，釋酒脯之奠於軷，爲行始也。《詩傳》曰'軷，道祭也'，謂祭道路之神。《春秋傳》曰'軷涉山川'，然則軷山行之名也。道路以險阻爲難，是以委土爲山，伏牲其上，使者爲軷祭酒脯祈告也。卿大夫處者於是餞之，飲酒於其側，禮畢，乘車轢之而遂行，舍於近郊矣。其牲，犬、羊可也。古文軷作祓。"

疏曰：凡道路之神有二：在國内釋幣於行者，謂平適道路之神；出國門釋奠於軷者，謂山行道路之神。案《月令》冬祀行，鄭註云："行在廟門外之西，爲軷壤，厚二寸，廣五尺，輪四尺。祀行之禮，北面設主於軷上。"國外祀山行之神爲軷壤，大小與之同。鄭註《夏官·大馭》云："封土爲山象，以菩芻棘柏爲神主，既祭之，以車轢之而去，喻無險難也。"《周禮·犬人》"掌供犬牲"，"伏瘞亦如之"，鄭註云"伏謂伏犬，以王車轢之"，故知有伏牲其上。《周禮·大馭》："掌馭玉路以祀[①]。及犯軷，王自左馭，馭下祝，登，受轡。"彼天子禮，使馭祭，此大夫禮，故使者自祭。云"其牲，犬、羊可也"者，《犬人職》所云，是用犬也，《詩》云"取羝以軷"，是用羊也。是犬羊各用其一，未必竝用之。言"可"者，人君有牲，大夫無牲，直用酒脯。

敖氏曰："道祭謂之軷者，爲既祭而以車軷之，因以爲名也。釋軷者，釋其所軷之物，謂酒脯也。既釋，則人爲神祭之，如《士虞禮》佐食爲神祭黍、稷、膚，祝祭酒之爲。"[②]

世佐案，始行而祭曰祖。《詩》云"韓侯出祖"是也。軷，軷壤也。釋軷者，舍其所祭之物于軷上也。鄭註《月令》乃軷字的解，又因祖行之祭皆釋奠于軷，故或以軷爲道祭之名。此處祖、軷並言，則祖爲祭名，而軷爲設祭之處，不可混也。註引《詩傳》似誤。祭酒脯之解，敖得之矣。

右記使者受命將行之禮。

所以朝天子，圭與繅皆九寸，剡上寸半，厚半寸，博三寸。繅三采六等，朱、白、蒼。

註曰："圭，所執以爲瑞節也。剡上，象天圓地方也。雜采曰繅，以韋

---

① "玉"原作"王"，陳本、閩本、監本、毛本同。校本作"玉"，庫本、《通典》同，與《周禮》經文合，據改。

② 此節末校本有"既祭，乃與同行者飲酒於其側。禮畢，乘車軷之而過也"二十一字。

衣木板，飾以三色再就，所以薦玉，重慎也。九寸，三公之圭也。”

疏曰：凡圭，天子鎮圭，公桓圭，侯信圭，皆博三寸，厚半寸，剡上，左右各寸半，唯長短依命數不同。以韋衣木板，木板大小一如玉制，然後以韋衣包之，大小一如其板。經云“三采六等”，註云“三色再就”，就，即等也。一采爲再就，三采即六等也，一帀爲一就。三采，據公、侯、伯。天子五采，子、男則二采。從《句讀》節本。

孔氏曰：“三采六等，以朱、白、蒼畫之再行也者。案《聘禮記》云‘朝天子，圭與繅皆九寸，繅三采六等①：朱、白、蒼；朱、白、蒼’是也。既重云‘朱、白、蒼’，是一采爲二等，相間而爲六等也。若五等諸侯，皆一采爲一就。《典瑞》云‘公侯伯皆三采三就’，謂一采爲一就，故三采三就，其實采別二就，三采則六等也。《典瑞》又云‘子男皆二采再就’，二采，謂朱緑也，二采故二就，其實采别二就，二采則四等也。《典瑞》又云‘瑑圭、璋、璧、琮，繅皆二采一就，以覜聘’，此謂卿大夫每采唯一等，是二采共一就也。與諸侯不同，其天子，則《典瑞》云‘繅五采五就’，亦一采爲一就，五采故五就，其實采别二就，五采則十等也。”

朱子曰：“案上記只有‘朱白蒼’三字，而《雜記》疏所引，乃重有之，不知何時傳寫之誤，失此三字。兼其言采就之説詳明，今皆著于上，覽者詳之。”

敖氏曰：“圭，謂桓圭也。圭與繅皆九寸，但言其長同耳，若其廣，則玉三寸而繅蓋一尺許也。剡上寸半，厚半寸，博三寸，惟據玉而言。”

郝氏曰：“朝天子，謂諸侯執圭合瑞也。剡，削也。圭形下寬上狹，下寬三寸，上削寸半，上居下半也。”

世佐案，剡上寸半者，謂圭長九寸，上寸半削之使圓，其下七寸有半自若也。郝説非。是九寸，據桓圭而言，信圭、躬圭皆長七寸。

問諸侯，朱緑繅，八寸。

註曰：“二采再就，降於天子也。於天子曰朝，於諸侯曰問。記之於聘，文互相備。”

疏曰：上云“三采六等”，此二采不云四就者，臣禮與君禮異。子男亦

① “采”原作“寸”，校本作“采”，《禮記疏》同，與《聘禮記》合，據改。

同二采[①]，但一采爲一匝，二采爲再匝，共四等。今臣一采爲一就，二采共爲再就，是二采當君一采之處。《典瑞》云"瑑圭、璋、璧、琮，繅皆二采一就，以覜聘"，亦是臣二采當君一采之處。上公朝天子，圭與繅皆九寸，則自相朝亦九寸。上公遣臣相問，圭與繅皆八寸，則遣臣問天子亦八寸，是記於聘文互相備也。此言八寸，據上公之臣，侯伯之臣則六寸，子男之臣則四寸，各下其君二等。參用《通解》、《句讀》節本。

敖氏曰："此言上公聘玉之繅也。朱緑者，繅之采也。《典瑞職》曰：'瑑圭、璋、璧、琮，繅皆二采一就，以覜聘。'則此'朱緑'，蓋合而爲一就也。一就則二等矣，二采當去朱而用白蒼，乃不然者，爲其少飾，故存朱而加以緑焉，亦尚文之意也。上言朝玉與其繅九寸，故於此但言繅而不及玉，蓋省文耳。《玉人職》云'瑑圭、璋八寸，璧、琮八寸，以覜聘'，是公之聘玉亦與繅之長同也。然則侯伯聘玉與繅當六寸，子男則當四寸與？"

世佐案，註云"二采再就"，"再"字誤，當依《典瑞》作"一"也。云"降于天子"者，謂降于朝天子也。問，聘之小者，而所用圭繅如此，則聘亦可知，故云"記之于聘文互相備"也。

皆玄纁，繫长尺，绚组。

註曰："采成文曰絢。繫，無事則以繫玉，因以爲飾，皆用五采組，上以玄，下以絳爲地。"

疏曰："上文繅藉，尊卑不同，此之組繫，尊卑一等。無事，謂在櫝之時。上下皆據垂之爲上下，必知上玄下絳者，上玄以法天，下絳以法地故也。經云'纁'，註云'絳'者，《爾雅》三入赤汁爲纁，絳則赤也，故舉絳以解纁。"

敖氏曰："皆玄纁，此言所用以爲繅者也。朝聘之繅，皆以玄纁之帛爲之，蓋表玄而裏纁也，其表裏則皆絢以采。繫者，繅之繫也，以絢組爲之，其絢亦如繅之采與？繅言采，繫言絢，文互見也。絢者，蓋以采絲飾物之稱。舊説以絢爲畫，非是。《語》曰'素以爲絢兮'，又曰'繪事後素'，而《考工記》並言畫繢之事，則絢非畫也，明矣。"

郝氏曰："天子、諸侯繅皆玄纁繒爲之，繫以束繅，絢，采色組絛也[②]。"

---

① "子男亦同二采"，校本作"此二采雖與子男同"。

② "絛"原作"條"，校本作"絛"，《節解》同，據改。

張氏曰:“繅以藉玉,繫以聯玉與繅,組即所以飾繫者,其質上玄下纁,而又加五采之組也。”

世佐案,皆者,皆朝天子、問諸侯二圭之繅也。玄纁者,帛也,二圭之繅皆以玄纁之帛爲之,而后畫以三采或二采。記先舉其制,乃言所以爲之者,亦釋物之一例也。下文“絇組”言于“長尺”之下亦然。舊説於“繫”字絶句,非。繅必用帛者,薦玉之物,取其細軟也。據此,則謂以木爲中幹而衣以韋者,蓋出于鄭之臆説與?繫玉於繅曰繫,以五色之組爲之。組,似繩而闊,長尺者,繫玉之餘,因垂之以爲飾也。上經所謂“屈繅”、“垂繅”者皆謂是爾。繫既用絇組,則非上玄下纁可知,愚之舍註而取敖説者以此。

問大夫之幣俟于郊,爲肆,又齎皮馬。

註曰:“肆,猶陳列也。齎,猶付也。使者既受命,宰夫載問大夫之禮待於郊,陳之爲行列,至則以付之也。使者初行,舍于近郊。幣云肆,馬云齎,因其宜,亦互文也。不於朝付之者,辟君禮也。必陳列之者,不夕也。”

疏曰:“知載大夫幣是宰夫者,以其初宰衆官具幣,故知載幣於郊付使者,亦是宰夫可知。”

敖氏曰:“經於問大夫之庭實惟言皮,此兼云馬,是其所用亦不定也。”

右記朝聘玉幣。

辭無常,孫而説。

註曰:“孫,順也。大夫使,受命不受辭,辭必順且説。”

辭多則史,少則不達。辭苟足以達,義之至也。

敖氏曰:“史,言其文勝也。《論語》曰:‘文勝質則史。’辭以達意而已,若辭當少而反多,則文勝而傷於煩,當多而反少,則失於略,而不足以達意。辭苟足以達,則不煩不略,爲得其宜,故曰‘義之至也’。”

張氏曰:“聘問之辭,難豫爲成説,其大要在謙遜而和悦。辭多則近乎史祝,辭少則不足以達意,苟足以達意,而又不失之多,修辭之義,於是爲至。”

世佐案,周公謂祝雍曰“達而勿多也”,康王曰“辭尚體要”,孔子曰

"辭達而已矣",又曰"修辭立其誠",皆千古立言之要旨也。記者之言,足與相發明矣。

辭曰:"非禮也,敢對。"曰:"非禮也,敢。"

註曰:"辭,辭不受也。對,答問也。二者皆卒曰'敢',言不敢。"

疏曰:"辭謂賓辭主人,答謂賓答主人,介則在旁,曰'非禮也,敢'。"

朱子曰:"案,諸本下句末有'辭'字,註無複出'辭'字。永嘉本張淳《識誤》曰:'以註疏考之,經下羨一"辭"字,註上合更有一"辭"字,蓋傳寫誤以註文爲經文也,當依註疏,減經以還註。'其説爲是,今從之。"

敖氏曰:"此辭對之辭未詳其所用之節,姑闕之。"

世佐案,此舉辭之少而達者以示例也。辭者不受其禮,對者不許其辭,辭與對皆兼賓與主人而言,所用之節蓋多矣。朱子以此入郊勞章下,今即以郊勞禮論之。如君使卿勞賓,賓禮辭,是賓辭而主國之卿對也。及將儐勞者,勞者禮辭,是主國之卿辭而賓對也,其他可以類推矣。疏引《易・旅卦》鄭註云,皆是介在旁釋此辭,非。

右記修辭之節因及辭對二言。

卿館於大夫,大夫館於士,士館於工商。

註曰:"館者必於廟。不館於敵者之廟,爲大尊也。自官師以上,有廟有寢,工商則寢而已。"

疏曰:《祭法》云"適士二廟,官師一廟",鄭云"官師,謂中士、下士",《周禮・隸僕》鄭註云"五寢,五廟之寢。天子七廟,唯祧無寢",蓋前曰廟,後曰寢也。《爾雅》云"室有東西廂曰廟",註云"夾室前堂",又云"無東西廂有室曰寢",註云"但有大室",自士以上有廟者必有寢,庶人在官者工商之等有寢者則無廟,故《祭法》云"庶士、庶人無廟","祭於寢"是也。又曰《曾子問》云"公館,與公所爲曰公館",鄭註云"公館,若今縣官舍也"①,彼是正客館,彼此兩言之者,若朝聘使少,則皆於正客館,若使多,則有在大夫廟。從《通解》節本。

朱子曰:"疏引《曾子問》之文如此,而下經還玉,'賓負右房而立',是不必於廟也,明矣。鄭註不通,當從疏説。"

世佐案,註云"必於廟"者,謂館于大夫、士之家者必于其廟,而不於

---

① "官"原作"宫",校本作"官",《通解》同,據改。

寢也。不於寢者,嫌其褻也。大夫、士之家廟無右房,若在正客館,則有右房而無廟,稱矣。其説未爲不合,朱子譏之,似失註意。

管人爲客,三日具沐,五日具浴。

註曰:"管人,掌客館者也。客,謂使者下及士介也。"

敖氏曰:"三日、五日,古人平常沐浴之節也。《内則》言子事父母之禮云'五日則燂湯請浴,三日具沐',又云'少事長,賤事貴,共帥時',則亦足以見之矣。"

右記賓館。

飧不致。

註曰:"不以束帛致命,草次饌飧具輕。"

敖氏曰:"不致者,宰夫設之而已,不以君命致之也。必不致者,遠辟朝君之禮也。"

顧氏炎武曰:"此即《孟子》所謂'廩人繼粟,庖人繼肉,不以君命將之,恐勞賓也'。"

賓不拜。

註曰:"以不致命。"

沐浴而食之。

註曰:"自潔清,尊主國君賜也。記此,重者沐浴可知。"

右記設飧。

卿,大夫訝。大夫,士訝。士,皆有訝。

註曰:"卿,使者。大夫,上介也。士,衆介也。訝,主國君所使迎待賓者,如今使者護客。"

敖氏曰:"《掌訝職》云:'凡訝者,賓客至而往詔,相其事而掌其治令。'其職如是,則以降等者爲之,宜也。云'士皆有訝'者,嫌其賤,不必訝。若上士,則使中士訝之,中士,則使下士訝之也。"

世佐案,訝,即經所謂"訝賓于館"者。《周禮》云"凡賓客,諸侯有卿訝,卿有大夫訝,大夫有士訝,士皆有訝",註云"此謂朝覲聘問之日,王所使迎賓客於館之訝"是也。蓋訝有二:一是待事于客之訝,《秋官·掌訝》是也,以中士爲之;一是迎賓于館之訝,此記所陳是也,以降于賓一等者爲之。天子二訝俱有，諸侯無掌訝，即以大夫、士迎賓于館者兼之，故下文又言賓就館，訝以公使己待事之命告賓也。

賓即館，訝將公命。

註曰："使己迎待之命。"

疏曰："《掌訝職》云'賓入館，次于舍門外，待事於客'，註云'次，如今官府門外更衣處。待事于客，通其所求索'，彼謂天子有掌訝之官，共承客禮。此諸侯無掌訝，是以還遣所使大夫、士訝，將公命，有事，通傳于君。"

敖氏曰："此節宜在'卿致館'之後。將公命，蓋於外門内也，下禮同。"

張氏曰："謂以君使己迎待之命，告之于賓。"

世佐案，賓即館，謂聘享畢就館之時也。敖云"此節宜在'卿致館'之後"，非。

又見之以其摯。

註曰："復以私禮見者，訝將舍於賓館之外，宜相親也。大夫訝者執雁，士訝者執雉。"

敖氏曰："言'又'者，見其與上禮相接也。訝者既將公命，出，奉贄以請見，賓亦於門外俟之。賓未將公事，乃不辭其私見者，以其因將公命而爲之也。"

賓既將公事，復見訝以其摯。

註曰："公事，聘、享、問大夫。復，報也。使者及上介執雁，羣介執雉，各以見其訝。"

疏曰：訝者𡚁以贄私見己①，今還私以贄報見之。知使者及上介同執雁，不執羔者，上文主國卿、大夫勞賓同執雁，則此使者及上介同執雁可知。"各以見其訝"者，謂使者見大夫之訝者，上介見士之訝者，士介亦見士訝者。

敖氏曰："其贄，即訝之贄也。復見之以其贄，所謂還贄也。卿則還

① "訝者𡚁"，校本同，毛本作"向有報訝者"，《要義》、阮本、汪氏翻刻單疏本皆無"向"字。曹氏《校釋》云："當爲'訝向者'。"

雁，大夫、士則皆還雉於其訝。《士相見禮》云‘士見於大夫，終辭其贄’，蓋以無復見之禮故也。此亦有士見於大夫而不終辭之者，以其受公命而爲訝，與同國之降等者異，故略如敵者之禮，不辭其贄而復見之也。”

世佐案，公事，問大夫也。既將公事，即訝見之明日也。問大夫畢而後復見，先公後私也。必與問大夫同日者，答禮尚疾也。其贄之解，敖得之。然則上介復見訝亦以雉不以雁者，義取還贄與執贄而見者别也。

右記賓訝往復之禮。

凡四器者，唯其所寶，以聘可也。

註曰：“言國獨以此爲寶也。四器，謂圭、璋、璧、琮。”

疏曰：“此據公侯伯之使者用圭、璋、璧、琮，若子男使者，聘用璧、琮，享用琥、璜。”

敖氏曰：“四器者，聘享及夫人之聘享共用四玉器也。公侯伯之所寶者，圭、璋、璧、琮。子男之所寶者，璧、琮、琥、璜。言惟得用其所寶者，以聘見不可用其不當用者也。”

郝氏曰：“唯其所寶，謂擇其最重者以聘也。”

張氏曰：“四器唯其所寶，故以行聘非所寶，則不足以通誠好矣。”

世佐案，此記聘玉之異，當在“所以朝天子”之上，文脱在此耳。圭、璋、璧、琮，玉器凡四，聘享竝行，而聘尤重，故必以其所寶者聘也。云“惟其所寶”者，五等諸侯所寶不同，則所用以聘者亦異。公侯伯寶圭、璋，子男寶璧、琮。上用則已僭，下用則已卑，皆不可也。經但見公侯伯之聘玉，嫌璧、琮可以享而不可以聘，故記明之，且以杜僭與卑之失也。

宗人授次，次以帷，少退于君之次。

註曰：“主國之門外，諸侯及卿大夫之所使者，次位皆有常處。”

疏曰：朝聘陳賓介[①]，上公九十步，侯伯七十步，子男五十步。使其臣聘，又各降二等，其次依其步數就西方而置之。未行禮之時，止於次中。至將行禮，賓乃出次。從《句讀》節本。

朱子曰：“案《周禮》幕人掌相會，共帷幕。掌次掌張幕，此‘宗人’字恐誤。”

敖氏曰：“授次，授賓次也。設次者，掌次也。宗人則主授之耳。君，

① “賓”原作“擯”，校本作“賓”，《句讀》同，據改。

謂朝君也。云'少退之',則似謂在其南而少西也。《司儀》云:'及將幣,車進,拜辱。賓車進,答拜。'云'車進',是朝君未嘗入于次也。此乃著君之次,亦似微異。"

世佐案,次在庫門外之西南,授者使賓少憩于此,以俟辦也。是時,擯介猶未陳,安得有九十步、七十步、五十步之限乎?九十步以下,是主君迎賓時南北相去之節,次則又在其西少退者,不敢當朝君設次之處也。退,退而北,次南向,故以近門爲退。敖説非。據此,則朝君有次明矣。《司儀》云"賓車進"者,謂當主君出迎之時,賓出次,登車而進也。未迎賓以前,賓亦在次,不言者,文不具耳。敖云朝君未嘗入次,亦非。

右記授賓次。

上介執圭,如重,授賓。

註曰:"慎之也。《曲禮》曰:'凡執主器,執輕如不克。'"

疏曰:"此謂將聘於主君廟門外,上介屈繅以授賓,賓襲受之節。"

敖氏曰:"上介凡執玉皆如是,不惟將聘授賓之時爲然。記者特於此發之耳,其餘執玉者亦如之,不盡見也。"

賓入門,皇。升堂,讓。將授,志趨。

註曰:"皇,自莊盛也。讓,謂舉手平衡也。志,猶念也。念趨,謂審行步也。孔子之執圭,'鞠躬如也,如不勝,上如揖,下如授,勃如戰色,足蹜蹜如有循'。"

疏曰:"'賓入門,皇',謂未至堂時。'升堂,讓',謂升堂東面向主君之時。'將授,志趨',謂賓執玉向楹,將授玉之時,念鄉入門在庭時,執玉徐趨,今當亦然,若降堂後,趨進翼如,則疾趨也。"

敖氏曰:"讓,謂必後主君也。經云'公升二等,賓升'是也。《春秋傳》衛孫林父聘於魯,公登亦登,是不讓也。將授,謂發於負序之位,將授玉也。行而張足曰趨。《曲禮》曰'堂上不趨,執玉不趨',特志於趨耳,言其急於授君而行速也。"

郝氏曰:"讓,恭遜也。對主君,將以圭授之,志誠專一。疾趨而前,如争先,授唯恐遲也。"

張氏曰:"註所云'審行步'者,謂審乎君行一、臣行二之節也。"

世佐案,此節句讀當從註疏。讓與志趨之解,敖氏較勝,郝氏好爲新奇,而以“將授志”爲一句,“趨授如争”爲一句,謬甚。

授如争,承下如送。君還而后退。

註曰:“争,争鬬之争。重失隊也。”

疏曰:授,謂就東楹授玉於主君時,如與人争接取物,恐失墜。“下如送”者,謂聘享每訖,君實不送,而賓之敬如君送然。君迴還,賓則退出廟門,更行後事,非謂賓出大門也。從《句讀》節本。

敖氏曰:“‘授如争’,謂尚疾而不敢留君也。‘承下如送’,謂既授則以手承公手之下,而未即退,防玉之失隊也。如送者,如送客然,言其未即退之意也。君還東面,而後賓退。”

張氏曰:“‘下如送’,當與《論語》‘下如授’同解,言其授玉時手容也。君還,謂君轉身,將授玉於宰,而後賓退而下階。若以下爲下階,退爲出廟門,恐非文次。”

世佐案,此節句讀當從敖義。争,争戰之争。授如争,言授玉時容色,《論語》云“勃如戰色”是也。“承下如送”,敖得之。退,謂自東楹之間而退也。下文方言其下階之容,則以此退爲出廟門者,誤矣。

下階,發氣,怡焉。再三舉足,又趨。

註曰:“發氣,舍息也。再三舉足,自安定,乃復趨也。至此云舉足,則志趨卷豚而行也。孔子之升堂,鞠躬如也,屏氣似不息者,出降一等,逞顔色,怡怡如也。没階,趨進,翼如也。”

朱子曰:“‘趨進’,‘進’字衍。卷豚,義見《曲禮》‘卷轉’也,豚之言若有循。”

敖氏曰:“下階,謂降而没階之時也。怡,和説也。於此言‘發氣怡焉’,言‘又趨’,則鄉者之屏氣戰色,足如有循可知矣。趨言‘又’者,明復其常也。”

及門,正焉。

註曰:“容色復故,此皆心變見於威儀。”

張氏曰:“出門,將更行後事。此皆心變見于威儀,統指賓入門以下而言。”

執圭入門,鞠躬焉,如恐失之。

註曰:“記異説也。”

疏曰:“亦謂方聘執圭入廟門時。”

敖氏曰:“鞠躬者,敬也。如恐失之者,慎也。”

及享,發氣焉,盈容。

註曰:“孔子之於享禮,有容色。”

世佐案,發氣與聘時下階同盈容,則和氣且溢于面矣。正行享禮之時如是。聘主于敬,享貴于和,故其容貌亦異。

衆介北面,蹌焉。

註曰:“容貌舒揚。”

疏曰:“此謂賓行聘,衆介從,入門左,北面。”

敖氏曰:“於享乃云‘蹌焉’,以見聘時之不然也。然則衆介容貌之變,其節亦略與賓同矣。”

世佐案,衆介,謂自上介而下也。此蒙“及享”之文,當以敖説爲正。據此,則享時介亦皆從入明矣。

私覿,愉愉焉。

註曰:“容貌和敬。”

疏曰:享時形容舒於聘時之戰色。“私覿愉愉”又舒於“盈容”。從《集説》節本。

出,如舒雁。

註曰:“威儀自然而有行列。舒雁,鵝也。”

疏曰:“此出廟門之外,行步如鵝,又舒緩於愉愉也。”

張氏曰:“兼指賓介。”

皇且行,入門主敬,升堂主慎。

註曰:“復記執玉異説。”

敖氏曰:“主敬,鞠躬也。主慎,如恐失之也。先言‘皇且行’,乃云‘入門主敬’,則與上記‘入門皇’者異也。云‘升堂主慎’,則又與‘入門而如恐失之’者異也,是謂異説。”

右三記賓介聘享之容。

凡庭實,隨入,左先,皮馬相間可也。

註曰:“隨入,不竝行也。間,猶代也,土物有宜,君子不以所無爲禮,畜獸同類,可以相代。”

疏曰:“‘左先’者,以皮馬以四爲禮,北面以西頭爲上,故左先入陳也。”

敖氏曰:“皮馬相間,謂庭實若相繼而兩設,用皮則宜俱用皮,用馬則宜俱用馬。或不能然,則一節用皮,一節用馬,相間而設,亦自無害於禮,故云‘可也’。可者,許其得用之辭。”

賓之幣,唯馬出,其餘皆東。

註曰:“馬出,當從廄也。餘物皆東藏之内府。”

敖氏曰:“賓之幣,謂將聘君之幣及私覿者也。馬亦言幣,則幣字之所包者廣矣。”

多貨,則傷于德。

註曰:“貨,天地所化生,謂玉也。君子於玉比德焉,朝聘之禮以爲瑞節,重禮也。多之則是主於貨,傷敗其爲德。”

敖氏曰:“貨,指聘物而言。聘物有常數,若多用之,則有重貨之意,而傷害於其德矣。言此者,見貨之所以不可多也。”

世佐案,《春秋傳》云:“儉,德之共也。侈,惡之大也。”若使所將之貨踰于常數,則失輕財重禮之義,故云“傷于德”。貨,謂玉帛庭實之屬,註專指玉言,非。

幣美,則没禮。

註曰:“幣,人所造成,以自覆幣,謂束帛也。愛之,斯欲衣食之,君子之情也,是以享用幣,所以副忠信。美之,則是主於幣,而禮之本意不見也。”

敖氏曰:“美,謂奇巧也。聘幣有常制,若美爲之,則過於禮,而禮爲之没矣。言此者,見幣之所以不必美也。上言貨,則幣在其中矣。以其出於人力之所爲,故復以美戒之。”

張氏曰:“註‘覆幣’之‘幣’,疑當作‘蔽’。自覆蔽,謂其可以爲衣也。”

世佐案,禮以忠信爲本,故幣亦以少文爲貴。享用帛,賓、上介覿用錦,士介玉錦,是其差矣。若過爲華靡,則外飾勝而忠信薄,故没禮。《書》云“儀不及物曰不享”,亦斯意也。

賄在聘于賄。

註曰："賄，財也。于，讀曰爲。言主國禮賓，當視賓之聘禮而爲之財也。賓客者，主人所欲豐也。若苟豐之，是又傷財也。《周禮》曰：'凡諸侯之交，各稱其邦而爲之幣，以其幣爲之禮。'"

郝氏曰："賄在，猶在賄，如'舜在璿璣'，《文王世子》'在視寒暖之'，在，察也。專尚財賄，是聘以賄而已也。鄭讀'于'作'爲'，非。"

張氏曰："在，視也。賄，謂賄用束紡，禮用玉帛、乘皮及贈之屬是也。"

世佐案，此句未詳，姑依註釋之。郝氏欲更舊義，而爲説愈晦，今不從。

右記庭實貨幣之宜。

凡執玉，無藉者襲。

註曰："藉，謂繅也。繅，所以緼藉玉。"

疏曰："凡繅藉有二種，若以木爲中幹，施五采、三采者，此繅常有，不得云'無藉'。今此云'無藉者襲'，據尺絇組繅藉而言，若廟門外賈人啓櫝取玉，垂繅以授上介，上介裼受，上介屈繅以授賓，賓即襲受，即此執玉無藉者是也。此文與《曲禮》同，故《曲禮》凡執玉，'其有藉者則裼，無藉者則襲'是也。"

《曲禮》曰："執玉，其有藉者則裼，無藉者則襲[①]。"○註曰："藉，藻也。裼襲，文質相變耳。有藻爲文，裼見美，亦文。無藻爲質，襲充美，亦質。圭璋特而襲，璧琮加束帛而裼，亦是也。"○疏曰：此章之義，皇氏云：凡執玉之時，必有其藻以承於玉，若盡飾見美之時，必垂繅於兩端。令垂向於下謂之有藉，當時所執之人則去體上外服，以見在内裼衣，故云"有藉者則裼"也。其事質充美之時，承玉之藻，不使下垂，屈而在手，謂之無藉，當時所執之人，則掩其上服，襲蓋裼衣，謂之"無藉者則襲"。此謂執玉之人朝聘行禮，或有裼時，或有襲時也。又云"圭璋特而襲"者，上公享王圭以馬[②]，享后璋以皮，皮馬既不上於堂，其上唯特有圭璋，圭璋既是寶物，不可露見，必以物覆襲之，故云"圭璋特而襲"也。云"璧琮加束帛而裼"

① "無藉者則襲"之"則"原作"别"，校本作"則"，與《禮記·曲禮》經文合，據改。

② "享"原作"掌"，校本作"享"，與《禮記疏》合，據改。

者，謂侯伯子男享天子璧以帛，享后琮以錦，既有帛、錦承玉，上唯用輕細之物蒙覆以裼之，故云"璧琮加束帛而裼"也。此明非但人有裼、襲，其玉亦有裼、襲之義。熊氏則云采色畫韋衣版之藻藉則常有，今言無者，據不舊本脱"不"字，今從朱子補。垂之也。其垂藻之時則須裼，屈藻之時則須襲。案《聘禮》賓至主人廟門之外，"賈人東面坐，啓櫝，取圭垂繅，不起而授上介"，註云"不言裼、襲者，賤不裼也"，以賈賤，故不言裼，明貴者垂藻當裼也。又云"上介不襲，執圭屈繅授賓"，註"上介不襲者，以盛禮不在於己"，明屈繅合襲也。又云"賓襲，執圭"，又云"公襲，受玉"，於時圭皆屈繅，故賓與公執玉皆襲，是屈藻之時皆襲，則所謂"無藉者襲"是也。《聘禮》又云"賓出，公授宰玉，裼降立"，是授玉之後乃裼也。又云"賓裼，奉束帛加璧享"，是有藉者裼。凡朝之與聘，賓與主君行禮，皆屈而襲，至于行享之時，皆裼也。知者，以《聘禮》行聘則襲，受享則裼。凡享時其玉皆無藉藻，故崔靈恩云："初享圭璋特，故有藻，其餘則束帛加璧，既有束帛，不須藻。"

陳氏祥道曰："玉有以繅爲之藉，有以束帛爲之藉，有藉則裼，無藉則襲，特施於束帛而已。聘賓襲執圭，公襲受玉，及享，則賓裼，奉束帛加璧，蓋聘特用玉，而其禮嚴，享藉以帛，而其禮殺，此襲、裼所以不同。先儒以垂繅爲有藉，屈繅爲無藉，此説非也。"

陸氏佃曰："無藉，若'圭璋特'是也。經言繅，又别言藉，則藉非繅著矣。藉，若璧以帛，琮以錦之類，所謂公降，藉受玉于中堂，此無藉者之玉也，即束帛加璧裼矣。"

朱子曰："鄭説兩義，詞太簡略，指不分明。疏家所引皇氏、熊氏，始以垂、屈言之，但熊氏所云，今言無者，據垂之也，乃與經文及皇氏并已説上下文皆相反，疑其'據'字之下當脱一'不'字，今已輒爲補之矣。至於圭、璋、璧、琮之義，則皇氏爲失，而熊氏得之。但《周禮・典瑞》云'璧琮繅皆二采一就'，而熊氏亦自謂以韋衣版之藉則皆有，而又引崔靈恩云璧琮既有束帛，則不須藻，似亦牴牾，疑璧琮雖有藻而屈之，當爲無藉，特以加於束帛，故從有藉之例，而執之者裼耳。陳氏、陸氏則但取鄭註後説，而用熊氏之義，似亦有理，然今未敢斷其是非，故悉著其説以俟知者。"

楊氏曰："繅有二種，賈疏已詳。然言繅又有藉者承玉、繫玉二種，皆承藉玉之義，故言藉也。但藉字又有一義，《曲禮》云'執玉，其有藉者則裼，無藉者則襲'，所謂無藉，謂圭璋特達，不加束帛，當執圭璋之時，其人則襲也，所謂有藉者，謂璧琮加於束帛之上，當執璧琮之時，其人則裼也。《曲禮》所云，專指'圭璋特而襲，璧琮加束帛而裼'一條言之，先儒乃以執圭而垂繅爲有藉，執圭而屈繅爲無藉，此則不然。陳氏、陸氏之言，足以破先儒千百載之惑矣。然何以知先儒之説爲非，而陳氏、陸氏之説爲是耶？竊詳經文，裼、襲是一事，垂繅、屈繅又别是一事，不容混合爲一説。方其始受君命也，賈人啓櫝，取圭，垂繅以授宰，宰執圭，屈繅自公左授使者，使者垂繅受命訖，以授上介，上介受玉，屈繅以授賈人，是時授受凡易四手，有屈垂之文，而無裼襲之禮也。及至主國行聘禮，賓在廟門之外，賈人啓櫝，取玉，垂繅而授上介，上介不襲，屈繅以授賓。經明言上介不襲，是有垂屈之文而無裼襲之禮也。逮夫主賓三揖，三讓，登堂，賓襲，執圭，公側襲，受玉于中堂與東楹之間，及公側授宰玉，而後裼，降立，是主賓授受則襲，既授宰玉則裼，故鄭註云'凡當盛禮者，以充美爲敬，非盛禮者，以見美爲敬'，此言是也。當主賓授受之時，曾不見垂屈之文焉。聘禮既畢，君使卿皮弁還玉于館，既歸，反命，公南鄉，卿進使者，使者執圭，垂繅，北面，上介執璋，屈繅，立于其左，又有垂屈之文而無裼襲之禮。蓋圭聘禮之重也，主賓授玉于中堂與東楹之間，禮之正也，方其授於賈人，授於上介，皆擬行之禮，及贊禮者之事，故辨垂屈以彰其文。主賓授玉于中堂與東楹之間，爲禮之正，故辨裼襲以致其敬，及歸，反命，又於君前以垂屈爲文，而不以裼襲爲禮，豈非玉爲聘禮設，反命亦非禮之正乎？兩義不同，各有其宜，自鄭氏之説始差，熊氏、皇氏從而傅會之，而經意始汨然。經文粲然如日星之在天，又豈得而終汨之耶？"

敖氏曰："藉，謂束帛以藉玉也。以此篇攷之，則聘以圭、璋，而不用束帛以爲藉，所謂無藉者也。其賓主授受之時，皆襲以執之過，此則皆裼矣。蓋聘玉尊當特達而無藉，執聘玉則當加敬而襲，其襲與無藉之義初不相通，記人特因二者之異於常，故合而爲言耳。執玉之無藉者襲，則於其有藉者裼可知，乃不言之者，裼乃常禮，不特於執享玉之時爲然故也。"

郝氏曰："執玉，謂執圭、璋、璧、琮皆有繅承藉，無藉則以衣揜手執之，曰襲，有藉則赤手執之，曰裼。"

張氏曰："案疏以屈繅爲無藉，垂繅爲有藉，又以繅有二種，其説愈支而難通。《曲禮》陳氏註云：所謂無藉，謂圭、璋特達，不加束帛，當執圭、璋之時，其人則襲。有藉者，謂璧、琮加于束帛之上，當執璧、琮時，其人則裼。世佐案，上説見楊氏《儀禮圖》，而《禮記集説》引之，非出于陳氏澔也。此作"《曲禮》陳氏註"，誤。此定説也。又案《曲禮》鄭註亦云'圭、璋特而襲，璧、琮加束帛而裼'，疏引熊氏云'朝時用圭、璋特，賓主俱襲，行享時用璧、琮加束帛，賓主俱裼'，亦是也。先儒已有此説，亦非陳氏創爲之也。"

世佐案，無藉者，謂圭、璋也。執圭、璋必襲者，以變爲敬也。此唯謂聘及還玉之時則然，其在君前受命、反命，雖執圭、璋，亦不襲，以其敬圭、璋不加于敬君也。繅與束帛皆所以藉玉，而此所謂藉則專指束帛而言，鄭乃以繅釋之，因此致誤，然其註《曲禮》云"圭、璋特而襲，璧、琮加束帛而裼"亦是也，則亦自知其初説之非而變之矣。自楊氏、敖氏辨後，其疑始剖，考之經文，一一符合，郝氏猶欲立異，何耶？又案朱緑之繅，以絇組爲繫，本是一物，賈疏强分爲二，非。璧、琮既有束帛之藉，則不須繅，崔氏之説是也。《典瑞》云"璧、琮繅皆二采一就"，據子男聘用璧、琮言也。若然，則子男之聘也，璧、琮特而襲，琥、璜加束帛而裼與？

右記裼、襲之節。

禮，不拜至。

註曰："以賓不於是始至。今文禮爲醴。"

疏曰："據《鄉飲酒》，賓主升堂，主人有拜至之禮。此賓昨日初至之時，主人請賓行禮，賓言'俟間'，此時賓已至矣，故聘時不拜至。"

敖氏曰："醴賓而不拜至，其辟朝君之禮乎。諸侯相朝有儐。'禮'與'醴'相類。〇鄭本作'禮'，註曰：'今文禮爲醴。'繼公謂宜從今文。"

郝氏曰："'禮'通作'醴'。賓聘享于廟畢，主君醴之，賓至則拜醴，質無拜至也。"

張氏曰："禮，謂聘享畢，公禮賓也。疏以爲聘時，似非經意。"

世佐案，以鬱鬯禮朝賓曰儐，以醴酒禮聘客曰禮[①]。不拜至者，朝聘之禮異于飲燕也。聘時已不拜至矣，於是乃著之者，嫌其以醴飲賓，或與飲燕同也。《士昏禮》醴賓，主人拜至。《司儀》云："凡諸公相爲賓，及將幣，登再拜，授幣，賓拜送幣。"鄭註云："授，當爲受，主人拜至且受玉也。"愚謂鄭誤。主君再拜，與此經"公當楣再拜"同，皆爲拜受，非拜至也。始至不拜

① "禮"校本作"醴"。

至，則儐時亦不拜至可知。然則此註及敖説之誤明矣。

醴尊于東箱，瓦大一，有豐。

敖氏曰："《士冠禮》醴尊于房中，勺、觶、角柶、脯醢在其北，南上。此尊于東箱，則勺、觶、籩、豆之類亦宜近之。"

郝氏曰："東箱，東夾室。"

世佐案，箱、廂通。郝氏、張氏本皆作"廂"。瓦大、豐，見《燕禮》。

薦脯五膱，祭半膱，横之。

世佐案，説見《鄉飲酒》及《鄉射記》。

祭醴再扱，始扱一祭，卒再祭。

註曰："卒，謂後扱。"

主人之庭實，則主人遂以出，賓之士訝受之。

註曰："此謂餘三馬也。左馬，賓執以出矣。"

敖氏曰："主人之庭實，謂用於醴賓之時者也。遂以出者，主人之士也。賓之士，其從者也。此文似以庭實主於皮馬而言，是醴賓之庭實，或皮或馬，亦不定也，(經)〔註〕惟言馬者[1]，特見其一耳。"

右記公禮賓儀物。

既覿，賓若私獻，奉獻將命。

註曰："時有珍異之物，或賓奉之，所以自序尊敬也，猶以君命致之。"

疏曰：臣統於君，雖是私獻己物，亦以君命致之，故云"將命"。從《通解》節本。

敖氏曰："《玉藻》曰'親在，行禮於人稱父'，此臣有獻於他國之君，而稱其君命以將之，亦其義也。"

世佐案，私覿之禮，或有或無，故不見于經，而記著之，亦於擯者出請乃將命也。其辭蓋曰："寡君之賜也，君其以賜乎？"

擯者入告，出，禮辭。

註曰："辭其獻也。"

---

① "註"原作"經"，《集説》同，校本作"註"，與注文"此謂餘三馬"、"左馬"之言合，《集説》疑誤，今據校本改。

賓東面坐奠獻，再拜稽首。

註曰："送獻不入者，奉物禮輕。"

敖氏曰："以君命將之，而奠獻於外，再拜稽首，見其爲己物也。"

擯者東面坐取獻，舉以入告，出，禮請受。

註曰："東面坐取獻者，以宜竝受也。其取之，由賓南而自後右客也。"

世佐案，請受，説見上。

賓固辭，公答再拜。

註曰："拜受於賓也。'固'亦衍字。"

敖氏曰："云'答'，則拜非爲受也。凡尊者與卑者之禮，而不得親受者，其儀皆然。公拜亦於中庭。"

世佐案，固辭，説見上介私覿章。

擯者立于閾外以相拜，賓辟。

世佐案，相拜者所立，上經云"門中"，此云"閾外"，文互見也。

擯者授宰夫于中庭。

註云："東藏之，既，乃介覿。"

若兄弟之國，則問夫人。

註曰："兄弟，謂同姓若婚姻甥舅有親者。問，猶遺也，謂獻也。不言獻者，變於君也。非兄弟，獻不及夫人。"

敖氏曰："此記似謂賓於兄弟之國，必有問夫人之禮也。經不言賓之私獻，上記言私獻而云'若'，則是賓於兄弟之國，其主君之獻或有或無，不可必也。乃謂必有問夫人之禮何與？是亦與上記微不相通。或曰，問猶聘也，即經所謂夫人之聘享者也，未知是否。"

郝氏曰："兄弟之國，謂同姓及與爲昬姻者。非是，則聘問不及其夫人。"

世佐案，問賓，私問也，亦行于私覿之後，而其儀節蓋與私獻相似，故記于此。然與上私獻之禮不相蒙也。兄弟之國雖不獻君，亦問夫人。非兄弟，雖獻君，亦不問夫人。敖、郝二説皆誤。

右記賓私獻及問夫人。

若君不見。

註曰:"君有疾若他故,不見使者。"

使大夫受。

註曰:"受聘享也。大夫,上卿也。"

敖氏曰:"大夫亦皮弁襲,迎賓于大門外,不拜,帥賓以入也。"

世佐案,亦受之于廟而不筵几,不言者,文省也。此大夫代受之禮與遭夫人、世子之喪相似,惟主人之服爲異。上註"他故"之中兼有哀慘之事,而以純吉將事者,謂輕喪也。

自下聽命,自西階升受,負右房而立,賓降亦降。

註曰:"此儀如還圭然,而賓、大夫易處耳。"

不禮。

註曰:"辟正主也。今文禮作醴。"

敖氏曰:"鄭本作'禮'。註曰:'今文禮作醴。'繼公謂,宜從今文。"

世佐案,監本註中脱"今文禮作醴"五字,今從《通解》、《集説》二本補。"今文"之"今",《通解》作"古"。

右記君不親受之禮。

幣之所及,皆勞,不釋服。

註曰:"以與賓接於君所,賓又請有事于己,不可以不速也。所不及者,下大夫未嘗使者也。不勞者,以先是賓請有事於己同類,既聞彼爲禮所及,則己往有嫌也。所以知及不及者,賓請有事,固曰某子某子。"

敖氏曰:"經云'卿大夫勞賓'而此云'幣之所及皆勞',則謂大夫時或有勞之者,時或有皆不勞之者矣。似異於經,且以幣不及己之故而不勞賓,亦恐非禮意。蓋聘君之問卿,卿大夫之勞賓皆禮之當然,二者初不相關,記乃合而言之,似失之矣。服,謂皮弁服。不釋服之意亦未詳。"

郝氏曰:"幣之所及,謂大夫以上聘君皆有問幣,卿大夫皆勞賓。祖廟行聘享畢,不脱朝服,即往勞賓于館。先施,貴敏也。"

世佐案,勞者,卿大夫之私事,以賓將有事於己,而爲之先施也。下大夫未嘗使者,分卑交淺,其不勞也固宜。敖以此記爲異于經,而訾其失,過矣。服,皮弁也。行聘之時,卿大夫皆在廟中,君臣同服。既聘,不脱服而往,以是日尚有歸饔餼之禮,不可少緩也。

右記卿大夫勞賓。

賜饔,唯羹飪筮一尸,若昭若穆。

註曰:"羹飪,謂飪一牢也,肉謂之羹。唯是祭其先,大禮之盛者也。筮尸,若昭若穆,容父在。父在則祭祖,父卒則祭禰。腥、餼不祭,則士介不祭也。士之初行不釋幣于禰,不祭可也。"

疏曰:"古者天子、諸侯行,載廟木主,大夫雖無木主,亦以幣帛主其神,是以受主國饔餼,故"故"疑當作"必"。筮尸祭,然後食之,尊神以求福故也。"

敖氏曰:"唯羹飪之文意不具,或脱一'祭'字也。云'筮一尸'者,嫌并祭祖禰,當異尸也。并祭祖禰,而唯一尸,故若昭若穆者皆可。尸云'筮',則子弟之從行者衆矣。"

世佐案,筮一尸之義,註得之,敖説非。士介初行亦告于禰,至是乃不祭者,賤不載主也。

僕爲祝。

註曰:"僕爲祝者,大夫之臣攝官也。"

敖氏曰:"僕,御者也。僕爲祝者,祝不從行,故僕攝之。《傳》載祝鮀之言曰:'嘉好之事,君行師從,卿行旅從,臣無事焉。'然則君與大夫以嘉好之事出竟,祝皆不從,亦可見矣。"

祝曰:"孝孫某,孝子某,薦嘉禮于皇祖某甫,皇考某子。"

敖氏曰:"孝孫、孝子,稱於祖禰之辭也。禮,指饔而言,即所謂大禮也。字祖而謚考,亦假設之辭爾。凡稱鬼神,大夫則舉其謚,士則舉其字。"

張氏曰:"上文云'若昭若穆',故此亦兩言之。"

如饋食之禮。

註曰:"如少牢饋食之禮。不言少牢,今以大牢也。"

疏曰:"案《少牢禮》有尊、俎、籩、豆、鼎、敦之數,陳設之儀,陰厭、陽厭之禮,九飯、三獻之法,上大夫又有正祭於室,儐尸於堂,此等皆宜有之,至於致爵、加爵及獻兄弟、弟子等,固當略之矣。"

敖氏曰:"此如少牢饋食之禮,但如其不賓尸者耳。賓於聘日受饔,且在他國，則此時祭物雖多，而禮儀亦不得不略。又此用大牢，亦與彼禮異者也。然則所謂如者，蓋大約言之耳。"

假器於大夫。

註曰："不敢以君之器爲祭器。"

敖氏曰："必假於大夫者，其禮、其器與之同也。"

世佐案，註所謂"君之器"，謂鼎豆之屬。君所歸于賓者，亦是祭器，而臣不敢用也。

肦肉及廋、車。

註曰："肦，猶賦也。廋，廋人也。車，巾車也。二人掌視車馬之官也。賦及之，明辯也。"

疏曰：此謂祭訖歸胙所及，廋人、巾車見《周禮》。從《儀禮圖》節本。

郝氏曰："肦、頒通，分肉也。"

右記賓受饔而祭。

聘日致饔。明日，問大夫。

註曰："不以殘日問人，崇敬也。"

敖氏曰："所以下於其君，亦以聘日未有暇及之也。"

夕，夫人歸禮。

註曰："與君異日，下之也。"

既致饔，旬而稍，宰夫始歸乘禽，日如其饔餼之數。

註曰："稍，稟食也。乘，謂乘行之禽也，謂鴈鶩之屬。其歸之，以雙爲數。其，賓與上介也。"

敖氏曰："旬日乃稍者，以饔餼之物多也。上賓饔餼五牢，則日五雙。上介三牢，則日(二)〔三〕雙[①]。士介一牢，則一雙。亦降殺以兩與?"

世佐案，乘禽，禽之羣居者。《列女傳》謂雎鳩，人未嘗見其乘居而匹處。朱子云"乘居謂四箇同居"，是其徵矣。

士中日則二雙。

註曰："中，猶間也。不一日一雙，大寡，不敬也。"

---

① "三雙"之"三"原作"二"，《集説》同，校本作"三"。作"二"與後文"降殺以兩"不合，疑誤，應據校本改作"三"。

凡獻，執一雙，委其餘于面。

註曰："執一雙，以將命也。面，前也。其受之止[①]，上介受以入告之，士舉其餘從之。賓不辭，拜受于庭，上介執之以相拜于門中，乃入授人。上介受亦如之，士介拜受于門外。"

疏曰：自"上介受之"至"授人"，約私獻文。云"上介受亦如之"，以其受饔餼之時已如賓禮，故知此亦如賓也。云"士介拜受於門外"者，以其受餼在門外，此在門外可知。從《集説》節本。

禽羞、俶獻比。

註曰："比，放也。其致之禮，如乘禽也。"

世佐案，"禽羞俶獻"註見上。

右記賓主行禮之節次及禽獻之等殺。

歸大禮之日，既受饔餼，請觀。

註曰："聘於是國，欲見其宗廟之好，百官之富，若尤尊大之焉。"

敖氏曰："歸大禮之日，即聘日也。是日所行之禮，自聘以至於介之私覿，凡十餘節，以大槩言之，亦必至於日幾中而后畢。既而又有受饔之事，已受饔，又以祭其祖禰，如饋食之禮。由是觀之，則日暮人倦可知矣。乃復請觀，何哉？且問卿之公事未舉而私爲道觀，亦非禮也。此記必誤矣。"

世佐案，觀者，非徒謂其宗廟百官也，如季札觀樂，韓宣子觀書于太史氏之類皆是。請，請于歸饔餼之使者，使之告于君，君許，而後訝帥以入也。是日特請之而已，猶未觀也。敖謂即於是日觀，而疑記者之誤，非。

訝帥之，自下門入。

註曰："帥，猶道也。從下門外入，游觀非正也。"

郝氏曰："由便門，不由大門，非公事，避君也。"

世佐案，此當在公事畢之後，記終言之。

右記賓觀。

---

① "止"，校本作"也"。阮《校》曰："徐本、《集釋》、楊、敖同，毛本、《通解》'也'作'止'。"

各以其爵,朝服。

註曰:此句宜在"凡致禮"下。

郝氏曰:"賓與上介、士介各以其爵服朝服,不敢褻服入也。"

世佐案,此謂君所使致禮者也,其謂賓與上介也。致賓,以卿致上介,以下大夫朝服殺于致饗也。郝以此句屬上節,則"各以其爵"四字不可通矣。

右記致禮錯簡。

士無饗,無饗者無擯。

註曰:"謂歸饔也。"

李氏寶之曰:"'擯'當作'儐'。"

右記士介之殺禮。

大夫不敢辭,君初爲之辭矣。

註曰:此句宜在"明日問大夫"之下。

疏曰:"此謂賓問卿之時,卿不敢辭者,以賓聘享訖,出大門,請有事於大夫,君禮辭許,是君初爲之辭,故卿不辭也。"

敖氏曰:"此上蓋有闕文。"

世佐案,以經文之次考之,此節正當在歸士介饔之後,並非闕文錯簡。

凡致禮,皆用其饗之加籩豆。

註曰:"凡致禮,謂君不親饗賓及上介,以酧幣致其禮也。其,其賓與上介也。加籩豆,謂其實也,亦實於罋筐。饗禮今亡。"

疏曰:案上經賓、介皆有食饗,唯士介不言,故知其中唯有賓與上介。從《通解》節本。

敖氏曰:"《春秋傳》晉侯享季武子,有加籩。武子辭,韓宣子曰:'寡君以爲驩也。'是籩豆之加與否,已定於未饗之先,若不親饗而歸之,嫌加者不致,故云然。"

世佐案,凡,凡致饗與食也。禮兼饗、食而言,下唯言饗者,舉此以見彼也。食有加饌,亦致之可知。註云"亦實于罋筐"者,約《公食大夫禮》言也。豆實于罋,簋實于筐。

無饔者無饗禮。

註曰："士介無饗禮。"

世佐案，唯云"無饗禮"，則主君所以待士介者[①]，食禮蓋有之矣。經不著之者，或食或否，唯君所欲與。

右記不親饗食與無饗。

凡餼，大夫黍、粱、稷，筐五斛。

註曰："謂大夫餼賓、上介也，器寡而大，略。"

疏曰："君歸饔餼于賓與大夫介，筥米小而多者，是尊者所致，以多器爲榮。今大夫致禮於賓、介，器寡而大，是略之於卑者也。"

敖氏曰："凡，凡賓、上介及士介也。經云大夫餼賓、上介米八筐，士介米六筐。而此云'黍、粱、稷'，則是皆不用稻矣。八筐者，二黍、二粱、四稷也。六筐者，二黍、二粱、二稷也。其器既異於君器，又多寡相懸，且不敢與君同用四種，皆所以遠下之。"

右記大夫餼賓、介之實與器。

既將公事，賓請歸。

註曰："謂已問大夫，事畢請歸，不敢自專，謙也。主國留之，饗食燕獻無日數，盡殷勤也。"

凡賓拜于朝，訝聽之。

註曰："拜，拜賜也。唯稍不拜。"

右記賓請歸及拜賜。

燕則上介爲賓，賓爲苟敬。

註曰："饗食，君親爲主，尊賓也。燕，私樂之禮，崇恩殺敬也。"

敖氏曰："饗食之禮，君親爲主，故以賓爲賓，尊賓也。君與臣燕，則宰夫爲獻主，故不以賓爲賓，而以爲苟敬，亦尊賓也。"

世佐案，說見《燕禮記》。

宰夫獻。

註曰："爲主人代公獻。"

---

① "待"字原無，不辭，校本有"待"字，於文意較順，據補。

敖氏曰:"燕禮輕,故君與臣燕,則不親爲主,而使宰夫獻,所以明君臣之義也。此與他國之臣燕亦用此禮者,所以别於其君也。"

世佐案,君不親獻者,殺于饗食,且以别于待朝君也。

右記燕賓之禮。

無行,則重賄、反幣。

註曰:"無行,謂獨來,復無所之也。必重其賄與反幣者,使者歸,以得禮多爲榮,所以盈聘君之意也。反幣,謂禮玉、束帛、乘皮,所以報聘君之享禮也。昔秦康公使西乞術聘于魯,辭孫而説,襄仲曰'不有君子,其能國乎? 厚賄之',此謂重賄反幣者也。"

疏曰:"此特來,非歷聘。歷聘,則吴公子札聘於上國是也。"

敖氏曰:"於反幣之外又重賄之,答其特來之厚意也,即贈幣也。贈幣,爲報其私覿,故云'反',必言'反幣'者,嫌重賄則不必贈也。"

世佐案,賄,主君所以遺聘君者。上經賄止用束紡,今則加厚之。反幣,謂禮玉也。上經禮玉用束帛乘皮而已,今則盡反其享君、享夫人之物也。重賄而又盡反其幣,皆所以答其特來之厚意。敖以贈幣釋之,非。

右記特聘宜加禮。

曰:"子以君命在寡君,寡君拜君命之辱。"

註曰:"此贊君拜聘享辭也。在,存也。"

疏曰:此及下三節,即上經公館賓,賓辟時,公皆再拜之四事。此其贊拜之辭也。從《句讀》節本。

"君以社稷故在寡小君,拜。"

註曰:"此贊拜夫人聘享辭也。言'君以社稷故'者,夫人與君體敵,不敢當其惠也。其卒亦曰'寡君拜命之辱'。"

世佐案,拜夫人之聘享,而云"以社稷故"者,夫人與君同主社稷,故其辭鄭重如此。若曰"君貺寡君,延及寡小君",是以主君當其惠矣。註云"夫人與君體敵,不敢當其惠"者,對下拜問大夫之辭而言。大夫與君不敵,故敢當其惠也。

"君貺寡君,延及二三老,拜。"

註曰:"此贊拜問大夫之辭。貺,賜也。大夫曰老。"

張氏《監本正誤》云:"'君貺寡君,延及二三老,拜,又拜送',誤以'又拜送'句倒置'君貺'句之上。"

世佐案,敖本與監本同,郝本及謝子祥所刊《儀禮》本經皆同張本,今以文次考之,定從張氏。

又拜送。

註曰:"拜送賓也。其辭蓋云:'子將有行,寡君敢拜送。'此宜承上'君館'之下。"

世佐案,註云"此宜承上'君館'之下"者,謂自"曰:子以君命在寡君"至此,皆當承上記"明日,君館之"之下也。朱子《通解》僅以"又拜送"句入公館賓章,似非註意。又案,以經文之次考之,公館賓拜四事在還玉報享之後,記之于此,正與經合,註説亦未爲得也。

右記公館賓拜四事之辭。

賓於館堂楹間,釋四皮、束帛。賓不致,主人不拜。

註曰:"賓將遂去是館,留禮以禮主人,所以謝之。不致,不拜,不以將别崇新敬也。"

敖氏曰:"必釋於此者,明爲館故也。皮亦在堂,禮之變也,不致、不拜者,賓主各有當爲主人之嫌,難乎其爲授受也。不用錦而帛不授受,無嫌於君禮。"

世佐案,不致、不拜之義,註及敖説皆未安。賓不致者,以主人將不答也。不答而致之,又嫌于僦舍也。不致則不拜,是亦禮之相因者。於賓之去也,主人乃收之。

右記賓將去,留謝館主人。

大夫來使,無罪饗之。

註曰:"樂與嘉賓爲禮。"

敖氏曰:"無罪,謂無失誤也。饗之,親饗之也。主國君於賓有饗、食、燕之禮,但言饗者,舉其盛者言之也。云'來使'者,與下文所謂'過'者相對立文也。"

郝氏曰:"大夫來使,謂外國大夫,其君有事使來,非專爲聘耳。罪,謂得罪,如魯、衛、鄭得罪于晉,執其大夫,是有罪也,則無饗禮。無罪,謂以好會或謝罪來,雖非聘,必饗之。"

世佐案,來使,謂聘問也。大夫來使而饗之,禮之常也。云"無罪"

者，對下所謂“過”者立文也。記著此條，所以勉人爲高行之意，敖及郝説皆失之。

過則餼之。

註曰：“餼之，生致其牢禮也。其致之辭，不云君之有故耳。《聘義》曰：‘使者聘而誤，主君不親饗食，所以愧厲之也。’不言罪者，罪將執之。”

敖氏曰：“謂假道而過者則餼之也。過，即經所謂‘過邦’。餼，即經所謂‘餼之以其禮’。復記於此者，蒙‘無罪’之文也。若有不假道與不禁侵掠之類，是其罪矣。”

張氏曰：“君有故，亦不親饗。此以使者有過，不饗，故致辭異也。”

世佐案，過，謂失誤也，當以註説爲正。

其介爲介。

註曰：“饗賓有介者，賓尊，行敵禮也。”

疏曰：饗賓於廟之時，還以聘之上介爲介。上經云“上介一食一饗”，則是從賓爲介之外，復别饗也。從《句讀》節本。

敖氏曰：“此上當言饗賓之禮，乃及此耳，其亦有闕文與？饗賓，君爲主人，故以賓爲賓，而上介爲介。若饗上介，則上介爲賓而無介。小聘使下大夫，其饗禮亦如之，蓋士介賤，不可以與主君爲禮故也。”

郝氏曰：“此享大夫使者之禮也。大夫爲賓，則其介仍爲介，異于聘之以介爲賓，以大夫爲苟敬也。”

世佐案，此句當承“無罪饗之”之下，敖云上有闕文，非。郝説尤誤。

有大客後至，則先客不饗食，致之。

註曰：“卑不與尊齊禮。”

敖氏曰：“大客，謂朝君。”

郝氏曰：“有大客，謂有大國賓後至，則先客爲小，以饗食致先客，而親享大客，隆殺之等也。”

世佐案，大客，謂大國之卿大夫來使者，其隆殺之差，詳見成三年《左傳》臧宣叔對公語。若皆敵國也，則以聘者爲大客，問者爲小客。言此，則有朝君後至，其所以待先客者，更可知矣。

右記饗、不饗之宜。

唯大聘有几筵。

註曰："謂受聘享時也。小聘輕，雖受于廟，不爲神位。"

右記受聘問之異。

十斗曰斛，十六斗曰籔，十籔曰秉。

註曰："秉，十六斛。今江、淮之間，量名有爲籔者。今文籔爲逾。"

二百四十斗。

註曰："謂一車之米，秉有五籔。"

張氏曰："致饔時，每車米數。"

四秉曰筥。

註曰："此秉謂刈禾盈手之秉也。筥，穧名也，若今萊陽之間，刈稻聚把，有名爲筥者。《詩》云'彼有遺秉'，又云'此有不斂穧'。"

十筥曰稯，十稯曰秅，四百秉爲一秅。

註曰："一車之禾三秅，爲千二百秉。三百筥，三十稯也。"

張氏曰："致饔時禾三十車，車三秅，此其秉數。"

右記致饔米禾之數。

熊氏朋來曰："《聘禮》篇末'執圭如重'，'入門鞠躬'，'私覿愉愉'等語，未知《鄉黨》用《聘禮》語，抑《聘禮》用《鄉黨》語。大抵禮經多出於七十子之徒所傳。案朱子《鄉黨集註》引晁氏曰：'定公九年，孔子仕魯，至十三年適齊，其間無朝聘之事。疑使擯、執圭二條但孔子嘗言其禮如此。'又引蘇氏曰：'孔子遺書，《雜記》、《曲禮》，非必孔子事也。見得古有《儀禮》之書，聖門因記其語。'"

儀禮集編卷八　男盛溶澄校字

儀禮集編卷九

秀水盛世佐學　後學歙鮑漱芳、石門顧修參校

公食大夫禮第九

鄭《目録》云："主國君以禮食小聘大夫之禮，於五禮屬嘉禮。"

疏曰：篇中"薦豆六"，"黍稷六簋"，庶羞十六豆，此等皆是下大夫小聘之禮。下乃别云"上大夫八豆、八簋"，又云上大夫庶羞二十豆，是食上大夫之法，故知此篇據小聘大夫也。若然，《聘禮》據侯伯之大聘，此篇小聘大夫者，周公設經，互見爲義。篇末云："魚、腸胃、倫膚，若九若十有一，下大夫則若七若九。"鄭註云："此以命數爲差，九謂再命者，十一謂三命者，七謂一命者。九或上或下者，再命謂小國之卿，次國之大夫也。卿則曰上，大夫則曰下。大國之孤視子男。"以此言之，魚、腸胃、倫膚皆七者，謂子男小聘之大夫。此《公食》序在《聘禮》之下，是因聘而食之。不言食賓與上介，直云大夫者，若云食賓與上介，則小聘使下大夫，上介乃是士，是以直云大夫，兼得大夫聘賓與上介，亦兼小聘之賓。

敖氏曰："此篇主言食小國小聘之賓，蓋與前篇互見其禮也。"

公食大夫之禮，使大夫戒，各以其爵。

疏曰："此篇雖據子男大夫爲正，兼見五等諸侯大聘使卿之事，故云'各以其爵'也。"

敖氏曰："云'各以其爵'，則兼卿大夫言矣，此蓋顧下經見上大夫之禮而立文也。"

郝氏曰："使本國大夫告賓于館，各以其爵敵者往通上下大夫言。"

張氏曰："自此至'饌于東房'，皆將食大夫，戒備之事。"

上介出請，入告。

註曰："問所以爲來事。"

疏曰："大夫就賓館之門外，賓使上介出請大夫所爲來之事。"

三辭。

註曰："爲既先受賜，不敢當。"

疏曰："聘日致饔，受賜大禮，故今辭食，不敢當之，但受饔之時，禮辭而已。至於饗食，皆當三辭。"

敖氏曰："食必三辭者，重於燕也。燕則再辭而許。"

賓出，拜辱。

註曰："拜使者屈辱來迎己。"

大夫不答拜，將命。

註曰："不答拜，爲人使也。將，猶致也。"

賓再拜稽首。

註曰："受命。"

敖氏曰："賓不言朝服，可知也。既對，乃北面而拜。"

大夫還。

註曰："復於君。"

賓不拜送，遂從之。

註曰："不拜送者，爲從之，不終事。"

疏曰："《鄉飲酒》、《鄉射》戒賓，遂從之，而云'拜辱'、'拜送'者，以其主人先反，不相隨，故得拜辱、拜送。《覲禮》使者勞賓於門外，侯氏再拜，遂從之。使者既不先反，猶拜送者，尊天子使故也。"

右戒賓。

賓朝服，即位于大門外，如聘。

註曰："於是朝服，則初時玄端。如聘，亦入于次俟。"

疏曰：如聘者，賓主設擯介以相待，如聘時也，賓在館拜所戒大夫即玄端，賓遂從大夫至君大門外，入次，乃去玄端，著朝服，出次即位也。

敖氏曰："拜命之時，賓固朝服矣，於此乃著之者，明其與聘服異，亦因事而見之。‘如聘’，謂賓入于次乃即位，而主君之擯者亦三人也。賓即位，亦于西方東面，介立于其東南，北面西上。”

郝氏曰：“朝服，即皮弁服。即位于大門外，即次也。如聘，即位如聘時，廟門外接西塾立也。”

姜氏曰：“註疏之説似有理，但細玩經意，‘如聘’二字合屬下‘即位具’爲句。蓋‘賓朝服，即位于門外’言其與聘禮異，而‘如聘，即位具’言其與聘禮同也。具之言備，承即位而言，無不即位之謂具，謂賓、主、擯、介即位皆如聘禮備具也。”

即位，具。

註曰：“主人也。擯者俟君於大門外，卿大夫士序及宰夫具其饌物，皆於廟門之外。”

敖氏曰：“賓即位，而主人之有司乃具者，節也。具，如‘具官饌’之‘具’，謂具其所當陳設之物也。”

張氏曰：“即位者，待賓之人。具者，待賓之物。”

世佐案，此節句讀當以註疏爲正。“如聘”者，如其位面及設擯介之法也。“即位”，謂自公以下也。具，官各饌其所當供之物也。《燕禮》告具而後即位，此則即位乃具者，食重于燕也。

右即位。

羹定。甸人陳鼎七，當門，南面西上。設扃鼏，鼏若束若編。

註曰：“七鼎，一大牢也。甸人，冢宰之屬兼亨人者。南面西上，以其爲賓，統於外也。扃，鼎扛，所以舉之者也。凡鼎鼏，蓋以茅爲之，長則束本，短則編其中央。”

疏曰：“《聘禮》致飧與饔餼皆九鼎[①]，此亦一大牢而七鼎者，食禮輕，無鮮魚、鮮腊。”

敖氏曰：“甸人掌‘以薪蒸役外内饔之事’，故此時爲陳鼎也。天子則外饔爲之。大牢而用七鼎，以所食者乃下大夫也。篇首雖言‘使大夫戒，各以其爵’，而篇中則實主言下大夫耳。陳鼎於庭，少北，而東西則當門。

① “九”原作“見”，校本作“九”，《通解》、陳本、閩本、監本、毛本、庫本同，據改。

陳鼎當門南面,君禮也。西上,明爲賓也。設扃鼏在陳鼎之前,於此乃言之者,亦因而見之也。'若束若編',亦謂七者皆科用其一耳,此與'若丹若墨'之文意同。"

設洗如饗。

註曰:"必如饗者,先饗後食,如其近者也。饗禮亡,《燕禮》則設洗於阼階東南。"

疏曰:"引《燕禮》者,欲見設洗之法,燕與饗食同。"

小臣具槃匜,在東堂下。

註曰:"爲公盥也。公尊,不就洗。小臣於小賓客饗食,掌正君服位。"

疏曰:"《夏官·小臣職》云'小祭祀、賓客、饗食,如大僕之法',此諸侯之聘客饗食,故亦小臣掌之也。"

敖氏曰:"匜,盛盥水。槃,盛盥棄水也。凡行禮,其以槃匜盥而不就洗者,尊者一人而已,有敵者則否。不言簞巾,文略耳。祭禮有槃匜,必有簞巾。"

宰夫設筵,加席、几。

註曰:"設筵於户西,南面而左几。公不賓至授几者,親設涪醬,可以略此。"

無尊。

註曰:"主於食,不獻酬。"

敖氏曰:"言此者,嫌酒漿或用尊也。"

飲酒、漿飲俟于東房。

註曰:"飲酒,清酒也。漿飲,截漿也。其俟,奠于豐上也。飲酒先言飲,明非獻酬之酒也。漿飲先言漿,别於六飲也。"

敖氏曰:"漿在六飲而云'漿飲',亦猶醴在五齊而云'醴齊'之類也。言'俟'者,見其已在觶,特俟時而設之耳。"

張氏曰:"食禮不獻酬,設清酒以擬酳口,故言'飲酒'。漿人'共王六飲:水、漿、醴、涼、醫、酏',此云'漿飲',明是漿之一種,不兼六飲,漿亦以酳口也。註云:'漿飲,截漿也。'疏云:'截之言載,以其汁滓相載,故云截。漢法有此名也。'"

凡宰夫之具,饌于東房。

註曰:"凡,非一也。飲食之具,宰夫所掌也。酒漿不在凡中者,雖無尊,猶嫌在堂。"

敖氏曰:"此所饌者,謂豆、籩、簋、鉶也。"

右陳設。

公如賓服,迎賓于大門内。大夫納賓,賓入門左,公再拜,賓辟,再拜稽首。公揖入,賓從。

敖氏曰:"此行禮於禰廟,亦有每門、每曲之揖。不言者,亦文省。此説已在《聘禮》,後不見者放此。"

張氏曰:"自此至'階上北面,再拜稽首',言主君迎賓拜至之事。"

及廟門,公揖入。

註曰:"廟,禰廟也。"

疏曰:《儀禮》之内,單言廟者,皆據禰廟,若非禰廟,則言廟祧。又云受聘在祖廟,食饗在禰,燕禮又在寢,是其差次也。從《句讀》節本。

賓入,三揖,至于階,三讓。公升二等,賓升。

敖氏曰:"此下大夫與公升階之儀,乃與卿同。然則升階尊卑之差不過一等,此三揖,與《士冠禮》者同,與《聘禮》者異。"

大夫立于東夾南,西面北上。

註曰:"東夾南,東西節也。取節於夾,明東於堂。"

敖氏曰:"大夫,亦兼上下者言也。下大夫西面,辟擯者及士位而在此耳。東夾南,即東堂南舍坫,而取節於夾,見其去堂遠也。羣臣至是,方即位於廟,則是歸者公亦不在廟明矣,此其異於臣禮與?《士冠》、《士昏禮》主人皆先待於廟,乃出迎賓。"

張氏曰:"此謂主國卿大夫立位,並下文士、小臣、宰、内官等,皆從公入,立於其位也。"

士立于門東,北面西上。

註曰:"統于門者,非其正位,辟賓在此。"

疏曰:《燕禮》、《大射》士在西方,東面北上,不統於門。今統於門者,以賓在門西，辟賓在此，非正位故也。從楊氏《圖》節本。

敖氏曰："立于門東，宜東上而統於君，乃西上者，順其本位之列，所以見此非正位也。西方北上，門東西上，皆上左也。聘時大夫、士之位亦宜如是。"

小臣東堂下，南面西上。

敖氏曰："小臣者，小臣正、小臣師與其從者也。"

宰東夾北，西面。

註曰："宰，宰夫之屬也。古文無南上。"

敖氏曰："宰，大宰也。東夾北，北堂下之東方也。宰，尊官，於此乃見之者，位定在後耳。宰與羣臣同入，以其位在内，故後於在外者。〇鄭本此下有'南上'二字，註曰：'古文無南上。'繼公案，經文惟言宰而已，是獨立於此也。'南上'之文，無所用之。又以下文證之，益可見矣，蓋傳寫今文者因下文而衍此二字也。鄭氏不察而從之，非是，宜從古文。"

郝氏曰："東夾北，大夫立之北也。"

世佐案，敖説近是。凡經單言宰者，皆謂上卿執國柄者也。《大射儀》云"宰戒百官有事于射者"，《聘禮》云"宰命司馬戒衆介"是也。"東夾北"，於大夫所立之處爲北也。宰爲大夫之長，故立於此，以北爲上也。敖以爲北堂下之東方，則非矣。

内官之士在宰東北，西面南上。

註曰："夫人之官，内宰之屬也。自卿大夫至此，不先即位，從君而入者，明助君饗食賓，自無事。"

敖氏曰："内官之士，内小臣之屬也。在宰東北，少退於宰也。此惟取節於宰，則宰獨立於此明矣。"

世佐案，内官之士，《周禮》所謂奄士也。南上，明不與卿大夫序也。

介門西，北面西上。

註曰："西上，自統於賓也。然則承擯以下，立於士西，少進，東上。"

疏曰：介統於賓而西上，則擯統於君而東上可知，承擯是大夫，又尊於士，故知"少進，東上"。不言上擯者，上擯有事，其位不定，故不言。

敖氏曰："介位序於内官之後，見其不從賓而入，變於聘時也。上擯則隨公而入，立于階下。承擯、紹擯亦隨入，立於士東，少進，負東塾，北面，東上。”

右迎賓。

公當楣北鄉，至再拜，賓降也，公再拜。

疏曰：公方一拜，賓即降。賓降後，公又一拜。從《集説》節本。

敖氏曰：“‘至再拜’，言其拜至之數也。賓降之上不言公壹拜者，文脱耳。於公壹拜而賓降者，急於答拜，亦所以辟之。”

賓西階東，北面答拜。

註曰：“西階東，少就主君，敬也。”

擯者辭。

註曰：“辭拜於下。”

拜也，公降一等，辭曰：“寡君從子，雖將拜，興也。”

敖氏曰：“‘公降一等，辭’，止其又拜也。公辭而賓猶欲拜，故擯者復釋辭以止之，而賓終不從命也。君於臣乃拜至，其禮太崇，故答之亦與常禮異。”

世佐案，“曰”上脱“擯者”二字，以《聘禮》考之可見。此辭拜之節皆與彼同，唯賓必終拜於下爲異。

賓栗階升，不拜。

註曰：“自以已拜也。栗，實栗也。不拾級連步，趨主國君之命。不拾級而下曰辵。”

敖氏曰：“升不拜者，以其終拜於公辭之後也。栗階，説見《燕記》。”

命之成拜，階上北面再拜稽首。

註曰：“賓降拜，主君辭之。賓雖終拜，於主君之意猶爲不成。”

敖氏曰：“拜下者，臣也。拜于上者，賓也。既升而命之成拜，所以賓之。”

郝氏曰：“君命拜，不受拜下之禮也。‘北面再拜稽首’，從君命也。”

右拜至。

士舉鼎，去鼏於外，次入，陳鼎于碑南，南面西上。右人抽扃，坐奠于鼎西，南順出，自鼎西。左人待載。

註曰：“入由東，出由西，明爲賓也。今文奠爲委。”

敖氏曰："去鼏，亦右人也。次，序也。次入，鼎在西者先，在東者後也。'碑'下脱一'南'字，'西南'之'南'衍文，皆傳寫者誤也。朝位，君南面，故陳鼎於内外皆順之。鼎西，每鼎之西也。順出，以次而出也。順出，正禮也。其或逆出，由便耳。左人待載，蓋各立于其鼎之東，南面。○鄭本'委'作'奠'，註曰：'今文奠爲委。'繼公案，後篇皆作'委'，宜從今文。"

郝氏曰："士，謂有司之屬。舉鼎，謂扛鼎入。去鼏，去鼎蓋。外，大門外。次入，依門外之次。碑在堂下庭中，七鼎陳于碑南，皆南向，如門外之次。西上，上賓也。首牛、次羊，豕、魚等横陳而東。右人、左人，謂二人共舉鼎，前者在西爲右，後者在東爲左。鼎既陳，右一人自西抽扃，委于鼎西，向南，遂西出。左一人立鼎東，待升肉載俎也。"

張氏曰："自此至'逆退復位'，言鼎入，載實於俎以待設。"《石本正誤》云："'陳鼎于碑南，南面，西上'，脱一'南'字。"

世佐案，監本"碑"下有二"南"字，當從之。鼎南面，以西爲右，右人在鼎西，故抽扃即奠于其西，便也。南順，言奠扃之法，南北設之，順鼎面也。舉鼎之時，扃横加于鼎上，及其奠之，直設于鼎旁，故云"順"。"出自鼎西"，謂右人奠扃訖，即自鼎西而出也。上云"次入"，則出亦以次可知，故不須言"順出"。其或逆出乃著之，以其變于初也。敖氏分句不審，遂以"西南"之"南"爲衍字，過矣。近山陰馬駉讀"南順"二字爲句，與郝氏《節解》合，義較優，今從其優者。

雍人以俎入，陳于鼎南。旅人南面加匕于鼎，退。

註曰："旅人，雍人之屬，旅食者也。雍人言入，旅人言退，文互相備也，匕、俎每器一人，諸侯官多也。"

敖氏曰："雍人西面，于鼎南陳俎，俎南順。旅人南面，于鼎北加匕，匕北枋。退，蓋兼執匕、俎者而言。旅人，其士旅食與？"

郝氏曰："雍與饔同。俎載鼎肉，熟于鼎，載于俎，故雍人以俎入陳于各鼎南，旅人南面立于鼎北。匕，削木爲匙，以取肉于鼎也。"

大夫長盥，洗東南，西面北上。

敖氏曰："當盥者七人，皆違其位而立於此也。國君設洗當東霤，於東夾南爲少東。洗之東南，則又東矣。"

郝氏曰:"大夫,操匕載肉者。言長,非一人也。"

序進盥,退者與進者交于前。

註曰:"前洗南。"

疏曰:"《鄉飲酒》、《鄉射》賓盥北面,則此大夫亦皆北面可知。"

敖氏曰:"前者,其立處之西也,於洗南爲少東。交于前,不言相右,可知也。此可見經文之例矣。"

郝氏曰:"序進,謂在北立者先盥,盥卒,仍退立。進者與退者交于所立位之前。"

世佐案,序進,盥,西面盥也。凡盥,主人於洗北,南面。賓於洗南,北面。此大夫於洗東西面盥,辟主人也。

卒盥,序進,南面匕。

敖氏曰:"南面立于鼎後也,匕出鼎實也。"

載者西面。

註曰:"載者,左人也。亦序自鼎東,西面於其前,大夫匕則載之。"

疏曰:待載時在鼎東南面,今大夫鼎北面南匕之,左人當載,故序自鼎東西面,俎當鼎南,則載者在鼎南稍東。從楊氏《圖》節本。

敖氏曰:"西面,執俎以載也。"

魚、腊飪。

註曰:"飪,熟也。食禮宜熟,饗有腥者。"

疏曰:上云"羹定",恐魚、腊不在其中,故此特著"魚、腊飪"也。又曰,《國語》云,王饗用體薦,體薦則腥矣。《樂記》云,大饗俎腥魚,是饗禮有腥也。從《集説》節本。

載體進奏。

註曰:"體,謂牲與腊也。奏,謂皮膚之理也,進其理,本在前。下大夫體七个。"

疏曰:"進其理,本在前"者,此謂生人食法,故進本。本,謂近上者。若祭祀,則進末,故《少牢》云"進末",鄭云"變於食生"是也。從楊氏《圖》節本。

敖氏曰:"體者,三牲則右體,腊其一純與?言體而不言骨,見其尊者耳。牲體之數五,其脊脅各三,而皆二骨以並,腊則倍之也。《少牢饋食禮》曰:‘腊一純,而俎進奏。’註見《鄉飲酒記》。”

郝氏曰:“奏、腠同,皮也。”

張氏曰:“其載牲腊之體,進其奏理之本,使之向人體。七个者,疏以爲當用右胖:肩、臂、臑、肫、骼、脊、脅。其左胖爲庶羞,下文‘十六豆’、‘二十豆’是也。”

魚七,縮俎,寢右。

註曰:“右首也。寢右,進鬐也。乾魚近腴,多骨鯁。”

疏曰:縮,縱也。魚在俎爲縱,於人亦横。賓在户牖之間,南面,俎則東西陳之。魚在俎,首在右,腹腴鄉南,鬐,脊也,進脊在北鄉賓,是取脊少骨鯁者以優賓也。若祭祀則進腴,以鬼神尚氣,腴者氣之所聚,故《少牢》進腴是也。

敖氏曰:“縮俎者,首尾鄉俎之前後也。”

世佐案,“寢右者,謂以魚之右體臥俎上也。寢右而右首,則進鬐矣。”

腸胃七,同俎。

註曰:“以其同類也。不異其牛羊,腴賤也。此俎實凡二十八。”

疏曰:牛羊各有腸胃,腸胃各七,四七二十八也。從《集説》節本。

郝氏曰:“禮,鼎俎奇,故七。”

倫膚七。

註曰:“倫,理也,謂精理滑脆者。”

疏曰:“倫膚,謂豕之皮革爲之。”

敖氏曰:“倫膚者,雍人所倫之膚也。倫,猶擇也。”

郝氏曰:“純肉曰膚,割正曰倫。”

腸胃、膚皆横諸俎,垂之。

註曰:“順其在牲之性也。腸胃垂及俎拒。”

敖氏曰:“‘横諸俎’者,以其皆出於牲體,故載於俎也。與牲體同言‘垂之’,見其長也。不言其垂之所及者,腸胃與膚,其長或異。”

大夫既匕,匕奠于鼎,逆退,復位。

註曰:“事畢,宜由便也。士匕載者,又待設俎。”

敖氏曰:“匕奠于鼎,謂加匕於鼎上也。位,東夾南。”

右鼎入載俎。

公降盥。

註曰:“將設醬。”

張氏曰:“此下乃詳食賓之節:爲賓設正饌,賓祭正饌,爲賓設加饌,賓祭加饌,賓三飯,侑賓以束帛,賓卒食,凡七節而禮終,賓出。”

賓降,公辭。

註曰:“辭其從己。”

敖氏曰:“公辭,賓亦對而反位于階西,於是小臣各執槃匜、簞巾以就公盥。”

卒盥,公壹揖,壹讓。公升,賓升。

註曰:“揖讓皆一,殺於初。”

宰夫自東房授醯醬。

註曰:“授,授公也。醯醬,以醯和醬。”

疏曰:“案記云‘蒲筵常’,長丈六尺,於堂上户牖之間南面設之,乃設正饌於中席已東,自中席已西設庶羞也。”

公設之。

註曰:“以其爲饌本。”

敖氏曰:“示親饋。”

賓辭,北面坐,遷而東,遷所。

註曰:“東遷所,奠之東側,其故處也[①]。”

疏曰:“君設當席中,故東遷之,辟君設處。側,近也,近其故處。”

敖氏曰:“辭時蓋東面,於公之西。辭者,辭公親設也。東遷所,東遷於其所也。所者,謂醬之正位也。公設之處,於其正位爲少西,必少西者,爲賓當遷之故也。遷之者,示其不敢當公親設之意,且以爲禮也。下皆放此。”

郝氏曰:“公立設,賓跪遷之。醯醬宜居東,賓爲遷于其所,不敢煩

① “故處也”,庫本同。校本無“也”字,陳本、閩本、監本、毛本同。

公也。”

姜氏曰:“註疏以‘坐遷而東遷所’爲句,文體與經義兩皆未安,當有脱誤,闕之可也。或曰‘所’字當是‘卒’字誤文,此二字合在下文‘公立’之上,其説近是,姑存以待參。”

世佐案,“遷而東”者,謂遷醬于公所設之東也。所,公設之處也。“遷所”者,又言遷醬之法,但易其故處而已,恐其太東,則失醬之正位也。舊説皆以“而東遷所”爲句,非。

公立于序内,西鄉。

註曰:“不立阼階上,示親饌。”

疏曰:“君之行事,皆在阼階上,今近阼北者,以其設饌在户西近北,今君亦近北[①],是示親監饌故也。”

賓立于階西,疑立。

註曰:“不立階上,以主君離阼也。”

敖氏曰:“序内西鄉,主位也。階西,西階上之西也。公與賓各俟於此,與《鄉飲酒》之‘主人立于階東’之意同。公不立于阼階東者,公尊也。”

宰夫自東房薦豆六,設于醬東,西上。韭菹以東醓醢、昌本,昌本南麋臡,以西菁菹、鹿臡。

註曰:“醓醢,醢有醓。昌本,昌蒲本,菹也。醢有骨謂之臡。菁,蔓菁,菹也。”

疏曰:《周禮·醢人》朝事之豆八,此用其六。彼註云“醓,肉汁也。昌本,昌蒲根也”,又云“細切爲齏,全物若牒爲菹”。齏菹之稱,菜肉通。此經言菹不言齏者,齏菹麤細雖異,通而言之,齏亦得爲菹也。蔓菁,即蔓青也。從《通解》節本。

敖氏曰:“六豆爲二列,内列自西而東,外列自東而西。惟云‘西上’者,明外列統於内列也。”

---

① “亦近北”原作“亦近阼北立”,校本“近”下無“阼”字,“北”下無“立”字,陳本、閩本、監本、毛本、庫本同,據删。

士設俎于豆南，西上，牛、羊、豕，魚在牛南，腊、腸胃亞之，膚以爲特。

註曰："亞，次也。"

敖氏曰："當豆南者，牛俎也，羊俎之半也。設俎之法，每者必當兩豆，欲其整也。特，在豕東。"

郝氏曰："士，宰夫之屬。俎，即前大夫匕載之俎。俎七，設于六豆南，南北二列：始西北牛俎，牛俎東羊俎，羊俎東豕俎，北一列也；又西南魚俎，當牛俎之南，魚俎東乾腊，乾腊東腸胃，北與豕對，此南一列也。二三並六，惟膚俎接腸胃東，獨設無並，曰特。"

世佐案，"膚以爲特"，註云"直豕與腸胃東"，敖云"在豕東"，郝云"接腸胃東"之三說，當以敖說爲正，以《士昏禮》"腊特于俎北"推之可見。

旅人取匕，甸人舉鼎，順出，奠于其所。

註曰："以其空也。其所，謂當門。"

敖氏曰："甸人加扃乃舉鼎，其出也，亦匕先而鼎後。"

世佐案，順出者，先後依陳鼎之次也。

宰夫設黍稷六簋于俎西，二以並，東北上。黍當牛俎，其西稷，錯以終，南陳。

敖氏曰："'東北上'，惟指黍當牛俎者言也。'錯以終'者，稷南黍，黍東稷，稷南黍，黍西稷也。上列之黍當牛俎，則次列之稷當魚俎，而後列南於魚俎之西也。一簋當一俎，則其位之疏數可知矣。"

郝氏曰："炊黍稷爲飯，盛以六簋，陳俎西，食主穀，西爲上也。"

大羹湆不和，實于鐙。宰右執鐙，左執蓋，由門入，升自阼階，盡階，不升堂，授公，以蓋降，出，入反位。

註曰："大羹湆，煮肉汁也。大古之羹不和，無鹽菜。瓦豆謂之鐙。宰，謂太宰，宰夫之長也。有蓋者，饌自外入，爲風塵。"

疏曰：宰以蓋出於門外，乃更入門，反於東夾北位也。從《集説》節本。

敖氏曰："此大羹，謂牛汁不和者，以無肉菜，尚質也。以五味調物謂之和，《周禮》曰'凡和，春多酸，夏多苦'之類是也。凡湆，皆不和，經特於此見之。自門入者，湆在爨也，《士昏禮》曰'大羹湆在爨'，記曰'亨于門外東方’，足以明之矣。”

公設之于醬西。賓辭，坐遷之。

世佐案，此遷湆之法，蓋與醬同。

宰夫設鉶四于豆西，東上。牛以西羊，羊南豕，豕以東牛。

註曰：“鉶，菜和羹之器。”

疏曰：下記云“牛藿、羊苦、豕薇”，是菜和羹，以此鉶盛之也。據羹在鉶言之，謂之鉶羹。據器言之，謂之鉶鼎。正鼎之後設之，謂之陪鼎。入庶羞言之，謂之羞鼎，其實一也。

敖氏曰：“東上，變於豆。”

郝氏曰：“鉶，小鼎，盛鉶羹，和牲肉爲陪鼎，所謂臐、膷、膮，又謂羞鼎。凡四，牛二，羊、豕各一，設當六豆西、六簋北也。”

飲酒實于觶，加于豐。

敖氏曰：“具饌之時則然矣，言於此者，爲下文發之。”

郝氏曰：“飲酒，即前俟于東房之飲酒，至是，實觶加于豐上。”

宰夫右執觶，左執豐，進設于豆東。

註曰：“食有酒者，優賓也。設于豆東，不舉也。《燕禮記》曰：‘凡奠者於左。’”

疏曰：案下文宰夫執漿飲，賓興受，唯用漿酳口，不用酒。今主人猶設之，是優賓也。此酒不用，故奠于豆東。從楊氏《圖》節本。

楊氏曰：“上文‘飲酒漿飲俟于東房’，疏云酒漿皆以酳口，此又云漿以酳口，不用酒，今主人猶設之，所以優賓，兩説牴牾不同。又案，下文‘祭飲酒於上豆之間，魚、腊、醬、湆不祭’，夫魚、腊、醬、湆不祭而祭飲酒，則知酒以優賓，但賓不舉爾，豈酳口之物哉？當以優賓之義爲正。”

敖氏曰：“不授觶者，以未用也。‘設於豆東’者，不主於飲，且後用之，故不欲其妨。”

張氏曰：“‘凡奠者於左，舉者於右’，《鄉飲酒》、《鄉射記》皆有此文，註以爲《燕禮記》，誤也。”

宰夫東面坐，啓簋會，各卻于其西。

註曰：“會，簋蓋也，亦一一合卻之，各當其簋之西。”

疏曰:“卻者,仰也。簋蓋有六,兩兩皆相重而仰之,謂之卻合,故云‘一一郤合之,各當其簋之西’,爲兩處。‘亦’者,亦《少牢》,故《少牢》云‘佐食啓會蓋,二以重,設于敦南’也。”

敖氏曰:“此六簋爲三列,每列之二會則各相重而卻,置于列之西,故曰‘各卻于其西’。”

郝氏曰:“簋蓋設則合之,避風塵也。至是啓會,卻于簋西空處。云‘各’者,六簋六蓋也。下而仰曰卻。六簋二列,每列三蓋,合而卻之,各置于西。”

右設正饌。

贊者負東房,南面告具于公。

註曰:“負東房,負房户而立也。南面者,欲得鄉公與賓也。”

敖氏曰:“贊者,所謂上贊也。負東房,負其墉也。具,謂正饌已具。”

公再拜,揖食。

註曰:“再拜,拜賓饌具。”

敖氏曰:“再拜者,欲賓食禮之也。拜亦當楣北面。”

賓降拜。

註曰:“答公拜。”

公辭,賓升,再拜稽首。

註曰:“不言成拜,降未拜。”

賓升席,坐取韭菹,以辯擩于醢,上豆之間祭。

註曰:“擩,猶染也。”

敖氏曰:“此所擩者,醓醢而下五豆。惟云醢者,省文耳。《少牢饋食》用四豆,‘尸取韭菹,擩于三豆’是其徵也。上豆,韭菹、醓醢也,祭於二豆之間少北,此節見《少牢》下篇。”

贊者東面,坐取黍,實于左手,辯,又取稷,辯,反于右手,興以授賓。賓祭之。

註曰:“取、授以右手,便也。賓亦興受,坐祭之於豆祭也。獨云贊興,優賓也。《少儀》曰:‘受立,授立,不坐。’”

疏曰:此所授者,皆謂遠賓者。菹醢及鉶皆不言授者,以其近賓,取之易也。引《少儀》者,欲見贊興,賓亦興之義。

敖氏曰:"辯,謂辯取於三簠。先黍後稷,不欲其雜也。每取黍稷皆以右手,而實于左手,既則反于右手也,亦壹以授賓。不言壹者,其文已明也。"

郝氏曰:"東面坐,簠西地空也。"

三牲之肺不離,贊者辯取之,壹以授賓。

註曰:"肺不離者,刌之也。不言刌,刌則祭肺也。此舉肺不離而刌之,便賓祭也。祭離肺者,絶肺祭也。壹,猶稍也。"

敖氏曰:"云'不離'者,見其爲切肺,且明無舉肺也。食而舉肺脊者,其肺則離之。云'壹'者,見其不再也。必著之者,嫌每肺當别授之也。"

張氏曰:"離而不殊,留中央少許相連,謂之離肺,刌則切斷之,故云'不離'。祭離肺者,必用手絶斷其連處,刌肺則否。故註云'便賓祭也'。壹,《説文》訓專壹,《廣韻》訓合。當是總合授賓使之祭,如上文祭黍稷之例。註云'猶,稍也',下文註云'每肺興受',恐與經未合。食禮本殺節,文不宜如是其繁。"

賓興受,坐祭。

註曰:"賓亦每肺興受,祭於豆祭。"

敖氏曰:"上言'興授',此言'興受',文互見耳。"

世佐案,註云"每肺興受"①,非,當以敖、張二説爲正。

挩手,扱上鉶以柶,辯擩之,上鉶之間祭。

註曰:"扱以柶,扱其鉶菜也。挩,拭也,拭以巾。"

疏曰:"此云'上鉶之間祭'者,著其異於餘者。餘祭於上豆之間,此鉶别自祭鉶間。"

敖氏曰:"'扱上鉶以柶',謂以内列牛鉶之柶扱其鉶也。'辯擩之'者,遂以柶擩三鉶也。此四鉶皆有柶,其擩之,則惟用其上者之柶,與《少牢饋食禮》略同。'上鉶之間',謂内列二鉶之間少北也。"

祭飲酒於上豆之間,魚、腊、醬、湆不祭。

註曰:"不祭者,非食物之盛者。"

---

① "受"原作"授",校本作"受",與注文合,據改。

敖氏曰："魚、腊屬於牲，醬屬於豆，湆屬於鉶，故此雖設之，亦不祭，蓋已祭其大，則略其細也。不言腸胃、膚者，在魚、腊之下，不祭可知。"

右賓祭正饌。

宰夫授公飯粱，公設之于湆西，賓北面辭，坐遷之。

註曰："既告具矣，而又設此，殷勤之加也。遷之，遷而西之，以其東上也。"

疏曰：知遷而西者，以其加饌與庶羞並列也。知粱東上者，下文"宰夫膳稻于粱西"，是以粱在東爲上也。從《通解》節本。

敖氏曰："粱言飯者，以賓主食之也。'北面辭'，蓋於公之左而少退。上云'北面坐遷'，與此文互見也。遷之，亦東遷所。"

公與賓皆復初位。

註曰："位，序内、階西。"

疏曰："上公設醬時，立于序内，賓立于階西。此云'公與賓復初位'，故知公還在序内，賓還在階西也。"

宰夫膳稻于粱西。

註曰："膳，猶進也。進稻粱者以簠。"

敖氏曰："'膳'，當作'設'字之誤也。膳、設聲相近，由是誤云。"

郝氏曰："穀以粱爲大，故君自設食以稻爲善，故宰夫供膳食美曰'膳'。'粱西'，設于粱之西。"

世佐案，設膳曰膳，猶置尊曰尊，布筵曰筵也。稻謂之膳者，以其爲食之美也①。

士羞庶羞，皆有大、蓋，執豆如宰。

註曰："羞，進也。庶，衆也，進衆珍味可進者也。大，以肥美者特爲臠，所以祭也。魚或謂之膴。膴，大也。唯醢醬無大。如宰，如其進大羹湆右執豆，左執蓋。"

敖氏曰："言執於蓋豆之間，見其兩執也。○案註曰'唯醢醬無大'者，以經文云'皆'，故言此以明之。醢醬，四醢及芥醬也。"

郝氏曰："庶羞，即下膷、臐等十六品。肴美曰羞，品多曰庶，每品以

① "以"字，校本作"見"。

一大臠加豆上待祭，曰大，如脯之有橫朧，《少儀》謂‘祭膴’也。蓋，豆上蓋，自門外入，蔽風塵也。士執庶羞之豆升階，右執鐙，左執蓋，盡階不升堂，與宰執鐙同。”

世佐案，先儒皆以“蓋執豆”三字爲句，唯郝氏以“蓋”字爲一句[①]，“執豆如宰”爲一句，文義較長，當從之。

先者反之，由門入，升自西階。

註曰：“庶羞多，羞人不足，則相授於階上，復出取也。”

疏曰：“‘反之’者，以其庶羞十六豆，羞人不足，故先至者反取之。下文云‘先者一人升，設於稻南’，其人不反，則此云‘先者反之’，謂第二已下爲先者也。”世佐案，此節疏監本誤作註“置諸先者反之”之下，而其發端仍有“釋曰”二字，故濟南張氏嘗疑之，今以朱子《通解》訂正。

敖氏曰：“先者，即執膷豆者也。既設膷豆，則以次受其餘於西階上而設之。反者，既往而復來之辭。此文似失其次而在是。‘由門入’，則三牲與魚亦於門外雍爨爲之與。”

郝氏曰：“庶羞十六豆，執不必多人。先者進授，又反取之[②]。最先一人堂上陳設，又一人往來取豆授，共二人也。”

世佐案，“先者反之”四字，敖氏疑其失次，若移之於“升自西階”之下，則得矣。

先者一人升，設于稻南簋西，間容人。

註曰：簋西，黍稷西也。必言稻南者，明庶羞加，不與正豆併也。間容人者，賓當從間往來也。

敖氏曰：“‘先者一人’，士之長，設膷者也。設膷于稻南，言其東西節也。簋西，言其南北節也。間諸簋之西，庶羞之東也。○案，註云‘必稻南者，明庶羞加，不與正豆併’，謂稻乃加食，其位不與正饌併，而庶羞又設於稻南，明庶羞亦爲加，不與正豆併也。併，謂同爲一處。唯云正豆者，以其器同也。”

世佐案，上文設粱于湆西，膳稻于粱西，似相比而設者。然以此設庶羞之節推之，則稻與湆東西相去之節，亦可見矣。

---

① “一”字，校本無。

② “取”原作“助”，校本作“取”，《節解》同，據改。

旁四列，西北上。

註曰："不統於正饌者，雖加，自是一禮，是所謂羹胾中别。"

疏曰：《曲禮》云"左殽右胾"，彼云"殽，骨體也"，此肉謂之羹，亦一也。殽爲正饌，胾謂切肉，則庶羞分置左右，此亦正饌在東，庶羞在西。間容人，是中别也。從《通解》節本。

敖氏曰："云'旁'者，見正饌之中席而此在旁也。下文云'賓坐席末，取粱即稻'，而庶羞在稻南，足以明之矣。'西北上'，謂膷豆在諸豆之西北也。必西北上者，放正豆之位亦變於席之所上也。"

郝氏曰："正饌堂中，庶羞偏西，故曰旁十六豆爲四列，每列各四，始西北爲上，屈折而東南。"

膷以東臐、膮、牛炙。

世佐案，膷、臐、膮，註見《聘禮》。牛炙，炙牛肉也。

炙南醢，以西牛胾、醢、牛鮨。

註曰："先設醢，綪之以次也。《内則》謂鮨爲膾，然則膾用鮨。今文鮨作鰭。"

疏曰："此云'先設醢，綪之以次'，而《特牲》註云'以有醢，不得綪也'，與此'先設醢，綪之以次'違者，大凡醢配胾是其正而醢卑于胾。今牛、羊、豕胾皆在醢下者，直是綪之次，非尊卑之列。《特牲》以一有醢，若綪之，當醢在胾上，不成錯，故不得綪。《少牢》四豆，羊胾、醢，故得綪而錯，與此同也。"

敖氏曰："此二醢爲牛之炙、胾、膾設也。〇案註云'先設醢，綪之以次也'，謂炙南之醢爲炙而設，故其次在胾之上。"

鮨南羊炙，以東羊胾、醢、豕炙。

敖氏曰："此一醢爲羊炙、羊胾設也。"

炙南醢，以西豕胾、芥醬、魚膾。

註曰："芥醬，芥實醬也。《内則》曰：'膾，春用蔥，秋用芥。'"

敖氏曰："此一醢爲豕炙、豕胾設。芥醬，爲魚膾設也。牛三品、二醢，尊也。羊二品、一醢，降於牛也。豕亦二品、一醢，而醢次於炙，又異於羊也。魚一而已，其芥醬復先於膾，又異於豕也。古人于食物之微，亦以多寡、先後示尊卑之義，則其精微周密之意，亦可見矣。”

郝氏曰：“以上十六豆，所謂‘旁四列’也。終魚膾，始膷，所謂‘西北上’也。”

衆人騰羞者盡階，不升堂授，以蓋降，出。

註曰：“騰，當作媵。媵，送也。授，授先者一人。”

敖氏曰：“進羞而言‘騰’，亦取其自下而上之意。衆人不升設者，降於俎也。以羞授先者一人，先者每爲設之，所謂先者反之也。‘以蓋降，出’，惟謂衆人其先者之蓋，則次者既授豆而受之并以出矣。”

世佐案，衆人，自先者一人而外也。士騰羞者雖衆，而升堂設之者唯最先一人而已，其餘則以授于西階上也。故先者一人不反，其餘皆反。

右設加饌。

贊者負東房，告備于公。

註曰：“復告庶羞具者，以其異饌。”

贊升賓。

註曰：“以公命命賓升席。”

敖氏曰：“公嚮者已再拜揖食，故於此惟贊者升賓，禮不可褻也。升賓之辭蓋曰：‘吾子其升也。’”

賓坐席末，取粱即稻，祭于醬湆間。

註曰：“即，就也。祭稻粱不以豆祭，祭加宜於加。”

敖氏曰：“坐席末者，就加饌也。‘取粱即稻’，言不反粱於左手也。不祭于豆祭，而于醬、湆間者[①]，以其近也，且别於正饌。”

張氏曰：“醬、湆不得言加，註偶誤。粱是公所親設，醬、湆亦公所親設，公設是饌尊處，故祭粱不於豆而於此耳。”

贊者北面坐，辯取庶羞之大，興，一以授賓。賓受，兼壹祭之。

註曰：“壹壹受之而兼一祭之，庶羞輕也。自祭之於膷、臐之間，以異饌也。”

---

① “湆”下原無“間”字，校本有，《集説》同，據補。

敖氏曰:"一、壹同。贊者壹以授賓,賓兼壹祭之,禮之節當然也。賓於黍、稷、牲、肺皆壹祭之,特於此發之耳。祭不言其所,亦於醬、湆間可知。"

張氏曰:"'一以授賓'者,品授之也。'兼壹祭之'者,總祭之也。"

右賓祭加饌。

賓降拜。

敖氏曰:"拜者,爲將食故也。"

公辭,賓升,再拜稽首,公答再拜。賓北面自間坐,左擁簠粱,右執湆以降。

註曰:"自間坐,由兩饌之間也。擁,抱也。必取粱者,公所設也。以之降者,堂尊處,欲食於階下然也。"

敖氏曰:"擁之者,示其重也。必取湆者,飯則先啜湆,故特取之。以降者,爲公立于堂,己不敢坐食于席也。必以降者,臣也。"

郝氏曰:"取粱、湆二者,公所親設食。必歠湆,湆,正饌,粱,加饌,兼取也。"

公辭,賓西面坐,奠于階西,東面對。

註曰:"奠而後對,成其意也。"張氏曰:"成其降食階下之意。"

敖氏曰:"公辭,止其食於下也。階西,賓所以食之處也,故於此奠之。對者,釋其所以降之意,且從命也。"

西面坐取之,栗階升,北面反奠于其所,降辭公。

註曰:"降辭公,敬也。必辭公者,爲其尊而親臨己食。侍食,贊者之事。"

敖氏曰:"公不許其降食,乃敢辭公,爲禮之節然也。降而辭者,亦以其臣也。"

世佐案,反奠于其所者,奠湆于醬西,奠粱于湆西也。

公許,賓升。公揖,退于箱。

註曰:"箱,東夾之前,俟事之處。"

郝氏曰:"公許,暫退東廂,俟賓食也。箱、廂通,即夾室。"

擯者退，負東塾而立。

註曰："無事。"

賓坐，遂卷加席，公不辭。

註曰："贊者以告公，公聽之，重來，優賓。"

敖氏曰："卷加席者，北面坐而卷自末也。公不辭，以其降等也。若於朝，君則辭，而賓反之矣。"

張氏曰："公聽之而不輕來，所以優賓，使不煩勞也。"

賓三飯以涪醬。

註曰："每飯歠涪，以殽擩醬，食正饌也。三飯而止，君子食不求飽。不言其殽，優賓。"

疏曰：《曲禮》"三飯，主人延客食胾，然後辯殽"，與此不同者，此爲禮食，故先食殽。彼大夫、士與客燕食，則先食胾，故不同也。又《昏禮》同牢云"贊爾黍，授肺、脊，皆食以涪醬，皆祭舉、食舉也"，註云"皆食，食黍也[①]。以，用也。用者，謂歠涪咂醬"，而不食殽者，此公食賓禮，解體折節，明食殽可知，彼豚解者，皆不食，故不食殽也。云"不言其殽，優賓"者，《特牲》、《少牢》尸食時舉殽，皆言次第，此不言者，任賓取之，是優賓也。

宰夫執觶漿飲與其豐以進。

註曰："此進漱也，非爲卒食，爲將有事，緣賓意欲自潔清。"

賓挩手，興受。

註曰："受觶。"

宰夫設其豐于稻西。

註曰："酒在東，漿在西，是所謂左酒右漿。"

敖氏曰："案'左酒右漿'，《弟子職》文。"

郝氏曰："設于稻西，近賓右，便取也。"

庭實設。

註曰："乘皮。"

---

① "黍"字下原有"稷"字，校本無，《通解》、陳本、閩本、監本、毛本同，據刪。

張氏曰:“設之將以侑賓。”

賓坐祭,遂飲,奠于豐上。

註曰:“飲,漱。”

敖氏曰:“其祭亦於醬湆間。”

右賓食。

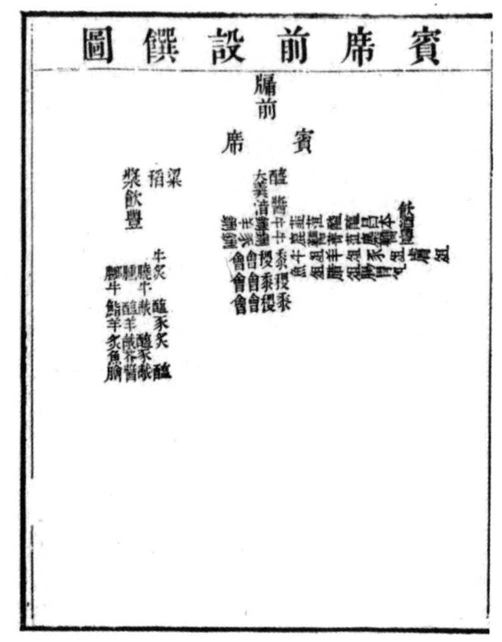

公受宰夫束帛以侑,西鄉立。

註曰:“束帛,十端帛也。侑,猶勸也。主國君以爲食賓,殷勤之意未至,復發幣以勸之,欲用深安賓也。西鄉立,序内位也。受束帛于序端。”

賓降筵,北面。

註曰:“以君將有命也,北面於西階上。”

擯者進相幣。

註曰:“爲君釋幣辭於賓。”

世佐案,註“釋”下“幣”字疑衍。

賓降辭幣,升,聽命。

註曰:“降辭幣,主國君又命之升,聽命,釋許辭。”

敖氏曰："辭幣者，謂既受賜食，不宜又辱賜幣也。公於是降一等，止其降，且不許其辭。賓即栗階升，聽命也。經似有脱文。"

降拜。

註曰："當拜受幣。"

公辭，賓升，再拜稽首，受幣，當東楹，北面。

註曰："主國君南面授之。當東楹者，欲得君行一，臣行二也。"

退西楹西，東面立。

註曰："俟主國君送幣也。退不負序，以將降。"

公壹拜，賓降也，公再拜。

註曰："賓不敢俟成拜。"

介逆出。

註曰："以賓事畢。"

賓北面揖，執庭實以出。

註曰："揖執者，示親受。"

公降立。

註曰："俟賓反。"

敖氏曰："亦立于中庭。"

上介受賓幣，從者訝受皮。

註曰："從者，府史之屬。"

疏曰：子男小聘使大夫，士介一人而已。此時介已受賓幣，故知訝受者是府史之屬也。

右公以束帛侑。

世佐案，此章與《聘禮》醴賓之儀大略相同。

賓入門左，没霤，北面再拜稽首。

註曰："便退則食禮未卒，不退則嫌。更入行拜，若欲從此退。"

敖氏曰："霤，門内霤也。没霤，庭南也。拜者，謝侑幣之賜也。没霤而拜，以公立于中庭也。"

張氏曰："没霤，門簷霤盡處。嫌，謂貪食之嫌。"

公辭。

註曰:"止其拜,使之卒食。"

敖氏曰:"辭其拜於庭也。"

揖讓如初,升。

敖氏曰:"此三揖時公在中庭,與賓三揖,則是與《聘禮》者同矣。云'如初',亦大略之言也。既升,則介入復位。"

賓再拜稽首,公答再拜。

註曰:"賓拜,拜主國君之厚意。賓揖介,入復位。"

敖氏曰:"曏也賓拜賜于庭南,公辭之,故成拜於此。"

賓降,辭公如初。

註曰:"將復食。"

賓升,公揖,退于箱。賓卒食會飯,三飲。

註曰:"卒,已也。已食會飯,三漱漿也。會飯,謂黍稷也。此食黍稷,則初時食稻粱。"

敖氏曰:"曏者三飯乃飲,此凡三飲,蓋九飯也。九飯,大夫禮也。後禮更端,故與前三飯不相蒙。食加飯而飲漿,則此所飲者,其酒與?"

張氏曰:"上文宰夫設黍稷云'啓會',是簋兼會設之,稻粱不言啓會,是簠不兼會,故經以黍稷爲會飯也。"

世佐案,黍稷曰"會飯",别於稻粱之無會者耳。敖云減簋飯於會而食之,故云會飯,非。

不以醬湆。

註曰:"不復用正饌也。初時食加飯用正饌,此食正飯用庶羞,互相成也。後言湆,或時後用。"

疏曰:前文"賓三飯以湆醬",先言湆,後言醬,是先用湆,此後言湆,或容前三飯後用湆,故作文有先後也。

楊氏曰:"案註云'初時食加飯',謂食稻粱。'用正饌',謂以肴擩醬,食正饌也。此食正飯,謂食黍稷也。但'用庶羞'則經無其文,若可疑者。據下文'上大夫庶羞酒飲、漿飲庶羞可也',註云:'於食庶羞,宰夫又設酒漿,以之食庶羞可也。'以彼證此,恐此食會飯有三飲,亦食庶羞,此註所以有'互相成'之義也。"

世佐案,上文"賓三飯以湆醬",據其用之之序言也。此既不用之,故惟據所設之序而言。註疏説非是。

捝手,興,北面坐取粱與醬以降,西面坐奠于階西。

註曰:"示親徹也。不以出者,非所當得,又以已得侑幣。"

張氏曰:"公所親設,賓亦親徹。"

東面再拜稽首。

註曰:"卒食拜也。不北面者,異於辭。"

張氏曰:"前受侑出,更入門,北面拜。其時欲辭退,故北面。此卒食禮終,故東面。"

公降,再拜。

註曰:"答之也。不辭之使升堂,明禮有終。"

敖氏曰:"公拜,亦西面于阼階下。"

世佐案,公於是不辭賓下拜,而已亦降答之,禮取其稱也。

右賓卒食。

介逆出,賓出,公送於大門内,再拜。賓不顧。

註曰:"初來揖讓而退不顧,退禮略也,示難進易退之義。擯者以賓不顧告公,公乃還也。"

有司卷三牲之俎,歸于賓館。

註曰:"卷,猶收也,無遺之辭也。三牲之俎,正饌,尤尊,盡以歸賓,尊之至也。歸俎者實于篚,他時有所釋故。"

疏曰:"案《特牲》及《士虞》尸卒食,取俎歸於尸三个,是有所釋,此無所釋,故稱'卷'也。"

魚、腊不與。

註曰:"不言腸胃、膚者,在魚、腊下,不與可知也。"

右賓出歸俎。

明日,賓朝服拜賜于朝,拜食與侑幣,皆再拜稽首。

註曰[①]:"朝,謂大門外。"

訝聽之。

註曰:"受其言入告出報也。此下大夫有士訝。"

右賓拜賜。

世佐案,拜賜之儀,亦見《聘禮》。

上大夫八豆、八簋、六鉶、九俎,魚、腊皆二俎。

註曰:"記公食上大夫異於下大夫之數。豆加葵菹、蝸醢,四四爲列。俎加鮮魚、鮮腊,三三爲列,無特。"

敖氏曰:"豆加茆菹、麋臡,簋加黍、稷各一,鉶加羊、豕,俎加鮮魚、鮮獸於膚之下,如饔九鼎之次。云'九俎',則四四爲列,而特鮮獸。"

郝氏曰:"魚、腊皆二俎,謂乾魚、乾腊,外加鮮魚、鮮腊爲二也。"

張氏曰:"此下別言食禮之異者:食上大夫之禮,君不親食之禮,大夫相食之禮,大夫不親食之禮,凡四事。"

魚、腸胃、倫膚若九若十有一,下大夫則若七若九。

註曰:"此以命數爲差也。九謂再命者也,十一謂三命者也,七謂一命者也。九或上或下者,再命謂小國之卿、次國之大夫也。卿則曰上,大夫則曰下。大國之孤視子男。"

疏曰:"云'此以命數爲差'者,案《周禮·典命》公侯伯之卿三命,大夫再命,士一命,子男之卿再命,大夫一命,士不命,則諸侯之臣分爲三等,三命、再命、一命,不命與一命同。此經魚、腸胃、倫膚亦分爲三等,有十一,有九,有七,則十一當三命,九當再命,七當一命。若然,惟有上下二文者,以公侯伯之大夫與子男之卿同再命,卿爵尊爲上,大夫爵卑爲下,則上言'若九'者,子男之卿也;下言'若九'者,公侯伯之大夫也,故鄭云'卿則曰上,大夫則曰下'。云'大國之孤視子男'者,此經惟見三命以下,故鄭併論及之。案《周禮·典命》大國之孤四命,又《大行人》云'大國之孤執皮帛以繼子男',又云'其他皆視小國之君',若然,孤與子男同十三,侯伯十五,上公十七,差次可知。"

---

① "曰"字原無,校本有,依文例,應據校本補。

敖氏曰："其俎數之同者，又以此見尊卑也。因言上大夫以及下大夫，蓋以足前禮未備之意。"

庶羞，西東毋過四列。

註曰："謂上下大夫也。"

敖氏曰："欲閒容人也。臐當稻南，若過四列，則近於簋矣。西東，西列、東列也。先言西者，上也。"

張氏曰："下大夫庶羞十六，東西四行，南北亦四行。上大夫庶羞二十，東西四行，南北則五行。"

上大夫庶羞二十，加於下大夫以雉、兔、鶉、鴽。

註曰："鴽，無母[①]。"

疏曰："案《爾雅·釋鳥》云'鴽，鴾母'，郭氏曰'鵪也，青州人呼曰鴾母'，《莊子》曰'田鼠化爲鶉'，《淮南子》云'蝦蟆所化也'，《月令》曰'田鼠化爲鴽'，然則鴽、鶉一物也。"

張氏曰："據經，鶉、鴽並列，還是兩物。"

右食上大夫禮。

若不親食，使大夫各以其爵，朝服以侑幣致之。

張氏曰："案《聘禮》'聘遭喪'，'主人畢歸禮，賓唯饔餼之受'，謂有死喪而致饗與食，則賓不受之。若疾病及餘事不親食者，其致之皆可受也。"

世佐案，説見《聘禮》。

豆實，實于罋，陳于楹外，二以並，北陳。簋實，實于筐，陳于楹内兩楹間，二以並，南陳。

註曰："陳罋、筐於楹間者，象授、受於堂中也。南北相當，以食饌同列耳。罋北陳者，變於食。罋數如豆，醯、芥、醬從焉。筐米四。"

疏曰：云"南北相當，以食饌同列耳"者，按上文正食之時，黍稷亦南陳，今於楹間陳，筐米亦南陳，是正食及此饌同列也[②]。云"罋北陳者，變

① "無母"原作"母無"，校本作"無母"，陳本、閩本、監本、毛本、庫本同，據乙。

② "此饌同列"，《通解》同，校本"此饌"下有"陳是"二字，陳本、閩本、監本、毛本、庫本同。盧文弨《儀禮注疏詳校》曰："'陳是'二字浦校删。"

于食”者，上文正食之時，宰夫自東房薦豆六，設於醬東，西上陳之。今於楹間，二以併，北陳，是“變於食”也。菹醢各異，物不可同罋，故罋數如豆。上大夫八豆則八罋，下大夫六豆則六罋。庶羞之醢，同是醬類，故使之相從，但庶羞之醢更無别種，宜同一罋。芥醬宜亦一罋，知有芥醬者，以其有生魚故也。上文上大夫八簋，今乃生致之，黍、稷宜各一筐，稻、粱又二筐，故云“筐米四”。

敖氏曰：“豆實在罋，簋實在筐，又皆陳于楹間，皆變於食也。南北異陳，示不相統也。”

郝氏曰：“豆實，菹醢之屬。簋實，黍稷之屬。豆主薦者，自外陳而向北。簋主食者，自内陳而向南。”

世佐案，楹外、楹内，南北節也。兩楹間，東西節也。罋與筐南北之節異，而東西之節則同。

庶羞陳于碑内。

註曰：“生魚也，魚、腊從焉。上大夫加鮮魚、鮮腊、雉、兔、鶉、鴽，不陳于堂，辟正饌。”

疏曰：庶羞之内，衆羞俱有，鄭獨云“生魚”者，以其胾炙在牲不殺，於此無矣，雖有乾腊、雉、兔之等，以生魚爲主也。云“魚、腊從焉”者，雖無三牲之肉，有乾魚、腊可知。云“上大夫加鮮魚、鮮腊、雉、兔、鶉、鴽”者，以其下大夫七鼎，無鮮魚、鮮腊，上大夫九鼎，加鮮魚、鮮腊可知，雉、兔、鶉、鴽亦生致之矣。庶羞本在堂上正饌之西，今在碑内，故云“辟正饌”也。不陳於碑南者，以其本合在堂，今宜近堂，故在碑北。

敖氏曰：“庶羞者，醢四，并魚膾與芥醬也。不陳於上，以牲在下，宜從之，庶羞主於牲肉也。上大夫又加以雉、兔、鶉、鴽。此豆實也，亦實於罋。”

庭實陳于碑外。

註曰：“執乘皮者也，不參分庭一在南者，以言歸，宜近内。”

疏曰：庭實正法，皆參分庭一在南而陳之，《昏禮記》“納徵”，執皮者是也。今云“碑外”，繼碑而言，是近北矣。彼陳於主人之庭，擬與賓向外，故近南。此陳於客館，擬與賓入内，故鄭云“以言歸，故在内”也。

敖氏曰：“此庭實不於西方參分庭一在南，又不執之，皆變於食也。”

郝氏曰："庭實，皮馬之屬。陳于碑外，從其常處，但無人執。"

世佐案，此庭實亦有執之者，馬則牽之，特其所陳之處異于常耳，敖及郝説皆非是。

牛、羊、豕陳于門内西方，東上。

註曰："爲其踐汙館庭，使近外。"

敖氏曰："生歸之，亦變於食。陳于門西，餼位也。"

郝氏曰："牛、羊、豕鼎俎之實不殺，故生致之。"

賓朝服以受，如受饔禮。

註曰："朝服，食禮輕也。"

疏曰："歸饔餼時，卿韋弁，賓皮弁受。此食禮，賓朝服受，不皮弁，故云'食禮輕'。"

敖氏曰："親食時朝服，故此致者、受者皆服之，云'如受饔禮'，則侑幣與食亦殊拜之。"

無儐。

註曰："以己本宜往。"

明日，賓朝服以拜賜于朝，訝聽命。

註曰："賜，亦謂食、侑幣。"

右致食禮。

世佐案，此禮亦見《聘禮》，但此詳彼略，當參看。

大夫相食，親戒、速。

註曰："記異於君者也。速，召也。先就告之，歸具，既具，復自召之。"

迎賓于門外，拜至，皆如饗拜。

註曰："饗，大夫相饗之禮也，今亡。"

敖氏曰："迎賓與拜至亦皆再拜。"

降盥。

敖氏曰："賓亦從降，主人辭降，賓對，主人乃盥于洗，南面卒盥，一揖一讓升。經不言，文省也。禮賓主敵則不設槃匜，惟盥于洗耳。"

受醬、湆、侑幣束錦也，皆自阼階降堂受，授者升一等。

註曰："皆者，謂受醬、受湆、受幣也。侑用束錦，大夫文也。降堂，謂止階上。"

敖氏曰："降堂，升一等，中等相授也。不受於堂，辟君也。中等相授，異於士也。大夫之階亦惟三等，於此見之矣。《考工記》言天子堂崇九尺，以是差之，則公、侯、伯七尺，子、男五尺，大夫、士皆三尺也。《士冠禮》賓受冠，降階一等。"

世佐案，大夫之堂五尺，士三尺，見《禮器》，一尺爲一等。降堂，升一等，是間三等相授也。敖説非。

賓止也。

註曰："主人三降，賓不從。"

疏曰："以主人降堂不至地，故賓止不降也。"

張氏曰："註言'三降'，不數降盥者，盥時賓亦從降，自如常法也。"

賓執粱與湆，之西序端。

註曰："不敢食於尊處。"

敖氏曰："亦爲主人立于堂，故不敢食於席也。其尊敵，故但辟之於堂上而已。粱不擁，亦降於君。"

主人辭，賓反之。

敖氏曰："云'反之'，明不對也。此下當有'辭於主人，降一等，主人從'十字，蓋傳寫脱之。"

卷加席，主人辭，賓反之。

敖氏曰："卷加席，亦謙也。辭則反之，敵也。"

辭幣，降一等，主人從。

註曰："從，辭賓降。"

敖氏曰："辭而降一等，爲恭也。從者辭其降，且不許其辭。"

受侑幣，再拜稽首，主人送幣亦然。

註曰："敵也。"

疏曰："案《郊特牲》云'大夫之臣不稽首，非尊家臣，以辟君也'，又案《左氏傳》哀十七年：'公會齊侯盟于蒙，孟武伯相。齊侯稽首，公拜。齊人怒,武伯曰:非天子,寡君無所稽首’。若然,臣於君乃稽首,平敵相施當頓首,今言敵而稽首者,以食禮相尊敬,雖敵亦稽首,與臣拜君同故也。”

敖氏曰:“著之者,主人非君,嫌不必稽首。”

世佐案,此受侑幣當於兩楹之間,與公食大夫受幣當東楹者異,經不言者,文不具。

辭於主人,降一等,主人從。

註曰:“辭,謂辭其臨己食。”

敖氏曰:“從者,亦辭其降且許之,此謂再入而辭者也,然則初辭亦有此文明矣。又公食禮有賓再入之拜,上經乃不見其異者,則是大夫禮無此拜也。”

卒食,徹于西序端。

註曰:“亦親徹。”

東面再拜,降出。

註曰:“拜,亦拜卒食。”

敖氏曰:“拜不當階,又不北面,亦變於前,主人亦於阼階上西面答再拜也。”

其他皆如公食大夫之禮。

疏曰:“云‘其他’,謂豆數、俎體、陳設皆不異上陳,但禮異者,謂親戒、速,君則不親迎賓,公不出,此大夫出大門,公受醬、湇、幣不降,此大夫則降也,公食大夫,大夫降食於階下,此言西序端,上公食卷加席,公不辭,此則辭之,皆是異也。”世佐案,此疏監本亦誤作註。

敖氏曰:“他,謂在公食禮中,而不見於上者也。然上禮所不見者,亦未可盡與公食禮相通。經云‘皆如’者,大約言之耳。又此不別見所饌者之異,則是俎豆之屬亦皆如公食者矣。蓋大夫此禮爲公而舉,故其饌放之,而不嫌與之同也。大夫祭其宗廟惟用少牢,且於其始也,不敢純用朝事之豆,則此食禮之意可見矣。”

張氏曰:“降而盥,侑用錦,降辭幣時,主人從而辭降,受幣時,主人稽首,送幣,降辭主人,主人從降,卒食,徹于西序端,不拜階下,亦皆異於公食者。”

右大夫相食禮。

世佐案,《聘禮》云"大夫于賓,壹饗壹食,上介若饗若食",此亦主國待賓之禮,放公食而爲之,故附于其後云。

若不親食,則公作大夫朝服以侑幣致之。

註曰:"作,使也。大夫有故,君必使其同爵者爲之致禮。列國之賓來,榮辱之事君臣同。"

敖氏曰:"不言其禮者,與公致食之禮同可知。"

賓受于堂,無儐。

註曰:"與受君禮同。"

敖氏曰:"言此者,嫌或與君禮異也。賓受大夫饟不於堂,故明之。"

右大夫致食禮。

世佐案,此亦見《聘禮》。

記:

不宿、戒。

註曰:"食禮輕也。"

郝氏曰:"不宿戒,當日戒也。"

戒,不速。

註曰:"食賓之朝,夙興戒之,賓則從戒者而來,不復召。"

不授几。

註曰:"異於醴也。"

疏曰:"決禮賓時,公親授几也。"

無阼席。

註曰:"公不坐。"

亨于門外東方。

敖氏曰:"門外,廟門外也。門外東方,雍爨在焉。"

司宫具几與蒲筵常,緇布純,加萑席尋,玄帛純,皆卷自末。

註曰:"丈六尺曰常,半常曰尋。純,緣也。萑,細葦也。末,經所終有以識之。必長筵者,以有左右饌也。今文萑皆爲莞。"

疏曰:云"丈六尺曰常,半常曰尋"者,據《周禮·考工記》"殳長尋有四尺,崇于人四尺","車戟常,崇于殳四尺"之文而言也。上陳饌之時,正饌在左,庶羞在右,陳饌雖不在席上,皆陳於席前,當席左右,其間容人,故必長筵也。

敖氏曰:"蒲筵而加莞席,美者在上也。筵常而加席尋,是加席之度必半於其筵,於此見之矣。莞,小蒲也。〇'加莞席',鄭本'莞'皆作'萑',註曰:'今文萑皆作莞。'繼公案,《司几筵》云'諸侯祭祀,席蒲筵繢純,加莞席紛純',是蒲筵之上宜加莞席也。而萑乃葦屬,其爲物麤惡,故《司几筵》惟於喪事則用萑席焉,似不可用之於此禮也。宜從今文,皆作'莞'。"

郝氏曰:"捲席者自下爲末,舒席者自上爲本。"

世佐案,几,彤几也。萑,當從鄭本,敖改作莞,則上下大夫何别乎?

宰夫筵,出自東房。

註曰:"筵本在房,宰夫敷之也。天子、諸侯左右房。"

郝氏曰:"司宫具筵于東房,宰夫設之,故自東房出。"

賓之乘車在大門外西方,北面立。

註曰:"賓車不入門,廣敬也。凡賓即朝,中道而往,將至,下行,而後車還立于西方。賓及位而止,北面。卿大夫之位當車前。凡朝位,賓主之間各以命數爲遠近之節也。"

疏曰:云"凡賓即朝,中道而往"者,《内則》云"男子由右,女子由左",車從中央,故賓乘車中道。云"車還立于西方"者,《少儀》云"僕於君子,始乘則式,君子下行,然後還立",註云"還車而立,以俟其去",是還立于西方鄉外。云"賓及位而止,北面"者,《玉藻》云"賓立不當門",彼亦謂聘使也。云"卿大夫之位當車前"者,《大行人》云"上公立當軹,侯伯立當前疾,子男立當衡",又云"大國之孤朝位當車前"者,則卿大夫立亦與孤同一節,兼云大夫者,小聘曰問,使下大夫,立與孤卿同,當車前,故連言也。云"凡朝位,賓主之間各以命數爲遠近之節"者,《大行人》云"上公朝位,賓主之間九十步,侯伯七十步,子男五十步",註云"朝位,謂大門外賓下車及王車出迎所立處",又云"凡諸侯之卿,其禮各下其君二等以下,及大夫、士皆如之”，是臣亦各依其君命數而降之，故鄭總以命數言之也。從《通解》節本。

敖氏曰：“唯云賓之乘車在此，則上介以下之車不然矣。車北面立者，俟賓之出，宜鄉之。云‘立’，明其不説駕。”

郝氏曰：“賓之乘車，謂大夫所乘入朝之車。《曲禮》‘客車不入大門’，《覲禮》‘偏駕不入王門’，臣子及朝，門外下車，則還車北向，不稅駕，立以俟也。西方，賓位也。”

張氏曰：“經文‘北面立’者，指其車而言。前經‘賓朝服，即位于大門外，如聘’，是下行，入俟於次矣，則所云‘立當車前’者何時乎？此段註疏未能詳，俟質。”

世佐案，“立當車前”，謂旅擯之時也。當，遥當之也，蓋賓至大門外西方下車，入于次，及擯者出請事，賓出次，步進，直闑西，北面立。是時，賓主之間相去七十步、五十步、三十步不等，車在西方，北去門之節亦如之。賓于車東，東西相望，當車前也。以《聘禮》及《周禮·大行人》註疏參之自見，張云“未詳”，蓋偶未之考耳。

鉶芼，牛藿、羊苦、豕薇，皆有滑。

註曰：“藿，豆葉也。苦，苦荼也。滑，堇荁之屬。”

疏曰：《士虞記》云“鉶芼用苦若薇，有滑，夏用葵，冬用荁”，鄭註云“荁，堇類也，乾則滑。夏、秋用生葵，冬、春用乾荁”，此經云“皆有滑”，不言所用之物，故取彼記解之。云“之屬”者，其中兼有葵也。

敖氏曰：“案《内則》曰‘堇、荁、枌、榆、免、薧、滫、瀡以滑之’，故註以滑为堇荁之属。”

郝氏曰：“鉶，和羹之鼎。羹有菜曰芼。苦，甜菜。薇，細豆苗。滑，味之滑利者，猶今人以豆粉和羹之類。”

贊者盥，從俎升。

註曰：“俎，其所有事。”

敖氏曰：“贊者之所有事於賓者，簠、俎、庶羞之祭也。而俎先二者而設，故從之以升。”

張氏曰：“贊者佐賓祭，故盥升以待事。”

簠有蓋冪。

註曰：“稻粱將食乃設，去會於房，蓋以冪。冪，巾也。”

郝氏曰："簠以盛稻粱[1]，前云'宰夫坐啓簋會'，是簋有蓋，而不言簠蓋，于此記簠亦有蓋、有冪，但黍稷先設用，而稻粱後設不用耳。"

凡炙無醬。

註曰："已有鹹和也[2]。"

敖氏曰："凡，凡三牲也。此庶羞於三牲之炙皆爲設醢，唯魚膾乃用芥醬，是凡炙無醬矣。不言胾者，如炙可知。"

郝氏曰："凡炙，謂牛、羊、豕炙。炙宜乾食，故不設醬。"

上大夫蒲筵，加萑席，其純，皆如下大夫純。

註曰："謂三命大夫也。孤爲賓，則莞筵紛純，加繅席畫純也。"

疏曰：經云"上大夫"，不辨命數，則子男之卿再命，其席亦同下大夫。鄭言"謂三命大夫"者，欲見公侯伯之卿三命，亦與子男下大夫同。公之孤四命，其席則異。案《周禮·司几筵》云"筵國賓于牖前，莞筵紛純，加繅席畫純"，與此記三命已下席不同，故知彼國賓謂筵孤也，無正文，故云"則"也。

世佐案，此記上大夫加席之異也。萑，當從今文作莞，鄭本作萑，則與下大夫無别，何以復記爲？下大夫用萑，上大夫用莞，莞美于萑也。皆，皆筵與席也。莞席不用紛純，而亦用玄帛。純者，下君也。據《周禮·司几筵》，天子、諸侯之莞筵，皆以紛爲純。紛，白繡也。又此上大夫，兼孤卿而言，註誤。《司几筵》云"筵國賓于牖前"，國賓，謂諸侯來朝者耳，鄭以孤卿大夫當之，亦誤。

卿擯由下。

註曰："不升堂也。"

張氏曰："此謂上擯，於堂下詔賓主升降周旋之事，而不升堂。"

上贊，下大夫也。

註曰："上，謂堂上。擯贊者事相近，以佐上下爲名。"

敖氏曰："'上贊'，即經所謂贊者也，以其佐賓食於堂上，故云'上

---

① "稻粱"，校本同，《節解》作"黍粱"。按上經"宰夫膳稻于粱西"下鄭注曰："進稻粱者以簠。"《節解》作"黍粱"蓋誤。

② "已有鹹和也"，庫本同，校本無"也"字，《通解》、楊氏《圖》、陳本、監本、毛本同。

贊’,蓋對堂下之擯者而言也。‘擯贊者事相近’,故以上下通之。此以下大夫爲之者,欲其不尊於賓。”

郝氏曰:“卿,謂上大夫。擯,贊禮者。卿擯,謂食卿之擯。凡賓主升降行禮,擯贊之。食卿則擯立堂下,有事由下升。其立堂上贊禮者,食下大夫之擯也。”

張氏曰:“堂上之贊,以下大夫爲之,擯佐於堂下,贊佐于堂上,故曰‘事相近’,言其相終始也。”

世佐案,此二句自言主國擯贊之法①,不因賓之尊卑而異,郝説非是。

上大夫庶羞,酒飲、漿飲,庶羞可也。

註曰:“於食庶羞,宰夫又設酒漿,以之食庶羞可也,以優賓。”

疏曰:上經云“上大夫庶羞二十豆”,此復記之者,欲見上大夫食加飯之時,得兼食庶羞,其時宰夫更設酒飲、漿飲以優賓也。從《通解》節本。

郝氏曰:“公食下大夫,酒飲進于設正饌之時,漿飲進于賓三飯之後。如食上大夫,加庶羞爲二十,則酒飲、漿飲再設,以酒漿食庶羞可也。”

張氏曰:“前經下大夫不言食庶羞,言飲漱不言飲酒,亦其禮之殊者。”

世佐案,此句疑有脱誤,當闕之。

拜食與侑幣,皆再拜稽首。

註曰:“嫌上大夫不稽首。”

敖氏曰:“記此於上大夫之後,恐或是爲彼言之,若然,亦長語矣。此篇中見上大夫禮之異者,俎、豆、簠、鉶之加耳,其他不見之,則皆如下大夫禮可知,固無不稽首之嫌也,又何必贅言之哉?”

張氏曰:“雖上大夫,必執臣禮,故記特明之。”

世佐案,此蓋記賓明日拜賜之禮,然已見於經矣,簡編斷缺,故重出於此,而逸其上下文。

劉氏敞曰:“食禮,公養賓,國養賢,一也。親之故愛之,愛之故養之,養之故食之。食而弗愛,猶豢之也。愛而弗敬,猶畜之也。饗禮,敬之至也。食禮,愛之至也。饗爲愛弗勝其敬,食爲敬弗勝其愛,文質之辨也。公使大夫戒,必以其爵,恭也。己輕則卑之,己重則是以其貴臨之也。賓

---

① “自”,校本作“是”。

三辭聽命,言是禮之貴,弗敢當也。弗敢當,故難進也。公迎賓于大門内,非不能至于外也,所以待人君之禮也。臣之意,欲尊其君子之意,欲尊其父,故迎賓于大門内,所以順其爲尊君之意也。三揖至于階,三讓而升堂,充其意,諭其誠也。於廟用祭器,誠之盡也。君子於所尊敬不敢狎,不敢狎,故神明之,神明之,故忠臣嘉賓樂盡其心也。大夫立于東夾南,西面北上,士立于門東,北面西上,小臣東堂下,南面西上,宰東夾北,西面南上,内官之士在宰東北,西面南上,百官有司備,以樂養賢也。設筵加席、几,致安厚之義也。公設醬,然後宰夫薦豆菹醢,士設俎,公設大羹,然後宰夫設鉶、啓簠,言以身親之也。賓徧祭,公設粱,宰夫膳稻,士膳庶羞,爲殷勤也。賓三飯,飯粱以湆醬,以君之厚己也。賓必親徹,有報之道也。庭實乘皮,侑以束帛,雖備物,猶欲其加厚焉也。公拜送,終之以敬也。有司卷三牲之俎,歸于賓館,不敢褻其餘也。上大夫八豆、八簠、六鉶、九俎,庶羞二十,其餘衰見,是德之殺也。君子言之曰,愛人者,使人愛之者也。敬人者,使人敬之者也。親人者,使人親之者也。自卑者,使人尊之者也。是故公養賓,國養賢,其義一也。未有愛之、敬之、親之、尊之,而其位不安者也。未有不愛、不敬、不尊、不親,而能長有其國者也。將由乎好德之君,則將怡焉,唯恐其不足於禮。將由乎驕慢之君,則將曰:'是食於我而已矣。'故禮,君子所不足,小人所泰餘也。孔子食于少施氏,將祭,主人辭曰:'不足祭也。'將飧,主人辭曰:'不足飧也。'孔子退曰:'吾食而飽,少施氏有禮哉。'故君子難親也,將親之,舍禮何以哉?"

儀禮集編卷九　男盛溶澄校字

中華禮藏

禮經卷

儀禮之屬

儀禮集編

（下册）

［清］盛世佐　撰

袁茵　點校

浙江大學出版社
ZHEJIANG UNIVERSITY PRESS

儀禮集編卷十

秀水盛世佐學　後學歙鮑漱芳、石門顧修參校

覲禮第十

鄭《目録》云："覲，見也，諸侯秋見天子之禮。春見曰朝，夏見曰宗，秋見曰覲，冬見曰遇。朝、宗禮備，覲、遇禮省，是以享獻不見焉。三時禮亡，唯此存爾。覲禮於五禮屬賓。"

疏曰：案《曲禮下》云"天子當扆而立，諸侯北面而見天子曰覲。天子當宁而立，諸公東面，諸侯西面曰朝"，鄭註"諸侯春見曰朝，受摯於朝，受享於廟，生氣，文也。秋見曰覲，一受之於廟，殺氣，質也。朝者位於内朝而序進，覲者位於廟門外而序入，王南面立於扆、宁而受焉。夏宗依春，冬遇依秋。春秋時齊侯唁魯昭公，以遇禮相見，取易略也"，是"朝、宗禮備，覲、遇禮省"可知。

孔氏曰："凡諸侯朝王，一年四時。案《宗伯》：'春曰朝，夏曰宗，秋曰覲，冬曰遇。'鄭註：'朝猶朝也，欲其來之早。宗，尊也，欲其尊王。覲之言勤也，欲其勤王之事。遇猶偶也，欲其若不期而俱至。'若通而言之，悉曰朝，從初受名。《覲禮》云'諸侯前朝'，'皆受舍于朝'，又云'乘墨車，載龍旂弧韣乃朝'，又《春秋》僖二十八年夏五月經曰'公朝於王所'，知朝通名也，但朝、覲、宗、遇禮異耳。案《大行人》云：'侯服歲壹見，甸服二歲壹見，男服三歲壹見，采服四歲壹見，衛服五歲壹見，要服六歲壹見。'隨服更來，周而復始。然而六服分來，又每方服别分爲四分，一分朝春，一分宗夏，一分覲秋，一分遇冬，四方竝然。故鄭註云：'其朝貢之歲，四方各四分，趨四時而來，或朝春，或宗夏，或覲秋，或遇冬。'要服之外，有夷、鎮、藩三服。案《大行人》云：'九州之外謂之藩國，世壹見。'鄭註云：'世，

謂父死子立，及嗣王即位，乃一來耳。'六服之中，服數朝外又有四名，一是時見曰會者，若諸侯有不服者，王將有征討之事。若東方諸侯不服，則與東方諸侯共討之。若南方諸侯不服，則與南方諸侯共討之，諸方皆然。朝竟，王乃爲壇於國外，與之會盟。春於國東，夏南，秋西，冬北。會則隨事，無有定期，有時而然，故曰'時見曰會'也。二曰殷見曰同者，天子十二年一巡守，或應巡守之歲而天下未平，或王有他故不獲自行，則四方諸侯竝朝京師，朝竟，亦於國外爲壇，以命之政事。殷，衆也。其來既衆，故曰'殷見曰同'也。三曰時聘曰問者，謂王有事，諸侯非朝王之歲，不得自來，遣大夫來聘，因而問王起居，此亦無常期，故曰'時聘曰問'也。四曰殷覜曰視者，謂元年、七年、十一年唯有侯服來朝，朝者既少，諸侯遣卿大夫以大禮來聘，聘者既衆，故曰殷也。覜，亦見也，爲來見王起居，故曰覜也。殷覜亦竝依時，春東、夏南、秋西、冬北，各隨方逐時，但不每方分爲四耳，故鄭註《大行人》云：'其殷同四方，四時分來，如平時也。'鄭既云'四時分來如平時'，而前六服初時唯云四時，雖不言四方，後又云'四方各分趨四時'，明其同也。然所以殷覜不須分見四時者，小禮不須更見四時法也。"又曰："凡天子三朝，其一在路門内，謂之燕朝，大僕掌之。故《大僕》云：'王眡燕朝，則正其位。'《文王世子》云：'公侯朝於内朝，親之也。'此則王與宗人圖其嘉事，及王退俟大夫之朝也。其二是路門外之朝，謂之治朝，司士掌之。故《司士》云：'正朝儀之位，王南鄉，三公北面東上，孤東面北上，卿大夫西面北上。王族故士、虎士在路門之右，南面東上。大僕大右、大僕從者在路門之左，南面西上。'此是每日視朝之位，其王與諸侯賓射亦與治朝同。故《射人》云：'三公北面，孤東面，卿大夫西面，諸侯在朝，則皆北面。'不云王族故士、虎士、大僕大右者，文不具耳。不云士者，鄭註云：'此與諸侯射，士不與。'案諸侯大射，士立於西方，東面，是天子大射，士亦預禮也。其三是皐門之内，庫門之外，謂之外朝，朝士掌之。故《朝士》云：'左九棘，孤卿大夫位焉。右九棘，公、侯、伯、子、男位焉。面三槐，三公位焉。'此是詢衆庶之朝也。"

呂氏大臨曰："古者謂相見曰朝，相問曰聘。臣見於君，子見於親，賤見於貴，皆謂之朝。以朝暮别之，則朝見曰朝，暮見曰夕。以春秋别之，則春見曰朝，秋見曰覲。然考之《舜典》'二月東巡守，肆覲東后'，則春亦曰覲。蓋朝、覲互名，至周始以春、秋别之，又有夏宗、冬遇，以備四時之朝。又曰:'春朝以圖天下之事,秋覲以比邦國之功,夏宗以陳天下之謨,冬遇以協諸侯之慮。'則四者非獨時異,事亦異矣。《曲禮》言天子之立有當依、當宁之别,其朝位有諸侯北面,及諸公東面、諸侯西面之别,則朝覲之禮非獨事異,儀亦異矣。"

陳氏祥道曰:"《周禮·司几筵》'凡大朝覲,王位設黼依,依前南鄉',《覲禮》'天子衮冕,負斧依',《明堂位》'天子負斧依,南鄉而立',則天子於朝覲未嘗有當宁之禮。《司士》'正朝儀之位,王南鄉,三公北面,孤東面,卿大夫西面',《朝士》'掌建邦外朝之法。左九棘,孤卿大夫位焉。右九棘,公、侯、伯、子、男位焉。面三槐,三公位焉',《明堂位》'三公北面,諸侯西面,諸伯東面,諸子東北面,諸男西北面',特《射人》'掌羣臣見王之位,諸侯北面焉',則諸侯之於朝覲,未嘗有北面之禮,記之所言,非周制也。古者冠禮冠于廟,聘禮享于廟,禘而發爵服,嘗而出田邑發秋政,出而治兵,入而策勳,莫不一於廟。凡以尊重事,不敢輕之已矣,豈獨覲禮然哉?"

游氏桂曰:"夫禮,不可一端盡也。不有君臣相臨之禮,則無以見大君之尊。不有賓主相與之禮,則無以見同姓異姓親親之恩。夫諸侯之中有伯父焉,有叔父焉,有伯舅焉,有叔舅焉,有兄弟焉,有昏姻焉。三王家天下,所恃以爲天下者,不獨恃其利勢也。天子以親親之恩而臨諸侯,諸侯亦以親親之恩而報天子,上下相睦,同獎一姓,所以數百年長久安寧而無患,由此之故。且尊卑之分不統於一,聖人固以爲不可。天子之尊,諸侯之卑,其自然之分,固也。然諸父兄弟、舅甥、昏姻相去之遠,而久不相見,於其來朝,忘親親之恩,專以分臨之,聖人之心無乃有所不安於此,此親親之恩、賓主之禮所以行於春朝,而異於覲禮之受於廟,而臣皆北面也。此三代之至文,聖人待諸侯之禮備矣。"

項氏安世曰:"朝以行禮,覲以獻功。行禮則異等威,辨儀物,盛朝會之禮以示衆庶,故君於外而立,臣分班而見也。獻功則南面而聽治,北面而致之,故受之於内,而一其向也。朝者,正禮之名,覲主于見而已。"

敖氏曰:"此篇主言同姓大國之君入覲于王之禮,初無四時之别,與《周官》所謂'秋見曰覲'之意異。"

汪氏克寬曰:"天地位而尊卑定矣,卑高陳而貴賤位矣。王者首出,庶物德配二儀,其尊貴明矣。而聖人所恃以爲天下者,不獨恃其尊貴勢分也，故於諸侯之卑，其中同姓則有伯父、叔父焉，異姓則有伯舅、叔舅焉，有兄弟焉，有昏姻焉。於其來朝也，逆勞眡館，具備多儀，篤以親親之恩，接以主擯之禮，而恩禮雝雝乎尊貴勢分之間，有莫知其德之感化之至也，此春朝所以異乎覲禮之受於廟，而臣皆北面也。夫摯貢，諸侯所以述職也。今也親受之於朝，其志重於器物者，明尊賢之禮等也。祭器，天子所以事神也，今焉用之於大饗，其致敬於賓客者，示神事之禮同也。若是者，豈天子自示寡昧，而忘其尊卑之分哉，蓋以億兆歸命于一人，未易遽化也。治亂潛幾於一德，而一德難乎遽孚也。於是崇德率衆，謙己下賢，俾上之恩深，下之報厚，内外同奬於一心，遠近咸歸於一德，卒致垂拱成化，享國永年，而能保其尊貴者，有由來矣。此所以爲三代之至文，朝見之盛禮也。"

郝氏曰："諸侯朝見天子曰覲。周衰禮廢，文武攸同之蹟不可詳考。後儒纂緝舊聞，摹爲《覲禮》，記其大略耳，未若《燕》、《射》、《聘》、《食》諸侯、大夫禮言之娓娓然，而反足信。《周禮·大宗伯》春朝、夏宗、秋覲、冬遇，皆名家以臆鑿説，諸侯見天子禮唯有覲。今以覲禮爲嚴，曰殺氣質，生氣文，别爲朝、宗、遇，以便不寧侯，是東遷以還頹政，非先王舊章也。鄭康成好信不達，謂三時禮亡，豈其然乎，豈其然乎？"

姜氏曰："案《周禮》朝、宗、覲、遇、會、同六者，皆朝見于王之禮，今《儀禮》獨存《覲禮》一篇，而餘禮者皆闕，其異同固皆不可考矣。鄭註云：'朝有擯迎之儀，取于通情也，夏宗亦如之。覲無擯迎之儀，取于辨分也，冬遇亦如之。'何氏云：'入朝而與天子議行天道生育之令，故相見時先有温厚氣象。入覲而與天子議行肅殺之政，故相見時先有嚴毅氣象也。'以此而推，今《覲禮》自'至于郊'始，而其前在國以至入境無文者，蓋其前當與朝禮同，而至郊以後，其儀則異與？"

世佐案，朝覲大典，而三《禮》所陳已不能無異，况後之説者乎？《禮記》出于漢儒之纂録，猶可曰是夏殷法也。《儀禮》、《周禮》皆周公制作時所定，不應枘鑿乃爾，則以朝、覲、宗、遇之禮因時而制者，固不可强而一也。且此篇自郊勞以前，賜車服以後，文多不具，必其詳已見于朝禮，故於是略之也。禮經之逸者多矣，執此區區之僅存者而謂其所不見者皆無是禮也，豈通論哉？鄭氏解經，固多牽合之弊，要其有本者，不可盡廢也。世儒信經不篤，逞臆而談，其爲經害尤甚。得游氏、汪氏之説而通之，亦可知春朝、秋覲之所由以分矣。

覲禮。至于郊,王使人皮弁用璧勞。侯氏亦皮弁迎于帷門之外,再拜。

註曰:"郊,謂近郊,去王城五十里。《小行人職》曰:'凡諸侯入王,則逆勞于畿。'則郊勞者,大行人也。皮弁者,天子之朝朝服也。璧無束帛者,天子之玉尊也。不言諸侯,言侯氏者,明國殊舍異,禮不凡之也。郊舍狹寡,爲帷宮以受勞。《掌舍職》曰:'爲帷宮,設旌門。'"

疏曰:案《大行人》上公三勞,侯伯再勞,子男一勞,蓋五等同有畿勞,侯伯又加遠郊勞,上公又加近郊勞,此據上公而言。五十里有市,市有館,或來者多,館舍狹寡,故爲帷宮。從楊氏《圖》節本。

敖氏曰:"勞而用璧以爲信,天子於諸侯之禮也。璧無束帛,别於享禮,且爲其當還之也。凡以玉行禮而當還者,例不用帛。云'侯氏'者,指來覲之一者而言耳,若泛言之,乃云諸。帷門者,以帷爲門也。《掌舍職》曰:'爲帷宮,設旌門。'彼天子之制也,然則此但爲壇與帷門而已,其不爲宮與?蓋於壇之南,横設兩帷於兩旁,而空其中以當門也。不受於館舍,而受於此,蓋其禮宜然耳。"

郝氏曰:"稱侯氏者,君前以侯爲氏,不敢自殊也。帷,郊外設帷爲次,以受王命。"

張氏曰:"此下言侯氏入覲初至之事,至郊則郊勞,至國則賜舍,凡二節。"

使者不答拜,遂執玉,三揖,至于階,使者不讓先升。

註曰:"不答拜者,爲人使不當其禮也。不讓先升,奉王命尊也。升者,升壇。"

敖氏曰:"侯氏既拜,亦揖而先入門右,使者乃執玉也。言遂者,明即於此執之也。使者既入門左,侯氏乃與之三揖也。"

世佐案,升階之法,先升者先讓,今使者先升而不讓,則侯氏之不敢讓可知也。

侯氏升,聽命,降,再拜稽首,遂升受玉。

註曰:"使者東面致命,侯氏東階上西面聽之。"

敖氏曰:"降,拜於階間,北面升,就使者,北面訝受之。"

使者左還而立，侯氏還璧，使者受。侯氏降，再拜稽首，使者乃出。

註曰："左還，還南面，示將去也。立者，見侯氏將有事於己，俟之也。還玉，重禮。"

疏曰：直云"使者左還"，不云拜送玉者，凡奉命使，皆不拜送，若身自致者，乃拜送。

敖氏曰："左還，東面以俟之也。侯氏就使者還璧，使者於是復南面受之。降拜，爲送玉也，亦於階閒，北面。還璧者，明其以爲信也。"

侯氏乃止使者，使者乃入。侯氏與之讓升，侯氏先升，授几，侯氏拜送几，使者設几，答拜。

註曰："侯氏先升，賓禮統焉。几者，安賓，所以崇優厚也。上介出止使者，則已布席也。"

敖氏曰："有司既布席，侯氏乃出止使者。止，止其去也，且迎而欲儐之。使者亦禮辭許。侯氏揖，先入，使者乃入也。既入，不言三揖者，如上禮可知。讓升，侯氏與使者三讓而先升。使事既畢，則行賓主禮也。儐而用几，尊王使也。授几、設几之儀，見於《士昏》、《聘禮》及《少牢》下篇，此經文略也。"

郝氏曰："止使者，將儐也。侯氏先升，導賓也。授几，則設席可知。使者受几，自設于席左也。"

侯氏用束帛、乘馬儐使者，使者再拜受，侯氏再拜送幣。

註曰："儐使者，所以致尊敬也。拜者各於其階。"

敖氏曰："使者受儐，不稽首者，同爲王臣，故不因其受幣之禮也。其授受之節，蓋於壇中，亦北面授。"

使者降，以左驂出。侯氏送於門外，再拜，侯氏遂從之。

註曰："騑馬曰驂。左驂，設在西者。其餘三馬，侯氏之士遂以出授使者之從者于外。從之者，遂隨使者以至朝。"

敖氏曰："使者亦左執幣，乃北面，右執左驂以出也。四馬象在車前，故西者曰左驂。駕車之馬，兩服居中，兩驂在旁。使者以左驂出，侯氏之士以三馬從之，既則其從者並授幣，而皆訝受馬也。從之者，隨以入國。"

郝氏曰："左驂，庭實四馬最西一馬也。馬首北，以西爲左。"

右郊勞。

楊氏曰："凡布席，設几皆在西北位，此帷宫，恐亦當然。帷宫無堂可升，升者，壇也。《左氏傳》'子産相鄭伯以如楚，舍不爲壇'，註云'至敵國郊，除地封土爲壇，以受郊勞'是也。又宣十八年，子家'壇帷，復命於介'，謂之'壇帷'，是壇亦帷其旁，非特爲帷宫而已。設几則必有席，蓋几席相將，無席何以設几，故鄭註云'上介出止使者，則已布席'，'太宰贊玉几'，註云'立而設几，優尊者'，此使者亦不坐而設几，故註云'几者安賓，所以崇優厚'。"

天子賜舍，

註曰："以其新至，道路勞苦，未受其禮，且使即安也。賜舍，猶致館也。所使者，司空與？小行人爲承擯。"

疏曰：此不言致館，言賜舍者，天子尊極故也。司空主營城郭宫室，館亦宫室之事，故知所使者司空也。但司空亡，無正文，故云"與"以疑之。知"小行人爲承擯"者，案《小行人》"及郊勞，眡館，將幣，爲承而擯"，是其義也。

敖氏曰："侯氏至于國而即館，天子則使上大夫賜舍也。此舍謂公館。"

曰："伯父，女順命于王所，賜伯父舍。"

註曰："此使者致館辭。"

疏曰：此及下經皆云伯父，謂同姓大國也。舉同姓大國，則同姓小國及異姓之國禮不殊也。

侯氏再拜稽首。

註曰："受館。"

敖氏曰："不著其所，是於舍門外也。使者東面致命，侯氏西面聽命，既則北面拜。"

儐之束帛、乘馬。

註曰："王使人以命致館，無禮，猶儐之者，尊王使也。侯氏受館於外，既則儐使者於内。"

敖氏曰："侯氏於使者亦有迎送之拜，不言者，文略耳。下於大夫戒之禮亦然。○案註云'禮',謂禮物也。"

右賜舍。

天子使大夫戒,曰:"某日,伯父帥乃初事。"

註曰:"大夫者,卿爲訝者也。《掌訝職》曰:'凡訝者,賓客至而往,詔相其事。'戒,猶告也。其爲告,使順循其事也。初,猶故也。"

疏曰:初事者,以其四時朝覲,自是尋常故事也。從《集説》節本。

敖氏曰:"此戒之亦於舍門外,其面位與賜舍同。"

郝氏曰:"'某日',謂覲日。'帥乃初事',率循故事也。諸侯既至,入覲自有常期,天子必使人告,示賓禮之意。"

張氏曰:"此下言將覲之事,王使人告覲期,諸侯先期受次于廟,凡二事。"

侯氏再拜稽首。

註曰:"受覲日也。"

右戒日。

諸侯前朝,皆受舍于朝。同姓西面北上,異姓東面北上。

註曰:"言諸侯者,明來朝者衆矣。顧其入覲,不得竝耳。受舍于朝,受次于文王廟門之外。《聘禮記》曰:'宗人授次[1],次以帷,少退於君之次。'則是次也,言舍者,尊舍也。天子使掌次爲之,諸侯上介先朝受焉。此覲也,言朝者,覲、遇之禮雖簡,其來之心猶若朝也。分别同姓、異姓受之,將有先後也。《春秋傳》曰:'寡人若朝于薛,不敢與諸任齒。'則周禮先同姓。"

疏曰:"春夏受贄於朝無迎法,受享於廟有迎禮,秋冬受贄、受享皆在廟,並無迎法,是以大門外無位,既受覲于廟,故在廟門外受次。"又云:"天子春、夏受享,諸侯相朝聘迎賓客者,皆有外次,即《聘禮記》'宗人授次'是也,有外次于大門外者,則無廟門外之内次,天子覲、遇在廟者,有廟門外之内次,無大門外之外次,此文是也。"又云:"《下曲禮》云'天子當依而立,諸侯北面而見天子曰覲',彼諸侯皆北面,不辨同姓、異姓,與此不同者,此謂廟門外爲位時,彼謂入見天子時。"

---

① "授"原作"受",校本作"授",陳本、閩本、監本、毛本、庫本同,與《聘禮記》合,據改。

李氏微之曰："受舍于朝，所謂外朝也。"

敖氏曰："朝，猶覲也。前朝者，先覲日也。此舍，如廬舍之舍，謂覲時待事之處也。若諸侯相朝，則但授次而已，《聘禮記》所云'君之次'者是也。"

張氏曰："受舍于朝，康成以爲受次於文王廟門之外，蓋以下文有'肉袒廟門之東'一語，遂以爲宗廟，戴氏駁之甚當。天子三朝：皐門内，庫門外之朝，謂之外朝；路門外之朝，謂之内朝，亦曰治朝；其後路寢，謂之燕朝。燕朝非接見諸侯之所，則受享于廟者，路門外之朝，天子當扆而立者也。受贄于朝者，庫門外之朝，天子當宁而立者也。鄭既以廟爲宗廟，遂以朝爲路門外之内朝，故其註《曲禮》者曰'朝者位于内朝而序進，覲者位于廟門外而序入'，當亦誤也。"

世佐案，此云"諸侯"，云"皆"，則天子之見諸侯非一一而見之也明矣。前朝，其覲之前一日與，《曲禮》孔疏云"其朝日未出之前"，恐非是。舍，即大門外之次也。不於臨時授之，而先事受之者，防凌越也。朝，外朝也。受舍必親造朝，重其事也，孔疏云"諸侯上介受舍于廟門外"，亦非。同姓西面，北上；異姓東面，北上，此次之位也，非朝位也。此禮蓋亦訝聽之。又案註疏謂春夏受贄于朝，受享于廟，秋冬一受之於廟，蓋以下經"侯氏肉袒廟門之東"決之也。張氏則以廟爲内朝，朝爲外朝，引《曲禮》爲證，不知《曲禮》所言乃夏、殷之制，非周制也。陳氏、處氏辨之詳矣。康成據《儀禮》以釋《曲禮》，先儒嘗訾其謬，今欲正註疏之失，而不免仍蹈其誤，此愚所未敢信也。

右受舍。

侯氏裨冕，釋幣于禰。

註曰："將覲質明時也。裨冕者，衣裨衣而冠冕也。裨之爲言埤也。天子六服，大裘爲上，其餘爲裨，以事尊卑服之而諸侯亦服焉。上公衮無升龍，侯伯鷩，子男毳，孤絺，卿大夫玄。此差，司服所掌也。禰，謂行主遷主矣而云禰，親之也。釋幣者，告將覲也。其釋幣，如聘大夫將受命，釋幣于禰之禮。既則祝藏其幣，歸乃埋之於祧西階之東。"

疏曰：裨，讀從《詩》"政事一埤益我"，取裨陪之義。天子吉服有九，言六服者，據六冕而言。以大裘爲上，無埤義，衮冕以下皆爲裨。諸侯唯不得有大裘，上公則衮冕以下，故云"此差，司服所掌"。

敖氏曰："裨冕者，冕服之次者也。侯氏，若上公也，則服鷩；侯伯也，則服毳；子男也，則服希。是時天子受覲，亦服其裨冕，故覲者不得服其上服也。天子以大裘而冕十二章者爲上，衮冕九章者次之。禰，謂考也。釋幣者，告將覲也。其禮，則筵几于其館堂户牖之間，南面。祝升自西階，君升自阼階。祝奠幣于几下，君北鄉，祝在左。君及祝再拜，興，祝曰：'孝嗣侯某，將覲天子，敢用嘉幣，告于皇考某侯。'又再拜，君就東箱，祝就西箱。有間，君反位，祝乃取幣藏之。君反于阼，乃降而遂出也，歸則埋幣于禰廟西階之東。此朝以裨冕，亦與《周官》異。《大行人職》言朝服云'上公冕服九章，侯伯七章，子男五章'，皆其上服也。"

郝氏曰："覲之晨，侯氏先自告其行主。古者大事出，奉其廟主，行有事，則告。裨，猶副也。天子衮冕爲正，諸侯以下冕服爲副。釋幣、奠幣、告禰，以將入覲也。古者天子受覲于廟，所以昭先烈也。諸侯入覲告禰，所以率先職也。"

張氏曰："此下至'升成拜，降出'，備言入覲之事。質明，先以將覲告行主，乃入覲，以瑞玉爲贄。次行三享，次肉袒請罪，凡三節。王勞之，乃出。裨冕者，上公衮冕，侯伯鷩冕，子男毳冕也。案《玉藻》'諸侯玄冕以祭'，不得服衮冕以下，而此裨冕釋幣于禰者，以將入天子之廟，故服之也。"

世佐案，裨冕者，諸侯之朝服也。上公衮冕九章，侯伯鷩冕七章，子男毳冕五章，皆其上服也。而謂之裨者，據王而言，猶下記以金路而下爲偏駕也。《玉藻》亦云"諸侯玄端註云"端"當爲"冕"。以祭，裨冕以朝"，是三《禮》所言合矣。侯氏裨冕，爲將朝也。釋幣，則因事而服之耳，故與正祭異也。夫諸侯於其國，雖祭不得服其上服，惟於朝天子及助祭之時服之。而敖氏又謂當服其次，則上服更何所服之乎？其説蓋不可通矣。禰，註以爲遷廟主，據《曾子問》而言也。但彼所云乃天子巡守之禮，諸侯述職無明文，故敖氏直以爲考據經而斷，近得其實，當從之。

右釋幣於禰。

乘墨車，載龍旂、弧、韣，乃朝以瑞玉，有繅。

註曰："墨車，大夫制也。乘之者，入天子之國，車服不可盡同也。交龍爲旂，諸侯之所建。弧，所以張縿之弓也。弓衣曰韣。瑞玉，謂公桓圭、侯信圭、伯躬圭、子穀璧、男蒲璧。繅，所以藉玉，以韋衣木，廣袤各如其玉之大小,以朱、白、蒼爲六色。"

疏曰:云"墨車,大夫制"者,以《周禮·巾車職》云"大夫乘墨車"故也。云"乘之者,入天子之國,車服不可盡同"者,《巾車》云"同姓金路,異姓象路,四衛革路",據在本國所乘,並得與天子同,此乘墨車以朝,是車服不可盡同也。云"交龍爲旂,諸侯之所建"者,《司常職》文。云"弧,所以張縿之弓"者,《爾雅》説旌旗正幅爲縿,故以此弧弓張縿之兩幅也。從《集説》節本。

敖氏曰:"乘墨車,屈也。載龍旂,不没其實也。晉韓宣子聘于周,自稱曰'士大國之卿',自比天子之士,則其君自比於大夫,亦宜也。上云'前朝',此云'乃朝',則以覲名篇之意可見矣。"

世佐案,凡旌旗之屬,皆有弧以張縿,弧上又畫枉矢。《考工記·輈人》云"弧旌,枉矢以象弧"是也。龍旂、弧、韣載之于車以爲飾也。龍旂,象文德也。弧,弓也。載弧,不忘武備也,於龍旂則張之,弧則韜之以韣,是矢其文德,雖有武備而不用也,一車飾也,而先王之寓意深矣。繅,説見《聘禮記》。

天子設斧依于户牖之間,左右几。

註曰:"依,如今綈素屏風也。有繡斧文,所以示威也。斧謂之黼。几,玉几也。左右者,優至尊也。其席莞席紛純,加繅席畫純,加次席黼純。"

敖氏曰:"右亦設几者,至尊宜逸,不取便其右之義也。然則天子升席,不由下矣。生人左几,自諸侯而下。"

郝氏曰:"斧作黼,繡黼爲屏風,設于座後,天子所依也。《考工記》'白與黑謂黼',色取西北,金水嚴凝,象乾之斷也。户牖之間,南面之位。古廟制,堂北中爲室,牖東爲室户,席在户牖間。左右皆几,優至尊也。神几尚右,人几尚左,左右兼設,以安至尊,爲神人共主也。"

張氏曰:"依,讀如扆,於豈反。孔安國《顧命傳》云'扆屏風,畫爲斧文,置户牖間'是也。'莞席紛純'等,並《周禮·司几筵》文。"

天子衮冕,負斧依。

註曰:"衮衣者,裨之上也,繢之、繡之爲九章。其龍,天子有升龍、有降龍。衣此衣而冠冕,南鄉而立,以俟諸侯見。"

疏曰:"負,謂背之南面也。"

敖氏曰:“衮冕,天子之裨冕也。負斧依,以俟侯氏入所,謂不下堂而見諸侯也。而《周官·齊僕職》乃言車送逆朝覲者之節,《大行人職》亦先言公、侯、伯、子、男其朝位,賓主之間相去之步數,乃云廟中將幣,亦與是禮異者與?”

張氏曰:“自衮冕至玄冕,五者皆裨衣,唯衮爲最尊,天子與上公同服,以有升龍爲異。九章:一曰龍,二曰山,三曰華蟲,四曰火,五曰宗彝,皆繢於衣;六曰藻,七曰粉米,八曰黼,九曰黻,皆繡於裳,凡九也。”

世佐案,《周禮·齊僕職》云:“朝、覲、宗、遇、饗、食皆乘金路,其灋儀各以其等爲車送逆之節。”疏云:“《大行人》云‘上公九十步,介九人,擯者五人,廟中將幣三享’,鄭註云‘朝先享,不言朝,朝,正禮,不嫌有等’,是春夏受贄於朝無迎法,受享則有之。秋冬一受之於廟,亦無迎法。故《郊特牲》云‘《覲禮》天子不下堂而見諸侯’,是受贄受享皆無迎法。今言‘朝、覲、宗、遇、饗、食皆乘金路’者,謂因此朝、覲、宗、遇而與諸侯行饗食在廟,即有乘金路迎賓客之法也。”斯言善通二禮之異矣。

嗇夫承命,告于天子。

註曰:“嗇夫,蓋司空之屬也,爲末擯,承命於侯氏下介,傳而上,上擯以告天子。天子見公,擯者五人,見侯伯,擯者四人,見子男,擯者三人,皆宗伯爲上擯。《春秋傳》曰:‘嗇夫馳。’”

疏曰:此所陳擯介,當在廟之外,門東陳擯,從北鄉南,行西陳介[①],從南鄉北,各自爲上下。“嗇夫承命,告于天子”,則命先從侯氏出,下文天子得命,呼之而入,命又從天子下至侯氏,即令入。此覲遇禮略,唯有此一辭而已。《司儀》云“交擯三辭”者,據諸侯自相見於大門外法,其天子春、夏受享於廟,見於大門,亦可交擯三辭矣。又云大宗伯爲上擯,小行人爲承擯,嗇夫爲末擯,若子男三擯,此則足矣。若侯伯四擯,别曾一士;上公五擯,更别增二士。若時會殷同,則肆師爲承擯。

敖氏曰:“侯氏以天子將廟受之,其禮太重,故不敢而辭焉。嗇夫於是承其命以告于天子。擯者不承命者,是時在廟門内,猶未出也。或曰嗇夫,微者也,不可以與國君接,而直告于至尊,蓋‘嗇’當作‘大’字之誤

① “行”,校本同,阮《校》云:“陳本、《要義》同,毛本‘門’作‘行’。”據文意,似當作“門”爲正。

也，未知是否。”

世佐案，嗇夫蓋諸侯之末介，故承其君入覲之命以告也。所告者，天子之擯者耳。乃云“告于天子”者，猶上云“天子設斧依”，其實司几筵設之也。

天子曰：“非他，伯父實來，予一人嘉之。伯父其入，予一人將受之。”

註曰：“言非他者，親之辭。嘉之者，美之辭也。上擯又傳此而下至嗇夫，侯氏之下介受之，傳而上，上介以告其君，君乃許入。”

敖氏曰：“言所以廟受之者，非有他也。以嘉其來朝之故耳。”

世佐案，《詩》云“豈伊異人，兄弟匪他”，《昏禮》壻見之辭亦曰“某以非他故”，皆親之之意也，敖説非。此擯者，納賓之辭也，乃云“天子曰”者，見其述王言也。

侯氏入門右，坐奠圭，再拜稽首。

註曰：“入門右，執臣道不敢由賓客位也。卑者見尊，奠贄而不授。”

擯者謁。

註曰：“謁，猶告也。上擯告以天子前辭，欲親受之，如賓客也。其辭所易者曰‘伯父其升’。”

侯氏坐取圭，升致命。王受之玉。侯氏降，階東北面再拜稽首。擯者延之曰：“升。”升成拜，乃出。

註曰：“擯者請之，侯氏坐取圭，則遂左。降拜稽首，送玉也。從後詔禮曰延。延，進也。”

疏曰：侯氏得擯者之告，坐取圭，遂向門左，從左堂塗升自西階致命也。從《句讀》節本。

敖氏曰：“拜於西階東，别於内臣也。侯氏既成拜，宰乃受玉以東。是時，王於侯氏之拜皆不答，所以見至尊之義也。”

右覲。

楊氏曰：“《曲禮》云：‘天子當扆而立，諸侯北面而見天子曰覲。’此經同姓西面，異姓東面，彼諸侯覲皆北面，不辨同姓、異姓者，此謂廟門外爲位時，彼謂入見天子時。鄭註云：‘覲者位於廟門外而序入。’入，謂北見天子時。”

郝氏曰：“此節敘覲禮，簡而直，情而信，無交擯三辭、親迎、親送、賓主對立、遠近步數之法。鄭氏僻信《周禮》，穿鑿粧飾過也。嗟乎，天冠地履，萬古常新，雖無此文，《覲禮》可知，况彰彰如是，乃引衰世下堂之事以爲三時禮闕，豈不謬哉！”

世佐案，交擯三辭，乃諸侯相朝之禮，郝以是爲朝王禮，誣矣。

四享皆束帛加璧，庭實唯國所有。

註曰：“四當爲三，古書作三、四或皆積畫，此篇又多四字，字相似，由此誤也。《大行人職》曰，諸侯廟中將幣，皆三享。其禮差，又無取於四也。初享，或用馬，或用虎豹之皮。其次享，三牲、魚、腊、籩豆之實、龜也、金也、丹漆、絲纊、竹箭也，其餘無常貨。此地物非一國所能有，唯所有分爲三享，皆以璧帛致之。”

疏曰：“三牲、魚、腊、籩豆之實”以下，皆《禮器》文。云“璧帛致之”者，據享天子而言。若享后，即用琮錦。但三享在庭，分爲三段，一度致之，據三享而言，非謂三度致之爲皆也。從《句讀》節本。

郝氏曰：“四享，諸侯五等，子男同等，故四，猶下言‘四傳擯’也。”

奉束帛，匹馬卓上，九馬隨之，中庭西上，奠幣，再拜稽首。

註曰：“卓，讀如‘卓王孫’之‘卓’。卓，猶的也。以素的一馬以爲上，書其國名，後當識其何産也。馬必十匹者，不敢斥王之乘，用成數，敬也。”

疏曰：“‘中庭’，亦是南北之中。不參分庭一在南者，以其三享同陳，須入庭深設之故也。”

熊氏朋來曰：“案《韻釋》‘卓，蚤也’，蓋諸侯朝覲，進十馬，難盡數牽引至殿庭，先引上一馬，而九馬隨之。當以卓訓蚤，於義爲通。”

敖氏曰：“‘匹馬卓上’，謂以一馬卓然居前而先行也。言此者，明其入不與九馬相屬也。此奠幣，蓋於入門左之位。”

郝氏曰：“奉，親奉。特出曰卓，《論語》云：‘如有所立，卓爾。’一馬中庭卓立，九馬羅列于後，先進者從西，以次并列而東，故曰‘西上’。”

世佐案，卓字之訓，註説似鑿，當以後説爲正。

擯者曰："予一人將受之。"

註曰："亦言王欲親受之。"

敖氏曰："此'擯者曰'，乃言'予一人'，則是擯者凡告於侯氏，皆爲述王言矣，是亦異於國君以下擯者之禮與？"

世佐案，上云"天子曰"，此云"擯者曰"，文互見也。

侯氏升致命，王撫玉。

註曰："王不受玉，撫之而已，輕財也。"

敖氏曰："撫之者，示受之。王不執璧帛者，貶於瑞玉，亦至尊禮異也。"

郝氏曰："王撫玉，以手撫摩其璧，不撫帛也。撫其玉，不親受，尊受卑者之禮，與《昏禮》舅氏撫婦之贄同。"

侯氏降自西階，東面授宰幣，西階前再拜稽首，以馬出，授人，九馬隨之。

註曰："以馬出，隨侯氏出授王人於外也。王不使人受馬者，至于享①，王之尊益君，侯氏之卑益臣。"

疏曰：幣，即束帛加璧，並玉言幣，故《小行人》合六幣，皮、馬與玉皆爲幣。宰，即太宰，太宰主幣，《周禮·太宰職》云"大朝覲會同，贊玉幣、玉獻、玉几、玉爵"，註云"助王受此四者"是也。春、夏受贄于朝，雖無迎法，王猶在朝，至受享，又迎之而稱賓主。覲禮受享皆無迎法，不下堂而見諸侯，已是王尊侯卑，王猶親受其玉，至于三享，使自執其馬，王不使人受之于庭，是王之尊益君，侯氏之卑益臣也。享天子訖，亦當有幣問公卿大夫。《左傳》曰："戎朝于周，發幣于公卿。"

敖氏曰："幣，謂璧帛。西階前拜送幣者，非其正位，以欲執馬，由便也。擯者不延之以升，變於授圭時也。馬，左馬也，侯氏親以左馬出，敬之至也。王臣不於內受馬者，無以爲節，亦至尊之禮異也。凡他禮之庭實，其主人之士受之者，皆以堂上授受爲節。"

郝氏曰："侯氏自奉其玉帛，降，西階下東面授大宰，即階下，再拜稽

---

① "至"原作"主"，校本作"至"。阮《校》曰："'主于享'。徐、陳、閩、葛、《集釋》、《通解》同，毛本、楊氏作'至'。張氏曰：'按疏云"至于三享"云云，詳其義，主字當作至。'"據校本改。

首,送幣,不敢授之堂上也。王既受享,侯氏自牽其馬出,授王人,異于常禮主人士受以出也。”

世佐案,侯氏拜于西階前者,與宰授受爲禮也,故擯者不延之以升。

事畢。

註曰:“三享訖。”

敖氏曰:“覲有三享,經之所見,初享之儀耳。其次二享,庭實唯國所有,不可相蒙,故空其文。”

右三享。

乃右肉袒于廟門之東。

註曰:“右肉袒者,刑宜施於右也。凡以禮事者,左袒。”

敖氏曰:“肉袒,示恐懼也。袒右,變於禮事也。爲之於廟門之東,亦變位。”

郝氏曰:“覲享既畢,黜陟未分,懼王或譴,乃右肉袒請事。肉袒,袒衣見肉。”

乃入門右,北面立,告聽事。

註曰:“入更從右者,臣益純也。告聽事者,告王以國所用爲罪之事也。”

疏曰:“國所用爲罪之事”,加“得”字解之,當云“告王以國所用爲者,得非罪之事”。世佐案,此疏,則今本註“爲罪”之間脱一“非”字。

敖氏曰:“入而復右,已事更端也。告聽事者,告擯者以已於此聽事也。”

郝氏曰:“聽事,猶言待罪。告,告擯者。”

張氏曰:“告聽事者,告王以己所爲多罪,願聽王譴責之事也。”

擯者謁諸天子,天子辭於侯氏,曰:“伯父無事,歸寧乃邦。”

註曰:“謁,告。寧,安也。乃,猶女也。”

敖氏曰:“天子辭於侯氏者,天子以命擯者,擯者以告侯氏也。云‘伯父無事’者,辭其聽也。云‘歸寧乃邦’者,安之之辭,實未使之歸也。”

汪氏克寬曰:“此諸侯入辭,而天子告之之辭也。忠厚警戒,藹然見之。參之《書·文侯之命》曰‘父義和其歸視爾師,寧爾邦’,其義同也。”

世佐案,此諸侯請罪而天子辭之之辭也。汪説殆失考與。

侯氏再拜稽首,出。自屏南適門西,遂入門左,北面立,王勞之,再拜稽首。擯者延之,曰:"升。"升成拜,降出。

註曰:"王辭之,不即左者,當出隱於屏而襲之也。天子外屏。勞之,勞其道勞也。"

疏曰:云"天子外屏"者,據此文出門,乃云"屏南"也。從《集説》節本。

陳氏祥道曰:"古者門皆有屏,天子設之於外,諸侯設之於内。《禮》'臺門而旅樹',旅,道也。當道而設屏,此外門之屏也。治朝在路門之外,天子當宁而立,宁在門屏之間,此路門之屏也。《國語》曰'吴王背手而立,夫人向屏',此寢門内之屏也。魯廟疏屏,天子之廟,飾此廟門之屏也。《月令》天子田獵,整設于屏外,此田防之屏也。疏屏,疏,通之也。"

敖氏曰:"出自屏南,乃適門西,則侯氏之出入天子之門,亦必由闑東矣。適門西,爲襲也。'西'下似脱'襲'字。袒於東,襲於西,宜相變也。王勞之,亦擯者傳王之辭。"

郝氏曰:"屏南,屏牆南。侯氏既得天子命,遂出廟門,由屏南適門西,入廟門左,北面復常位也。勞,安慰也。升拜,拜謝也。

右侯氏聽事,天子辭,乃勞之。

天子賜侯氏以車服。迎于外門外,再拜。

註曰:"賜車者,同姓以金路,異姓以象路。服則衮也、驚也、毳也。古文曰:迎于門外也。"

疏曰:案《周禮·巾車》掌五路,玉路以祀,尊之,不賜諸侯,金路"同姓以封",象路"異姓以封",革路"以封四衛",木路"以封蕃國"。鄭云同姓"謂王子母弟,率以功德出封,雖爲侯伯,其畫服猶如上公",賜魯侯、鄭伯服則衮冕,得乘金路以下,與上公同,則太公與杞、宋雖異姓,服衮冕乘金路矣。異姓,謂舅甥之國,與王有親者,得乘象路,異姓侯伯,同姓子男,皆乘象路以下。四衛,謂要服以内庶姓,與王無親者,自侯、伯、子、男,皆乘革路以下。蕃國,據外爲總名,皆乘木路而已。案《司服》上陳王之吉服有九,下云"公之服,自衮冕而下,如王之服。侯伯自驚冕而下,如公之服。子男自毳冕而下,如侯伯之服"也。

敖氏曰:"門外,舍門外也。案《聘禮》則舍惟有一門而已,此今文雖有‘外門外’之文，然以其行禮之節求之，絶無可以爲二門者之徵，故且以古文爲正。”

張氏曰：“自此至‘乃歸’，皆言王賜禮侯氏之事。”

路先設，西上。路下四，亞之。重賜無數，在車南。

註曰：“路，謂車也。凡君所乘車曰路。路下四，謂乘馬也。亞之，次車而東也。《詩》云：‘君子來朝，何錫予之？雖無予之，路車乘馬。又何與之？玄衮及黼。’重，猶善也。所加賜善物多少，由恩也。《春秋傳》曰：‘重錦三十兩。’”

疏曰：路，大也。君之居，以大爲名，是以云路寢、路門之等。引《左氏》“重錦”，以證重賜也。從楊氏《圖》節本。

敖氏曰：“路車，一而已，乃云‘西上’者，以其與馬同設也。四馬設於車東，異於駕也。”

汪氏克寬曰：“周制，諸侯踐位而入見，則有錫命；修聘來朝，則有錫命；能敵王所愾而獻功，則有錫命，此禮之正也，若《書》稱《蔡仲之命》、《文侯之命》，《詩》稱‘王錫韓侯’、‘王命召虎’之類是已。若遣使就其國，而錫命之禮無是也，如《春秋》書‘王使榮叔來錫桓公命’，‘天王使毛伯來錫公命’之類，皆非正也。比事以觀，義自見矣。”

郝氏曰：“重賜，加賜，如金帛器，用牲畜之類。”

世佐案，車以輪爲上，加馬時馬在車前，是其下也，故以乘馬爲路下四。

諸公奉篋服，加命書于其上，升自西階，東面，大史是右。

註曰：“言諸公者，王同時分命之而使賜侯氏也。右，讀如‘周公右王’之‘右’。是右者，始隨入，於升東面乃居其右。”

疏曰：言“諸”，非一之義。以諸侯來覲者衆，各停一館，故命諸公分往賜之。“周公右王”，《左傳》晉祁奚語，引之者，證“大史是右”是佐公而在公右之義也。大史卑，始時隨公後，升訖，公東面，大史於是乃居公右而並東面，以宣王命也。

敖氏曰：“奉篋服者，一人耳，乃云‘諸公’者，若師、若傅、若保，不定也。置服於篋，故謂之篋服。命書，若《文侯之命》之類是也。先設庭實，乃奉其所以將命者，亦至尊之禮異也。此不言揖讓之禮，如勞可知。”

世佐案,"是"義,如"王躬是保"之"是"。云"大史是右"者,主諸公而立文也。

侯氏升,西面立,大史述命。

註曰:"讀王命書也。"

侯氏降,兩階之間,北面再拜稽首。

註曰:"受命。"

敖氏曰:"是時,侯氏升降自阼階,故拜於兩階之間,不於階東者,拜至尊之命,宜異於常禮也。使者不辭之者,以其同爲王臣,且尊之也。《春秋傳》宰孔止齊侯毋下拜,以王命辭之也。"

升成拜。

註曰:"大史辭之降也。《春秋傳》曰:'且有後命,以伯舅耋老,毋下拜。'此辭之類。"

敖氏曰:"亦於阼階上,不辭之而升成拜,尊者之禮也。必成拜者,放授玉之儀也。受勞者未有所放,故惟拜於下而已。"

世佐案,升成拜,以公辭之故也。不言公辭,文省。既拜於下,乃辭,禮之正也。《春秋》僖九年《左傳》"王使宰孔賜齊侯胙",齊侯未下拜,而孔辭之,待以殊禮也。既不復成拜于上者,謙不敢貪天子之命也,故與此異。敖以爲不辭而升成拜,非。

大史加書于服上,侯氏受。

註曰:"受篋服。"

敖氏曰:"受亦北面,諸公南面訝受之,此受於堂,乃不著其所,是就而受之明矣。"

使者出,侯氏送,再拜。儐使者,諸公賜服者束帛四馬,儐大史亦如之。

註曰:"既云拜送,乃言儐使者,以勞有成禮,略而遂言。"

張氏曰:"使者,兼公與大史而言。儐使者在拜送前,乃於送後略言之者,以前經郊勞時已詳載成禮,故略言已足也。"

右賜車服。

同姓大國則曰伯父，其異姓則曰伯舅，同姓小邦則曰叔父，其異姓小邦則曰叔舅。

註曰："據此禮云伯父，同姓大邦而言。"

右天子稱諸侯之辭。

饗、禮，乃歸。

註曰："禮，謂食、燕也。王或不親，以其禮幣致之。略言饗、禮，互文也。《掌客職》曰：'上公三饗[①]、三食、三燕，侯伯再饗、再食、再燕，子男一饗、一食、一燕。'"

疏曰：案《聘禮》及諸文，言饗皆單云饗，無云禮，鄭故引《掌客》五等饗、食、燕三者具有，明禮爲食、燕也。云"互文"者，直言饗，見王無故親饗之，若王有故，亦以侑幣之禮致之。變食、燕而言禮，見王有故，以禮幣致之。亦宜有王無故親食、燕，故云"互文也"。

右天子待諸侯之禮。

諸侯覲於天子，爲宫方三百步，四門。壇十有二尋，深四尺，加方明于其上。

註曰："四時朝覲受之于廟，此謂時會殷同也。宫，謂壝土爲埒，以象牆壁也。爲宫者於國外，春會同則於東方，夏會同則於南方，秋會同則於西方，冬會同則於北方。八尺曰尋，十有二尋則方九十六尺也。深，謂高也，從上曰深。《司儀職》曰：'爲壇三成。'成，猶重也。三重者，自下差之爲三等，而上有堂焉。堂上方二丈四尺，上等、中等、下等，每面十二尺[②]。方明者，上下四方神明之象也。上下四方之神者，所謂神明也。會同而盟，明神監之，則謂之天之司盟。有象者，猶宗廟之有主乎？王巡守，至于方嶽之下，諸侯會之，亦爲此宫以見之。《司儀職》曰：'將會諸侯，則命爲壇三成，宫旁一門，詔王儀，南鄉見諸侯也。'"

疏曰：案《大宗伯》云"時見曰會，殷見曰同"，鄭註云"時見者，言無常期。諸侯有不順服者，王將有征討之事，則既朝覲，王爲壇於國外，合諸

---

① "饗"，校本作"享"，下"再饗""一饗"同。阮《校》曰："'上公三饗'，徐、陳、閩、葛、《集釋》、《通解》、敖氏同，毛本'饗'作'享'。"

② "尺"原作"方"，校本作"尺"，陳本、閩本、監本、毛本、庫本同，據改。

侯而命事焉。《春秋傳》曰‘有事而會，不協而盟’是也。殷，猶衆也。十二歲王如不巡守，則六服盡朝。朝禮既畢，王亦爲壇，合諸侯以命政焉。所命之政，如王巡守。殷見四方，四方四時分來，終歲則遍”，若如註，則時會殷同亦有朝覲在廟。假令當方諸侯有不順服，則順服者皆來朝王，其中若當朝之歲者，自於廟朝覲，若不當朝之歲者，當在壇朝。十二年王不巡守則殷朝，六服之内，若當歲者，即在廟，其餘在壇朝，故鄭言既朝覲，乃爲壇於國外也。《朝事儀》未在壇朝，而先言帥諸侯拜日，亦謂帥已朝者諸侯而言也。方明者，合木爲上下四方，故名方，此則神明之象，故名明。《秋官・司盟》云“北面詔明神”，故曰“所謂明神也”。“天之司盟”，即左氏襄十一年《傳》“司慎司盟”是也。南鄉見諸侯者，王在堂上，公於上等，侯伯于中等，子男於下等，奠玉、拜皆升堂，授玉乃降也。

敖氏曰：“爲宫者，築宫牆也。王十二歲若不巡守，則四方諸侯皆來朝，於是爲壇壝宫於國門外之南方而受之，此所謂大朝覲也。《司儀職》曰：‘將合諸侯，則令爲壇三成，宫旁一門，詔王儀，南鄉見諸侯。’正謂此也。‘方明’云者，其制方，而每面又各以色爲其神明之象，因以名之。加此於壇，爲將祀之也。《掌舍職》曰：‘爲壇壝宫，設棘門。’”

張氏曰：“自此至篇末，皆言時會、殷同，及王巡守爲壇而見諸侯之事。”

世佐案，此下言諸侯入覲，而天子率之以祀羣神也。既分覲之，又總會之，所以固其志也。《春秋傳》曰“有事而會，不協而盟”，非禮之常，故綴於末與？然詳其文體，頗有似乎傳記者，且與《周禮・司儀》及《大戴・朝事》所記互有詳略，疑非此經之舊，而記者取以足之也。爲宫，掌舍職也。司儀主令之四門，所謂旁一門也。壇十有二尋者，謂其下等也。壇凡三等，上有堂以祀方明，并王立之所，方二丈四尺。堂下每等加廣二丈四尺，上等方四丈八尺，中等方七丈二尺，至其下等，則方九丈四尺矣。每等高一尺，堂亦高一尺，從堂視下，深四尺也。

方明者，木也，方四尺。设六色：东方青，南方赤，西方白，北方黑，上玄，下黄。设六玉：上圭，下璧，南方璋，西方琥，北方璜，东方圭。

註曰：“六色象其神，六玉以禮之。上宜以蒼璧，下宜以黄琮，而不以者，則上下之神非天地之至貴也。設玉者，刻其木而著之。”

疏曰：天地之至貴者，昊天、崑崙是也。既非天地之至貴，即日月之神。《典瑞》云"圭璧以祀日月"，故用圭璧也。

敖氏曰："設六色，以象天地四方之色也。設六玉，爲祀時以此禮之。上不以璧而以圭，下不以琮而以璧，亦與《周官》異也。所以然者，以四方之玉無所象，故於天地之玉亦不必象之也。用圭璧者，圭璧尊也。《大宗伯職》曰'以玉作六器，以禮天地四方。以蒼璧禮天，以黄琮禮地，以青圭禮東方，以赤璋禮南方，以白琥禮西方，以玄璜禮北方'，謂方明之玉也。"

郝氏曰："方四尺，上下四旁各一尺。設六色，每方一色，象天地四方也。設六玉，每方以其玉函木上。上與東方皆圭，上爲天帝，東方帝所出，其玉同圭，鋭象陽，居上。璧孔象陰，居下。璋，半圭，象半陽，居南。璜，半璧，象半陰，居北。琥，虎形，象金猛，居西。圭，上剡，象物生，居東。"

張氏曰："方明之制，合六木而爲之。上下四方各異色，刻木爲陷而飾以玉，蓋以一物而象上下四方之神，非六物也。"

世佐案，六色設之於木上，六玉則分方而置諸其側以禮神也。上從北，下從南。註云"刻木而著之"，恐非是。上下即天地也，禮之用圭璧，不用璧琮，殺于正祭也。考《典瑞職》所以祀日月者，乃一圭有邸者耳。圭璧一物也，此云"上圭下璧"，其爲二物明矣，疏混而一之，亦非。四方之玉，則亦各象其方之色而已，郝説鑿。

上介皆奉其君之旂，置于宫，尚左。公、侯、伯、子、男皆就其旂而立。

註曰："置于宫者，建之，豫爲其君見王之位也。諸公中階之前，北面東上；諸侯東階之東，西面北上[①]；諸伯西階之西，東面北上；諸子門東，北面東上；諸男門西，北面東上。尚左者，建旂，公東上，侯先伯，伯先子，子先男，而位皆上東方也。諸侯入壝門，或左或右，各就其旂而立。王降階，南鄉見之，三揖。土揖庶姓，時揖異姓，天揖同姓。見揖，位乃定。古文尚作上。"

疏曰："中階之前"已下，皆朝事儀《明堂位》文，以朝事儀論會同之事，《明堂位》周公朝諸侯于明堂，不在宗廟，皆與此同，故鄭依之也。言

① "面"原作"而"，校本作"面"，各本鄭注同，"而"蓋爲"面"字之訛，據改。

上者，皆以近王爲上。云“或左或右”者，二伯初帥之，各依左右。若《康王之誥》云“大保帥西方諸侯入應門左，畢公帥東方諸侯入應門右”，皆北面也。“土揖庶姓”之等①，是《司儀職》文，鄭彼註云“土揖，推手小下之也。時揖，平推手也。天揖，推手小舉之”。

敖氏曰：“旂上左，而公、侯、伯、子、男皆就其旂而立，則是五等之位自西而東，皆北面，與《朝事義》所言諸侯之位異也。《射人職》言正朝之位，云‘諸侯在朝，則皆北面’，《朝士職》言外朝之位，云‘右九棘，公、侯、伯、子、男位焉’，然則五等諸侯同在朝，唯爲一列，亦可見矣。〇鄭本‘上’作‘尚’，註云：‘古文尚作上。’案‘上左’云者，以左爲上也，且《春秋傳》亦有‘上左’之文，則‘上’字之義優於‘尚’也，宜從古文。”

郝氏曰：“上介，諸侯之相。君之旂，即諸侯之旂。置于宮，豫識其君朝列之位也。上左，諸侯各以其爵自東立而西，不言面，皆北面可知。”

世佐案，尚、上通。上左者，據王而言也。王南鄉，以東爲左，故諸公北面者東上，諸侯在諸伯之東，諸子在諸男之東，是皆以左爲上也。後二説皆非。

四傳擯。

註曰：“王既揖五者，升壇，設擯，升諸侯以會同之禮。其奠瑞玉及享幣，公拜於上等，侯、伯於中等，子、男於下等。擯者每延之，升堂致命，王受玉、撫玉，降拜於下等，及請事、勞，皆如覲禮，是以記之《覲》。云‘四傳擯’者，每一位畢，擯者以告，乃更陳列而升。其次，公也、侯也、伯也，各一位；子、男俠門而俱東上，亦一位也。至庭乃設擯，則諸侯初入門，王官之伯帥之耳。”

疏曰：三等拜禮，皆《司儀職》文。受玉謂朝，撫玉謂享。子、男共一位，故設擯四。從楊氏《圖》節本。

聶氏曰：“公奠玉於上等，降拜於中等；侯伯奠玉於中等，降拜於下等；子男奠玉於下等，降拜於地。及升成拜，皆於奠玉之處。”又曰：“降拜者，皆降於地，升成拜於奠玉之處也。”

敖氏曰：“王既揖，於是諸侯皆升奠瑞玉。公於上等，侯伯於中等，子男於下等。既，則皆拜於下。擯者總延之，曰：‘升。’乃各升成拜於奠玉

① “庶”字原作“異”，校本作“庶”，各本疏同，與《周禮·司儀職》合，據改。

之處,降出。三享,奠玉幣亦如之。傳擯者,傳其擯辭,使之升拜也。一朝三享,凡四。此於享亦升之,異於特覲者,以其衆也。”

郝氏曰:“四傳擯,公一,侯一,伯一,子、男同一。相禮者各以其等傳命,見王于宫,而後從王以祭也。”

張氏曰:“據註疏推其次第,上介先期置旂,質明,王帥諸侯拜日東郊,反祀方明,二伯帥諸侯入壝門,左右立,王降階,南鄉三揖,諸侯皆就其旂而立,乃傳擯,執瑞玉以覲,璧帛以享。請事、勞,皆如前經所陳也。”

世佐案,《大行人》云“上公擯者五人,侯伯四人,子男三人”,謂交擯法也。此合諸侯于壇,用傳擯法,與交擯異,其人數未聞。傳擯者,擯者傳告五等諸侯,使之各以其幣升壇覲王也。以奠玉之等論之,公一、侯伯一、子男一,則三傳擯可矣。鄭分侯、伯,以足四傳之數,不若敖説能櫽括此禮之始末也。降拜之法,聶氏後説近是。

天子乘龍,載大旂,象日月、升龍、降龍,出,拜日於東門之外,反祀方明。

註曰:“此謂會同以春者也。馬八尺以上爲龍。大旂,大常也。王建大常,縿首畫日月,其下及旒交畫升龍、降龍。《朝事儀》曰:‘天子冕而執鎮圭,尺有二寸。繅借尺有二寸。搢大圭,乘大路,建太常十有二旒,樊纓十有二就,貳車十有二乘。帥諸侯而朝日於東郊,所以教尊尊也,退而朝諸侯。’由此二者言之,已祀方明,乃以會同之禮見諸侯也。凡會同者,不協而盟。《司盟職》曰:‘凡邦國有疑會同,則掌其盟約之載書及其禮儀,北面詔明神,既盟則藏之。’言‘北面詔明神’,則明神有象也。象者,其方明乎?及盟時又加於壇上,乃以載辭告焉。詛祝掌其祝號。”

疏曰:此四門之禮,乃將見諸侯,先禮日月山川也。禮既畢,乃祀方明於壇。祀方明禮畢,遂去方明於下,天子乃升壇與諸侯相見。朝禮既畢,乃更加方明於壇[①],與諸侯行盟誓之禮。若邦國無疑,王帥諸侯朝日而已,無祀方明之事。從楊氏《圖》節本。

敖氏曰:“載大旂者,以拜日及祀方明也。《巾車職》曰:‘玉路樊纓,十有再就。建大常十有二斿以祀。’此載大常,則乘玉路矣。東門,即此宫之東門也。拜日於東,鄉其所出之處也。於宫門外者,由便爾。祀方

① “方明”原無“方”字,校本作“方明”,楊氏《圖》同,據補。

明者，祀上下四方之神也。上下四方之神，唯壹祀之者，因朝爲之，故其禮簡。《大宗伯職》曰'皆有牲幣，各放其器之色'，謂祀方明之禮也。此言已受諸侯之朝享，乃帥而拜日，其節亦與《朝事義》不同。"

郝氏曰："乘龍，以龍馬駕車也。大旆，大旗也。象，謂旆上畫日月交龍之象。出由宫，出東門，即壇宫東門。反祀方明，祀于壇上也。"

姜氏曰："案《周禮·司儀職》王會同爲壇，既詔，王南向見諸侯，而與之三揖。及其擯之也，各以其禮爲三等，其將幣亦如之，其禮亦如之。則傳擯固已朝見矣，此'四傳擯'之下言拜日祀方明，乃朝見之後率行禮祀也，而註顧云已祀方明，乃會見諸侯也，何哉？考《朝〔事〕義》所稱率諸侯朝日東郊者[①]，乃約言朝覲之禮。而退而朝諸侯者，則言爲壇合諸侯之禮，猶此篇。覲禮、會禮本二禮，而相繼序次其儀，未可牽其次而謂既祀乃朝也。漢興，得鄭氏説經，功固匪淺，然其于闕疑之學蓋未講，而於治經之義例，凡所爲對文、散文，及省文、互文、變文之屬，亦有未盡融者，故不失之臆而牽，即失之溺而固也。學者正其踳駁，以發其明通，則庶乎得先聖之遺經矣。"

世佐案，此言于傳擯之下，則是受朝以後之事也。《大戴禮》言先朝日而後朝諸侯，所記不同耳。鄭氏必欲强合之，誠不免牽率。又拜日以下諸儀皆于受朝後一時舉行，而鄭乃分四時以配之，亦非。

禮日於南門外，禮月與四瀆於北門外，禮山川丘陵於西門外。

註曰："此謂會同以夏、冬、秋者也。變拜言禮者，容"容"，坊本作"客"，誤，今從朱子《集註》改正。祀也。禮月於北郊者，月，太陰之精，以爲地神也。盟神必云日月山川焉者，尚著明也。《詩》曰：'謂予不信，有如皦日。'《春秋傳》曰：'縱子忘之，山川神祇其忘諸乎[②]？'此皆用明神爲信也。"

敖氏曰："門，亦謂宫門。禮，謂祀之也。不言祀者，以異於正祭，變其文耳。禮日於南，禮月與四瀆於北，禮山川丘陵於西[③]，皆隨其地之陰

① "朝事義"原作"朝義"，校本同，《經傳》作"朝事義"，《大戴禮記·朝事》曰："率諸侯而朝日東郊。"應據補。

② "祇"原作"祗"，校本作"祇"，毛本、庫本同，據改。

③ "山"字下原無"川"字，校本有，《集説》同，據補。

陽而爲之,與拜日於東之義異也。禮川不於北者,四瀆尊,宜辟之也。此三禮者,皆與上事相屬而舉之。天子巡守,有懷柔百神,望秩山川之禮,此諸侯以天子不巡守之故而來覲,故天子於此亦略修祀事,以放巡守之禮云。”

郝氏曰:“日爲明,主東方生明。迎日而反祀于壇上,既祀又禮之者,祀方明則合羣神,而禮則各就其方位,南、北、西門皆壇宫門,日爲陽精,故於南門,月與四瀆陰精,故于北門,山川丘陵主成物,故於西門。皆於門外者,望其神致禮也。”

張氏曰:“鄭云‘變拜言禮者,客祀也’,拜日於東門之外,日實在東,故言拜日。月、四瀆、山川丘陵不在其處,但於此致敬而已,故云‘客祀’,不言拜而言禮也。禮畢,亦反祀方明而見諸侯矣。”

世佐案,上云拜日,特迎之而已。至是,又以牲幣之屬禮之也。日,君象也,故聖王尤重之。東者,所出之方,南則其正位也,故於是二處行禮焉。又案註云“變拜言禮者,容祀也”者,蓋謂拜或無祀,祀必先拜,故言禮以兼之。本或作“客”者,傳寫之譌耳。張氏不督,又從而爲之辭,鑿矣。

祭天,燔柴。祭山、丘陵,升。祭川,沈。祭地,瘞。

註曰:“升、沈,必就祭者也。就祭,則是謂王巡守及諸侯之盟祭也。其盟,揭其著明者。燔柴、升、沈、瘞,祭禮終矣,備矣。《郊特牲》曰:‘郊之祭也,迎長日之至也,大報天而主日也。’《宗伯職》曰:‘以實柴祀日月星辰。’則燔柴祭天,謂祭日也。柴爲祭日,則祭地瘞者,祭月也。日月而云天地,靈之也。《王制》曰:‘王巡守,至于岱宗柴。’是王巡守之盟,其神主日也。《春秋傳》曰‘晉文公爲踐土之盟’,而《傳》云山川之神,是諸侯之盟,其神主山川也。月者,太陰之精,上爲天使,臣道莫貴焉,是王官之伯會諸侯而盟,其神主月與?”

敖氏曰:“謂以此四事用其祭物也。祭物,謂牲幣之屬。燔柴者,置之於積柴之上而燔之。升,謂縣之瘞埋也。此皆順其性而爲之,蓋因上文遂并言正祭之法,以明所謂禮者異於此也。然此祭亦不盡與《周官》合,未詳。”

郝氏曰:“祭,即禮也。祭天神日月,燔柴升煙以通之。祭山丘陵,升高以加之。祭川,沈物以委之。祭地,瘞物以實之。皆所謂禮,皆行于各門之外。”

張氏曰：“此言天子巡守四岳，各隨方向祭之以爲盟主。於山言升，於川言沈，是就其處而舉此禮，故知是王者巡守之事。鄭前註云：‘王巡守至于方岳之下，諸侯會之，亦爲此宫以見之。’爲此經設也。鄭又以祭天爲祭日，祭地爲祭月，皆非正祭天地之神。前經春夏皆祭日，則此言‘祭天燔柴’，亦謂春夏東巡、南巡也。前經秋祭西郊，此言‘祭山丘陵升’，亦西巡事。前經冬祭月與四瀆，此言‘祭川沈’，祭地瘞，亦北巡事，未知然否，姑據註疏釋之。”

世佐案，此汎言祭祀之法，以釋上文之所謂禮之者亦如是也。日月皆天神也，云祭天，則所以禮日月者可知矣。云祭山、丘陵及祭川，則禮于西門外者可知矣。不云四瀆，四瀆亦川之大者也，從川可知，上不言禮地，此言之者，以類及之耳，故綴于末也。

右合諸侯之禮。

郝氏曰：“鄭于此節引《周禮》四時之説，與《禮記・明堂位》，牽合《秋官・司盟》，謂天子設壇郊外，與諸侯同盟。本文自明曉，被其附合割强不可讀，甚無謂也。世儒標目以爲大朝覲之禮，豈非以耳食者與？”

世佐案，東萊吕氏説《書・洛誥》云：“人主臨鎮新都之始，齊袚一心，對越天地，達此精明之德，放諸四海無所不準。而助祭諸侯，下逮胞翟之賤，亦皆有孚顒，若收其放而合其離[①]，蓋格君心萃天下之道，莫要於此。”愚謂此篇於朝覲既畢之後，恐諸侯有不順服者，復合之于壇宫而稱殷禮焉，亦猶此旨也，豈必讀書歃血而後足以要約之哉。鄭註固多附會，而《周禮・司儀職》所稱“將合諸侯，則令爲壇”云云者，實與此合，故取以目之。敖氏謂之大朝覲之禮，姜氏謂之諸侯會同禮，亦未爲大失，以其時會殷同及朝諸侯于方岳之下，亦放是禮而行之也。郝氏以耳食詆之，過矣。

記：

几俟于東箱。

註曰：“王即席，乃設之也。東箱，東夾之前，相翔待事之處。”

敖氏曰：“經云‘設斧依于户牖之間，左右几’，乃云‘天子衮冕負斧

---

① “合”字下“其”字原無，校本有，與吕祖謙《書説》同，據補。

依'，則是天子登席於既設几之後也。而此云'几俟于東箱'，其指未設几之前而言與?"

偏駕不入王門。

註曰:"在旁與己同曰偏。同姓金輅，異姓象輅，四衛革輅，蕃國木輅。駕之與王同，謂之偏駕，不入王門，乘墨車以朝是也。偏駕之車，舍之於館與?"

敖氏曰:"言此者，明唯王車乃入王門也，凡非王車，皆謂之偏駕。"

張氏曰:"《周禮·巾車》掌王五輅，玉輅以祀，金輅以賓，象輅以朝，革輅以即戎，木輅以田。此五輅者，天子乘之，爲正。諸侯分受其四，則爲偏也。駕之爲偏，其猶冕之爲裨與?"

世佐案，偏駕，謂諸侯所受金輅以下是也。王門，王城門也。不入者，以其疑于天子也。然則諸侯在天子之國皆乘墨車，不獨朝時爲然，故記著之，若以此爲釋乘墨車以朝之故，則非也。墨車亦未嘗入臯門，豈特偏駕哉。

奠圭于繅上。

註曰:"謂釋於地也。"

疏曰:"此解侯氏入門右，奠圭釋於地時，當以繅借承之，乃釋於地。"

敖氏曰:"明奠時開繅而見玉也。《經》云:'乃朝以瑞玉，有繅。'"

儀禮集編卷十　男盛溶澄校字

儀禮集編卷十一

秀水盛世佐學　後學歙鮑漱芳、石門顧修參校

喪服第十一

鄭《目録》云："天子以下死而相喪，衣服、年月、親疎、隆殺之禮。不忍言死而言喪，喪者，棄亡之辭，若全存居於彼焉，已亡之耳。"

疏曰：按喪服之制在成服之後，則宜在《士喪》"始死"之下，今在《士喪》之上者，以其摠包尊卑上下，不專據士，是以在此。按《禮運》云"昔者先王未有宫室，食鳥獸之肉，衣其羽毛"，此伏羲之時也。又云"後聖有作，治其絲麻以爲布帛，養生送死，以事鬼神"，此黄帝之時也。《易·繫辭》云"古者喪期無數"，在《黄帝九事章》中，是黄帝以前心喪，終身不變也。《虞書》云："百姓如喪考妣，三載，四海遏密八音。"則是唐虞之日，心喪三年，亦未有服制也。《郊特牲》云："大古冠布，齊則緇之。"鄭云："三代改制，以白布冠質，以爲喪冠。"則唐虞已上，吉凶同服，唯有白布衣、白布冠而已。又《喪服記》鄭氏註云："大古冠布衣布，後世聖人易之，因以爲喪服。"則謂夏禹以下三王之世，用唐虞白布冠、白布衣爲喪服矣。死者既喪，生人制服服之者，貌以表心，服以表貌，"斬衰貌若苴，齊衰貌若枲，大功貌若止，小功、緦麻容貌可也"，哀有淺深，故貌有此不同，而布亦有精麤也。又案《喪服》上下十有一章，從斬至緦麻，升數有異者，斬有二：有正，有義，爲父以三升爲正，爲君以三升半爲義，其冠同六升。三年齊衰，唯有正服四升，冠七升，繼母、慈母雖是義，以配父，故與因母同，是以略爲節，有正而已。杖期齊衰有正而已，父在爲母、爲妻同正服，齊衰五升，冠八升。不杖齊衰期章有正、有義二等，正則五升，冠八升，義則六升，冠九升。齊衰三月章皆義服，齊衰六升，冠九升。曾祖父母計是正

服，但正服合以小功，以尊其祖，不服小功而服齊衰，非本服，故同義服也。殤大功有降、有義，爲夫之昆弟之子長殤是義，餘皆降服，降服衰七升，冠十升，義服衰九升，冠十一升。大功章有降、有正、有義，姑姊妹出適之等是降，婦人爲夫之族類爲義，自餘皆正，衰冠如上釋也。繐衰唯有義服四升半，皆冠七升而已，以諸侯大夫爲天子，故同義服也。殤小功有降、有義，婦人爲夫之族類是義，餘皆降服，降則衰冠同十升，義則衰冠同十二升。小功亦有降、有正、有義，如前釋。緦麻亦有降、有正、有義，皆如上陳，但衰冠同十五升，抽去半而已。上斬至緦麻皆以升數，升數少者在前，升數多者在後，要不得以升數爲敘者，一則正、義及降，升數不得同在一章，又繐衰四升半在大功之下，小功之上，鄭下註云："在小功之上者，欲審著縷之精麤。"若然，《喪服》章次雖以升數多少爲前後，要取縷之精麤爲次第也。從《續通解》節本。

敖氏曰："此篇言諸侯以下男女所爲之喪服，於五禮屬凶禮。"

郝氏曰："親死曰喪，喪，失也。孝子不忍死其親，如親尚在相失云爾。服，思念也。服以表貌，貌以象心，服心也。《詩》云：'無思不服。'《易》云：'古者喪期無數。'《書》云：'百姓如喪考妣。'三年喪服，唐虞世已然，至周乃有五服之等，衰麻哭踊之數，如是篇所傳，後人益推廣之耳。"

子夏傳

疏曰：傳者，不知是誰人所作，人皆云孔子弟子卜商字子夏所爲。案《公羊傳》是公羊高所爲，高是子夏弟子，今《公羊傳》有"者何"、"何以"、"曷爲"、"孰謂"之等，與此傳同，師徒相習，此傳子夏作，不虛也。其傳内更云"傳"者，是子夏引他舊傳以證己義。《儀禮》十七篇，餘不爲傳，獨《喪服》作傳者，《喪服》篇總包天子以下五服差降、精麤、變除之數，既繁出入，正殤交互，恐讀者不能悉解其義，是以特爲傳解。從楊氏《圖》節本。

敖氏曰："案他篇之有記者多矣，未有有傳者也。有記而復有傳者，惟此篇耳。先儒以傳爲子夏所作，未必然也，今且以記明之。《漢藝文志》言禮經之記，顏師古以爲七十子後學者所記，是也。而此傳則不特釋經文而已，亦有釋記文者焉，則是作傳者又在於作記者之後明矣。今攷傳文，其發明禮意者固多，而其違悖經義者亦不少。然則此傳亦豈必皆知禮者之所爲乎？而先儒乃歸之子夏，過矣。夫傳者之於經、記，固不盡釋之也，苟不盡釋之，則必間引其文而釋之也。夫如是，則其始也，必自爲一編而置於記後，蓋不敢與經、記相雜也。後之儒者見其爲經、記作傳而別居一處，憚於尋求，而欲從簡便，故分散傳文，而移之於經記每條之下焉。疑亦鄭康成移之也。此於義理雖無甚害，然使初學者讀之，必將以其序爲先後，反謂作經之後即有傳，作傳之後方有記，作記之後又有傳，先後紊亂，轉生迷惑，則亦未爲得也。但其從來已久，世人皆無譏焉，故予亦不敢妄有釐正也，姑識于此，以俟後之君子云。"

郝氏曰："凡篇内'傳曰'，相承謂爲子夏作，是未可知也。服制斷自大夫以下，天子、諸侯缺焉。是書多補葺于衰世，非盡先王之舊，孔氏之遺經也。經非盡自孔子出，傳安必爲子夏作？禮以飾情，情發于哀最真，而禮行于喪最質。夫子論禮之本曰：'與其奢，寧儉，喪與其易，寧戚。'反本從質，莫如喪。子游云：'喪致乎哀而止。'篇内所言義從之等，殤降之數，布縷之多寡，冠衰之易受，極其煩雜，無乃傷于易，而遠于儉與？自宿儒不能詳舉其數，而欲顓蒙之衆學且習焉，難矣。説者謂周公制禮監二代，而郁郁其斯之類，蓋周公懲二叔之不率，制禮辨微，有之秩序等級，自然不容易者。是聖作之遺，其煩瑣苛細，世所不用者强半，豈盡周公之舊與？"

世佐案，此篇體例與他篇絶異，他篇止據一禮而言，此則總論尊卑、貴賤、親疏、男女之服制，若今之律令然[①]。自斬衰以至緦麻，服雖止于五，而其中有正、有降、有義，有從服、有報服、有名服、又有生服。有推而遠之者，有引而進之者，或加服以伸恩，或抑情以伸義，委曲詳盡，廣大精微，爲一經之冠，故先賢特爲作傳，而後之儒者，如馬融、王肅、孔倫、陳銓、裴松之、雷次宗、蔡超、田儁之、劉道拔、周續之輩，於《儀禮》並註是篇，而不及其餘，則以其義爲至精深也。郝氏顧曰"非孔氏之遺經"，過矣。且是篇非闕天子、諸侯禮也。《中庸》云："期之喪達乎大夫，三年之喪達乎天子。"諸侯以上絶旁期，至于爲高、曾祖父母，父、母、妻、長子之屬，則貴賤一而已。《春秋傳》云："齊晏桓子卒，晏嬰麤縗，斬苴，絰帶、杖，菅屨，食粥，居倚廬，寢苫枕草。其老曰：'非大夫之禮也。'曰：'唯卿爲大夫。'"《雜記》云："大夫爲其父母、兄弟之未爲大夫者之喪服如士服，士爲其父母、兄弟之爲大夫者之喪服如士服"云云，似大夫以上之喪服亦

① "然"字校本無。

各有差等者，不知此乃周禮之末失[①]，而漢儒妄集爲記，非先王之舊典也。王肅云："喪禮自天子以下無等，春秋之時，尊者尚輕簡，喪服禮制遂壞，晏子惡之，故服麤衰、枕草。云'唯卿爲大夫'者，遜辭以避害也。"杜預亦云："晏子惡直己以斥時失禮，故孫辭略答家老。"張融云："士與大夫異者，皆是亂世尚輕涼，非王者之達禮。"斯言得之。曾子云："哭泣之哀，齊斬之情，饘粥之食，自天子達。"孟子云："三年之喪，齊疏之服，飦粥之食，自天子達于庶人，三代共之。"以二子之言斷之，喪服亦安有貴賤之等哉，所異者，或絶或降耳。其不絶、不降者，則固無以異也。而是篇已具矣，何闕焉？傳文雖間有與經不合，而閎深簡浄，得經意者居多，相傳以爲子夏所作，良不誣。《大戴記・夏小正》篇亦有傳，其義淺薄，與此絶不類，則知此非漢儒所能辨矣[②]。敖氏以此傳并釋記文爲疑，是不足疑也。記者，所以補經之未備，不必皆出于七十子後學者。子夏釋經而兼及之，則記作于孔子以前明矣。愚故曰，記有與經並行者，周公之徒爲之，此類是也。若其初本自爲一編，而後儒乃移之于經、記每條之下，則漢以前釋經之例類然，如孔子之傳《易》，左氏之傳《春秋》，亦其徵也，敖説得之。

喪服。

黄氏幹曰："此乃古禮篇目。前題'喪服'者，乃後世編禮者所加。既加新題，復存古目者，乃重古，不敢輕變之意。後放此。"

斬衰裳，苴絰、杖、絞帶，冠繩纓，菅屨者。

註曰："者者，明爲下出也。凡服，上曰衰，下曰裳。麻在首、在要皆曰絰。絰之言實也，明孝子有忠實之心，故爲制此服焉。以上六字監本脱，今從《續通解》補。首絰象緇布冠之缺項，要絰象大帶。又有絞帶，象革帶。齊衰以下用布。"

疏曰：斬衰裳者，謂斬三升布以爲衰、裳。不言裁割而言斬者，取痛甚之意。縣子云："三年之喪如斬，期之喪如剡。"斬衰先言"斬"，下"疏衰"後言"齊"者，以斬衰先斬布後作之，疏衰先作之，後齊之也。云"苴絰、杖、絞帶"者，以一苴目此三事，謂苴麻爲首絰、要絰，又以苴竹爲杖，苴麻爲絞帶。云"冠繩纓"者，以六升布爲冠，又屈一條繩爲武，垂下爲

① "此"字校本作作"是"。

② "辨"，校本作"辦"。

纓。冠在首，退在帶下者，以衰用布三升，冠六升，冠既加飾，又齊衰冠纓用布，則知此繩纓不用苴麻，用枲麻，故退冠在下也。菅，草也。《詩》云："白華菅兮。"鄭云：白華已漚爲菅，濡刃中用也[①]。已下諸章並見年月，唯此不言三年者，以其喪之痛極，莫甚於斬，故不言。又下舉齊衰三年，則此斬衰三年可知。註云"者者，明爲下出也"者，明爲下句父、諸侯爲天子等而出也。《玉藻》有天子以下大帶之制，又有革帶。大帶申束衣，革帶以佩玉佩及事佩之等。今於要絰之外别有絞帶，明絞帶象革帶可知。按《士喪禮》云："婦人之帶，牡麻結本。"註云："婦人亦有首絰，但言帶者，記其異。"此齊衰婦人、斬衰婦人亦有二苴絰與絞帶，以備喪禮。云"齊衰以下用布"者，即下齊衰章云"削杖布帶"是也。

陸氏德明曰："斬者，不緝也。縗以布爲之，長六寸，廣四寸，在心前。縗之言摧也，所以表其中心摧痛。"

孔氏曰："苴者，黯也。至痛内結，必形色外章。心如斬斫，故貌必蒼苴。所以衰裳絰杖，俱備苴色也。"

朱子曰："革帶是正帶，以束衣者，不專爲佩而設。大帶乃申束之耳。申，重也，故爲之申。"

楊氏曰："斬衰絞帶用麻，齊衰絞帶用布，大功以上絰有纓，小功以下絰無纓也。案《士喪禮》：'苴絰。'疏曰：'小斂訖，當服未成服之麻也。'麻在首在要皆曰絰，分而言之，首曰絰，要曰帶。斬衰、齊衰、大功皆散帶垂，三日成服，絞垂。小功以下，初即絞之。"

敖氏曰："苴絰杖者，謂絰帶用苴麻，杖用竹也。絞帶，所以束衣，代革帶也。齊衰以下用冠布，則此其用牡麻與？菅，茅類也。凡喪服衰裳、冠帶之屬，皆因吉服而易之。若首絰，則不然。蓋古者未有喪服之時，但加此絰以表哀戚。後世聖人因而不去，且異其大小之制以爲輕重。云斬衰自卒哭以至練祥，服有變除，經皆不著之，唯言初服者，喪服之行於世，其來久矣，節文纖悉，人所習見，故經但舉大略以記之耳，後放此。案疏云'斬三升布'，但據正服而言也。正服布三升，義服布三升有半。"

郝氏曰："斷而不緝曰斬。衰，摧也，衰毁襤褸之狀。苴，包也，臃腫粗惡之狀。絞麻爲大繩，圍首曰絰。絞，取固結緊急之意。絰，垤也，痛

① "刃"，校本作"韌"。阮《校》曰："《通解》、《要義》同，毛本'刃'作'韌'。"

憒凸起之狀，麻在首之名。絞帶，絞麻爲要帶，視首絰大小有差，亦稱要絰。杖以扶毁，瘠竹爲之，其狀亦苴。冠，喪冠，斬衰冠布六升，冠尊，稍細于衣。冠下不用布武，以麻繩一條，通屈爲武，垂其餘爲纓，曰繩纓。又曰，五服絰，皆絞麻爲之。始死，麻散垂，成服絞。據後經文，齊衰以下帶皆言布，不及麻，何也？言麻絰，則該首、要也。古禮，服有衣即有帶，言衰裳即包帶。篇末記衰裳之制，亦不言帶，猶言冕弁兼服也。但禮服大帶用繒，喪服大帶用粗布，惟斬衰無布帶，與冠纓同。齊衰以下冠布武，加麻絰，布帶加麻帶，故經于斬衰言絞帶，于齊衰以下言布帶也。鄭謂布帶象大帶，絞帶象革帶，近是。謂布帶爲要絰，首絰象緇布冠缺項，非也。絰主麻，帶主布，絞帶與首絰同麻，故可名，要絰而布帶，非絞麻，安可名絰乎？喪冠自有武，何爲以絰象之？假如環絰加于冠弁上，又以何象冠弁乎？”

張氏曰："苴，惡貌，又黎黑色也。註'齊衰以下用布'，單指絞帶一事而言。"

世佐案，衰、裳、絰、帶、冠、纓六者，皆以麻爲之，而立文各異，則皆有義焉。斬者，取其痛甚。苴者，狀其麤惡。云絞與繩，見其不織而成也，不言麻，可知也。絰，兼在首、在要而言，郝專訓爲首絰，非。杖，以竹爲之，亦蒙苴文者，見其不削治也。絞帶，絞麻以象革帶，所以束衣也，要絰加于其外。未成服，散帶垂，三日乃絞之。絞帶與要絰自别，郝謂是一物，亦非。

傳曰：斬者何？不緝也。

疏曰："此對下'疏衰裳齊'。齊是緝，此則不緝也。"

敖氏曰："此釋經'斬衰裳'之文也。不緝，謂不齊之也，其領、袖亦有純。"

郝氏曰："緝，編緝使齊。不編緝，但斬之耳。"

苴絰者，麻之有蕡者也。苴絰大搹，左本在下，去五分一以爲帶。

註曰："盈手曰搹。搹，扼也，中人之扼圍九寸。以五分一爲殺者，象五服之數也。"

疏曰：《爾雅》云："蕡，枲實。"孫氏註云："蕡，麻子也。"以色言之謂之苴,以實言之謂之蕡。下言牡者,對蕡爲名。言枲者,對苴生稱也。云"苴絰大搹"者,先據首絰而言也。雷氏以搹搤不言寸數,則各從其人大小爲搤,非鄭義。據鄭註,無問人之大小,皆以九寸圍之爲正,若中人之跡尺二寸也。云"左本在下"者,本謂麻根,此對爲母右本在上。

問絰帶之制。朱子曰:"首絰大一搤,只是拇指與第二指一圍。腰絰較小,絞帶又小於腰絰,腰絰象大帶,兩頭長,垂下,絞帶象革帶,一頭有彄子,以一頭串於中而束之。"

敖氏曰:"此釋苴絰之文也。麻有蕡,則老而麤惡矣,故以爲斬衰之絰。重服之絰,以麻之有本者爲之[1]。又有纓,此經'左本而在下',所以見其以本而爲纓也。'去五分一',五分其絰之大而去其一也。絰大帶小,見輕重也。《閒傳》曰:'男子重首,婦人重帶。'絰帶大小之義,主於男子。"

郝氏曰:"蕡,實也,麻之有蕡,枲麻之結實者。《詩》云:'有蕡其實。'麻結實者根幹粗駔,故曰苴。搹、扼通,或作搤,一手所握也。首絰以麻,連根屈爲兩股,并絞,以根居左向下,左爲陽,向下爲天,以象父也。母喪反是。"

張氏曰:"蕡,麻之有子者,質色粗惡,以之爲首絰、要絰與絞帶也。'苴絰大搹'者,首絰之大,其圍九寸,應中人大指、食指之一扼也。'左本在下'者,首絰之制,以麻根置左,當耳上,從額前繞項後,復至左耳上,以麻之末加麻根之上,綴束之也。'去五分一以爲帶',帶,要絰也,去首絰五分之一以爲要絰之數,首絰九寸,則要絰七寸二分也。"

齊衰之絰,斬衰之帶也,去五分一以爲帶。大功之絰,齊衰之帶也,去五分一以爲帶。小功之絰,大功之帶也,去五分一以爲帶。緦麻之絰,小功之帶也,去五分一以爲帶。

黄氏曰:"案本朝淳化五年,贊善大夫胡旦奏議曰:'《小記》篇有絰帶差降之數,斬衰葛帶,與齊衰初死麻之絰同,故云"絰俱七寸五分寸之一"。所以然者,就苴絰九寸之中,五分去一,以五分分之,去一分,故云七寸五分寸之一。其帶又就葛絰七寸五分寸之一之中,又五分去一,故

---

[1] "麻之有本者爲之",原脱前"之"字,"麻"字前,脱"麻有蕡則老二麤惡矣故以爲斬衰之絰重服之絰以"二十一字,據校本及《集説》補。

五寸二十五分寸之十九也。齊衰既虞,變葛之時,又漸細,降初喪一等,與大功初死麻絰帶同,俱五寸二十五分寸之十九也。其帶五分首絰去一,就五寸二十五分寸之十九之中去其一分,故餘有四寸一百二十五分寸之七十六也。大功既虞變葛之時,又漸細,降初喪一等,與小功初死麻絰同,俱四寸一百二十五分寸之七十六,其帶五分首絰,又五分去一,就四寸一百二十五分寸之七十六之中,五分去其一分,得三寸六百二十五分寸之四百二十九。小功既虞變葛之時,又降初喪一等,與緦麻初死麻絰同,其帶五分首絰去其一,就三寸六百二十五分寸之四百二十九之中,又五分去其一分,故其餘有二寸三千一百二十五分寸之二千九百六十六分。是緦麻以上變麻服葛之數也。'詔五服差降,宜依所奏。"

敖氏曰:"傳主言斬衰之絰帶,此則連言之耳。"

郝氏曰:"'齊衰之絰'以下,明五服皆有絞帶之制,以補經文之未備。齊衰之絰,斬衰之帶,謂母服之首絰,即父服之要絰。凡首絰大于要絰,母服降于父服也。五服皆有絰。而要絰皆居首絰五分之四以爲差。分必以五,服有五等也。帶,即要絰。'以爲帶',即以爲本服之要絰也。"

張氏曰:"齊衰,首絰七寸二分,其要絰則五寸零二十五分寸之十九。自大功至緦麻,其首絰、要絰降殺之法並放此。"

世佐案,"去五分一以爲帶",疏中所詳者,至大功之帶四寸百二十五分寸之七十六而止,其後則引而不發。今以算法推之,斬衰之帶七寸二分,取七寸五分之,得一寸四分,七寸中去一寸四分,止五寸六分,又取二分五分之,得四釐,二分中去四釐,止一分六釐,添前五寸六分,總五寸七分六釐,爲齊衰之帶也。以五寸七分六釐五分之,得一寸一分五釐二毫,於五寸七分六釐内去一寸一分五釐二毫,止四寸六分零八毫,爲大功之帶也。以四寸六分零八毫五分之,得九分二釐一毫六絲,於四寸六分零八毫内去若干數,止三寸六分八釐六毫四絲,爲小功之帶也。以三寸六分八釐六毫四絲五分之,得七分三釐七毫二絲八忽,去之,止二寸九分四釐九毫一絲二忽,爲緦麻之帶也。若依疏法,小功之帶先取大功之帶之四寸算之,以六百二十五分破寸,每寸五分去一,得五百四寸,共得二千,以六百二十五爲寸約之,得三寸,餘一百二十五,再取百二十五分寸之七十六算之,百二十五既破爲六百二十五,則七十六當破爲三百八十,三百八十内去七十六,得三百零四,添前三寸百二十五,總三寸六百二十五分寸之四百二十九,此小功帶大小之實數也。緦麻之帶以三千一百二十五破寸,每寸五分之,得六百二十五,去之,得二千五百,三寸共七千五百,以三千一百二十五爲寸約之,得二寸餘一千二百五十,再取六百二十五分寸之四百二十九算之,四百二十九當破爲二千一百四十五,内去四百二十九,得千七百十六,添前二寸千二百五十,總二寸三千一百二十五分寸之二千九百六十六,此緦麻帶大小之實數也。服重者絰帶大,齊衰以下,則以次而輕且小。首絰必大於要絰者,男子之服重在首也。

苴杖,竹也。削杖,桐也。杖各齊其心,皆下本。

疏曰:經唯云"苴杖",不出杖體所用,故言苴杖者竹也。下章直云"削杖",亦不辨木名,故因釋之云削杖者桐也。然爲父所以杖竹者,父者,子之天,竹圓,亦象天,竹又外内有節,象子爲父亦有外内之痛,又竹能貫四時而不變,子之爲父哀痛亦經寒温而不改,故用竹也。爲母杖桐者,桐之言同,内心同之於父,外無節,象家無二尊,屈於父,爲之齊衰,經時而有變。又案《變除》削之使方者,取母象於地故也。此雖不言杖之粗細,案《喪服小記》云:"絰殺五分而去一,杖大如絰。"鄭註云:"如要絰也。"如要絰者,以杖從心已下,與要絰同處。云"杖各齊其心"者,杖所以扶病,病從心起,故杖之高下以心爲斷也。云"皆下本"者,本,根也。案《士喪禮》:"下本。"註云:"順其性也。"

敖氏曰:"此主釋苴杖,而并及削杖也。竹杖而謂之苴者,以其不脩治故也。削杖,齊衰之杖也,用桐木而又削之,所以别於斬衰者。杜元凱曰'員削之象竹'是已。《小記》曰'杖大如絰',則是二杖皆如其首絰之度矣。'各齊其心'者,謂其長短以當每人之心爲節也。皆者,皆二杖也。下本,所以别於吉。凡吉杖,下末。《曲禮》曰'獻杖者執末',謂吉杖也。"

張氏曰:"苴杖,斬衰所用。削杖,齊衰所用,因釋杖而兼及之。削,謂削之令方。"

杖者何? 爵也。無爵而杖者何? 擔主也。非主而杖者何? 輔病也。童子何以不杖? 不能病也。婦人何以不杖? 亦不能病也。

註曰:"爵,謂天子、諸侯、卿、大夫、士也。無爵,謂庶人也。擔,猶假也,無爵者假之以杖,尊其爲主也。非主,謂衆子也。"

賀氏循曰:"婦人不杖,謂出嫁之婦人不爲主,則不杖。其不爲主而杖者,唯姑在爲夫。"

疏曰:云"杖者何?爵也"者,有爵之人必有德,有德則能爲父母致病深,故許其以杖扶病[①]。雖無爵,然以適子故,假取有爵之杖爲之喪主。衆子雖非爲主,子爲父母致病,是爲輔病也。童子不杖,此庶童子也。案《問喪》云"童子當室,則免而杖矣",謂適子也。《雜記》又云"童子不杖,不菲",則直有衰裳絰帶而已。婦人不杖,亦謂童子婦人,若成人婦人,正杖。《喪大記》云:"三日,子夫人杖,五日,大夫世婦杖。"諸經皆有婦人杖文,明此童子婦人。案《喪服小記》云:"女子子在室爲父母,其主喪者不杖,則子一人杖。"鄭云:"女子子在室,亦童子也。無男昆弟,使同姓爲攝主,不杖。則子一人杖,謂長女也。許嫁及二十而笄,笄爲成人,成人正杖也。"是其童女爲喪主,則亦杖矣。雷氏以爲婦人皆不杖,《小記》婦人不爲主而杖者,唯著此一條,明其餘不爲主者皆不杖,此説非也。從《續通解》節本。

孔氏曰:"若是成人出嫁,婦人爲主,皆杖,故《喪大記》云:'三日,子夫人杖,五日,授大夫世婦杖。'《喪服傳》妻爲夫杖,《小記》云母爲長子杖,是成人婦人皆杖也。未嫁而稱婦人者,以其將有適人之端故也。"

敖氏曰:"此因廣言用杖不用杖之義。無爵者,謂大夫以下,其子之無爵者,及庶人也。傳意蓋謂此杖初爲有爵者居重喪而設,所以優貴者也,其後乃生擔主、輔病之義焉。童子與婦人,皆謂非主者也,故但以不能病而不杖。然此章著妻、妾、女子子之服異者,'布總,箭笄,髽衰'也,是其絰杖之屬如男子矣。妾與女子子非主也,而亦杖,則似與不能病而不杖之義異。"

郝氏曰:"杖之始設,專爲扶病。爵在則先貴者,無爵則先喪主。擔,扶也。非喪主而哀,則以輔病。凡斬服皆杖,惟童子不杖,以其幼小,不備禮,不能病也。婦人亦不杖,不迎送、拜賓,不勞苦,亦不能病也。"

張氏曰:"疏云《禮記》諸文説婦人杖者甚衆,何言無杖。愚意《禮記》雜出漢儒,當據此傳爲正。"

汪氏琬曰:"或問:'禮無爵者,非擔主不杖,然則庶人居三年之喪,亦

① "其以"原作"以其",《經傳》同,校本作"其以",《要義》、陳本、閩本、監本、毛本同,據乙。

有不杖者與？'曰：'無之。古人之居喪也，哭踊無算，水漿不入口者三日。既殯食粥，朝一溢米，暮一溢米。如是，則無不病者。故曰非擔主而杖，爲輔病也，夫安得有不杖者與？今人之居喪也，哭泣不哀，飲食居處如故，其違禮也多矣，而又逆億古人之不能病，不亦悲夫。'

或問：'婦人可以不杖乎？'曰：'婦人之不杖也，傳謂其不能病故也。假令哀毁而能病，則聖人許之矣，豈遂禁其以杖即位乎？然則傳也、《喪服小記》也，或言杖，或言不杖者，蓋兩相發明也。'或又問：'婦人，謂童女，孔穎達之説亦可信乎？'曰：'不然也。婦之言服也，服事其夫也，非未嫁女子之稱。'"

世佐案，杖，所以扶病也，傳乃以爵釋之者，見其自貴者始也。《四制》云："三日授子杖，五日授大夫杖，七日授士杖。"亦可見矣。據疏所引《禮記》諸文，則童子、婦人俱有杖例。傳云"不杖"者，禮之正也，所以然者，聖人不以成人之禮責稚弱也。其有杖者，變例也。傳言正，記言變，吾見其相備而未見其相違異也。婦人，不言童子，蒙上文也。童女亦稱婦人者，下經云"爲姪庶孫丈夫婦人之長殤"，是其徵矣。此章著妻、妾、女子子之服異者，"布總，箭笄，髽衰"耳，其絰杖之屬皆與男子同，指成人者言也，此則謂其未成人者，傳又曷嘗與經異哉？

絞帶者，繩帶也。

疏曰："王肅以爲絞帶如要絰，焉"焉"，本或作"馬"。鄭不言，當依王義。絞帶象革帶，與要絰同在要，一則無上下之差，二則無粗細可象，而雷氏云去要絰五分一爲絞帶，失其義矣。但絰帶至虞後變麻服葛，絞帶虞後雖不言所變，案公士、衆臣爲君服布帶，又齊衰已下亦布帶，則絞帶虞後變麻服布，於義可也。"

敖氏曰："此釋絞帶之文。經言'絞帶'，而傳以'繩帶'釋之者，蓋絞之則爲繩矣。絞者，糾也。先儒以此絞帶象革帶，則其博當二寸。齊衰以下之布帶，其博宜亦如之。《玉藻》曰：'革帶博二寸。'"

冠繩纓，條屬，右縫。冠六升，外畢，鍛而勿灰。衰三升。

註曰："屬，猶著也。通屈一條繩爲武，垂下爲纓，著之冠也。布八十縷爲升，升字當爲登。登，成也。今之《禮》皆以登爲升，俗誤已行久矣。《雜記》曰：'喪冠條屬，以别吉凶。三年之練冠，亦條屬，右縫，小功以下左縫。'外畢者,冠前後屈而出,縫於武也。"

疏曰:"鍛而勿灰"者,以冠爲首飾,布倍衰裳而用六升,又加以水濯,勿用灰而已,冠六升勿灰,則七升已上故灰矣。云"衰三升",不言裳,裳與衰同,故舉衰以見裳。爲君義服衰三升半,不言者,舉正以包義也。又曰:吉冠則纓、武别材,凶冠則纓、武同材,是以鄭云"通屈一條繩爲武",謂將一條繩從額上約之,至項後交過,兩廂各至耳,於武綴之,各垂於頤下結之。云"著之冠"者,武、纓皆上屬著冠也。云"今之《禮》皆以登爲升,俗誤已行久矣"者,凡織紝之法,皆縷縷相登上,乃成繒布,登義强於升,故從登也。引《雜記》者,證條屬是喪冠,若吉冠則纓、武異材。云"三年之練冠亦條屬"者,欲見條屬以至大祥除衰杖,大祥除喪之際,朝服縞冠,當纓、武異材,從吉法也。"右縫"者,大功已上哀重,其冠三辟積鄉右爲之,從陰,小功、緦麻哀輕,其冠亦三辟積鄉左爲之,從陽,二者皆條屬,但從吉、從凶不同也。"外畢"者,冠廣二寸,落項,前後兩頭皆在武下鄉外出,反屈之縫於武而爲之,兩頭縫,畢鄉外,故云"外畢"。案《曲禮》云"厭冠不入公門",鄭註云"厭,猶伏也,喪冠厭伏",是五服同名,由在武下出,反屈之,故得厭伏之名。《檀弓》云"古者冠縮縫,今也衡縫",故喪冠之反吉,非古也。是吉冠則辟積無殺,横縫,亦兩頭皆在武上,鄉内反屈而縫之,不得厭伏之名。

聶氏崇義曰:"冠廣三"三",賈疏作"二"。寸,落頂"頂",賈疏作"項"。前後,以紙糊爲材,上以布爲三辟襵,兩頭皆在武下,向外反屈之,縫於武,以前後兩畢之末而向外襵之,故云'外畢'。"世佐案,此説亦出於賈疏,較元本爲詳,明故重録之。

黄氏曰:"五服之喪冠,其制之異者有四:升數之不同,一也;斬衰正服、義服冠皆六升。齊衰三年、杖期與不杖期降服冠皆七升,正服冠皆八升,義服冠皆九升。齊三月冠九升。大功殤服、大功正服與小功殤服冠皆十升。大功義服與小功正服冠皆十一升。小功義服冠十二升。緦冠十五升抽其半。繩纓之與布纓、澡纓,二也;唯斬衰用枲麻繩爲纓,自齊三年至小功,皆用布爲纓。緦冠澡纓,繩之大小、布之升數未詳。右縫之與左縫,三也;大功以上哀重,辟積之縫向右。小功以下哀輕,辟積之縫向左。勿灰之與灰,四也。唯斬衰鍛而勿灰,蓋以水濯之而已,勿用灰。自齊三年以下,皆用灰治之。緦則有事其縷,復以灰治之也。其制之同者亦四條:屬,一也;外畢,二也;辟積之數,三也;自斬至緦,其冠皆三辟積。廣狹之制,四也。自斬至緦,其冠皆廣二寸。"

敖氏曰:"此主釋'冠繩纓'之文。'條屬,右縫',皆謂纓也。條屬者,以一條繩爲纓，而又屬於武也。右縫者，以纓之上端縫綴於武之左[1]"左"，疑當作"右"。邊也。必右邊者，辟絰之纓也。其屬之内，以下端鄉上而結於武之左邊，以固其冠也。齊衰、大功布纓亦如之，唯小功以下，則纓在左而屬於右，《雜記》曰'喪冠條屬，以别吉凶，三年之練冠亦條屬右縫，小功以下左'是也。'冠六升'以下，乃因上文而并言冠之布與其制，又因冠布而見衰布也。畢，謂縫冠於武而畢之也。'外畢'者，别於吉也。吉冠於武上之内縫合之，凶冠於武上之外縫合之，是其異也。言'鍜而勿灰'者，嫌當異於衣也，故以明之。凡五服之布，皆不加灰。《雜記》曰'加灰，錫也'，則凶服可知。云'衰三升'者，但以正服言之，不及義服也。記曰'斬衰三升，三升有半'，是斬衰有二等也。升之縷數未詳，今吴人謂四十縷爲烝，烝、升聲相近，或古之遺言與？"

郝氏曰："'條屬'，以小繩一條爲冠武，通屬無缺也。'右縫'，冠合縫偏右。大功以上哀重，皆尚右。小功以下哀輕，尚左。吉冠，武缺在後，《冠禮》所謂'缺項'也。冠用六升布爲之，四百八十縷也。'外畢'，冠縫以邊向外。鍜洗治其布，水不用灰，不尚精潔也。衰布三升，倍粗于冠，其鍜不灰，同。"又曰："《樂記》'男女無别則亂升'，《史記》作'亂登'，《詩》云'椒聊之實，蕃衍盈升'，一手所把曰升，織布牽縷，以一手爲一升，一指間挾十縷，四指四十縷，往復則八十縷也。"

菅屨者，菅菲也，外納。

疏曰：周公時謂之屨，子夏時謂之菲，"外納"者，鄭註《士喪禮》云："納，收餘也。"王謂正向外編之。

敖氏曰："此釋菅屨之文也。菲者，後世喪屨之名，故云然。傳釋經文止於此，其下因言孝子居喪之禮云。"

郝氏曰："菲、屝同，草屨也，一名不借，以其惡賤曰菲。納，收也，收其草緒向外曰'外納'，猶冠之外畢也。"

張氏曰："菅屨，即菅菲，以菅草爲屨也。外納，謂編屨畢，以其餘頭向外結之。"

居倚廬，寢苫枕塊。

疏曰：居倚廬者，孝子所居，在門外東壁，倚木爲廬。鄭註《既夕記》

① "左"，校本同，《集説》作"右"。

云“倚木爲廬，在中門外東方，北户”，又《喪大記》云“凡非適子者，自未葬，倚於隱者爲廬”，註云“不欲人屬目，蓋廬於東南角”，若然，適子則廬於其北，顯處爲之，以其適子當應接弔賓，故不於隱者。臣爲君，則亦居廬。案《周禮·宮正》云“大喪授廬舍，辨其親疏貴賤之居”，註云“親者、貴者居倚廬，疏者、賤者居堊室”，又《雜記》朝廷卿大夫、士居廬，都邑之士居堊室，見諸侯之臣爲其君之禮。案《喪大記》云“婦人不居廬”，此經專據男子生文。云“寢苫枕塊”，《既夕》文與此同，彼註云“苫，編稾。塊，塩也”，在中門外者，哀親之在外。寢苫者，哀親之在艸也。

聶氏曰：“初喪，居廬、堊室。子爲父，臣爲君，各依親疏貴賤之序。案，唐大歷年中有楊垂撰《喪服圖》，説廬形制及堊室幕次序列次第云：‘設廬次於東廊下，無廊，於牆下，北上。凡起廬，先以一木横於牆下，去牆五尺，臥於地爲楣，即立五椽於上，斜倚東墉上，以草苫蓋之，其南北面亦以草屏之，向北開門。一孝一廬，門簾以縗布，廬形如偏屋，其間容半席，廬間施苫凷。其廬南爲堊室，以墼壘三面，上至屋。如於牆下，即亦如偏屋。以瓦覆之，西向户，室施薦木枕。室南爲大功幕次，次中施蒲席。次南又爲小功、緦麻次，施牀，並西户。如諸侯始起廬，門外便有小屏，餘則否。其爲母，與父同。爲繼母、慈母不居廬，居堊室。如繼母有子，即隨子居廬。爲妻，準母，其堊室及幕次不必每人致之，共處可也。婦人次於西廊下。’見時於中庭葦障中，以藁薄覆爲之，既違古制，故引唐禮以規之。”

敖氏曰：“此見其哀戚不敢安處也。”

郝氏曰：“倚廬，倚木檐下爲居廬。編藁曰苫，土墼曰塊。”

張氏曰：“‘居倚廬’一段，言居三年喪之大節，自‘居倚廬’至‘不脱絰帶’，言未葬時事。”

哭晝夜無時。

疏曰：“哭有三無時：始死未殯已前，哭不絶聲，一無時；既殯已後，卒哭祭已前，阼階之下爲朝夕哭，在廬中思憶則哭，二無時；既練之後，無朝夕哭，唯有廬中或十日、或五日思憶則哭，三無時也。卒哭之後，未練之前，唯有朝夕哭，是一有時也。”

張氏曰：“據疏，則傳言‘哭，晝夜無時’，謂未殯前，哭不絶聲，卒哭前，哀至則哭也。”

世佐案，此謂在廬中因思憶而哭也。晝夜無時者，哀甚，不可爲節也。始死未殯以前,哭不絶聲,既練之後,或十日或五日一哭,於是云"晝夜無時",少殺於未殯前,而視既練後則戚矣。張説誤,是時亦有朝夕哭,不言者,以其不在廬也。朝夕哭於殯宫,無時之哭在次。

歠粥,朝一溢米,夕一溢米。

註曰:"二十兩曰溢,爲米一升二十四分升之一。"

疏曰:"孝子遭父母之喪,當爲父母致病。故《喪大記》云水漿不入口,三日之後乃始食。必三日許食者,聖人制法,不以死傷生,恐至滅性,故禮許之食。雖食,猶節之,使朝夕各一溢米而已。"

陸氏曰:"王肅、劉逵、袁準、孔衍、葛洪皆云滿手曰溢。"

敖氏曰:"溢,未詳。《小爾雅》曰:'一手之盛謂之溢,兩手謂之掬,一升也[①]。'"

徐氏師曾曰:"溢,一手所握也。握容隘,必有溢於外者,故曰'溢米'。一云二十四分升之一則太少,一云二十兩則太多。"

郝氏曰:"溢、搤通,米盈握,言食少也。"

張氏曰:"'歠粥'三句,三日始食後之食節也。"

姜氏曰:"朝夕一溢米,王肅諸儒皆訓爲滿手曰溢,溢如字讀,有盈溢之象,其義最當。而鄭註乃訓爲'二十兩曰鎰',則以水旁之'溢'而訓爲金旁之'鎰',義既曲矣。又以二十兩輕重之權數而轉爲一升又二十四分升之一大小之量數,是益之曲也。"

世佐案,一溢,言其少也。孝子志在於哀,雖食而不求飽也。如鄭説,則一日之食二升有餘,不爲少矣。當以王肅諸儒之説爲正。

寢不脱絰帶。

疏曰:"絰帶在衰裳之上,而云'不脱',則衰裳在内不脱可知。"

敖氏曰:"喪莫重於絰帶,非變除之時及有故,則雖寢猶不敢脱,明其頃刻不忘哀也。"

世佐案,自"居倚廬"至此,皆既殯後未葬已前事。

---

① "一升也"三字非《小爾雅》正文,或爲舊注。

既虞，翦屏柱楣，寢有席，食疏食，水飲，朝一哭、夕一哭而已。

註曰："楣，謂之梁，柱楣所謂梁闇。疏，猶麤也。"

疏曰：《王制》云："天子七月而葬，諸侯五月而葬，大夫、士三月而葬。"葬時送形而往，迎魂而反，乃至適寢之中舊殯之處，爲虞祭以安之，《檀弓》云"葬日虞"是也。依《公羊傳》云天子九虞，諸侯七虞，大夫五虞，士三虞，今傳言"既虞"，謂九虞、七虞、五虞、三虞之後，乃改舊廬，西鄉開户，翦去户傍兩廂屏之餘艸。"柱楣"者，前梁謂之楣，楣下兩頭豎柱施梁，乃夾户傍之屏也。云"寢有席"者，謂蒲席加于苫上也。云"食疏食"者，用麤疏米爲飯而食之，明不止朝一溢、夕一溢而已，當以足爲度。云"水飲"者，恐虞後飲漿、酪之等，故云飲水而已。云"朝一哭、夕一哭而已"者，此當《士虞禮》卒哭之後，彼云"卒哭"者，謂卒去廬中無時之哭，唯有朝夕於阼階下有時之哭，《喪服》之中，三無時哭外，唯此卒哭之後，未練之前一節之間是有時之哭。註云"梁闇"者，《書傳》文。《喪服四制》云："高宗諒闇三年。"鄭註云："諒，古作梁。闇，讀如鶉鵪之鵪。闇，謂廬也，廬有梁者，所謂柱楣也。"

敖氏曰："屏，蔽也。朝一哭，夕一哭，於次中爲之，以是時既卒殯宫朝夕哭故也。言'而已'者，明次中之哭止於此，異於曏之晝夜無時者也。"

郝氏曰："虞，既葬始祭之名。既虞，則翦除倚廬屏蔽之草，加柱楣下，略脩飾也。"

張氏曰："既虞，謂葬畢卒哭後。"

世佐案，朝一哭，夕一哭，謂哭於殯宫也。敖云"於次中爲之"，非。是時雖卒親友朝夕之哭，而喪家朝夕哭自若也。至於廬中思憶之哭，發於孝子之情所不能已，無可卒去者，但其哀少殺於初，不必如未葬前之晝夜無時耳。疏云"卒去廬中無時之哭"，亦非。云"而已"者，見其殯宫之哭以是爲節，不得非時而入中門也。傳於未葬前言廬中之哭，於是言殯宫之哭，文互見也。自虞祭後，至小祥一年之中皆然。

既練，舍外寢，始食菜果，飯素食，哭無時。

註曰："舍外寢，於中門之外，屋下壘墼爲之，不塗墍，所謂堊室也。

素，猶故也，謂復平生時食也。斬衰不書受月者，天子、諸侯、卿、大夫、士虞卒哭異數。”

疏曰：云“既練，舍外寢”者，謂十三月服七升冠，世佐案，喪服變除之例，初服衰裳三升，冠六升者，練後當服七升衰裳，八升冠。此云“服七升冠”，蓋誤。男子除首絰而帶獨存，婦人除要帶而絰獨存，又練布爲冠，著繩屨，止舍外寢之中，不復居廬也。云“哭無時”者，謂練後堊室之中，或十日，或五日，思憶則哭。註云“舍外寢，於中門之外”者，練後不居舊廬，還於廬處爲屋，但天子五門，諸侯三門，得有中門，大夫、士唯有大門、内門，兩門而已，無中門而云“中門外”者，案《士喪禮》及《既夕》外位唯在寢門外，其東壁有廬、堊室，若然，則以門爲中門，據内外皆有哭位，其門在外内位中，故爲中門，非謂在外門、内門之中爲中門也。言“屋下壘墼爲之”者，東壁之所，舊本無屋而云屋下爲之者，謂兩下爲屋，謂之屋下，對廬偏加東壁，非兩下謂之廬也。云“不塗塈”者，謂翦屏而已，不泥塗塈飾也。云“所謂堊室”者，《間傳》云“父母之喪，既虞翦屏，期而小祥，居堊室”，彼練後居堊室，即此外寢也。云“復平生時食”者，此專據米飯而言也。天子以下，平常之食皆有牲牢魚腊，練後始食菜果，未得食肉飲酒，何得平常時食？以古者名飯爲食，與公食大夫者同音也。凡喪服，所以表哀，哀有盛殺，服乃隨哀以降殺。故初服粗，至葬後、練後、大祥後，漸細加飾。是以冠爲受，斬衰裳三升，冠六升，既葬後，以其冠爲受，衰裳六升，冠七升。小祥又以其冠爲受，衰裳七升，冠八升。自餘齊衰以下，受服之時，差降可知。然葬後有受服，有不受服。案下齊衰三月章及殤大功章皆云“無受”，正大功章即云“三月，受以小功衰即葛九月”，此斬衰章及齊衰章應言受月而不言，故鄭君特解之。案《雜記》云天子七月而葬，九月而卒哭；諸侯五月而葬，七月而卒哭；大夫三月而葬，五月而卒哭；士三月而葬，是月而卒哭。是天子已下，虞卒哭異數。尊卑皆葬訖反，日中而虞。天子九虞，諸侯七虞，大夫五虞，虞訖即受服，士三虞，待卒哭乃受服。必然者，以其大夫已上，卒哭在後月，虞在前月，日已多，是以虞即受服，不得至卒哭。士葬月卒哭與虞同月，故受服待卒哭後也。今不言受月者，《喪服》總包天子以下，若言七月，唯據天子，若言五月，唯據諸侯，皆不該上下。故周公設經，没去受服之文，亦見上下俱合故也。

敖氏曰：“哭無時者，既練，又變而不朝夕哭，唯哀至則哭而已，此哭亦在次中。凡哭有三無時，二有時：始死，未殯以前，哭不絶聲，一無時也；既殯以後，阼階下朝夕哭之外，有次中晝夜無時之哭，二無時也；既練之後，無次中朝夕之哭，唯哀至則哭，即此所云者，三無時也；既殯之後，卒哭之前，朝夕哭于阼階下，一有時也；卒哭之後，未練之前，朝夕哭于次中，二有時也。○案註云'復平生時食'，則傳之'飯'字，似當作'反'。"

郝氏曰："素食，無滋味之和也。"

張氏曰："練，十三月之祭。此日以練布爲冠服，故以名祭，即小祥也。"

世佐案，既練，不朝夕哭，唯有堊室中思憶之哭，十日、五日一爲之，哀又殺也。凡哭之疏數皆隨其哀之盛殺以爲節，約略分之，其變有四：未殯以前，哭不絶聲，一也；未葬以前，有殯宫朝夕哭，又有廬中晝夜無時之哭，二也；既虞以至于練，殯宫朝夕之哭自若，而廬中無時之哭則不若向之數數然矣，三也；自練後以至于終喪，改廬爲堊室，去殯宫朝夕之哭，而無時之哭亦間一爲之，四也。哭于殯宫者爲有時，於廬、堊室者爲無時，是又不因乎哀之盛殺也。舊説哭有三無時，一有時，敖氏又分爲三無時，二有時，皆未安。

父。

疏曰："周公設經，上陳其服，下列其人，即此文父已下，是爲其人服上之服者也。先陳父者，此章恩義竝設，義由恩出，故先言父也[①]。"

敖氏曰："此經爲父服，蓋主於士禮，大夫以上亦存焉。《中庸》曰：'父母之喪，無貴賤，一也。'"

傳曰：爲父何以斬衰也？父至尊也。

疏曰："天無二日，家無二尊。父是一家之尊，尊中至極，故爲之斬也。"

敖氏曰："云'何以斬衰'，怪其重也。凡傳之爲服而發問，有怪其重者，有怪其輕者，讀者宜以意求之。"

郝氏曰："父不言親，人皆知父親，而不知父尊，知父尊，而不知其爲至尊也。一氣初化，乾道資始，雖母亦後之，故曰'至尊'。凡禮，主敬而尚尊。聖人爲禮，以義制恩，人道所以别于禽獸，此也。故禮絶于事父，

---

① "父"，校本作"之"。

尊之至也。臣之事君,資之而已。"

諸侯爲天子。

疏曰:"此文在父下,君上者,以此天子不兼餘君,君中最尊,故特著文於上也[①]。"

傳曰:天子至尊也。

疏曰:"天子至尊,同於父也。"

郝氏曰:"此所謂資於事父以事之者也。"

君。

疏曰:"臣爲之服,此君内兼有諸侯及大夫,故文在天子下。"

傳曰:君至尊也。

註曰:"天子、諸侯及卿大夫有地者皆曰君。"

疏曰:案《周禮·載師》云"家邑任稍地,小都任縣地,大都任疆地"[②],是天子卿大夫有地者,若魯國季孫氏有費邑,叔孫氏有郈邑,孟孫氏有郕邑,晉國三家亦皆有韓、趙、魏之邑,是諸侯之卿大夫有地者皆曰君。士無臣,雖有地不得君稱,故僕隸等爲其喪[③],弔服加麻不服斬也。

朱子曰:"方喪無禫,見於《通典》。云是鄭康成説,而遍檢諸篇,未見其文,不敢輕爲之説。"

敖氏曰:"諸侯及公卿、大夫、士有臣者皆曰君。此爲之服者,諸侯則其大夫、士也。公卿、大夫、士,則其貴臣也。此亦主言士禮,以關上下,下放此。"

汪氏琬曰:"或問:'漢魏屬吏皆爲州郡將服君與舊君之服,而唐以後無之,何與?'曰:'漢魏之制,州郡皆得自辟其屬,雖服此服,可也。後世一命以上無不請於天子,受天子之爵,食天子之禄,州郡不得而臣之也。州郡既不得而臣之,則品秩崇卑雖異,皆其比肩事主者,而又何服焉?'"

---

① "上",原作"中",《儀禮經傳通解續》同,校本作"上",《要義》、陳本、閩本、監本、毛本同,據改。

② "疆",《通解續》、楊氏《圖》、陳本、閩本、監本、毛本同,校本"疆"作"畺",《要義》同,按《周禮·載師》作"畺"。

③ "爲其喪",楊氏、《經傳》同。"喪"字校本作"長",阮《校》曰:"陳、閩、《通解》俱作'喪',《要義》無。"

姜氏曰："君，謂王國之臣于天子，侯國之臣于諸侯，家臣于有采地者也。諸侯爲天子，見上矣。"

世佐案，《特牲禮》士亦有私臣，但分卑，不足以君之，故其臣不爲服斬也。敖説非。

父爲長子。

註曰："不言嫡子，通上下也。亦言立嫡以長。"

疏曰：言長子通上下，則適子之號唯據大夫、士，不通天子、諸侯。若言大子，則亦不通上下。云"亦言立嫡以長"者，欲見適妻所生皆名適子，第一子死，則取適妻所生第二長者立之，亦名長子。若言適子，唯據第一者，若云長子，通立適以長也。從《續通解》節本。

敖氏曰："爲之三年者，異其爲嫡，加隆之也。此嫡子也，不云嫡而云'長'者，明其嫡而又長，故爲之服此，而不降之也。疏衰三年章放此。後凡言嫡者，亦皆兼長言之，經文互見耳。"

傳曰：何以三年也？正體於上，又乃將所傳重也。庶子不得爲長子三年，不繼祖也。

註曰："此言爲父後者，然後爲長子三年，重其當先祖之正體，又以其將代己爲宗廟主也。庶子者，爲父後者之弟也。言庶者，遠别之也。《小記》曰：'不繼祖與禰。'此但言祖，不言禰，容祖禰共廟。"

疏曰：經云"繼祖"，即是爲祖後，乃得爲長子三年，鄭云"爲父後者，然後爲長子三年"，不同者，周之道，有適子無適孫，適孫猶同庶孫之例，要適子死後，乃立適孫，乃得爲長子三年，是"爲父後者，然後爲長子三年"也。兄得爲父後者是適子，其弟則是庶子，是爲父後者之弟，不得爲長子三年。此鄭據初而言，其實繼祖父[①]，身三世，長子四世乃得三年也。鄭註《小記》云"言不繼祖禰，則長子不必五世"者，鄭前有馬融之等，解爲長子五世，鄭以義推之，己身繼祖與禰，通己三世，即得爲長子斬，長子唯四世，不待五世，此微破馬融之義也。雖承重不得三年有四種：一則正體不得傳重，謂適子有廢疾，不堪主宗廟也；二則傳重非正體，庶孫爲後是也；三則體而不正，立庶子爲後是也；四則正而不體，立適孫爲後

① "祖父"，校本同，《要義》、陳本、閩本、監本、毛本皆作"父祖"。

是也。

有問："周制有大宗之禮，乃有立適之義。立適以爲後，故父爲長子三年。今大宗之禮廢，無立適之法，而子各得以爲後，則長子、少子當爲不異，庶子不得爲長子三年者，不必然也。父爲長子三年者，亦不可以適庶子論也。"朱子曰："宗子雖未能立，然服制自當從古，是亦愛禮存羊之意，不可妄有改易也。如漢時宗子法已廢，然其詔令猶存'賜民當爲父後者爵一級'，是此禮意猶在也，豈可謂宗法廢，而衆子皆得爲父後乎？"

敖氏曰："祖，謂别子也。繼祖者，大宗子也。記曰'别子爲祖，繼别爲宗'是也。此云'不繼祖'者，唯指大宗之庶子而言。若《小記》所謂'不繼祖與禰'者，則兼言大宗、小宗之庶子也。然經但云'父爲長子'耳，傳、記乃有庶子不繼祖禰，不得爲長子三年之説，亦似異於經。殤小功章云：大夫、公之昆弟爲庶子之長殤。公之昆弟爲其庶子服與大夫同，則爲其適子服亦三年，與大夫同，明矣。公之昆弟，不繼祖禰者也。而其服乃若是，則所謂'庶子不得爲長子三年'者，其誤矣乎？"

郝氏曰："父爲適長子喪，亦斬衰三年，蓋其父本宗子，繼祖禰之正體于上，又將以宗祀之重傳之，是以三年也。乃指父重，謂宗祀。庶子，謂父本庶子，非正適所生長子，亦無繼祖之重，則不得爲三年。《喪服小記》云'庶子不爲長子斬。不繼祖與禰故也'。"又曰："'父爲子喪，如父'，義未甚協。"

世佐案，子爲父母三年，父母爲子期，服之正也。爲長子三年，以其承祖之重而加隆焉爾[①]，此尊祖敬宗之義，通乎上下者也。云"正體于上"者，明其父之爲適長也。云"又乃將所傳重也"者，明其子之亦爲適長也。重，謂宗祀也。庶子不得祭，即不得爲長子三年，以其無重可傳也。庶子，不爲父後者也。云"不繼祖"者，指其子而言也。然則爲長子三年，五宗皆得行之矣。雖繼禰之宗，亦得爲長子三年者，以身既繼禰，即得主禰廟之祭，是亦有傳重之道故也。《小記》所謂"不繼祖與禰"者，亦謂庶子不繼禰，而庶子之長子不繼祖耳。先儒考之弗審，因謂適適相承，必至四世乃得三年，失其義矣。經但云"父爲長子"，而不别父之適庶，故傳、記爲發明之，此傳、記之所以有功于經也。

---

① "祖"字下，校本有"宗"字。

爲人後者。

疏曰：此出後大宗，其情本疏，故設文次在長子之下也。雷氏云："此文當云'爲人後者爲所後之父'，闕此五字者，以其所後之父或早卒，今所後其人不定，或後祖父、或後曾高祖，故闕之也。"

敖氏曰："不言爲所後之父者，義可知也。禮，大宗子死而無子，族人乃以支子爲之後。"

傳曰：何以三年也？受重者必以尊服服之。

敖氏曰："此釋經意也。重，謂宗廟之屬。尊服，謂斬衰。"

郝氏曰："傳問'何以三年'，疑其與親生者有閒也。受重，謂繼宗祀。"

何如而可爲之後？同宗則可爲之後。

疏曰："大宗子當收聚族人，非同宗則不可謂同承别子之後，一宗之内，若别宗同姓，亦不可以其收族故也。"

敖氏曰："此言當爲同宗者後也。自是以下，又覆言爲人後之義。"

郝氏曰："爲後者必同宗，爲其初本一體也。"

何如而可以爲人後？支子可也。

疏曰：云"支子可也"者，以其他家適子當家，自爲小宗，小宗當收斂五服之内，亦不可闕，則適子不得後他，故取支子。支子，則第二已下庶子也。不言庶子，云"支子"者，若言庶子，妾子之稱，言"言"，當作嫌。謂妾子得後人，則是適妻第二已下子不得後人[①]，是以變庶言支，支者，取枝條之意，不限妾子而已。適子既不得後人，則無後亦當有立後之義也。

敖氏曰："必支子者，以其不繼祖禰也。"

爲所後者之祖父母、妻、妻之父母、昆弟、昆弟之子，若子。

註曰："若子者，爲所爲所後之親如親子。"

疏曰：死者祖父母，則爲後者之曾祖父母。妻，即爲後者之母也。妻之父母、妻之昆弟、妻之昆弟之子，於爲後者爲外祖父母及舅與内兄弟，皆如親子爲之服也。從《集説》節本。

---

① "則是適妻第二已下子"，《通解續》同，"則是"二字校本無，《集説》、陳本、閩本、監本、毛本同，"子"字校本在"二"字之下，《集説》同。

敖氏曰:“言妻之昆弟,以見從母。言妻之昆弟之子,以見從母昆弟也。此於尊者唯言所後者之祖父母,於親者唯言所後者之妻,蓋各舉其一,以見餘服也。至於其妻之父母以下乃備言之者,嫌受重之恩主於所後者,而或略於其妻黨也。其妻黨之服且如是,則於所後者之親服益可知矣。經見爲人後者如子之服僅止於父,故傳爲凡不見者言之,又詳。此傳言爲人後者爲所後者祖父母服,則是所後者死,而其祖父若父或猶存。於祖父若父猶存,而子孫得置後者,以其爲宗子故爾。蓋尊者已老,使子孫代領宗事,亦謂之宗子,所謂‘宗子不孤’者也。非是,則無置後之義。”

顧氏炎武曰:“此因爲人後而推言之。所後者有七等之親,皆當如禮而爲之服也。所後之祖,我之曾祖也。父母,我之祖父母也。妻,我之母也。妻之父母,我之外祖父母也。因妻而及,故連言之,取便文也。昆弟,我之世、叔父也。昆弟之子,我之從父昆弟也。若,及也。若子,我之從父昆弟之子也。《正義》謂‘妻之昆弟、妻之昆弟之子’者,非。鄭以‘若子’爲如親子,但篇末又有‘兄弟之子若子’之文,當同一解。”

世佐案,祖,祖父母也。唯言祖,文省耳[①]。所後者之祖父母爲後者當服齊衰三月,若所後者及所後者之父皆没,則爲曾祖父服斬,曾祖母齊衰三年。曾祖父在,則爲曾祖母服如父在爲母。父母爲後者當服不杖期,若所後者已没,則爲祖父服斬,祖母齊衰三年,祖父在,則爲祖母服如父在爲母。爲人後矣,而傳乃陳爲所後者之祖若父之服,所以見爲宗子而死,雖祖若父猶存,亦得置後也,且容有生而置後者也。《特牲饋食禮》云:“嗣舉奠。”註云:“嗣,主人將爲後者。”疏云:“不言適,而言‘將爲後’者,欲見無適長,立庶子及同宗爲後。”皆是生而置後之證。妻爲後者當服齊衰杖期,若所後者已没,則爲之齊衰三年。妻之父母爲後者當服小功,於所後者之妻黨舉一父母,則其他可知矣。言此于本宗之上,文便也。昆弟爲後者當服不杖期。所後者,大宗子也,而有昆者,謂庶兄,或適有廢疾,不堪主宗廟也。昆弟之子爲後者當服大功。若,如也。如子者,謂爲後者爲此六等之親服,皆如所後者之親子也,傳因爲人後者之服連類及之,以補經之未備,而其言之詳略亦各有義焉。於正統之親悉數之,於旁親舉一昆弟以例夫與父同行

① “文省”二字,校本互乙爲“省文”。

者，舉一昆弟之子以例夫與己同行者，下此則略而不言，尊卑之差也。六者之中，本宗居其五，外親居其一，内外之辨也。註、疏及顧説互有得失，故備論之。

妻爲夫。

疏曰："自此已下，論婦人服。婦人卑於男子，故次之。"

傳曰：夫至尊也。

疏曰：妻者，齊也，言與夫齊也。"夫至尊"者，雖是體敵齊等，以其在家天父，嫁出則天夫，是男尊女卑之義，故同之於君父也。從《集説》節本。

敖氏曰："此亦主言士妻之禮，以通上下。凡婦人之爲服者，皆放此。"

妾爲君。

疏曰："妾賤于妻，故次妻後。"

張氏《監本正誤》云："'妾爲君'，'爲'誤作'謂'。"

傳曰：君至尊也。

註曰："妾謂夫爲君者，不得體之，加尊之也，雖士亦然。"

疏曰：《内則》云"聘則爲妻，奔則爲妾"，鄭註云"妾之言接，聞彼有禮，走而往焉，以得接見於君子"，是名妾之義，但其竝后匹適，則國亡家絶之本，故深抑之，别名爲妾也。既名爲妾，故不得名壻爲夫，故加其尊名，名之爲君也。云"雖士亦然"者，士身不合名君，至於妾之尊夫，與臣無異，是以雖士妾，得稱夫爲君。

敖氏曰："妾與臣同，故亦以所事者爲君。《春秋傳》曰：'男爲人臣，女爲人妾。'"

郝氏曰："妾，接也。君，主也。妾不敢匹適，故稱夫爲君。妻從夫，如子從父。妾事夫，如臣事君。其尊同，其服同。"

女子子在室爲父。

註曰："女子子者，子女也，别於男子也。言在室者，關已許嫁。"

疏曰：關，通也。通已許嫁者，女子子十五許嫁而笄，與丈夫二十而冠同，則同成人矣。身既成人，亦得爲父服斬也。雖許爲成人，及嫁要至二十乃嫁於夫家也。

敖氏曰："女子，猶言婦人也。云'女子子'者，見其有父母也。在室，在父之室也，與不杖期章適人者對言。"

郝氏曰："男女稱子，對父母爲子也。女子重稱子，別于男子之爲子也。女子既嫁，爲其父母期。已嫁，反在父室，父喪，亦斬衰三年。"

顧氏曰："註言'在室者，關已許嫁'，關，該也，謂許嫁而未行，遭父之喪，亦當爲之布總，箭笄，髽三年也。《内則》曰：'有故，二十三年而嫁。'《曾子問》孔子曰'女在塗，而女之父母死，則女反'是也。"

世佐案，女子子在室與男子同，未嫁，無可降也。此謂成人而未嫁者也，其未成人者服同，唯不杖爲異。《小記》云："女子子在室爲父母，其主喪者不杖，則子一人杖。"然則未成人而有男昆弟者皆不杖，可知矣。

布總、箭笄、髽、衰三年。

註曰："此妻、妾、女子子喪服之異於男子者。總，束髮。謂之總者，既束其本，又總其末。箭笄，篠也。髽，露紒也，猶男子之括髮。斬衰括髮以麻，則髽亦用麻也。蓋以麻自項而前交於額上，卻繞紒，如著幓頭焉。《小記》曰：'男子冠而婦人笄，男子免而婦人髽。'凡服，上曰衰，下曰裳。此但言衰，不言裳，婦人不殊裳。衰如男子衰，下如深衣。深衣則衰無帶下，又無衽。"

疏曰：上文不言布，不言三年，至此言之者，上以哀極，故没其布名與年月，至此須言之也。上文經，至練有除者，此三者竝終三年乃除之。案《喪服小記》云婦人帶、惡笄以終喪，彼謂婦人期服者，帶與笄終喪，此斬衰帶亦練而除，笄亦終三年。經之體例，皆上陳服，下陳人，此服之異在下言之者，欲見與男子同者如前，與男子異者如後，故設文與常不例也。上文列服之中，冠繩纓非女子所服，此布總、笄、髽等亦非男子所服，是以爲文以易之也。"布總"者，只爲出紒後垂爲飾者而言，以其布總六升，與男子冠六升相對故也。髽有二種，案《士喪禮》曰"婦人髽於室"，註云"始死，婦人將斬衰者去笄而纚，將齊衰者骨笄而纚。今言髽者，亦去笄纚而紒也，齊衰以上至笄猶髽。髽之異於括髮者，既去纚而以髮爲大紒，如今婦人露紒，其象也。其用麻布，亦如著幓頭然"，是婦人髽之制也。二種者，一是未成服之髽，即《士喪禮》所云者是也，將斬衰者用麻，將齊衰者用布二者；成服之後露紒之髽，即此經註是也。云"斬衰括髮以麻，則髽亦用麻"者，案《喪服小記》云"斬衰括髮以麻，免而以布"，男子髻髮與免用布有文，婦人髽用麻布無文。鄭以男子髻髮，婦人髽，同在小斂之節，明用物與制度亦應不殊。引《喪服小記》者，證經"箭笄"是與男冠相對之物也。云"男子免而婦人髽"者，亦《小記》文。此免既齊衰已下用布，則髽自齊衰以下亦同用布也。但男子陽，多變，斬衰名括髮，齊衰以下名免；婦人陰，少變，故齊斬婦人同名髽。案《士喪禮》鄭註云"衆主人免者，齊衰將袒，以免代冠。免之制未聞，舊説以爲如冠狀，廣一寸"，亦引《小記》括髮及漢幓頭爲説，則括髮及免與髽三者，雖用麻、布不同，皆如著幓頭不別。若然，成服以後，斬衰至緦麻皆冠如著幓頭，婦人皆露紒而髽也。云"婦人不殊裳"者，案《周禮·内司服》王后六服，皆單言衣，不言裳，以連衣裳，不別見裳，則此喪服亦連裳於衣，衰亦綴於衣，故直名衰也。云"衰如男子衰"者，亦如記所云"凡衰，外削幅"以下之制，如男子衰也。"下如深衣"者，如深衣六幅，破爲十二，闊頭嚮下，狹頭嚮上，縫齊倍要也。云"深衣則衰無帶下"者，按記云"衣帶下尺"，註云"衣帶下尺者，要也。廣尺，足以掩裳上際也"，今此裳既縫著衣，不見裹衣，故不須要以掩裳上際也。云"又無衽"者，記云"衽，二尺有五寸"，註云"衽，所以掩裳際也"，彼據男子裳前三幅，後四幅，開兩邊，露裹衣，是以須衽屬衣兩旁垂之，以掩交際之處，此既下如深衣，縫之以合前後，兩邊不開，故不須衽以掩之也。案《深衣》云"續衽鉤邊"，彼吉服深衣，須有曲裾之衽，此婦人凶服，雖如深衣，亦無深衣之衽也。

孔氏曰：髽者形有多種，有麻、有布、有露紒也，其形有異，同謂之髽也。今辨男女並何時應著此免髽之服，男子之免乃有兩時，而唯一種。婦人之髽則有三，其麻髽之形與括髮如一，以對男子括髮時也。斬衰括髮以麻，則婦人于時髽亦用麻也。男子括髮，先去冠縰用麻，婦人亦去笄縰用麻。又知有布髽者，案此云男子免對婦人髽，男免既用布，則婦人髽不容用麻也。是知男子爲母免，則婦人布髽也。知有露紒髽者，《喪服傳》云："布總、箭笄、髽衰三年。"明知此服並以三年，三年之内男不恒免，則婦人不用布髽，故知恒露紒也，故鄭註《喪服》云："髽，露紒也。"且《喪服》所明，皆是成服後，不論未成服麻布髽也。何以知然？《喪服》既不論男子之括免，則不容説女服之未成義也。既言"髽衰三年"，益知恒髽是露紒也。又就齊衰輕，期髽無麻布。何以知然？案《檀弓》："南宫縚之妻之姑之喪，夫子誨之髽曰：'爾無總總爾，爾無扈扈爾。'"是但戒其高大，不云有麻布别物，是知露紒悉名髽也。又案《奔喪》云“婦人奔喪東髽”，鄭云“謂姑姊妹、女子子也”，“去纚大紒曰髽”，若如鄭旨，既謂是姑姊妹、女子子等，還爲本親父母等，唯云“去纚大紒”，不言布麻，當知期以下無麻布也。然露紒恒居之髽則有笄，何以知然？案笄以對冠，男在喪恒冠，婦則恒笄也。故《喪服》“婦爲舅姑惡笄有首以髽”，鄭云“言以髽，則髽有著笄者明矣”，以兼此經註，又知恒居笄而露紒髽也。此三髽之殊，是皇氏之説，今考校以爲正有二髽：一是斬衰麻髽，二是齊衰布髽，皆名露紒。必知然者，以《喪服》女子子在室爲父箭笄、髽衰，是斬衰之髽用麻，鄭註以爲露紒，明齊衰用布，亦謂之露紒髽也。“其義爲男子則免，爲婦人則髽”者，以其義於男子則免，婦人則髽，獨以别男女而已，非别有義也。賀瑒云：“男去冠，猶婦人去笄。”義盡於此，無復别義也。此《喪服小記》疏，今從《續通解》節録。

陸氏佃曰：“婦人笄，猶男子之冠，故司馬子期曰：‘吾有妾，而愿欲笄之，可乎？’《喪服傳》曰：‘女子子適人者爲其父母，婦爲舅姑，惡笄有首以髽。卒哭，子折笄首以笄，布總。’蓋曰‘以笄’，則其主在笄。‘以髽’，則雖有笄焉，非笄之正。”

方氏慤曰：“男子所以冒首者謂之冠，婦人所以貫髪者謂之笄，此特言其吉而已。及凶而變焉，男子則去冠而免，婦人則去笄而髽也，故曰‘男子免而婦人髽’。蓋有冠則首服，去冠則免，故去冠以麻繞之，謂之免。有笄則髪立，去笄則髽，故去笄以麻繞之，謂之髽。若夫男子成服，則亦有冠焉，所謂厭冠是也。婦人成服，則亦有笄焉，所謂惡笄是也。然則喪之或免或髽者，豈有他哉，特以辨男女之義而已。”

黄氏曰：“自斬至緦成服皆布總。始死，婦人皆縞總，今此成服，則用布爲之。其布之升數，象男子冠數。其長，則斬衰總長六寸，期總八寸，大功總亦八寸，小功、緦麻同一尺，吉總當尺二寸也。“期”以下皆孔疏云。布總終喪，婦人相弔者素總，所謂素者，布歟？縞歟？未詳。箭篠，竹也，以箭篠爲笄也。始死，將斬衰，婦人去笄，至男子括髪著麻髽之時猶不笄。今成服，始用箭笄。箭笄長尺，婦人箭笄終喪，婦人闕一字有除無變也[①]。唯妾爲君之長子，雖服斬衰，不著箭笄。髽之制，先儒所釋各不同，今條具在

① 據《通解續》，“婦人”下闕字或爲“質”。

下。士《喪服》篇註云:‘髽,露紒也,猶男子之括髮。斬衰括髮以麻,則髽亦用麻。以麻者自項而前交於額上,却繞紒,如著幓頭焉。’賈氏疏曰:髽有二種:一是未成服之髽,即《士喪禮》所云‘將斬衰者用麻,將齊衰者用布’是也;二者,成服之後露紒之髽是也。又云:自斬至緦,‘婦人皆露紒而髽’。《喪服小記》孔氏疏引皇氏之説曰:婦人之髽有三,有麻、有布、有露紒也。其形雖異,皆謂之髽也。一則麻髽,謂斬衰括髮以麻,則婦人于時髽亦用麻是也。二者布髽,謂男子免對婦人髽,男免既用布,則婦人不容用麻也,是知男子爲母免時,則婦人布髽。三者,露紒之髽,謂闕一字《喪服》經云[①]:‘髽衰三年。’三年之内,男不恒免,則婦人必不恒用布髽,故知恒露紒也。又就齊衰輕,期,髽無麻布,雖女子子適人者爲本親父母髽,亦無麻布,是知露紒悉名髽也。又云然恒居露紒之髽則有笄,孔疏雖引皇氏之説,則又駁之曰:‘今考校正有二髽,一是斬衰麻髽,二是齊衰布髽,皆名露紒。’其將斬衰者,於男子括髮之時,則以麻爲髽,其將齊衰者,於男子免時,則以布爲髽,及葬之時,婦人之髽則與未成服之時同。其大功以下則無髽闕一字[②]。今考三説,互有得失,更當闕一字詳闕一字[③]。《喪服四制》云:‘秃者不髽。’〇又案襄公四年:‘臧紇救鄫侵邾,敗於狐駘,國人逆喪者皆髽,魯於是乎始髽。’注:‘髽,麻髮合結也。遭喪者多,故不能備凶服,髽而已。’疏曰:‘髽之形制,禮無明文,先世儒者各以意説。鄭衆以爲枲麻與髮相半結之,馬融以爲屈布爲(布)〔巾〕[④],高四寸,著於顙上。鄭康成以爲去纚而紒。案《檀弓》記稱南宫縚之妻,孔子之兄女也。縚母喪,孔子誨之髽曰:“爾毋從從爾,爾毋扈扈爾。”鄭康成云:“從從,謂太高;扈扈,謂太廣。”若布高四寸,則有定制,何當慮其從從、扈扈而誨之哉?如鄭康成云纚而空露其紒,則髮上本無服矣。《喪服》女子在室,爲父髽衰三年。空露紒髮,安得與衰共文,而謂之“髽衰”也?魯人逆喪皆髽,豈直露紒迎喪哉?凶服以麻表,髽字從髟,是髮之服也。杜以鄭衆爲長,故用其説,言“麻髮合結”,亦當麻髮半也。於時魯師大敗,遭喪者多

① 據《通解續》,“謂”下闕字爲“如”。

② 據《通解續》,“髽”下闕字爲“矣”。

③ 據《通解續》,“當”下闕字爲“加”,“詳”下應無闕字。

④ “屈布爲巾”,“巾”原作“布”,校本同,不辭。《通解續》及《春秋左傳正義》作“巾”,應據改。

婦人,迎子、迎夫,不能備其凶服,唯髽而已。同路迎喪,以髽相弔。傳言"魯於是始髽"者,自此以後遂以髽爲弔服,雖有吉者,亦髽以弔人。《檀弓》曰:"魯婦人之髽而弔也,自敗於臺鮐始也。"鄭康成云:"時家家有喪,髽而相弔。"知於是始髽者,始用髽相弔也。'"

敖氏曰:"髽者,露紒之名也。此主言成服以後之禮。然當髽者自小斂之時則然矣,故《士喪禮》卒斂,'婦人髽于室',自此以至終喪不變也。此言笄、總、髽衰,皆所以示其異於男子,則與男子同者,絰、帶、杖、屨也。《士喪禮》曰'婦人牡麻絰,結本',是亦婦人斬衰要絰之異者,此不見之者。以經唯主言首絰,故略之。"

郝氏曰:"總,以布覆髮,猶男子之冠用六升布。笄,簪也。箭,小竹以卷髮。男子斬衰,始死,投冠脱髦括髮,齊加絻。女子斬、齊衰皆髽。男子成服加喪冠,女子成服加惡笄、布總。"

汪氏琬曰:"或問:'婦人可以不衰乎?'曰:'不可。服以飾情,情貌相配,吉凶相應,故衰之爲服,所以表中誠也。婦人者,何獨不然?由是言之,是雖旁親,猶不可以不衰,而況妻爲夫,妾爲家長,女子子爲父母乎?'"

世佐案,髽與括髮、免,皆以麻若布繞額,而露其髻之名。制同而名異,所以别男女也。《既夕》云"丈夫髽",《喪服四制》云"秃者不髽",是髽又男女之通稱矣。男子之括髮、免皆因事而爲之,婦人則髽以終喪,婦人少變也。括髮、免者必去冠,髽可以不去笄,亦其異也。説又見《士喪禮》及《既夕》。

傳曰:總六升,長六寸,箭笄長尺,吉笄尺二寸。

註曰:"總六升者,首飾象冠數。長六寸,謂出紒後所垂爲飾也。"

疏曰:"云'箭笄長尺,吉笄尺二寸'者,此斬之笄用箭。下記云'女子子適人爲父母,婦爲舅姑用惡笄',鄭以爲榛木爲笄,則《檀弓》南宫縚之妻之姑之喪,云'蓋榛以爲笄'是也。吉時,大夫、士與妻用象,天子、諸侯之后夫人用玉爲笄。今於喪中,唯有此箭笄及榛二者,若言寸數,亦不過此二等。以其斬衰尺,'吉笄尺二寸',《檀弓》南宫縚之妻爲姑'榛以爲笄',亦云一尺,則大功以下不得更容差降。鄭註《小記》云:'笄所以卷髮。'既直同卷髮,故五服略爲一節,皆用一尺而已。是以女子子爲父母既用榛笄,卒哭之後,折吉笄之首,歸於夫家,以榛笄之外無可差降,故用吉笄也。”又曰:“此斬衰總六寸,南宫縚妻爲姑總八寸。以下雖無文,大功當與齊同八寸,緦麻、小功同一尺,吉總當尺二寸,與笄同也。”

敖氏曰:“‘總六升’,亦但指卒哭以前者也。其卒哭以後,當與男子受冠之布同七升,既練,則八升也。”

郝氏曰:“總止六寸[①],取覆髽耳。喪笄比吉笄短二寸,獨于此詳者,因明婦人爲斬衰首服所異于男子者。”

張氏曰:“‘總六升’,註云‘象冠數’,謂象斬衰冠之數,餘服當亦各象其冠布之數。‘長六寸’,註知其指紒後者,以其束髮處人所不見,無寸可言也。”

子嫁,反在父之室,爲父三年。

註曰:“謂遭喪後而出者。始服齊衰朞,出而虞,則受以三年之喪受。既虞而出,則小祥亦如之,既除喪而出則已。凡女,行於大夫以上曰嫁,行於士、庶人曰適人。”

疏曰:嫁女爲父五升衰,八升總。虞後,受以八升衰,九升總。今未虞而出,虞後受服,當與在室之女同以三年之喪受。三年之喪,始死三升衰裳,六升冠。既葬,以其冠爲受,六升衰裳,七升冠。此被出之女,亦受以衰六升,總七升也。既虞而出,已受以出嫁齊期之受矣,至小祥後練祭,乃受以衰七升,總八升,與在室之女同。若既小祥而出,以其嫁女本爲父母期,至此已除,則不復更爲父母著服也。又曰,若天子之女嫁於諸侯,諸侯之女嫁於大夫,出嫁爲夫斬,仍爲父母不降,以其外宗、内宗及與諸侯爲兄弟者,爲君皆斬,明知女雖出嫁,爲君不降。從《句讀》節本。

孔氏曰:“女出嫁,爲父母期。若父母喪未小祥,而被夫遣歸,值小祥,則隨兄弟服三年之受。既已絶夫族,故其情更隆於父母也。若父母喪已小祥,而女被遣,其期服已除,若反本服,須隨兄弟之節。兄弟小祥之後無服變之節,故女遂止也。未練而反則期者,謂先有喪而爲夫所出,今未小祥而夫命己反,則還夫家,至小祥而除,是依期服也。既練而反,則遂之者,若還家,已隨兄弟小祥服三年之受,而夫反命之,則猶遂三年乃除,隨兄弟故也。”

敖氏曰:“子,女子子也,承上經而言,故但云‘子’,省文耳,非經之正

---

① “總止六寸”,校本同,《節解》“總”下有“長”字。

例也。又云'嫁',則爲女子子無嫌,亦可以不必言女。經於他處凡言'子'者,皆謂男子,言'反在父之室',明其見出於父存之時也。著之者,嫌與未嫁者異也。此喪父與未嫁者同,則其爲母以下亦如之,可知經特於此發之也。凡女,行於人其爲妻者曰'嫁',兼爲妾者言之,曰'適人',此唯言'嫁'者,省文耳。自父以下,凡爲此女服者,亦皆從其本服。"

郝氏曰:"'子嫁反'以下,明此女子非未嫁之女。未嫁與子同該首章爲父例,此既嫁反者也。既嫁從夫,無夫反,則父爲所天,故喪父三年,與子同。"

姜氏曰:"此條經意本謂被出而父没者之服,而記因以父没而出者之服例推之耳,則單指父没而出者言之,蓋記義,非經義也。"

世佐案,女子嫁而降其本宗之服,婦人之義,内夫家而外父母家也。被出而歸,仍與未嫁者同,以其與夫絶族也。此經所陳,兼未遭喪而出,及遭喪未練而出者言也。言三年而不言所服,容遭喪而出,則其初喪之服或不盡同于在室者也。若其遭喪而出,出而復反者,變除之節則《小記》論之詳矣。記云:"爲父母喪,未練而出則三年,既練而出則已。未練而反則期,既練而反則遂之。"又案,此條本屬經文,郝氏乃以爲傳,則是以傳文分屬經下者誤之也。

公、士、大夫之衆臣爲其君布帶、繩屨。

註曰:"士,卿士也。公、卿、大夫厭於天子、諸侯,故降其衆臣布帶、繩屨。貴臣得伸,不奪其正。"

疏曰:云"士,卿士也"者,以其在公之下,大夫之上,當卿之位也。《典命》大國立孤一人,諸侯無公,以孤爲公。"降其衆臣布帶、繩屨"二事,其餘服、杖、冠、絰則如常也。其布帶則與齊衰同,其繩屨則與大功等也。"貴臣得伸",依上文,絞帶、菅屨也。從楊氏《圖》節本。

李氏微之曰:"以傳考之,疑'士'即'卿'字,傳寫誤也。"

敖氏曰:"此亦以其異,故著之,且明異者之止於是也。公,即所謂諸公也。公卿大夫,亦仕於諸侯者也。其衆臣爲之布帶、繩屨,降於爲君之正服,所以辟貴臣而不敢與之同也。蓋此君之尊殺於國君,故其臣之爲服者,得以分别貴賤也。"

郝氏曰:"公士,謂諸侯之士與大夫之衆家臣,各爲其君斬衰三年,但加布帶,與齊衰以下同。屨,麻繩不用菅,與不杖期以下同。蓋爵貴者恩重盡服,爵卑者恩殺服損也。"

姜氏曰:"註疏殆誤。本章緣臣有貴賤,故服有隆殺。經蓋言衆臣非貴臣比,故帶屨與苴帶、菅屨殊,而傳因言其非貴臣比,故雖服杖,亦不與之俱即位耳。若謂卿、大夫厭于君而降之,必無降衆臣而反不降貴臣之理。若又謂其君卑,衆臣乃即位,尊即不即位,則又豈君尊即不爲王侯厭,而君卑獨爲厭乎?其誤甚矣。"

世佐案,公士,公家之士,《玉藻》云"公士擯"是也。大夫,兼公卿而言。大夫之衆臣,謂私臣之賤者。其君,謂此二等之人之君也。公士君諸侯,大夫之衆臣君大夫,二者亦斬衰三年,而於其帶與屨少殺之者,則以其疏且賤故也。舊解誤,今依郝説正之。

傳曰:公、卿、大夫室老、士,貴臣,其餘皆衆臣也。君,謂有地者也,衆臣杖,不以即位。近臣,君服斯服矣。繩屨者,繩菲也。

註曰:"室老,家相也。士,邑宰也。近臣,閽寺之屬。君,嗣君也。斯,此也。近臣從君,喪服無所降也。繩菲,今時不借也。"

疏曰:公、卿、大夫或有地,或無地,衆臣爲之皆有杖,但無地公、卿、大夫其君卑,衆臣皆得以杖,與嗣君同即阼階下朝夕哭位,若有地公、卿、大夫其君尊,衆臣雖杖,不得與嗣君同即哭位,下君故也。漢時謂繩菲爲"不借"者,此凶屨,不得從人借,亦不得借人也。

敖氏曰:"室老,家臣之長者也。士,凡士之爲家臣者皆是也。衆臣杖,不以即位,亦異於貴臣也。然則貴臣得以杖與子同即位者,亦以其尊少貶故也。經唯言公卿大夫爾,而傳以有地者釋之,則無地者其服不如是乎?似失於固矣。近臣君服斯服,乃諸侯之近臣從君服者也,傳言於此,亦似非其類。"

郝氏曰:"公卿,諸侯之卿大夫。室老,大夫家臣之長。士,大夫之邑宰,此皆貴臣,得盡服,餘皆衆臣,布帶、繩屨也。有地,謂諸侯有社稷,大夫有采邑。衆臣布帶、繩屨皆杖,但不以杖即位,異于貴臣杖即位也。近臣,閽寺之屬,恩禮又殺于衆臣,服無等,唯視嗣君服服耳。菲,即屨也。"

張氏曰:"傳言公卿大夫之家臣,唯家老與邑宰二者是貴臣,其餘皆衆臣,經所言'爲其君布帶、繩屨'者,皆是屬也。公卿大夫,有有地,有無地,此所謂君,謂有地者也。有地者,其衆臣又不但帶屨有別,雖有杖,不得與嗣君同即東階下朝夕哭位，無地者之臣則得以杖即位。若夫近君之小臣，又與衆臣不同，嗣君所服，近臣斯服之矣。"

姜氏曰："傳又言'近臣'者，亦見賤非貴比，但以近君，從而爲服耳。若如疏義，毋論理不足，即上下文義亦失矣。"

世佐案，公卿大夫，諸侯之貴臣也。室老，士大夫之貴臣也。貴臣於其君恩深義重，故其服一同于父而無所殺。若其餘，則不能無所殺矣。公士，亦諸侯之衆臣也，故其服諸侯與大夫之衆臣爲大夫服同。有地者，兼諸侯大夫言也。衆臣杖不以即位，見其異于貴臣者，不止於帶與屨也。此唯謂諸侯之衆臣耳，若大夫之衆臣，則不杖。《檀弓》云："公之喪，諸達官之長杖。"《喪大記》云："君之喪三日，子夫人杖。五日既殯，授大夫世婦杖。"《四制》云："三日授子杖，五日授大夫杖，七日授士杖。"是諸侯之貴臣、衆臣同有杖，而衆臣不以即位爲異也。《大記》又云："大夫之喪，三日之朝，既殯，主人、主婦、室老皆杖。"孔疏云："死後三日，既殯之後乃杖。應杖者三日悉杖也。"此於家臣之杖唯言室老，而不及其餘，則大夫之衆臣不杖明矣。近臣，亦謂諸侯之親臣，左右僕從皆是。君，嗣君也。"君服斯服"者，從君而服，不得有異也。近臣卑于貴臣，恩義亦淺，而其服乃無所降者，以其從君，故不從衆臣之例也。傳于衆臣之中又别出近臣一等，亦補經所未備。《服問》云"君之母非夫人，則羣臣無服，唯近臣及僕驂乘從服，唯君所服服也"，是亦近臣從服與羣臣異之事也。

右斬衰三年。

黄氏曰："漢文帝遺制，革三年之喪。其令天下吏民：'令到出臨三日皆釋服。殿中當臨者，皆以旦夕各十五舉音，禮畢，罷。非旦夕臨時，禁無得擅哭。臨服大紅'紅'與'功'同。十五日，小紅十四日，纖七日，釋服。他不在令中者，皆以此令比類從事。布告天下，使明知朕意，喪期之制，自後遵之不改。'應劭曰：'凡三十六日而釋服，此以日易月也。'師古曰：'此喪制者，文帝自率己意創而爲之，非有取於周禮也。何爲以日易月乎？三年之喪，其實二十七月，豈有三十六月之文。應氏既失之於前，而近代學者因循繆説，未之思也。'成帝時，丞相翟方進母終，既葬三十六日，除服視事，自以爲身備漢相，不敢逾國典。然而原涉行父喪三年，名彰天下。河閒惠王行母喪三年，詔書褒稱，以爲宗室儀表。是則喪制三年能行者，貴之矣。○後漢安帝元初三年十一月丙戌，初聽大臣二千石、刺史行三年喪。○晉武帝居文帝喪，臣民皆從權制，三日除服。既葬,帝亦除之,然猶素冠疏食,哀毁如居喪者。秋八月,帝將謁崇陽陵。羣臣奏言,秋暑未平,恐帝悲感摧傷。帝曰:'朕得奉瞻山陵,體氣自佳耳。'又詔曰:'漢文不使天下盡哀,亦帝王至謙之志。當見山陵,何心無服?'其議以衰絰,從行羣臣自依舊制。尚書令裴秀奏曰:'陛下既除而復服,義無所依。若君服而臣不服,亦未敢安也。'詔曰:'患情不能跂及耳,衣服何在。諸君勤勤之至,豈苟相違。'遂止。中軍將軍羊祜謂傅玄曰:'三年之喪,雖貴遂服,禮也。而漢文除之,毁禮傷義。今主上至孝,雖奪其服,實行喪禮。若因此復先王之法,不亦善乎?'玄曰:'以日易月,已數百年,一旦復古,難行也。'祜曰:'不能使天下如禮,且使主上遂服,不猶愈乎?'玄曰:'主上不除而天下除之,此爲但有父子,無復君臣也。'乃與羣臣奏請易服復膳,詔曰:'每感念幽冥,而不得終苴絰之禮,以爲沉痛,况當食稻衣錦乎?適足激切其心,非所以相解也。朕本諸生家傳禮來久,何至一旦便易此情于所天?相從已多,可試省孔子答宰我之言,無事紛紜也。'遂以疏素終三年。○司馬光曰:'三年之喪,自天子達于庶人,此先王禮經,百世不易者也。漢文師心不學,變古壞禮,絶父子之恩,虧君臣之義,後世帝王不能篤於哀戚之情,而羣臣諂諛,莫肯釐正。至於晉武,獨以天性矯而行之,可謂不世之賢君。而裴、傅之徒固陋庸臣,習常玩故,不能將順其美,惜哉。'○泰始十年八月,葬元皇后于峻陽陵,帝及羣臣除喪即吉。博士陳逵議,以爲今時所行漢帝權制,太子無有國事,自宜終服。尚書杜預以爲,古者天子諸侯三年之喪始同齊斬,既葬除服,諒闇以居,心喪終制。故周公不言高宗服喪三年,而云'諒闇',此服心喪之文也。叔向不譏景王除喪,而譏其宴樂已早,明既葬應除,而違諒闇之節也。君子之於禮,存諸内而已。禮非玉帛之謂,喪豈衰麻之謂乎?大子出則撫軍,守則監國,不爲無事,宜卒哭除衰麻,而以諒闇終三年。帝從之。杜既定皇太子諒闇議,摯虞答杜書曰:'僕以爲除服誠合事宜,附古則意有未安。五服之制,成於周室,周室以前,仰迄上古,雖有在喪之哀,未有行喪之制,故堯稱遏密,殷曰諒闇,各舉其事而言,非未葬降除之名也。禮有定制,孝景之即吉,方進之從時,皆未足爲准。蓋聖人之於禮,譏其失而通其變。今皇太子未就東宫,猶在殿省之内,故不得伸其哀情，以(且)〔宜〕奪制[①]，何必附之於古哉。’于時，外内卒同杜義，或者謂其違禮以合時，杜亦不自解説，退使博士段暢撰集舊文，條諸實事成言，以爲定證。案，杜預違經悖禮，淪斁綱常，當爲萬世之罪人，坐以不孝莫大之法。而司馬公特言其不如陳逵之言質略而敦實，非所以明世教也。○東晉康帝建元元年正月晦，成恭杜皇后周忌。有司奏至尊周年應改服，詔曰：‘君親，名教之重也。權制，出于近代耳。’於是素服如舊。非漢魏之典。○又魏孝文帝太和十四年九月，魏太后馮氏殂，魏主勺飲不入口者五日。既葬，猶衰麻聽朝政。十五年二月，齊遣散騎常侍裴昭明、侍郎謝峻如魏弔，欲以朝服行事。主客曰：‘弔有常禮，以朱衣入凶庭可乎？’昭明等曰：‘受命本朝，不敢輒易。’往返數四，魏主命著作郎成淹與之言，昭明曰：‘魏朝不聽使者朝服，出何典禮？’淹曰：‘羔裘玄冠不以弔，此童稚所知也。’昭明曰：‘齊高皇帝之喪，魏遣李彪来弔，初不素服，齊朝亦不以爲疑，何今日而見逼耶？’淹曰：‘齊不能行亮陰之礼，逾月即吉。彪不得主人之命，固不敢以素服往厠其间。今皇帝仁孝，侔于有虞，岂得以此方彼乎？’昭明曰：‘三王不同禮，孰能知其得失？’淹曰：‘然则虞舜高宗非邪？’昭明、峻相顧而笑，曰：‘非孝者無親，何可當也。’乃曰：‘弔服唯主人裁之，然違本朝之命，返必獲罪矣。’淹曰：‘使彼有君子，卿將命得宜，且有厚賞。若無君子，卿出而光國，得罪何傷，自當有良史書之。’乃以衣帢給之。夏，魏遣員外散騎常侍李彪等聘于齊，爲之置燕設樂。彪辭曰：‘主上孝思罔極，興隆正失。朝臣雖除衰絰，猶以素服從事。是以使臣不敢承奏樂之賜。’從之。九月，魏主祥祭于廟。冬十月，謁永固陵。十一月，禫祭，遂祀員丘，明堂饗羣臣，遷神主于新廟。○胡氏《管見》曰：‘孝文慕古力行，尤著於喪禮。其始終情文，亦粲然可觀矣。自漢以來，未之有也。方孝文之欲三年也，在廷之臣，無一人能將順其美者，莫不沮遏帝心，所陳每下。若非孝文至情先定，幾何不爲他説所惑耶。其初守禮違衆，欲行通喪，甚力其終也，乃不能三年，於是期而祥，改月而禫，是用古者父在爲母之服，不中節矣，無乃不得其本，遂殺其末耶。’○後周武帝母叱奴太后崩，帝居倚廬，朝夕供一溢米。羣臣表請，累旬乃止。及葬，帝袒跣之陵。所行三年之制，五服之内，亦令依禮，斯道古無儔。○胡氏

---

① “以宜奪志”，“宜”原作“且”，校本同，不辭，《通典》、《通解續》俱作“宜”，應據改。

《管見》曰:'自漢文短喪之後,能斷然行三年之喪者,唯晉武帝、魏孝文、周高祖可謂難得矣。然《春秋》之義責備賢者,晉武既爲裴、杜所惑,行禮不備,魏孝文之禮若備矣,而服非所服。周高祖衰麻苫塊,卒三年之制,最爲賢行,然推明通喪止於五服之内,不及羣臣,非所以教天下,著於君臣之義也。而又在喪,頻出游幸,無門庭之寇,興師伐鄰,皆禮所不得爲者,由高祖不學,左右無稽古之臣以輔成之也。'○唐元陵遺制:天下人吏敕到後出臨三日,皆釋服,無禁婚娶、祠祀、酒肉。其宫殿中當臨者,朝夕各十五舉音。皇帝宜三日聽政,十三日小祥,二十五日大祥,二十七日而釋服。○本朝元豐八年九月四日,承議郎祕書省正字范祖禹言:'先王制禮,以君服同於父,皆斬衰三年,蓋恐爲人臣者不以父事其君,此所以管乎人情也。自漢以來,不唯人臣無服,而人君遂亦不爲三年之喪。唯國朝自祖宗以來,外廷雖用易月之制,而宫中實行三年之喪。且易月之制,前世所以難改者,以人君自不爲服也。今君上之服已如古典,而臣下之禮猶依漢制,是以百官有司皆已復其故常,容貌衣冠無異于行路之人,豈人之性如此其薄哉?由上不爲之制禮也。今羣臣易月,而人主實行喪[①],故十二日而小祥,期而又小祥[②],二十四日大祥,再期而又大祥。夫練祥不可以有二也,既以日爲之,又以月爲之,此禮之無據者也[③]。古者再期而大祥,中月而禫。禫者,祭之名也[④],非服之色也。今乃爲之黲服三日然後禫,此禮之不經者也。既除服,至葬而又服之,蓋不可以無服也。祔廟而後即吉,纔八月矣,而遽純吉,無所不佩,此又禮之無漸者也。易月之制,因襲故事,已行之禮,不可追也[⑤]。臣愚以爲宜令羣臣朝服,正如今日而未除衰,至期而服之,漸除其重者,再期而又服之,乃釋衰,其餘則君服斯服可也。至於禫不必爲之服,唯未純吉,以至於祥,然後無所不佩,則三年之制略如古矣[⑥]。'詔禮官詳議以聞。其後禮部尚書韓忠彦

① "行"字下原有"三年之"三字,校本無,與《通解續》同,據删。

② "期而"二字原互乙,校本作"期而",《通解續》同,據乙。

③ "者"下"也"字原無,校本有,《通解續》同,據補。

④ "名"下"也"字原無,校本有,《通解續》同,據補。

⑤ "因襲故事,已行之禮,不可追也",原作"因襲已久,既不可追",校本與《通解續》同,據改。

⑥ "略如古矣",《續資治通鑒長編》、《宋史·禮志》同,校本"矣"作"議",《通解續》同。

等言:‘朝廷典禮,時世異宜[①],不必循古。若先王之制,不可盡用,則當以祖宗故事爲法。今言者欲令羣臣服喪三年,民間禁樂如之,雖過山陵,不去衰服,庶協古之制。緣先王恤典節文甚多[②],必欲循古,又非特如臣僚所言故事而已[③]。今既不能盡用,則當循祖宗故事,及先帝遺詔從之。’紹熙五年,焕章閣待制朱熹言:‘臣聞三年之喪,齊疏之服,飦粥之食,自天子達于庶人,無貴賤之殊。而禮經敕令子爲父、嫡孫承重爲祖父皆斬衰三年。蓋嫡子當爲父後,以承大宗之重,而不能襲位以執喪,則嫡孫繼統而代之執喪,義當然也。然自漢文短喪之後,歷代因之,天子遂無三年之喪。爲父且然,則嫡孫承重從可知已。人紀廢壞,三綱不明,千有餘年,莫能釐正。及我大行至尊壽皇聖帝,至性自天,孝誠内發,易月之外,猶執通喪,朝衣朝冠,皆以大布,超越千古拘攣牽制之弊,革去百王衰陋卑薄之風,甚盛德也。所宜著在方册,爲世法程,子孫守之,永永無斁。而間者遺詔初頒,太上皇帝偶違康豫,不能躬就喪次,陛下實以世嫡之重仰承大統,則所謂承重之服,著在禮律。所宜遵壽皇已行之法,易月之外,且以布衣布冠視朝聽政,以代太上皇帝躬親三年之喪,而一時倉卒,不及詳議,遂用漆紗淺黄之服,不惟上違禮律,無以風示天下。且將使壽皇已革之弊,去而復留,已行之禮,舉而復墜。臣愚不肖,誠竊痛之。然既往之失不及追改,唯有將來啓殯發引,禮當復用初喪之服,則其變除之節,尚有可議。欲望陛下仰體壽皇聖孝成法,明詔禮官,稽考禮律,預行指定,其官吏、軍民、男女方喪之禮,亦宜稍爲之制,勿使肆爲華靡。布告郡國,咸使聞知。庶幾漸復古制,而四海之衆有以著於君臣之義,實天下萬世之幸。’〇又《語録》曰:‘文帝不欲天下居三年之喪,不欲以此勤民,所爲大綱類墨子。’〇又問短喪。答曰:‘漢文葬後三易服,三十六日而除,固賢於後世之自始遭喪便計二十七日而除者。然大者不正,其爲得失,不過百步、五十步之間耳,此亦不足論也。向見孝宗爲高宗服,既葬,猶以白布衣冠視朝,此爲甚盛之德,破去千載之謬。前世但爲人君,自不

---

① “時世異宜”,校本“世”字作“代”,《通解續》作“時異其宜”。

② “節文甚多”,《續資治通鑑長編》及《文獻通考》、《宋史·禮志》所引韓忠彦奏議作同。校本“多”作“明”,《通解續》同。

③ “臣僚所言故事”原作“所言”,校本“所”字上有“臣僚”二字,“言”字下有“故事”二字,與《通解續》同,據補。

爲服，故不能復行古禮。當時既是有此機會，而儒臣禮官不能有所建明，以爲一代之制，遂使君服於上而臣除于下，因陋踵訛，深可痛恨。切謂當如孝宗所制之禮，君臣同服，而略爲區别，以辨上下。十三月而服練以祥，二十五月而服襴幞以禫，二十七月而服朝服以除。朝廷州縣皆用此制，燕居許服白絹巾、白涼衫、白帶，庶人吏卒不服紅紫三年，如此緜闕一字[①]，似亦允當，不知如何？'○又曰：'如三年喪其廢如此長遠，壽皇要行便行了，也不見有不可行處。'"

疏衰裳齊、牡麻絰、冠布纓、削杖、布帶、疏屨三年者。

註曰："疏，猶麤也。"

疏曰：斬衰先言斬，齊衰後言齊者，一以見哀之淺深，一以見造衣之先後。布帶者，亦象革帶，以七升布爲之，即下章"帶、緣各視其冠"是也。

敖氏曰："此冠布纓，亦條屬右縫。又下傳曰'帶緣各視其冠'，以此推之，則凡布纓皆當同於冠布也。屨云'疏'者，亦謂麤也，以其爲之者不一，故不偏見其物，而以'疏'言之。此衰裳與屨皆言'疏'，則斬衰者可知矣。又經列'削杖'、'布帶'皆在'冠布纓'之下，與前章杖帶之次異者，此杖之文無所蒙，而帶與冠纓之縷數同，宜復其常處而在此也。"

郝氏曰："斬衰布三升及三升半未成布，至四升始成粗布，故曰'疏衰裳'。斬衰先言'斬'，齊衰後言'齊'者，斬則不復緝，齊則先斷後緝。牡麻，無子之麻，麻無子者根幹稍細，異于苴也。絰，首、要絰。冠用布爲武，垂爲纓，外加麻絰。削木爲杖，不以苴竹。布帶，以同冠七升布爲大帶，不言絞帶者，麻絰包舉矣。疏屨亦以草，但菅則未成屨，此成屨而粗惡，猶疏衰之於斬衰也。斬衰不言三年，齊衰言三年者，斬皆三年，齊有不三年者。三年齊重，比于斬者也。"又曰："古者衣必有帶，帶用帛。《雜記》云'麻者不紳'，不帛帶垂紳如吉也。今世齊、功以下，皆以麻帶代大帶，與斬衰同，非古也。據經，唯斬無布帶，齊衰以下布帶加絞帶。布帶，即禮衣大帶。絞帶，代禮衣之革帶也。"

張氏曰："以四升粗布爲衰裳而緝之。牡麻爲首絰、要絰。冠以七升布爲武，垂下爲纓。削桐爲杖。七升布爲帶，以象革帶。疏草爲屨。服此服以至三年者，下文所列者其人也。"

---

① "緜"字下原空一格，校本小注曰："闕一字。"

姜氏曰:"斬衰不言三年者,斬衰無不三年,不待言也。齊衰有三年,有期,有五月,故言之。舊謂齊衰稍輕,故表其年者,似非。"

世佐案,此于衰裳則齊之,杖則削之,以無子之麻爲絰,纓、帶以成布爲之,皆殺于斬也。年月同,而服少異者,殊尊卑也。以父餘尊之所厭故也。布帶與絞帶對,亦所以象革帶也。郝以是爲大帶,非。

傳曰:齊者何? 緝也。牡麻者,枲麻也。牡麻絰,右本在上。冠者,沽功也。疏屨者,藨蒯之菲也。

註曰:"沽,猶麤也。冠尊,加其麤,麤功,大功也。齊衰不書受月者,亦天子、諸侯、卿、大夫、士虞、卒哭異數。"

疏曰:緝,今人謂之緶也。枲是雄麻,云"牡麻絰,右本在上"者,上章爲父"左本在下"者,陽統於内,則此爲母,陰統於外,故"右本在上"。作冠用沽功者,衰裳升數恒少,冠之升數恒多,冠在首尊,既冠從首尊,故加飾而升數恒多也。斬冠六升,不言功者,六升雖是齊之末,未得沽稱,故不見人功,此三年齊冠七升,初入大功之境,故言沽功,始見人功。沽,麤之義,故云"麤功",見人功麤大不精者也。藨是草名,蒯亦草類。

朱子曰:"首絰右本在上者,齊衰絰之制,以麻根處著頭右邊,而從額前向左圍向頭後,却就右邊,元麻根處相接,即以麻尾藏在麻根之下,麻根搭在麻尾之上,綴殺之。有纓者,以其加於冠外,故須著纓,方不脱落也。"

敖氏曰:"牡麻者,無實之麻也。傳以枲麻釋之,亦前後名異也。牡麻比苴爲善,故齊衰以下之絰用之。此絰右本而在上,所以見其不以本爲纓,而纓亦在左也。上言'左本在下',此言'右本在上',是其爲制,蓋屈一條繩爲之,自額上而後交於項中,一端垂於左之下而爲纓,一端止於右之上而前鄉。其不纓者,則左端不垂而在上爲異耳。冠布纓之制與繩纓同,已見於前傳,故此唯言冠布也。不見升數者,言'沽功',則爲大功之首可知。"

郝氏曰:"枲麻,苧麻可績,有子、無子均爲枲,非苴麻外别有牡麻,但實、不實耳。以牡麻連根屈爲兩股,并絞,麻根居右,向上,右爲陰,向上爲地,象母也。三年之齊冠布七升。沽、苦通,麤也。首服宜精功,此用七升布,麤功也。斬冠六升,不言沽功者,未成布也。藨、蒯皆草,而較細于菅。"

張氏曰："牡麻，麻之華而不實者。牡麻爲絰，其本在冠右而居末上，此首絰結束之法也。"

父卒則爲母。

註曰："尊得伸也。"

疏曰：云"則"者，欲見父卒三年之内而母卒，仍服期，父服除後遭喪者，乃得伸。知義如此者，案《内則》云"女子二十而嫁，有故，二十三年而嫁"，註云"故，謂父母之喪"，言"二十三而嫁"，不止一喪而已，故鄭并云父母喪也。若前遭母喪，後遭父喪，自然爲母期，爲父三年，二十三而嫁可知。若前遭父服未闋，即得爲母三年，則是有故，二十四而嫁，不止二十三也。知者，假令女年二十，二月嫁娶之月將嫁，正月而遭父喪，并後年正月爲十三月小祥，又至後年正月大祥，女年二十二，欲以二月將嫁，又遭母喪，至後年正月，十三月大祥，女年二十三而嫁，此是父服將除遭母喪，猶不得爲伸三年，況遭父喪在小祥之前，何得即伸三年也？是父服未除，不得爲母三年之驗，一也。又《服問》註云"爲母既葬，衰八升"，亦據父卒爲母，與父在爲母同，五升衰裳，八升冠，既葬以其冠爲之受，衰八升，是父卒爲母未得伸三年之驗，二也。《間傳》云爲母既虞卒哭，衰七升者，乃是父服除後，乃爲母伸三年，初死衰四升，冠七升，既葬以其冠爲之受，衰七升，與此經同是父服除後，爲母乃伸三年之驗，三也。諸解者全不得思此義，妄解"則"文，説義多塗，皆爲謬也。

問："《内則》云：'女子十五而笄，二十而嫁，有故，二十三而嫁。'言'二十三而嫁'，不止一喪而已，故鄭氏註并云父母喪也。若前遭父服未闋，即得爲母三年，則是有故二十四而嫁，不止二十三也。"答曰："《内則》之説，亦大槩言之耳，少遲不過一年，二十四而嫁，亦未爲晚也。"見《續通解》。

敖氏曰："父在，爲母期，父卒，則三年。云'則'者，對父在而立文也。其女子子在室者爲此服，亦唯笄、總、髽、衰異爾，下及後章放此。○案註云'尊得伸'者，謂至尊不在則無所屈，而得伸其私尊也。"

姜氏曰："經云'父卒則爲母'，不云父服卒則爲母，而註乃以臆亂經，此大惑也。夫'女子二十而嫁，有故，則二十三而嫁'，此約計父母三年之喪而言也。喪所以謂之三年者，據大祥，則二十五月，據禫，則二十七月，其時固已閱三年矣，此所以謂之三年。而二十有故不嫁，則以二十三年而嫁，約之也。且如以父喪遭母喪者言之，其父以二月女將嫁之前正月卒，而其女于初喪即遭母喪，則所云'二十三而嫁'者，亦猶約詞也。或明年小祥遭母喪，亦猶二十三而嫁也。又或其後年將終喪，遭母喪，則二十四而嫁也，故所云'二十三而嫁'者，乃約計父母三年之喪，而非如疏者之惑也。且如以二十三而嫁爲併計父斬母期之月數，則其説自相矛盾尤甚。據其以二月嫁娶之日，女將嫁而父先故爲言者，是固本《周禮·媒氏》仲春'令會男女'之制而言也，今以其説推之，計父喪當二十五月而大祥，而大祥前一月又遭母喪，計母喪祥禫畢，又當十有五月，則併合父母之兩喪，當二十有九月，如是，則女年二十三之九月始可嫁，而其時又非二月嫁娶之月[①]，則二十四始可嫁耳。又如之何舉以臆《内則》二十三而嫁之制，而因以亂先聖之父卒則爲母者，而爲父服卒則爲母之妄哉。案《家語》'男三十而娶，女二十而嫁'，聖人言其極不是過也，則即《内則》二十、三十嫁娶之年，亦舉以明例耳。明道解惑乃窮經之要，有未可膠柱以亂聖經者，學者幸詳之。"

繼母如母。

疏曰：繼母本非骨肉，故次親母後。謂己母早卒，或被出之後，續己母，喪之如親母，故云"如母"。下期章不言者，舉父没後，明父在如母可知。慈母之義亦然。

傳曰：繼母何以如母？繼母之配父與因母同，故孝子不敢殊也。

註曰："因，猶親也。"

疏曰：繼母配父，即是牉合之義，故孝子不敢殊異之也。

敖氏曰："此禮乃聖人之所爲，而傳謂孝子不敢殊者，明聖人因人情以制禮。"

郝氏曰："因母即適母。適爲繼因，因適有繼，適繼相因，故不敢殊。"

顧氏曰："'繼母如母'，以配父也。'慈母如母'，以貴父之命也，然於其黨則不同矣。《服問》曰：'母出，則爲繼母之黨服。母死，則爲其母之黨服。爲其母之黨服，則不爲繼母之黨服。'鄭氏註曰：'雖外親，亦無二

① "而"原作"耳"，校本作"而"，與《經傳》同，據改。

統。'夫禮者，所以别嫌明微，非聖人莫能制之，此類是矣。《喪服小記》：'爲慈母之父母無服。'"

汪氏琬曰："繼母亦母也。謂之如母，本非骨肉，與因母有辨故也。先儒云'繼母何以如母'，明其不同也。是同之中有殊者存焉。或問：'父在，則皆服齊衰期，父没，則皆齊衰三年矣。於禮亦有不同者與？'曰：'有之。母出，則爲繼母之黨服。母死，則爲其母之黨服。爲其母之黨服，則不爲繼母之黨服，此不同者也。母出，則爲母服期，繼母出則不服。父没母嫁，亦服期；繼母嫁，不從則不服，此又不同者也。喪禮如母者二，繼母、慈母是也。是則繼母與慈母無等差也。三年之喪，於禮爲加服，非正服也。今律文凡適、繼、慈、養母殺子孫者，加祖父母、父母一等，註云"視親母有間"故也，大哉聖人之律，不亦與禮服相發明與？然則史糜有言，繼母與己無名，徒以親撫養己，故亦喪之如母，信如是也。設有前妻之子，不爲繼母所撫，甚則如孝己、伯奇之屬，將遂不之服乎？曰，何爲其然也？非出也，非嫁也，孝子緣父之心，不敢不三年也。先儒謂子當以父服爲正，父若服以爲妻，則子亦應服之，故曰"與因母同"也。由是言之，不敢殊者[①]，孝子之文也。其不能不殊者，孝子之情也。禮稱情立文，是豈足以概孝子與？'"

姜氏曰："因母之義未詳。或曰己身因以生故名。"

世佐案，因，猶依也。《詩》云"靡依匪母"，故親母曰因母。

慈母如母。

疏曰："慈母非父胖合，故次後也。"

傳曰：慈母者何也？傳曰：妾之無子者，妾子之無母者，父命妾曰女以爲子，命子曰女以爲母。若是，則生養之終其身。如母，死則喪之三年。如母，貴父之命也。

註曰："此主謂大夫、士之妾無子[②]，妾子之無母，父命爲母子者。其使養之，不命爲母子，則亦服庶母慈己者之服可也。大夫之妾子，父在爲母大功，則士之妾子爲母期矣，父卒，則皆得伸也。"此註坊本多脱字，今從《集説》補正。

---

① "殊"字下原有"也"字，校本無，與《堯峰文鈔》同，據删。

② "此"下"主"字原無，校本有，《集説》同，據補。

疏曰：傳别舉傳者，是子夏引舊傳證成己義也。云"妾之無子者"，謂舊有子，今無者，失子之妾有恩慈深，則能養他子以爲己子者也。若未經有子，恩慈淺，則不得立後而養他子。不云"君命妾曰"，而云"父"者，對子而言也。云"貴父之命"者，一非骨肉之屬，二非配父之尊，但唯貴父之命故也。案《喪服小記》云"爲慈母後者，爲庶母可也，爲祖庶母可也"，鄭云"緣爲慈母後之義，父之妾無子者，亦可命己庶子爲後"，若然，此父命妾之文兼有庶母、祖庶母，但不命女君與妾子爲母子而已。世佐案，女君與妾子本爲母子，自不假父命，當云不命女君之子與妾爲母子。又曰：鄭知"此主謂大夫、士之妾"，非天子、諸侯之妾與妾子者，案下記云"公子爲其母練冠、麻衣縓緣，既葬除之"，父没乃大功，何有命爲母子爲之三年乎？云"其使養之，不命爲母子，則亦服庶母慈己之服"者，謂但使養之，不命爲母子，爲之服小功。若不慈己，則緦麻矣。云"父卒則皆得伸"者，謂皆得爲其母三年。

敖氏曰："言'喪之三年'者，以其見於此章，故唯據父卒者言也。○案註云'其使養之，不命爲母子，則亦服庶母慈己之服'者，謂妾或自有子，或子之母有他故不能自養其子，是以不可命爲母子，但使慈之而已。若是，則其服唯加於庶母一等可也。庶母慈己者服見小功章。"

吴氏澄曰："慈母有二：其一，大夫、士之子無母，父使庶母之無子者以爲子，《喪服》所稱'慈母如母'是也；其一，國君子生，擇諸母使爲子師，其次爲慈母，其次爲保母。《内則》及《曾子問》孔子所稱者是也。而後世于二者之等未之審也，或執喪慈母如母之文，而施于君命所使教子之慈母，則失矣。"

顧氏曰："慈母者何也？子幼而母死，養於父妾，父卒，爲之三年，所以報其鞠育之恩也。然而必待父命者，此又先王嚴父，而不敢自專其報之義也。'父命妾曰：女以爲子'，謂憐其無母，視之如子，長之育之，非立之以爲妾後也。《喪服小記》以爲'爲慈母後'，則未可信也。○《禮記·曾子問》篇子游問曰：'喪慈母如母，禮與？'孔子曰：'非禮也。古者男子外有傅，内有慈母，君命所使教子也，此與《喪服》所言'慈母'不同。何服之有？'昔者魯昭公少喪其母，有慈母良，及其死也，公弗忍也，欲喪之。有司以聞曰：'古之禮，慈母無服。今也君爲之服，是逆古之禮而亂國法也。若終行之，則有司將書之，以遺後世，無乃不可乎。'公曰：'古者天子練冠以燕居，吾弗忍也。'遂練冠以喪慈母。喪慈母自魯昭公始也。然但練冠以居,則異於如母者矣,而孔子以爲非禮。○《南史·司馬筠傳》:梁天監七年,安成國太妃陳氏薨,詔禮官議皇太子慈母之服。筠引鄭康成説,服止卿大夫,不宜施之皇子。武帝以爲不然,曰:'禮言慈母有三條:一則妾子無母,使妾之無子者養之,命爲子母,服以三年,《喪服》齊衰章所言"慈母如母"是也;二則嫡妻子無母,使妾養之,雖均乎慈愛,但嫡妻之子,妾無爲母之義,而恩深事重,故服以小功,《喪服》小功章所以不直言慈母,而云"庶母慈己"者,文曰'庶母',則知其爲嫡妻之子矣。明異於三年之慈母也;其三,則子非無母,擇賤者視之,義同師保,而不無慈愛,故亦有慈母之名。師保無服,則此慈母亦無服矣。《内則》云:"擇於諸母與可者,使爲子師,其次爲慈母,其次爲保母。"此其明文,言擇諸母,是擇人而爲此三母,非謂擇取兄弟之母也。子游所問,自是師保之慈,非三年小功之慈也,故夫子得有此答。豈非師保之慈母無服之證乎?鄭康成不辨三慈,混爲訓釋,引彼無服以註慈己,後人致謬,實此之由。'於是筠等請依制改定,嫡妻之子,母没,爲父妾所養服之五月,貴賤並同,以爲永制。"

張氏曰:"愚嘗疑爲祖庶母後之説。陳氏註云:'若父之妾有子而子死,己命己之妾子後之,亦可。故云"爲祖庶母可也"。'徐氏註云:'凡妾之有子者稱庶母、祖庶母,其無子者則稱父妾、祖妾而已。但爲庶母後,即後此母爲祖庶母。後,即後其子之受室者,此爲不同耳。'顧炎武云:'"父命妾曰:女以爲子",謂憐其無母,視之如子,長之育之,非立之以爲妾後也。《喪服小記》以爲爲慈母後,此漢儒之誤,吾未之敢信也。'得之。"

姜氏曰:"爲慈母後及爲庶母後,皆是後于其母。若爲祖庶母後,自是後其死子。以爲之後而或者不明斯理,則以孫禰祖之論興,説《春秋》者乃多異義,而大倫滅矣。○慈母所以差爲二等者,以其分而言:一則國君之子,一則大夫之子。崇與卑異也。以其恩而言,一則使教其子,一則命撫爲子,淺與深又異也,故其服制不同。○父母之喪,自天子下達。期以下,諸侯絶,大夫降,此所謂諸侯絶旁期也,況于君使教子之慈母乎。若庶子生母之服,則又不可一例言者。禮子爲母齊衰三年,父在則期,此母爲父降,無貴賤一也。妾之子,士以下,其子爲其母如母,大夫則父在爲其母大功,父卒亦三年,諸侯以上,則父在爲其母無服,父卒爲之大功。此庶爲嫡降,貴與賤異也。今所稱'古者,天子練冠以燕居',初不言爲其生母，註疑其如此，疏以其無明文，而指爲異代之制，似得矣。然考下章記云：'公子爲其母練冠、麻衣、縓緣，既葬除之。'傳曰：'何以不在五服之中也？君之所不服，子亦不敢服也。'註云：'諸侯之妾子厭于父，不得伸，權爲制此服，不奪其恩也。'則此練冠之制，蓋公子于其生母爲國君所厭之權服，非言國君自爲其生母，更非言天子爲其生母也。又考大功章云：'公之庶昆弟爲其母大功。'傳曰：'先君餘尊之所厭，不得過大功也。'緦麻章云：'庶子爲父後者爲其母緦。'傳曰：'與尊者爲一體，不敢服其私親也。'有死于宫中者，則爲之三月不舉祭，因是以服緦也。然則諸侯之妾子，父卒，爲其母大功，而其或爲父後，則唯服緦也。以此推之，則庶子王乃天子之庶子爲父後者，而其于禮，亦當用緦之正服衰絰以服之，又豈用五服以外父在厭抑而練冠、縓緣之權制者哉？夫親喪下達，庶子之生母，君在既厭于君矣，比君卒，又以餘尊厭，而僅爲之大功。其或爲君之後者，又以喪者不祭而不敢服，僅得緣死于宫中，三月不舉祭者之例以伸其緦，則其情之爲禮抑者，固已多矣，而謂庶子王反逆禮而靳爲之緦乎。傳言'母以子貴'，以父妾而尊爲君夫人，此公羊氏之説，亂嫡妾之分，禮之所不與也。若庶子王爲其母練冠，乃註疏之臆詞，而不爲之考辯，是又滋禮之惑也。然則公之所引者，果何指也？考記中凡引《家語》入記者，多截去首尾，如此條《家語》所載，本云'古者，天子喪慈母，練冠以燕居。'則公固不免託于古，以文其過矣。疏既知以《家語》之孝公辯註昭公之疑，而獨不以《家語》之喪慈母辯爲其生母之惑，何哉？"世佐案，姜説自父母之喪已下，辨《禮記·曾子問》註疏之誤，頗爲詳明，附録於此。

世佐案，子夏作傳時本自爲一編，後儒移之，分屬經、記每條之下，遂加"傳曰"以别之，而於其答問之辭重舉"傳曰"者，亦後儒所加也。如孔子"十翼"，既被後人分散，而于《繫辭》、《文言》二傳中往往添入"子曰"字，亦其類矣。疏云是子夏引舊傳，非。

母爲長子。

疏曰：長子卑，故在母下。母爲長子齊衰者，以子爲母服齊衰，母爲之不得過於子爲己也。若然，長子與衆子爲母，父在期，若夫在爲長子，豈亦不得過於子爲己服期乎？而母爲長子，不問夫之在否皆三年者，子爲母有降屈之義，父母爲長子本爲先祖之正體，無厭降之義，故不得以父在而屈也。

敖氏曰:“經不著女子子爲母,及此服之異於男子者,以其已於前章發之,則其類皆可得而推故也。”

郝氏曰:“長子與父母同服,此制禮者敬宗之義。然子爲母齊三年,必父卒然後可。母爲長子齊三年,則是父在亦然矣。父能厭母,而不能降子。則母輕,母不敢降子而子降之,則母愈輕,此亦義之當質者。”

世佐案,此謂適子之妻爲其長子也。庶子不得爲長子斬,則其妻亦不得爲是服矣。

傳曰:何以三年也?父之所不降,母亦不敢降也。

註曰:“不敢降者,不敢以己尊祖禰之正體。”

敖氏曰:“夫妻一體,故俱爲長子三年,此加隆之服也,不宜云‘不降’。父母於子,其正服但當期,初非降服。”

疏衰裳齊、牡麻絰、冠布纓、削杖、布帶、疏屨期者。

疏曰:此疏衰已下七服與前章不殊,而還具列之者,以其此一期與前三年懸絶,恐服制亦多不同,故須重列也。但此章雖止一期而禫杖具有,案《下雜記》云“十一月而練,十三月而祥,十五月而禫”,註云“此爲父在爲母”,即是此章者也。母之與父,恩愛本同,爲父所厭屈而至期,是以雖屈猶伸禫杖也。妻雖義合[①],妻乃天夫,爲夫斬衰,爲妻報以禫杖,但以夫尊妻卑,故齊、斬有異也。

敖氏曰:“此期服也,而杖、屨之屬皆與三年章同者,是章凡四條,其三言爲母,其一言爲妻也。以禮攷之,爲母宜三年,乃或爲之期者,則以父在若母出,故屈而在此也。妻以夫爲至尊,而爲之斬衰三年。夫以妻爲至親,宜爲之齊衰三年,乃不出於期者,不敢同於母故爾。然則二服雖在於期,實有三年之義,此杖、屨之屬所以皆與之同也。”

傳曰:問者曰:何冠也?曰:齊衰、大功冠,其受也;緦麻、小功冠,其衰也。帶、緣各視其冠。

註曰:“問之者,斬衰有三,其冠同。今齊衰有四章,不知其冠之異同爾。緣,如深衣之緣。”

疏曰:云“齊衰、大功冠其受也”者,降服齊衰四升,冠七升,既葬,以

① “妻”字上校本有“爲妻亦伸”四字。

其冠爲受，衰七升，冠八升。正服齊衰五升，冠八升，既葬，以其冠爲受，衰八升，冠九升。義服齊衰六升，冠九升，既葬，以其冠爲受，衰九升，冠十升。降服大功衰七升，冠十升，既葬，以其冠爲受，受衰十升，冠十一升。正服大功衰八升，冠十升，既葬，以其冠爲受，受衰十升，冠十一升。義服大功衰九升，冠十一升，既葬，以其冠爲受，受衰十一升，冠十二升。以其初死，冠升與既葬衰升數同，故云"冠其受也"。云"緦麻、小功，冠其衰也"者，以其降服小功衰十升，正服小功衰十一升，義服小功衰十二升，緦麻，十五升抽其半，七升半，冠皆與衰升數同，故云"冠其衰也"。云"帶、緣各視其冠"者，帶謂布帶象革帶者，緣謂喪服之内中衣緣，用布緣之。視，猶比也。二者之布升數多少，各比擬其冠也。然本問齊衰之冠，因答大功與緦麻、小功并答帶、緣者，博陳其義也。又曰：註云"緣，如深衣之緣"者，案《深衣目録》云"深衣連衣裳而純之以采，素純曰長衣，有表則謂之中衣"，此既在喪服之内，則是中衣矣而云"深衣"，以其中衣與深衣同是連衣裳，其制大同，故就深衣有篇目者而言之。案《玉藻》云其爲"長中[①]，繼揜尺"，註云"其爲長衣、中衣，則繼袂揜一尺，若今褎矣，深衣則緣而已"，若然，中衣與長衣袂皆手外長一尺。案《檀弓》云練時"鹿裘衡長袪"，註云"袪，謂褎緣袂口也。練而爲裘，横廣之，又長之，又爲袪，則先時狹短，無袪可知"。若然，此初喪之中衣緣亦狹短，不得如《玉藻》中衣繼袂揜一尺者也。但"吉時麛裘"，即凶時鹿裘。吉時中衣[②]。《深衣目録》云"大夫以上用素"，士中衣不用布[③]，緣皆用采，況喪中緣用布，明中衣亦用布也。其中衣用布，雖無明文，亦當視冠。若然，直言緣視冠，不言中衣緣用采，故特言緣用布，何妨喪時中衣亦用布乎？

敖氏曰："斬衰有二，其冠同。齊衰三年，唯有子爲母之冠耳。是章有降服，有正服，有義服，疑其冠之異同，故發問也。齊衰、大功有受布，故冠其受，冠、衰布異也。緦麻、小功無受布，故但冠其衰，冠、衰布同也。問者唯疑此章之冠，答者則總以諸章之冠爲言，以其下每章之服亦或各

---

① "長"原作"喪"，校本作"長"，陳本、閩本、監本、毛本、《禮記・玉藻》原文同，據改。

② "吉時中衣"原作"吉時深衣即凶時中衣"，校本無"深衣即凶時"五字，陳本、閩本、監本、毛本同，據删。

③ "中衣"下校本無"不"字。阮《校》曰："陳、閩、《通解》、《要義》同，毛本無'不'字。按'不'字疑衍文。"

自不同故也。‘帶緣各視其冠’者，謂齊衰以至緦麻，其布帶與其冠衰之緣，亦各以其冠布爲之。《間傳》曰‘期而小祥，練冠縓緣’，《檀弓》曰‘練衣縓緣’，則重服未練以前，與夫輕服之冠、衰皆有布緣明矣，此所云者是也。冠緣者，紕也。衰緣者，其領及袪之純也。此復言‘帶緣’者，又因其布之與冠同而并及之。”

郝氏曰：“受，猶接也，記云‘齊衰四升，其冠七升，以其冠爲受，受冠八升’是也。齊衰初喪布四升，冠布七升。既葬，衰受冠布七升，冠更受八升。大功初喪，冠布八升。既葬，衰受冠布八升，冠更受九升。緦麻三月、小功五月，緦麻以小功之冠爲衰，小功以大功之冠爲衰，不言受者，三月、五月則既葬服除，故無受。帶，謂布帶。緣，謂深衣領袖。帶與緣布稍細，各視其冠布升數。”

張氏曰：“案註‘斬衰有三’，指爲父、爲君、爲子之三等。齊衰四章，謂三年、杖期、不杖期、三月，凡四章也。”

世佐案，此傳句讀舊誤，今正之。云“齊衰、大功冠句其受也”者，謂齊衰、大功二者之冠之升數各與其受衰同也。下記云“以其冠爲受”，齊衰冠七升，受衰亦七升。大功冠十一升，受衰亦十一升。於此發傳者，齊衰一服有四章，重者三年，輕者三月。日月既殊，嫌其冠之升數亦異，傳故設爲問答以明之。云“緦麻、小功冠句其衰也”者，謂緦麻、小功二者之冠皆與緦麻之衰同，而無受也。小功以緦麻之衰爲冠，緦麻以小功之冠爲衰，又以爲冠，皆十五升抽其半，故并舉之。緦麻言于小功之上者，明小功之冠亦同于緦麻也。緦麻之冠衰與小功冠無以異者，禮窮則同也。小功冠、衰之升數未嘗無别，而謂“皆冠其衰”，豈不謬哉。且立言之法，若以服之重輕爲序，緦麻亦不得言于小功之上矣。帶緣，布帶之緣也。各，各齊衰以下也。斬衰絞帶無緣，齊衰以下以布爲帶，又有緣，輕者飾也。問冠而并答以帶緣者，以其麤細與冠同，類及之耳。云“帶緣各視其冠”，則帶之升數各視其衰與？疏分帶、緣爲二物，訓緣爲中衣之緣，非。敖指爲冠衰之緣，尤誤。夫重服斬而不緝，齊衰僅緝之而已。其冠則五服皆條屬，外畢，安得有緣。

父在爲母。

敖氏曰：“此主言士之子爲母也，其爲繼母、慈母亦如之。”

傳曰:何以期也?屈也。至尊在,不敢伸其私尊也。父必三年然後娶,達子之志也。

疏曰:家無二尊,故於母屈而爲期。不直言"尊"而言"私尊"者,母於子爲尊,夫不尊之故也。子於母屈而期,心喪猶三年,故父雖爲妻期而除,然必三年乃娶者,通達子之心喪之志故也。《左氏傳》晉叔向云"王一歲有三年之喪二",據大子與穆后,天子爲后亦期而云三年喪者,據達子之志而言也。

張子曰:"父在,爲母服三年之喪,則家有二尊,有所嫌也。處今之宜,但可服齊衰一年外,可以墨衰從事,可以合古之禮,全今之制。"

朱子曰:"喪禮須從《儀禮》爲正。如父在,爲母期,非是薄於母,只爲尊在其父,不可復尊在母,然亦須心喪三年。這般處皆是大項事,不是小節目,後來都失了,而今國家法:爲所生父母皆心喪三年,此意甚好。○又問《儀禮》父在爲母,曰:'盧履冰議是,但條例如此,不敢違耳。'"

黄氏曰:"宋文帝元嘉十七年,元皇后崩,皇太子心喪三年。禮:心喪有禫[①],無禫,禮無成文,世或兩行。皇太子心喪畢,詔使博士議。有司奏:喪禮有祥[②],以祥變有漸,不宜便除即吉,故其間服以綅也。心喪已經十三月,大祥十五月,祥禫變除,禮畢餘情一周,不應復有再禫。宣下以爲永制。詔可。

唐前上元元年,武后上表,請父在爲母終三年之服,詔依行焉。開元五年,右補闕盧履冰上言:'准禮,父在爲母,一周除靈,三年心喪,請仍舊章,庶叶通禮。'於是下制,令百官詳議。刑部郎中田再思建議云:'上古喪服無數,自周公制禮之後,孔父刊經以來,方殊厭降之儀,以標服紀之節。重輕從俗,斟酌隨時,循古未必是,依今未必非也。'履冰又上疏曰:'天無二日,土無二君,家無二尊,以一理之也。所以父在爲母服周者,避二尊也。'左散騎常侍元沖行奏議[③]:'今若捨尊嚴之重,虧嚴父之義,事不師古,有傷名教。'百僚議竟不決,後中書令蕭嵩與學士改修五禮,又議請依元敕父在爲母齊衰三年爲令,遂爲成典。○今服制:令子爲母齊衰

① "心喪有禫",《通典》同,校本作"有心喪禫",《通解續》同。

② "喪禮有祥",校本、《通解續》同,《宋書》、《通典》、《通志》"祥"均作"禫",。

③ "沖行"二字原互乙,校本作"沖行",與《通解續》同,據乙。

三年。”父卒爲母，與父在爲母同。

敖氏曰：“喪妻者，必三年然後娶，禮當然爾，非必專爲達子心喪之志也。蓋夫之於妻宜有三年之恩，爲其不可以不降於母，是以但服期而已。然服雖有限，情則可伸，故必三年然後娶，所以終牉合之義焉。若謂唯主於達子之志，則妻之無子而死者，夫其可以不俟三年而娶乎？《春秋傳》曰‘王一歲而有三年之喪二’，謂后與太子也。喪妻之義，於此可見。”

吴氏澄曰：“凡喪禮，制爲斬、衰、功、緦之服者，其文也；不飲酒、不食肉、不處内者，其實也。中有其實而外飾之以文，是爲情文之稱。徒服其服而無其實，則與不服等爾。雖不服其服，而有其實者，謂之心喪。心喪之實，有隆而無殺；服制之文，有殺而有隆，古之道也。愚嘗謂服制當一以周公之禮爲正，後世有所增改者，皆溺乎其文，昧乎其實，而不究古人制禮之意者也。爲母齊衰三年，而父在爲母杖期，豈薄於其母哉？蓋以夫爲妻之服既除，則子爲母之服亦除，家無二尊也。子服雖除，而三者居喪之實如故，則所殺者，三年之文而已，實固未嘗殺也。”

郝氏曰：“至尊謂父，私尊謂母。父至尊，而子又尊其母，故曰‘私尊’。子爲父屈，而父爲子伸，故子服雖期年已除，父娶必三年後繼，以伸其子所不敢伸之志也。志，謂心喪。”

顧氏曰：“父在爲母，雖降爲期，而心喪之實未嘗不三年也。傳曰：‘父必三年然後娶，達子之志也。’假令娶於三年之内，將使爲之子者何服以見，何情以處乎？理有所不可也。抑其子之服於期，而申其父之不娶於三年，聖人所以損益百世而不可改者，精矣。”又曰：“父在爲母齊衰三年，起自《開元禮》。然其時盧懷慎以母憂起復爲兵部侍郎，張九齡以母憂起復中書侍郎同平章事，邠王守禮，以母憂起復左金吾衛將軍，嗣鄂王邕以母憂起復衛尉卿，而得終禮制者，唯張説、韓休二人，則明皇固已崇其文而廢其實矣。今制：父在爲母斬衰三年。案《太祖實録》：‘洪武七年，九月庚寅，貴妃孫氏薨。命吴王橚服慈母服，斬衰三年。以主喪事敕皇太子，諸王皆服期。乃命翰林學士宋濂等修《孝慈録》，立爲定制。子爲父母，庶子爲其母，皆斬衰三年。嫡子、衆子爲其庶母，皆齊衰杖期。十一月壬戌朔，書成。’此則當時别有所爲，而未可爲萬世常行之道也。”

妻。

疏曰：“妻卑於母，故次之。夫爲妻，年月禫杖亦與母同。”

敖氏曰:“下章傳曰‘父在,則爲妻不杖’,然則此爲妻杖,謂無父者也。”

汪氏琬曰:“禮,期之喪十一月而練,十三月而祥,十五月而禫,此指杖期而言,故鄭玄謂‘父在爲母’也。又禮爲父、母、妻、長子禫,又期終喪不食肉、飲酒,父在,爲母、爲妻,又期居廬終喪,不御於内者,父在爲母、爲妻。蓋妻喪皆與父在爲母同,故先儒謂爲妻亦十五月而禫也。後世妻喪不禫,則已夷于旁期矣。”

世佐案,此謂適子無父者也,士之庶子亦存焉。適子父在,爲妻不杖,見下章。大夫之庶子,父在爲妻在大功章。公子爲其妻在五服之外,父没乃爲之大功。

傳曰:爲妻何以期也?妻至親也。

註曰:“適子父在,則爲妻不杖,以父爲之主也。《服問》曰:‘君所主,夫人妻、大子、適婦。’父在,子爲妻以杖即位,謂庶子。”

疏曰:妻移天齊體,與己同奉宗廟,爲萬世之主,故云“至親”。此經非直是庶子爲妻,兼有適子父没爲妻在其中。天子以下至士、庶人,父皆不爲庶子之妻爲喪主,故夫皆爲妻杖,得伸也。

郝氏曰:“爲妻期,父在亦期,父卒亦期也。但父在,適子爲妻期而不杖,適婦喪,父爲主也,庶子則否,父没則否。”

世佐案,註云“父在,子爲妻以杖即位,謂庶子”者,指士之庶子而言也。公子、大夫之庶子則不在此例矣。士卑,故庶子得以伸其妻服。庶婦賤,舅不自主其喪,故其夫得以杖即位也。

出妻之子爲母。

註曰:“出,猶去也。”

雷氏次宗曰:“子無出母之義,故繼夫而言出妻之子也。”

疏曰:“此謂母犯七出。去,謂去夫氏,或適他族,或之本家,子從而爲服者也。七出者,無子一也,淫泆二也,不事舅姑三也,口舌四也,盜竊五也,妒忌六也,惡疾七也。天子、諸侯之妻,無子不出,唯有六出耳。”

黄氏曰:“出妻之子爲母杖期,父卒母嫁,無明文。漢《石渠議》:問:父卒母嫁,爲之何服?蕭太傅云:當服周,爲父後則不服。韋玄成以爲父没則母無出義,王者不爲無義制禮,若服周,則是子貶母也,故不制服也。

宣帝詔曰：婦人不養舅姑，不奉祭祀，下不慈子，是自絶也，故聖人不爲制服，明子無出母之義。玄成議是也。《石渠禮議》：又問：夫死，妻稚子幼，與之適人，子後何服？韋玄成對：與出妻子同服周。或議以子無絶母，應三年。蜀譙周據繼母嫁，猶服周，以親母可知，故無經也。○宋庾蔚之云：母子至親，本無絶道，禮所親者屬也。出母得罪於父，猶追服周，若父卒母嫁，而反不服，則是子自絶其母，豈天理耶？宜與出母同，皆制寧假二十五月[①]，是終其心喪耳。○今服制：令母出及嫁，爲父後者雖不服，亦申心喪。"

敖氏曰："出妻者，見出之妻也。云'出妻之子'，主於父在者也。若父没，則或有無服者矣，如下傳所云者是也。又此禮亦關上下言之。若妾子之爲其出母，則亦或有不然者，非達禮也。"

郝氏曰："妻被出，義與夫絶。子之於母，恩無可絶。雖父在，出母猶杖期。"

世佐案，此禮該父存没而言也。父雖没，而子爲此母服仍不過期，亦以其出降也。唯云"出妻之子"，則出妾之子與凡非己所生者，皆不在此例矣。

傳曰：出妻之子爲母期，則爲外祖父母無服。傳曰：絶族無施服，親者屬。

註曰："在旁而及曰施。親者屬，母子至親無絶道。"

疏曰：再言"傳曰"，義見前章。絶族者，嫁來承奉宗廟，與族相連綴。今出，則與族絶。以母爲族絶，即無傍及之服也。"親者屬"者，解母被出猶爲之服也。旁及曰施者，《詩》云"施條枚"，"施松上"，皆是旁而及之義。屬，猶續也。對父與母義合，有絶道，故云"母子至親，無絶道"。從《續通解》節本。

敖氏曰："此於其外親但云'外祖父母'，見其重者耳。絶族，離絶之族，謂父族與母族相絶而不爲親也。'絶族無施服'，言所以爲外祖父母無服也。'親者屬'，言所以爲出母期也。此蓋傳者引舊禮，而復引傳以釋之也，下放此。"

---

① "寧假"，校本、《通解續》同，《通典》作"假寧"，與《通解續》後文之"假寧令"云云相合，疑此爲"假寧"誤乙。

郝氏曰:“出母杖期,似與見在之母無别。然出母之服僅止于母,若出母之父母,爲子之外祖父母,則不爲服矣,示絶族也。親者,謂母子。母子至親,相續無絶,所以母雖出,子必爲期。”

世佐案,此因出妻之子而推言之,見其異于見在之母者,有此及下文所云二條也:曰“絶族無施服”以下,申言爲外祖父母無服之故,而後人復加以“傳”字也,説見前;“親者屬”,謂凡異姓之親,皆因聯屬而成,母既被出絶族,則與母黨不相屬矣,故自外祖父母以下皆不爲之服也,舊解誤。《大傳》云“絶族無移服,親者屬也”,此似脱一“也”字。

出妻之子爲父後者,則爲出母無服。傳曰:與尊者爲一體,不敢服其私親也。

疏曰:云“出妻之子爲父後者,則爲出母無服”者,舊傳釋爲父後者,謂父没,適子承重,不合爲出母服意。云“傳曰”者,子夏釋舊傳意。事宗廟祭祀者,不欲聞見凶人,故《雜記》云有死於宫中,三月不祭,況有服,可得祭乎?是以“不敢服其私親也”。父已與母無親,子獨親之,故云“私親也”。

敖氏曰:“言‘爲父後’,則無父矣。乃云‘出妻之子’,蒙經文也。‘與尊者爲一體’,釋爲父後也。母不配父,則子視之爲私親。母子無絶道,固當有服,然有服則不可以祭,故爲父後則不敢服之。有服則不可以祭者,吉凶二道不得相干故也。”

郝氏曰:“父絶子屬,不幾于背父乎?故唯庶子不繼正體者得服,適子爲父後者則不得服。適子後父,與父爲體。父至尊也,違尊服私親,是與至尊二體,故不敢。”又曰:“適子不得服出母,此禮過嚴,乃所以上義而先尊也。《喪服》少寧戚之意,非必盡古人之舊。”

顧氏曰:“‘出妻之子爲母’,此經文也。‘傳曰:出妻之子爲母期,則爲外祖父母無服’,此《子夏傳》也。‘傳曰:絶族無施服,親者屬’,此傳中引傳,援古人之言以證其無服也,當自爲一條。‘出妻之子爲父後者,則爲出母無服’,此又經文也。‘傳曰:與尊者爲一體,不敢服其私親也’,此《子夏傳》也,當自爲一條,今本乃誤連之。”

世佐案,“出妻之子爲父後者,則爲出母無服”,此亦子夏推廣經文之言。“曰與尊者爲一體”以下,復自釋其義也。疏以上二句爲舊傳,顧氏又以經文目之,皆爲後人妄加“傳”字所誤。爲父後者,適長子也。既立以爲後，即得謂之爲父後，不必父没乃可云爲父後也。《檀弓》云"子上之母死而不喪"，是時子思尚在，而子上爲父後，即不得喪出母，是其徵矣。

父卒，繼母嫁，從，爲之服，報。

疏曰："云'父卒，繼母嫁'者，欲見此母爲父已服斬衰三年，恩意之極，故子爲之一期，得伸禫杖，但以不生己，父卒改嫁，故降於己母，雖父卒後，不伸三年，一期而已。'從爲之服'者，亦謂本是路人，暫時與父牉合，父卒還嫁，便是路人，子仍著服，故生'從爲'之文也。'報'者，《喪服》上下并記云'報'者十有二，無降殺之義[①]。感恩者皆稱報，若此子念繼母恩終，從而爲服，母以子恩不可降殺，即生'報'文，餘皆放此。"

敖氏曰："父卒而繼母不嫁，則爲之三年，從之嫁則期，所以異内外也。報者，以其服服之之名，謂出妻於其子與此繼母皆報也。《小記》曰：'妾從女君而出，則不爲女君之子服。'妾不服之，明出妻有服也。舊説謂此女君猶爲其子期，是己母於子乃亦杖期者，既出嫁，則無尊加之義，故宜報之，所以别於在其父之室者也。此經言出妻之子爲母，及子爲繼母嫁從之服，而獨不及於父卒母嫁者。今以此二條之禮定之，則子於嫁母，其從與否皆當爲之杖期，而經不著之者，豈以其既有子矣，乃夫没而再嫁，尤爲非禮，故闕之以見義乎？傳曰'出妻之子爲父後者，則爲出母無服'，然則嫁母之子，自居其室而爲父後者，亦不爲嫁母服也。"

郝氏曰："繼母，父繼娶，非親生適母。父死子幼，從繼母嫁，是始終相依也。母喪，則子爲期。子喪，則母亦然，以報之。"

顧氏曰："'從'字句，謂年幼不能自立，從母而嫁也。母之義已絶於父，故不得三年，而其恩猶在於子，不可以不爲之服也。報者，母報之也，兩相爲服也。"

世佐案，疏以"從爲之服"爲句，從鄭義也。後三説皆於"從"字絶句，用王説也。王肅説見後。以義斷之，當以王説爲正。蓋繼母本非屬毛離裏之親，又改嫁，與父絶族，乃令前妻之子之自居其室者，亦皆舍其宗廟祭祀而爲之服，此於情爲不稱，而揆之于理，亦有所未順者矣。唯從繼母而嫁者則爲之服，以其有撫育之恩故也。此不别其爲父後與否者，以從乎繼母而嫁，必其幼弱不能自存者也。受恩既同，持服豈得而異？故無分

① "降殺之義"，校本、陳本、閩本、《經傳》引疏同，監本、毛本"義"作"差"。

乎適庶也。禮,婦人不貳斬,而經乃有“繼母嫁”之文者,著其變也。由是而推,則繼母被出,與其嫁而不從者,皆不爲之服,可知矣。“報”,謂繼母答此子之服也。上文出母不云“報”者,以出母於其子骨肉至親,自有應服之義,不因報施而然,故空其文也。敖氏以此兼出母言,非。

傳曰:何以期也? 貴終也。

註曰:“嘗謂母子,貴終其恩。”

黄氏曰:“案《通典》宋崔凱云:‘“父卒,繼母嫁,從,爲之服,報”,鄭康成云“嘗爲母子,貴終其恩也”,王肅云“從乎繼母而寄育則爲服,不從則不服”,凱以爲“出妻之子爲母”及“父卒,繼母嫁,從,爲之服,報”,皆爲庶子耳,爲父後者皆不服也。傳云:“與尊者爲一體,不敢服其私親也。”’庾蔚之謂:王順經文,鄭附傳説。王即情易安,於傳亦無礙。既嫁,則與宗廟絶,爲父後者安可以廢祖祀而服之乎?”

敖氏曰:“終者,終爲母子也。以終爲貴,故服此服也。繼母嫁而子從之,是終爲母子也。”

郝氏曰:“傳疑從嫁之繼母,何以母子同服,蓋生相依而死相棄,是無終也。生依之,死服之,所以貴終,終其爲母子之義也。然則親母嫁從者,其服可知。”

姜氏曰:出妻之子爲父後者無服,謂父卒而爲祭主,不可服與廟絶之母,以廢廟祀也。《小記》云“無服也”者,喪者不祭故也。是也如此,則父卒母嫁,爲父後者無服,亦不待言矣,豈繼母嫁,反隆于其母乎? 王肅之言,此不易之定論也。言父卒繼母嫁之服,而不言父卒母嫁之服,蓋繼母嫁,從,爲之服,則母嫁從者,可知矣。

右齊衰杖期。

儀禮集編卷十一　男盛溶澄校字

儀禮集編卷十一之二

秀水盛世佐學　後學歙鮑漱芳、石門顧修參校

喪服第十一之二

不杖，麻屨者。

註曰："此亦齊衰，言其異於上。"

疏曰：此不杖章輕於上禫杖，故次之。此章與上章雖杖與不杖不同，其正服齊衰裳五升而冠八升則不異也。楊氏曰："以此例推之，其降服衰四升而冠七升，亦不異也。"

敖氏曰："大功章曰：'三月受以小功衰，即葛九月。'此受以大功衰，即葛而期爲異耳。"

郝氏曰："麻屨與疏屨異，冠、絰、帶等，皆與杖期同。"

祖父母。

疏曰："服之本制，若爲父期，祖合大功，爲父母加隆至三年，祖亦加隆至期也。"

朱子曰："父母本是期，加成三年。祖父母、世父母、叔父母本是大功，加成期。其從祖伯父母、叔父母小功者，乃正服之，不加者耳。"

汪氏琬曰："或問：禮與律有繼母而無繼祖母之文，然則繼祖母不當服與？曰：非也。言祖母，則繼祖母統其中矣。蓋繼祖母與庶祖母有辨，繼祖母之歿也祔於廟，而庶祖母不祔。夫既祔於廟，爲之孫者方歲時饗祀之，而可以無服乎？故曰言祖母，則繼祖母統其中矣。"

傳曰：何以期也？至尊也。

敖氏曰："謂不可以大功之服服至尊，故加而爲期也。"

郝氏曰:“祖父母之親,不及父母,而論分,則父所尊也。父所尊,故亦曰至尊。”又曰:“此有父在之正禮,父没,適孫爲其祖三年,以代父也。禮各舉其正者,斬衰首父,齊衰首母,不杖期首祖父母,舉其正而凡不備者,皆可義推矣。”

世父母、叔父母。

註曰:“爲姑姊妹在室亦如之。”世佐案,註“姊妹”二字,坊本脱,今據疏文補。父之姊爲姑姊,父之妹爲姑妹。《春秋傳》云“無女而有姊妹及姑姊妹”是也。

雷氏曰:“不見姑者,欲見時早出之義。”

疏曰:世叔既卑於祖,故次之。伯言世者,欲見繼世也。爲昆弟之子亦期,不言報者,以昆弟之子猶子,若言報爲疏,故不言也。云“爲姑姊妹在室亦如之”者,大功章云“爲姑嫁大功”,明未嫁在此期章。

敖氏曰:“女子子在室,爲之亦然,唯已許嫁者則異也。此服皆報,不言之而别見者,欲序昆弟之子於衆子之後,序夫之昆弟之子於舅姑之後,以見親疏尊卑之等,故不於此言報也。若輕服,則不然。”

姜氏曰:“案本傳有‘不足加尊,故報之也’之文,則此兩列相爲之服而不言報,蓋變文也。夫爲人後者爲其父母期,而其父母亦報之,豈嫌言報爲疏而不言報乎?”

世佐案,此謂昆弟之男子爲之也,其女子子未成人者爲此四人服亦如之,成人已後,逆降在大功章,與出嫁者同。《爾雅》云:“父之晜弟,先生爲世父,後生爲叔父。”註云:“世,有爲嫡者嗣世統故也。”父之先生者不皆世嫡而爲祖後者亦存焉,故謂之世,此亦論其常耳。若父是庶出,或有廢疾,不堪主宗廟,而爲祖後者乃其後生,則此庶兄子亦謂之叔父而已。“世”、“叔”之稱,要以其年之先後生于父爲斷也。説者謂父之晜唯繼世一人稱世父,第二以下皆稱叔父,非。

傳曰:世父、叔父何以期也?與尊者一體也。

陳氏詮曰:“尊者,父也,所謂昆弟一體也。”

雷氏曰:“非父之所尊,嫌服重,故問也。”

黄氏曰:“世、叔父者,父之兄弟。若據祖期,則世、叔父母宜九月。而世、叔父是父一體,故加至期,從世、叔父母經謂之從祖父母。既疏,加所不及,據期而殺,是以五月。族世、叔父經謂之族父母。疏,故緦。”

敖氏曰:“世、叔父本是大功之服,以其與父一體,故當加一等也。以五服差之，族之親爲四緦麻，從祖之親爲三小功，則從父之親宜爲二大功也。而禮爲從父昆弟大功，世、叔父期，以此傳攷之，則世、叔父之期乃是加服，從父昆弟之大功則其正服也。此釋經文爲世父、叔父期之意。"

郝氏曰："伯、叔父母非尊于祖父母，何以與祖父母同服？雖不尊于祖父母，而實與祖爲一體。父至尊，又與父爲一體，唯其一體，所以同服。"

世佐案，尊者，兼祖若父而言。世、叔父者，祖之子，而父之昆弟也。下傳云"父子一體，昆弟一體"，是世、叔父與己之祖若父皆爲一體也。以是而加隆焉，故爲之期也。

然則昆弟之子何以亦期也？旁尊也，不足以加尊焉，故報之也。

疏曰：世、叔父與二尊爲體，故加期。昆弟之子無此義，何以亦期？故怪而致問也。凡得降者，皆由己尊也，故降之，世、叔非正尊，故生報也。

敖氏曰："加尊者，謂以其尊加之也。昆弟之子本服亦大功，世、叔父不以本服服之，而報以其爲己加隆之服者，以己非正尊，不足以尊加之故也。加尊而不報者，如父於衆子，祖於庶孫之類是也。昆弟之子雖不在此條，然以其即爲世、叔父之服者，而世、叔父亦以此服之義有不同，故并釋之也。"

郝氏曰："世、叔父爲昆弟之子亦期，尊爲卑服宜降，而亦期，何也？世、叔父非如祖父正尊，旁尊也。正尊可加尊而降卑，旁尊不足以加尊。昆弟子爲世、叔父母期，則世、叔父母亦爲昆弟子期，以報也。"

張氏曰："以其爲旁尊，不足以加尊於人，故爲昆弟之子亦如其服以報之。若祖之正尊，則孫爲祖朞，而祖但爲孫大功矣。"

父子一體也，夫妻一體也，昆弟一體也。故父子，首足也；夫妻，牉合也；昆弟，四體也。

疏曰："父子一體"已下，傳又廣明"一體"之義。云"父子一體"者，見世、叔父與祖亦爲一體也。"夫婦一體"者，亦見世、叔母與世、叔父爲一體也。"昆弟一體"者，又見世、叔與父亦爲一體也。人身首足爲上下，父子亦是尊卑之上下，故父子比於首足。《郊特牲》云"天地合而后萬物興焉”，是夫婦牉合，子胤生焉，是牉合爲一體也。四體謂二手二足，在身之旁，昆弟亦在父之旁，故云“四體”。

敖氏曰：“言‘首足’、‘牉合’、‘四體’者，皆所以釋其爲一體也。此又申言與尊者一體之義。雖以三者並言，而其旨則唯主於昆弟，蓋世、叔父乃其父之昆弟，所謂與尊者一體也。”

世佐案，“牉”與“判”通，半也。《周禮·媒氏職》云“掌萬民之判”，鄭註引此傳文亦作“判”。判合者，陰陽各半合之，乃成夫婦也。

故昆弟之義無分。然而有分者，則辟子之私也。子不私其父，則不成爲子，故有東宮，有西宮，有南宮，有北宮。異居而同財，有餘則歸之宗，不足則資之宗。

註曰：“宗者，世父爲小宗典宗事者也。資，取也。”

疏曰：“昆弟之義無分”者，以手足四體本在一身，不可分別，是昆弟之義不合分也。然而分者，則辟子之私也，使昆弟之子各自私其父，故須分也。若兄弟同在一宮，則不成爲人子之法。案《内則》云“命士以上，父子異宮”，不命之士，父子同宮。縱同宮，亦有隔别，爲四方之宮也。

張子曰：“‘子不私其父，則不成爲子’，古之人曲盡人情如此，若同宮，有叔父、伯父，則爲子者何以獨厚於其父，爲父者又烏得而當之。”

敖氏曰：“此承上文而言也。父子、夫妻、昆弟俱是一體，然父子、夫妻不分，而昆弟則分，似乖於一體之義，故言其理之不容不分者以釋之。‘東宮’、‘西宮’、‘南宮’、‘北宮’，蓋古者有此稱，亦或有以之爲氏者，故傳引之以證古之昆弟亦有分而不同宮者焉。異居而同財，則其所以分之意可見矣。”

郝氏曰：“辟、避同，子各事其父，故昆弟不得不避之，是以分耳。宮，謂父子各居别宮，各事其所尊。宗小宗，即世父母之宮。”

張氏曰：“言有餘、不足皆統於宗，仍以明一體之義。”

世佐案，“東宮”、“西宮”、“南宮”、“北宮”，皆古者兄弟異居之宮名也。“有餘”、“不足”，謂支子之私財，支庶之赢餘匱乏，皆宗子總攬其大綱，而爲之裒益于其間。故宗法立，而天下無貧富不平之患矣。

世母、叔母何以亦期也？以名服也。

疏曰：以配世、叔父而生母名，則當隨世、叔父而服之。

敖氏曰:"此釋經文也。言'以名服',見其恩疏。"

張氏曰:"二母本是路人,以胖合於世、叔父,故有母名,因而服之,即上所云'夫妻一體'也。"

大夫之適子爲妻。

疏曰:"'大夫之適子爲妻',在此不杖章,則上杖章爲妻者是庶子爲妻。父没後,適子亦爲妻杖,亦在彼章也。"

敖氏曰:"傳曰'父在,則爲妻不杖',則是凡父在爲妻而非有所降者,其服皆然,不别適庶也[①]。此乃特見大夫之適子,蓋謂大夫庶子爲妻則異於是,唯其適子爲妻如邦人,故特舉以明之。凡大夫之子之服,例在正服後,今序於昆弟之上者,蓋以此包上下而言,故居衆人爲妻之處,若重出者乃在正服後也。"

張氏曰:"案下經大夫庶子爲妻大功,不知註疏何以云'當杖'。"

世佐案,爲妻不杖,"尊者在,不敢盡禮於私喪也"。見《雜記》鄭註。一云"以父爲之主也",見上章鄭註。大夫之適子有父之辭也。不云父在爲妻,而云"大夫之適子"者,見此禮之通乎上下也。嫌大夫已上爲尊者所壓,或不得伸其私服,故言此以明之。《小記》云"世子不降妻之父母,其爲妻也,與大夫之適子同",則天子、諸侯之適子皆然,而士以下更不待言矣。適子,爲父後者也,特言"適"者,見庶子之異于是也。自天子以至于士,其庶子父在爲妻之服各異,即父没之後,亦有不能盡同者,此當以上章"妻"、大功章"公之庶昆弟、大夫之庶子爲妻",及記"公子爲其妻"參看,其義自見。

傳曰:何以期也?父之所不降,子亦不敢降也。何以不杖也?父在則爲妻不杖。

註曰:"大夫不以尊降適婦者,重適也。凡不降者,謂如其親服服之。降有四品:君、大夫以尊降,公子、大夫之子以厭降,公之昆弟以旁尊降,爲人後者、女子子嫁者以出降。"

雷氏曰:"經於伯叔父下無姑文,於昆弟下無姊妹文,於衆子下無女子子文者,以未成人則殤,已成人則當出,故皆不見於此。"

---

① "别"字原作"必",校本作"别",《集説》同,據改。

疏曰：大夫衆子爲妻皆大功，今令適子爲妻期，故發問也。云"父之所不降"者，大功章有適婦，是父不降適婦也。云"子亦不敢降"者，謂不敢降至大功與庶子同也。云"何以不杖也"者，既不降，怪不杖，故發問也。"父在，爲妻不杖"者，父爲適子之婦爲喪主，故適子不敢伸而杖也。若然，適子爲妻通貴賤，今唯據大夫者，以五十始爵，爲降服之始，嫌降適婦，其子亦降其妻，故明。舉大夫不降，天子、諸侯雖尊不降可知。註云"降有四品"者，揔解《喪服》上下降服之義。云"君、大夫以尊降"者，天子、諸侯爲正統之親后夫人與長子、長子之妻等不降，餘親則絶。天子、諸侯絶者，大夫降一等，即大夫爲衆子大功之等是也。云"公子、大夫之子以厭降"者，此非身自尊，受父之厭屈以降無尊之妻。"妻"字疑誤。下記云"公子爲其母練冠、麻、麻衣縓緣，爲其妻縓冠、葛絰帶、麻衣"，父卒乃大功是也，大夫之子即小功章云"大夫之子爲從父昆弟"在小功皆是也。云"公之昆弟以旁尊降"者，此亦非己尊，旁及昆弟，故亦降其諸親，即小功章云"公之昆弟爲從父母昆弟"是也。案大功章云"公之庶昆弟爲母、妻、昆弟"，傳曰"先君餘尊之所厭，不得過大功"，若然，公之昆弟有兩義，既以旁尊，又爲餘尊厭也。云"爲人後者、女子子嫁者以出降"者，此章云[①]"爲人後者爲其父母，報"，又下文云"女子適人者爲其父母、昆弟、爲父後者"，此二者是出也。大夫之服，例在正服後，今在昆弟上者，以其妻本在杖期，直以父爲主，故降入不杖章，是以進之在昆弟上也。

敖氏曰："'父之所不降'，謂大夫爲適婦亦大功，如衆人，故子亦爲之不杖期，如衆人也。若大夫於庶婦降之而至於不服，其子亦降之而至於大功，所謂大夫之子則從乎大夫而降也。'父在，則爲妻不杖'者，不敢同於父在爲母之服也，故父没，爲母三年，乃得爲妻杖，是其差也。降有三品：大夫以尊而降，公之昆弟、大夫之子以其父之所厭而降，爲人後者、女子子適人者以出而降。子亦不敢降之説見後。"

郝氏曰："夫爲妻杖期，舅爲適婦大功，常也。大夫適子妻仍期不降，何也？大夫不以貴降適，其于適子婦大功仍大功也。父不降，而子又安可降乎？所以大夫適子仍得爲妻期。然不杖，何也？父在，適婦之喪，父主之。父爲主，子杖是奪其父主，不敢也。然則大夫庶子爲妻宜如何？

---

① "此章"，《通解續》同，校本作"謂若下文"，《要義》、陳本、閩本、監本、毛本同。

曰:宜大功。是父所降也,欲爲期,不可得也。然則大夫庶婦喪,亦爲主乎?曰:否。則大夫以上,降其妻乎?曰:否。則何以獨言大夫?期降自大夫始。”又曰:“降服四品,以尊降者爲辨分,以出降者爲情殺可也。若夫厭降者,己非諸侯、大夫,而徒以父之所降,己亦降旁尊降者,己非君公,而徒以爲公昆弟于所親亦降,則似迂矣。故縣子曰:古者無降,上下各以其親。世運有隆替,親有不得不殺,恩有不得不窮,非古也。權其通者,唯達人乎?”

張氏曰:“案下經,適婦在大功章,庶婦在小功章,‘父之所不降’,謂不降在小功也。子亦不敢降,大夫衆子爲妻皆大功,今適子爲妻期,是亦不敢降也。前章註云‘父在,子爲妻以杖即位,謂庶子’者,蓋士禮也。若大夫之庶子,父在,僅得服大功,何以得以杖即位乎?”

昆弟。

註曰:“昆,兄也。爲姊妹在室亦如之。”

疏曰:昆弟卑於世、叔,故次之。昆,明也,以其次長,故以明爲稱。弟,第也,以其小,故以次第爲名。

郝氏曰:“昆,同也,同本曰昆。凡親族,齒相若稱兄弟,同父稱昆弟,後倣此。”

爲衆子。

註曰:“衆子者,長子之弟及妾子,女子子亦如之[①]。士謂之衆子,未能遠别也。大夫則謂之庶子,降之爲大功。天子、國君不服之。《内則》曰:‘冢子未食而見,必執其右手。適子、庶子已食而見,必循其首。’”

疏曰:衆子卑於昆弟,故次之。士謂之衆子,大夫之子皆云庶子,天子、國君絶旁親,故不服也。引《内則》者,證言庶子别於適長者也。

敖氏曰:“衆子,即庶子也,對長子立文,故曰‘衆子’。庶則對適之稱也,實則一耳。父母爲衆子乃期者,以尊加之也。士妻爲妾子亦期。凡適而非長,父母爲之亦與衆子同。”

世佐案,衆子,謂適妻所生第二已下及妾子皆是。變庶言衆者,庶是

---

① “女子子”下校本有“在室”二字,四庫本《儀禮注疏》卷末考證云:“監本‘女子’下衍‘在室’二字,據疏文則知後人誤增者,今删。”阮《校》云:“徐本、《集釋》、敖氏同。楊氏、毛本俱不重‘子’字。盧文弨云‘在室’二字疏無。”

對適之稱，衆則適而非長者亦存焉。註引《内則》者，明父待子之禮，自第二已下，雖適妻所生，亦無異于庶也。但《内則》所謂"適子"與此經小異。此經"適子"，指適長而言，《内則》謂之"冢子"，彼所謂"適子"、"庶子"，則此之衆子也。

昆弟之子。

疏曰："昆弟子疏於親子，故次之。世、叔父爲之。"

敖氏曰："其女子子在室者亦如之。"

姜氏曰："子，蓋該男子子、女子子在其中矣。"

世佐案，子，男子也。其女子子未成人而死，當以殤降，成人以後，毋論已未嫁，皆降在大功，以其逆降旁期故也。女子子必逆降旁期者，爲其嫁當及時也，説見大功章"女子子嫁者、未嫁者爲世父母、叔父母、姑姊妹"條下。

傳曰：何以期也？報之也。

註曰："《檀弓》曰：'喪服，兄弟之子猶子也。'蓋引而進之。"

世佐案，爲子期，則爲昆弟之子當大功，今乃同之于子者，以其爲己服期，故亦以是報之。上傳云"旁尊也，不足以加尊焉，故報之也"，與此相發明。《檀弓》説又是一義，蓋各記所聞耳。

大夫之庶子爲適昆弟。

註曰："兩言之者，適子或爲兄，或爲弟。"

疏曰："此大夫之妾子，故言庶，若適妻所生第二已下，當直云昆弟，不言庶也。"

敖氏曰："大夫之庶子爲昆弟大功，嫌於適亦然，故以明之。斬衰章云'父爲長子'，則大夫之適亦謂其長子，未必指爲弟者也。此云'適昆弟'者，古之文法，不可以單言'昆'，故連'弟'言之，經中此類多矣。不言適子者，嫌自爲其子也。"

世佐案，庶子猶衆子，言庶者，對適立文也。適昆弟，謂其爲父後者一人也。立子以適不以長，故容有弟而爲父後者，其庶兄爲之亦如斯例也。若適妻所生第二以下則否矣，適妻所生第二以下爲其兄之爲父後者，與妾子爲宗子同。

傳曰：何以期也？父之所不降，子亦不敢降也。

註曰："大夫雖尊，不敢降其適，重之也。適子爲庶昆弟，庶昆弟相爲，亦如大夫爲之。"

疏曰：云"父之所不降"者，即斬章父爲長子是也。云"子亦不敢降"者，於此服期是也。案後經大夫爲庶子降服大功，適子爲庶昆弟、庶昆弟相爲竝大功，故註曰"如大夫爲之"。從《句讀》節本。

敖氏曰："大夫之子於昆弟之屬或有所降者，以從乎其父，而不得不降之耳。若爲其父之適及尊同者，乃其父之所不降者，故己亦得遂其服焉，非謂以其父不降之之故，欲降之而不敢降也。凡後傳之言'若此'者，不復見之。"

世佐案，父于長子三年，庶子期，昆弟相爲亦期，服之正也。大夫以尊故降庶子于大功，而于長子自若三年，是父之所不降也。大夫之庶子厭于父，降其庶昆弟于大功，而于適昆弟自若期，是子亦不敢降也。庶昆弟爲適昆弟之服如此，而適昆弟之所以服之者亦大功，則以大夫之適子得行大夫禮故也。且父之所降，子亦不敢不降也。

適孫。

疏曰："孫卑於昆弟，故次之。此謂適子死，其適孫承重者，祖爲之期。"

傳曰：何以期也？不敢降其適也。有適子者無適孫，孫婦亦如之。

註曰："周之道，適子死則立適孫，是適孫將上爲祖後者也。長子在，則皆爲庶孫耳。孫婦亦如之。適婦在，亦爲庶孫之婦。凡父於將爲後者，非長子皆期也。"

疏曰：云"周道"者，以其殷道適子死，弟乃當先立，與此不同也。《喪服小記》云："適婦不爲舅後者，則姑爲之小功。"註云："謂夫有廢疾他故[①]，死而無子，不受重者。小功，庶婦之服也。凡父母於子，舅姑於婦，將不傳重於適及將傳重者非適，服之皆如衆子、庶婦也。"然長子爲父斬，父亦爲斬，適孫承重爲祖斬，祖爲之期，不報之斬者，父子一體，本有三年

① "他"原作"它"，校本作"他"，各注疏本及《禮記·喪服小記》鄭注同，據改。

之情,故特爲祖"祖"字非誤則衍。斬[①]。祖爲孫本非一體,但以報期,故不得斬也。

敖氏曰:"祖於孫宜降於子一等而大功,此期者,亦異其爲適,加隆焉爾,非不降之謂也。'有適子者無適孫,孫婦亦如之',皆謂適不可二也。○案註云'凡父於將爲後者,非長子,皆期'者,蓋以斬衰章唯言父爲長子故也。鄭言此者,爲適子死而無適孫者見之,且明爲適孫亦期之意也。適孫爲祖父後服與子同。"

郝氏曰:"祖爲孫大功,常也。以其繼體,加隆焉。若使適子在,等孫耳,無適庶之異也,其餘孫婦亦然。無適子有適孫,乃有適孫婦,不然,孫婦等耳,皆大功也。"世佐案,庶孫之婦在緦麻三月章,郝云"皆大功",誤。

顧氏曰:"冢子,身之副也。家無二主,亦無二副,故有適子者無適孫。唐高宗有太子而復立太孫,非矣。"

世佐案,傳意蓋謂孫爲祖期,祖亦當報之以期,以正尊,故降之于大功。而爲適孫則在此章,是不敢降其適也。云"有適子者無適孫"者,謂適子在,則適子之子雖屬適長,而祖視之無殊于庶孫也,服之皆大功。云"孫婦亦如之"者,如其有適婦者無適孫婦也。適子、婦皆没,以孫爲後,則爲其婦小功,孫婦爲夫之祖父母大功,夫爲祖後,則其妻從服期。若姑在,姑持重,孫婦仍大功而已,曾孫以下皆然。殊之于庶也。適子、婦有一在,則爲孫婦緦,無適庶之别也。註云"凡父于將爲後者,非長子,皆期也"者,所以明祖不爲適孫三年之義。由是推之,則祖於將爲後者,非長孫,其皆大功乎?

爲人後者,爲其父母報。

雷氏曰:"據無所厭屈,則期爲輕。言報者,明子於彼則名判於此,故推之於無尊,遠之以報服。女雖受族於人,猶在父子之名,故得加尊而降之。"

疏曰:"此謂其子後人,反來爲父母,在者,欲其厚於所後,薄於本親,抑之,故次在孫後也。若然,既爲本生,不降斬至禫杖章者,亦是深抑,厚於大宗也。言報者,既深抑之,使同本疏往來相報之法故也。"

有問:"安常習故是如何?"朱子曰:"如親生父母,子合當安之。到得立爲伯叔父後,疑于伯叔父有不安者,這也是理合當如此。然而自古却

---

① 曹氏《校釋》曰:"'祖'當爲'之'。"

有大宗無子，則小宗之子爲之後，這道理又却重，只得安于伯叔父母，而不可安于所生父母。《喪服》則爲所後父母服三年，所生父母只齊衰不杖期。”

有問濮議，曰：“歐公説不是，韓公、曾公亮和之。温公、王珪議是。范鎮、吕誨、范純仁、吕大防皆彈歐公，但温公又于濮安懿王邊禮數太薄，須于中自有斟酌可也。歐公之説，斷然不可。且如今有人爲人後者，一日所後之父與所生之父相對坐，其子來唤所後父爲父[①]，終不成又唤所生父爲父，這自是道理不如此。試坐仁宗于此，亦坐濮王于此，英宗過焉，終不成都唤兩人爲父。只緣衆人道是死後爲鬼神不可考，胡亂呼都不妨，都不思道理不可如此。先時仁宗有詔云：‘朕皇兄濮安懿王之子，猶朕子也。’此甚分明，當時只以此爲據足矣。”

黄氏震曰：“歐公被陰私之謗，皆激於當日主濮議之力。公集《濮議》四卷，又設爲‘或問’以發明之，滔滔數萬言，皆以禮經‘爲其父母’一語，謂未嘗因降服而不稱父母耳。然既明言所後者三年，而於所生者降服，則尊無二上明矣。謂所生父母者，蓋本其初而名之，非有兩父母也。未爲人後之時，以生我者爲父母，已爲人後，則以命我者爲父母。立言者於既命之後而追本生之稱，自宜因其舊，以父母稱，未必其人一時並稱兩父母也，公亦何苦力辨而至於困辱危身哉？况帝王正統相傳，有自非可常人比耶。”

敖氏曰：“言其以别於所後者也，餘皆放此。父母爲支子，服率降於爲己者一等。此支子出爲人後者爲其父母期，其父母亦報之以期，而不復降者，以其既爲所後者之子，統不可二，故不敢以正尊加之，而報之也。”

顧氏曰：“‘爲人後者爲其父母’，此臨文之不得不然。《隋書》劉子翊云‘其者，因彼之辭’是也。後儒謂以所後爲父母，而所生爲伯叔父母，於經未有所攷，亦自尊無二上之義而推之也。宋歐陽氏據此文以爲聖人未嘗没其父母之名，辨之至數千言，然不若趙瞻之言‘辭窮直書’爲簡而當也。《宋史·趙瞻傳》：‘中書請濮安懿王稱親，瞻争曰：“仁宗既下明詔子陛下，議者顧惑禮律所生、所養之名，妄相訾難，彼明知禮無兩父貳斬之義，敢裂一字之辭以亂厥真。且文有去婦、出母

① “所後父”原作“所父後”，不辭，校本作“所後父”，《朱子語類》及《通解續》所引同，據乙。

者，去已非婦，出不爲母，辭窮直書，豈足援以斷大義哉。臣請與之廷辨，以定邪正。"'○《石林燕語》：'濮議廷臣既皆欲止稱皇伯，歐陽文忠力詆以爲不然，因引《儀禮》及《五服敕》，云爲人後者爲其父母，則是雖出繼，而於本生猶稱父母也。時未有能難之者，司馬君實在諫院，獨疏言：爲人後而言父母，此因服立文，舍父母則無以爲稱，非謂其得稱父母也。'案經文言'其父母'、'其昆弟'者，大抵皆私親之辭。○觀先朝嘉靖之事，至於入廟稱宗，而後知聖人制禮别嫌明微之至也。永叔博聞之儒，而未見及此，學者所以貴乎格物。○報，謂所生之父母報之，亦爲之服期也。重其繼大宗也，故不以出降。"

傳曰：何以期也？不貳斬也。何以不貳斬也？持重於大宗者，降其小宗也。

疏曰：此問雖兼母，答專據父，故以斬而言。案《喪服小記》云"别子爲祖，繼别爲大宗"，謂若魯桓公適夫人文姜生太子，名同，後爲君，次子慶父、叔牙、季友，此三子謂之别子。别子者，皆以臣道事君，無兄弟相宗之法，與太子有别，又與後世爲始，故稱别子也。大宗有一，小宗有四。大宗一者，别子之子適者爲，諸弟來宗之，即謂之大宗，自此以下，適適相承，謂之百世不遷之宗。五服之内，親者月算如邦人，五服之外，皆來宗之，爲之齊衰。齊衰三月章"爲宗子、宗子之母妻"是也。小宗有四者，謂大宗之後生者，謂别子之弟。《小記》註云别子之世長子，兄弟宗之。第二已下長者，親弟來宗之，爲繼禰小宗。更一世，長者非直親兄弟[①]，又從父昆弟亦來宗之，爲繼祖小宗。更一世，長者非直親昆弟、從父昆弟，又有從祖昆弟來宗之，爲繼曾祖小宗。更一世，長者非直有親昆弟、從父昆弟、從祖昆弟來宗之，又有從曾祖昆弟來宗之，爲繼高祖小宗也。更一世絶服，不復來事，以彼自事五服内繼高祖已下者也。四者皆是小宗，則家家皆有兄弟相事長者之小宗，雖家家盡有小宗，仍世事繼高祖已下之小宗也。是以上傳云"有餘則歸之宗"，亦謂當家之長爲小宗者也。

敖氏曰："此一節釋所以服期之意。爲父固當斬衰，然父不可二，斬不並行。既爲所後之父斬，則於所生之父不得不降而爲期，蓋一重則一輕，禮宜然也。大宗者，繼别子之後者也。小宗者，凡庶子之長子、適孫

---

① "非直親兄弟"，校本、監本、毛本同。阮《校》曰："'直'下陳、閩、《通解》俱有'有'字，下同。"

之屬皆是也。此爲大宗子矣，乃復謂所生之家爲小宗者，以其本爲支子故也。持，猶主也。"

張氏曰："持重於大宗，謂既爲大宗，服重服也。"〇《監本正誤》云："'持重於大宗者，降其小宗也'。'持'誤作'特'。"

世佐案，持，猶守也。重，謂宗祀。大宗謂其所後，小宗則其本宗也。爲人後者爲其本宗父母、昆弟之屬皆降一等，是降其小宗矣。所以然者，喪三年不祭，既爲大宗，守宗廟祭祀之重，則不得舍是而復以尊服服其所生也。

爲人後者孰後？後大宗也。曷爲後大宗？大宗者，尊之統也。禽獸知母而不知父，野人曰父母何算焉？都邑之士則知尊禰矣，大夫及學士則知尊祖矣。諸侯及其大祖，天子及其始祖之所自出。尊者尊統上，卑者尊統下。大宗者，尊之統也。大宗者，收族者也，不可以絶，故族人以支子後大宗也。適子不得後大宗。

註曰："都邑之士則知尊禰，近政化也。大祖，始封之君。始祖者，感神靈而生，若稷、契也。自，由也。及始祖之所由出，謂祭天也。上，猶遠也。下，猶近也。收族者，謂别親疎、序昭穆。《大傳》曰：'繫之以姓而弗别，綴之以食而弗殊，雖百世婚姻不通者，周道然也。'"

疏曰：云"爲人後者孰後，後大宗也"，案何休云"小宗無後當絶"，與此義同。云"曷爲後大宗"，此問必後大宗之意。云"大宗者，尊之統也"者，明宗子尊，統領族人，有族食、族燕齒序族人之事[①]，是以須後不可絶也。云"禽獸"以下，因上尊宗子，遂廣申尊祖以及宗子之事也。學士，謂鄉庠、序及國之大學、小學之學士，雖未有官爵，以其習知四術，閑知六藝，知祖義父仁之理[②]，故敬父遂尊祖，得與大夫之貴同也。"諸侯及其大祖，天子及其始祖"，皆是爵尊者其德所及遠也。云"大宗收族"已下，論大宗立後之意。云"適子不得後大宗"者，以其自當主家事并承重祭祀之事故也。註云"大祖，始封之君"者，謂若魯之周公、齊之太公之類，後

---

① "事"字原作"義"，校本作"事"，《通解續》、陳本、閩本、監本、毛本同，據改。

② "理"，《通解續》同，校本作"禮"，陳本、閩本、監本、毛本同。

世不毁其廟者也。云"始〔祖〕感神靈而生[①]，若后稷、契也，及始祖所自出，謂祭天"者，案《大傳》云"王者禘其祖之所自出，以其祖配之"，是后稷感東方青帝靈威仰所生，契感北方黑帝汁光紀所生。王者建寅之月，祀所感帝於南郊，還以感生祖配，周以后稷，殷以契配之也。天子始祖，諸侯及大祖，並於親廟外祭之，是尊統遠。大夫三廟，適士二廟，中、下士一廟，是卑者尊統近也。若然，此論大宗子而言天子、諸侯、大夫、士之等者，欲見大宗子統領百世而不遷，又上祭大祖而不易，亦是尊統遠，小宗子唯統五服之内，是尊統近，故傳言尊統遠近而云"大宗者，尊之統也"，又云"大宗者，收族"，是大宗統遠之事也。引《大傳》者，證周之大宗子統領族人，序以昭穆，百世不亂之事。

敖氏曰："此一節承上文言所以後大宗之意。尊之統，爲尊者之統也。小宗者，族人之所尊，而大宗又統乎小宗，故言'尊之統'，見其至尊也。大宗爲尊者之統而收族人，故族人不得不爲之立後。諸侯言太祖，天子言始祖，則始祖、太祖異矣。周祖后稷，又祖文王。《白虎通義》云'后稷爲始祖，文王爲太祖'，此其徵也。及，謂祭及之也，及其始祖之所自出，謂禘也。始祖之所自出，若殷周之帝嚳也。諸侯之太祖，世世祭之，天子不唯世世祭其太祖，又祭其始祖，又祭其始祖之所自出，蓋所祭者之尊不同故也。尊者天子，卑者諸侯。此'尊統'，謂爲祖禰之統者也。'尊統上'，天子始祖之所自出者也，'尊統下'，諸侯之太祖也，此與大宗爲族人之尊統者義不相關，意略相類，故假此以發明之，適子不得後大宗，則大宗亦有時而絶矣。"

郝氏曰："凡繼，繼宗也。宗爲大，則所親爲小，故舉宗法明之。大宗自始祖以下，適長世世相傳，合族人共宗之。小宗，謂始祖適子之第二子，亦以適長世世相承，五服内宗之。大宗百世不遷，小宗歷高、曾、祖、考，每四世親盡則遞遷。大宗繼祖，小宗繼禰，各同父以上，各以其四親爲小宗，同父之適爲繼禰小宗，同祖之適爲繼祖小宗，同曾祖之適爲繼曾祖小宗，同高祖之適爲繼高祖小宗，此外，則五服窮而不復相統矣，以彼各有五服内繼高祖下者自爲統也。族人各有四宗，又共事其始祖之大宗，故大宗尤重。大宗絶，必擇族人支子繼之，大宗尊，小宗親，小宗輕，

① "始祖"原無"祖"字，校本同，各注疏本皆有，與鄭注合，應據補。

大宗重也。今人但知親小宗,不知尊大宗,知親不知尊,知父母不知祖宗,則禽獸、鄉人而已。學士、大夫、諸侯、天子,德愈尊則統愈遠,此尊親大小之分也。諸侯之大祖,謂始受封之君。天子始祖所自出之帝,如周人追祀帝嚳之類。尊者德隆,卑者德薄,故所統有遠近。大宗不可絶,爲族無統也,絶,則以支子後。適子不得後大宗,各有所後也。此見宗嗣至重,爲人子者不可輕爲人後,既爲人後,則不得復遂其私也。○案古立後唯宗[1],非宗不後,非支不後人君,子不樂爲人後,惡背親也。今世庶絶,皆議後,其謬者,屈宗後庶,其尤謬者,一子兩後,一後兩子,或獨子後人,或無子争後,利死者財産,詭道百出,貪戾無恥,莫斯爲甚。昔夫子射于矍相之圃,使子路延射,曰:'敗軍之將、亡國之大夫、與爲人後者不入,餘皆入。'夫爲人後者至與敗軍亡國者比,志士仁人所以恥不爲也。"世佐案,記所謂"與爲人後"者,鄭註云:"與,猶奇也。後人者,一人而已。既有爲者而往奇之,是貪財也。"然則爲人後者與則不可,若大宗無後,身爲支子,迫于大義而往後之,固聖人所弗禁也,豈得比之于敗軍、亡國哉。郝氏之論過矣。

張氏曰:"'大宗者,尊之統',謂其爲族中尊貴之統緒也。爵尊者,其尊統所及者遠,天子、諸侯是也。爵卑者,其尊統所及者近,大夫、士是也。上下雖不同,凡爲大宗,則其族中尊貴之統緒也。凡爲大宗,皆以收合族人,使不乖睽者也,故不可以絶,故爲之後者即降其本宗。適子不得後大宗,以其自當主小宗之事故也。"○《監本正誤》云:"'適子不得後大宗','子'誤作'人'。"

汪氏琬曰:"古者大宗而無後也,則爲之置後,小宗則否。夫小宗猶不得置後,况支庶乎? 子夏曰:'爲人後者孰後? 後大宗也。曷爲後大宗? 大宗者,尊之統也。'然則族人而無後也,其遂不祀矣乎? 曰:不然也。孔子曰:'凡殤與無後者,祭於宗子之家。當室之白,尊於東房。'是雖不置後可也。然則有大宗之家焉,有小宗之家焉,祭者將奚從? 曰:視其祖。故曰'庶子不祭殤與無後者,殤與無後者從祖祔食',此之謂也。孔子曰:'宗子爲殤而死,庶子弗爲後也。'然則大宗其遂絶乎? 曰:如之何而絶也。弗後殤者而後殤者之祖禰,則大宗故有後也。傳曰:'士之子爲大夫,則其父母弗能主也,使其子主之,無子,則爲之置後。'然則大夫而非大宗也,亦可以置後乎? 曰:非是之謂也。公子有宗道焉,大夫亦

[1] "唯"字原作"爲",校本作"唯",《節解》作"惟",據校本改。

然。庶姓而起爲大夫，則得别於族人之不仕者。《禮》'别子爲祖，繼别爲宗'，大夫獨非大宗與？然則大夫與公子若是班乎？曰：然。公子不敢援諸侯，故公子爲别子。大夫之族不敢援大夫，故大夫亦爲别子也，如之何其可無後也。子夏曰'適子不得後大宗'，然則莫尚於大宗矣。奚爲不使適子後之也？曰：以其傳重也。古人敬宗而尊祖禰，適子者，繼祖禰者也，故不可以爲人後也。然則無宗支適庶而皆爲之置後，今人之所行，古人之所禁也，不亦大悖於禮與？曰：此禮之變也。蓋自宗法廢，而宗子不能收族矣。宗子不能收族，則無後者求祔食而無所，其毋乃驅之爲厲乎？故不得已爲之置後也，變也。然則今之置後者，必親昆弟之子，次則從父昆弟之子，其於古有合與？曰：不然也。禮，同宗皆可爲之後也。大夫有適子則後適子，有庶子而無適子，則卜所以爲後者，如衛之石祁子是也，況無子而爲之置後，其有不聽於神乎？吾是以知其不然也。卜之，則勿問其孰爲親、孰爲疏可也，是可行於古，亦可行於今者也。"

世佐案，自"曷爲後大宗"以下，皆論大宗不可絶，族人當以支子後之之義。蓋爲小宗之支子者，一旦棄其本宗而爲大宗後，人子之心或有所不安于此，故以大義斷之，而曰"後大宗"者，即所以尊祖也，則族人皆知義之無所逃，而不得以親疏易位爲嫌矣。尊，謂别子之爲祖者也。"大宗者，尊之統也"者[①]，謂祖之正統在大宗也。以母比父，則父尊，父在爲母期是也。以禰比祖，則祖又尊，不以父命辭王父命是也。推而上之，至别子之爲祖者，而尊止矣。大夫不得祖諸侯，諸侯不得祖天子，故諸侯宗廟之祭得及其始受封之大祖，天子禘祭，得及其始祖之所自出之帝。祭之所及，統之所自起也。德有厚薄，爵有尊卑，統亦有遠近。要爲不可絶，其義一也。重言"大宗者，尊之統也"者，見士、大夫之家以别子爲祖，尊統雖近，而以繼别者爲正統所在，則無異于國耳。統在足以收族，統絶則族遂散而不可紀，勢必有一本之親視爲行路者，其去禽獸不遠矣。此族人必以支子後大宗之故也。適子不得後大宗者，重絶人之祀也。族人多矣，寧必以其適爲後哉？言此者，亦所以杜争繼之釁也。古之人惡背其親，迫于大義，不得已而爲之。若是而後世乃有貪財争後如郝氏所云者，或無所利焉，則聽大宗之絶而莫之顧。噫，時代之升降遠矣。又案始祖

① "尊"字原作"宗"，校本作"尊"，與傳文合，據改。

之所自出，當以敖説爲正，註疏本于緯書，不足信。

女子子適人者爲其父母、昆弟之爲父後者。

疏曰："女子卑於男子，故次男子後。"

敖氏曰："此昆弟不言報，是亦爲之大功耳。"

張氏曰："出嫁之女爲本宗期者三：父一，母一，昆弟爲父後者一。"

世佐案，爲其父母期，以出降也。爲其昆弟之爲父後者亦期，不敢降其宗也。

傳曰：爲父何以期也？婦人不貳斬也。婦人不貳斬者何也？婦人有三從之義，無專用之道，故未嫁從父，既嫁從夫，夫死從子。故父者，子之天也，夫者，妻之天也。婦人不貳斬者，猶曰不貳天也，婦人不能貳尊也。

註曰："從者，從其教令。"

疏曰：經兼言父母，傳特問父，不問母者，家無二尊，故父在爲母期，今出嫁仍期，但不杖禫而已，未多懸絶，故不問。案《雜記》云"與諸侯爲兄弟者服斬"[①]，是婦人爲夫并爲君得二斬。此云"婦人不貳斬"者，在家爲父斬，出嫁爲夫斬，此其常事，彼爲君不可以輕服服君，非常之事，不得決此也。婦人有三從，所從即爲之斬。夫死從子，不爲子斬者，子爲母齊衰，母爲子不得過齊衰也。

敖氏曰："此一節釋爲其父母也。從者，順其所爲而不違之，所謂以順爲正者也。天者，取其尊大之義，人所尊大者無如天，故以之爲比。"

爲昆弟之爲父後者何以亦期也[②]？婦人雖在外，必有歸宗，曰小宗，故服期也。

馬氏融曰："歸宗者，歸父母之宗也。昆弟之爲父後者曰小宗。"

註曰："歸宗者，父雖卒，猶自歸宗，其爲父後服重者，不自絶於其族類也。曰小宗者，言是乃小宗也。小宗明非一也，小宗有四。丈夫、婦人之爲小宗，各如其親之服，避大宗。"

---

① "兄弟"之"兄"原作"昆"，校本作"兄"，陳本、閩本、監本、毛本疏同，與《禮記・喪服小記》合，據改。

② "亦"字原作"爲"，校本作"亦"，各本經文同，據改。。

王氏肅曰："嫌所宗者唯大宗，故曰'小宗'，明各自宗其爲父後者也。"

疏曰：云"曰小宗，故服期"者，欲見大宗子百世不遷。宗内丈夫、婦人爲之齊衰三月。小宗，父之適長者爲之。婦人所歸，不歸大宗，歸此小宗，遂爲之期，與大宗别。傳恐人疑爲大宗，故辨之。註云"父雖卒，猶自歸宗"者，若父母在，嫁女自當歸寧父母，何須歸宗子？傳言"婦人雖在外，必歸宗"，明是據父母卒者而言。若然，天子、諸侯夫人父母卒，不得歸宗，以其人君絶宗。故許穆夫人、衛侯之女，父死不得歸，賦《載馳》詩是也。云"丈夫、婦人爲小宗，各如其親之服"者，謂各如五服尊卑服之，無所加減。大宗則齊衰三月，五服外丈夫、婦人皆然，五服内月算如邦人，亦皆齊衰，無大功、小功、緦麻，故云"避大宗"也。

敖氏曰："此一節釋爲其昆弟之爲父後者也。歸宗者，所歸之宗也。婦人雖外成，然終不可忘其所由生，故以本宗爲歸宗也。'歸'云者，若曰婦人或不安於夫家，必以此爲歸然也。其於爲父後者特重，以其爲宗子也。以私親言之，故曰小宗。其昆弟雖繼别，猶謂之小，所以别於夫家之宗也。"

郝氏曰："適子後父，則家之小宗也。婦人有故則將歸焉，故爲之期，從其所親，以殊于大宗之齊衰三月者也。"

張氏曰："婦人雖已嫁在外，必有所歸之宗。此昆弟之爲父後者，即繼禰之小宗，故爲之服期也。"

世佐案，女子子適人者謂其宗子爲歸宗，所以别于夫家之宗也。《爾雅》云"謂姪之子爲歸孫"，亦是此意。由繼禰之小宗推之，則繼祖已上之小宗及繼别之大宗，此女服之，亦與在室者同，可知矣。

繼父同居者。

疏曰："繼父本非骨肉，故次在女子子之下[①]。案《郊特牲》云'夫死不嫁，終身不改'，《詩》共姜自誓不許再歸，此得有婦人將子嫁而有繼父者，彼不嫁者自是貞女守志，而有嫁者，雖不如不嫁，而聖人許之。"

敖氏曰："繼父，因母之後夫也。其或從繼母而嫁者，若爲其夫服亦

---

① "次在女子子"，"次"原作"須"，"子"字原不重出，校本及各注疏本皆作"次在女子子"，據改補。

宜如之。"

郝氏曰:"前夫子謂母再嫁之夫曰繼父。同居,則恩猶父也,雖非血屬,死亦爲期。"又曰:"婦人二夫[①],女德虧矣。《喪服》有繼父,叔季委巷之禮,非古聖經制,議禮者不可不思。"

世佐案,俗之薄也,《柏舟》之節,未可槩諸凡人,《凱風》之嘆,時或興于孝子。聖人慮後世失節之婦必有棄其遺孤而莫之恤者,故於齊衰杖期章爲制繼母嫁從之服,而於此章又著繼父同居之文,使之相收相養,而六尺之孤庶不至于轉于溝壑焉,此聖人之微權也。疏以爲許婦人改嫁,誤矣。郝又因是而訾聖經,是惡知禮意哉。

傳曰:何以期也?傳曰:夫死,妻穉,子幼。子無大功之親,與之適人而所適者亦無大功之親。所適者以其貨財爲之築宫廟,歲時使之祀焉,妻不敢與焉。若是,則繼父之道也。同居則服齊衰期,異居則服齊衰三月也。必嘗同居然後異居,未嘗同居,則不爲異居。

註曰:"妻穉,謂年未滿五十。子幼,謂年十五已下。子無大功之親,謂同財者也。爲之築宫廟於家門之外,神不歆非族。妻不敢與焉,恩雖至親,族已絶矣,天不可二[②]。此以恩服爾,未嘗同居,則不服之。"

疏曰:子家無大功之内親,繼父家亦無大功之内親,繼父以財貨爲此子築宫廟,使此子四時祭祀不絶,三者皆具,即爲同居,子爲之朞,恩深故也。三者若闕一事,則爲異居。假令前三者皆具,後或繼父有子,即是繼父有大功内親,則爲異居矣。如此,則爲之齊衰三月而已。若初與母往繼父家時,或繼父有大功内親,或己有大功内親,或繼父不爲己築宫廟,三者一事闕,雖同在繼父家,亦名不同居繼父,全不服之矣。"爲之築宫廟於家門之外"者,以其中門外有己宗廟,則知此在大門外築之也。隨母嫁,得有廟者,非必正廟,但是鬼神所居曰廟,若《祭法》云"庶人祭於寢"也。

杜氏佑曰:"大唐聖歷元年,太子左庶子王方慶嘗書問太子文學徐堅曰:'女子年幼小而早孤,其母貧窶,不能守志,攜以適人,爲後夫之鞠養,

① "夫"原作"天",校本作"夫",《節解》同,據改。

② "天不可二",校本、毛本同,《集釋》、陳本、閩本、監本"天"皆作"夫"。

及長，出嫁，不復同居。今母後夫亡，欲制繼父服，不知可不？人間此例甚衆，至於服紀，有何等差，前代通儒，若爲議論？'堅答曰：'《儀禮·喪服》經，繼父同居齊衰周，謂"子無大功之親，與之適人，所適亦無大功之親，而所適者以貨財爲之築宫廟，歲時使之祀焉"者也。鄭康成曰："大功之親，同財者也。築宫廟於家門之外[①]，神不歆非族也。以恩服耳，未嘗同居，即不服也。"《小戴禮記》繼父服並有明文，斯禮經之正説也。至於馬融、王肅、賀循等，並稱大儒達禮，更無異文。唯傅玄著書，以爲父無可繼之理，不當制服，此禮焚書之後，俗儒妄造也。袁准作論，亦以爲此則自制父也，亂名之大者。竊以父猶天也，愛敬斯極，豈宜靦貌繼以佗人哉。然而藐爾窮孤，不能自立，既隨其母託命他宗，本族無養之人，因託得存其繼嗣。在生也，實賴其長育，及其死也，頓同之行路，重其生而輕其死，篤其始而薄其終，稱情立文，豈應如是。故袁、傅之駮，不可爲同居者施焉。昔朋友之死，同爨之喪[②]，並制緦麻，詳諸經典，比之於此，蓋亦何嫌？繼父之服，宜依正禮。今女子母攜重適人，寄養他門，所適慈流，情均膝下，長而出嫁，始不同居，此則笄總之儀[③]，無不畢備，與築宫立廟無異焉，蓋有繼父之道也。戴德《喪服記》曰"女子子適人者，爲繼父服齊衰三月"，不分别同居、異居。梁氏《集説》亦云"女子子適人者服繼父，與不同居者服同"，今爲服齊衰三月，竊爲折衷。'方慶深善此。"

敖氏曰："傳之言若此，則是子於繼父本無服，特以三者具，且同居，故爲服此服。若先同居後異居，則降而三月。是又於三者之外，以居之同異爲恩之深淺，而定服之重輕也。然則三者或闕其一，雖同居，亦無服矣。《小記》言'同居'、'異居'者與此異，更詳之。"

郝氏曰："傳引舊傳，明同居之義，見所以爲服，非苟也，妻稺、夫死、子幼，無親，與子再適人，非得已也。子稱其人爲同居繼父，非泛然同居也。設使子有大功之親，則不得依他人爲父[④]。使其人有大功之親，則亦不得養他人爲子。或私其財貨，不與同利；易其宗姓，使不得自奉其先

---

① "廟"字下原有"者"字，"門之"二字原互乙，校本作"築宫廟於家門之外"，《通典》同，與鄭玄注合，據删、乙。

② "爨"原作"㸑"，校本作"爨"，《字彙》曰："㸑，俗爨字。"今從正字，後放此。

③ "儀"原作"義"，校本作"儀"，《通典》同，據改。

④ "不得"原作"亦不"，校本作"不得"，《節解》同，據改。

祀；或使其妻預既絶之禮，使鬼神不享。有一於此，則恩誼薄，烏得稱父。必是數者兼備，又獨父孤子，終身相依，如此，真繼父矣，然後可爲齊衰期年[①]。若三者備，始同居而後異居，則但可爲齊衰三月。若初未嘗同居，于前數者無一焉，路人耳，三月不可，況期年乎？"

顧氏曰："夫物之不齊，物之情也。雖三王之世，不能使天下無孤寡之人，亦不能使天下無再適人之婦，且有前後家、東西家而爲喪主者矣。假令婦年尚少，夫死，而有三五歲之子，則其本宗大功之親自當爲之收恤。又無大功之親，而不許之從其嫁母，則轉於溝壑而已。於是，其母所嫁之夫視之如子，而撫之以至於成人，此子之於若人也，名之爲何，不得不稱爲繼父矣。長而同居，則爲之服齊衰期。先同居而後别居，則齊衰三月，以其撫育之恩次於生我也。爲此制者，所以寓恤孤之仁，而勸天下之人不獨子其子也。若曰以其貨財爲之築宫廟，此後儒不得其説而爲之辭。"

張氏曰："必嘗同居，然後爲異居者。前時三者具爲同居，後三者一事闕[②]，即爲異居，乃爲齊衰三月。若初往繼父家時，三者即不具，是未嘗同居，全不爲服。"○《監本正誤》云："'異居則服齊衰三月也'，脱'也'字。"

汪氏琬曰："此孤子隨母更適者也。或爲大宗之世適與？或支子與？吾皆不能知也。苟其爲大宗之適也，則家必有廟，無所事於更築。在禮，禰無廟則與祖同廟，爲繼父者如之何其代爲之築也？且彼無大功之親矣，獨無小功以下諸親乎哉。宗法而既行也，舉族之父兄子弟方推宗子而重焉，有餘財，則必歸之，雖以之立廟可也，安有顛連而入繼父之家者，又安有藉繼父之財而始爲宫廟者哉。苟其支子而已，則雖爵爲大夫、士，猶當祭於宗子之家，而不當有廟，况孤幼乎。爲繼父者分之賄財可也，遺之宫室、什器、車馬、衣服可也，犯非禮而爲之築宗廟，此暱愛之私，不可之甚者也。傳言'所適者亦無大功'云云，《喪服小記》又言'皆無主後，同財而祭其祖禰，爲同居'，則是繼父無子者也。繼父無子，其可撫妻之前子爲子與？《語》曰：'神不歆非類，民不祀非族。'制禮者宜禁之之不暇[③]，

① "爲"字原作"以"，校本作"爲"，《節解》同，據改。

② "者"字下原無"一"字，校本及《句讀》皆有，據補。

③ "暇"字原作"暇"，校本作"暇"，《堯峰文鈔》同。《廣韻》："暇，閑也。俗作暇。"據改。

而顧倡此説以導之，吾不信也。吾嘗考諸《春秋》崔杼娶東郭姜，姜以其孤棠無咎入，卒兆大亂於齊。蓋同居之禍如此，此亂宗之端，敗家絶祀之所自。昉後世宜以爲鑒，不可以禮文藉口也。嗟乎，三《禮》惟《儀禮》最古，然其説猶有難信者，况乎大、小戴《禮》，半爲漢儒所附會哉。蓋古書之錯亂，不可知也久矣。善哉，傅玄之言曰，父無可繼之理，此禮焚書之後，俗儒妄造也。"

姜氏曰："穉，當謂年未滿三十。"

世佐案，同居則服齊衰期，謂始終同居者也。異居則服齊服三月，謂始同終異者也。《小記》云："繼父不同居也者，必嘗同居，皆無主後，同財而祭其祖禰，爲同居，有主後者爲異居。"正與此傳相發明。"皆無主後"，即傳所謂"子無大功之親，所適者亦無大功之親"也。"同財而祭其祖禰"，即傳所謂"以其貨財爲之築宫廟，歲時使之祀焉"也。三者具爲同居，一不具即爲異居。云"有主後者爲異居"，舉一以例其餘耳。

爲夫之君。

疏曰："此以從服，故次繼父下。但臣之妻皆稟命於君之夫人，不從服小君者，欲明夫人命亦由君，故臣妻於夫人無服也。"

世佐案，《雜記》云："外宗爲君夫人，猶内宗也。"鄭註云："皆謂嫁於國中者也，爲君服斬，夫人齊衰，不敢以其親服服至尊也。外宗，謂姑姊妹之女，舅之女，及從母皆是也。内宗，五屬之女也。其無服而嫁于諸臣者，從爲夫之君，嫁於庶人，從爲國君。"然則"爲夫之君"在此章者，謂諸臣之妻本與君無服者耳，不服斬，又不服夫人，是其異于外宗、内宗者也。

傳曰：何以期也？從服也。

疏曰：從服者，以夫爲君斬，故妻從之服期也。

郝氏曰："臣爲君斬，臣妻爲君期。夫之所尊，妻從服也。凡從服，降正服一等。"

姑姊妹、女子子適人無主者，姑姊妹報。

疏曰：此等親出適，已降在大功，雖矜之服期，不絶於夫氏，故次義服之下。女子子不言報者，女子子出適大功，反爲父母，自然猶期，不須言報。姑對姪，姊妹對兄弟，出適反爲姪與兄弟大功，姪與兄弟爲之降至大功，今還相爲期，故言"報"也。

敖氏曰："爲姑姊妹、女子子出適者降爲大功，今以其無主，乃加於降服一等，而爲之期。其姑姊妹於昆弟、姪，亦不容不以其所加者服之。云'報'者，服期之義生於己，而不在彼故也。女子子適人者爲父母自當期，固不必言報矣。然父母爲已加一等，而己於父母不復加者，其亦以婦人不能貳斬也與？"

郝氏曰："姑於姪，姊妹於昆弟，女子子於父母，適人死，父母、昆弟、姪爲大功，常也。若無後爲主，則爲期，加憐也。姑姊妹于姪昆弟死，無主，亦然，以報也，有主，姑姊妹適人者爲大功。"

世佐案，此等皆期親，因出而降于大功，復因無主而升于期者。無主，謂死而夫族無主其喪者也。凡因出而降者，爲其有受我而厚之者也。既無主，則無受我而厚之者矣，故不忍降也。報，謂姑姊妹之無主者，亦以期服報其姪與昆弟也。由是推之，則姪與昆弟之無主者，姑姊妹其亦爲之服期而相報與？又案，適人無主與被出而反在室者大略相似，唯女子子之爲父母服則異。子嫁反在室爲父在斬衰章，其無主者仍爲父母期而已。

傳曰：無主者，謂其無祭主者也。何以期也？爲其無祭主故也。

註曰："無主後者，人之所哀憐，不忍降之。"

疏曰：無主有二，謂喪主、祭主。傳不言喪主者，喪有無後，無無主者，若當家無喪主，或取五服之内親，又無五服親，則取東西家，若無，則里尹主之。今無主者，謂無祭主也。註云"人之所哀憐"者，謂行路之人，見此無夫復無子而不嫁，猶生哀愍，况姪與兄弟及父母，故不忍降之也。除此之外，餘人爲之服者，仍依出降之服而不加，以其恩疏故也。不言嫁而言"適人"者，言"適人"則謂士①，若言嫁，乃嫁於大夫，於本親又以尊降，不得言報矣。

敖氏曰："祭主者，夫若子若孫也。死而無祭主，尤可哀憐，故加一等。大功之服乃得加一等者，以其本服如是也。"

爲君之父母、妻、長子、祖父母。

疏曰："此亦從服，輕於夫之君及姑姊妹、女子子無主，故次之。"

---

① "則"字校本作"即"。

敖氏曰:“祖父母尊也,乃在下者,見其爲變服也。孫於祖父母,其正服期。”

郝氏曰:“君,凡有地者之通稱。臣爲君之父母與妻與長子與祖父母皆期[①],六者皆君至親,君服,臣從服。”

世佐案,此君之父與祖父,皆謂未嘗爲君者也。若既爲君而薨,則臣當爲之服斬,不在此例矣。君之母,謂卒于君之父之後者也。君之祖母,則又卒于君之父若祖之後者也。故君皆爲之齊衰三年,而臣從服期。若君之父在,而母與祖母卒,及父卒祖在,而祖母卒,則君但爲之期,而臣不從服矣。先言“君之父母、妻、長子”,而后言“祖父母”者,蓋君爲祖父母三年,而臣從服期,必其君之父先卒者也。君之妻、長子之喪,則不因君之父之存没而異,故其立言之次如此。又案《服問》云:“大夫之適子爲君夫人、大子如士服。”然則君之妻、長子之喪,其服及于大夫之適子,而君之父母與祖父母則否矣,是亦其異也。所以異者,以小君、儲君臣下自應有服,其他則從君服而已,見爲臣則從,未爲臣則否。

傳曰:何以期也? 從服也。父母、長子,君服斬,妻則小君也。父卒,然後爲祖後者服斬。

註曰:“此爲君矣而有父若祖之喪者,謂始封之君也。若是繼體,則其父若祖有廢疾不立。父卒者,父爲君之孫,宜嗣位而早卒,今君受國於曾祖。”

疏曰:云“父母、長子,君服斬”者,欲見臣從君服期。君之母當齊衰而言斬者,以母亦有三年之服,故并言之。云“妻則小君也”者,欲見臣爲小君期是常,非從服之例。註云“此爲君矣而有父若祖之喪者,謂始封之君也”者,始封之君非繼體,容有祖父不爲君而死,君爲之斬,臣亦從服期也。若是繼體,則其父若祖合立,爲廢疾不立,已當立,是受國於曾祖。若今君受國於祖,薨,則羣臣爲之斬,何得從服期,故鄭以新君受國於曾祖。若然,則曾祖爲君薨,羣臣自當服斬,若君之祖薨,君爲之服斬,則臣從服期也。趙商問:“己爲諸侯,父有廢疾,不任國政,不任喪事而爲其祖服,制度之宜,年月之斷,云何?”答云:“父卒,爲祖後者三年斬,何疑?”趙商又問:“父卒,爲祖後者三年已聞矣。所問者,父在爲祖如何? 欲言三

① “祖父母”之“祖”字原無,校本有“祖”字,《節解》同,據補。

年則父在，欲言期復無主，斬杖之宜，主喪之制，未知所定。”答曰：“天子、諸侯之喪皆斬衰，無期。”彼志與此註相兼乃具也。

朱子曰：“孫爲祖承重。頃在朝，檢此條不見。後歸家，檢《儀禮疏》説得甚詳，正與今日之事一般。乃知書多看不辨。舊來有明經科，便有人去讀這般書，註疏都讀過。自王介甫新經出，廢明經學究科，人更不讀書。卒有禮文之變，更無人曉得，爲害不細。”世佐案，朱子此言蓋爲紹熙五年孝宗之喪，光宗有疾，不能即位行禮，寧宗以適孫承重而發。《建炎以來朝野雜記》云：“高宗之喪，孝宗爲三年服。及孝宗之喪，有司請於易月之外，用漆紗淺黄之制，蓋循紹興以前之舊。朱文公後入，不以爲然。奏言：‘今已往之失，不及追改，惟有將來啟攢發引。禮當復用初喪之服，則其變除之節，尚有可議。望明詔禮官，稽考禮律，豫行指定。其官吏、軍民方喪之服，亦宜稍爲之制，勿使肆爲華靡。’其後詔中外百官，皆以凉衫視事，蓋用此也。方文公上議時，門人有疑者，文公未有以折之。後讀《禮記正義・喪服小記》‘爲祖後者’條，因自識於本議之末。其略云：‘準五服年月，格斬衰三年，嫡孫爲祖(謂承重者)，法意甚明。而禮經無文，但專云父没而爲祖後者服斬。然而不見本經，未詳何據，但《小記》云“祖父没，而爲祖母後者三年”可以旁照。至“爲祖後者”條下，疏中所引《鄭志》，乃有“諸侯父有廢疾，不任國政，不任喪事”之問，而鄭答以“天子、諸侯之服皆斬”之文，方見父在而承國於祖服。向來入此文字時，無文字可檢，又無朋友可問，故大約且以禮律言之，亦有疑父在不當承重者，時無明白證驗，但以禮律人情大意答之，心常不安。歸來稽考，始見此説，方得無疑。乃知學之不講，其害如此。而禮經之文，誠有闕略，不無待於後人。向使無鄭康成，則此事終未有斷決，不可直謂古經定制，一字不可增損也。’”

黄氏曰：“晉蔣萬問范宣：‘嫡孫亡，無後，次子之後可得傳祖重不？’宣答曰：‘禮，爲祖後者三年。不言適庶，則通之矣。無後猶取繼，况見有孫而不承之耶。庶孫之異於適者，但父不爲之三年，祖不爲之周，而孫服祖父，不得殊也。’〇本朝皇祐元年十一月三日，大理評事石祖仁言：‘先於八月十五日，祖父太子太傅致仕中立身亡，叔國子博士從簡成服，後于十月十五日身亡。祖仁是嫡長孫，欲乞下太常禮院，定奪合與不合承祖父重服。’世佐案，石祖仁所言，則宋時承重者必無伯叔者也，叔父在，則適孫亦不承重矣，此似與禮經不合。詔禮院詳定。博士宋敏求議曰：‘案子在父喪而亡，嫡孫承重[①]，禮令無文。《通典》：晉〔或〕人〔問〕徐邈[②]：“嫡孫承重在喪中亡，其從弟已孤，未有子姪相繼，疑于祭事。”邈答曰：今見有諸孫而事同無後，甚非禮意。禮，宗子在外，則庶子攝祭，可使一孫攝主而服本服，期除則

① “嫡孫”原作“嫡子”，校本作“嫡孫”，《通解續》同，據改。

② “晉或人問徐邈”原作“晉人徐邈”，《通解續》同，校本作“徐邈”，《通典》作“晉或人問徐邈”，應據補。

當應服三年不[1]？何承天答曰："既有次孫，不得無服。但次孫先已制齊衰，今不得更易服，當須中祥乃服練。"裴松之曰："次孫本無三年之道，無緣忽於中祥重制，如應爲後者，次孫宜爲喪主終三年，不得服三年之服。"而司馬操駁之，謂二説無明據，其服宜三年也。自《開元禮》以前，嫡孫卒，則次孫承重，况從簡爲中子已卒，而祖仁爲適孫乎？大凡外襄終事，内奉靈席，有練祭、祥祭、禫祭，可無主之者乎？今中立之喪，未有主之者，祖仁名嫡孫而不承其重，乃曰從簡已當之矣而可乎？且三年之喪必以日月之久，而服之有變也。今中立未及葬，未卒哭，從簡已卒，是日月未久，而服未經變也，焉可無所承哉。或謂已服期，今不當接服斬，而更爲重制。案《儀禮》"子嫁，反在父之室，爲父三年"，鄭康成註謂"遭喪而出者，始服齊衰期，出而虞，則以三年之喪受"，杜佑號通儒，引其義附前問答之次，况徐邈、范宣之説已爲操駁之，是服可再制明矣。又舉葬必有服，今祖仁宜解官，因其葬而制斬衰，其服三年。後有如其類而已葬者，用再制服。通歷代之闕，折衷禮文以沿人情，謂當如是。請著爲定式。'詔如敏求議。〇熙寧八年閏四月，集賢校理同知太常禮院李清臣言：'檢會《五服年月勑》"斬衰三年加服"條，"嫡孫爲祖"，註謂"承重者爲曾祖、高祖後者亦如之"，又"祖爲嫡孫正服"條，註云"有嫡子則無嫡孫"，又準《封爵令》："公、侯、伯、子、男皆子孫承嫡者傳襲。若無嫡子及有罪疾，立嫡孫。無嫡孫，以次立嫡子同母弟。無母弟，立庶子。無庶子，立嫡孫同母弟。無母弟，立庶孫。曾孫以下準此。"究尋禮令之意，明是嫡子先死而祖亡，以嫡孫承重，則體無庶叔，不繫諸叔存亡，其嫡孫自當服三年之服，而衆子亦服爲父之服。若無嫡孫爲祖承重，則須依《封爵令》嫡庶遠近以次推之。而《五服年月敕》不立庶孫承重本條，故四方士民尚疑爲祖承重之服，或不及上稟朝廷，則多致差悮。欲乞特降朝旨，諸祖亡，無嫡孫承重，依《封爵令》傳襲條，子孫各服本服。如此，則明示天下人知禮制，祖得繼傳，統緒不絶，聖主之澤也。'事下太常禮院詳定，於是禮房看詳：'古者封建國邑而立宗子，故周禮適子死，雖有諸子，猶令適孫傳重，所以一本統，明尊尊之義也。至於商禮，則適子死，立衆子，然後立孫。今既不立宗子，又不常封建國邑，則不宜純用周禮，欲於《五服年月敕》

① "三"原作"二"，校本及《通解續》皆作"三"，據改。

"適孫爲祖"條修定註詞云:謂承重者。爲高祖、曾祖後亦如之。適子死,無衆子,然後適孫承重,即嫡孫傳襲封爵者,雖有衆子,猶承重。'從之。〇今服制令:諸適子死,無兄弟,則嫡孫承重。若適子兄弟未終喪而亡者,嫡孫亦承重。其亡在小祥前者,則於小祥受服,在小祥後者,則申心喪,並通三年而除。適孫爲祖母及爲曾、高祖後者,爲曾、高祖(闕一字)準此[①]。無嫡孫,則嫡孫同母弟。無同母弟,則衆長孫承重。即傳襲封爵者不以嫡庶長幼,雖有嫡子,兄弟皆承重,曾孫、玄孫亦如之。"

敖氏曰:"此先摠言從服,則夫人之服亦在其中矣。以其非從斬而期,故復以小君别言之。爲小君亦謂之從服者,謂其得配於君,乃有小君之稱故也。爲母齊衰,亦云'斬'者,以皆三年,而略從其文耳。父卒,然後爲祖後者服斬,則是父在而祖之不爲君者卒,君雖爲之後,亦唯服期,以父在故爾。唯祖後於父而卒者,君乃爲之斬也,蓋其斬與期唯以父之存没爲制。君服斬,然後臣從服期。又此言爲君之母與其祖母,皆指其卒於夫死之後者也。其夫若在,君爲之期,則臣無服也。〇案註云'此爲君矣,而有父若祖之喪者,謂始封之君也,若是繼體,則其父若祖有廢疾不立',此摠釋國君有不爲君之祖若父也。註又云'父卒者,父爲君之孫,宜嗣位而早卒,今君受國於曾祖',此釋父卒然後爲祖後者服斬之文也。夫君之無父而爲祖後者有二:有君已即位而父先卒、祖後卒者,如註所云者是也;亦或有父爲君而卒,子既代立而祖乃卒者。註乃舉其一而遺其一,意似未備。"

郝氏曰:"凡孫爲祖期,以有父爲後也。若孫無父後祖,亦服斬。故君有以適孫繼祖服斬者,臣亦從服期。凡從服,降一等。"又曰:"鄭謂此始封之君,其祖與父未嘗爲君,故臣無服從君之服,是也。又謂父卒者'爲君之孫,宜嗣位早卒,今君受國於曾祖',非也。父卒,爲祖後服斬,此禮不專爲君設,凡孫於祖皆然。此因臣從服君祖父母期,明君所以服斬之故。衛輒繼祖援此禮[②],但此祖父未嘗爲君,嘗爲君,則臣亦服斬矣。"

張氏曰:"註言繼體之君容有祖父之喪者[③],謂父有廢疾不立,而受國於祖。或祖有廢疾不立,父宜立而又早卒,受國於曾祖,故身已爲君,

① "爲曾高祖"下,盛氏注曰:"闕一字",據《通解續》,所闕之字或爲"母"。

② "輒"原作"輙",校本作"輒",《節解》同,據改。

③ "言"原作"云",校本作"言",《句讀》同,據改。

而又有父若祖之喪,皆爲之三年,其臣從服,爲之期也。"

汪氏琬曰:"禮,父在爲祖期,父卒,爲祖後者服斬[①],此《喪服傳》之明文也。後儒若賀循、徐廣之徒乃言父亡未殯而祖亡,適孫不敢服祖重,謂父屍尚在,不忍變於父在也。愚竊以爲不然。禮,殯而後成服,父既前卒[②],則先成父服,而後成祖服,當其成祖服之時,父屍已殯矣,夫何不敢服重之有?祖無適子而猥云不忍,不忍於父而忍於其祖,則父之心能安,父之目其能瞑耶?爲長子,傳曰'正體於上,又乃將所傳重也',是父生存已許其子傳祖父之重矣,及其歿也,適孫顧不敢申祖服,然則主祖之喪者,當誰屬乎?將遂無主乎?抑别立支子而爲之主也,其於傳重之義,失之遠矣。《小記》'父母之喪偕,先葬者不虞,待後事',《雜記》'有父之喪,如未歿喪而母死,其除父之喪也,服其除服,卒事,反喪服,如三年之喪,則既潁其練祥皆行',由是言之,父卒尚不得以餘尊厭母,安有適孫爲祖而不敢服重者哉。然後知賀、徐皆妄説也。庾蔚之言賀循所記謂大夫、士,又非也。爲祖後者,自天子達士庶皆同,則其服不得有異。"

姜氏曰:"父卒爲祖斬,父在君合爲祖期,且父雖有廢疾,服自可斬,主喪則君可攝也。註背經立説,蓋失之,受國曾祖之説,亦非。註以受國于祖,則臣當爲君之祖斬,不當爲之期,故爲此説耳。如祖曾有廢疾,傳位于其父,今父死嗣位,而祖方卒,則臣惟爲君三年,舊君不得爲三年也。何疑于爲君之祖期,而背經爲之辭哉。"

世佐案,父卒,然後爲祖後者服斬,此適孫承重之通例也。言於此者,明此爲君之祖期者,以君之父先卒故也。若君之父在,君雖爲祖後,亦服期,而臣無服矣。然此但指祖之不爲君者而言耳,若祖爲君而薨,父雖在,有廢疾,不任喪事,則後祖而爲君者當與其臣同服斬也,宋之寧宗是其例矣。註云"今君受國于曾祖"者,見其父若祖二世皆不爲君也。又案天子、諸侯之禮宜與士、大夫家異。士、大夫之禮,孫爲祖期而已。若天子、諸侯,則祖也而兼有君之尊,孫也而兼有臣之義。禮,族人不敢以其戚戚君,内宗、外宗之女猶爲其君服斬,而况于孫乎?以此斷之,孫爲祖之爲君者,無論承重與否,皆當服斬,不得以父在爲嫌。而父在爲祖斬

① "斬"原作"衰",校本作"斬",《堯峰文鈔》同,據改。

② "前"原作"先",校本作"前",《堯峰文鈔》同,據改。

之義，不待趙商之問而自明矣，曾、玄以下皆然。

妾爲女君。

疏曰："妾事女君，使與臣事君同，故次之。"

敖氏曰："此服期與臣爲小君之義相類。"

世佐案，妾以夫爲君，故名夫之適妻爲女君，以其與夫體敵故也。

傳曰：何以期也？妾之事女君，與婦之事舅姑等。

註曰："女君，君適妻也。女君於妾無服，報之則重，降之則嫌。"

疏曰：婦之事舅姑亦期，故云"等"，但並后匹適，傾覆之階，故抑之。雖或姪娣，使如子之妻，與婦事舅姑同也。諸經傳無女君服妾之文，故云"無服"。云"報之則重，降之則嫌"者，還報以期，無尊卑降殺則太重，若降之大功、小功，則似舅姑爲適婦、庶婦之嫌，故使女君爲妾無服也。

敖氏曰："禮，夫妻體敵，妾爲君斬衰三年，而爲女君期，嫌其服輕，故發問也。妾之至尊者，君也，而女君次之。婦之至尊者，夫也，而舅姑次之。二事相類，故以爲况。妾之事女君既與婦之事舅姑等，則其爲女君服亦不宜過於婦爲舅姑服，但當期而已。然妾於女君，其有親者，或大功，或小功、緦麻，乃皆不敢以其服服之，而必爲之期，又所以見其尊之也。女君於妾不著其服者，親疏不同，則其服亦異故也。唯緦章見貴妾之服，彼蓋主於士也，若以士之妻言之，乃爲其無親者耳。若有親者，則宜以出降一等者服之。"

郝氏曰："鄭謂'女君于妾無服'，非也。既云妾事女君如婦事舅姑，則女君視妾如舅姑視婦，可知舅姑于適婦大功，庶婦小功，女君于妾亦然。"

張氏曰："註'報之則重'二句，解女君於妾無服之故。嫌，謂嫌若姑爲婦也。"

姜氏曰："小君于妾，猶君于臣。臣雖無服，蓋亦有錫衰、緦衰、疑衰、弔服加麻之屬矣。舊謂'降之則嫌'者，非。"

世佐案，女君爲妾之服，敖説得之。

婦爲舅姑。

劉系之問："子婦爲姑既周，綵衣耶？"荀訥答曰："子婦爲姑既周除服，時人以夫家有喪，猶白衣。"

疏曰：文在此者，既欲抑妾，事女君使如事舅姑，在下，欲使妾情先於婦，故婦文在後也。

張子曰："古者爲舅姑齊衰期，正服也。今斬衰三年，從夫也。"

黄氏曰："本朝乾德三年十一月，秘書監、大理寺汝陰尹拙等言：'案律婦爲舅姑服期，《儀禮·喪服傳》、《開元禮儀纂》[①]、《五禮精義》、《續會要》、《三禮圖》等所載婦爲舅姑服期，後唐劉岳《書儀》稱婦爲舅姑服三年，與禮律不同，然亦集敕行用，請别裁定之。'詔百官集議。尚書省左僕射魏仁浦等二十一人奏議曰：'謹案《内則》云"婦事舅姑，如事父母"，即舅姑與父母一也。古禮有期年之説，雖於義可稽，《書儀》著三年之文，實在禮爲當。蓋五服制度，前代損益已多：只如嫂叔無服，唐太宗令服小功；曾祖父母舊服三月，增爲五月；適子婦大功，增爲期；衆子婦小功，增爲大功；父在爲母服周，高宗增爲三年；婦人爲夫之姨、舅無服，明皇令從夫而服，又增舅母服緦麻，又堂姨、舅服袒免，訖今遵行，遂爲典制。伏况三年之内，几筵尚存，豈可夫衣麤衰，婦襲紈綺，夫婦齊禮，哀樂不同，求之人情，實傷至治。况婦人爲夫有三年之服，於舅姑而止服周，是尊夫而卑舅姑也。且昭憲皇太后喪，孝明皇后親行三年之服，可以爲萬代法矣。'十二月丁酉，始令婦爲舅姑三年，齊斬一從其夫。○今服制令：婦爲舅斬衰三年，夫爲祖、曾高祖後者，其妻從服亦如之。"

吴氏澄曰："女子子在室爲父斬，既嫁則爲夫斬，而爲父母期。蓋曰子之所天者父，妻之所天者夫，嫁而移所天於夫，則降其父[②]，婦人不貳斬者，不貳天也。降己之父母而期，爲夫之父母亦期。期之後，夫未除服，婦已除服，而居喪之實如其夫，是舅姑之服期而實三年也，豈必從夫服斬而後爲三年哉。"

顧氏曰："婦事舅姑如事父母，而服止於期，不貳斬也。然而心喪則未嘗不三年矣，故曰：'與更三年喪不去。'○何孟春《餘冬序録》引唐李涪論曰：'《喪服傳》婦爲舅姑齊衰，五升布，十一月而練，十三月而祥，十五月而禫。禫後，門庭尚素，婦服青縑衣以俟夫之終喪。習俗以婦之服青

---

① "禮儀"原作"儀禮"，校本作"禮儀"，《通解續》作"禮義"，按《開元禮儀纂》一書在文獻征引中所用書名不同，《宋史》引作"開元禮儀纂"，《太常因革禮》引作"開元禮義纂"，《文獻通考》引作"開元禮儀鑒"。今從校本乙。

② "其"原作"於"，校本作"其"，與《日知録》引吴澄《服制詳考序》同，據改。

縗，謂其尚在喪制，故因循亦同。大夫之喪紀，再周而後吉。貞元十一年，河中府倉曹參軍蕭據狀稱堂兄至女適李氏，壻見居喪。今時俗婦爲舅姑服三年，恐爲非禮，請禮院詳定。'下詳定判官、前太常博士李岧議曰：'《開元禮·五服制度》婦爲舅姑及女子適人爲其父母，皆齊衰不杖期。蓋以爲婦之道專一，不得自達，必繫於人。故女子適人，服夫以斬，而降其父母。《喪服》篇曰："女子子適人者爲其父母。"傳曰："爲父何以期也？婦人不貳斬也。婦人不貳斬者何也？婦人有三從之義，無專用之道，故未嫁從父，既嫁從夫，夫死從子。故父者，子之天也。夫者，妻之天也。婦人不貳斬者，猶曰不貳天也。"先聖格言，歷代不敢易。以此論之，父母之喪尚止周歲，舅姑之服無容三年。今之學者不本其義，輕重紊亂，寖以成俗。《開元禮》玄宗所修，布在有司，頒行天下，伏請正牒，以明典章。'李岧之論，可謂正矣。宋朝《詒謀録》乾德三年，詔'舅姑之喪，婦從其夫，齊斬三年'[①]，遂爲定制。宋人蓋未講服青縗之制故也。"

汪氏琬曰："或問：禮爲舅姑齊衰期，故爲本生舅姑大功。今律文既易期爲三年斬矣，而獨於夫本生如故，其降等不太甚與？曰：不然也。兄弟之子服伯、叔父母期，則爲人後者服本生父母如之。兄弟之子之婦服夫之諸父、諸母大功，則夫爲人後者，服夫本生亦如之，此固相準而制服者也，律文未嘗與禮異也，何降等太甚之有？○或問：禮無繼姑之服，何也？曰：非無服也，先儒謂子當以父服爲正，父若服以爲妻，則子亦應服之，此可類而推也。傳曰'婦人既嫁從夫'夫者，婦之天也。夫既以爲母矣，婦其敢不以爲姑乎？然則從夫而服，又何惑焉。"

傳曰：何以期也？從服也。

疏曰：本是路人，與子判合，得體其子爲親，故重服爲其舅姑也。

敖氏曰："子爲父母三年，加隆之服也。妻從其加服，故降一等而爲期。然則從服者唯順所從者之重輕而爲之，固不辨其加與正也，餘不見者放此。"

郝氏曰："夫所至尊、至親，妻從夫服也，匪夫，則路人耳，誼雖戚，不得不謂從。"

---

① "齊斬"原作"斬衰"，校本作"齊斬"，《日知録》同，據改。

夫之昆弟之子。

註曰："男女皆是。"

疏曰："義服情輕，故次在下。"

敖氏曰："世母、叔母服之也。其女子子在室亦如之。"

世佐案，此唯謂男子也，女子子則異於是。其未成人者以殤降，成人而未嫁者逆降其旁親，旁親亦當逆降之矣。女子嫁者、未嫁者爲世叔母，在大功章。

傳曰：何以期也？報之也。

陳氏詮曰："從於夫者宜服大功，今乃期者，報之。"

疏曰："二母與子本是路人，爲配二父而有母名，爲之服期，故二母報子，還服期。"

公妾、大夫之妾爲其子。

疏曰："二妾爲其子，應降而不降，重出此文，故次之。"

敖氏曰："二妾之子爲母之服異於衆人，嫌母爲其子亦然，故以明之。公，國君也。"

傳曰：何以期也？妾不得體君，爲其子得遂也。

註曰："此言二妾不得從於女君尊，降其子也。女君與君一體，唯爲長子三年，其餘以尊降之，與妾子同也。"

雷氏曰："夫人與君同體，以尊降其子也。公子與君同體，以厭其親也。妾無夫人之尊，故不降其子，無公子之厭，故得遂其親也。而事隣於體君，跡幾於不遂，故每以不體得遂爲言也。"

疏曰："諸侯絶旁期，爲衆子無服，大夫降一等，爲衆子大功，其妻體君，皆從夫而降之，至於二妾賤，皆不得體君，君不厭妾，故自爲其子得伸，遂而服期也。"

敖氏曰："公與大夫於其子，有以正服服之者，有以尊降之若絶之者。其妻與夫爲一體而從之，故不問己子與妾子，其爲服若不服亦然。二妾於君之子，亦從乎其君而爲之，其爲服若不服皆與女君同，唯爲其子得遂，獨與女君異者，則以不得體君故也。蓋母之於子，本有期服，初非因君而有之，故不得體君，則此服無從君之義，是以得遂也。"

女子子爲祖父母[①]。

馬氏曰："不言女孫，言'女子子'者，婦質者親親，故繫父言之，出入服同，故不言在室，適人也。"

疏曰："章首已言爲祖父母，兼男女，彼女據成人之女，此言女子子，謂十五許嫁者，亦以重出其文，故次在此也。"

敖氏曰："斬衰章曰'女子子在室爲父'，對適人者言之也。此惟云'女子子'而已，所以見其在室適人同也。然章首已見'祖父母'，則是服亦在其中可知矣。必復著之者，嫌出則亦或降之，如其爲父母然也。"

郝氏曰："前爲祖父母，則男女包舉矣。此復舉爲女子子，有適人者也。不言適人，何也？嫌異于在室者也。專言'女子子'，明適人、在室同也。"

姜氏曰："章首爲祖父母，據男子子，此言女子子也。"

傳曰：何以期也？不敢降其祖也。

註曰："經似在室，傳似已嫁，明雖有出道，猶不降。"

孔氏倫曰："婦人歸宗，故不敢降其祖。"

陳氏詮曰："言雖已嫁，猶不敢降也，駮鄭康成曰'經似在室'，失其旨也。在室之女則與男同，已見章首，何爲重出。言'不敢降'者，明其已嫁。"

疏曰：祖父母正期也，已嫁之女可降旁親，祖父母正期，故不敢降也。經直云"女子子"，無嫁文，故似在室。傳言"不敢"，則是雖嫁而不敢降祖，故似已嫁。經、傳互言之，欲見在室、出嫁同不降也。

敖氏曰："傳以經意爲主於適人者而發，故云然。女子子適人不降其祖者，不敢以兄弟之服服至尊也。此'不敢降'之語與'大夫爲祖父母'之傳意同，皆失之也，説見於後。"

郝氏曰："祖至尊也，以適人降則大功，與昆弟等。昆弟可降，祖不可降也。然則父母何以降？父母降與祖同猶可，祖降與昆弟同不可。"

姜氏曰："經但言女子子爲祖父母期，而不分已嫁、未嫁之服，故傳以'不敢降其祖'釋之，非經與傳不相貫也。"

世佐案，女子子在室與男子同爲祖父母期，其理易明，故傳唯據已嫁

---

① "爲"字下原有"其"字，校本無，各本經文同，據删。

者釋之。

大夫之子爲世父母、叔父母、子、昆弟、昆弟之子、姑姊妹、女子子無主者爲大夫、命婦者，唯子不報。

註曰："命者，加爵服之名，自士至上公，凡九等。君命其夫，則后、夫人亦命其妻矣。此所爲者，凡六(命)〔大〕夫[①]、六命婦。"

疏曰：此言大夫之子爲此六大夫[②]、六命婦服期不降之事，其中雖有子女重出其文，其餘並是應降而不降，故次在女子爲祖下。但大夫尊，降旁親一等，此男女皆合降至大功，爲作大夫與己尊同，故不降，還服期，若姑姊妹、女子子若出嫁大功，適士又降至小功，今嫁大夫雖降至大功，爲無祭主，哀憐之不忍降，還服期也。註云"命爵九等"者，《大宗伯》及《典命》文。六命夫[③]，謂世父一也，叔父二也，子三也，昆四也，弟五也，昆弟之子六也。六命婦者，世母一也，叔母二也，姑三也，姊四也，妹五也，女子子六也。

敖氏曰："大夫之子從其父，亦降旁親一等。世、叔父母子、昆弟、昆弟之子，爲大夫、命婦，與其父尊同，故不降而服期。若姑姊妹、女子子服亦本期也，其在室者則以大夫之尊厭，降爲大功，若適士則又以出降爲小功，今以其爲命婦，故不復以尊降，唯以出降爲大功。若又無祭主，乃加一等而爲期。大夫之妻謂之命婦者，君命其夫爲大夫，則亦命其妻矣。此於其子不别適庶，以父在故爾，傳曰'有適子者無適孫'是也。是章有大夫爲適孫爲士者之服，則此昆弟之子爲其父之適孫者，雖不爲大夫，己亦不降之也。又姑姊妹、女子子云'無主'，則是夫先卒也。夫爲大夫而先卒，其妻猶用命婦之禮焉。以是推之，則嘗爲大夫而已者，亦用大夫之禮可知。"

郝氏曰："大夫之子厭于父，凡旁期以下不得自遂，父所降，子不得不降。至于父所不降，子安敢降也。然則何不直言大夫？言'大夫子'，蓋子之世叔亦即父之昆弟也，其世、叔父之子亦即父之昆弟子也，其昆弟即

---

① "大夫"原作"命夫"，校本、陳本、閩本、監本、毛本同，阮《校》曰："'命'，《通典》作'大'。按經、傳皆以大夫與命婦對言，此'命'字當依《通典》作'大'。"應據改。

② "六大夫"，《通解續》引疏同。校本"大"作"命"，監本、毛本同。阮《校》曰："按'大'與《通典》合。"

③ "命夫"，校本同。阮《校》曰："按上句述注既作'大夫'，則此句'命'字亦當作'大'。"

父之衆子也，其姑即父之姊妹也，其姊妹即父之女子子也。其倫同，其爲服可互見也。禮，爲世、叔父母、昆弟、昆弟子皆期，大夫降爲大功，而死者皆大夫，貴敵則皆從期。其世、叔父母之子，已謂從兄弟，大功，常也。在父謂昆弟之子，以彼爲大夫，父既爲期矣，子之昆弟子貴者不降，又可降父之昆弟子貴者乎？故亦爲期。父爲衆子期，己昆弟即父衆子，以彼其貴，父且不降子，兄弟貴同者，又可降乎？此傳所謂男子之爲大夫，父所不降，子亦不敢降也。其婦人之爲命婦者，世母、叔母，見前。父之姊妹曰姑，女兄曰姊，女弟曰妹，與己所生女子子四婦者，適人死，爲大功，常也，大夫降爲小功，以彼爲命婦，貴敵，則仍大功，又以其無後，加隆爲期。大夫姑姊妹女子如此，大夫子于姑姊妹女子亦然，此傳所謂婦人之爲大夫妻者，父不降，子亦不敢降也。凡服人，而人以其服反服之曰報。世、叔父母與子昆弟、昆弟子、姑姊妹，皆以此服報之。爵同、親同、無後同，則其當降不降，加等同也。唯女子既適人者于父母不杖期，定禮，不論貴賤，有後、無後，不在報例。”

張氏曰：“大夫之子得行大夫禮，降其旁親一等。此十二人皆合降至大功，以其爲大夫，爲命婦，尊與己同，故不降。‘唯子不報’者，子爲父母三年，女子適人，自當服期，不得言報。餘人則皆報也。”

姜氏曰：“經文‘無主者’在‘爲大夫命婦者’之上，而傳文先釋爲大夫命婦者，次釋無主者，蓋以‘爲大夫命婦者’句總承上文而言，故先釋之也。世叔父子、昆弟、昆弟之子爲大夫一類，世叔母爲命婦又一類，姑姊妹、女子子無主者而又爲命婦又一類，故大夫之子並以不杖期服之。”

世佐案，大夫之子，兼適庶而言也。言“大夫之子”，則大夫可知矣。此等皆厭于父當降者，以其尊同，故仍服期。世、叔父，父之庶昆弟也。若父之適昆弟，雖不爲大夫，亦不降于衆子也[①]。不言衆，文省。若適長雖不爲大夫，而大夫之適子服之當斬，上斬章云“父爲長子”是也。父以子在無適孫，子不以父在無適子。敖云此“於其子不别適庶，以父在故”，非。郝以是爲世、叔父之子，尤非。世、叔父之子，禮經謂之“從父昆弟”，在大功章。大夫之子當降服小功，若以尊同不降，大功可矣[②]，豈反增之

① “于”字原作“子”，不辭，校本作“於”，疑底本之“子”爲“于”字之訛，今改作“于”。

② “大功”原作“期”，校本作“大功”。據文意，應作“大功”爲正，據改。

爲服期乎？昆弟，亦謂庶昆弟也。適昆弟本當服期，不必其爲大夫也。昆弟之子，父之庶孫也。姑姊妹、女子子無主者，服見上，此亦以其爲命婦，故不降也。若爲士妻而無主，及爲命婦而有主者，則皆服大功與？凡此應降不降之意與父同，而服則各視其親疏，不必同也。世、叔父於父爲昆弟，昆弟於父爲衆子，姑於父爲姊妹，姊妹於父爲女子子，此四命夫三命婦，父子皆服期。子、昆弟之子於父皆爲庶孫，服大功。世、叔母於父爲兄弟之妻[①]，無服。女子子於父爲女孫，出適者降服小功，若適士，又當降爲緦，而卿大夫絶緦，是無服也。今以尊同不降，仍服小功，不以其無主而加服者，祖於女孫之情疏也。此二命夫、三命婦，父子服之各異也。自子而外彼十人者，於此大夫之子本當服期，必云"報"者，嫌其或以命夫、命婦故降此大夫之子也。大夫之庶子相爲大功，今亦報以期者，尊與父同，故得遂也。

傳曰：大夫者，其男子之爲大夫者也。命婦者，其婦人之爲大夫妻者也。無主者，命婦之無祭主者也。何以言唯子不報也？女子子適人者爲其父母期，故言不報也，言其餘皆報也。何以期也？父之所不降，子亦不敢降也。大夫曷爲不降命婦也？夫尊於朝，妻貴於室矣。

註曰："無主者，命婦之無祭主，謂姑姊妹、女子子也[②]，其有祭主者，如衆人。唯子不報，男女同不報爾，傳以爲主謂女子子[③]，似失之矣。大夫曷爲不降命婦，據大夫於姑姊妹、女子子既已出降大功，其適士者又以尊降在小功也。夫尊於朝，與己同。婦貴於室，從夫爵也。"

疏曰：註云"無主者，命婦之無祭主，謂姑姊妹、女子子"者，經六命婦中有世母、叔母，故鄭辨之，以其世母、叔母無主、有主皆爲之期，故知唯據此四人而言，其有祭主者，自爲大功矣。云"唯子不報，男女同不報"者，以其男女俱爲父母三年，父母唯爲長子斬，其餘降，何得言報？故知子中兼男女。傳唯據女子子，失之矣。案《曲禮》云："四十强而仕，五十

① "兄弟"校本作"昆弟"。

② "也"字原作"者"，校本作"也"，陳本、閩本、監本、毛本同，據改。

③ "傳以爲主謂女子子"，《通典》、《通解續》、楊氏《圖》同，校本作"傳唯據女子子"，陳本、閩本、監本、毛本同。

艾,服官政,爲大夫。"何得大夫子又爲大夫,又何得爲弟之子爲大夫者。五十命爲大夫,自是常法。大夫之子有德行茂盛者,豈待五十乃命之乎?是以殤小功有"大夫爲其昆弟之長殤",大夫既爲兄弟殤,明是幼爲大夫,舉此一隅,不得以常法相難也。從《續通解》節本。

敖氏曰:"經言'唯子不報',謂男子爲父三年,與期服異也。傳以女子子釋之,似失之矣。女子子適人者,爲其父自當期,乃不在'不報'中者,以與其餘報服同,故略言之也。又世父母、叔父母、昆弟、昆弟之子爲大夫命婦,乃於大夫之子亦報之者,蓋以其父之故,不敢以降等者服之,亦貴貴之意也。唯父卒乃如衆人。'大夫曷爲不降命婦',承父之所不降者而問也。此不降命婦,據大夫於其子之姑姊妹、女子子也。大夫爲此四命婦或大功,或小功,皆不以尊降之,唯以出降耳,問者蓋怪其無爵而不降之。夫尊於朝,則妻貴於室,言其夫妻一體,同尊卑也,是以不降之。'尊於朝',謂爲大夫,'貴於室',謂爲内子。"

世佐案,"唯子不報",經兼男女,傳唯據女子子言者,以男子爲父斬,不在報中明矣。女子子適人者爲其父之服與其餘十人同,嫌亦在報中,故辨之。鄭譏傳失,蓋未達斯意也。上經云"姑姊妹、女子子適人無主者,姑姊妹報",而不及女子子,是女子子不在報中之證。"大夫曷爲不降命婦"已下,汎論夫妻體敵,命婦得與大夫尊同之義。凡親屬中有爲命婦者,大夫皆不得以尊降之,而爲命婦者亦得降其旁親也。註唯據姑姊妹、女子子言,敖唯據子之姑姊妹、女子子言,皆未備。

大夫爲祖父母、適孫爲士者。

疏曰:"祖與孫爲士卑,故次在此也。"

敖氏曰:"此祖父、適孫爲士也,乃合祖母言之,所謂妻從夫爵者也。上已見祖父母、適孫矣,此復著大夫之禮,則經凡不見爲服之人者,雖曰通上下言之,而實則主於士也明矣。"

世佐案,大夫爲祖父母,謂父在者也。父卒而不爲祖後者亦存焉。父卒,爲祖後者服斬,祖父卒,爲祖母後者三年,此禮通乎上下。適孫,爲適子早卒者也。必云"爲士"者,見其雖賤,不降也。

傳曰:何以期也?大夫不敢降其祖與適也。

註曰:"不敢降其祖與適,則可降其旁親也。"

敖氏曰："大夫於爲士者之服則降之，此亦爲士也，乃不降者，以其爲祖與適也。大夫所以降其旁親而不降祖與適者，聖人制禮，使之然也，非謂大夫之意亦欲降此親，但以其爲祖與適，故不敢降之也。此傳之言，似有害於義理。"

世佐案，凡傳所云"不敢降"者，皆原制禮之故。禮緣人情而制者也，人情所不敢降者，而故降之，則是强世而行，不可以久。故聖人于此權其輕重之宜，定爲隆殺之等，而無一毫造作于其間也。敖氏之言，失傳意矣。

公妾以及士妾爲其父母。

馬氏曰："公謂諸侯，其間有卿大夫妾，故言以及士妾。"

疏曰："以出嫁爲其父母，亦重出其文，故次在此。"

敖氏曰："此章云'女子子適人者爲其父母'，則是服已在其中矣，復言此者，嫌爲人妾者屈於其君，則爲其私親或與爲人妻者異，故以明之。云'公妾以及士妾'，又以見是服不以其君之尊卑而異也。"

郝氏曰："此與前章妾爲子期義同。舉國君及士，見凡爲妾者，皆得爲父母期也。"

傳曰：何以期也？妾不得體君，得爲其父母遂也。

註曰："然則女君有以尊降其父母者與？《春秋》之義，雖爲天王后，猶曰吾季姜，是言子尊不加於父母，此傳似誤矣。禮，妾從女君而服其黨服，是嫌不自服其父母，故以明之。"

陳氏詮曰："以妾卑賤，不得體君，又嫌君之尊，不得服其父母，故傳明之，卑賤不得體君。"

雷氏曰："今明妾以卑賤不得體君，厭所不及，故得爲其父母遂也。"

疏曰：傳意蓋謂公子爲君厭，爲己母不在五服，又爲己母黨無服，公妾既不得體君，君不厭，故妾爲其父母得遂也。鄭欲破傳義，故據傳云"妾不得體君，得爲其父母遂也"，然則女君體君者，有以尊降其父母者與？與，猶不正執之辭也。云"《春秋》之義"者，桓九年《傳》文。云"禮，妾從其女君而服其黨"者，《雜記》文也。鄭既以傳爲誤，故自解之，一則以女君不可降其父母，二則經文兼有卿大夫、士，何得專據公子以决父母乎？是以傳爲誤也。

敖氏曰："傳意蓋謂妾於其父母亦本自有服，非因君而服之，故不得體君，則爲之得遂。然妾以不得體君之故，而遂其服者，唯自爲其子耳，若其私親，則無與於不體君之義。蓋女君雖體君，亦未見有重降其私親者，傳義似誤也。"

郝氏曰："鄭謂父母期，雖女君不得降，以傳體君之説爲誤，非也。傳未嘗謂女君可降其父母也。謂妾之父母，君同凡人，妾自爲重服，違君自遂，似乎不可耳。今以國君之貴，尚不厭妾此父母之喪，所以爲重，傳安得誤，鄭之紕繆如此，其引《春秋》'紀季姜'，義皆後儒强作，《春秋》未可如此讀，千古鐵障，無人能破。"

世佐案，經重出此條，嫌其或在厭降之例也。傳之此言，所以明君不厭妾之義，與經合。後儒皆錯會其意，故指爲誤耳。士妾亦有厭降之嫌者，妾謂夫爲君，通上下之辭也。

右齊衰不杖期。

疏衰裳齊、牡麻絰無受者。

註曰："無受者，服是服而除，不以輕服受之。不著月數者，天子、諸侯葬異月也。《小記》曰：'齊衰三月與大功同者，繩屨。'"

譙氏周曰："齊衰三月，不居堊室。"世佐案，不居堊室，宜與大功同有帷帳也。亦於中門外爲之。

疏曰：此章以其義服，日月又少，故在不杖章下。此及下傳"傳"當是"殤"字之誤。大功皆不言冠、帶者，以其輕，故略之。至正大功言冠，見其正，猶不言帶，緦麻又直言緦麻，餘又略之。註云"不以輕服受之"者，凡變除，皆因葬、練、祥乃行，此服至葬即除，無變服之理。天子七月葬，諸侯五月葬，爲之齊衰者皆三月，藏其服，至葬更服之，葬後乃除。

敖氏曰："受者，以輕衰受重衰也。成人齊衰之服而無受，則唯三月可知，故不復見月數。"

郝氏曰："此齊衰之義服也。親不足而尊有餘，故爲三月齊衰處之。不言冠、帶、屨，與不杖同也。不言三月，言'無受'，三月可知也。禮，三月既葬，以初喪冠布易故衰，曰受。受，接也。義服稍輕，三月即除，故無受。〇案疏衰重于大功，大功九月，而疏衰反三月，何也？重其衰，所以隆尊也。減其日月，以殺恩也。疏衰三月者，分尊恩輕。大功九月者，分卑而恩重也。"

張氏曰："大夫、士三月葬，故以三月爲主。"

姜氏曰："案下文各傳皆言齊衰三月，故經雖不著月，而疏以三月言之。然其服雖三月，而爲王侯服者，皆不即除而藏，以待葬服。故傳雖言'三月'，而經不著其月也，蓋經傳互文相足之義類如此。"

寄公爲所寓。

註曰："寓，亦寄也。爲所寄之國君服。"

疏曰："此章論義服，故以疏者爲首。"

傳曰：寄公者何也？失地之君也。何以爲所寓服齊衰三月也？言與民同也。

註曰："諸侯五月而葬而服齊衰三月者，三月而藏其服，至葬又更服之[①]，既葬而除之。"

疏曰：失地君者，謂若《禮記·射義》貢士不得其人，數有讓，黜爵削地盡，君則寄在他國也。云"言與民同"者，以客在主國，得主君之恩[②]，故報之，與民同三月也。

敖氏曰："經傳不見諸侯相爲服之禮，是無服也。寄公已失國，則異於諸侯，又寓於他邦之地，則不可不爲其君服。然非臣也，故但齊衰三月，而與民同。國君五月而葬，此爲之服者，則止於三月，以齊衰之輕者唯有此耳，故不以其葬月爲節也。不特制爲國君服者，辟天子也。諸侯之大夫爲天子繐衰，既葬除之，特制之服也。"

世佐案，"禮，爲鄰國闕"，失地，則同于民者，賤之也。不臣之者，客也。庶人爲國君亦在此章，故曰"與民同"。

丈夫、婦人爲宗子、宗子之母、妻。

註曰："婦人，女子子在室及嫁歸宗者也。宗子，繼别之後，百世不遷，所謂大宗也。"

疏曰："此與大宗同宗親，(於)〔如〕寄公爲所寓[③]，故次在此。"

---

① "更"原作"反"，校本作"更"，阮《校》云："徐本、《通典》、《集釋》、敖氏同，毛本'反'作'更'。按疏云'至葬更服'。"據改。

② "主君之恩"之"君"原作"國"，校本作"君"，《要義》、《通解續》、陳本、閩本、監本、毛本同，據改。

③ "如"原作"於"，校本同，《通解續》、陳本、閩本、監本、毛本皆作"如"，應據改。

敖氏曰："丈夫者，男子之與大宗絶屬者也。婦人者，謂絶屬之女子子在室者及宗婦也。丈夫、婦人於宗子、宗子之母、妻，若在嫂叔之列者則不服之，蓋親者且無服，疏者可知。"

世佐案，傳云"婦人雖在外，必有歸宗"，是婦人不以出降其宗明矣。此婦人内亦當兼有宗女出嫁也者。族人爲宗子之母、妻服，猶臣服君之母、妻之義也。此服因宗而生，不因嫂叔而生，故丈夫於宗子之母、妻，婦人於宗子，雖或有在嫂叔之倫者，無不服也，敖説非。與大宗絶屬者如此，若在五服内，月算如邦人，亦皆齊衰，無大功、小功、緦麻。

傳曰：何以服齊衰三月也？尊祖也。尊祖故敬宗，敬宗者[①]，尊祖之義也。宗子之母在，則不爲宗子之妻服也。

疏曰：祖，謂別子爲祖，百世不遷者。當祭之日，同宗皆來陪位及助祭，故云"尊祖也"。大宗者，尊之統，故同宗敬之，尊祖之義也。"宗子之母在，則不爲宗子之妻服也"者，謂宗子父已卒，宗子主其祭。《王制》云"八十齊衰之事不與"，則母七十亦不與。今宗子母在，未年七十，母自與祭，母死，宗人爲之服。宗子母七十已上，則宗子妻得與祭，宗人乃爲宗子妻服也。必爲宗子母、妻服者，以宗子燕食族人於堂，其母、妻亦燕食族人之婦於房，皆序以昭穆，故族人爲之服也。

敖氏曰："'別子爲祖，繼別爲宗'，祖者，己之所自出也，尊之，重本也。然其尊祖之誠無由自盡，故於敬宗見之，蓋敬其爲別子之後者，乃所以尊別子也。故曰'敬宗者，尊祖之義也'。此爲宗子與其母、妻服皆敬宗之事，故傳言之。'宗子之母在，則不爲宗子之妻服'者，謂族人於宗子之妻其服與否，唯以其母之在不在爲節。則宗子之母雖老，而妻代主家事，若先其母而卒，族人亦不爲此服[②]，蓋其母尚在故也。此義與宗子不孤而死，族人不以宗子服之者，意實相類。"

顧氏曰："《正義》謂母年未七十尚與祭，非也。《祭統》曰'夫祭也者，必夫婦親之'，是以舅歿而姑老，《内則》。明其不與祭矣。夫人亞祼，母不可以亞子，故老而傳事。雖老，固嘗爲主祭之人，而禮無二敬，故爲宗子之母服，則不爲妻服。〇杜氏《通典》有'夫爲祖、曾祖、高祖父母持重，妻從服議'一

---

① "宗"字下原無"者"字，校本有，各本經文同，據補。

② "不爲此服"原作"不敢爲服"，校本作"不爲此服"，與《集説》同，據改。

條,云:'孔瑚問虞喜曰:"假使玄孫爲後,玄孫之婦從服期[①],曾孫之婦尚存,纔緦麻,近輕遠重,情實有疑。"喜答曰:"有嫡子者無嫡孫,又若爲宗子母服,則不服宗子婦。以此推之,若玄孫爲後而其母尚存,玄孫之婦猶爲庶,不得傳重,傳重之服理當在姑矣。"宋庾蔚之《唐志》:庾蔚之註《喪服要記》五卷。謂:"舅歿則姑老,是授祭事於子婦。至於祖服,自以姑爲嫡。"'與此條之意互相發明。"

姜氏曰:"案《内則》'舅歿則姑老',則姑雖年未七十,亦不主亞獻之禮。其亞獻禮皆應宗子之妻佐宗子行之,至其服,則不爲宗子之妻服者,猶有適子無適孫之意,以一宗無二服故也。由是以推,則服與祭義各有主,不得牽連爲義,疏殆未之考與?"

爲舊君、君之母、妻。

疏曰:"舊君,舊蒙恩深,以對於父,今雖退歸田野,不忘舊德,故次在宗子之下也。但爲舊君有二:一則致仕,二則待放未去。此則致仕者也。"

敖氏曰:"君,亦謂舊君也。在國而云'舊君'者,明其不見爲臣也。此服大夫、士同之。"

郝氏曰:"舊君,舊嘗仕于其國,非故家世官也,偶見用而遂去之,恩輕誼薄,如中下士、庶人在官輩,與民未遠,今不仕,與民同服。君之母,謂民爲本國君之母夫人服也。君之妻,謂民爲本國君夫人服也,國人皆稱小君,與君同尊,故皆爲齊衰三月,非謂舊仕者也。"

顧氏曰:"與民同者,爲其君齊衰三月也。不與民同者,君之母、妻民不服,而嘗仕者獨爲之服也。古之卿大夫有見小君之禮,如成公九年,'季文子如宋致女,復命,公享之,穆姜出於房再拜'是也。而妻之爵服則又君夫人命之,是以不容無服。"

世佐案,章内言"舊君"者三,此則凡爲舊君之通禮也[②]。君,謂有地者也。臣爲君服斬,今降在此者,以不在其國故也。不在其國而猶爲之服者,子思所謂"進以禮,退以禮",孟子所謂"三有禮焉"者也。臣爲君之母、妻在不杖期章,此亦以去位降也。郝云民爲小君服,非。

---

① "婦"原作"妻",校本作"婦",《日知録》同,與《通典》合,據改。

② "君"原作"臣",校本作"君",與經及前文之"舊君"合,依文意,當據改。

傳曰：爲舊君者孰謂也？仕焉而已者也。何以服齊衰三月也？言與民同也。君之母、妻，則小君也。

註曰："仕焉而已者，謂老若有廢疾而致仕者也。爲小君服者，恩深於民。"

虞氏喜曰："或問曰：《喪服》經傳'爲舊君'，謂'仕焉而已者'，鄭註曰'仕焉而已，謂老若廢疾而致仕者也[①]'，今致仕與廢疾理得同不？喜正之曰：廢疾沉淪，罔同人伍，不淪臣道，齊衰三月可也。老而致仕，臣禮既全，恩(紀)〔既〕無替[②]，自應三年，不得三月。傳言'仕焉而已'者，謂既仕而去，義同人伍耳。"

殷泉源問："天子、諸侯臣致仕，服有同異。"范宣答云："夫禮制殘缺，天子之典多不全具，唯國君之體往往有之。臣之致仕，則爲舊君齊衰三月，天子之臣則亦然矣。天子之與國君雖名號差異，至於臣子奉之，與主者無殊矣。"

疏曰：此經上下臣爲舊君有二，故發問。云"仕焉而已"者，傳意以下爲舊君，是待放之臣，以此爲致仕之臣也。云"何以服齊衰三月"者，怪其舊服斬衰，今服三月也。"言與民同也"者，以本義合，今義已斷，故抑之使與民同也。下文"庶人爲國君"無小君是恩淺，此爲小君，是恩深於民也。

敖氏曰："已，猶止也，鄭氏以爲致仕，是也。此嘗仕矣，今又在國，其服宜異於民，乃亦齊衰三月者，蓋不在其位，則不宜服斬，以同於見爲臣者。而臣於君又無期服，故但齊衰三月，而不嫌其與民同也。然又爲小君服，則亦異於民矣。"

世佐案，已猶罷也，《論語》云"三已之"是也。"仕焉而已"者，即孟子所謂"有故而去"也。《檀弓》云"仕而未有禄者，違而君薨，弗爲服也"，以其恩淺也。《雜記》云"違諸侯，之大夫，不反服。違大夫，之諸侯，不反服"，謂其君尊卑異也。非是二者，則無不爲舊君反服者矣。唯其身已去國，而猶爲服本國民之服，所以見古人之厚。若其身尚在本國，但以老疾不任職致政而退，蒙几杖之錫，循懸車之典，則是受恩深重，善始善終者

---

① "也"原作"焉"，校本作"也"，《通典》同，與鄭注合，據改。

② "恩紀"，校本同，《通典》"紀"作"既"，應據改。

矣,而乃曰"同于民",不已薄乎?且是臣未嘗罷黜,何得云義斷而抑之,使與民同也。註疏之説,似有害于名教,故不得不辨。然則經何以不著致仕之臣之服也?曰:其禮與見爲臣者同,斬衰章曰"君",已足以蔽之矣,抑記有之"八十齊衰之事不與",又云"有疾,則飲酒食肉"此等年老廢疾之人,不能責其如禮,故不復見之與?若以罪黜者,則如庶人,《記》又云"大夫廢其事,終身不仕,死,以士禮葬之",此則所謂義斷者也。

庶人爲國君。

註曰:"不言民而言庶人,庶人或有在官者。天子畿内之民服天子亦如之。"

疏曰:云庶人在官者,謂府史胥徒,經言"庶人",兼在官者而言之。云"天子畿内之民亦如之"者,以其畿外上公五百里,侯四百里以下,其民皆服君三月,則畿内千里,專屬天子,亦如諸侯之境内也。又曰:無傳者,已於"寄公"與上下"舊君"釋訖,故不言也。

問:"《儀禮》諸侯爲天子斬衰三年,庶人爲國君齊衰三月。註:'天子畿内之民服天子亦如之。'自古無有通天下爲天子三年之制,前輩恐未之考。"朱子曰:"後世士庶人既無本國之君服,又無至尊服,則是無君,亦不可不云其變。如今涼衫亦不害,此亦只存得些影子。"或問:"有官人嫁娶在祔廟後。"朱子曰:"只不可帶花用樂,少示其變。"〇君之喪,士庶亦可聚哭,但不可設位。

敖氏曰:"庶人此服,夫妻同之。畿内之民,其服天子亦當如此,乃不著者,則此經唯主爲侯國而作,益可見矣。"

大夫在外,其妻、長子爲舊國君。

註曰:"在外,待放已去者。"

鄭氏昕曰:"禮,爲夫之君期。今夫雖在外,妻尚未去,恐或者嫌猶宜期[①],故言與人同,則出國無服可知也。所以别言之者,明夫既去位,妻便同於人耳。"

疏曰:此大夫在外,不言爲本君服與不服者,案《雜記》云"違諸侯,之大夫,不反服。違大夫,之諸侯,不反服",以其尊卑不敵,若所仕敵,乃反服舊君。則此大夫已去他國,不言服者,以其君尊卑不敵,不反服者也。

---

① "猶"原作"有",校本作"猶",與《通典》同,據改。

是以直言"其妻、長子爲舊國君"。

敖氏曰:"此承'庶人'之下,故但據其妻與長子言之。云'舊國君',明妻子亦在外也。大夫於舊君恩深,故雖去國,而於己服之外,妻、子又爲之服也。去國且若是,則在國可知。大夫在位,與其長子俱爲君服斬,妻服期,去位,則皆爲之齊衰三月而已,又爲君之母、妻,若去國,則不服其母、妻也。士之異於此者,長子無服。若去國,則夫妻亦不服之矣。"

世佐案,大夫在外爲舊君服,已見上矣,此則主爲其妻、長子言也。其妻、長子亦與大夫俱去者,不曰舊君,而曰"舊國君",見不在其國也。大夫妻爲君服在不杖期章,《服問》云"大夫之適子爲君如士服",今皆降在此者,亦以其去國故也。唯云"大夫",則士之妻、長子去國者,無服矣。

傳曰:何以服齊衰三月也?妻,言與民同也。長子,言未去也。

註曰:"妻雖從夫而出,古者大夫不外娶,婦人歸宗,往來猶民也。《春秋傳》曰:'大夫越境逆女,非禮。'君臣有合離之義,長子去可以無服。"

敖氏曰:"其爲服之意若但如是而已,則士之在外者,妻與長子亦宜然也,何必大夫乎?傳似失之。"

郝氏曰:"大夫奔他國,攜其妻、子去。妻嘗爲命婦,去則與國人同。其宗族在舊國,其長子或不去,則與民同,去則無服。○鄭謂'古者大夫不外娶,婦人歸宗,往來猶民',鑿説也,所引《春秋傳》非經義。先王封建,小者不過五十里。若大夫皆限境内婚,同姓又不通,則女亦不足矣。"

世佐案,妻,舊命婦也,已去而猶同之于民,以其受恩深也。云"長子言未去也"者,謂此長子是大夫在國時所生,故爲舊國君反服,若生于去國之後,則無服矣,聖人不爲恩義所不及者制服也。言此,則妻亦在國時所娶可知。於妻言與民同,於長子言未去,文互見也。傳意本是如此,後人錯會其意,乃以未去爲留在國者。夫身居其國,即庶人尚爲國君有服,寧獨故大夫之長子乎?倘庶子遂無服耶,且在國者亦不得目其君爲舊國君也。以是數者推之,註疏之誤顯然矣。然則大夫在外,其長子留在國,於君宜何服?曰,大夫以罪去國,長子雖留,亦與民同,以其意已斷故也。又案,古者君臣一體,適子既冠,則奠摯見于君,死則赴于君,士禮且然,矧大夫乎?大夫雖無世及之義,而大夫之子得行大夫禮,則其受君寵眷深矣，故其父在位，則亦爲君服斬，已去，猶與民同服，所以報也。留在國者，亦無加焉，抑之也。若大夫致仕者之長子，則仍如士服矣。

繼父不同居者。

註曰："嘗同居，今不同。"

疏曰：此則期章云"必嘗同居，然後爲異居"者也。無傳者，已於期章釋訖，是以不言也。

敖氏曰："爲繼父同居者期，而爲異居者不降一等爲大功，乃服此服者，恩同於父，不敢以卑服褻之也。繼父於子，同居、異居皆不爲服，知不爲服者，二章無'報'文，且齊衰三月不可用於卑者也。"

郝氏曰："不同居，謂繼父續生子，使其妻前夫之子别居。昔嘗同居，恩深，故爲齊衰三月。"

汪氏琬曰："或問：律文繼父同居，而兩有大功親者，爲之齊衰三月。借令一有大功以上親，一無大功以上親，則如之何？曰：《小記》'皆無主後，同財而祭其祖禰爲同居，有主後爲異居'，疏謂'此子有子亦爲異居也'，然則律文雖與禮不同，而其義即皆有主後者也。或問：果應服乎？曰：父不當繼，繼父亦不當同居，而禮與律有同、異居之别，此服制之變，末世之不得已也，亦爲人子者之不得已也。"

曾祖父母。

袁氏準曰："案《喪服》云爲曾祖父母齊衰三月，自天子至于士，一也。祖期，則曾祖大功，高祖小功，而云'三月'者，此通遠祖之言也。今有彭祖之壽，無名之祖存焉。《爾雅》有'來孫'、'雲孫'、'仍孫'、'昆孫'，有相及者故也。十代之祖在堂，則不可以無服也。郯子曰'我高祖少皞摯之立也'，非五代祖也。蒯聵禱康叔，自稱曾孫，非四代之曾孫，然則高、遠也。無名之祖希及之矣，故不復分别，而重言之也。"

疏曰："曾、高本合小功，加至齊衰，故次繼父之下。此經直云'曾祖'，不言高祖，案族祖父以高祖之孫而緦麻，則高祖有服明矣，故此註兼高祖而説也。經不言者，見其同服可知。"

問魏徵加服。朱子曰："觀當時所加曾祖之服，仍爲齊衰而闕一字五月[①]，非降爲小功也。今《五服格》仍遵用之，雖於古爲有加，恐亦未爲不

---

① 據《通解續》，"而"字下闕字或爲"以"。

可也。"

沈氏括曰:"喪服但有曾祖、曾孫,而無高祖、玄孫,或曰經之所不言則不服,是不然。曾,重也。自祖而上者,皆曾祖也。自孫而下者,皆曾孫也,雖百世可也。苟有相逮者,則必爲服喪三月,故雖成王之於后稷,亦稱曾孫,而祭禮祝文無遠近皆曰曾孫。"

黄氏曰:"唐貞觀十四年,侍中魏徵奏:'謹案,高祖、曾祖舊服齊衰三月,請加爲齊衰五月。'〇《開元禮》:爲曾祖父母齊衰五月,高祖父母齊衰三月。〇今服制令:爲曾祖父母齊衰五月,爲高祖父母齊衰三月。女適人同。"

敖氏曰:"曾,猶重也,謂祖之上又有祖也。"

顧氏曰:"《禮記·祭法》言'適子、適孫、適曾孫、適玄孫、適來孫',《左傳》'王子虎盟諸侯',亦曰'及而玄孫,無有老幼',僖公二十八年。'玄孫'之文見於記傳者如此,《史記·孟嘗君傳》:'孫之孫爲何?曰:爲玄孫。'然宗廟之中並無此稱。《詩·維天之命》:'駿惠我文王,曾孫篤之。'鄭氏《箋》曰:'曾,猶重也。自孫之子而下,事先祖皆稱曾孫。'《禮記·郊特牲》:'稱曾孫某。'註:'謂諸侯事五廟也,於曾祖已上,稱曾孫而已。'《信南山》正義:'自曾祖以至無窮,皆得稱曾孫。'《左傳》哀公二年,衛太子禱文王,稱'曾孫蒯聵'。《晉書·鍾雅傳》:'元帝詔曰:"禮,事宗廟,自曾孫已下,皆稱曾孫。義取於重孫,可歷世共其名,無所改也。"'〇曾祖父母齊衰三月,而不言曾祖父之父母,後人謂之高祖。非經文之脱漏也,蓋以是而推之矣。凡人祖孫相見,其得至於五世者鮮矣。壽至八、九十,而後可以見曾孫之子[①],百有餘年,而曾孫之子之子亦可見矣。人之壽以百年爲限,故服至五世而窮。苟六世而相見焉,其服不異於曾祖也。經於曾祖已上不言者,以是而推之也。晉徐農人問殷仲堪,謂'假如玄孫持高祖重,來孫都無服',及《賀循傳》謂'高祖已上五世、六世,無服之祖'者,並非。觀於祭之稱曾孫,不論世數,而知曾祖之名,統上世而言之矣。"

世佐案,《爾雅》云:"曾祖王父之考爲高祖王父,曾祖王父之妣爲高祖王母。"註:"高者,言最在上。"然則高祖之名非起于後人矣。《爾雅》又云:"曾孫之子爲玄孫,註:"玄者,言親屬微昧也。"玄孫之子爲來孫,註:"言有往來之

---

① "孫"原作"祖",校本作"孫",《日知録》同,據改。

親。"來孫之子爲昆孫,註:"昆,後也。"昆孫之子爲仍孫,註:"仍,亦重也。"仍孫之子爲雲孫。"註:"言輕遠如浮雲。"自玄孫而下,五世各有名稱,而宗廟之中,自孫之子而下,皆稱曾孫者,不唯義取於重,且以玄、來等皆疎遠之名,故不稱也。異其名者,所以别世數。同其稱者,見其世雖遠,而事先之情如一也。然《爾雅》孫之名及于八世,而祖之名止于四世。高祖父之父母,其謂之何?曰自高祖王父之考已上,統謂之祖而已。《祭法》云:"王立七廟、一壇、一墠,曰考廟,曰王考廟,曰皇考廟,曰顯考廟,曰祖考廟。"所謂祖考者,即高祖王父之考也。而直云"祖考",則自此以上都無異名可知。《喪服》經但著曾祖父母之服,而高祖已上略而不言,以其相及者鮮,且自曾祖而推之可知也。顧云"苟六世而相見焉,其服不異于曾祖"是也,云"曾祖之名統上世而言之"則非矣。

傳曰:何以齊衰三月也?小功者,兄弟之服也,不敢以兄弟之服服至尊也。

註曰:"正言小功者,服之數盡於五,則高祖宜緦麻,曾祖宜小功也。據祖期,則曾祖大功,高祖宜小功也。高祖、曾祖皆有小功之差,則曾孫、玄孫爲之服同也。重其衰麻,尊尊也。減其日月,恩殺也。"

疏曰:《三年問》云"何以至期也?曰,至親以期斷",又云"然則何以三年也?曰,加隆焉爾也",是本爲父母期,而加隆至三年。若謂爲父母期,則爲祖宜大功,曾祖宜小功,高祖宜緦麻。若爲父加隆三年,則爲祖宜期,曾祖宜大功,高祖宜小功。是高祖、曾祖皆有小功之差也。曾祖中既兼有高祖,是以兼云曾孫、玄孫服同也。從楊氏《圖》節本。

敖氏曰:"兄弟之服,大功以下皆是也。小功者,據當爲曾祖之本服言也。曾祖本小功,以其爲兄弟之服,不宜施於至尊,故服以齊衰三月焉。此其日月雖減於小功,而衰麻之屬實過於大功,且專爲尊者之服。是以日月之多寡有所不計,禮有似殺而實隆者,此之謂與。曾祖之父,本服在緦麻,若以此傳義推之,則亦當齊衰,而經不言之者,蓋高祖、玄孫亦鮮有相及者也。"

郝氏曰:"五服論布,斬衰三升,齊衰四升,繐衰四升半,大功八升、九升,小功、緦麻十升、十一升。其繐衰,唯諸侯之大夫爲天子服。餘五服,父斬,母齊,祖大功,曾祖小功,高祖緦麻,此常數應爾。然大功從兄弟之服也,故不以服祖,而以齊衰期年。小功尤從祖兄弟之服也,豈可以服其曾祖乎？故爲之齊衰三月，此謂‘不敢以兄弟之服服至尊’也。然則高祖又可以緦麻之服服乎？亦齊衰可知。〇案齊衰三月專爲尊者之義服，功爲兄弟之服，緦爲外親之服，大較似此。”

大夫爲宗子。

疏曰：“大夫尊，降旁親皆一等。尊祖故敬宗，是以大夫雖尊，不降宗子，爲之三月。宗子既不降，母、妻不降可知。”

敖氏曰：“亦與宗子絶屬者也。前條云‘丈夫、婦人爲宗子，宗子之母、妻’，大夫此服既如衆人，則命婦亦宜然也。此但云‘大夫爲宗子’，不云命婦，又不云宗子之母、妻，各見其尊者爾。”

郝氏曰：“前言丈夫、婦人爲宗子，此又言大夫，疑大夫貴，可降耳。大夫不降，則宗子重可知。”

世佐案，唯云“宗子”，則宗子之母、妻蓋無服矣，此則其異于衆人者也。下文言“舊君”，而不及君之母、妻，意亦類此。

傳曰：何以服齊衰三月也？大夫不敢降其宗也。

敖氏曰：“言‘不敢降’，則是宗子爲士也。絶屬者且不降，則有親者亦服之如邦人可知矣。”

世佐案，大宗不降，則四小宗皆不降可知。

舊君。

註曰：“大夫待放未去者。”

雷氏曰：“經前已有爲舊君，今復有此舊君，傳所以知前經是仕焉而已，後經是待放未去者，蓋以兼服小君，知恩有深淺也。仕焉而退，君臣道足，恩義既施，恩及母、妻。今被放而去，名義盡矣，若君不能掃其宗廟，則但不爲戎首而已，以其猶復未絶，故得同於人庶，適足以反服於君，不獲及其親也。”

疏曰：“‘舊君’以重出，故次在此。”

敖氏曰：“此即在外之大夫爲之也。子思子曰：‘古之君子，進人以禮，退人以禮，故有舊君反服之禮。’孟子曰：‘諫行言聽，膏澤下於民，有故而去，則君使人導之出疆，又先於其所，往去三年不反，然後收其田里，此之謂三有禮焉。如此則爲之服矣。’爲舊君之義，二説盡之。”

郝氏曰：“前言‘舊君’，謂嘗仕焉而已者，此則仕而貴爲大夫者也。”

世佐案,此亦大夫爲之也。何大夫之謂乎?去而復仕于他國者也。上已言舊君矣,此復著之者,嫌其或以後貴而降也。舊君,諸侯之被廢者也。下文云"爲士者"[①],即其人矣。諸侯被廢,不必又爲士,而用士禮終其身,故亦以"爲士者"言之。記言諸侯失國而死,祭以士禮,尸服以士服,此之謂也。經"大夫爲宗子、舊君、曾祖父母爲士者如衆人"十七字宜作一句讀,其義自見。四人之服皆已見于上而重出者,上爲衆人言,此謂大夫服之亦如是也。四人者,三爲士,一爲士妻,而大夫之服無少異,不敢以已貴而降其宗與君與祖也。經文本是連貫,自後儒以傳文散屬其下,而經文遂裂"舊君"二字,上無所承,下無所屬,註家嫌其重出,則以大夫待放未去者爲解,而經義失矣。夫以傳散入經文之下,本欲學者尋省易了,而孰知其弊乃至於此,安得大儒如朱子者出,而以《周易本義》之例正之,使復古經之舊哉。又案,周之盛時,諸侯黜陟之權操於天子,巡守、述職、貢士諸大典,皆所以考察其賢否而誅賞之也。如《王制》、《射義》所言,則其時固有貶爵削地而無所姑息者矣,故寄公爲所寓,大夫爲舊君爲士者,皆爲制服,列之于經,此諸侯所以不敢放恣也。以後事證之,黎侯之於衛君,是寄公爲所寓也,百里奚之於虞公,是大夫爲舊君爲士者也。

傳曰:大夫爲舊君,何以服齊衰三月也?大夫去,君埽其宗廟[②],故服齊衰三月也,言與民同也。何大夫之謂乎?言其以道去君而猶未絶也。

註曰:"以道去君,謂三諫不從,待放於郊。未絶者,言爵禄尚有列於朝,出入有詔於國,妻、子自若民也。"

疏曰:不言士者,此主爲待放未絶大夫有此法,士無待放之法。不言公卿及孤者,《詩》云"三事大夫",則三公亦號大夫。從楊氏《圖》節本。

敖氏曰:"云'君埽其宗廟',見猶望其復反之意,所謂'猶未絶'者,此也。然則已絶者其不爲此服乎?亦似與經意異矣。"

郝氏曰:"'歸其宗廟',謂故家世族,誼無可絶,以禮致仕,非奔放之

① "士"原作"仕",校本作"士",與下文"曾祖父母爲士者如衆人"合,據改。

② "埽",校本作"掃"。阮《校》云:"毛本'埽'作'歸',唐石經、徐本、《通典》、《集釋》、《通解》、楊氏、敖氏俱作'埽'。"

比。前舊君服言'與民同'者,無官削籍,本與民同。此'與民同'者,致臣而去,退自處于編氓者也,故傳設言'何大夫'以明之。"

張氏曰:"此章言爲舊君者三,爲舊君及其母、妻。此昔仕今已,在其故國者也。大夫在外,此其身已去,其子尚在本國者也。此言舊君,則大夫去而未絶,孟子所謂'三有禮'者也。'埽其宗廟',謂使宗族爲之祭祀,'爵禄有列',謂舊位仍在,出入有詔於國。疏以爲'兄弟宗族猶存,吉凶書信相告不絶'。"○《監本正誤》云:"'大夫去君,埽其宗廟','埽'誤作'歸'。"

世佐案,傳云"大夫爲舊君",蒙上文大夫而言也。然經所陳,乃去而復仕之大夫,傳以去而未絶者釋之,亦少異矣。云"君埽其宗廟"者,謂使族人攝祭,糞除其宗廟也。郝云"歸其宗廟",蓋爲監本所誤,今以《儀禮圖》、《集説》諸本校之,定從張氏。以道去君,見不以罪逐也。未絶者,言君臣之義猶未斷。此傳與子思、孟子之言相類,蓋汎論舊君反服之義耳。於經大夫爲舊君爲士者之意,似未發明。

曾祖父母爲士者如衆人。

張氏曰:"此上三節並承'大夫爲'三字。"

世佐案,"爲士者",統謂宗子、舊君、曾祖父母也。"如衆人",言大夫爲此四人服,不異于衆人之齊衰三月也。言此者,嫌其當以尊降。

傳曰:何以齊衰三月也?大夫不敢降其祖也。

疏曰:"經不言大夫,傳爲大夫解之者,以其言曾祖爲士者,故知對大夫爲之服。"

敖氏曰:"經言大夫爲宗子、舊君、曾祖父母爲士者,蓋連文也,故傳於此以大夫言之,非專取'爲士'之文也。"

女子子嫁者、未嫁者爲曾祖父母。

疏曰:"此亦重出,故次在男子曾孫下也。但未嫁者同於前爲曾祖父母,今并言者,女子子有"有"下似脱一"未"字。嫁逆降之理,故因已嫁并言未嫁。"

敖氏曰:"此不降之服,似不必言未嫁者,經蓋顧大功章立文耳。女子子之適人者降其父母一等,乃不降其祖與曾祖者,蓋尊服止於齊衰三月,其自大功以下,則服至尊者不用焉,故父母之三年可降而爲齊衰期,而祖之齊衰期不可降而爲大功，曾祖之齊衰三月又不可降而無服，此所以二祖之服俱不降也。”

郝氏曰：“前言爲曾祖父母，則女子在其中矣，此疑既嫁與未嫁異，特舉之。”

傳曰：嫁者，其嫁於大夫者也。未嫁者，其成人而未嫁者也。何以服齊衰三月？不敢降其祖也。

註曰：“言嫁於大夫者，明雖尊猶不降也。成人，謂年二十已笄醴者也。此著不降，明有所降。”

疏曰：雖尊猶不降，則適士者不降可知也。云“成人，謂年二十已笄”，以醴禮之，若十五許嫁，亦笄爲成人，但鄭據二十笄者而言之。云“此著不降，明有所降”者，案大功章“女子子嫁者、未嫁者爲世、叔父母”，如此類是有所降也。

敖氏曰：“傳意謂嫁於大夫者雖尊，猶不敢降其祖。然則大夫妻亦有降其本族之旁親，與士妻異者乎？又所謂成人而未嫁者，與不敢降之意尤不相通，傳似失其旨矣。”

郝氏曰：“傳知爲大夫妻者，承上大夫言。唯大夫妻有降服，未嫁不降，人知之，已嫁不降，人不知。成人乃備禮，故曰其成人未嫁者也。”

世佐案，女子子嫁者於其旁親皆降一等，以出降也。若爲命婦，則於其旁親之爲士者又降一等，以尊降也。義見上章大夫之子爲姑姊妹無主者、爲命婦者。唯於祖父母、曾祖父母，則各以本服服之，二者之降皆無焉，正尊故也。云“成人而未嫁”者，女子子在室與男子同，不待言也。成人則有出道，嫌或有所降，故傳據此言之。

右齊衰三月。

儀禮集編卷十一　男盛溶澄校字

儀禮集編卷十一之三

秀水盛世佐學　後學歙鮑潄芳、石門顧修參校

喪服第十一之三

大功布衰裳、牡麻絰無受者。

註曰："大功布者，其鍛治之功麤沽之。""之"，《集説》作"也"。

疏曰：章次此者，以其本服齊衰斬，爲殤死，降在大功，故在正大功之上，義齊衰之下也。不云月數者，下文有纓絰、無纓絰，須言七月、九月，彼已見月，故於此略之。云"無受者"，以傳云殤文不縟，不以輕服受之，又曰：斬、疏皆不言布與功[①]，至此輕，始言布體與人功。斬衰冠六升，不加灰，此七升，言"鍛治"，可以加灰矣，但麤沽而已。言"大功"者，用功麤大，小功者，用功細小。

楊氏曰："斬衰冠繩纓，齊衰冠布纓，齊衰以下，不見所用何纓。又案，《雜記》云'緦冠繰纓'，注云'繰當爲澡，麻帶絰之澡'，謂有事其布以爲纓。以此條推之，則自緦而上，亦皆冠布纓而未澡，而緦始澡其纓耳。"

郝氏曰："不言冠、帶、屨，與疏衰同。不言月數，或七或九，具各條。無受者，七月、九月即本衰絰終限，不以既葬易輕服，情重也。"

張氏曰："此降服大功，衰七升，冠十升。"

子、女子子之長殤、中殤。

註曰："殤者，男女未冠笄而死，可哀"哀"，刊本脱，今從疏補。殤疑當作"傷"。者。女子子許嫁，不爲殤也。"

疏曰：子、女子子在章首者，以其父母於子，哀痛情深，故在前。兄弟

---

① "斬疏"，楊氏同，校本"疏"作"衰"，陳本、閩本、監本、毛本作"麤"，庫本作"齊"。

之子亦同此，而不别言者，兄弟之子猶子，故不言。且中殤或從上，或從下，是則殤有三等，制服唯有二等者，欲使大功下殤有服故也。若服亦三等，則大功下殤無服矣，聖人之意然也。

敖氏曰："言'子'，又言'女子子'以殊之，是經之正例。凡言子者，皆謂男子，益可見矣。此子之殤服不分適庶，但俱從本服而降者，以齊衰服重，不宜用之於殤也。經言男女爲殤之節如此，則是古者男女必二十乃冠笄明矣。"

郝氏曰："殤，傷也，夭死曰殤。父母爲男女期，童幼未可齊衰，故降服大功。"

世佐案，《小記》云："丈夫冠而不爲殤，婦人笄而不爲殤。"二十而冠笄，禮之常也。其有早笄者，因事而禮之耳。《雜記》云，女子十有五年，許嫁笄而字。女子之笄，猶男子之冠也，故註云"許嫁，不爲殤"，然則古無幼而許嫁者矣。

傳曰：何以大功也？未成人也。何以無受也？喪成人者其文縟，喪未成人者其文不縟，故殤之絰不樛垂，蓋未成人也。年十九至十六爲長殤，十五至十二爲中殤，十一至八歲爲下殤，不滿八歲以下皆爲無服之殤。無服之殤以日易月，以日易月之殤，殤而無服，故子生三月則父名之，死則哭之，未名則不哭也。

註曰："縟，猶數也。其文數者，謂變除之節也。不樛垂者，不絞其帶之垂者。《雜記》曰：'大功以上散帶。'以日易月，謂生一月者，哭之一日也。殤而無服者，哭之而已，爲昆弟之子、女子子亦如之。凡言子者，可以兼男女。又云'女子子'者，殊之以子，關適庶也。"

徐整問射慈曰："八歲以上爲殤者服，未滿八歲爲無服。假令子以元年正月生，七歲十二月死，此爲七歲，則無服也。或以元年十二月生，以八年正月死，以但踐八年，計其日月，適六歲耳。然號爲八歲，日月甚少。全七歲者，日月爲多。若人有二子，各死如此，其七歲者獨無服，則父母之恩有偏頗。"答曰："凡制數，自以生月計之，不以歲也。"問曰："無服之殤，以日易月，哭之於何處，有位無？"答曰："哭之無位。禮葬下殤於園中，則無服之殤亦於園也，其哭之就園也。"

崇氏問云:"舊以日易月,謂生一月,哭之一日。又學者云,以日易月者,易服之月,殤之期親者則以十二月爲之制。二義不同,何以正之?"淳于睿答曰:"按傳之發正於期年之親,而見服之殤者以期親之重,雖未成殤,應有哭之差。大功已下及於緦麻,未成殤者無復哭日也。何以明之?按長殤、中殤俱在大功,下殤小功,無服之殤無容,有在緦麻,以其幼稚,不在服章,隨月多少而制哭日也。大功之長殤、中殤俱在小功,下殤緦麻,無服之殤則已過絶,無復服名,不應制哭,故傳據期親以明之。且緦麻之長殤服名已絶,不應制哭,豈有生三月而更制哭乎?"

范甯與戴逵書問馬、鄭二義。逵答曰:"夫易者,當使用日則廢月,可得言易耳。鄭以哭日准平生之月而謂之易,且無服之殤非惟期親七歲以下也,他親長、中降而不服,故傳曰'不滿八歲已下,皆爲無服之殤也'。如馬義,則以此文悉關諸服降之殤者。若如鄭義,諸降之殤當作何哭耶?若復哭其生月,則緦麻之長殤決不可二百餘日哭。鄭必推之於不哭,則小功之親以志學之年成童而夭,無哭泣之位,恐非有情者之所允也。"甯又難逵曰:"傳云不滿八歲爲無服,則八歲已上不當引此也。尋制名之本意,父之於子,下殤小功,猶有緦麻一階,非爲五服已盡。而不以緦麻服之者,以未及人次耳。"

杜氏佑曰:"宋庾蔚之謂:'漢戴德云"獨,謂父母爲子,昆弟相爲",當不如鄭以周親爲斷。周親七歲以下,容有緦麻之服,而不以緦麻服之者,以其未及於禮,故有哭日之差耳。他親有三殤之年而降在無服者,此是服所不及,豈得先以日易月之例耶?戴逵雖欲申馬難鄭,而彌覺其躓,范甯難之,可謂當矣。按束晳通論無服之殤云:"禮,緦麻不服長殤,小功不服中殤,大功不爲易月哭,唯齊衰乃備四殤焉。"凡云男二十而冠,三十而娶,女十五許嫁而笄,二十而出,並禮之大斷。至于形智夙成,早堪冠娶,亦不(笄)〔限〕之二十矣[①]。笄冠有成人之容,婚嫁有成人之事。鄭玄曰:"殤年爲大夫,乃不爲殤,爲士猶殤之。"今代則不然,受命出官,便同成人也。'"

疏曰:三等殤皆以四年爲差,取法四時穀物變易故也。又以八歲已上爲有服,七歲已下爲無服者,案《家語·本命》云"男子八月生齒,八歲

① "限"原作"笄",校本同。《通典》作"限",據文意,應據改。

齔齒。女子七日生齒，七歲齔齒"，今傳據男子而言，故八齒已上爲有服之殤也。傳必以三月造名，始哭之者，以其三月一時，天氣變，有所識(盼)〔眄〕[①]，人所加憐，故據名爲限也。云"未名則不哭也"者，不"以日易月"而哭，初死亦當有哭而已。註云"變除之節"者，成人之喪，既卒哭以輕服受之，男子除於首，婦人除於帶，是也。今於殤則無此變除之節數，月滿則除之。云"不絞帶之垂"，凡喪，至小斂皆服未成服之麻，麻絰、麻帶，大功以上散帶之垂，至成服乃絞之，小功已下初而絞之，今殤大功，亦於小斂服麻，散垂，至成服後，亦散不絞，與成人異也。云"生一月者哭之一日也"者，若至七歲，歲有十二月，則八十四日哭。此則唯據父母於子，不關餘親。王肅、馬融以爲，以日易月者，以哭之日易服之月，殤之期親，則以旬有三日哭，緦麻之親，則以三日爲制。若然，哭緦麻三月喪，與七歲同，又此傳承父母子之下而哭緦麻孩子，疎失之甚也。

程子曰："無服之殤，更不祭。下殤之祭，父母主之，終父母之身。中殤之祭，兄弟主之，終兄弟之身。上殤之祭，兄弟之子主之，終兄弟之子之身。若成人而無後者，兄弟之孫主之，亦終其身。凡此皆以義起也。"

劉氏敞曰："以日易月者，假令長子也，其本服三年，以日易月，則殤之二十五日。餘子也，其本服朞，以日易月，則殤之十三日。"

黄氏曰："此章子夏傳文，通言爲殤之義，不專爲子、女子子而言也。今以其舊文在此，不敢輒易。"

敖氏曰："文，謂禮文也。樛，當作繆。《檀弓》曰'齊衰而繆絰'，正謂此也。繆，絞也。絰，謂首絰也。垂者，其纓也。殤絰之有纓者，不絞其纓而散之，此亦異於成人者，故以證之。'無服之殤以日易月'，惟用於凡有齊、斬之親者，自大功之親以下則否。蓋齊、斬之長殤、中殤大功，下殤小功，以次言之，則七歲以下猶宜有服，但以其不入當服之限，是以略之。然其恩之輕重與殤之在緦麻者相等，故不可不計日而哭之。若滿七歲者，哭之八十四日，則亦近於緦麻之日月矣，是其差也。知大功以下之親則否者，大功之下殤在緦麻，則七歲者自無服，故大功以下者不必與無服之殤以日易月之哭可也。'子生三月，則父名之'者，三月天時一變，故名

---

① "眄"原作"盼"，校本同。阮《校》曰："《要義》同，毛本'眄'作'盼'，陳、閩、監本、《通解》俱作'盻'。按《玉篇》云：'眄，俗作眄。'《説文》：'眄，目偏合也。'今俗以眄、盻、盼混爲一字，故遂誤爲'盻'、'盼'，宜作'眄'。"應據改。

子者法之。未名則不哭者，子見於父，父乃名之，未名，則是未之見也。未見，則未成父子之恩，故不哭也。其他親之哭與否亦以此爲節。此義與婦之未廟見而死者相類。"

郝氏曰："繁文曰縟，既葬易衰受冠，乃所謂縟文也。情直禮簡，故無受。樛作絞，猶'校庠'作'膠庠'。大功以上，小斂襲絰，散帶，成服後絞。殤麻，雖成服，不絞。未成人禮簡，亦不受之類。以日易月，應服七月者哀傷不過七日，應服九月者，哀傷不過九日，如不飲酒、不作樂之類。○案小斂帶散麻，以始死哀甚也，故成服後即絞。殤麻終不絞，不尤甚於斬、齊耶？此禮似未協。以日易月，鄭謂生一月者哭一日，尤非也。有如八歲殤，當百日哭耶？"

張氏《監本正誤》云："'不滿八歲以下皆爲無服之殤'，脱'皆'字。"

世佐案，絰，敖云"首絰"是也。木下曲曰樛。喪成人者，以絰圍繞髮際，有餘，因垂之于項後，如木之下曲然，其文縟也。殤服之絰僅足以繞額而已，不下曲而垂之，亦簡略之一事，故引以爲不縟之證。以日易月，如註説則哭之日數太多，如郝説又失之太少，劉氏之言，庶得其中乎。説者謂漢文短喪，以日易月，其言蓋出於此。然漢文以二十七月之喪更制爲三十六日之服，實非以日易月之比也。又案，劉説原本於馬融、王肅，而惟據齊、斬之親，不兼大功以下者言，則勝於舊矣。

叔父之長殤、中殤。

世佐案，兄之子爲之也。

姑姊妹之長殤、中殤。

世佐案，姪及兄弟爲之也。

昆弟之長殤、中殤。

世佐案，此不分適庶，據士禮而言也。若公子、大夫之庶子爲適昆弟亦然，其庶昆弟相爲則異於是。

夫之昆弟之子、女子子之長殤、中殤。

黄氏曰："妾服見大功章'大夫之妾爲君之庶子'條。"

敖氏曰："小功章云'昆弟之子、女子子，夫之昆弟之子、女子子之下殤'，則此服亦夫妻同也。是章中不見昆弟之子、女子子，今以下章例之，復攷其尊卑親疏之次，則知亦當有此七字，蓋傳寫者以其文同，故脱之耳。"

世佐案，世叔母爲之也。

適孫之長殤、中殤。

世佐案，祖爲之也，大夫已上同。凡言適孫，皆無適子者。

大夫之庶子爲適昆弟之長殤、中殤。

世佐案，父之所不降，子亦不敢降也。

公爲適子之長殤、中殤。

敖氏曰："公亦有爲適子長殤之服，則國君之世子亦必二十而後冠，如衆人矣。"

大夫爲適子之長殤、中殤。

註曰："諸侯大夫不降適殤者，重適也，天子亦如之。"

疏曰："自'叔父'至'大夫庶子爲適昆弟之長殤、中殤'，皆是成人齊衰期，長殤、中殤(殤)降一等在大功[①]，故於此摠見之，又皆尊卑爲前後次第作文也。'公爲適子'、'大夫爲適子'，皆是正統，成人斬衰，今爲殤死，不得著代，故入大功。特言'適子'者，天子、諸侯於庶子則絶而無服，大夫於庶子降一等，故於此不言，唯言適子也。若然，二適在下者，亦爲重出其文故也。"

其長殤皆九月，纓絰。其中殤七月，不纓絰。

註曰："絰有纓者，爲其重也。自大功以上絰有纓，以一條繩爲之，小功已下絰無纓也。"

疏曰：絰之有纓，所以固絰，猶如冠之有纓以固冠，亦結於頤下也。五服之正，無七月之服，唯此大功中殤有之，故《禮記》云"九月、七月之喪，三時"是也。諸文唯有冠纓，不見絰纓，鄭檢此經長殤有纓法，故知成人大功已(下)〔上〕皆有之也[②]。

敖氏曰："纓絰，謂纓其絰也，纓即絰之垂者。此大功之纓絰亦右本

① "中殤殤降"，校本同，阮《校》曰："'殤降'二字，楊氏倒，《要義》無'殤'字。"曹氏曰："'殤'字衍。"兩"殤"字應删其一。

② "成人大功已上"之"上"原作"下"，校本同，與閩本、監本、毛本合，陳本作"上"，據文意，應改作"上"。

在上，其異於成人者，散而不絞爾。纓絰止於大功九月，故此七月者，亦有大功而不纓絰，所以見其差輕也。此絰雖不纓，猶以麻之有本者爲之，以其爲大功之服也。"

郝氏曰："長殤九月，中殤七月，不言下殤，降在小功也。成人大功首絰不屬，皆有纓結項後。中殤大功七月，首絰如環，無纓，殺也。"

世佐案，纓，冠纓也。絰，要絰也。喪成人者，其文縟，故其著冠也，通屈一條繩爲武，垂下爲纓，齊衰以下以布爲之。又有要絰，以象大帶，皆儀文之繁縟者。長殤首絰不樛垂，略于成人矣，而有纓有絰，與成人同。中殤則并此二者而無之，不縟之甚也。

右殤大功九月、七月。

郝氏曰："尊屬之殤止于叔父、姑，自世父以上，長于父則無殤。父母雖殤，不在殤服之等，其爲斬、齊，猶之成人也。有如十八之父母，死爲長殤，四五歲之孤兒，九月服即除可乎？古者男女年十二以上皆可冠笄，苟男已冠娶，女已笄嫁，雖殤，猶成人也。《喪服小記》云'丈夫冠而不爲殤，婦人笄而不爲殤'，爲後者各以其服服，故魯人不殤童子，汪踦變通在時，凡禮皆然。"

世佐案，十二而冠，爲天子、諸侯言之，非大夫已下之達禮也，詳見《士冠禮》。殤無爲人父之道，冠而生子，禮也。安有爲人父母而殤者乎？郝氏之言，蓋勿深考耳。

大功布衰裳[①]、牡麻絰纓、布帶三月，受以小功衰即葛九月者。

註曰："受，猶承也。凡天子、諸侯、卿大夫既虞，士卒哭而受服。正言三月者，天子、諸侯無大功，主于大夫、士也。此雖有君爲姑姊妹、女子子嫁於國君者，非内喪也。"

疏曰：天子七月而葬，諸侯五月而葬，虞而受服。然經正言"三月"者，主於大夫、士三月葬者。云"非内喪也"者，彼國自以五月葬後"後"下疑脱一"受"字。服此，諸侯爲之，自以三月受服，同于大夫、士，故云"主于大夫、士也"。從楊氏《圖》節本。

敖氏曰："齊衰以上，其經皆不言'絰纓'，故於此成人大功言之，乃因

① "裳"原作"絰"，校本作"裳"，各本經文同，據改。

輕以見重，且明有纓者之止於此也。‘受以小功衰’者，説大功布衰裳[①]，而以小功布衰裳受之也。‘即葛’，説麻絰帶就葛絰帶也。三月而變衰葛，九月而除之，婦人異於男子者，不葛帶耳，小功亦然。《檀弓》曰：‘婦人不葛帶。’此章特著受月者，以承上經無受之後，嫌與之同，亦且明受衰之止于此也。此三月受服，上下同之。章内有君爲姑姊妹、女子子嫁於國君者，而《服問》又言君主適婦之喪，是諸侯雖無大功，而於其尊同者，若所不可得而絶者，亦服此服也。其姑姊妹、女子子之嫁於國君者爲外喪，君之受服，固不視其卒哭之節。適婦雖内喪，而其禮則比於命婦，但三月而葬，故君亦惟三月而受服也。”

郝氏曰：“此正服大功之制，爲成人也，情微輕，故次殤。絰，首要絰。纓首絰，亦如要絰，不屬，以纓結于項後，大功以上皆然，獨于此言者，以别于前中殤七月不纓絰者也。布帶，以布爲大帶，五服同，詳前。三月，既葬之月，以小功布爲衰，易始死所服大功衰也。大功之冠，小功之衰，接其冠布以爲衰曰受。即，就也。去故就新曰即，去故麻帶就新葛帶。禮，既葬，帶絞葛易麻。即葛九月，謂以葛帶終九月之期也。者，指下各爲服之人。按《雜記》‘喪冠條屬’，謂冠武連屬不缺，則不用纓。《士冠禮》‘緇布冠缺項，青組纓，屬于缺’，不屬，故以纓結之。喪冠無缺，别于吉也。而首、要絰皆不屬，首絰有纓，大功以上同，惟小功以下首絰屬，不用纓，所謂環絰也。今世五服首絰皆屬，非古也。”

世佐案，絰，兼在首、在要者言。纓，冠纓。布帶，象大帶者，言“布”于“纓”、“帶”之閒，明是二者皆以布爲之也。即葛，謂首絰、要絰也。去麻服葛，無葛之鄉，則用潁帶。本用布，至是則以輕細者易之，其輕重之差如衰。

傳曰：大功布九升，小功布十一升。

註曰：“此受之下也，以發傳者，明受盡於此也。又受麻絰以葛絰。《閒傳》曰：‘大功之葛與小功之麻同。’”

疏曰：云“大功布九升，小功布十一升”者，此章有降、有正、有義。降則衰七升，冠十升，正則衰八升，冠亦十升，義則衰九升，冠十一升。十升者，降小功。十一升者，正小功。傳以受服不言降大功與正大功，直言義

---

① “布衰裳”之“衰”原作“齊”，校本作“衰”，《集説》同，據改。

大功之受者,鄭云"此受之下",正據受之下發傳者,明受盡於此義服大功,以其小功至葬,惟有變麻服葛,因故衰,無受服之法,故傳據義大功而言也。云"又受麻絰以葛絰"者,言受,衰麻俱受而傳唯發衰,不言受麻以葛,故鄭解之。引《閒傳》者,證經大功既葬,變麻爲葛,與小功初死同也。

敖氏曰:"大功布三等,受布二等。此於大功與受布各見一等者,但以其一一相當者言也。觀此,則其上二等之受布亦可見矣。"

張氏曰:"大功卒哭後,各以其冠爲受。或受十升,或受十一升。受十升者,降小功之布。受十一升者,正小功之布也。今傳據大功而言,故註云'受之下'。引《閒傳》者,證大功葛絰大小之制也。"

世佐案,大功布七升,若八升,若九升。傳惟云九升,舉其輕者,而重者可知也。小功布十升,若十一升,若十二升。傳惟云十一升,見大功三等之衰,其受同也。初喪之衰各異,而受衰同者,以其冠同也。冠同者,明其情有隆殺,而服則同科也。斬衰受以齊衰之下,齊衰受以大功之上,大功受以小功之中,禮貴相變也。大功必受以中者,蓋欲以小功之下十二升者爲大功之受冠而然也。受服至是而窮矣,故功以下無受[①]。

姑姊妹、女子子適人者。

疏曰:"此等竝是本期,出降大功,故次在此。"

敖氏曰:"不杖期章不特著爲此親在室者之服,蓋以此條見之,蓋經之例然也。其他不見者放此。"

郝氏曰:"姑姊妹女四者已嫁,死皆大功,在室皆期可知,故不杖期條不及。"

傳曰:何以大功也?出也。

註曰:"出必降之者,蓋有受我而厚之者。"

疏曰:《檀弓》云:"姑姊妹之薄也,蓋有受我而厚之者也。"夫自爲之禫杖期,故於此薄,爲之大功。

敖氏曰:"以出者降其本親之服,故此亦降之也。"

從父昆弟。

註曰:"世父、叔父之子也,其姊妹在室亦如之。"

① "功"字上校本有"小"字。

疏曰：昆弟親，爲之期，此從父昆弟降一等，故次姑姊妹之下。謂之“從父昆弟”，世、叔父與祖爲一體，又與己父爲一體，緣親以致服，故云“從”也。

敖氏曰：“世、叔父之子謂之從父昆弟者，言此親從父而别也，故以明之，從祖之義亦然。”

爲人後者爲其昆弟。

疏曰：“在此者，以其小宗之後大宗，欲使厚於大宗之親，故次之在從父昆弟之下。”

敖氏曰：“其姊妹在室亦如之。”

傳曰：何以大功也？爲人後者降其昆弟也。

疏曰：“案下記云‘爲人後者於兄弟降一等’，故大功也。若然，於本宗餘親皆降一等。”

世佐案，不云“報”者，於不杖期章“爲人後者爲其父母”已言之矣，故此略之。

庶孫。

註曰：“男女皆是。下殤小功章曰‘爲姪、庶孫丈夫、婦人’同。”

疏曰：卑於昆弟，故次之。庶孫從父而服祖期，故祖從子而服其孫大功，降一等。云“男女皆是”者，女孫在室與男孫同。

敖氏曰：“孫言‘庶’者，對適立文也。孫於祖父母本服大功，以其至尊，故加隆而爲之期。祖父母于庶孫以尊加之，故不報，而以本服服之也。”

郝氏曰：“庶孫，謂衆孫，異于無父繼祖之適孫也。孫于祖皆期，祖於孫皆大功，尊卑之殊也。”

適婦。

註曰：“適婦，適子之妻。”

疏曰：“疏於孫，故次之。其婦從夫而服其舅姑期，其舅姑從子而服其婦大功，降一等者也。”

傳曰：何以大功也？不降其適也。

註曰：“婦言適者，從夫名。”

疏曰:“父母爲適長三年,今爲適婦不降一等服期者,長子本爲正體於上,故加至三年,婦直是適子之妻,無正體之義,故直加于庶婦一等,大功而已。”

敖氏曰:“亦加隆之服,爲之大功,非不降之謂也。婦從其夫而服舅姑期,舅姑以正尊而加尊焉,故例爲之小功,此異其爲適,故加一等也。”

郝氏曰:“子爲父後,故父爲其婦大功,雖大夫,不降適也。”

女子子適人者爲衆昆弟。

註曰:“父在則同,父没乃爲“爲”下似脱一“爲”字。父後者服期也。”

疏曰:“前云姑姊妹、女子子出適在章首者,情重故,至此女子子反爲昆弟在此者,抑之,欲使厚於夫氏,故次在此也。”

敖氏曰:“昆弟云‘衆’,對爲父後者立文也。是亦主言父没者之禮矣。禮,女子子成人而未嫁,或逆降其旁親之期服,此言已適人者,乃爲其昆弟大功,則是其旁親之期服之不可以逆降者,唯此耳。”

世佐案,衆昆弟凡不爲父後者皆是不杖期章。云“女子子適人者爲其昆弟之爲父後者”,爲父後者,父之適長子也。不云適昆弟,而云“爲父後者”,容立庶子及族人爲後也。此與大夫之庶子爲適昆弟期同,是應降而不降,重其繼世故也,不必父没乃爲之服期,註説誤。

姪丈夫、婦人報。

註曰:“爲姪男女服同。”

疏曰:“姪卑於昆弟,故次之。不言男子、女子,而言丈夫、婦人者,姑與姪在室、出嫁同,以姪女言婦人,見嫁出,因此謂姪男爲丈夫,亦是長大之稱,是以鄭還以男女解之。”

敖氏曰:“章首已見爲姑適人者之服,此似不必言報,疑‘報’字非誤即衍。”

世佐案,此與上節經文亦宜合爲一節,言女子子適人者爲此四等之親服,而此四等之親亦以是服報之也。丈夫,男昆弟及姪也。婦人,女昆弟及姪女也。此等皆期親,降在大功。云“婦人”者,明其不以女昆弟及侄女之出嫁而又降也。姑姊妹適人者之服已見上文,於是復云“報”者,上主爲丈夫言,此則兼言婦人,故復云“報”以明之。

傳曰:姪者何也?謂吾姑者吾謂之姪。

疏曰:“姪之名惟對姑生稱,若對世、叔,唯得言昆弟之子,不得姪名也。”

夫之祖父母、世父母、叔父母。

疏曰:“以其義服,故次在此。”

敖氏曰:“不言夫之世父母、叔父母報,文略也。”

郝氏曰:“夫之祖父母、伯叔父母,夫爲服期,則妻從夫服降一等,爲大功。”

傳曰:何以大功也?從服也。

敖氏曰:“此釋經意也。”

夫之昆弟何以無服也?其夫屬乎父道者,妻皆母道也。其夫屬乎子道者,妻皆婦道也。謂弟之妻婦者,是嫂亦可謂之母乎?故名者,人治之大者也,可無慎乎!”

註曰:“道,猶行也言。婦人棄姓無常秩,嫁於父行則爲母行,嫁於子行則爲婦行。謂弟之妻爲婦者,卑遠之,故謂之婦。嫂者,尊嚴之稱。是嫂亦可謂之母乎?言不可。嫂,猶叟也。叟,老人稱也,是爲序男女之别爾。若己以母婦之服服兄弟之妻,兄弟之妻以舅子之服服己,則是亂昭穆之序也。治,猶理也。父母、兄弟、夫婦之理,人倫之大者,可不慎乎?《大傳》曰:‘同姓從宗,合族屬。異姓主名,治際會,名著而男女有别。’”世佐案,刊本此節註文多脱誤,今從《通典》、《續通解》補正。

何氏晏曰:“男女相爲服,不有骨肉之親,則有尊卑之異也。嫂叔親非骨肉,不異尊卑,恐有混交之失,故推使無服也。”

疏曰:“夫之昆弟何以無服”已下,摠論兄弟之妻不爲夫之兄弟服,夫之兄弟不爲兄弟妻服之事也。若以弟妻爲婦,即以兄妻爲母而以母服服兄妻,又以婦服服弟妻,又使妻以舅服服夫之兄,又使兄妻以子服服己夫之弟,則兄弟反爲父子,亂昭穆之次序,故聖人深塞亂源,使兄弟之妻本無母、婦之名,不相爲服也。引《大傳》云“同姓從宗,合族屬”者,謂大宗子同是正姓,姬、姜之類,屬,聚也,合聚族人于宗子之家,在堂上行食燕之禮,即“繫之以姓而勿别,綴之以食而勿殊”是也。又云“異姓主名,治際會”者,“主名”,謂母與婦之名。治,正也,際,接也,以母、婦正接之會聚，則宗子之妻食燕族人之婦於房是也。云“名著而男女有別”者，謂母、婦之名著，則男女各有分別而無淫亂也。

魏氏徵曰：“‘嫂叔之不服，蓋推而遠之也’。禮，繼父同居則爲之服，未嘗同居則不爲服。從母之夫，舅之妻，二人不相爲服。或曰：同爨緦。然則繼父之徒並非骨肉，服重由乎同爨，恩輕在乎異居，故知制服雖繫於名[1]，亦緣恩之厚薄也。或有長年之嫂，遇孩童之叔，劬勞鞠養，情若所生，分饑共寒，契濶偕老，譬同居之繼父，方他人之同爨，情義之深淺，寧可同日語哉。在其生也，愛之同於骨肉，及其死也，則推而遠之，求之本源，深所未諭。若推而遠之，是爲不可生而共居，死同行路，重其生而輕其死，厚其始而薄其終，稱情立文，其義安在。且事嫂見稱，載籍非一，馬援則其見必冠[2]，孔伋則哭之爲位[3]，此躬踐教義，仁深孝友，察其所行，豈非先覺者歟？議請小功五月。”

問：嫂叔古無服，今有之，何也？程子曰：“《禮記》曰‘推而遠之’也，此說不是古之所以無服者，只爲無屬。其夫屬乎父道者，妻皆母道也；其夫屬乎子道者，妻皆婦道也。今上有父、有母，下有子、有婦。叔父、伯父，父之屬也，故叔母、伯母之服與叔父、伯父同。兄弟之子，子之屬也，故兄弟之子之婦服與兄弟之子同。若兄弟則己之屬也，難以妻道屬其嫂，此古者所以無服，以義理推不行也。今之有服亦是，豈有同居之親而無服者。”

朱子曰：“嫂叔之服，先儒固謂雖制服亦可，則徵議未爲失也。○又問：嫂叔無服，而程先生云：後聖有作，須爲制服。曰：守禮經舊法，此固是好，纔説起定，是那箇不穩。然有禮之權，處父道母道，亦是無一節安排，(著)〔看〕推而遠之[4]，便是合有服，但安排不得，故推而遠之。若果是鞠養于嫂，恩義不可已，是他心自住不得，又如何無服得。”

黄氏曰：“先師朱文公親書藁本下云：今案，傳意本謂弟妻不得爲婦，

---

① “繫”字原作“繼”。校本作“繫”，《貞觀政要》、《通典》、《舊唐書》同，據改。

② “馬援”原作“鄭仲虞”，與《通典》引魏徵言同。校本作“馬援”，《貞觀政要》、《舊唐書》曰：“鄭仲虞則恩禮甚篤”，“馬援則見之必冠”，據改。

③ “爲”字原作“于”，校本作“爲”，《貞觀政要》、《通典》、《舊唐書》同，據改。

④ “看”字原作“著”，校本作“着”，《朱子語類》、《通解續》皆作“看”，疑“着”、“著”爲“看字之訛，應據改。

兄妻不得爲母，故反言以詰之，曰：若謂弟妻爲婦，則是兄妻亦可謂之母矣，而可乎？言其不可爾，非謂卑遠弟妻而正謂之婦也，註疏皆誤。今論於此而頗刊定其疏云。○妾服，見大功章'大夫之妾爲君之庶子'條。○貞觀十四年，太宗謂侍臣曰：'同爨尚有緦麻之恩，而嫂叔無服，宜集學者詳議。'侍中魏徵等議請小功五月報，制可。至二十年，中書令蕭嵩奏依貞觀禮爲定。○今服制令：爲兄弟妻、爲夫之兄弟小功五月。"

敖氏曰："爲夫之祖父母、世叔父母大功，皆從夫之期服者也。夫爲其昆弟亦期，妻若從而服之，亦當大功，今乃無服，故因而發傳。母道、婦道，謂世、叔母及昆弟之子婦之類也。此據男子所爲服者而言，故繼之曰'謂弟之妻婦者，是嫂亦可謂之母乎'，蓋以當時有謂弟妻爲婦者，故引而正之，以言其不可也。傳之意，蓋謂男子爲婦人來嫁于己族者之服，惟在母婦之行者則可，若尊不列于母，卑不列于婦，則不爲之服，以其無母婦之名也，故爲昆弟之妻無服。經之此條主于妻爲其夫之黨，傳以從服釋之，是也。又云'夫之昆弟何以無服'，亦據妻不從夫而服其昆弟發問，亦是也，顧乃以男子不服昆弟之妻爲答，此不惟失所問之意，又與夫之昆弟所以無服之義相違。蓋婦人於夫之昆弟當從服，而乃不從服，其無服之義，生於婦人，而非起于男子也。《檀弓》曰'嫂叔之無服也，蓋推而遠之'，彼似善于此矣。《爾雅》曰：'弟之妻爲婦。'"

顧氏曰："'謂弟之妻婦者，其嫂亦可謂之母乎'，《記·大傳》文同。蓋言兄弟之妻不可以母子爲比，以名言之，既有所閡而不通，以分言之，又有所嫌，而不可以不遠。《記》曰：'嫂叔之無服也，蓋推而遠之也。'夫外親之同爨猶緦，而獨兄弟之妻不爲制服者，以其分親而年相亞，故聖人嫌之，嫌之故遠之，而大爲之坊，《曲禮》：'嫂叔不通問。'不獨以其名也，此又傳之所未及也。存其恩於娣姒而斷其義於兄弟，夫聖人之所以處此者，精矣。《大傳》疏曰：'有從有服而無服，嫂叔是也。有從無服而(無)〔有〕服[①]，娣姒是也。'○嫂叔雖不制服，然而曰'無服而爲位者，惟(叔嫂)〔嫂叔〕'[②]。《奔喪》。○'子思之哭嫂也爲位'，《檀弓》。何也？曰：是制之所抑，而情之所不可闕也。然而鄭氏曰：'正言嫂叔，尊嫂也。若兄公與弟之妻則不能也。'《正義》曰：'兄公與

---

① "而有服"之"有"原作"無"，校本同。《日知録》作"無"，與《禮記·大傳》疏合，應據改。

② "嫂叔"原作"叔嫂"，校本同，《日知録》作"嫂叔"，與《禮記·奔喪》合，應據乙。

弟妻不爲位者,卑遠之。弟妻于兄公不爲位者,尊絶之。'此又足以補《禮記》之不及。《檀弓》言'嫂叔之無服',《雜記》言'嫂不撫叔,叔不撫嫂',是兼兄公與弟妻。"

張氏曰:"婦人與夫之昆弟不相爲服,常情所疑,故傳于此發之。以爲從父之妻可名爲母,從子之妻可名爲婦,故可相與爲服。若弟之妻不可謂之婦,兄之妻不可謂之母,是路人也。路人而復爲之服,近于亂矣,故推而遠之,塞亂源也。其謂之嫂、謂之婦者,立此名以尊嚴之,卑遠之爾。"

世佐案,"弟之妻爲婦",文見《爾雅》,故鄭君爲之説,曰"謂弟之妻爲婦者,卑遠之,故謂之婦",然非傳義也,朱子駁之當矣。

大夫爲世父母、叔父母、子、昆弟、昆弟之子爲士者。

註曰:"子,謂庶子。"

疏曰:"大夫爲此八者本期,今以爲士故,降至大功。亦爲重出此文,故次在此也。"

敖氏曰:"大夫于士爲異爵,故其喪服例降其旁親之爲士者一等,雖世、叔父母亦降之,所以見貴貴之意勝也。不杖期章爲此親之爲大夫、命婦者云'大夫之子',此云'大夫',互見其人以相備也。"

傳曰:何以大功也?尊不同也。尊同則得服其親服。

註曰:"尊同,謂亦爲大夫者。親服,期。"

公之庶昆弟、大夫之庶子爲母、妻、昆弟。

註曰:"公之庶昆弟則父卒也,大夫之庶子則父在也。其或爲母,謂妾子也。"

疏曰:此竝受厭降,卑于自降,故次在自降人之下。若云公子,是父在,今繼兄而言昆弟,又公子父在爲母、妻在五服之外,今服大功,故知父卒也。"大夫之庶子",繼父而言。又大夫卒,子爲母、妻得伸其本服,今但大功,故知父在也。于適妻,君、大夫自不降,其子皆得伸,今爲母但大功,明妾子自爲己母也。

汪氏琬曰:"戴德《喪服變除》曰:'天子、諸侯之庶昆弟、大夫之庶子爲其母大功,哭泣、飲食、思慕猶三年。'賀循《喪服要記》:'凡降服既降,心喪如常月。'劉智謂小功以下不税,乃無心喪。又陳沈洙議:元嘉立議,心喪以二十五月爲限,惟王儉《古今集記》終二十七月,爲王逡所難,何佟之《儀註》亦用二十五月，無復心禫云云，是則心禫可廢，心喪不可廢也。宋服制：凡如適孫祖在爲祖母，爲人後者爲其所生父母之類，皆許解官申心喪三年，蓋猶遵用前代制也。自明以來，此禮不行久，當亦士大夫所宜講求者。"

傳曰：何以大功也？先君餘尊之所厭，不得過大功也。

雷氏曰："《公羊傳》云'國君以國爲體'，是以其人雖亡，其國猶存。故許有餘尊以厭降之。"

疏曰："公之庶昆弟，以其公在爲母、妻厭在五服外[1]，公卒猶爲餘尊之所厭，不得過大功。"

敖氏曰："厭，謂厭其所爲服者也。不得過大功，謂使服之者不得過此而伸其服也。國君於旁期而下，皆以尊厭而絶之。此三人者，皆君所絶者也。尊者之子必從其父而爲服，故君在則公子于昆弟無服，而爲母若妻于五服之外。君没矣，其死者猶爲餘尊之所厭，是以公子爲此三人止於大功也。"

顧氏曰："尊尊親親，周道也。諸侯有一國之尊，爲宗廟社稷之主，既没而餘尊猶在，故公之庶子于所生之母不得伸其私恩，爲之大功也。大夫之尊不及諸侯，既没則無餘尊，故其庶子于父卒爲其私親並依本服，如邦人也。親不敵尊，故厭。尊不敵親，故不厭。此諸侯、大夫之辨也。"

姜氏曰："此釋公之庶昆弟也。"

大夫之庶子，則從乎大夫而降也。

註曰："言從乎大夫而降，則於父卒如國人也。昆弟，庶昆弟也。舊讀昆弟在下，其於厭降之義宜蒙此傳也，是以上而同之。"

疏曰："大夫之子，據父在有厭，從於大夫降一等。大夫若卒，則得伸，無餘尊之厭也。"

敖氏曰："大夫之子從乎大夫而降，謂尊降之義在大夫而不在己也。大夫於所服者或以尊加之而降一等，亦謂之厭。此三人者，皆大夫之所降者也，其子亦從其父而降之一等，爲大功，與公子父没之禮同。大夫没，子乃得伸其服，以其無餘尊也。此傳言公之昆弟、大夫之庶子，是服之所以同者，備矣。而諸侯、大夫尊厭輕重、遠近之差，亦略于是乎見焉。

---

① "公在"之"公"原作"父"，校本與各注疏本皆作"公"，據改。

推而上之,則天子之所厭者又可知矣。先儒乃以天子之子同于公子之禮,似誤也。"

張氏曰:"據註及疏,此經文'昆弟'二字,舊在傳後,鄭君始移在傳前,與'母、妻'合文。"

姜氏曰:"此釋大夫之子也。"

父之所不降,子亦不敢降也。

註曰:"父所不降,謂適也[1]。"

姜氏曰:"此因言適子也。"

世佐案,註所謂"適"者,兼適母、適子之妻、適昆弟而言,姜專指適子,非。

皆爲其從父昆弟之爲大夫者。

註曰:"皆者,言其互相爲服,尊同則不相降。其爲士者,降在小功,適子爲之,亦如之。"

疏曰:承上文"公之庶昆弟、大夫之庶子"之下,則是上二人也,以其二人爲父所厭降,今此從父昆弟爲大夫,故此二人不降而服大功,依本服也。鄭云"互相爲服"者,以彼此同是從父昆弟,相爲著服,故云"皆",是互見之義故也。

敖氏曰:"此文承上經兩條而言,則'皆'云者,皆大夫、公之昆弟、大夫之子也。大夫、公之昆弟於此親則尊同也,大夫之子於此親則亦以其父之所不降者也,故皆服其親服。《春秋傳》曰:'公子之重視大夫、公之昆弟,降其昆弟之爲公子者,不降其從父昆弟之爲大夫者。'則知先君餘尊之所厭,止於上三人耳。"

郝氏曰:"大夫之庶子,以大夫之期皆降,故從之也。苟父之所不降,如世、叔父與昆弟彼此皆大夫,則皆大功,貴同也。如從父昆弟爲士,則降爲小功矣。"

張氏曰:"經文'皆'字謂上文公庶昆弟、大夫庶子並然也,註以'互相爲'釋之,恐未當。註'其爲士者',從父昆弟之爲士者也。'適子爲之亦如之',明不特大夫之庶子不爲之降也,此又依經推言之。"

世佐案,"皆"字之義,敖説得之。郝以此句連于上節之傳,故其爲説

[1] "也"字原無,校本有,各本注文同,據補。

如此，誤。

爲夫之昆弟之婦人子適人者。

註曰："婦人子者，女子子也。不言女子子者，因出見恩疏。"

陳氏詮曰："婦人者，夫之昆弟之子婦也。子者，夫之昆弟之女子子適人者也。此是二人皆服大功，先儒皆以婦人子爲一人，此既不辭，且夫昆弟之子婦復見何許耶？"

疏曰："此亦重出，故次從父昆弟下。此謂世、叔母爲之服，在家期，出嫁大功。"

敖氏曰："是服夫妻同也。上經不言夫爲之者，其文脱與？或言'女子子'，或言'婦人子'，互文以見其同耳。"

郝氏曰："'婦人子適人'者，即齊衰三月繼父妻之子也。此爲之服者，即前夫之昆弟婦，所謂娣姒，而夫死寡居者也。其夫之昆弟死，其妻穉，子幼，與其子適人，死則先伯、叔母爲大功。禮，世、叔母于夫昆弟之子不杖期，今從其母再嫁，降爲大功。繼父，傳云'子無大功之親'，此其有齊期之親者，而亦從母適人，故降。"

姜氏曰："'婦人子'，註釋恐非。或曰，婦人子對妾子而言。"

世佐案，此當以註説爲正，不云"女子子"而云"婦人子"，敖以爲互文，是也。陳氏分婦人及子適人者爲二，亦可備一解。郝、姜二説，則悖于理矣。

大夫之妾爲君之庶子。

馬氏曰："合大夫之妾爲君之庶子、女子子嫁者、未嫁者，言大夫之妾爲此三人。"

註曰："下傳曰'何以大功也？妾爲君之黨服，得與女君同'，指爲此也。妾爲君之長子亦三年，自爲其子期，異于女君也。士之妾爲君之衆子亦期。"

王氏肅曰："大夫之妾爲他妾之子大功九月，自諸侯以上不服。"

疏曰：妾爲君之庶子，輕于爲夫之昆弟之女，故次之。引下傳者，彼傳爲此經而作也。在下者，鄭彼云"文爛在下爾"故也。云"妾爲君之長子亦三年"者，妾從女君，服得與女君同。又云"自爲其子期，異于女君也"者，以其女君從夫降其庶子大功，夫不厭妾，故自服其子期也。云"士妾爲君之衆子亦期”，謂亦得與女君同也[①]。

敖氏曰：“此服亦從乎其君而服之也。大夫爲庶子大功，女子子在室亦如之。妾爲君之長子亦三年，自爲其子期。經於妾爲君之黨服皆略之，惟著大夫之妾以見其異，則士之妾不言可知矣。”

郝氏曰：“妾謂夫爲君，謂嫡爲女君。庶子、女子子皆夫君之血屬，不言長子，長子三年，大夫不降適也。必言君，明非妾親生子也。”

世佐案，庶子，謂適妻所生第二以下，及他妾之子也，女子子在室與嫁於大夫者亦存焉，惟適長子及己所生則異於是。

女子子嫁者、未嫁者爲世父母、叔父母、姑姊妹。

註曰：“舊讀合大夫之妾爲君之庶子、女子子嫁者、未嫁者，言大夫之妾爲此三人之服也。”

疏曰：“此是女子子逆降旁親，又是重出，故次之於此。知逆降者，此經云嫁者爲世父已下，出降大功，自是常法，更言未嫁者亦爲世父已下，非未嫁逆降如何？云‘舊讀合大夫之妾爲君之庶子、女子子嫁者、未嫁者，言大夫之妾爲此三人之服也’者，此馬融之輩舊讀如此，鄭以此爲非，故此下註破之也。”

敖氏曰：“此著其降之之節異於他親也。在室而逆降，正言此七人者，蓋世父母、叔父母與姑之期，爲旁尊之加服，姊妹之期雖本服，然以其外成也，故并世父已下皆於未嫁而略從出降，明其異于父母昆弟也。此服無爲妻爲妾之異，經惟以嫁爲言者，約文以包之耳。又前經見‘姊妹適人者’及‘爲夫之昆弟之婦人子適人者’，此‘世父母’而下，爲凡女子子之降服也，其服唯以適人爲節，以此見逆降之服無報禮也。”

姜氏曰：“此章馬氏舊讀正合經傳之義，而註疏自溺其旨，遂致經義𤏲亂，今從舊讀。”

世佐案，女子子在室爲此七人皆期服，其嫁者因出降也。不云“適人”而云“嫁”者，見其雖貴爲大夫妻，不再降也。大夫妻尊與大夫同，禮宜降其旁親，而不降其世叔父者，以其與己之祖若父爲一體，而其妻又與世叔父爲一體，皆旁親之最尊者。今既以出降在此矣，若又以尊降爲小功，毋乃太薄乎？故不敢也。姑姊妹亦不降者，指成人而未嫁者言之也。

---

① “得”字上校本有“可”字。

未成人當降爲殤服，若適士，當降爲小功。下文言大夫之妻爲姑姊妹爲命婦者大功，則其不爲命婦者降可知矣。大夫妻得以尊降其姑姊妹者，婦人外成，比世叔父爲少殺也。女子子未嫁者曷爲亦降其旁親乎？曰：逆降也。逆降之義奈何？曰：昏姻之時，男女之正，王政之所重也。女子二十而嫁，有故，二十三年而嫁，謂父母喪也。聖人權于二者之閒，以父母之喪較之昏姻之時，則服重而時輕，故使之遂其服；以世叔父諸喪較之昏姻之時，則服輕而時重，故使之遂其時。此逆降之禮所由設也。女子子所逆降者，惟此七人耳，以其皆期服故也。若大功已下，可以無妨于時，則不須逆降矣。其不云"在室"而云"未嫁"者，女子子在室與男子同，禮之常也。唯其年已及笄，故雖未嫁而得從出降之例，所以通其變也。傳以"成人而未嫁者"釋之，得經意矣。

傳曰：嫁者，其嫁于大夫者也。未嫁者，成人而未嫁者也。何以大功也？妾爲君之黨服，得與女君同。下言'爲世父母、叔父母、姑姊妹'者，謂妾自服其私親也。

註曰："此不辭，即實爲妾遂自服其私親，當言'其'以明之[1]。齊衰三月章曰：'女子子嫁者、未嫁者爲曾祖父母。'經與此同，足以見之矣。傳所云'何以大功也？妾爲君之黨服，得與女君同'，文爛在下爾。女子子成人者有出道，降旁親及將出者，明當及時也。"

疏曰：云"何以大功也？妾爲君之黨服，得與女君同"，此傳當在上"大夫之妾爲君之庶子"下，爛脱誤在此。但"下言"二字及"者謂妾自服其私親也"九字揔十一字，既非子夏自著，又非舊讀者自安，必是鄭君置之。鄭君欲分別舊讀者如此意趣，然後以註破之。云"此不辭"者，謂此分別文句，不是解義言辭也。云"即實爲妾遂自服其私親，當言'其'以明之"者，此鄭欲就舊章讀破之。案不杖期章云"女子子適人者爲其父母、昆弟之爲父後者"，又云"公妾以及士妾爲其父母"，自爲其親，皆言"其"以明之，今此不言"其"，明非妾爲私親也。又引齊衰三月章曰"女子子嫁者、未嫁者爲曾祖父母"，經與此同，足以見之矣。彼二人爲曾祖是正尊，雖出嫁亦不降，此則爲旁親，雖未嫁，亦逆降，聖人作文是同，足以明之，明是二人爲此七人，不得以嫁者、未嫁者上同君之庶子，下文"爲世父"以

[1] "以明之"，《通典》、《集釋》、楊氏、敖氏同，校本"明"作"見"，陳本、閩本、監本、毛本同。

下，爲妾自服私親也。云"傳所云'何以大功也？妾爲君之黨服，得與女君同'，文爛在下爾"者，此傳爲"大夫之妾爲君之庶子"而發[①]，應在"女子子"之上，"君之庶子"之下，以簡札韋編爛斷，後人錯置于下，是以舊讀遂誤也。云"女子子成人者有出道"，謂女子子十五已後許嫁[②]，笄爲成人，有出嫁之道，是以雖未出，即逆降世父已下旁親也。云"及將出者，明當及時也"者，謂女子子年十九，後年二月，冠子娶妻之月，其女當嫁，今年遭此世父已下之喪，若依本服期者，過後年二月，不得及時，逆降在大功，大功之末可以嫁子，則於二月得及時而嫁也。

黄氏曰："先師朱文公親書藁本云：傳先解嫁者、未嫁者，而後通以上文'君之庶子'，并以妾與女君同釋之，乃云下言'爲世父母'以下，而以自服私親釋之，文勢似不誤也。又批云：此一條，舊讀正得傳意，但于經例不合。鄭註與經例合，但所改傳文似亦牽强，又未見妾爲己之私親本當服期者合著何服。疏言十一字是鄭所置，今詳此十一字中包'爲世'至'姊妹'十字，若無上下文，即無所屬，未詳其説，可更攷之。又有問大夫之妾章，先生云：此段自鄭註時已疑傳文之誤，今攷女子適人者爲父母及昆弟之爲父後者已見於齊衰期章，爲衆兄弟又見於此大功章，惟伯叔父母、姑姊妹之服無文，而獨見於此，則當從鄭註之説無疑矣。〇此條内'妾爲君之黨服，得與女君同'，夫黨服通用。"

敖氏曰："傳者以此經合於上，謂皆大夫之妾爲之，故其言如此。'何以大功'，怪其卑賤，而服之降否如尊者然也。'妾爲君之黨服，得與女君同'，釋所以大功之意，言大夫於此庶子、女子子或以尊降之，或以其尊同而不降，皆在大功，妻體其夫，服宜如之，若妾則不體君，而此服亦大功者，以是三人者皆君之黨，己因君而服之，故其降若否亦視君以爲節，而不得不與女君同，固無嫌于卑賤也。然此但可以釋'爲君之庶子'之文，若并女子子未嫁者言之，則不合於經。蓋經初無爲女子子未嫁者之禮，且凡云'嫁'者，皆指凡嫁於人者而言，非必謂行於大夫而后爲嫁也。又謂'爲世父母'以下皆妾爲私親之服，亦不合於經。蓋此乃適人者之通禮，經必不特爲此妾發之。又此妾爲私親大功者，亦不止於是也。傳説

---

① "爲大夫之妾爲君之庶子"原無"爲大夫之妾"五字，校本有，《四庫全書考證》曰："此'傳爲大夫之妾爲君之庶子而發'原本脱'爲大夫之妾'五字，據注疏增。"

② "女子子"原不重"子"字，校本重出"子"字，《要義》、陳本、閩本、監本、毛本同，據補。

俱失之。詳傳者之意，蓋失于分句之不審，又求其爲嫁者大功之説而不可得，故强生嫁于大夫之義以自傅會。既以'女子子嫁者、未嫁者'屬于上條，則'爲世父母'以下之文無所屬，又以爲亦大夫之妾爲之，遂使一條之意析而爲二，首尾衡决，兩無所當，實甚誤也。攷此傳文，其始蓋引'大夫之妾'至'未嫁者'之經文而釋之，故已釋其所謂本條者之旨，復以'下言'云云併釋下經，今在此者，乃鄭氏移之爾。○按註云'齊衰三月章曰"女子子嫁者、未嫁者爲曾祖父母"，經與此同，足以明之矣'者，謂二經之文同，足以明其不當如舊説也。"

郝氏曰："大夫女嫁于大夫，爲大功不降。未嫁無屬，降期爲大功。君之黨，即大夫庶子與女子，女君同大夫服，妾同女君服也。世父母以下，妻私親，皆大功如常，妾不體君，得自遂也。○按此節文義甚明，鄭謂有錯簡，非也。彼以'大夫之妾爲君庶子'别爲一條，安得不疑爲錯簡乎？鄭以傳爲不足信，世儒纂禮，欲併傳棄之，鄭始作俑矣。"

張氏曰："舊讀與傳文甚協，鄭君必欲破之，不知何故。且女子未嫁而逆降旁親，於義亦自可疑，兩存其説可也。"

萬氏斯大曰：此條言大夫之妾當服大功者，在君之家，有君之庶子及女子子嫁者、未嫁者；在私家，有其世叔父母、姑姊妹，經傳甚明，而鄭氏不從其解，非經誣傳，莫此爲甚。大凡妾爲(女君)〔君黨〕之服[①]，皆從乎女君，但大夫之庶子，父母降服大功，妾從女君而服，此禮甚明。傳特恐人疑于女子之嫁者同于未嫁者，故特著曰"嫁者，其嫁于大夫者也"，明其因尊同而不降也。又特著曰"未嫁者，其成人而未嫁者也"，明其惟成人，故大功，否則又當降爲殤服也。更恐疑于爲世叔父母、姑姊妹何以亦爲君黨之服，又特著曰"妾自服其私親也"，詞義有何可疑，而妄疑傳爲脱爛，故特正之。

姜氏曰："舊讀兩'爲'字對看甚明，而註乃折'大夫之妾爲君之庶子'爲一條，'女子子嫁者、未嫁者'合下'爲世叔父母'等爲一條，又以未嫁者例不得降，故又爲逆降旁親，欲其及時而嫁之説以通之，其説與經傳殊别。據引齊衰三月章'女子嫁者、未嫁者爲曾祖父母'條，以謂經例正同，

---

① "君黨"原作"女君"，校本作"君黨"，與萬斯大《儀禮商》及《經傳》引萬斯大之言同。按作"君黨"，與傳"妾爲君之黨服，得與女君同"合，應據改。

然考經大夫及大夫之妻爲姑姊妹嫁于大夫者大功，爲適士者小功，則其妾服君之黨，而爲其嫁于大夫者大功，適士者小功，經例亦甚明也。竊謂萬氏發明深切，此條合從舊讀。即如鄭義，亦可從互文、省文之例，以類推其説。若必駁馬讀以駁原傳，則非西河傳禮有誤，而其論禮實固耳。朱子稱馬讀爲得傳義，而于註則有疑詞，有以哉。”

世佐案，此段當從鄭註，朱子已有定論，後來者可以息喙。但註意與傳文本無不合，奈爲傳寫者所誤，致令如水火然，故人不能無疑耳。“何以大功也？妾爲君之黨服，得與女君同”三句，據註當在經文“大夫之妾爲君之庶子”下，而簡脱在此，此誤于漢以前者也。下文“爲世父母、叔父母、姑姊妹者，謂妾自服其私親也”廿一字，據疏是鄭君置之，當屬註，而大書連于傳，此誤于唐以後者也。杜氏《通典》引此傳文，下言“已下廿一字亦存焉”，知其誤連于傳，自唐時已然矣。今以其相傳已久，不敢輒爲改易，而千餘載之訛，不可不正。謹考定之如左，庶以袪後來者之惑云。

經：大夫之妾爲君之庶子、女子子嫁者、未嫁者。○傳曰：嫁者，其嫁于大夫者也。未嫁者，成人而未嫁者也。妾爲君之黨服，得與女君同。

經：爲世父母、叔父母、姑姊妹。

以上馬融輩舊讀。

經：大夫之妾爲君之庶子。

註：“下傳曰‘何以大功也？妾爲君之黨服，得與女君同’，指爲此也。妾爲君之長子亦三年，自爲其子期，異於女君也。士之妾爲君之衆子亦期。”

經：女子子嫁者、未嫁者爲世父母、叔父母、姑姊妹。

傳曰：嫁者，其嫁于大夫者也。未嫁者，成人而未嫁者也。妾爲君之黨服，得與女君同。

註：“舊讀合大夫之妾爲君之庶子、女子子嫁者、未嫁者，言大夫之妾爲此三人之服也。下言‘爲世父母、叔父母、姑姊妹’者，謂妾自服其私親也。此不辭，即實爲妾遂自服其私親，當言‘其’以見之。齊衰三月章曰‘女子子嫁者、未嫁者爲曾祖父母’，經與此同，足以見之矣。傳所云‘何

以大功也，妾爲君之黨服，得與女君同’，文爛在下爾。女子子成人者有出道，降旁親及將出者，明當及時也。”

以上鄭註經傳之次。削傳末二語以還註，從疏説也。移上節之註合于下，則玩其文理，宜然爾。

經：大夫之妾爲君之庶子。○傳曰：何以大功也？妾爲君之黨服，得與女君同。

經：女子子嫁者、未嫁者爲世父母、叔父母、姑姊妹。○傳曰：嫁者，其嫁于大夫者也。未嫁者，成人而未嫁者也。

以上依鄭註更定經傳之次。

大夫、大夫之妻、大夫之子、公之昆弟爲姑姊妹、女子子嫁于大夫者。

疏曰：“此等姑姊妹已下，應降而不降，又兼重出其文，故次在此也。此大夫、大夫妻、大夫之子、公之昆弟四等人，尊卑同，皆降旁親姑姊妹已下一等，大功，又以出降，當小功，但嫁于大夫，尊同，無尊降，直有出降，故皆大功也。但大夫妻爲命婦，若夫之姑姊妹在室及嫁皆小功，若不爲大夫妻，又降在緦麻。假令彼姑姊妹亦爲命婦，唯小功耳。今得在大夫“夫”當作“功”。科中者，此謂命婦爲本親姑姊妹、己之女子子，因大夫、大夫之子爲姑姊妹、女子子，寄文於夫與子姑姊妹之中，不煩别見也。”

敖氏曰：“大夫、公之昆弟爲此服，則尊同也。大夫之子，則亦從乎大夫而爲之也。大夫之妻爲此女子子，其義亦然。若爲此姑姊妹，又但爲本服耳。蓋婦人之嫁者於其兄弟惟有出降而已，姑姊妹雖不爲命婦，猶爲之大功也。經言大夫、大夫之子爲服者多矣，於是乃著大夫之妻者，以惟此條可與之相通，故因而見之也。凡妻爲夫之族類，於其姊妹與其在父列以上者，率降于夫，於其昆弟之列者又無服，惟在子列而下乃與夫同之耳。又攷公之昆弟爲此姊妹惟在出降之科，則是先君餘尊之所厭，亦不及於其嫁出之女也。若先於君“於君”二字當乙。其姊妹與其孫，則不厭之，固矣。”

世佐案，大夫之妻爲姑姊妹嫁于大夫者之服在此，則其適士者當降在小功可知矣，此亦命婦以尊降旁親之證也。章内女子子爲姑姊妹之服凡三見。首云“女子子適人者爲衆昆弟、姪丈夫婦人，報”，衆昆弟婦人，即姊妹也，姪婦人，姪女也，姪婦人報之，則姑也，此指皆適士者而言也。次云“女子子嫁者、未嫁者爲世父母、叔父母、姑姊妹”，此謂其嫁於大夫及成人而未嫁者爲姑姊妹之成人而未有所適者也。嫁于大夫者，禮宜降其旁親，而于世、叔父母仍服大功者，以世、叔父母旁親之最尊者，故有出降，有逆降，而無尊降也。姑之尊亞于世叔父，而親又殺焉，姊妹則親而不尊矣，故其成人而未有所適者，大夫妻猶爲之大功，若適士則降爲小功，此其異于世、叔父母者也。至是又言其皆嫁于大夫者尊同不降之禮，合斯三者觀之，則於尊尊、親親、貴貴之義，銖兩不爽如是。而説者多謬爲之解，致聖人之精意不白于天下，豈非講經者之責哉。

君爲姑姊妹、女子子嫁於國君者。

疏曰：“國君絶期已下，今爲尊同，故亦不降，依嫁服大功。不云夫人、世子，亦同國君不降可知。”

敖氏曰：“以上條例之，則夫人公子之服亦當然也。”

傳曰：何以大功也？尊同也。尊同，則得服其親服。

疏曰：問者以諸侯絶旁期，大夫降一等，今此大功故也。

敖氏曰：“尊同，謂君于爲夫人者，大夫公之昆弟于爲命婦者也。夫人、命婦雖非有爵者，然此三人以其與己敵者齊體之故，亦例以尊同者視之，而如其出嫁之服，不敢絶之、降之也。此一節釋經之文義。”

諸侯之子稱公子，公子不得禰先君。公子之子稱公孫，公孫不得祖諸侯。此自卑别于尊者也。若公子之子孫有封爲國君者，則世世祖是人也，不祖公子，此自尊别于卑者也。

註曰：“不得禰、不得祖者，不得立其廟而祭之也。卿大夫以下，祭其祖禰。則世世祖是人，不得祖公子者，後世爲君者，祖此受封之君，不得祀别子也。公子若在高祖以下，則如其親服。後世遷之，乃毁其廟爾。因國君以尊降其親，故終説此義云。”

疏曰：“諸侯之子稱公子”以下，因尊同，遂廣説尊不同之義。諸侯之子適適相承，而旁支庶已下並爲諸侯所絶，不得稱諸侯子，變名公子，卑遠之也。適既立廟，支庶子孫不立廟，是自卑别于尊者也。公子之子孫，或爲天子臣，出封爲五等諸侯，後世將此始封之君世世祖之，不復祀别子，是自尊别于卑也。註云“不得立其廟而祭之也”者，以其廟已在，適子爲君者立之，旁支庶不得並立廟故也。云“卿大夫以下祭其祖禰”者，欲見公子、公孫若立爲卿大夫，得立三廟，若作上士，得立二廟，若作中士，得立一廟，並得祭其祖禰，既不祖禰先君，當立别子以下，别子不得禰先君，雖爲卿大夫，未有廟，至子孫已後，乃得立别子爲太祖不毁廟，已下二廟，祖禰之外，次第則遷之也。云“公子若在高祖以下，則如其親服”者，此解始封君得立五廟，太祖與高祖以下也。今始封君，後世乃不毁其廟，爲太祖，此始封君未有太祖廟，惟有高祖已下四廟，故“公子若在高祖以下”，則得在四廟數中。始封君死，其子立，即以父爲禰廟，前高祖者爲高祖之父，當遷之，又至四世之後，始封君爲高祖父，當遷之時，轉爲太祖，通四廟爲五廟，定制也，故云“後世遷之，乃毁其廟”也。

楊氏曰：“子夏傳云‘自卑别于尊’，是以子孫之卑自别于祖之尊，此義爲是。‘自尊别于卑’，乃以子孫之尊自别于祖之卑，此説於理有害，而鄭註遂以爲因國君以尊降其親而説此義，則又愈非禮意。蓋國君以尊降其親，謂降其旁親，其正統之服不降。祖服期，曾祖、高祖齊衰三月，是未嘗降其祖也。鄭註蓋惑于自尊别卑之説，乃以封君之不祖公子爲以尊降其親，而不知公子爲别子，繼别爲宗，謂之大宗，百世不遷，大宗或無後，則爲之立後，世世不絶，而常以公子爲祖矣。若公子之子孫有封爲國君者，則後世子孫只得祖封君，而不得祖公子，以紊其别子之宗，非是以封君之尊别于公子之卑而不祖之也。子夏之説既已失之，鄭註沿襲謬誤，愈差愈遠，蓋失而又失者也。”

敖氏曰：“卑，謂爲臣者也。尊，謂爲君者也。言身爲人臣，則其廟不可上及于爲君者。身爲國君，則其廟不可上及于爲臣者，是謂别之也。别於尊者，所以塞僭上之原；别于卑者，所以明貴貴之義，聖人制禮之意然也。此言封君之後世世祖封君，不祖公子，則是封君之時，其祖考之廟在故家自若也，不復更立，而立一虚廟于公宫左之最東，以爲行禮之所。及封君没，則于焉祀之，謂之大廟，而爲百世之祖也。祖封君而不祖公子，如晉不祖桓叔而祖武公，是其事也。”

郝氏曰：“‘諸侯之子’下，因以尊降親之義推廣言之，見尊尊、親親並行不悖也。諸侯之公子，亦庶子之爲大夫者。父廟曰禰。‘祖是人’，謂子孫以始受封者爲始祖也。”

張氏曰：“凡此者，皆以著尊卑之别也。自，由也，由其位之或卑或尊,各自爲别也。"

世佐案,此以下于經無所釋,特因尊降之義而推言之,見聖人制禮,尊卑之分,截然不可亂如此也。爲子孫者,無自尊而卑其祖之理,當從張氏訓"自"爲"由",蓋制禮者爲之分别也。必爲之分别者,以始封之君化家爲國,有功德于人,後世子孫理宜奉之以爲太祖,在不祧不毁之例。若仍以别子爲祖,則此始封之君反爲所壓,而不得伸其尊,故不得不舍别子而祖是人矣,是禮也,因封君之子孫尊崇其太祖而生,不生于封君之身也。自封君以及其玄孫,止有四親廟,而無太祖廟。直至來孫,封君親盡當遷,乃立太祖廟以居之,太祖之廟不可以人臣居之也。此皆理之至當而不可易者。楊氏非之,似過矣。註云"國君以尊降其親"者,謂降其旁親之服耳。楊云"以封君之不祖公子爲以尊降其親",亦非註意。

是故始封之君不臣諸父昆弟,封君之子不臣諸父而臣昆弟,封君之孫盡臣諸父昆弟。

疏曰:"始封之君不臣諸父、昆弟"者,以其初升爲君,諸父是祖之一體,又是父之一體,其昆弟既是父之一體,又是己之一體,故不臣此二者,仍爲之著服也。云"封君之子不臣諸父而臣昆弟"者,以其諸父尊,故未得臣,仍爲之服,昆弟卑,故臣之,不爲之服。"封君之孫盡臣諸父、昆弟"者,繼世至孫,漸爲貴重,故盡臣之。

朱子曰:"始封之君所以不臣諸父、昆弟者,以始封君之父未嘗臣之,故始封之君不敢臣也。封君之子所以不臣諸父而臣昆弟者,以封君之子所謂諸父者,即始封君謂之昆弟,而未嘗臣之者也,故封君之子亦不敢臣之。封君之子所謂昆弟者,即始封君之子,始封君嘗臣之者也,故今爲封君之子者亦臣之。封君之孫,所謂諸父昆弟者,即封君之子所臣之昆弟及其子也,故封君之孫亦臣之,故下文繼之以'君之所不服,子亦不敢服也。君之所爲服,子亦不敢不服也'。"

敖氏曰:"此因上云'公子之子孫有封爲國君者'而言之也。"

郝氏曰:"卑别于尊,尊别于卑,此見尊尊之爲大也。始封不臣諸父昆弟,再世不臣諸父,此見親親之爲大也。'封君之孫'已下,明尊親相爲輕重,而服之升降所以生也。"

世佐案,不臣者,以本服服之,不絶并不降也。所不臣者爲此始封之君若子服亦如之。疏云"當服斬",恐非是。臣之,則臣服斬,而君絶服矣。

故君之所爲服，子亦不敢不服也，君之所不服，子亦不敢服也。

問："喪祭之禮，至周公然後備，夏商而上，想甚簡略?"朱子曰："然親親、長長、貴貴、尊賢，夏商而上，大槩只是親親、長長之意，到得周來，又添得許多貴貴底禮數，如'始封之君不臣諸父昆弟，封君之子不臣諸父而臣昆弟'，期之喪，天子諸侯絶，大夫降，然諸侯、大夫尊同，則亦不絶、不降，姊妹嫁諸侯者，則亦不絶、不降，此皆貴貴之義。上世想皆簡略，未有許多降殺、貴貴底禮數，凡此皆天下之大經，前世所未備。到得周公搜剔出來，立爲定制，更不可易。"

敖氏曰："言此者，以其與上文意義相類也，謂公子之服與否皆視其君而爲之，此專指公子之公在者言也。若公没，則曏之所謂不敢服者，今則皆服之矣，但其爲先君餘尊所厭者乃降之，如爲母、妻、昆弟大功是也。'不敢不服'之意，與前傳所謂'不敢降'者同，後放此。"

世佐按，此言公子之服與否皆從乎公而爲之也，與上文父之不臣，子亦不敢臣。父之所臣，子亦臣之之意相類，故引以爲證。前傳云"父之所不降，子亦不敢降"，亦是此意。彼主爲大夫，故言降與不降，此主爲諸侯，故言服與不服，以諸侯有絶而無降也。

右大功九月。

繐衰裳、牡麻絰，既葬除之者。

疏曰："此繐衰是諸侯之臣爲天子，在大功下、小功上者，以其天子七月葬，既葬除，故在大功九月下、小功五月上，又縷雖如小功，升數又少，故在小功上也。此不言帶屨者，案下傳云'小功之繐也'，則帶屨亦同小功可知。"

敖氏曰："此服特爲諸侯之大夫爲天子而制，故必於其七月既葬乃除之，葬時大夫若會若否，其除之節同也。前齊衰章傳云'帶緣各視其冠'，又記云'繐衰冠八升'，則此帶亦八升矣。又此承大功之下，疑其亦用繩屨，與齊衰三月者同。蓋服至尊之屨，或當然也。"姜氏曰："案敖云屨同大功，其説是。"

郝氏曰："不言冠、帶、屨，與大功同。"

傳曰:繐衰者何?以小功之繐也。

註曰:"治其縷如小功而成布四升半。細其縷者,以恩輕也。升數少者,以服至尊也。凡布細而疏者謂之繐,今南陽有鄧繐。"

疏曰:問者,正問縷之麤細,不問升數多少,故答云"小功之繐也"。諸侯之大夫于天子爲陪臣,是恩輕。諸侯爲天子服至尊義服斬,縷如三升半。陪臣降君,改服至尊加一升,四升半也。

敖氏曰:"小功之布有三等,此繐衰之縷,其如小功之上者。"

諸侯之大夫爲天子。

疏曰:"此經直云'大夫',則大夫中有孤、卿,以其小聘使下大夫,大聘或使孤,或使卿也,故《大行人》云諸侯之孤以皮帛繼子男。"

敖氏曰:"惟言諸侯之大夫,則其士庶不服可知。諸侯之大夫于天子爲陪臣,不可以服斬,又不可以無服,故爲之變而制此繐衰焉。不齊衰三月者,亦辟於其舊國君之服也。"

傳曰:何以繐衰也?諸侯之大夫以時接見(于)〔乎〕天子①。

註曰:"接,猶會也,諸侯之大夫以時會見于天子而服之,則其士、庶民不服可知。"

疏曰:《周禮·大宗伯》云:"時聘曰問,殷頫曰視。"此並是以時會見天子,天子待之以禮,皆有委積、飧、饔、饗、食、燕與時賜,加恩既深,故諸侯大夫報而服之也。畿外民庶于天子有服、無服,無明文,今因畿外大夫接見天子者乃有服,不聘天子者即無服,明民庶不爲天子服可知。諸侯之士與卿大夫,聘時作介者雖亦得禮,介本副使,不得接見天子,故亦不服也。

敖氏曰:"'接見乎天子'者,謂爲天子所接見也。經惟言諸侯之大夫,而傳意乃爾。若然,則諸侯之大夫其亦有不爲天子服者乎?"

郝氏曰:"天子喪而諸侯之大夫往會,既不可以陪臣服斬,又不可以無服入見,故爲之繐衰。'以時',謂未葬七月内。接見天子,謂如京師。"

---

① "接見于天子",校本"于"作"於",《集釋》、楊氏、敖氏、陳本、閩本、監本、毛本、庫本皆作"乎",應據改。

張氏曰："謂諸侯使大夫來見天子，適有天子之喪，則其服如此。諸侯若來會葬，則其從行者或亦然。"

世佐案，諸侯之大夫爲天子繐衰七月，乃其分所宜然，不論其曾接見與否也。傳言此者，明其有是恩義，故有是服，聖人不爲恩義所不及者制服也。"以時接見乎天子"者，謂聘問之時得以名聞于至尊，而天子禮而見之也。既爲大夫，雖未嘗聘問王朝，而其可以接見之禮自在，故無不爲天子服者。疏云不聘即不服，非。説者又以接見天子爲會葬，尤謬也。

右繐衰，既葬除之。

小功布衰裳、澡麻帶絰五月者。

註曰："澡者，治去莩垢，不絶其本也。《小記》曰：'下殤小功，帶澡麻，不絶其本，屈而反以報之。'"

疏曰：此本齊衰、大功之親，爲殤，降在小功，故在成人小功之上也。但言小功者，對大功是用功麤大，則小功是用功細小精密者也。上章皆帶在絰下，今此帶在絰上者，以大功已上絰帶有本，小功以下斷本，此殤小功中，有下殤小功，帶不絶本，與大功同，故進帶于絰上，倒文以見重，故與常例不同也。且上文多直見一絰包二，此别言帶者，亦欲見帶不絶本，與絰不同，故兩見之也。殤大功章直言無受，不言月數，此直言月，不言無受者，聖人作經，欲互見爲義，大功言無受，此亦無受，此言五月，彼則九月、七月可知。且下章言"即葛"，此章不言"即葛"，亦是兼見無受之義也。不言布帶與冠，文略也。不言屨者，當與下章同吉屨無絇也。註引《小記》者，欲見下殤小功中，有本是齊衰之喪，故特言下殤，若大功下殤，則入緦麻，是以特據下殤。云"屈而反以報之"者，謂先以一股麻不絶本者爲一條，展之爲繩，報，合也，以一頭屈而反，鄉上合之，乃絞垂，必屈而反以合者，見其重故也。若然，此章亦有大功長殤在小功者，未知帶得與斬衰下殤小功同不絶本不，按《服問》云"小功無變也"，又云"麻之有本者，變三年之葛"，彼云"小功無變"，據成人小功無變，三年之葛有本得變之，則知大功殤長、中在小功者輕，帶無本也。以此而言，經註專據齊衰下殤小功重者而言[①]，其中兼有大功之殤在小功[②]帶麻絶本者也。姑姊妹出適降在小功者，以其成人，非所哀痛，帶與大功之殤同，亦無本也。

敖氏曰："小功布之縷麤于緦之縷矣，乃曰'小功'者，對大功立文也。不言牡麻與無受者，可知也。"

叔父之下殤，適孫之下殤，昆弟之下殤，大夫庶子爲適昆弟之下殤，爲姑姊妹、女子子之下殤。

馬氏曰："本皆期服，下殤降二等，故小功也。"

疏曰："自'叔父'已下至'女子子之下殤'八人，皆是成人期，長殤、中殤大功，已在上殤大功章，此下殤小功，故在此章也，仍以尊者在前，卑者居後。"

世佐按，以殤大功章校之，子之下殤，公爲適子、大夫爲適子之下殤，皆當在此，經不盡見之者，略可知也。

爲人後者爲其昆弟、從父昆弟之長殤。

馬氏曰："成人服大功也，長殤降一等，故小功也。"

疏曰："此二者以本服大功，今長殤、中殤小功，故在此章，從父昆弟情本輕，故在出降昆弟後也。"

敖氏曰："爲從父昆弟者，異人也，經文省爾。其姊妹之殤亦如之。"

傳曰：問者曰中殤何以不見也？大功之殤中從上，小功之殤中從下。

註曰："問者據從父昆弟之下殤在緦麻也。大功、小功，皆謂服其成人也。大功之殤中從上，則齊衰之殤亦中從上也，此主(爲)〔謂〕丈夫之爲殤者服也[③]。凡不見者，以此求之也。"

疏曰：鄭云"問者據從父昆弟之下殤在緦麻也"者，以其緦麻章見從父昆弟之下殤，此章見從父昆弟之長殤，唯中殤不見也。此云"大功之殤中從上，小功之殤中從下"，緦麻章云"齊衰之殤中從上，大功之殤中從

① "齊衰"原作"斬衰"，校本作"齊衰"，阮《校》曰："'斬衰'，陳、閩、監本俱作'齊斬'，《通解》作'齊衰斬'。"庫本作"齊衰"，據改。

② "兼"字原作"無"，校本作"兼"，庫本同，據改。

③ "此主謂"之"謂"原作"爲"，校本同，《要義》、楊氏、敖氏、陳本、閩本、監本、毛本、庫本、士禮居翻刻嚴州本皆作"謂"，應據改。

下”，兩文相反，故鄭註以彼謂婦人爲夫之族類，此謂丈夫爲殤者服也。鄭必知義然者，以其傳發在從父昆弟丈夫下，下文發傳在婦人爲夫之親下也。

敖氏曰：“大功之殤始見于此，而又不言中殤，故發問也。喪服之等，其重者自大功而上，輕者自小功而下，已於麻本有無之類見之矣，此復以二者之中殤各異，其從上從下之制，亦因以見義。云從父昆弟之殤，丈夫與女子子在室者爲之同也，然則此傳亦兼婦人之爲其親族之爲殤者言矣。”

郝氏曰：“殤有長、中、下三等，功服惟大、小二等，故傳以情輕重變通于上下之閒。大功、小功，謂殤服，降在大功者情重，寧以中從上；降在小功者情輕，則以中從下可也。叔父以下中殤在大功，而此又云中殤從下，然則中殤十二、三以下者，從小功亦可耳。”又曰：“三殤之等，分疏煩瑣，故傳融會其旨，此章以殤服權其中，緦麻章又以成人服權其重，此言大小功，緦麻亦可推矣。蓋以小功律大功，則小功之中殤從下。如以緦麻律小功，則小功之中殤又從上。以大功律齊衰，則大功之中殤又從下。情重者升，情輕者降，意自通融。而鄭註固執作解，所謂惟朊之類不能方者，其鄭康成之于禮乎。”

張氏曰：“成人當服大功者，其中殤與長殤同。成人當服小功者，其中殤與下殤同。凡不見于經者，皆當以此例求之，此男子服殤者之法。若婦人爲夫族服殤法，又在後緦麻傳也。”

姜氏曰：“此章所列下殤，其長殤、中殤多見大功章。若此所列長殤，除庶孫丈夫婦人之下殤，及從父昆弟姪之下殤，夫之叔父之中殤、下殤見緦章外，其爲人後者爲其昆弟之中殤、下殤，爲從父昆弟之中殤，大夫等爲其昆弟、庶子、姑姊妹、女子子之中殤、下殤，大夫之妾爲庶子之中殤、下殤，皆不見也。則謂此問專指此條，未詳其説也。今考凡言下殤而不言長殤、中殤者，于經例，蓋省文也。言長殤、中殤而不言下殤者，下殤無服也。若言長殤及下殤，而不言中殤，故發此問。其姪之中殤亦不見，以此條在前，乃發于此以明之耳。”

世佐按，大功、小功，指成人之服而言，非謂殤服也。註説是，郝氏詆之，過矣。殤大功章，長殤、中殤並見，則齊、斬之殤中從上，經文已明，至此章但見長殤而不及中殤，緦麻章又或但見下殤而不及中殤，故傳發其例于此，以此是大功之殤之第一條也。從上者，比本服降一等也。從下者，比本服降二等也。大功之殤中從上，皆降爲小功，惟下殤緦麻也。小功之殤中從下，皆降爲無服，惟長殤緦麻也。親者引而進之，疎者推而遠之。於中殤之從上、從下，而大功、小功之隆殺判矣。

爲夫之叔父之長殤。

註曰："不見中殤者，中從下也。"

疏曰："夫之叔父義服，故次在此，成人大功，故長殤降一等在小功。云'不見中殤者，中從下也'者，下傳云'大功之殤中從下'，註謂此婦人爲夫之黨類，故知中從下在緦麻也。"

黄氏曰："妾服見大功章'大夫之妾爲君之庶子'條。"

昆弟之子、女子子，夫之昆弟之子、女子子之下殤。

馬氏曰："世、叔父母爲之服也。成人在期，下殤降二等，故服小功。"

陳氏詮曰："妻爲夫之昆弟之子、女子子與夫同。"

疏曰："此皆成人爲之齊衰期，長、中殤在大功，故下殤在此小功也。"

黄氏曰："妾服見大功章'大夫之妾爲君之庶子'條。"

爲姪、庶孫丈夫、婦人之長殤。

馬氏曰："適人，故"故"疑當作"姑"。還爲姪，祖爲庶孫成人大功，長殤降一等，故小功也。言'丈夫婦人'者，明姑與姪、祖與孫疎遠，故以遠辭言之。"

雷氏曰："前大功章爲姪已言'丈夫、婦人'，今此自指爲庶孫言，不在姪。"

疏曰：謂姑爲姪成人大功，長殤在此，不言中殤，中從上。庶孫者，祖爲之大功，長殤、中殤亦在此，皆不言男子、女子，而言"丈夫、婦人"，是見恩疏之義也。

敖氏曰："姪之殤服，亦姑之適人者爲之也。於'庶孫'之下言'丈夫、婦人'者，明庶孫之文不可以兼男女，亦爲其與姪連文故也。"

世佐按，姑在室爲姪與世叔父同，本服期，長殤當降爲大功。今在此小功，明是已適人者也。"丈夫婦人"，兼姪與庶孫言，雷説非。爲此二者之服異人，而連言之，以其皆大功之殤也。

大夫、公之昆弟、大夫之子爲其昆弟、庶子、姑姊妹、女子子之長殤。

馬氏曰："大夫以尊降，公之昆弟以尊厭，大夫子以父尊厭，各降在大功，長殤復降一等，故小功也。大夫無昆弟之殤，此言殤者，關有罪若畏厭溺，當殤服之。"

註曰："大夫爲昆弟之長殤小功，謂爲士者若不仕者也，以此知爲大夫無殤服也。公之昆弟不言庶者，此無服，無所見也。大夫之子不言庶者，關適子亦服此殤也。云公之昆弟爲庶子之長殤，則知公之昆弟猶大夫。"

疏曰：此三人爲此六種人，成人以尊降至大功，故長殤在小功，中殤亦從上。註云"大夫爲昆弟之長殤小功，謂爲士者若不仕者也"者，凡爲昆弟，成人期，長殤在大功，今小功，明大夫爲昆弟降一等。若昆弟亦爲大夫，同等則不降，今言降在小功，明是爲士若不仕者也。云"以此知爲大夫無殤服也"者，已爲大夫則冠矣，大夫冠而不爲殤也。大夫二十而冠而有兄弟殤者，已與兄姊同十九，而兄姊于年終死，已至明年初二十，因喪而冠，是以冠成人而有兄姊殤也。且五十乃爵命，今未二十已得爲大夫者，五十乃爵命，自是禮之常法，或有大夫之盛德，未必至五十爲大夫者也。

敖氏曰："其中殤亦從上，若下殤則不服之，蓋大夫無緦服也。公之昆弟于庶子而下則爲以尊而降，于昆弟則亦以其父之所厭而降也。大夫、大夫之子所以降之意，前章詳之矣。此已爲大夫，不應有昆與姊之殤，而此經乃爾，蓋以昆弟、姊妹宜連文，且此條亦不專主于大夫故也。"

世佐按，古者五十而後爵，無大夫而殤死者，亦無既爲大夫而有兄若姊之殤也，註疏説泥，當以敖説爲正。

大夫之妾爲庶子之長殤。

馬氏曰："除嫡子一人，其餘皆庶子也。男女有成人同在大功，長殤降一等，故小功也。不言君者，殤賤，見妾亦得子之也。"

註曰："君之庶子。"

疏曰：妾爲君之庶子，成人在大功章，今長殤降一等在此。云"君之庶子"者，若嫡長，則成人隨女君三年，長殤亦大功。

敖氏曰："上已言君之庶子，故此略之，爲君之女子子亦然，是雖大功之殤，亦中從上。蓋女君之爲此子與夫同，而妾爲君之黨服，得與女君同，故皆宜中從上，而不可以婦人之從服者例論也。其下殤亦不服之。"

右殤小功五月。

小功布衰裳、牡麻絰即葛五月者。

註曰："即，就也。小功輕，三月變麻，因故衰以就葛絰帶而五月也。《閒傳》曰：'小功之葛與緦之麻同。'舊説小功以下吉屨無絇也。"

疏曰：此是小功成人章，輕于殤小功，故次之。此章有三等：正、降、義。其衰裳之制，澡絰等與前同，故略也。云"即葛五月者"，以此成人文縟，故有變麻從葛，故云"即葛"，但以日月爲足，故不變衰也。不列冠屨，承上大功文略，小功又輕，故亦不言也。註引《閒傳》，欲見小功有變麻服葛法，既葬，大小同，故變同之也。案《周禮・屨人職》屨、舄皆有絇、繶、純。絇者，屨頭有飾爲行戒。吉時有行戒，故有絇，喪中無行戒，故無絇。

敖氏曰："絰不言澡，可知也。此變麻即葛，乃不易衰者，爲無受布也。即葛不云三月者，已于大功章見之，故不言也。"

郝氏曰："牡麻，洗治之牡麻，不言澡，同也。絰兼首、要，不言冠纓、屨，同也。即葛，謂三月既葬，以葛帶易澡麻帶，所以異于降服小功也。衰不變而帶變，以故衰就葛帶，終五月之期。"

世佐按，上章言"澡麻"而不言"牡"，此言"牡麻"而不言"澡"，文互備也。言"澡"于前者，見其始異于大功以上，於是復云"牡"，則著其同也。

從祖祖父母、從祖父母，報。

註曰："祖父之昆弟之親。"

疏曰：此亦從尊向卑。從祖祖父母是曾祖之子，祖之昆弟。從祖父母者是從祖祖父之子，父之從父昆弟之親，故鄭并言"祖父之昆弟之親"。云"報"者，恩輕，欲見兩相爲服，故云"報"也。

黄氏曰："祖父加至期，祖父之昆弟經謂之'從祖祖父'。加所不及，據期斷，是以五月，族祖父又疏一等，故緦。父爲衆子期，兄弟之子宜九月，今亦期者，兄弟之子猶子也。從父昆弟之子服從世叔無加，故報亦小功也。祖爲孫大功，以缺一字。疏一等[①]，故兄弟之孫小功。○按從祖祖父者，祖

① 據《通解續》，"以"字下闕字或爲"次"。

之昆弟也。其子謂從祖父,又其子謂從祖昆弟,又其子謂從祖昆弟之子,凡四世。上三世以祖、父、己旁殺之義推之,皆當服小功,名爲三小功,下一世以子旁殺之義推之,當服緦。此三小功一緦,與己同出曾祖。"

敖氏曰:"此與爲之者尊卑雖異,亦旁尊也,故報之。於此即言'報'者,略輕服。齊衰、大功重,報服或别見之。"

世佐按,爲從祖祖父者,昆弟之孫也。爲從祖父者,從父昆弟之子也。并服其妻者,以名服也。此四人皆報,故合言之。

從祖昆弟。

註曰:"父之從父昆弟之子。"

陳氏詮曰:"從祖父之子,同出曾祖也。"

疏曰:此是從祖父之子,己之再從兄弟,以上三者爲三小功也。

黄氏曰:"兄弟期缺二字。疏一等[①],故從昆弟大功,從祖昆弟小功,族昆弟緦。"

世佐按,以上三小功,皆云"從祖"者,言其從祖而分也。

從父姊妹。

註曰:"父之昆弟之(子)〔女〕[②]。"

疏曰:"不言出適與在室,姊妹既逆降宗族,亦逆降報之。"

張氏曰:"疏説可疑,此當通下文'孫適人者'爲一節,皆爲出適而降小功也。"

世佐按,女子子所逆降者,唯旁期耳。爲其嫁當及時,不可以旁親故妨之也。至于大功之末,可以嫁子,于昏姻之時固無害,故其成人而未嫁者亦與未成人者同,無逆降例也。女子子既不逆降其旁親大功已下,而宗族顧可逆降之乎?此舊説所以不通也。敖、張二説皆合下節爲一,得之。

孫適人者。

馬氏曰:"祖爲女孫適人者降一等,故小功也。"

註曰:"孫者,子之子,女孫在室亦大功也。"

---

① 據《通解續》,"期"字下闕字或爲"以次"。

② "昆弟之女"之"女"原作"子",校本同,與《集説》合,徐本、《集釋》、楊氏、陳本、閩本、監本、毛本皆作"女",應據改。

敖氏曰:"三者適人,其服同。云'適人',則爲女孫無嫌,故不必言女。"

爲人後者爲其姊妹適人者。

馬氏曰:"在室者齊衰期,適人大功,以爲大宗後,踈之,降二等,故小功也。不言姑者,明降一體,不降姑也。"

註曰:"不言姑者,舉其親者而恩輕者降可知。"

陳氏詮曰:"累降也。姑不見者,同可知也。猶爲人後者爲昆弟,而不載伯"伯"下似脱一"叔"字。父,同降不嫌。"

敖氏曰:"經于前章爲人後者惟見其父母、昆弟、姊妹之服,餘皆不見,是于本服降一等者止于此親爾。所以然者,以其與己爲一體也。然則自此之外,凡小宗之正親、旁親,皆以所後者之親疎爲服,不在此數矣。此姊妹之屬,不言報,省文也。記曰:'爲人後者于兄弟降一等,報。'"

世佐按,下記云"爲人後者於兄弟降一等,報",爲經所不見者言也。經惟見其父母、昆弟、姊妹之服,其餘皆没不言,文不具耳。大功章"爲人後者爲其昆弟"條下,疏云"于本宗餘親,皆降一等",得之。敖説誤。

爲外祖父母。

馬氏曰:"母之父母也本服緦,以母所至尊,加服小功。"

汪氏琬曰:"或問:先儒言前母之黨當爲親,而不言其服,何以無服也?曰:禮,爲其母之黨服,則不爲繼母之黨服。宗無二統,外氏亦無二統。前母之子不服後母之黨,則後子不逮事前母者亦如之也。禮從服者,所從亡則已,前母既亡,如之何其有從服與?○或問:繼母如母,何以不服繼母之黨也?曰:鄭玄謂外氏不可二也。庾蔚之亦謂若服繼母之黨,則亂於己母之出故也。禮,慈母與繼母同。《喪服小記》曰'爲慈母之父母無服',則其不服繼母之黨宜也。嗟乎,爲人後者言'若子',繼母言'如母',夫謂之'如'與'若'者,蓋其父母之文同,而情則異者也,故不得已而爲繼母之黨服。虞喜謂縱有十繼母,惟當服次其母者之黨,此説殆近是矣。"

傳曰:何以小功也?以尊加也。

疏曰:外親之服不過緦,以祖是尊名,故加至小功。

敖氏曰:"'尊'云者,謂其爲母之父母也。子之從其母而服母黨者,當降于其母二等。母爲父母期,子爲外祖父母小功宜也,非以尊加也。"

汪氏琬曰:"先王之制禮也,在父黨則父之昆弟爲重,而于父之姊妹則恩殺矣,故服諸父期,而服姑姊妹大功;在母黨則母之姊妹爲重,而于母之昆弟則恩殺矣,故服從母小功,而服舅緦。先王所以分内外,别男女而遠嫌疑者也。唐太宗顧加舅服,使與姨母同,太宗知禮,孰不知禮?"

從母,丈夫、婦人報。

馬氏曰:"言'丈夫、婦人'者,異姓無出入降,皆以丈夫、婦人成人之名名之也。"

註曰:"從母,母之姊妹。丈夫、婦人,姊妹之子,男女同也。"

疏曰:"母之姊妹與母一體,從于己母而有此名,故曰'從母'。言'丈夫、婦人'者,母之姊妹之男女,與從母兩相爲服,故曰'報'。"

朱子曰:"姊妹于兄弟未嫁期,既嫁則降爲大功,姊妹之身,知不降也,故姨母重于舅也。〇又問:從母之夫,舅之妻皆無服,何也?曰:先王制禮,父族四,故由父而上爲族曾祖父緦麻,姑之子、姊妹之子、女子子之子,皆由父而推之也。母族三,母之父、母之母、母之兄弟,恩止于舅,故從母之夫,舅之妻皆不爲服,推不去故也。妻族二,妻之父、妻之母。乍看時似乎雜亂無紀,子細看則皆有義存焉[①]。"

敖氏曰:"從母之義與從父同,以其在母列,故但以從母爲稱。'丈夫、婦人',即爲從母服者也。此爲加服,而從母乃報之者,以其爲母黨之旁尊,不足以加尊焉,故報之也。經凡三以'丈夫、婦人'連文,而所指各異,讀者詳之。"

傳曰:何以小功也?以名加也,外親之服皆緦也。

馬氏曰:"外祖、從母,其親皆緦也,以尊名加,故小功也。"

註曰:"外親,異姓,正服不過緦。"

雷氏曰:"二親恩等而中表服異,君子類族辯物,本以姓分爲判,故外親之服不過于緦,于義雖當,求情未愜,苟微有可因,則加服以伸心。外祖有尊,從母有名,故皆得因此加以小功也。舅情同二人而名理闕,無因,故有心而不獲遂也。然情不止于緦,亦以見于慈母矣。至于餘人,雖有尊名,而不得加者,服當其義,情無不足也。"

---

① "子",《文公家禮集注》同,校本作"仔",《朱子語類》同。

庾氏蔚之曰："男女異長，母之在室，與其姊妹有同居共席之禮，故許其因母名以加服。"

疏曰："以名加"者，以其母名，故加至小功。外親以本非骨肉，情疏，故聖人制禮，無過緦也。

杜氏曰："晉袁准論曰：從母小功五月，舅緦麻三月，禮非也。從母緦，時俗所謂姨母者也。舅之與姨俱母之姊妹兄弟，焉得異服。從母者，從其母而爲庶母者也，親益重，故小功也。凡稱父母者[①]，皆同乎父母之例者也。舅非父列，姨非母列，故舅不稱父，姨不稱母也。可稱姨，不應稱母。謂姨母爲從母者，此時俗之亂名，書之所由誤也。《春秋傳》：'蔡哀侯娶于陳，息侯亦娶焉。息嬀將歸，過蔡，蔡侯曰："吾姨也。"'止而享之。《爾雅》曰：'妻之姊妹同出爲姨。'此本名者也。《左傳》：'臧宣叔娶于鑄，生賈及爲而卒。繼室以其姪，穆姜之姨子也。'以蔡侯、《爾雅》言之，穆姜焉得言姨。此緣妻姊妹之姨，因相謂爲姨也。姊妹相謂爲姨，故其子謂之姨子，其母謂之姨母，從其母而來，故謂之從母。從母、姨母爲親一也，因復謂之從母，此因假轉亂而遂爲名者也。或曰：按准以經云'從母'，是其母姊妹從其母來爲己庶母，其親益重，故服小功，非通謂母之姊妹也。宣舒曰：二女相與，行有同車之道，坐有同席之禮，其情親而比，其恩曲而至。由此觀之，姊妹通斯同矣，兄妹別斯異矣。同者親之本，異者疎之源也。然則二女之服何其不重耶？兄妹之服何其不輕耶？曰：同父而生，父之所不降，子亦不敢降，故二女不敢相與重。然則舅何故三月耶？從母何故小功耶？曰：故母取其愛。此句疑有闕誤。是以外王父之尊，禮無厭降之道。爲人子者，順母之情，親乎母之類，斯盡孝之道也，是以從母重而舅輕也。曰：姑與父異德異名，叔父與父同德同名，何無輕重之降耶？曰：姑與叔父，斯王父愛之所同也。父之所不降，子亦不敢降，此叔父與姑所以服同而無降也。"

敖氏曰："母爲姊妹大功，子從服當緦，以有母名，故加一等而在此。云'外親之服皆緦'，以見此爲加也。然外親之服有在緦者，則以其從與報而爲之，不得不然耳，非故輕之。令例皆緦也，又爲外祖父母，亦從服之常禮也。而在小功，乃云'皆緦'，何哉？"

---

① "母"字上原有"從"字，校本無，與《通典》同，據删。

郝氏曰："外親之服，謂本非骨肉，而恩誼相聯，特爲緦麻處之，故緦麻三月以厚外親，亦猶齊衰三月以隆内尊也。緦麻以聯其疎，齊衰以殊其卑，皆止于三月，酌天時，通其變也。"

顧氏曰："唐玄宗開元二十三年制：令禮官議加服制。太常卿韋縚請加外祖父母服至大功九月，舅服至小功五月，堂姨、(母)〔堂〕舅[①]、舅母服至袒免。太子賓客崔沔議曰：'禮教之設，本于正家，家正而天下定矣。正家之道，不可以貳，總一定義，理歸本宗。所以父以尊崇，母以厭降，内有齊斬，外服皆緦，尊名所加，不過一等，此先王不易之道，其來久矣。貞觀修禮，改舊章，漸廣渭陽之恩，不遵洙泗之典。及宏道之後，唐元之間，韋氏弒中宗，立温王重茂，改元唐隆。今避玄宗御名上字，故稱唐元。國命再移於外族矣，禮亡徵兆，儻見於斯。開元初，補闕盧履冰嘗進狀論喪服輕重，敕令僉議。於時羣議紛拏，各安積習。太常禮部奏依舊定。陛下運稽古之思，發獨斷之明，特降別敕，一依古禮。事符典故，人知向方，式固宗盟，社稷之福。更圖異議，竊所未詳。願守八年明旨，以爲萬代成法。'職方郎中韋述議曰：'天生萬物，惟人最靈。所以尊尊親親，别生分類，存則盡其愛敬，歿則盡其哀戚。緣情而制服，考事而立言，往聖討論，亦已勤矣。上自高祖，下至玄孫，以及其身，謂之九族。由近而及遠，稱情而立文，差其輕重，遂爲五服。雖則或以義降，或以名加，數有所從，理不踰等。百王不易，三代可知。若以匹敵言之，外祖則祖也，舅則伯叔父之列也。父母之恩不殊，而獨殺于外氏者，所以尊祖禰而異于禽獸也。且家無二尊，喪無二斬，持重于大宗者，降其小宗，爲人後者，減其父母之服，女子出嫁，殺其本家之喪，蓋所存者遠，所抑者私也。今若外祖及舅更加服一等，堂舅及姨列于服紀之内，則中外之制相去幾何？廢禮狥情，所務者末。且五服有上殺之義，必循原本，方及條流。伯叔父母本服大功九月，今伯叔父母期是加服。從父昆弟亦大功九月，並以上出於祖，其服不得過於祖也。從祖祖父母、從祖父母、從祖昆弟皆小功五月，以出於曾祖，服不得過于曾祖也。族曾祖父母、族祖父母、族父母、族昆弟皆緦麻三月，以出於高祖，服不得過於高祖也。堂舅姨既出於外曾祖，若爲之制服，則外曾祖父母及外伯叔祖父母亦宜制服矣。外祖加至大功九月，則外曾祖父母

① "堂舅"原作"母舅"，校本同，《日知録》作"堂舅"，《舊唐書》同，應據改。

合至小功，外高祖合至緦麻。若舉此而舍彼，事則不均；棄親録疏，理則不順。推而廣之，則與本族無異矣。且服皆有報，則堂外甥、外曾孫、姪女之子皆須制服矣。聖人豈薄其骨肉，背其恩愛。蓋本於公者薄於私，存其大者略其細，義有所斷，不得不然。苟可加也，亦可減也，往聖可得而非，則禮經可得而隳矣。先王之制，謂之彝倫，奉以周旋，猶恐失墜，一紊其敘，庸可止乎？'禮部員外郎楊仲昌議曰：'案《儀禮》爲舅緦，鄭文貞公魏徵議同從母例，加至小功五月。雖文貞賢也，而周、孔聖也，以賢改聖，後學何從？今之所請，正同徵論。如以外祖父母加至大功，豈不加報於外孫乎？外孫爲報，服大功，則本宗庶孫又用何等服耶？竊恐内外乖序，親疎奪倫，情之所沿，何所不至。昔子路有姊之喪而不除，孔子曰："先王制禮，行道之人皆不忍也。"子路除之。此則聖人援事抑情之明例也。《記》不云乎："毋輕議禮！"'時玄宗手敕再三，竟加舅服爲小功，舅母緦麻，堂姨、堂舅袒免。宣宗舅鄭光卒，詔罷朝三日。御史大夫李景讓上言：'人情於外族則深，于宗廟則薄。所以先王制禮，割愛厚親。士庶猶然，况於萬乘。親王、公主，宗屬也；舅氏，外族也。今鄭光輟朝日數與親王、公主同，非所以別親疏，防僭越也。'優詔報之，乃罷朝兩日。夫由韋述、楊仲昌之言，(有)〔可〕以探本而尊經[①]，由崔沔、李景讓之言，可以察微而防亂，豈非能言之士深識先王之禮，而亦目見武、韋之禍，思永監於將來者哉！"

夫之姑姊妹、娣姒婦，報。

馬氏曰："妻爲夫之姊妹服也。娣姒婦者，兄弟之妻相名也。長稚自相爲服，不言長者，婦人無所專，以夫爲長幼，不自以年齒也。妻雖小，猶隨夫爲長也。先娣後姒者，明其尊敵也。報者，姑報姪婦也。言婦者，廟見成婦，乃相爲服。"

註曰："夫之姑姊妹不殊在室及嫁者，因恩輕，略從降。"

王氏肅曰："按《左氏傳》曰魯之穆姜，晉子容之母皆謂稚婦爲娣婦，長婦爲姒婦，此婦二義之不同者，今據傳文與左氏正合，宜即而按之。"

疏曰："夫之姑姊妹，夫爲之期，妻降一等，出嫁小功，因恩疏，略從降，故在室及嫁同小功。"

---

① "可以"原作"有以"，校本同，《日知録》"有"作"可"，應據改。

黄氏曰："妾服，見大功章'大夫之妾爲君之庶子'條。"

敖氏曰："爲夫之姑姊妹，從服也，乃小功者，唯從其夫之降服也。記曰：'夫之所爲兄弟服，妻降一等。'夫爲其姑姊妹在室者期，正服也。出嫁者大功，降服也。妻不隨其夫之正服、降服而爲升降者，從服者宜有一定之制，而不必隨時變易也。所以不從其夫之正服者，恐爲其出嫁者或與夫同服，則失從服之義也。此爲從服，故姑姊妹言報。娣姒婦固相爲矣，亦言報者，明其不以夫爵之尊卑而異也。先娣後姒，則娣長姒穉明矣。"

傳曰：娣姒婦者，弟長也。何以小功也？以爲相與居室中，則生小功之親焉。

註曰："娣姒婦者，兄弟之妻相名也。長婦謂稚婦爲娣婦，娣婦謂長婦爲姒婦。"

譙氏周曰："父母既没，兄弟異居，又或改娶，則娣姒有初而異室者矣。若不本夫爲論，唯取本室而已，則親娣姒與堂娣姒不應有殊。經殊其服，以夫之親疎者，是本夫與爲倫也。婦人於夫之昆弟本有大功之倫，從服其婦，有小功之倫。於夫從父昆弟有小功之倫，從服其婦，有緦麻之倫也。夫以遠之而不服，故婦從無服而服之，然則初而異室，猶自以其倫服。"

徐氏邈曰："報服在娣姒下，則知姑姊之服亦是出自恩紀，非從夫之服報也，所發在于姑姊耳。"

庾氏蔚之曰："傳以同居爲義，蓋從夫謂之同室，以明親近，非謂常須共居。設夫之從父昆弟少長異鄉，二婦亦有同室之義，聞而服之緦也。今人謂從父昆弟爲同堂，取於此也。婦從夫服，降夫一等，故爲夫之伯叔父大功，則知夫姑姊妹皆是從服，夫之昆弟無服，自别有義耳，非如徐邈之言出自恩紀者。"

疏曰："長是其年長，假令弟妻年大，稱之曰姒，兄妻年小，稱之曰娣，是以《左氏傳》穆姜是宣公夫人，大婦也，聲伯之母是宣公弟叔肹之妻，小婦也，聲伯之母不聘，穆姜云吾不以妾爲姒，是據二婦年大小爲娣姒，不據夫年爲小大也。"

敖氏曰："婦人於夫之昆弟當從服，以遠嫌之，故而止之，故無服。假令從服，亦僅可以及於其昆弟之身，不可以復及其妻也。然則娣姒婦無相爲服之義，而禮有之者，則以居室相親，不可無服故爾。然二人或有並居室者，有不並居室者，亦未必有常共居者而相爲服之義。惟主於此者，蓋本其禮之所由生者言也。娣，長也，釋娣婦之爲長婦也，其下亦似有脱文。"

郝氏曰："次適曰娣，似姒曰姒。以娣自謂，以姒謂彼，妯娌之通稱，猶男子同輩呼彼曰兄，自稱曰弟也。傳以弟長釋之，言自弟而長彼也。生小功之親，言本非親，因同室相親，爲小功。"

張氏曰："經言婦與夫之姑姊妹相爲服，傳則單言二婦相爲服。然所謂'相與居室中'者，實兼姑、姊、娣、姒等也。"

世佐按，云"娣姒婦者，弟長也"者，以弟解娣，以長解姒也。《爾雅》云："長婦謂稚婦爲娣婦，娣婦謂長婦爲姒婦。"《公羊傳》亦云："娣者何？弟也。"皆與此傳合。敖本"弟長"之"弟"誤作"娣"，因謂傳釋娣婦爲長婦，非。婦人之義，從夫之爵，坐以夫之齒，則其娣姒之稱亦以夫之長幼爲斷，明矣。疏説誤，《左傳》穆姜謂聲伯之母爲姒，叔向之嫂謂叔向之妻爲姒，二者皆呼夫弟之妻爲姒者。朱子云"單舉則可通，謂之姒，蓋相推讓之義耳"，是也。

大夫、大夫之子、公之昆弟爲從父昆弟、庶孫、姑姊妹、女子子適士者。

註曰："從父昆弟及庶孫，亦謂爲士者。"

疏曰："從父昆弟、庶孫本大功，此三等以尊降，入小功。姑姊妹、女子子本期，此三等出降，入大功，若適士又降一等，入小功也。此等以重出其文，姑姊妹又以再降，故在此。"

敖氏曰："此姑姊妹、女子子再降，故其服在此。不言適人而言'適士'者，所以見從父昆弟及庶孫亦謂爲士者也。經之例多類此。公之昆弟於其從父昆弟之不爲大夫者乃小功者，以其非公子也。周之定制，諸侯父死子繼，不立昆弟，於此亦可見矣。"

大夫之妾爲庶子適人者。

註曰："君之庶子，女子子也。庶女子子在室大功，其嫁于大夫亦大功。"

疏曰：此適人者，謂適士也。

敖氏曰："女子子不必言庶，文有脱誤也。經凡言庶子，皆主於男子也。此非己子，故其服如此。若爲己之女子子，在室期，適人亦大功。又攷《喪服記》與《小記》言妾爲君之長子之服，大功章及此章凡三見，大夫之妾爲君之庶子及其女子子之服，若其君之他親則無聞焉。然則凡妾之從乎其君而服其君之黨者，止於此耳，是亦異於女君者也。"

世佐按，女子子云"庶"者，别于己所生也，女君所生者亦存焉。己子在室期，適人大功，妾不得體君，爲其子得遂也。

庶婦。

註曰："夫將不受重者。"

疏曰："《小記》註云'世子有廢疾不可立而庶子立'，其舅姑皆爲其婦小功，則亦兼此婦也。"

黄氏曰："適婦大功，庶婦小功，兄弟子婦小功。貞觀十四年，侍中魏徵奏：'適子婦舊服大功，請加爲周。衆子婦舊服小功，今請與兄弟子婦同服大功九月。'○問：魏徵以兄弟子之婦同於衆子婦。先師朱文公曰：禮經嚴適，故《儀禮》適婦大功，庶婦小功，此固無可疑者，但兄弟子之婦則正經無文，而舊制爲之大功，乃更重于衆子之婦，雖以報服侯"侯"字誤。然[①]，然于親疎輕重之閒，亦可謂不倫矣。故魏公因太宗之問而正之，然不敢易其報服大功之重，而但升適婦爲期，乃正得嚴適之義。升庶婦爲大功，亦未害于降殺之差也。前此未喻，乃深譏其兄弟子婦而同于衆子婦爲倒置人倫，而不察其實乃以衆子婦而同于兄弟子之婦也，幸更詳之。○案《儀禮》婦服舅姑期，故舅姑服適婦大功，今加適婦爲期，雖得嚴適之義，又非輕重降殺之義，當考。○今服制令：舅姑爲適婦不杖期，爲衆子婦大功，爲兄弟子之婦大功。"

敖氏曰："庶婦爲舅姑期，舅姑乃再降之爲小功者，所以别于適婦也。"

君母之父母、從母。

馬氏曰："妾子爲之服小功也。自降外祖服緦麻，外無二統者。"

註曰："君母，父之適妻也。從母，君母之姊妹。"

疏曰："此亦謂妾子爲適妻之父母及君母姊妹，如適妻子爲之同也。"

---

① 據《通解續》，此"侯"或爲"使"字之誤。

傳曰：何以小功也？君母在則不敢不從服，君母不在則不服。

馬氏曰："從君母爲親服也。君母亡，無所服，復厭，則不爲其親服也，自得伸其外祖小功也。"

註曰："不敢不服者，恩實輕也。凡庶子，爲君母如適子。"

疏曰："不在"者，或出或死。君母在，既爲君母父母，其己母之父母或亦兼服之。

敖氏曰："'君母在，則不敢不從服'者，以其配父，尊之也。'君母不在，則不服'者，别于己之外親也。此庶子雖服其君母之父母、姊妹，彼于此子則無服也。蓋庶子以君母之故，不得不服其親，而彼之視己，實非外孫與姊妹之子，故略而不服。"

郝氏曰："服爲哀節，戚爲喪本。服由情生，貌以飾情。仁人之于喪，非以不敢不服服也，欲服而不敢服則有之，不欲服而不敢不服，則幾乎偷矣。君母在，不敢不服，斯禮也，雖聖人無如之何。聖人于禮，人情耳，人情所不敢，聖人因之尊尊、親親，所以不得不相爲用也。"

世佐案，《服問》云："母出，則爲繼母之黨服。母死，則爲其母之黨服。爲其母之黨服，則不爲繼母之黨服。"註云："雖外親，亦無二統。"以是推之，則爲君母之黨服，亦不爲其母之黨服矣。疏云"兼服之"，殆非。君母不在，乃得伸，馬説得之。

君子子爲庶母慈己者。

註曰："君子子者，大夫及公子之適妻子。"

疏曰："禮之通例，云君子與貴人，皆據大夫已上，公子尊卑比大夫，故鄭據而言。又國君之子爲慈母無服，士又不得稱君子，亦復自養子，無三母具，故知此二人而已。必知適妻子者，妾子賤，亦不合有三母故也。"

敖氏曰："此服固適妻之子爲之，若妾子，則謂其母或不在，或有他故，不能自養其子，而庶母代養之，不命爲母子者也。"

郝氏曰："君子，謂君與女君所生子，是大夫公子適妻之子。重言子，明異于士、庶人與妾子之爲子也。庶母，父衆妾。慈己，謂非慈母而有慈養之恩者，然無父命爲母子之義，故與慈母殊。慈母如母，庶母緦麻，貴人降則絶此慈己者，分不及慈母而情厚于庶母，故不從降例，爲之服小功。《禮記·曾子問》疑慈母無服，蓋誤以此母爲'慈母如母'者耳。"

傳曰：君子子者，貴人之子也。爲庶母何以小功也？以慈己加也。

戴氏聖曰："君子子爲庶母慈己者，大夫之嫡妻之子養于貴妾，大夫不服賤妾，慈己則緦服也。其不言大夫之子而稱'君子子'者，君子猶大夫也。"

馬氏曰："貴人者，嫡夫人也。子以庶母慈養己，加一等，小功也。爲父賤妾服緦，父歿之後，貴賤妾皆小功也。"

註曰："云君子子者，則父在也，父歿則不服之矣。以慈己加，則君子子亦以士禮爲庶母緦也。《内則》曰：'異爲孺子室于宫中，擇于諸母與可者，必求其寬裕、慈惠、温良、恭敬、慎而寡言者，使爲子師，其次爲慈母，其次爲保母，皆居子室，他人無事不往。'又曰：'大夫之子有食母。'庶母慈己者，此之謂也。其可者賤于諸母，謂傅母之屬者。"其可"以下十三字，刊本脱，今從《通典》補。其不慈己，則緦可矣。不言師、保，慈母居中，服之可知也。國君世子生，卜士之妻、大夫之妾，使食子。三年而出，見于公宫則劬，非慈母也。士之妻自養其子。"

陳氏詮曰："君子子者，大夫之美稱也。貴人者，謂公卿大夫也。謂貴人之子父歿之後得行士禮，爲庶母緦也。有慈養己者，乃加服小功。"

雷氏曰："大夫不服凡妾，父所不服，子亦不敢服，安得爲庶母緦哉？大夫惟服姪娣，今所服者，將姪娣之庶母。"

疏曰：云"父在"者，以其言子，繼于父，且大夫、公子不繼世，身死則無餘尊之厭，如凡人，則無三母慈己之義，故知"父在"也。曰"父没則不服"者，以其無餘尊，雖不服小功，仍服庶母緦麻，如士禮。鄭註《内則》云爲君養子之禮，今此鄭所引，證大夫、公子養子之法，以其大夫、公子適妻子亦得立三母故也。又云"大夫之子有食母"者，謂大夫三母之内，慈母有他故，使賤者代慈母養子，謂之乳母，死則服之三月，與慈母服異。引之者，證三母中又有此母也，君與士皆無此事。國君子三母之外别有食子者，然皆無服。《曾子問》孔子曰"古者男子外有傅，内有慈母，君命所使教子也，何服之有"，以此而言，則知天子、諸侯之子，于三母皆無服也。

敖氏曰："禮爲庶母緦，謂士及其子也。其慈己者恩宜有加，固小功矣。此'云君子子'者，明雖有貴者，其服猶然也。大夫之子、公子之子于庶母亦當緦麻,以從其父而降,遂不服,其于慈己者加在小功,若又從父而降,則宜在緦麻,今乃不降而從其加服者,嫌其與凡父在而爲不慈己者之服同也。正者降之,加者伸之,其意雖異,而禮則各有所當也。云'君子子',則父在也,父在且伸此服,則父没可知矣。其爲父後者,則但服緦,蓋不可以過于因母也。若爲大夫,則不服之,以大夫于庶母本無服故也。"

張氏曰:"加,謂于緦麻上加至小功也。註'父没則不服',謂不服其加服,仍爲服緦,以此慈母本庶母也。國君子于三母無服,士妻自養其子,故註知爲大夫、公子之適妻子也。"

右小功五月。

緦麻三月者。

註曰:"緦麻,布衰裳而麻絰帶也。不言衰絰,略輕服,省文。"

疏曰:"此章五服之内,輕之極者,故以緦如絲者爲衰裳,又以澡治莩垢之麻爲絰帶,故曰'緦麻'也。'三月'者,凡喪服變除,皆法天道,故此服之輕者,法三月一時,天氣變可以除之也。"

敖氏曰:"輕服既葬即除之,故但三月也。不别見殤服者,以其服與成人無異也。齊衰三月不言繩屨,大功不言冠布纓,小功不言布帶,緦麻不言衰絰,服彌輕,則文彌略也。〇案註以麻爲言。麻絰帶者,蓋經傳單言麻者,多以絰帶言也。"

傳曰:緦者,十五升抽其半,有事其縷、無事其布曰緦。

註曰:"謂之緦者,治其縷,細如絲也。或曰有絲。朝服用布,何衰用絲乎?抽,猶去也。《雜記》曰:'緦冠繰纓。'"

疏曰:縷麤細與朝服十五升同,縷數則半之,冠與衰同用緦布,但以灰繰治布爲纓。

敖氏曰:"十五升者,將爲十五升布之縷也。抽其半而爲布,則成布七升有半也。此比于他服之布爲稍疎,比于他布之縷爲最細。細者所以見其爲輕喪,疏者所以明其非吉布。若布縷之或治或否,其意亦猶是也。曰'緦'者,蓋治其縷,則縷細如絲,故取此義而名之,亦以異于錫衰也。此布七升有半,乃在小功之下者,以其縷細也。凡五服之布皆以縷之麤細爲序,其麤者則重,細者則輕。故升數雖多而縷麤猶居于前,如大功在緦衰之上是也。升數雖少而縷細猶居于後，如緦麻在小功之下是也。”

郝氏曰：“十五升朝服布千二百縷也，抽除其半，六百縷也。有事，謂湅治其縷後織，使滑易也。無事其布，謂成布則不治也。”

張氏曰：“事，鍛治之事，治其縷，不治其布也。”

姜氏曰：“十五升抽其半者，謂十四升有半，而縷計一千一百有六十也。疏家乃謂十五升中去其七升有半而六百縷，是亂經文也。考斬衰三升，齊衰則殺而爲四升、五升、六升，大功則又殺而爲七升、八升、九升，小功則更殺而爲十升、十一升、十二升。若以例降殺，則緦麻固應殺而爲十三升、十四升、十五升之差矣。其所以無三等之差者，先王制禮之義，禮之至重者與其雖輕而猶重者，其禮皆從詳而文，而其至輕者，其禮皆從略而質。夫自斬至小功，所以遞有升數之不同者。斬衰有正服、義服二等，正服三升，義服三升有半，皆如其服之二等以爲升數之二等。其齊衰、大功、小功皆有降服、正服、義服三等，齊衰降服四升，正服五升，義服六升，大功、小功三等之差亦如之。凡此斬、齊固皆重服，其下遞差至大功、小功，猶皆三月後受服即葛，則雖輕猶重也，故其禮皆從詳而文。若緦麻之服不過三月，既葬即釋，而五服之輕者，至此極矣，故其禮從略而質，雖有降、正、義三等之服制，而升數之三等則無之也。所以必用十四升有半者，制禮之義，以輕從輕，不以輕從重。緦麻，服之至輕也。如斬、齊、功之例，本應降服十三升，正服十四升，義服十五升。而既以輕服，而無三等升數之差矣。今使以義從正，以正從降，是爲逆而從重；以降從正，以正從義，是爲順而從輕。其輕者，乃十五升也，而十五升又爲朝服之服制，不可用，故去其半升而用之。斬衰之義服三升有半者，以其下則齊衰四升也。緦衰之諸服十四升有半者，以其下則朝服十五升也。若以十五升去其半升之制，而亂爲十五升去其七升有半之制，則以五服中緦服之至輕逆而從重，不但加于三等小功之上，而且直居三等大功中正服之上也。先王制禮，以示天下之人親疏輕重，一足以成文理而不失其倫也。曾逆倫如是，而先王爲之乎？且即以經傳各文義推之，《雜記》云‘朝服十五升去其半’，而緦是猶以朝服相比而言也，則謂于朝服十五升之數去其七升有半之數猶可言也。若《儀禮・喪服傳》、《喪服記》，若《禮記・閒傳》皆但云十五升去其半而緦，而其前並無‘朝服’二字，是固不以朝服相比而言矣。則苟爲七升有半之制，亦直云七升有半而已，否則或云八升去其半而已，而謂懸舉十五升之布而去其中之七升有半，是不但于禮制不合，而于言亦不順矣，是尚可通乎？或曰：緦麻雖七升有半，而縷細如朝服，是固不嫌重也，《喪服》繐衰'治其縷如小功'，而布則四升有半，緦衰當亦如之，且小功以上皆生縷生布，而緦麻有事其縷，無事其布，爲熟縷生布，則不啻輕矣，其無'朝服'二字，或脱文與？曰：是未之考也。五服縷質之麤細，其與升數之多寡本相權。緦服升本宜多，縷本宜細，不得謂縷細而升可疏。例以繐衰之制也明矣。《儀禮》繐衰者，五服以外之制也。其服'繐衰裳，牡麻絰，既葬除之'，諸侯之大夫以時接見于天子者服之也[①]。夫諸侯之大夫以接見天子而服繐衰三月，其服本輕，而其升數則四升有半者，註蓋謂細其縷者，其恩輕，而升數少者，明爲至尊服也。由此推之，繐衰乃五服以外之權制，故縷與升之輕重互相備。而緦麻五服之正之極輕，非其比也。緦衰視小功以上，由重入輕，故縷分生熟。而凡縷與布之生熟，亦皆與升數相權，故緦衰者'十五升抽其半，而有事其縷，無事其布'者也。錫衰者，亦十五升抽其半，而無事其縷，有事其布者也。錫衰視緦衰，哀深而服較輕，故《周禮》王爲三公服，而註謂之'哀在内'。緦衰視錫衰，哀淺而服稍重，故王爲諸侯服，而註謂之'哀在外'。二制縷與布互有生熟，然其以服輕而升密，升密而熟治則一也，又豈得謂細縷熟治，而升可疏乎？且如以無'朝服'二字，而疑爲脱文，蓋爲疏家覆其失耳。則自漢儒所記之《閒傳》上溯之《儀禮》之經傳，而皆無'朝服'之二字，其不得目爲脱文，而爲疏家覆其失也，更明矣。"

世佐案，十五升抽其半，謂其縷之麤細如朝服，而但去其半升耳。治其縷而不治其布，亦異于吉者也，吉服縷與布皆治之，姜説足正向來之誤，故備録焉。下記云"三升有半"，又云"四升有半"，半者，皆謂半升也，以此証之，姜氏之言信矣。

族曾祖父母、族祖父母、族父母、族昆弟。

賈氏誼曰："人有六親，六親始曰父，父有二子，二子爲昆弟，昆弟又有子，子從父而昆弟，故爲從父昆弟，從父昆弟又有子，子從祖而昆弟，故爲從祖昆弟，從祖昆弟又有子，從曾祖而昆弟，故爲曾祖昆弟，曾祖昆弟又有子，子爲族兄弟，備于六，此之謂六親。親之始于一人，世世别離，分

① "諸侯之大夫"之"大夫"原作"天子"，校本作"大夫"，《經傳》同，據改。

爲六親。親戚非六，則失本末之度，是故六爲制而止矣。"

註曰："族曾祖父者，曾祖昆弟之親也。族祖父者，亦高祖之孫，則高祖有服明矣。"

疏曰：此即《禮記·大傳》云"四世而緦，服之窮也"，名爲四緦麻者也。"族曾祖父母"者，己之曾祖親兄弟也。"族祖父母"者，己之祖父從父昆弟也。"族父母"者，己之父從祖昆弟也。"族昆弟"者，己之三從兄弟也。皆名爲族，族，屬也，骨肉相連屬，以其親盡，恐相疏，故以"族"言之耳。此四緦麻又與己同出高祖，己上至高祖爲四世，旁亦四世，旁四世既有服，于高祖有服明矣。鄭言此者，舊有人解，齊衰三月章直見曾祖父母，不言高祖，以爲無服，故鄭從下鄉上推之，高祖有服可知。

黄氏曰："曾祖父據期斷，本應五月，曾祖之昆弟經謂之'族曾祖父母'。既疏一等，故緦。○曾祖爲曾孫三月，兄弟曾孫以無尊降之，故亦緦。○族曾祖父者，曾祖父之兄弟也，其子謂族祖父，又其子爲族父，又其子謂族昆弟，凡四世，以曾祖、祖、父、己旁殺之義推之，皆當服緦。"

敖氏曰："以從父、從祖者差之，則此乃從曾祖之親也。變言族者，明親盡于此也。凡有親者皆曰族，記曰'三族之不虞'是也。"

世佐案，爲族曾祖父者，昆弟之曾孫也。爲族祖父者，從父昆弟之孫也。爲族父者，從祖昆弟之子也。自族父母而上，皆反服，不云報者，省文也。族父母爲從祖昆弟之子服，見下文。以是推之，則族父母之父若祖可知矣。族昆弟，同出於高祖者也。

庶孫之婦。

馬氏曰："祖父母爲嫡孫之婦小功，庶孫婦降一等，故服緦。"

疏曰："適子之婦大功，庶子之婦小功，適孫之婦小功，庶孫之婦緦，是其差也。"

敖氏曰："庶孫之婦緦，則適孫之婦小功也。小功章不見之者，文脱耳。夫之祖父母於庶孫之婦，其本服當小功，以别于適孫之婦，故亦降一等而在此。"

庶孫之中殤。

馬氏曰："祖爲孫成人大功，長殤降一等，中、下殤降二等，故服緦也。言中，則有下，文不備，疎者略耳。"

註曰："庶孫者，成人大功，其殤中從上。此當爲下殤，言'中殤'者，字之誤爾。又諸言中者，皆連上、下也。"

王氏曰："此見大夫爲孫服之異也。士爲庶孫大功，則大夫爲之小功。降而小功者，則殤中從上，故舉中以見之。"

世佐案，殤小功章傳云"大功之殤中從上"，此鄭所據以改經也。馬説與傳例不合。王解與經例又舛矣。經凡言大夫服，則必特書"大夫"以别之。

從祖姑姊妹適人者，報。

疏曰：此本服小功，以適人降一等，在緦麻也。

敖氏曰："云'報'者，謂亦既適人乃降之也。小功章已不著嫁者、未嫁者之服，又以此條徵之，則女子之逆降固不及大功而下者矣。適人者爲此親非報服，略言之耳。"

郝氏曰："從祖姑，是從祖祖父之女，父之從姊妹也。從祖姊妹，是從祖之孫女，已之再從姊妹也。"

從祖父、從祖昆弟之長殤。

註曰："不見中殤者，中從下。"

疏曰："此本服小功，以長殤降一等，在緦麻也。云'不見中殤，中從下'者，以小功之殤中從下故也。其云從祖父之長殤，謂叔父也。"

敖氏曰："上章之首連言三小功，此惟見其二者之殤，蓋以從祖祖父未必有在殤者也。此與經不見曾祖之父及曾孫之子之服者，意頗相類。"

郝氏曰："從祖父者，從祖祖父之子，父之從父昆弟，已之再從世叔父也。從祖昆弟，已之再從兄弟也。"

世佐案，自"從祖姑"以下，皆與已同曾祖者之降服也。

外孫。

註曰："女子子之子。"

疏曰："以女出外適而生，故云'外孫'。"

敖氏曰："此服亦男女同。外孫爲外祖父母小功，不報之者，以其爲外家之正尊與？"

從父昆弟、姪之下殤。

疏曰：成人大功，長中殤小功，故下殤在此章也。

敖氏曰:"單言'姪'者,前既以'丈夫、婦人'言之,此無嫌也。又以前章例之,則爲人後者爲其昆弟之下殤亦當在此,經文闕耳。"

世佐案,姪,姑適人者爲之也。于其本服,皆降二等。

夫之叔父之中殤、下殤。

註曰:"言中殤者,中從下。"

疏曰:"夫之叔父成人大功,長殤在小功,故中下殤在此。以下傳言之,婦人爲夫之族類,大功之殤中從下,故鄭據而言之也。"

黄氏曰:"妾服見大功章'大夫之妾爲君之庶子'條。"

敖氏曰:"見中殤者,明其與前條異。"

從母之長殤,報。

疏曰:"從母者,母之姊妹,成人小功,故長殤在此。中下之殤無服。"

敖氏曰:"前章從母成人之服已言'報',此復見之者,嫌其報加服者或略于殤也。"

庶子爲父後者爲其母。

馬氏曰:"承父之體,四時祭祀,不敢伸私親服,廢尊者之祭,故服緦也。"

疏曰:"此爲無冢適,唯有妾子,父死,庶子承後,爲其母緦也。"

傳曰:何以緦也?傳曰:與尊者爲一體,不敢服其私親也。然則何以服緦也?有死於宫中者,則爲之三月不舉祭,因是以服緦也。

馬氏曰:"緣先人在時哀傷,臣僕有死宫中者,爲缺一時不舉祭,因是服緦也。"

註曰:"君卒,庶子爲母大功。大夫卒,庶子爲母三年也。士雖在,庶子爲母皆如衆人。"世佐案,"如衆人"者,亦爲之齊衰期。

疏曰:"有死于宫中者",縱是臣僕,亦三月不舉祭,故此庶子因是爲母服緦也。註云"君卒,庶子爲母大功"者,大功章云公之庶昆弟爲其母是也。以其先君在,公子爲母在五服外。先君卒,則是今君庶昆弟爲其母大功,先君餘尊之所厭,不得過大功。云"大夫卒,庶子爲母三年"者,以其父在大功,大功章云"大夫之庶子爲母"是也。父卒,無餘尊所厭,故伸三年。"士雖在,庶子爲母皆如衆人"者,士卑無厭故也。鄭并言大夫、士之庶子者，欲見不承後者如此服，若承後則皆緦，故并言之也。若天子、諸侯庶子承後，爲其母所服云何？案《曾子問》云“古者，天子練冠以燕居”，鄭云謂庶子王爲其母無服，案《服問》云“君之母非夫人，則羣臣無服，惟近臣及僕、驂乘從服，惟君所服服也”，註云“妾，先君所不服也。禮，庶子爲後，爲其母緦。言‘惟君所服’，申君也。《春秋》之義，有以小君服之者，時若小君在，則益不可”，據《曾子問》所云據小君在，則練冠五服外，《服問》所云據小君没後，其庶子爲得申，故鄭云“申君”，是以引《春秋》之義，母以子貴。若然，天子、諸侯禮同，與大夫、士禮有異也。

黄氏曰：“晉孝武泰元中，太常車胤上言[①]：禮，庶子爲後，爲其母緦麻三月。自頃公侯卿士，庶子爲後，爲其庶母同之于嫡。《禮記》云爲父後爲出母無服，無服也者，不祭故也。今身承祖宗之重，而以庶母之私廢烝嘗之事，求之情禮，失莫大焉。又升平中，故太宰武陵王所生母喪，表求齊衰三年。詔聽依樂安王故事，制大功九月。興寧中，故梁王逢所生母喪，亦求三年，詔依太宰故事，同服大功，並無居廬三年之文。尚書奏依樂安王大功爲正。詔可。○《開元禮》：庶子爲父後者爲其母緦麻三月。○今服制令：庶子爲後者爲其母緦麻三月。若無嫡母及嫡母卒，則爲所生母服，其外祖父母、舅、從母並不服。亦解官，申其心喪。”

敖氏曰：“爲父後者或當爲適母後，故不服妾母，蓋與適子同也。有死于宫中，則三月不舉祭者，吉凶之事，存亡共之，因是以服緦者，言非若是，則不敢服也。蓋子之于母，情雖無窮，然禮所不許，則其情亦不可得而遂。今因有三月不舉祭之禮，乃得略伸其服焉。觀此，則孝子之心可知矣。何以不齊衰三月也？尊者之服，不敢用于妾母也。”

世佐案，妾不得體君，而此子與尊者爲一體，故屈母子之情，降而在此，不因君母之存没異也。大夫已上無緦服，而此禮則上下同之，以其至情所關，雖加一日，愈于已。苟有死于宫中者之例可援，以少伸吾情焉，則雖天子、諸侯，亦不以貴而絶其母也。

士爲庶母。

雷氏曰：“爲五服之兄“兄”字誤。不稱其人者[②]，皆士也。若有天子、諸

---

① “胤”原作“嗣”，蓋爲避雍正之諱，今改回本字，後放此。

② “兄”，《通典》作“凡”，“兄”蓋爲“凡”之誤字。

侯下及庶人，則指其稱位，未有言士爲者，此獨言士，何乎？蓋大夫以上，庶母無服。庶人無妾，則無庶母。爲庶母唯士而已，故詭常例以著，唯獨一人也。”

朱子曰：“父妾之有子者，禮經謂之庶母，死則爲之服緦麻三月，此其名分固有所繫，初不當論其年齒之長少。然其爲禮之隆殺，則又當聽從尊長之命，非子弟所得而專也。”

敖氏曰：“言‘士’者，承上經之下，宜别之，且起下文也。”

汪氏琬曰：“或問：均父妾也，必有子然後爲庶母，何也？曰：父妾之男，吾謂之昆弟矣。其女，則吾謂之姊妹矣。昆弟、姊妹之母，猶吾母也，故謂之庶母，舍是則不得被此名也[①]。是以爲吾庶昆弟姊妹之母則服，不爲吾庶昆弟姊妹之母則不服。○或問：庶祖母宜何服？曰：其袒免乎。禮，大夫以上爲庶母無服，何庶祖母服之有？然則律文服庶母期矣，顧亦無庶祖母服者，何與？曰：疏也，無恩也，是則爲之袒免可也。”

傳曰：何以緦也？以名服也。大夫以上爲庶母無服。

疏曰：有母名也。云大夫以上無服者，以其降故也。

杜氏佑曰：“大唐顯慶二年，修禮官長孫無忌等奏：‘庶母古禮緦麻，新禮無服。謹按，庶母之子，即是己之昆弟，爲之不杖齊衰，而己與之無服。同氣之内，凶吉頓殊，求之禮情，深非至理，請依典故，爲服緦麻。’制從之。”

敖氏曰：“大夫以上爲庶母無服者，以庶母之服緦，而大夫以上無緦服故也。又大夫以上於其有親者，且降之、絶之，則此無服亦宜矣。”

郝氏曰：“大夫以上分尊，故庶母之服降而絶。”

世佐案，大夫以上固絶緦矣，傳必著之者，嫌其或以母名而不絶也。

貴臣、貴妾。

馬氏曰：“君爲貴臣、貴妾服也。天子貴公，諸侯貴卿，大夫貴室老。貴妾，謂姪娣也。”

註曰：“此謂公士、大夫之君也，殊其臣妾貴賤而爲之服。貴臣，室老、士也。貴妾，姪娣也。天子、諸侯降其臣妾，無服。士卑無臣，則士妾又賤，不足殊，有子則爲之緦，無子則已。”

---

① “被”下原有“以”字，校本無，《堯峰文鈔》同，據删。

陳氏詮曰:“天子貴臣三公,貴妾三夫人。諸侯貴臣卿大夫,貴妾姪娣。大夫貴臣室老士,貴妾亦爲姪娣。然則天子、諸侯絶周,于臣妾無服明矣。大夫非其同尊,每降一等而已,爲上“上”當是“臣”字之誤。妾貴者有緦麻三月也。”

杜氏曰:“宋袁悠問雷次宗曰:‘《喪服》大夫爲貴臣、貴妾緦,何以便爲庶母無服?又按《檀弓》云:“悼公之母死,哀公爲之齊衰。有若曰:諸侯爲妾齊衰,禮與?”鄭注云:“妾之貴者,爲之緦耳。”《左傳》云晉少姜卒,明年正月既葬,齊使晏平仲請繼室,叔向對曰:寡君以在衰絰之中。按此,諸侯爲妾便有服也。’次宗答曰:‘大夫爲貴妾緦。按註“貴妾,姪娣也”,夫姪娣實貴,而大夫尊輕,故不得不服。至于餘妾,出自凡庶,故不服也。又天子、諸侯一降旁親,豈容媵妾更爲服也。鄭註《喪服》“無服”是也。又註《檀弓》哀公爲悼公母齊衰,云“妾之貴者,爲之緦耳”,此註謂諸侯爲貴妾緦,既與所註《喪服》相違,且諸侯庶子母卒無服,皆以父所不服,亦不敢服。未喻《檀弓》註云何以服言諸侯爲貴妾緦耶?《左傳》所言云少姜之卒有衰絰之言者,是春秋之時,諸侯淫侈,至于甚者,乃爲齊衰,此蓋當時之弊事,非周公之明典也。’”

敖氏曰:“此亦士爲之也。貴臣,室老也。貴妾,長妾也。此服似夫妻同之,妻爲此妾服,則非有私親者也。其有親者,宜以其服服之。大夫以上無緦服。”

顧氏曰:“此謂大夫之服。貴臣,室老士也,貴妾,姪娣也,皆有相助之義,故爲之服緦。《穀梁傳》曰:‘姪娣者,不孤子之義也。’古者大夫亦有姪娣,《左傳》‘臧宣叔取于鑄,生賈及爲而死,繼室以其姪,生紇’是也。備六禮之制,合二姓之好,從其女君而歸焉,故謂之貴妾。士無姪娣,故《喪服小記》云‘士妾有子而爲之緦’。然則大夫之妾雖有子,猶不得緦也,惟夫有死于宫中者,則爲之三月不舉祭,近之矣。○唐李晟夫人王氏無子,妾杜氏生子愿,詔以爲嫡子。及杜之卒也,贈鄭國夫人,而晟爲之服緦。議者以爲,準《禮》,士妾有子而爲之緦,《開元新禮》無是服矣,而晟擅舉復之,頗爲當時所誚。《册府元龜》。今之士大夫緣飾禮文而行此服者,比比也。”

張氏曰:“大夫以上,爲庶母無服,而服其貴臣、貴妾,于義似難强通。此殆承上‘士爲庶母’之文,言士禮耳。其私屬亦可謂之臣,妾之有子者,即貴者也。"

汪氏琬曰:"《儀禮》貴妾緦,而律文無之,今之卿大夫宜何從?予應之曰:從律。何以知其宜從律也?古今之制不同,有從重服而改輕服者,有從輕服而改重服者[1],有從有服而退爲無服者,有從無服而進爲有服者,自唐以來,損益《儀禮》多矣,而猶欲取久遠不可考之文以自附于好古乎?荀卿氏曰'法後王',是不可不深講也。今之卿大夫不然,舉凡服其餘親,莫不兢兢令甲而莫之敢越,而獨於其妾也,則必秉周禮,毋乃暱于所愛乎哉[2]。有難者曰:'母以子貴,非與?'曰:非是之謂也。諸侯娣姪媵之子得立,則國人從而尊其生,故存則書夫人,殁則書薨、書葬、書小君,皆得視其適,此《春秋》之例也。然則妾之子而既貴矣,天子且許之貤封,而家長可不爲之制服乎?曰:天子自貴其卿大夫之母,家長自賤其妾。律令之與勑也、誥也,是皆出于天子,固並行不倍者也。或又難曰:'律文得毋有闕與?'曰:國家辨妻妾之分,嚴嫡庶之閑,其防微而杜漸也,可謂深切著明矣,而又何闕文之有?且吾考諸《儀禮》,則曰大夫爲貴妾緦,考諸《喪服小記》,則曰'士妾有子而爲之緦',《儀禮》不言士妾,《小記》不言大夫妾。而唐《開元禮》則皆不爲之制服,宋司馬氏《書儀》、朱子《家禮》與前明《孝慈録》亦槩未之及也。蓋妾之無服,千餘年于此矣。今使家長之爲大夫者爲之服緦,則衆子之爲士者當如之,所生子爲父後者亦當如之。其父在者,當爲所生母大功,顧己之服其妾也,則從《儀禮》緦,而命衆子與所生子,則又從律文,或齊衰杖期,或斬衰三年,是於古今之制胥失之也。嗟乎,非天子不議禮。若好古而不純乎古,守今而不純乎今,是則自刱爲禮也,吾故曰不可不深講也。"

世佐案,斬衰章傳云:"公卿大夫室老士貴臣,其餘皆衆臣也。"貴臣之中兼有公卿大夫,則此禮亦通大夫已上矣。大夫無緦服,而此禮乃通乎其上者,以臣妾爲其君服斬,而君無服。仁人之心,爲不若是恝,故放死于宫中者之例而爲之緦,恤下之典也。然必簡其貴者而服之,所以殊尊卑也,且其服止于是爾。若加以衰絰,如魯哀、晉平之所以服其妾者,則其狥情而褻尊也甚矣。若然,父之所爲服,子亦不敢不服,大夫以上宜

[1] "改"原作"從",校本作"改",與《堯峰文鈔》同,據改。

[2] "毋"原作"母",校本作"毋",與《堯峰文鈔》同,據改。

有庶母服矣。傳乃云"無服"者,以其分卑恩輕。爲服之義,主于從父,而不主于己[1]。父卒後,則得以其尊降之,故云"大夫以上,爲庶母無服"也。馬氏解此傳,兼天子、諸侯言,得之。鄭氏專指大夫,敖、張二説專指士,皆非。禮,"王爲三公、六卿錫衰,爲諸侯緦衰,爲大夫、士疑衰,其首服皆弁絰[2]",見《周禮·司服》。"公爲大夫錫衰以居,出亦如之,當事則弁絰",見《服問》。此君爲臣服之制也。以是差之,則其爲三夫人及娣姪者可知矣。

傳曰:何以緦也? 以其貴也。

疏曰:以其南面[3],故簡貴者服之也。

世佐案,此疏亦承註誤。傳言此者,明其非貴則不服耳,尊君之義也。

乳母。

馬氏曰:"士爲乳母服。"

註曰:"謂養子者有他故,賤者代之慈己。"

疏曰:《内則》云"大夫之子有食母",彼註亦引此云"《喪服》所謂乳母",以天子、諸侯,其子有三母,皆不爲之服,士又自養其子,唯大夫之子有此食母爲乳母,其子爲之緦也。

杜氏佑曰:"漢《石渠禮議》:'問曰:"大夫降乳母耶?"聞人通漢對曰:"乳母所以不降者,報義之服,故不降也。則始封之君及大夫皆"皆"下似脱一"不"字。降乳母。"'魏劉德問田瓊曰:'今時婢生口,使爲乳母,得毋甚賤,不應服也。'瓊答曰:'婢生口,故不服也。'晉袁准云:'保母者,當爲保姆。《春秋》宋伯姬待姆是也,非母之名也。母者,因父得稱,且保傅,婦人輔相,婢之貴者耳,而爲之服,不亦重乎。先儒欲使公之庶子爲母無服,而服乳母乎? 此世俗之名,記者集以爲禮,非聖人之制。'賀循云:'爲乳母緦三月,士與大夫皆同,不以尊卑降功服故也。'梁氏云:'服乳母緦者,謂母死莫養,親取乳活之者,故服之報功也。'"

敖氏曰:"此亦蒙士爲之文也。士之妻自養其子,若有故,或使賤者代食之,故謂之乳母,其妾子亦然。若于大夫之子,則慈母之外,又有乳

① "主于己"之"主"原作"生",校本作"主",與上文"主于從父"合,據文意,應改作"生"。

② "弁"原作"升",校本作"弁",與《周禮·司服》文合,據改。

③ "以其南面",校本同,《要義》、陳本、閩本、監本、毛本"其"皆作"非"。

母。《内則》曰‘大夫之子有食母’，鄭氏以爲即此乳母是也。大夫之子，父没，乃爲之服。”

郝氏曰：“乳母，哺乳之母，外人婦代食子者，非其所生子，亦非其父妾。本不名母，而以乳得名。本無服，而以名得服。”

世佐案，此爲大夫、士之子設也。諸侯已上，則無是禮矣。大夫之子，父没乃得伸，敖説得之。

傳曰：何以緦也？以名服也。

疏曰：“有母名也。”

從祖昆弟之子。

註曰：“族父母爲之服。”

敖氏曰：“爲族曾祖父、族祖父、族父、族昆弟皆緦。其族昆弟固相爲矣，此條則族父報，然則族曾祖父于昆弟之曾孫，族祖父于從父昆弟之孫，以其爲旁親，卑者之輕服，故略之而不報與？〇案經但見族父爲此服，註兼言族母者，足經意也。婦人爲夫黨之卑屬與夫同。”

世佐案，同高祖之親，自族昆弟而外，凡三緦麻。其報服，經惟見其一耳，文不具也。敖説非。

曾孫。

註曰：“孫之子。”

疏曰：“據曾祖爲之緦，不言玄孫者，此亦如齊衰三月章直見曾祖，不言高祖，以其曾孫、玄孫爲曾、高同[①]，曾、高亦爲曾孫、玄孫同也。”

敖氏曰：“此曾祖爲之服也。以本服之差言之，爲子期，爲孫大功，則爲曾孫亦宜小功，乃在此者，以曾孫爲己齊衰三月，故己亦爲之緦麻三月，蓋不可以過于其爲己之月數也。不分適庶者，以其卑遠，略之，且不可使其庶者無服也。”

世佐案，此謂其庶也。若適子、若孫皆没，而以適曾孫爲後，曾祖亦宜爲之期，以其將所傳重故也。然其事亦世所鮮有，故經不著之。

---

① “曾孫”下原無“玄孫”二字，《集説》同。校本有“玄孫”二字，陳本、閩本、監本、毛本同，據補。

父之姑。

註曰："歸孫爲祖父之姊妹。"

疏曰："《爾雅》云：'女子謂昆弟之子爲姪，謂姪之子爲歸孫。'"

敖氏曰："此從祖之親，乃緦者，以其爲祖父之姊妹，於屬爲尊，故但據已適人者言之，其意與姑爲姪者同。不言報者，亦以非其一定之禮故耳。"

世佐案，此同曾祖之親也。其成人而未嫁者服之，如從祖父，適人者降一等，故在此。經不云"適人"者，亦文省。

從母昆弟。

馬氏曰："姊妹子相爲服也。"

敖氏曰："從母姊妹亦存焉。外親之婦人，在室、適人同。"

傳曰：何以緦也？以名服也。

馬氏曰："以從母有母名，其子有昆弟名。"

疏曰："因從母有母名而服其子也。"

敖氏曰："名，謂昆弟之名。母爲姊妹之子小功，子無所從也，唯以名服之，從母以名加，此以名服。子于母黨，其情蓋可見矣。然則有可從而不從者，所以遠別于父族與？"

甥。

註曰："姊妹之子。"

杜氏佑曰："大唐貞觀年中，八座議奏：'令舅服同姨小功五月，而《律疏》舅報于甥服猶三月。謹按，傍尊之服，禮無不報，己非正尊，不敢降也。故甥爲從母五月，從母報甥小功。甥爲舅緦麻，舅亦報甥三月，是其義矣。今甥爲舅使同從母之喪，則舅宜進甥，以同從母之報。修《律疏》人不知禮意，舅報甥服，尚指緦麻，于例不通，理須改正。今請修改《律疏》舅報甥亦小功。'制可。"

敖氏曰："亦丈夫婦人同。"

傳曰：甥者何也？謂吾舅者吾謂之甥。何以緦也？報之也。

疏曰："甥既服舅以緦，舅亦報甥以緦也[①]。"

汪氏琬曰："凡父黨之尊者，由父推之，則皆父之屬也，如世父、叔父、從祖祖父是也。至父之姊妹則不可謂之父矣，不可謂之父，其可謂之母乎？二者皆不可以命名，故聖人更之曰姑。《爾雅》'謂我姑者，吾謂之姪'，蓋姑亦不敢以昆弟之子爲子也。凡母黨之尊者，以母推之，則皆母之屬也，如從母是也。至母之昆弟，則不可謂之母矣。不可謂之母，其可謂之父乎？二者皆不可以命名，故聖人更之曰舅。《爾雅》'謂我舅者，吾謂之甥'，蓋舅亦不敢以姊妹之子爲子也。此先王制名之微意也。"

世佐案，甥之名不一，故傳釋之云"謂吾舅者，吾謂之甥"，明其對舅立文，爲姊妹之子也。《爾雅》云"姑之子爲甥，舅之子爲甥。妻之晜弟爲甥，姊妹之夫爲甥。"《孟子》云"帝館甥于貳室"，是壻亦名甥矣。已上諸甥皆與此異，此所謂甥，則《爾雅》云"男子謂姊妹之子爲出"是也。

壻。

註曰："女子子之夫也。"

傳曰："何以緦也？報之也。"

疏曰："壻既從妻而服妻之父母，妻之父母遂報之也。"

張氏《監本正誤》云："'壻傳曰何以緦也'，唐石經無'也'字。"

妻之父母。

汪氏琬曰："或問：《明孝慈録》註妻母之嫁者、出者皆服緦，然則果應服乎？曰：否。嫁母、出母，爲父後者猶無服，何有於妻母之出且嫁者乎？厚於妻母而薄於己之所生，其非先王之意也明矣。律文無服是也。"

姜氏曰："所謂外舅、外姑也。"

傳曰：何以緦？從服也。

註曰："從於妻而服之。"

---

① "報"，校本同，與《句讀》合，陳本、閩本、監本、毛本作"爲"。

杜氏曰："蜀譙周云：'天子、諸侯爲外祖父小功，諸侯嫡子爲母妻及外祖父母、妻父母皆如國人。舊説外祖父母，母族之正統，妻之父母，亦妻族之正統也。母、妻與己尊同，母、妻所不敢降，亦不降。'宋庾蔚之謂：'禮，父所不服，子不敢服。嫡子爲妻之父母服，則天子、諸侯亦服妻之父母可知也。妻之父母猶服，況母之父母乎？'"

敖氏曰："從期服而緦，是降於其妻三等矣。妻從夫降一等，子從母降二等，夫從妻降二等，差之宜也。"

世佐案，《小記》云"世子不降妻之父母"，則是服亦上下同之矣。唯公子、大夫之庶子則不得伸耳。此緦服也，大夫已上不絶者，以妻之父母，君所不臣故也。凡所不臣者，服之如邦人。

姑之子。

註曰："外兄弟也。"

傳曰：何以緦？報之也。

疏曰：姑舅之子，兩相爲服，故云"報"。

程子曰："報服，若姑之子爲舅之子服是也。異姓之服，只是推得一重，若爲母，而推則及舅而止，若爲姑，而推可以及其子。故舅之子無服，却爲既與姑之子爲服[①]，姑之子須當報之也。故姑之子、舅之子，其服同。"

舅。

註曰："母之兄弟。"

汪氏琬曰："或問：舅妻何以無服也？曰：由父而推之，則有父族之服。由母而推之，則有母族之服。姑之夫不可以爲父族，舅之妻與從母之夫不可以爲母族者也。《禮》'絶族無施服'，其此之謂與？"

傳曰：何以緦？從服也。"

註曰："從於母而服之。"

杜氏曰："大唐貞觀十四年，太宗謂侍臣曰：'舅之與姨親疎相似，而服紀有殊，理未爲得。'集學者詳議。於是侍中魏徵等議曰：'禮所以決嫌

---

① "却爲既與姑之子爲服"，校本同，《二程遺書》同，文句不順，楊氏《圖》引程頤之言，上"爲"字下有"姑之子服"四字。

疑，别同異，隨恩以薄厚，稱情以立文。舅與姨雖爲同氣，然舅爲母族之本，姨乃外成他姓。求之母族，姨不與焉。考之經文，舅誠爲重。故周王念齊，稱舅甥之國。秦伯懷晉，切《渭陽》之詩。在舅，服止一時；爲姨，居喪五月。循名求實，逐末棄本，蓋古人或有未達。謹案，舅服緦麻，請與從母同小功。'制可。"

朱子曰："外祖父母，止服小功，則姨與舅合同爲緦麻。魏徵反加舅之服以同於姨，則爲失耳。"

敖氏曰："從於母之大功而緦也。母於昆弟之爲父後者期，子乃不從之而服小功者，亦可見從服一定之制矣。"

顧氏曰："唐人所議服制，似欲過於聖人。嫂叔無服，太宗令服小功；曾祖父母舊服三月，增爲五月；嫡子婦大功，增爲期；衆子婦小功，增爲大功；舅服緦，增爲小功。《新唐書》：'初，太宗嘗以同爨緦，而嫂叔乃無服。舅與從母親等而異服，詔侍中魏徵、禮部侍郎令狐德棻等，議舅爲母族，姨乃外(成)〔戚〕他姓[①]，舅服一時，姨乃五月，古人未達者也。於是服曾祖父母齊衰三月者，增以齊衰五月；適子婦大功，增以期；衆子婦小功，增以大功；嫂叔服以小功五月，報；弟妻及夫兄同舅服緦，增以小功。然《律疏》舅報，甥服猶緦。顯慶中，長孫無忌以爲甥爲舅服同從母，則舅宜進同從母，報。又古庶母緦，今無服，且庶母之子，昆弟也，爲之杖齊，是同氣而吉凶異，自是亦改服緦。'父在爲母服期，高宗增爲三年。婦爲夫之姨、舅無服，玄宗令從夫服，又增舅母緦麻，堂姨舅袒免[②]。而弘文館直學士王元感遂欲增三年之喪爲三十六月。《舊唐書·張柬之傳》。○何休註《公羊傳》言魯文公'亂聖人制，欲服喪三十六月'。皆務飾其文，欲厚於聖王之制，而人心彌澆，風化彌薄。不探其本，而妄爲之增益，亦未見其名之有過於三王也。是故，知廟有二主之非，則叔孫通之以益廣宗廟爲大孝者絀矣。知喪不過三年，示民有終之義，則王元感之服三十六月者絀矣。知親親之殺，禮所由生，則太宗、魏徵所加嫂叔諸親之服者絀矣。《唐書·禮樂志》言：'禮之失也，在於學者好爲曲説，而人君一切臨時申其私意，以增多爲盡禮，而不知煩數之爲黷也。'子曰：'道之不明也，賢者過之。'夫賢者率情之偏，猶爲悖禮，而況欲以私意求過乎三王者哉。"

---

① "戚"原作"成"，校本同。《新唐書》、《日知録》均作"戚"，應據改。

② "袒"原作"祖"，校本作"袒"，《日知録》同，據改。

舅之子。

註曰:"内兄弟也。"

傳曰:何以緦? 從服也。

疏曰:從服者,亦從於母而服之。

敖氏曰:"此與姑之子相爲,皆男女同也。子爲母黨,服止於外祖父母、從母、舅、舅之子、從母之子耳,其餘則無服也。外祖父母、從母、舅與母爲一體,至親也,故從服。舅之子與從母昆弟,則以其爲尊者至親之子而在兄弟之列,不可以無服,故或從服,而或以名服也[①]。"

郝氏曰:"母於昆弟之子大功,子從以緦。"

夫之姑姊妹之長殤。

馬氏曰:"成人服小功,長殤降一等,故服緦也。中下殤降一等,無服也。《禮》'三十而娶',而夫之姊殤者,關有畏厭溺者。"

陳氏詮曰:"夫未二十而娶,故有姊殤然矣。夫雖未二十則成人。"

孔氏倫曰:"蓋以爲違禮早娶者制,非施畏厭溺也。"

徐整問射慈曰:"古者三十而娶,何緣當服得夫之姊殤服? 經文特爲士作,若説國君,皆别言君若公。"慈答曰:"三十而娶,禮之常制也。古者七十而傳宗事與子,年雖幼,未滿三十,自得少娶。故《曾子問》曰:'宗子雖七十,無無主婦。'此言宗子已老,傳宗事與子,則宜有主婦。"

黄氏曰:"妾服見大功章'大夫之妾爲君之庶子'條。"

敖氏曰:"夫之姊無在殤者,此云'姊',蓋連'妹'而立文耳。古者三十而娶,何夫姊之殤之有?"

夫之諸祖父母,報。

馬氏曰:"妻爲夫之諸祖父母服,所服者四,其報者二。曾祖正小功,故妻服緦,不報也。從祖祖父旁尊,故報也。"

註曰:"諸祖父者[②],夫之所爲小功。從祖祖父母、外祖父母。或曰曾祖父母,曾祖於曾孫之婦無服,而云報乎? 曾祖父母正服小功,妻從

① "而"下原無"或"字,校本有,《集説》同,據補。

② "父"字下校本有"母"字。阮《校》曰:"徐、陳、《通解》、《要義》同,毛本、《通典》、《集釋》'父'下有'母'字,閩本'父母'二字擠刻。"

服緦。”

疏曰:“夫之所爲小功”者,妻降一等,故緦麻,以其本疏,兩相爲服,則生報名。或人解諸祖之中兼有夫之曾祖父母,鄭以凡言報者,兩相爲服。曾祖爲曾孫之婦無服,何得云“報”乎?故破其説。又言:若今本不爲曾祖齊衰三月,而依差降服小功,其妻降一等,得有緦麻,今既齊衰三月,明爲曾孫妻無服。

黄氏曰:“妾服見大功章‘大夫之妾爲君之庶子’條。〇又案,凡言報者,皆兩相爲服。以‘夫之外祖父母,報’推之,則外祖父母爲女子子之子之妻緦麻,又以‘夫之從祖祖父母,報’推之,則兄弟之孫婦緦麻。”

敖氏曰:“夫之所爲服小功者,則妻爲之緦。若於夫之祖父母之行而服此者,唯其從祖祖父母耳,似不必言‘諸’。然則此經所指者,其夫之從祖祖父母及從祖父母與?但言‘諸’者,疑文誤且脱也。”

世佐案,曾祖父母、從祖祖父母、從祖父母及外祖父母,皆夫之諸祖父母也。但曾祖父母至尊,夫爲之齊衰三月,妻亦不可以輕服服之,其服當與夫同。齊衰三月章言“丈夫婦人爲宗子、宗子之母、妻”,是其例矣。舊説曾孫婦爲夫之曾祖父母緦,殆失之。夫之外祖父母,妻當從服緦,而外祖父母爲外孫緦,則于其婦無服可知,不得云“報”。然則此經所指者,唯夫之從祖祖父母、從祖父母而已,以其疏遠,故不復條目,而總言“諸祖”也。凡從服,降一等。夫之所爲服緦者,雖在祖父行,妻不服,如族曾祖父母之屬是已。

君母之昆弟。

馬氏曰:“妾子爲嫡夫人昆弟服也。”

敖氏曰:“此服亦不報,其義與君母之從母同。”

傳曰:何以緦?從服也。

註曰:“從於君母而服緦也。君母在則不敢不從服,君母卒則不服也。”

敖氏曰:“庶子從君母之服,唯止於此,不及其昆弟之子與從母昆弟,異於因母也。若爲父後則服之,蓋其禮當與爲人後者同也。”

從父昆弟之子之長殤、昆弟之孫之長殤。

疏曰:“此二人本小功,故長殤在緦麻,中下殤無服。”

敖氏曰："此從祖父、從祖祖父爲之服也。然則從祖祖母、從祖母亦當服之矣。"

爲夫之從父昆弟之妻。

疏曰："同堂娣姒，降於親娣姒，故緦麻也。"

敖氏曰："小功章云：'夫之姑姊妹、娣姒婦，報。'是章唯見此服，不及夫之從父姊妹者，文不具耳。"

傳曰：何以緦也？以爲相與同室，則生緦之親焉。

註曰："同室者不如居室之親也。"

疏曰：以本路人，夫又不服之，今相爲服，故發問也。大功有同室同財之義，故云"相與同室，則生緦之親焉"。小功章親娣姒，言"居室"，而此云"同室"，輕重不等也。

長殤、中殤降一等，下殤降二等。

疏曰：云"長殤、中殤降一等"以下，乃是婦人爲夫之族著殤服法，雖文承上男子爲殤之下，要爲下婦人而發也。

敖氏曰："此主言丈夫爲大功以上之殤，婦人爲夫族齊衰之殤也，不宜在此，蓋脱文也。婦人爲本族之殤服，其降之等，亦與丈夫同。"

世佐案，此所謂"中從上"也。"降一等"、"降二等"者，皆謂降於成人之本服也。是乃總論丈夫婦人爲殤服法，不專指婦人爲夫族而言也。後人以傳文散置經文每條之下，而數語於經無所屬，故綴之於末。

齊衰之殤中從上，大功之殤中從下。

註曰："齊衰、大功，皆服"服"，坊本誤作"明"。其成人也。大功之殤中從下，則小功之殤亦中從下也。此主謂妻爲夫之親服也，凡不見者，以此求之。"

敖氏曰："此亦脱文，失其次而在此也。"

世佐案，"齊衰之殤中從上"者，皆降一等爲大功也。"大功之殤中從下"者，皆降二等爲緦麻也。婦人於夫族旁親，其情少疏，故其中殤之進退，比本族差一服也。又案，夫族大功之殤見於經者，唯夫之叔父耳。其長殤、中殤夫爲之大功，妻從服，降一等，皆當小功。今考小功章，唯見其長殤之服，而中殤、下殤同在此章，故傳特爲之發此例，其文當在上經"夫之叔父之中殤、下殤"之下，簡脱在此。而其上必有發問之辭，則逸之矣。

右緦麻三月。

世佐案,是章居五服之窮,情輕文略,無降、正、義三等之别,故殤服與成人雜然並次,不復别出也。

儀禮集編卷十一　男盛溶澄校字

儀禮集編卷十一之四

秀水盛世佐學　後學歙鮑漱芳、石門顧修參校

喪服第十一之四

記：

公子爲其母練冠、麻、麻衣縓緣，爲其妻縓冠、葛絰帶、麻衣縓緣，皆既葬除之。

馬氏曰："不見日月者，既葬而除之，無日月數也。"

註曰："公子，君之庶子也。其或爲母，謂妾子也。麻者，緦麻之絰帶也。此麻衣者，如小功布深衣，爲不制衰裳變也。《詩》云：'麻衣如雪。'縓，淺絳也，一染謂之縓。練冠而麻衣，縓緣，三年練之受飾也。《檀弓》曰：'練，練衣黄裏、縓緣。'諸侯之妾子厭於父，爲母不得伸，權爲制此服，不奪其恩也。爲妻縓冠、葛絰帶，妻輕。"

疏曰：云"練冠、麻"者，以練布爲冠，以麻爲絰帶也。麻衣，謂白衣深衣。縓緣，謂以縓色繒爲領緣也①。"既葬除之"者，與緦麻所除同也。註云"麻者，緦麻之絰帶也"者，以經有二麻字，故上麻爲首絰、腰絰，緦麻亦言麻，此如緦之麻也。知此麻衣如小功布深衣者，案士之妾子，父在爲母期，大夫之妾子，父在爲母大功，則諸侯妾子，父在小功，是其差次，故知此當小功布也。云"爲不制衰裳變也"者，以其爲深衣，不與喪服同也。《詩》云"麻衣如雪"者，彼麻衣十五升布深衣，與此小功布深衣異。引之者，證麻衣之名同，取升數則異也。云權爲此制，不奪其恩者，諸侯尊，絶

① "謂以"，《經傳》引疏同，校本作"爲之"。

期已下無服，公子被厭，不合爲母服，不奪其母子之恩，故五服外權爲制此服。必服麻衣縓緣者，麻衣大祥受服，縓緣練之受飾，雖抑，猶容有三年之哀故也。"妻輕"者，以縓冠對母用練冠，以葛絰帶對母用麻，皆是輕也。

敖氏曰："'縓冠'之'縓'，亦當作'練'字之誤也。練冠者，九升若十升布，練熟爲之，與衆人爲母、爲妻之練冠同。麻衣，以十五升布爲衣，如深衣。然其異者，緣爾。縓緣，以縓色布爲領及紕也。《間傳》曰'練冠縓緣'，是冠紕亦以縓也，此緣皆視其衣冠之布。爲母但言麻，故於爲妻言葛絰帶以見之。練冠麻葛，凶服也，先言之；麻衣，吉布也，後言之，文當然爾。此二喪本當有練、有祥，故於此得用既練之冠，既祥之衣，與夫練服之飾，以明其服之本重，又小其麻葛之絰帶，以見不敢爲服之意也。此爲妻之衣冠一與爲母同，惟以絰帶爲輕重耳。妾與庶婦厭於其君，公子爲之不得伸，故權爲制此服。然君在，公子不得伸其服者多矣，乃於其母、妻特制此服者，爲其皆在三年之科，與他期服異也。諸侯之妾、公子之妻視外命婦，皆三月而葬。"

郝氏曰："爲其母，爲所生母。練冠三年，小祥之冠，以練熟布爲之。緣衣領袖，諸侯妾之子壓於所尊，于所生母不得自伸，爲此服以變于吉也。爲其妻以淺絳帛爲冠，變于緇玄冠也。絞葛爲首、要絰，輕于麻也。亦以壓于所尊，不得爲妻遂也。"

傳曰：何以不在五服之中也？君之所不服，子亦不敢服也。君之所爲服，子亦不敢不服也。

註曰："君之所不服，謂妾與庶婦也。君之所爲服，謂夫人與適婦也。諸侯之妾，貴者視卿，賤者視大夫，皆三月而葬。"

疏曰：云諸侯之妾，視卿大夫，皆三月而葬者，《大戴禮》文。諸侯一娶九女，夫人與左右媵各有姪娣，二媵與夫人之娣三人爲貴妾，餘五者爲賤妾。

敖氏曰："'君之所不服，子亦不敢服'者，謂其母與妻皆君之所厭而不服者也，子亦從乎其君而不敢服之，傳以此釋其所以不在五服中之意。其實子從君而不敢服者，則不止於此也。君之所爲服，謂適與尊同者也。君爲之服，子亦各以其服服之。傳又因上文而并言此，以見凡公子之服與不服，其義皆不在己也。"

郝氏曰："傳言此不在五服之内，蓋妾與庶婦諸侯絶無服，公子不敢服，爲此濟五服之窮，非常禮也。"

大夫、公之昆弟、大夫之子於兄弟降一等。

註曰："兄弟，猶言族親也。凡不見者，以此求之也。"

疏曰："此三人所以降者，大夫以尊降，昆弟以旁尊降，大夫之子以厭降，是以總云降一等。上經當已言訖，今又言之者，上雖言之，恐猶不盡，記人總結之。"

敖氏曰："此言所爲之兄弟，謂爲士者也。惟公之昆弟，雖與其兄弟同爲公子，亦降之也。三人所以降其兄弟之義，固或有異，而服則同。其兄弟之服雖皆已見于經，然亦有不並列三人而言之者，故於此明之。大夫小功而下之親，爲士者皆不爲之服，蓋小功降一等則緦，而大夫無緦服故也。"

郝氏曰："前言'昆弟'，至此言'兄弟'者，昆，同也，同父母者也。兄，况也，增長之名。親曰昆弟，族曰兄弟，婚姻異姓，亦稱兄弟。此條所降之兄弟，皆指再從小功以下族親，小功兄弟，降一等則緦。凡兄弟降，皆於士也，尊同則不降，於士降則絶矣，故大夫無緦服。"

世佐案，此兄弟所該甚廣，凡旁親，自期、功而下及外親皆是。雖其行輩之尊卑或有與己不同者，亦存焉。郝專指小功以下族親言，非。降一等者，期降大功，大功降小功，小功降緦，緦降則絶矣。然則"大夫無緦服"者，謂無緦之正服耳，若自小功降而在此者，則固不得而絶與？

爲人後者於兄弟降一等，報。於所爲後之兄弟之子，若子。

註曰："言報者，嫌其爲宗子不降。"

疏曰："謂支子爲大宗子後，反來爲族親兄弟之類。以其出降本親，又宗子尊重，恐本親爲宗子有不降服之嫌，故云'報'以明之。"

敖氏曰："此爲兄弟於本服降一等，止謂同父者也。禮，爲宗子服，自大功之親以至親盡者皆齊衰，但有月數之異爾。此'報'云者，昆弟與姊妹在室者但視其爲己之月筭也，而服亦齊衰。惟姊妹適人者，則報以小功也。'之子'二字當爲衍文。所後者之兄弟，凡己所降一等之外者皆是也。其有服若無服，皆如所後者親子之爲。"

郝氏曰："爲人後，謂出繼宗人，則小功兄弟皆降一等，其所降之兄弟亦如其降反之。所爲後之兄弟，謂己所後之父之衆兄弟也。之子，謂所爲後之父之衆子也。於其衆兄弟，事之如世叔父；於其衆子，待之如親昆弟。若子，即如所後者之親生子也。"

顧氏曰："所後者，謂所後之親。上斬章言'所後者'是也。鄭注衍一'爲'字。所爲後，謂出而爲後之人。爲人後者於兄弟降一等，自期降爲大功也。兄弟之子報之，亦降一等，亦自期降爲大功也。若子者，兄弟之孫報之，亦降一等，自小功降而爲緦也。"

世佐案，經於爲人後者於其本宗之服，及所爲後之親屬多略不具，故記人言之。兄弟，謂本宗期、功以下之屬也。爲人後者降其兄弟，與女子子嫁而降其本宗，意略相類。欲其厚于彼，則必薄于此也。敖止以同父者爲兄弟，郝止以小功爲兄弟，皆非。報，謂本宗之兄弟亦各如其降服服之，不以其爲宗子而加隆也。所爲後之兄弟，謂大宗之親屬也。不云"所後者之兄弟"，而云"所爲後之兄弟"者，言所後者之兄弟，嫌若其世叔父然也。大宗之親屬多矣，不應單舉兄弟之子。"之子"二字，當從敖氏作衍文。郝云"之子"謂"所爲後之父之衆子"，誤甚。大宗無後，故以族人支子繼之。所爲後之父，安得有衆子哉？"若子"之義已見上斬章"爲人後者"條下，顧以"報"字讀屬下句，其説鑿矣。

兄弟皆在他邦，加一等。不及知父母，與兄弟居，加一等。

註曰："皆在他邦，謂行仕、出遊若辟仇。不及知父母，父母早卒。"

疏曰：共在他國，一死一不死，相愍不得辭於親眷。父母早卒，兄弟共居而死，當愍其孤幼相育，故皆加一等。

敖氏曰："兄弟以皆在他邦而加者，爲其客死於外故也。以不及知父母而加者，爲其有恩於己故也。凡兄弟之加服，惟此與姑姊妹、女子子適人而無主者也，其餘則否。"

傳曰：何如則可謂之兄弟？傳曰："小功以下爲兄弟。"

註曰："於此發兄弟傳者，嫌大功已上又加也。大功以上若皆在他國，則親自親矣。若不及知父母，則固同財矣。"

疏曰：小功已下，爲兄弟者加一等，大功以上不可復加也。云"親自親矣"，"固同財矣"者，皆明恩自隆重，不可復加之義。從楊氏《圖》節本。

敖氏曰："'謂之'二字似誤，亦當作'爲'。爲兄弟者，爲兄弟服也。此惟以加一等者爲問爾。'小功以下爲兄弟'，謂是乃小功以下之親爲兄弟之服者然也。然則此等加服不得過于大功矣。蓋大功以上，皆在親者之限，故不必復加云。"

郝氏曰："此輩兄弟皆内外族親，有緦、小功服者，或本無服而誼重者，皆可爲服。"

世佐案，云"何如則可謂之兄弟"者，問此兄弟是何等親也。答云"小功以下爲兄弟"，明其本疎屬，故有加爾，非親者之比也。"爲"，如字，敖讀作去聲，因以"謂之"二字爲誤，非。

朋友皆在他邦，袒免，歸則已。

註曰："謂服無親者，當爲之主，每至袒時則袒，袒則去冠，代之以免。舊説云"云"字似衍。以爲免象冠，廣一寸。已，猶止也，歸有主則止也，主若幼少則未止。《小記》曰：'大功者主人之喪，有三年者則必爲之再祭，朋友虞、祔而已。'"

疏曰：同門曰朋，同志曰友。袒而免，與宗族五世者同。朋友義合，故云"無親"。袒時，謂小斂訖，投冠括髮時。引《小記》者，證朋友爲主之義。子幼，不能爲主。大功爲主者爲之再祭，謂練、祥。朋友輕，爲之虞祔而已。

敖氏曰："朋友相爲，弔服加麻也。此亦爲其客死於外，尤可哀憐，故加一等，而爲之袒免，以示其情。歸于其國則復故而如其常服，故曰'歸則已'也。死於他邦者，朋友袒免，兄弟加一等，其意正同。此云'歸則已'，是兄弟雖歸，其加服故自若也，亦足以見親疏之殺矣。"

郝氏曰："袒，哭將踊而露其左臂也。免，作絻，免冠加布于首也。袒衣必免冠，先袒後免，曰'袒免'。"

汪氏琬曰："宋儒程子泰之嘗辨袒免，謂免如字，不當如鄭氏音問。予始愛其文，久而考之禮經，則程子所辨未合也。程子曰：'不應别立一冠，名之爲免。'予則曰：布廣一尺，從項交額，而卻繞於紒，是固不成其爲冠也，鄭氏亦未嘗以冠名之也。程子曰：'解除吉冠之謂免，如免冠之免。'予則曰：此非禮經意也。《禮》'秃者不免'，謂其無紒可繞，故不免也。又或問曰：免者，以何爲也？曰：不冠者之所服也。洵如經言，則不止於不冠而已。如之何借免冠以爲釋也？程子曰：'衰、絰、冠、裳，俱有其制，而袒免則元無冠服，故經莫得而記。’予則曰：經文有之矣，程子未之詳也。《禮》‘奔喪者自齊衰以下入門左，中庭北面哭，盡哀，免麻於序東’，是免用麻也。‘斬衰括髮以麻，爲母括髮以麻，免而以布’，是免用布也。布與麻者，免之制也，其可謂之無其制與？程子曰：‘《禮》“男子冠而婦人笄，男子免而婦人髽”，是冠與免對也，故得以免冠爲免。’予則曰：非也。冠與笄對，免與髽對者也。髽不止於除笄，而免獨止於免冠乎？《左傳》韓之戰，秦穆公獲晉侯，穆姬登臺履薪，使以免服衰絰逆，則免之有服審矣。程子又釋《喪小記》曰：‘父母皆應以麻括髮，而古禮母皆降父，故減麻用布，而特言免以明之。’予則曰：此又非也。經文上言‘括髮’而下言‘免’，則免與括髮不同，不可以合釋之也。有免而括髮者焉，母喪是也。有免而不括髮者焉，屬及五世之喪是也。程子復終言之曰：‘予疑鄭氏故著此以待博而不惑者折衷之。’予則曰：甚矣，程子之好學也[①]。雖然鄭氏之距古遠矣，程子與予之距鄭氏也又益遠。先儒之立言也，雖不能無醇駁，而其音釋必有所師承，未可遽以爲疑也[②]。幸而程子尚有所待，故予得發其臆説如此。予非博者也，蓋能信經而不惑者也。”

朋友，麻。

註曰：“朋友雖無親，有同道之恩，相爲服緦之絰帶。《檀弓》曰：‘羣居則絰，出則否。’其服，弔服也。《周禮》曰：凡弔，當事則弁絰。弁絰者，如爵弁而素，加環絰也。其服有三，錫衰也、緦衰也、疑衰也。王爲三公、六卿錫衰，爲諸侯緦衰，爲大夫、士疑衰。諸侯及卿大夫亦以錫衰爲弔服，當事乃弁絰，否則皮弁，辟天子也。士以緦衰爲喪服，其弔服則疑衰也。舊説以爲士弔服布上素下，或曰素委貌冠加朝服[③]。《論語》曰‘緇衣羔裘’，又曰‘羔裘玄冠不以弔’，何朝服之有乎？然則二者皆有似也。此寔疑衰也，其弁絰、皮弁之時則如卿大夫然，又改其裳以素，辟諸侯也。朋友之相爲服，即士弔服疑（冠則皮弁加絰）衰素裳，〔冠則皮弁加絰〕[④]，

① “子”原作“氏”，校本作“子”，與《堯峰文鈔》同，據改。

② “爲”原作“其”，校本作“爲”，與《堯峰文鈔》同，據改。

③ “加”原作“如”，校本作“加”，徐本、陳本、閩本、監本、毛本、庫本同，據改。

④ “冠則皮弁加絰”六字原在“疑”字下，“衰”字上，校本此六字無。阮《校》云：“此句下《集釋》有‘冠則皮弁加絰’六字。浦鏜云：‘下按《周禮・司服》疏引此注有冠則皮弁之絰六字。’”此六字應在“裳”字下，據《集釋》改。

庶人不爵弁，則其弔服素冠委貌。"

疏曰：云"朋友，麻"者，上文據在他國，加袒免，今此在國相爲弔服[①]，麻絰帶而已。註知"緦之絰帶"者，以其緦是五服之輕，爲朋友之絰帶，約與之等也。云"其服，弔服也"者，以其不在五服，五服之外，惟有弔服，故引《周禮》王弔諸臣之絰及三衰證此也。案《周禮·司服》"王爲三公、六卿錫衰，爲諸侯緦衰，爲大夫、士疑衰"，其首服皆弁絰。又案《服問》"公爲卿大夫錫衰以居，出亦如之，當事則弁絰，大夫相爲亦然"，是諸侯及卿大夫亦以錫衰爲弔服也。云"當事則弁絰"者，天子常弁絰，諸侯及卿大夫當大斂、小斂及殯時，乃弁絰，非此時則皮弁，辟天子也。士弔服則疑衰，士卑，無降服，既以緦爲喪服，不得復將緦爲弔服，故向下取疑衰爲弔服也。"舊説"者，以士弔服無文，前有此二種解，故鄭引《論語》破之。云"又改其裳以素，辟諸侯"者，諸侯、卿大夫不着皮弁，辟天子，此諸侯之士不着疑衰裳而用素裳，又辟諸侯也。故"朋友之相爲服，即士弔服疑衰而素裳"，是鄭正解士之弔服。"庶人不爵弁，則其冠素委貌"，不言其服，則白布深衣也。以白布深衣，庶人之常服，又尊卑未成服以前服之，故庶人得爲弔服也。凡弔服直云素弁環絰，不言帶，或云有絰無帶，但弔服既着衰，首有絰，不可着吉時之大帶，吉時之大帶有采，麻既不加于采，采可得加于凶服乎？案此經註"服緦之絰帶"，則三衰絰帶同有可知。其弔服之除，案《雜記》云"君于卿大夫，比葬不食肉，比卒哭不舉樂"，是知未吉則凡弔服亦當依氣節而除，並與緦麻同三月除之。爲士雖比殯不舉樂，亦既葬除之矣。

敖氏曰："天子弔服三，錫衰也、緦衰也、疑衰也；諸侯弔服二，錫衰也，疑衰也，皆用于臣禮。國君不相弔，則亦未必有朋友之服。是記蓋主爲大夫以下言之[②]。《服問》謂大夫相爲'錫衰以居'，'當事則弁絰'，此大夫於朋友之爲大夫者服也。以是推之，則大夫於士若士於大夫皆疑衰裳，雖當事，亦素冠也，士庶人相爲亦然，其服皆加麻，既葬乃已。若非朋友，則弔之時，其服皆與朋友同，所異者，退則不服耳。疑衰者，亦十五升而去其半，蓋布縷皆有事者也。布縷皆有事，則疑於吉；升數與緦、錫同，

① "此在"二字原作"在此"，校本作"此在"，陳本、閩本、監本、毛本、庫本、《要義》同，據乙。
② "夫"字原作"功"，校本作"夫"，與《集説》同，據改。

則疑於凶,故因以名之。”

張氏曰:“士之弔服則疑衰,其或弁絰,或皮弁,如卿大夫而改其裳也。疑者,擬也,擬于吉也。吉服十五升,而此服用十四升,是近于吉。朋友之服,即此服而加麻也。《周禮·司服》‘凡弔事,弁絰服’,此經註引之,作‘凡弔,當事則弁絰’,誤。‘當事則弁絰’者,諸侯、卿大夫也。當,正之。”

汪氏琬曰:“或問:《禮》言‘朋友,麻’,而律文無之,何也?曰:吾聞之,同門爲朋,同志爲友。古之爲朋友者,其將與之交也,則有始相見之禮,其既與之交也,則有終身同道之恩,蓋慎於初而厚於繼也。如此,夫惟始慎之,繼厚之,故歿則哭於寢門之外,加麻三月。今交道廢矣,彼之憧憧往來者,飲食而已耳,博奕笑語而已耳。有善不相勉,有過不相規,此則孔子謂之所知,曾子謂之相識者也,非朋友也。而顧欲爲之加麻,不已重乎?夫朋友之服不在五服之内,故律文略之,後之學者緣情義之淺深厚薄而加折衷焉,可也。○或問:師弟子何以無服也?曰:昔者孔子之喪顔回也,若喪子而無服。子貢請喪孔子若喪父而無服。今之爲師、爲弟子者,其視夫子、子貢何如,而遂相爲服也。先儒謂‘師不立,服不可立’,此説是也。然則弔服加麻,出入常絰者非與?曰:昔者朱文公之喪,黄文肅公爲其師加麻,制如深衣,用冠絰。何文定公之喪,王文憲公服深衣,加帶絰,冠加絲。許文定公薨,蒲人王楫衰絰赴葬,司賓者辭曰:‘門人衰禮與?’楫曰:‘吾師也。術藝之師與?賓主之師與?吾猶懼乎報之無從耳。’由是言之,後世有人師、經師,如朱、何、許三先生者,夫亦可以用此服矣。”

君之所爲兄弟服,室老降一等。

註曰:“公士、大夫之君。”

疏曰:“天子、諸侯絶期,今言爲兄弟服,明是‘公士、大夫之君’,於旁親降一等者。室老,家相,降一等,不言士。士,邑宰,遠臣,不從服。”

敖氏曰:“君者,謂凡有家臣者皆是也。與室老對闕二字曰君,亦如妾爲君、爲女君之比。”

張氏曰:“公卿大夫爲兄弟服已降一等,室老從之而服,又降一等。”

世佐案,兄弟服,謂期功之屬。此大夫之臣從服之例也。從服者止於室老,其餘否,下天子、諸侯也。天子、諸侯爲其正統之親服,其臣皆從服，亦降一等。不杖期章"爲君之父母"是其例矣。惟近臣君服斯服，蓋不降也，是皆異于大夫者。

夫之所爲兄弟服，妻降一等。

疏曰："妻從夫服其族親，即上經夫之諸祖父母，見於緦麻章，夫之世叔，見于大功章，夫之昆弟之子不降，叔嫂又無服，今言從夫降一等，記其不見者，當是夫之從母之類乎？"

敖氏曰："此惟指妻從夫服者而言，如爲夫祖父母之類是也[①]。其在夫之昆弟之行者則不從。"

郝氏曰："夫之重服，則妻與同，如疎屬小喪，則妻降一等。前于尊親大喪從服皆有等，此括諸未備輕服言也。"

庶子爲後者爲其外祖父母、從母、舅無服，不爲後如邦人。

疏曰："以其與尊者爲一體，既不得服所出母，是以母黨皆不服之。"

敖氏曰："凡從服，皆爲所從在三年之科者也。庶子爲父後者爲其母緦，則於母黨宜無服也。'不爲後如邦人'，是君母與己母之黨或兼服之，明矣。"

郝氏曰："邦人猶言衆人。"

顧氏曰："與尊者爲一體，不敢以外親之服而廢祖考之祭，故絀其服也。言母黨，則妻之父母可知。"

張氏曰："若不爲後，亦如邦人爲母黨服也。"

汪氏琬曰："或問：禮有庶子爲其外祖父母、從母、舅之服，而律文無之，何也？曰：古者諸侯、卿大夫之妾出于買者少，而爲娣姪媵者多。若後世之爲妾者，皆庶姓也，其父母兄弟姊妹往往有不可考者，律文不爲之服，蓋以賤故絀也。然則庶子之服其生母也，今且與適母同矣，夫使伸其私于母而獨絀于母之黨，毋乃稍失倫與？曰：非也。小不可加大，卑不可陵尊，賤不可干貴，聖人之立制也，姑以此示適庶之閑焉，此律文之微意也。故庶子得爲適母之黨服，而不得爲生母之黨服。鄉先生姚文毅公亦以無服爲善也。"

世佐案，庶子爲父後，於其所生母之黨無服，亦不敢服其私親之義也。不言從母昆弟、舅之子者，舉其重者而輕者可知。不爲後如邦人，據

① "爲"字上原無"如"字，校本有，《集説》同，據補。

士禮而言也。若公子、大夫之庶子爲尊者所厭,於其母且不得伸三年,母黨之服,詎得伸乎?大夫卒,庶子不爲後者亦如邦人矣。然君母在,爲君母之黨服,仍不兼服也。敖説之誤,辨見上。

宗子孤爲殤,大功衰、小功衰皆三月,親則月筭如邦人。

註曰:"言孤,有不孤者。不孤則族人不爲殤服服之也。不孤,謂父有廢疾,若年七十而老,子代主宗事者也。孤爲殤,長殤、中殤大功衰,下殤小功衰,皆如殤服而三月,謂與宗子絶屬者也。親,謂在五屬之内。筭,數也。月數如邦人者,與宗子有期之親者,成人服之齊衰期,長殤大功衰九月,中殤大功衰七月,下殤小功衰五月。有大功之親者,成人服之齊衰三月,卒哭受以大功衰九月,其長殤、中殤大功衰五月,下殤小功衰三月。有小功之親者,成人服之齊衰三月,卒哭受以小功衰五月,其殤與絶屬者同。有緦麻之親者,成人及殤皆與絶屬者同。"

疏曰:"云'孤爲殤'者,謂無父未冠而死者也。云'大功衰、小功衰'者,以其成人齊衰,故長殤、中殤皆在大功衰,下殤在小功衰也。云'皆三月'者,以其衰雖降,月本三月,法一時,不可更服,故還依本三月也。云'親則月筭如邦人'者,上三月者是絶屬者,若在五屬之内親者,月數當依本親爲限,故云'如邦人也'。註云'不孤則族人不爲殤服服之'也者,以父在,猶如周之道有適子無適孫,以其父在(無)〔爲〕適子[①],則不爲適孫服,同于庶孫,明此本無服,父在亦不爲之服殤也。云'與宗子有期之親者,成人服之齊衰期'者,謂宗子親昆弟及伯叔昆弟之子,姑姊妹在室之等皆是也。自大功親已下盡小功親以上,成人月數雖依本皆服齊衰者,以其絶屬者猶齊衰三月,明親者無問大功、小功、緦麻皆齊衰者也。既皆齊衰,故三月既葬受服,乃始受以大功、小功衰也。至于小功親已下,'殤與絶屬者同'者,以其成人小功至下殤即入三月,是以'與絶屬者同',皆大功衰、小功衰三月,故'與絶屬者同'也。云'有緦麻之親者,成人及殤皆與絶屬者同'者,以其絶屬者爲宗子齊衰三月,緦麻親亦三月,是以成人及殤死皆與絶屬者同也。"

敖氏曰:"此言宗子孤而爲殤,其服乃如是。若不孤,則族人之親盡

---

① "爲"原作"無",校本同。據阮《校》,《通解》、《要義》"無"作"爲",毛本作"無"。據文意,應據《通解》、《要義》改。

者不爲服，而有親者則或降服，或降而無服，亦如邦人也。"

郝氏曰："宗子，大宗子，族人所爲齊衰三月者也。無父曰孤，宗子父未死，年老而傳子代主宗事，十九以下死，是不孤而殤者也。族人不得以宗子殤爲服，何也？禮有適子則適孫與庶孫同，有父在即是宗子，所殤者同于祖宗之適孫耳，故不爲宗子殤服，必其既爲宗子，父死子孤，十九以下死者，族人乃爲殤服。長殤、中殤大功布衰，下殤小功布衰，皆三月除禮。宗子成人死，族人男女皆齊衰三月，今從殤降爲功衰三月，此疎屬，無五服之親者也。其在五服親内者，各以所當服之月算。初喪服齊衰三月，後各以本服爲受月，滿而後除之，如衆人算服之常法也。"

改葬，緦。

註曰："謂墳墓以他故崩壞，將亡失尸柩也。改葬者，明棺物毀敗，改設之如葬時也。其奠如大斂，從廟之廟，從墓之墓，禮宜同也。服緦者，臣爲君也，子爲父也，妻爲夫也。必服緦者，親見尸柩，不可以無服，緦三月而除之。"

疏曰：案《既夕》記朝廟至廟中更設遷祖奠，云如大斂奠，即此移柩向新葬之處所設之奠，亦如大斂之奠，士用豚三鼎，則大夫已上更加牲牢，大夫用特牲，諸侯用少牢，天子用大牢可知。又朝廟載柩之時，士用輁軸，大夫已上用輴，不用蜃車，飾以帷荒，即此從墓之墓，亦與朝廟同可知。"臣爲君"、"子爲父"、"妻爲夫"，惟據極重而言，餘無服也。不言妾爲君，以不得體君，差輕故也。不言女子子，婦人外成，在家又非常，故亦不言。"言"下疑更有"不言"二字。諸侯爲天子，諸侯在畿外差遠，改葬不來，故亦不言也。君親死已多時，哀殺已久，可以無服，但親見君父尸柩，故制服以表哀，故皆服緦也。云"三月而除"者，謂葬時服之①，及其除也，亦法天道一時，故亦三月除也。若然，鄭言三等，舉痛極者而言，父爲長子，子爲母，亦與此同也。

黄氏曰："案《通典》漢戴德云：'制緦麻具而葬，葬而除，謂子爲父，妻、妾爲夫，臣爲君，孫爲祖後也。無遣奠之禮，其餘親皆弔服。'魏王肅云：'司徒文子改葬，其叔父問服于子思，子思曰："禮，父母改葬，緦，葬而除，不忍無服送至親也。"'肅又云：'本有三年之服者，道有遠近，或有艱，

① "謂"原作"未"，校本作"謂"，陳本、閩本、監本、毛本同，據改。

故既葬而除,不待有三月之服也。非父母無服,無服則弔服加麻。'"

敖氏曰:"改葬者,或以有故而遷葬於他處,如文王於王季之類是也。或以向者之葬不能如禮,後乃更之,如晉惠公於共世子之類是也。此惟言緦,不著其人,則是凡有親而在其所者服皆然也。以其非常服,而事又略,故五屬同之。不言其除之之節,或既改葬則不服之與?〇案註云'從廟之廟,從墓之墓,禮宜同也',言此者,以徵改葬之奠當如大斂耳。蓋祖奠如大斂奠,故鄭氏以此況彼,謂改葬之奠宜與之同也。"

汪氏琬曰:"或問:《禮》'改葬,緦',鄭玄謂三月除之,而《明集禮》既葬釋服,何以不同也?曰:《集禮》釋緦服者,謂釋其衰麻耳,下文'素服'云云,則猶未敢即吉也,是故吾從三月。〇或問:過時而葬,宜何服?曰:《禮》久而不葬者,主喪者不除。夫久而不葬,人子之過也,其可以不衰絰乎哉?又《禮》'爲兄弟既除喪已,及其葬也,反服其服',兄弟且爾,而況於人子乎?"

童子,唯當室緦。

註曰:"童子,未冠之稱也。當室者,爲父後承家事者,爲家主,與族人爲禮,於有親者,雖恩不至,不可以無服也。"

疏曰:"當室"者,《周禮》謂之門子,與宗室往來,故爲族人有緦服。以其代父當家事,故註云"爲家主,與族人爲禮,于有親者",則族内四緦麻以來皆是也。案《内則》年二十敦行孝弟,十九以下未能敦行孝弟,故云"恩不至"。不在緦章者,若在緦章,則外内俱報,此當室童子,直與族人爲禮有此服,不及外親,故不在緦章而在此記也。

敖氏曰:"此言惟當室則緦,是雖父在亦得爲之。《曲禮》曰'孤子當室',言孤,則有不孤者矣。"

世佐案,當室,謂父没及年老而傳者也。緦,兼父黨、母黨而言。童子未有室,唯無妻黨服耳。註疏專指族人,恐未是。童子死,親族當爲之緦者,皆降而無服,故註云"恩不至"也。

傳曰:不當室則無緦服也。

敖氏曰:"童子不當室,則無緦服,所以降于成人,當室則緦,所以異于衆子。"

郝氏曰:"凡緦,多中表之親。童子未當家,未與三黨周旋,故應無緦，唯父死，當家之童子親族備禮則有之，故傳以不當室反明之。"

世佐案，記云"唯當室，緦"，明其餘固無是禮也。此與童子不杖意相類，皆以其未成人略之。然惟云"無緦服"，則期功已上之服如成人，又可見矣。

凡妾爲私兄弟如邦人。

註曰："嫌厭降之也。私兄弟，目其族親也。世佐案，疏引註文此下有"然則"二字。女君有以尊降其兄弟者，謂士之女爲大夫妻，與大夫之女爲諸侯夫人，諸侯之女爲天王后者。父卒，昆弟之爲父後者宗子，亦不敢降也。"

疏曰：妾言"凡"者，總天子以下至士，故"凡"以該之也。註云"然則女君有以尊降其兄弟者"，以其女君與君體敵，故得降其兄弟旁親之等，子尊不加父母，唯不降父母，則可降其兄弟旁親。云"謂士之女爲大夫妻，大夫之女爲諸侯夫人，諸侯之女爲天王后"者，此等皆得降其兄弟旁親也。云"父卒，昆弟之爲父後者宗子，亦不敢降也"者，雖得降其兄弟，此爲父後皆不得降，容有歸宗之義，歸于此家，故不降。

敖氏曰："此經正言妾之服其私親者，惟有爲父母一條，其餘則皆與爲人妻者並言於凡適人者及嫁者、未嫁者爲其親屬之條中，恐讀者不察，故記言此以明之。"

郝氏曰："私兄弟，謂妾父母家諸親族。如常人各以其等爲服，蓋妻與夫同體，故降其私親，妾不體君，得自伸也。"

張氏曰："妾爲私親，疑爲君與女君所厭降，實則不厭，故服同邦人常法，謂如女子適人者之服也。"

大夫弔於命婦，錫衰。命婦弔於大夫，亦錫衰。

註曰："弔於命婦，命婦死也。弔於大夫，大夫死也。《小記》曰：'諸侯弔，必皮弁錫衰。'《服問》曰：'公爲卿大夫錫衰以居，出亦如之，當事則弁絰，大夫相爲亦然。爲其妻，往則服之，出則否。'"

疏曰：註引《小記》者，以記直言衰，不言首服，故引之。言"諸侯弔，必皮弁錫衰"者，謂諸侯因朝弔異國之臣，著皮弁錫衰，雖成服後，亦不弁絰也。引《服問》者，有己君并有卿大夫與命婦相弔法。云"以居"者，君在家服之。"出亦如之"，出行不至喪所亦服之。云"當事則弁絰"者，謂當大小斂及殯皆弁絰也。云"大夫相爲亦然"者，一與君爲卿大夫同。

"爲其妻,往則服之[1],出則否",引之者,證大夫與命婦相弔服錫衰同也。

敖氏曰:"《服問》以錫衰爲大夫相爲之服,則命婦相弔亦錫衰矣。此記惟見大夫于命婦、命婦于大夫者,嫌所弔者異則服或異也。大夫命婦之錫衰惟于尊同者用之,則弔於其下者不錫衰,明矣。"

郝氏曰:"弔于命婦與命婦弔,皆弔其主人之妻也。男女弔異而衰布同。"

汪氏琬曰:"大夫之弔命婦有之,命婦弔大夫則未也。何也?婦人之職惟司酒食織紝而已,不當與聞閫外之事,故曰'婦人無外事'。禮知生則弔,所識則弔,爲命婦者何自而與大夫有素也,如其爲有服諸親,則聞喪之日,必往而號踊哭泣,厠于姑姊妹、娣姒衆婦人之列矣,夫安得行弔禮,且自有居喪之本服在,夫安得而用錫衰,舍是而出弔,則與外事之漸也。獨不觀魯之公父文伯之母乎?公父文伯之母,季康子之從祖叔母也,康子往焉,闖門與之言,皆不踰閾,仲尼謂之知禮,蓋古人謹于男女之辨如此。使先王而果制此服,是誨命婦以淫也。夫防之猶虞其未足,而顧誨之乎?其可疑審矣。説者曰:禮尚往來,大夫弔命婦,命婦不可以不弔大夫,如之何?予告之曰:有命婦之夫與其子在《服問》大夫相爲錫衰以居,出亦如之,爲其妻往則服之,出則否,獨不言命婦爲大夫,此可據也。説者又曰:婦人不越疆而弔人,禮禁其越疆,豈遂禁其弔人乎哉?予曰:非是之謂也。命婦死則命婦當弔,大夫死則命婦不當弔,殆亦不畔於禮者也。"

姜氏曰:"言大夫,該卿、大夫、士之詞。以《周禮・司服》王爲公、卿、大夫、士推之可見。王弔且由公、卿及于士,况凡相弔者乎?"

世佐案,弔于命婦,弔其夫也。弔于大夫,弔其妻也。婦人得出弔者,以其與死者之妻爲親族故也。本與死者無服,故但服弔服而已。大夫命婦弔于敵者之服如是,則其弔于士也,蓋緦衰與?

傳曰:錫者何也?麻之有錫者也。錫者,十五升抽其半,無事其縷,有事其布曰錫。

註曰:"謂之錫者,治其布使之滑易也。錫者,不治其縷,哀在内也。

[1] "往則服之",校本作"降於大功"。庫本作"往則服之",卷末《考證》云:"'往則服之'四字,監本譌作'降于大功',今据注引《服問》語改正。"

緦者，不治其布，哀在外也。君及卿大夫弔士，雖"雖"本或作"唯"，誤。當事，皮弁錫衰而已。士之相弔則如朋友服，疑衰素裳。凡婦人相弔，吉笄無首，素總。"

疏曰：錫謂不治其縷，治其布，以哀在內。緦則治縷，不治布，哀在外，以其王爲三公、六卿，重于畿外諸侯故也。云"君及卿大夫弔士，雖當事，皮弁錫衰而已"者，是士輕，無服弁經之禮，有事、無事皆皮弁。若然，《文王世子》註"諸侯爲異姓之士疑衰，同姓之士緦衰"，今言士與大夫又同錫衰，此言與《士喪禮》註同，亦是君於此士有師友之恩者也。云"凡婦人相弔，吉笄無首，素總"者，下文"女子子爲父母，卒哭，折吉笄之首，布總"，此弔服用"吉笄無首，素總"，又男子冠、婦人笄相對，婦人喪服，又笄總相對，上註男子弔用素冠，故知婦人弔亦"吉笄無首，素總"也。

敖氏曰："'有錫'疑當作'滑易'，蓋二字各有似，以傳寫而誤也，鄭司農註《司服職》云'錫麻之滑易者'也，其據此記未誤之文與？以天子弔服差之，錫重于緦，故緦治縷而錫則否，蓋凡服以麤細爲先後，錫不治縷，則其縷不如緦之細，所以差重也。然而必有事其布者，蓋弔服不可以無所事，既不治縷，則當治布也，治其布，則滑易矣，所以謂之錫。"

郝氏曰："錫與緦皆十五升抽其半，而錫重于緦，錫易治也。麻之有錫，言麻布加易治也。有、又通，加也。事，猶治也。有事、無事，反緦而言，有事其縷，無事其布，則緦矣。曰錫，明所以異于緦。"

世佐案，國君弔士之服，當以《文王世子》註爲正。此註言與卿大夫同錫衰，自相違異，蓋誤也。且卿大夫弔士，亦不合服錫衰，説見上。

女子子適人者爲其父母，婦爲舅姑，惡笄有首以髽，卒哭，子折笄首以笄，布總。

註曰："言以髽，則髽有著笄者明矣。"

疏曰："此二者皆期服，但婦人以飾事人，是以雖居喪內，不可頓去修容，故使惡笄而有首，至卒哭，女子子哀殺，歸于夫氏，故折吉笄之首而著布總也。案斬衰章'吉笄尺二寸'，斬衰以'箭笄長尺'，《檀弓》齊衰笄亦云尺[①]，則齊衰已下皆與斬同一尺，不可更變，故折吉笄首而已。其總，

① "笄"原作"期"，校本作"笄"，陳本、閩本、監本、毛本、庫本同，與《禮記・檀弓》文合，據改。

斬衰六升，長六寸，鄭註‘總六升，象冠數’，則齊衰總亦象冠數，正服齊衰冠八升，則正齊衰總亦八升，是以總長八寸。笄總與斬衰長短爲差，但笄不可更變，折其首，總可更變，宜從大功總十升之布總也。‘言以髽’者，則髽有著笄明矣。鄭言此者，舊有人解《喪服小記》云‘男子免而婦人髽’，免時無笄，則髽亦無笄矣，但免、髽自相對，不得以婦人與男子有笄無笄相對，故鄭以經云‘惡笄有首以髽’，髽、笄連言，則髽有著笄明矣。”

敖氏曰：“云‘有首’，見惡笄之制也，是亦其異于箭笄者與？言‘笄有首’而復云‘以髽’，見成服以後猶髽，且明齊衰而髽者之止於是也。然則婦人之髽者，惟妻爲夫，妾爲君，女子子在室爲父母與此耳。‘以笄’之‘笄’，著笄之稱也。卒哭，子折笄首，以笄則不復髽矣。婦則惡笄以髽自若也，此亦微有内夫家外父母家之意。總之用布，五服婦人皆然，特以齊衰章亦不言總，故記因而見之也，下文放此。”

郝氏曰：“女子既嫁，父母死，奔服與婦爲舅姑同。惡，猶凶也。笄，簪也。首，簪頭也。有首，言不折也。惡笄短，不必折其首。凡吉笄長尺二寸，凶笄長尺。露髮曰髽，猶男子免；以布覆髮曰總，猶男子冠。受布同，始死盡去笄總露髽，成服則惡笄布總，此女與婦同者也。既葬，虞，卒哭，女子適人者歸夫家，則以吉笄易凶笄，蓋笄不可更受，又不可純吉，用吉笄而去其首，此女與婦異者也。”

世佐案，經于婦人服制，惟一見于斬章，而齊衰以下不著焉，故記者詳之。女子子適人者爲其父母、婦爲舅姑，皆見齊衰不杖期章。惡笄有首，差飾也。然則斬衰箭笄無首明矣，髽，舊説云齊衰以下布髽也。云“以髽”者，見其著笄又著髽也。婦人之髽對男子之免，免必去冠，髽仍著笄者，蓋冠所以冒首，免所以繞髻，著冠則髻不露，故必去冠乃可以免也。婦人之笄僅以貫髮而已，其重雖與冠等，而其制絶與冠異。著笄之後，其髻仍露，故不碍其爲髽也。卒哭，子折笄首，以笄著其異于婦爲舅姑者也。婦人外成，在夫家而服父母之服，猶以爲已之私喪也，故去惡笄著吉笄，然必折其首乃著之者，以其太飾故也。初喪惡笄有首，受以吉笄無首，是其相變之意也。布總，言其同也。此不專爲女子子發，乃言于“子折笄首”之下者，上文終言笄制，而後及之耳。

傳曰：笄有首者，惡笄之有首也。惡笄者，櫛笄也。折笄首者，折吉笄之首也。吉笄者，象笄也。何以言子折笄首而不言婦？終之也。

註曰："櫛笄者，以櫛之木爲笄，或曰榛笄。有首者，若今時刻鏤摘頭矣。卒哭而喪之大事畢，女子子可以歸于夫家而著吉笄。折其首者，爲其大飾也。吉笄尊，變其尊者，婦人之義也。據在夫家，宜言婦。終之者，終子道於父母之恩。"

疏曰："云'吉笄者，象笄也'者，傳明吉時之笄，以象骨爲之，據大夫士而言，案《弁師》天子、諸侯笄皆玉也。案《玉藻》云'沐櫛用樿櫛，髮晞用象櫛'，鄭云'樿，白理木'，櫛即梳也，以白理木爲梳櫛也，彼樿木與象櫛相對，此櫛笄與象笄相對，故鄭云'櫛笄者，以櫛之木爲笄'。云'或曰榛笄'者，案《檀弓》云'南宫縚之妻之姑之喪，夫子誨之髽，曰：爾毋從從爾，爾毋扈扈爾。蓋榛以爲笄，長尺而總八寸'，彼爲姑用榛木爲笄，此亦婦人爲姑，與彼同，但此用樿木，彼用櫛木，不同耳，蓋二木俱用，故鄭兩存之也。云'卒哭而喪之大事畢，女子子可以歸于夫家'者，但以出適女子與在家婦俱著惡笄[①]，婦不言卒哭折吉笄首，女子子即言折吉笄之首，明女子子有所爲，故獨折笄首耳。所爲者，以女子外成，既以哀殺，事人可以加容，故著吉笄，仍爲大飾，折去其首，故以歸于夫者解之。若然，《喪大記》云女子既練而歸，與此註違者，彼小祥歸是其正法，此歸者，容有故許之歸，故云'可以'，權許之耳。"

敖氏曰："《檀弓》云南宫縚之妻爲姑榛以爲笄，此傳所謂櫛者，疑即彼之榛也，蓋聲相近而轉爲櫛耳。言'子折笄首'而不言婦者，謂記于始者並言女子子與婦之笄髽，後乃獨言子折笄首而不及於婦也。終，終喪也。言婦惡笄以終喪，無折笄首之事，故不言婦也。傳引記文云'笄有首'，則記之'惡'字似衍。"

張氏曰："案傳言'終之'者，因記本以女子子與婦並言惡笄有首，以髽下單言子折笄首，布總，而不言婦當如何，故解之曰'終之也'，謂當以惡笄終期也。註云'據在夫家，宜言婦'，仍指女子子而言，誤會傳文。又

---

① "女子與"之"與"字原作"子"，校本作"與"，《要義》、陳本、閩本、監本、毛本、庫本同，據改。

疏云‘出適女子與在家婦俱著惡笄’,以女子外成,既以哀殺事人,故獨折笄首耳。此即傳文正解,下文則不免曲狥鄭註矣。”

妾爲女君、君之長子惡笄有首,布總。

疏曰:“妾爲君之黨服,得與女君同。世佐案,上二句大功章傳文疏引之,釋妾爲君之長子三年之故也。刊本云“妾爲女君之服得與女君同”誤,今正之。爲長子亦三年,但爲情輕,故與上文婦事舅姑齊衰同[①],‘惡笄有首,布總’也。”

敖氏曰:“笄總與上同,乃别見之者,明其不髽也。然則三年之喪亦有不必髽者矣。妾爲女君不杖期,爲君之長子三年。”

世佐案,妾爲女君及君之長子,日月雖殊,而齊衰一也,故其首服同。此與婦爲舅姑無以異,乃别見之者,以其爲妾服故也。不言髽,文省也。故《記》云“妾爲君之長子與女君同”[②],然則母爲長子之服亦猶是矣。箭笄麻髽,唯服斬者耳,以是差之,則大功以下,其皆吉笄折首以髽而布總與?

凡衰,外削幅。裳,内削幅。幅三袧。

註曰:“削,猶殺也。大古冠布衣布,先知爲上,外殺其幅,以便體也。後知爲下,内殺其幅,稍有飾也。後世聖人易之,以此爲喪服。袧者,謂辟兩側空中央也。祭服、朝服,辟積無數。凡裳,前三幅、後四幅也。”

疏曰:自此已下盡“袪尺二寸”,記衰裳之制,用布多少,尺寸之數也。云“凡”者,總五服而言。“外削幅”者,謂縫之邊幅向外。“内削幅”者,謂縫之邊幅向内。“幅三袧”者,據裳而言,爲裳之法,前三幅後四幅,幅皆三辟攝之,以其七幅,布幅二尺二寸,幅皆兩畔各去一寸爲削幅,則二七十四尺[③],若不辟積其要中,則束身不得就,故須辟積其要中也。要中廣狹,任人麤細,故袧之,辟攝亦不言寸數多少,但幅别以三爲限耳。註云“袧者,謂辟兩側空中央也”者,袧者,屈中之稱,一幅凡三處屈之,辟兩邊相著,自然中央空矣,幅别皆然也。云“祭〔服〕[④]、朝服,辟積無數”者,朝

① “上文”二字原無,校本有,《要義》、陳本、閩本、監本、毛本、庫本同,據補。

② “故記云”之“故”,校本作“小”。按“妾爲君之長子與女君同”爲《禮記·喪服小記》文。

③ “二七十四尺”,校本“四”字下有“四丈”二字。阮《校》曰:“《要義》同,毛本、《通解》、楊氏‘四’下更有‘丈四’二字。案《要義》是。”

④ “祭服”之“服”字原無,校本同。陳本、閩本、監本、毛本疏俱作“祭服”,與注文合,應據補。

服謂諸侯與其臣以玄冠服爲朝服，天子與其臣以皮弁服爲朝服，祭服者，六冕與爵弁服皆是，玄端亦是士之家祭服也。凡服，惟深衣、長衣之等，六幅破爲十二幅，狹頭向上，不須辟積其餘要間，已外皆辟積無數，似喪冠三辟積，吉冠辟積無數也。云"凡裳，前三幅，後四幅"者，前爲陽，後爲陰，故前三後四，各象陰陽也。唯深衣之等，連衣裳十二幅，以象十二月也。

敖氏曰："'凡衰'，謂凡名衰者也。'衰外削幅'者，所以別于吉服之制，亦如喪冠外畢之類。裳幅不變者，衣裳同用，衣重而裳輕，變其重者，以示異足矣，故裳不必變也。下云'袂屬幅'，則衰之削幅者惟裻耳。"

郝氏曰："削，裁截也。幅，布邊幅。外内，謂削邊縫向外向内。袧，鉤也，屈折曰袧。每幅疊三折，衰獨外削者，衰以摧爲義，裳以常爲義，衣貴裳賤，衣變裳不變也。"

若齊，裳内衰外。

註曰："齊，緝也。凡五服之衰，一斬四緝。緝裳者，内展之。緝衰者，外展之。"

疏曰：據上齊斬五章，有一斬四齊，此據四齊而不言一斬者，上文已論五服衰裳，縫之外内，斬衰裳亦在其中，此據衰裳之下緝之用針功者，斬衰不齊，無針功，故不言也。言"若"者，不定辭，以其斬者不齊，故云"若"也。言"裳内衰外"者，上言"衰，外削幅"，此齊還向外展之，上言"裳，内削幅"，此齊還向内展之，並順上外内而緝之，此先言裳者，凡齊據下裳而緝之，裳在下，故先言裳，順上下也。鄭言"展之"者，若今亦先展訖，乃行針功者也。

敖氏曰："裳内衰外，與其削幅之意同，亦以齊衰別于吉也。凡齊主于裳也，故先言之。"

郝氏曰："齊，緝其邊使齊，異于斬也。裳邊緝向内，衰邊緝向外。"

負，廣出於適寸。

註曰："負，在背上者也。適，辟領也。負出于辟領外旁一寸。"

疏曰："以一方布置于背上，上畔縫著領，下畔垂放之，以在背上，故得負名。'出于辟領外旁一寸'，總尺八寸也。"

黄氏曰："負，亦名負板。"

敖氏曰："負之廣無定數，惟以出于適旁一寸爲度也，其長蓋比于衰云。"

適，博四寸，出於衰。

註曰："博，廣也。辟領廣四寸，則與闊世佐案，"闊"疑當作"闕"。闕中，下疏所謂"闕去中央安項處"是也。中八寸也，兩之謂尺六寸也。出於衰者，旁出衰外。不著寸數者，可知也。"

疏曰："此辟領廣四寸，據兩相而言。云'出于衰者'，謂比智前衰而言出也[①]。註云'辟領廣四寸'者，據項之兩相，向外各廣四寸。云'則與闊中八寸也'者，謂兩身當縫中央，總闊八寸，一邊有四寸，并辟領四寸爲八寸。云'兩之爲尺六寸也'者，一相闊與辟領八寸，故兩之總一尺六寸。云'出于衰者，旁出衰外'者，以兩旁辟領向前，望衰之外也。衰廣四寸，辟領横廣總尺六寸，除中央四寸當衰，衰外兩旁各出衰六寸，故云'不著寸數，可知也'。"

黄氏曰："此謂度兩身既畢，即將兩身疊作四重，于領上取方裁入四寸，却以所裁者辟而摺之，垂于兩旁，使領中開處方闊八寸也。"

敖氏曰："適，辟領之布旁出者也。云'博四寸'又云'出于衰'，則出于衰者非謂其博也。然則博者，其從之廣與？凡爲衣，必先開當項之處，其上下之度相去四寸，左右之度則隨其人之肥瘠而爲之，闊狹不定也。凡吉衣，皆方翦之，所謂方領是也。此凶服，亦方領，其異者，則但翦其上下之相去四寸者，而不殊其左右之布，使連于衣，而各出于肩上之兩旁而爲適。所謂適，博四寸也，以其横之闊狹不定，故不著其出于衰之寸數，惟言出于衰而已。"

張氏曰："適，以在兩肩者而言，則四寸並闊中共八寸，兩之則爲尺六寸。上文負廣出適旁各一寸，故疏以爲總尺八寸也。衰在智前，出于衰者，以兩肩辟領向前，望衰之外也。"

衰，長六寸，博四寸。

註曰："廣袤當心也。前有衰，後有負板，左右有辟領，孝子哀戚無所不在。"

疏曰："袤，長也，據上下而言也。綴于外衿之上，故得廣長當心。"

---

① "比"原作"彼"，校本作"比"，陳本、監本、毛本、庫本同，據改。

敖氏曰："五服之屬及錫與疑皆以衰爲名，則是凡凶服、弔服無不有此衰矣，其辟領亦當同之。若負板，則惟孝子乃有之，故記先言之也。"

郝氏曰："以布一方，如負聯領當心，垂其狀。摧然曰衰，衰長六寸，寬四寸，成終數也。"

衣帶下尺。

註曰："衣帶下尺者，要也。廣尺，足以掩裳上際也。"

疏曰："謂衣腰也。云'衣'者，即衰也，但衰是當心廣四寸者，取其哀摧在于徧體，故衣亦名爲衰，今此云'衣'，據在上曰衣，舉其寔稱。云'帶'者，此謂帶衣之帶，非大帶、革帶也。云'衣帶下尺'者，據上下闊一尺，若横而言之，不著尺寸者，人有麤細，取足爲限也。云'足以掩裳上際也'者，若無腰則衣與裳之交際之間，露見裹衣，有腰則不露見，故云'掩裳上際也'，言'上際'者，對兩旁有衽，掩旁兩廂下際也。"

敖氏曰："此接衣之布，其廣亦無常度，惟以去帶一尺爲準，豈亦以人有長短之不齊故與？帶，謂要絰也。絞帶、布帶亦存焉。"

郝氏曰："衣即衰。帶，大帶。凡禮服，吉凶皆有大帶。衣長出帶下尺，使不見裳要也。"

世佐案，據其當心而言，則曰衰。據其在上而言，則曰衣負也。適也，衰也，皆縫著此衣者也。帶，謂在要者。吉服有大帶、革帶，凶服則要絰、絞布帶是也。"帶下尺"者，言其衣之長出于帶下一尺也。人之麤細長短不可預定，故不著其廣袤尺寸，而唯以去帶一尺爲度，取足以掩裳上際而已。

衽二尺有五寸。

註曰："衽，所以掩裳際也。二尺五寸，與有司紳齊也。上正一尺，燕尾二尺五寸，凡用布三尺五寸。"

疏曰：云"掩裳際也"者，掩裳兩廂下際不合處也。云"二尺五寸，與有司紳齊也"者，《玉藻》文，案彼士已上，大帶垂之皆三尺，又云"有司二尺有五寸"，謂府史，紳即大帶也。屈而重，故曰紳。此但垂之二尺五寸，故云"與有司紳齊也"。云"上正一尺"者，取布三尺五寸，廣一幅，留上一尺爲正，正者，正方不破之言也，一尺之下，從一畔旁入六寸，乃邪向下一畔一尺五寸，去下畔亦六寸，横斷之，留下一尺爲正，如是，則用布三尺五寸，得兩條衽，衽各二尺五寸，兩條共用布三尺五寸也，然後兩旁皆綴于衣，垂之向下，掩裳際。此謂男子之服，婦人則無，以其婦人之服連衣裳，故鄭上斬章註云婦人之服如深衣，"則衰無帶下，又無衽"是也。

郝氏曰："衽，裳周圍連幅。"

袂屬幅。

註曰："屬，猶連也。連幅，謂不削。"

疏曰："'屬幅'者，謂整幅二尺二寸，凡用布爲衣物，皆去邊幅一寸爲縫殺，今此屬連其幅，則不削去其邊幅，取整幅爲袂。必不削幅者，欲取與下文'衣二尺二寸'同，縱橫皆二尺二寸，正方者也，故《深衣》云袂中'可以運肘'，二尺二寸亦足以運肘也。"

敖氏曰："袂屬幅而不削，是繚合之也。古者衣袂皆屬幅，乃著之者，嫌凶服之制或異于吉也。此袂之長短蓋如深衣之袂，亦反屈之及肘。"

郝氏曰："袂，袖也。全幅不殺，取其方。"

衣二尺有二寸。

註曰："此謂袂中也。言衣者，明與身參齊。二尺二寸，其袖足以容中人之肱也。衣自領至要二尺二寸，倍之四尺四寸，加闕中"闕中"，《續通解》、楊氏《圖》皆作"辟領"，"闕"本或作"闊"，誤。八寸而又倍之，凡衣用布一丈四寸。"

疏曰："云'此謂袂中也'者，上云'袂'，據從身向袪而言，此'衣'據從上向掖下而言。云'言衣者，明與身參齊'者，袂連衣爲之，衣即身也，兩旁袂與中央身揔三事，下與畔皆等，變'袂'言'衣'，欲見袂與衣齊三也。云'衣自領'已下云云者，鄭欲計衣之用布多少之數。自領至腰皆二尺二寸者，衣身有前後，今且據一相而言，故云'衣二尺二寸'，倍之爲四尺四寸，總前後計之也。云'加闕中八寸'者，闕中謂闕去中央安項處，當縫兩相，總闕去八寸，若去一相，正去四寸，若前後據長而言，則一相各長八寸，通前兩身四尺四寸，總五尺二寸也。云'而又倍之'者，更以一相五尺二寸并計之，故云'又倍之'。云'凡衣用布一丈四寸'者，此唯計身，不計袂與袪及負衽之等者，彼當丈尺寸自見，又有不全幅者，故皆不言也。"

敖氏曰："衣，謂衰之身也。言此于袪、袂之間，則是除殺袪之外，其袂之廣亦如衣也。"

世佐案，衣，袂之身也，以其著于臂，故亦謂之衣，與上所云"衣帶下尺"者異矣。袂以全幅布連屬爲之，兩相各尺一寸，其廣已明，此則言其從掖下向袪長短之度也。必二尺二寸者，取其廣袤等也。鄭以"袂中"釋衣，其説亦近是，乃又以是決其在身之衣用布多少之數，則膠矣。夫衣必稱身而爲之，人之長短不齊，安可懸立此制，而使之不得增減乎哉。

袪尺二寸。

註曰："袪，袖口也。尺二寸，足以容中人之併兩手也。吉時拱尚左手，喪時拱尚右手。"

疏曰：云"袪，袖口也"者，則袂末接袪者也。"尺二寸"者，據複攝而言，圍之則二尺四寸，與深衣之袪同。不言緣之深淺尺寸者，袪據横而言，袪横既與深衣尺二寸同[①]，緣口深淺亦與深衣同寸半可知，故略不言也。

黄氏曰：案衰服、衣、衽、袂、袪、齊"齊"恐是"帶"字之誤。下自斬至緦皆同，惟衰、負板、左右辟領，據《儀禮》疏云，衰者，孝子有哀摧之志。負者，負其悲哀。適者，指適緣于父母，不念餘事。若然，則此四者惟子爲父母用之，旁親皆不用歟？

楊氏曰："案記云'衣二尺有二寸'，蓋指衣身自領至要之長而言之也。用布八尺八寸，中斷以分左右爲四尺四寸者二，又取四尺四寸者二，中摺以分前後爲二尺二寸者四，此即尋常度衣身之常法也。合二尺二寸者，四疊爲四重，從一角當領處四寸，下取方裁入四寸，乃記所謂'適，博四寸'，註疏所謂'辟領四寸'是也。案鄭註云'適，辟領也'，則兩物即一物也。今記曰'適'，註疏又曰'辟領'，何爲而異其名也？辟猶攝也，以衣當領裁入四寸處反攝向外，加兩肩上，故曰'辟領'，即疏所謂'兩相向外，各四寸'是也。左右有辟領，以明孝子哀戚無所不在，故曰適即疏所謂指'適緣于父母，不兼念餘事'是也。既辟領四寸加兩肩上，以爲左右適，故後之左右各有四寸，虛處當脊而相並，謂之闊中。前之左右各有四寸，虛處近胷而相對，亦謂之闊中，乃疏所謂'闊中八寸'是也，此則衣身所用布之數與裁之之法也。註又云'加辟領八寸，而又倍之'者，謂别用布一尺六寸，以塞前後之闊中也。布一條，縱長一尺六寸，横闊八寸，又縱摺而

① 自"袪據"至"寸同"十五字，校本無。

中分之，其下一半裁斷左右兩端各四寸，除去不用，只留中間八寸以加後之闊中元裁辟領各四寸處，而塞其缺。當脊相並處。此所謂'加辟領八寸'是也。其上一半全一尺六寸不裁，以布之中間從項上分左右對摺，向前垂下，以加于前之闊中，與元裁斷處近胷相對處。相接，以爲左右領也。夫下一半加于後之闊中者用布八寸，而上一半從項而下以加前之闊中者，又倍之而爲一尺六寸焉，此所謂'而又倍之'者是也。此則衣領所用之布與裁之之法也。古者衣服吉凶異制，故衰服領與吉服領不同，而其制如此也。註又云，凡'用布一丈四寸'者，衣身八尺八寸，衣領一尺六寸，合爲一丈四寸也。此是用布正數，又當少寬其布，以爲針縫之用。然此即衣身與衣領之數，若負、衰、帶下及兩衽，又在此數之外矣。但領必有袷此布，何從出乎？曰：衣領用布，闊八寸而長一尺六寸，古者布幅闊二尺二寸，除衣領用布闊八寸之外，更餘闊一尺四寸而長一尺六寸，可以分作三條，施于袷，而適足無餘欠也。云'袂二尺二寸'而袪乃尺二寸者，縫合其下一尺大，留上一尺二寸以爲袖口也。云'衣帶下尺'者，衣身二尺二寸，僅至腰而止，無以掩裳上際，故于衣帶之下用縱布一尺上屬于衣，横繞于腰，則以腰之闊狹爲準，所以掩裳上際，而後綴兩衽于其旁也。"又曰："衰裳之制，五服皆同，以升數多少爲重輕，父母重，故升數少，上殺、下殺、旁殺輕，故升數多。註云'前有衰，後有負板，左右有辟領'，孝子哀戚之心無所不在，惟子爲父母用之，此外皆不用。"

敖氏曰："此袂廣二尺二寸，而袪尺二寸，亦謂圜殺一尺，如深衣之袪也。此衣與袪、衽、帶下之度，吉服亦然，特于此見之耳。"

汪氏琬曰："或問：衰衣之有衰、負板、辟領也，果獨爲父母用之與？曰：否。經傳無明文，鄭氏之註[①]，賈公彦之疏亦然。如曾孫爲曾祖父母也，適孫祖在爲祖母也，爲人後者爲本生父母也，是皆難以旁親例者也，其遂可不用衰、負板、辟領與？《家禮》之與《儀禮圖》説蓋各發明註疏，而猶各有所未盡也，吾故謂齊衰必當有二式。"

世佐案，袪，接于衣之末者也。尺二寸，言其廣也，不言其長短之度者，以袂衣既有定制，則此接于衣者必須視肘而爲之伸縮，亦不可預定也。

---

① "氏"原作"升"，不辭，校本作"氏"，據改。

衰三升、三升有半,其冠六升,以其冠爲受,受冠七升。

註曰:"衰,斬衰也。或曰三升半者,義服也。其冠六升,齊衰之下也,斬衰正服變而受之此服也。三升、三升半,其受冠皆同,以服至尊,宜少差也。"

疏曰:自此至篇末,皆論衰冠升數多少也。云"衰三升、三升有半,其冠六升",衰異冠同者,以其三升半謂縷如三升半,成布還三升,故其冠同六升也。云"以其冠爲受,受冠七升"者,據至虞變麻服葛時,更以初死之冠六升布爲衰,更以七升布爲冠,以其葬後哀殺,衰冠亦隨而變輕故也。云"或曰三升半者,義服也"者,以其斬章有正、義,子爲父,父爲長子,妻爲夫之等是正斬,"諸侯爲天子",臣爲君之等是義斬,此三升半是實義服,但無正文,故引或人所解爲證也。云"六升,齊衰之下也"者,齊服之降服四升,正服五升,義服六升,以其六升是義服,故云"下也"。云"斬衰正服變而受之此服也"者,下註云"重者輕之"故也。云"三升、三升半,其受冠皆同,以服至尊,宜少差也"者,以父與君尊等,恩情則别,故恩深者三升,恩淺者三升半,成布還三升[①],故云"少差也"。

司馬氏光曰:"古者既葬,練、祥、禫皆有受服,變而從輕。今世俗無受服,自成服至大祥,其衰無變,故于既葬,别爲家居之服,是亦受服之意也。"

或問朱子曰:"今之墨衰可便于出入,而不合于禮經,如何?"曰:"若能不出,則不服之亦好,但要出外治事,則只得服之。《喪服四制》説'百官備,百物具,不言而事行者扶而起,言而後事行者杖而起,身自執事而後行者面垢而已',蓋惟天子、諸侯始得全伸其禮,庶人皆是自執事,不得伸其禮。"

黄氏曰:"案練再受服,經傳雖無明文,謂既練而服功衰,則記禮者屢言之,《服問》曰'三年之喪既練矣,期之喪既葬矣,則服其功衰',《雜記》曰'三年之喪,雖功衰不弔',又曰'有父母之喪尚功衰而祔,兄弟之殤則練冠'是也。案大功之布有三等,七升、八升、九升,而降服七升爲最重,斬衰既練而服功衰,是受以大功七升布爲衰裳也,故《喪服》斬章賈氏疏云斬衰'初服麤,至葬後、練後、大祥後漸細加飾。斬衰裳三升,冠六升,

---

① "升"原作"元",不辭,校本作"升",據改。

既葬後，以其冠爲受，衰裳六升，冠七升，小祥又以其冠爲受，衰裳七升，冠八升’。‘女子子嫁反在父之室’，疏云，至小祥‘受衰七升，總八升’。又案《閒傳》‘小祥練冠’，孔氏疏云：‘至小祥，以卒哭後冠受其衰，而以練易其冠。’而横渠張子之説又曰：‘練衣必煅煉大功之布以爲衣，故言功衰。功衰上之衣也，以其著衰于上，故通謂之功衰。必著受服之上稱受者，以此得名。受，蓋以受始喪斬疏之衰而著之變服，其意以喪久變輕，不欲摧割之心亟忘于内也。’據横渠此説，謂受以大功之衰，則與傳、記、註、疏之説同。謂煅煉大功之布以爲上之衣，則非特練中衣，亦練功衰也。又取成服之初衰長六寸，博四寸，縫於當心者，著之于功衰之上，是功衰雖漸輕，而長六寸、博四寸之衰猶在，不欲哀心之遽忘也。此説則與先儒異，今並存之，當考。”

敖氏曰：“‘以其冠爲受’，謂受衰之布與冠布同也。此言衰布有二，其冠以下惟見其一，則是斬衰正、義之服冠與受布皆同，但初死之衰差異耳。”

汪氏琬曰：“古人之喪服也，至纖至悉，而于三年之喪尤加慎焉，是故三日而成服，三月而葬，則有受衰服葛絰，至于小祥，則除首絰，服練冠，練衣，黄裏縓緣，繩屨無絇。至于大祥，則除衰服，斷杖，服縞冠，素紕，麻衣，白屨無絇，蓋孝子之哀以次而衰，則其服亦以次而變。有子既祥而絲屨組纓，則記者譏之以爲蚤也。唐《開元禮》練縞皆如儀，而受衰廢矣。《明集禮》倣《家禮》行之，益不能盡合乎古，而小祥祭前一日陳練服，大祥陳禫服，猶有禮之遺意焉。又按練衣鄭玄謂爲中衣，孔穎達謂此非正服也，以承衰而已。温公《書儀》及《家禮》皆既練去負版，辟領衰，頗與禮異，其説未知何據。”

齊衰四升，其冠七升，以其冠爲受，受冠八升。

註曰：“言受以大功之上也，此謂爲母服也。齊衰正服五升，其冠八升，義服六升，其冠九升，亦以其冠爲受。凡不著之者，服之首主於父母。”

疏曰：此據父卒爲母齊衰三年而言也。若父在爲母，在正服齊衰。云“言受以大功之上也”者，以其降服大功衰七升，正服大功衰八升，故云“大功之上”。上斬言三升，主於父，此言四升，主於母，正服已下輕，故不言，從可知也。

敖氏曰:"此齊衰四升,其于三年者爲正服,于期者爲降服也。齊衰三年有正、有義,義服五升,冠八升。齊衰期有降、有正、有義,正服五升,冠八升,義服六升,冠九升,亦皆以其冠爲受,其受冠之升數亦多于受服一等。記不著之者,蓋特舉重者以見其餘也。"

世佐案,上經列齊衰之服凡四章,有三年,有杖期,有不杖期,有三月,記惟云四升者,據其最重者言也。《間傳》云"齊衰四升、五升、六升",則加詳矣。然以四章之差分爲三者,蓋惟據降、正、義爲别,而不計其日月之多少也。

繐衰四升有半,其冠八升。

註曰:"此謂諸侯之大夫爲天子繐衰也。服在小功之上者,欲著其縷之精麤也。升數在齊衰之中者,不敢以兄弟之服服至尊也。"

疏曰:"據升數,合在杖期上,以其升數雖少,縷精麤與小功同,不得在杖期上,故在小功之上也。"

敖氏曰:"案註云'服在小功之上者',謂此經喪服之序。繐衰在小功之上也,云'升數在齊衰之中者',齊衰四升、五升、六升,而此繐衰四升有半,是在齊衰之中也。云不敢以兄弟之服服至尊者,用齊衰三月章傳文。"

大功八升,若九升。小功十升,若十一升。

註曰:"此以小功受大功之差也。不言七升者,主於受服,欲其文相值。言服降而在大功者,衰七升,正服衰八升,其冠皆十升,義服九升,其冠十一升,亦皆以其冠爲受也。斬衰受之以下,大功受之以正者,重者輕之,輕者從禮,聖人之意然也。其降而在小功者,衰十升,正服衰十一升,義服衰十二升,皆以即葛及緦麻無受也。此大功不言受者,其章既著之。"

疏曰:云"此以小功受大功之差也"者,以其小功、大功俱有三等,此唯各言二等故也。以此二小功衰,受二大功之冠爲衰,二大功初死,冠還用二小功之衰,故轉相受也。云"不言七升者,主于受服,欲其文相值"者,以其七升乃是殤大功,殤大功章云"無受",此主于受,故不言七升者也。值者,當也,正大功衰八升,冠十升,與降服小功衰十升同,既葬以其冠爲受,受衰十升,冠十一升,義服大功衰九升,其冠十一升,與正服小功衰同，既葬以其冠爲受，受衰十一升，冠十二升，初死冠皆與小功衰相當，是冠衰之文相值也。云"言服降而在大功者，衰七升，正服衰八升，其冠皆十升，義服九升，其冠十一升，亦皆以其冠爲受也"者，此覆解文相值之事。降服既無受而亦覆言之者，欲見大功正服與降服冠升數同之意，必冠同者，以其自一斬及四齊衰與降大功，冠皆校衰三等，及至正大功衰八升，冠十升，冠與降大功同，上校二等者，若不進正大功冠與降同，則冠宜十一升，義大功衰九升者，冠宜十二升，小功、緦麻冠衰同，則降小功衰冠當十二升，正服小功冠衰同十三升，義服小功當冠衰十四升，緦麻冠衰當十五升，十五升即與朝服十五升同，與吉無别，故聖人之意，進正大功冠與降大功同，則緦麻不至十五升。若然，正服大功不進之，使義服小功至十四升，緦麻十五升抽其半，豈不得爲緦乎？然者，若使義服小功十四升，則與疑衰同，非五服之差故也。云"斬衰受之以下，大功受之以正者，重者輕之，輕者從禮，聖人之意然也"者，聖人之意，重者恐至滅性，故抑之，受之以輕服，義服齊衰六升是也。"輕者從禮"者，正大功八升，冠十升，既葬，衰十升，受以降服小功，義服大功衰九升，冠十一升，既葬，衰十一升，受以正服小功，二等大功皆不受以義服小功，是從禮也。云"其降而在小功者，衰十升，正服衰十一升，義服衰十二升，皆以即葛及緦麻無受"者，此鄭云"皆以即葛"及"無受"，文出小功緦麻章，以其小功因故衰，惟變麻服葛爲異也，其降服小功已下升數，文出《間傳》，故彼云"斬衰三升，齊衰四升、五升、六升，大功七升、八升、九升，小功十升、十一升、十二升，緦麻十五升去其半，有事其縷，無事其布曰緦，此哀之發于衣服者也"，鄭註云"此齊衰多二等，大功、小功多一等，服主于受，是極列衣服之差也"，鄭彼註顧此文校多少而言。云"服主于受"，據此文不言降服大功、小功、緦麻之受，以其無受，又不言正服、義服齊衰者，二者雖有受，齊斬之受，主于父母，故亦不言。若然，此言十升、十一升小功者，爲大功之受而言，非小功有受。彼註云"是極列衣服之差"者，據彼經總言，是極盡陳列衣服之差降，故其言與此異也。

聶氏曰："凡五服衰裳，一斬四齊，自齊衰以至緦麻衰並齊，然則君衰棄彼麤名，麤名自顯，功緦遺其齊號，齊號亦明，而四齊之衰並外削幅，皆外展而方齊，其裳並内削幅，皆内展而始緝。又案《喪服》上下十有一章，從斬至緦，升數有異，其異者，斬衰有二，正、義不同，爲父以三升爲正，爲君以三升半爲義，其冠則同六升。其三年齊惟有正之四升，冠七升，繼母、慈母雖是義服，繼母以配父，不敢殊；慈母以重命，不敢降，故與母同，是以略爲一節，同正而已。父在爲母、爲妻齊衰杖期，《雜記》云'十一月而練，十三月而祥，十五月而禫'是也。然母則恩愛也，妻則義合也，雖父尊厭屈，禫杖猶申，故與三年同正服，而齊衰五升，冠八升。又齊衰三月者，義服也，衰則六升，冠九升。曾祖父母計是正服，但正服合服小功，以尊其祖而服齊衰三月，既非本服，故與義同服也。又殤大功有義，爲夫之昆弟之長殤，義也，其衰九升，冠十一升，餘皆降也，其衰七升，冠十升。成人大功有降、有正、有義，姑姊妹出適之等是降也，衰冠同殤降。婦人爲夫族類，義也，衰冠同殤義。餘皆正也，其衰八升，冠十升。又繐衰唯有義服，其衰四升半，冠七升，諸侯之大夫爲天子，故同義服也。殤小功有降、有義，婦人爲夫之族類，義也，衰冠同十二升，餘皆降也，衰冠同十升。成人小功有降、衰冠如殤降。有正，衰冠同十一升，有義。衰冠同殤義。緦麻之衰冠降、正、義皆同，十五升抽去其半而已。"又曰："男子衰裳殊，婦人衰裳不殊，衰亦如男子，外削幅，綴衰于衣，而衣無帶，其裳則如深衣而無衽，謂皆縫合，斬衰至緦麻皆然。"

朱子曰："温公儀凶禮斬衰用古制，而功緦又不用古制。古者五服皆用麻，但布有差等，皆有冠絰，但功緦之絰小耳。今定《家禮》，斬衰衣裳用極麤生布，齊衰用次等麤生布，杖期又用次等生布，不杖期及齊衰三月又用次等生布，大功用稍麤熟布，小功用稍熟細布，緦麻用極細熟布。"

敖氏曰："此齊衰以至小功服各有三等，自大功而上皆有受服、受冠[①]，其受服當下于本服三等，故斬衰受以齊衰之下，齊衰三等受以大功三等，各如其次焉。大功之上亦受小功之上，皆校三等也[②]。以例言之，大功之中當受以小功之中，大功之下當受以小功之下，如是則可與前之受服者輕重相比，而乃不然，中者亦受以小功之上，下者則受以小功之中，止校二等，此非有他故，蓋欲以小功之下十二升者爲大功義服之受冠而然也。大功受冠亦多于受布一等。○案註云'不言七升者，主于受服，欲其文相直'，謂記者于小功言十升若十一升，不言十二升，是主於受服，

① "而"原作"以"，校本作"而"，《集説》同，據改。
② "皆"原作"亦"，校本作"皆"，《集説》同，據改。

故于大功亦但言八升若九升以當之，而不必言七升，是欲其文相直，若謂七升者，亦受十升而并言之，則大功三而小功二，其文不相直也。鄭氏之意蓋或如此。"

汪氏琬曰："斬、齊、大功、小功、緦麻，五服之服通謂之衰，雖弔服亦謂之衰。鄭玄云'凡服上曰衰，下曰裳'，又五服之衰，一斬四緝，三山楊氏《喪服圖》衰裳之制，五服皆同，前有衰，後有負版，左右有辟領，惟子爲父母用之，旁親則否。此先王之禮然也。蓋衰之爲言摧也，明孝子有哀摧之心也。夫哀摧之心，凡在五服中者，莫不有之，奚獨孝子。亦曰孝子之於父母，視旁親有加戚焉，非謂旁親而遂可以不哀摧也。然則五服之服，通謂之衰，宜矣。顧近世士大夫自大功之喪而下，俱無有服衰者，皆非知禮者也。按《喪服傳》'大功布衰裳，牡麻絰，無受'，或'牡麻絰纓，布帶'，有受，'小功布衰裳，澡麻帶絰'，或牡麻絰，又記'宗子孤爲殤，大功衰、小功衰皆三月'，又《雜記》'功衰食菜果，飲水漿，無鹽酪。不能食食，鹽酪可也'，此大功、小功爲衰之明驗也。鄭玄云'緦麻，布衰裳而麻絰帶'，又《周禮》王爲三公六卿錫衰，爲諸侯緦衰，爲大夫、士疑衰，此緦麻爲衰之明驗也。自朱子《家禮》、《明集禮》、《孝慈録》莫不仍之，顧律令大功以下言服不言衰，非不爲衰也，省文也。士、大夫亦無有服功衰、緦衰者，此近世薄于旁親而然，夫豈先王之制與？"

世佐案，大功不言七升，小功不言十二升，文不具耳。註云"主於受服"，似泥。繐衰亦無受服，何以特言之耶？且大功七升無受者，惟殤服耳，其成人之降服七升，未嘗無受也，疏説曲于護註，亦非。大功已下不言其冠者，以上文推之可知也。斬衰二等，而其冠同六升，受以齊衰之下也。齊衰四升、五升、六升，而其冠同七升，受以大功之上也。大功七升、八升、九升，而其冠同十一升，受以小功之中也，小功十升、十一升、十二升，而其冠同十五升抽其半，以緦麻無上、中、下之别，但有一衰故也。小功無受，緦麻冠、衰同者，以喪冠之升數窮于此，不可以吉冠受之也。五服之衰各有降、正、義之别，而冠唯一等，異其衰，見其情有深淺，同其冠，見其服無重輕。男子重在首，故衰異而冠不異也。

問喪服制度。朱子曰：此等處但熟考註疏，即自見之其曲折，難以書尺論也。然喪與其易也寧戚，此等處未曉，亦未害也。○又問喪服用古制恐駭俗，不知當如何。曰：駭俗猶小事，但恐考之未必是耳。若果考得是，用之亦無害。○又問居喪冠服，答曰：今考政和五禮，喪服却用古制，准此而行，則亦無特然改制之嫌。○因説生事葬祭之必以禮，聖人説得本闊，人人可用，不特爲三家僭禮而設。因言今人於冠、昏、喪、祭一切苟簡徇俗，都不知所謂禮者，又如何責得他違與不違。古禮固難行，然近世一二名公所定之禮，及朝廷五禮新書之類，人家儻能相與講習，時舉而行之，不爲無補。又云：周禮太繁細，亦自難行，今所編禮書，只欲使人知之而已。觀孔子欲從先進與寧儉寧戚之意，往往得時得位，亦不必盡循周禮。必須參酌古今，别自制爲禮以行之。所以告顔子者，可見世固有人便欲行古禮者，然終是情文不相稱。○今所以集禮書也，只是略存古之制度，使後之人自去減殺，求其可行者而已，若必欲一一盡如古人衣服、冠屨之纖悉具備，其勢也行不得。問：温公所集之禮如何？曰：早是闕一字(子)〔了〕[①]，如喪服一節也太詳。爲人子者方遭喪禍，使其一一欲纖悉盡如古人制度，有甚麼心情去理會。古人此等衣服冠屨每日接熟于耳目，所以一旦喪禍，不待講究便可以如禮。今却閒時都不曾理會[②]，一旦荒迷之際，欲旋講究，此勢之必難行者。必不得已，且得從俗之禮而已，若有識禮者相之可也。○又曰：若聖人有作古禮，未必盡用，須别有箇措置。若聖人有作，視許多瑣細制度皆若具文，且是要理會大本大原。曾子臨死丁寧説及："君子所貴乎道者三：動容貌，斯遠暴慢矣；正顔色，斯近信矣；出辭氣，斯遠鄙倍矣。籩豆之事，則有司存。"上許多是大本大原，如今所謂理會許多正是。籩豆之事，曾子臨死教人不要理會這箇，夫子焉不學，而亦何常師之有？惟是孔子却都闕一字理會來[③]。孟子已是不説細碎，答滕文公喪服只説：諸侯之禮，吾未之學也，吾嘗聞之矣。三年之喪，齊疏之服，飦粥之食，自天子達於庶人。這三項便是大本大原。

王氏應麟曰："夏侯勝善説禮服，謂《禮》之喪服也。蕭望之以禮服授皇太子，則漢世不以喪服爲諱也。唐之姦臣以凶事，非臣子所宜言，去《國卹》一篇，而凶禮居五禮之末。五服如父在爲母、叔嫂之類，率意輕改，皆不達禮意者。五服制度附于令，自後唐始。"見《五代史·馬縞傳》。閻氏

① 據《通解續》，"是"字下闕字或爲"詳"。"子"，校本同，《通解續》作"了"，"子"疑爲"了"字之誤，應據改。

② "閒"原作"閑"，校本作"閒"，《通解續》同，據改。

③ 據《通解續》，"都"字下闕字或爲"曾"。

若璩[①]曰:"案《舊唐·禮儀志》高宗顯慶二年,長孫無忌奏,今律疏有舅報甥之服,則五服制度附于令不自後唐始,《五代史記》誤。"

郝氏曰:"喪服雖止及大夫、士,而天子、諸侯下至庶人皆可知。士與庶人同禮,大夫加于士,則諸侯加于大夫,天子加于諸侯,皆可義推[②]。故《儀禮》十七篇大較備矣。鄭謂天子、諸侯禮亡,然則後世天子、諸侯何從受禮乎?"

朱氏彝尊曰:"禮有五,喪祭重矣。曲臺之記,石渠之論議,於喪禮尤詳焉。晉人崇尚莊老,宜其自放禮法之外,而於喪禮變除,(寧假)〔假寧〕之同異[③],獨齗齗辨難,若杜預、衛瓘、袁準、孔倫、陳銓、劉逵、賀循、環濟、蔡謨、劉德明、葛洪、孔衍之徒,均有撰述。宋、齊以降,言凶禮者不乏。自唐徙五禮之名,置凶禮第五,於時許敬宗、李義府上《顯慶新禮》,以爲凶禮非臣子所宜言,去《國卹》一篇,自是天子凶禮遂闕,此柳宗元以不學訕之也。迨宋講學日繁,而言禮者寡於凶事,少專書,朱子《家禮》盛行於民間,而世之儒者於《國卹》不復措意,其僅存可稽者,杜氏《通典》、馬氏《通考》已焉。嗚呼,慎終追遠之義,輟而不講,斯民德之日歸於薄矣。"

楊氏《五服衰冠升數圖》

斬衰三年

正服衰三升	冠六升	既葬以其冠爲受衰六升	冠七升
義服衰三升有半	冠六升	既葬以其冠爲受衰六升	冠七升

齊衰三年齊衰期齊衰不杖

降服衰四升	冠七升	既葬以其冠爲受衰七升	冠八升
正服衰五升	冠八升	既葬以其冠爲受衰八升	冠九升
義服衰六升	冠九升	既葬以其冠爲受衰九升	冠十升

齊衰三月

義服衰六升	冠九升	無受

大功九月

殤降服衰七升	冠十升	無受	
成降服衰七升	冠十升	既葬以其冠爲受衰十升	冠十一升

---

① "璩"原作"壉",校本作"璩",據改。

② "義"原作"以",校本作"義",《節解》同,據改。

③ "假寧"原作"寧假",校本同。《經義考》作"假寧",應據改。

自斬衰至大功，降服凡八條，冠皆校衰三等

正服衰八升　冠十升　既葬以其冠爲受衰十升　冠十一升

義服衰九升　冠十一升　既葬以其冠爲受衰十一升　冠十二升

以上二條冠皆校衰二等

繐衰裳四升有半　冠八升　既葬除之

小功五月

殤降服衰十升　冠升同　無受

降服衰十升　冠升同　即葛五月無受

正服衰十一升　冠升同　即葛五月無受

義服衰十二升　冠升同　即葛五月無受

緦麻三月

降、正、義同衰十五升抽其半　冠升同　無受

已上衰冠升數并受服出本經記賈氏疏

今更定《五服衰冠升數圖》

斬齊三年

正服衰三升　冠六升　受衰六升　冠七升

義服衰四升有半　冠六升　受衰六升　冠七升

齊衰三年

正服衰四升　冠七升　受衰七升　冠八升

義服衰六升　冠七升　受衰七升　冠八升

齊衰杖期

降服衰四升　冠七升　受衰七升　冠八升

正服衰五升　冠七升　受衰七升　冠八升

義服衰六升　冠七升　受衰七升　冠八升

齊衰不杖期

降服衰四升　冠七升　受衰七升　冠八升

正服衰五升　冠七升　受衰七升　冠八升

義服衰六升　冠七升　受衰七升　冠八升

齊衰三月

義服衰六升　冠七升　無受

繐衰七月

義服衰四升有半　冠八升　無受

大功九月七月

殤降服衰七升　冠十一升　無受

大功九月

成人降服衰七升　冠十一升　受衰十一升　冠十二升

正服衰八升　冠十一升　受衰十一升　冠十二升

義服衰九升　冠十一升　受衰十一升　冠十二升

小功五月

殤降服衰十升　冠十五升抽其半　無受

成人降服衰十升　冠十五升抽其半　無受

正服衰十一升　冠十五升抽其半　無受

義服衰十二升　冠十五升抽其半　無受

緦麻三月

降正義同衰十五升抽其半　冠升同　無受

《五服降正義圖》

斬衰三年

正服衰三升

父

父爲長子

爲人後者

妻爲夫

妾爲君

女子子在室爲父

子嫁,反在父之室爲父

義服衰四升有半

諸侯爲天子

君

公士大夫之衆臣爲其君

齊衰三年

正服衰四升

父卒則爲母

繼母如母

慈母如母

已上三條,舊以爲降服。楊氏曰:“此降服,乃降斬衰而爲齊衰也。”賈疏曰:“家無二尊,屈于父爲之齊衰。”○今案,爲父斬衰,爲母齊衰,服之正也。既得伸三年,不可爲降。賈疏似曲,故更定之。

母爲長子

此條舊以爲正服,衰冠升數皆下降服一等。今案,父爲長子既無所降,母不應有異,故進之于此。

義服衰六升

妾爲君之長子

此條不見於經,以記補之,舊列于正服,今以其恩輕,定爲義服。三年之喪,有正、有義而無降也。又案,記云“妾爲女君、君之長子惡笄,有首,布總”,是與婦爲舅姑同矣。婦爲舅姑衰六升,此宜亦如之。

齊衰杖期

降服衰四升

父在爲母

黄氏曰:“案父在爲母,乃降齊衰三年而爲杖期,當是降服。”

出妻之子爲母

父卒,繼母嫁,從,爲之服,報

正服衰五升

妻

齊衰不杖期

降服衰四升

爲人後者爲其父母,報

女子子適人者爲其父母

公妾以及士妾爲其父母

正服衰五升

祖父母

世父母、叔父母

大夫之適子爲妻不降

楊氏曰:“降則爲大功,唯不降,故在正服。下放此。”

昆弟

爲衆子

昆弟之子

大夫之庶子爲適昆弟不降

適孫

女子子適人者爲其昆弟之爲父後者不降

姑姊妹、女子子適人無主者,姑姊妹報不降

公妾、大夫之妾爲其子不降

女子子爲祖父母不降

大夫之子爲世父母、叔父母子、昆弟、昆弟之子、姑姊妹、女子子無主者,爲大夫命婦者,唯子不報不降

大夫爲祖父母適孫爲士者不降

義服衰六升

繼父同居者

爲夫之君

爲君之父母、妻、長子、祖父母

妾爲女君

婦爲舅姑

夫之昆弟之子

齊衰三月

義服衰六升

寄公爲所寓

丈夫婦人爲宗子、宗子之母妻

爲舊君、君之母妻

庶人爲國君

大夫在外,其妻、長子爲舊國君

繼父不同居者

曾祖父母

大夫爲宗子、舊君、曾祖父母爲士者如衆人不降

女子子嫁者、未嫁者爲曾祖父母不降

大功九月、七月無受者

降服衰七升

子、女子子之長殤、中殤

叔父之長殤、中殤

姑姊妹之長殤、中殤

兄弟之長殤、中殤

昆弟之子、女子子之長殤、中殤經文脱，今從敖説補。

夫之昆弟之子、女子子之長殤、中殤

此條《續通解》謂之義服。今案，世叔母爲夫之昆弟之子在不杖期章，則爲義服。既以殤降在此，亦當爲降服。楊氏曰"殤九條皆降服"是也，今從之。

適孫之長殤、中殤

大夫之庶子爲適昆弟之長殤、中殤

公爲適子之長殤、中殤；大夫爲適子之長殤、中殤

姜氏曰："本章所列長殤、中殤大功九條，凡下殤俱見小功章，惟有子下殤不見，當是小功章闕文。或曰，女子子且然，況子乎？省文也。"

大功九月

降服衰七升

姑姊妹、女子子適人者

爲人後者爲其昆弟

女子子適人者爲衆昆弟，姪丈夫婦人報

"姪丈夫婦人報"舊列于正服，今案，姑在室爲姪，與姪所以服之者，與世叔父同，皆不杖期也。在此者，以適人降也，當連上句爲義，説見前。

大夫爲世父母、叔父母子、昆弟、昆弟之子爲士者

公之庶昆弟、大夫之庶子爲母、妻、昆弟

爲夫之昆弟之婦人子適人者

此亦夫之昆弟之子也，本服期，以適人，故降在此。舊置之

義服，今更定。

女子子嫁者、未嫁者爲世父母、叔父母、姑姊妹

大夫、大夫之妻、大夫之子、公之昆弟爲姑姊妹、女子子嫁于大夫者有出降無尊降

君爲姑姊妹、女子子嫁於國君者有出降無尊降

以上二條，舊列于正服之後，今進之于此，以其本屬降服故也。天子爲姑姊妹嫁于二王後者亦不降，魏田瓊云。

正服衰八升

從父昆弟

庶孫

適婦

大夫、公之庶昆弟、大夫之庶子皆爲其從父昆弟之爲大夫者不降

義服衰九升

夫之祖父母、世父母、叔父母

大夫之妾爲君之庶子

繐衰七月

義服衰四升有半

諸侯之大夫爲天子

小功五月

降服衰十升

叔父之下殤

適孫之下殤

昆弟之下殤

大夫庶子爲適昆弟之下殤

爲姑姊妹、女子子之下殤

爲人後者爲其昆弟之長殤

從父昆弟之長殤

夫之叔父之長殤

此義大功之降服也，舊以爲義服，今更定。

昆弟之子、女子子之下殤

夫之昆弟之子、女子子之下殤舊以爲義服，今更定。

爲姪丈夫婦人之長殤以出降，又以殤降。

爲庶孫丈夫婦人之長殤

大夫、公之昆弟、大夫之子爲其昆弟庶子、姑姊妹、女子子之長殤以尊降，又以殤降。

大夫之妾爲庶子之長殤舊圖列於義服。

姜氏曰："本章所列下殤小功七條，凡上殤、中殤已見大功章，惟有昆弟之子、女子子之長殤、中殤不見，當是大功章闕文。又所列長殤小功六條，惟從父昆弟姪之下殤、庶孫之中殤、夫之叔父之中殤、下殤見緦麻章，餘俱不見，當是緦麻章闕文。"

成人降服衰十升

從父姊妹孫適人者

從父姊妹，舊以爲正服，今更定之説見經文本條下。

爲人後者爲其姊妹適人者兩以出降

大夫、大夫之子、公之昆弟爲從父昆弟庶孫，以尊降。姑姊妹、女子子適士者以出降，又以尊降。

大夫之妾爲庶子適人者

正服衰十一升

從祖祖父母、從祖父母，報

從祖昆弟

爲外祖父母

從母丈夫婦人報

庶婦

君子子爲庶母慈己者

義服衰十二升

夫之姑姊妹，娣姒婦，報

君母之父母、從母此條舊列于正服，今以其恩輕，退在此。

緦麻三月

降服十五升抽其半

庶孫之中殤註云"中"當作"下"。

從祖父之長殤

從祖昆弟之長殤

從父昆弟之下殤

姪之下殤

夫之叔父之中殤、下殤舊圖列于義服。

從母之長殤，報

夫之姑姊妹之長殤舊圖列于義服。

從父昆弟之子之長殤

昆弟之孫之長殤

已上十條皆以殤降。

庶子爲父後者爲其母以厭降

從祖姑姊妹適人者報以出降〇《續通解》列于正服，今從楊氏《圖》，移在此。

正服升數與降服同

族曾祖父母

族祖父母

族父母

族昆弟

庶孫之婦

外孫

從祖昆弟之子

曾孫

父之姑

從母昆弟

甥

壻

妻之父母

姑之子

舅

舅之子

義服升數與降服同

士爲庶母

貴臣貴妾

乳母

夫之諸祖父母報

君母之昆弟舊列于正服，今退在此。

爲夫之從父昆弟之妻

黄氏曰："案《儀禮》經傳嘗論降服而無正服、義服之文，惟疏家之説乃始有降、有正、有義三等。子爲父，臣爲君，妻爲夫之等是正斬。諸侯爲天子，臣爲君之等是義斬。姑姊妹出適之等爲降。婦人爲夫之族類爲義。後之言禮者皆宗之，則其説有不可廢者，惟疏衰三年與不杖二章其説不同。案疏衰期傳疏曰：降服齊衰四升，正服齊衰五升，義服齊衰六升。又案《喪服記》'斬衰三升'，疏曰：齊衰降服四升，正服五升，義服六升，又曰：降服四升。此據父卒爲母齊衰三年而言者，夫父卒爲母齊衰三年而謂之降服者，以子爲父母恩愛本同，今爲父斬衰三升，爲母齊衰四升，是爲父厭降斬衰三升而爲齊衰四升也。亦如殤大功、小功章有降、有正、有義，而降服最重，蓋以殤故降齊衰而爲大功，或降大功而爲小功也。又案，不杖章疏曰：此章有降、有正、有義。夫不杖章所以有降服者，謂爲人後者爲其父母，女子子適人者爲其父母之類，皆是降斬衰、齊衰三年而爲不杖期也。此義亦甚明白，無可疑者，又案，疏家于《喪服》篇首第五明喪服章次以精麤爲序，其説又曰：三年齊衰但有正而無降義，則與疏衰期傳、《喪服記》疏文有不同。又謂不杖章有正、義而無降，亦與不杖章疏文不同，彼此立説自相牴牾。此不可曉，當考。"

姜氏曰："家無二尊，父在，爲母期，此爲降服無疑。至父卒，乃爲母齊衰三年，此自是正服，若以父斬母齊而謂之爲降，則不但夫爲婦天之義不明，而并妻爲夫斬衰，夫爲妻杖期之義亦失矣。《易・繫・乾》曰'大哉乾元'，而坤則曰'至哉坤元'，故坤乃順承天，所謂無成而代有終也。勉齋言疏説牴牾，當考慎矣，而此尤失正、降之義，故并辨而正之。"

黄氏曰："降、正、義服之中，其取義又有不同者，有從服、有報服、有加服、有名服，又有生服。"

從服

婦爲舅姑不杖期妻從夫而服

爲夫之君不杖期妻從夫而服

爲君之父母、妻、長子、祖父母不杖期臣從君而服

夫之祖父母、世父母、叔父母大功妻從夫而服

大夫之妾爲君之庶子大功妾從君而服

君母之父母從母小功子從母而服

妻之父母緦夫從妻而服

舅緦子從母而服

君母之昆弟緦子從母而服

報服

繼母嫁,從,爲之服,報杖期

爲人後者爲其父母報不杖期

昆弟之子不杖期世叔父報

姑姊妹、女子子適人無主者姑姊妹報不杖期

夫之昆弟之子不杖期世叔母報

大夫之子爲世父母、叔父母、子、昆弟、昆弟之子、姑姊妹、女子子無主者,爲大夫命婦者不杖期,惟子不報。

侄丈夫婦人報大功

從祖祖父母、從祖父母報小功

從母丈夫婦人報小功

夫之姑姊妹、娣姒婦報小功

從祖姑姊妹適人者報緦

從母之長殤報緦

夫之諸祖父母報緦

甥緦舅報

壻緦妻之父母報

姑之子緦舅之子報

名服

世母、叔母不杖期以母名服

士爲庶母緦以母名服

乳母緦以母名服

從母昆弟緦以母名服

加服

爲外祖父母小功以尊加也,外親之服不過緦,以言祖是尊名,故加至小功。

從母丈夫婦人報小功以名加也,以有母名,故加至小功。

君子子爲庶母慈己者小功以慈己加也。

生服

夫之娣姒婦報小功以其相與居室中，則生小功之親焉。

爲夫之從父昆弟之妻緦以其相與同室，則生緦之親焉。

儀禮集編卷十一　男盛溶澄校字

儀禮集編卷十二

秀水盛世佐學　後學歙鮑漱芳、石門顧修參校

士喪禮第十二

鄭《目録》云："士喪其父母，自始死至於既殯之禮。喪於五禮屬凶。"

疏曰："天子、諸侯之下皆有士，此當諸侯之士。知者，下云'君若有賜'，不言王。又《喪大記》云'君沐粱，大夫沐稷，士沐粱'，鄭云'《士喪禮》沐稻，此云士沐粱，蓋天子之士也'，又大斂陳衣與《喪大記》不同，鄭亦云'彼天子之士，此諸侯之士'，以此言之，此篇諸侯之士可知。但公、侯、伯之士一命，子、男之士不命，一命與不命皆分爲三等，各有上、中、下，及行喪禮，其節同，但銘旌有異，故下云'爲銘各以其物，亡則以緇長半幅'，物謂公、侯、〔伯〕之士一命已上[①]，生時得建旌旗，亡謂子、男之士生時無旌旗之物者，唯此爲異。又鄭直云'士喪父母'，不言妻與長子二者，亦依士禮，故下記云'赴曰："君之臣某死。"赴母、妻、長子則曰："君之臣某之某死。"'是禮同，故得同附"附"當作"赴"。於君之臣。"之臣"二字疑衍。記不云父者，以其經主於父死，故記不言也。"

郝氏曰："禮始于士，通已仕未仕者言，非謂此禮絶不可上達，亦非大夫以上喪禮亡，獨士存之謂。"

姜氏曰："士喪禮，當是士自死而子爲之喪之禮。以下文'死于適室'，復以爵弁，'爲銘，各以其物'，及凡器用之數歷推之可見，所謂葬用死者之爵也。舊乃謂士喪其父母之禮，殆失之矣。"

---

① "公侯伯"原無"伯"字，校本同。《要義》、陳本、閩本、監本、毛本皆有"伯"字，依文意，應據補。

士喪禮。死於適室，幠用斂衾。

註曰："適室，正寢之室也。疾者齊，故於正寢焉。疾時處北墉下[①]，死而遷之當牖下[②]，有牀衽。幠，覆也。斂衾，大斂所并用之衾。衾，被也。小斂之衾當陳。《喪大記》曰：'始死，遷尸于牀，幠用斂衾，去死衣。'"

疏曰：天子、諸侯謂之路寢，卿、大夫、士謂之適室，亦謂之適寢。總而言之，皆謂之正寢。言正寢者，對燕寢與側室，非正。案《喪大記》云"君夫人卒於路寢，大夫世婦卒於適寢，内子未命則死於下室，遷尸於寢，士之妻皆死于寢"，以此言之，妻皆與夫同處。若非正寢，則失其所，是以僖公(二)〔三〕十三年冬十二月[③]，"公薨於小寢"，《左氏傳》云"即安也"，是譏不得其正。經直云衾，不辨大小，鄭知是大斂衾者，小斂之衾當陳者不同，大斂未至，故且覆尸也。此所覆尸，尸襲後將小斂乃去之。云"大斂所并用之衾"者，案《喪大記》君、大夫、士皆小斂一衾，大斂二衾，今始死，小斂之衾當陳，故不用小斂衾，以其大斂未至，且用大斂一衾以覆尸[④]。及至大斂之時，兩衾俱用，一衾承薦於下，一衾以覆尸，故云"大斂所并用之衾"也。引《喪大記》者，鄭彼註云"去死衣，病時所加新衣及復衣也，去之以俟沐浴"。

黄氏曰："復而後行死事，則'幠用斂衾'當在復章之後，然復、楔齒、綴足、設飾、帷堂竝作，則亦初無先後之别，今依經文。"

右始死。

黄氏曰："始死之前，有有疾、疾病等事，經文不具。"

---

① "墉"，校本作"牖"。阮《校》曰："毛本'墉'作'牖'，《釋文》、《集釋》俱作'庸'，陸氏曰：'本又作墉。'徐本、《通典》、《通解》、敖氏俱作'墉'。"庫本作"墉"。

② "當"，校本作"南"。阮《校》曰："徐、陳、《釋文》、《通典》、《集釋》、《通解》、楊、敖同，毛本'當'作'南'。按室制南有牖而北無牖，或亦有之，謂之向。《毛詩傳》及《説文》皆云'向，北出牖也'，故《既夕記》作'北墉下'，《喪大記》作'北牖下'，若作'北牖'，則近室之牖宜稱南以别之。若作'北墉'，則不必言南牖也。據疏内稱南牖、北牖者非一，似可兩通。"庫本作"當"。

③ "三十三"原作"二十三"，校本、陳本、閩本、監本、毛本、庫本同。"公薨於小寢"爲《春秋》僖公三十三年經文，應據改。

④ 自"小斂之衾當陳"至"未至且"十九字，校本無，按此節盛氏所引，乃據黄氏《通解續》之文，盧氏《詳校》曰："皆具上文，黄氏删去上文，故於此始約載之。"

復者一人，以爵弁服，簪裳于衣，左何之，扱領于帶。

註曰："復者，有司招魂復魄也。天子則夏采、祭僕之屬，諸侯則小臣爲之。爵弁服，純衣纁裳也。禮以冠名服。簪，連也。"

疏曰：言"復者一人"者，諸侯之士，一命與不命竝皆一人。案《雜記》云"復西上"者，鄭注云"北面而西上，陽長左也。復者多少，各如其命之數"。若上公九命，則依命數九人之類。云"復者，有司"者，案《喪大記》復者小臣，士家不得同僚爲之，則有司，府史之等也。不言所著衣服者，案《喪大記》小臣朝服，下記亦云"復者朝服"，則尊卑皆朝服可知，必著朝服者，朝服平生所服，以事君之衣也。朝服而復，冀精神識之而來反衣，以其事死如事生，故復者皆朝服也。出入之氣謂之魂，耳目聰明謂之魄，死者魂神去離於魄，今欲招取魂來復歸于魄，故云"招魂復魄"也。士用爵弁者，案《雜記》云"士弁而祭於公，冠而祭於已"，爵弁是士助祭於君之服，復時用之，則諸侯已下皆用助祭之服可知，故《雜記》云"復諸侯以褒衣、冕服、爵弁服"。冕服者有六，除大裘，有袞冕、驚冕、毳冕、絺冕、玄冕，上公袞冕而下，侯、伯驚冕而下，子、男毳冕而下，孤自絺冕而下，卿大夫玄冕，亦皆加爵弁，士爵弁而已。王后以下，案《雜記》云復"夫人税衣、揄狄、闕狄、鞠衣、展衣、褖衣"。王后及上公夫人、二王後及魯之夫人，皆用褘衣下至褖衣。侯伯夫人與王之三夫人，同揄翟以下至褖衣。子、男夫人與三公夫人，自闕狄以下至褖衣。孤之妻與九嬪，鞠衣、展衣、褖衣。卿大夫妻與王之世婦，展衣、褖衣。士妻與女御，褖衣而已。云"禮以冠名服"者，欲見復時唯用緇衣纁裳，不用爵弁而經言"爵弁服"，是禮以冠名服也。常時衣、裳各别，今此招魂，取其便，故連裳於衣。

敖氏曰："爵弁，士之上服也，故復用之。左手何之，而空右手，爲登梯，備顛蹷也。"

張氏曰："復者，招魂使反，《檀弓》所謂'孝子盡愛之道，有禱祀之心焉'者是也。簪裳于衣，連綴其裳於衣之下也。扱領於帶者，平疊衣裳，使領與帶齊并，何於左臂，以便升屋也。"

世佐案，何、荷通。扱、插通。領，純衣之領也。帶，復者之帶也。復者朝服，則緇帶矣。以左肩荷爵弁服，而插其領于已之帶間，亦便其登梯也。復時既不用冠，則帶韠之屬皆不用可知。張以帶爲復衣之帶，非。

升自前東榮，中屋北面招以衣，曰“皐，某復”三，降衣于前。

註曰：“北面招，求諸幽之義也。皐，長聲也。某，死者之名也。復，反也。降衣，下之也。《喪大記》曰：‘凡復，男子稱名，婦人稱字。’”

疏曰：案《喪大記》“復，有林麓則虞人設階，無林麓則狄人設階”，鄭云“階，所乘以升屋者”。有林麓，謂君與大夫有國，有采地。無林麓，謂大夫士，無采地者，則此升屋之時，使狄人設梯。復聲必三者，禮成於三。

敖氏曰：“前東榮者，東方之南榮也。屋有二楣，故每旁各有南榮、北榮。中屋，屋脊之中也。”

世佐案，前東榮，屋之東南隅也。前，前檐榮。註見《士冠禮》。降衣于前，謂自前檐投衣于下也。《喪大記》云：“升自東榮，中屋履危，北面三號，捲衣，投于前，司服受之。”

受用篋，升自阼階，以衣尸。陸氏曰：“‘篋’，或本作‘篋’。”

註曰：“受者，受之於庭也。復者，其一人招，則受衣亦一人也。人君則司服受之。衣尸者，覆之，若得魂反之。”

疏曰：《喪大記》云“復衣不以衣尸，不以斂”，謂此復衣浴而去之，不用襲斂。此云“覆之”，直取魂魄反而已。

敖氏曰：“升自阼階，象其反也。既，則降自西階。”

復者降自後西榮。

註曰：“不由前降，不以虛反也。降因徹西北扉，若云此室凶不可居然也，自是行死事。”

敖氏曰：“後西榮，西方北榮也。降於此者，與升時相變也。下文設奠之類升降異階者，其義皆然。”

張氏曰：“註言‘徹西北扉’，蓋以《喪大記》云‘將沐，甸人取所徹廟之西北扉薪，用爨之’，故云復者降時徹之，其爲説近誣。”

姜氏曰：“徹扉，蓋以炊沐水爲之。若爲此室凶，不可居，是惡其親也。必徹西北扉者，西，尊方，北，隱處，以西北扉爲炊，于死者求諸幽，亦于生者通其明與。”

右復。張氏曰：“復者，猶冀其生。復而不生，始行死事。”

郝氏曰：“招魂，俗禮近誕。《周禮·天官》夏采掌之，《檀弓》、《喪大記》等篇皆載其事，大抵承襲附會，爲二氏超生薦亡，開路回殺之濫觴，非禮之經。”

世佐案，復者，緣孝子不得已之心而爲之者也。方其親之疾也，醫藥禱祀之爲，靡所不至。始絶，而又爲是舉，庶幾其已散之魂因是而復歸焉，所謂皇皇如有求而弗得也。自古禮廢久，一遇事故，茫然無所執守，而后二氏之説得以摇蕩惑亂於其間，譬之於人内不足，而后邪氣得乘之以入也。使其自始至終一於禮而不苟，邪説安得而中之哉。郝氏顧以古禮爲二氏之濫觴，何其弗思甚耶。

楔齒用角柶。

註曰：“爲將含，恐其口閉急也。”

疏曰：案記云“楔貌如軛，上兩末”，此角柶其形與扱醴角柶制别，故屈之如軛，中央入口，兩末向上，取事便也。

敖氏曰：“楔，柱也。”

郝氏曰：“楔齒，拄其齒，使口開，可奉含。角柶，角爲匙，扱米飯，含者先屈之，以楔其齒。”

綴足用燕几。

註曰：“綴，猶拘也。爲將屨，恐其辟戾也。”

疏曰：“燕几者，燕，安也，當在燕寢之内，常憑之以安體。”

郝氏曰：“燕几，燕居所憑。几有四足，横其几，以足夾制尸足，使平直如常，便著屨也。”

張氏曰：“案記云‘綴足用燕几，校在南，御者坐持之’，註云‘校，脛也，尸南首，几脛在南以拘足，則不得辟戾矣’，是几兩頭有脛，側立此几，竝排兩足於兩脛之間，以夾持之也。”

右楔齒綴足。

黄氏曰：“復與楔齒綴足之間，有遷尸一節，經文不具。”

奠脯、醢、醴、酒，升自阼階，奠于尸東。

註曰：“鬼神無象，設奠以憑依之。”

疏曰：案《檀弓》曾子云“始死之奠，其餘閣也與”，鄭註云“不容改新也”，則此奠是閣之餘食爲之。案下小斂一豆、一籩，大斂兩豆、兩籩，此始死，亦無過一豆、一籩而已。此醴、酒雖俱言，亦科用其一，不竝用，以其小斂酒、醴俱有，此則未具，是其差。

敖氏曰："奠脯醢醴酒者，謂奠用此四物也。此奠之而已，無他禮儀，故曰奠也。死而奠之，如事生也。此時尸南首，東乃其右也。奠於其右，若便其飲食然。記曰：'即牀而奠，當腢。'其升之序，亦醴先而酒、脯、醢從與？既奠，則降自西階。"

郝氏曰："始死設襲、奠，用生者禮，如進食然。脯、醢、醴、酒，日用常需。升自阼階，自主階也。尸東，尸右，當肩，時尸在房南牖下，南首。"

世佐案，下記云"若醴，若酒"，則二者科用其一明矣。所奠止三物，敖以醴、酒竝列而爲四，非。

帷堂。

註曰："事小訖也。"

疏曰："云'事小訖也'者，以其未襲、斂，必帷之者，鬼神尚幽闇故也。"

方氏慤曰："人死，斯惡之矣，以未設飾，故帷堂，蓋以防人之惡也。小斂，則既設飾矣，故徹帷。若是，則帷堂之禮爲死者爾，豈爲生者哉。而仲梁子以謂夫婦方亂，故帷堂，失禮意矣。"

敖氏曰："此帷堂，爲尸未設飾也。帷之節，其南北蓋近堂廉，而東西則近兩階與？"

郝氏曰："張帷于堂上，爲婦人哭位。"

張氏曰："案《檀弓》'曾子曰：尸未設飾，故帷堂，小斂而徹帷'，以此時尚未襲斂，暫帷堂以爲蔽。"

世佐案，帷堂之故，《檀弓》有二説，當以曾子之言爲正，嚴陵方氏論之當矣。

右設奠帷堂。

張氏曰："喪禮凡二大端，一以奉體魄，一以事精神。楔齒綴足，奉體魄之始；奠脯醢，事精神之始也。"

乃赴于君，主人西階東，南面命赴者，拜送。

註曰："赴，告也。臣，君之股肱耳目，死當有恩。"

疏曰："《檀弓》云'父兄命赴者'，鄭註云'謂大夫以上也，士主人親命之'，是尊卑禮異也。"

郝氏曰:“報凶曰赴。赴于君,君爲司命。親死告君,迫切之至。主人,孝子尊屬,主赴者也。《檀弓》曰:‘父兄命赴。’西階東,避正主,如死者存。南面命,主人在堂上,赴者在庭下。拜送,敬君也。”

世佐案,主人,謂死者之父,若夫,若子也,是經則主爲其子言之。堂下西階東,拜君之常所也。立於此者,爲將拜送赴者,如親見君也。南面,異於君在堂也。拜,拜稽顙也。是時,親族、僚友亦當使人赴之,惟言君者,舉重而言。春秋隱元年《左傳》云“天子七月而葬,同軌畢至。諸侯五月,同盟至。大夫三月,同位至。士踰月,外姻至”,杜註云“此言赴弔各以遠近爲差,因爲葬節”是也。又大夫士訃於同國、他國之辭見於《雜記》者詳矣。敖云,古者大夫、士赴告之禮,唯止於其君,非。又案,大夫、士之喪,同國則赴,異國則否,以人臣無境外之交故也。《雜記》言他國之君、大夫、士亦皆赴,恐是春秋以後之禮,非古也。

有賓則拜之。

註曰:“賓,僚友羣士也。其位猶朝夕哭矣。”

疏曰:此因命赴者遂拜賓,不然則不出。同官爲僚,同志爲友,羣士即僚友也,以其始死,唯赴君,此僚友先知疾重,未赴即來,明是僚友之士,非大夫及疏遠者也。云“其位猶朝夕哭矣”者,謂賓弔位,猶如賓朝夕哭位,其主人之位①,則異於朝夕而在西階東,南面拜之,拜訖,西階下東面,下經所云“拜大夫之位”是也。

敖氏曰:“此因事見之乃拜之也,既拜則入,不即位。”

郝氏曰:“賓弔者,孝子拜賓,不言賓答,喪拜無答也。孝子既拜則入房,不送賓。”

張氏曰:“朝夕哭位,詳見後。”

右赴于君。

入坐于牀東,衆主人在其後,西面。婦人俠牀,東面。

註曰:“衆主人,庶昆弟也。婦人,謂妻、妾、子姓也,亦適妻在前。”

疏曰:衆主人直言“在其後”,不言坐,則立可知,婦人雖不言坐,案《喪大記》婦人皆坐,無立法。又案《喪大記》“士之喪,主人、父兄、子姓皆坐”,此除主人之外不坐者,此據命士,彼據不命之士。案《喪大記》“大夫

① “之”原作“立”,校本作“之”,陳本、閩本、監本、毛本、庫本同,據改。

之喪，有命夫、命婦則坐，無則皆立”，是大夫之喪，尊者坐，卑者立，是知非主人皆立，據命士。《大記》云“尊卑皆坐”，據不命之士。

敖氏曰：“至是方云‘坐’，則先時主人亦立也。衆主人在其後，尊主人，亦爲室中淺隘。衆主人，齊衰、大功之親也，若有斬衰者亦存焉。下經云‘衆主人免’，記云‘衆主人布帶’，則是衆主人乃主言齊衰、大功者。”

張氏曰：“‘入坐’云者，承上文，出命赴，拜賓訖，復入此位也。”

世佐案，入，入室也。衆主人，婦人不言坐，蒙上“入坐”之文可知也，疏誤。俠、夾通。俠牀，在牀西也，與男子相對，故云“俠牀”。

親者在室。

註曰：“謂大功以上父兄、姑姊妹、子姓在此者。”

敖氏曰：“此親者，繼婦人而言，則是亦專指婦人矣。下篇曰‘主婦及親者由足西面’是也。言在室，則不必皆東面。始死之牀當牖下，少近於西墉。”

世佐案，此亦兼男子、婦人言也。謂之親者，對下在户外堂下者言耳，其實比於在牀東西者爲少疎也。惟云“在室”，則不必夾牀矣。是時，牀在南牖下，則親者所立處，蓋室中半以北也，亦男子在東，婦人在西，皆南面與，以去尸遠近爲親疎之節。

衆婦人户外北面，衆兄弟堂下北面。

註曰：“衆婦人、衆兄弟，小功以下。”

疏曰：“同是小功以下而男子在堂下者，以其婦人有事，自堂及房，不合在下，故男子在堂下，婦人户外堂上耳。”

世佐案，户外，室户外。先言婦人，自内及外也。其親疎同而所立有遠近者，内外之辨也。皆北面，向尸也。

右哭位。

楊氏曰：“始死哭位，辨室中、户外、堂下之位。《喪大記》人君禮，子坐于東方，卿大夫、父兄子姓在其後，夫人坐于西方，内命婦、姑姊妹、子姓立于其後，外命婦率外宗哭于堂上，北面，有司、庶士哭于堂下，北面，亦必辨室中、堂上、堂下之位。蓋非特男女，内外、親疏、上下之位，不可以不正，此亦治喪馭繁處變之大法也。”又曰：“楔齒、綴足、始死奠、帷堂、命赴、哭位數事，文有先後，其實數事竝作。《檀弓》曰：‘復、楔齒、綴足、飯、設飾、帷堂竝作。'註云,作,起爲也,自復以下諸事竝起,故云'竝作'。"

張氏曰:"主人哭位,唯小斂以前在此,小斂後則在階下矣。"

姜氏曰:"按本經及《喪大記》首節,主人、衆主人當通指嫡子、衆子及孫、曾、玄而言。牀東西面,即《喪大記》主人、子姓皆于東方也。婦人,當通指主婦、衆婦,及妻妾,及孫、曾、玄婦而言。俠牀東面,即《喪大記》主婦、子姓皆于西方也。本經包衆子及子姓于衆主人中,包主婦、衆婦以及孫、曾、玄婦于婦人中,猶《喪大記》包衆主人于主人中,包衆婦于主婦中,所謂對文則别,散文則通,此經傳互文之通例也。次節,親者在室,男當指諸父、諸兄,即《喪大記》'父兄',女,當指姑姊妹及從父姊妹,即《喪大記》姑姊妹。《喪大記》言'東方'、'西方',而此言'在室'者,蓋亦東西以别之,但不在牀旁而在室中耳。其《喪大記》言'皆坐',本經主人以下不言坐,又衆婦人、兄弟,本經言其位,《喪大記》不言位,皆省文也。乃舊註于'衆主人'條下但言主人之庶昆弟,而以子姓之孫、曾、玄抑在親者之條,于'婦人'條下但言主婦之庶娣姒若子姓,而于子姓之孫、曾、玄婦略不一及,義皆疎漏,且又未審本經不皆言坐爲省文之例,乃謬以《喪大記》之言皆坐者爲不命之士,而本經之不皆言坐者乃命士也。如其説,則《喪大記》歷序君、大夫、士之喪位,顧不言命士之位,而獨言不命之士之位,理可通乎?愚深懼先聖禮制,或至因傳以蔑經也,故謹考正如右。"

君使人弔,徹帷。主人迎于寢門外,見賓不哭,先入門右,北面。

註曰:"使人,士也。禮使人必以其爵。使者至,使人入將命,乃出迎之。寢門,内門也。徹帷,扂之,事畢則下之。"

疏曰:"禮,使人必以其爵"者,此諸侯弔法,若天子,則不以其爵,各以其官。是以《周禮·太僕職》云"掌三公、孤、卿之弔勞",又《小臣職》云"掌士、大夫之弔勞",又《御僕職》掌羣吏之弔勞。又案《宰夫職》云"凡邦之弔事,掌其戒令與幣器",註"弔事,弔諸侯",是其皆以官不以爵也。云"使者至,使人入將命,乃出迎之"者,將命,謂傳賓、主人之言擯者也。大夫、士唯有兩門,有寢門者、外門者,以其下云"主人拜送于外門外",故知此寢門,内門也。云"徹帷,扂之"者,謂褰帷而上,非謂全徹去。知"事畢則下之"者,按下君使人襚,徹帷,明此事畢下之可知。

楊氏曰："《喪大記》云：'凡主人之出也，徒跣，扱衽，拊心，降自西階。'"

敖氏曰："喪不迎賓，惟於君及君使則迎之。此不出外門者，别於君之自來也。先入門右，道之。徹帷，爲君命變也。"

郝氏曰："不哭，聽君命也。"

弔者入，升自西階，東面。主人進中庭，弔者致命。

註曰："主人不升，賤也。致命曰：'君聞子之喪，使某如何不淑。'"

疏曰：入，謂入寢門。案《喪大記》："大夫於君命，迎于寢門外，使者升堂致命，主人拜于下。"言"拜于下"，明受命之時得升堂。以此言之，士受君命，不得升堂，以其賤，是以《大戴禮》云"大夫於君命，升聽命，降拜"是也。從《續通解》節本[①]。

敖氏曰："此西方，中庭也。主人雖在下，弔者猶東面禮之也。小斂以前，主人位在西方。"

世佐案，中庭，東西節也。其南北之節，蓋三分庭一在北。《聘禮》云"賓自碑内聽命"，此寢庭，無碑，故不云"碑内"耳，其去堂之節同也。不在西方者，以聽君命故也。敖説非。

主人哭，拜稽顙，成踊。

註曰："稽顙，頭觸地。成踊，三者三。"

敖氏曰："謝君命也。既拜，稽顙而成踊，惟於君及君命則然，其餘則否。拜稽顙者，一拜而遂稽顙也。不再拜稽首者，喪禮宜變於吉也。稽顙與稽首之儀略同，惟右手在上，而以顙加之爲異耳。男子吉拜尚左手，喪拜尚右手，婦人反是。"

郝氏曰："三踊者，三九乃成踊。始死，孝子昏迷，不備禮，不成踊，不迎送。此成踊、拜送，敬君命也。"

世佐案，顙，額也。稽顙之拜與稽首相類，惟以頭觸地無容爲異。蓋稽首者必再拜，初拜首至手，卒拜首乃至地，稽顙則一拜觸地而已，此吉凶之分也。敖説非。

賓出，主人拜送于外門外。

敖氏曰："拜送，一拜送之也。此與下篇云'拜送'者皆然。迎不拜，

---

① "節"原作"集"，校本作"節"，按此書體例，應作"節"爲正，據校本改。

而一拜送之，皆喪禮異也。凡拜喪，賓不再拜。”

右君使人弔。

君使人襚，徹帷，主人如初。襚者左執領，右執要，入，升致命。主人拜如初。

註曰：“襚之言遺也。衣被曰襚。致命曰：‘君使某襚。’”

疏曰：云“如初”者，如上弔時“迎于寢門外”以下之事也。云“拜如初”者，亦如上主人進中庭，哭，拜稽顙，成踊。

敖氏曰：“禮別更端，則弔襚不同時也。此執衣如復，則是衣裳具，且簪裳於衣也。”

郝氏曰：“以衣衾贈死曰襚。衣曰領，裳曰要。”

襚者入，衣尸，出，主人拜送如初。

郝氏曰：“入衣尸，入室，以衣加尸上。”

世佐案，拜送如初者，亦於外門外。

唯君命，出，升降自西階，遂拜賓。有大夫，則特拜之。即位于西階下，東面，不踊。大夫雖不辭，入也。

註曰：“唯君命，出，以明大夫以下，時來弔襚，不出也。始喪之日，哀戚甚，在室，故不出拜賓也。大夫則特拜，別於士旅拜也。即位西階下，未忍在主人位也。不踊，但哭拜而已。不辭而主人升入，明本不爲賓出，不成禮也。”

疏曰：因事曰遂。以因有君命，故拜賓。若無君命，則不出户。主人小斂後，賓致辭云“如何不淑”，乃復位踊。今以初死，大夫雖不辭，主人升入室。

敖氏曰：“惟君命出，小斂以前則然。若小斂之後，雖不迎賓，亦出送賓矣。升降自西階，自此至葬，其禮然也。於大夫云‘特拜’，見於士，亦旅之也。即位于西階下，此非正位，因事而出，乃在是耳。不踊者，明本不爲賓出也。主人既即位，大夫宜辭之，謂不必以己故而留於外也。既辭，則主人乃入。大夫若或不辭，主人猶入矣。”

郝氏曰：“即位，即拜賓之位。于西階下，不于階上。不踊，尸未夷堂，不備禮也。”

世佐案，“唯君命出”以下，總上兩節而言，受君弔之時，其儀亦如此也。

右君使人襚。

疏曰：君襚雖在襲前，襲與小斂俱不得用，大斂乃用之。

親者襚，不將命，以即陳。

註曰："大功以上，有同財之義也。不將命，不使人將之致于主人也。即陳，陳在房中。"

疏曰："大功以上"，謂并異門齊衰，故云"以上"。下云"如襚，以適房"，故知此陳，陳在房中也。

敖氏曰："不將命，不將命于主人也。云'不將命'，則是亦使人爲之矣。'即陳'者，就于所陳之處，謂房中也。《既夕禮》曰：'若就器，則坐奠于陳。'"

庶兄弟襚，使人以將命于室，主人拜于位，委衣于尸東牀上。

註曰："庶兄弟，即衆兄弟也。變衆言庶，容同姓耳。將命曰：'某使某襚。'拜于位，室中位也。"

敖氏曰："云'庶'者，蓋兼衆兄弟、外兄弟言也。尸東牀上，奠之北也。委於此者，辟君襚，且不必其用之也。既將命而又不以即陳，亦遠辟親者之禮。"

張氏曰："委衣者，將命者委之也。"

朋友襚，親以進，主人拜，委衣如初。退，哭不踊。

註曰："親以進，親之，恩也。退，下堂反賓位也。主人徒哭不踊，别於君襚也。"

敖氏曰："親以進，亦自釋其辭，主人拜，亦不答之，與弔賓同也。親者襚，不將命，庶兄弟將命，不親致，朋友則親致之，蓋親則禮略，疏則禮隆，聖人之意然爾。主人於庶兄弟之使者與朋友之退也，則哭而不踊。朋友退，反賓位，使者退則出矣。"

張氏曰："委衣如初，如其于尸東牀上委之，朋友也。"

世佐案，退哭不踊，敖謂兼庶兄弟及朋友襚而言，得之。註説偏矣。

徹衣者執衣如襚，以適房。

註曰："凡於襚者出，有司徹矣。"

疏曰："'執衣如襚'者，上文君襚之時，襚者左執領，右執要。此徹衣者亦左執領，右執要，故云'如襚'也。"

世佐案，註云"凡"者，凡君及庶兄弟、朋友之襚也。親者襚，以即陳，則不須徹矣。

右親者、庶兄弟、朋友襚。

爲銘。各以其物。亡則以緇長半幅，䞓末長終幅，廣三寸，書銘于末曰："某氏某之柩"。

註曰："銘，明旌也。雜帛爲物，大夫、士坊本脱"士"字，今從《集説》本補。之所建也。以死者爲不可别，故以其旗識識之，愛之斯録之矣。亡，無也。無旗，《通解》及鍾氏本作"旌"。不命之士也。半幅，一尺。終幅，二尺。在棺爲柩。"

疏曰：《士喪禮》記公、侯、伯之士一命，亦記子、男之士不命，故此銘旌總見之也。云"爲銘各以其物"者，按《周禮·司常》大夫、士同建"雜帛爲物"，今云"各以其物"而不同者，雜帛之物雖同，其旌旗之杠，長短則異，故《禮緯》云"天子之旗九刃，諸侯七刃，大夫五刃，士三刃"，但死以尺易刃，故下云"竹杠長三尺"，長短不同，故言"各"以别之。云"半幅，一尺。終幅，二尺"者，經直云"長半幅"，不言廣，則亦三寸。云"䞓末長終幅，廣三寸"，則廣三寸總結之，但布幅二尺二寸，今云二尺者，鄭君計侯與深衣皆除邊幅一寸，此亦兩邊除二寸而言之。凡書銘之法，按《喪服小記》云"復與書銘，自天子達於士，其辭一也。男子稱名，婦人書姓與伯仲"，鄭註云"此謂殷禮也。殷質，不重名，復則臣得名君。周之禮，天子崩，復曰'皐，天子復'，諸侯薨，復曰'皐，某甫復'，其餘及書銘則同"，以此而言，除天子、諸侯之外，其復，男子皆稱姓名，是以此云"某氏某之柩"。

敖氏曰："銘，書其名者，以卒哭乃諱故也。"

郝氏曰："物，采色，各以死者生時所建旗幟色爲旌，書姓名于上，表其柩。賤無旌旗，則用緇帛半幅，尺一寸。䞓，赤色。末，旌尾。終幅，二尺二寸。銘，書名。某氏，姓也，某，名也。"

姜氏曰："'各以其物'之物，謂名物也。《司常》云'掌九旗之名物'是也。自天子至于士，各有旗之名物，而大夫、士則當建雜帛之物，若不命之士，不得建雜帛之物，而九旗之名物至其士而無矣，故以緇首末之幅名之。經義如此,而註乃以名物之物直釋爲雜帛之物,則于'各'字不可解矣。以故疏家又勉爲之詞,曰大夫、士雖同用物,其杠則異也。然經文上下相承,亡,謂無其物,非謂無其杠。下云幅之長若干,又非云杠之長若干也。且使謂無其杠,則不命之士亦無長三尺之杠矣,下又何以云'竹杠長三尺'乎? 蓋'各'字通士以上説,而註疏未之體也。"

竹杠長三尺,置于宇,西階上。

註曰:"杠,銘橦也。宇,梠也。"

疏曰:此始造銘訖,且置于宇下西階上,待爲重訖,以此銘置於重,又下文卒塗,始置於肂。若然,此時未用,權置於此也。梠,謂檐下。

敖氏曰:"置,臥而縮置之。〇鄭本'于'下有'宇'字。繼公謂,宇,屋檐也,不宜與'西階上'連文。'宇'字蓋因'于'字而衍也。《周官・小祝職》鄭司農註引此,無'宇'字,今以爲據,删之。"

姜氏曰:"其時,尸未斂于柩。至大斂,乃以棺入斂,而今書銘置于階者,蓋預書此以表之與?"

右爲銘。

甸人掘坎于階間,少西,爲垼于西牆下,東鄉。

註曰:"甸人,有司主田野者。垼,塊竈。西牆,中庭之西。今文鄉爲面。"

敖氏曰:"少西者,其四分階間,一在西與?"

郝氏曰:"《周禮》有甸師,其徒三百人。掘坎,將埋沐浴餘水。垼,累塊爲竈。煮水沐浴者皆于西,陰方也。"

新盆、槃、瓶、廢敦、重鬲皆濯,造于西階下。

註曰:"新此瓦器五種者,重死事。盆以盛水,槃承渜濯,瓶以汲水也。廢敦,敦無足者,所以盛米也。重鬲,鬲將縣於重者也。濯,滌溉也。造,至也,猶饌也。以造言之,喪事遽。"

敖氏曰:"此五種者,蓋當階少西而北上也。"

郝氏曰:"鬲,釜屬,以煮潘與重粥。重鬲,二鬲也。"

張氏曰:"槃承渜濯,置尸牀下承之。"

陳襲事于房中,西領,南上,不絹。

註曰:"襲事,謂衣服也。絹,讀爲綪。綪,屈也。襲事少,上陳而下不屈。江沔之間，謂縈收繩索爲綪。”

疏曰：此先陳之，至下文商祝襲時乃用之，但用者三稱而已，其中庶襚之等雖不用，亦陳之，以多爲貴。案下小斂、大斂，先陳先用，後陳後用，依次第而陳，此襲事，以其初死，先成先陳，後成後陳，喪事遽，備之而已，故不依次也。所陳之法，房户之東，西領，南上，以衣裳少，從南至北則盡，不須綪屈。知户東陳之者，取之便故也。

敖氏曰：“事猶物也。言‘襲事’而不言衣者，衣少於他物也。惟言‘西領’，主於衣也，其他物亦上端鄉西。必西領者，以尸在室也。《士冠禮》曰‘陳服于房中，西墉下，東領’，此西領者，其於東墉下乎。不綪者，一一自南而北，若一列不足以盡之，則復以其餘者始於明衣之東而陳之，亦自南而北，其次列之首與前列之末不相屬，而更端别起，不如物之綪屈者然也。不綪者，襲事少，且變於斂也。”

郝氏曰：“衣尸曰襲。房，東房。衣領向西，自南陳而北。尸南首，衣陳尸東，領西向尸也。文采曰綪。陳設屈折成文，而始死尚質，陳衣行列不必綪。”

明衣裳用布。

註曰：“所以親身，爲圭潔也。”

疏曰：案下記此布用帷幕之布，但升數未聞。浴訖，先設明衣，故知親身也。明者，潔浄之義。

世佐案，此平生時之齊服也。陳用之云“明衣”，以致其精明之德。用布，以其有齊素之心，是其義矣。古者有疾則齊，故襲時近體著此。

鬠笄用桑，長四寸，纋中。

註曰：“桑之爲言喪也，用爲笄，取其名也。長四寸，不冠故也。纋，笄之中央以安髮。”

疏曰：以髻爲鬠，義取以髮會聚之意。凡笄有二種：一是安髮之笄，男子、婦人俱有，即此笄是也；一是爲冠笄，皮弁笄、爵弁笄，唯男子有而婦人無也，此二笄皆長不唯四寸而已。今此笄四寸者，僅取入髻而已。以其男子不冠，冠則笄長矣。下記云“其母之喪，鬠無笄”，註云“無笄，猶丈夫之不冠也”，以此言之，生時男子冠，婦人笄，今死婦人不笄，則知男子亦不冠也。《家語》云孔子之喪，襲而冠者，《家語》，王肅之增改，不可依用也。云“纋，笄之中央以安髮”者，兩頭闊，中央狹，則於髮安，故云“以安髮”也。

敖氏曰：“會髮爲紒曰鬠，今南語猶然。云‘鬠笄’者，明其不纚也。生時櫛而纚，乃加笄，此於生時爲冠内之笄，但不用桑耳。其或用長笄，則去之不并用也。長笄者，冕弁之笄也。婦人有長笄無短笄。下云‘鬠用組’，此不言，文略耳。”

姜氏曰：“纋，《集韻》音‘謳’，蓋中狹貌。”

世佐案，鬠，束髮也。鬠笄者，鬠訖所加之笄也。下經云“鬠用組”，則此笄不爲鬠設。必連鬠言之者，以别于固冠之笄耳。二笄之説已見《士冠禮》，當以註、疏爲正，敖説恐非是。

布巾環幅，不鑿。

註曰：“環幅，廣袤等也。不鑿者，士之子親含，反其巾而已。大夫以上，賓爲之含，當口鑿之，嫌有惡。”

疏曰：此爲飯含而設，所以覆死者面也。布幅二尺二寸，則此廣袤等，約二尺。《雜記》“鑿巾以飯，公羊賈爲之也”，註云此“記士失禮所由始也”，士親含，發其巾而不鑿。從姜氏節本。

世佐案，巾以二幅布環轉爲之，故環幅，幅廣尺二寸，環幅則長二尺四寸矣。必環幅者，飯含之時半藉尸首，以承餘粒，半在上以覆面。

掩，練帛廣終幅，長五尺，析其末。

註曰：“掩，裹首也。析其末，爲將結於頤下，又還結於項中。”

疏曰：“掩，若今人幞頭，但死者以後二腳於頤下結之，與生人爲異也。”

敖氏曰：“析其末者，兩端皆析而爲二也。”

郝氏曰：“析，裂也，末帛端也。裂其兩端，結于腦後。”

瑱用白纊。

註曰：“瑱，充耳。纊，新綿[①]。”

疏曰：生時人君用玉，臣用象。今死者直用纊塞耳而已，異於生也。從《集説》節本。

① “綿”原作“帛”，校本作“綿”，監本、毛本、庫本同，據改。

幎目用緇，方尺二寸，䞓裏，著，組繫。

註曰："幎目，覆面者也。幎，讀若《詩》曰'葛藟縈之'之'縈'。䞓，赤也。著，充之以絮也。組繫，爲可結也。古文幎爲涓。"

疏曰："四角有繫，於後結之。"

郝氏曰："幎目，以巾蔽目。緇表，䞓裏，中著綿。組繫，以絛爲繫也。"

世佐案，"幎目"，《荀子》作"儇目"，楊倞註云："'儇'與'還'同，繞也。"鄭氏讀"幎"爲"縈"，亦取縈回還繞之意，其義同也。

握手用玄，纁裏，长尺二寸，廣五寸，牢中旁寸，著，組繫。

註曰：牢讀爲樓，樓，謂削約握之中央以安手也。今文牢爲纋[①]，旁爲方。

疏曰：名此衣爲握，以其在手，故言握手，不謂以手握之。云"廣五寸，牢中旁寸"者，則中央廣三寸，廣三寸中央，又容四指而已，四指，指一寸則四寸，四寸之外更有八寸，皆廣五寸也。云"削約"者，謂削之使約少也。

郝氏曰："握手，縫帛如筩，韜尸兩手。玄表纁裏，長尺二寸，寬五寸。牢，猶籠也。空其中，旁寬寸，著綿，以組爲繫。"

世佐案，握手，所以韜手也。廣五寸，每指一寸也。牢，當從今文爲纋，纋中旁寸者，謂狹其中爲四寸，以安食指、中指、無名指、小指，而其旁一寸則以安大指也。疏説欠明，妄意如此。又此握手蓋兩手各一，郝云"兩手交貫于牢"，尤非。

決用正王棘若檡棘，組繫，纊極二。

註曰："決，猶闓也，挾弓以横執弦。《詩》：'決拾既佽。'正，善也。王棘與檡棘善理堅刃者，皆可以爲決。極，猶放也[②]。以沓指放弦，令不挈指也。生者以朱韋爲之而三，死用纊又二，明不用也。"

---

① "牢"，庫本同，校本作"樓"。阮《校》曰："'樓'，《集釋》作'牢'。按鄭既讀牢爲樓，因曰'今文樓爲纋'，《少牢》上'佐食以綏祭'，注云'綏或爲挼，挼讀爲墮。古文墮爲肵'，與此同例。"

② "極，猶放也"，校本"放"下有一"弦"字，陳本、閩本、監本、毛本、庫本同。阮《校》曰："《通典》、聶氏俱無'弦'字，金曰追云：'《大射儀》"朱極三"，註"極，猶放也"，無"弦"字，則有者，誤衍也。'"盧氏亦同此説，今從底本及《通典》、聶氏。

疏曰：引《詩》者，證決是闓弦之物也。云"以沓指放弦，令不挈也"者，以此二者與決爲藉，令弦不決挈傷指也。云"生者以朱韋爲之而三"者[①]，《大射》所云"朱極三"者是也。彼爲君禮，而引證此士禮者，則尊卑生時俱三而用韋，死時尊卑同二而用纊也。

敖氏曰："決與極皆用於右手，象生時所有事者也。決著右擘，極韜食指、將指。生以象骨爲決，韋爲極。死以是二者爲之，明不用也。士生時所用韋極之數無聞，以此經推之，則亦用二也，是其降於君者與？然則君之喪，其用纊極亦三矣。"

郝氏曰："王棘、檡棘二木皆棗類。必言二木，用二決，左右大指各一，皆有組爲繫，借以連屬兩擘也。極亦用二，左右手各一。死者手不屬，因生時所有事以爲斂具，愛敬之至也。"

張氏曰："決、極，皆射所用具，備之以象生平。組繫，極之繫也。"

世佐案，決用正王棘若檡極者，謂於二木之善者科取其一，非謂竝用也。組繫，決之繫也。極二，食指、中指各一也。此唯設于右手者耳。郝云左右各一[②]，非。其設之之次，先決、極，後握手也。

冒，緇質，長與手齊，䞓殺，掩足。

註曰："冒，韜尸者，制如直囊，上曰質，下曰殺。質，正也。其用之，先以殺韜足而上，後以質韜首而下，齊手。上玄下纁，象天地也。《喪大記》曰：'君錦冒黼殺，綴旁七；大夫玄冒黼殺，綴旁五；士緇冒䞓殺，綴旁三。'凡冒，質長，與手齊，殺三尺。"

疏曰："綴旁"者，旁綴質與殺相接之處，使相連。

敖氏曰："殺者，殺長於質也。"

爵弁服純衣、

註曰："謂生時爵弁所衣之服也。純衣者，纁裳。古者以冠名服，死者不冠。"

皮弁服、

註曰："皮弁所衣之服也，其服白布衣素裳也。"

---

① "生者以朱韋"原作"生用朱韋"，姜氏《經傳》引疏同，校本作"生者以朱韋"，陳本、閩本、監本、毛本、庫本同，與鄭注合，據改。

② "郝云左右各一"，校本"郝云"作"郝氏曰"。

世佐案，此但以冠名服，而不言其衣，則其衣與冠同明矣。説又見《士冠禮》。

褖衣、

註曰："黑衣裳，赤緣之謂褖。褖之言緣也，所以表袍者也。《喪大記》曰：'衣必有裳，袍必有表，不禪，謂之一稱。'古文褖爲緣。"

疏曰：知此褖衣是黑衣裳者，以其《士冠禮》陳三服，玄端、皮弁、爵弁，有玄端，無褖衣，此士喪襲亦陳三服，與彼同，此無玄端，有褖衣，故知此褖衣則玄端者也。玄端有三等裳，此喪禮質，略同玄裳而已，但此玄端連衣裳，與婦人褖衣同，故變名褖衣也。連衣裳者，以其用之以表袍，袍連衣裳故也，是以《雜記》云"子羔之襲也，繭衣裳與税衣纁袡，曾子曰：'不襲婦服。'"彼曾子譏用纁袡，不譏其税衣，是税衣以表袍，故連衣裳而名褖衣。《雜記》云繭衣，《大記》云袍，不同者，《玉藻》云"纊爲繭，緼爲袍"，鄭云"衣有著之異名也"，其實連衣裳一也。云"赤緣謂之褖"者，《爾雅》文，彼釋婦人嫁時褖衣，此褖衣雖不赤緣，褖衣之名同，故引爲證也。

敖氏曰："此如玄端之衣裳而深衣制也。"

郝氏曰："皮弁，其服褖衣，褖亦緇，褖言彖豕也，豕，黑色。"

世佐案，下經云"乃襲三稱"，謂此爵弁服、皮弁服、褖衣竝列爲三也。郝謂褖衣即皮弁服之衣，則止二稱矣，毋論制度不合，亦顯與經背也。

緇帶。

註曰："黑繒之帶。"

疏曰："襲時三服俱著，故共一帶。"

韎韐。

註曰："一命緼韍。"

疏曰：韎者，據色而言。以韎草染之，取其赤韐者，合韋爲之，故名韎韐也。云"一命緼韍"者，《玉藻》文。但祭服謂之韍，它服謂之韠，士一命名爲韎韐，亦名緼韍，不得直名韍也。但《士冠禮》玄端爵韠、皮弁素韠、爵弁服韎韐，今亦三服，共設韎韐者，以其重服亦如帶矣。

竹笏。

註曰："笏，所以書思對命者。《玉藻》曰：'笏，天子以璆玉，諸侯以象，大夫以魚須文竹，士以竹本象可也。'又曰：'笏度二尺有六寸，其中博三寸，其殺六分而去一。'又曰：'天子搢珽，方正于天下也。諸侯荼，前詘後直，讓於天子也。大夫前詘後詘，無所不讓。'"

疏曰：引《玉藻》者，證天子以下笏之所用物不同，及長短、廣狹有異，案鄭彼註云"珽之言挺然無所屈也[①]，或謂之大圭，長三尺"，"荼，讀爲舒遲之舒，舒懦者，所畏在前也。詘，謂圜殺其首，不爲椎頭。諸侯唯天子詘焉，是以謂笏爲荼"，"大夫奉君命出入者也，上有天子，下有己君，又殺其下而圜"，前後皆詘，故云"無所不讓"，彼雖不言士，士與大夫同。

夏葛屨、冬白屨，皆繶緇絇純，組綦繫于踵。

註曰："冬皮屨，變言白者，明夏時用葛，亦白也，此皮弁之屨。《士冠禮》曰：'素積白屨，以魁柎之。緇絇繶純，純博寸。'綦，屨係也，所以拘止屨也。綦，讀如'馬絆綦'之'綦'。"

疏曰：《士冠禮》云"爵弁纁屨"、"素積白屨"、"玄端黑屨"，三服各自用屨，屨從裳色，其色自明。今死者重用其服，屨惟一，故須見色。三服相參，帶用玄端，屨用皮弁，韎韐用爵弁，各用其一。

敖氏曰："踵，屨後也，以其當足踵之處，故因以名之。以綦相繫于此，欲其斂也。及著之，乃繫于跗。韠用爵弁之韠，屨用皮弁之屨，以二服尊也。"

郝氏曰："繶，屨底連際絇屨頭飾。純、緣、屨口三者皆以緇絛爲之。綦，屨繫。踵，足跟。"

世佐案，皆，皆冬夏也。皮、葛雖異，其制則同。言緇于繶與絇純之間，明此三者皆緇也。踵字之訓，當從敖説。蓋此時以組爲綦，繫于屨後。設則向前結之，所以固屨也。

庶襚繼陳，不用。

註曰："庶，衆也。不用，不用襲也。多陳之爲榮，少納之爲貴。"

疏曰："庶襚"，即上經親者襚、庶兄弟襚、朋友襚皆是。"繼陳"，謂繼襲衣之下陳之。"不用"者，不用以襲。至小斂則陳而用之，唯君襚至大斂乃用也。

貝三實于笲。

註曰："貝，水物，古者以爲貨，江水出焉。笲，竹器名。"

---

① "挺然無所屈"之"挺"原作"珽"，校本作"挺"，楊氏、陳本、閩本、監本、毛本同，據改。

稻米一豆，實于筐。

註曰："豆四升。"

郝氏曰："貝以含，米以飯及淅潘也。"

沐巾一、浴巾二皆用綌，於笲。

註曰："巾所以拭汗垢。浴巾二者，上體、下體異也。"

疏曰："此士禮，上下同用綌。《玉藻》云'浴用二巾，上絺下綌'①，彼據大夫以上。"

郝氏曰："首曰沐，身曰浴。"

櫛，於簞。

註曰："簞，葦笥。"

疏曰："圓曰簞，方曰笥。"

張氏《監本正誤》云："'櫛於于簞'，'於'誤作'用'。"

浴衣，於篋。

註曰："浴衣，已浴所衣之衣，以布爲之，其制如今通裁。"

疏曰：浴衣，既浴著之以晞身，即布單衣，以其無殺，故漢時名爲通裁。

郝氏曰："出浴衣之以乾，乃解而著明衣。"

皆饌于西序下，南上。

註曰："皆者，皆貝以下。"

敖氏曰："必南上者，便其取之先後也。"

郝氏曰："饌，陳也。西序，房中西牆。"

世佐案，西序下，堂上之西近牆也。南上，以貝爲上。稻米以下，次而北也。

右陳沐浴、襲、飯含之具。

管人汲，不説繘，屈之。

註曰："管人，有司主館舍者。不説繘，將以就祝濯米。屈，縈也。"

疏曰："《聘禮記》云'管人爲客，三日具沐，五日具浴'，此爲死者，故

---

① "下綌"之"下"原作"上"，校本作"下"，陳本、閩本、監本、毛本同，與《玉藻》文合，據改。

亦使之汲水也。”

楊氏曰:“祝,淅米者,淅筐之稻米以取潘。管人受潘,煮于垼,外御受沐入,乃沐。《大記》云‘君沐粱,大夫沐稷,士沐粱’,《士喪禮》云士沐稻,不同,當考。此米凡三用:祝淅米取潘以沐,一也;祝受宰米并貝以含,二也;祝以飯米之餘煮粥,用二鬲,懸于重,三也。”

敖氏曰:“繘,瓶之綆也,此下當有盡階不升堂,授祝之事,不著之者,蓋文脱耳。”

郝氏曰:“汲,取水于井。繘,引瓶繩。繩著瓶,不解而屈之以盛水,授祝。”

張氏曰:“喪事遽,故汲水者不解脱其繘,但縈屈之,往就用處。”

祝淅米于堂,南面,用盆。

註曰:“祝,夏祝也。淅,沃也。”沃,鍾本作“汏”,《釋文》作“汏”,汏,淅瀾也,當作“汏”。[1]

疏曰:“知是夏祝者,見下記云‘夏祝淅米,差盛之’是也。”

管人盡階,不升堂,受潘,煮于垼,用重鬲。

註曰:“盡階,三等之上。《喪大記》曰:‘管人受沐,乃煮之。甸人取所徹廟之西北厞薪,用爨之[2]。’”

敖氏曰:“受之於祝也,其以重鬲受之與?”

張氏曰:“潘,淅米汁,所用以沐者也。”

祝盛米于敦,奠于貝北。

註曰:“復于筐處也。”

疏曰:敦,即上廢敦也。向未淅,實于筐。今淅訖,盛于敦。所置之處還于筐所,以擬飯之所用也。

世佐案,上經“稻米一豆,實于筐”,本在貝北,故註云然。

士有冰,用夷槃可也。

註曰:“謂夏月而君加賜冰也。夷槃,承尸之槃。《喪大記》曰:‘君設大槃,造冰焉。大夫設夷槃,造冰焉。士併瓦槃,無冰。設牀襢笫,

① 自“沃鍾本”至“當作汏”,校本無此節案語。

② “用”字校本無。阮《校》曰:“毛本無‘用’字,徐、陳、《釋文》、《集釋》、《通解》、楊、敖俱有‘用’字,與疏合。按《喪大記》原文‘用’字。”

有枕。'”

疏曰:《喪大記》云士無冰,此云“有冰”,據士得賜者也。云“夷槃,承尸之槃”者,按《喪大記》註云“禮,自仲春之後,尸既襲,既小斂,先内冰槃中,乃設牀于其上,不施席而遷尸焉,秋涼而止”是也。第,簀也,謂有簀無席,欲通冰之寒氣也。《凌人》“大喪,共夷槃冰”,註云:夷槃,天子槃也,“《漢禮器制度》夷槃廣八尺,長丈二尺,深二尺,漆赤中”。諸侯稱大槃,辟天子也,大夫喪言夷槃,士喪又言夷槃,卑不嫌,但小耳。

敖氏曰:“言此於將沐浴之前,蓋謂或得以此夷槃爲沐浴之用也。士若賜冰,則有夷槃,故因而用之。於此既,則以盛冰而寒尸也,是句之上似當更有設槃之文,此特其後語耳。”

郝氏曰:“夷槃,平槃以盛冰,置牀下。”

姜氏曰:“據經,既設冰,乃沐浴而襲斂,則註謂既襲,既小斂而納冰設床者,恐未然。”

外御受沐入。

註曰:“外御,小臣侍從者。沐,管人所煮潘也。”

疏曰:“'外御'者,對'内御'爲名。”

敖氏曰:“受沐亦於堂上,管人亦盡階不升堂授之。此當更有管人汲而授浴水之事,亦文不具也。《喪大記》曰:'管人汲,不説繘,屈之,盡階不升堂,授御者,御者入浴。'受潘與水皆以盆。”

郝氏曰:“外御,侍從男子。”

主人皆出,户外北面。

註曰:“象平生沐浴裸裎,子孫不在旁,主人出而襢笫。”

疏曰:“'襢笫'者,鄭註《喪大記》云'襢,袒也,袒簀去席,盝水便'也。”

乃沐,櫛,挋用巾[①]。

註曰:“挋,晞也,清也。古文挋皆作振。”

疏曰:挋,謂拭也。櫛訖,又以巾拭髮乾[②],仍未作紒[③],待蚤揃訖,乃

① “巾”原作“之”,校本作“巾”,陳本、閩本、監本、毛本同,據改。

② “拭髮乾”,校本無“乾”字。阮《校》云:“'拭髮乾',《要義》同,毛'乾'作'訖'。”

③ “仍未作紒”,校本“仍”字上有“拭訖”二字,《要義》、陳本、閩本、監本、毛本、庫本同。

鬠用組,是其次也。

浴用巾,挋用浴衣。

註曰:"用巾,用拭之也。《喪大記》曰:'御者二人浴,浴水用盆,沃水用枓。'"

疏曰:"引《喪大記》者,證人之數及浴之器物也。"

渜濯棄于坎。

註曰:"沐浴餘潘水、巾、櫛、浴衣亦并棄之。"

疏曰:"以其已經尸用,恐人褻之,若棄杖者棄于坎者。"

郝氏曰:"渜、濡通,穢水。"

蚤揃如他日。

註曰:"蚤,讀爲爪,斷爪揃須也,人君則小臣爲之。他日,平生時。"

郝氏曰:"蚤、爪通。剔手足甲曰爪,刷鬚鬢曰揃。鄭謂揃爲斷鬚,非也。"

張氏曰:"蚤字當一讀如云蚤,則揃之揃鬚雖本《喪大記》,恐非此處經意。"

姜氏曰:"揃須,舊未釋其義。考揃有數訓,一與剪、翦同,謂翦除之也,一分也,又一擇也,又一與鬋同謂順也。陳註《喪大記》,直從翦除之義,但身體髮膚,受之父母,不敢毀傷。曾父母既死,而人子顧翦除之乎?此直大無道,而仁人孝子所不忍言也。考《史記·西南夷傳》'西夷後揃剽二方',註訓揃、剽皆分也。則浴訖,鬚或攪亂,揃乃順而分之之義。讀聖經者,權其義則得矣。"

世佐案,《士虞記》云"沐浴櫛搔翦",此作"蚤揃"[①],音同,義亦同也。古人於沐浴櫛髮之後,必斷爪揃鬚以脩飾其容貌,事之常也。爪者,取其便作事。揃,謂去其麗亂者耳,非毀傷之也。世儒似未達斯意,故不能無疑於此與。

鬠用組,乃笄,設明衣裳。

註曰:"用組,組束髮也。"

疏曰:"鬠紒乃可設明衣以蔽體,是其次也。"

① "蚤"原作"搔",校本作"蚤",與此節經文合,據改。

郝氏曰："束髮曰鬠。"

主人入，即位。

註曰："已設明衣，可以入也。"

敖氏曰："主人入，則衆主人及婦人亦皆入即位也。"

郝氏曰："即牀東之位。"

右沐浴。

商祝襲祭服，稼衣次。

註曰："商祝，祝習商禮者，商人教之以敬，於接神宜。襲，布衣牀上。祭服，爵弁服、皮弁服，皆從君助祭之服。大腊有皮弁素服而祭，送終之禮也。襲衣於牀，牀次含牀之東，衽如初也。《喪大記》曰：'含一牀，襲一牀，遷尸於堂又一牀。'"

疏曰：案《表記》云"殷人尊神，率民以事神"，故云"於接神宜"。云"襲布衣牀上"者，此雖布衣牀上，未襲，待飯含訖乃襲。爵弁，從君助祭之服。皮弁，從君聽朔之服。引《郊特牲》大蜡之禮，證皮弁之服有二種：一者皮弁，白布衣，素積爲裳，是天子朝服，亦是諸侯及臣聽朔之服；二者皮弁，時衣裳皆素，葛帶，榛杖，大蜡時送終之禮，凶服也，非此襲時所用者也。從楊氏《圖》節本。

敖氏曰："襲，謂布衣而將襲之也。爵弁，助祭於君之服也。皮弁，爲君祭蜡之服也。士祭於已用玄端。此稼衣雖以當玄端，然非其本制，故不在祭服之中。先布祭服，美者在外也。"①

郝氏曰："周人重喪祭，禮兼三代，故祝有夏、商。嘉禮文告則大祝、小祝，凶喪勞役則夏祝、商祝。《樂記》曰宗祝辨乎宗廟之事，商祝辨乎喪禮。夏商禮忠質宜喪，而商爲亡國，故凶事用商禮。商尚白，喪主素，至今猶然。襲，重也。祭服，爵弁純衣，士之祭服在上，皮弁服稼衣次之。重衣曰襲，時尸未飯含，先重其衣，俟含後衣也。"

張氏曰："此但布衣牀上，尚未襲，而云'襲'者，衣與衣相襲而布之也。其布衣，先祭服，次稼衣。至襲于尸，則稼衣近明衣，祭服在外。"

世佐案，商尚質，喪亦尚質，故祝以商名，非謂其習商禮也。祭服，爵弁服也。襲祭服者，謂以皮弁服襲於爵弁服之上也。稼衣次，據其最在

① 校本無敖氏此條。

外也。襲衣之次與襲尸相反,便其取之也。

主人出,南面,左袒,扱諸面之右,盥于盆上,洗貝,執以入。宰洗柶,建于米,執以從。

註曰:"俱入户西鄉也。"

疏曰:面,前也,謂袒左袖,扱於右掖之下帶之内,取便也。洗貝、柶訖,還貝于笲,建柶于敦,執以入。鄭知"俱入户西鄉"者,以下經始云"主人與宰牀西東面",故知此時西鄉也。

敖氏曰:"左袒,爲當用左手也。"

郝氏曰:"洗貝,將奉含。洗柶,將扱米。建,插也。"

張氏曰:"盆,即前淅米盆,盥手、洗貝、洗柶并於其上。'洗貝,執以入',洗訖,還於笲内,執以入。'宰洗柶,建於米',亦於廢敦之内建之。"

世佐案,必袒者,爲將有事,變以致其哀敬也。凡袒者,皆於左。上經云"祝淅米于堂,南面,用盆",則盆在堂上矣。初"造于西階下"者,即此盆也。不盥于下,又不用沃者,喪禮遽也。建,立也,立柶于敦,以枋向上。

商祝執巾從入,當牖北面,徹枕設巾,徹楔受貝,奠于尸西。

註曰:"當牖北面,值尸南也。設巾,覆面,爲飯之遺落米也。如商祝之事位,則尸南首明矣。"

疏曰:云"受貝"者,就尸東主人邊受取笲貝,從尸南過,奠尸西牀上,以待主人親含也。未葬已前,不異於生,皆南首。《檀弓》云"葬於北方,北首"者,從鬼神尚幽闇,鬼道事之故也。唯有喪朝廟時北首,順死者之孝心,故北首也。

敖氏曰:"商祝北面,當尸首者,有事於尸故也。凡非有事於尸者,則不敢當其首。此所徹設,皆爲飯事至也。設巾者,慮孝子見其親之形變而哀,或不能飯含也。楔,楔齒之角柶也,因其用而别名之,以别於扱米之柶也。既設巾,乃徹楔,是巾之所覆,不逮於口矣。奠貝于尸西,蓋在主人所坐處之南。"

郝氏曰:"巾以承餘粒,既飯含,即以掩其口。去枕,使首仰,則飯易入。以巾藉其首,則米不落牀簀閒。奠貝于尸西,避奠位也。"

世佐案,設巾之法,已見上。受貝,受筓於主人也。

主人由足西,牀上坐,東面。

註曰:“不敢從首前也。祝受貝米奠之,口實不由足也。”

疏曰:前文祝入,當牖北面,是由尸首,以其口實不可由足,恐褻之故也。

敖氏曰:“由足西,自牀北而西也。凡過尸柩而西東者,必由其足,敬也。不坐于尸東,辟奠位。”

祝又受米,奠于貝北。宰從立于牀西,在右。

註曰:“米在貝北,便扱者也。宰立牀西,在主人之右,當佐飯事。”

敖氏曰:“奠米于貝北,亦南上也。宰從立者,俟事畢,而有所徹也。記曰‘夏祝徹餘飯’,則宰其徹貝筓與?”

世佐案,受米,受敦於宰也。從,從主人,亦由足而西也。主人與宰皆先以貝米授祝,奠訖,而後由足過,敬口實也。立于牀西,少退于主人也,亦東面。

主人左扱米,實于右三,實一貝,左、中亦如之,又實米,唯盈。

註曰:“于右,尸口之右。唯盈,取滿而已。”

疏曰:尸南首,云右,謂口東邊也。左、右及中各三扱,則九扱恐不滿,是以重云“唯盈”也。

敖氏曰:“左手不便於用乃用之者,由下飯含之順也。主人東面坐,若用右手,則必反用其椚,且加手於其親之面,皆非孝敬之道,故不爲也。先實米,爲貝藉也。又實米唯盈,象食之飽也。先右、次左、次中,禮之序然也。實米,所謂飯也。實貝,所謂含也。”

郝氏曰:“飯爲食,貝爲用,愛養如生也。”

主人襲,反位。

註曰:“襲,復衣也,位在尸東。”

世佐案,𢁒袒,今襲,事訖也。

右飯含。

何氏休曰:“含,孝子所以實親口也。緣生以事死,不忍虛其口。天子以珠,諸侯以玉,大夫以碧,士以貝,春秋之制也。文家加飯以米。”

商祝掩、瑱、設幎目，乃屨，綦結于跗，連絇。

註曰："掩者，先結頤下，既瑱、幎目，乃還結項也。跗，足上也。絇，屨飾，如刀衣鼻在屨頭上，以餘組連之，止足坼也。"

疏曰：掩有四腳，後二腳先結頤下，無所妨，故先結之，若即以前二腳向後結于項，則掩於耳及面，兩邊瑱與幎目無所施，故先結頤下，待設瑱塞耳并施幎目，乃結項後也。云"以餘組連之"者，以其屨繫既結，有餘組穿連兩屨之絇，使兩足不相離，故云"止足坼"也。

敖氏曰："既去巾，乃爲之也。掩瑱，皆謂設其物也。設掩者既結頤下，即還結項中，急欲覆其形也。掩其前後，而兩旁猶開，故可以瑱。幎目當面設之，加於掩之上，交結於後。既設，此則掩旁亦固矣。"

郝氏曰："既飯含，以所陳練帛掩尸面，以纊瑱塞其耳，緇巾幎其目，練帛外掩之，結于項後，乃著屨。綦，屨繫。跗，屨底。絇，屨頭。繫結于底，上連屨頭，使牢固也。"

世佐案，設掩之法，註、疏及敖說不同，未詳孰是。然以經文之次及上經所言掩制考之，敖說較勝。蓋掩者，僅取掩面，非必裹首。既掩而兩旁自開，不碍其設瑱也。幎目，則加於其上，義取蔽目，與覆面之意亦別。

乃襲，三稱。

註曰："遷尸於襲上而衣之。凡衣死者，左衽，不紐。襲不言設牀，又不言遷尸於襲上，以其俱當牖，無大異。"

杜氏預曰："衣單複具曰稱。"

敖氏曰："衣裳具謂之稱。襲不言設牀，不言布衣，又不言遷尸，經文略也。襲牀當在户牖之間。"

張氏曰："三稱，爵弁服、皮弁服、褖衣也，上文已布之。含東牀上，今飯含訖，乃遷尸就其上而衣之也。'左衽，不紐'，出《喪大記》'衽鄉左，反生時'也。不紐，謂束畢結之，示不復解也。"

明衣不在算。

註曰："算，數也。不在數，明衣、禪衣，不成稱也。"

敖氏曰："不言裳者，文省耳。此乃死者親身之衣，褻，故不在數中。言之者，嫌其衣裳具，亦當成稱也。"

張氏曰："註、疏皆以明衣、禪不成稱，故不算。愚謂此親體之衣，非法服，故不算也。”

設韐、帶，搢笏。

註曰：“韐帶，韎韐、緇帶。不言韎、緇者，省文，亦欲見韐自有帶，韐帶用革。搢，插也，插於帶之右旁。”

疏曰：“生時緇帶以束衣，革帶以佩韍玉之等。生時有二帶，死亦備此二帶。”

設決，麗于掔[①]，自飯持之，設握，乃連掔。

註曰：“麗，施也。掔，手後節中也。飯，大擘指本也。決，以韋爲藉，有彄。彄内端爲紐，外端有横帶。設之，以紐擐大擘本也，因沓其彄，以横帶貫紐，結於掔之表也。設握者，以綦繫鉤中指，由手表與決帶之餘連結之。此謂右手也。古文麗亦爲連，掔作捥。”

疏曰：云“彄内端爲紐，外端有横帶”者，以下當大擘本鄉掌爲内端，屬紐子[②]，鄉手表爲外端，屬横帶也。云“設之，以紐擐大擘本”者，以大指短，其著之，先以紐擐大擘本，然後因沓其彄於指，乃以横帶繞手一二，貫紐反向手表結之。鄭雖云“結于掔之表”，且内於帶間，未即結此横帶，即上組繫是也。云“設握”者，案上云握手長尺二寸，裹手一端，繞於手表必重，宜於上掩者屬一繫於下角，乃以繫繞手一帀，當手表中指，向上鉤中指，又反而上繞，取繫鄉下，與決之帶餘連結之。云“此謂右手也”者，以其右手有決，今言與決同結，明是右手也。

敖氏曰：“掔字未詳，以此文意求之，或是巨擘之别名。麗，附也。飯字亦未詳，且從舊註。持，謂繞而固之也。蓋設決于大擘指，而以其繫自指本，貫紐繞而固之，及設握，乃以握之繫與掔之決繫相結，則掔與握相連而不開矣。既設決，乃設極，而後設握，不言設極，亦文省也。此惟右手設握，而左手則否，其特重平日之便於用者乎？或曰，‘飯’當作‘後’，謂指後也，未知是否。設握，説見記。”

郝氏曰：“決，前所陳棘。決施兩大指，以決繫，交麗兩掔。掌後骨曰

---

① “掔”原作“掔”，校本同。阮《校》曰：“掔，唐石經、嚴、徐、《集釋》俱作‘掔’，下及注同。《通解》、毛本作‘掔’，按掔、掔二字形近易訛，即《説文》‘掔’字，注中已誤作‘掔’矣。”今據正字改，後放此。

② “子”原作“于”，校本作“子”，陳本、閩本、監本、毛本同，據改。

𢯱。麗，連也。左決連于右𢯱，右決連于左𢯱，使手交如生。自飯含時持其𢯱，使不旁垂，以便飯。至是設握，乃連之。不設極，極無衣，但以纊包之。"

張氏曰："其左手無決者，則下記云'設握，裹親膚，繫鉤中指，結于𢯱'是也。"

世佐案，麗，繞而附之也。𢯱、腕同，手與臂相接處也，以其可宛曲，故名腕。"設決，麗于𢯱"者，謂設決于右大指，以其組繫繞著于腕也。飯，其食指之後，與"自飯持之"者，謂以決繫自食指後，繞之一二帀，而後向下麗于腕。是時猶未結，至設握之後，乃與握繫并結之也。設握，亦謂右手也。右手既有決極，則設握之法不與左同。握長尺二寸，廣五寸，韜于決極之外，而以其繫與決繫連結于腕，亦足以固之矣。下記所云"裹親膚，繫鉤中指"者，乃設左握法，正與此異。舊說多舛誤，竊改正之。飯字之訓，取諸會意，未知於經義有當否也。又案，"𢯱"，坊本作"掔"，非，𢯱，烏貫切，掔，苦閑切，其音絶異①，《正韻》合之，亦誤。

設冒櫜之，幠用衾。

註曰："櫜，韜盛物者，取事名焉。衾者，始死時斂衾。"

巾、柶、鬊、蚤埋于坎。

註曰："坎至此築之也。將襲辟奠，既則反之。"

疏曰：埋之，亦甸人也。始死之奠，設于尸東，方襲時，必當辟之。襲訖反之，以其不可空無所依故也。案下記云"小斂，辟奠不出室"，則此辟奠亦不出室。大斂時，辟小斂奠于序西南，則此宜室西南隅也。此奠襲後，因名襲奠。

敖氏曰："巾，飯時覆面之巾也。柶，楔齒及扱米者也。鬊，櫛餘之髮及所揃鬚也。蚤，所斷手足爪也。埋者，亦爲人褻之。"

右襲。

重，木刊鑿之。甸人置重于中庭，參分庭一在南。

註曰："木縣物曰重。刊，斲治。鑿，爲縣簪孔也。士重木長三尺。"

疏曰：以其木有物縣於下相重累，故得重名。下云"繫用靲"，用靲内

① "音"下校本有"義"字。

此孔中。云鬠者，若冠之笄謂之鬠，使冠連屬於紘，此鬠亦相連屬於木之名也。云"士重木長三尺"者，鄭言士重木長三尺，則大夫以上各有等，當約銘旌之杠，士三尺，大夫五尺，諸侯七尺，天子九尺。據豎之者，横者宜半之。

孔氏曰："始死作重，猶若吉祭木主之道也。吉祭木主，所以依神。在喪作重，亦以依神，故云主道也。重起於殷代，以含飯餘鬻，以鬲盛之，名曰重，今之糧罌，即古重之遺象也。所以須設重者，鬼神或依飲食，孝子冀親之精有所憑依也。"

敖氏曰："木刊鑿之者，謂以木爲之而加刊鑿也。鑿，謂鑿其前爲二孔，而以鬠貫之，爲縣鬲之用也。〇案註云'縣鬠'者，謂縣鬲之鬠也。"

郝氏曰："重者，木不可動之名。《易卦·大過》死亡之象，《序卦傳》曰：'不養則不可動，故受之以大過。'棺槨之利取諸此。不可動者，重之義，故設重象死者，刊木爲段以象魄，鑿木爲孔以懸鬲。置于殯宫庭中，參分庭一在南，置庭下稍南也。"

張氏曰："設重以依神，以其木有物懸于下相重累，故得重名，即下文二鬲粥也。'參分庭一在南'者，其置重處當中庭參分之一而在其南，其北一分，其南二分也。據《既夕》篇'置重如初'，疏云'亦如上篇參分庭一在南，二在北而置之'，是置重處在中庭近南。愚謂重以依神，若置之近南，殆若推而遠之矣。且'三分庭'句，'一在南'句，亦覺不文。案本經言'三分庭一在南'者不一，其自外入而言'三分庭一在南'者，據外而言，近南者也；其自内出而言'三分庭一在南'者，據内而言，近北者也。重固自内出者也。"

世佐案，凡經言"三分庭一在南"者，皆謂三分庭之一而在其南一分也。如庭深三丈，則設重之節去堂二丈，去門一丈矣。爲銘于宇西階上，設重于中庭近南，此亦喪事即遠之義，張説似曲。

夏祝鬻餘飯，用二鬲于西牆下。

註曰："夏祝，祝習夏禮者也。夏人教以忠，其於養宜。鬻餘飯，以飯尸餘米爲鬻也。重，主道也。士二鬲，則大夫四、諸侯六、天子八，與簋同差。"

疏曰：西牆下有竈，即上文"甸人爲垼"是也。前商祝奠米、飯米，夏祝徹之，今乃鬻之而盛於鬲，是以下記云"夏祝徹餘飯"。"始死未作主，以重主其神也”，即是虞祭之後，以木主替重處，故云“重，主道也”，引之者，證此重是木，主之道也。

敖氏曰：“鬻者，爲粥之名。”

郝氏曰：“用二鬲，象人膈上膈下。于西牆下，陰方也。”

世佐案，祝以夏名，猶之乎商也。凡祝史之屬，大都文勝乎質，今專以忠質爲主，故以前代之名名之。必别言夏者，見其與𡚁之襲尸者别爲一人也。

幂用疏布，久之，繫用靲，縣于重。幂用葦席，北面，左衽，帶用靲，賀之，結于後。

註曰：“久，讀爲灸，謂以蓋塞鬲口也。靲，竹䈴也。以席覆重，辟屈而反，兩端交於後，左衽，西端在上。賀，加也。”

疏曰：䈴，謂竹之青可以爲繫者。

敖氏曰：“幂用疏布，以布覆鬲也。《既夕禮》曰‘木桁久之’，然則久者，乃以物承他器之稱。此久不言其物，則是因以所幂者爲之與？既以布幂其上，又承其下，乃以靲繫之，而縣於重前之簭也。靲字從革，似當爲革之屬。幂用葦席，以席蔽重之前後也。北面，謂席之兩端皆在北也。左衽者，右端在上而西鄉，象死者之左衽也。帶用靲者，以靲中束其席，如人之帶然，因以名之。後，謂重之南也，重主道也，故言面、言衽與帶以見其義云。”“久”如字，舊音灸，非。

郝氏曰：“久、灸通，不復發之意，封固久遠，至葬埋之不復開矣。靲，篾條。繫，繫重鬲。幂用葦席，謂以葦席環圍，末交向後，以左掩上，故曰‘北面左衽’，象人也。帶以篾，束席外，如要帶。賀之，慶成也。靲帶結于後，北面，南爲後。”

張氏曰：“以粗布爲鬲之幂塞，令堅固可久。以竹䈴爲索繫鬲，貫重木簭孔中而懸之，又以葦席北向掩重，東端爲下向西，西端爲上向東，又以竹䈴爲帶加束之，而結于後。○靲，《圖解》靲、篾通。張鳳翔本靲音今，《字彙》音琴。”

祝取銘，置于重。

註曰：“祝，習周禮者也。”

疏曰：銘待殯訖乃置於肂，今且置于重。必且置於重者，重與主皆是録神之物故也。

敖氏曰:“未用之,權置于此。置之,蓋杠在其後,銘在其前。”

郝氏曰:“銘,銘旌,置于重上,識死者姓名也。”

世佐案,祝,夏祝也,不言夏,亦文省。於是復云“祝”,則懸鬲于重者,乃甸人爲之與?

右設重。張氏曰:“以上,竝始死之日所用之禮。”

厥明,陳衣于房,南領西上,綪。絞,横三縮一,廣終幅,析其末。

註曰:“綪,屈也。絞,所以收束衣服爲堅急者也,以布爲之。縮,從也。横者三幅,從者一幅。析其末者,令可結也。《喪大記》曰:‘絞,一幅爲三。’”

疏曰:“《喪大記》云:‘凡陳衣者實之篋,取衣者亦以篋。升降者自西階。’”

孔氏曰:“從者一幅,置於尸下,横者三幅,亦在尸下。從者在横者之上,每幅之末析爲兩片,以結束爲便也。”

敖氏曰:“此雖有他物,而衣居多,故惟以陳衣言之。南領,變於襲,亦以既小斂則尸在堂也。衣南領,則絞與衾亦皆北陳矣。綪者,前列自西而東,次列自東而西,其下皆然,如物之綪屈也。絞横三縮一,順其用之時而陳之也。析其末者,析其兩端爲二,如掩之制然。絞言廣不言長,取節於人,其度不定也。”

郝氏曰:“尸既襲加衾、絞曰小斂,未棺斂曰小。陳衣,陳小斂衣。南領,衣領向南,順尸,尸在西,自西陳而東。廣終幅,横直皆全幅。古布幅廣二尺二寸,横三則六尺六寸。析,裂也,末絞兩端。”

張氏曰:“厥明者,繼昨日而言死之第二日也。此下爲將小斂,陳其衣物、奠牲。”

緇衾,赬裏,無紞。

註曰:“紞,被識也。斂衣或倒被,無别於前後可也。凡衾,制同,皆五幅也。”

疏曰:下文云“祭服不倒”,則餘服有倒者。被本無首尾,生時有紞,爲記識前後,恐於後互换,死者一定,不須别其前後可也。《喪大記》云

"紟五幅，無紞"，衾是紟之類，故知亦五幅。

郝氏曰："衾，被也在。衣外，絞內。赬經同赤色，無紞，不用組繫，以外有絞也。"

祭服次。

註曰："爵弁服，皮弁服。"

疏曰："凡陳斂，衣先陳絞、紟於上，次陳祭服於下，故云'祭服次'，至大斂陳衣，亦先陳絞、紟、衾，次陳君襚祭服。所以然者，以絞、紟爲裹束衣，故皆絞、紟爲先。但小斂美者在內，大斂美者在外，故小斂先布散衣，後布祭服，大斂則先布祭服，後布散衣，是小斂美者在內，大斂美者在外也，襲時美者在外，是三者相變也。"

敖氏曰："祭服，蓋指玄端以上而言也。士玄端而祭於己，助祭則朝服焉。襲用爵弁服、皮弁服、褖衣各一稱，故惟以二弁服爲祭服，此斂衣多矣，宜用朝服、玄端也。"

世佐案，祭服，亦謂爵弁服也。皮弁是與君視朔之服。蜡祭服雖亦名皮弁，而其制則異，故皮弁服不可云祭服也。士祭於已服玄端，此褖衣近之，而其制又連衣裳，亦不可云祭服。此經所謂祭服，唯指助君祭之爵弁服耳，先儒皆兼皮弁服、玄端説之，恐非是。唯云"祭服"者，舉其最尊者言也。次，次于衾也。陳法西上，緖則在上列者次而東，在下列者次而西也。

散衣次。

註曰："褖衣以下，袍繭之屬。"

疏曰："袍繭有著之異名，同入散衣之屬也。"

世佐案，散衣，謂自皮弁服以下。

凡十有九稱。

註曰："祭服與散衣。"

疏曰：士之服，唯有爵弁、皮弁、褖衣而已。云十九稱，當重之，使充十九。必十九者，法天地之終數也。天地之初數，天一地二，終數，天九地十。人在天地之間而終，故取終數爲斂衣稱數，尊卑共爲一節也。從《續通解》節本。

陳衣繼之。

註曰:“庶襚。”

不必盡用。

註曰:“取稱而已,不務多。”

疏曰:“衣服雖多,不得過十九。”

敖氏曰:“此唯指繼陳者也,嫌陳之則必用之,故云然。”

世佐案,十有九稱者,謂祭服與散衣之數,主人所自盡者耳,庶襚蓋不在此數也,疏説非。

右陳小斂衣。

饌于東堂下,脯、醢、醴、酒,冪奠用功布,實于簞,在饌東。

註曰:“功布,鍛濯灰治之布也。凡在東西堂下者,南齊坫。”

敖氏曰:“功布,大功、小功布之通稱,未審其以何者用之也。下於大斂之奠乃云‘東方之饌,兩瓦甒,其實醴酒’,然則此醴酒惟在觶與?”

郝氏曰:“脯、醢、醴、酒,小斂之奠,饌于堂下,皆有巾冪,用鍛治功布爲之,實竹器内。”

設盆盥于饌東,有巾。

註曰:“爲奠設盥也。喪事略,故無洗也。”

疏曰:爲設奠人設。下云“夏祝及執事盥,執醴先酒”,即是於此盥也。

敖氏曰:“盥,盛盥水之器也。盆盛棄水。”

郝氏曰:“酒、醴、脯、醢東,設盆以盛水,將奠,盥手也。巾以拭手。”

世佐案,盆盥,以盆爲盥器也。上經云“盥于盆上”,是其用之之法矣。敖説非。

右陳小斂奠,設盥。

苴絰大鬲,下本在左,要絰小焉。散帶垂,長三尺,牡麻絰右本在上,亦散帶垂,皆饌于東方。

註曰:“苴絰,斬衰之絰也。苴麻者,其貌苴,以爲絰。服重者尚麤惡。絰之言實也。鬲,搤也。中人之手,搤圍九寸,絰帶之差,自此出焉。下本在左,重服統於内而本陽也。要絰小焉,五分去一。牡麻絰者,齊衰以下之絰也。牡麻絰者，其貌易，服輕者宜差好也。右本在上，輕服本於陰而統於外。散帶之垂者，男子之道，文多變也。饌于東方，東坫之南，苴絰爲上。"

疏曰：此小斂訖，當服未成服之麻也。小斂絰有散麻帶垂之，至三日成服，絞之，婦人初而絞之，與小功以下男子同。饌于東方堂上，坫南，非堂下也。

敖氏曰："左本、右本，纓皆在左也。麻所重者本，絰所重者纓。苴麻絰以本爲纓，明其最重也。牡麻絰有本而不以爲纓，明其差輕也。纓皆在左者，左尊右卑，重者宜居尊處也。散，謂不絞之也。此垂，謂帶下也。云'帶垂'，又云'長三尺'，見其帶下之長與大帶同也。大帶，説見首篇。東方，謂序東，下云'絰于序東'，是也。其餘絰帶亦饌于此，以絰無本，不纓，而帶不散垂，故不言之。"〇《釋文》云："鬲，又作搹。案《喪服傳》亦云'大搹'，今定作搹。"

郝氏曰："苴絰，絞苴麻爲斬衰首絰。其大一搤，麻根向下，居左，象陽也。要絰，亦絞麻爲之，小首絰五分之一。帶，即要絰，麻散垂不絞。牡麻絰，齊衰首絰，麻根居右，向上，象陰。二絰父母之喪，孝子未成服，小斂畢，先加麻絰。"

世佐案，絰帶之制，詳見《喪服》。所謂"下本在左"，"右本在上"者，蓋以服之重輕爲差，非有父母之喪之異也。郝氏象陽、象陰之説誤。

婦人之帶，牡麻結本，在房。

註曰："婦人亦有苴絰，但言帶者，記其異。此齊衰婦人，斬衰婦人亦苴絰也。"

疏曰："記其異，謂男子帶有散麻，婦人則結本，是其異者。"

敖氏曰："此謂婦人凡帶之有本者皆然。斬衰之帶，亦在其中矣。是時，帶亦未絞，但結其本，以别於男子耳，其首絰亦皆與男子同。婦人斬衰之帶所以不與其首絰皆用苴麻者，以其卒哭無變，至祥乃除，故聖人權其前後輕重之宜，即於始死之時用牡麻爲之，而但以首絰見斬衰之義也。"

郝氏曰："凡麻帶，皆本下垂，唯首絰有上、下本之異。在房，在東房，不與男子服同處堂下。"

右陳絰帶。

牀笫、夷衾，饌于西坫南。

註曰："笫，簀也。夷衾，覆尸之衾。《喪大記》曰：'自小斂以往用夷衾，夷衾質、殺之裁猶冒也。'"

疏曰：云"小斂以往"，則此夷衾本爲覆尸、覆柩，不用入棺矣。是以將葬啟殯，覆棺亦用之。云"猶冒"者，案上文云"冒，緇質，長與手齊，䞓殺，掩足"，此作夷衾亦如此，上以緇，下以䞓，連之乃用也。其冒則韜下、韜上訖，乃爲綴旁使相續。此色與形制大同，而連與不連則異也。

孔氏曰：小斂前有冒，故不用夷衾。自小斂後，衣多，不可用冒，故用夷衾覆之。夷衾所用繒色及長短制度，如冒之質殺，但不復爲囊及旁(聯)〔綴〕也[①]。始死，幠用斂衾，是大斂之衾，自小斂以前覆尸至小斂時。君錦衾，大夫縞衾，士緇衾，用之小斂，斂訖，別制夷衾以覆之。其小斂之前所用大斂之衾者，小斂以後停而不用，至將大斂及陳衣，又更制一衾，主用大斂也。

黄氏曰："案《士喪禮》'幠用斂衾'，疏云'大斂之時，兩衾俱用。一衾承薦於下，一衾以覆尸'，則始死所用之衾，至大斂即以承薦，非停而不用也。"

敖氏曰："尸夷于堂，乃設此衾，故以夷衾名之。不以斂，故別饌之。"

郝氏曰："牀，夷尸于堂之牀。笫，席也。夷衾制與冒同，較大。"

世佐案，冒以韜尸，夷衾以覆尸，則其制蓋異矣。記云"質殺之裁猶冒"者，特謂其上緇下䞓如之耳。

西方盥，如東方。

註曰："爲舉者設盥也。如東方者，亦用盆、布巾，饌于西堂下。"

疏曰："爲將舉尸者，下經'士盥，二人'是也。"

右陳牀笫、夷衾，設盥。

陳一鼎于寢門外，當東塾，少南，西面。

敖氏曰："當東塾，亦在其南也。少南者，明其稍遠之，不北面，喪奠禮異也。"

① "旁綴"之"綴"原作"聯"，校本同，《禮記疏》作"綴"，應據改。

其實特豚。四鬄，去蹄，兩胉、脊、肺。設扃鼏，鼏西末。素俎在鼎西，西順，覆匕[①]，東柄。

註曰："鬄，解也。四解之，殊肩、髀而已，喪事略。去蹄，去其甲，爲不潔清也。胉，脅也。素俎，喪尚質。既饌，將小斂則辟襲奠。今文鬄爲剔。"

疏曰：此亦爲小斂奠陳之。鼏用茅爲編，言"西末"，則茅本在東。云"喪事略"，謂豚解，不體解也，"四鬄"，並兩胉脅與脊總爲七體。"襲奠"，即始死之奠，襲後改爲襲奠，以恐妨斂事，故辟之，亦當於室之西南隅。如將大斂，辟小斂奠於序西南也。

敖氏曰："此鼎實，所謂合升者也。四鬄，兩肩、兩髀也。四者惟去其蹄甲，明其餘不去也。胉似是諸脅之總名，惟言脊，是不分之矣。體骨合爲七段，乃豚解者之正法也。又以下禮考之，此設鼏乃設扃，而云'設扃鼏'者，文順耳。鼏西末，俎西順，匕東枋，皆統於鼎而順之。俎在鼎西，如其載時之位。"

右陳鼎俎。張氏曰："以上小斂待用衣物，計五節。"

士盥，二人以竝，東面立于西階下。

註曰："立，俟舉尸也。"

疏曰：舉尸，謂從襲牀遷尸於户内服上。

郝氏曰："士親屬供斂事。"

世佐案，士，有司羣執事者也。《喪大記》云"士與其執事者則斂"，又云"凡斂者六人"。孔疏云："凡者，貴賤同也。兩邊各三人，故用六人。"此云"二人以竝"，則六人爲三列也。立法必如此者，象其舉尸之時也。郝云"二人盥手竝立"，似失考。

布席于户内，下莞上簟。

註曰："有司布斂席也。"

陸氏德明曰："莞草，叢生水中，莖圓，江南以爲席，形似小蒲而實非也。"

---

① "覆"字上原重一"覆"字，校本無，徐本、《集釋》、楊氏、《集説》、陳本、閩本、監本、毛本、同，據删。

孔氏曰：郭璞曰："西方人呼蒲爲莞。蒲，江東謂之苻蘺。"《司几筵》有莞筵、蒲筵，則爲兩種席也。

敖氏曰："此席布于地也。《喪大記》曰：'含一牀，襲一牀，遷尸于堂又一牀。'用牀者，止於是耳。"

郝氏曰："莞，蒲席。簟，竹簟。莞著地，上加簟。"

馮氏復京曰："《司几筵》有次席，註以爲桃枝竹所次成者，其即此簟歟？莞席在下，即筵也。竹簟在上，即重席也。"

世佐案，席，葦席也。《喪大記》云"小斂於户内，大斂於阼。君以簟席，大夫以蒲席，士以葦席"，是其徵矣。席與筦、簟，蓋爲三重，其布之之法，先以席著地，而後加筦于上，莞上又加簟也。云"下莞"者，對簟立文耳。郝云"莞著地"，非。又案鄭註《喪大記》云"簟，細葦席也"，是以葦席與簟爲一物，而士上同于君矣，蓋誤。馮氏説《詩》，又以簟爲次席，亦非。以愚考之，記所云"簟席"，殆即《司几筵》之次席，而《斯干》之詩及此經之所謂"簟"，則竹簟，而非席也。于莞簟則同之，伸孝子盡愛之心也。于席則異之，所以辨尊卑也。

商祝布絞、衾、散衣、祭服，祭服不倒，美者在中。

註曰："斂者趨方，或傎倒衣裳。祭服尊，不倒之也。美，善也。善衣後布，於斂則在中也。既後(祭布)〔布祭〕服[①]，而又言善者在中，明每服非一稱也。"

疏曰：襲時衣裳少，不倒。小斂衣裳多，取其要方。除祭服之外，或倒或否。斂衣半在尸下，半在尸上。今於先布者在下，則後布者在中可知也。云"既後布祭服，而又言善者在中，明每服非一稱也"者，欲見祭服又在散衣之下，則是後布祭服，祭服則是善者。復云"善者在中"，則祭服之中更有善者可知，故云"每服非一稱"。

敖氏曰："美者，猶尊者也。祭服以尊者爲美。云'在中'者，據斂時而言也。若於此時，則但爲上下之次耳。爵弁服最尊，在上，餘亦以尊卑爲次。"

郝氏曰："簟上布絞，絞上衾，衾上散衣，散衣上祭服。散衣顛倒置

---

① "後布祭服"之"布祭"原作"祭布"，校本、毛本同。徐本、《通典》、《集釋》、楊氏、陳本、閩本、監本、庫本皆作"布祭"，與疏引注文合，應據改。

之,惟祭服順首足不倒。美者,即祭服。在中,近膚,居上。”

張氏曰:“斂衣有藉者,有覆者。既云十九稱取法天地之終數,當以十爲藉,九爲覆也。其斂法,於户内地上布席,席上布絞衾,絞衾上布衣,遷尸衣上,復用衣加尸上,乃結絞衾也。”

世佐案,云“祭服不倒”,則散衣有倒者明矣。必倒之者,取其前後厚薄均也。斂衣十有九稱,而士服止爵弁、皮弁、褖衣三者,必重之以足其數,計每服或六稱或七稱也。爵弁服最尊,故不倒。皮弁服、褖衣則倒之可矣。疏云三者皆祭服,不倒,則倒者更何服乎?於此益見祭服專指爵弁言也。美者,謂服之尊者也。爵弁美于皮弁,皮弁美于褖衣。云“美者在中”,見其上下陳法也。其藉尸者,褖衣最下,以次而上。其覆尸者,爵弁服最下,以次而上。如此,則在中者皆其美者矣。蓋以去尸遠近爲尊卑之差,而不取乎見美也。

士舉遷尸,反位。

註曰:“遷尸於服上。”

世佐案,反位,反西階下位。舉尸之法,説見上。郝云二士舉尸首足,非。

設牀笫于兩楹之間,衽如初,有枕。

註曰:“衽,寢臥之席也,亦下莞上簟。”

敖氏曰:“楹間,東西節也,宜於楹爲少北。”

張氏曰:“此牀待斂後侇尸。衽如初,如户内之莞簟也。”

卒斂,徹帷。

註曰:“尸已飾。”

敖氏曰:“斂之言藏也。既襲,而又加衣衾之類焉,所以深藏其體也,故曰‘斂’,下放此。”

主人西面馮尸,踊無算。主婦東面馮,亦如之。

註曰:“馮,服膺之。”

郝氏曰:“馮、凭通,撫也。”

世佐案,《喪大記》云:“君於臣撫之,父母於子執之,子於父母馮之,婦於舅姑奉之,舅姑於婦撫之,妻於夫拘之,夫於妻、於昆弟執之。”孔疏云:“君尊,但以手撫案尸心,身不服膺也。馮之者,服膺心上也。”然則馮與撫異矣,郝以撫釋馮,非。

主人髻髮袒,衆主人免于房。

註曰:“始死,將斬衰者雞斯,將齊衰者素冠。今至小斂變,又將初喪服也。髻髮者,去笄纚而紒。衆主人免者,齊衰將袒,以免代冠。冠,服之尤尊,不以袒也。免之制未聞,舊説以爲如冠狀,廣一寸。《喪服小記》曰:‘斬衰髻髮以麻,免而以布。’此用麻布爲之,狀如今之著幓頭矣。自項中而前,交於額上,卻繞紒也。于房,(入)〔于〕室[①],釋髻髮宜於隱者。今文免皆作絻,古文髻作括。”

疏曰:《問喪》“雞斯”,鄭云“當爲笄纚”。

司馬氏光曰:“括髮,先用麻繩撮髻,又以布爲頭帮。齊衰以下皆免喪布,或縫絹廣寸。婦人髽亦細麻爲繩,齊衰以下亦用布,皆如幓頭之制,自項向前交於額上,卻繞髻如著幓頭也。”

吕氏大臨曰:“免以布,爲卷幘以約四垂短髮,而露其髻,於《冠禮》謂之‘缺項’。冠者必先著此缺項,而後加冠,故古者有罪免冠,而缺項獨存,因謂之免者。免以其與冕弁之冕其音相亂,故改音問。”

朱子曰:“註疏以男子括髮與免及婦人髽皆如著幓頭然。幓頭,如今之掠頭編子,自項而前交於額上,卻繞髻也。免,或讀如字,謂去冠。”

黄氏曰:“案崔氏云:始死,加素冠於笄纚之上。始死去冠,惟留笄纚,不應遽加素冠於笄纚之上。案《喪服小記》‘斬衰括髮以麻’,疏云,將小斂,去笄纚著素冠。視斂訖,投冠而括髮。當以《喪服小記》之疏爲正。〇又案,《雜記》‘小斂環絰’,註云‘大夫以上素爵弁而加此絰焉’,又《喪大記》‘君將大斂,子弁絰即位于序端’,又案《曾子問》云‘麻弁絰’,註曰‘弁而加環絰’,此三條與《司服》、《弁師》所謂弔服弁絰其制竝同,此若可疑者。又案《雜記》‘小斂環絰’,疏家引鄭註《弁師》云‘環絰者,大如緦之絰,纏而不(斜)〔糾〕’[②],今此所謂彼經註也,則是疏家已合小斂環絰與弔事弁絰二者而爲一矣,豈弁絰本爲弔服而設。然親始死,孝子去冠或在道,或小斂,大斂不可無飾,故大夫以上亦必素弁而加環絰歟?又案《雜

① “于室”之“于”原作“入”,校本同,與毛本合,《要義》、《集釋》、楊氏、徐本、陳本、閩本、監本、庫本、士禮居翻刻嚴州本俱作“于”,應據改。

② “糾”原作“斜”,校本作“斜”,《通解續》作“糾”,與《周禮疏》合,應據改作“糾”。

記》云‘大夫與殯亦弁絰’，以大夫視他殯尚弁絰，則其子弁絰視斂明矣。崔氏《變除》乃云：爵弁委貌，環絰乃括髮之後始用之。其不然又明矣。○又案《士喪禮》主人拜賓之後，‘乃奠’之前云‘襲絰’，所謂絰者，首絰與要絰、散帶之總稱，則知散帶在乃奠之前。○《雜記》‘小斂環絰’，註家乃加‘散帶’二字，註説非是。○又案《喪服小記》云‘斬衰括髮以麻，爲母括髮以麻，免而以布’，疏云：‘爲母初喪至小斂後括髮，與父禮同。’至尸出堂，子拜賓事之時，猶與爲父不異。唯爲父則括髮以至大斂而成服，若母喪則襲絰帶，乃奠，則已著布免矣，此爲母與父異者也。○又案，此經文唯言衆主人，而賈氏《士喪記》疏云‘齊衰以下至緦麻，首皆免也’，其所用布之升數未詳。”

敖氏曰：“《檀弓》曰：‘始死，羔裘玄冠者易之而已。’易者，謂易之以素冠深衣也。然則始死之服，主人以下皆同，而未暇有所别異。今既小斂，主人乃去冠與纚，而以麻爲髺髮。衆主人以下乃去冠與纚，而以布爲免。二者皆所以代冠也，其制雖不可考，然以意求之，疑其度但足以繞紒而已。以其無纚，故謂之髺髮，言括結其髮也。以其無冠，故謂之免，言因免冠而爲之也。小斂之日，喪事方始，乃以二者别親疎，而復以絰帶之差繼之。《曲禮》曰‘生與來日’，其此之謂乎？‘于房’，兼髺髮者言也。必于房者，宜與髽者異處也。免不言袒，可知。”

郝氏曰：“髺、括通，結也。親始死，孝子投冠存笄纚。小斂畢，尸將出，盡去其笄纚，散髮，結以麻，袒左臂，衣扱于帶右。免、絻同。免冠，以麻布纏頭曰絻。父喪，免徒首；母喪，絻以布。孝子免而括髮，衆主人絻不括髮。于房，尸尚出户也。”又曰：“鄭謂‘始死，將斬衰者笄纚’是也，謂‘將齊衰者素冠’，未然。父母始死，孝子免冠笄纚，如罪人所謂徒跣者也。《服問》云：‘親始死，雞斯徒跣。’雞斯，即笄纚。不冠曰徒，不屨曰跣。周禮罪人徒役，不冠飾。父母初喪，孝子負罪引慝如囚人，何冠屨之有？況小斂親死越宿，豈尚從容加冠，待既斂而後免邪？故叔孫武叔母死，小斂，尸出户，始投冠，子游譏之。《既夕禮》啟殯，丈夫皆髽如婦人，已殯及葬猶不冠，而況始死乎？既成服，乃有喪冠。若始死即素冠，又何俟三日然後成服。”

世佐案，袒者，爲將奉尸也。

婦人髽于室。

註曰:“始死,婦人將斬衰者去笄而纚,將齊衰者骨笄而纚。今言髽者,亦去笄纚而紒也,齊衰以上至笄猶髽。髽之異於髺髮者,既去纚而以髮爲大紒,如今婦人露紒,其象也。《檀弓》曰:‘南宫縚之妻之姑之喪,夫子誨之髽,曰:“爾毋縱縱爾,爾毋扈扈爾。”’其用麻布,亦如著幓頭然。”

疏曰:將斬衰,婦人去笄纚而麻髽。將齊衰,婦人去骨笄與纚而布髽也。

黄氏曰:“其大功以下之髽,案賈氏疏則自齊衰以下至緦皆布髽。○又曰:括髮免髽乃小斂至大斂未成服之制,又有變禮,括髮免髽者,《奔喪》是也。有啟殯見棺柩變同小斂之時者,《既夕禮》‘丈夫髽散帶垂’是也,大要不出此三節。而免之用爲尤廣,蓋喪禮未成服以前,莫重於袒括髮。《檀弓》曰:‘袒括髮,去飾之甚也。’括髮以麻,免以布。又曰,免,‘不冠者之所服’,則免之禮稍殺於袒括髮也。是故小斂爲父括髮而至於成服,爲母則即位之後不括髮而爲免,小斂有括髮有免,及啟殯,則雖斬衰亦免而無括髮,以至卒哭。不惟此也,自斬至緦皆有免,五世無服者亦袒免,童子當室免,朋友在它邦亦袒免,君弔雖不當免時,必免,是免之用爲尤廣也。”

敖氏曰:“《曾子問》言婦爲舅姑始死之服,布深衣縞總,則吉笄而纚自若矣,是乃將齊衰者也,以始死男子之服準之,則此時婦人將斬衰而下者之服,皆當如此齊衰者之爲也。髽者,去笄總與纚而露紒也。至是而當髽者,乃髽其不當髽者,但去笄總耳。當髽者,妻也、妾也、女子子與婦也,非是,雖三年者,猶不髽。此時當髽者皆在室,故於焉爲之,由便也。婦人之髽與否,《喪服》經記見之矣。”

右小斂。

黄氏曰:“案小斂所用之日,以喪禮義考之,但有死三日而斂,若併死日而數,二日而小斂,三日而大斂。今言三日而斂,則恐指大斂而不及小斂。唯《白虎通義》云天子諸侯三日小斂,大夫士二日小斂,此乃小斂日數。雖引以爲在禮有之,然無所考,天子、諸侯殯葬月日與士不同,則斂日亦當不同。”

士舉，男女奉尸，侇于堂，幠用夷衾。男女如室位，踊無算。

註曰："侇之言尸也。夷衾，覆尸柩之衾也。堂，謂楹間牀笫是也。"

敖氏曰："幠用夷衾者，禮貴相變，且斂衾當以陳也。夷衾不陳，此衾云'夷'者，以其用之於尸，而不以斂也。室位，馮尸之位。"

郝氏曰："侇、夷通。不起曰夷，故尸居謂夷。侇如室位，男東女西也。"

姜氏曰："侇之言尸，猶陳也。"

世佐案，侇之言移也，不曰移，而曰侇者，依尸爲言也。

主人出于足，降自西階。衆主人東即位，婦人阼階上西面。主人拜賓，大夫特拜，士旅之，即位踊，襲、絰于序東，復位。

註曰："拜賓，鄉賓位拜之也。即位踊，東方位。襲、絰於序東，東夾前。"

疏曰：衆主人雖無降階之文，當從主人降自西階。主人就拜賓之時，衆主人遂東，即位於阼階下主人位南，西面也。經云主人"降自西階"，即云"主人拜賓"①，明不即位而先拜賓，是主人鄉賓位拜賓可知。主人拜賓訖，即向東方阼階下，即西面位踊，踊訖，襲、絰也。"襲、絰于序東"，謂鄉堂東，東當序牆之東，又當東夾之前，非謂就堂上東夾前也。云"復位"者，復阼階下西面位。

敖氏曰："阼階上非婦人之正位，於主人之降乃居之者，辟賓客之行禮者也，後遂以之爲節。主人拜賓鄉其位，特拜者，每人各一拜之也。旅之者，其人雖衆，惟三拜之而已。絰，著絰帶也。"

世佐案，出于足者，尸北首，主人北由尸足過西而降也，衆主人亦然。婦人則由足過東而立阼階上也。襲，復衣也。絰，著首絰及要絰也。序東，即繇陳絰帶處。上文"絰帶饌于東方"，此云"序東"，互見也。襲者唯主人，絰則兼衆主人而言也。

右奉尸，侇于堂，拜賓。

---

① "云"原作"位"，校本作"云"，陳本、閩本、監本、毛本、庫本同，據改。

楊氏曰:“小斂變服有二節:小斂于户内,主人、主婦馮尸,而後主人髻髮,袒,絞帶,婦人髽于室,衆主人免于房,布帶;奉尸,侇于牀,主人踊無算,降拜賓,還即阼階下主人位,踊,而後襲絰于序東。云襲者,髻髮則袒,至此方襲而絰。○爲父母有小異。《小記》曰:‘斬衰括髮以麻,爲母括髮以麻,免而以布。’《大記》曰:‘奉尸,侇于堂,降拜。賓主人即位,襲帶絰,踊。母之喪,即位而免。’疏云:‘爲父小斂訖,括髮,自項以前交於額上,卻繞紒,如著幓頭焉。爲母,小斂後括髮,與父禮同。自小斂後至尸出堂,子拜賓之時,猶與父不異。至拜賓後,子往即堂下位時則異也。若爲父,此時猶括髮而踊,襲絰帶于序東,以至大斂而成服。若母喪,於此時則不復括髮,乃著布免,踊而襲絰帶,以至成服。’○《喪大記》拜賓之節:‘君拜寄公、國賓大夫、士,拜卿大夫於位,於士旁三拜。夫人亦拜寄公夫人於堂上,大夫内子、士妻特拜,命婦氾拜衆賓於堂上。○哭尸于堂上,由外來奔喪之位。主人在東方,由外來者在西方,諸婦南鄉。’”無奔喪者,婦人東向。

乃奠。

註曰:“祝與執事爲之。”

郝氏曰:“始死,孝子昏迷不成禮,祝與執事者代奠。”

舉者盥,右執匕卻之,左執俎横攝之,入,阼階前西面錯,錯俎北面。

註曰:“舉者盥,出門舉鼎者。右人以右手執匕,左人以左手執俎,因其便也。攝,持也。西面錯,錯鼎於此,宜西面。錯俎北面,俎宜西順之。”

疏曰:“各以内手舉鼎,外手執匕、俎,故云‘便也’。”

敖氏曰:“舉者盥,即執匕俎是亦盥於門外矣。經不見設此盥者,略之。俎錯於鼎西。”

郝氏曰:“舉,舉鼎。盥,將舉鼎盥手。左右,鼎左右二人共舉鼎,寢門外右人執匕,卻向後,左人執俎,横持。鼎入寢門,錯于阼階下,西向錯置也。置俎鼎西,北向,横設。鼎自外入,西爲左,東爲右。”

世佐案,此盥亦于西方。盥而後出,經不言出,文省也。敖云“盥于門外”,非。鼎在寢門外,西面,北爲右,東爲左。入時,右人在前,此舉之通法也。云“卻之”者,仰其匕也。郝云“右人執匕,卻向後”,尤誤。錯俎北面，左人錯之于鼎南也。

右人左執匕，抽扃予左手，兼執之，取鼏，委于鼎北，加扃，不坐。

註曰："抽扃取(鼎)〔鼏〕[①]，加扃於(鼎)〔鼏〕上，皆右手。"

郝氏曰："立委之，喪禮質也。"

世佐案，鼎北，鼎之右也，故右人取鼏，即委之于此而加扃焉，亦便也。扃亦西順。

乃枇載，載兩髀于兩端，兩肩亞，兩胉亞，脊、肺在於中，皆覆，進柢，執而俟。

註曰："乃枇，以枇次出牲體，右人也。載，受而載于俎，左人也。亞，次也。凡(匕)〔七〕體皆覆[②]，爲塵。柢，本也。進本者，未異於生也。骨有本末。古文枇爲匕，髀爲脾。"

疏曰：凡七體者，前左右肩，臂、臑屬焉，後左右脾，膞、胳屬焉，並左右脅，通脊爲七體也。諸進體皆不言覆，此言覆者，由無尸而不食，故覆之也。云"未異于生"者，《公食大夫》亦進本，是生人法。今以始死，故未異于生也。

敖氏曰："此時匕者西面于鼎東，載者北面于鼎西南。兩端，俎之前後也。兩肩亞，各次於髀也。兩胉亞，各次於肩也。脊肺在於兩胉之中，脊東而肺西也。俟者，俟同升。上言'四鬄去蹄'，則前體乃肩、臂、臑，後體乃髀、肫、胳也。此惟以肩、髀爲稱者，其體不分，故以上包下也。皆覆，亦以別於生也。○匕，鄭本從今文作枇，註曰：'古文枇作匕。'繼公謂，用匕謂之匕，猶設尊謂之尊，設席謂之席之類是也。或作枇者，似後人誤改之，以別於其爲器名者，而改之不盡，故匕、枇雜也。當從古文作匕。"

郝氏曰："右人匕，左人受而載之。'兩髀'以下，載肉之序。兩端，俎東西也。覆，反也，皮反居下。柢，本也，肉以骨爲本，進向尸也。"

---

① "鼏"原作"鼎"，校本同，與毛本注文合，陳本、閩本、監本、庫本、士禮居翻刻嚴州本及毛本疏引注皆作"鼏"，應據改，下"鼏上"同。

② "凡七體"之"七"原作"匕"，校本同，與毛本同。阮《校》曰："徐、監、《通典》、《集釋》、《通解》'七'俱作'七'，與疏合。毛本、楊氏作'匕'。"應據改作"七"。

張氏曰:"皆覆,謂牲體皆覆設之。"

姜氏曰:"胉有兩訓:一音粕,謂胸脅也;一音博,謂肩甲也,又與膊同。《鄉飲酒記》註'後脛骨二,膊、胳'是也。"

世佐案,執而俟者,謂左人執俎而俟奠也。右人於是加匕于鼎,反西階下位矣。敖云"俟同升",郝云"執匕以俟奠",皆誤。

夏祝及執事盥,執醴先,酒、脯、醢、俎從,升自阼階,丈夫踊。甸人徹鼎,巾待於阼階下。

註曰:"執事者,諸執奠事者。巾,功布也。執者不升,己不設,祝既錯醴,將受之。"

疏曰:"云'甸人徹鼎巾'"巾"衍字。者[①],以其空無事,故徹。案《公食大夫》云'甸人舉鼎,順出,奠于其所',謂當門也。或云'徹鼎'"鼎"下似脱一"巾"字[②]。者誤[③],何者?前陳饌于東堂下,脯、醢、醴、酒,冪奠用功布,實于簞,何徹之有也。"

敖氏曰:"執醴者,祝也。俎亦升自阼階,喪奠禮異也。升而丈夫踊,節也。凡奠時丈夫、婦人之踊,皆以奠者之往來爲節。"

世佐案,舊有以"甸人徹鼎巾"爲句,故疏辨之,見其當於"鼎"字絶句,"巾"字屬下爲句也。坊本互有衍脱,今正之。

奠于尸東。

敖氏曰:"先言其所奠之處,下乃奠之。"

執醴、酒,北面西上。

註曰:"執醴、酒者先升,尊也。立而俟後錯,要成也。"

郝氏曰:"祝與執事以醴、酒、豆、俎設于堂上,尸東,如生食,右,取便也。執醴、酒者立尸東,北面。奠以醴、酒爲主,在豆、俎之西南,俟豆、俎奠而後奠。"

世佐案,西上,尸在西也,下放此。

---

① "云甸人徹鼎巾者",校本同。阮《校》曰:閩本無"巾"字,當從閩本。

② "字"原作"者",校本作"字",依文例,應據校本改。

③ "或云徹鼎者誤",校本同。阮《校》曰:"鼎",閩本作"冪",當從閩本。

豆錯，俎錯于豆東，立于俎北，西上。

敖氏曰："豆，兼籩言也。《爾雅》曰：'竹豆謂之籩。'其錯之，籩脯先設而在南也。俎北之位，執脯者在西。"

張氏曰："立于俎北，西上，奠豆俎之人也。俟祝畢事，同由足降自西階。"

醴、酒錯于豆南。

敖氏曰："醴在北也。記曰'兩甒醴、酒，酒在南'，此位亦當如之。《既夕禮》曰：'醴、酒在籩西，北上。'"

祝受巾，巾之，由足降自西階，婦人踊。奠者由重南東，丈夫踊。

註曰："巾之，爲塵也。東，反其位。"

疏曰：主人位在阼階下，婦人位在上，故奠者升，丈夫踊，奠者降，婦人踊，各以其所見先後爲踊之節也。"奠者由重南東，丈夫踊"者，奠者奠訖，主人見之，更與主人爲踊節也。又以其重主道，神所憑依，故必由重南東過，是以主人又踊也。云"東，反其位"者，其位蓋在盆盥之東，南上。

敖氏曰："祝既受巾巾之，即由足而降，明不立于俎北之位。祝降，而執事者從之，由重南而東也。"

賓出，主人拜送于門外。

註曰："廟門外也。"

疏曰："鬼神所在曰廟，故名適寢爲廟也。"

張氏曰："此賓，爲小斂來者。"

乃代哭，不以官。

註曰："代，更也。孝子始有親喪，悲哀憔悴，禮防其以死傷生，使之更哭，不絶聲而已。人君以官尊卑，士賤以親疏爲之。三日之後，哭無時。《周禮·挈壺氏》：'凡喪，縣壺，以代哭。'"

疏曰："禮有三無時之哭：始死未殯，哭不絶聲，一無時；殯後葬前，朝夕入於廟阼階下哭，又於廬中思憶則哭，是二無時；既練之後，在堊室之中，或十日或五日一哭，是三無時。練前葬後，有朝夕在阼階下哭，唯此有時，無無時之哭也。"

敖氏曰："不以官者，下大夫也。不以官之尊卑爲序，則但以親疎爲之。《喪大記》曰：'大夫官代哭不縣壺，士代哭不以官。'"

郝氏曰："大夫以上有家臣，士無官，所親以序相代也。"

張氏曰："此小斂後節哀之事。"

右小斂奠。

黄氏曰：案小斂奠當在既斂之後，經文已具，今以上文闕一字，疑當作"陳"。小斂奠本經記註疏考之，觶四、闕一字，當作"柶"。勺各二，爲朝夕各進醴酒而設，則大小斂奠之夕。又有别進醴酒一篇，經文不具，闕四字。當考也。

有襚者則將命，擯者出請入告，主人待于位。

註曰："喪禮略於威儀，既小斂，擯者乃用辭，出請之辭曰：'孤某使某請事。'"

敖氏曰："此襚者，惟謂使人襚者也。"

擯者出，告須，以賓入。

註曰："須，亦待也。出告之辭曰：'孤某須矣。'"

敖氏曰："以賓入，帥之也。"

賓入中庭，北面致命，主人拜稽顙。賓升自西階，出于足，西面委衣，如於室禮，降，出。主人出，拜送。

敖氏曰："致命之禮，施於主人也。乃北面者，凡喪禮，唯致命於堂乃東面，其他則否，亦異於吉禮也。襚者，親友殷勤之意，故爲之稽顙，以重謝之。此非君襚之節，故無嫌於室禮，謂委衣于尸東牀上也。主人出，拜送，亦于廟門外。小斂以後，主人於喪賓則出送之，惟不迎賓耳。"

世佐案，中庭，重之北也。襚爲死者，故致命于中庭，北面以尸，在兩楹之間也。敖云"西方中庭"，非。

朋友親襚，如初儀，西階東，北面哭，踊三，降。主人不踊。

註曰："朋友既委衣，又還哭于西階上，不背主人。"

敖氏曰："初儀，拜送以上之禮也。尸在楹間，故於西階東，北面鄉之哭，踊，此則異於使人襚者也。主人不踊，惟哭而已。"

郝氏曰："主人不踊，别于君襚也。"

襚者以褶，則必有裳，執衣如初。徹衣者亦如之，升降自西階以東。

註曰："帛爲褶，無絮，雖複，與禪同，有裳乃成稱，不用表也。以東，藏以待事也。"

疏曰：案《喪大記》云"小斂，君、大夫複衣複衾。大斂，君褶衣褶衾。大夫、士猶小斂也"，若然，則士小斂、大斂皆同用複，而襚者用褶者，褶者所以襚，主人未必用之襚耳。《雜記》云"子羔之襲也，繭衣裳與税衣"，乃爲一稱，以其絮褻，故須表。此雖有表裏爲褶，衣裳别，作裳又無絮，非褻，故有裳乃成稱，不須表也。言"雖複，與禪同"者，褶衣與複衣相對，有著爲複，無著爲褶，散文褶亦爲複也。案《喪大記》有衣必有裳乃成稱，據禪衣、祭服之等而言，此褶雖複，與禪同，亦得裳乃成稱也。云"藏以待事也"者，以待大斂事而陳之也。

敖氏曰："褶，褶衣也，裏衣之袷者也。云'則必有裳'者，嫌其非類，可以不必用之也。此但取衣裳具乃成稱之義，故須有之。褶有裳，亦簪之。徹衣者以東，變於小斂以前之禮。"

郝氏曰："褶，夾衣。凡襚，執衣及徹衣皆左執領，右執要，如室中之禮。襚者與徹衣者升降皆由西階，徹者以衣降，歸于東壁。"

姜氏曰："疏説殊未楚。案'褶爲帛'，《玉藻》文，蓋二者皆無絮，但複用布，褶用帛耳。"

宵，爲燎于中庭。

註曰："燎，火燋[①]。"

郝氏曰："宵，即小斂之夕。燎，地燭。在地曰燎，手執曰燭。"

張氏曰："案下記云'既襲，宵，爲燎于中庭'，是未殯前夜皆設燎也。"

右襚。楊氏曰："大斂襚。"〇張氏曰："以上皆親喪第二日禮。"

郝氏曰："親始死，含、襲，明日乃斂，又明日乃大斂，三日，猶企其復生也。然暴尸累日，將有腐敗之憂，盛夏暑月，此禮未可盡拘。"

世佐案，《荀子》云："禮者，謹於吉凶，不相厭者也。紸纊聽息之時，則夫忠臣孝子亦知其閔已，然而殯斂之具未有求也，垂涕恐懼，然而幸生

① "火燋"，校本同，與毛本合。阮《校》曰："'火'，監本、《釋文》、《集釋》俱作'大'，陸氏曰：'燋本作燭。'案'大'字是。"

之心未已，持生之事未輟也。卒矣，然後作之，故雖備家必逾日，然後能殯。”然則三日而殯，非徒企其復生也，亦以殯斂之具不三日則不能備也。孝子之殯其親也，凡附於身者，必誠必信，勿之有悔焉而已。

厥明，滅燎。陳衣于房，南領西上，綪。絞、紟、衾二、君襚、祭服、散衣、庶襚，凡三十稱。紟不在算，不必盡用。

註曰：“紟，單被也。衾二者，始死斂衾，今又復制也。小斂衣數，自天子達，大斂則異矣。《喪大記》曰：‘大斂布絞，縮者三，横者五。’”“五”，坊本作“三”，誤。

疏曰：“云‘紟不在算’者，案《喪大記》‘紟五幅，無紞’，鄭云‘今之單被也’，以其不成稱，故不在數内。云‘不必盡用’者，案《周禮・守祧職》云‘其遺衣服藏焉’，鄭云‘遺衣服，大斂之餘也’，即此不盡用者也。云‘衾二’者，始死，幠用斂衾，以小斂之衾當陳之，故用大斂衾。小斂已後，用夷衾覆尸，故知更制一衾，乃得二也。云‘小斂衣數，自天子達’者，案《喪大記》君、大夫小斂已下同云十九稱，則天子亦十九稱。鄭註云‘十九稱，法天地之終數也’，案《易・繫辭》生成之數，從天一地二，天三地四，天五地六，天七地八，天九地十，是十九爲天地之終數。云‘大斂則異矣’者，案此文，士喪大斂三十稱，《喪大記》士三十稱，大夫五十稱，君百稱，不依命數，是亦喪數略，則上下之大夫及五等諸侯各同一節，則天子宜百二十稱。”

孔氏曰：“大斂布絞，縮者三者，謂取布一幅，分裂之，作三片，直用之，三片即共一幅，兩頭裂，中央不通。横者五者，又取布二幅，分裂作六片，而用五片横之於縮下也。布紟者，皇氏云：‘紟，禪被也。取置絞束之下，擬用以舉尸也。《孝經》云“衣衾而舉之”是也。’今案，經云紟在絞後，紟或當在絞上，以絞束之，且君衣百稱，又通小斂與襲之衣，非單紟所能舉也。又《孝經》云衾不云紟，皇氏之説未善也。絞、紟二者，布精麤皆如朝服，十五升也。”

敖氏曰：“祭服、散衣，皆主人之衣也。後言‘庶襚’，則是庶襚之中雖有上服，猶在主人散衣之後也。云‘紟不在算’，則衾在算矣。不言絞者，狹小於紟，不在算可知。不必盡用，亦謂庶襚繼陳，或出於三十稱者也。”

郝氏曰：“稱必二，衾二，絞横縮亦二，皆算稱。唯紟一，故不算。衣雖多，用數不必如陳數。”

世佐案,《大記》云"大斂,士陳衣于序東,三十稱,西領,南上",稱數與此同,而陳法則異,當以此經爲正。"大夫陳衣于序東,五十稱,西領南上。士陳衣于房,三十稱,南領西上",此尊卑之差也。彼記之文或因上大夫而誤耳。

東方之饌:兩瓦甒,其實醴酒,角觶,木柶;毼豆兩,其實葵菹芋、蠃醢;兩籩無縢,布巾,其實栗,不擇,脯四脡。

註曰:"此饌但言東方,則亦在東堂下也。毼,白也。齊人或名全菹爲芋。縢,緣也。《詩》云:'竹柲緄縢。'布巾,籩巾也。籩豆具而有巾,盛之也。《特牲饋食禮》有籩巾。"

疏曰:菹法,短四寸者全之,若長於四寸,則切之。喪中之菹葵,雖長而不切,故取齊人"全菹爲芋"之解。不言豆巾者,菹醢,濕物,不嫌無巾,其實有巾矣。從楊氏《圖》節本。

敖氏曰:"記言'設棜於東堂下,南順,齊于坫,饌于其上'者,正指東方之饌也。始死之奠用吉器,小斂用素俎,至是乃用毼豆,而籩無縢,皆以漸變之。記曰'凡籩豆實具設,皆巾之',亦指此時也。乃獨於籩見之者,嫌乾物,或可不必巾也。菹云芋,栗不擇,脯四脡,亦皆變於吉也。"

郝氏曰:"芋,土芝,言葵,又言芋,用其一也。《内則》云'栗曰撰之',凶事質,故不擇。"又曰:"芋即蜀人所謂蹲鴟,其莖葉可菹。鄭謂齊語'全菹爲芋',未可據。"

世佐案,《周禮·醢人》所掌四豆之實無用芋者,亦無一豆而兼用二物者。且菹言芋,栗言不擇,其意相將,皆取麤略之意,當以註疏爲正,郝説誤矣。

奠席在饌北,斂席在其東。

註曰:"大斂奠而有席,彌神之。"

疏曰:有巾又有席,是彌神之。

敖氏曰:"奠席,葦席也。《周官·司几筵》曰:'凡喪事,設葦席。'斂席,亦莞與簟也。其謂奠席也,此二席皆不在棜。大斂之奠在室,遠於尸柩,故始用席以存神也。"

掘肂見衽。

註曰:"肂,埋棺之坎也,掘之於西階上。衽,小要也。《喪大記》曰:

‘君殯用輴，欑至于上，畢塗屋。大夫殯以幬，欑至于西序，塗不暨于棺。士殯見衽，塗上，幃之。’又曰：‘君蓋用漆，三衽三束。大夫蓋用漆，二衽二束。士蓋不用漆，二衽二束。’”

疏曰：肂訓陳，謂陳尸於坎。知於西階上者，《檀弓》云“周人殯于西階之上”是也。此殯時雖不言南首，南首可知。引《喪大記》者，見君殯四面及上盡塗之，如屋然。大夫不得如人君四面欑之，但逼西序，以木幬覆棺，欑置于西序。“欑中狹小，裁取容棺”，但塗木，不及棺而已。“士殯見衽，塗上”者，即此經掘肂而見其小要於上，塗之而已。云“帷之”者，鬼神尚幽闇，君、大夫、士皆同也。古者棺不釘，“用漆者，塗合牝牡之中也”。君棺蓋每縫爲三道小要，每道爲一條皮束之，大夫、士降于君也。

楊氏曰：“古者棺不釘鑿，棺蓋之際，以衽連之，其形，兩端大而中小，所謂小要也。見衽者，衽出見於平地，肂深淺之節也。”

敖氏曰：“言其肂之深淺，以見衽爲度也。此肂亦在西序下，其南蓋近於序端。”

郝氏曰：“殯，賓也。周人殯于西階上，賓之也。棺蓋合際處曰衽。”

張氏曰：“衽，所以聯合棺蓋縫者，今謂之銀錠扣。見衽者，坎不没棺，其衽見於上。三衽三束，謂每一面三處用衽，又以皮三處束之也。”

棺入，主人不哭。升棺用軸，蓋在下。

註曰：“軸，輁軸也。輁，狀如牀，軸，其輪，挽而行。”

疏曰：詳見《既夕》“遷于祖，用軸”註。

敖氏曰：“‘蓋在下’者，卻於棺之下也。棺既升，則入于肂中，而蓋則置於序端與？〇案註云‘軸狀如轉轔’者，轔，猶輪也，以木關其轔之中央而引之，則轔由此而轉，故以轉轔名之，蓋漢時語也。謂軸狀如之，以今物曉時人也。軹，謂軸之兩末，關輪之處也。竊詳註説，蓋謂此軹之旁共有四輪，前後各二，又各有一軸，以橫貫其桯與輪也。鄭氏此説未必有據，亦但以意言之。”

郝氏曰：“棺升堂，載以輴車。蓋，棺蓋，居棺下。棺遷于坎，尸遷于棺，而後加蓋，便也。”

熬，黍稷各二筐，有魚腊，饌于西坫南。

註曰：“熬，所以惑蚍蜉，令不至棺旁也。爲舉者設盆盥於西。”

疏曰:《喪大記》云:"熬,君四種八筐,大夫三種六筐,士二種四筐,加魚腊焉。"註云:"熬者,煎穀也。將塗,設於棺旁。"此士二筐,首足各一筐,其餘設於左右。云"爲舉者設盆盥於西"者,以小斂既云"設盆盥,饌于東方",明大斂用西方之盆盥矣。以其先陳盥,後陳鼎,故于鼎上言之也。

敖氏曰:"有魚腊,謂每筐皆有之也。此四物者,擬用於殯中,故饌於此。孝子以尸柩既殯,不得復奠于其側,雖有奠在室,而不知神之所在,故置此於棺旁,以盡愛敬之心也。然不以食而用熬穀,不以牲而用魚腊,亦所以異於奠也與?"

郝氏曰:"熬黍稷,炒穀也。雜魚與腊置殯中柩旁,惑螻蟻,使不侵尸。"

世佐案,用此四物之故,敖説得之。鄭云"惑蚍蜉",似迂。

陳三鼎于門外,北上。豚合升,魚鱄鮒九,腊左胖,髀不升,其他皆如初。

註曰:"合升,合左右體升於鼎。其他皆如初,謂豚體及匕俎之陳如小斂時。合升、四鬄,亦相互耳。"

敖氏曰:"腊用左胖,别於吉也。此腊惟豚解,其髀不升,亦前肩後肫、胉、脊而已。凡腊必去髀,不以豚解、體解,合升、胖升而異。"

姜氏曰:"鮒,小魚也,一名鯽。鱄有二訓,一音專,魚之大者,與鮒不類,一音團。黑水流入海中,多鱄魚,似鮒而彘尾,則此鱄當音團與?"

燭俟于饌東。

註曰:"燭,燋也。饌,東方之饌。有燭者,堂雖明,室猶闇。火在地曰燎,執之曰燭。"

右陳大斂衣、奠及殯具。

祝、徹盥于門外,入,升自阼階,丈夫踊。

註曰:"祝、徹,祝與有司當徹小斂之奠者。小斂設盥于饌東,有巾。大斂設盥于門外,彌有威儀。"

疏曰:"此直云'祝、徹盥于門外'者,不知何時設此。案上小斂陳饌訖,即言'設盥',則陳大斂饌訖,亦設盥于門外也。"

敖氏曰:"'祝、徹'者,題下事也。此徹者多矣,惟言祝,見其尊者耳。

是時，無東堂下之盆盥，故盥于門外。”

祝徹巾，授執事者以待。

註曰：“授執巾者於尸東，使先待于阼階下，爲大斂奠又將巾之。祝還徹醴也。”

敖氏曰：“設小斂奠之時，執巾者待于阼階下，祝就而受之。然則祝於此時，亦惟以巾授之於阼階下，蓋授受之節宜同也。祝既授巾，乃還徹醴以待者，謂執事以巾置于饌，所以待奠事之至也。”

徹饌，先取醴、酒，北面。

註曰：“北面立，相待俱降。”

敖氏曰：“醴酒尊，先取之。後設先取，禮相變也。‘饌’字誤當作‘奠’。○案註云‘相待俱降’，謂待取俎豆者也。”

其餘取先設者，出于足，降自西階，婦人踊。設于序西南，當西榮，如設于堂。

註曰：“爲求神於庭，孝子不忍使其親須臾無所馮依也。堂，謂尸東也。凡奠，設于序西南者，畢事而去之。”

敖氏曰：“其餘，謂取籩、豆、俎者也。先設者先取之，後設者後取之。經惟言取先設者，見其初者耳。既取，則南面西上，俟執醴酒者行，而從之降矣。設于序西南，改設之也。凡徹尊者之盛饌，必改設之，而後去之。序西南，南北節也。當西榮，東西節也。不設於東，異於生也。《特牲饋食禮》曰‘祝命徹阼俎、豆、籩，設于東序下’，此生者之禮也。此新奠設于既殯之後，而舊奠乃徹於未斂之前者，爲辟斂故爾。凡改設者，賓出則徹之。”

醴、酒位如初，執事豆北，南面東上。

註曰：“如初者，如其醴、酒北面西上也。執醴尊，不爲便事變位。”

敖氏曰：“醴、酒亦後設，故其位如初。執豆俎者既設而東上，俟設醴、酒者畢而從之降，亦由便也。此奠于西堂，其俟降之位東上，是由饌東而南，乃降自側階也。然則側階南於序端矣。凡升降自側階者，此經皆不見之。”

世佐案，醴、酒，謂執醴、酒者，祝及執事者一人也。位，俟時而設之位。初，謂設小斂奠也。執事，謂設豆及俎者。豆北，南面東上，設畢而俟之位也。初豆、俎既設，立于俎北，西上，此則異于初者也。必東上者，便其以次而適東方也。上先言"降自西階"，乃言"設于序西南，當西榮"，則其改設在庭，明矣。惟其在庭，故取節于榮也。敖云此奠于西堂，何其弗深考耶。

乃適饌。

註曰："東方之新饌。"

敖氏曰："適東方之饌處，以待事至也，後放此。適饌，亦由主人之北。"

世佐案，設醴酒畢，祝先行，執事者隨之而適東方也。云"適饌"者，明近其所有事。

帷堂。

註曰："徹事畢。"

敖氏曰："又將設飾也。"

張氏曰："殆爲大斂將遷尸，故帷之。"

右徹小斂奠，帷堂。

婦人尸西，東面，主人及親者升自西階，出于足，西面袒。

註曰："袒，爲"爲"字，坊本脱，今依疏及《集説》補。大斂變也。不言髽、免、髻髮，小斂以來自若矣。"

敖氏曰："婦人尸西東面，以男子將升故也。取節於尸，明近於牀。此親者，謂衆主人也。男子但言'西面袒'，是遠於尸矣。然則此時主人堂上之位，其在阼階上所布席之東與？"

士盥，位如初。

註曰："亦既盥並立西階下。"

敖氏曰："此時不設東堂下之盥，而徹者乃盥于門外，似亦未必有西方之盥。若然，則此士亦盥于門外與？《喪大記》言君大斂之禮云'士盥于盤上，北面'。"

世佐案，初，謂小斂也。云"盥，位如初"，則亦盥于西方盆上可知矣。上不言設西方盥，文不具耳，敖説非。郝云"盥於東堂下"，尤誤。

布席如初。

註曰："亦下莞上簟，鋪於阼階上，於楹間爲少南。"

敖氏曰："布席之處，其於階上爲少西，於楹爲少北，蓋小斂之牀，大斂之席，與殯肂南北之節宜同也。"

商祝布絞、紟、衾、衣，美者在外，君襚不倒。

註曰："至此乃用君襚，主人先自盡。"

敖氏曰："'美者在外'，謂衣也。君襚，先祭服，祭服先散衣，而祭服之中又各有所先後，皆所謂'美者在外'也。在外，亦指斂時言之。若於此時，則但爲在下耳。'君襚不倒'，尊也。以祭服視散衣，則祭服爲尊，以君襚視祭服，則君襚爲尊。惟君襚不倒，則祭服亦有倒者矣。至是乃用君襚者，大斂之禮重，故以服之尤尊者爲之襲。而美者在外，小斂而美者在中，大斂又反之，禮貴相變也。"

郝氏曰："祭服美，故在外。君襚尊，順領布之，不敢倒置，其餘隨宜縱横可也。"

世佐案，此衣用三十稱，亦半以覆尸，半以爲藉。斂時美者在外，正與小斂相反也。爵弁服最美，故在外，以見其美。君襚最尊，故不倒，以致其尊。君襚若非爵弁服，則不在外。爵弁服若不出于君襚，則亦可倒，二義蓋互見也。

有大夫則告。

註曰："後來者則告以方斂。非斂時則當降拜之。"

疏曰："案《檀弓》'大夫弔，當事而至，則辭焉'，註云'辭，猶告也，擯者以主人有事告也。主人無事，則爲大夫出'，《喪大記》云'士之喪，於大夫，不當斂則出'，註'父母始死悲哀，非所尊不出也'，上文有君命，則出迎於門外，是始死唯君命出，若小斂後，則爲大夫出，故《雜記》云'當袒，大夫至，雖當踊，絶踊而拜之，反，改成踊'，若士來，即成踊乃拜之也。"

敖氏曰："告，謂告以主人。方有事，未即拜賓也。非斂時，則位在下，來即拜之。"

士舉遷尸，復位。主人踊無算。卒斂，徹帷。主人馮如初，主婦亦如之。

疏曰："'士舉遷尸'，謂從户外夷牀上遷尸於斂上。"

敖氏曰："復位，反階下位以俟也。於主人、主婦既馮尸，乃復升而舉尸，以斂于棺也。"

郝氏曰："親形愈斂，孝子情愈迫，故踊無算。衾絞結束畢，徹堂上帷。馮尸如初，主人西面，主婦東面也。"

右大斂。

主人奉尸斂于棺，踊如初，乃蓋。

註曰："棺在肂中，斂尸焉，所謂殯也。《檀弓》曰：'殯於客位。'"

疏曰："從阼階斂上，遷尸鄉西階，斂於棺中，乃加蓋於棺上也。"

敖氏曰："納尸于棺，則尸藏不見矣，故亦以斂言之。小斂云'男女奉尸'，此惟云'主人'者，其殯禮之異者與？"

世佐案，此與侇于堂同，亦士舉而男女奉之也。經惟言主人，文省耳。

主人降，拜大夫之後至者，北面視肂。

註曰："北面於西階東。"

疏曰：小斂後，主人阼階下，今殯訖，不忍即阼階，因拜大夫，即於西階東，北面視肂而哭也。

敖氏曰："後至者，於主人既升堂而后來者也。惟云'降拜大夫之後至者'，則於士之後至者，既襲乃拜之。《雜記》曰'當袒，大夫至，雖當踊，絶踊而拜之，反，改成踊，乃襲。於士，既事成踊，襲而後拜之，不改成踊'，正此意也。"

世佐案，視肂者，爲將設熬塗殯，須親臨監之。

衆主人復位，婦人東復位。

註曰："阼階上下之位。"

設熬，旁一筐，乃塗，踊無算。

註曰："以木覆棺上而塗之，爲火備。"

敖氏曰："《喪大記》註引此云'旁各一筐'，則是此經脱一'各'字也。各，各黍稷也。每旁二筐，黍當在南。"

世佐案，"旁一筐"者，前後左右各一筐也。士禮，黍、稷各二筐，故分設之如此。若大夫以上，前後亦各一筐，而左右則加多矣。敖説誤。《喪大記》註衍一"各"字者，乃傳寫之譌耳。孔疏引註，仍無"各"字。

卒塗，祝取銘置於肂。主人復位，踊，襲。

註曰："爲銘設柎，樹之肂東。"

疏曰："始死則作銘訖，置於重。今殯訖，取置於肂上，銘所以表柩故也。云'肂東'者，以不使當肂，於東可知。"

敖氏曰："置銘，蓋於肂南。"

右殯。

乃奠，燭升自阼階，祝執巾，席從，設于奥，東面。

註曰："執燭者先升堂照室，自是不復奠於尸。祝執巾與執席者從入，爲安神位。室中西南隅謂之奥。執燭南面，巾委於席右。"

敖氏曰："周人斂用日出，故既斂而室猶闇，須用燭也。祝執巾與席，從執燭者升，而設之於奥，既委巾，乃設席。《士虞禮》曰，祝'布席于室中，東面'。凡喪奠，不敢牖。"

郝氏曰："燭，即俟于饌東之燭。巾，即祝徹授執事者之巾，至是，祝仍受之以升。"

世佐案，敖説以"祝執巾席從"爲一句，與註異，似勝之。

祝反降，及執事執饌。

註曰："東方之饌。"

敖氏曰："執饌以待俎而俱升也。"

士盥，舉鼎入，西面北上，如初。載魚左首，進鬐，三列，腊進柢。

註曰："如初，如小斂舉鼎、執匕俎扃鼏、枇載之儀。魚左首，設而在南。鬐，脊也。左首進鬐，亦未異於生也。凡未異於生者，不致死也。"

疏曰：案《公食》右首進鬐，此云"左首"，則與生異，而云"亦未異於生"者，彼《公食》言右首，據席而言。此左首，據載者而言。若設于席，則亦右首也。從《句讀》節本。

敖氏曰："左首，其首於載者爲左也。左首進鬐，則寢右矣。魚以鬐爲上，腴爲下。進鬐，猶牲之進柢也。魚九而三列，則三三爲列也。凡俎，實進上，乃食生之。禮喪之初奠而若此，但取其未異於生耳，其後遂因而不變，又以别於吉祭云。"

祝執醴如初，酒、豆、籩、俎從，升自阼階，丈夫踊，甸人徹鼎。

註曰："如初，祝先升。"

世佐案，初，謂設小斂奠也。

奠由楹内入于室，醴、酒北面。

註曰："亦如初。"

敖氏曰："楹内，東楹北也。惟云'醴酒北面'，則其餘之未設者亦西面矣。此奠于室者，尸柩既殯，不可復奠於其側，故宜在室也。室，事神之處也。"

世佐案，醴酒北面，謂執醴酒者北面立于席東，俟設也，亦西上。

設豆，右菹，菹南栗，栗東脯，豚當豆，魚次，腊特于俎北，醴、酒在籩南，巾如初。

註曰："右菹，菹在醢南。此左右異於魚者，載者統於執，設者統於席。醴當栗南，酒當脯南。"

張氏曰："註'載'二句，言方其載俎時，則以執者之左右爲左右，及設于席，則以席之左右爲左右也。"

世佐案，"右菹"，豆南上也。"栗東脯"，籩西上也。"豚當豆"，當兩豆之東也。"魚次，腊特于俎北"，説見《士昏禮》。巾，以巾蒙饌也。設巾曰巾，猶置尊曰尊，布席曰席。

既錯者出，立于户西，西上。祝後，闔户。先由楹西，降自西階，婦人踊。奠者由重南東，丈夫踊。

註曰："爲神馮依之也。"

疏曰："鄭解丈夫見奠者至重即踊者，重，主道，爲神馮依之，故丈夫取以爲踊節也。"

敖氏曰："立于户西，南面，待祝出而偕行也。祝後闔户者，祝錯醴，最在後，故後出，而因闔户也。惟云'闔户'，是初時牖未嘗啟也明矣。既闔户，祝西行而南，執事者從之，皆由楹西，而降奠者由重南而東，復其門東之位也，祝位在門西。"

郝氏曰："户在室東〔南〕①，立者西上，上神席也。祝闔室户，鬼尚幽也。出則祝後，降則祝先。"

右大斂奠。

---

① "室東南"之"南"字原無，校本同，《節解》作"室東南"，應據補。

賓出，婦人踊，主人拜送于門外。入，及兄弟北面哭殯。兄弟出，主人拜送于門外。

註曰："小功以下至此可以歸，異門大功亦存焉。"

疏曰：案《喪服》云"小功以下爲兄弟"，則此兄弟可兼男女也。大功容有同門，有同財，故《喪服》以小功以下爲兄弟，但大功亦有不同門、不同財之義，以異門疏，至此亦可以歸。既殯雖歸，至朝夕、朔奠之日，近者亦入哭限也。若至葬時，皆就柩所。

衆主人出門，哭止，皆西面于東方，闔門。

敖氏曰："東方之位，亦北上。"

郝氏曰："出門，出殯宫門。東方，即倚廬。"

姜氏曰："衆主人，齊衰者也。言'衆主人'者，統諸父昆弟與？哭止，謂婦人踊時則哭矣。'皆西面'者，衆主人外位也，餘見朝夕奠。"

世佐案，衆主人，謂齊衰之屬，居喪次不歸者也，大功之同門者亦存焉。出門，將就次也。於是言"哭止"，則主人及兄弟哭殯之時，衆主人亦皆北面哭矣。東方，寢門外之東方，喪次在焉。闔門，殯宫宜清静也。

主人揖，就次。

註曰："次，謂斬衰倚廬、齊衰堊室也。大功有帷帳，小功、緦麻有牀笫可也。"

疏曰："凡言次者，廬、堊室以下總名，是賓客所在，亦名次也，故引《禮記·間傳》爲證。案《間傳》云'父母之喪，居倚廬，寢苫枕塊，不説絰帶。齊衰居堊室，芐翦不納。大功寢有席，小功、緦麻牀可也'，齊衰既居堊室，故大功已下有帷帳也。"

姜氏曰："次，雖總指五服之次，經云主人就次，則耑指斬衰。而註兼齊衰者，蓋上文兄弟等爲旁親，主人拜送于門外，而衆主人等爲嫡屬，則但云出門，不拜送于門外，而且皆西面于東方，以待就次矣。揖，蓋示使就次然。"

世佐案，揖，揖衆主人也。主人因送兄弟出門，遂不復入而先即次矣。衆主人得揖，乃各就其次也。次在殯宫門外之東北，户北上，主人之次最北，其餘以次而南，亦以服之親疎爲序。

右賓出主人就次。

君若有賜焉，則視斂。既布衣，君至。

註曰："賜，恩惠也。斂，大斂。君視大斂，皮弁服襲裘，主人成服之後往則錫衰。"

疏曰：案《雜記》云"公視大斂，公升，商祝鋪席，乃斂"，註引《喪大記》曰"大夫之喪，將大斂，既鋪絞、紟、衾，君至"。此君升乃鋪席，則君至爲之改，始新之。此經上下不言改新者，文不具也。《喪大記》云："君於士，既殯而往，爲之賜，大斂焉。"云"君視大斂，皮弁服襲裘"者，案《喪服小記》云"諸侯弔，必皮弁錫衰"，言諸侯不言君者，以其彼是弔異國之臣法，緣弔異國之臣服皮弁，則君弔士未成服之前可服皮弁。"襲裘"之文出《檀弓》，子游弔，小斂後，"襲裘帶絰而入"，此小斂後，亦宜然也。云"成服之後往則錫衰"者，亦約《服問》君弔卿大夫之法。《文王世子》註同姓之士緦衰，異姓之士疑衰，不同者，彼謂凡平之士，此士於君有師友之恩，特賜與大夫同也。

敖氏曰："君欲視斂，則使人告喪家，故主人不敢升堂，而先布絞、紟、衾、衣以待其來。《喪大記》曰'弔者襲裘，加帶絰'，則此時君之弔服亦朝服襲裘，而加絰與帶矣。若主人成服之後而往，則弁絰疑衰。"

世佐案，君之弔服，敖説近是。錫衰，王爲公卿之服也，而諸侯於其大夫亦服之。緦衰，王爲諸侯之服也，而諸侯於同姓之士亦服之。疑衰，王爲大夫、士之服也，而諸侯於異姓之士亦服之。三者皆弁絰。此弔於主人成服之後者也，若未小斂而弔，天子、諸侯無文，惟《檀弓》記子游裼裘而弔之事，孔疏謂"主人未變之前，弔者吉服"，"謂羔裘、玄冠、緇衣、素裳，又袒去上服，以露裼衣"。小斂後，則襲裘帶絰，而不聞其易服，似與《論語》"羔裘玄冠不以弔"，及《家語》"始死，羔裘玄冠者易之"之文皆不合，豈記者誤與？抑《論語》、《家語》所云又各有指也。皮弁錫衰，乃弔異國臣法，不宜施之於本國之士。

主人出迎于外門外，見馬首不哭，還入門右，北面，及衆主人袒。

註曰："不哭，厭於君，不敢伸其私恩。"

敖氏曰："喪禮，主人不迎賓。若有所迎，見之則不哭，蓋禮然爾。上經云'見賓不哭'是也。此於君弔既迎之於外門外，又見其馬首，即不哭，敬之至也。言‘見馬首’，明未入巷門。入門右，廟門也。”

郝氏曰：“門右，門東也。北面，臣禮也。衆主人，庶子也。袒，衣變也。”

姜氏曰：“袒者，主人本當袒。又君前肉袒，亦禮也。”

巫止于廟門外，祝代之。小臣二人執戈先，二人後。

註曰：“巫，掌招彌以除疾病。小臣，掌正君之法儀者。《周禮·男巫》：‘王弔則與祝前。’《喪祝》：‘王弔則與巫前。’《檀弓》曰：‘君臨臣喪，以巫祝桃茢執戈，以惡之，所以異於生也。’皆天子之禮。諸侯臨臣之喪，則使祝代巫，執茢居前，下天子也。小臣，君行則在前後，君升則俠阼階，北面。凡宫有鬼神曰廟。”

敖氏曰：“《周官》言喪祝、男巫皆於王弔，則前國君不得竝用巫、祝，其在廟門外，則巫前，至廟門，則祝前，互用其一，所以下天子也。必用巫、祝者，其以與神交之故與？巫至廟門外乃止，則君下之處差遠於廟門矣。小臣執戈前後，以備非常。”

君釋采，入門，主人辟。

註曰：“釋采者，祝爲君禮門神也。必禮門神者，明君無故不來也。《禮運》曰：‘諸侯非問疾、弔喪而入諸臣之家，是謂君臣爲謔。’”

敖氏曰：“采，讀爲菜，蓋其物之可以爲豆實者，如葵韭之類是也。釋菜蓋於闑西閾外。釋，謂奠之於地。盛之之器則用笲。云‘主人辟’，於是衆主人、衆賓亦皆辟位。”

君升自阼階，西鄉。祝負墉，南面。主人中庭。

註曰：“祝南面房中東鄉君。牆謂之墉。主人中庭，進益北。”

疏曰：祝必南面負墉鄉君者[①]，案《喪大記》曰，君“視祝而踊”，祝相君之禮，故須鄉君。

郝氏曰：“升自阼階，君自主也。君立阼西面，祝背東房牆，南面立君側詔禮也。主人由門右進，立中庭下，北面。”

君哭，主人哭，拜稽顙，成踊，出。

註曰：“出，不敢必君之卒斂事。”

---

① “南面負墉”，與《集説》同，校本作“負墉南面”，陳本、閩本、監本、毛本、庫本賈疏同。

敖氏曰:"君已哭,而主人出,爲君既有事矣。自此以下六節,每節之畢,主人輒出,皆爲不敢久留君也。《喪大記》曰:'出俟于門外。'"

郝氏曰:"出,恐君即行,送之。"

君命反行事,主人復位。

註曰:"大斂事。"

敖氏曰:"位,入門右之位也。此時惟將拜君,乃進中庭,不然則否。"

君升主人,主人西楹東,北面。

註曰:"命主人,使之升。"

敖氏曰:"升之,使視斂也。西楹東,明其在堂中西也。主人與君同在堂,宜遠之。"

郝氏曰:"西楹東,北面,近尸西也。"

升公、卿大夫,繼主人東上,乃斂。

註曰:"公,大國之孤,四命也。"

敖氏曰:"升之,使視斂,以其尊也。云'繼主人東上',則主人之位在楹東少南矣。"

郝氏曰:"升公、卿大夫,亦君命升。繼主人立西楹東,主人之左,相繼而西,使孝子近尸,得自展其事也。東上,上君也。"

卒,公、卿大夫逆降,復位。主人降,出。

註曰:"逆降者,後升者先降,位如朝夕哭弔之位。"

疏曰:"卒者,謂卒斂也。"

君反主人,主人中庭。君坐撫,當心。主人拜稽顙,成踊,出。

註曰:"撫,手按之。凡馮尸,興必踊。"

疏曰:君與主人拾踊也。《喪大記》"君於臣撫之,父母於子執之,子於父母馮之,婦於舅姑奉之,舅姑於婦撫之",又云"凡馮尸,興必踊",是馮爲總名,君撫之,亦踊也。從楊氏《圖》節本。

敖氏曰:"反,謂命之反也。"

君反之,復初位。衆主人辟于東壁,南面。

註曰:"以君將降也。南面,則當坫之東。"

疏曰：初位，即中庭位。下文“君降，西鄉，命主人”，當在阼階下，故衆主人辟君東壁，南面，則西頭爲首者，當堂角之坫。

敖氏曰：“初位，亦入門右位也，嫌在中庭，故以初明之。衆主人南面西上。”

世佐案，初位，當從敖説。

君降，西鄉，命主人馮尸。主人升自西階，由足，西面馮尸，不當君所，踊。主婦東面馮，亦如之。

註曰：“君必降者，欲孝子盡其情。”

郝氏曰：“不敢馮君所撫處，疑與尊者同也。”

奉尸斂于棺，乃蓋。主人降，出。君反之，入門左，視塗。

註曰：“肂在西階上，入門左，由便趨疾，不敢久留君。”

敖氏曰：“君反主人，而主人即入視塗者，蓋君反之之時必以是命之也。下云‘君命反奠’，亦見其一耳。但言‘入門左’，則是未必在西階下也。所以然者，欲其出之便也。”

世佐案，視塗，仍於西階東，北面。入門左者，急於就視，不敢從容由右也。殯乃送終之大事，故由便趨疾。如此，降出以尊君，入門左以急親，臣、子之道竝行也。敖説誤。註云“不敢久留君”，亦非經意。

君升即位，衆主人復位。卒塗，主人出，君命之反奠，入門右。

註曰：“亦復中庭位。”

疏曰：“經云‘入門右’，註‘復中庭位’，謂在門右，南北當中庭也。”

敖氏曰：“‘入門右’，即初位也。先言位，次言初位，此復著其所者，以明其非有事於中庭，則東方之位皆在是也。”

世佐案，即位，即阼階上西鄉位。復位，復阼階下位。君升，而衆主人復即位也[①]。至是，主人又入門右者，殯訖，復其初也。其位蓋近門東，註云“復中庭位”，非。

乃奠，升自西階。

註曰：“以君在阼。”

---

① “即位”原作“位節”，不辭，校本作“即位”，與經文“君升即位，衆主人復位”合，據改。

君要節而踊，主人從踊。

註曰："節，謂執奠始升階及既奠由重南東時也。"

敖氏曰："要，猶候也。節，當踊之節也。此節，謂執奠者始升階時。"

郝氏曰："當丈夫踊之節，則祝導君案節而踊。要，猶案也。"

卒奠，主人出，哭者止。

註曰："以君將出，不敢讙囂聒尊者也。"

君出門，廟中哭，主人不哭，辟，君式之。

註曰："辟，逡遁辟位也。古者立乘，式，謂小俛以禮主人也。《曲禮》曰：'立視五巂，式視馬尾。'"

疏曰：君入臣家，至廟門乃下車，則貳車本不入大門。下云"二車畢乘，主人哭拜送"者，明出大門矣。《曲禮》："君出就車，左右攘辟。"又"五巂"，註："巂，猶規也，車輪轉之一帀爲一規。"以《冬官》輪崇計之，凡視前十六步半。熊氏朋來曰："《考工記》'乘車之輪六尺有六寸'，言其高如此。韻家引陸佃言五巂三丈三尺，不知徑一圍三，則五巂該九丈九尺。"

朱子曰："式，車前横木，有所敬，則俯而憑之。"

郝氏曰："廟中，殯宫。主人不哭，送君也。辟，避道旁，致敬也。君于車上伏軾答之。"

世佐案，君式，主人即式，凶服之意，哀有喪也。

貳車畢乘，主人哭，拜送。

註曰："貳車，副車也，其數各視其命之等。君出，使異姓之士乘之在後。君弔，蓋乘象輅。《曲禮》曰：'乘君之乘車不敢曠左，左必式。'"

疏曰：《大行人》上公貳車九乘，侯伯七，子男五，故知視命數。《坊記》"君不與同姓同車，與異姓同車"，彼謂同車爲御右者，此貳車可知。引《曲禮》者，乘車即貳車也。以人君皆左載，惡空其位，則乘之，亦居左常爲式耳。從楊氏《圖》節本。

敖氏曰："凡有貳車者，爲毁折之備也，此車惟有御右而已。主人拜送，不著其處，則是但於廟門外耳。蓋是時君已升車故也。《喪大記》云：'拜稽顙。'"

世佐案，上經主人送君之使者皆於外門外，則送君無不出之嫌，故此不著其處。且貳車本在大門外，云"貳車畢乘"，則亦足以明之矣，敖説誤。

襲，入即位。衆主人襲，拜大夫之後至者，成踊。

註曰："後至，布衣而後來者。"

疏曰："若未布衣時來，即入前卿大夫從君之内。今承上君大夫之下，别言'拜大夫之後至'者，明布衣後來，不得與前卿大夫同時從君入者，故鄭以布衣之後解之。"

敖氏曰："既送君，即襲於外，明其袒之久者，爲君在故也。既即位，乃拜大夫之後至者，此已禮，宜更始而爲之，不可於送君之餘由便拜之也。此後至，謂君既至而後來者。"

郝氏曰："襲其袒衣，入即東階下西面之位。"

賓出，主人拜送。

註曰："自'賓出'以下，如君不在之儀。"張氏曰："謂如前章所陳賓出諸儀。"

敖氏曰："惟言'主人拜送'，是婦人於此亦不踊矣，亦異於君不在之儀也。"

右君視大斂。張氏曰："以上皆喪親第三日事。"

劉氏敞曰："君臨臣喪，以桃茢先，非禮也，周之末造也。事之斯爲臣焉，使之斯爲君焉。君臣之義，非虚加之也，寄社稷焉爾，寄宗廟焉爾，寄人民焉爾。夫若是，其孰輕。故君有慶，臣亦有慶。君有戚，臣亦有戚。《書》曰'元首明哉，股肱良哉'，尊卑異而已矣，雖于其臣亦然。故臣疾，君親問之；臣死，君親哭之，所以致忠愛也。若生也而用，死也而棄；生也而厚，死也而薄；生也而愛，死也而惡，是教之忘生也，是教之背死也。禍莫甚于背死而忘生，苟爲背死而忘生，則不足以託六尺之孤，寄百里之命。施之于人者不變于存亡，然後人之視其亡猶存矣。則夫桃茢胡爲乎諸臣之廟哉？或曰，于記有之，宜若禮然。曰：否。是故亦周末之記也。昔者，仲尼之畜狗死，子貢埋之，曰：'丘聞之也，敝帷不棄，爲埋馬也。敝蓋不棄，爲埋狗也。而丘也貧，無蓋也，亦予之席焉。'夫不以賤而棄之爲勞也，夫不以死欺之爲有生也，勞雖賤不棄也，死雖狗不欺也，而況于君臣乎？吾故曰：君臨臣喪，以桃茢先，非禮也，周之末造也。"

朱子曰："《儀禮》不是古人預作一書如此，初間只以義起，漸漸相襲，行得好，只管巧至於情，文極細密，極周緻處，聖人見此意思好，故録成書。只看古人君臣之際，如君臨臣喪，坐撫當心，要經“經”當作“節”。而踊。今日之事，至於死生之際，恝然不相關，不啻如路人，所謂君臣之義安在。”又曰：“看古禮，君于大夫，小斂往焉，大斂往焉。於士，既殯往焉。何其誠愛之至，今乃恝然。古之君臣所以事事做得成，緣是親愛一體。”

楊氏曰：“哭尸、斂尸、撫尸、視殯、視塗、視奠，凡六節。每一節主人降出，主人不敢必君之卒事也。君命反，主人行事，所以盡哀敬之情，始終之義也。”

郝氏曰：“君臨臣喪，一體之誼，哀敬之情。而使巫祝告門，小臣執戈前驅後入，何爲者也？此後世人主妄自驕貴，崇尚巫風而爲此，非先王哀有喪之禮。”

世佐案，小臣執戈先後，乃君之儀衛，非直爲弔喪也。用巫祝之故，敖説得之。釋采于門，則註説是矣。《檀弓》云“巫、祝桃茢執戈，以惡之”，似非，先民無穢虐士之意。清江劉氏嘗辨之，郝氏又因是而疑經，過矣。

三日成服，杖，拜君命及衆賓，不拜棺中之賜。

註曰：“既殯之明日，全三日，始歠粥矣。禮，尊者加惠，明日必往拜謝之。棺中之賜，不施已也。《曲禮》曰：‘生與來日。’”

疏曰：是四日矣，言“三日”，除死日數之也。《曲禮》註：“與，數也。生數來日，謂成服杖，以死明日數也。死數往日，謂殯斂以死日數也。大夫以上皆以來日數。”

敖氏曰：“云‘成服’者，嚮已絰帶矣，今復以冠衰之屬足而成之。《喪大記》曰：‘士之喪，二日而殯，三日之朝，主人杖，婦人皆杖。’然則此蓋於未朝哭爲之也。君命及衆賓，謂弔者也。拜之者，謝其弔己也。棺中之賜，謂襚也。不拜襚者，襚禮不爲己也。此謂不弔而襚者，若弔襚竝行，則其拜亦惟主於弔。凡往拜之節，其於朝奠之後乎？拜之皆於其外門外，所拜者不見。”

郝氏曰：“不拜襚，不忍遽死其親之意，葬後乃拜也。”

世佐案，凡拜賜之禮，必使人將命，明己所爲來之故。若爲二事而來，則分拜之，《公食禮》云“拜食與侑幣，皆再拜稽首”是也。此於弔襚竝行者，亦惟拜弔而不更拜襚，故云“不拜棺中之賜”也。君命，即上文“弔者致命”之命也。不拜君之視斂者，視斂亦爲死者也，爲死者則不拜之。

送終之禮,君友之,所當自盡也。

右成服,拜君命及賓。

朝夕哭,不辟子、卯。

註曰:"既殯之後,朝夕及哀至乃哭,不代哭也。子、卯,桀、紂亡日,凶事不辟,吉事闕焉。"

陸氏曰:"賈逵云:'桀以乙卯日死,紂以甲子日亡,故以爲戒。'鄭同。《漢書》翼奉説則不然。張晏云:'子刑卯,卯刑子,相刑之日,故以爲忌。而云夏、殷亡日,不推湯、武以興乎?'"

郝氏曰:"始死至殯三日,代哭,不絶聲。殯後無代哭,唯朝夕哭于殯宫,遂奠焉。"

姜氏曰:"桀以乙卯日死,紂以甲子日死,王者以爲忌日,世俗相傳,皆失其義。蓋湯放桀,武王伐紂者,乃聖人救民取殘之大義,而桀、紂固君,湯、武固臣也,故其于舊君之死日,不忍即吉而避之,此蓋聖人之仁至義盡,所流溢于不自已者,而其無一毫苟利天下之心,亦因可想見矣。而後世傳之失真,乃謂是日爲凶日而不用也。則武王不以甲子興乎?是雖漢、唐以後之君猶明之,而謂學者可惑之乎?且如廟諱謂之忌日,蓋發于哀敬之心,而非起于厭惡之念也。而世以比于凶忌者,蓋衆喙一詞矣。朝夕哭不避子、卯,無即吉之嫌故也。故曰明理可以治惑。"

世佐案,子、卯之説,鄭義爲優,姜氏之言足以明其義矣。

婦人即位于堂,南上,哭。丈夫即位于門外,西面北上。外兄弟在其南,南上。賓繼之,北上。門東,北面西上。門西,北面東上。西方,東面北上。主人即位,辟門。

註曰:"外兄弟,異姓有服者也。辟,開也。凡廟門,有事則開,無事則閉。"

疏曰:《喪大記》云"祥而外無哭者",則此外位皆有哭,今直云婦人哭,則丈夫亦哭矣,但文不備也。外兄弟,謂若舅之子、姑姊妹從母之子等皆是。

敖氏曰:"即位于堂,阼階上也。丈夫,衆主人、衆兄弟也。同姓、異姓之親及賓客雖以親疏爲序,列於東方,而所上相變,明其不相統也。'門東,北面西上',與西面北上者相變也。'門西,北面東上',與東面北上者相變也。以下文考之，則此東方之賓，卿大夫也，門東，諸公也，門西，他國之異爵者也。然則西方者，其士與？門東、門西，外門内之左右也。列定，而主人乃即位於東方之北。"

郝氏曰："情有親疎，爵有崇卑，相聯而不相混如此。辟、闢同。"

世佐案，丈夫，謂主人、衆主人兄弟也。門外，廟門外也。西面北上，東方之位也。門東，大門東，私臣之位，若有諸公，亦在焉，少進。門西，大門西，公有司之位，若有他國之異爵者，亦在焉，少進。西上、東上，皆統於門也。夫門東、門西，乃羣吏之正位。諸公與他國之異爵者不恒有，有則不可與卿大夫同列，故位於此而少進，所以尊異之也。下文特見之，亦以其不恒有故耳，非謂位于此皆尊者也。且大國之孤唯一人，而經云"西上"，其不主爲諸公明甚。敖以下文實之，誤矣。"主人即位，辟門"，著其節也。敖云"列定而主人乃即位"，非。

婦人拊心，不哭。

註曰："方有事，止讙囂。"

疏曰："云'方有事'者，謂下經徹大歛奠，設朝奠之事也。"

敖氏曰："拊心不哭，見其悲哀，而未敢哭也。所以然者，以男子未哭故也。"

世佐案，輕擊曰拊，以手擊胸，含悲而未敢發之狀。不哭之故，敖得之。

主人拜賓，旁三，右還，入門哭，婦人踊。

註曰："先西面拜，乃南面拜，東面拜也。"

敖氏曰："'旁三'，謂鄉賓所立之方而三拜之也。於内位之拜，别其尊卑，故於此略之，總旅拜而已①。以序言之，先南面拜，乃東面拜，西面拜，既，則右還而入門也。嫌其由便，故言'右還'以明之。婦人但言踊，以踊見哭也。哭有不踊，踊無不哭者。"

世佐案，旁、方通。旁三者，每方各三拜也。其拜之之序，當從註説。

---

① "而"原作"面"，校本作"而"，據改。

主人堂下，直東序，西面。兄弟皆即位，如外位。卿大夫在主人之南。諸公門東，少進。他國之異爵者門西，少進。敵則先拜他國之賓。凡異爵者，拜諸其位。

註曰："賓皆即此位，乃哭，盡哀止。主人乃右還拜之，如外位矣。兄弟，齊衰大功者，主人哭則哭，小功、緦麻，亦即位乃哭。上言賓，此言卿大夫，明其亦賓爾。少進，前於列。異爵，卿大夫也。他國卿大夫亦前於列，尊之。拜諸其位，就其位特拜①。"

敖氏曰："此位與外位同，故上言'其位'，是著其人以互見之。上言'賓繼外兄弟'，此言'卿大夫在主人之南'，明外兄弟以上皆少退於主人，亦互見之也。門東又有私臣之位，門西又有公有司之位，故諸公與他國異爵者皆少進以别之。《特牲記》曰'公有司門西，北面東上，私臣門東，北面西上'，此位亦當如之也。敵，則先拜他國之賓，惟謂異爵者若士則否，以其同國、異國者皆同在西方之位，又旅拜之，亦不宜異也。他國之異爵者，謂來聘，若從君來朝者也。凡，凡諸公、卿大夫也。"

右朝夕哭。

郝氏曰："此以下三節，皆既殯以後至葬三月内，朝夕哭奠之禮。此一節朝奠之位，夕可知。"

徹者盥于門外，燭先入，升自阼階，丈夫踊。

註曰："徹者，徹大斂之宿奠。"

敖氏曰："朝奠日出，故用燭。"

郝氏曰："此將朝奠，先徹昨日殯奠。徹者，祝及執事輩。儀與大斂徹奠同。"

祝取醴，北面，取酒立于其東。取豆、籩、俎，南面西上。祝先出，酒、豆、籩、俎序從，降自西階，婦人踊。

敖氏曰："祝已取醴，北面立，已取酒者亦北面立于其東，西上也。餘人已取豆、籩、俎，南面西上，蓋立于神席之前，不敢以由便而變位也。"

世佐案，此與徹小斂奠同，不言徹巾，文省也。

---

① "其位"之"位"原作"拜"，毛本同，校本作"位"，徐本、陳本、閩本、監本、庫本、《集釋》、楊氏同，據改。

設于序西南，直西榮。醴、酒北面，西上。豆西面錯，立于豆北，南面。籩、俎既錯，立于執豆之西，東上。酒錯，復位。醴錯于西，遂先由主人之北適饌。

註曰："遂先者，明祝不復位也。適饌，適新饌，將復奠。"

敖氏曰："惟豆云'西面錯'，蓋其他不盡然也。祝與執事者自西階下而徑東，故出於主人之北。是時，東方之饌，醴酒在甒，既適饌，乃酌之。"

世佐案，此與改設小斂奠竝同，文加詳耳。饌，朝奠之饌。

右徹大斂奠。

乃奠，醴、酒、脯、醢升，丈夫踊。入，如初設，不巾。

註曰："入，入於室也。如初設者，豆先，次籩，次酒，次醴也。不巾，無菹、無栗也。菹、栗具則有俎，有俎乃巾之。"

敖氏曰："如初設者，醴、酒錯于脯南也。不巾，别於殷奠也。室中惟殷奠則巾，其餘否。"

郝氏曰："朝夕奠與殷奠殊，惟醴酒、脯醢，殷奠、月朔薦新之類，則鼎俎具。如初設，如(賓)〔殯〕奠也[①]。酒饌不用冪巾，禮殺于殷奠也。"

錯者出，立于户西，西上。滅燭，出。祝闔户，先降自西階，婦人踊。奠者由重南東，丈夫踊。賓出，婦人踊。主人拜送。

註曰："哭止乃奠，奠則禮畢矣。"

敖氏曰："滅燭出，謂執燭者滅燭而出也，亦先降自阼階，由主人之北東。"

衆主人出，婦人踊。出門哭止，皆復位，闔門。主人卒拜送賓，揖衆主人，乃就次。

敖氏曰："此拜送賓，謂衆兄弟之屬。言賓者，省文耳。"

郝氏曰："皆復位，復門外初立之位。"

右朝夕奠。

敖氏曰："婦人即位，至此，惟主言朝哭之禮，其夕哭之與此異者，惟

---

① "殯"原作"賓"，校本同，《節解》作"殯"，應據改。

徹醴、酒、脯、醢，不設於序西南耳，餘竝同。”

張氏曰：“自第四日至葬前，竝用此禮。”

朔月奠，用特豚、魚、腊，陳三鼎如初。東方之饌亦如之。

註曰：“朔月，月朔日也。自大夫以上，月半又奠。如初者，謂大斂時。”

郝氏曰：“此既殯後及大祥前兩期内月朔之奠。生有朔食，故死有朔奠，禮盛于朝夕。”

無籩，有黍稷，用瓦敦有蓋，當籩位。

註曰：“黍稷併於甒北也，於是始有黍稷。死者之於朔月、月半，猶平常之朝夕。大祥之後，則四時祭焉。”

疏曰：“平常之朝夕”，謂猶生時朝夕之常食也。案《既夕記》云“燕養，饋、羞、湯沐之饌，如他日”，彼謂下室中不異於生時，殯宫中則無黍稷，今至朔月、月半乃有之，若朔月、月半殯宫中有黍稷，下室則無，故《既夕記》云“朔月若薦新，則不饋于下室”也。《士虞禮》禫月“吉祭，猶未配”，是大祥之後，得四時祭，若虞祭之後，卒哭之等，雖不四時，亦有黍稷，是其常也。

敖氏曰：“朔奠及薦新不用籩，所以别於殯奠之類。此云‘用瓦敦’，則吉時或不用瓦者矣。”

郝氏曰：“無籩，無脯栗，有黍稷主食也。死者月朔猶生者朝夕，饔飧爲主，瓦敦以盛黍稷，蓋以合敦，當籩位，以黍、稷居脯、栗之位也。”

張氏曰：“朝夕之奠有醴、酒、豆、籩而無黍稷，至月朔殷奠始有之者，以下室又自有燕養之饌，故雖不設黍稷，而不爲薄也。既奠殯宫，又饋下室者，莫必神之所在故也。”

主人拜賓，如朝夕哭。

敖氏曰：“如其廟門内外之儀也。”

卒徹。舉鼎入，升，皆如初奠之儀。

註曰：“徹宿奠也。”

敖氏曰：“朝夕奠無俎，非盛饌，徹則去之，不復改設于序西南。惟言‘卒徹’，爲下事節也。升，謂匕而升於俎也。初奠，小斂既殯之奠。”

郝氏曰：“祝與執事徹宿奠，設于西序南，畢，乃設新奠。舉鼎入階前，升肉于俎，皆如殯奠。"

世佐案，朝夕奠雖非盛饌，亦改設于庭，求神之道宜然也。云"皆如初奠之儀"，足以蔽之矣。敖説非。

卒朼，釋匕于鼎。俎行，朼者逆出，甸人徹鼎。其序：醴、酒、菹、醢、黍、稷、俎。

註曰："俎行者，俎後執，執俎者行，鼎可以出。其序，升、入之次。"

敖氏曰："俎行而匕者出，升階而丈夫踊，甸人乃徹鼎。經下言'主人要節而踊'，故以此略之，而以徹鼎繼匕者出而言，非謂其節如是也。此見六者之序，則是凡奠，皆每人執一器明矣。俎不言豚，魚腊特執，無嫌。朼皆當作匕。"

世佐案，自"卒徹"至"升俎"之儀，略前所詳。自"卒匕"至"徹鼎"之節，詳前所略，文互備也。匕者，右人也。逆出，匕腊者先出也。此七物者，執之凡七人：醴、酒各一人，菹、醢一人，黍、稷一人，俎三人。

其設于室，豆錯，俎錯，腊特，黍稷當籩位。敦啟會，卻諸其南。醴、酒位如初。

註曰："當籩位，菹南黍，黍東稷。"

疏曰："知'當籩位，俎南黍，黍東稷'者，依《特牲》所設爲之也。"

敖氏曰："黍稷後設，變於籩實也。醴酒位如初，亦醴在黍南，酒在稷南，其異者，北各有會耳。"

世佐案，當籩位者，當大斂奠之籩位也。上經云"菹南栗，栗東脯"，是其位矣。註"位"下"菹"字本誤作"俎"，今以敖本正之。疏云"依《特牲》所設爲之"，亦似誤以"菹"爲"俎"者。《特牲禮》云"主婦設兩敦黍稷于俎南，西上"，又云"宗婦執兩籩，户外坐，主婦受，設于敦南"，其設敦、設籩之位皆與此經不合，惟敦之西上則同耳。

祝與執豆者巾，乃出。

註曰："共爲之也。"

敖氏曰："中分其奠，祝巾在南者，執豆者巾在北者，各以近其位而爲之。然則巾殯奠亦當如之，經於此乃見之耳。"

郝氏曰："祝立南，執豆者立北，共舉巾，幂其奠。"

世佐案，上設小斂奠云"祝受巾巾之"，大斂奠云"巾如初"，則皆祝獨爲之也。此與執豆者二人爲之，是其異矣。所以然者，蓋鼏者兼巾之，而此則分冪之與？

主人要節而踊。

敖氏曰："丈夫、婦人皆要節而踊，惟言主人，文省耳。"

皆如朝夕哭之儀。

敖氏曰："爲凡不見者言也。"

郝氏曰："此以上皆朔奠，其禮盛，又謂殷奠。"

月半不殷奠。

註曰："殷，盛也。士月半不復如朔盛奠，下尊者。"

疏曰："云'下尊者'，以下大夫以上有月半奠故也。"

世佐案，不殷奠者，其奠如朝夕而已。

有薦新，如朔奠。

註曰："薦五穀若時果物新出者。"

疏曰："案《月令》仲春'開冰，先薦寢廟'，季春云'薦鮪于寢廟'，孟夏云'以彘嘗麥，先薦寢廟'，仲夏云'羞以含桃，先薦寢廟'，皆是薦新。'如朔奠'者，牲牢、籩、豆，一如上朔奠也。"

敖氏曰："新，謂穀之新熟者也。薦新，則敦實皆以新物爲之與？《春秋傳》曰'不食新矣'，《少儀》曰'未嘗不食新'，皆指五穀而言也。"

徹朔奠，先取醴、酒，其餘取先設者。敦啟會，面足，序出，如入。

註曰："啟會，徹時不復蓋也。面足，執之令足間鄉前也。敦有足，則敦之形如今酒敦。"

敖氏曰："其餘取先設者，則取敦亦後於俎矣。執敦面足，是以首自鄉也，其執而設之之時亦然。《少牢饋食禮》曰'敦皆南首'，蓋北面設之故也。敦有首足，如物之縮者，然皆在上耳。"

郝氏曰："敦形似獸，兩足踞前，徹者奉敦足在前，南面。錯，順也。"

世佐案，聶氏《三禮圖》敦蓋爲龜形，用《少牢禮》註疏說也。今敦蓋既啟，猶云"面足"，則其說恐未必然。

其設于外,如于室。

註曰:"外,序西南。"

郝氏曰:"重言者,疑朔奠異于朝夕也。"

右朔月奠薦新。

姜氏曰:"此以上爲士喪斂殯之禮,而以下爲其營葬之禮也。舊以筮宅、布材、卜日三章合上爲篇,而以'既夕'以下别目爲'既夕禮'者,非。"

筮宅,冢人營之。

註曰:"宅,葬居也。冢人,有司掌墓地兆域者。營,猶度也。《詩》云:'經之營之。'"

世佐案,《雜記》云"大夫卜宅與葬日",士筮日而不卜,下大夫也。

掘四隅,外其壤。掘中,南其壤。

註曰:"爲葬將北首故也。"

疏曰:"《檀弓》云:'葬於北方,北首,三代之達禮也。'"

敖氏曰:"壤,土也,謂所掘而起者也。於將爲摭"摭",疑當作"域"。之處,掘其四隅與中央,略以識之而已,以神之從違未可必也。外其壤,謂置其壤於四隅之外。南其壤,謂置其壤於中央之南隅之外,若東隅之東,西隅之西是也。"

姜氏曰:"外,謂旁也。中壤不在旁,而特在南者,以待筮也。下文'指中封而筮'是也。"

世佐案,外其壤,謂置諸四隅之外是也。南其壤,則置諸中央之南而已,敖説未楚。

既朝哭,主人皆往,兆南北面,免絰。

註曰:"兆,域也,所"所",坊本作"新",誤。營之處。免絰者,求吉,不敢純凶。"

敖氏曰:"云'皆往',明衆主人亦行也。免絰,亦左擁之。絰,服之最重者,於此免之,以對越神明,宜與人異。《服問》曰:'凡見人,無免絰,雖朝於君,無免絰。'"

郝氏曰:"兆,猶初也,死者久宅,初曰兆。兆南,即所掘壤南。免絰,脱首絰也。"

命筮者在主人之右。筮者東面，抽上韇，兼執之，南面受命。

疏曰："云'抽上韇'者，則下韇未抽，待用筮時乃併抽也。"

世佐案，命筮者，宰也。在主人之右，亦北面。南面受命，鄉主人也。郝云"尊蓍"，非，餘見《士冠禮》。

命曰："哀子某，爲其父某甫筮宅，度兹幽宅兆基，無有後艱？"

註曰："某甫，且字也，若言山甫、孔甫矣。宅，居也。度，謀也。兹，此也。基，始也。言爲其父筮葬居，今謀此以爲幽冥居兆域之始，得無後將有艱難乎？艱難，謂有非常，若崩壞也。《孝經》曰：'卜其宅兆而安厝之。'古文無兆，基作期。"

敖氏曰："兆基，未詳。或曰當從古文無'兆'字，而'期'亦宜作'其'，屬下句。"

張氏曰："註'某甫，且字也'，且者，聊且虚擬之謂，以其人無可指，故曰'某'以虚擬之。兆基，域兆之基址也。古文'期無有後艱'，義意自備。"

筮人許諾，不述命，右還，北面，指中封而筮，卦者在左。

註曰："述，循也。既受命而申言之曰述。不述者，士禮略。中封，中央壤也。"

疏曰："《特牲》吉禮，亦云'不述命'，故知士吉、凶皆不述命，非爲喪禮略也。"

敖氏曰："指中封，若示神以其處然。不言坐，是立筮也。不席而立筮，變於家。"

世佐案，述命者，述命辭以告蓍也，其儀見《少牢饋食禮》。

卒筮，執卦以示命筮者。命筮者受視，反之。東面旅占，卒，進告于命筮者與主人："占之曰從。"

註曰："卒筮，卦〔者〕寫卦示主人①，乃受而執之。從，猶吉也。"

---

① "卦者"之"者"字原無，校本同，陳本、閩本、監本、毛本、庫本及士禮居翻刻嚴州本均有"者"字，應據補。

敖氏曰:“卦者書卦于木,既卒筮,而筮者乃執以示命筮者。必示命筮者,以其出命故爾。既占而先告命筮者,乃告主人,亦此意也。若吉時,則受命、示卦皆於主人。‘占之曰從’,所告之辭云爾。從,謂從其所筮之地也。《書》曰:‘龜從筮從。’”

姜氏曰:“案卜葬日但云宗人示涖卜,涖卜受示,則筮亦止示命筮者,註恐未然。”

世佐案,卒筮不言書卦,文略也。執卦以示命筮者,亦筮人也。云“命筮者受視,反之”,則主人不視明矣,此亦凶禮之異者也。

主人經,哭,不踊。

姜氏曰:“哭其將離也。”

世佐案,經,復著經也。筮畢即著經,明稨之免之者,爲禮神故也。哭者,哀其親之將歸此土也。

若不從,筮擇如初儀。

註曰:“更擇地而筮之。”

敖氏曰:“再筮,若又不吉,則更擇地而不復筮也。”

郝氏曰:“《小記》曰:‘祔葬者不筮宅。’凡筮宅皆初地。”

歸,殯前北面哭,不踊。

註曰:“易位而哭,明非常。”

疏曰:“朝夕哭當在阼階下西面,今筮宅來歸北面哭者,是易位,非常故也。”

敖氏曰:“殯前,西階下也。”

右筮宅。

世佐案,此節之文,有與《士冠禮》相同者,不重釋之。

既井椁,主人西面拜工,左還椁,反位哭,不踊。婦人哭于堂。

註曰:“匠人爲椁,刊治其材,以井構於殯門外也。反位,拜位也。既哭之,則往施之竁中矣。主人還椁,亦以既朝哭矣。”

疏曰:《檀弓》云“既殯,旬而布材與明器”,註云“木工宜乾腊”,則此云井椁及明器之材,布之已久,豈今始獻材也。但至此時將用,故主人親看視。既哭之,則往施之竁中也。匠人主木工之事,以匠人爲椁,刊治其材有功，故主人拜之也。下文“獻材於殯門外”，則此亦在殯門外。

敖氏曰：“左還椁，由椁之東，南行而繞之也。”

郝氏曰：“井椁，椁形方，如井文。”

張氏曰：“左還椁，循行一週，視其良楛也。”

姜氏曰：“井，序也。註謂既哭椁，‘則往施之竁中’，恐不然。據下文，獻明器之材如哭椁，其後又獻素，獻成，又其後乃卜葬日，其後始有啟殯、朝祖以下等事，安得哭訖即施之于竁中乎？”

世佐案，井椁，謂成椁也。治椁者取其方正而潔浄，故以井言之，此與《檀弓》“旬而布材”自是兩節事。材者，雜木可爲椁者，於殯後十日即布之，欲其乾也。至是既成，而將施之于竁，故主人親視而哭之。工者，不止匠人。原壤之母死，夫子助之沐椁，則朋友亦有襄其事者矣。主人拜之，謝其勞也。西面，即殯門外東方之位。

獻材于殯門外，西面北上，綪。主人徧視之，如哭椁。獻素、獻成亦如之。

註曰：“材，明器之材。視之，亦拜工左還。形法定爲素，飾治畢爲成。”

敖氏曰：“北上，西北上也，南北陳之，而前列在西。徧視之，亦自其所上者始，此又與還椁異矣。亦先拜工，乃視之。云‘如哭椁’者，如其反位哭，不踊也。此著殯門外，則井椁之處其在外門外乎？”

右哭椁、哭器。

卜日。既朝哭，皆復外位。卜人先奠龜于西塾上，南首，有席。楚焞置于燋，在龜東。

註曰：“楚，荆也。荆焞，所以鑽龜者[①]。燋，炬也，所以燃火者也，《周禮·菙氏》：‘掌共燋挈[②]，以待卜事。凡卜，以明火爇燋，燧灼其焌契，以

---

① “鑽龜”，校本“鑽”字下有“灼”字，陳本、閩本、監本、毛本同。阮《校》曰：“《集釋》無‘灼’字，陸氏曰：‘鑽一本作灼。’按沈彤云：按《釋文》，是‘鑽’、‘灼’二字當衍其一。疏有‘鑽龜’之文，《集釋》又無‘灼’字，則所衍必‘灼’字也。”庫本亦無“灼”字，卷末《考證》曰：“臣學健按《釋文》云‘鑽一作灼’，則二字不竝有明矣。”

② “挈”，校本同。阮《校》曰：“徐本、《集釋》、楊、敖同，毛本‘契’作‘挈’，《釋文》作‘挈’，云‘本又作契’。按《周禮》作‘契’。”

授卜師,遂以役之。'"

疏曰:《周禮》註明火,陽燧取火於日者。焌,讀如戈鐏之鐏,謂以契柱燋火而吹之也。契既然,以授卜師,作龜。役之,使助之。是楚焞與契爲一,皆謂鑽龜之荆鐏,取其鋭也。從楊氏《圖》節本。

敖氏曰:"席亦在龜後也。龜南首,燋在其左,皆變於卜時也。"

郝氏曰:"外位,殯宫門外之位。南首,龜首向南。席以奠龜。焞、鐏通,削荆鋭如鐏。燃火灼龜曰楚焞,燋乾木以生火,置焞于燋,燃之,在龜東,竝陳也。"

世佐案,傳曰"筮短龜長",葬日卜,重其事也。西塾,殯門外之西堂。

族長涖卜,及宗人吉服立于門西,東面南上。占者三人在其南,北上。卜人及執燋、席者在塾西。

註曰:"族長,有司掌族人親疏者也。涖,臨也。吉服,服玄端也。占者三人,掌玉兆、瓦兆、原兆者也。在塾西者,南面東上。"

疏曰:《周禮·大卜》註"兆者,灼龜發於火,其形可占者,其象似玉、瓦、原之舋罅,是用名之","原,原田也"。

敖氏曰:"族長,族人之尊者也。此占者亦吉服,不言者,文省也。吉服者,亦以對越神明故也。占者,有司掌占事者也。必三人者,欲考其言異同之多寡而定是非也。《書》曰:'三人占,則從二人之言。'卜人,有司掌共卜事者也。在塾西者,便其升也。東西塾之階,蓋與東西堂側階之所鄉同。"

郝氏曰:"族長,族人之長,大宗也。宗人,公有司掌禮者。求吉,故用吉服。占者三人。在其南,在族長、宗人之南,皆門西東面,一以南爲上,一以北爲上,相繼不相統也。卜人掌卜事,作龜者與執燋者、布席者,皆在塾内西,待事也。"

世佐案,族長,敖説近是。卜以交神明,主人方斬焉,在衰絰之中,不可接吉,故使族人之尊者涖之。

闔東扉,主婦立于其内。

註曰:"扉,門扉也。"

姜氏曰:"闔其東,以辨内外,立其内以涖之也。"

席于闑西，閾外。

註曰："爲卜者也。古文闑作槷，坊本作"縶"，誤。閾作蹙。"

敖氏曰："席亦西面。"

宗人告事具。主人北面，免絰，左擁之。

郝氏曰："凡主位在門東西面，族長將涖卜，故主人北面免絰，以凶服避位。左擁之，擁絰也。"

世佐案，告，告於主人也。是時，主人在東方西面之位，得宗人告，仍不離本位，特北其面，以示聽命于神之意耳。不即門東位者，以有代之者也。免絰，說見上。

涖卜即位于門東，西面。

註曰："涖卜，族長也。更西面，當代主人命卜。"

卜人抱龜，燋先，奠龜，西首，燋在北。

註曰："既奠燋，又執龜以待之。"

疏曰："云'卜人抱龜燋'者，謂從塾上抱鄉閾外待也，先奠龜於席上，乃復奠燋在龜北。"

敖氏曰："燋先，謂執燋者先於龜而行也。奠龜西首，象神位在西，鄉之。奠龜與燋皆東面。不言焞，與燋同處可知。"

郝氏曰："燋在北，便右取也。"

世佐案，疏說"卜人抱龜燋"爲句，"先"字屬下爲句，非。上云"卜人及執燋、席者在塾西"，則執燋者别一人矣。敖以"燋先"二字爲句，得之。

宗人受卜人龜，示高。

註曰："以龜腹甲高起所當灼處示涖卜也。"

疏曰："凡卜法，案《禮記》云：'禎祥見乎龜之四體。'鄭註云：'春占後左，夏占前左，秋占前右，冬占後右。'今云'腹甲高'者，謂就龜之四體腹下之甲高起之處鑽之，以示涖卜也。"

郝氏曰："示、視同。高猶上也。視龜甲上灼處。《周禮》大卜眡高。"

涖卜受視，反之。宗人還，少退，受命。

註曰："受涖卜命。授龜宜近，受命宜卻也。"

命曰："哀子某，來日某，卜葬其父某甫，考降無有近悔。"

註曰："考，登也。降，下也。言卜此日葬，魂神上下，得無近於咎悔者乎！"

敖氏曰："來日，將來之日也。某者，柔日之名，若乙丑、丁酉之類是也。考降，未詳。或曰，考，成也，降，下也，謂成其下棺之事，未知是否無有近悔。謂其日若吉，則不近於悔，如葬而遇雨，及他有不虞，則非吉日矣。"

郝氏曰："考，稽也。《洪範》云：'明用稽疑。'《詩》云：'考卜維王，維龜正之。'魄歸于土曰降。近悔，近于悔也。"

顧氏炎武曰："考，父也。既言'父'，又言'考'者，猶《易》言'幹父之蠱，有子，考无咎'也。降者，骨肉歸復於土也。《記》曰：'體魄則降。'人死，則魂升於天，魄降於地。《書》曰'禮陟配天'，陟，言升也。又曰'放勳乃徂落'，落，言降也。然而曰'文王陟降'何也？神無方也，可以兩在，而兼言之。"

張氏《監本正誤》云："'哀子某，來日某，卜葬其父某甫'，脱第二'某'字。"

世佐案，命，涖卜命也。落成曰考。《春秋》"考仲子之宫"，《詩序》云"《斯干》，宣王考室也"。居室成曰"考室"，幽宅成亦曰"考降"。近悔，如雨不克葬之類。有近悔，則不得考降矣。筮宅，爲久遠之計，故慮有後艱。卜日，乃目前之事，故期無近悔。

許諾，不述命，還即席，西面坐，命龜，興，授卜人龜，負東扉。

註曰："宗人不述命，亦士禮略。凡卜，述命、命龜異，龜重，威儀多也。負東扉，俟龜之兆也。"

疏曰：大夫以上皆有述命，述命與命龜異。云"龜重"，對筮時述命、命筮同，筮輕也。

世佐案，許諾者，宗人也。命龜之辭蓋曰："假爾大龜有常，哀子某，來日某，卜葬其父某甫，考降無有近悔。"命龜與述命異者，多首一語耳。述命，述之于所受，以備失誤，審慎之至也。命龜，則直告龜而已。大夫以上，卜既述命，又命龜，筮則述命，遂以命蓍，不重爲之。士卜不述命而命龜，筮則不述命亦不命著，此卜、筮之辨也。

卜人坐，作龜，興。

註曰："作，猶灼也。《周禮·卜人》：'凡卜事，示高，揚火以作龜，致其墨。'興，起也。"郝氏曰："起，以龜兆授宗人。"

宗人受龜，示涖卜。涖卜受視，反之。宗人退，東面，乃旅占。卒，不釋龜，告于涖卜與主人："占曰某日從。"

註曰："不釋龜，復執之也。古文曰爲日。"

疏曰：《占人》云："君占體，大夫占色，史占墨，卜人占坼。"註云："體，兆象也。色，兆氣也。墨，兆廣也。坼，兆璺也。體有凶吉，色有善惡，墨有大小，坼有微明。尊者視兆象而已，卑者以次詳其餘也。凡卜，體吉、色善、墨大、坼明，則逢吉。"

敖氏曰："涖卜不哭者，吉服也。主人不哭者，未絰也。"

郝氏曰："'占曰某日從'，告辭也。"

世佐案，反之，反龜于宗人也。云"不釋龜"，則旅占之時，龜亦在宗人手矣。宗人不在占者之内，而實主其事，故其儀如此。蓋三人各獻其意，而或從或逆，則斷之于宗人與？此即《周禮》以大卜等官屬大宗伯之法也。

授卜人龜，告于主婦，主婦哭。

註曰："不執龜者，下主人也。"

告于異爵者，使人告于衆賓。

註曰："衆賓，僚友不來者也。"

敖氏曰："衆賓，謂士之在外位者也。宗人不親告之，下異爵者。"

世佐案，是時異爵者在主人之南，亦有于門東、門西少進者。宗人皆親告之，其餘皆衆賓也，外兄弟亦存焉。衆賓則使人告之，尊卑之差也。凡告者，皆嚮其位，註以衆賓爲不來者，誤矣。

卜人徹龜，宗人告事畢。主人絰，入，哭，如筮宅。

敖氏曰："云'徹龜'，則是翿者復奠于西塾上，以待事畢也。"

世佐案，如筮宅，如其殯前北面，哭不踊也。

賓出,拜送。

敖氏曰:“拜送賓,蓋于外門外。”

若不從,卜擇如初儀。

敖氏曰:“更擇日而卜之。《曲禮》曰:‘喪事先遠日。’云‘擇’,則其相去不必旬有一日矣,蓋與吉禮筮日遠近之差異也。古者士三月而葬,日之先後,當以此爲節。”

儀禮集編卷十二　男盛溶澄校字

儀禮集編卷十三

秀水盛世佐學　後學歙鮑漱芳、石門顧修參校

既夕禮第十三

鄭《目録》云："《士喪禮》之下篇也[①]。既，已也，謂先葬二日已夕哭時，與葬間一日。凡朝廟日、請啟期必容焉。此諸侯之下士一廟，其上士二廟，則既夕哭，先葬前三日。《別録》名《士喪禮》下篇。"

疏曰：一廟則一日朝，二廟則二日朝，故葬前三日。若然，大夫三廟者葬前四日。諸侯六日，天子八日，差次可知。姜氏曰："其葬前八日以上，無明文可考，以理推之，殆未可通。"

黄氏曰："此篇名'既夕禮'。鄭《目録》云：'《別録》名《士喪禮》下篇。'《周禮》註所引，亦皆稱《士喪禮》下，故今復《士喪禮》下，以從舊名。"

敖氏曰："此禮承上篇爲之，乃別爲篇者，以其禮更端故也。篇首云'既夕哭'，故以《既夕》名篇。"

郝氏曰："此篇通前皆喪禮，昔人以簡扎太多，別爲一卷，借首'既夕'二字名篇。前篇三月在殯之終，此篇將葬啟殯之始，其間亦無'士三月葬'之文。所謂'既夕哭'，即接前文'卜日既朝哭'而言，非截然兩篇甚明。說者往往以《既夕》爲一禮，誤。"

世佐案，《士喪禮》之《既夕》，《少牢饋食禮》之《有司》，本屬一禮。古者簡册以竹爲之，所編之簡不可以多，故而爲二，取其首二字以名篇，非有意于其間也。然則《儀禮》十七篇，其實十五篇耳。敖云"禮更端"，世儒又分自"筮宅"以下爲《士喪禮下》，皆强作解者。又以《有司》篇之例例

---

① "士喪禮"上原有"既夕禮"三字，校本無，與陳本、閩本、監本、毛本賈疏引鄭《目録》同，今據删。

之,則此篇但當云"既夕"。本或有"禮"字者,疑後人妄加之也。

既夕哭。

註曰:"謂出門哭止,復外位時。"

郝氏曰:"夕,葬前二日之夕。"

請啟期,告于賓。

註曰:"將葬,當遷柩于祖。有司於是乃請啟殯之期於主人以告賓,賓宜知其時也。"

敖氏曰:"曏者既卜日,即告于異爵者及衆賓,則是賓固知其葬日矣。知其葬日,則啟之日不言可知。而有司必請其期以告于賓者,重慎之至也。於夕哭而賓在焉,則其朝夕哭之儀同矣。"

張氏曰:"請啟期,主人曰:'在明旦。'有司遂以告賓。"

右請啟期。

夙興,設盥于祖廟門外。

註曰:"祖,王父也。下士祖禰共廟。"

疏曰:此設盥亦在門外東方,如大斂也。

敖氏曰:"設盥,爲舉鼎及設奠者也。一廟,而祖禰皆在焉,惟云'祖'者,是禮主於祖也。"

世佐案,大夫、士將出,必先釋幣于禰。《聘禮》云:"賓朝服,釋幣于禰。"故將葬亦朝焉,所以達死者之志也。兼朝祖者,祖亦生平所逮事也。官師一廟,舉尊者而言,故惟云"祖"。其有二廟者,則各于其廟朝之禮,見下記。

陳鼎皆如殯,東方之饌亦如之。

註曰:"皆,皆三鼎也。如殯,如大斂既殯之奠。"

疏曰:案上文,殯後大斂之陳三鼎,有豚、魚、腊,在廟門外,西面北上,此陳鼎亦如之。彼大斂時云"東方之饌:兩瓦甒,其實醴、酒;毼豆兩,其實葵菹芋、蠃醢;兩籩無縢,布巾,其實栗,不擇,脯四脡",故今云"東方之饌亦如之"。

敖氏曰:"皆如殯,謂三鼎之面位與其實皆如鄉者門外所陳殯奠之鼎也。東方之饌云'如殯',亦但據其盛者言之也。其遷祖奠之脯醢當在甒北,不别見之者,略之也。"

倛牀，饌于階間。

註曰："倛之言尸也。朝正柩，用此牀。"

疏曰："柩至祖廟兩楹之間，尸北首之時，乃用此牀，故名'夷牀'也。"

敖氏曰："此即𩠐者承尸于堂之牀也。階間，祖廟堂下。"

郝氏曰："自'盥'至'倛牀'皆設于祖廟者，以待柩朝也。"

右陳朝祖奠。

二燭俟于殯門外。

註曰："早闇，以爲明也。燭用蒸。"

疏曰："大曰薪，小曰蒸。"

郝氏曰："炤啟殯，及徹奠也。"

丈夫髽，散帶垂，即位如初。

註曰："爲將啟變也，此互文以相見耳。髽，婦人之變。《喪服小記》曰：'男子免而婦人髽，男子冠而婦人笄。'如初，朝夕哭門外位。"

疏曰：未成服以前免、髽，既成服以後冠、笄。斬衰男子括髪，不言者，啟殯之後，雖斬衰亦免而無括髪。

司馬氏光曰："啟殯之日，五服之親皆來會，各服其服，入，就位，哭。"註云："自啟殯至于卒哭，日數甚多，今已成服，若使五服之親皆不冠而袒免，恐其驚俗，故但各服其服而已。"

張氏栻曰："主人及衆主人皆去冠絰，以邪布巾貊頭。"註云："參酌《開元禮》新修。"

黄氏曰："案《既夕》疏云，髽既是婦人之變，則免是男子之變。今丈夫見其人不見免，則丈夫當免矣。婦人見其髽不見人，則婦人當髽矣，故云'互文以相見耳'。啟後著免，至卒哭其服同，以其反哭之時無變服之文，故知同也。又案《士虞禮》云'主人及兄弟如葬服'，疏云：'葬服者，《既夕》曰"丈夫髽，散帶垂"也，此唯謂葬日反、日中而虞及三虞爲然，其後卒哭即服其故服。是以《既夕禮》註云"自卒至殯，自啟至葬，主人之禮其變同"，則始虞與葬服同，三虞皆同。至卒哭，卒去無時之哭，則依其喪服，乃變麻服葛也。'"

熊氏朋來曰："《小記》男子免，婦人髽，自足爲證。《既夕》經文必亦如《小記》所言而有脱字，註者妄謂互文，適以惑人也。"

敖氏曰："皆爲之於次，乃即位。髽者，去冠與纚而爲露紒也。將髻髮者必先髽,故言此以明之,亦與前經髺髮互見也。此斬衰者耳,其齊衰以下則皆免,散帶垂,解其三日所絞者也,凡大功以上皆然。髽與散帶垂,未殯之服也。是時棺柩復見,故復此服焉。此但言丈夫,是婦人不與也。婦人之帶,所以不散垂者,初已結本,又質而少變,故於此不可與丈夫同。其所以不言髽者,婦人不當髽者,雖未殯亦不髽,則此時可知矣。其當髽者,自小斂以來至此自若,無所改變,故不必言之。"

郝氏曰:"婦人首不笄曰髽。主人男子以下當斬衰者皆免冠,不笄,不纚,徒首髽如婦人。不云'婦人',互見也。男子既小斂,襲絰帶散垂,成服後絞,至是復散帶垂,如小斂。即位于殯宫門外,如朝夕哭之儀。"

張氏曰:"據疏,當云'丈夫免,婦人髽',此或偶脱去三字,註以爲互見也。"

世佐案,丈夫髺髮免[①],婦人髽,其制一也,因男女異其名耳。斬衰婦人麻髽,猶丈夫髺髮以麻也。齊衰以下至緦皆布髽,猶免而以布也。五世無服者亦袒免,則謂大功以下無髽,非矣。二者皆露紒爲之,故髽亦名露紒。説者以露紒與麻髽、布髽並列而爲三,亦非。丈夫之髺髮免皆去冠,婦人之髽不皆去笄。上篇云"婦人髽于室",是時未成服,去笄而髽,以對丈夫髺髮免而言也。《喪服》經云"布總,箭笄,髽,衰三年",笄、髽並言,明著笄亦復著髽矣。是則男女之别也。丈夫而云"髽"者,散文通也。《喪服四制》云"禿者不髽",是亦兼男女言也。註云"互文",是不辭。變免言髽者,以是時斬衰者當髺髮,齊衰以下乃著免,言免不得兼髺髮,言髽則得兼髺髮免也。髽得兼髺髮免者,以其亦有麻與布之異也。不言婦人者,丈夫如此,則婦人之變可知。斬衰者麻髽,齊衰以下皆布髽矣。帶,麻帶、布帶也。散帶垂者,小斂時之變服。三日成服,已絞帶矣,至是復散其帶之垂者,猶成服以後已著喪冠,而至是復髽也,此唯謂大功以上耳,若小功以下則否矣。上篇云"婦人之帶,牡麻絰,結本",則婦人之帶初時亦不散垂,此雖不言,不嫌與丈夫同也。

婦人不哭,主人拜賓,入,即位,袒。

註曰:"此不蒙'如初'者,以男子入門不哭也。不哭者,將有事,止讙囂也。"

---

① "丈"原作"大",校本作"丈",與經文"丈夫"合,據改。

郝氏曰:"婦人在内,男子未入,故不哭。主人門外拜賓,入,即位于堂下。"

商祝免,袒,執功布入,升自西階,盡階不升堂,聲三,啟三,命哭。

註曰:"功布,灰治之布也,執之以接神,爲有所拂扐也[1]。聲三,三有聲,存神也。啟三,三言啟,告神也。舊説以爲聲,噫興也。"

疏曰:"拂扐,猶言拂拭。"

敖氏曰:"商祝,公有司也。其爲士,但當弔服加麻,此時有事於柩,故復爲之袒免。"

郝氏曰:"商祝立于階上,殯前,作聲者三,如警使聞也,叩塗者三,擊使開也,乃命主人男女以下哭。"

燭入。

註曰:"炤徹與啟殯者。"

疏曰:"一燭入室中炤徹奠,一燭于堂照開殯殯也。"

祝降,與夏祝交于階下,取銘置于重。

註曰:"祝降者,祝徹宿奠降也。與夏祝交,事相接也。夏祝取銘置于重,爲啟殯遷之。吉事交相左,凶事交相右。"

疏曰:祝不言商、夏,則周祝也。此所徹宿奠,即下云"重先奠從"者是也。

敖氏曰:"祝降者,周祝取銘而降也。不言其升,故以降見之。夏祝與執事者升,取宿奠也。祝'取銘置于重',爲啟殯遷之。取銘在前,置于重在後,乃合而言之,文順耳。"

郝氏曰:"奠"奠"當是"商"字之譌。祝以燭入炤徹宿奠降,而夏祝升取殯前銘旌,置庭下重上,二祝往來相交。"

張氏曰:"燭入室時,祝從而入,徹宿奠。徹奠者降至階下,夏祝升取銘,亦至階下,故曰'交'。降階者近東,升階者近西,是交相右也。"

世佐案,祝,即商祝也。降,啟畢而降也。下文尚有拂柩諸事,乃即

① "拂扐",校本"扐"作"仿"。據阮《校》,徐本、聶氏、《集釋》、敖氏皆作"扐",與賈疏合,毛本、《通解》作"仿"。

降者，辟取銘者也。其降也，當師舉殯者復升矣。取銘置于重者，夏祝也。初設重之時，夏祝取銘置于重，則此可知矣。下云"奠從"，則徹宿奠當在此時，不言者，文不具也。舊解多舛誤，謹正之。

踊無筭。

註曰："主人也。"

商祝拂柩用功布，幠用夷衾。

註曰："拂，去塵也。幠，覆之，爲其形露。"

疏曰：夷衾於後無"徹"文，當隨柩入壙矣。從《集說》節本。

敖氏曰："夷衾，即小斂後覆尸者也，以其事相類，故復用之。"

世佐案，此不見舉殯者升之節，亦文不具。

右啟。

遷于祖，用軸。

註曰："遷，徙也。徙於祖，朝祖廟也。《檀弓》曰：'殷朝而殯於祖，周朝而遂葬。'蓋象平生時，將出必辭尊者。軸，輁軸也。軸狀如轉轔，刻兩頭爲軹。輁，狀如長牀，穿桯，前後著金而關軹焉[①]。大夫、諸侯以上有四周，謂之輴，天子畫之以龍。"

疏曰：轔，輪也，以軸頭爲軹刻軸，使兩頭細，穿入軹之兩髀，前後二者皆然。輁既如牀，則有先後兩畔之木，狀如牀。髀厚大爲之，兩畔爲孔，著金釧於中，前後兩畔皆然。然後關軸於其中。言"桯"者，以其厚大可以容軸也。從楊氏《圖》節本。

敖氏曰："必遷于祖者，以其昭穆同，後又當祔之於此故也。《檀弓》曰：'喪之朝也，順死者之孝心也。其哀離其室也，故至於祖考之廟而後行。'"

重先，奠從，燭從，柩從，燭從，主人從。

註曰："行之序也。主人從者，丈夫由右，婦人由左，以服之親疏爲先後，各從其昭穆。男賓在前，女賓在後。"

---

① "軹"校本作"軸"。阮《校》云："徐本、《集釋》俱作'軹'，《通典》、毛本、聶氏、《通解》、楊氏俱作'軸'。張氏曰：'疏軹作軸，監本亦作軸，從疏及監本。按敖氏於《士喪禮》載此註亦作軹。'"

敖氏曰："主人從，衆主人以下從，婦人從，女賓從，男賓在後。女賓以上，其行皆以服之親疏爲序，服同，乃以長幼也。經但言'主人從'者，以其餘皆從可知也，葬而從柩之序亦然。"

郝氏曰："奠，即室中先夕之奠。燭，即前二燭。"

姜氏曰："註所謂以服之親疏爲先後者，即《文王世子》以喪服之精麤爲序也。而各從其昭穆者，又序其尊卑也。且如齊衰，則首世叔父，次兄弟，次兄弟之子，餘類推之可見。"

升自西階。

註曰："柩也，猶用子道，不由阼也。"

疏曰："《曲禮》云爲人子者'升降不由阼階'，今以柩朝祖，故用子道，不由阼也。"

敖氏曰："升自西階，神之也。凡柩歸自外而入廟者，既小斂則升自阼階，未忍異於生也。既大斂，則升自西階。此亦入廟耳，故其禮與大斂而入者同。"

奠俟于下，東面，北上。

註曰："俟正柩也。"

敖氏曰："北上則巾席在後也。記曰：'巾席從而降。'"

主人從升。婦人升，東面。衆主人東即位。

註曰："東方之位。"

敖氏曰："婦人東面，當負序，以辟奠者之往來。'東即位'者，乃衆主人也，脱一'主'字耳，以記攷之可見。此時堂下之位亦如朝夕哭，不皆在東方。"

郝氏曰："主人從升，亦自西階升。婦人，主婦及衆婦人也。衆人，衆主人也。皆不升堂，即東階下西向之位。"

張氏《監本正誤》云："'衆主人東即位'，脱'主'字。"

正柩于兩楹間，用俠牀。

註曰："兩楹間，象鄉户牖也。是時柩北首。"

疏曰："户牖之間，賓客之位，亦是人君受臣子朝事之處，父母神之所在，故於兩楹之間，北面鄉之。"

敖氏曰："此正柩于堂，正與小斂之後尸夷于堂者相類，故仍用其牀。

‘兩楹間’，東西節也，其於楹間爲少北。”

郝氏曰：“南向居中曰。正尸北首，示朝祖也。”

主人柩東，西面。置重如初。

註曰：“如殯宫時也。”

疏曰：亦如上篇，三分庭一在南而置之。從《句讀》節本。

席升，設于柩西。奠設如初，巾之。升降自西階。

註曰：“席設于柩之西[①]，直柩之西，當西階也。從奠設如初，東面也。不統於柩，神不西面也。不設柩東，東非神位也。巾之者，爲禦當風塵。”

疏曰：殯宫朝夕奠設于室中者，從柩而來，還據室中東面設之於席前也。《檀弓》云“喪不剥奠也與，祭肉也與”，據小斂、大斂之等，有牲肉，故不倮露，巾之。此雖無祭肉，爲在堂風塵，故巾之，異於朝夕在室者也。

敖氏曰：“席設于柩西，亦差近於柩。奠設于席前，亦當柩少北。柩北首，西乃右也。於此奠焉，與奠于尸右之意同。不統於柩，奠宜統於席也。不去席者，先已用席，則不變之，且尸柩之奠亦宜異也。”

郝氏曰：“不奠于柩東，鬼神尚西也。柩在殯，奠亦于室西，與始死奠尸東異。始死，生事之。既殯，神事之。凡祭室事，皆西也。升降自西階，奠者升降也。”

主人踊無算，降拜賓，即位踊，襲。主婦及親者由足，西面。

註曰：“設奠時，婦人皆室户西南面，奠畢乃得東面。親者西面，堂上迫，疏者可以居房中。”

疏曰：主人從殯宫中降拜賓，入即位袒，至此乃襲。襲者先即位踊，踊訖，乃襲絰于序東。案下記云將載柩，“祝及執事舉奠，户西，南面東上”，則知此設之時，婦人辟之，之户西南面，待設奠訖，乃由柩足鄉柩東，西面。不即鄉柩東西面者，以主人在柩東，待設奠訖，主人降拜賓，婦人乃得東也。

敖氏曰：“主人即柩東之位則踊，既奠乃降也。即位亦在阼階下，襲亦在序東。婦人由足出於柩南也，西面于阼階上，亦南上，若有南面者，

---

① “席”原作“序”，毛本同，校本作“席”，阮《校》曰：“毛本‘席’誤作‘序’。”據改。

則東上。”

郝氏曰："由足，柩北首，以南爲足。”

薦車，直東榮，北輈。

註曰："薦，進也。進車者，象生時將行陳駕也，今時謂之魂車。輈，轅也。車當東榮，東陳西上於中庭。”

疏曰："薦車"者，以明旦將行，故豫陳車。云"西上"者，先陳乘車，次道車，次槀車也。既當東榮，而云"中庭"者，據南北之中庭，不據東(面)〔西〕爲中庭也[1]。

敖氏曰："此即遣車也。北輈者，以柩北首故爾。乘車之前一木當中而曲，縛衡以駕馬者謂之輈。大車之前二木在旁而直，縛軛以駕牛者謂之轅。”

郝氏曰："輈，車轅，上曲如舟。北輈，輈向堂也。”

質明，滅燭。

註曰："質，正也。”

敖氏曰："燭，堂之上下者。”

徹者升自阼階，降自西階。

註曰："徹者，辟新奠。不設序西南，已再設爲褻。”

疏曰：新奠，遷祖之奠將設新，故徹去從奠以辟之。其再設者，啟殯前夕時一設，至此朝廟又設，是再設也。

乃奠如初，升降自西階。

註曰："爲遷祖奠也。奠升不由阼階，柩北首，辟其足。”

疏曰：奠夙興所陳三鼎及東方之饌。如初者，亦於柩西，當階之上東面席前。奠之辟足者，以其來往不可由首，又飲食之事不可褻之由足，故升自西階也。

敖氏曰："此奠亦惟以脯醢、醴酒。”

主人要節而踊。

註曰："節，升降。”

---

① "東西"原作"東面"，校本同，與楊氏《圖》合。陳本、閩本、監本、毛本、庫本均作"東西"，與上文"南北"相對，應據改。

疏曰："奠升時主人踊，降時婦人踊，由重南，主人踊也。"

敖氏曰："節，謂徹者、奠者之升降，與奠者由重南東時也。'要節而踊'，丈夫、婦人皆然，如其在殯宮之儀也。惟言'主人'，亦文省。"

薦馬，纓三就。入門北面，交轡，圉人夾牽之。

註曰："駕車之馬，每車二疋。纓，今馬鞅也。就，成也。諸侯之臣，飾纓以三色而三成。此三色者，蓋絛絲也，其著之如罽然。天子之臣，如其命數。王之革路絛纓。圉人，養馬者。在左右曰夾。既奠乃薦馬者，爲其踐汙廟中也。凡入門，參分庭一在南。"

疏曰：三色，朱、白、蒼也。《巾車》註云"王路之樊及纓，皆以五采罽飾之"，此則三采絲爲絛飾之，但著之則同，故云"如罽然"也。王革路不用罽，而用絛爲纓，與此同，故引之。既奠乃薦馬，對薦車在奠上。云"凡入門，參分庭一在南"者，庭分爲三分，一分在北，則繼堂而言，一分在南，則繼門而言，此既繼門，故云"三分庭一在南"，又不言門左、門右，則當門之北矣。

敖氏曰："三就，采三匝也。惟言'入門'，則是但没霤耳。每馬兩轡，交轡而夾牽之，謂左人牽右轡，右人牽左轡也。馬有纓而無樊，蓋臣禮也。《春秋傳》仲叔于奚請繁纓以朝，孔子非之。"

郝氏曰："既奠，薦遣車之馬。禮，士車二馬。纓，馬項下繁纓。三就，以三采纏三匝。馬入廟門，北面，以兩内轡交結兩圉人左右，各持外轡，夾牽之。"

姜氏曰："馬頸革曰鞅，以其當膺，樊飾，故又謂之樊纓。註訓纓爲馬鞅，此也。但案《春秋傳》拔劍斷鞅，又晉有士鞅。鞅名非起于漢，蓋漢亦謂之鞅耳。"

世佐案，馬，駕遣車之馬也。若柩車，則以人不以馬。《雜記》所謂乘人是也。

御者執策，立于馬後，哭成踊，右還出。

註曰："主人於是乃哭踊者，薦車之禮成於薦馬。"

疏曰："主人哭踊訖，馬則右還而出。右者，亦取便故也。"

敖氏曰："哭成踊，圉人與御者也。《雜記》曰：'薦馬者哭踊。'右還者，西上也。"

郝氏曰:"哭成踊,主人以下也。薦車不言哭,馬言哭者,方奠車入,未成薦,既奠馬入,并薦乃哭,成禮,非既薦車,别薦馬也。車停廟中,馬右還出。"

世佐案,敖説誤,其解《雜記》亦誤。《雜記》云"薦馬者哭踊出",謂薦馬者俟主人哭踊訖,乃出也。

右朝祖。

黄氏曰:"案本經記有朝禰一節,禮畢乃適祖。今經文但言朝祖,註云上士祖禰異廟,下士祖禰共廟。專言祖者,共廟則舉祖以包禰;兼言禰者,異廟則先禰而後祖。經言'下士',記言'上士',文有詳略,蓋互見耳。"

楊氏曰:"喪奠之禮有三變:始死,奠于尸東,小斂奠亦如之;既殯,奠于奥,神席東面,大斂奠、朝夕奠、朔月奠亦如之[①];啟殯之後,席升設于柩西,奠設如初。'如初'云者,如前日室中神席東面也。自是,朝祖奠、降奠、還柩奠、遣奠皆如之。"

賓出,主人送于門外,有司請祖期。

註曰:"亦因在外位請之,當以告賓,每事畢輒出。將行而飲酒曰祖,祖,始也。"

敖氏曰:"送亦拜之。門,廟門也。〇案註'每'上更當有一'賓'字。"

郝氏曰:"始出祭行曰祖。凡祖以先夕,柩明日行,即朝廟之夕設祖奠,象生時出祖也。"

曰:"日側。"

註曰:"側,昳也,謂將過中之時。"

敖氏曰:"不用日中者,辟殷人所尚也。《檀弓》曰:'殷人尚白,大事斂用日中。'有司既得祖期,不言告賓者,於請啟期已見之,故略於此。下經請葬期亦然。"

張氏曰:"主人應有司之辭。"

右請祖期。

主人入,袒,乃載,踊無算,卒束,襲。

註曰:"袒,爲載變也,乃舉柩卻下而載之。束,束棺于柩車。賓出,

---

① "月"原作"日",校本作"月",楊氏《圖》同,據改。

遂、匠納車于階間，謂此車。"

疏曰：卻，猶却也。鄉柩在堂北首，今卻下以足鄉前，下堂載於車，故謂之卻也。《喪大記》云："君蓋用漆，三衽三束。"《檀弓》云："棺束縮二横三。"彼是棺束，此經先云"載"，下乃云"卒束"，則束非棺束，是載柩訖，乃以物束棺，使與柩車相持不動也。

敖氏曰："主人入，袒，當在阼階下。既載，則在柩東。柩東之位，亦當柩少北。"

降奠，當前束。

註曰："下遷祖之奠也。當前束，猶當尸腢也，亦在柩車西，束有前後也。"

疏曰："未束以前，其奠使人執之，待束訖，乃降奠之，當束也①。"

郝氏曰："當柩車西之前，束柩北首，奠當尸右肩也。"

商祝飾柩，一池，紐前經後緇，齊三采，無貝。

註曰："飾柩，爲設牆柳也。巾奠乃牆，謂此也。牆有布帷，柳有布荒。池者，象宫室之承霤，以竹爲之，狀如小車笭，衣以青布。一池縣於柳前，士不揄絞。紐，所以聯帷荒，前赤後黑，因以爲飾，左右面各有前後。齊居柳之中央，若今小車蓋上蕤矣，以三采繒爲之，上朱、中白、下蒼，著以絮，元士以上有貝。"

疏曰：此並飾車之事。兩畔豎輇子，以帷繞之，上以荒，一池縣於前面，荒之爪端，荒上於中央加齊也。在旁曰帷，在上曰荒。荒，蒙也。對言則帷爲牆，象宫室有牆壁。柳之言聚，諸飾之所聚，總而言之。巾奠乃牆，及《檀弓》"周人牆置翣"，是牆中兼柳。《縫人》"衣翣柳之材"，是柳中兼牆。士一池，用竹而覆之，無水可承也。揄，鷂也。絞，蒼黄色。人君於蒼黄色繒上畫鷂雉之形，縣于池下，一名振容，大夫、士無之。左右面，謂帷也。齊，若人之臍，亦居身之中央，縫合采繒爲之，以絮著之，使高形如爪分然。綴貝落其上及旁，諸侯之士無貝也。從楊氏《圖》節本。

聶氏曰："柳車名有四：殯謂之輴車，葬謂之柳車，以其迫地而行，則曰蜃車，以其無輴，則曰軨車。案《周禮·縫人》掌'縫棺飾，衣翣柳之

① "束"原作"東"，校本作"束"，陳本、閩本、監本、毛本、庫本俱作"束"，與經文"當前束"合，據改。

材’，後鄭以必先纏衣，其材乃以張飾也。柳之言聚也，謂諸飾所聚也。又上註云‘孝子既啟見棺，猶見親之身。既載飾而行，遂以葬。若存時居於帷幕，而加文繡’，其帷荒畫火、龍等，是加文繡也。其生時帷幕，則無此畫飾，故云‘加’也。今柩入壙，還以帷荒等加於柩上同葬之，故云‘遂葬’。《喪大記》曰：‘飾棺，君龍帷，三池，振容。黼荒，火三列，黻二列。素錦褚，加帷荒，纁紐六，齊，五采五貝。魚躍拂池。君纁戴六，纁披六。’此諸侯禮也。《漢禮器制度》：‘飾棺，天子龍、火、黼、黻皆五列。’又《喪大記》註云：‘荒，蒙也。在旁曰帷，在上曰荒。’然則荒柳，車上覆，謂鼈甲也。天子之荒緣、荒邊畫龍，又畫雲氣，次畫白黑之黼文，又畫火形，如半環，又畫兩己相背之黻文於其間。素錦，白錦也。褚，即屋也。於荒下又用白錦爲屋，以葬車在道，象宮室也。褚外乃加帷荒，帷是邊牆，荒是上蓋，褚覆竟，而加帷荒於褚外也。池者，織竹爲之，狀如小車笭，衣以青布，挂著於柳上。荒之爪端，象平生宮室承霤然。天子四注屋，四面各有承霤，今池亦四而象之也。諸侯屋雖四注，而柳降一池，闕於後，故三池。振容者，振，動也，容，容飾也，謂以絞繒爲之，長丈餘，如幡，其上畫青質五采之揄翟，又懸銅魚於池下，車動，爲容飾，魚躍拂池也。纁紐六者，以上蓋與邊牆相離，故又以纁帛爲紐連之相著，傍各三，凡共用六紐也。齊者，謂在荒之上，當柳之中央，形圜如車蓋上蕤矣。蓋之中央，故舉以爲說。漢時小車蓋上有三采。以其當中如人之齊[①]，故謂之齊，高三尺，徑二尺餘。又案《既夕禮》註云‘以三采繒爲之，上朱、中白、下蒼，著以絮’，則人君以五采繒爲之，亦著以絮，蒼下有黄、玄二色，則五等相次，故云‘齊五采’也。五貝者，又連貝爲五行，交絡齊上。‘纁戴六，纁披六’者，戴、披俱用纁帛爲之[②]，戴，值也。於車輿兩廂各豎三隻軨子，各當棺束，用此纁戴貫棺束之皮紐，出兩頭，皆絆結其軨子，各使相值堅固，方用纁披於棺上，横絡過各貫穿戴之連結棺束者，乃於戴餘投出之於外，使人持制之。又棺横束有三，每束有二紐，各屈皮爲之。三束兩旁共有六紐，故有六戴、六披也。持披者若車登高，則前引以防軒車，適下則後引以防翻車，欹左則引右，欹右則引左，使車不傾覆也。案阮氏《圖》云‘柳車四輪一轅，車長丈

① “如人之齊”，聶氏《圖》同，校本“齊”作“臍”。

② “俱”，校本同，聶氏《圖》作“皆”。

二尺，廣四尺，高五尺，《周禮》謂之蜃車'，故《遂師》云'大喪，使帥其屬以幄帟先'，'及蜃車之役'，註云'幄帟先者，爲於葬窆之間，先張神座。蜃車，柩輅也，柩輅載柳，四輪迫地而行，有似於蜃，因取名焉'。又鄭註《既夕禮記》云：'其車之輿，狀如牀，中央有轅，前後出設，前後輅，輿上有四周，下則前後有軸，以輇爲輪。'許慎説：'有輻曰輪，無輻曰輇。'孔竇義云：觀此註，其輿與輴車同，亦一轅爲之。設前後輅者，正經唯云前輅，言前以對後，明有後輅也。此輅，謂以木縛於柩車轅上，屬引而挽之，故名此轅縛爲輅也。輿上有四周者，此亦與輴車同。云'下'，則前後有軸，以輇爲輪，此與輴車異也。以其輴無輪，直有轉轔，此則有輇輪而無輻。"

郝氏曰："牆柳，即今棺罩，詳《喪大記》。一池，士禮也。《喪大記》云，士'纁紐二，緇紐二'。䞓，即纁。前䞓，南方火色。後緇，北方水色。大夫以上加貝。《喪大記》云，君'齊，五采、五貝'，大夫'三采、三貝'，士'三采、一貝'。此無貝，説異。"

張氏曰："飾柩在旁爲牆，牆有帷在上爲柳，柳有荒牆。柳，自其縛木爲格者而言。帷荒，自其張於外者而言。池象承霤，即簷也。紐垂於四隅。齊者，柳之項結也。"

設披。

註曰："披，絡"絡"，刊本多誤作"輅"，今從《集説》改正。柳棺上，貫結於戴，人居旁牽之，以備傾虧。《喪大記》曰：'士戴，前纁後緇，二披用纁。'今文披皆爲藩。"

疏曰：戴兩頭皆結于柳材，又以披在棺上絡過，然後貫穿戴之連繫棺束者，乃結于戴，餘披出之於外，使人持之，一畔有二，爲前後披。人君則三披，各三人持之。引《喪大記》者，證披連戴而施之也。云"二披用纁"者，與戴所用異。大夫與人君則戴與披用物同，故《喪大記》云"君纁戴六，纁披六。大夫戴前纁後玄，披亦如之"，是其用物同也。

郝氏曰："披以帛繫棺兩旁束上，使人持之，外連綍，引柩内制棺，使不披側也。"

張氏曰："以帛繫棺紐，著柳骨，謂之戴。又以帛繫戴，而出其餘於帷外，使人牽之，謂之披。"

屬引。

註曰："屬，猶著也。引，所以引柩車，在軸輴曰紼。古者人引柩，《春秋傳》曰:‘坐引而哭之三。’”

疏曰:“引,謂紼,繩屬,著於柩車。云‘在軸輴曰紼’者,士朝廟時用軸,大夫已上用輴,故并言之。言紼見繩體。言引見用力,故鄭註《周禮》亦云‘在車曰紼,行道曰引’。”

敖氏曰:“引,柩車之索也,屬之於車輅。云‘引’者,以用名之。凡引,天子用六,諸侯四,大夫、士二。”

右載柩。

陳明器於乘車之西。

註曰:“明器,藏器也。《檀弓》曰:‘其曰明器,神明之也。’言神明者,異於生器,‘竹不成用,瓦不成味,木不成斲,琴、瑟張而不平,竽、笙備而不和,有鐘磬而無筍簴’[①]。陳器於乘車之西,則重北也。”

疏曰:自筲以下,皆是藏器。《檀弓》註:“成,猶善也。味當作沬,靧也。”

郝氏曰:“送葬之器曰明器,明其爲器耳,不必任用也。乘車,即前所薦車,直東榮者。”

折,横覆之。

註曰:“折,猶庪也。方鑿連木爲之,蓋如牀而縮者三、横者五,無簀。窆事畢,加之壙上,以承抗席。横陳之者,爲苞筲以下綼於其北便也。覆之,見善面也。”

疏曰:折加於壙上,時南北長,東西短,今經云“横”,明知其長者東西陳之。言“覆之,見善面”,則折加於壙時,擬鄉上看之爲面,故善者鄉下,今陳之,取鄉下看之,故反覆善面鄉上也。以其窆畢,加之於壙上,所以承抗席,若庪藏物然,故云“折,猶庪也”。縮三横五,亦約茵與抗木。但於壙口承抗席,宜大於茵與抗木也,縮三、横五以當簀處,故無簀。

敖氏曰:“陳折云‘横’,蓋象其在壙也。後言横者、縮者皆放此。自抗木至茵,亦後用者先陳,此折之用在抗木之前,乃首陳之者,以其差重大於抗木,故特異之與?”

郝氏曰:“壙上木曰折,形同壙口,長,故横設,容苞筲等器于北也。覆,反也,仰置之。”

---

① “筍簴”,陳本、閩本、監本、毛本同,校本作“簨虡”,庫本同。

抗木，横三縮二。

註曰："抗，禦也，所以禦止土者，其横與縮，各足掩壙。"

疏曰：明器由羨道入壙口，唯以下棺，大小容柩而已。今抗木亦足掩壙口也。

加抗席三。

註曰："席，所以禦塵。"

疏曰：席加於木，茵加於席，後陳者先用也。抗木在上，故云"禦土"。抗席在下，隔抗木，故云"禦塵"。

敖氏曰："此席在茵與抗木縮者之間，是亦縮也，不言者，亦文省耳。每席之長亦與壙齊，用三，則廣足以掩之矣。用時云'覆'，是此陳時卻也。"

加茵，用疏布，緇翦，有幅，亦縮二横三。

註曰："茵，所以藉棺者。翦，淺也。幅，緣之。亦者，亦抗木也。及其用之，木三在上，茵二在下，象天三合地二，人藏其中焉。今文翦作淺。"

疏曰：染淺緇之色，用一幅爲之，縫合兩邊爲之袋，不去邊幅，故云"有幅"。更以物緣之使牢，因爲飾。抗木舉蓋，横縮先後，據陳列之時。鄭據入壙而言其用云木三茵二，亦互舉耳。

敖氏曰："'翦'與'有幅'皆未詳，或曰，有幅謂繚縫之而不削幅也，未知是否。茵與抗木，其陳之、用之、横縮之次各不類，蓋貴相變也。"

郝氏曰："茵，褥也，著以茅秀，藉柩壙底者。麤布爲囊，淺黑色。翦、淺通。囊，五布皆有邊，幅，用全幅也。亦如抗木，直二横三，陳于席上。以上皆窆具也。"

張氏曰："茵設壙中，先布横三，乃布縮二。厝柩後，施抗壙上，先用縮二，乃用横三。註云'木三在上，茵二在下'，據既設後人所見而言也，其實抗、茵皆三者在外，二者在内，如渾天家地之上下周匝皆有天也，故疏云'木與茵皆有天三合地二'。"

器，西南上，綪。

註曰："器，目言之也。陳明器，以西行南端爲上。綪，屈也。不容，則屈而反之。"

敖氏曰："器，自苞而下者也。均其多寡，分爲數列，以要方也。其前列始於茵北之西，以次而綪焉，其後列不過於茵北之東，可知矣。器主於入壙，故南上。"

郝氏曰："器，即明器，亦陳車西，自南而北，復自北屈而南。綪，屈也。"

茵。

註曰："茵在抗木上，陳器次而北也。"

敖氏曰："茵之下有抗席、抗木，惟言茵者，指其可見者言也。"

郝氏曰："茵，即抗席上之茵。器接茵北，故復舉之。"

張氏曰："愚意'茵'字當連上'綪'字爲句，言陳器當從茵屈轉而北也，不然，前已詳茵，豈合重舉。"

世佐案，重舉茵者，上詳其制及設法，此則言陳器之序自茵始，蓋居諸器之最西南也。抗席、抗木在茵下，舉茵足以包之。敖云"指其可見者言"是也。張氏不達斯意，而謂"茵"字當連上"綪"字爲句，誤矣。

苞二。

註曰："所以裹奠羊、豕之肉。"張氏曰："奠，謂遣奠。"

郝氏曰："苞，葦囊，以包牲肉。入壙用二，羊、豕各一。"

筲三：黍、稷、麥。

註曰："筲，畚種類也，其容蓋與簋同一觳也。"

疏曰：筲以菅草爲之，畚器，所以盛種，此筲與畚同類也，故舉以相況。"四升曰豆"，"豆實三而成觳"，觳受斗二升。

郝氏曰："筲，飯箕，竹器。送葬用草爲之。"

甕三：醯、醢、屑。幂用疏布。

註曰："甕，瓦器，其容亦蓋一觳。屑，薑、桂之屑也。《内則》曰：'屑，桂與薑。'幂，覆也。"

敖氏曰："疏布，六升以上至四升者也。"

甒二：醴、酒。幂用功布。

註曰："甒亦瓦器。"

聶氏曰："甒容受宜與甕同，中寬下直，不鋭，平底。其甕下鋭，與甒爲異。"

郝氏曰:"醯、醢、醴、酒,濕物,皆用幂。"

皆木桁,久之。

註曰:"桁,所以庪苞、筲、甕、甒也。久,當爲灸,灸謂以蓋案塞其口。每器異桁。"

疏曰:云"皆",則自苞、筲以下,皆塞之置於木桁也。甕、甒溼物,非直久塞其口,又加幂覆之。

聶氏曰:"阮氏、梁正等《圖》云:'桁制若今之几,狹而長,以承藏具。'"

敖氏曰:"皆以桁久之也。久,説見上篇。"

郝氏曰:"木桁,木爲架,以閣苞、筲、甕、甒等。久、灸通。以上食器也。"

用器,弓矢、耒耜、兩敦、兩杅、槃匜。匜實于槃中,南流。

註曰:"此皆常用之器也。杅,盛湯漿。槃匜,盥器也。流,匜口也。"

疏曰:"弓矢,兵器;耒耜,農器;敦杅,食器;槃匜,洗浴之器,皆象生時而藏之也。"

敖氏曰:"耒耜,田器也。耜以起土,耒,其柄也。此有爵矣,乃以耒耜爲用器,爲其有圭田故也。《孟子》曰:'卿以下必有圭田。'圭田者,主人所親耕以共祭祀之齍盛者也。"

無祭器。

註曰:"士禮略也。大夫以上,兼用鬼器、人器也。"

疏曰:"《檀弓》云:'宋襄公葬其夫人,醯醢百甕。曾子曰:既曰明器矣而又實之。'註云:'言名之爲明器而與祭器皆實之,是亂鬼器與人器。'以此而言,則明器,鬼器也;祭器,人器也。士禮略,無祭器,有明器而實之。大夫以上尊者備,故兩有。若兩有,則實祭器,不實明器。宋襄公既兩有而并實之,故曾子非之。"

張子曰:"明器而兼用祭器,周之末禮也。《周禮》唯言廞。"

郝氏曰:"士無祭田,故生無祭器,明器亦無祭器。"

世佐案,明器,皆所以資鬼用也。鬼無所祭,安用祭器。爲經嫌明器取備物,或并用之,故發其例於此耳,非言無則有有者之謂也。註謂大夫以上則有之,似錯會經意矣。或曰,祭器乃生人所用,以祭此葬者,故《檀弓》以“人器”目之,然上下文所陳皆鬼器,獨以此爲人器,亦未安。若曰士生無祭器,則《特牲禮》所陳豆、籩、鉶、敦之屬,獨非祭器乎？其說亦不可通也。

有燕樂器可也。

註曰:“與賓客燕飲用樂之器也。”

疏曰:燕樂器,琴、瑟、笙、磬之屬。言可者,許其得用也。從姜氏節本。

敖氏曰:“《檀弓》曰‘琴、瑟張而不平,竽、笙備而不和,有鐘磬而無筍簴’,其此之謂與？云‘可’,亦不必其用之也。”

役器,甲、胄、干、笮。

註曰:“此皆師役之器。甲,鎧。胄,兜鍪。干,楯。笮,矢箙。”

疏曰:“上下役用之器,皆麤沽爲之。”

敖氏曰:“笮不屬用器,乃屬役器,豈以有師役方用之乎？”

燕器,杖、笠、翣。

註曰:“燕居安體之器也。笠,竹箬蓋也。翣,扇。”

疏曰:杖者所以扶身,笠者所以禦暑,翣者所以招涼,而在燕居用之,故云“燕器”。箬,竹青皮。

右陳明器。張氏曰:“載柩、陳器二事畢,則日及側矣。”

郝氏曰:“明器之設,古人事死如生之意。然多藏誨盜,爲死者累。古禮有不如今者,此類是也。”

世佐案,下記云“弓矢之新沽功”,謂其麤惡而不堪用也。弓矢如此,他器可知。蓋古人之慮遠矣,備物以盡仁孝之心,沽功以絶覬覦之念,要使其中無可欲而已,曾謂制禮者不如張釋之哉。

徹奠,巾、席俟于西方,主人要節而踊。

註曰:“巾、席俟於西方,祖奠將用焉。要節者,來象升,丈夫踊;去象降,婦人踊。徹者,由明器北,西面。既徹,由重南東。不設于序西南者,非宿奠也。宿奠必設者,爲神馮依之久也。”

敖氏曰:“徹者由東方,當棧之南折而西,至棧之西南折而北,東面而徹奠。既徹,至西方折而南,乃由重南東也。要節者,東方西鄉時丈夫踊,西方南鄉時婦人踊,由重南東時丈夫踊也。”

張氏曰:“此所徹,遷祖之奠,爲將旋柩鄉外,更設祖奠,故遷之。巾席,即所徹奠之巾席。俟者,奠已東去,而巾席猶執以俟也。註‘象升’、‘象降’者,此奠在庭,徹者無升降之事,止有往來,主人以其往來爲踊節,與徹室中之奠升階、降階者同,故云‘象’也。”

世佐案,此主人,亦兼丈夫、婦人而言。

祖。

註曰:“爲將祖變。”

商祝御柩。

註曰:“亦執功布居前,爲還柩車爲節。”

疏曰:“居柩車之前,却行詔傾虧,使執披人知其節度。”

郝氏曰:“柩已在階間車上,北首。商祝今御柩車,轉首南向,示將出。”

乃祖。

註曰:“還柩鄉外爲行始。”

疏曰:“祖,始也,爲行始,去載處而已。”

郝氏曰:“乃設祖奠,象行者出祖也。‘踊襲’以下,祖奠之儀。”

張氏曰:“還柩車,使轅鄉外也。”

世佐案,此目下事也,下乃詳言其儀耳,註説非是。郝直以祖爲設祖奠,亦未盡善。

踊,襲,少南,當前束。

註曰:“主人也。柩還則當前束南。”

疏曰:前祖爲祖變,今既祖訖,故踊而襲。車未還之時,當前束近北,今還車,則當前束少南。

敖氏曰:“不言主人者,可知也。此踊、襲皆於故位,既,則少南也。”

郝氏曰:“主人立柩東,少南,避婦人也。”

婦人降,即位于階間。

註曰:“爲柩將去有時也,位東上。”

疏曰:“云‘位東上’者,以堂上時婦人在阼階西面,統于堂下男子。今柩車南還,男子亦在車東,故婦人降亦東上,統于男子也。婦人不鄉車西者，以車西有祖奠，故辟之，在車後。”

張氏曰：“婦人在車後，南面，故註云‘東上’。”

祖，還車不還器。

註曰：“祖有行漸，車亦宜鄉外也。器之陳，自已“已”，《集説》作“若”南上。”

敖氏曰：“不還器者，以陳之之時西南上，已見行意也。必云‘不還器’者，嫌車與重皆還，此亦宜如之也。‘祖’似衍文，經無此例。”

張氏曰：“車前所薦之乘車、道車、稾車也。陳器本自南上，不須更還也。”

世佐案，此“祖”字當從敖氏作衍文，傳寫者蓋以下記有“祖還車，不易位”之文而衍耳。

祝取銘，置于茵。

註曰：“重不藏，故於此移銘加于茵上。”

疏曰：初死，爲銘置于重，啟殯至祖廟皆然。今將行，重擬埋于廟門左，茵是入壙之物，銘亦入壙之物，故置于茵也。

敖氏曰：“銘之在重，其面外鄉，正與重之鄉背異，故將還重則徹之。”

二人還重，左還。

註曰：“重與車馬還相反，由便也。”

疏曰：車馬右還鄉門爲便，重面北，人在其南，左還爲便，是相反由便。

敖氏曰：“車馬西上，宜右還，重一而已，宜左還，皆由便也。二人還之，則凡舉之亦二人矣，重之鄉背不必與柩同，但因還柩之節而併還之也。”

布席，乃奠如初，主人要節而踊。

註曰：“車已祖，可以爲之奠也，是之謂祖奠。”

疏曰：祖奠既與遷祖奠同車西，人皆從車西來，則此要節而踊，一與遷祖奠同。

楊氏曰：“要節而踊者，來由重北而西，降“降”當作“出”。由重南而東。來象升，丈夫踊；出象降，婦人踊，所謂要節也。”

敖氏曰：“記曰‘祝饌祖奠于主人之南，當前輅，北上，巾之’，謂此時與？如記所云，則是布席于柩東，少南，東面，而奠于其東也。柩已南首，故奠於此，亦奠于尸東之意也。布席于柩西則北上，柩東則南上與？初，大斂時'舉鼎'以下之儀也。是雖所奠異處，而面位則同，故以'如初'蒙之。奠者之來由東方，當前輅而西，既奠，則由柩北而西，亦由重南而東，反于其位矣。要節而踊，謂奠者於東方西鄉時丈夫踊，西方南鄉時婦人踊，由重南東，丈夫踊也。"

世佐案，下記"饌于主人之南"，則其在柩東也明矣。舊説在車西，非是。主人，亦兼丈夫、婦人言也。

薦馬如初。

註曰："柩動車還，宜新之也。"

世佐案，如初，謂自"入門北面"，至"右還出"之儀也。

右祖。

賓出，主人送，有司請葬期。

註曰："亦因在外位時。"

世佐案，此不見主人對辭，亦文略。

入，復位。

註曰："主人也。自死至于殯，自啟至于葬，主人及兄弟恒在内位。"

疏曰："自死至於殯在内位，據在殯宫中。自啟至於葬在内位，據在祖廟中。"又曰："始死未小斂以前，位在尸東，小斂後，位在阼階下，若自啟之後在廟，位亦在阼階下也。"

敖氏曰："復柩東之位。"

張氏曰："主人既以葬期命有司，而遂入。"

右請葬期。

公賵玄纁束、馬兩。

註曰："公，國君也。賵，所以助主人送葬也。兩馬，士制也。《春秋傳》曰：宋景曹卒，魯季康子使冉求賵之以馬，曰：'其可以稱旌繁乎？'"

疏曰："兩馬，士制也"者，制，謂士在家常乘之法，若出使及征伐則乘駟馬，其大夫以上則常乘駟馬。故鄭《駮異義》云"天子駕駟"，《尚書·康王之誥》康王始即位，云諸侯"皆布乘黄朱"，《詩》云"駟騵彭彭"，武王所乘，《魯頌》云"六轡耳耳"，僖公所乘，《小雅》云"駟牡騑騑"，大夫所乘，是大夫以上駕駟之文也。《春秋左氏傳》見哀公二十三年，引之者，證以馬賵人之事。

郝氏曰："玄、纁二色帛，十端为束。"

擯者出請，入告。主人釋杖，迎于廟門外，不哭，先入門右，北面，及衆主人袒。

註曰："尊君命也。衆主人自若西面。"

敖氏曰："釋杖出迎及袒者，尊君命也。"

馬入設。

註曰："設於庭，在重南。"

疏曰：馬是庭實，法皆三分庭一在南設之，又重北陳明器不得設馬，故知"在重南"也。

敖氏曰："設於西方也。《雜記》言諸侯相賵之禮云'上介賵'，'陳乘黄大路於中庭'，則此賵馬其亦中庭與？設於此者，變於吉也，吉時參分庭一在南。"

賓奉幣，由馬西當前輅，北面致命。

註曰："賓，使者。幣，玄纁也。輅，轅縛[①]，所以屬引。由馬西，則亦當前輅之西。於是北面致命，得鄉柩與奠。柩車在階間少前，三分庭之北。輅有前後。"

疏曰："賓，使者"，亦士也。以木縛於柩車轅上，以屬引於上而挽之，故名"轅縛"。

敖氏曰："賓奉幣入門左，當階而北行，當輅乃折而東行，至其右，北面致命，君使乃不升堂致命者，柩在下也。賓進自西方，而云'由馬西'，則馬亦在西方明矣。"

主人哭，拜稽顙，成踊。賓奠幣于棧左服，出。

註曰："棧，謂柩車也。凡士車制無漆飾。左服，象授人授其右也。服，車箱。今文棧作輚。"

疏曰：主人哭，拜，仍於門右北面。柩車，四輪迫地，無漆飾，故言棧

---

① "縛"原作"縛"，校本作"縛"，陳本、閩本、監本、毛本、庫本同，據改。下引疏文之"縛於"、"轅縛"同。

也。此車南鄉，以東爲左。尸在車上，以東爲右，故奠左服，象授人右也。

敖氏曰："奠于左服，與委物於尸東、殯東者同意。"

郝氏曰："《周禮》：'士乘棧車。'主人在柩東，喪贈不親受，故奠之車箱，重君賜，不以委地也。"

世佐案，授由其右，生人授受之法也。此賓于柩車左箱奠幣，亦當尸之右，故註云"象授人授其右"也。

宰由主人之北，舉幣以東。

註曰："柩東，主人位。以東，藏之。"

疏曰：此時主人仍在門東，北面。經云"主人之北"，指柩東定位而言。此位雖無主人，宰不得履之以過，故由其北也。從《句讀》節本。

士受馬以出。

註曰："此士謂胥徒之長也，有勇力者受馬。《聘禮》曰：'皮馬相間可也。'"

敖氏曰："此受馬者，亦以舉幣爲節。"

主人送于外門外，拜，襲，入復位，杖。

疏曰："主人既送賓，還入廟門車東，復位杖也。"

敖氏曰："此外門，亦廟之外門也。將葬則開之以出柩，吉時惟館賓於此則開之，此亦爲君命袒，故既送使者則襲於外。"

右公賵。

賓賵者將命。

註曰："賓，卿、大夫、士也。"

疏曰："言'將命'者，身不來，遣使者將命告主人。"

世佐案，賓，謂僚友之使者也，兄弟及所知者亦存焉。

擯者出請，入告，出告須。

註曰："不迎，告曰：'孤某須。'"

張氏《監本正誤》云："'擯者出請入告'，脱'出'字。"

馬入設，賓奉幣。擯者先入，賓從，致命如初。

註曰："初，公使者。"

敖氏曰："擯者先入，入門而若道之也。賓從，入門而左也。"

主人拜于位，不踊。

註曰："柩車東位也。既啟之後，與在室同。"

疏曰：始死時，"庶兄弟襚，使人以將命于室，主人拜于位"，此主人亦拜于位，(但)〔俱〕是不爲賓出[①]，有君命，亦出迎矣。

敖氏曰："拜不稽顙，亦以與君禮同節，宜遠辟之，下禮放此。"

郝氏曰："不稽顙，不成踊，禮殺于君也。"

賓奠幣如初，舉幣、受馬如初。

敖氏曰："舉幣亦蒙'如初'者，是時主人之位與拜君命之處雖不同，而宰之舉幣以主人之北爲節，則一也。"

擯者出請。

註曰："賓出在外，請之，爲其復有事。"

疏曰："若無事，賓報事畢，送去也。"

敖氏曰："言出請見賓，已出在外也。此時賓客爲禮，或不一而足，故於其出，主人未送而必請之，與襚時異。"

若奠。

註曰："賓致可以奠也。"

敖氏曰："奠，謂致可以爲葬奠之物也。"

世佐案，若者，不定之辭，容有賵而不奠賵，奠而不賻者，故每事皆云"若"。

入告，出以賓入，將命如初。

敖氏曰："此將命，猶致命也。主人亦拜于位。"

士受羊如受馬。

敖氏曰："如其受之以出也。羊者，士葬奠之上牲，故此奠者用之。奠不用幣。"

又請。

郝氏曰："賓又出，擯又請。"

---

① "俱是"之"俱"原作"但"，校本同。陳本、閩本、監本、毛本、庫本皆作"俱"，參諸上下文意，疑"但"字爲"俱"字之訛，應據改。

若賻。

註曰:"賻之言補也、助也。貨財曰賻。"

入告,主人出門左,西面,賓東面將命。

註曰:"主人出者,賻主施于主人。"

敖氏曰:"此將命執物以將之也。"

主人拜,賓坐委之。宰由主人之北,東面舉之,反位。

註曰:"坐委之,明主人哀戚,志不在受人物。反位,反主人之後位。"

疏曰:"宰位在主人之後。"

若無器,則捂受之。

註曰:"謂對相授受,坊本脱"受"字,今從《集説》補。不委地。"

敖氏曰:"亦宰捂受之,舉之則同面,受之則相對,亦禮貴相變。器,所以盛賻物者也。不委地者,爲其坋汙。"

世佐案,捂與訝通。《聘禮》:"賓進,訝受几。"註云:"今文訝爲捂。"

又請,賓告事畢。"又",鍾氏作"三"。

世佐案,賓尚有贈事,而云"事畢"者,以賵與奠與賻皆爲生者,贈則專爲死者,所爲不同,禮宜更端爲之也。亦容有不贈者,則賓於是可去矣。

拜送,入。

疏曰:若賵後請事,即告畢,其拜送亦然。

敖氏曰:"宰既反位,主人未即入,俟擯者既請事,乃遂送之也。"

世佐案,皆謂主人也。是時主人已在廟門外,即於門左西面位拜送之。不出大門者,下君使也。入不言復位,文省。

贈者將命。

註曰:"贈,送。"

張氏曰:"謂以幣若器送死者也。"

擯者出請,納賓如初。

註曰:"如其入告、出告須。"

賓奠幣如初。

註曰:"亦於棧左服。"

敖氏曰："亦北面致命既，則主人拜之乃奠幣也，幣，亦玄纁束。"

若就器，則坐奠于陳。

註曰："就，猶善也。贈無常，惟翫好所有。陳，明器之陳。"張氏曰："謂乘車之西，陳明器之處。"

敖氏曰："就，成也，謂已成之器也。奠于陳，從其類也。以陳明器之處爲陳者，因事名之，如以脊脅爲舉之類是也。"

凡將禮，必請而后拜送。

註曰："雖知事畢猶請，君子不必人意。"

敖氏曰："此爲不見者言之也。將行也，行禮謂賵若賻之屬。上文惟於賻之後言拜送，此則明不賻若不奠者，亦當如之也。"

兄弟賵、奠可也。

註曰："兄弟，有服親者，可且賵且奠，許其厚也。賵奠於死生兩施。"

敖氏曰："可者，許其得賵且奠，然亦未必其並用之辭。以上經攷之，其得賵奠者，亦可賻若贈也。而此經兄弟惟正言賵奠，文已略矣，乃復不必其並用者，《記》曰'有其禮，無其財，君子不行也'，聖人之意，其或在是與？"

世佐案，兄弟，兼同姓、異姓言也。兄弟戚也，必賵奠兼行，於情始稱。然容有貧而無以爲禮者，聖人不責備焉。《記》云"貧者不以貨財爲禮"是也。然則經云"可也"者，非許其厚，乃所以恤其無也。不言賻與贈者，下云"知死者贈，知生者賻"，所知且然，兄弟可知矣，但其厚薄則亦稱家以爲之耳。

所知，則賵而不奠。

註曰："所知，通問相知也，降於兄弟。奠施於死者爲多，故不奠。"

疏曰：言"所知"，明是朋友通問相知。言"降於兄弟"者，許賵不許奠也。賵與奠皆生死兩施，奠雖兩施，然爲死者而行，故知於死者爲多。

敖氏曰："賵以幣馬，尊敬之意也，故親疏皆得用之。奠以羊，若相飲食然，親親之恩也，故疏者不得用之，以自別於兄弟。所知，謂知死、知生者也，朋友亦存焉。"

世佐案，所知，兼知死、知生者言也。許其賵者，助喪以賵爲重也。不許其奠者，禮過其情，君子惡其不誠也。《檀弓》云"朋友，吾哭諸寢門之外。所知,吾哭諸野”,則所知疏于朋友矣,故其禮如此。不言朋友者,推朋友之情,亦當賵奠並有,而禮必稱其家之有亡,不可預定,故空其文也。經於兄弟及所知則著之,於朋友則闕之,使爲朋友者權于二者之間而行之,則得矣。

知死者贈,知生者賻。

註曰:“各主於所知。”

敖氏曰:“是又於所知之中以此二者别之也。知死者且賵且贈,知生者且賵且賻,以是推之,則生死兩知者,三者皆得用也。然此亦但許其禮之所得爲者耳,初不必其備禮也。經於兄弟已見其意,故於此略之。”

世佐案,此亦謂所知也,既不奠矣,而又許其贈若賻者,所以伸其情也。《詩》云“凡民有喪,匍匐救之”,有餘而好行其德,聖人何禁焉。以是推之,則情之戚于此者,諒無有不贈且賻者矣。此經既備陳賵、奠、賻、贈四者之禮,而於其後又分别言之,辨親疏之等,通貧富之宜,所謂緣人情而制者蓋如此。

書賵於方,若九、若七、若五。

註曰:“方,板也,書賵、奠、賻、贈之人名與其物於板,每板若九行、若七行、若五行。”

疏曰:“以賓客所致有賻、有賵、有贈、有奠,直云‘書賵’者,舉首而言,但所送有多少,故行數不同。”

敖氏曰:“書者,爲將讀之。行數多不過於九,少不下於五,言其疏數之節也。”

書遣於策。

註曰:“策,簡也。遣,猶送也,謂所當藏物,茵以下。”

疏曰:上書賵云“方”,此言“書遣於策”,不同者,《聘禮記》云“百名以上書於策,不及百名書於方”,以賓客贈物名字少,故書於方;遣送死者之物名字多,故書之於策。

敖氏曰:“遣,謂苞以下。書賵於方,書遣於策,所以别内外。又遣皆爲主人之物,不必别書之,亦宜於策也。策廣於方。”

郝氏曰:“遣,送也,書送葬車徒之數。策,編竹簡。”

乃代哭如初。

註曰："棺柩有時將去，不忍絶聲也。初，謂既小斂時。"

世佐案，如初者，如其不以官也。

宵，爲燎于門内之右。

註曰："爲哭者爲明。"

疏曰："燎，大燭。必於門内之右門東者，奠於柩車西，鬼神尚幽闇，不須明，柩車東有主人，階間有婦人，故於門右照之爲明而哭也。"

敖氏曰："此於門右者，宜遠尸柩也。必遠之者，亦謂鬼神或者尚幽闇。"

郝氏曰："宵，即祖奠之夜。爲燎于門内右，當柩東，以照哭者。"

右賓賵、奠、賻、贈。張氏曰："以上並葬前一日事。"

厥明，陳鼎五于門外，如初。

註曰："鼎五：羊、豕、魚、腊、鮮獸各一鼎也。士禮，特牲三鼎，盛葬奠加一等，用少牢也。如初，如大斂奠時。"

疏曰：凡牢鼎數，或多或少不同，若用特豚者，或一鼎，或三鼎。若《冠禮》醮子，《昏禮》盥饋，《士喪》小斂、朝禰，皆一鼎也。《昏禮》同牢，《士喪》大斂、朔月、遷祖及祖奠，皆三鼎也。若用少牢者，或三鼎、或五鼎。《有司徹》繹祭三鼎也。《聘禮》致飧衆介，《少牢饋食禮》及此葬奠，皆五鼎也。其用大牢者，或七、或九、或十、或十二。《公食禮》下大夫鼎七，上大夫鼎九也。《聘禮》致飧飪鼎九，羞鼎三，是十二也，上介飪鼎七，羞鼎三，是十也。《郊特牲》曰"鼎俎奇而籩豆偶，以象陰陽"，而有十與十二者，羞鼎别數也。

敖氏曰："少牢五鼎，大夫之禮，士奠乃用之者，喪大事也，而葬爲尤重，故於此奠特許而攝用之，明非常禮。"

張氏曰："亦如大斂，陳鼎在廟門外。"

其實，羊左胖。

註曰："反吉祭也。言左胖者，體不殊骨也。"

疏曰：《特牲》、《少牢》吉祭，皆升右胖，此用左胖，故云"反吉祭也"。下云"髀不升"，則除髀以下，膞、胳仍升之，與上肩、臂、脊别升，左胖仍爲三段矣。而云“體不殊骨”者[①]，據脊、脅以上，膞、胳已下共爲一，亦得爲“體不殊骨也”。

敖氏曰：“實，鼎實也。總爲五鼎言之，羊其一耳，亦豚解之，肩、肫、胉、脊共四段也。”

髀不升。

註曰：“周貴肩賤髀。”

疏曰：云“髀不升”，則膞已上去之，取膞、胳已下。《祭統》云：“殷人貴髀，周人貴肩。”

敖氏曰：“此奠用大牲，不合升，故雖豚解亦去髀。”

腸五、胃五。

註曰：“亦盛之也。”

疏曰：“《少牢》用腸三、胃三。”

敖氏曰：“此雖盛之，亦變於吉也。”

離肺。

註曰：“離，搻。”

疏曰：搻離之，不絶中央少許，使易絶以祭，亦名舉肺。

敖氏曰：“明無切肺也。”

豕亦如之，豚解，無腸胃。

註曰：“如之，如羊左胖，髀不升，離肺也。豚解，解之如解豚，亦前肩、後肫、脊、脅而已。無腸胃者，君子不食溷腴。”

疏曰：左胖雖同，仍與羊異。羊則體不殊骨，上下共爲二段。此豕之左胖則爲四段矣，故别云“豚解”。豚解總有七段，今取左胖仍爲四段矣。云“君子不食溷腴”者，《禮記·少儀》文，彼鄭註云：“謂犬豕之屬，食米穀者也。腴，有似於人穢。”

楊氏曰：“《士喪禮》小斂陳一鼎于門外，其實特豚、四鬄、兩胉、脊。然則四鬄者，殊左右肩髀而爲四，又兩胉、一脊而爲七，此所謂豚解也。《士喪禮》豚解而已，大斂、朔月奠、遣奠禮雖寖盛，豚解合升如初，至虞然

---

① “不”字上原無“體”字，校本有“體”字。《四庫全書考證》曰：“原本脱‘體’字，據注疏增。”據校本補。

後豚解、體解兼有焉。小斂總有七體，士虞升左胖七體，則解左胖而爲七。比之《特牲》、《少牢》吉祭爲略，比之小斂以後爲詳矣。”

敖氏曰：“豚解，謂以豚解之法解之。凡俎實用羊、豕者，其體數同此豕。云‘豚解’，則羊如之明矣。於羊不見之者，不嫌其異也。用少牢矣，乃熟而豚解之，亦奠禮之異於祭者與？”

郝氏曰：“凡磔牲皆謂豚解。小豕曰豚。”

世佐案，豚解法見上篇。本爲七體，而此止用其四，以其唯升左胖也。豚解無腸胃，皆著其異于羊者，則羊不豚解明矣。羊、豕體數不同，亦變于吉也。敖説恐非是。

魚、腊、鮮獸皆如初。

註曰：“鮮，新殺者。士腊用兔。加鮮獸而無膚者，豕既豚解，略之。”

疏曰：腊與鮮皆用兔。又曰葬奠用少牢攝盛，則當用膚，與少牢同。以豕既豚解，喪事略，則無膚亦略之而加鮮獸也。

敖氏曰：“如初者，如殯奠魚九，腊左胖，髀不升也。鮮獸，亦如腊。凡魚、腊皆貴稾而賤新，此牲用少牢，乃無膚而加鮮獸者，凡牲用豚者例無膚，此豕用豚解之法，故亦放豚之不用膚，而以鮮獸代之也。”

東方之饌。

敖氏曰：“亦設棜于東堂下，南順，齊于坫，饌于其上也。”

四豆：脾析、蜱醢、葵菹、蠃醢。

註曰：“脾，讀爲‘雞脾肶’之‘脾’，脾析，百葉也。蜱，蜯也。”

疏曰：《周禮・醢人》註云“細切爲虀，全物若牒爲菹”，又云“虀菹之稱，菜肉通”。又經不云菹者，類皆是虀，則此經云“脾析”者即虀也。案《醢人》註云“脾析，牛百葉也”，此不云牛者，彼天子禮有牛，此用少牢無牛，當是羊百葉。蜱，蜯，即蛤也。

敖氏曰：“蜱，《周官》作‘蠯’。”

郝氏曰：“四豆，即《周禮・醢人》‘饋食之豆’。”

四籩：棗、糗、栗、脯。

註曰：“糗，以豆糗粉餌。”

世佐案，糗，糗餌也，不言餌，文省。《周禮・籩人》云：“羞籩之實，糗餌粉餈。”此經但云“糗”，則有餌無餈矣。以彼註疏考之，二物皆粉。稻米、黍米所爲合蒸曰餌,作餅熟之曰餈,糗與粉即大豆末擣之爲粉,熬之,則爲糗,其實一物耳。以是糝于餌餈之上,使不粘着也。餌類今蒸餅,餈類今胡餅。

醴、酒。

註曰:"此東方之饌與祖奠同,在主人之南,當前輅,北上,巾之。"

敖氏曰:"醴酒亦北上,而籩在醴北,豆在籩北也。其豆亦南上,籩亦北上,而皆綪之。"

陳器。

註曰:"明器也。夜斂藏之。"

疏曰:"朝祖之日已陳明器,此復陳之者,由朝祖至夜斂藏之,至此厥明更陳之也。"

滅燎,執燭俠輅,北面。

註曰:"照徹與葬奠也。"

疏曰:"輅西者照徹祖奠,輅東者照葬奠之饌。"

敖氏曰:"燭在輅東者,炤徹祖奠與設遣奠;在輅西者,炤改設祖奠也。"

賓入者,拜之。

註曰:"明自啓至此,主人無出禮。"

疏曰:"此時有弔葬之賓,主人皆不出迎,但在位拜之。所以不出迎者,既啓之後,既覩尸柩,不可離位以迎賓,唯有君命乃出。"

敖氏曰:"亦鄉而拜之。"

徹者入,丈夫踊。設于西北,婦人踊。

註曰:"猶阼階升時也,亦既盥乃入,入由重東而主人踊,猶其升也。自重北西面而徹,設于柩車西北,亦由序西南。"

疏曰:"將設葬奠,先徹祖奠。"

敖氏曰:"徹者入門右,由東方進當前輅,折而西,至輅東,徹奠,如初位。既則由柩車北而設于其西北,不設于序西南,柩在下故也。丈夫踊,蓋亦在徹者折而西之時。"

徹者東。

註曰:"由柩車北,東適葬奠之饌。"

疏曰："以其徹訖，當設葬奠，故徹者由柩車北，東適葬奠之饌，取而設于柩車西也。"

敖氏曰："東，適東堂下之饌，以待事至。"

鼎入。

註曰："舉入陳之也，陳之蓋於重東北，西面北上，如初。"

敖氏曰："亦陳於阼階前。"

郝氏曰："不言匕載，可知。"

乃奠。豆南上，綪。籩，蠃醢南，北上，綪。

註曰："籩，蠃醢南，辟醴酒也。"

疏曰："如上所饌，則先饌脾析於西南，次北蜱醢[1]，次東葵菹，次南蠃醢。陳設要方，則四籩亦宜設于脾析已南，綪之爲次。今不於脾析已南爲次，而於蠃醢已南爲次，故知辟醴、酒，醴、酒當設在脾析之南，可知也。"

郝氏曰："乃奠于柩西，奠始豆，四豆，南爲上。綪，屈陳也。籩北上，以次而南，棗連蠃醢在北，棗南糗，糗屈而西栗，栗北脯，故曰'北上綪'。"

世佐案，郝説四籩綪法與註疏異，蓋註疏以自糗而栗爲屈而東，郝則謂其屈而西也。然以饌要方之義推之，則棗糗之西當空之，以容醴酒。下云"醴酒在籩西，北上"，謂醴當棗，酒當糗，皆在脾析之南，而饌方矣。當以註疏爲正也。

俎二以成，南上，不綪，特鮮獸。

註曰："成，猶併也。不綪者，魚在羊東，腊在豕東。"

疏曰："知俎二以並，不綪者，若綪，則宜先設羊於西南，次北設豕，次東設魚，次南設腊。今於西南設羊，次北豕，以魚設於羊東，設腊於魚北，還從南爲始，是不綪也。其鮮獸在北，北無偶，故云'特'也。"

世佐案，此俎亦設于豆東，羊當脯北，羊北豕，設魚于羊東，魚北腊，鮮獸特于豕北，二列各南上，是不綪也。不綪者，俎尊故也。郝云"五俎二列，在籩南"，非。

---

① "蜱"原作"脾"，校本作"蜱"，庫本同。《四庫全書考證》曰："原本'蜱'訛作'脾'，據注疏改。"阮《校》曰："盧文弨改'脾'爲'蜱'，是也。"據校本改。

醴、酒在籩西，北上。

註曰："統於豆也。"

敖氏曰："北上，醴在棗西，酒在糗西。"

奠者出，主人要節而踊。

註曰："亦以往來爲節，奠由重北西，既奠，由重南東。"

疏曰："此奠饌在輅東，言'由重北'者，亦是由車前明器之北，鄉柩車西設之，設訖，由柩車南而東者，禮之常也。"

敖氏曰："奠者亦從柩北而西乃出也。節，亦謂阼階前鄉西，西階下鄉南，及過重南時也。上言徹者入，此言奠者出，則私臣於是日不復位于内矣。"

右遣奠。

甸人抗重，出自道，道左倚之。

註曰："還重不言甸人，抗重言之者，重既虞將埋之，言其官，使守視之。抗，舉也。出自道，出從門中央也。不由闑東、西者[①]，重不反，變於恒出入。道左，主人位。今時有死者，鑿木置食其中，樹於道側，由此。"

疏曰："道左倚之"者，當倚於門東北壁。既虞埋之者，《雜記》文，彼註云"就所倚處埋之"。未虞以前，以重主其神，虞所以安神。初虞，神安於寢，即埋之也。

敖氏曰："上篇言甸人置重于中庭，於此又言甸人，蓋始終之辭也，所以見其間凡有事於重者，皆此人爲之。道左，廟大門外之道南。"

郝氏曰："道，廟門外中甬道。倚之，謂攲置之。道東爲左，東，主位，重主象也。"

世佐案，此註云"出從門中央"，"不由闑東西"，亦足爲門有兩闑之證。門中央者，兩闑之間也。

薦馬，馬出自道，車各從其馬，駕于門外，西面而俟，南上。

註曰："南上，便其行也。行者乘車在前，道、稾序從。"

疏曰："案下記云'乘車載旜，道車載朝服，稾車載簑笠'，是序從也。"

敖氏曰："門，廟門也。西面，于門外之東方俟器出而從之也。南上，

① "闑"原作"闡"，校本作"闑"，各本鄭注同，下盛氏案語亦引作"闑"，據改。

將行,以近外者爲先也。"

世佐案,士喪專道而行,故重與車馬皆出自道。

徹者入,踊如初。

世佐案,徹,徹遣奠也。踊,丈夫踊也。初,謂徹祖奠。

徹巾,苞牲,取下體。

註曰:"苞者,象既饗而歸賓俎者也。取下體者,脛骨象行,又俎實之終始也。士苞三个,前脛折取臂、臑,後脛折取骼,亦得俎釋三个。《雜記》曰:'父母而賓客之,所以爲哀。'"

疏曰:肩、臂、臑在俎上端,膞、胳在俎下端,是爲終始。《檀弓》曰"國君七个,遣車七乘,大夫五",自上差之,則士苞三个。个,謂所苞遣奠牲體之數也。遣車多少,各如所包之數[①]。大夫以上有遣車,士無遣車,所包者不載于車,直持之而已。云"亦得俎釋三个"者,羊俎仍有肩、肫兩段在俎,豕左胖豚解,今折取外仍有四段在俎,相通計之,爲俎釋三个。留之,爲分禱五祀也。

敖氏曰:"苞,謂以苞盛之也。徹巾,即苞牲,是即於席前爲之也。取下體,爲其皮骨多差,可以久也。惟折取下體,則是每牲之俎猶有四段也。此不取俎釋三个之義與祭禮之歸尸俎者異也。"

郝氏曰:"體取下,近足脛者小,納壙中便也。"

張氏曰:"士一苞之中有三个牲體,臂也、臑也、骼也。前陳器云'苞二',羊、豕各一苞也。"

不以魚、腊。

註曰:"非正牲也。"

行器。

註曰:"目"目"本或作"自",非。葬行明器,在道之次。"

疏曰:器,即下文茵、苞已下是也。

敖氏曰:"器,謂折抗席、抗木。行,謂舉之以出。"

張氏曰:"行器,運動明器使行也。"

---

① "包",楊氏引疏同,校本作"苞",毛本同。下"所包者"之"包"同。

茵、苞、器序從。

註曰："如其陳之先後。"

敖氏曰："此又以茵、苞連言者，見其相繼也。此器，指筲甕之屬。序從者，茵、苞以下爲序而從抗席也。行器，抗席在後。"

世佐案，敖説非是。上云"行器"，與下爲目也，此乃詳言其事耳。陳器之時，抗席、抗木皆在茵下，茵行，則其下皆行矣，故略不言也。折在茵南，亦不言者，折設於抗木之前，則行亦在前可知。且折是麤物，不與茵、苞諸器爲序，故略之。上經言"器西南上，綪"，亦以茵爲首，而不及折，是其徵矣。

車從。

註曰："次器。"

郝氏曰："車在器後，近柩前也。"

徹者出，踊如初。

註曰："於是廟中當行者，唯柩車。"

疏曰："苞牲訖，當徹去所釋者。出廟門，分禱五祀。徹者出時主人踊。"

敖氏曰："徹者亦自柩北而設於西北，乃出也。"

世佐案，踊，婦人踊也。如初，謂如徹祖奠設于西北之時。此不改設者，以柩當行故也，敖説非。

右重出，車馬、奠器從。

主人之史請讀賵，執算從，柩車當前束，西面。不命毋哭，哭者相止也。唯主人、主婦哭。燭在右，南面。

註曰："史北面請，既而與執算西面於主人之前讀書釋算。燭在右，南面，炤書便也。"

敖氏曰："賵，即書于方者也。賵禮，賓爲之也，故主人之史讀之。'不命毋哭'，嫌若併止主人、主婦然也。'哭者相止'，將讀書，不可讙譁。右，史右也。執燭者在右，則執算者在左也。"

郝氏曰："史掌書算，讀昨夕所書賵，以算籌計其數，告于柩。"

讀書，釋算則坐。

註曰："必釋算者，榮其多。"

疏曰："讀書者立讀之，敬也。釋算者坐爲釋之，便也。"

敖氏曰："釋算則坐，謂每釋算則坐，既則興也。必釋算者，物有多寡，宜知其數。"

姜氏曰："讀書釋算則皆坐者，家史爲主禮，宜敬也。疏以立讀爲敬，則句讀誤而理尤踈矣。"

世佐案，古人之坐雖似今之跪，然猶以立爲敬也。《鄉飲酒》、《燕禮》之等，其始皆立行禮，至燕末乃坐，是其徵矣，姜説非。

卒，命哭，滅燭，書與算執之以逆出。

敖氏曰："卒，謂讀之畢也。言'逆出'，亦見執算者在史南。"

郝氏曰："執算者先出，讀者從曰逆出。"

公史自西方東面，命毋哭，主人、主婦皆不哭。讀遣，卒，命哭。滅燭，出。

註曰："公史，君之典禮書者。遣者，入壙之物。君使史來讀之，成其得禮之正以終也。燭俠輅。"

敖氏曰："遣，即書于策者也。此主人之物，故公史爲讀之。柩將行而讀賵與遣者，若欲神一一知之。然此讀遣、執算、執燭之位與上同，惟東西左右則異耳。此二燭即𪊨之俠輅者，少進而轉南面耳。"

郝氏曰："公史，公家掌書算姓名者。帥徒役遣送，以其姓名讀于柩。命衆毋哭，主人、主婦亦不哭，敬公史也。左讀賵，右讀遣，所謂'贊幣自左，詔辭自右'也。"

世佐案，讀賵、釋算、讀遣，不釋算者，以賵是賓物，不出于一人，故須一一記之，以多爲榮。遣是主人之物，則但告數而已，人子之心，不自見其多也。敖謂讀遣亦釋算，非。或曰：遣公賵也，故公史讀之。公賵惟束帛兩馬，故不釋算。或曰《周禮·大史職》云"大喪遣之日，讀誄"，《小史職》云"卿、大夫之喪，賜謚，讀誄"，此士禮讀遣，猶讀誄之意也，蓋亦使祝爲辭。《周禮》："大祝作六辭。"書之于策，臨行而小史讀之，以慰死者之心耳。不曰誄而曰遣者，士無謚故也。誄者，累其德行，遣者，使之安葬，未知孰否。

右讀賵、讀遣。

商祝執功布，以御柩。

註曰："居柩車之前，若道有低仰傾虧，則以布爲抑揚左右之節，使引者、執披者知之。"

聶氏曰："《喪大記》曰：'士葬用國車，音輇，示專反，或作團，又誤作國。二綍，無碑。比出宫，御棺用功布。'註云：'比出宫，用功布，則出宫而止，至壙無矣。'舊《圖》云：'功布，謂以大功之布長三尺以御柩，居前，爲行者之節度。'又《隱義》云：'羽葆、功布等，其象皆如麾。則旌旗無旒者，周謂之大麾。'《既夕禮》云：'商祝執功布以御柩，執披。'賈釋云：'謂以葬時乘車，故有柩車，前引柩者及在柩車傍執披者皆御治之。'又註云：'居柩車之前，若道有低仰傾虧，則以布爲抑揚左右之節，使引者、執披者知之也。'道有低，謂下坂時也。道有仰，謂上坂時也。傾虧，謂道之兩邊在柩車左右，轍有高下也。若道有低則抑下其布，使執引者知其下坂也。若道有仰，則揚舉其布，使執引者知其上坂也。若柩車左邊、右邊或高下傾虧，亦左右其布，使知道有傾虧也。假令車之東轍下，則抑下其布向東，使西邊執披者持之；若車之西轍下，則抑下其布向西，使東邊執披者持之。所以然者，使車不傾虧也。大夫御柩以茅，諸侯以羽葆，天子以纛，指引前後左右，皆如功布之施爲也。又《既夕禮》將葬啟殯時，商祝免袒，執功布，入，升自西階，此始告神而用功布。拂拭，謂拂扐，去凶邪之氣。功布有此三用，故廣述而辨之。"

郝氏曰："商祝前執布代旌，揮衆同力也。"

世佐案，商祝執功布，立柩前車上，以指揮衆人，當御者之任，故曰御柩。

執披。

註曰："士執披八人。"

敖氏曰："此見執披之節也。不言引者，披後於引。言執披，則引可知。"

主人袒，乃行，踊無算。

註曰："袒，爲行變也。乃行，謂柩車行也。凡從柩者，先後左右如遷于祖之序。"

疏曰：上遷于祖時，註云"主人從者，丈夫由右，婦人由左。以服之親疎爲先後,各從其昭穆。男賓在前,女賓在後”,此從柩向壙之序,一如之也。

出宫,踊,襲。

註曰:“哀次。”

疏曰:“大門外有賓客次舍之處,父母生時接擯之所[①],故主人至此感而哀此次。《檀弓》云:‘哀次亦如之。’”

敖氏曰:“出宫而踊,哀親之遂離其室也。行路不宜袒,故於此而襲。”

右柩行。

至于邦門,公使宰夫贈玄纁束。

註曰:“邦門,城門也。贈,送也。”

疏曰:《檀弓》云“葬于北方北首,三代之達禮也”,此邦門者,國城北門也。至壙窆訖,贈用制幣玄纁束,即此幣以其君物,故用之送終也。

主人去杖,不哭,由左聽命,賓由右致命。主人哭,拜稽顙。

註曰:“柩車前輅之左右也。當時止柩車。”

疏曰:在廟柩車南鄉,左則在東,此出國北門,柩車鄉北,左則在前輅之西也,賓由右致命,則在柩車之東矣。云“止柩車”者,下記云“唯君命,止柩于堩,其餘則否”,謂此時也。

敖氏曰:“是時柩北首,賓當南面致命,主人東面聽命而拜之,略與賵于廟者相類。不成踊,變於家也。”

郝氏曰:“‘主人去杖,不哭’,敬君命也。北面趨東由左,臣禮也。賓由右,致命詔辭也。”

賓升,實幣于蓋,降。主人拜送,復位,杖,乃行。

註曰:“升柩車之前,實其幣于棺蓋之柳中,若親授之然。復位,反柩車後。”

疏曰:賓升,實幣于蓋,載以之壙。此贈專爲死者,故若親授之然。云“復位,反柩車後”者,上在廟位,在柩車東,此行道,故在柩車後也。

---

① “接擯”,《要義》、楊氏同。校本作“擯”作“賓”,陳本、閩本、毛本、庫本同。

右公贈。

至于壙,陳器于道東,西北上。

註曰:"統於壙。"

疏曰:"廟中南上,此則北上,故云'統於壙'也。"

敖氏曰:"'西北上',以西行,北端爲上,謂苞、筲而下者也,亦綪之。茵以上當其北,亦如在廟中之陳然。"

郝氏曰:"壙,葬穴。陳,送葬之明器于墓道。左右北上,統于壙也。"

世佐案,明器在廟中,陳於乘車之西,車直東榮,則器亦在東方矣。此時陳器于道東,禮亦宜之。郝於"西"字絶句,非。

茵先入。

註曰:"當藉柩也。元士則葬用輁軸,加茵焉。"

疏曰:"元士,謂天子之士。"

屬引。

註曰:"於是説載除飾,更屬引於緘耳。"

疏曰:"《喪大記》云:'君窆以衡,大夫、士以緘。'鄭註云:'衡,平也。人君之喪,又以木横貫緘耳,居旁持而平之,今齊人謂棺束爲緘。'以此而言,則棺束君三衽、三束,大夫、士二衽、二束,束有前後,於束末皆爲緘耳,以紼貫結之而下棺,人君又於横木之上以屬紼也。"

敖氏曰:"此屬之,爲將窆也。其用異矣,猶以引名之者,見其索不易也。引柩下棺異索,天子之禮也。"

主人袒,衆主人西面北上,婦人東面,皆不哭。

註曰:"俠羨道爲位。"

疏曰:"不哭",下棺宜静。羨道,謂入壙之道。

敖氏曰:"袒,爲窆變也。婦人亦北上,皆不哭,亦爲有事不可讙譁也。《喪大記》曰:'士哭者,相止也。'"

乃窆,主人哭,踊無算。

註曰:"窆,下棺也。今文窆爲封。"

疏曰:"主人哭踊不言處,還於壙東西面也。"

世佐案,是時衆主人及婦人亦皆哭踊,惟言主人者,亦文省。

襲，贈用制幣玄纁束，拜稽顙，踊如初。

註曰："丈八尺曰制。二制合之束，十制五合。"

敖氏曰："此贈，謂主人以幣贈死者於壙中也。尸柩已在壙，則有長不復反之意，故此禮亦以贈名之。朋友贈於家，主人贈於壙，親疏之宜。"

張氏曰："丈八尺曰制，是其一端，二端合爲一匹，束十制，計五匹也。此所用至邦門，公所贈者。"

世佐案，此贈幣，主人所自盡也，故拜稽顙以送之。不言公及賓所贈者，榮君之賜，君贈，自當用之。賓贈，則不必盡用，蓋亦如庶襚之例也。《雜記》云"魯人之贈也，三玄二纁"，《檀弓》云"既封，主人贈而祝宿虞尸"，則贈之出于主人也明矣。疏云即公所贈者，蓋臆説也，見"玄纁束"三字偶同，遂附會之耳。

卒，袒，拜賓，主婦亦拜賓。即位，拾踊三，襲。

註曰："主婦拜賓，拜女賓也。即位，反位也。"

疏曰："卒謂贈卒，更袒拜賓。云'反位'者，各反羡道東西位，其男賓在衆主人之南，女賓在衆婦之南。"

敖氏曰："於此拜賓，特爲之袒，重其禮也。主婦所拜賓，謂内賓與宗婦之屬。古者婦人非有親者，不送其葬。即位，主人、主婦也。拜賓，必鄉之。拾踊者，主先賓後，婦人居間。三，謂三者三也。襲者，主人也。禮，婦人不袒。"

世佐案，必襲而復袒者，上袒爲窆，此袒爲拜賓，禮不相因也。拾踊者，主人與婦人與賓更迭而踊也。三者，三人各九踊也。

賓出，則拜送。

註曰："相問之賓也。凡弔賓有五，去皆拜之，此舉中焉。"

疏曰："《雜記》云：'相趨也，出宫而退。相揖也，哀次而退。相問也，既窆而退。相見也，反哭而退。朋友，虞祔而退。'註云：'此弔者恩厚薄、去遲速之節也。相趨，謂相聞姓名，來會喪事也。相揖，嘗會於他也。相問，嘗相惠遺也。相見，嘗執摯相見也。'"

藏器於旁，加見。

註曰："器，用器、役器也。見，棺飾也。更謂之見者，加此則棺柩不復見矣。先言藏器，乃云'加見'者，器在見内也。内之者，明君子之於事終不自逸也。《檀弓》曰：‘有虞氏之瓦棺，夏后氏堲周，殷人棺槨，周人牆置翣。’”

疏曰：用器即上弓矢、耒耜之等，役器即上甲胄、干笮之屬，此器中亦有樂器，不言者，省文。棺飾，帷、荒也。如此則唯見此帷、荒，故名帷、荒爲見，以用器、役器近身陳之，是不自逸也。引《檀弓》者，見帷、荒在柩外，周人名爲牆，若牆屋然，其外又置翣爲飾也。

敖氏曰：“牆柳之屬謂之見者，以其見於棺器之外，故因以名之。此藏器者，其冢人之屬與？《冢人職》云：‘大喪，入藏凶器。’”

藏苞、筲於旁。

註曰：“於旁者，在見外也。不言甕、甒，饌相次可知。四者兩兩而居。《喪大記》曰：‘棺椁之間，君容柷，大夫容壺，士容甒。’”

疏曰：陳器之法，後陳者先用，先用甕、甒，後用苞、筲，苞、筲藏，明甕、甒先藏可知。云“四者兩兩而居”者，謂苞、筲居一旁，甕、甒居一旁。

敖氏曰：“案註云‘見外’，謂見外槨内也。”

加折，卻之。加抗席，覆之。加抗木。

註曰：“宜次也。”

敖氏曰：“折云‘加’者，謂在見與苞、筲之上也。抗木不言卻與覆，是兩面同矣。”

張氏曰：“陳之美面向上，今用則美面向下，故謂‘卻之’。註云‘宜次’，謂三者之用有宜有次也。”

實土三，主人拜鄉人。

註曰：“謝其勤勞。”

疏曰：案《雜記》云“鄉人五十者從反哭，四十者待盈坎”，於時主人未反哭，鄉人並在，故主人拜謝之。勤勞者，謂在道助執紼，在壙助下棺及實土也。

敖氏曰：“下云‘襲’，是亦袒拜鄉人也。不言袒，蓋文脱耳。”

世佐案，實土者，三盈坎而已。不言封樹，文不具也。《周禮·冢人職》云：“以爵等爲丘封之度。”説者謂天子之墓一丈，諸侯八尺，其次降差以兩。其樹，則《白虎通》云“天子松，諸侯柏，大夫栗，士槐”。鄉人，謂與主人同里，來助葬者。《大司徒職》云“四閭爲族，使之相葬”，《族師職》云

"四閭爲族,八閭爲聯,使之相保,以相葬埋"是也。

即位踊,襲,如初。

註曰:"哀親之在斯。"

疏曰:"既拜鄉人,乃於羨道東即位,踊無算,如初也。"

敖氏曰:"如初,亦拾踊三也。"

郝氏曰:"即位踊,主人將反虞,辭墓也。"

右窆。張氏曰:"葬事畢。"

乃反哭,入,升自西階,東面。衆主人堂下,東面北上。

註曰:"西階東面,反諸其所作也。反哭者,於其祖廟。不於阼階西面,西方神位。"

疏曰:"反諸其所作也",《檀弓》文。彼註云"親所行禮之處"是也。反哭於其祖廟者,謂下士祖禰共廟,其二廟者,先於祖,後於禰,遂適殯宫也。《特牲》、《少牢》主人行事,升降皆由阼階,今不由阼階,故決之以西方神位。知者,《特牲》、《少牢》皆布席於奥,殯又在西階,是西方神位。主人非行事,直哭而已,故就神位。

敖氏曰:"反哭於祖廟者,爲其棺柩從此而出也。升自西階,未變其曏者升堂之路也。升堂而不見,故但止於西階之上焉,此亦變於尸柩在堂之位也。衆主人西方東面,統於主人也。"

郝氏曰:"既窆,實土墳未成,孝子以親骸不見,魂靈無依,遂迎神歸,歸不見柩,故有反哭,有弔賓,兄弟衆主人皆在。入,入祖廟。"

婦人入,丈夫踊,升自阼階。

註曰:"辟主人也。"

敖氏曰:"以上經及此文考之,則送葬之行,婦人次於衆主人以下明矣。"

主婦入于室,踊,出即位,及丈夫拾踊三。

註曰:"入于室,反諸其所養也。出即位,堂上西面也。拾,更也。"

疏曰:"反諸其所養也",亦《檀弓》文,彼註云親所饋食之處哭也。自小歛已後,主婦等位皆在阼階上西面,是以知"出即位"者,阼階上西面也。凡成踊而拾,皆主人踊,主婦踊,賓乃踊,故云更也。

敖氏曰:"惟主婦入于室,則餘人先即位于阼矣。必入于室者,以其生時於此共祭祀也，入室又不見矣，故出而與主人相鄉而哭、踊，同其哀也。”

賓弔者升自西階，曰：“如之何？”主人拜稽顙。

註曰：“賓弔者，衆賓之長也。反而亡焉，失之矣，於是爲甚，故弔之。弔者北面，主人拜于位。不北面拜賓東者，以其亦主人位也。”

疏曰：弔賓皆在堂下，今升堂釋詞，故知賓之長也。“反而亡焉，失之矣，於是爲甚”者，亦《檀弓》文，引之證周人反哭而弔，哀之甚也。《鄉飲酒》、《鄉射》主人酬賓，皆於賓東主人位，《特牲》、《少牢》助祭之賓，主人皆拜送于西階東面，故於東面不移，以其亦主人位故也。

敖氏曰：“此弔異於常，故爲之稽顙。”

張氏曰：“始死，拜賓于西階，此反而亡，亦拜賓於西階，將無同歟？”

賓降，出，主人送于門外，拜稽顙。

疏曰：“此於《雜記》五賓，當相見之賓。”

世佐案，稽顙者，喪拜也。凡主人拜賓、送賓皆然。此於禮之將終，故特見之。

遂適殯宫，皆如啓位，拾踊三。

註曰：“啓位，婦人入升堂，丈夫即中庭之位。”

敖氏曰：“‘如啓位’，婦人即位于阼階上，西面南上。丈夫即位于堂下，直東序，西面也。拾踊者，丈夫先，婦人後而已。蓋此時無賓。”

世佐案，皆，皆主人、兄弟、賓及婦人也。啓位與朝夕哭位同，見上篇。《雜記》云“朋友虞祔而退”，則此時未嘗無賓矣。敖説殆失考與？

兄弟出，主人拜送。

註曰：“兄弟，小功以下也。異門大功，亦可以歸。”

疏曰：“此兄弟等，始死之時皆來臨喪，殯訖各歸其家，朝夕哭則就殯所，至葬開殯而來喪所，至此反哭，亦各歸其家，至虞、卒哭祭，還來預焉，故《喪服小記》云‘緦、小功，虞、卒哭則皆免’是也。”

敖氏曰：“賓出自廟，兄弟出自殯宫，親疏之殺。”

衆主人出門，哭止，闔門。主人揖衆主人，乃就次。

註曰：“次，倚廬也。”

疏曰："未虞以前，仍依於初，東壁下倚木爲廬，齊衰居堊室，大功張幃，《喪服傳》云'既虞，柱楣翦屏'[①]，此直云倚廬，據主人斬衰者而言。"

楊氏曰："《問喪》曰：'成壙而歸，不敢入處室，居於倚廬，哀親之在外也。寢苫、枕塊，哀親之在土也。'"

右反哭。張氏曰："於是將舉初虞之奠矣。"

猶朝夕哭，不奠。

註曰："是日也，以虞易奠。"

敖氏曰："既葬矣，猶朝夕哭於殯宫，以其神靈在此也。不奠者，爲無尸柩也。下云'三虞'，則此朝夕哭乃指未虞以前之禮。《檀弓》曰'既葬反，日中而虞，葬日虞，不忍一日離也'，而此經於葬、虞之間其言乃若是，則《檀弓》所記者，其非舊典與？"

張氏曰："經言葬後至練皆朝夕哭，與未葬同，但不奠耳。大斂以來，朝夕有奠，葬後乃不奠也。註言是日謂葬之日，下註所云朝而葬，日中而虞是也。疏以爲釋不奠之故，尚未是。"

世佐案，此經通言既葬至小祥之禮也。敖云"指未虞以前"，非。始虞用葬日，當以《檀弓》之言爲正。

三虞。

註曰："虞，喪祭名。虞，安也。骨肉歸于土，精氣無所不之，孝子爲其彷徨，三祭以安之。朝葬，日中而虞，不忍一日離。"

張氏曰："三虞，謂葬日初虞，再虞用柔日，後虞用剛日，共三祭也。"

卒哭。

註曰："卒哭，三虞之後祭名。始朝夕之間，哀至則哭，至此祭止也，朝夕哭而已。"

疏曰："始死，主人哭不絶聲，小斂之後，以親代哭，亦不絶聲，至殯後，主人在廬，廬中思憶則哭，又有朝夕於阼階下哭，至此爲卒哭祭，惟有朝夕哭而已，言其哀殺也。然則喪有三無時哭者，始死至殯，哭不絶聲，一無時；既殯，廬中思憶則哭，二無時；卒哭祭後，唯有朝夕哭爲有時；至練祭之後，又止朝夕哭，唯有堊室之中或十日、或五日一哭，通前爲三無

① "柱"原作"杜"，誤，據校本及各注疏本改。

時之哭也。"

敖氏曰:"卒哭,謂卒殯宫之哭也。禮於三虞既餞之後而遂卒哭,以其明日祔于祖,故不復朝夕哭於殯宫,惟朝一哭,夕一哭,于其次而已。"

郝氏曰:"卒哭,卒晝夜無時之哭。"

張氏曰:"後虞之後又遇剛日,舉此祭。既祭,則唯朝夕哭,不無時哭,故名其祭曰'卒哭'也。"

世佐案,敖説卒哭之義與註疏異,亦未是。蓋自殯後,未卒哭以前,其朝夕哭也,兄弟、外兄弟、賓皆與焉,卒哭後,小祥以前之朝夕哭,則唯主人、主婦哭于殯宫而已,是則其禮之異者,而非謂其卒殯宫之哭也。既祔,仍哭于殯宫者,以其主尚在寢也。鄭康成云:"凡祔,已復于寢,如既祫主反其廟。"期而小祥,則不朝夕哭矣。戴氏德云:"哭時隨其哀殺,五日、十日可哭矣。"至于次内無時之哭,出于孝子思慕之情所不能已,無可卒去者。舊云卒去無時之哭,尤誤。然則"卒哭"云者,卒兄弟、外兄弟等之哭,而喪家之哭則仍未卒也已。

明日以其班祔。

註曰:"班,次也。祔,卒哭之明日祭名。祔,猶屬也,祭昭穆之次而屬之。今文班爲胖。"

疏曰:"'祭昭穆之次而屬之'者,以其孫祔於祖,孫與祖昭穆同,故以孫連屬於祖,而就祖而祭之也。"

崔氏靈恩曰:"大夫、士無主,以幣帛祔,祔竟,並還殯宫,至小祥而入廟也。"

孔氏曰:"卒哭明日而立主,祔于廟,隨其昭穆,從祖父食。卒哭,主暫時祔廟畢,更還殯宫,至小祥,作栗主入廟,乃埋桑主於祖廟門左埋重處。"

程子曰:"喪須三年而祔,若卒哭而祔,則三年都無事。禮卒哭猶存朝夕哭,若祭于殯宫,則哭于何處?古者君薨三年,喪畢吉禘然後祔,因其祫祧主藏于夾室,新主遂自殯宫入于廟。《國語》言日祭月享,禮中豈有日祭之禮,此正謂三年之中不徹几筵,故有日祭朝夕之饋,猶定省之禮,如其親之存也。至于祔祭,須是三年喪終乃可祔也。"

司馬氏光曰:"案《士喪禮》始虞,祝詞云'適爾皇祖某甫',告之以適皇祖,所以安之,故置祔于卒哭之來日。"

吕氏大臨曰:“禮之祔祭,各以昭穆之班祔于其祖。主人未除,喪主未遷于新廟,故以其主附藏于祖廟,有祭,即而祭之。既除喪,而後主遷于新廟,故謂之祔。《左氏傳》云:‘君薨,祔而作主,特祀于主,烝嘗禘于廟。’周人未葬奠于殯,虞則立尸,有几筵,卒哭而祔,祔始作主。既祔之,祭有練、有祥、有禫,皆特祀其主于祔之廟。至除喪,然後主遷新廟,以時而烝嘗禘焉。不立主者,其祔亦然。《士虞禮》及《雜記》所載祔祭皆是殷人練而祔,則未練以前猶祭于寢,有未忍遽改之心,此孔子所以善殷。”

高氏閌曰:“案《禮記》虞卒哭明日祔于祖父,此周制也。若殷人,則以既練祭之明日祔,故孔子曰‘周已戚,吾從殷’,蓋期而神之,人之情也。若卒哭而遽祔于廟,亦太早矣。然唐《開元禮》則既禫而祔。夫孝子哀,奉几筵,至大祥而既徹之矣,豈可復使禫祭乃始祔乎?唐禮,祥祭與禫祭隔兩月,此又失之于緩,故今于大祥徹靈座之後,則明日祔于廟,緣孝子之心,不忍一日未有所歸也。”

朱子曰:“衆言淆亂,則折諸聖孔子之言,萬世不可易矣,尚復何說?況期而神之之意,揆之人情亦爲允愜,但其節文次第今不可攷,而周禮則有《儀禮》之書,自始死以至祥、禫,其節文度數詳焉,故温公《書儀》雖記孔子之言,而卒從《儀禮》之制,蓋其意謹于闕疑,以爲既不得其節文之詳,則雖孔子之言亦有所不敢從者矣。程子之説,意亦甚善,然鄭氏説凡祔已反于寢練而後遷廟,《左氏春秋傳》亦有‘特祀于主’之文,則是古人之祔固非遂徹几筵。程子于此恐其攷之有所未詳也。《開元禮》之説,則高氏既非之矣,然其自説大祥徹靈座之後,明日乃祔于廟,以爲不忍一日未有所歸,殊不知既徹之後,未祔之前,尚有一夕其無所歸也久矣。凡此皆有未安,恐不若且從《儀禮》。温公之説,次序節文亦自確有精意,如《檀弓》諸説可見。”

敖氏曰:“明日,三虞之次日也。班,昭穆之次也。祔,謂祔于祖父。孫與祖其昭穆同,既葬則祔之者,尸柩已去,神宜在廟也。祔而祭之,因名其祭爲祔云。”

右虞卒哭祔。

記:

敖氏曰:“此上下二篇之記也。”

郝氏曰:“《士喪》、《既夕》本通一篇,故記起自始死。世儒欲割記附二篇,謬也。"

士處適寢,寢東首于北墉下。

註曰:"將有疾,乃寢於適室。"

疏曰:"若不疾,則在燕寢。'東首'者,鄉生氣之所。"

敖氏曰:"適寢,正寢也。此云'適寢',明經所謂適室者爲適寢之室耳。"

有疾,疾者齊。

註曰:"正情性也。適寢者,不齊不居其室。"

敖氏曰:"齊之言齊也,齊其不齊,使其心意湛然純一也。疾者齊一其心意,所以養氣體。"

養者皆齊。

註曰:"憂也。"

疏曰:"《曲禮》云'父母有疾,冠者不櫛,行不翔,笑不至矧,怒不至詈,不飲酒食肉,疾止復故',男女養疾,皆齊戒正情性也。"

敖氏曰:"養者齊,欲專心於所養者也。"

徹琴瑟。

註曰:"去樂。"

疏曰:"君子無大故,琴瑟不離其側,今以父母有疾,憂不在于樂,故去之。"

黄氏曰:"去樂,以病者齊,故去之,非爲子去也。疏文可疑。"

郝氏曰:"士無故不去琴瑟,疾則徹之,亦齊之一事。"

疾病,外内皆埽。

註曰:"爲有賓客來問也。疾甚曰病。"

張氏《監本正誤》云:"'外内皆埽'作'内外'。"

世佐案,《詩》云"灑埽廷内,惟民之章",灑埽亦齊家之一事,疾病而復致謹于此,所以祓除不祥而導迎善氣也。齊以致其齊,埽以致其潔,自身而家,自内及外,莫不肅恭清静以待事,可見古人慎疾之旨,註說淺矣。

徹褻衣,加新衣。

註曰:"故衣垢汙,爲來人穢惡之。"

疏曰：此據死者而言，則生者亦去故衣服新衣矣。褻衣，謂故玄端已有垢汙，故徹去之。"加新衣"者，謂更加新朝服。《喪大記》註云"徹褻衣，加新衣"，鄭註云"徹褻衣，則所加者新朝服矣，互言之也。加朝服者，明其終於正也"，必知褻衣是玄端，新衣是朝服者，案《司服》士之齊戒服玄端，則疾者與養疾者皆齊，明服玄端矣，《檀弓》云"始死，羔裘玄冠者易之而已"，羔裘玄冠即朝服，故知臨死所著新衣，則朝服也。

敖氏曰："此謂死衣也。必易之者，爲不可使之服故衣以死也。衣云褻，見其非上衣，然則新者亦非上衣矣。上衣者，朝服玄端之類。不加上衣者，爲其後有襲、斂等事，皆用上衣，故於此略之。"

世佐案，此爲病者易服也。褻衣，謂裏衣也。新衣，謂朝服也。朝服云新，對玄端之故者而言也。徹者言褻，加者言新，文互見也，明其從表至裏皆易之矣。《論語》云：疾，君視之，加朝服。時非君視，亦必朝服者，疾愈甚而敬愈深，蓋欲得正而斃焉之意。

御者四人，皆坐持體。

註曰："爲不能自轉側。御者，今時侍從之人。"

敖氏曰："持體，正其手足也。"

世佐案，《喪大記》云"廢牀"，"體一人"。註云："人始生在地，去牀，庶其生氣反體手足也。"四人持之，爲其不能自屈伸也。彼記之文正與此互相備矣。

男女改服。

註曰："爲賓客來問病，亦朝服。庶"庶"，坊本誤作"主"，依《喪大記》註改正。人深衣。"

張氏曰："案下主人啼，註'於是始去冠而笄纚，服深衣'，則此'主人深衣'四字，羨文也。"

世佐案，男子改玄端而朝服，婦人則改宵衣而褖衣與？士妻之服，惟有褖衣、宵衣。宵衣是事舅姑之常服。必改服者，養者之服宜與病者同也。註云"庶人深衣"者，謂此男子若庶人，則此時當服深衣耳。張以此四字爲羨文，蓋失考矣。

屬纊,以俟絶氣。

註曰:“爲其氣微難節也[①]。”

疏曰:案《喪大記》註云“纊,今之新綿,易摇動,置口鼻之上以爲候”,二註相兼乃具。《禹貢》豫州貢纖纊。

男子不絶於婦人之手,婦人不絶於男子之手。

註曰:“備褻。”

疏曰:疾時使御者持體,并死於其手,婦人則内御者持體,還死於其手。

乃行禱于五祀。

註曰:“盡孝子之情。五祀,博言之。士二祀,曰門、曰行。”

疏曰:“‘士二祀,曰門、曰行’者,《祭法》文,今禱五祀,是廣博言之,望助之者衆。”

敖氏曰:“此禱于平常所祭者也。士之得祭五祀,於此可見。”

郝氏曰:“此以上皆未死前之事。”

姜氏曰:“《祭法》之説,先儒多議之矣。五祀,上下之通禮也。夫王、侯、卿、大夫、士之所異者,自天地、社稷以至五祀,其等多矣,上得兼下,下不得僭上。此五祀,乃所謂‘上得兼下’者,夫何異哉?”

乃卒。

註曰:“卒,終也。”

主人啼,兄弟哭。

註曰:“哀有甚有否,於是始去冠而笄纚,服深衣。《檀弓》曰:‘始死,羔裘玄冠者,易之。’”

疏曰:啼即泣也。《檀弓》高柴“泣血三年”,註云“言泣,無聲,如血出”,則啼是哀之甚,發聲則氣竭而息之,聲不委曲,若往而不反,對齊衰以下,直哭無啼,是其否也。《禮記·問喪》云“親始死,雞斯徒跣,扱上衽”,註云“雞斯,當爲笄纚。上衽,深衣之裳前”,是其親始死笄纚,服深衣也。引《檀弓》者,證服深衣,易去朝服之事也。

郝氏曰:“不成聲曰啼,長號曰哭。”

---

① “也”字下,校本有“纊新絮”三字。

設牀第，當牖。衽，下莞上簟，設枕。

註曰："病卒之間廢牀，至是設之，事相變。衽，臥席。"

疏曰：《喪大記》曰疾病"寢東首于北墉下，廢牀"，是其始死，亦因在地無牀，復而不蘇，乃設牀于墉下。

敖氏曰："設枕于南。"

遷尸。

註曰："徙於牖下也，於是幠用斂衾。"

疏曰："'徙於牖下'者，即上文'牀第，當牖'者也。"

楊氏曰："按《喪大記》有疾病廢牀之文，《儀禮》則無。然本記云'乃卒，主人啼，兄弟哭，設牀第，當牖'①，夫既設牀第於乃卒之後，則知疾病時廢牀，與《喪大記》合。"

張氏曰："此據經'士死于適室，幠用斂衾'之文而記君子正終，人子侍養之事。"

復者朝服，左執領，右執要，招而左。

註曰："衣朝服，服未可以變。"

疏曰："云'招而左'者，以左手執領，還以左手以領招之。招魂所以求生，左陽，陽主生，故用左②。"

敖氏曰："簪裳于衣，故左執領，右執要，此謂既登屋而易執之之時也。'招而左'，謂招時兩手自右而左也，左尊，故其執與招之儀如此。朝服，爲求神，敬其事也。"

張氏曰："方冀其生，故復者服朝服，不變凶服也。其所執，則經所云'爵弁服'也。"

世佐案，衣上曰領，裳上曰要。復者北面，以西爲左。"招而左"者，兩手鄉東招之，引而左也，疏説非。

楔，貌如軛，上兩末。

註曰："事便也。"

疏曰："如軛"，謂如馬鞅，軛馬領亦上兩末，令以屈處入口，取出時

---

① "設牀第"之"牀"字原重出，校本作"設牀第"，與楊氏《圖》及上經文合，據删。

② "左"原作"右"，校本作"左"，與經文"招而左"合，據改。

易,故云“事便也”。

敖氏曰:“柶而云楔,因其楔齒而名之,以别於他柶。軛在大車轅端,厭牛領者,楔狀類之,故以曉未知者焉。楔齒時以兩末上鄉,則末出於口旁矣。”

郝氏曰:“楔,以角柶楔齒貌,謂楔形。軛,車轅端曲木。以角柶屈中納齒間,兩末外向如軛。”

張氏曰:“上兩末楔屈如軛,以屈處入口,使兩末向上也。”

綴足用燕几,校在南,御者坐持之。

註曰:“校,脛也。尸南首,几脛在南以拘足,則不得辟戾矣。”

疏曰:几兩頭皆有兩足,今竪用之。一頭以夾兩足,几脚鄉南,恐几傾倒,故使人持之。

敖氏曰:“校,亦几左廉之名。校在南,則横設也。几之爲制,前後狹而左右差廣,綴足宜寬,故横設之。必校在南者,生時設几左廉近人,故放之也。坐持之,則御者亦在牀矣,其於几之北與?”

郝氏曰:“校,几足也。几有板,板下有足,以几足向南,夾尸足,板抵足,勿令僵直,便著屨也。”

世佐案,郝説得之。此几蓋側置於尸足之北也。云“校在南”,則几面向北矣。以几板抵尸足,而兩端又各有足以拘之,斯足以聯綴尸足也。然則几之兩端各一足,廣如其板,而相去差近,故其用之如此與?疏云兩端各有兩足,殆非。敖以校爲几左廉,尤誤。

即牀而奠,當腢,用吉器。若醴,若酒,無巾、柶。

註曰:“腢,肩頭也。用吉器,器未變也。或卒無醴,用新酒。”

疏曰:即,就也,謂就尸牀而設之,尸南首則在牀東,當尸肩頭也。云“若醴、若酒”,科有其一,不得並用。

敖氏曰:“此吉器之異於凶者,豆、籩耳。凶時毼豆、籩,無縢,其觶則無吉凶之異,皆用角也。‘若醴,若酒’,謂無酒則二觶皆醴,無醴則皆酒。無巾者,非盛饌。無柶者,異於大斂以後之奠也。”

世佐案,若醴,若酒,當以疏説爲正。

張氏曰:“記始死時復魂、楔綴、設奠諸禮中儀法器物。”

赴曰:"君之臣某死。"赴母、妻、長子則曰:"君之臣某之某死。"

疏曰:云"君之臣某之某死"者,上某是士名,下某是母、妻、長子,假令長子則云長子某,若母、妻則婦人不以名行[①],直云母與妻也。

敖氏曰:"母、妻、長子死,亦赴于君者,哀樂之事君臣同。"

張氏曰:"記赴君之辭。"

室中,唯主人、主婦坐,兄弟有命夫、命婦在焉亦坐。

註曰:"别尊卑也。"

疏曰:"云'兄弟有命夫、命婦在焉亦坐'者,若無命夫、命婦則皆立可知。案《大記》君之喪,主人、主婦坐,以外皆立;若大夫喪,主人、主婦、命夫、命婦皆坐,以外皆立也;士之喪,主人、父兄、主婦、姑姊妹皆坐,鄭云'士賤,同宗尊卑皆坐',此命夫、命婦之外立而不坐者,此謂有命夫、命婦來,兄弟爲士者則立,若無命夫、命婦則同宗皆坐也。"

黄氏曰:"案疏文前後抵牾,未詳。"

敖氏曰:"經云衆婦人户外北面,衆兄弟堂下北面,記乃見兄弟之命夫、命婦者亦坐于室中,然則經所言者,惟指其爲士者及士妻耳。"

世佐案,云"唯主人、主婦坐",則衆主人及其婦皆不坐矣,所以辨適庶也。此謂在牀東西之位者也。兄弟,謂大功以上,即經所謂"親者在室"也。兄弟皆不坐,宜别於喪主也。命夫、命婦則坐,所以貴貴也。然則庶子婦有命夫、命婦在焉,亦坐可知矣。舊解俱未安,謹訂之。又案《喪大記》云"士之喪,主人、父兄、子姓皆坐於東方,主婦、姑姊妹、子姓皆坐于西方",與此異者,各記所聞耳。疏家欲牽合之宜,不免牴牾之病也。然以經文及君大夫之喪差之,《喪大記》之言似合。

張氏曰:"記室中哭位,經所未及。"

尸在室,有君命,衆主人不出。

註曰:"不二主。"

疏曰:"'衆主人不出',在尸東耳。"

敖氏曰:"凡居喪而爲君命出者,惟主人耳,衆主人則否。記乃特著

① "若"字原作"名",校本作"若",與《通解續》同,據改。

尸在室之禮者，異時衆主人與主人皆在庭，嫌此時亦然，故以明之。"

張氏曰："經於君命弔襚直言主人，不言衆主人，故記之。"

襚者委衣于牀，不坐。

註曰："牀高由便。"

疏曰：《曲禮》云"授立不跪，授坐不立"，此牀高，亦如授立不坐之義，故云"由便"也。

郝氏曰："襚者委衣于牀，孝子不親受財也。不奠于地，故不坐，凶事尚質也。"

其襚于室，户西北面致命。

註曰："始死時也。"

疏曰："未小斂之前，尸在室中，户西，故北面致命，若小斂之後，奉尸俠于堂，則中庭北面致命。"

張氏曰："記襚者儀位。"

夏祝淅米，差盛之。

註曰："差，擇之。"

疏曰："經直云'祝淅米于堂，南面，用盆'，不言'夏'與'盛之'，故記人言之。"

郝氏曰："'夏祝淅米'，取潘也。'差盛'，以器分別盛潘。"

世佐案，必差之者，擇其粒之堅好者以飯尸，而以其餘爲粥，懸于重也。盛，盛于敦。

御者四人，抗衾而浴，襢笫。

註曰："抗衾，爲其裸裎，蔽之也。襢，袒也。袒簀，去席，盝水便。"世佐案，坊本此下有"盝音禄"三字，係《釋文》誤連于註。

敖氏曰："四人抗衾而二人浴。"

郝氏曰："襢、袒通。去其裀褥用單簀，使浴水下，易乾也。"

其母之喪，則内御者浴，鬠無笄。

註曰："内御，女御也。無笄，猶丈夫之不冠也。"

敖氏曰："鬠笄雖短，亦笄也，故辟之。"

設明衣，婦人則設中帶。

註曰："中帶，若今之褌襂。"

疏曰:經直云"設明衣",不辨男子與婦人,故此記之。

敖氏曰:"明衣之制,有衣有裳。婦人生時衣不殊裳,故此不用明衣也。中帶,未詳其制,然與明衣對言,則其連衣裳爲之與?"

郝氏曰:"明衣,既浴近體所著衣。婦人著明衣,加帶束之,示斂飭。在内曰中帶。鄭解中帶爲褌襂,然則即今之裙袴,豈婦人獨然,而男子否乎?"

卒洗貝,反于笲。

世佐案,此當于"貝"字絶句,謂主人既洗貝,則反之于笲也。經直云"洗貝,執以入",而不言其反于笲,故此記之。郝以卒爲著明衣畢,"洗貝"二字爲句。張云"卒洗,洗貝也",分句皆未安。

實貝,柱右齻、左齻。

註曰:"象齒堅。"

疏曰:"經直云實貝於尸左、右及中,不言遠近,故記人辨之。云'右齻、左齻',謂牙兩畔最長者,象生時齒堅也。"

敖氏曰:"齻,牙也。含而因柱其左右齻,蓋恐其口復閉也。"

郝氏曰:"齒末曰齻,以貝柱兩旁大齒,使口開易含。"

夏祝徹餘飯。

註曰:"徹去鬻。"

疏曰:"經不言夏祝徹,故記人言之。"

張氏曰:"餘飯,飯尸餘米也。夏祝徹去煑之爲鬻,以實重鬲也。"

瑱塞耳。

註曰:"塞,充窒。"

疏曰:"經直云'瑱用白纊',不云'塞耳',恐同生人縣于耳旁,故記人言之也。"

掘坎,南順,廣尺,輪二尺,深三尺,南其壤。

註曰:"南順,統於堂。輪,從也。今文掘爲坅。"

疏曰:"經直云'甸人掘坎於階間',不辨大小,故記人明之。"

敖氏曰:"南順,復南其壤,明其掘之自北而南也。"

張氏曰:"以埋棄潘者。"

疉用塊。

註曰："塊，堛也。"

疏曰："云'塊，堛'者，《爾雅·釋言》文，孫氏云：'堛，土塊也。'"

張氏曰："以賁潘者。"

明衣裳用幕布，袂屬幅，長下膝。

註曰："幕布，帷幕之布，升數未聞也。屬幅，不削幅也。長下膝，又有裳，於蔽下體深也。"

疏曰："'屬幅，不削幅'者，布幅二尺二寸，凡用布，皆削去邊幅旁一寸，爲二寸計之，則此不削幅，謂繚使相著，還以袂二尺二寸。云'長下膝'者，謂爲此衣長至膝下。"

敖氏曰："必云'袂屬幅'者，嫌明衣或異於生也。然則吉服之袂屬幅也明矣，屬幅説見《喪服記》。"

郝氏曰："幕布紅色。《檀弓》曰'褚幕丹質'是也。袂，袖也。屬幅，方幅聯屬爲袂。古布幅廣二尺二寸，袂長及膝下也。"

有前後裳，不辟，長及轂。

註曰："不辟積也。轂，足跗也。凡他服，短無見膚，長無被土。"

疏曰："凡男子，裳不連衣者，皆前三幅，後四幅，辟積其要間，示文，今此亦前三後四，不辟積者，以其一服不動，不假上狹下寬也。"

敖氏曰："裳前三幅，後四幅，不辟之，則其要廣而前後相掩者深，旁不開，體不見矣。長及轂，爲蔽足也。明衣之長下膝，其裳之制復如是，皆爲重形且異於生也。"

郝氏曰："裳無辟積，取其寬圍足殊于生也。轂、觚通，足尖也。"

縓綼緆。

註曰："一染謂之縓，今紅也。飾裳在幅曰綼，在下曰緆。"

疏曰："案《深衣》云'純袂、純邊'，註云'純，謂緣之也。緣邊，衣裳之側，廣各寸半，則表裏共三寸矣'，此在幅亦衣裳之側，緣法如彼也。"

郝氏曰："縓，淺紅色。綼緆，疑作蔽膝，猶今裙用淺紅布。緇布緣，純緣也。送死褻服用紅，古今皆然。《論語》'不以紅爲褻服'，嫌襲也。鄭謂裳飾在幅曰綼，在下曰緆。然則純也下又言緇純，文義不類。"

緇純。

註曰："七入爲緇。緇，黑色也。飾衣曰純，謂領與袂。衣以緇，裳以纁，象天地也。"

設握，裹親膚，繫鉤中指，結于掔。

註曰："掔，掌後節中也。手無決者，以握繫一端繞掔，還從上自貫，反與其一端結之。"

疏曰："經已云設握麗于掔，與決連結，據右手有決者，不言左手無決者，故記之。案上文握手用玄纁裹，長尺二寸，今'裹親膚'，據從手内置之，長尺二寸，中掩之，手纔相對也，兩端各有繫，先以一端繞掔一匝，還從上自貫，又以一端鄉上鉤中指，反與繞掔者結於掌後節中。"

敖氏曰："握手唯一而已，與決同設於右手，其繫則相關。經文詳於設決，略於設握，故記見之。設握之法，以纁裹親膚，其中央正當於掌，右端掩四指之後，左端在其上，乃以其組繫環將指之本，而與決之繫相結於掔而連之，所謂設握乃連掔者也。"

郝氏曰："握，手籠。裹，親膚。謂手在握裹。鉤即決，以鉤弦曰鉤，有組繫鉤中，不繫指也。指，兩手大指。掔，掌後節。以兩決繫交結兩掔，使手不旁垂。"

張氏《監本正誤》云："'設握裹親膚'，'裹'誤作'裹'。"

世佐案，此設左握法也。裹，纁裹。云"裹親膚"者，見其以握韜手，纁在内，而外其玄也。繫，組繫也。先以繫鉤中指而後結于掔者，欲其結之牢固也。中指，手第三指也。掔，説見上篇。右手有決、極先設，而後設握，則握之裹雖在内，而不與膚相親矣。握繫與決繫連結于掔，則不必鉤中指矣。以是言之，此爲左手之握明甚。敖、郝二説皆非是。

甸人築坅坎。

註曰："築，實土其中，堅之。穿坎之名，一曰坅。"

疏曰："經直云'甸人掘坎'[①]，不云還使甸人築，故記人明之。"

郝氏曰："坅、坑通。築，既埋渜濯，實土築之。"

張氏曰："築之、坅之，皆甸人也。"

---

① "掘"字原作"握"，校本作"掘"，與經文合，據改。

世佐案，玪、掘通。上註云“今文掘爲玪”是也。築玪坎者，謂築其所掘之坎也。或曰玪衍字，因上有“掘坎”之文而誤衍耳。

隸人涅厠。

註曰：“隸人，罪人也，今之徒役作者也。涅，塞也。爲人復往褻之，又以鬼神不用。”

疏曰：“若然，古者非直不共湢浴，亦不共厠，故得云死者不用也。”

郝氏曰：“涅，猶洗也。厠，便器。死者所用涅之，不使人惡穢也。”

世佐案，涅、敜通。《書》云“敜乃穽”，傳亦訓爲塞，正與此合，郝説非。

既襲，宵爲燎于中庭。

疏曰：“士之喪，死日而襲。”

世佐案，經言爲燎於小斂後，在死之第二日，嫌始死之日不設燎，故記明之。

張氏曰：“記沐浴、含、襲時職司服物。自記首至此，皆始死日事也。”

厥明，滅燎，陳衣。

註曰：“記節。”

疏曰：記小斂陳衣當襲之，明旦滅燎之時。

凡絞、紟用布，倫如朝服。

註曰：“凡，凡小斂、大斂也。倫，比也。今文無紟。”

疏曰：“言類如朝服者，《雜記》云‘朝服十五升’是也。”

敖氏曰：“紟不必言凡，與絞連文耳。大斂有紟，小斂無之。”

設棜于東堂下，南順，齊于坫，饌于其上，兩甒醴、酒，酒在南，篚在東，南順，實角觶四、木柶二、素勺二。豆在甒北，二以並，籩亦如之。

註曰：“棜，今之轝也。角觶四、木柶二、素勺二，爲夕進醴、酒，兼饌之也。勺二，醴、酒各一也。豆、籩二以併，則是大斂饌也。記於此者，明其他與小斂同陳。”

疏曰：大、小斂之奠，皆有醴、酒，醴一觶，又用一柶，酒用一觶，計醴、酒但用二觶一柶矣，而觶有四、柶有二者，朝夕酒、醴及器別設，不同器，朝夕二奠各饌其器也。小斂一豆、一籩，大斂乃有二豆、二籩，故知二以併爲大斂饌。云"記於此者，明其他與小斂同陳"者，鄭意以此籩、豆之外，皆與小斂同，故在小斂節内陳之，取省文之義。不謂大斂饌陳之，亦在小斂節内也。

敖氏曰："此大斂饌也，其次當在衆主人布帶之後。'角觶四，木柶二'，爲明日朝奠兼饌之也。自是以後，常更用之。以位而言，豆當在籩北，乃云'甒北'者，設豆之時未有籩也，故但取節於甒。"

郝氏曰："桳、轝通，箱類，以載酒饌。南順，向南直陳。坫，以土爲具閣物，在堂下東西隅。設桳與坫齊。其上，桳上。篚以盛觶、柶、勺。角觶，角爲觶，用四，朝夕酒、醴各二，二柶，二勺，朝夕扱醴酌酒各一，豆、籩皆二，并設于桳上。"

世佐案，"角觶四，木柶二，素勺二"者，以二觶、一柶、一勺爲大斂奠用，其二觶、一柶、一勺則用之夕奠也。周人斂用日出，是日仍有夕奠，以其同日所用，故兼饌之。敖云爲明日朝奠，非，以此爲大斂奠則得之。

凡籩、豆實具設，皆巾之。

註曰："籩豆偶而爲具，具則於饌巾之。巾之，加飾也，明小斂一豆、一籩，不巾。"

疏曰："云'實具設，皆巾之'者，謂於東堂實之，於奠設之，二處皆巾。"

敖氏曰："籩、豆實，謂菹栗之屬。皆，皆上下也。籩豆有實而具，則饌于東方及奠于席前皆巾之。若一豆、一籩，則於奠時或有巾之者，饌時亦不巾也。經言小斂之饌云'饌于東堂下，脯、醢、醴、酒，幂用功布，實于簞'，此則不皆巾者也。"

郝氏曰："凡籩豆，既實菹醢、果脯備具，則皆加巾幂。鄭謂成偶爲具乃巾，非也。小斂一豆、一籩，必巾，《檀弓》云'剥奠'，謂始死脯醢耳。小斂奠陳鼎有祭肉，則不剥奠，豈必兩豆、兩籩而後巾與？"

張氏曰："皆者，皆東堂與奠所也。二籩、二豆者，饌於東堂，設于奠所二處皆巾之也。小斂一籩、一豆，惟至設于牀東乃巾之，方其饌堂東時，則不巾矣。"

世佐案，此承上文而言，亦指大斂之饌也。凡，凡二豆、二籩也。實，謂葵菹、蠃醢、栗脯也。具，猶備也。云"實具設"者，見其不空饌也。必著之者，嫌其亦如觶之俟時而實也。皆，皆籩、豆也。皆巾之，此則異於小斂者也。小斂之籩、豆奠則巾之，饌則否。鄭解籩、豆偶而爲具，固非。郝云"小斂一豆、一籩，必巾"，則其攷之亦弗審矣。

觶俟時而酌，柶覆加之，面枋，及錯，建之。

註曰："時，朝夕也。《檀弓》曰：'朝奠日出，夕奠逮日。'"

疏曰："記人恐饌時已酌於觶，故記云'俟時而酌'也。"

敖氏曰："俟時而酌，謂將設乃酌之。"

郝氏曰："惟觶俟升奠乃酌，不與籩、豆同實。柶覆醴上。枋、柄通。面枋，以柄向前。錯，奠也。建，插也。"

張氏曰："觶雖豫陳，必待奠時乃酌。其酌醴之法，既酌醴，以柶覆於觶上，使柄向前。及其錯於奠所，則扱柶醴中。"

世佐案，時，設奠之時也。醴酒不豫酌，取新也，亦所以尊之。柶覆加之，面枋，謂其進醴之法也。必面枋者，象授生人，使得前其葉以扱醴而祭也。錯，設于奠所也。建之者，插柶醴中，亦葉在下而枋向上也。必建之者，象生人啐訖而建柶之儀，如神之已歆其奠然。此皆事死如生之意也，凡小斂、大斂之奠皆然。

小斂辟奠不出室。

註曰："未忍神遠之也。辟襲奠以辟斂，既斂則不出於室設於序西南，畢事而去之。"

疏曰：始死，猶生事之，不忍即爲鬼神事之，故奠不出室。云"事畢而去之"者，斂事畢，奉尸俠于堂乃去之，而設小斂奠于尸東。

敖氏曰："奠，即始死之奠也。後奠未即設而先辟此奠者，辟斂也。不出室，明未徹去也。是時尸在室，未忍遂徹其奠，而脯、醢、醴、酒又無改設于西堂之禮，故辟之於室中而已，既設小斂奠，乃去之。舊説謂辟之設于室西南隅。"

郝氏曰："將小斂，辟去始死脯醢之奠，以避斂。不出室，即遷于室内也。"

張氏曰："註'不出於室設于序西南'，'不'字貫下八字，大斂辟奠及朝夕奠則皆出設于序西南矣。"

世佐案，註云"未忍神遠之也"者，謂奠以事神，是時尸在室，若辟奠遠出室外,則神無所依,故不忍也,疏説恐非是。始死之奠亦謂之襲奠者,以襲後仍設之也。“於”下“序”字當是“室”字之誤。知設於室西南者,約上經大斂時辟小斂奠於序西南而言也。張讀“不”字貫下八字爲一句,於文不順。

無踊節。

註曰:“其哀未可節也。”

敖氏曰:“此承上文而言,亦異於小斂以後之禮也。踊節,即所謂‘要節而踊’者也。凡丈夫、婦人之踊,或以徹奠者之往來爲節,嫌此辟奠之時亦然,故以明之。此與上文皆當在‘設棜于東堂下’之上。”

郝氏曰:“小斂踊不要節,室中不備禮也。”

世佐案,此謂小斂辟奠時也。是時主人以下皆踊無算,故不以辟奠者之往來爲節,敖説得之矣。

既馮尸,主人袒,髺髮,絞帶,衆主人布帶。

註曰:“衆主人,齊衰以下。”

疏曰:“案《喪服》苴絰之外,又有絞帶,鄭註云‘絰象大帶,又有絞帶象革帶,齊衰以下用布’。”

敖氏曰:“絞帶者,繩帶也。先言‘袒,髺髮’,著其節也。然則布帶者,亦於既免乃加之。”

郝氏曰:“既小斂,主人以下馮尸哭。尸將出户,主人乃袒,髺髮。始死,投冠笄縱,至是乃散髮,以麻結之,絞麻爲要帶,齊衰以下衆主人布帶。古者吉服帶多用帛,喪帶皆布。”

大斂于阼。

註曰:“未忍便離主人位也。主人奉尸斂於棺,則西階上賓之。”

疏曰:經大斂時直云“布席如初”,不言其處,故記之。

大夫升自西階,階東,北面東上。

註曰:“視斂。”

敖氏曰:“云‘階東’者,明大夫雖多,亦不可以當階,恐妨斂者之往來也。”

既馮尸,大夫逆降,復位。

註曰:“中庭西面位。”

疏曰："上篇朝夕哭云主人入堂下，直東序，西面，卿大夫在其南，卿大夫與主人同西面向殯，故知大夫位在中庭西面也。"

世佐案，"既馮尸"，謂主人也。言此者，爲大夫降節也。逆降由便也，在西者先降。

巾奠，執燭者滅燭出，降自阼階，由主人之北東。

註曰："巾奠而室事已。"

敖氏曰："此見出時之節，且不與執事者偕行也。言'由主人之北'，則主人之位近於階明矣。"

郝氏曰："巾奠，大斂之奠設于室中，奠畢，加巾，執燭者遂滅燭出，此因前文有執燭者升自阼階，不言其降，故記之。"

張氏曰："記小斂、大斂二節中衣物、奠設、時會、處所、儀法。"

既殯，主人説髦。

註曰："既殯，置銘于肂，復位時也。兒生三月，鬋髮爲鬌，男角女羈，否則男左女右。長大猶爲飾存之，謂之髦，所以順父母幼小之心。至此尸柩不見，喪無飾，可以去之。髦之形象未聞。"

疏曰：《喪大記》云"小斂，主人即位於户内，乃斂。卒斂，主人馮之。主人袒，説髦，髺髮以麻"，註云"士既殯説髦，此云小斂，蓋諸侯禮也"，士之既殯，諸侯之小斂，於死者俱三日也。必三日説髦者，案《禮記・問喪》云"三日而不生，亦不生矣"，以髦是子事父母之飾，父母既不生，故去之。云"兒生三月，鬋髮爲鬌，男角女羈，否則男左女右"者，《内則》文，彼註云"夾囟曰角，午達曰羈"，引之者，證髦象幼時鬌之義。《詩》云"髧彼兩髦"，鄭云"髦者，髮至眉，子事父母之飾"，以其云髧，髧者垂之貌，又云兩髦，故以髮至眉解之，其狀則未聞。

敖氏曰："子事父母，必著拂髦。親已死，至殯乃説之者，未殯之前，孝子猶冀其復生，既殯，則絶望矣，乃説之也。《詩》云'髧彼兩髦'，兩者，爲父母俱存之，故若然，則是時但當脱其一耳。孔氏曰'父死説左髦，母死説右髦，二親並没，並説之，親没不髦'是也。"

郝氏曰："説、脱同。髦、毛同，即髮也。《喪大記》主人'小斂，脱髦'，此既殯云'脱髦'者，小斂脱笄纚，麻括髮，既殯，脱括麻，易冠絰，成服也。"

三日絞垂。

註曰:“成服日,絞要絰之散垂者。”

疏曰:以經小斂日要絰,大功以上散帶垂,不言成服之時絞之,故記人言之。小功、緦麻初而絞之,不待三日也。

敖氏曰:“記惟指主人也,而男女大功以上亦存焉。小斂之時,婦人之帶雖結本,亦未絞,至此與丈夫同絞之。將成服,先絞其帶之垂者,以其已在身故也。其下冠、衰、屨亦皆以所加之次言之。”

冠六升,外縪,纓條屬,厭。

註曰:“縪,謂縫著於武也。外之者,外其餘也。纓條屬者,通屈一條繩爲武,垂下爲纓,屬之冠。厭,伏也。”

疏曰:冠在武下,故云“厭”。五服之冠皆厭,但此冠上下據斬衰而言也。

敖氏曰:“冠厭,亦變於吉也。冠所以厭者,其不用辟積乎?‘縪’,《喪服傳》作‘畢’,疑此誤。”

郝氏曰:“冠布六升,四百八十縷也。冠縫著武處曰縪,反縫向外,變也。纓條屬,解見前。厭、壓同,不起也。吉冠峩起,喪冠壓伏。”

世佐案,詳見《喪服傳》。

衰三升。

註曰:“衣與裳也。”

郝氏曰:“衰布三升,二百四十縷也。”

屨外納。

註曰:“納,收餘也。”

疏曰:收餘末向外爲之,取醜惡不事飾也。

杖下本,竹、桐一也。

註曰:“順其性也。”

疏曰:案《喪服》爲父斬衰,以苴杖竹,爲母齊衰,以削杖桐,桐、竹皆下本。鄭云“順其性”者,謂下其根本,順木之性。

居倚廬。

註曰:“倚木爲廬,在中門外東方,北户。”

寢苫枕塊。

註曰："苫，編藁。塊，塩也。"

不説絰、帶。

註曰："哀戚不在於安。"

哭晝夜無時。

註曰："哀至則哭，非必朝夕。"

非喪事不言。

註曰："不忘所以爲親。"

敖氏曰："意不在他也。"

歠粥，朝一溢米，夕一溢米，不食菜果。

註曰："不在於飽與滋味。實在木曰果，在地曰蓏。"

主人乘惡車。

註曰："拜君命、拜衆賓及有故行所乘也。《雜記》曰：'端衰、喪車皆無等。'然則此惡車，王喪之木車也。"

疏曰："'此惡車，王喪之木車'者，案《巾車》云'王之喪車五乘'，發首云'木車，蒲蔽'，是王始喪所乘木車無飾，與此惡車同，故引之見尊卑同也。"

司馬氏光曰："父母之喪，不當出，若爲喪事，及有故不得已而出，則乘樸馬，布裹鞍轡以代。古惡車，婦人以布幕車檐。"

郝氏曰："惡車，麤惡無飾。"

白狗幦。

註曰："未成豪，狗。幦，覆笭也。以狗皮爲之，取其臑也。白於喪飾宜。古文幦爲冪。"

疏曰："按《玉藻》云'士齊車鹿幦'，此喪車無飾，故用白狗幦以覆笭。云'未成豪，狗'者，《爾雅·釋畜》文。"

郝氏曰："白狗皮爲冪，覆較上。幦、冪通。"

張氏曰："《玉藻》：'君羔幦虎犆。'陳註云：'幦者，覆式之皮。'此白狗幦亦是以狗皮覆車式。"

蒲蔽。

註曰:“蔽,藩。”

疏曰:藩謂車兩邊禦風者,以蒲草爲之,亦無飾也。

敖氏曰:“蔽即第也,在車兩邊,以蒲席爲之。吉時或以簟,《詩》云‘簟笰魚服’是也。”

御以蒲菆。

註曰:“不在於驅馳。蒲菆,牡蒲莖也。”

疏曰:御謂御車者,士乘惡車之時,御者用蒲菆以策馬,喪中示不在於驅馳。案宣十二年,《左傳》杜註云“菆,好箭”,“蒲,楊柳,可以爲箭”,以此而言,蒲非直得策馬,亦爲矢幹也。

敖氏曰:“蒲菆,亦變於吉也。吉時蓋以竹爲策。蒲,楊柳。”

張氏曰:“蒲菆,楊柳之堪爲箭者,御者以之策馬,與爲蔽之蒲,同名而異類。”

犬服。

註曰:“笭間兵服,以犬皮爲之,取堅也,亦白。”

疏曰:“凡兵器建之于車上笭間,喪家乘車亦有兵器自衛,以白犬皮爲服。”

世佐案,服,謂弓韃矢服之類,吉時或以魚獸之皮爲之。

木錧。

註曰:“取少聲。今文錧爲鎋。”

疏曰:“常用金,喪用木,是取少聲也。”

敖氏曰:“錧,轂端沓也。”

約綏,約轡。

註曰:“約,繩。綏,所以引升車。”

疏曰:“吉時綏、轡用索。”

敖氏曰:“吉時二者皆以絲爲之與?”

郝氏曰:“轡馬韁。”

木鑣。

註曰:“亦取少聲。”

疏曰:平常馬鑣以金爲之。

敖氏曰:"鑣,馬銜也。"

馬不齊髦。

註曰:"齊,翦也。今文髦爲毛。主人之惡車,如王之木車,則齊衰以下,其乘素車、繅車、駹車、漆車與?"

疏曰:"案《巾車》'王之喪車五乘',木車,始死所乘;素車,卒哭所乘;繅車,既練所乘;駹車,大祥所乘;漆車,既禫所乘。此士之喪車,亦當五乘,主人乘惡車,齊衰乘素車,與卒哭同;大功乘繅車,與既練同;小功乘駹車,與大祥同;緦麻乘漆車,與既禫同。主人至卒哭以後,哀殺,故齊衰以下節級約與主人同,故鄭爲此義也。若然,士尋常乘棧車,漆之,今既禫,亦與王以下同乘漆車者,禮窮則同也。"

郝氏曰:"常馬整刷鬣尾,喪馬髦不齊。"

主婦之車亦如之,疏布裧。

註曰:"裧者,車裳幃,於蓋弓垂之。"

疏曰:"'疏布裧'在'亦如之'之下,見不與男子同。《巾車》云'皆有容蓋',容蓋相將,其蓋有弓,明於蓋弓垂之也。"

敖氏曰:"婦人之車必有裧,而喪車則以疏布爲之,明吉時不然也。主婦乘車而出者,拜夫人之命及女賓之弔者也。"

郝氏曰:"裧,襜同,車衣也。在旁曰帷,在上曰襜,麤布爲之。"

世佐案,裧,説見《士昏禮》。

貳車,白狗攝服。

註曰:"貳,副也。攝,猶緣也。狗皮緣服,差飾。"

疏曰:大夫以上有貳車,士卑,無貳車,但以在喪,可有之。非常法,則有兵服,服又加白狗皮緣之。云"差飾"者,對主人服無緣。

敖氏曰:"主人、主婦皆有貳車,各得用二乘,與其所乘者而三。《士昏禮》謂'從車二乘',是其數也。凡貳車之數,天子十二,上公九,侯伯七,子男五,孤卿大夫三,士二乘也。此貳車亦惡車也。"

郝氏曰:"貳車,主婦從行者,載兵器爲衛。白狗皮爲服攝束之,不似主人車,列仗于車上也。"

張氏曰:"服,亦謂盛兵器之服。"

世佐案，貳車之數，敖説近是。白狗攝服，著其異于乘車者也。攝，猶辟也。《士昏記》云"執皮，攝之，内文"是也。此服以白狗皮襞攝爲之，而毛在内，下主人也，然則主人、主婦之服皆以犬而毛在外與？古之喪車無等，而特於其服致辨焉，古人之寓意深矣。

其他皆如乘車。

註曰："如所乘惡車。"

敖氏曰："乘車，主人、主婦所乘之車也。其他，謂凡器物在服之外者也。"

張氏曰："記殯後居喪者冠服、飲食、居處、車馬之制。"

朔月，童子執帚，卻之，左手奉之。

註曰："童子，隸子弟，若内豎、寺人之屬。執用左"左"，敖本作"右"。手，卻之，示未用。"

疏曰：案《曲禮》掃地者，箕箒俱執，此直執帚，不執箕者，下文"埽室聚諸窔"，故不用箕也。云"示未用"者，用之則用右手也。

郝氏曰："帚，苕帚，掃除殯宫。卻，向後也。奉，奉帚。"

世佐案，卻之者，以帚末向上也。

從徹者而入。

註曰："童子不專禮事。"

張氏曰："徹，徹宿奠者。"

比奠，舉席，埽室聚諸窔，布席如初。卒奠，掃者執帚，垂末内鬣，從執燭者而東。

註曰："比，猶先也。室東南隅謂之窔。"

疏曰：入則燭在先，徹者在後，出則徹者在先，執燭者在後，童子常在成人之後，故出入所從不同也。"室東南隅謂之窔"，《爾雅·釋宫》文。

敖氏曰："此掃室之節，蓋於既徹則爲之。如初，亦東面也。'執帚，垂末'，明已用也。是時垂末内鬣，則扁者卻之，其皆反是與？"

郝氏曰："帚杪曰末，形如鬣。向内，示收斂也。"

世佐案，比，及也。奠，朔奠。云"比奠"者，與下埽室爲節也。其塵壤聚諸窔而不去之者，喪禮略也。鬣，帚末之前也。内鬣，以鬣鄉身也。垂末而内其鬣，敬也。

燕養，饋、羞、湯沐之饌，如他日。

註曰："燕養，平常所用供養也。饋，朝、夕食也。羞，四時之珍異。湯沐，所以洗去汙垢。《内則》曰三日具沐，五日具浴。孝子不忍一日廢其事親之禮，於下室日設之，如生存也。進徹之時，如其頃。"

疏曰：云"燕養"者，謂在燕寢之中，平生時所有共養之事，則"饋、羞、湯、沐之饌"是也。鄭註《鄉黨》云"不時，非朝、夕日中時"，一日之中三時食，今註云"朝夕"，不言"日中"者，或鄭略言，亦有日中也，或以死後略去日中，直有朝、夕食也。引《内則》者，證經進湯沐，亦依《内則》之日數。知"下室日設之"者，下經云"朔月，不饋食於下室"，明非朔月在下室設之也，以其燕養在燕寢中設之可知。云"如其頃"者，象生時一食之頃。

敖氏曰："此饌蓋使人爲之，孝子不親視之也。記曰在堊室之中，非時見乎母也。不入門，説者謂居廬時絶不入門。"

郝氏曰："燕養，猶言常供饌陳設也。如他日，如生時也。"

張氏曰："朝夕之奠與朔日之奠設于殯宫，燕養之饌設于下室，下室，燕寢也。"

朔月，若薦新，則不饋于下室。

註曰："以其殷奠有黍稷也。下室，如今之内堂。正寢，聽朝事。"

郝氏曰："朔月薦新皆殷奠，朝夕常奠曰饋。若，猶與也。"

張氏曰："常奠無黍稷，故食時又饋于下室。今此殷奠自有黍稷，故不須更饋也。〇記朔月及常日埽潔奉養之事。"

筮宅，冢人物土。

註曰："物，猶相也。相其地可葬者，乃營之。"

張氏曰："經但言筮，記明其先相之，乃筮之也。"

世佐案，物土者，祔葬則辨其昭穆，造塋則擇土色光潤、草木茂盛之處，他日不爲道路、城郭、溝池，不爲貴勢所奪，即所謂善地也。知古人物土之義，則不惑于後世陰陽家禍福之説矣。使冢人者，以其所有事也。

卜日吉，告從于主婦。主婦哭，婦人皆哭。主婦升堂，哭者皆止。

註曰："事畢。"

敖氏曰："若不吉，其禮亦然。"

郝氏曰:"卜日儀見前。主婦立東扉内,卜吉①,則卜人告龜從于主婦。"

張氏曰:"經但言主婦哭,不言衆婦人皆哭與哭止之節,故記詳之。又此條止言卜日事,竊意筮宅得吉亦當準此儀也。"

世佐案,上篇筮宅時,經直云"主人皆往",則婦人不往矣。張云"筮宅得吉,亦當準此儀",非也。卜日之禮,經記皆言"告從于主婦",經又言告于異爵者及衆賓,以其既得吉卜,定以是日葬,故須徧告也。若不從,則但告于涖卜,與主人更卜擇之而已,其他不必告也,敖説亦未是。"卜日"之"日",坊本作"曰",誤。

張氏曰:"記筮宅、卜日首末事。"

啟之昕,外内不哭。

註曰:"將有事,爲其讙囂。既啟,命哭。"

疏曰:"自上皆記《士喪》上篇事,自此以下皆記此篇。葬首將啟殯,唯言'婦人不哭',不云男子,故記以明之。"

夷牀、輁軸饌于西階東。

註曰:"明階間者,位近西也。夷牀饌於祖廟,輁軸饌於殯宫。其二廟者,於禰亦饌輁軸焉。"

疏曰:夷牀在祖廟,輁軸在殯宫,以其西階東是同,故並言之。註云"明階間者,位近西也"者,以經直云"階間",恐正當兩階之間,故記又明之。輁軸遷柩之車。其二廟者,將自禰朝祖,故亦饌輁軸。朝祖下柩訖,明日適壙用蜃車,不復用輁軸矣。從《句讀》節本。

郝氏曰:"夷牀,以正柩于廟,饌于禰,輁軸以載柩適廟,饌于殯宫。西階,廟與殯宫階也。"

張氏曰:"記啟殯、朝祖之事。"

其二廟,則饌于禰廟,如小斂奠,乃啟。

註曰:"祖尊禰卑也。士事祖禰,上士異廟,下士共廟。"

疏曰:上士二廟,先朝禰,後朝祖,故先于禰廟饌,至朝設之。"如小斂奠",則亦門外特豚一鼎,東上兩甒醴、酒,一豆、一籩之等也。云"祖尊

① "吉"字原作"日",校本作"吉",與《節解》同,據改。

禰卑也”者，欲見上文朝祖時如大斂奠，此朝禰如小斂奠，多少不同之意。

敖氏曰：“此主于朝祖，故于朝禰之奠降焉，蓋不可與祖奠同也。是日二廟皆饌，記惟見其異者耳。均之爲士而廟數不同者，蓋士之先世或爲大夫而有三庿，至後世爲士則廢其一而但存二庿，若先世無爲大夫者，則惟一庿而已。”

張氏曰：“將啟，先具此一鼎、一豆、一籩之奠於禰庿，既啟，朝禰徹，從奠乃設之，至明日朝祖，則設奠如大斂於祖庿，如經文所陳也。”

朝于禰廟，重止于門外之西，東面。柩入，升自西階，正柩于兩楹間。奠止于西階之下，東面北上。主人升，柩東，西面。衆主人東即位。婦人從升，東面。奠升，設于柩西。升降自西階，主人要節而踊。

註曰：“重不入者，主于朝祖而行，若過之矣。門西東面，待之便也。”

疏曰：“雖言正柩于兩楹間，奠位在户牖之間，則此于兩楹間稍近西，乃得當奠位，亦如輁軸饌于階間而近西然也。云‘衆主人東即位’者，柩未升之時，在西階下，東面北上，柩升，主人從，衆主人已下，乃即阼階下西面位。云‘婦人從升’，不云‘主婦’者，以其婦人皆升，故總言之。云‘主人要節而踊’者，奠升，主人踊；降時，婦人踊也。云‘門西東面，待之便也’者，以其祖廟在東，柩入禰廟，明旦出門，東鄉朝祖時，其重於柩車先，東鄉祖廟，便也，若先在東西面，及柩入，乃迴鄉東，則不便。”

敖氏曰：“重不入者，亦以既奠則柩行，不久留於此故也。夷牀一而已，惟當陳于祖庿，此正柩，其在軸與[①]？是時即要節而踊，亦其異於祖庿者。”

張氏曰：“奠，謂從奠。”

姜氏曰：“註疏謂明旦朝祖廟各一日，其說似是而非。案朝禰禮與朝祖多同，其異者，惟重止門外，廟不設重，柩不設夷牀，奠亦不設巾三者爲異耳。以此三者推之，則朝禰後恐即當朝祖，故三者不設也。若每一庿即停一日，則三者當無不設之理，而重止門外，露處越宿，于孝子事亡如事存之義尤爲害教傷義，况送葬職事，親疎上下之徒，男女長幼之屬，更

① “軸與”原作“輁軸”，校本作“軸與”，與《集説》同，據改。

非可信宿積時以須之者哉。且是日夙興,方當質明滅燎爲時正裕,而廟又皆同宫,相去不遠,又安得如註疏每廟各停一日之説。如謂每廟必例停一日,則諸侯五廟即當停五日,天子九廟便當停九日,曠日持久,媟越宫庭,安能于禮教無碍也? 凡此舊雖任臆立説,實恐信傳蔑經,故謹辨而正之。"

燭先入者升堂,東楹之南,西面。後入者西階東,北面,在下。

註曰:"照正柩者。先,先柩者。後,後柩者。適祖時燭亦然,互記於此。"

疏曰:"此燭本是殯宫中照開殯者,在道時,一在柩前,一在柩後,今又一升堂,一在堂下。"

敖氏曰:"記於此者,見下適祖時不用燭也。"

主人降,即位,徹,乃奠,升降自西階,主人踊如初。

註曰:"如其降拜賓至于要節而踊。不薦車,不從此行。"

敖氏曰:"主人降即位,則婦人亦東即阼階上位矣。不拜賓、踊、襲,以成禮不在此,且欲急于適祖也,其他禮之不同者,意亦如是。奠,即如小斂奠者也。如初,謂設奠及踊節也。是時丈夫、婦人皆踊,惟言'主人',亦文省。"

張氏曰:"徹者,徹從奠。乃奠者,奠其如小斂之饌也。經文朝祖時,正柩設從奠訖,主人降拜賓以後,有徹奠、設奠、哭踊之節,此亦如之也。"○《監本正誤》云:"'主人降即位徹乃奠升降自西階',脱下'降'字。"

祝及執事舉奠,巾、席從而降,柩從,序從如初,適祖。

註曰:"此謂朝禰明日,舉奠適祖之序也。此祝執醴先,酒、脯、醢、俎從之,巾、席爲後。既正柩,席升設,設奠如初。祝受巾,巾之。凡喪,自卒至殯,自啟至葬,主人之禮其變同,則此日數亦同矣。序從,主人以下。"

疏曰:"此謂朝禰明日"者,以其下文朝祖之時,"序從如初",中有燭,若同日,則朝祖之時已自明矣,何須更有燭也? 以此言之,則此朝祖與朝禰别日可知。云"其變同"者,啟殯日朝禰,明日朝祖,又明日乃葬,與始死日襲,明日小斂,又明日大斂而殯,其日數亦同,主人、主婦變服亦同。

敖氏曰:"'柩從',從巾、席而降也。'序從',柩從奠,主人以下從柩而出也。'如初',謂出殯宫時也。此與'主人踊'之文相屬,則是其事相接也。柩過禰廟,因而朝之,初無他事,既奠則禮畢矣,故即適祖。不見適祖之儀者,蓋與本篇所言者不異故也。"

郝氏曰:"鄭謂一日朝一廟,適祖當在次日。然重止于門外,則適禰暫耳,將即適祖也。本文不言厥明,鄭説未然。"

姜氏曰:"註疏以序從及變禮二條而證朝禰、朝祖爲兩日,其爲説皆似是而實非。夫其以變禮同于自卒至殯,而謂自啟至葬之日數亦同似也。然如其説,則祖、禰異廟者,其日數固同矣;若其祖、禰同廟者,朝祖後更無廟可朝,將無故又停一日,以同其數乎,故以變禮決其日數之爲三日者,非也。以'序從如初'中之有燭,而謂有燭則爲明旦未質明之先者,似也,然如其説,則全經云'如初'者不勝數,有服位、品物、序次皆如者,固云'如初',其中有不皆同而大綱同者,何亦皆云'如初'? 且考朝祖禮,柩從燭,'從'其下並無'序從'之文,而遣奠禮,'行器,茵、苞,器序從',其上並無'燭從'之文,則序從有燭尤爲臆説,而安得妄爲牽扯附會以亂之乎,故以'序從如初'決其日數之爲別日者,又非也。然則學者之不可以傳廢經也,益明矣。"

世佐案,舊説朝禰、朝祖異日,然以經文考之,絶無可以爲二日之證,後儒議之當矣。

張氏曰:"記二廟者啟殯,先朝禰,乃朝祖之儀。"

薦乘車,鹿淺幦,干、笮、革靾,載旜,載皮弁服,纓、轡、貝勒縣于衡。

註曰:"士乘棧車。鹿淺,鹿夏毛也。幦,覆笭。《玉藻》曰:'士齊車,鹿幦豹犆。'干,盾也。笮,矢箙也。靾,韁也。旜,旌旗之屬。通帛爲旜,孤卿之所建,亦攝焉。皮弁服者,視朔之服。貝勒,貝飾勒。有干無兵,有箙無弓矢,明不用。"

疏曰:"此並下車三乘,謂葬之魂車。"

敖氏曰:"勒馬頭絡銜也。衡,輈端横木以駕馬者。《既夕禮》曰'薦馬纓三就,入門北面,交轡,圉人夾牽之',則是薦馬之時,纓、轡皆在馬之身矣。此乃謂'纓、轡、貝勒縣于衡',其指薦馬前後之時而言與? 蓋事至則加之,既則脱之而置于此也。"

郝氏曰："遣車三，乘車以象武，道車以象文，稾車以象輜重，各載死者衣物于上，以象魂靈如生。鹿淺之淺，與俴通，單鹿皮爲幦，無裏與緣。《管子》曰'甲不堅密，與俴者同實'，《周禮》'喪用藻車，鹿淺幦'是也。纓、轡、勒三者懸于衡，備壞也。"

道車載朝服。

註曰："道車，朝夕及燕出入之車。朝服，日視朝之服也，玄衣素裳。"

疏曰："士乘棧車，更無别車，而上云'乘車'，下云'稾車'，此云'道車'，雖有一車，所用各異，故有乘車、道車、稾車之名。"又曰："士之道車而用朝君之服，不用私朝玄端服者，亦攝盛也。"

敖氏曰："案註云'朝夕'，謂乘此以朝夕於君也。"

郝氏曰："道車，文事之車。"

稾車載簑笠。

註曰："稾，猶散也，散車，以田以鄙之車。簑笠，備雨服。今文稾爲潦。凡道車、稾車之纓、轡及勒，亦縣于衡也。"

疏曰：案《司常》云"斿車載旌"，註云"斿車，木路也，王以田以鄙"，謂王行小田獵，巡行縣鄙，此散車與彼斿車同是斿散所乘，故與斿車同解。亦謂從王"以田以鄙"也。若正田獵，自用冠弁服，乘棧車也。

敖氏曰："《巾車職》曰'士乘棧車'，然則此三車者，皆漆車也。以制言之，其乘車、道車，輪與輈之高下又等，但因事名之耳。所異者，稾車也。《考工記》曰'田車之輪六尺有三寸，乘車之輪六尺有六寸'，又曰'國馬之輈深四尺有七寸，田馬之輈深四尺'，足以知其制矣。薦車三乘，士禮也。此薦車，即遣車。禮，天子遣車九，諸侯七，大夫五，士三。"

郝氏曰："稾，草野之稱。"

將載，祝及執事舉奠，户西，南面東上。卒束前而降奠，席于柩西。

註曰："將於柩西當前束設之。"

疏曰：經載柩時，不云去奠設席之事，故記人明之。要須設席乃設奠，故云"將於柩西當前束設之"，正經云"降奠，當前束"是也。從《通解》節本。

敖氏曰："先舉奠者，辟舉柩也。東上，統於柩也。卒束前，卒束之前也。束未畢而先降，奠席，爲卒束即奠故也。此舉奠於堂上者，退立于户西，則奠近於柩而不當西階，明矣。”

郝氏曰：“束載畢，執奠者乃前，以奠降設于階間，柩西。”

張氏曰：“載，載柩于車。卒束前而降，謂舉奠者當束柩於車將畢之前即降也。奠席柩西，爲設奠，先設席也。”

世佐案，柩之載于車也，前後各有束，其法蓋先束前乃束後，故舉奠者之降以卒束前爲節。此當於“奠”字絶句，舊分句皆未安。

巾奠，乃牆。

註曰：“牆，飾柩也。”

疏曰：“經直云‘降奠，當前束，商祝飾棺’，不云‘巾奠’，故記人辨之。巾奠訖，商祝乃飾棺牆，即帷、荒與棺爲飾，故變飾棺云牆也。”

抗木，刊。

註曰：“剥削之。”

疏曰：“木無皮者直削之，有皮者剥乃削之。”

敖氏曰：“兩面皆刊也。”

郝氏曰：“刊，削治之，不用雕繪也。”

茵著用荼，實綏、澤焉。

註曰：“荼，茅秀也。綏，廉薑也。澤，澤蘭也。皆取其香，且御溼。”

疏曰：“茵内所著非直用荼，兼實綏與澤。”

敖氏曰：“茵以荼爲著，故文從草。實綏、澤，謂加綏、澤以實之也。”

郝氏曰：“著，著茵内。實，充滿也。綏、綏通，柔貌。澤，滑軟也。茅著茵中，取其充實柔滑。”

世佐案，綏、澤未聞，姑從註。

葦苞，長三尺一編。

註曰：“用便易也。”

聶氏曰：“謂以葦長難用，截取三尺，一道編之，用苞牲體，爲便易也。”

郝氏曰：“葦，蘆也。編蘆爲苞，一編一苞也。”

世佐案，《公食大夫禮》云“鼏若束若編”，此則唯取編者。編於苞物宜也。

菅筲三，其實皆瀹。

註曰："米、麥皆湛之湯，未知神之所享，不用食道，所以爲敬。"

疏曰："經直云'筲三，黍、稷、麥'，不辨苞之所用及黍稷生熟，故記人明之。"

郝氏曰："菅，草也。筲，飯器。其實，黍、稷、麥。皆瀹，謂熟之。"

張氏曰："以菅草爲筲，其中所盛黍、稷、麥皆淹漬之。"

祖，還車不易位。

註曰："爲鄉外耳，未行。"

疏曰：經直云"祖，還車"，不辨還之遠近，故記人明之。

敖氏曰："不易位，西者亦當東榮。"

張氏曰："車，乘車、道車、稾車。既祖則還之向外，但不易初薦時位。"

世佐案，云"祖"者，著其節也。還車，南其輈也，位直東榮之位。初時北鄉西上，今南鄉，亦西上，嫌易鄉則當易位，故記之。

執披者旁四人。

註曰："前後左右各二人。"

疏曰："各二人"者，謂前之左右，後之左右，一旁四人，兩旁則八人。

凡贈幣，無常。

註曰："賓之贈也。玩好曰贈，在所有。"

疏曰：經云公賵用玄纁束帛，是贈有常矣。又云賓贈"奠幣如初"，直云"幣"，不言物色與多少，故記人明之，以其賓客非一，故云"凡"。

敖氏曰："此幣，亦廣言之。經言贈者'奠幣如初'，又云'若就器，則坐奠于陳'，亦可見其無常矣。"

世佐案，貧富不同也。

凡糗，不煎。

註曰："以膏煎之則褻，非敬。"

疏曰：經葬奠直云"四籩，棗、糗、栗、脯"，不云糗之不煎，故記人明之。凡者，通記大夫以上也。

敖氏曰："云'凡'，則非特葬奠之糗如是也。不煎之以膏，則但熬之而已。所以熬而不煎者，凡食各有所宜，必云'不煎'者，糗之類有煎者矣，嫌或當爲之也。"

郝氏曰："糗，籩實，不煎以膏脂，喪不貴味。"

張氏曰："記祖廟中薦車、載柩、陳器、奠贈諸事。"

唯君命，止柩于堩，其餘則否。

註曰："不敢留神也。堩，道也。《曾子問》曰：'葬既引，至于堩。'"

疏曰："正經直云柩'至邦門，君使宰夫贈'，不云止柩之事，故記人明之。引《曾子問》者，彼爲日食，此爲君命，雖不同，止柩是同，故引之證止柩之事。"

敖氏曰："言此者，明餘人不當行禮於堩也。"

車至道左，北面立，東上。

註曰："道左，墓道東，先至者在東。"

疏曰：以不入壙，故東上，不統於壙也。當是陳器之南。先至，謂乘車。

敖氏曰："遣車北鄉而往，則道左乃道西也。其位於壙爲西，故東上而統於壙。"

郝氏曰："車，即乘、道、稾車。至葬地，止于墓道左，北向，西爲左，陰方也。東上，統于墓道。先至者東，以次而西。"

世佐案，道左之解，當以敖、郝二說爲正。是時明器陳于道東而西上，遣車列于道西而東上，雖皆統于壙，而一東一西，足見其入壙、不入壙之別矣。經但言陳器之法，而不見車之面位，故記之。車云"立"者，明其不說駕也。

柩至于壙，斂服載之。

註曰："柩車至壙，祝說載除飾，乃斂乘車、道車、稾車之服載之，不空之以歸。送形而往，迎精而反，亦禮之宜。"

疏曰："說載，謂下棺於地，除飾謂除去帷、荒，柩車既空，乃斂乘車皮弁服、道車朝服、稾車蓑笠三者之服載之於柩車，示'不空之以歸'也。云'送形而往，迎精而反'者，《禮記・問喪》文，引之證此不空歸之義。"

敖氏曰："案註云'說載除飾'，亦當作'除飾說載'，說見本篇。"

卒窆而歸,不驅。

註曰:“孝子往如慕,反如疑,爲親之在彼。”

疏曰:“下棺訖,實土三,孝子從蜃車而歸,不驅馳而疾者,疑父母之神不歸。云‘孝子往如慕,反如疑’者[1],亦《禮記·問喪》文。”

敖氏曰:“此亦指遣車也。祝斂服而載於棧,則遣車空而無所用之矣,故於既窆即反。云‘不驅’者,嫌其與去時異。”

世佐案,此謂迎精而反之時也。“不驅”,兼蜃車、遣車而言,敖説非。

張氏曰:“記柩在道至壙,卒窆而歸之事。”

君視斂,若不待奠,加蓋而出。不視斂,則加蓋而至,卒事。

註曰:“爲有他故及辟忌也。”

敖氏曰:“《喪大記》曰君於士既殯而往,蓋常禮也。此二者則加於常禮,但以有故,而不能終始其事耳。”

郝氏曰:“君視斂,視大斂,禮見前篇。加蓋,蓋棺也。奠在加蓋後,加蓋而出,是不待奠也。加蓋而後至斂,不及視矣。殯事卒而後出,則視奠矣。”

張氏曰:“卒事,謂大斂奠訖乃去。”

世佐案,視斂,君之加禮于士也。若不待奠,加蓋而出,爲君有急事他故也。註兼辟忌言之,非矣。不視斂,則加蓋而至卒事,此禮之正也。經但言君加賜之禮,而不及其有他故,又不言其正禮,故記者兼陳之。

張氏曰:“記君於臣有視斂不終禮者,有既斂加蓋而後至者二者之節。”

既正柩,賓出,遂、匠納車于階間。

註曰:“遂、匠,遂人、匠人也。遂人主引徒役,匠人主載柩窆,職相左右也。車,載柩車,《周禮》謂之蜃車,《雜記》謂之團,或作輇,或作摶,聲讀皆相附耳,未聞孰正。其車之轝,狀如牀,中央有轅,前後出,設前後輅,轝上有四周,下則前後有軸,以輇爲輪。許叔重説:‘有輻曰輪,無輻曰輇。’”

---

[1] “往如慕”之“如”原作“而”,校本作“如”,與注“孝子往如慕”合,據改。

疏曰：正經不云納柩車時節，故記人明之。《遂師》註云"蜃車，柩路，四輪迫地而行，有似於蜃"，此註轝狀與輴車同，但輴車無輪，有轉轔，此有輇輪爲異耳。從楊氏《圖》節本。

敖氏曰："'既正柩'與'賓出'不相屬，蓋爛文也。'遂、匠'未詳，或曰遂之匠也，未知是否。車，謂棧也，《喪大記》謂之'國車'，又以其爲公家之車故也。賓出而納此車於階間，爲主人送賓而入則當載矣。"

郝氏曰："《周禮·遂人職》：'大喪，帥六遂之役而致之。'納車，納載柩之車。階間，祖廟東西兩階間。"

張氏曰："既朝祖，正柩於兩楹間，主人送賓出，以此時納柩車也。"

姜氏曰："案註云'設前後輅'，疏謂前輅與後輅相對，明亦有後輅，亦無正訓也。考公賵章註云輅謂轅縛，所以引柩也。轅既前後出，則其縛前後轅者亦可知矣。"

世佐案，上經言"賓出"者非一，故加"既正柩"以别之。謂是正柩後之賓出耳。敖以爲爛文，誤矣。

祝饌祖奠于主人之南，當前輅，北上，巾之。

註曰："言饌於主人之南，當前輅，則既祖，祝乃饌。"

疏曰："正經直云'祖，還車'及'還重'訖，'乃奠如初'，不云饌處，故記人明之。'既祖，祝乃饌'者，以其未祖以前，柩車鄉北，輅在主人之北，今云'饌于主人之南'，明知既祖還乃鄉饌之。"

敖氏曰："饌，猶設此祖奠即如殯奠者也。祝及執事者饌此，惟言祝者，祝尊也。'于主人之南'，明其在車東也。主人之位當前束，故奠少南，當前輅也。'北上'，謂先設豆於北也。是亦略言之，以見其如初耳。經於既祖但云'布席，乃奠如初'，不言其所，故記明之。"

郝氏曰："柩在階間，主人在柩東，奠在南，當柩車前。北上，上柩也。"

張氏曰："既還柩向外，祝即饌祖奠于主人之南，及還車、還重俱訖，乃奠之柩車西如初。"

世佐案，此即奠于還重之後者也。經直云"布席，乃奠如初"，而不言其處，故記之。是時尸柩南首，主人在柩車東，當前束，而奠又在其南，是猶當腢之意也。註疏謂祖奠在柩車西，與記文不合，而張氏又爲此說以護之，今亦不取。

張氏曰："記納柩車之節與饌祖奠之處。"

弓矢之新，沽功。

註曰："設之宜新，沽示不用。"

疏曰：死者宜用新物，沽謂麤爲之。

敖氏曰："'之新'恐當作'新之'。"

郝氏曰："弓矢皆壙中所藏，用新不用故。沽功，不必精好也。"

張氏曰："弓矢，謂入壙用器。舉弓矢以例餘者。"

有弭飾焉。

註曰："弓無緣者謂之弭，弭以骨角爲飾。"

疏曰：《爾雅》"有緣謂之弓，無緣謂之弭"，孫氏曰"緣，繁約而漆之。無緣，不以繁約，骨飾兩頭"，《詩》云"象弭魚服"。

敖氏曰："弭，弓弰也。"

亦張可也。

註曰："亦使可張。"

敖氏曰："許其得張之。"

張氏《監本正誤》云："'亦可張也'，唐石經、吴本俱作'亦張可也'。"

有柲。

註曰："柲，弓檠，弛則縛之於弓裏，備損傷，以竹爲之。《詩》云：'竹柲緄縢。'"

疏曰："《冬官・弓人》造弓之時，弓成，納之檠中，以定往來體，此弓檠謂凡平弛弓之時，以竹狀如弓，縛之於弓裏，亦名之爲柲者，以若馬柲，然馬柲所以制馬，弓柲所以制弓，使不損傷，故謂之柲。引《詩》云'竹柲緄縢'者，緄，繩也；縢，約也，謂以竹爲柲，以繩約之，此經之柲雖麤略，用亦如此。"

陳氏祥道曰："柲以竹爲之，狀如弓，然約於弓裏，命之曰柲，所以備損傷也。柲以閉之，故亦謂之閉。"

世佐案，柲，《毛詩》作"閉"，以竹爲閉，而以繩約之，於弛弓之裏，檠弓體使正也。

設依、撻焉。

註曰："依，纏絃也；撻，弣側矢道也。皆以韋爲之。今文撻爲銛。"

疏曰:依,謂以韋依纏其絃,即今時弓彄是也。撻者,所以撻矢令出。生時以骨爲之弣側,今死者用韋,異於生。

郝氏曰:"依,以韋爲衣,纏弓弦。撻、沓通,韋爲之,彄沓右手中三指以放弦,通作韘。《詩》云:'佩韘。'《大射禮》:'朱極三。'"

世佐案,註疏之説,今亦無以見其必然。然依、撻皆設于弓上之物,則經文自明矣。郝氏釋撻爲極,誤甚。極是設于手者,生用韋,死用纊,上篇襲時所用"纊極二"是也,與此絶不類。敖云"依、撻未詳"。

有韣。

註曰:"韣,弓衣也,以緇布爲之。"

翭矢一乘,骨鏃短衛。

註曰:"翭,猶候也,候物而射之矢也。四矢曰乘。骨鏃短衛,亦示不用也[①]。生時翭矢金鏃。凡爲矢,五分笴長而羽其一。"

疏曰:名羽爲衛,所以防衛其矢,不使不調。從楊氏《圖》節本。

郝氏曰:"翭、侯通。貫侯之矢,能殺物者。四矢曰乘。"

張氏曰:"衛,矢羽也。矢笴長三尺,五分羽一,則六寸,是生時之矢羽固不短矣。"

志矢一乘,軒輖中,亦短衛。

註曰:"志,猶擬也,習射之矢。《書》云:'若射之有志。'輖,摯也。無鏃短衛,亦示不用。生時志矢骨鏃,凡爲矢,前重後輕也。"

疏曰:《周禮·司弓矢》註云"恒矢之屬,軒輖中,所謂志",則志矢,恒矢也。八矢,翭矢居前最重,恒矢居後最輕,既不盡用,取其首尾也。軒摯中,前後輕重等也。經不云鏃[②],故知無鏃也。

敖氏曰:"案註知此矢無鏃者,以記不見鏃,且言'軒輖中'也。凡矢之所以前重後輕者皆在鏃,此無鏃,故前後之軒輖中。《詩》云:'如輊如軒。'"

郝氏曰:"輖、輊通。前仰曰軒,後俯曰輊。"

張氏曰:"鄭解輖,摯也。摯與輊同。'軒輊中',謂前後輕重均也。

① "示"字校本作"云"。阮《校》曰:"徐本、《集釋》、楊、敖同,毛本、《通解》'示'作'云'。"

② "云"原作"去",校本作"云",各注疏本同,據改。

註'凡爲矢,前重後輕',亦欲明此'軒輊中'之異於生用耳。疏引《周禮》八矢,六者前重後輕,恒矢、庳矢不前重後輕,非鄭意也。"

姜氏曰:"註疏所引《考工》之義似矣,而未發其義。據《矢人職》一前二後、二前三後之屬,皆指矢笴之分數。前短于後,而言其前之分數所以皆短于後者,司農云爲其前有鐵,重也。而所以又别爲一前二後、二前三後之屬者,又爲鐵之重有差也,此所以前之分數少者而謂之重,後之分數多者而謂之輕也。其恒矢之屬,軒輖中,《周禮·考工》並無文,但據枉矢、絜矢、矰矢、茀矢、殺矢、鍭矢六者之外,其恒矢、庳矢不言其前後分數,註因謂之軒輖中耳。註疏初不言其故,則前重後輕之義未明,而并此章之義亦皆未明矣,故謹因其訓而發之。"

儀禮集編卷十三　男盛溶澄校字

儀禮集編卷十四

秀水盛世佐學　後學歙鮑漱芳、石門顧修參校

士虞禮第十四

鄭《目録》云:"虞,安也。士既葬其父母,迎精而反,日中而祭之於殯宫以安之。虞於五禮屬凶。"

疏曰:"案此經云[①]'側亨于廟門外之右',又記云'陳牲于廟門外',皆云廟。《目録》云'祭之殯宫'者,廟則殯宫也,故鄭註《士喪禮》'凡宫有鬼神曰廟',以其虞、卒哭在寢,祔乃在廟,是以鄭註《喪服小記》云'虞於寢,祔於祖廟'是也。"

黄氏曰:"案《檀弓》'葬日虞','是日也,以虞易奠',《雜記》云'諸侯七虞',然則天子九虞也。初虞已葬日而用柔,第二虞亦用柔日,假令丁日葬,葬日而虞,則己日二虞,後虞改用剛,則庚日三虞也,故鄭註《士虞禮》云'士則庚日三虞'。士之三虞用四日,則大夫五虞當八日,諸侯七虞當十二日,天子九虞當十六日。最後一虞與卒哭例同,用剛日。此可以補經文之闕,故備録於此。"

敖氏曰:"此篇言士喪始虞之禮。"

郝氏曰:"虞,憂也,安也。既葬之日,迎神而反憂親魂無歸,祭以安之。《喪禮》云'三虞卒哭',葬後凡三舉虞,死者魂散,殷懃妥侑,是以謂虞。"

士虞禮。特豕饋食。

註曰:"饋,猶歸也。"

---

① "云"字原作"文",校本作"云",各注疏本同,據改。

疏曰:“《左氏傳》云‘卜日曰牲’,是以《特牲》云牲,大夫已上稱牲,亦稱牢,故云《少牢》。此虞爲喪祭,又葬日虞,因其吉日,故略無卜牲之禮,故指豕體而言不云牲,大夫已上亦當然。《雜記》云‘大夫之虞也,犆牲’,又此下記云‘陳牲於廟門外’,《檀弓》云‘與有司視虞牲’,皆言牲者,記人之言,不依常例故也。然《少牢》云‘司馬刲羊,士擊豕’,不言牲者,據殺時須指事而言,亦非常例也。”

敖氏曰:“祭而用黍稷焉。曰‘饋食’,猶言饋之以食也。”

側亨,于廟門外之右,東面。

註曰:“側亨,亨一胖也。亨於爨用鑊,不於門東,未可以吉也。是日也,以虞易奠,祔而以吉祭易喪祭。鬼神所在則曰廟,尊言之。”

疏曰:案吉禮皆全,左右胖皆亨。此亨一胖者,以其虞不致爵,自獻賓以後,則無主人、主婦及賓已下之俎,故唯亨一胖也。《特牲》吉禮,鼎鑊皆在門東。此云“廟門外之右”,是門之西,未可以吉也。

敖氏曰:“東面,謂亨者也,爨亦存焉。此亨于門外之西,變於吉祭,且別於奠也。”

張氏曰:“此虞實在殯宫,即適寢也。而曰廟,故註曰‘尊言之’也。”

魚、腊爨亞之,北上。

註曰:“爨,竈。”

敖氏曰:“於特豕云‘亨’,云‘東面’。魚爨云‘爨’,云‘北上’,文互見也。”

郝氏曰:“亞,次豕爨也。北上,豕爨在北。”

張氏曰:“三鑊皆在西方。”

饎爨在東壁,西面。

註曰:“炊黍稷曰饎。饎北上,上齊于屋宇。於虞有亨饎之爨,彌吉。”

疏曰:案《特牲》云“主婦視饎爨于西堂下”,今在東,亦反吉也。小斂、大斂未有黍稷,朔月薦新始有黍稷,向吉,仍未有爨,至此始有亨饎之爨,故云“彌吉”。

敖氏曰:“爨在堂下,乃云‘在東壁’者,見其近於壁也。壁爨之間當容人,此南北之節,亦當南齊坫。”

世佐案，註云“饎北上”者，炊黍者在北也。屋宇，即屋梠。饎爨在門內者，以婦人主之故也。此士禮也，大夫則廪人掌之，在門外。

設洗于西階西南，水在洗西，篚在東。

註曰：“反吉也。亦當西榮，南北以堂深。”

疏曰：“吉時設洗，皆當東榮。”

敖氏曰：“此設洗在西，亦以主人位于西階上故也。凡設洗，水在外，篚在内，不别於東西也。此篚亦南順而實爵焉。”

尊于室中北墉下，當户，兩甒醴、酒，酒在東，無禁，冪用絺布，加勺，南枋。

註曰：“酒在東，上醴也。絺布，葛屬。”

疏曰：吉禮，玄酒在酒上，今以喪祭禮無玄酒，則醴代玄酒在上也。絺綌以葛爲之，布則以麻爲之。今絺布並言，則此麻葛襍，故有兩號。

敖氏曰：“祭而尊于室中，且用一醴一酒，皆異於吉也。醴、酒並用者，醴以饗神，酒以飲尸，亦見其未甚變於奠也。兩甒西上，亦以神席在西也。尊之所上，吉凶同。”

郝氏曰：“當户，室東北隅也。室户在東南隅，當之，向明也。無禁，尊著地也。絺布，細布。加勺冪上，柄向南，便取也。”

世佐案，《特牲記》云“冪用綌”，以純葛爲之也。此以麻葛雜爲之，亦異于吉，非謂絺精于綌也。

素几、葦席在西序下。

註曰：“有几，始鬼神也。”

疏曰：經几、席具有，註惟云几者，其大斂奠時已有席，至此虞祭，乃有几故也。天子、諸侯始死則几筵具，《周禮・司几筵》云“每𦏧一几”①是也。從姜氏節本。

敖氏曰：“虞乃用几，辟尊者之禮也。《周官・司几筵》曰‘凡喪事，設葦席，右素几’，謂奠時也。是天子之禮，未虞以前已用几矣。”

郝氏曰：“几以依神。用素，變于吉也。葦席，神席。”

① “𦏧”，《經傳》同，校本作“敦”。阮《校》曰：“陳、閩、《通解》、《要義》同，毛本‘𦏧’作‘敦’。按《周禮・司几筵》作‘每敦一几’，鄭注‘敦讀作𦏧’，即改爲𦏧字，此正義例也。”

苴，刌茅，長五寸，束之，實于篚，饌于西坫上。

註曰："苴，猶藉也。"

郝氏曰："西坫，閣物之具，在堂上西。"

張氏曰："刌，度也，截也。苴刌茅者，藉祭之刌茅也，度而截之，故謂刌茅。"

世佐案，苴所以藉祭也。刌，斷也。苴刌茅者，謂藉祭之物，斷茅以爲之。

饌兩豆菹、醢于西楹之東，醢在西，一鉶亞之。

註曰："醢在西，南面取之，得左取菹，右取醢，便其設之。"

疏曰：此饌繼西楹言之，則以西楹爲主，向東陳之。"一鉶亞之"者，菹以東也。尸在奥東面，設者西面設於尸前，菹在南，醢在北，今於西楹東饌之，菹在東，醢在西，是南面取之，得左取菹，右取醢，至尸前西面，又左菹右醢，故云便也。

敖氏曰："醢在西，東上也。東上者，變於堂下之敦位也。鉶亞於醢，又在其西，鉶不言豕，可知。"

郝氏曰："鉶鼎和豕肉爲鉶羹。亞之，次于兩豆南。"

世佐案，此兩豆一鉶之次雖取節于西楹，而不統于楹。菹最東爲上，醢也、鉶也，次而西也。疏云鉶在菹東，郝云在兩豆南，皆誤。

從獻豆兩，亞之，四籩亞之，北上。

註曰："豆從主人獻祝，籩從主婦獻尸、祝。北上，菹與棗。不東陳，别於正。"

疏曰：此從獻豆籩，雖文承一鉶之下，而云"亞之"，下别云"北上"，是不從鉶東爲次，宜於鉶東北，以北爲上，向南陳之。然則東北菹爲首，次南醢，醢東栗，栗北棗，棗東棗，棗南栗，故鄭云"北上，菹與棗"。云"不東陳，别于正"者，以二豆與鉶，在尸爲獻前，爲正，此皆在獻後，爲非正，故東北别也。從《句讀》節本。

敖氏曰："此豆、籩云'從獻'者，以其先獻而後薦也。兩豆亞之，菹在鉶西，醢在菹南也。'四籩亞之'，於醢之南一一爲列也。北上者南陳，不東上西陳者，别於正。"

郝氏曰："兩，亦一菹、一醢。又次鉶南四籩，又次于兩豆南，北上，豆以下在西楹東者，皆自北陳而南。”

世佐案，兩言“亞之”，皆謂次而西也。北上，又此兩豆、四籩之自爲次也。豆則菹在醢北，籩則棗在栗北。

饌黍、稷二敦于階間，西上，藉用葦席。

註曰：“藉，猶薦也。”

敖氏曰：“藉敦未必有席，席字葦“葦”當作“蓋”。因上文而衍也。《特牲禮》曰：‘藉用萑。’”

郝氏曰：“西上，黍在西，稷在東。藉用葦席，豆以下皆陳于席上。”

世佐案，階間，東西節也。陳之亦於堂上。敖云於堂下，非。黍稷必用藉者，重之也。豆、籩之屬則錯諸地而可矣，郝說非。

匜水錯于槃中，南流，在西階之南，簞巾在其東。

註曰：“流，匜吐水口也。”

敖氏曰：“匜水，匜中有水也，所以沃盥。自設洗至此其陳設之位與《特牲饋食》異者，皆爲變於吉。”

郝氏曰：“匜盛水置槃中，而匜口向南。槃設于西階下洗南，以簞盛拭手巾，于槃匜東。”

張氏《監本正誤》云：“‘簞巾在其東’，‘巾’誤作‘布’。”

陳三鼎于門外之右，北面北上，設扃鼏。

註曰：“門外之右，門西也。”

敖氏曰：“陳鼎於西與亨于西之意同，下設鼎放此。”

郝氏曰：“三鼎，豕、魚、腊。陳于門外西塾南，北向直陳，以北爲上，序而南也。”

匕俎在西塾之西。

註曰：“不饌於塾上，統於鼎也。塾有西者，是室南鄉。”

疏曰：“云‘不饌於塾上，統於鼎也’者，決下文‘羞燔俎在内西塾上’，又云‘賓降，反俎于西塾’，至於主婦亞獻訖，直云賓‘燔從，如初’，明尸受燔訖，賓亦反俎于西塾上，是互見義也。”

敖氏曰：“匕亦在俎上。”

羞燔俎在内西塾上，南順。

註曰：“南順，于南面取，縮執之便也。肝俎在燔東。”

敖氏曰："燔，炙肉也。言羞，見其非正俎。南順以羞之者，當北面縮執之也。《少牢》下篇言縮執匕湆俎之法，乃當其下端，然則縮執俎者，其法同耳。此俎在塾上，執時則升取之，如取物于堂然。不言肝俎，肝先進，此時亦設之可知。設肝俎當在燔西，便其先取之也。西塾之階在塾西。"

郝氏曰："羞，猶進也。羞燔之俎非正俎，三鼎爲正，從薦爲羞。肉曰燔，肝曰炙，不言炙，可知也。"

右陳設。

主人及兄弟如葬服，賓執事者如弔服，皆即位于門外，如朝夕臨位。婦人及内兄弟服，即位于堂，亦如之。

註曰："葬服者，《既夕》曰'丈夫髽，散帶垂'也。賓執事者，賓客來執事也。"

疏曰：始虞與葬服同，三虞皆同。至卒哭，則作"作"，《續通解》作"依"。其喪服，乃變麻服葛也。賓客來執事，以其虞爲喪祭。主人未執事，案《曾子問》："士則朋友奠，不足，則取於大功以下。"從《句讀》節本。

敖氏曰："葬服，主人髻髮[①]，衆主人及兄弟免，而大功以上者皆散帶垂也。弔服疑衰，素冠，麻絰帶也。'如朝夕臨位'，主人及兄弟在東方，賓、執事者在西方也。婦人及内兄弟其服亦如葬服，其位亦如臨位。婦人葬服經無所見，蓋與既殯之服同。"

郝氏曰："兄弟，衆主人以下，及内外兄弟也。如朝夕奠，主人西面，外兄弟在其南，賓繼之等位也。婦人、主婦以下，内兄弟姊妹之屬。"

祝免，澡葛絰帶，布席于室中，東面，右几，降，出，及宗人即位于門西，東面南上。

註曰[②]："祝亦執事。免者，祭祀之禮，祝所親也。澡，治也。治葛以爲首絰及帶，接神宜變也。然則士之屬官，爲其長弔服加麻矣，至於既卒哭，主人變服則除。右几，於席近南也。"

敖氏曰："祝，公有司之助喪祭者也。其服但當弔服加麻，以其接神

① "髻"字原作"髺"，校本作"髻"，敖氏《集説》同，據改。

② "註"字原作"疏"，校本作"註"，且此段確爲注文，據改。

也，則宜少異，故免而葛絰帶焉。其免也若過於重，其葛也若過於輕，然輕重相準，則與其本服亦不甚相遠也。此服亦當事則然，既事則已。宗人，亦公有司也。南上，明其與賓不相統。葛絰帶云‘澡’，則有不澡者矣。右几，神席南上也。”

郝氏曰：“布神席于室西南隅，東向，几置席右，神道尚右，東面南爲右。”

張氏曰：“祝執事而免者，以其身親祭祀之禮，不嫌於重也。”

世佐案，南上，宗人爲上也。觀宗人與祝之位不與賓序，則其爲士之屬官明矣，敖説殆誤。

宗人告有司具，遂請拜賓，如臨。入門哭，婦人哭。

註曰：“臨，朝夕哭。”

敖氏曰：“告主人以有司已具，遂請行祭事也。拜賓如臨，謂旁三拜也。”

主人即位于堂，衆主人及兄弟、賓即位于西方，如反哭位。

註曰：“《既夕》曰：‘乃反哭，入門[①]，升自西階，東面。衆主人堂下，東面北上。’此則異於朝夕[②]。”

敖氏曰：“反哭之位，乃順孝子一時之心而爲之，本非正位。自始虞至卒哭，其位皆如之者，蓋因此以别於既祔以後吉祭之位也。此正與婦人於既小斂有阼階上之位者，其意相類。賓位于西方，朝夕反哭同也。是時賓皆爲執事而來，無異爵者焉，惟士而已。”

郝氏曰：“初柩在堂，主人哭臨位東階下西面。既葬，不見親，主人登堂哀慕，故反哭位在堂上。三虞皆與反哭位同。”

祝入門左，北面。

註曰：“不與執事同位，接神尊也。”

疏曰：上兄弟、賓即位于西方者，皆是執事。

敖氏曰：“門内之西，祝之位也。《特牲饋食記》曰‘公有司門西，北面東上’是也。”

---

① “門”字校本作“則”。阮《校》曰：“徐本、《集釋》、《通解》、楊、敖同，毛本‘門’作‘則’。浦鏜云：‘《既夕》經無此字。’”

② “此則”二字校本無。阮《校》曰：“徐本、楊、敖同，毛本、《通解》無‘此則’二字。”

世佐案，祝雖接神，而其位卑于賓，故不與之同。

宗人西階前，北面。

註曰："當詔主人及賓之事。"

疏曰："宗人在堂下，是主人在堂時，若主人在室，宗人即升堂，是以下記云'主人在室，則宗人升，户外北面'。"

右即位。

祝盥，升，取苴降，洗之，升，入設于几東席上，東縮，降，洗觶，升，止哭。

註曰："縮，從也。"

敖氏曰："止哭，爲祭事至。祝洗觶，升，則執之以入，俟時而酌，亦異於吉也。"

郝氏曰："祝盥手于西階下槃内，升堂，取苴茅于西坫上，降洗于西階下，復升堂入室，設于几東神席上。東縮，席向東。茅順東西直布，几在席南，苴在几東席前也。苴以藉祭，佐食祭黍、稷、豕、膚、醴皆奠苴上，故先設。降洗觶，升，將入室酌醴也。止哭，鬼神尚幽寂也。"

主人倚杖入，祝從，在左，西面。

註曰："主人北旋，倚杖西序乃入。《喪服小記》曰'虞杖不入于室，祔杖不升于堂'，然則練杖不入于門，明矣。"

敖氏曰："凡喪祭之始，及無尸者之祭，主人皆先祝而入室，祝從，故入即西面，亦皆異於吉。"

郝氏曰："西面，向神席也。"

贊薦菹醢，醢在北。

註曰："主婦不薦，齊斬之服不執事也。《曾子問》曰：'士祭不足，則取于兄弟大功以下者。'"

疏曰："齊斬不執事，唯爲今時，至于尸入之後，亦執事，兩籩棗、栗，設于會南，至於祔祭，雖陰厭，亦主婦薦，主人自執事也。"

敖氏曰："醢在北，豆南上也。席南上而豆如之，神饌之異者也。主婦不設豆及敦，未敢同於吉也。"

郝氏曰："贊，助事者，取堂上西楹東兩豆菹醢入。薦醢在北，則菹在南。"

佐食及執事盥,出舉,長在左。

註曰:“舉,舉鼎也。長在左,在西方位也。凡事,宗人詔之。”

敖氏曰:“此云‘長在左’,下云‘佐食及右人載’,是佐食非長也。乃先言之者,以其有常職故爾。鼎在門外北面,則舉時長者在西。○案註云‘長在左,西方位’,謂鼎設于西方者之位,如此明其與設于東方者相反也。”

郝氏曰:“佐食,佐神食者。執事,衆有司。盥手西階下,出門外舉鼎,鼎自門外入,西爲左。舉鼎長者居西。”

世佐案,長,賓長也。佐食與賓長舉豕鼎,長在左,則佐食在右可知。其舉魚、腊二鼎者,亦以左爲上也。

鼎入,設于西階前,東面北上,匕俎從設。左人抽扃鼏,匕,佐食及右人載。

註曰:“載,載于俎。佐食載,則亦在右矣。”

敖氏曰:“設鼎南北節,當南於洗東。東面,亦順主人之面位也。此執匕俎者,亦三人各兼執匕俎也。從設,從鼎入而各設于其鼎之東。其設之法,俎東順而匕西枋也。左人亦抽扃予左手,取鼏委于鼎北,加扃,乃執匕而匕,惟言‘抽扃鼏,匕’,文省耳。”

郝氏曰:“鼎入由西,設于西階下,向東,神道尚西,殊于未葬前鼎設于阼也。左人,即長在西者。抽扃,啟鼏,執匕,取鼎肉,而佐食與右人在鼎東載肉于俎。”

卒,杫者逆退復位。

註曰:“復賓位也。”

敖氏曰:“‘杫’當作‘匕’字之誤也。”

世佐案,匕者,即左人也。逆退,匕腊鼎者先退也。賓位在西方,載者將設俎,故未退。

俎入,設于豆東,魚亞之,腊特。

郝氏曰:“俎入室,豕奠菹東,魚俎次豕北醢東,腊俎在魚東。”

世佐案,“魚亞之”,又在豕東也。豕、魚二俎並設,而腊在豕北無偶,故曰“特”。《士昏禮》云“俎入,設于豆東,魚次,腊特于俎北”,此宜亦如之,郝説非。

贊設二敦于俎南。黍,其東稷。

註曰:“簋實尊黍也。”

疏曰:西黍東稷,西上,故云“尊黍”。經言“敦”,註言“簋”者,敦,有虞氏之器,周制,士用之,同姓之士,容得從周制,用簋。從《句讀》節本。

敖氏曰:“俎南,豕、魚二俎之南也。”

設一鉶于豆南。

註曰:“鉶,菜羹也。”

敖氏曰:“設一鉶,貶於吉。”

世佐案,註言此者,明其異于湆也。大羹湆不和鉶,則和鹽菜。

佐食出,立于户西。

註曰:“饌已也。”

郝氏曰:“佐食設畢,出立室户外之西。記云‘佐食無事則出户,負依南面’是也。”

世佐案,立于户西者,便其給事于室也。

贊者徹鼎。

註曰:“反于門外。”

敖氏曰:“贊者,賓執事者也。”

祝酌醴,命佐食啟會。佐食許諾,啟會,卻于敦南,復位。

註曰:“會,合也,謂敦蓋也。復位,出立于户西。”

敖氏曰:“祝既酌醴,南面命佐食,遂於此俟之。”

郝氏曰:“祝酌于北墉下,西甒。獻神用醴,貴初也。”

張氏曰:“《特牲》、《少牢》有酒無醴,故厭亦用酒。此酒醴兼設,以醴陰厭,以酒酳尸,亦其異于吉祭也。”

祝奠觶于鉶南,復位。

註曰:“復位,復主人之左。”

敖氏曰:“此酌醴用觶,别於酳獻也。先啟會乃奠,亦異於吉。”

主人再拜稽首。

敖氏曰:“爲食具也。”

祝饗。

註曰:"饗,告神饗也。饗神辭,記所謂'哀子某,哀顯相,夙興夜處不寧'下至'適爾皇祖某甫,饗'是也。"

疏曰:"下云'祝祝卒',註云'祝祝者,釋孝子祭辭',又下文迎尸後,尸墮祭云'祝祝,主人拜如初',此等三者皆有辭,此文饗神引記者,是陰厭饗神辭。下文迎尸上釋孝子辭者,經記無文,案《少牢》迎尸,祝孝子辭云'孝孫某,敢用柔毛、剛鬣、嘉薦、普淖,用薦歲事于皇祖伯某,以某妃配,某氏,尚饗',此是釋孝子辭,此迎尸上釋孝子辭,宜與彼同,但稱哀爲異。其迎尸後祝辭者,即下記饗辭云'哀子某,圭爲而哀薦之,饗',鄭註云'饗辭,勸强尸之辭也'。凡吉祭,饗尸曰孝子,是以《特牲》迎尸後云'祝饗',註云'饗,勸强之也,其辭取於《士虞記》,則宜云"孝孫某,圭爲孝薦之,饗"'是也。"

敖氏曰:"饗辭,即記所云'哀子某,圭爲而哀薦之饗'者也。"

世佐案,饗辭當以敖氏所引爲正。

命佐食祭。佐食許諾,鉤袒,取黍稷,祭于苴三,取膚祭,祭如初。祝取奠觶,祭,亦如之,不盡,益,反奠之。主人再拜稽首。

註曰:"鉤袒,如今擐衣也。苴,所以藉祭也。孝子始將納尸以事其親,爲神疑於其位,設苴以定之耳。或曰:'苴,主道也。'則《特牲》、《少牢》當有主象而無,可乎?"

敖氏曰:"祭,爲神祭食也。鉤袒,蓋外卷其袂以出臂也。爲神祭當與尸祭異處,故祭于席。爲其汙席,故以苴藉之。三者,三祭之也。每一祭畢,則反取之。祭膚,祭如初,亦于苴三也。記曰'膚祭三,取諸左膉上',神祭用膚,亦别於尸也。祝取奠觶,祭于苴亦三,注之不盡者,三祭而不盡其醴也。既祭,更酌而益之,乃反奠于故處。主人拜,爲饗也。既祭乃拜者,以此饗禮成於祭也,於此而饗,且爲之祭,皆異於吉。"

郝氏曰:"命佐食祭,祝命代神祭食也。祭于苴,于几東茅上。反奠,反觶于鉶南。"

祝祝卒。主人拜如初,哭,出,復位。

註曰:"祝祝者,釋孝子祭辭。"

敖氏曰:"祝祝之辭,則記所謂'哀子某,哀顯相,夙興夜處不寧'下至'適爾皇祖某甫'者也。"

郝氏曰:"主人復西階東面,祝復門左北面之位。"

世佐案,此祝辭,疏謂宜與《少牢》迎尸祝孝子辭同,但稱哀爲異,非也。彼爲大夫之吉祭,此士之喪祭,其祝辭豈可襲用。如云"柔毛",云"歲事",云"以某妃配"之類,稱之於是,義安取邪?

右陰厭。

郝氏曰:"此設饌饗神也。尸未入而先饗神,所謂陰厭也,歆氣曰厭。"

祝迎尸,一人衰絰奉篚,哭從尸。

註曰:"尸,主也。孝子之祭,不見親之形象,心無所繫,立尸而主意焉。一人,主人兄弟。《檀弓》曰:'既封,主人贈而祝宿虞尸。'"

疏曰:"引《檀弓》者,證祝隨主人葬,先反宿虞尸,故得有'祝迎尸'之事。云'既封'者,封當爲窆,窆,下棺也。"

蘇氏軾曰:"孝子求神而祭,無尸則不享,無主則不依魂氣,必求其類而依之,人與爲類,骨肉又爲一家之類,己與尸各心齋潔,至誠相通,以此求神,宜其享之。後人不知此道,直以尊卑之勢,遂不行耳。"

朱子曰:"古人於祭祀必立之尸,因祖考遺體以凝聚祖考之氣,氣與質合,則散者庶乎復聚,此教之至也。"

楊氏曰:"《曾子問》曰:'祭成喪者必有尸,尸必以孫,孫幼,則使人抱之,無孫,則取於同姓可也。'不言適孫,是容無適而用庶。"

敖氏曰:"云'衰絰',明其爲主人兄弟且不易服也。祝出迎尸,而主人不降者,亦變於吉。"

郝氏曰:"古祭必用尸,尸必以孫,無孫,取于同姓。祝迎尸,主人不迎者,尸尊于廟中,出廟,父不迎子也。既饗神,後迎尸神降,而後尸入也。'一人衰絰'象尸,從者以衆主人充之。篚,尸受食之器。"○又曰:"古祭用尸,事頗迂誕,子坐父拜,形迹亂常。禮以決嫌疑,此何但嫌疑之間而已,所以不能强世必行也。"

世佐案,古之於祭也,作之主以棲其神,立之尸以象其形,二者具矣,而後如在之,誠得以伸其孝敬焉。其爲義至精,而其爲禮至詳且備也。後世易之以象,設失其旨矣。杜氏佑不達,詆以鄙風,說見《通典》立尸議。郝氏宗之，目古禮曰迂誕，陋哉斯言！《曲禮》云“爲人子者，祭祀不爲尸”，然則爲尸者必無父者也，奈何猶以子坐父拜爲嫌邪？是經不言主者，大夫、士之禮也，諸侯以上虞而立尸，祔而作主。《公羊傳》曰：“虞主用桑，練主用栗。”許氏慎曰：“卿大夫非有土之君，不得祫享昭穆，故無主。”大夫束帛依神，士結茅爲菆。

尸入門[①]，丈夫踊，婦人踊。

註曰：“踊不同文者，有先後也。尸入，主人不降者，喪事主哀，不主敬。”

疏曰：主人在西序，東面。衆兄弟西階下，亦東面。婦人堂上，當東序，西面。見尸有先後，故踊有先後。

淳尸盥，宗人授巾。

註曰：“淳，沃也。沃尸盥者，賓執事者也。”

疏曰：“此直言盥，不言面位。案《特牲》云‘尸入門左，北面盥，宗人授巾’，上陳器時，匜水之等在西階之東，合在門左，則以器就之。”

尸及階，祝延尸。

註曰：“延，進也，告之以升。”

疏曰：《特牲》註云“在後詔侑曰延”，《雜記》云“尸謖，祝前鄉尸”，故《禮器》云“詔侑無方”。從楊氏《圖》節本。

尸升，宗人詔踊如初。

註曰：“言詔踊如初，則凡踊，宗人詔之。”

敖氏曰：“如初，如其丈夫先，婦人後。下文放此。”

尸入户，踊如初，哭止。

敖氏曰：“哭止，將有事也。”

婦人入于房。

註曰：“辟執事者。”

敖氏曰：“祭禮，婦人當在房前，此在堂者，以其有尸入之哭也。今哭止，故入于房，及尸謖，又復位而哭也。”

---

① “入”字原作“外”，校本作“入”，各本經文同，與鄭注“尸入”合，據改。

右迎尸。

主人及祝拜妥尸，尸拜，遂坐。

註曰："妥，安坐也。"

敖氏曰："此皆變於其吉祭也。士之吉祭，尸既坐，主人乃拜妥尸，祝不拜。"

從者錯篚于尸左席上，立于其北。

註曰："北，席北也。"

疏曰：此虞禮篚象《特牲》肵俎，置于席北，以擬盛尸之餕也。

郝氏曰："從者，即'一人衰絰奉篚'者也。錯篚于席上，尸左，席北也。"

尸取奠，左執之，取菹，擩于醢，祭于豆間，祝命佐食墮祭。

註曰："下祭曰墮，墮之猶言墮下也。《周禮》曰'既祭，則藏其墮'，謂此也。今文墮爲綏。《特牲》、《少牢》或爲羞，失古正矣。齊、魯之間謂祭爲墮。"

疏曰："案《特牲》云'祝命挼祭'，註云'《士虞禮》古文曰"祝命佐食墮祭"，《周禮》曰"既祭，則藏其墮"，墮與綏讀同耳。今文改挼皆爲綏，古文此皆爲擩祭也'，又《少牢》尸將酢主人時，'上佐食以綏祭'，鄭註云'綏讀爲墮'，此三處經中墮皆不同者，此五字或爲墮，或爲挼，或爲羞，或爲綏，或爲擩，鄭既以挼、綏及羞三者已"已"當是"改"字之誤。從墮，復云古文作擩，以其《特牲》及此《士虞》皆有擩祭，故亦兼擩解。"

敖氏曰："綏或是授字之誤，以下文可見。○鄭本'綏'作'墮'，註曰：'今文墮爲綏。'繼公謂，以文意求之，當云授祭，墮、綏皆誤，而綏於授字爲差近，故但取其近者。"

郝氏曰："擩、擱通，揉也。餕始菹醢，豆近席，尸自取俎敦遠，祝命佐食取之。品物降地曰墮。"

張氏曰："尸取奠，取祝所反奠于鉶南之觶也。左執之者，以右手將祭也。下祭曰墮，謂從俎豆上取下當祭之物以授尸，使之祭。佐食但下之而已，疏以爲向下祭之，誤。"

世佐案，張説近是。此云"墮祭"，下乃云"授尸"，則先墮而後授也，明矣。佐食因祝墮祭之命，遂取而授尸，事之次也。

佐食取黍、稷、肺祭，授尸，尸祭之，祭奠。

世佐案，黍、稷、肺之祭，即其所墮者。授，併授也。奠，醴觶也。先執後祭醴，尊。

祝祝，主人拜如初。尸嘗醴，奠之。

註曰："如初，亦祝祝卒，乃再拜稽首。"

敖氏曰："此拜爲祝祝也，故尸不答拜，凡祝祝之辭皆告於神。嘗醴，奠之復於故處。"

世佐案，此祝辭，疏即以下記所稱饗辭當之，敖氏既以饗辭用之陰厭祝饗之時，而於此則不言其何所用，竊謂所釋之辭蓋與上同一辭，而再釋之者，事神之道於彼乎，於此乎，庶幾其一聞之也。

佐食舉肺、脊授尸。尸受，振祭，嚌之，左手執之。

註曰："右手將有事也。尸食之時，亦奠肺、脊于豆。"

疏曰：案《特牲》"祝命邇敦，佐食邇黍稷于席上。舉肺、脊以授尸，尸受，振祭，嚌之"，彼舉肺、脊在邇敦後，此舉肺、脊在邇敦前者，吉凶相變故也。"右手將有事"者，爲下文祭肺、嘗鉶也。

張氏曰："此肺脊，至尸卒食，佐食方受之實于篚，中間食時，亦須奠之于豆。"

祝命佐食邇敦。佐食舉黍，錯于席上。

註曰："邇，近也。"

敖氏曰："士之吉祭，則並邇黍稷，此亦其異者。"

尸祭鉶，嘗鉶。

註曰："右手也。《少牢》曰：'以柶祭羊鉶，遂以祭豕鉶，嘗羊鉶。'"

張氏曰："此但豕鉶，祭之嘗之亦用柶。"

泰羹湆自門入，設于鉶南，胾四豆，設于左。

註曰："博異味也。湆，肉汁也。胾，切肉也。"

疏曰：鉶南觶北，初設時留空處，以待泰羹。左，正豆之左。

敖氏曰："此大羹，豕肉之汁也，後篇同。設湆於右，亦因食生之禮，又以別於吉祭也。左，醢北也。庶羞惟用胾，亦變於吉。"

尸飯，播餘于篚。

註曰："不反餘也。古者飯用手，吉時播餘于會。"

疏曰："《曲禮》云'無摶飯'，又云'無放飯，飯黍毋以箸'，故知古者飯用手。"

敖氏曰："於尸之初飯即言播餘，是每飯皆然也。惟飯而已，不食舉，未忍同於吉。雖不食舉，猶左執之。"

三飯，佐食舉幹。尸受，振祭，嚌之，實于篚。

註曰："飯間啗肉，安食氣。"

敖氏曰："尸既嚌而佐食受之，實于篚。舉幹不云'授尸'，省文。"

郝氏曰："三飯，以手三取食。脅骨曰幹。"

又三飯，舉胳，祭如初。

敖氏曰："不言佐食，又不言尸受，文又省。初，謂振祭，嚌之，下放此。"

郝氏曰："後足骨曰胳。"

佐食舉魚、腊，實于篚。

註曰："尸不受魚、腊，以喪不備味。"

疏曰："案《特牲》三舉魚、腊，尸皆振祭，嚌之，此佐食舉魚、腊，實於篚，尸不嚌，故云'喪不備味'也。"

又三飯，舉肩，祭如初。

註曰："後舉肩者，貴要成也。"

疏曰：《祭統》云"周人貴肩"。要成者，據後食即飽也。

舉魚、腊俎。

世佐案，亦佐食舉之，實于篚。不言者，文省也。又以下疏證之，則此下似脱"實于篚"三字。

俎釋三个。

註曰：釋，猶遺也。个，猶枚也。今俗或名枚曰個，音相近。此腊亦七體，如其牲也。

疏曰："此經直舉魚、腊俎，盛於篚，俎釋三个，不言盛牲體者，案下記云'羹飪，升左肩、臂、臑、肫、胳、脊、脅'七體，此上經佐食初舉脊，次舉幹，又舉骼，終舉肩，總舉四體，唯有臂、臑、肫三者，佐食即當‘俎釋三个’，不復盛牲體，故直舉魚、腊而已。”又“案記牲有七體，此腊亦不過於牲體，故云‘如其牲’，言此以對彼，案彼《特牲》吉祭十一體，是以《特牲記》云‘腊如牲骨’，乃有十一體，與此不同，吉禮異故也。”

楊氏曰：“俎釋三个，爲祭畢陽厭，設于西北隅。”

世佐案，俎，兼豕、魚、腊言也。三俎之實，其數皆以七爲限，每俎各餘三枚不舉，則所舉以實于篚者，凡四也。牲四體，四次舉之，經文已明。魚四尾，腊四體，兩次舉之，蓋每舉各二也。

尸卒食。佐食受肺、脊，實于篚，反黍，如初設。

註曰：“九飯而已，士禮也。篚猶吉祭之有肵俎。”

疏曰：少牢十一飯，諸侯十三，天子十五。肵俎，見《特牲》、《少牢》。從楊氏《圖》節本。

敖氏曰：“尸九飯乃卒食，雖與吉祭之數同，然其間無告飽、拜侑之事，亦喪質，威儀少也。”

世佐案，尸食時，奠肺脊于豆，至是，復舉之以授佐食也。反黍，以席上之敦反之於俎南也。如初設，亦西黍東稷。

右尸九飯。

主人洗廢爵，酌酒酳尸。尸拜受爵，主人北面答拜。尸祭酒，嘗之。

註曰：“爵無足曰廢爵。酳，安食也。主人北面以酳酢，變吉也。凡異者，皆變吉。”

疏曰：“《特牲》、《少牢》尸拜受，主人西面拜送，與北面相反，故云‘變吉也’。”

敖氏曰：“北面，蓋於户西。”

郝氏曰：“廢爵，喪器不飾也。繼飯飲酒曰酳。”

賓長以肝從，實于俎，縮，右鹽。

註曰：“縮，從也，從實肝炙於俎也，喪祭進柢。右鹽，於俎近北，便尸取之也。縮執俎言右鹽，則肝、鹽併也。”

郝氏曰：“肝，豕肝。賓以西塾之羞俎載肝進，實于豕俎，而以羞俎降。凡羞俎不列于席，縮直執也。正俎横執，羞俎縮執。”

張氏曰："註'右鹽，於俎近北'，據執俎者而言。左肝右鹽，西面向尸，則鹽在肝之北，併在俎上，故云'於俎近北'。尸右取肝，左擩鹽爲便也。"

世佐案，俎，羞俎也。郝云豕俎，非。羞肝之俎與羞燔俎同，設于内西塾上，其以肝實之也久矣，於是方言者，因事而見之耳。

尸左執爵，右取肝，擩鹽，振祭，嚌之，加于俎。賓降，反俎于西塾，復位。

註曰："取肝，右手也。加於俎，從其牲體也，以喪不志於味。"

疏曰："《特牲》、《少牢》尸嚌肝訖，加菹豆以近身，此虞禮，尸嚌肝訖，不加於菹豆而遠加于俎以同牲體者，以喪志不在於味，故遠身加俎也。"

張氏曰："加於俎，盛牲體之俎。賓所反，則肝俎也。復位，復西階前衆兄弟之南、東面位。"

世佐案，西塾，内西塾上也。云反，則緜者於是取之，可知也。

尸卒爵，祝受，不相爵。主人拜，尸答拜。

註曰："不相爵，喪祭於禮略。相爵者，《特牲》曰：'送爵，皇尸卒爵。'"

敖氏曰："祝相爵者，命主人拜送爵也。此雖不相爵，而主人猶先拜，蓋其節宜然也。"

右主人酳尸。

祝酌授尸，尸以醋主人。主人拜受爵，尸答拜。主人坐祭，卒爵，拜，尸答拜。

楊氏曰："尸醋主人，亦北面拜受。坐祭、卒爵及主人獻祝之時，乃反西面位。"

敖氏曰："尸無降席之禮，故祝爲酌之酢不洗爵，尸禮也。孝子於是時乃飲而卒爵者，爲尊者之賜也。"

郝氏曰[①]："醋、酢同，後放此。"

右尸酢主人。

楊氏曰："奠之所尚者在於醴，前饗神之時，祝酌醴，奠觶于鉶南，及

① "郝氏"原作"敖氏"，校本作"郝氏"，此節確爲郝氏《節解》引文，據改。

尸既坐，取所奠觶，左手執之，以右手祭菹，祭黍、稷、肺，乃祭奠，於是祝祝，主人再拜稽首，而後尸嘗醴而奠之，此是第一節。牲之所重者在肺、脊，《特牲》、《少牢》舉肺、脊在前，蓋肺者氣之主也，脊者體之正也，故尸又先舉肺、脊，祭而嚌之，又以左手執之，乃以右手祭鉶而嘗之，祝命邇黍敦，錯于席上，爲尸之將飯也。泰羹湇、胾四豆，至是新設之于俎豆之間，以博異味也。於是三飯，舉幹祭而嚌之，實于篚。又三飯，舉胳祭而嚌之，實于篚。又三飯，舉肩祭而嚌之，實于篚。魚、腊與豕爲三鼎，今所舉皆豕，而魚、腊則不食焉，惟佐食舉之以實于篚，以喪不備味也。尸卒食，佐食乃受尸，左手所執肺、脊實于篚，後乃酌廢爵酒以酳尸，賓長以肝從，而獻禮成矣。於是祝酌受尸，尸以醋主人，而主人獻尸之禮畢矣。"

筵祝，南面。

註曰："祝接神，尊也。筵用萑席。"

疏曰："上文尸用葦席，其祝席經、記雖不言，以尸用"用"疑當作"席"。在喪，故不用萑，今祝宜與平常同，故用萑也。云'祝接神，尊也'者，解得先獻之事。"

敖氏曰："筵祝，蓋贊者也。筵於北墉下，尊之西也。室中之席南面，以西方爲上。既筵，則祝升席與?"

主人獻祝。祝拜，坐受爵，主人答拜。

註曰："獻祝，因反西面位。"

疏曰："《少牢》主人受酢時，'主人拜受爵，尸答拜，主人西面奠爵'，《特牲》云'主人拜受角，尸拜送，主人退'，雖不言西面，彼註云'退者，進受爵反位'，則西面也，是吉祭時主人西面，故上註云'北面以酳酢，變吉也'，今至酳酢及獻祝訖，明'因反西面位'可知也。"

敖氏曰："祝與佐食皆事尸者也，故於酳尸、獻尸之後，因而獻焉，承己飲之後，乃不洗而獻祝者，下尸也。坐受爵者，因尸禮也，以明其由尸而得獻。祝既受爵，主人乃反西面位而答拜。"

薦菹醢，設俎。

疏曰："此直言'薦菹醢，設俎'者，不見薦徹之人，案下文云'祝薦席徹入于房'，註云'徹薦席者，執事者'，則此設者亦執事可知。"

祝左執爵，祭薦，奠爵，興，取肺，坐祭，嚌之，興，加于俎，祭酒，嘗之。肝從，祝取肝擩鹽，振祭，嚌之，加于俎。卒爵，拜，主人答拜。祝坐授主人。

敖氏曰："祭薦，亦右手以菹擩醢，祭于豆間也。先奠爵，乃取肺以祭，離肺用二手也。祭不言絶，文省。以肝從，亦賓長也。祝亦左執爵乃取肝，不言之者，同於尸可知。'授主人'下疑脱一'爵'字。"

郝氏曰："肝從，次賓從薦也。加于俎，反肝亦于豕俎上。"

張氏曰："祝俎不升鼎，詳見下記。授主人者，虚爵也。"

右主人獻祝。

主人酌，獻佐食。佐食北面拜，坐受爵，主人答拜。佐食祭酒，卒爵，拜，主人答拜，受爵出，實于篚，升堂，復位。

註曰："篚在庭。不復入，事已也。亦因取杖，乃東面立。"

疏曰：云"篚在庭"者，此雖無文，約同薦車設遷奠之等也[①]。上文哭時，主人升堂，西序東面，又上文云"主人倚杖入"，今升堂，復位，不復入室，以其事已，因得取杖復東面位也。

郝氏曰："佐食無豆俎，禮殺也。主人受爵出，以虚爵出室也。'實于篚'，以獻尸、祝、佐食。廢爵納于西階下，洗東篚内。'升堂，復位'，主人取前所倚杖，復立于西階東面之位。"

世佐案，佐食受獻之位蓋在尸席之東，北面，不爲設席者，下於祝，亦以其無豆俎故也。上經云"設洗于西階西，水在洗西，篚在東"，是篚在庭之文也。疏云"無文"，誤。

右獻佐食。

主婦洗足爵于房中，酌，亞獻尸，如主人儀。

註曰："爵有足，輕者飾也。《昏禮》曰：'内洗在北堂，直室東隅。'"

疏曰："如主人儀"者，即上主人酳尸，尸拜受爵，主人北面答拜之等，今主婦亞獻亦然。婦爲舅姑齊衰，是輕於主人，故爵有足爲飾也。引《昏禮》者，證經洗爵於房中。不言設洗處，宜與《昏禮》同也。

---

① "遷奠"，校本作"薦奠"。阮《校》曰："《通解》同，毛本'遷奠'作'薦奠'，閩本誤作'薦尊'。"

敖氏曰："此不謂之酳而云'獻'者，食尸之禮非關於主婦，故此禮與彼不相蒙，而惟以進酒者爲稱也。"

自反兩籩，棗、栗，設于會南，棗在西。

註曰："尚棗，棗美。"

疏曰：《特牲》"宗婦執兩籩，主婦受設"，此主婦自反者，以喪尚縱，縱反吉。齊斬不執事，此亞獻，己所有事，故自薦。從楊氏《圖》節本。

敖氏曰："'反'或是'取'字之誤。此兩籩，自堂而設于室，非可言'反'。云'自'者，明其不用贊也。吉祭則宗婦贊之。"

郝氏曰："黍稷在鉶東，會卻于敦南，籩設于會南，棗在西，接黍，栗在東，接稷。"

張氏曰："自反者，自往取之而反也。此兩籩及下獻祝籩，即上饌時亞豆東四籩也。"

世佐案，反者，往而復來之，謂《公食大夫禮》云"先者反之"是也。然則兩籩亦特執之，如設敦、鉶法與？設敦、鉶法皆特執，見《少牢禮》。是籩設於堂，即上經云"四籩亞之"之二也。郝云主婦還東房取籩，非。

尸祭籩。

敖氏曰："祭棗、栗於豆間也，亦祝取而授之。《特牲禮》曰：'祝贊籩祭，尸受祭之。'"

祭酒如初，賓以燔從如初，尸祭燔、卒爵如初。酌獻祝，籩、燔從，獻佐食，皆如初。以虚爵入于房。

註曰："初，主人儀。"

敖氏曰："賓謂次賓。'燔從'蒙'如初'者，如肝從之儀也。皆，皆獻祝以下四事也。籩位則豆俎西。"

郝氏曰："《特牲禮》主婦獻尸，兄弟長以燔從，此云'賓以燔從'，蓋喪祭兄弟在哀戚中，無助奠之禮。"

世佐案，賓，女賓也。下記云"主婦亦拜賓"，註以女賓釋之，則此之從主婦而獻者，非女賓而何？説者以爲次賓，誤矣。云"以虚爵入于房"，著其異于初者也。房中亦有篚，在内洗之東，盛此爵也。

右主婦亞獻。

賓長洗繶爵，三獻，燔從，如初儀。

註曰："繶爵，口足之間有篆，又彌飾。"

張氏曰："當亦兼獻祝及佐食。"

世佐案，燔從，次賓執之。

右賓長三獻。

婦人復位。

註曰："復堂上西面位，事已，尸將出，當哭踊。"

疏曰：案《士喪禮》凡臨位，"婦人即位于堂，南上"，即西面位也。《特牲》吉祭不哭踊，故亦無此復位之事也。

祝出户，西面告利成，主人哭。

註曰："西面告，告主人也。利，猶養也。成，畢也，言養禮畢也。不言養禮畢，於尸間嫌。"

疏曰："若言養禮畢，即於尸中間有嫌諷去之。或本間作閑音，以養尸事畢而尸空閑，嫌諷去之。"

皆哭。

註曰："丈夫、婦人於主人哭斯哭矣。"

祝入，尸謖。

註曰："謖，起也。祝入而無事，尸則知起矣。不告尸者，無遣尊者之道也。"①

郝氏曰："祝入，導尸也。謖，速意，神去謖然。"

從者奉篚哭，如初。

註曰："初，哭從尸。"

郝氏曰："從者，即始一人衰絰從尸入者也。"

祝前尸，出户，踊如初，降堂，踊如初，出門亦如之。

註曰："前，道也。如初者，出如入，降如升，三者之節悲哀同。"

敖氏曰："'踊如初'者，丈夫先，婦人後也。云'降堂'者，明其方降於階上而即踊。"

① 校本引注文無"謖，起也"三字，又此節注文下有"陸氏德明曰謖起也"八字。

郝氏曰:"尸出户,下堂,出廟門。男女哭踊,象親去哀慕也。"

右祝告利成,尸出。

祝反入,徹,設于西北隅,如其設也,几在南,厞用席。

註曰:"改設饌者,不知鬼神之節,改設之,庶幾歆饗,所以爲厭飫也。几在南,變右"右"本或作"古",非。文,明東面,不南面,漸也。厞,隱也。于厞隱之處從其幽闇。"

疏曰:上文陰厭時右几,今云"几在南",明其同,必變右文者,《少牢》大夫禮,陽厭時南面,亦几在右。此言右几,則嫌與大夫同,故云"明東面"也。《特牲》改饌,几在南,與此同。今示向吉有漸,故與吉祭同。厞用席,以席爲障,使之隱也。從楊氏《圖》節本。

敖氏曰:"設于西北隅者,亦以尊者之盛饌未可遽徹去之,故改設於此也,蓋微與徹喪奠而改設於序西南之類者同意。几在南,在饌之南也。厞用席者,以席之一端倚于几,一端倚于俎,則足以障蔽其饌矣。如是者,明其非爲求神。祝改設之,亦變於吉。"

郝氏曰:"此尸既出,改設前饌,所謂陽厭也。尸未入,神先降,故有陰厭。尸既出,神未散,故有陽厭。陰厭在室西南深幽處,坤方。陽厭在室西北見明處,乾方。陰厭始,自陽入也。陽厭終,自陰出也。"

張氏曰:"如其設,謂改設尸之薦俎、敦于西北隅,次第一如陰厭時設法也。"

世佐案,改設於是,亦所以求神也。以其當室之白,故曰陽厭。障之以席者,求諸幽之義也。敖説非。

右陽厭。

熊氏朋來曰:"陰厭於室之奥,陽厭於室之屋漏。厭者,言神厭飫之。陰厭未迎尸,陽厭尸已謖,故二厭之時無尸。《大戴禮》曰:'無尸者厭也。'"

祝薦席徹入于房,祝自執其俎出。

註曰:"徹薦席者,執事者。祝薦席,則初自房來。"

贊闔牖户。

註曰:"鬼神尚居幽闇,或者遠人乎!贊,佐食者。"

主人降，賓出。

註曰："宗人詔主人降，賓則出廟門。"

主人出門，哭止，皆復位。

註曰："門外未入位。"

敖氏曰："謂殯宫門外，未入時之位也。"

宗人告事畢。

郝氏曰："即告于門外之位也。"

賓出，主人送，拜稽顙。

註曰："送拜者，明于大門外也。賓執事者皆去，即徹室中之饌者兄弟也。"

疏曰：上文云"復位"，是未出大門。此云"送拜"，是大門外可知。從楊氏《圖》節本。

右事畢賓出。

記：

虞，沐浴，不櫛。

註曰："沐浴者，將祭，自潔清。不櫛，未在於飾也。唯三年之喪不櫛，期以下櫛可也。今文曰沐浴。"

敖氏曰："本云'沐浴'，而鄭註乃云'今文曰沐浴'，則是鄭氏但從古文，元無'沐'字也。今本記與註首皆云'沐浴'，蓋傳寫者誤衍之，宜删。"

世佐案，註云"今文曰沐浴"，謂今文無"不櫛"二字耳，敖似考之未審也。

陳牲于廟門外，北首西上，寢右。

註曰："言牲，腊在其中。西上，變吉。寢右者，當升左胖也。腊用棜。《檀弓》曰：'既反哭，主人與有司視虞牲。'"

疏曰：唯有一豕，而云"西上"，明兼兔腊也。《少牢禮》二牲東上，《特牲禮》牲尚右，今皆反吉。從楊氏《圖》節本。

敖氏曰："陳之，亦在西方，而當陳鼎之南，略如《特牲禮》也。西上，腊在東也。"

郝氏曰："寢右，右體側臥俎上，呈左胖也。"

日中而行事。

註曰:"朝葬,日中而虞。君子舉事必用辰正也。再虞、三虞皆質明。"

疏曰:"辰正也"[1],謂朝夕日中也。

敖氏曰:"日中行事,亦變於吉祭也。三虞皆然。至祔,乃質明行事,以其始用吉祭也。"

世佐案,敖説近是。虞必以日中者,未卒哭以前,朝夕有哭臨之事,不欲其妨也。

右記沐浴、陳牲及舉事之期。

殺于廟門西,主人不視,豚解。

註曰:"主人視牲不視殺,凡爲喪事略也。豚解,解前後脛、脊、脅而已,熟乃體解,升於鼎也。"

疏曰:特牲吉祭,故主人視牲,又視殺。今虞爲喪事,故主人視牲,不視殺,是其略也。但此經與《特牲饋食》不同者,皆爲喪事略,故云"凡"以廣之。體解,下文七體是也。

敖氏曰:"廟門,亦廟門外也。"

郝氏曰:"門西,陰方。孝子哀心甚,故不視殺。"

張氏曰:"記沐浴、陳牲及舉事之期。"

羹飪。升左肩、臂、臑、肫、骼、脊、脅、離肺,膚祭三取諸左膉上,肺祭一實于上鼎。

註曰:"肉謂之羹。飪,熟也。脊、脅,正脊、正脅也。喪祭略,七體耳。離肺,舉肺也。《少牢饋食禮》曰:'舉肺一,長終肺。祭肺三,皆刌。'膉,脰肉也。"

敖氏曰:"惟云'脊、脅',則是各一骨耳,無横脊、短脅,而又但用一骨,遠别於吉祭也。離肺,乃與脊同舉者也,言離,見其制與絶祭者同。'膚祭三',以爲神祭。'肺祭一',以爲尸祭。"

郝氏曰:"升,升鑊肉于鼎。牲體貴右,喪祭用左,變于吉也。肩下曰臂,臂下曰臑,肫、臀通,肫下曰骼。正祭體九或十一,喪用七耳。離肺,

[1] "也"字,校本作"者"。

離而不絶，所謂舉肺也。膚，純肉。肺之祭者斷切之，所謂刌肺也。上鼎，北一鼎。”

張氏曰：“引《少牢禮》，明此舉肺、祭肺之制亦然。膚祭，擇肉之美者以備祭。”

世佐案，“膚祭三”者，陰厭時佐食爲神祭于苴三是也。必取諸左膉者，近首，貴也。祭肺一，則尸食時佐食取之，并黍稷以授尸。

升魚鱄鮒九，實于中鼎。

註曰：“差減之。”

疏曰：《特牲》魚十有五，今略而用九，故云“差減之”也。

郝氏曰：“鱄鮒，二魚名。中鼎，陳次上鼎。”

升腊左胖，髀不升。實于下鼎。

註曰：“腊亦七體，牲之類。”

疏曰：“《特牲記》云：‘腊如牲骨。’”

郝氏曰：“腊，乾禽，兔也。腊用左半體，髀，尻骨，不以升鼎。下鼎居南。”

皆設扃鼏，陳之。

註曰：“嫌既陳，乃設扃鼏也。”

疏曰：“經云‘陳三鼎’，後言‘設扃鼏’，有嫌，故記人辯之。”

載猶進柢，魚進鬐。

註曰：“猶，猶《士喪》、《既夕》，言未可以吉也。柢，本也。鬐，脊也。”

敖氏曰：“喪奠於牲則進柢，魚則進鬐。始者，但以未忍異於生之故而爲之，其後遂因之以别於吉祭。故三虞之時，雖祭而不奠，猶未變於初也。”

張氏曰：“吉祭，牲進下，魚進腴，變於食生。此喪祭，與吉反，是未異於生人也。”

世佐案，載，自鼎載於俎也。進柢，謂豕與腊也。柢，猶腠也。變腠云“柢”者，對吉祭之下而言也。《鄉飲酒》、《鄉射》、《公食大夫》皆云“進腠”，與此同。《少牢》云“進下”，與此異。郝云“吉祭進腠，喪奠進柢”，以腠與下爲一，非。

祝俎：髀、脰、脊、脅、離肺，陳于階間，敦東。

註曰："不升於鼎，賤也。統於敦，明神惠也。祭以離肺，下尸。"

疏曰：上文"饌黍稷二敦於階間，西上"，是神之黍稷，今陳祝饌于神饌之東，統於神物，明惠由神也。尸祭用刌肺，祝不用刌肺，用離肺，故云"下尸"也。

敖氏曰："髀，亦左髀也。脊、脅，其亦脡脊、代脅與？離肺，嚌肺也。祝祭以離肺者，是禮主於飲，故不因尸之食禮也。此俎實自鑊而徑載於俎，不復升於鼎者，不敢與神俎同也。尸三俎，用豕、魚、腊。祝之俎實惟用豕者，亦變於吉也。階間，執事之俎所陳之常處也。《特牲饋食禮》曰'執事之俎陳于階間，二列，北上'，則於階間而陳，是俎吉凶同也。階間先有黍、稷敦，故記又明著其所焉。云'敦東'者，言其相直也。"

郝氏曰："祝俎，薦祝之俎。髀，豕髀。脰頸肉即膉也。祝俎惟四體，無黍稷。"

右記牲殺體數、鼎俎陳設之法。

郝氏曰："牲殺始薦七體，謂豚解，脊骨、前後脛、左右脅爲七。及薦熟，折爲二十一體，謂體解，脊三：曰正脊、曰脡脊、曰横脊；兩肱各三：曰肩、曰臂、曰臑，爲六；兩脅各三：曰代脅、曰長脅、曰短脅，爲六；兩股各三：曰髀、曰肫、曰胳，爲六，共二十一，羊、豕皆然。體不言首，首升于室也。《郊特牲》云'用牲于庭，升首于室'，《周禮·夏官·羊人職》'祭祀割羊牲，登其首'，然《少牢》、《特牲》皆不及薦首，故禮文難盡合。腊不升髀，牲或升髀者，腊用全禽惟兔，鄭知髀賤，而不知《内則》之兔本去尻也，如以賤，何獨牲髀不然？"

淳尸盥，執槃西面，執匜東面。執巾在其北，東面。宗人授巾，南面。

註曰："槃以盛棄水，爲淺汙人也。執巾不授巾，卑也。"

疏曰："上經直云'淳尸盥，宗人授巾'，不云執槃與執匜、執巾及宗人授巾等面位，故記人明之。"

敖氏曰："淳尸盥，執匜者也。此執盥器者之面位，亦皆變於吉。"

右記沃尸面位。

主人在室，則宗人升，户外北面。

註曰："當詔主人室事。"

世佐案，主人在堂，則宗人立階前。主人在室，則宗人立户外詔禮者，宜近其人也。皆北面鄉之。

佐食無事，則出户，負依南面。

註曰："室中尊，不空立，户牖之間謂之依。"

敖氏曰："依，如'負斧依'之'依'，亦謂如屏風然者也。然則自天子至於士，其户牖之間皆設依，惟天子則飾以斧文耳。負依南面，明與宗人不相統也。佐食，室中無正位，故是時立於此。《特牲記》曰：'佐食當事，則户外南面。無事，則中庭北面。'此禮三獻而止，佐食無中庭之位，故但以事之有無爲言。雖當事，猶云'無'也。"

右記宗人、佐食面位。

鉶芼用苦若薇，有滑，夏用葵，冬用荁，有柶。

註曰："苦，苦荼也。荁，堇類也。乾則滑。夏秋用生葵，冬春用乾荁。"

疏曰："案《公食記》三牲具，則牛藿、羊苦、豕薇，各用其一。若一牲者，容兼用其二，是以及《特牲》一豕，皆用鉶芼苦、薇，是科用其一也。"

郝氏曰："羹菜曰芼。苦、薇、葵、荁皆菜也。滑，若今和肉以粉，使滑利也。柶，匙也，以扱羹也。"

張氏曰："夏葵、冬荁，皆所以爲滑也。"

豆實葵菹。菹以西蠃醢。

敖氏曰："經惟言菹醢，此則見其所用之物也。言以西，則指其饌時。"

籩，棗烝栗擇。

註曰："棗烝栗擇，則菹刌也。棗烝栗擇，則豆不髹，籩有縢也。"

疏曰："案《士喪禮》大斂云'髹豆兩，其實葵菹芋、蠃醢。兩籩無縢，布巾，其實栗，不擇。脯四脡'，自大斂後皆云'如初'，則葬奠四豆，脾、析、葵、菹亦長矣，四籩，棗、糗、栗、脯亦不擇也，至此乃云'棗烝栗擇'，則菹亦切矣，豆、籩有飾可知。"

敖氏曰："惟言'棗烝栗擇'，則是籩、豆之類皆未變也。此時尸用葦席，素几。主人酳以廢爵，則其他可知矣。"

世佐案，豆籩之實宜異于奠，其器則如初而已。異于奠者，向吉之漸。如初者，喪不致飾也。

右記鉶芼與豆籩之實。

尸入，祝從尸。

註曰："祝在主人前也，嫌如初時，主人倚杖入，祝從之。初時，主人之心尚若親存，宜自親之。今既接神，祝當詔侑尸也。"

疏曰："上經陰厭時，主人先祝入户，至此迎尸，祝在主人前，先後有異，故記人明之。"

敖氏曰："入，謂入門也。言'祝從尸'者，嫌其如迎尸之時猶先行也。祝始出迎尸，先行入門，及尸入，祝乃居後而從之。《少牢饋食禮》曰'祝先入門右，尸入門左'，亦辟尸，使先行也。入門如是，則入户亦從尸，可知。"

世佐案，經云"尸及階，祝延尸"，由後詔相之。曰"延"，則自入門已後，祝即轉居尸後矣。言此者，明其與出時異也。尸出之時，祝前。

尸坐，不説屨。

註曰："侍神，不敢燕惰也。"

疏曰："案《鄉飲酒》、《燕禮》之等，凡坐降説屨，乃升堂[①]。"

敖氏曰："禮有敬事，則不説屨而坐。《少儀》曰：'凡祭於室中，堂上無跣，燕則有之。'"

尸謖，祝前，鄉尸，還。出户，又鄉尸，還。過主人，又鄉尸，還。降階，又鄉尸。降階，還，及門，如出户。

註曰："祝道尸，必先鄉之，爲之節。過主人，則西階上。不言及階，明主人見尸有踧踖之敬。及，至也。言還至門，明其間無節也。每將還，必有辟退之容。凡前尸之禮儀，在此。"

敖氏曰："前者，當尸之前而行也。前行者，所以道之。鄉尸，還，謂

① "升堂"，《通解續》、《經傳》引疏文同，校本"堂"作"坐"，《要義》、陳本、閩本、監本、毛本、庫本、汪氏翻刻單疏本同。

先鄉尸而即還也。上降階者,祝也。下降階者,尸也。祝先降而鄉尸,及尸既降,祝乃反面而行。"

張氏曰:"祝之道尸,必先以面鄉尸,乃轉身前行,謂之還。上降階,謂正降時,此時祝以面鄉尸。下降階,謂既降時,祝則轉身前行,直至及門,乃又鄉尸也。"

世佐案,還、旋同。鄉,則面尸。旋,則背尸也。後二説得之。鄭氏安註于"鄉尸"與"還"之間,令"還"字讀屬下句,又以還爲還鄉尸,於文頗不順。今不從。經兩言降階,敖氏分析最明。若謂正降時以面鄉尸,既降,乃轉身前行,則是祝於三等之間皆却行而下矣,非。門,廟門也。"如出户",謂亦既出乃鄉尸。

尸出,祝反,入門左,北面,復位,然後宗人詔降。

疏曰:復位,復上文"祝入門左,北面"位。詔降,詔主人降。

敖氏曰:"此言主人降之節,似與經異。"

世佐案,經直云"祝反,入徹,設于西北隅",不見有復位之事,故記著之。又案經主人之降在陽厭之後,不以祝復位爲節。云"復位,然後宗人詔降"者,"然後",緩辭,非謂二事同節也,敖説誤。言此者,明其異于吉祭也。《特牲饋食禮》云:"尸謖,祝前,主人降。"

尸服卒者之上服。

註曰:"上服者,如《特牲》士玄端也。不以爵弁服爲上者,祭於君之服,非所以自配鬼神。士之妻則宵衣耳。"

敖氏曰:"卒者士也,其上服則爵弁服,是亦異於吉祭者也。吉祭之尸服玄端、玄裳。"

世佐案,敖説得之,士妻則褖衣與?

男,男尸。女,女尸,必使異姓,不使賤者。

註曰:"異姓,婦也。賤者,謂庶孫之妾也。尸配尊者,必使適也。"

疏曰:尸須得孫列者,孫與祖爲尸,孫婦還與夫之祖姑爲尸,故不得使同姓女爲尸也。男尸先使適孫,無適孫,乃使庶孫。女尸先使適孫妻,無適孫妻,使適孫妾,又無妾,乃使庶孫妻,即不得使庶孫妾,以庶孫之妾是賤之極者。若然,庶孫妻亦容用之,而鄭云"必使適也"者,據經不使賤,有適孫妻則先用適而言,其實容用庶孫妻法也。必知容用庶孫者,以

《曾子問》孔子曰"祭成喪者必有尸，尸必以孫，孫幼使人抱之，無孫則取於同姓可也"，彼不言適，是容無適而用庶。此經男女别尸，據虞祭而言，至卒哭已後，自禫以前，喪中之祭皆男女别尸。《少牢》吉祭云"某妃配"，是男女共尸。

敖氏曰："女尸，以在孫倫者之妻爲之，據夫家而言之，故曰'異姓'。其或雖與卒者同姓，亦可以爲之也。賤者，孫倫之妾也。"

世佐案，必使異姓，謂女尸也。不使賤者，兼男女之尸言也。賤，謂庶及妾也。尸必以適孫，及適孫婦爲之，無則取諸同姓。同姓，謂孫行之適及其婦。又無，則闕。使賤，是卑其父母矣，故禮禁之，疏説殆誤。

右記尸之出入儀服。

無尸，則禮及薦饌皆如初。

註曰："無尸，謂無孫列可使者也，殤亦是也。禮，謂衣服、即位、升降。"

疏曰：《曾子問》曰"祭成喪者必有尸"，明殤死無尸可知。

敖氏曰："禮，謂'主人哭，出，復位'以前之儀及改設饌與賓出以後之事，薦饌神席前俎豆之類皆是也。如初，謂與有尸者同。"

世佐案，《曾子問》云"祭成喪者必有尸"，記乃言無尸者，禮之窮也。蓋尸不使賤，又必取諸無父者，若是，則成人之喪而闕焉者蓋有矣，非直爲殤祭也。郝氏因之爲殤虞，蓋亦爲鄭註所誤。

既饗，祭于苴。祝祝卒。

敖氏曰："雖無尸，此儀則同也。主人於每節亦皆再拜稽首，記將見主人，哭出之節，故先言此。"

不綏祭，無泰羹湇、胾、從獻。

註曰："不綏、言獻，記終始也。事尸之禮始於綏祭，終於從獻。綏當爲墮。"

疏曰："此四事皆爲尸，是以上文有尸者，云迎尸而入，祝命佐食綏祭，有泰羹湇自門入，設于鉶南，胾四豆，設于左，又尸食之後，主人獻之後，賓長以肝從，主婦亞獻，賓長以燔從，賓長獻後亦如之，無尸，闕此四事，自羹已下三事，皆蒙'無'字解之也。"

郝氏曰："綏、挼同。《曲禮》云大夫綏之。綏祭即墮祭，解見前。"

主人哭，出復位。

註曰："於祝祝卒。"

疏曰："謂祝祝卒，無尸可迎，既無上四事，主人遂即哭，出，復户外東面位也。"

祝闔牖户，降，復位于門西。

註曰："門西北面位也。"

男女拾踊三。

註曰："拾，更也，三更踊。"

疏曰："凡言更踊者，主人踊，主婦踊，賓乃踊，三者三爲拾也。"

敖氏曰："是時，婦人亦在堂也。不入于房，與有尸者異。"

如食間。

註曰："隱之如尸一食九飯之頃也。"

敖氏曰："闔牖户，如食間，象神食之也，此謂陰厭。"

祝升，止哭，聲三，啟户。

註曰："聲者，噫歆也。將啟户，警覺神也。"

疏曰："若《曲禮》云'將上堂，聲必揚'，故云'將啟户，警覺神也'。"

孔氏曰："案《論語》云'顔淵死，子曰：噫，天喪予'，《檀弓》云公肩假曰噫，是古人發聲多云噫，故知此聲亦謂噫也。凡祭祀，神之所享謂之歆，今作聲，欲令神歆享，故云'歆，警神'也。"

顧氏炎武曰："《士虞禮》'聲三'，註'聲者，噫歆也。將啟户，警覺神也'，《曾子問》'祝聲三'，註'聲噫歆，警神也'，蓋歎息而言神其歆我乎，猶《詩》'顧予烝嘗'之意也。喪之'皋某復'，祭之'噫歆'，皆古人命鬼之辭。《既夕禮》'聲三'，註舊説以爲噫興也，噫興者，歎息而欲神之興也；噫歆者，歎息而欲神之歆也。"

世佐案，神人道殊而情則一，鬼之不欲近人，猶人之不欲近鬼也，故饗神之時必闔牖户，及其將啟，則作聲者三以警之，若使之聞而知所辟就者然，非明乎鬼神之情狀者不能爲斯禮也。其聲，《既夕》註以爲噫興，蓋出于傳聞之辭，此及《曾子問》註皆作噫歆，興與歆必有一誤，抑或但取其聲之似，而於字義無關乎？亭林之説，似求之過深矣。

主人入，祝從，啟牖，鄉如初。

註曰："牖先闔後啟，扇在内也。鄉、牖一名也。如初者，主人入，祝從在左。"

疏曰："《詩》云'塞鄉墐户'，註云'鄉，北出牖也'，與此註不同者，語異義同，北牖名鄉，鄉亦是牖，故云'牖一名也'。云'如初者，主人入，祝從入在左'者，鄭以經'如初'之文在'牖鄉'之下，恐人以爲啟牖鄉如初，上既無啟牖鄉之事，明據主人與祝位'如初'也。"

敖氏曰："鄉，猶面也，謂祝在主人之左，皆西鄉。"

世佐案，敖説以"啟牖"二字爲句，"鄉如初"三字爲句，得之。舊讀"鄉"字絶句，不辭甚矣。鄉，郝以北窻釋之，亦非是。

主人哭，出復位。

註曰："堂上位也。"

世佐案，位在西階上，東面。

卒徹，祝、佐食降，復位。

註曰："祝復門西北面位，佐食復西方位。不復設西北隅者，重閉牖户，褻也。"

疏曰：上經云"衆主人及兄弟、賓即位于西方"，佐食即賓也，復西方位可知。

敖氏曰："'卒徹'者，言其節也。此徹亦改設于西北隅，不言之者，亦爲其已蒙'如初'之文也。卒徹，祝闔牖户，乃與佐食俱降，佐食於此方云'復位'，則陰厭之時其在中庭北面與？士之佐食，位在兄弟之列，《特牲記》曰'佐食於旅，齒於兄弟'是也。"

世佐案，《曾子問》宗子爲殤而死，直有陰厭，凡殤與無後者，直有陽厭。然則二厭不備者，殤祭也。此主爲成喪而無尸者言，其二厭俱有可知，當以敖説爲正。

宗人詔降如初。

註曰："初，贊闔牖户，宗人詔主人降之。"

疏曰：禮畢降堂，宗人詔之，亦如上經也。從《句讀》節本。

右無尸饗祭之禮。

始虞用柔日。

註曰："葬之日，日中虞，欲安之。柔日陰，取其静。"

敖氏曰："柔日，乙、丁、己、辛、癸也。"

張氏曰："古人葬日，例用柔日。"

世佐案，柔日，即葬日也。葬日虞，孝子之心，不忍其親之神靈一日而無所依也。敖以言用決其非葬日，謬矣。

曰："哀子某，哀顯相，夙興夜處不寧。

註曰："曰，辭也，祝祝之辭也。喪祭稱哀。顯相，助祭者也。顯，明也。相，助也。《詩》云：'於穆清廟，肅雍顯相。'不寧，悲思不安。"

敖氏曰："哀子，主人也。哀顯相，衆主人以下也。"

敢用絜牲剛鬣、

註曰："敢，昧冒之辭。豕曰剛鬣。"

香合、

註曰："黍也。大夫、士於黍稷之號，合言普淖而已。此言香合，蓋記者誤爾。辭次，黍又不得在薦上。"

世佐案，《曲禮》云"黍曰香合，稷曰明粢"，祭時黍稷俱有，唯言黍者，舉其尊也。註以此二字爲誤，謂《曲禮》所云黍稷别號是人君法，非大夫、士所得稱也。然剛鬣亦豕之别號，且與香合同出《曲禮》，何以獨得稱邪？又謂辭次黍，不得在薦上，亦非此祝辭，但以物之重輕爲先後，初不依設薦之次，若依設薦之次，則豕俎亦不當在薦上矣。先言俎者，疏云"祭以牲爲主"故也。然則黍稷之馨香，獨非祭之所重乎？觀篇首饎爨之設，即次于特豕、魚、腊，亦可見矣，記固未可輕訾也。

嘉薦、普淖、

註曰："嘉薦，菹醢也。普淖，黍稷也。普，大也。淖，和也。德能大和，乃有黍稷，故以爲號云。"

世佐案，上既言香合，則普淖必非黍稷之謂。以文次考之，蓋謂鉶也。鉶，和羹也，故以是名之與？

明齊溲酒，

註曰："明齊，新水也。言以新水溲釀此酒也。《郊特牲》曰：'明水涚齊，貴新也。'或曰當爲明視，謂兔腊也。今文曰明粢，粢，稷也，皆非其次。今文溲爲醙。"

敖氏曰："明齊，蓋言醴也。《郊特牲》曰'縮酌用茅，明酌也'，又曰'明水涚齊，貴新也'，蓋用明水涚醴齊，故曰'明齊'也。祝祝之時，奠用醴而已，不用酒也。云'溲酒'，似衍文。"

郝氏曰："明齊即玄酒。溲，醴也。"

世佐案，溲、醙同，白酒也。上經云"兩甒醴酒，酒在東"，是醴與酒兼設矣。明齊謂醴，溲酒謂酒，記文甚明。先儒每曲爲之説，特以饗神用醴而不用酒故爾。然酒以酳尸，尸即神象也，祝祝之時言醴，而并及於酒，不亦宜乎？

哀薦祫事，

註曰："始虞謂之祫事者，主欲祫先祖也，以與先祖合爲安。"

疏曰：案《公羊傳》"大祫者何？合祭也"，合先君之主於大廟，故此鄭亦以祫爲合，但三虞卒哭後乃有祔祭，始合先祖，今始虞而言祫者，鄭云"以與先祖合爲安"，故下文云"適爾皇祖某甫"，是始虞預言祫之意也。從《續通解》節本。

適爾皇祖某甫，

註曰："爾，女也。女，死者。告之以適皇祖，所以安之也。皇，君也。某甫，皇祖字也，若言尼甫。"

郝氏曰："尸柩已藏神，宜歸廟，恐魂未離舊寢，故虞于寢，告使適祖也。皇，美大之稱。皇祖，即死者所祔祖。"

饗。"

註曰："勸强之也。"

再虞，皆如初。曰："哀薦虞事。"

註曰："丁日葬，則己日再虞。其祝辭異者一言耳。"

敖氏曰："'皆如初'，謂日與祝辭也。'曰哀薦虞事'，見其與上文異者，惟'虞祫'二字耳。虞之言度也，再告之，則有使之度其去就之意，故曰'虞事'焉，虞祭之名蓋取諸此。不以祫爲稱者，以其與大祫之名同，且此時猶未果祫也。"

世佐案，虞，安也。若曰"適爾皇祖"，則神乃安矣。敖訓爲度，非。

三虞、卒哭、他，用剛日，亦如初，曰："哀薦成事。"

註曰："當祔於祖廟，爲神安於此。後虞改用剛日，剛日陽也。陽，取其動也。士則庚日三虞，壬日卒哭。其祝辭異者，亦一言耳。他，謂不及時而葬者。《喪服小記》曰：'報葬者報虞，三月而後卒哭。'然則虞、卒哭之間，有祭事者亦用剛日。其祭無名，謂之他者，假設言之。文不在'卒哭'上者，以其非常也，令正者自相亞也。《檀弓》曰：'葬，日中而虞，弗忍一日離也。是日也，以虞易奠。卒哭曰成事。是日也，以吉祭易喪祭，明日祔於祖父。'如是，虞爲喪祭，卒哭爲吉祭。"

疏曰：云"他，謂不及時而葬者"，謂有故及家貧不及三月，因三日殯日即葬於國北。引《喪服小記》者，彼鄭註云"報，讀爲赴疾之赴"，謂不待三月，因殯日虞，所以安神，送形而往，迎魂而反而須安之，故疾虞。"三月而後卒哭"者，鄭云卒哭"待哀殺"，故至三月待尋常葬後，乃爲卒哭祭也。引《檀弓》者，證卒哭辭稱"成事"之義，但卒哭爲吉祭者，喪中自相對，若據二十八月後吉祭而言，禫祭已前總爲喪祭也。

孔氏曰：虞祭之時，以其尚凶祭，禮未成。今既卒無時之哭，唯有朝、夕二哭，漸就于吉，故云"成事"。其虞與卒哭尊卑不同，案《雜記》"士三月而葬，是月而卒哭；大夫三月而葬，五月而卒哭；諸侯五月而葬，七月而卒哭"，約此，天子七月而葬，九月而卒哭。《雜記》又云諸侯七虞，大夫五，士三，皆用柔日，最後一虞用剛日，故《士虞禮》云"三虞、卒哭、他，用剛日"，《雜記》云諸侯七虞，然則天子九虞也。士三虞、卒哭同在一月。假令丁日葬，葬日而虞，則己日二虞，後虞改用剛，則庚日三虞也。三虞與卒哭相接，則壬日卒哭也。士之三虞用四日，則大夫五虞當八日，諸侯七虞當十二日，天子九虞當十六日。最後一虞與卒哭例同用剛日，大夫以上卒哭去虞校兩月，則虞祭既終不得與卒哭相接，其虞後，卒哭之前，剛日雖多，不須設祭，以正禮既成故也。

敖氏曰："三虞卒哭，謂既三虞，遂卒朝夕哭也。他者，變易之辭，猶今之言別矣。不用柔日而別用剛日，故曰'他'也。他用剛日，則三虞卒哭後於再虞三日矣。所以用剛日者，爲祔祭宜用柔日故爾。蓋三虞與祔日當相接，經云'明日以其班祔'是也。亦如初，謂祝辭也。成事，謂見其一言之異者耳。三虞云'成事'者，謂神靈適祖之意已定也。"

郝氏曰："三虞以前，葬哭如始死，晝夜無時。卒哭以後，如既殯，惟朝奠一哭，夕奠一哭。曰‘卒’，卒晝夜無時之哭也。‘他用剛日’，謂卒哭明日即祔祭也。卒哭柔日，則祔祭當剛日。禮與辭如初，但稱‘哀薦成事’爲異。三虞皆喪祭，卒哭、祔漸成吉，故曰‘成事’。”

張氏曰：“鄭以經文‘他’字爲有非常之祭，似涉强解，此殆羨文，不然，當在亦字上，謂他祝辭耳。”

世佐案，卒哭亦祭名，在三虞後二日，祔之前一夕也。以親友朝夕之哭至是而終，故名之，説見上篇。“他”字之義，敖説爲長。若夫三虞與卒哭同爲一事，鄭以前已有是解，詳見疏中，非創自敖也。姑兩存之，以俟知者。三虞、卒哭皆云“成事”者，謂適祖之事成於此也。

右記虞、卒哭禮辭之異同。

獻畢，未徹，乃餞。

註曰：“卒哭之祭，既三獻也。餞，送行者之酒。《詩》云：‘出宿于泲，飲餞于禰。’尸旦將始祔于皇祖，是以餞送之。”

疏曰：虞、卒哭同在寢，明旦祔則在廟，故餞之。

張氏曰：“卒哭祭之明日，將祔于廟，故卒哭祭畢，餞之于寢門之外，此下所記即其儀也。”

世佐案，此承上文言卒哭之祭與虞異者，如下文所云也，自獻以前則同，“乃餞”，目下事也。

尊两甒于廟门外之右，少南，水尊在酒西，勺北枋。

註曰：“少南，將有事於北。有玄酒，即吉也。此在西，尚凶也。言水者，喪質。无幂，“幂”本或作“鼏”，誤。不久陳。”

敖氏曰：“是禮主於尸，故惟用酒耳。用酒而有水尊，尊者之禮也。水尊在酒西，西上也。無幂，變於祭。”

郝氏曰：“廟門即寢門。右，陰方。少南，尸席在北也。”

洗在尊東南，水在洗東，篚在西。

註曰：“在門之左，又少南。”

敖氏曰：“洗取節於尊，是猶未離於廟門外之西方也。”

世佐案，是三者亦皆在廟門外之右，但於尊爲少東耳，註説非。

饌籩、豆，脯四脡。

註曰：“酒宜脯也。”

敖氏曰："脯四脡，猶變於吉也。《鄉飲酒禮》曰：'薦脯五脡，横祭于其上。'"

世佐案，虞祭兩豆菹醢，餞則一豆、一籩，是其異也。脯，籩實也。不言豆實，亦醢可知。

有乾肉折俎，二尹縮，祭半尹，在西塾。

註曰："乾肉，牲體之脯也，如今涼州烏翅矣。折以爲俎實，優尸也。尹，正也。雖其折之，必使正。縮，從也。"

敖氏曰："二尹云'縮'，則祭半尹横矣。乾肉在俎而縮，亦變於牲三者，蓋饌於外西塾上之南。籩豆在俎北也。"

郝氏曰："割肉方正曰尹，猶二片，以二尹直陳于俎，横加半尹于上以待祭。"

尸出，執几從，席從。

註曰："祝入，亦告利成。入，前尸，尸乃出。几、席，素几、葦席也。以几、席從，執事也。"

世佐案，尸出，受獻畢，自室出也。几席，即前設於奥者。几、席分言之，見其執者二人，几先席後也。

尸出門右[1]，南面。

註曰："俟設席也。"

席設于尊西北，東面，几在南。

敖氏曰："此亦右几，明其象神。"

賓出，復位。

註曰："將入臨之位。《士喪禮》賓繼兄弟北上；門東，北面西上；門西，北面東上；西方，東面北上。"

主人出，即位于門東，少南，婦人出，即位于主人之北，皆西面，哭不止。

註曰："婦人出者，重餞尸。"

疏曰："婦人有事，自堂及房而已，今出寢門之外，故云'重餞尸'也。"

---

① "出"字原作"入"，校本作"出"，各本經文同，且疏引經文亦作"尸出門右南面"，據改。

敖氏曰:"主人位少南者,宜稍鄉尸,且爲婦人當位于其北也。衆主人以下亦在主人之南,如臨位,而婦人之位則當南上。云'哭不止',見其哭而出也。"

郝氏曰:"皆西面問尸也。"

尸即席坐,唯主人不哭,洗廢爵,酌,獻尸。尸拜受,主人拜送,哭,復位。

敖氏曰:"是時惟主人不哭,爲將行禮也。然則亞獻、三獻之時,主婦、賓長亦不哭,特於此見之也。主人拜送,蓋亦北面,如室中之儀。"

世佐案,云"唯主人不哭",見其餘哭自若也。將獻者哭止,獻主於敬,不欲以哭亂之。

薦脯醢,設俎于薦東,胸在南。

註曰:"胸,脯及乾肉之屈也。屈者在南,變於吉。"

疏曰:《曲禮》云"以脯脩置者,左胸右末",是吉時屈者在左,今尸東面,而云"胸在南",則屈在右,末在左,故云"變于吉"也。

尸左執爵,取脯擩醢,祭之。

敖氏曰:"亦祭于籩、豆之間。"

佐食授嚌,尸受,振祭,嚌,反之。

註曰:"授嚌,授乾肉之祭也。反之,反於佐食,佐食反之於俎。"

敖氏曰:"乾肉之祭云'嚌'者,亦因事名之。"

祭酒,卒爵,奠於南方。

註曰:"尸奠爵,禮有終。"

疏曰:"上經三獻尸皆有酢,今餞尸,三獻皆不酢而奠之,是爲禮有終。"

敖氏曰:"卒爵而主人不拜,且奠之而不酢,皆略也。南方,薦右也。後奠者又以次而南。"

世佐案,《鄉飲酒記》云"凡奠者於左,將舉於右",是爵將不舉而奠於右,亦變吉也。

主人及兄弟踊,婦人亦如之。

敖氏曰:"'亦如之'者,亦及内兄弟之屬皆踊也。"

主婦洗足爵，亞獻，如主人儀，無從，踊如初。賓長洗繶爵，三獻，如亞獻，踊如初。佐食取俎，實于篚。

敖氏曰："如主人儀，謂自'薦脯醢'至'反之'之外皆如之也。從，從獻者也，如燔之類。踊如初，亦丈夫先，婦人後也。"

郝氏曰："無從，無籩豆從薦也。佐食取俎，取乾肉。實于篚，爲尸賓也。"

世佐案，餞尸之禮，主人既不以肝從獻，則主婦之不以燔從可知，不待言也。此云"無從"者，謂籩也。上經云"自反兩籩，棗栗設于會南"是也。以其繼爵而進，亦得云"從"，并此而無之，禮尤殺也。

尸謖，從者奉篚哭從之。祝前，哭者皆從，及大門内，踊如初。

註曰："男女從尸，男由左，女由右。從尸不出大門者，猶廟門外無事尸之禮也。"

疏曰："云'從尸不出大門者，猶廟門外無事尸之禮'者，在廟以廟爲限，在寢門外以大門爲限，正祭在廟，廟門外無事尸之禮。今餞尸在寢門外，則大門外無事尸之禮，故鄭舉正祭況之。"

敖氏曰："哭者，皆從尸者，主於餞尸，則宜送之，亦男先女後。不拜者，凡主人於尸無拜送之禮，惟大夫賓尸，乃拜送之。"

郝氏曰："凡尸，尊于廟，大門外無事尸之禮，故至大門内止，不出大門，故不拜送尸出。出大門，賓出，拜送。"

尸出門，哭者止。

註曰："以餞於外，大門猶廟門。"

賓出，主人送，拜稽顙。

註曰："送賓，拜於大門外。"

疏曰：從尸不出大門者，有事尸限，送賓大門外，自是常禮。但禮有終，賓無答拜之禮也。

敖氏曰："主人既復位，宗人告事畢，賓乃出也。"

主婦亦拜賓。

註曰："女賓也。不言出、不言送，拜之於闈門之内。闈門，如今東西掖門。”

丈夫説經帶于廟門外。

註曰:“既卒哭,當變麻受之以葛也。夕日則服葛者爲祔期。”

疏曰:《喪服》註云大夫以上,虞而受服,士卒哭而受服。士亦約此文而言也。明旦爲祔,夕期之時變之,因爲祔期,使賓知變節也。從楊氏《圖》節本。

敖氏曰:“喪服之始,經帶先加,故於將變之時,亦先説之。若受服及杖梱之類,皆當爲之於既徹之後,此特見其始者耳。”

郝氏曰:“親始死,男子麻絰帶,至卒哭,脱麻帶易葛帶。廟門外餞畢,遂脱也。”

世佐案,丈夫,兼五服之親言也。既葬,以其冠爲受,將由重而即輕,去麤而用細,故於是先説其絰與帶焉。在首、在要皆曰絰。下文於婦人别言首絰,則此其要絰與？男子重首,乃不先説首絰者,郝云“易服先輕者”,得之。

入徹,主人不與。

註曰:“入徹者,兄弟大功以下。言主人不與,則知丈夫、婦人在其中。”

疏曰:“平常祭時,諸宰君婦廢徹不遲,則凶祭丈夫、婦人亦在,但齊斬不與徹耳。”

敖氏曰:“主人不與,則是丈夫自齊衰以下,婦人自主婦而下,皆得爲之矣。”

世佐案,齊斬之服不執事,鄭説必有所傳,敖氏易之,殆非。

婦人説首絰,不説帶。

註曰:“不説帶,齊、斬婦人帶不變也[1]。婦人少變而重帶,帶,下體之上也。大功、小功者葛帶,時亦不説者,未可以輕文變於主婦之質。至祔,葛帶以即位。《檀弓》曰:‘婦人不葛帶。’”

疏曰:《小記》云“齊衰,帶惡笄以終喪”,舉齊衰,則斬衰帶不變可知。男子陽,多變。婦人既葬,直變首絰,不變帶,故云“少變”。男子陽,重

① “變”,徐本、《通典》、《集釋》、楊氏同,與疏合,校本作“説”,《通解》、陳本、閩本、監本、毛本、庫本同。

首，首在上體，婦人陰，重腰，腰是下體，故帶不變葛帶，見大功、小功章。云“時亦不説者”，變是文，不變是質。夕時，同在廟門外，主婦不變，大功以下亦不變。夕後，入室，可以變。至祔旦，以葛帶即位也。引《檀弓》者，謂齊衰婦人。從楊氏《圖》節本。

敖氏曰：“既徹，乃説絰，下丈夫也。婦人，指五服之親言也。不説帶，則不以葛易之。《間傳》曰：‘男子重首，婦人重帶。’婦人質，故於其所重者有除無變。其三年者，至小祥而除之。齊衰期以至小功，則皆終喪而除之，《檀弓》曰‘婦人不葛帶’是也。其緦麻者，此時亦不説，既退則除之與？”

郝氏曰：“婦人重要絰，男子重首絰。易服先輕者，故卒哭，男子以葛易帶，婦人以葛易首絰。男不脱首絰，婦不脱要帶。至小祥，男子乃去首絰，而帶如故。婦人乃去帶，而首絰如故。所謂除服先除重也。”

無尸則不餞，猶出，几席設如初，拾踊三。

註曰：“以餞尸者，本爲送神也。丈夫、婦人亦從几席而出。”

敖氏曰：“拾踊者，謂丈夫、婦人及賓也。然則於餞尸之時，賓亦踊矣。上記不見之者，文略也。”

郝氏曰：“無尸，謂殤不成喪者，無尸可餞，猶以室中神几與席陳設。寢門外行禮，拾踊三，丈夫、婦人、賓客更迭踊三者三也。”

世佐案，無尸，説見上，郝説非。不餞，則不獻，尊、洗、籩、豆、折俎之屬，皆無之矣。云“設如初”者，止謂几席耳。初，謂席設于廟門外之西，東面，几在南。

哭止，告事畢，賓出。

敖氏曰：“其賓出以下之儀，與有尸者同。”

張氏《監本正誤》云：“‘無尸則不餞，猶出几席，設如初，拾踊三’下脱‘哭止，告事畢，賓出’七字，唐石經剥蝕，尚有‘賓出’二字脚可辨，補字闕，或亦承監本之誤。”

世佐案，告者，亦宗人也。言此者，見哭止之後無他禮，且與下賓出爲節也。

右記卒哭餞尸禮。

死三日而殯，三月而葬，遂卒哭。

註曰："謂士也。《雜記》曰：'大夫三月而葬，五月而卒哭。諸侯五月而葬，七月而卒哭。'此記更從死起，異人之間，其義或殊。"

疏曰：士三日殯，三月葬，皆通死日、死月數，是以士之卒哭在三月内。大夫以上，殯葬除死日、死月數。大夫三月葬，除死月，則通四月，又有五虞，則卒哭在五月。諸侯以上可知。註"異人"，謂記者不一人，故言有更端。從《句讀》節本。

敖氏曰："云'遂卒哭'，以其與葬事相屬也。"

將旦而祔則薦。

註曰："薦，謂卒哭之祭。"

敖氏曰："此薦在三虞之夕也。將以來日旦明祔神靈於廟，則是時復薦于寢而告之。薦，謂薦脯醢而奠酒也。惟主告神以祔期耳，故其禮略。曩者既餞尸，送神於外也。今復薦於寢者，以神不可測，雖已送之，猶不敢必其往也。"

郝氏曰："將旦，謂卒哭之明旦。薦，即卒哭日祭餞也。"

世佐案，敖説以三虞與卒哭合爲一事，以此薦與卒哭分爲二禮，皆與鄭異，今從鄭。虞以日中，卒哭以夕，皆因其節之當然，而與吉祭自别矣。

卒辭曰："哀子某，來日某，隮祔爾于爾皇祖某甫，尚饗！"

註曰："卒辭，卒哭之祝辭。隮，升也。尚，庶幾也。不稱饌，明主爲告祔也。"

疏曰："迎尸之前，祝釋孝子辭云爾。"

敖氏曰："卒，謂已薦也。已薦，則祝告以此辭。"

世佐案，卒辭，卒祝之辭也。卒辭如是，則自迎尸以前之祝辭，皆與虞祭同矣。此特見其異者。

女子曰："皇祖妣某氏。"

註曰："女孫祔於祖母。"

疏曰："此女子謂女未嫁而死，或出而歸，或未廟見而死，歸葬女氏之家，既葬，祔於祖母也。"

世佐案，某祖妣，姓也。此及下文，又著其卒辭之異者。

婦，曰："孫婦于皇祖姑某氏。"

註曰："不言爾，曰'孫婦'，婦差疏也。"坊本"孫婦"下脱一"婦"字，今據疏文補正。

世佐案，婦，即主祭者之母若妻也。謂之婦者，容舅姑在，則稱婦。《小記》云："婦之喪，虞、卒哭，其夫若子主之，祔，則舅主之。"此卒哭之祭也，乃云"孫婦"者，對所祔者而言也。註云"婦差疏"，似曲。

其他辭，一也。

註曰："來日某、隮祔、尚饗。"

疏曰："其祔女子云'來日某，隮祔爾于爾皇祖妣某氏，尚饗'，其孫"孫"當作"祔"。婦云'來日某，隮祔孫婦於皇祖姑某氏，尚饗'。"

饗辭曰："哀子某，圭爲而哀薦之，饗！"

註曰："饗辭，勸强尸之辭也。圭，絜也。《詩》曰：'吉圭爲饎。'《毛詩》："吉蠲爲饎。"《釋文》云："蠲，舊音圭。董氏逌云：'《韓詩》作吉圭'。"凡吉祭饗尸曰孝子。"

疏曰："此一辭説三虞、卒哭勸尸辭，若祔及練、祥吉祭，其辭亦用此，但改'哀'爲'孝'耳。"

黄氏曰："卒哭之祭，是以吉祭易喪祭，則合稱'孝子'、'孝孫'。今尚稱'哀'者，豈孝子不忍忘其哀，至祔而神之，乃稱'孝'歟？"

敖氏曰："饗，謂饗神也。祝既釋告祔之辭，主人及祝皆再拜。主人出立于牖西，祝立于户東，如食間。主人及祝又入，祝乃釋此饗辭。主人及祝又再拜，主人出，祝乃徹之也。此雖主爲告祔之饗言之，然凡喪祭之饗辭，亦皆然爾。"

世佐案，此饗神之辭，乃三虞、卒哭所通用者，故記於後。其實薦時先釋此辭，既，又釋哀薦成事之辭，然後釋卒辭也。敖云既釋告祔之辭，乃釋此饗辭，失其次矣。

右記卒哭祭告祔之辭與饗辭。

明日，以其班祔。

註曰："卒哭之明日也。班，次也。《喪服小記》曰：'祔必以其昭穆，亡則中一以上。'凡祔已，復于寢，如既祫，主反其廟，練而後遷廟。"

疏曰：引《喪服小記》者，彼解中猶間也，一以上，祖又祖，孫祔祖爲正，若無祖則祔于高祖，以其祔必以昭穆，孫與祖昭穆同，故間一以上，取昭穆相當者。若婦則祔于夫之所祔之妃，無亦間一以上，若妾祔，亦祔于夫之所祔之妾，無則易牲祔女君也。云“凡祔已，復于寢，如既祫，主反其廟”者，案《曾子問》云天子、諸侯既祫祭，“主各反其廟”，今祔于廟，祔已，復于寢。若大夫、士無木主，以幣主其神，天子、諸侯有木主者，以主祔祭訖，主反于寢，如祫祭訖，主反廟相似，故引爲證也。云“練而後遷廟”者，案文二年《穀梁傳》曰“作主壞廟有時日，於練焉壞廟”，是練而遷廟，引之者，證練乃遷廟，祔遷于寢。若然，唯祔祭與練祭，祭在廟，祭訖，主反于寢，其大祥與禫祭，其主自然在寢祭之。案下文禫月逢四時吉祭之月，即得在廟祭，但未配而已。

世佐案，説見上篇。

沐浴，櫛，搔翦。

註曰：“彌自飾也。搔當爲爪。今文曰沐浴。搔翦或爲蚤揃，揃或爲鬋。”

郝氏曰：“祔祭，則主人沐面、浴體、櫛髮、搔翦手足甲，稍脩飾也。”

用專膚爲折俎，取諸脰膉。

註曰：“專，猶厚也。折俎，謂主婦以下俎也。體盡人多，折骨以爲之。今以脰膉，貶純吉。今文字爲折俎，而説以爲肵俎，亦甚誣矣。古文脰膉謂頭嗌也。”

疏曰：“鄭知折俎是‘主婦以下俎’者，《特牲記》云‘主婦俎，觳折；佐食俎，觳折’，《少牢》云‘主婦俎，臑折’是也。”

敖氏曰：“惟云‘取諸脰膉’，是不分左右皆用之矣。此折俎，謂尸祝之外，凡執事者之俎也，阼俎亦存焉。有此俎，則有致爵、獻賓之禮矣。《曾子問》曰：‘小祥者，主人練祭而不旅奠酬於賓，賓弗舉禮也。’然則祔祭其無奠酬之事與？以專膚爲俎，且取諸脰膉，明不用體骨也。所以然者，祔未純吉，猶以左胖爲神俎，其右胖之體骨，則不敢以爲執事者之俎實，蓋辟吉祭神俎之所用者也。”

郝氏曰：“主人以下之俎用專膚，純肉，無體骨。俎貴骨賤肉，喪貶于吉也。脰膉，項肉。”

張氏曰：“吉祭折俎用體骨，此用膚，爲不同。”

世佐案，下祝辭云“用尹祭”，則此俎謂尸俎也。尸俎取諸脰膉，則自阼俎已下亦以膚爲之，而不必取諸脰膉矣。尸俎不用骨體者，變于吉也。虞俎用骨體，以虞是喪祭，且在寢，無嫌與吉同。祔祭在廟，其陳設儀節皆與饋食相似，若并其俎而同之，則純乎吉矣，故宜變之。

其他如饋食。

註曰："如特牲饋食之事。或云以左胖虞，右胖祔。今此如饋食，則尸俎、肵俎皆有肩、臂，豈復用虞臂乎？其不然明矣。"

疏曰：上文有俎，則夫婦致爵，以祔時變麻服葛，其辭稱孝，夫婦致爵，與《特牲》同。註"或云"以下，鄭君以經文破當時左胖虞，右胖祔之説也。從《句讀》節本。

敖氏曰："其他，謂陳設之位與事神、事尸之儀，及執事者也。"

用嗣尸。

註曰："虞、祔尚質，未暇筮尸。"

疏曰：言"用嗣尸"，則從虞以至祔祭，唯用一尸而已。練祥則筮尸，故《喪服小記》云"練，筮日、筮尸"。

敖氏曰："嗣尸，主人子行之次於爲虞尸者也。以次相繼而用之，故曰嗣。虞、祔異尸者，若曰吉凶不可相因然。"

世佐案，嗣尸者，以次相繼而爲尸也。虞、卒哭之尸一而已。至于祔祭，則亡者與亡者之祖必異尸，皆以亡者之孫行爲之。長爲亡者祖尸，其次爲亡者尸，昭穆同也。孫可以爲王父尸，玄孫亦可爲高祖尸。

曰："孝子某，孝顯相，夙興夜處，小心畏忌，不惰其身，不寧。

註曰："稱孝者，吉祭。"

敖氏曰："此祭兩告之而辭，乃惟以孝子爲稱者，蓋主於祔者也。自此以下，亦皆祝祝之辭。"

郝氏曰："曰以下，祔祭之祝辭。稱孝子，變于哀也。孝顯相，助祭者，皆孝也。"

用尹祭、

註曰："尹祭，脯也。大夫、士祭，無云脯者。今不言牲號而云'尹祭'，亦記者誤矣。"

世佐案，此不言牲號而云"尹祭"，指專膚而言也。

嘉薦、普淖、普薦、溲酒。

註曰："普薦，鉶羹。不稱牲，記其異者。"

郝氏曰："普薦，祖孫共薦。下辭云'爾祖'、'爾孫'是也。"

世佐案，普淖，説見上。普薦，蓋因上文而衍也。云"嘉薦"而不云香合，豆、敦之屬皆在薦中也。云"溲酒"而不云明齊，則是禮不用醴可知矣。

適爾皇祖某甫，以隮祔爾孫某甫，尚饗！"

註曰："欲其祔合，兩告之。《曾子問》曰：'天子崩，國君薨，則祝取羣廟之主而藏諸祖廟，禮也。卒哭成事，而後主各反其廟。'然則士之皇祖，於卒哭亦反其廟。無主，則反廟之禮未聞，以其幣告之乎？"

疏曰："欲使死者祔於皇祖，又使皇祖與死者合食，故須兩告之。是以告死者曰'適爾皇祖某甫'，謂皇祖曰'隮祔爾孫某甫'，二者俱饗，是其兩告也。"

黄氏曰：卒哭有饗辭，此祔禮既有尸，則勸尸亦合有饗詞。今案卒哭饗辭註云"祔及練祥不同，但改哀爲孝耳"，則其詞當曰[1]"孝子某，圭爲而孝薦之，饗"，練祥同。

敖氏曰："兩告之，是兩祭之也。兩祭之而用一尸，且不别設几席薦饌，蓋祭禮或當然也。"

世佐案，此詞蓋分告之也。先詣亡者神前。祝曰："孝子某云云，適爾皇祖某甫，尚饗。"祝畢，復詣亡者祖神前。祝曰："孝孫某云云，以隮祔爾孫某甫，尚饗。"其尸及几席之屬皆二。生而同牢，死而同几、同尸者，夫婦也，餘則否。敖説非。

右記祔祭之禮。

賀氏循曰："卒哭祭之明日，以其班祔於祖廟，各以昭穆之次，各有牲牢，所用如卒哭儀。今無廟，其儀，於客堂設亡者祖坐，東向，又爲亡者坐，於北少退。平明，持饌具設及主人之節，皆如卒哭儀。先向祖座拜，次向祔座拜訖，西面南上，伏哭。主人進，酌祖座。祝曰：'曾孫某，敢用潔牲嘉薦于曾祖某君，以隮祔某君之孫某。'又酌亡者座。祝曰：'哀子某，夙興夜處不寧，敢用潔牲嘉薦，祔事于皇祖某君，適明祖某君尚饗。'

① "當曰"原作"亦與"，不辭，校本作"當曰"，《通解續》作"宜云"，今據校本改。

皆起，再拜，伏哭盡哀。復各再拜，以次出。妻妾婦女以次向神座再拜訖，南向，東上，巽等，少退，哭盡哀，各再拜還房。遂徹之。自祔之後，唯朔日月半殷奠而已[①]，其饌如來時儀，即日徹之。”

世佐案，此蓋參酌古禮而爲之者，其禮雖不能盡與古合，然以是考之，則其神座及祝辭之次第亦略可覩矣。

朞而小祥，

註曰：“小祥，祭名。祥，吉也。《檀弓》曰：‘歸祥肉。’”

杜氏佑曰：“周制，士喪，周而小祥，筮日、筮尸、視濯，皆腰絰、杖、繩屨。有司告具，而後去杖筮日、筮尸。有司告事畢，而後杖，拜送賓。”又曰：“周之喪，二年也。故周祭，禮也；周而除喪，道也。祭不爲除喪也。十三月而練冠。又云：周之喪，十一月而練，自諸侯達諸士。小祥之祭，主人之酢也嚌之，衆賓兄弟皆啐之。既練，居外寢堊室，不與人居。君謀國政，大夫謀家事。始食菜果，飯素食。哭無時。寢有席。練冠縓緣，腰絰不除，男子除乎首，婦人除乎帶。所除服者先重，易服者易輕者。又云練，練衣，黄裏縓緣。葛腰絰，繩屨，無絇，角瑱，鹿裘衡長袪，袪，裼之可也。”

張子曰：“祔與遷自是兩事。祔者，奉新死者之主，而告新死者以將遷于此廟也。既告，則復新死者之主於寢，而祖亦未遷。比至于練乃遷其祖入他廟或夾室，而遷新死者之主于其廟。”

黄氏曰：“横渠之説如此，鄭註亦然。既因練而遷，則必易檐改塗，而後遷。《穀梁》疏乃謂壞廟在三年，則失之矣。”

敖氏曰：“三年之喪，至朞，而凶服或有所除，故謂之祥。再朞而祭祀，辭乃曰祥事，則此未得正謂之祥也，故以小言之。自此以下之祭，皆於祖廟。特祭新死者，不復及其皇祖，與祔異。”

郝氏曰：“朞，滿十二月，一歲之期。小祥，十三月之祭。”

曰：“薦此常事。”

註曰：“祝辭之異者。言常者，朞而祭，禮也。”

敖氏曰：“此見其與祔辭之異者耳。當云‘敢用某物，薦此常事于皇考某甫’也。”

---

① “朔日”之“日”原作“月”，校本作“朔日”，與《通典》合，據改。

又朞而大祥，曰："薦此祥事。"

杜氏曰："周制，自小祥又周而大祥，吉服而筵尸。主人之除也，於夕爲期，朝服，祥因其故服。又曰：'祥而縞。'除成喪者，其祭也，朝服縞冠。大祥有醯醬[①]，居復寢，素縞麻衣。其祭時，尸酢主人，主人啐之，衆賓兄弟皆飲之可也。凡侍祭喪者，告賓祭薦而不食。"

敖氏曰："凶事至是盡除，故曰大祥，而其辭曰'祥事'。言'大'者，對小之稱。"

郝氏曰："又朞，二十四月。大祥，二十五月之祭。"

中月而禫。

註曰："中，猶間也。禫，祭名也，與大祥間一月。自喪至此[②]，凡二十七月。禫之言澹，澹然平安意也。"

孔氏曰："其祥、禫之月，先儒不同。王肅以二十五月大祥，其月爲禫，二十六月作樂，所以然者，以下云'祥而縞，是月禫，徙月樂'，又與上文'魯人朝祥而莫歌'，孔子云'踰月則其善'，是皆祥之後月作樂也，又《閒傳》云'三年之喪，二十五月而畢'，又《士虞禮》'中月而禫'，是祥月之中也，與《尚書》'文王中身享國'謂身之中閒同，又文公二年冬，公子遂如齊納幣，是僖公之喪至此二十六月，而《左氏》云'納幣，禮也'，故王肅以二十五月禫除喪畢。而鄭康成則二十五月大祥，二十七月而禫，二十八月而作樂，復平常。鄭必以爲二十七月禫者，以《雜記》云'父在，爲母、爲妻十三月大祥，十五月禫'，爲母、爲妻尚祥、禫異月，豈容三年之喪乃祥、禫同月？若以父在爲母，屈而不申，故延禫月，其爲妻當亦不申，祥、禫異月乎？若以'中月而禫'爲月之中間，應云'月中而禫'，何以言'中月'乎？案《喪服小記》云'妾祔於妾祖姑，亡則中一以上而祔'，又《學記》云'中年考校'，皆以中爲間，謂間隔一年，故以中月爲間隔一月也，下云'祥而縞，是月禫，徙月樂'是也。謂大祥者縞冠，是月禫，謂是此禫月而禫，二者各自爲義，事不相干。故《論語》云：'子於是日哭，則不歌。'文無所繼，亦云'是日'。文公二年，公子遂如齊納幣者，鄭《箴膏肓》'僖公母成風主婚，

① "醯"原作"醓"，校本作"醯"，與《通典》、《禮記・閒傳》合，據改。

② "此"，校本作"中"，毛本同。阮《校》曰："徐、陳、閩、葛、《通典》、《集釋》、《通解》、楊氏同，毛本'此'作'中'。"

得權時之禮’，若《公羊》，猶譏其喪娶。其‘魯人朝祥而莫歌’及《喪服四制》云‘祥之日，鼓素琴’及‘夫子五日彈琴不成聲，十日成笙歌’，并此獻子禫縣之屬，皆據省樂忘哀，非正樂也。其八音之樂，工人所奏，必待二十八月也，即此下文‘是月禫，徙月樂’是也。其‘朝祥莫歌’，非正樂，歌是樂之細別，亦得稱樂，故鄭云‘笑其爲樂速’也。其《三年問》云‘三年之喪，二十五月而畢’，據喪事終，除衰去杖，其餘哀未盡，故更延兩月，非喪之正也。王肅難鄭云：‘若以二十七月禫，其歲未遭喪，則出入四年，《喪服小記》何以云“再期之喪三年”？’如王肅此難，則爲母十五月而禫，出入三年，《小記》何以云‘期之喪二年’？明《小記》所云，據喪之大斷也。又肅以‘月中而禫’，案《曲禮》‘喪事先遠日’，則大祥當在下旬，禫祭又在祥後，何得云‘中月而禫’？又禫後何以容吉祭？故鄭云二十七月也。戴德《喪服變除禮》‘二十五月大祥，二十七月而禫’，故鄭依而用焉。鄭以二十八月樂作，《喪大記》何以云‘禫而内無哭者，樂作矣’？似禫後許作樂者。《大記》所謂禫後方將作樂，釋其‘内無哭者’之意，非謂即作樂。《大記》又云‘禫而後御，(言)〔吉〕祭而復寢[①]’，《間傳》何以云‘大祥，居復寢’？《間傳》所云者，去堊室，復殯宫之寢。《大記》云‘禫而從御’，謂禫後得御婦人，必待吉祭，然後復寢。其吉祭者，是禫月值四時而吉祭。外而爲之，其祝辭猶不稱以某妃配，故《士虞禮》云‘吉祭猶未配’。”黄氏曰：“疏文所辨禫祭月日，正讀禮者所當考。元繫於‘孟獻子縣而不樂’之下，今移於此，庶學者易於檢尋也。”

杜氏曰：“祥、禫之義，案《儀禮》云：‘中月而禫。’鄭康成以中月爲閒月，王肅以中月爲月中，致使喪期不同，制度非一。歷代學黨，議論紛紜。宗鄭者則云：祥之日，鼓素琴，孔子彈琴笙歌，乃省哀之樂，非正樂也。正樂者八音並奏，使工爲之者也。案鄭學之徒，不云二十五月六月七月之中無存省之樂也，但論非是禫後復吉所作正樂耳。故鄭註《喪服四制》‘祥之日鼓素琴’云‘爾以存樂也’。君子三年不爲樂，樂必崩；三年不爲禮，禮必壞。故祥日而存之，非有心取適而作樂。三年之喪，君子居之，若駟之過隙，故雖以存省之時，猶不能成樂。是以孔子既祥，五日彈琴而不成聲。《禮記》所云‘二十五月而畢’者，論喪之大事畢也，謂除衰絰與堊室耳。餘哀未盡，故服素縞麻衣，著未吉之服。伯叔無禫，十三月而除；爲母、妻有禫，則十五月而畢；爲君無禫，二十五月而畢；爲父、長子有禫，二十七月而畢。明所云‘喪以周斷’者，禫不在周中也。《禮記》二十五月畢者，則禫不在祥月，此特爲重喪加之以禫，非論其正祥除之義也。三年之喪二十五月而畢者，論其正；二十

---

① “吉”字原作“言”，校本同。《禮記》孔疏及《喪大記》原文皆作“吉”，應據改。

七月而禫者，明其加。宗王者案《禮記》云‘三年之喪再周，二十五月而畢’，又《檀弓》云‘祥而縞，是月禫，徙月樂’，又魯人有朝祥而暮歌者，子路笑之，夫子曰‘踰月則其善也’，又夫子既祥，五日，彈琴而不成聲，十日而成笙歌，又‘祥之日，鼓素琴’，以此證無二十七月之禫也。案王學之徒難曰：‘若二十五月大祥，二十七月而禫，二十八月作樂，則二十五月、二十六月、二十七月，三月之中不得作樂者，何得《禮記》云“祥之日，鼓素琴”，“孔子既祥，五日彈琴，十日笙歌”？又《喪大記》云“禫而内無哭者，樂作矣故也”，“孟獻子禫，懸而不樂”，此皆禫月有樂之義，豈合二十八月然始樂乎？’鄭學之徒，嫌祥禫同月，卜用遠日，無中月之義者，祥禫之祭雖用遠日，若卜遠日不吉，則卜近日，若卜近得吉，便有中月之義也。所以知卜遠不得吉得用近日者，以吉祭之時，卜近不吉，得卜遠日。故《禮記》云‘旬之内曰近某日，旬之外曰遠某日’，《特牲饋食》云‘近日不吉，則筮遠日’。若吉事得用遠，則凶事得用近，故有中月之義也。《禮記》作樂之文，或在禫月，或在異月者，正以祥禫之祭，或在月中，或在月末故也。喪事先遠日，不吉則卜月初。禫在月中，則得作樂，此《喪大記》‘禫而内無哭者，樂作矣故’，‘孟獻子禫，懸而不樂’之類皆是也。祥之日鼓琴者，特是存樂之義，非禫後之樂也。夫人倫之道，以德爲本，至德以孝爲先。上古喪期無數，其仁人則終身滅性。其衆庶有朝喪暮廢者，則禽獸之不若。中代聖人，緣中人之情，爲作制節[①]，使過者俯而就之，不及者跂而及之，至重者斬縗以周斷。後代君子居喪，以周若駟之過隙，而加崇以再周焉。《禮記》云：‘再周之喪，二十五月而畢。’至於祥禫之節，焚爇之餘，其文不備。先儒所議，互有長短，遂使歷代習禮之家，飜爲聚訟，各執所見，四海不同，此皆不本禮情而求其理故也。夫喪本至重以周斷，後代崇加以再周，豈非君子欲重其情而彰孝道者也，何乃惜一月之禫而不加之，以膠柱於二十五月者哉！或云‘孝子有終身之憂，何須過聖人之制’者，二十七月之制，行尚矣，遵鄭者乃過禮而重情，遵王者則輕情而反制，斯乃孰爲孝乎？且練、祥、禫之制者，本於哀情，不可頓去而漸殺也。故《間傳》云：‘再周而禫大祥，素縞麻衣，中月而禫，禫而纖，無所不佩。’中猶間也，謂大祥祭後間一月而禫也。據文勢足知除服後一月服大祥服，後一月服禫服。今俗所行，禫則六旬，既祥縞麻，闕而不服，稽諸制度，失之甚矣。今約經傳，求其適中，可二十五月終而大祥，受以祥服，素縞麻衣。二十六月終而禫，受以禫服，二十七月終而吉，吉而除。徙月樂，無所不佩。夫如此求其情而合乎禮矣。”

世佐案，鄭、王二説各有所據，未易評定得失。然親喪外除，餘哀未忘于内，禮之正也。孝子之執親之喪也，哀慕之情終身焉而已，三年若駟

---

① “制節”原作“節制”，校本作“制節”，《通典》同，據乙。

之過隙也，至于變除之節，與其過而除也，毋寧過而服之，此二十七月之制所以爲萬世遵行與？若日月雖多而哀戚之情不至焉，則豈稱情而立文之謂哉。

是月也，吉祭，猶未配。

註曰："是月，是禫月也。當四時之祭月則祭，猶未以某妃配某氏，哀未忘也。《少牢饋食禮》：'祝祝曰：孝孫某，敢用柔毛、剛鬣、嘉薦、普淖，用薦歲事于皇祖伯某，以某妃配，某氏，尚饗！'"

疏曰："禫祭，仍在寢，此月當四時吉祭之月則於廟，行四時之祭於羣廟而猶未得以某妃配，哀未忘，若喪中然也。言猶者，如祥祭以前，不以妃配也。案《禮記》云'吉事先近日，喪事先遠日'，則大祥之祭，仍從喪事，先用遠日下旬爲之。此禫言澹然平安。"

張子曰："祔葬、祔祭，極至理而論，只合祔一人。夫婦之道，當其初婚，未嘗約再配，是夫只合一娶，婦只是合一嫁。今婦人夫死而不可再嫁，如天地之大義，夫豈得而再娶，然以重者計之，養親承家祭祀，繼續不可無也，故有再娶之理。然其葬、其祔雖爲同穴、同筵几，然譬之人情，一室中豈容二妻？以義斷之，須祔以首娶，繼室别爲一所可也。"

或問朱子曰："頃看程氏《祭儀》，謂凡配止用正妻一人，或奉祀之人是再娶所生，即以所生配，謂凡配止用正妻一人是也。若再娶者無子，或祔祭别位亦可也。若奉祀者是再娶之子，乃許用所生配，而正妻無子，遂不得配享可乎？"朱子曰："程先生此説恐誤。《唐會要》中有論凡係適母[①]，無先後皆當並祔合祭，與古者諸侯之禮不同。"〇又曰："夫婦之義，如乾大坤至[②]，自有差等，故方其生存，夫得有妻、有妾，而妻之所夫不容有二，況於死而配祔，又非生存之比。横渠之説似亦失之於太過也[③]，只合從唐人所議爲允，況又有前妻無子，後妻有子之礙，其勢將有所杌隉而不安者，唯葬則今人夫婦，未必皆合葬繼室，别營兆域，宜亦可矣。"

黄氏曰："案《喪服小記》云'婦祔於祖姑，祖姑有三人，則祔於親者'，

① "係"字校本無。

② "乾大坤至"，原作"乾□坤至"，校本作"乾之與坤"。《晦庵先生朱文公文集》及《通解續》所引皆作"乾大坤至"，今據補。

③ "亦失之於"，原作"亦□之有"，校本作"亦失之於"。《晦庵先生朱文公文集》作"亦推之有"，《通解續》引作"亦言之有"，今據校本改。

祖姑有二人，皆得祔於廟，則其中必有再娶者，則再娶之妻自可祔廟。程子、張子特考之不詳耳，朱先生所辨，正合禮經也。”

敖氏曰：“禫之月即安祭，所以安神。《大戴記》言諸侯遷廟事畢，乃擇日而祭焉，正此意也。至是方云‘吉祭’，則於祔云‘其他如饋食’者，亦大約言之耳。‘猶未配’，謂孝子之母雖先其父而卒者，此時猶未以之配祭也。蓋此祭主於安其父之神靈，故不及其母與？所謂薦其歲事者不同也。”

郝氏曰：“吉祭即禫祭也。未配，新主猶祔祖，未入新廟，與其配專祀也。夫妻合祀曰配。”〇又曰：“親初喪，設主，殯宫三月，既葬，卒哭，以主祔于祖廟時，新宫未作，無專祠，故不忍即以鬼神事之也，故練祥等祭皆無配。三年喪畢，新宫成，遷主禰廟，始有配饗，禫祭時主猶在祖。”

世佐案，别云是月則吉祭，與禫祭同月而異日明矣。吉祭，謂以吉禮祀今亡者于廟也。前此者，虞不致爵，小祥不旅酬，大祥無無算爵，皆未吉也。至是純以吉禮行之，故曰吉祭。一月而兩祭者，禫尚在寢，吉祭則以其新遷于廟而爲是祭以妥其神也。配，謂以其妃之先卒者合食也。婦人無廟，其妃之先卒者帰祔于皇祖姑，今其夫遷廟之後，乃合食焉，是則所謂配也。未配，則祭考而已，不及其妣也。未配之義有二，一則以其在二十七月之内，未忍純以鬼神之道事之，一則喪三年不祭，是時羣廟之祭猶未舉，固不得而獨私其母也。蓋此祭爲新遷廟者，不爲舊在廟者。至于羣廟之祭，則必待三年喪畢，二十八月而後行之也。疏以此祭爲祭羣廟，非。又案，此疏云“禫祭仍在寢”，《左傳》服註云“特祀於主”，謂在寢蒸嘗，禘于廟者，三年喪畢，遭蒸嘗，則行祭皆於廟焉。《穀梁傳》疏亦云“壞廟在三年喪終”，是皆謂遷廟之節後于禫祭也。張子從鄭義，練而遷廟，與賈、服不同，今以孔子善殷，練而祔之意推之，當以賈、服説爲正。

右記小祥、大祥、禫祭、吉祭之節。

儀禮集編卷十四　男盛溶澄校字

儀禮集編卷十五

秀水盛世佐學　後學歙鮑漱芳、石門顧修參校

特牲饋食禮第十五

鄭《目録》云："特牲饋食之禮，謂諸侯之士祭祖禰，非天子之士，而於五禮屬吉禮。"

疏曰："《曲禮》云'大夫以索牛，士以羊、豕'，彼天子大夫、士。此《儀禮》特牲、少牢，故知是諸侯大夫、士也。且經直云'適其皇祖某子'，不云考，鄭云'祖禰'者，《祭法》云'適士二廟，官師一廟'，官師謂中、下之士祖禰共廟，亦兼祭祖，故經舉祖兼有禰者，鄭達經意，祖、禰俱言也。若祭，無問一廟二廟，皆先祭祖，後祭禰，是以文二年《左傳》云'文、武不先不窋'，子不先父是也。若祭，無問尊卑、廟數多少，皆同日而祭畢，以此及《少牢》惟筮一日，明不别日祭也。"

敖氏曰："此篇言士祭其祖之禮。特牲，謂豕也。士祭用三鼎，乃以特牲名之者，主於牲也。少牢放此。"

郝氏曰："特牲饋食禮，士祭祖禰也。特牲，一牲。卑者先飯曰饋食，尊者先灌曰祭祀。《曲禮》曰'大夫以索牛，士以羊、豕'，《雜記》云上大夫卒哭、成祔，皆大牢，然則大夫亦時用大牢，士亦時用少牢也。《士喪禮》少牢遣奠，則大夫豈無用特牲時邪？鄭謂《曲禮》所言，天子之士，是書爲諸侯之大夫、士，何據而别？夫禮有隆殺，牲有大小，通上下貴賤用之，天子郊天亦特牲也。謂大夫之祭隆于士，則可謂大夫專用少牢，士專用特牲，不盡然。蓋《士虞》後繼以《特牲》者，自凶趨吉也。《特牲》後繼以《少牢》者，自殺趨隆也，皆記禮之序。故是篇首云'冠端玄'與兄弟之服，辭曰'諏事'，'適皇祖'不言配，皆繼前篇虞後祥、禫等吉祭言，否則何爲反

以士先大夫邪?"

張氏曰:"註疏本不詳他書目次,吴氏補之云'大戴第七,小戴第十三,别録第十五'。"

姜氏曰:"周禮吉禮十有二,皆王禮,而若《特牲饋食》及下《少牢饋食》則其下達于士、大夫之二禮也。凡吉禮,享鬼祀神祭示之屬,蓋不勝詳,此二禮僅存,他皆不可考矣。饋食禮蓋喪禮祥、禫以後,自凶即吉之祭禮,故爲吉禮首也。"又曰:"喪畢,將祫于祖。二廟以上,祖、禰各有廟。而官師一廟,但有禰廟,故祖禰共廟。"

世佐案,是經凡言大夫、士,皆指仕於諸侯者言,鄭註得之,郝説非。説者見此篇繼《士虞禮》後,《少牢饋食》之前,遂目爲自凶即吉之祭,尤誤也。諸篇次第,皆出于漢儒所定,未必合作經者之舊,况高堂生所傳本以士禮爲名,則其以士先大夫也固宜,豈得據是而決其爲祥、禫等吉祭哉?

特牲饋食之禮。不諏日。

註曰:"祭祀自(熟)〔孰〕始曰饋食[①]。饋食者,食道也。諏,謀也。士賤職褻,時至事暇,可以祭則筮其日矣,不如《少牢》大夫先與有司於廟門諏丁己之日。"

疏曰:"鄭云'時至事暇,可以祭'者,若祭時至,有事不得暇,則不可以私廢公故也。若大夫已上尊,時至,唯有喪故不祭,自餘吉事皆不廢祭。若有公事及病,使人攝祭。"

敖氏曰:"諏日,謂諏其筮日之日也[②]。大夫將祭而筮,有諏日之禮,此云'不諏日',則是祭禮之序先尊後卑,亦可見矣。不諏日,則所筮之日亦在旬之内矣,所以下大夫。《少牢禮》諏日用丁、己,筮旬有一日。"

張氏曰:"'祭祀自(熟)〔孰〕始,曰饋食'者[③],初祭即薦飪熟之牲體及黍稷,是用生人食道以事其親。若天子諸侯之祭,先有灌鬯、朝踐、饋獻之事,至迎尸後,乃進熟體黍稷也。不諏日者,不預諏前月下旬之丁、己以筮來月上旬之丁、己,但可以筮則筮而已。自此以下,筮日、筮尸、宿尸、宿賓、視濯與牲,凡五節,皆祭前戒備之事。"

① "孰"原作"熟",校本同。《集釋》、楊氏、陳本、閩本、監本、毛本、庫本俱作"孰",應據改。

② "筮日",校本同,《集説》作"所筮"。

③ "孰"原作"熟",校本同,《句讀》作"孰",應據改。

及筮日，主人冠端玄，即位于門外，西面。

註曰："冠端玄，玄冠、玄端。下言玄者，玄冠有不玄端者。門，謂廟門。"

疏曰：云"冠端玄"，謂玄冠、玄端也。下言"玄"者，玄冠有不玄端者，不玄端則朝服。下記云助祭者朝服，謂緇布衣而素裳，然則玄端一冠，冠兩服也。云"門，謂廟門"，見《士冠禮》。

敖氏曰："筮日，筮之日也。士筮當朝服，今乃玄端者，不可踰其祭服也。筮與祭皆與神交，故主人之服不宜有異。"

子姓、兄弟如主人之服，立于主人之南，西面北上。

註曰："所祭者之子孫。言子姓者，子之所生。小宗祭而兄弟皆來與焉，宗子祭則族人皆侍。"

疏曰：鄭註《喪大記》云："姓之言生也"。云"子之所生"，則孫是也。小宗，謂繼禰者，五世則遷。宗子，謂繼别爲大宗者，若據小宗有服者，若據大宗兼有絶服者也。

敖氏曰："是時，子姓而下之服亦玄端，統於主人也。"

世佐案，子姓，猶言子孫也。變孫言姓者，子孫止於二世，言子所生，則曾、玄而下皆該之矣。先子姓而後兄弟者，子姓據所祭者而言，兄弟據主祭者而言也。凡同姓者曰兄弟，不必與主人同昭穆也。古人敬宗，其支庶雖年長行尊者，亦皆統焉，《詩》云"君之宗之"是也。斯禮久廢不講，然苟於主器承祭之時，能深思而默識之，則益知宗法之不可不復矣。

有司羣執事如兄弟服，東面北上。

註曰："士之屬吏也。"

敖氏曰："有司羣執事者，公臣、私臣之共筮事者也，此時未有賓，故有司羣執事皆如賓位，西方，東面北上。"

席于門中，闑西閾外。

註曰："爲筮人設之也。"

疏曰："《士冠禮》云'筮與席、所卦者，具饌于西塾'，乃言'布席于門中，筮人執筴，抽上韇，兼執之'，此不言'具饌于西塾'，而經但言'席于門中，取筮于西塾'，又不云'抽上韇'者，皆是互見省文之義。"

筮人取筮于西塾，執之，東面受命于主人。

註曰："筮人，官名也。筮，問也。取其所用問神明者，謂蓍也。"

宰自主人之左贊命，命曰："孝孫某，筮來日某，諏此某事，適其皇祖某子，尚饗！"

註曰："贊命由左者，爲神求變也。士祭曰歲事，此言某事，又不言妃者，容大祥之後，禫月之吉祭。某子者，祖字也，伯子、仲子也。"

疏曰："《少儀》曰：'贊幣自左，詔辭自右。'此祭祀，故宰自左贊命，爲神求吉，故變於常禮也。"

敖氏曰："《儀禮》他篇凡於贊命者皆言自右，與《少儀》所謂'詔辭自右'者合，惟此經言自左，似無他義，蓋字誤耳。'左'當作'右'。'來日某'，亦謂丁若己也。某事，即歲事也。此'適其皇祖某子'，謂主人適其廟而祭之也。某子者，祖謚也。稱其謚，則是指大夫之爲祖者言也，亦假設之辭耳。士祭大夫之爲祖者，其禮如此，所以明其從生者之爵也。尚饗，謂其日若吉，則庶幾其神饗之也。下筮尸放此。不言以某妃配，變於大夫之筮辭也。若其祝辭，則亦當言之。"

郝氏曰："喪禮命筮日皆自右，此自左者，筮事祖考，不敢以卑禮詔之也。某事，承上篇爲祥禫，如謀此禫事之類。適皇祖，即所祔之祖，往祭于其廟。"

世佐案，他篇之辭多見之于記，或總録於經後，惟是篇及《少牢禮》即于序事之間出之，亦變體也。士祭祖禰，言祖而不及禰者，祭二廟同日，舉其尊者言也。筮日、筮尸皆云"尚饗"者，緣孝子、孝孫之心，以神歆其祀爲吉也。言某事，又不言以某妃配，説者遂指爲祥禫等祭之證，得敖説通之，足以釋其疑矣。特其所釋某事之義亦未爲盡善，蓋某事者，謂如春曰祠事、秋曰嘗事之類也。宗廟之祭，因時異名，在《周禮》有祠、禴、嘗、烝之别，而總名之，則曰歲事，《書》曰"王在新邑，烝祭歲"是也①。此云"某事"，《少牢》云"歲事"，亦取大夫、士相變之意。若皆曰歲事，則又何必空其文邪？

① "烝"原作"蒸"，校本作"烝"，《尚書・洛誥》同，據改。

筮者許諾，還，即席西面坐。卦者在左，卒筮，寫卦，筮者執以示主人。

註曰："士之筮者坐，蓍短由便。"

疏曰：《少牢禮》立筮，《三正記》云天子蓍長九尺，諸侯七，大夫五，士三。

敖氏曰："還，亦右還也。寫卦，卦者也。"

主人受視，反之。筮者還，東面，長占，卒，告于主人："占曰吉。"

註曰："長占，以其年"年"，鍾本作"屬"。[①] 之長幼旅占之。"

疏曰："《士冠禮》云'筮人還，東面旅占'，明此亦是長幼旅占。經直云長者，見從長者爲始也。"

若不吉，則筮遠日，如初儀。

疏曰："《曲禮》云'吉事先近日，喪事先遠日'，此尊卑禮同也。又云'旬之内曰近某日，旬之外曰遠某日'，此尊卑有異。云'旬之内曰近某日'，據士禮吉事先近日，謂祭祀，假令孟月，先于孟月上旬内筮，筮不吉，乃用中旬之内更筮，中旬又不吉，更於下旬内筮，筮不吉，即止。大夫已上，假令孟月祭，於前月下旬筮來月之上旬，不吉，又於孟月之上旬筮中旬，中旬不吉，又於中旬筮下旬，下旬又不吉，即止，不祭。"

敖氏曰："即於其日改筮之，亦見其異於大夫也。"

世佐案，疏説士筮遠日之法，及三筮不吉則止不祭，皆誤，當以張子及張氏爾岐之説爲正，俱見《士冠禮》。

宗人告事畢。

右筮日。

世佐案，此祭前十日内事。

前期三日之朝，筮尸，如求日之儀。命筮曰："孝孫某，諏此某事，適其皇祖某子，筮某之某爲尸，尚饗。"

註曰："三日者，容宿賓、視濯也。某之某者，字尸父而名尸，連言其

---

① "年鍾本作屬"五字校本無。

親，庶幾其馮依之也。大夫、士以孫之倫爲尸。"

疏曰：前期二日宿賓，一日視濯，此經乃祭前三日筮尸，故鄭云"容宿賓、視濯"。言容者，爲筮尸之後，祭日之前，有二日容此二事也。經直云"某之某"，鄭知"字尸父而名尸"者，《曲禮》云"爲人子者，祭祀不爲尸"，然則尸卜筮無父者。又云"卒哭乃諱"，諱則不稱名，故知尸父云"某"是字，尸既對父，故"某"爲名。大夫、士以孫之倫爲尸，皆取無爵者，無問成人與幼皆得爲之。《曾子問》曰"祭成喪者必有尸，尸必以孫，孫幼則使人抱之"是也。若天子、諸侯，雖用孫之倫，取卿大夫有爵者爲之，故《鳧鷖》詩祭尸之等皆言"公尸"。

敖氏曰："如求日之儀，兼若不吉而改筮者言也。命筮之辭異，故特見之，明其餘皆同也。"

世佐案，尸必以孫，則尸父即所祭者之子也。其或取諸同姓之適孫，則亦其子行也，故筮尸必連其父言之。

右筮尸。

乃宿尸。

疏曰：乃，緩辭，則與筮尸別日矣。從楊氏《圖》採入。

主人立于尸外門外，子姓、兄弟立于主人之後，北面東上。

註曰："不東面者，來不爲賓客。子姓立于主人之後，上當其後。"

疏曰："子姓、兄弟北面陪主人後，東頭爲上者不得過主人，故爲上者當主人之後也。"

敖氏曰："上言'筮尸如求日之儀'，則是筮時兄弟咸在，所筮者亦存焉。筮之而吉，不即告之，乃於其既歸也，然後親宿之於其門者，尊之而不敢苟也。北面者，亦尊尸，若不敢必其西面見己然。"

世佐案，尸本主人之舅弟，若子行也。而及其爲尸，則又有祖父之象焉，故宿之之時面位如是。

尸如主人服，出門左，西面。

註曰："不敢南面當尊。"

疏曰："此決《少牢》云'主人即位於廟門外之東方，南面'，以其大夫尊，有君道，故南面當尊，此士之孫倫爲尸，雖被宿，猶不敢當尊也。"

郝氏曰："北面，事神之禮。出門左，迎賓之禮。"

世佐案，註意蓋謂主人北面宿尸，以事尊者之禮事之。尸見主人，不南面而西面，是不敢以尊者自居也。《少牢》所云乃主人南面之事，與此無與，疏引之，誤。

主人辟，皆東面北上。

註曰："順尸。"

敖氏曰："辟者，起敬也，蓋在尸出門時。皆，皆子姓、兄弟也。是時，子姓、兄弟亦立于主人之後，而上當其後也。"

主人再拜，尸答拜。

註曰："主人先拜，尊尸。"

疏曰："下文宿賓，賓先拜，主人乃答拜。今此尊尸，是以主人先拜也。案《少牢》云：吉則遂宿尸，祝擯，主人再拜稽首。祝告曰'孝孫某'云云[①]。尸拜，許諾。祝先釋辭訖，尸乃拜。此尸答拜後，宗人乃擯辭者，士尸卑，主人拜，尸即答拜，不得擯辭訖。大夫之尸尊，尊得釋辭訖乃拜。"

姜氏曰："答拜、釋詞皆一時事，而文有先後耳，疏説蓋泥。"

世佐案，主人再拜亦稽首，不言者，文省也。尸答拜之節，此與《少牢禮》同。姜氏以爲文有先後，得之。疏謂尸有尊卑之辨，謬矣。

宗人擯辭如初，卒曰："筮子爲某尸，占曰吉，敢宿。"

註曰："宗人擯者釋主人之辭如初者，如宰贊命筮尸之辭。卒曰者，著其辭所易也。"

張氏曰："如初者，如初筮尸曰'孝孫某，諏此某事，適其皇祖某子'，乃易去下二語，而曰'筮子爲某尸，占曰吉，敢宿'。"

世佐案，某尸，謂若皇祖若皇考也。

祝許諾，致命。

註曰："受宗人辭，許之，傳命於尸。始宗人、祝北面，至於傳命，皆西面，受命，東面釋之。"

敖氏曰："祝，事尸者也。故於此即使之致命，以見其意云。"

尸許諾，主人再拜稽首。

註曰："其許亦宗人受於祝而告主人。"

---

① "祝告曰"，原無"祝"字，校本有，陳本、閩本、監本、毛本、庫本同，據補。

敖氏曰:"拜稽首,亦尊尸也。尸既許諾,則成爲尸,故於此不答拜。"

尸入,主人退。

註曰:"相揖而去,尸不拜送,尸尊。"

疏曰:知有相揖者,約《少牢》云"尸送,揖不拜"也。但彼有"送"文,大夫尊也。從楊氏《圖》節本。

敖氏曰:"尸既許,則有祖道,故不俟主人之退而先入,見其尊,亦變於大夫尸也。先入而不揖,辟君禮也。《聘禮》公與羣臣夕幣,乃揖而先入。"

右宿尸。

宿賓,賓如主人服,出門左,西面再拜,主人東面答再拜。宗人擯曰:"某薦歲事,吾子將涖之,敢宿。"

註曰:"薦,進也。涖,臨也。言吾子將臨之,知賓在有司中,今特肅之,尊賓耳。"

疏曰:屬吏有公有司,有私臣。若在門外時,同在門西,東面北上。及其入爲賓及衆賓者,適西階以俟行事。公有司不選爲賓者,門西北面;私臣不選爲賓,門東北面。從《句讀》節本。

又曰:宿尸與宿賓中無"厥明"之文,則二者同日明矣。從楊氏《圖》採入。

敖氏曰:"此云'吾子將涖之',是纔者賓既許之矣。然則筮日之後亦當有戒賓之儀,如《士冠禮》所記者。經不見之,文略耳。"

郝氏曰:"歲事,每歲時祭之事。前言'諏某事',此言'歲事',義互備也。"

張氏曰:"士前祭二日,選屬吏爲賓,特肅一人以備三獻。屬吏必來助祭,故云'吾子將涖之'。"

賓曰:"某敢不敬從。"主人再拜,賓答拜。主人退,賓拜送。

敖氏曰:"主人宿辭擯者釋之,是賓之對辭亦擯者傳之矣。然則凡主人親戒宿,其儀皆然,經不盡見之也。"

右宿賓。

世佐案,以上二事皆祭前二日爲之,即筮尸之明日也。敖云"筮尸、宿尸、宿賓皆同日",非。

厥明夕，陳鼎于門外，北面北上，有鼏。

註曰："厥，其也，宿賓之明日夕。門外北面，當門也。"

疏曰："經直云'門外'，不言門之東西，故知當門。下篇《少牢》陳鼎在門東，此當門者，士卑，避大夫故也。"

敖氏曰："門外，不言東方可知也。北面，北上，亦放祭時陳鼎之位也。"

棜在其南，南順，實獸于其上，東首。

註曰："順，猶從也。棜之制，如今大木轝矣，上有四周，下無足。獸，腊也。"

敖氏曰："獸言'東首'而不及足者，以其足左右出故也。"

郝氏曰："棜、轝通，形如箱，以載獸，在鼎南，向南直陳。"

牲在其西，北首東足。

註曰："其西，棜西也。東足者，尚右也。牲不用棜，以其生。"

疏曰："豕不可牽之，縛其足，陳於門外，首北出棜，東其足，寢其左，以其周人尚右，將祭故也。"

設洗于阼階東南，壺禁在東序，豆、籩、鉶在東房，南上。几、席、兩敦在西堂。

註曰："東房，房中之東，當夾北。西堂，西夾室之前近南耳。"

疏曰：大夫、士直有東房、西室，故他經直言房，不言東。此經特言"東房"，故註知是房内近東。云"當夾北"者，夾室半以南爲之，以壁外相望，則當夾北也，夾室在房近東南也。云"西堂，西夾之前近南耳"者，案《爾雅》註"夾室前堂謂之廂"，此在西堂，在西廂，故云"西夾之前近南"也。

敖氏曰："南上者，豆二以並，在南，二籩次之。此未實之，故'南上'之文，惟主於器。"

郝氏曰："洗設于阼階東南，堂下也。壺有禁，在堂上，東牆下。豆、籩、鉶在東房，虚器未實，皆自南陳而北。几席，神座。兩敦，饋神之器。"

主人及子姓、兄弟即位于門東，如初。

註曰："初，筮位也。"

賓及衆賓即位于門西,東面北上。

註曰:"不象'如初'者[①],以宰在而宗人[②]、祝不在。"

疏曰:"賓及衆賓即是前者有司羣吏執事。當言如初,不言者,以宰前筮時在門東,贊主人辭,今宰在門西,同行,又宗人、祝離位,賓西北,東面南上,異於筮位時故也。"

敖氏曰:"此時方修祭事,助祭之賓宜來視之,以其不在曏者有司羣執事之中,故此雖東面北上,而不蒙'如初'之文。賓既位於此,則公臣、私臣不敢與之齒而位於他所矣。下文云'宗人、祝立于賓西北,東面南上',又記曰'公有司門西,北面東上。私臣門東,北面西上',足以明祭時有司之屬不在賓位也,審矣。"

世佐案,賓,僚友來助祭者也,與有司羣執事自别。註、疏一之,非,當以敖説爲正。

宗人、祝立于賓西北,東面南上。

註曰:"事彌至,位彌異。宗人、祝於祭,宜近廟。"

疏曰:"宗人、祝近門,離本位,故云'位彌異'。"

敖氏曰:"南上,宜變於賓。"

主人再拜,賓答再拜,三拜衆賓,衆賓答再拜。

註曰:"衆賓再拜者,士賤,旅之得備禮也。"

疏曰:《有司徹》主人三拜,衆賓皆答一拜,卿大夫尊,賓賤,純臣不再拜者,避國公,此士賤,得備禮。

敖氏曰:"衆賓答一拜,言'再'者,字誤也。"

世佐案,此士旅拜法也,説見《鄉飲酒禮》,敖説非。

主人揖入,兄弟從,賓及衆賓從,即位于堂下,如外位。

註曰:"爲視濯也。"

敖氏曰:"如外位,則宗人、祝皆在其中矣[③]。不言者,省文也。"

---

① "象",校本同,徐本、陳本、閩本、監本、毛本、士禮居翻刻嚴州本同。阮《校》曰:"《集釋》、楊氏俱作'蒙'。張氏曰:'疏"象"于《既夕禮》作"蒙",從《既夕禮》。'"

② "宰",校本作"賓",毛本同。阮《校》曰:"徐本、《集釋》、楊氏同,《通解》、毛本'宰'作'賓'。"

③ "則宗人祝",校本同,《集説》"宗人"上有"子姓"二字。

宗人升自西階，視壺濯及豆、籩，反降，東北面告濯具。

註曰："濯，溉也。不言敦、鉶者，省文也。東北面告，緣賓意欲聞也。言濯具，不言絜，以有几、席。"

疏曰：主人在東階下，宗人降自西階，宜東面告，乃行至賓南，而東北面告者，欲兼聞之於賓也。几、席不洗者，告具而已。參用《句讀》及楊氏《圖》節本。

敖氏曰："宗人亦既立於賓西北之位，乃升。於壺言濯，以見其餘。不言敦、鉶、几、席，省文也。東北面，鄉主人。濯具，謂所濯者已具也。此亦有不必濯者，乃云'濯具'者，總言之耳。"

郝氏曰："告濯，告既洗也。告具，告既備也。"

世佐案，告濯具之解，敖説似勝。

賓出，主人出，皆復外位。

註曰："爲視牲也。"

敖氏曰："惟言賓、主人出，文又省矣。"

宗人視牲，告充。雍正作豕。

註曰："充，猶肥也。雍正，官名也。北面以策動作豕，視聲氣。"

疏曰："案《禮記・内則》、《周禮・庖人職》云'豕望視而交睫，腥'。不云豕之聲氣，而正云'視聲氣'者[①]，但祭祀之牲當充盛肥，若聲氣不和，即是疾病，不堪祭祀。"

郝氏曰："雍正，饔人之長，主烹飪者。"

宗人舉獸尾，告備。舉鼎鼏，告絜。

註曰："備，具。"

敖氏曰："此所告之儀，亦皆東北面。"

郝氏曰："舉獸尾，視腊全也。啟鼎蓋，視其潔也。"

請期，曰："羹飪。"

註曰："謂明日質明時而曰肉孰[②]，重豫勞賓。宗人既得期，西北面

---

① "正云"，校本同，與陳本、閩本、監本、毛本疏合。阮《校》云："毛本'鄭'誤作'正'。"據此節經文鄭玄注，當以"鄭"字爲正。

② "孰"，徐本、《集釋》、陳本同，校本作"熟"，閩本、監本、毛本、庫本同。

告賓、有司。"

敖氏曰:"請期,而主人自告之,亦異於大夫請期。蓋東面既得期,西北面告賓,東北面告兄弟。"

郝氏曰:"請期,請明日祭之早晏。羹飪,以煮肉熟爲節。"

世佐案,請,宗人請也。曰,主人曰也。

告事畢,賓出,主人拜送。

敖氏曰:"送于外門外。"

世佐案,告,亦宗人告也。

右視濯、視牲、爲期。

世佐案,此祭前一日事。

夙興,主人服如初,立于門外東方,南面,視側殺。

註曰:"主人服如初,則其餘有不玄端者。側殺,殺一牲也。"

敖氏曰:"東方,蓋當東塾少南,鼎之西也。"

張氏曰:"自此至'立於中庭',言祭日陳設及位次之事。主人服如初,謂玄端也。案下記,唯尸、祝、佐食與主人同服,賓及兄弟筮日、筮尸、視濯亦玄端,至祭日,則皆朝服,玄冠[①],緇帶,緇韠。"

主婦視饎爨于西堂下。

註曰:"炊黍稷曰饎,宗婦爲之。爨,竈也。西堂下者,堂之西下也,近西壁,南齊于坫。"

敖氏曰:"視之當東面,爨亦東面。"

亨于門外東方,西面北上。

註曰:"亨,煮也。煮豕、魚、腊以鑊,各一爨。《詩》云:'誰能亨魚,溉之釜鬵。'"

敖氏曰:"此亦以亨者見爨之面位也。東方,於陳鼎之處則又東矣。北上,豕爨在北,魚、腊亞之。"

羹飪,實鼎,陳于門外,如初。

註曰:"初,視濯也。"

世佐案,如初者,如其北面北上有鼏也。

---

① "冠"字原作"端",校本作"冠",與《句讀》合,據改。

尊于户東，玄酒在西。

註曰："户東，室户東。玄酒在西，尚之。凡尊，酌者在左。"

張氏曰："鄭註云'凡尊，酌者在左'，玄酒不酌，故在右，是以東西爲左右。《少儀》云'尊者以酌者之左爲上尊'，又據酌者北面臨尊而言，左右以西爲左，其位置雖同，而言有殊也。"

實豆、籩、鉶，陳于房中，如初。

註曰："如初者，取而實之，既而反之。"

敖氏曰："如初，亦如其南上之位也。記曰'賓與長兄弟之薦自東房，其餘在東堂'，然則祝、主人、主婦、賓長、長兄弟之豆籩亦皆二以並，相繼而陳之於鉶之北矣。"

郝氏曰："實豆、籩、鉶以脯醢、和羹之類。"

執事之俎陳于階間，二列，北上。

註曰："執事，謂有司及兄弟。二列者，因其位在東西。祝、主人、主婦之俎亦存焉。不升鼎者，異於神。"

敖氏曰："執事，謂凡執祭事者也，主人及祝以下之通稱。其俎二列，北上，東列則阼俎爲上，西列則祝俎爲上，其内兄弟之俎則當次於兄弟也。此'執事'之文所包者廣，與前後所云者不同。"

盛兩敦，陳于西堂，藉用萑。几、席陳于西堂，如初。

註曰："盛黍稷者，宗婦也。萑，細葦。"

敖氏曰："盛乃藉之，重黍稷也。"

尸盥匜水實于槃中，簞巾在門内之右。

註曰："設盥水及巾。尸尊，不就洗，又不揮。門内之右，象洗在東，統于門東，西上。凡鄉内，以入爲左右；鄉外，以出爲左右。"

疏曰：揮，振去水，使手乾。門右，據鄉内以入爲右者。從楊氏《圖》節本。

敖氏曰："亦匜在槃中，南流，簞巾在其右，盥以槃匜，説見《公食大夫禮》。"

郝氏曰："簞，竹器以盛巾，在廟門内。右，内以西爲右。尸入，于此盥手。"

張氏曰："以匜貯水而置之槃，待尸盥，則執匜沃水，而槃承之。簞巾,簞中貯巾也。門内之右,門東也。"

世佐案,下經云"尸入門左,北面盥",則槃匜之屬在門内之西明矣。門西曰右者,從堂上視之也。必在門西者,取其便于尸盥,且與洗位相變也。郝説得之,註疏及張説皆非是。

祝筵几于室中,東面。

註曰:"爲神敷席也,至此使祝接神。"

敖氏曰:"亦右之。"

世佐案,室中東面,謂在奥也。

右視殺、視饎、陳設。

主婦纚笄宵衣,立于房中,南面。

註曰:"主婦,主人之妻。雖姑存,猶使之主祭祀。纚笄,首服。宵,綺屬也。此衣染之以黑,其繒本名曰宵。《詩》有'素衣朱宵',記有'玄宵衣'。凡婦人助祭者,同服也。《内則》曰:'舅没則姑老,冢婦所祭祀賓客,每事必請于姑。'"

郝氏曰:"纚以韜髮。笄,簪也。宵衣,黑色衣,詳見《昏禮》[①]。房中,婦人所有事南面向堂也。"

主人及賓、兄弟、羣執事即位于門外,如初。

敖氏曰:"此於賓兄弟之下言羣執事,則是指公有司、私臣而言也。宗人、祝亦在賓西北,其他則在門西若門東,與其在内位同。上經不見門東、門西之位,而亦云'如初'者,其文主於兄弟以上,而略於羣執事也。"

宗人告有司具。

註曰:"具,猶辦也。"

敖氏曰:"告主人也。告之,亦宜東北面。既告,則反于賓西北。"

主人拜賓如初,揖入,即位,如初。

註曰:"初,視濯也。"

佐食北面立于中庭。

註曰:"佐食,賓佐尸食者,立于宗人之西。"

---

① "昏禮",校本同,《節解》作"士昏禮"。

疏曰："案下記云'佐食，當事則户外南面，無事則中庭北面'，此經謂無事時也。"又云："主人行事阼階，宗人亦在阼階南擯主人，佐食北面于中庭，明在宗人之西可知。"

敖氏曰："佐食，主人、兄弟之佐尸食者。記曰'佐食於旅，齒於兄弟'是也。曏於門外猶在兄弟之位，至此乃立於中庭，以事將至，宜異其位也。此中庭，謂東西之中，其南北則參分庭一在北與？"

郝氏曰："佐尸食者不與衆有司混處，敬神事也。"

世佐案，佐食蓋以私臣爲之，註及敖説皆非是。

右即位。

主人及祝升，祝先入，主人從，西面于户内。

註曰："祝先入，接神宜在前也。《少牢饋食禮》曰：'祝盥于洗，升自西階。主人盥，升自阼階。祝先入，南面。'"

敖氏曰："云'及祝'，則是主人先升也。先升後入，蓋俟於堂。"

張氏曰："自此至'主人再拜稽首'，言主人、主婦、祝、佐食初行陰厭之祭。註引《少牢》者，明此經主人及祝盥升面位亦與彼同也。"

世佐案，升，自堂下位升也。是時，主人與祝皆已即位于廟門内矣。郝云"自門外入"，非。入，入室也。

主婦盥于房中，薦兩豆，葵菹、蝸醢，醢在北。

註曰："主婦盥，盥于内洗。《昏禮》婦洗在北堂，直室東隅。"

宗人遣佐食及執事盥，出。

註曰："命之盥、出，當助主人及賓舉鼎。"

敖氏曰："此執事，謂左人及取俎匕者，賤於右人，故先出。"

世佐案，宗人既遣佐食及執事，亦遂盥而出矣，故下經云"宗人執畢，先入"。

主人降，及賓盥，出。主人在右，及佐食舉牲鼎。賓長在右，及執事舉魚、腊鼎，除鼏。

註曰："及，與也。主人在右，統於東。主人與佐食者，賓尊不載。《少牢饋食禮》魚用鮒，腊用麋，士腊用兔。"

疏曰：鼎在門外，北上，東爲右人，西爲左人。右人尊，入時在鼎前。左人卑，入時在鼎後，又盡載牲體于俎，又設俎于神坐之前。賓、主當相對爲左右，以賓尊不載牲體，故使佐食對主人，使賓爲右人而使執事在左而載也。

敖氏曰："主人降，亦宗人詔之也。賓長在右，謂長賓在魚鼎之右，衆賓長在腊鼎之右也。凡吉事除鼏于外，凶事除鼏于内，除鼏亦右人。"

宗人執畢先入，當阼階，南面。

註曰："畢，狀如叉，蓋爲其似畢星，取名焉。主人親舉，宗人則執畢導之。既錯，又以畢臨匕載，備失脱也。《雜記》曰：'枇用桑，長三尺，畢用桑，長三尺，刊其本與末。'枇、畢同材明矣。今此枇用棘心，則畢亦用棘心。舊説云'畢似御他神物，神物惡桑叉'，則《少牢饋食》及《虞》無叉，何哉？此無叉者，乃主人不親舉耳。《少牢》大夫祭，不親舉。《虞》喪祭也[①]，主人未執事。祔、練、祥，執事用桑叉。自此純吉，用棘心叉。"

敖氏曰："宗人執畢，所以指教其錯鼎之處也，故宜先入。當阼階南面者，示其當錯於此，爲之節也。鼎入設，當阼階，士禮也，大夫則當東序，國君則在碑南。此用畢者，以主人親舉，重其事也。鼎既錯，則反之於外而復位與？《大射儀》曰'小臣師設楅，司馬正東面，以弓爲畢'，則畢但主於指教設器者，明矣。"

世佐案，用畢之故，當以敖説爲正。註"備失脱"及"御他神物"之説似曲。

鼎西面錯，右人抽扃，委于鼎北。

註曰："右人，謂主人及二賓。既錯，皆西面俟也。"

敖氏曰："鼎錯於東方，西面，順主人之面位也。上者，亦南于洗西。"

贊者錯俎，加匕。

註曰："贊者，執俎及匕從鼎入者。其錯俎，東縮。加匕，東柄。既則退，而左人北面也。"

疏曰："《少牢》云'俎皆設於鼎〔西〕，西肆'[②]，又云'匕皆加于鼎，東枋'。"

---

① "虞喪祭也"，《集釋》、楊氏、敖氏、庫本同。校本作"虞者祭也"，陳本、閩本、監本、毛本同。

② "俎皆設於鼎西西肆"，"鼎"下原脱一"西"字，校本同，各注疏本及《少牢》經文均作"鼎西西肆"，據補。

敖氏曰："贊者取匕俎于東塾東。"

世佐案，贊者，蓋三人，各執一俎一匕也。《士虞禮》"匕俎在西塾之西"，此不著其處，以吉凶相變之義推之，則敖説其或然與？

乃朼。

註曰："右人也。尊者於事，指使可也。左人載之。"

敖氏曰："朼亦當作匕。"

佐食升肵俎，鼏之，設于阼階西。

註曰："肵，謂心、舌之俎也。《郊特牲》曰：'肵之爲言敬也。'言主人之所以敬尸之俎。"

疏曰："下記云'肵俎，心、舌，皆去本末，午割之，實於牲鼎。載，心立，舌縮俎'是也。引《郊特牲》者，見敬，有肵俎，送于尸前。"

敖氏曰："以《少牢饋食禮》例之，則此亦古人先升心、舌，而佐食載惟言佐食升之，其文省與？設之，蓋亦西縮。鼏當作冪。"

卒載，加匕于鼎。

註曰："已載，畢亦加焉。"

主人升，入，復位。

敖氏曰："賓匕者，於是亦復位。"

郝氏曰："復户内西面之位。"

俎入，設于豆東，魚次，腊特于俎北。

註曰："入設俎，載者。腊特，饌要方也。凡饌必方者，明食味人之性所以正。"

敖氏曰："《少牢禮》曰：'序升自西階，相從入。'"

世佐案，此設俎之法與《士昏禮》同牢之饌同。

主婦設兩敦黍稷于俎南，西上，及兩鉶芼設于豆南，南陳。

註曰："宗婦不贊敦、鉶者，以其少，可親之。"

疏曰："案《少牢》主婦設金敦，宗婦贊三敦，以其多，故使宗婦贊。此士祭祀，二敦少，故不使宗婦贊，主婦可親也。"

敖氏曰："宗婦不贊敦、鉶者，辟内子禮也。凡敦、鉶皆特執，於《少牢禮》備見之。"

郝氏曰:“兩敦,黍在豕南,稷在黍東,魚南,黍在西爲上。兩鉶芼接葵菹而南。”

世佐案,西上者東陳,南陳者北上也,鉶以先設者爲上。宗婦不贊之義,敖得之。

祝洗,酌奠,奠于鉶南,遂命佐食啟會。佐食啟會,卻于敦南,出立于户西,南面。

註曰:“酌奠,奠其爵觶也。《少牢饋食禮》啟會乃奠之。”

疏曰:引《少牢》者,彼大夫禮,與此士禮相變,是以異。

敖氏曰:“酌奠,酌其所奠之酒也。不云酒而云‘奠’,因事名之。”

郝氏曰:“立于室户西,南面。《士虞記》所謂‘負依’也。”

主人再拜稽首,祝在左。

註曰:“祝在左,當爲主人釋辭於神也。祝祝曰:‘孝孫某,敢用剛鬣、嘉薦、普淖,用薦某事于皇祖某子,尚饗!’”

敖氏曰:“主人拜,爲食具也。”

世佐案,此下不云祝祝及其辭,蓋闕文也,以《少牢禮》例之可見。《士虞·記》云“吉祭猶未配”,然則士之常祭無不配矣。此祝辭亦當云“以某妃配某氏”,如《少牢》所云也。

卒祝,主人再拜稽首。

敖氏曰:“此拜,爲已祝也。”

祝迎尸于門外。

註曰:“尸自外來,代主人接之,就其次而請,不拜,不敢與尊者爲禮。《周禮·掌次》:凡祭祀,張尸次。”

敖氏曰:“迎尸不拜者,禮不主於己,代主人迎之耳。其或有拜妥尸之類,乃從於主人爲之也。門,廟門。”

張氏曰:“自此以下,言迎尸入行正祭:初尸食九飯,次主人酳尸,次主婦亞獻尸,次賓長三獻尸,次獻賓及兄弟,次長兄弟爲加爵,次衆賓長爲加爵,次嗣舉奠,次旅酬,次佐食獻尸,凡十節。事尸者八節,其獻賓及兄弟與旅酬,皆承尸意而行神惠者也。此九飯節内,有妥尸祝饗,有挼祭,有初三飯,有再三飯,有終三飯,有盛肵俎,又共六細節。”

主人降，立于阼階東。

註曰："主人不迎尸，成尸尊。尸，所祭者之孫也。祖之尸，則主人乃宗子。禰之尸，則主人乃父道。事神之禮，廟中而已，出迎則爲厭。"

疏曰："《祭統》云：'君迎牲而不迎尸，别嫌也。尸在廟門外則疑於臣，在廟中則全於君。君在廟門外疑於君，入廟門則全於臣、全於子。'"

敖氏曰："阼階東，亦直序西面，主人位於此，則子姓兄弟在主人之南者，其亦南於洗西與？"

尸入門左，北面盥，宗人授巾。

註曰："侍盥者執其器就之。執簞者不授巾，賤也。宗人授巾，庭長尊。《少牢饋食禮》曰：'祝先入門右[①]，尸入門左。'"

疏曰：上經陳盥在門右，今尸入門左，尸尊，不就盥，槃、匜、巾等鄉門右就之。

世佐案，盥器設于門西，故尸入門左，即得於此焉盥也。註云"執其器就之"，蓋亦自文其説之過與？

尸至于階，祝延尸。尸升，入。祝先，主人從。

註曰："延，進，在後詔侑曰延，《禮器》所謂'詔侑武方'者也。《少牢饋食禮》曰：'尸升自西階，入，祝從。主人升自阼階，祝先入，主人從。'"

張氏曰："'詔侑武方'，彼註'武，無也'。引《少牢》者，見此經尸入次序與彼同法也。"

尸即席坐，主人拜妥尸。尸答拜，執奠。祝饗，主人拜如初。

註曰："饗，勸彊之也。其辭取于《士虞記》，則宜云：'孝孫某，圭爲孝薦之，饗。'舊説云：'明薦之。'"

敖氏曰："饗，饗神也。凡饗祝之辭雖或言於尸之前，實主爲神也。如初，再拜稽首也。"

祝命挼祭，尸左執觶，右取菹，擩于醢，祭于豆間。

註曰："命，詔尸也。挼祭，祭神食也。《士虞禮》古文曰：'祝命佐食

① "先"字下原無"入"字，校本有，陳本、閩本、監本、毛本同，與《少牢饋食禮》經文合，據補。

隋祭。'《周禮》曰：'既祭，則藏其隋。'隋與挼讀同耳。抨醢者，染于醢。"

疏曰：祭神食者，向者陰厭，厭飫神。今尸祭訖，當食神餘也。從楊氏《圖》節本。

敖氏曰："挼祭，即授祭也，挼字蓋誤。祝命佐食授尸、祭尸，於是祭薦，欲及其授祭之節也。"

張氏曰："挼，陸氏作'許恚反'，註云'隋、挼讀同'，隋亦作呼回反，隋取降下，挼取切摩，各於祭義有似也。"

世佐案，命，命佐食也。挼、隋通。祝命佐食隋下其所當祭之物以授尸，即謂黍稷、肺祭也。《士虞禮》言命隋祭於尸祭薦之下，此言於其上，其節同也，特文有先後耳，註誤，抨、擩通。

佐食取黍稷、肺祭授尸，尸祭之，祭酒，啐酒，告旨。主人拜，尸奠觶，答拜。

註曰："祭酒，穀味之芬芳者，齊敬共之，惟恐不美，告之美，達其心，明神享之。"

世佐案，尸告旨而主人先拜者，拜其享也。

祭鉶，嘗之，告旨。主人拜，尸答拜。

註曰："鉶，肉味之有菜和者。《曲禮》曰：'客絮羹，主人辭不能亨。'"

疏曰：引《曲禮》者，證鉶羹有五味調和，故告旨。絮者，調和之義。

祝命爾敦，佐食爾黍稷于席上。

世佐案，此爾敦併及稷者，吉祭之禮務詳也。《士虞禮》則舉黍而已。

設大羹湆于醢北。

註曰："大羹湆不和，貴其質，設之，所以敬尸也。不祭、不嚌，大羹不爲神，非盛者也。《士虞禮》曰：'大羹湆自門入。'"

疏曰：云"醢北"者，爲薦左。案《公食大夫》、《昏禮》大羹湆皆在薦右，此在左者，神禮變於生人。《士虞禮》大羹湆設於鉶南，在右，與生人同，有不忍異於生故也。云"不爲神"者，陰厭時未設，尸來始設，爲尸，故《士虞記》云，無尸則"不挼祭，無大羹湆、胾、從獻"。

舉肺、脊以授尸，尸受，振祭，嚌之，左執之。

註曰："肺，氣之主也。脊，正體之貴者。先食啗之，所以導食通氣。"

乃食，食舉。

註曰："舉言食者，明凡解體皆連肉。"

疏曰："'乃食'，謂食肺。云'食舉'，謂骨體正脊，從俎舉鄉口，因名體爲舉。"

敖氏曰："乃食，乃以右手食食也。既食食，則食舉所以安之。"

姜氏曰："乃食，則固食舉矣。又言'食舉'者，起下文之詞，疏不明此，故誤分上下爲各食其一也。"

世佐案，乃食，食黍也。舉，即肺脊也。《士昏禮》云"贊爾黍，授肺脊，皆食以湆醬，皆祭舉，食舉也"，此食法蓋與彼同，唯不以湆醬爲異。疏誤，當以敖説爲正。姜氏以此二句分屬上下節，亦非。

主人羞肵俎于腊北。

註曰："肵俎主於尸，主人親羞，敬也。神俎不親設者，貴得賓客以神事其先。"

疏曰：肵俎尸入乃設之，故知主於尸。

敖氏曰："不言降與升，文省。《少牢禮》曰：'主人羞肵俎，升自阼階。'"

郝氏曰："肵俎在阼階西。羞，進也。"

尸三飯，告飽。祝侑，主人拜。

註曰："三飯告飽，禮一成也。侑，勸也，或曰又勸之，使又食。《少牢饋食禮》侑辭曰'皇尸未實，侑'也。"

敖氏曰："此祭以饋食爲名，故當食。而尸尤尊，雖主人拜亦不答也。"

佐食舉幹，尸受，振祭，嚌之。佐食受，加于肵俎。舉獸幹、魚一，亦如之。

註曰："幹，長脅也。獸，腊，其體數與牲同。"

敖氏曰："此一舉也，凡於尸每食必舉牲體若骨者，明主人以此供尸食也。是雖連舉三俎之實，然同時相接爲之，故但主於牲，而總爲一舉耳。下文放此。"

尸實舉于菹豆。

註曰："爲將食庶羞，舉謂肺、脊。"

敖氏曰："於既三飯而奠舉，士吉祭之禮然爾。士虞則不食舉，卒食乃授之，是其異也。"

郝氏曰："尸以左手所執肺、脊實于菹豆，不實于肵俎者，肵俎在腊北，遠也。"

佐食羞庶羞四豆，設于左，南上，有醢。

註曰："衆羞以豕肉，所以爲異味。四豆者，膮、炙、胾、醢。南上者，以膮、炙爲上，以有醢，不得綪也。"

疏曰：《公食大夫禮》云"炙南醢，以西牛胾、醢，牛鮨"，註云"先設醢，綪之以次也"。此四豆有醢，則不得先設，非綪之次故也。又惟一醢，不得與胾、炙相對。相對之法，炙在南，醢在北，胾在北，醢在南。

敖氏曰："《少牢饋食禮》羞兩胾兩醢[①]，此亦當放之也。左，亦醢之北，湆之南也。南上者，胾、醢相間，兩胾各在醢之南也。四豆乃不綪者，統於正豆也。正豆兩而爲一列，故此豆雖有四，亦不宜綪以異之。"

郝氏曰："庶羞設于大羹北。尸在西，以北爲左。南上，上大羹，自南陳而北也。有醢，二醢，二羞也。醢在胾南，四豆直陳，不綪，故曰'南上'。"

世佐案，庶羞，豕胾、醢也。四豆，以《少牢禮》例之，其胾、醢各二與？左，大羹北也。南上，胾爲上也。

尸又三飯，告飽。祝侑之如初。

註曰："禮再成也。"

姜氏曰："如初，謂主拜。"

舉骼及獸、魚如初。

註曰："獸、魚如初者，獸骼、魚一也。"

敖氏曰："此再舉也。"

郝氏曰："豕後足骨曰骼。獸亦舉骼，魚亦舉一。"

姜氏曰："如初，謂祭嚌。"

世佐案，亦加于肵俎。

---

① "羞兩胾兩醢"，前"兩"字原作"而"，校本作"兩"，《集説》同，據改。

尸又三飯，告飽，祝侑之如初。

註曰："禮三成。"

舉肩及獸、魚如初。

註曰："不復飯者，三三者，士之禮大成也。舉，先正脊後肩，自上而卻下，綪而前，終始之次也。"

疏曰："先舉正脊自上也，次舉脅即卻也，後舉骼即下綪也，終舉肩即前也。前者，牲體之始；後者，牲體之終。"

敖氏曰："此三舉也。獸，謂獸肩。"

世佐案，註云"自上而卻下"者，謂由脊而及脅也。云"綪而前"者，謂由骼而及肩也。卻，猶退也。綪，猶屈也。疏分句似未審。

佐食盛所俎，俎釋三个。

註曰："佐食取牲、魚、腊之餘，盛於所俎，將以歸尸。俎釋三个，爲改饌於西北隅遺之。所釋者，牲、腊則正脊一骨、長脅一骨及臑也，魚則三頭而已。"

疏曰："案下記云'尸俎：右肩、臂、臑、肫、胳、正脊二骨、橫脊、長脅二骨、短脅'，今尸舉正脊一骨①、長脅一骨及骼、肩，則脊、脅各有一骨在，前脚三節②，後脚二節，各舉其一訖，前脚舉肩訖，宜次盛臂，後脚舉胳訖，宜次盛肫，前後各一節，及橫脊以歸③。前脚唯有臑在，并脊、脅各一骨爲三也④。"

楊氏曰："前已舉四體外，今宜盛臂、肫、橫脊、短脅，故知所釋者唯此耳。"

敖氏曰："俎釋三个，不可遽空神俎也。《少牢饋食禮》於每牲之俎惟釋脊、脅，皆俎實之下者也。然則此牲俎之所釋者，亦宜放之。其正脊、長脅、短脅與腊俎三个，蓋如牲俎也。"

---

① "尸"字下原有"已"字，校本無。按毛本"尸"作"以"，阮《校》云陳本、閩本、《通解》皆作"尸"，作"尸"爲是。底本"尸"下之"已"應爲衍字，據删。

② "三"原作"二"，校本作"三"，各注疏本同，據改。

③ "及橫脊以歸"原作"及橫脊短脅以歸尸"，校本"橫脊"下無"短脅"，"歸"下無"尸"，《通解續》同，據删。

④ "并脊脅各一骨"，"脊"上原有"正"字，"脅"上原有"長"字，校本無"正"、"長"二字，各注疏本及《通解續》同，據删。

舉肺、脊，加于肵俎，反黍稷于其所。

註曰："尸授佐食，佐食受而加之，反之也。肺、脊初在菹豆。"

敖氏曰："此蒙佐食之文，皆謂佐食舉之反之也。其所，俎南也。"

右迎尸正祭。

主人洗角，升，酌，酳尸。

註曰："酳，猶衍也。是獻尸也，謂之酳者[①]，尸既卒食，又却頤衍養樂之。不用爵者，下大夫也。因父子之道質而用角，角加人事略者。"

疏曰：不用爵，次當用觚，而用角者，因無臣助祭，父子相養之道是質。云"人事略"，得用功少也。從楊氏《圖》節本。

張氏曰："此初獻節，内有主人獻尸，有尸醋主人且親嘏，有主人獻祝，主人獻佐食，凡四細節。"

尸拜受。主人拜送。尸祭酒，啐酒，賓長以肝從。

疏曰：亦當如《少牢》"用俎，縮執俎，肝亦縮，進末，鹽在右"。

尸左執角，右取肝擩于鹽，振祭，嚌之，加于菹豆，卒角。祝受尸角，曰："送爵，皇尸卒爵。"主人拜，尸答拜。

註曰："曰送爵者，節主人拜。"

敖氏曰："云'皇尸卒爵'，明主人當送之也。後言之者，見送爵之辭爲指主人。"

右主人酳尸。

祝酌，授尸，尸以醋主人。

註曰："祝酌不洗，尸不親酌，尊尸也。古文醋作酢。"

主人拜受角，尸拜送。主人退，佐食授挼祭。

註曰："退者，進受爵反位。尸將嘏主人，佐食授之挼祭，亦使祭尸食也。其授祭，亦取黍稷、肺祭。"

敖氏曰："此'挼'字，亦因與'授'字相類而衍也。以神俎敦之黍稷、肺祭授之者，象尊者賜之食然。"

世佐案，授挼祭者，以其所墮下之祭授主人也。授、挼連文，則挼非

① "謂之"，校本作"云"。阮《校》曰："徐本、《集釋》、楊氏同，《通解》'謂之'作'云'。"

授字之誤，明矣。敖又以此“挼”字爲衍，汰哉。又案，楊本註中“反位”之下有“受亦當爲授”四字，然則“授挼”之“授”經本作“受”，而註改之邪？諸本並無此四字，未知楊氏何所據也。

主人坐，左執角，受祭，祭之，祭酒，啐酒，進聽嘏。

註曰：“聽，猶待也。受福曰嘏。嘏，長也、大也，待尸授之以長大之福也。”

敖氏曰：“進聽嘏，進於尸前而聽其嘏己之辭，下文云‘親嘏主人’是也。又以《少牢饋食禮》之所言者參之，則此嘏云者，蓋致福於人之稱。”

郝氏曰：“嘏、假通。尸傳神意，以福假主人。”

佐食摶黍授祝，祝授尸。尸受以菹豆，執以親嘏主人。

註曰：“獨用黍者，食之主。其辭，則《少牢饋食禮》有焉。”

疏曰：“《少牢》云祝以嘏于主人曰：‘皇尸命工祝，承致多福無疆，于女孝孫，來女孝孫，使女受禄于天，宜稼于田，眉壽萬年，勿替引之。’”

敖氏曰：“饋食之禮主於黍稷，而黍又其尊者，故特取之以通其意焉。《少牢饋食禮》所載嘏辭，乃祝傳尸嘏者也。此尸親嘏，其辭之首與彼異。”

郝氏曰：“摶黍，捏黍飯成團，象福禄。獨摶黍，黍貴于稷，尸食惟黍。”

張氏曰：“《少牢》命祝致嘏，故云‘皇尸命工祝’，此尸親嘏，當省去此語，直用‘承致多福’以下。”

主人左執角，再拜稽首受，復位，詩懷之，實于左袂，挂于季指，卒角，拜，尸答拜。

註曰：“詩，猶承也，謂奉納之懷中。季，小也。實于左袂，挂袪以小指者，便卒角也。《少牢饋食禮》曰：‘興受黍，坐，振祭，嚌之。’”世佐案，註“季小”之“小”，《釋文》作“少，詩召反，下同”。

敖氏曰：“左執角，爲右手將有事也。詩字未詳，或曰敬慎之意。《内則》曰‘詩負之’，亦此意也。拜不奠爵，受黍不祭，皆異於大夫也。季指，左手之小指也。挂袪於指，以黍在袂中故也。古者袪挾於袂，然猶挂之者，慮拜時或遺落也。主人拜受黍而尸不答拜者，以其受神惠故也。”

郝氏曰：“詩言志也。《詩序》云‘詩者，志之所之’，《内則》云‘詩負之’，言專志也。懷，藏也。”

世佐案，凡拜必奠爵，慮傾出也。執爵而拜者，唯婦人立拜則可耳。此云主人左執角，再拜稽首受，不言奠角興者，文略也。《少牢》云：“主人坐奠爵，興，再拜稽首，興，受黍。”

主人出，寫嗇于房，祝以籩受。

註曰：“變黍言嗇，因事託戒，欲其重稼嗇。嗇者，農力之成功。”

敖氏曰：“出，亦執角以出也。籩，虚籩也。此單言嗇，《少牢》言‘嗇黍’，皆未詳。”

郝氏曰：“出，出室。寫，傾也。嗇、穡通，即黍。以籩受所寫黍，重神貺也。”

右尸酢主人。

筵祝，南面。

註曰：“主人自房還時。”

敖氏曰：“筵祝，蓋於其立處之西，亦有司爲之，下放此。”

郝氏曰：“南面，室内當户。”

主人酌，獻祝。祝拜受角，主人拜送。設菹醢、俎。

註曰：“行神惠也。先獻祝，以接神尊之。菹醢皆主婦設之，佐食設俎。”

疏曰：“佐食接尸，故後獻之，祝接神，先獻之。”

敖氏曰：“《士虞》與《少牢禮》皆云祝與佐食坐受爵，此不言坐，如之可知。菹醢，葵菹、蝸醢也。”

郝氏曰：“獻祝與佐食，皆因獻尸及之。角，即獻尸之角。”

姜氏曰：“註亦臆詞。據經，惟前獻尸時主婦設菹醢，後亞獻及致爵時主婦設籩豆而已。經例，凡不言主人、主婦親設者，皆有司爲設之。”

祝左執角，祭豆，興，取肺，坐祭，嚌之，興，加于俎，坐，祭酒，啐酒。

敖氏曰：“此離肺也。當奠角乃興，取肺，坐絶祭，嚌之，既執角乃祭酒。不言奠角、執角與絶者，亦文略耳。記曰：‘祝俎離肺一。’”

以肝從。祝左執角，右取肝擩于鹽，振祭，嚌之，加于俎，卒角，拜。主人答拜，受角。

敖氏曰："肝加于俎，辟尊者禮也。下文主人、主婦之儀亦放此。《少牢饋食禮》曰：'不興，加于俎。'"

酌，獻佐食。佐食北面拜受角，主人拜送。佐食坐祭，卒角，拜。主人答拜，受角，降，反于篚，升，入復位。

疏曰："獻佐食不言俎者，上經云'執事之俎陳於階間，二列，北上'，鄭註云'執事，謂有司'，以佐食亦在有司内者，下記云'佐食俎，觳折、脊、脅'也。又下經賓長獻節，鄭註云'凡獻佐食皆無從，其薦俎，獻兄弟以齒設之'。"

郝氏曰："角實于篚，在堂下，既獻反之，升入，升堂入室，復户内西向之位。佐食獨不設俎者，以兄弟爲之，其薦俎齒于兄弟中，于後獻衆兄弟時并設也。"

世佐案，獻佐食之禮，惟致爵而已，不布席，無薦，設無從，皆殺于祝也。其受獻之位，蓋北面於尸席前。

右主人獻祝、佐食。

主婦洗爵于房，酌，亞獻尸。

註曰："亞，次也。次，猶貳。主婦貳獻不夾拜者，士妻儀簡耳。"

疏曰："《少牢》主婦亞獻尸時夾拜，此士妻下之，故云'儀簡耳'。"

敖氏曰："亞獻更用爵，以見主人之用角者，有爲爲之耳。獻以爵，正禮也。獻尸不夾拜，辟内子之禮也。"

張氏曰："此下主婦亞獻節，内有獻尸，有尸醋，有獻祝，有獻佐食，亦四節。"

世佐案，此爵亦角也，變角言爵，見其不仍初獻之器耳。初獻用角爲下大夫，則主婦獨不當辟内子邪？敖説蓋誤。此爵貯于内篚。

尸拜受，主婦北面拜送。

註曰："北面拜者，辟内子也。大夫之妻拜於主人北，西面。"

疏曰：《少牢》："西面拜。"註："不北面，辟人君夫人。"然則士妻賤，不嫌得與人君夫人同也。

郝氏曰:"室内北面,變于主人之西面也。"

宗婦執兩籩,户外坐。主婦受,設于敦南。

註曰:"兩籩,棗、栗。棗在西。"

敖氏曰:"宗婦贊豆籩,户外坐,士祭禮然也。《少牢饋食禮》主婦與贊者授受於室中,亦異者也。《士虞禮》籩設于會南,此宜如之,乃不云會者,可知也。"

祝贊籩祭,尸受祭之,祭酒,啐酒。

註曰:"籩祭,棗、栗之祭也。其祭之,亦於豆祭。"

兄弟長以燔從,尸受,振祭,嚌之,反之。

註曰:"燔,炙肉也。"

疏曰:反之,謂反燔于長兄弟。

郝氏曰:"兄弟之長者以燔肉實羞俎,從主婦薦尸。尸受燔,祭之,嚌之,反于羞俎。"

羞燔者受,加于肵,出。

註曰:"出者,俟後事也。"

疏曰:"謂俟主婦獻祝之時,更當羞燔于祝。"

郝氏曰:"兄弟長以所反燔加肵俎上,執虛俎出,反門外西塾,不備言,與《虞禮》互見也[①]。"

世佐案,《士虞禮》云"羞燔俎在内西塾上",以吉凶相變之義推之,則此羞俎當在門内東塾也,郝云"反門外西塾",非。

尸卒爵,祝受爵,命送如初。

註曰:"送者,送卒爵。"

郝氏曰:"祝命送,命主婦拜也,即前云'送爵,皇尸卒爵',命主婦拜如主人也。"

右主婦獻尸。

酢,如主人儀。

註曰:"尸酢主婦,如主人儀者,自'祝酌'至'尸拜送',如酢主人也。

---

① "與虞禮互見",校本同,《節解》"虞"字上有"前"字。

不易爵,辟内子。”

世佐案,男女不相襲爵,此不言易爵,文省也。註云“辟内子”似泥。然則所謂“如主人儀”者,亦大略言之耳。

主婦適房,南面,佐食挼祭。主婦左執爵,右撫祭,祭酒,啐酒,入,卒爵,如主人儀。

註曰:“撫挼祭,示親祭。佐食不授而祭於地,亦儀簡也。入室卒爵,於尊者前成禮,明受惠也。”

敖氏曰:“房中南面,主婦之正位也,經因事見之。祭,亦謂黍稷、肺祭也。佐食挼祭,主婦撫之而不取,亦異於内子也。既撫,則佐食以祭置于地。主婦入于室中,北面而立飲。如主人儀,謂卒爵拜,尸答拜也。入室卒爵,亦以𠍪者於此拜受故也。”

右尸酢主婦。

獻祝,籩、燔從,如初儀。

敖氏曰:“主婦當更酌洗于房中,乃酌獻祝,略如内子之禮,蓋男子不承婦人爵也。初儀,即主人獻祝之禮,此惟無祭俎一節,餘則如之也。籩與豆、燔與肝雖異,其祭之儀則同,故亦蒙‘如初’。祝亦兩籩,其設之棗在菹西,栗在棗南。”

及佐食,如初。卒,以爵入于房。

註曰:“及佐食,如初,如其獻佐食,則拜主人之北,西面也。”

敖氏曰:“初者,亦主人獻佐食之儀。《少牢禮》主婦獻祝及佐食,皆西面於主人之北答拜之。”

世佐案,云“及”者,蒙“獻祝”之文也。以虚爵入房,仍奠于内篚。

右主婦獻祝、佐食。

賓三獻如初,燔從如初,爵止。

註曰:“初,亞獻也。尸止爵者,三獻禮成,欲神惠之均於室中,是以奠而待之。”

疏曰:自此盡“卒,復位”,論賓長獻尸及佐食,並主人、主婦致爵之事。此一科之内乃有十一爵:賓獻尸,一也;主婦致爵于主人,二也;主人酢主婦,三也;主人致爵于主婦,四也;主婦酢主人,五也;尸舉奠爵酢賓長,六也;賓長獻祝,七也;又獻佐食,八也;賓又致爵于主人,九也;又致爵于主婦，十也；賓獻主人酢，十一也。待均者，謂尸得三獻，祝與佐食亦得三獻，主人、主婦各得一酢而已，待主人、主婦致爵乃均也。

敖氏曰："不言洗爵、升酌，可知也。如初，謂尸拜受、主婦拜送也。尸於舉酌之末，亦欲主人而下皆受舉爵之禮，故止爵以見其意。於是主人、主婦交相致爵，既而遂獻賓以至於私人，而終尸意焉。其爵止之節，在羞燔者出之時也，賓長亦出而復位。"

張氏曰："自'主婦致爵主人'以下，皆所謂均神惠於室中者，約畧分之爲六節。"

右賓獻尸爵止。

席于户内。

註曰："爲主人鋪之，西面，席自房來。"

敖氏曰："設席，蓋於主人所立處之南，席亦南上。未受爵而設席，變於大夫。"

主婦洗爵，酌，致爵于主人。主人拜受爵，主婦拜送爵。

註曰："主婦拜，拜於北面也。"

敖氏曰："是亦獻也，乃不云獻者，酒乃己物，不可以獻爲名，故謂之致爵，亦拜受于席。"

宗婦贊豆如初，主婦受，設兩豆、兩籩。

註曰："初，贊亞獻也。主婦薦兩豆、籩，東面也。"

敖氏曰："贊豆，贊豆與籩也。此豆兼籩言之，省文耳。如初，户外坐也。主婦受於户外，而設於席前，其豆則菹在北，其籩則棗在菹北，栗在棗西也。設豆東面，設籩南面與？此宗婦贊者亦一人耳，既授兩豆，復取兩籩于房。"

俎入設。

註曰："佐食設之。"

疏曰：《有司》下大夫不儐尸者，主婦致爵于主人時，佐食設俎，彼室内行事，與士禮畧同，故鄭知佐食設之也。

敖氏曰："設于豆西。"

郝氏曰："設俎則宗人也。"

世佐案，宗人詔禮，不可使之設俎，郝說非，當以註疏爲正。

主人左執爵，祭薦，宗人贊祭，奠爵，興，取肺，坐絶祭，嚌之，興，加于俎，坐挩手，祭酒，啐酒。

註曰："絶肺祭之者，以離肺長也。《少儀》曰：'牛羊之肺，離而不提心。'豕亦然。挩手者，爲絶肺染汙也。忖肺不挩手。"

疏曰：《少儀》註云"提，猶絶也，不絶中央少許者"，引之證離肺長而不絶，故須絶之。云"忖肺不挩手"者，以其先已斷絶，取祭之，不須以手絶之，故不挩手也。

敖氏曰："此贊祭薦，蓋以籩祭授之。祭離肺之儀，《鄉飲酒禮》備矣。"

肝從。左執爵，取肝擩于鹽，坐，振祭，嚌之。宗人受，加于俎，燔亦如之。

註曰："一酌而備，再從而次之，示均。"

疏曰："此決上主人獻尸，賓長以肝從，主婦獻尸，兄弟以燔從，今一酌而肝、燔從，則與尸等，故云'示均'。"

敖氏曰："'坐'字衍。宗人既受肝，則主人復右執爵矣。一進酒而兩進從俎者，欲其與尸祝之兩獻者同，見其尊也。主婦禮亦如之。"

世佐案，以肝、燔從者，亦長兄弟也。云"坐"者，見其已啐酒則興取肝也。凡振祭皆坐，特於此見之耳。敖云衍，非。

興，席末坐，卒爵，拜。

註曰："於席末坐卒爵，敬也。"

敖氏曰："席末，席上之北，不降席者，亦因尸禮也。"

郝氏曰："席末坐，避尊也。"

主婦答拜，受爵，酌，醋，左執爵，拜，主人答拜。坐祭，立飲，卒爵，拜，主人答拜。主婦出，反于房。

敖氏曰："酢不易爵者，禮婦人承男子後，多不易爵，則其自酢又可知矣。主婦自酢者，主人辟尸，不敢酢主婦，主婦達其意也。下自酢之義，皆類此。反，奠爵于篚也。'左'字非誤則衍，《内則》曰：'凡女拜，尚右手。'"

郝氏曰："主婦左執爵，拜，不奠爵，婦人立拜也。"

世佐案，婦人仍男子之爵，惟夫婦耳，其他則固不相襲也。左執爵而拜者，肅拜也。敖以《内則》文決經文之誤，非。

右主婦致爵于主人，自酢。

主人降，洗，酌，致爵于主婦。席于房中，南面。主婦拜受爵，主人西面答拜。宗婦薦豆、俎，從獻皆如主人。

敖氏曰："不言升酌，文省耳。主人於主婦亦謂之致爵者，夫妻一體也。主婦席南面，變於大夫不賓尸之禮也，亦拜受于席。豆，亦兩豆、兩籩。俎，牲俎也。從獻，肝、燔也。皆如主人，謂其受爵以前之禮也。所異者，其不用贊與此席蓋於房中之北堂。"

主人更爵，酌，醋，卒爵，降，實爵于篚，入，復位。

註曰："主人更爵自酢，男子不承婦人爵也。《祭統》曰：'夫婦相授受，不相襲處。酢必易爵，明夫婦之别。'"

疏曰："案下記'設洗，篚在洗西，實二爵'，鄭註云'二爵者，爲賓獻爵止，主婦當致也'，此賓長所獻爵，尸奠之未舉，其篚唯一爵，得云易者，上主婦亞獻，洗爵于房中，則房中有爵，又主婦獻祝及佐食訖，以爵入于房，後主婦致爵于主人，還是房内爵，後主人致爵于主婦者，是下篚之爵，主婦飲訖，實于房中之篚，主人更取房内之爵以酌酢，酢訖，奠于下篚。"

敖氏曰："更爵，更取在内篚者也。男子不承婦人爵，雖自醋，猶更之。内篚在洗東，乃不因而洗之者，以其自醋也。自醋而不洗，亦因尸之醋禮也。此醋亦在房中西面，其他儀皆與主婦自醋者畧同，以有成禮，故畧而不見之。卒爵則坐，惟此與主婦異耳。位，室中位。凡男子易爵于内篚，惟醋于房中者得由便爲之，不然則否。"

郝氏曰："卒爵不坐，夫飲婦爵，禮畧也。"

世佐案，主人取下篚之爵致于主婦，主婦飲訖，還授主人，主人以降奠于篚，乃更爵自酢也。必更之者，夫尊也。下篚惟有二爵，其一尸奠之，未舉，則主人所更者乃觚也。觚亦稱爵者，散文通也。疏及敖氏皆謂更取房中之爵，非。

右主人致爵于主婦，自酢。

三獻作止爵。

註曰："賓也。謂三獻者，以事命之。作，起也。舊説云：賓入户，北面，曰：‘皇尸請舉爵。’”

敖氏曰：“致爵之禮成，亦足以少塞尸之止爵意矣。於此而作止爵，亦宜也。若俟畢獻乃爲之，則久留尊者之爵，非所以爲敬。”

尸卒爵，酢。

張氏曰：“賓作爵，尸酢賓，其酢當亦祝酌，尸拜送。”

世佐案，尸卒爵，亦祝受爵，命賓拜送，乃酢也。尸酢賓如其酢主人與主婦之禮，經不言者，蒙下“如初”之文也。郝云“賓受爵，遂自酢”，非。

酌獻祝及佐食。

楊氏曰：“案上文賓三獻尸，止爵不舉，故未得獻祝與佐食。待主人、主婦致爵與醋，神惠已均，賓乃作止爵。尸卒爵酢賓，賓遂獻祝及佐食，事之序也。”

敖氏曰：“賓獻祝，亦北面拜於户西。獻佐食，亦西面拜於主人之南也。”

洗爵酌，致于主人、主婦，燔從皆如初。更爵，酢于主人，卒，復位。

註曰：“洗乃致爵，爲異事新之。燔從皆如初者，如亞獻及主人、主婦致爵也。凡獻佐食皆無從，其薦俎，獻兄弟以齒設之。賓更爵自酢，亦不承婦人爵。”

疏曰：燔從如初，則無肝從。皆者，謂主人、主婦。嫌獻佐食亦然，故云“凡獻佐食，皆無從”。下記云“佐食於旅也，齒於兄弟”，故薦俎亦與兄弟同時設之。從楊氏《圖》節本。

楊氏曰：“上文主人、主婦獻皆至祝、佐食而止，今賓獻祝、佐食畢，又致爵于主人、主婦，故洗爵酌致，爲異事，新之也。”

敖氏曰：“賓既獻佐食，則室中之事畢矣。乃復致爵者，因上禮也。皆，皆尸卒爵以下也。自尸卒爵以至及佐食，如主人酢獻之禮也。致于主人者，如主婦致爵之禮也。致于主婦者，如主人致爵之禮也。燔從者，如亞獻祝及致于主人、主婦之禮也。言此，則是其從獻之物僅有此耳，亦見其殺於初者也。致于主人、主婦，乃惟酢于主人者，爲禮主於尊者也。賓更爵自酢，其義與主人之自酢者同。更爵不言降與升酌，又不言如初，亦文省。”

郝氏曰："復位，復堂下東面之位。"

世佐案，燔從，謂獻祝及致爵于主人、主婦也。祝之從獻無籩，主人、主婦之從獻無肝，皆異于初者，故特見之。敖于"皆如初"三字分析最爲詳明，註疏連"燔從"爲義，偏矣。賓自酢訖，亦以爵奠于篚，乃復位。

右賓作止爵，終三獻之禮。

主人降阼階，西面拜賓如初，洗。賓辭洗。

註曰："拜賓而洗爵，爲將獻之。如初，視濯時，主人再拜，賓答拜，三拜衆賓，衆賓答再拜者。"

敖氏曰："'階'下當有'前'字，《少牢》下篇曰：'主人洗爵，長賓辭。主人奠爵于篚，興，對。'"

張氏曰："此下獻賓、獻衆賓、設尊酬賓、獻長兄弟、獻衆兄弟、獻内兄弟，凡六節，以三獻尸訖，事神禮成，順神意以逹惠，六節共爲一科。其設尊兩階先以酬賓，又所以爲旅酬發端也。"

世佐案，賓之辭洗也，自堂下東行辭之，與《鄉飲酒》之衆賓相似。

卒洗，揖讓升，酌，西階上獻賓，賓北面拜受爵，主人在右，答拜。

註曰："就賓拜者，此禮不主於尊也。賓卑則不專階，主人在右，統於其位。"

疏曰：案《鄉飲酒》、《鄉射》賓主獻酢，各於其階，至酬乃同階，此因祭如初"如初"二字恐誤，當作"而獻"。賓，非爲尊之，所尊者謂尸也。又賓是士家有司，卑不得專階，故就之。北面，以東爲右，主人位在阼階，故云"統於其位"。

敖氏曰："獻賓，蓋西南面也。"

郝氏曰："禮主祭，則賓不專階，主賓皆北面。"

世佐案，是禮主於祭，不主於賓，至獻賓，而禮已殺矣，故賓主同階。註云"賓卑"，非。

薦脯醢，設折俎。

註曰："凡節解者，皆曰折俎。不言其體，畧云折俎，非貴體也。上賓骼，衆賓儀，公有司設之。"

疏曰："《有司徹》註：'儀者，尊體盡，儀度餘骨，可用而用之。'"

敖氏曰："自賓以下，其設薦俎者，皆以私人爲之與？"

賓左執爵，祭豆，奠爵，興，取肺，坐絶祭，嚌之，興，加于俎，坐挩手，祭酒，卒爵，拜。主人答拜，受爵，酌，酢，奠爵拜。賓答拜。

註曰："主人酌自酢者，賓不敢敵主人，主人達其意。"

敖氏曰："豆，亦兼籩言也。"

世佐案，賓不酢主人，辟尸禮也。祭祀之時已得獻，而親酢獻己者，惟尸耳，其他皆不敢因之，所以尊尸也，註誤。賓是主人之僚友，非不敵也。

主人坐祭，卒爵，拜。賓答拜，揖，執祭以降，西面奠于其位，位如初，薦俎從設。

註曰："位如初，復其位東面。《少牢饋食禮》：'宰夫執薦以從，設于祭東。司士執俎以從，設于薦東。'是則皆公有司爲之與？"

疏曰："賓位在西階下東面，今受獻於西階上，經云'執祭以降，西面奠于其位'，又言'位如初'，明復西階下東面位也。"

敖氏曰："執祭，脯也。云'位如初'，嫌既獻則位或異也。"

郝氏曰："酢畢，賓揖主人，自執所祭肺下堂，西面奠于其位，仍東面立如初。其西階上所薦豆俎，皆從設于位。"

世佐案，祭，謂脯及肺之置于地者。必執以降，敬也，且示其將復位于下。然而主人之羣吏遂執其薦俎以從之也，必復位于下者，辟後之受獻者也。

右主人獻賓，自酢。

衆賓升，拜受爵，坐祭，立飲。薦俎設于其位，辯。主人備答拜焉，降，實爵于篚。

註曰："衆賓立飲，賤不備禮。《鄉飲酒記》曰：'立卒爵者，不拜既爵。'備，盡，盡人之答拜。"

敖氏曰："辯，謂皆有薦俎也，其薦俎亦於每獻一人則設之。備答拜，謂悉答之也，其拜亦在每人受爵之後。"

世佐案，其位在西階下，賓南。薦俎不先設于西階上而即設于其位，亦殺于賓也。"降，實爵于篚"，亦謂主人也。然則衆賓每一人飲訖，輒以爵授主人矣,不言者,文不具也。《鄉飲酒禮》云:"坐祭,立飲,不拜既爵,授主人爵,降復位。"又案註"盡人之答拜","之"字當在"答拜"之下。

右主人獻衆賓。

尊兩壺于阼階東,加勺,南枋,西方亦如之。

註曰:"爲酬賓及兄弟,行神惠,不酌上尊,卑異之,就其位尊之。兩壺皆酒,優之。先尊東方,示惠由近。《禮運》曰:'澄酒在下。'"

敖氏曰:"設尊於堂下者,欲其便,且別於大夫禮也。兩壺皆酒者,別於上尊也。"

郝氏曰:"將行旅酬,不敢用堂上户東神尊,而別尊于堂下也。兩壺皆酒,人衆也。"

主人洗觶,酌于西方之尊,西階前北面酬賓,賓在左。

註曰:"先酌西方者,尊賓之義。"

敖氏曰:"於此酬賓,終正禮也。酬賓於西方,故酌西方之尊。酬於下者,宜近賓位,便其奠之。"

世佐案,禮成於酬,故以是終獻賓之禮,且爲旅酬發端也。酌于下者,明此尊爲酬酒設。賓在左,如其在階上之位也。

主人奠觶拜,賓答拜。主人坐祭,卒觶,拜,賓答拜。

敖氏曰:"此賓主之拜,亦皆北面。"

主人洗觶,賓辭,主人對。

敖氏曰:"《少牢》下篇云:'主人奠爵于篚,對。'"

卒洗,酌,西面,賓北面拜。

註曰:"西面者,鄉賓位,立於西階之前、賓所答拜之東北。"

主人奠觶于薦北。

註曰:"奠酬于薦左,非爲其不舉,行神惠,不可同於飲酒。"

疏曰:"神惠右不舉,生人飲酒左不舉。今行神惠,不可同于飲酒,故奠于左,與生人相變。"

敖氏曰:"不授而奠,酬之正禮。薦北,薦左也。既奠則復位北面拜,文不具耳。此奠觶于庭,皆將舉者也。而或在薦左,或在薦右,蓋各從其便,而不取奠者於左,將舉於右之義也。"

姜氏曰:"'薦北'下當有'答拜'二字,蓋闕文。"

賓坐取觶,還東面拜,主人答拜。賓奠觶于薦南,揖,復位。

註曰:"還東面,就其位薦西。奠觶薦南,明將舉。"

疏曰:云"揖,復位",則初奠時少南於位可知。云"還東面",則初賓坐取觶,薦東西面可知,故鄭註云"還東面,就其位薦西"也。

敖氏曰:"賓坐取觶而興,象受之也。賓取觶,亦西面還而東面拜,謝主人之奠觶也。執奠觶而拜,所以見其意。東面而奠于薦南,亦便也。復位,主人復阼階下西面位也。奠而不辭,既則以拜謝之,皆變於飲酒之儀也。"

郝氏曰:"揖,揖主人復位,復東向之初位。"

世佐案,賓拜時亦奠觶,經不言者,畧可知也。敖云"執奠觶而拜",非。"揖復位",當以疏及郝説爲正,敖云"主人復阼階下西面位",亦非。

右主人酬賓。

主人洗爵,獻長兄弟于阼階上,如賓儀。

註曰:"酬賓乃獻長兄弟者,獻之禮成于酬。先成賓禮,此主人之義。亦有薦脀設於位,私人爲之與?"

疏曰:"長兄弟初受獻于阼階上時,亦薦脯醢,設折俎於阼階上,祭訖,乃執以降設于下位,皆當如賓儀。"

敖氏曰:"此獻于阼階上,異内外也,獻亦西南面。如賓儀,兼酢言也。"

郝氏曰:"獻于阼階上者,酌堂上之尊,獻禮重于酬也。"

張氏曰:"註疏皆不言酬,既云'如賓儀',當亦主人自酢也。"

右主人獻長兄弟,自酢。

洗,獻衆兄弟,如衆賓儀。

註曰:"獻卑而必爲之洗者,顯神惠。此言'如衆賓儀',則如獻衆賓洗明矣。"

楊氏曰:"如西階獻衆賓儀,坐祭,立飲,薦俎,設于其位,辯。"又曰:"主人獻祝及佐食之時,惟祝言設俎,不言設佐食俎者,案三獻作止爵,鄭註云'凡獻佐食皆無從,其薦俎,獻兄弟以齒設之',疏引記云'佐食於旅,齒於兄弟’,故佐食薦俎亦與獻兄弟同時設。此主人於初獻佐食之時不言設俎,至此獻兄弟時乃設之也。”

敖氏曰:“獻衆兄弟與獻長兄弟之禮相屬,乃爲之洗者,以其承已自酢之後,故須洗之也。然則獻衆賓於自酢之後,則亦宜爲之洗矣,上經不言者,文畧耳。”

右主人獻衆兄弟。

洗,獻内兄弟于房中,如獻衆兄弟之儀。

註曰:“内兄弟,内賓、宗婦也。如衆兄弟,如其拜受、坐祭、立飲、設薦俎於其位而立。内賓,其位在房中之尊北。不殊其長,畧婦人也。《有司徹》曰:‘主人洗,獻内賓於房中,南面拜受爵。’”

疏曰:“云‘其位在房中之尊北’者,案下記云‘尊兩壺于房中西牖下,南上。内賓立于其北,東面南上。宗婦北堂,東面北上’是也。引《有司徹》者,欲見此内賓受獻時,亦南面拜受爵。”

敖氏曰:“獻之,蓋西北面。”

主人西面答拜,更爵酢,卒爵,降,實爵于篚,入,復位。

註曰:“爵辯乃自酢,以初不殊其長也。内賓之長亦南面答拜。”

敖氏曰:“更爵,亦在房中者也。”

世佐案,更爵亦於下篚,必更之者,男女不相襲也。入,復位,入室,復户内西面位。

右主人獻内兄弟,自酢。

長兄弟洗觚爲加爵,如初儀,不及佐食,洗、致如初,無從。

註曰:“大夫、士三獻而禮成,多之爲加也。不及佐食,無從,殺也。致,致於主人、主婦。”

疏曰:云“如初儀”者,如賓長三獻之儀,但賓長獻十一爵,此長兄弟加獻唯六爵。洗觚、獻尸,一也;尸酢長兄弟,二也;獻祝,三也;致爵主人,四也;致爵主婦,五也;受主人酢,六也。從《句讀》節本。

敖氏曰:“無從,謂所獻所致者皆無燔從也。無從,則不啐酒而卒爵,亦其異者。”

右長兄弟爲加爵。

衆賓長爲加爵，如初，爵止。

註曰："尸爵止者，欲神惠之均於在庭。"

疏曰："庭賓及兄弟雖得一獻，未得旅酬，其已得三獻，又別受加爵，故停之，使庭行旅酬。"

敖氏曰："鄉者三獻用爵，其爵止，而主人、主婦之致亦用爵，蓋放尸器而用之也。此爵止之後，室中及庭中行禮者皆用觶。以是推之，則此加爵當用觶，經不見之，文畧耳。如初，亦如亞獻也。此亦無從，尸祭酒、啐酒而爵止矣。"

張氏曰："云'如初'，亦如賓長三獻，但尸受爵、祭、啐之後即止而不飲，待旅酬西階一觶畢，加爵者乃請尸舉爵。衆賓長非三獻之賓，在庭衆賓中之長者也。"

世佐案，此加爵不言其器，蒙"長兄弟"之文也。獻用爵，加爵用觚，旅酬用觶，禮之差也。敖云"此加爵當用觶"，非。

右衆賓長爲加爵，爵止。

嗣舉奠。

註曰："嗣，主人將爲後者。舉，猶飲也。使嗣子飲奠者，將傳重累之者。大夫之嗣子不舉奠，辟諸侯。"

疏曰：云"嗣，主人將爲後者"，不言適而言"將爲後者"，欲見無適長，立庶子及同宗爲後皆是，故汎言"將爲後"也。云"舉，猶飲也"者，非謂訓舉爲飲，直是嗣子舉而飲之耳。云"大夫之嗣子不舉奠，辟諸侯"者，案《文王世子》云"其登餕、獻、受爵，則以上嗣"，註云"上嗣，君之適長子"。今案《少牢》無嗣子舉奠之事，故此註云"辟諸侯"，士卑，不嫌得與人君同，故有嗣子舉奠之事也。奠者，即上文"祝酌奠，奠于鉶南"是也。

張氏曰："舉奠者，舉前陰厭時祝所奠於鉶南之爵而飲之。舉奠本言其事，下文遂以目其人，謂嗣爲舉奠。"

世佐案，此目下事也。上文主祭、助祭之人內外皆受獻訖，而主人之嗣獨不及焉，是亦神惠之未徧也，故於是使之舉奠，重適嗣，且以是爲弟子舉觶之倡也。

盥，入，北面再拜稽首。

敖氏曰："盥，盥于洗也。再拜稽首，重尊者之賜也。北面，亦於户西。”

尸執奠，進受，復位，祭酒，啐酒。尸舉肝，舉奠左執觶，再拜稽首，進受肝，復位，坐食肝，卒觶，拜，尸備答拜焉。

註曰：“食肝，受尊者賜，不敢餘也。備，猶盡也。每拜答之，以尊者與卑者爲禮，畧其文耳。”

敖氏曰：“奠，鉶南之觶也。肝，即𦙍之加于菹豆者也。位，室中之位也。”

郝氏曰：“尸執奠觶，受嗣子。嗣子進受觶，復北面之位，祭飲。尸舉肝，亦以授嗣子，舉奠即嗣子。尸備答拜者，重繼體，每拜皆答也。”

舉奠洗，酌，入，尸拜受，舉奠答拜。尸祭酒，啐酒，奠之。舉奠出，復位。

註曰：“啐之者，答其欲酢己也。奠之者，復神之奠觶。嗣，齒於子姓。凡非主人，升降自西階。”

疏曰：“《曲禮》云爲人子者，‘升降不由阼階’，是以雖嗣子亦宜升降自西階。”

郝氏曰：“復位，與子姓共立于堂下東，主人之後也。”

右嗣舉奠。

郝氏曰：“嗣子舉奠，先自飲，酌尸，尸啐而奠之。此旅酬之始，故下文兄弟即繼之。嗣子酬尸而言舉奠，弟子酬長而言舉觶，皆尊敬之辭，以别于酬衆也。”

兄弟弟子洗，酌于東方之尊，阼階前北面舉觶于長兄弟，如主人酬賓儀。

註曰：“弟子，後生也。”

敖氏曰：“如主人酬賓儀者，是亦在長兄弟之右也。此有代主人酬長兄弟之意，故位與主人同。主人酬賓，奠觶于薦北，此則當奠于薦南，而長兄弟則取觶還西面，奠于薦北也。”

郝氏曰：“兄弟弟子，謂衆子姓，各酬其父兄，如主人酬賓儀：洗酌，拜，坐祭，卒觶，更洗酌，奠觶，長兄弟取觶，奠于薦右也。”

張氏曰：“此下言旅酬前，主人酬賓已舉西階一觶，此弟子復舉東階一觶，皆爲旅酬啟端，因於此時告祭，設羞，先旅西階一觶，加爵者即作止爵，次旅東階一觶，又次並旅東西二觶，而神惠均於在庭矣，凡六節。”

世佐案，兄弟弟子，謂同姓之卑幼者。舉觶者，一人而已。舉觶必先自飲，亦所以均神惠也，且以爲旅酬始。

右兄弟弟子舉觶于長兄弟。

世佐案，獻時弟子不獲與，故使之行舉觶之禮。《中庸》云“旅酬下爲上，所以逮賤”，蓋謂此也。

宗人告祭脀。

註曰：“脀，俎也。所告者，衆賓、衆兄弟、内賓也。獻時設薦俎于其位，至此禮又殺，告之祭，使成禮也。其祭皆離肺，不言祭豆可知。”

敖氏曰：“所告者，衆賓、衆兄弟、内兄弟也，公有司、私臣亦存焉。將羞，乃〔告〕祭脀[①]，蓋與《燕禮》大夫祭薦之意同也。記言衆賓以至私臣皆肴脀‘膚一，離肺一’，又曰公有司獻次衆賓，私臣獻次兄弟。”

郝氏曰：“始獻衆賓及兄弟、内兄弟，薦俎各于其位而未及祭，至是宗人告，使皆祭也。”

乃羞。

註曰：“羞，庶羞也。下尸，胾、醢豆而已。此所羞者，自祝、主人至於内賓，無内羞。”

疏曰：尸四豆：膮、炙、胾、醢。此祝以下降于尸，故云“胾、醢豆而已”。尸尊，尚無内羞，則祝以下可知。

敖氏曰：“此但以羞爲文，則是自尸而下以至於私臣皆然也。大夫祭禮，羞于尸、祝、主人、主婦與羞于賓、兄弟、内賓及私臣不同時，又加以内羞，此則一之，亦士禮異也。”

郝氏曰：“庶羞，即豕肉爲之。《王制》云：‘庶羞不踰牲。’”

姜氏曰：“《少牢》儐尸禮主酬尸，尸奠訖，乃羞内羞、庶羞于尸、侑、主人、主婦，其後旅酬訖，乃羞庶羞于賓、兄弟、内賓及私人。不儐尸禮，則内羞、庶羞皆于主酢賓後併行之。此《特牲禮》蓋畧，仿于不儐尸，故將旅時，自尸以下凡内羞、庶羞併羞之也。考《周禮》，羞籩、羞豆，糗餌、粉餈、糝食、酏食之實曰内羞，雖《内則》饍生人猶用之，況祀先乎？前此薦尸兩

---

① “乃祭脀”，校本同，《集説》“祭”字上有一“告”字，應據補。

籩，棗、栗，未及内羞、庶羞，此時内羞宜自尸始第[①]，賓、兄弟、内賓、私人不及耳，而註乃謂羞，無内羞，又不及尸，何哉?"

世佐案，上經云"佐食羞庶羞四豆"，則尸之庶羞不於是時乃設也。下經云"徹庶羞設于西序下"，則自尸而下皆無内羞，又可見矣。註説自不可易，後儒好立異，未見其確。

賓坐取觶。

註曰:"薦南奠觶。"

楊氏曰:"此即主人酬賓之觶。"

阼階前北面酬長兄弟，長兄弟在右。

疏曰:"賓主相酬，主人常在東，其同在賓中，則受酬者在左。"

郝氏曰:"兄弟在右，以兄弟亦有主人之誼也。"

賓奠觶拜，長兄弟答拜。賓立卒觶，酌于其尊，東面立，長兄弟拜受觶。賓北面答拜，揖，復位。

註曰:"其尊，長兄弟尊也。此受酬者拜，亦北面。"

疏曰:"旅酬、無算爵，以飲者酌己尊，酬人之時酌彼尊。"

敖氏曰:"阼階東之尊爲(兄弟長)〔長兄弟〕而下設之[②]，故曰'其尊'，若彼自有之然，西方之尊亦如之。東面立，變於《鄉飲酒》酬者之儀也。《鄉飲酒禮》賓東南面酬主人，主人西南面酬介，此東面酬長兄弟，亦惟北面受之，下放此。"

郝氏曰:"揖復位，賓酬畢，復東向之位。"

張氏《監本正誤》云:"'賓立卒觶，酌于其尊'，'卒'誤作'于'。"

長兄弟西階前北面，衆賓長自左受旅，如初。

註曰:"旅，行也，受行酬也。初，賓酬長兄弟。"

敖氏曰:"初，謂奠觶拜，受旅者答拜也。"

張氏《監本正誤》云:"'衆賓長自左受旅如初'，脱'自'字。"

---

① "宜"字原作"直"，校本作"宜"，《經傳》同，據改。

② "長兄弟"原作"兄弟長"，校本同，《集説》作"長兄弟"，應據改。

長兄弟卒觶，酌于其尊，西面立，受旅者拜受。長兄弟北面答拜，揖，復位。衆賓及衆兄弟交錯以辯，皆如初儀。

敖氏曰："交錯，謂二黨互相酬也。初儀，即上文所言相酬之禮。"

世佐案，其尊，西方之尊也。

右賓與兄弟旅酬。張氏曰："旅西階一觶。"

為加爵者作止爵，如長兄弟之儀。

註曰："於旅酬之間，言作止爵，明禮殺並作。"

疏曰：此決上文三獻爵止，待室中致爵訖，乃作止爵。此旅酬未訖，作止爵，故云"並作"。

敖氏曰："奠觶既舉，其禮一終於此，可以作止爵矣。不俟再旅者，其意與三獻作止爵於獻賓之前者同。"

郝氏曰："初衆賓長繼長兄弟加爵，尸飲長兄弟爵，不飲衆賓長爵，以已受加爵，而衆賓與兄弟酬未及。今既旅及衆賓與兄弟，尸可飲矣，故加爵之賓長作起其初止之爵請尸飲也。"

張氏曰："如長兄弟之儀，其受尸酢，獻祝，致爵主人、主婦，受主人酢皆同也。"

右衆賓長作止爵，終加爵之禮。

長兄弟酬賓，如賓酬兄弟之儀，以辯，卒受者實觶于篚。

註曰："長兄弟酬賓，亦坐取其奠觶。此不言交錯以辯，賓之酬不言卒受者實觶于篚，明其相報禮終於此，其文省。"

疏曰：此長兄弟所舉奠觶，即上弟子舉觶於其長者也。賓之酬亦卒受者實觶于篚，此亦交錯以辯，故鄭云"文省"也。

郝氏曰："如賓酬兄弟之儀者，前賓酬長兄弟于阼階前，今長兄弟亦酬賓于西階前，奠觶、受觶、拜、答拜、復位等儀同。辯，謂賓亦東階前酬衆兄弟，復位，衆兄弟及衆賓亦交錯以徧也。卒受者，謂賓、衆賓與兄弟之衆。酬終各有卒觶者，各以所卒二觶實于堂下之篚也。"

世佐案，此卒受者，惟一觶耳。兄弟多于賓，則卒受者為主黨；賓多于兄弟，則卒受者為賓黨；賓與兄弟均，則卒受者亦賓黨也，郝説非。

右兄弟與賓旅酬。張氏曰："旅阼階一觶。"

郝氏曰："此交錯一終旅酬之正數，以下則無算爵也。"

賓弟子及兄弟弟子洗,各酌于其尊,中庭北面西上,舉觶於其長,奠觶拜,長皆答拜。舉觶者祭,卒觶,拜,長皆答拜。

敖氏曰:"此中庭,東西之中也。其南北之節,則皆少南於其長之前與西上者,尊賓之弟子也,是時,長皆在東西面之位而拜之。卒觶,坐卒觶也,此觶乃代主人舉之,故其儀與《鄉飲》舉觶者略同。"

世佐案,各酌于其尊者,賓弟子酌西方之尊,兄弟弟子酌阼階東之尊也。此爲無算爵始也,亦如《鄉飲酒禮》"二人舉觶"之爲。

舉觶者洗,各酌于其尊,復初位,長皆拜,舉觶者皆奠觶于薦右。

註曰:"奠觶,進奠之於薦右,非神惠也。"

疏曰:同於生人飲酒,舉者奠于薦右也。《中庸》:"旅酬下爲上,所以逮賤。"從楊氏《圖》節本。

敖氏曰:"薦右,賓之薦南,兄弟之薦北也。奠於此者,因其所改奠之處也,緣長者意,不欲勞其復遷之。"

張氏《監本正誤》云:"'舉觶者洗各酌于其尊','尊'誤作'奠'。"

世佐案,初位,中庭北面之位。奠于薦右,便其舉也。此與主人所奠之處異者,敖云"不欲勞其復遷之",是也,註説似曲。

長皆執以興,舉觶者皆復位,答拜。長皆奠觶于其所,皆揖其弟子,弟子皆復其位。

註曰:"復其位者,東西面位。弟子舉觶於其長,所以序長幼、教孝弟。凡堂下拜,亦皆北面。"

敖氏曰:"執以興,亦象受之。其所,薦右也。揖,揖之,使復其位。"

世佐案,復位,亦復中庭北面之位。其位,則賓弟子西階前東面,兄弟弟子阼階前西面位也。

爵皆無算。

註曰:"算,數也。賓取觶酬兄弟之黨,長兄弟取觶酬賓之黨,唯己所欲,亦交錯以辯,無次第之數。因今接會,使之交恩定好,優勸之。"

敖氏曰:"此亦賓先舉奠觶酬兄弟長,交錯以辯。卒飲者洗酌,反奠於故處，長兄弟又舉奠觶酬賓長，亦交錯以辯。卒飲者洗酌，亦反奠於故處，賓及兄弟又迭舉奠觶，皆如初。禮終而復始，故云‘爵皆無算’。若其儀之與旅酬異者，唯不拜耳。”

張氏曰：“二觶並舉，爲無算爵。”

世佐案，此時二觶並行，賓觶以酬次兄弟，長兄弟之觶以酬衆賓長，次兄弟酬第三位次賓，衆賓長酬第三位次兄弟，辯。卒受者以虚觶奠于篚。舉觶者復洗，酌，反奠于其長，終而復始，故云“無算”也。若如敖説，仍是一觶行畢，乃復行一觶，與旅酬無異，恐未是。以《鄉飲酒》、《鄉射》無算爵法參看，則可見矣。

右賓弟子、兄弟弟子各舉觶于其長，遂無算爵。

利洗散，獻于尸，酢，及祝，如初儀，降，實散于篚。

註曰：“利，佐食也。言利，以今進酒也。更言獻者，以利待尸禮將終，宜一進酒，嫌於加酒亦當三也。不致爵，禮又殺也。”

敖氏曰：“佐食云利，未詳，或曰以其善佐尸食而宜於尸，故曰利。利之言宜也，未知是否。”

郝氏曰：“酢，利自酢。及祝，獻祝耳。如初儀，如長兄弟、衆賓長加爵之儀，其拜受、拜送、自酢同也。”

張氏曰：“以進酒名利，利者，養也。”

世佐案，酢，尸酢佐食也。如初儀，亦謂如亞獻之儀耳，不言無從，可知也。

右佐食獻尸、祝。

郝氏曰：“佐食爲役室中，有事不得與衆同。加爵事畢，乃獻尸，亦加爵也。正獻三：主人、主婦、賓也。加爵三：長兄弟、衆賓長、佐食也。獻爲正，加爲從，嗣子舉奠爲酬，不在從獻之數。”

主人出，立于户外，西面。

註曰：“事尸禮畢。”

敖氏曰：“户外，户東少南也。不立于阼，亦變於大夫也。”

郝氏曰：“户外，室户外西面。坊本作‘西南’，誤。”

世佐案，《少牢》云“主人出，立于阼階上，西面”，鄭註《詩・楚茨》亦云“孝孫徂位，堂下西面也”。此雖士禮，然是時主人立處，尊卑之等，以去尸遠近爲差。至于所面，不應有異。下云“祝東面告”，亦取鄉主人爲義也。敖及郝本皆作“西面”，今從之。

祝東面告利成。

註曰：“利，猶養也。供養之禮成，不言禮畢，於尸閒之嫌。”

疏曰：“《少牢》云：‘主人出，立于阼階上，西面。祝出，立于西階上，東面。祝告曰：利成。’此户外告利成，彼階上告利成，以尊者稍遠於尸。若天子、諸侯禮畢，於堂下告利成。”

敖氏曰：“東面于户外之西。”

尸謖，祝前，主人降。

註曰：“《少牢饋食禮》曰：‘祝入，尸謖。主人降，立于阼階東，西面。祝先，尸從，遂出於廟門。’前尸之儀，《士虞禮》備矣。”

疏曰：“引《少牢》者，證大夫禮主人立位與士不同，又證前尸出廟之事。云‘前尸之儀，《士虞禮》備矣’者，彼有室中、出户、降階、出廟前尸之事。”

世佐案，註引《少牢》者，見其同也。彼詳此略，故引以爲證，疏誤。

祝反，及主人入，復位，命佐食徹尸俎，俎出于廟門。

註曰：“俎，所以載肵俎。《少牢饋食禮》曰：‘有司受，歸之。’”

疏曰：引《少牢》者，是下大夫不賓尸之禮，此士禮不賓尸與下大夫同，故引以相證也。

敖氏曰：“言及，見其先入也。”

世佐案，復位，各復室中之位。尸俎，肵俎也。不徹牲俎者，以其將改設。

右祝告利成，尸出。

徹庶羞，設於西序下。

註曰：“爲將餕，去之。庶羞，主爲尸，非神饌也。《尚書傳》曰：‘宗室有事，族人皆侍終日。大宗已侍，於賓奠，然後燕私。燕私者何也？已而與族人飲也。’此徹庶羞置西序下者，爲將以燕飲與？然則自尸、祝至於兄弟之庶羞，宗子以與族人燕飲于堂；内賓、宗婦之庶羞，主婦以燕飲於房。”

疏曰：“《尚書傳》已下，是彼《康誥》傳文。‘大宗已侍，於賓奠’者，或有作餕或有作暮者，皆誤，以奠爲正也。引之者，證徹庶羞不入于房而設於西序下，以擬燕故也。必知祭有燕者，按《楚茨》詩云‘鼓鐘送尸’，下云‘備言燕私’，鄭註云‘祭祀畢，歸賓客之俎，同姓則留與之燕，所以尊賓客，親骨肉也’。”

敖氏曰：“徹者，亦佐食也。徹庶羞，亦改設者，尊尸食，故未即去之。西序下，其東也。此先徹庶羞，亦與大夫禮相變。”

世佐案，庶羞，謂自尸而下至于私臣者皆是，惟主婦及内兄弟不與焉，以其當燕于房故也。徹之者，有司羣執事與？東序下，堂上東牆之下也。設于此者，註以爲將以燕飲，蓋據《詩・楚茨》及《尚書大傳》之文。然《楚茨》陳人君禮，《書傳》亦惟指大宗而言，是篇無燕私之事，故言“與”以疑之。此所徹者唯言庶羞，則上經所云“乃羞”者，無内羞明矣。

筵對席，佐食分簋、鉶。

註曰：“爲將餕分之也。分簋者，分敦黍於會，爲有對也。敦，有虞氏之器也。周制，士用之，變敦言簋，容同姓之士得從周制耳。《祭統》曰：‘餕者，祭之末也，不可不知也。是故古之人有言曰：“善終者如始。”餕其是已。是故古之君子曰：“尸亦餕鬼神之餘也。”惠術也，可以觀政矣。’”

敖氏曰：“筵對席，設對席于饌東也。此於神席亦爲少北，其名義與《昏禮》之對席同，下篇放此。簋，即敦之異名。分簋鉶者，以簋分簋實，以鉶分鉶羹也。爲將餕分之，或曰，以尸之兩敦、兩鉶分與二餕也。其敦，則上餕黍而下餕稷，亦異於大夫之餕者，惟用黍也，未知孰是。”

張氏曰：“此下言嗣子共長兄弟對餕筵。對席者，對尸席而設筵，以待下餕也。上餕坐尸席，東向，此在其東，西向。”

宗人遣舉奠及長兄弟盥，立于西階下，東面北上。

敖氏曰：“云‘及長兄弟’，則主人之子位在長兄弟之上，明矣。立于西階下，俟命也，其位蓋在賓之東北。”

郝氏曰：“舉奠，即嗣子。”

祝命嘗食。餕者、舉奠許諾，升，入，東面，長兄弟對之，皆坐。佐食授舉，各一膚。

註曰：“命，告也。士使嗣子及兄弟餕，其惠不過族親也。古文餕皆作‘餕’。”

疏曰："此決《少牢》二佐食及二賓長餕，明惠大及異姓，不止族親而已。"

敖氏曰："'嘗食'二字或當在'餕者'之下。舉奠東面，升尸席也。長兄弟對之，升對席也。使嗣子餕，故不敢以賓長對之，而使長兄弟也。以膚爲舉，亦欲其每食則啗之。士以二人餕，降於大夫者兩也。其餕惟以嗣子及長兄弟，又與大夫禮相變云。"

郝氏曰："'祝命嘗食餕者'，猶言命餕者嘗食。升入，升堂入室。嗣子東面，尊繼體也。授舉，授俎肉，手執曰舉。尸俎有三膚，二餕各一。"

姜氏曰："命嘗食餕者，祝不斥命其人，優之也。《少牢》于異姓餕者拜之而不命，此則嗣與其族屬耳，命之，猶不斥言，禮之至，厚之至也。"

世佐案，以文次考之，"舉奠"二字當在"升入"之下。許諾升入，餕者二人所同也。東面，則唯舉奠者耳。東面，即尸席也。以嗣爲舉奠，因上文"嗣舉奠"而名之。

主人西面再拜，祝曰："餕有以也。"兩餕奠舉于俎，許諾，皆答拜。

註曰："以，讀如'何其久也，必有以也'之'以'。祝曰餕[①]，釋辭以戒之，言女餕此，當有所以也，以先祖有德而享於此祭，其坐餕其餘，亦當以之也。《少牢饋食禮》不戒者，非親昵也。舊説曰：'主人拜下餕席南。'"

疏曰：《少牢》二佐食與二賓長，是非親昵。

敖氏曰："西面，蓋于其位。餕有以也，其意未詳，或曰，言主人所以使女餕者，蓋有相親敬之意，不欲明説，故惟言有以也。下文'有與'之言亦類此。俎者，上餕豕，而下餕腊與？"

郝氏曰："餕有以，以先澤享此，教嗣子兄弟思先也。"

若是者三。

註曰："丁寧戒之。"

敖氏曰："三者，揔言之，蓋禮成於三也。然則主人拜祝，釋辭，餕答拜者又二也。"

① "曰"，校本作"告"。阮《校》云："徐本、《集釋》俱作'曰'，《通解》、楊氏、毛本作'告'。"

皆取舉，祭食，祭舉，乃食，祭鉶，食舉。

註曰："食乃祭鉶，禮殺。"

疏曰：正祭時，尸祭鉶乃爾黍。從楊氏《圖》節本。

敖氏曰："祭舉，亦振〔祭〕嚌之[①]。食，食乃祭鉶，變於尸。"

郝氏曰："祭食，祭飯也。次祭舉，祭肉也。"

卒食，主人降，洗爵，宰贊一爵。主人升，酌，酳上養上養拜受爵，主人答拜，酳下養亦如之。

註曰："《少牢饋食禮》曰：'贊者洗三爵，酌，主人受于户内，以授次養。'舊説云：'主人北面，授下養爵。'"

疏曰："引《少牢》者，欲見此亦主人受于户内，以授下養。"

敖氏曰："酳下養，亦東面于其席前之北授之。"

姜氏曰："《少牢》四爵，故自洗一爵，贊者洗三爵。此二爵，故自洗一爵，贊者洗一爵也。《少牢》惟爵不拜受，餘儀則如之。"

主人拜，祝曰："酳有與也。"如初儀。

註曰："主人復拜，爲戒也。與，讀如'諸侯以禮相與'之'與'。言女酳此，當有所與也。與者，與兄弟也。既知似先祖之德，亦當與女兄弟，謂教化之。"

疏曰："諸侯以禮相與"，《禮運》文。彼言諸侯會同聘問，一德以尊天子。此戒嗣子與長兄弟及衆兄弟相教化，相與以尊先祖之德也。

敖氏曰："初儀，主人再拜及兩養許諾也。"

郝氏曰："酳有與，與兄弟共飲，親親之意也。如初儀，亦三祝也。"

兩養執爵拜。

註曰："答主人也。"

敖氏曰："此著其拜之異於上者也。凡男子執爵拜，皆左執之。《内則》曰：'凡男拜，尚左手。'"

郝氏曰："'執爵'當作'奠爵'，男子拜無執爵。"

世佐案，《少牢》云"養者奠爵皆答拜"，郝説近是。

---

① "振祭嚌之"原無"祭"字，校本同，《集説》作"振祭嚌之"，應據補。

祭酒，卒爵，拜，主人答拜。兩餕皆降，實爵于篚。

敖氏曰："上餕將酢，乃亦實爵于篚者，宜與下餕共終其事，不可由便也。"

世佐案，上餕亦實爵于篚者，以酢主人，當更爵也。

上餕洗爵，升，酌，酢主人。

註曰："下餕復兄弟位，不復升也。"

敖氏曰："酢主人，東面鄉之於其位。上餕得親酢者，尸已出故也，此亦變於大夫之禮。大夫餕者不親酢。"

郝氏曰："獨上餕升酢，主人重嗣子也。"

主人拜受爵。

敖氏曰："主人亦西面拜也。主人，父也。上餕，子也。父乃先拜，其子而不以爲嫌者，以事餕之禮當然，故略於父子之分也，此與事尸之意微相類。"

上餕即位坐，答拜。

註曰："既授爵户内，乃就坐。"

郝氏曰："嗣子既授爵于主人，復户内北面之位，跪而答拜。"

世佐案，即位，即室西南隅東面之位也。郝云復户内北面位，非。

主人坐祭，卒爵，拜。上餕答拜，受爵，降，實于篚。

世佐案，上餕於是復阼階前子姓之位。

右餕。

張氏曰："愚於此節不能無疑。嗣子，子也。主人拜，祝拜，酳拜，受酢，如事嚴賓然，爲之子者，何以安乎？"

世佐案，此當與冠禮子見於母參看。從尊者處來，母先拜之，拜脯，非拜子也。餕鬼神之餘，父先拜之，拜餕，非拜子也。自非深明乎尊祖敬宗之義者，惡足以語此。

主人出，立于户外，西面。

註曰："事餕者禮畢。"

敖氏曰："户外，亦户東。"

郝氏曰："俟徹俎，陽厭也。"

張氏《監本正誤》云:"'主人出,立于户外,西面','外'誤作'内'。"

世佐案,此即前事尸禮畢,出立之位。

祝命徹阼俎、豆籩,設于東序下。

註曰:"命,命佐食。阼俎,主人之俎。宗婦不徹豆籩,徹禮略,各有爲而已。設于東序下,亦將燕也。"

敖氏曰:"主人之俎謂之阼俎者,以其設於主位而名之也。户内之東,祭時室中之主位也。東序下,堂上之主位也。宗婦不徹之者,以其改設于東序,非婦人之事也,其設之面位亦如在室。既餕,乃徹阼薦俎,亦變於大夫禮。"

郝氏曰:"主人室中俎改設于室東牆下,不即出者,尸俎方厞,待也。"

張氏曰:"此下言徹薦俎,改設饌爲陽厭。"

世佐案,東序下,堂上東牆之下也。此與庶羞徹設之處相對,郝云"改設于室東牆下",非。

祝執其俎以出,東面于户西。

註曰:"俟告利成。《少牢》下篇曰:'祝告利成,乃執俎以出。'"

敖氏曰:"不俟改設尸俎而先出者,亦異於大夫。此云'户西',則主人立于户東明矣。"

郝氏曰:"祝自徹其俎出,重神惠也。"

世佐案,出,出室也。不即出廟門者,以有告利成之事未畢,下云"祝告利成,降出",是出廟門以歸也。

宗婦徹祝豆籩入于房,徹主婦薦俎。

註曰:"宗婦既並徹,徹其卑者。《士虞禮》曰:'祝薦席徹入于房。'"

疏曰:宗婦不徹主人豆籩,而徹祝豆籩入房者,爲主婦將用之爲燕祝、接神尸之類,宜行神惠,故主人以薦羞並祝庶羞燕宗人於堂,主婦以祝籩豆燕内賓於房。從楊氏《圖》節本。

敖氏曰:"此所徹者,皆置于房,故宗婦得爲之,不言席,文省。"

右徹俎。

佐食徹尸薦、俎、敦,設于西北隅,几在南,厞用筵,納一尊。佐食闔牖户,降。

註曰:"厞,隱也。不知神之所在,或諸遠人乎?尸謖而改饌爲幽闇,庶其饗之，所以爲厭飫。《少牢饋食禮》曰：'南面，如饋之設。'此所謂當室之白，陽厭也，則尸未入之前爲陰厭矣。《曾子問》曰'殤不備祭，何謂陰厭、陽厭也？'"

疏曰：引《少牢》者，見彼大夫禮，陽厭南面，此士禮東面，雖面位不同，當室之白，則同又云祭于奥中，不得户明，故名陰厭。改饌西北隅，以向户明，故爲陽厭。從《句讀》節本。

楊氏曰："《釋宫》云：西南隅謂之奥，西北隅謂之屋漏。註：奥者，隱奥。屋漏者，堂室之白，日光所漏入也。"

敖氏曰："既餕，復改設而未即徹去者，重其爲神之餘食也。一尊，酒尊也。納于室中之北牖下，必納之者，以酌神之酒於是乎取之，故亦改設而未即徹，於徹室中之饌乃并去之。不納玄尊者，以其初不用於神也。佐食闔牖户，因後出而爲之。"

張氏曰："室中未餕前先已徹去庶羞，此時佐食又徹阼俎、豆籩，祝自執其俎出，宗婦又徹祝豆籩入房，唯餘尸兩薦、豆三、俎各三个、兩敦、兩鉶，自西南隅改饌於西北隅，爲陽厭也。"

右陽厭。

祝告利成，降，出。主人降，即位。宗人告事畢。

世佐案，祝至是復告利成者，曏所告者，事尸禮成而已，此則神人之養俱成也，故既告則遂以其俎出廟門矣。告不言東面，文省耳。主人即位，即堂下西面位也。

賓出，主人送于門外，再拜。

世佐案，門外，大門外也。敖云"廟門外"，非。

佐食徹阼俎，堂下俎畢出。

註曰："記俎出節。兄弟及衆賓自徹而出，唯賓俎有司徹歸之，尊賓也。"

疏曰：賓出，主人送，明賓不自徹，若助君祭，必自徹其俎。

敖氏曰："阼俎執事者，俎之最尊者，故其出也，以之爲節。賓長以下，各自執之出以授人，既則復反其位。"

郝氏曰："佐食乃升入室，徹阼俎。阼俎在室東序，佐食改設，既陽厭，遂徹之。堂下俎，賓及兄弟以下之衆俎，畢出，各以歸也。不言尸俎，厭畢歸主，神棲于室。不遽徹，《少牢》送賓出，婦人乃徹室中之饌也。”

張氏曰：“方祝命佐食徹阼俎之時，堂下衆俎畢出。先徹室中，乃徹堂下，故云‘記俎出節’也。”

姜氏曰：“前命之，今始徹也。”

世佐案，阼俎，主人之俎。前已徹設于東序下，至是復徹而藏之。《鄉飲酒記》云“主人之俎以東”是也。主人之俎既徹，於是在庭之俎皆出矣，此即歸俎之義也。尸之肵俎與尸俱出，所遺每俎三个，則改設于西北隅，不以歸也。先儒以上文“祝命徹阼俎”與此合爲一事，或以爲追敘俎出之節，或以爲前命之今始徹，或又以爲阼俎在室東序，皆未安。

右告利成，賓出。

記：

特牲饋食，其服皆朝服，玄冠，緇帶，緇韠。

註曰：“於祭服此也。皆者，謂賓及兄弟筮日、筮尸、視濯亦玄端，至祭而朝服。朝服者，諸侯之臣與其君日視朝之服，大夫以祭。今“今”坊本作“命”，誤。賓、兄弟緣孝子欲得嘉賓尊客以事其祖禰，故服之。緇韠者，下大夫之臣。夙興，主人服如初，則固玄端。”

疏曰：“《士冠禮》云‘主人玄冠，朝服，緇帶，素韠’，韠與裳同色，此朝服緇韠，大夫之臣朝服素韠，此緇帶，故云‘下大夫之臣’。”

敖氏曰：“皆者，皆賓與兄弟及公有司、私臣也。助祭必朝服而不玄端服者，與人之祭，宜盛服也。緇韠者，其别于大夫助祭之賓與？朝服，用玄端之衣、冠，皮弁之裳，故次于皮弁而尊於玄端。”

郝氏曰：“朝服，玄冠，玄端，玄裳，緇帶，緇韠，即篇首‘主人冠端玄’，自主人以下同也。”

世佐案，不言裳者，既云“朝服”，則其裳素可知也。上經筮日之時，云“主人冠端玄”，及祭時，又云“主人服如初”，則主人之服已明，不須記。所記者，謂自賓而下助祭者之服，著其與主人異者耳。郝云朝服亦玄裳，又謂“自主人以下同”，皆非也。

唯尸、祝、佐食玄端，玄裳、黄裳、雜裳可也，皆爵韠。

註曰：“與主人同服。”

敖氏曰：“士尸服玄端，亦以其爲卒者之正服也。然則尸服卒者之上服，唯喪祭耳。祝、佐食與主人亦玄端者，以其事尸於室，尤爲近之，故服宜與尸同。”

郝氏曰：“尸、祝、佐食亦朝服、玄端、玄裳，但尸服宜少異祝與佐食。近尸，與尸同，或用黄、雜裳可也。韠皆爵色，黑而微赤。”

世佐案，此與主人同服而亦著之者，嫌其蒙“皆朝服”之文也。一服而裳有三者，許其可以通用也，説見《士冠禮》。註以是爲上士、中士、下士之辨，非。郝説尤謬。不言冠與帶者，以其與朝服同也。爵韠尊於緇，尸以象神，祝與佐食皆所以侍神，故異之。不朝服者，異於助祭，宜服其常服也。

設洗，南北以堂深，東西當東榮。水在洗東，篚在洗西，南順。實二爵、二觚、四觶、一角、一散。

註曰：“二爵者，爲賓獻爵止，主婦當致也。二觚，長兄弟酬衆賓長爲加爵[①]，二人班同，迎接並也。四觶，一酌奠，其三，長兄弟酬賓卒受者與賓弟子、兄弟弟子舉觶於其長。禮殺，事相接。《禮器》曰：‘貴者獻以爵，賤者獻以散，尊者舉觶，卑者舉角。’舊説云：‘爵一升，觚二升，觶三升，角四升，散五升。’”

疏曰：“云‘二爵者，爲賓獻爵止，主婦當致也’者，以一爵獻尸，尸奠之未舉，又一爵，主婦當致者，按經主婦致爵於主人，婦人不見就堂下洗，當於内洗，則主婦致爵於主人時，不取堂下爵而云‘主婦當致’者，謂主婦當受致之時，用此爵也。云‘四觶，一酌奠，其三，長兄弟酬賓卒受者與賓弟子、兄弟弟子舉觶於其長。禮殺，事相接’者，酌奠于鉶南，是嗣子雖飲，還復神之奠觶也，餘有三在，主人洗一觶酬賓，奠於薦北，賓舉奠於薦南，此未舉也。下篚有二觶在，及長兄弟洗觶爲加爵，衆賓長爲加爵，如此爵止，此亦未舉也。下篚仍有一觶在，乃羞之後，賓始舉奠觶，行旅酬辯，卒受者以虚觶奠于下篚，還有二觶，至爲加爵者作止爵，長兄弟亦坐舉其奠觶酬賓，如賓酬兄弟之儀以辯，卒受者未實觶于篚時，賓弟子、兄弟弟子洗觶各酌舉觶于其長，即用其篚二觶，卒受者未奠之，故三觶並

① “酬”，校本作“酌”。阮《校》云：“‘酬’，徐本、《要義》、楊氏俱作‘酬’，《集釋》作‘及’，《通解》、毛本作‘酌’。周學健云：‘及，監本作酌，楊氏《儀禮圖》作酬，並訛。推尋文義，應作及字爲是。’”

用也。"

李氏如圭曰:"賓獻尸之時,爵止,主人當致爵于主婦,故爵二。"

敖氏曰:"二觚者,長兄弟以觚爲加爵,因以致于主人、主婦,既則更之以酢于主人也。四觶者,其一奠于神席前,其一乃主人以奠酬於賓,其一乃衆賓長爲加爵於尸,其一乃爵止而未舉之時,兄弟弟子舉觶於其長者也。"

世佐案,二爵之用,李説得之。二觚之用,敖説得之。四觶之用,當以註説爲正。蓋一觶奠于神席前,餘三觶,在其一主人以之酬賓,賓奠于薦南,尚餘二觶,其一兄弟弟子舉之于長兄弟,長兄弟奠于薦北,只餘一觶,及賓舉薦南之觶以酬長兄弟,辯,卒受者奠于篚,篚中仍有二觶,及長兄弟舉薦北之觶以酬賓,未辯,而賓弟子、兄弟弟子又各舉觶于其長,則二觶盡用矣,此其所以爲四也。若長兄弟及衆賓長爲加爵皆用觚而不用觶,疏中牽引之,蓋誤。敖氏亦以衆賓長爲加爵于尸當四觶之一,是仍疏之誤也。一角,主人所以獻尸也。一散,佐食所以獻尸也。其設洗及水與篚之法,與《鄉飲酒》等禮同,不重釋之。

壺、棜禁饌于東序,南順。覆兩壺焉,蓋在南。明日卒奠,冪用綌。即位而徹之,加勺。

註曰:"覆壺者,盝瀝水,且爲其不宜塵。冪用綌,以其堅潔。禁言棜者,祭尚厭飫,得與大夫同器,不爲神戒也。"

疏曰:大夫用棜,士用禁,大夫尊,以厭飫爲名。士卑,以禁戒爲稱。又無足曰棜,有足曰禁。《鄉飲酒》、《鄉射》非祭禮,雖大夫去足,猶存禁名。至祭,則去足名爲"棜禁",不爲神戒也。從楊氏《圖》節本。

楊氏曰:"卒奠,酌奠于鉶南時。即位,尸即席坐時。"

敖氏曰:"壺棜禁,庪壺之棜禁也。既奠乃冪之,則未酌以前用蓋與?"

郝氏曰:"禁,承酒尊。棜禁,禁似箱。棜、輿通,車箱也。兩壺,一盛酒,一盛玄酒,皆虚壺。倒置棜上曰覆,以瀝餘水,未奠也。蓋,壺蓋。明日,即祭日,乃實酒水,著禁,奠畢加巾冪,俟主賓以下即位,乃徹巾,加勺。"

張氏曰:"覆壺者,謂倒置其壺,口下腹上,以漉滌濯之水,且免塵坋。至明日尊於户東時,始注酒其中。蓋在南,蓋即綌冪,未奠不設冪,卒奠乃設之。"

世佐案，饌于東序，謂祭前一日之夕也。經云"壺禁在東序"，而不言其陳設之法，故記詳之。覆壺于棜上，蓋設而不用，皆以其未盛酒故也。明日卒奠，謂祭日尊于户東之時也。仰置壺于棜上，實之，加蓋焉，以其奠壺之事至是而成，故曰"卒奠"。既蓋而又幂之，慎之至也。即位，謂主人及賓以下即位于門外也。於是徹蓋幂加勺，事至也。《少牢禮》云"主人出迎，鼎先入，司宫乃啟二尊之蓋、幂，奠于棜上，加二勺于二尊，覆之，南枋"，其節蓋與此同，楊說恐未是。

籩巾以綌也，纁裏。棗烝栗擇。

註曰："籩有巾者，果實之物多皮核，優尊者，可烝裹之也。烝、擇互文，舊說云：'纁裏者皆玄被。'"

敖氏曰："籩用巾，謂既實而陳之之時也，及將設，則去之。獨籩用巾者，以其未即設，故爲禦塵。此巾云'纁裏'，則是凡巾皆複爲之矣。"

世佐案，巾，所以覆籩也。纁裏，言以赤色之綌爲巾之裏也。言裏，則有表可知。《聘禮》云"勞以二竹簋方，玄被纁裏"，其舊說之所本與？棗烝栗擇，兩籩之實也，說見《聘禮》。

鉶芼用苦若薇，皆有滑，夏葵冬荁。

敖氏曰："《士虞記》云：'有柶。'"

世佐案說見《士虞記》。

棘心匕刻。

註曰："刻，若今龍頭。"

敖氏曰："喪祭匕用桑，吉祭匕用棘者，喪、桑音同，吉、棘聲近故也。"

郝氏曰："棘心，棘木心赤。匕，匙也，以取肉于鼎。"

牲爨在廟門外東南，魚、腊爨在其南，皆西面。饎爨在西壁。

註曰："西壁，堂之西牆下。舊說云：'南北直屋梠，稷在南。'"

疏曰："《爾雅·釋宫》曰'檐謂之樀'，孫氏云'謂屋梠[①]，周人謂之梠，齊人謂之檐，謂承檐行材'，《士喪禮》銘'置于宇西階上'，鄭註云'宇，梠'

① "屋梠"，校本同，陳本、閩本、監本、毛本、庫本"屋"均作"室"。

是也。”

敖氏曰：“《士喪禮》曰：‘爲垼於西牆下’，又吉凶之饎爨皆近於壁，以是例之，則凡門外之爨，亦當在牆下明矣。士之饎爨在内者，以宗婦主其事也。大夫則以廪人爲之，故其爨亦在門外。”

肵俎，心、舌皆去本末，午割之，實于牲鼎，載，心立，舌縮俎。

註曰：“午割，從横割之，亦勿没。立、縮順其性[①]。心、舌知食味者，欲尸之饗此祭，是以進之。”

疏曰：“‘亦勿没’者，亦《少牢》文，謂四面皆鄉中央割之，不絶中央少許，謂之‘勿没’也。”

敖氏曰：“既實牲體於鼎，乃制此而實之於其上。載，謂載於肵俎。心舌皆當牲體之中，爲内體之貴者，故不他用，而專以進於尸。”

郝氏曰：“肵俎，尸食俎實以牲心舌，貴之也。實于牲鼎，從其類。熟之，縮直也，順俎爲直。”

世佐案，肵俎，爲尸設者也。凡尸食時所舉者皆加于其上，尸出則以歸之。載以心舌，進時不欲令虚，且以爲加厚也。

賓與長兄弟之薦自東房，其餘在東堂。

註曰：“東堂，東夾之前，近南。”

疏曰：“其餘，謂衆賓、兄弟之薦也。”

敖氏曰：“經惟云‘豆、籩、鉶在東房’，蓋主于尸者也。此又見賓與長兄弟之薦，則祝、主人、主婦之薦亦在東房矣。賓，賓長也。其餘，次賓、次兄弟而下與内兄弟及公有司、私臣也。公有司、私臣有俎，則有薦可知，經記不見之耳。《少牢饋食禮》私人有薦脀。”

沃尸盥者，一人奉槃者東面，執匜者西面淳沃，執巾者在匜北。

註曰：“匜北，執匜之北，亦西面。每事各一人。淳沃，稍注之。”

敖氏曰：“‘者一人’三字疑衍。”

郝氏曰：“沃尸盥，酌水與尸盥手。槃盛水，匜沃水。澆灌曰沃，細瀉

---

① “性”，《集釋》、楊氏、庫本同，校本作“牲”，陳本、閩本、監本、毛本同。

曰淳。"

世佐案,沃尸盥者,目下諸人也。"一人"二字當連下句讀。執匜、執巾者亦各一人,特於奉槃者見之耳。以《士虞記》及《少牢禮》參之可見,非謂沃尸盥者别有一人也。郝氏、張氏皆以"沃尸盥者一人"五字爲句,非。

宗人東面取巾,振之三,南面授尸,卒,執巾者受。

註曰:"宗人代授巾,庭長尊。"

敖氏曰:"振之三,爲去塵,敬也。宗人授巾,尊尸也。卒,謂已捝手。受巾亦以簞。《少牢饋食禮》曰:'卒盥,坐奠簞,取巾,興,振之三,以授尸,坐取簞,興,以受尸巾。'"

郝氏曰:"振,謂揮振之以致潔也。三,三振。"

尸入,主人及賓皆辟位,出亦如之。

註曰:"辟位,逡遁。"

敖氏曰:"入,入門也。出,出户也。言主人及賓,則兄弟之屬在其中矣。"

嗣舉奠,佐食設豆、鹽。

註曰:"肝宜鹽也。"

敖氏曰:"置鹽於豆而設于舉奠之前,爲其食肝也。"

佐食,當事則户外南面,無事則中庭北面。

註曰:"當事,將有事而未至。"

凡祝呼,佐食許諾。

註曰:"呼,猶命也。"

世佐案,此謂當事之時也。凡,凡自啟會以至于徹阼俎。

宗人,獻與旅齒於衆賓。

註曰:"尊庭長,齒從其長幼之次。"

敖氏曰:"記末云公有司'獻次衆賓',宗人亦公有司也,乃齒於衆賓者,所謂'有上事者貴之'也。"

郝氏曰:"獻,謂主人獻宗人。旅,旅酬。"

佐食，於旅齒於兄弟。

敖氏曰："佐食已獻於室中，故獻兄弟時不與，而但與其旅酬也。云'齒於兄弟'，則士之佐食亦其兄弟明矣。"

世佐案，下記云私臣"獻次兄弟"，則其於旅可知也。此不次於兄弟而與之齒，以其接神，故尊之也。然則佐食以私臣爲之，信矣。若本是兄弟，何必以是爲寵異之而記之耶？

尊兩壺于房中西墉下，南上。

註曰："爲婦人旅也。其尊之節亞西方。"

敖氏曰："兩壺皆酒，云'南上'者，亦以其先酌在南者與？"

郝氏曰："南上，統于堂也。"

張氏曰："亞西方者，謂設尊兩階時，先阼階，次西方，又次乃於房中故云'亞'也。"

世佐案，此尊不止爲婦人旅也。主婦亞獻亦宜酌此，不酌于户東者，别内外也。云"南上"，則有玄酒可知。亦有玄酒者，爲主婦將以獻尸也。其尊之節，亞户東。

内賓立于其北，東面南上。宗婦北堂，東面北上。

註曰："二者所謂内兄弟。内賓，姑姊妹也。宗婦，族人之婦，其夫屬于所祭爲子孫。或南上，或北上，宗婦宜統於主婦，主婦南面。北堂，中房而北。"

疏曰："姑姊妹、賓客之類南上，自取《曲禮》云'東鄉、西鄉，以南方爲上'，宗婦雖東鄉，取統于主婦，故北上，主婦南面故也。云'北堂，中房而北'者，謂房中半已北爲北堂也。"

世佐案，内賓之位取節於尊，則其尊之節不亞于西方明矣。内賓以下即位之節蓋與外同，以《士虞禮》證之，則可見矣。

主婦及内賓、宗婦亦旅，西面。

註曰："西面者，異于獻也。男子獻于堂上，旅于堂下。婦人獻于南面，旅於西面。内賓象衆賓，宗婦象兄弟，其節與其儀依男子也。主婦酬内賓之長，酌奠于薦左。内賓之長坐取奠于右。宗婦之娣婦舉觶於其姒婦，亦如之。内賓之長坐取奠觶，酬宗婦之姒，交錯以辯。宗婦之姒亦取奠觶，酬内賓之長，交錯以辯。内賓之少者、宗婦之娣婦各舉奠於其長，並行交錯，無算。其拜及飲者，皆西面，主婦之東南。”

疏曰：“云‘西面者，異于獻也’者，以受獻時南面也。云‘男子獻於堂上，旅於堂下’者，見上經。云‘婦人獻於南面，旅于西面’者，見於《有司徹》。云‘其節與其儀依男子也’者，謂依上經旅酬及無算爵早晚行事之節，皆依男子也。云‘主婦酬內賓之長，酌，奠于薦左。內賓之長坐取奠于右’者，此約上經‘主人洗觶，酌于西方之尊，西階前酬賓’時，‘主人奠觶于薦北，賓坐取觶，奠觶于薦南’是也。云‘宗婦之娣婦舉觶于其姒婦，亦如之’者，此亦約上經‘兄弟弟子洗，酌于東方之尊，阼階前北面舉觶于長兄弟，如主人酬賓儀’是也。云‘內賓之長坐取奠觶，酬宗婦之姒，交錯以辯’者，此亦上經正行旅酬節‘賓坐取觶，阼階前北面酬長兄弟’，云‘交錯以辯，皆如初儀’是也。云‘宗婦之姒亦取奠觶，酬內賓之長，交錯以辯’者，此亦約旅酬節云‘長兄弟酬賓，如賓酬兄弟之儀，以辯。卒受者實觶于篚’是也。云‘內賓之少者、宗婦之娣婦，各舉奠於其長’者，此亦約上經正行無算爵時，云‘賓弟子及兄弟弟子，各酌于其尊，舉觶於其長’，下云‘爵皆無算’是也。云‘其拜及飲者皆西面，主婦之東南’者，此經云‘亦旅，西面’，故知其拜受及拜(送)〔受〕飲皆西面①，又亦旅酬之法，飲皆西面。知在主婦之東南者，以其不背主婦，又得邪角相向也。”

敖氏曰：“此旅酬之儀，雖與在庭者略同，然亦不能無少異，蓋主人既酢內兄弟，主婦則酬內賓之長。酌奠于薦左，內賓之長坐取之，奠于右。及兄弟舉旅之時，內賓之長亦取奠觶以酬主婦，主婦以酬次內賓，次內賓以酬宗婦之長，亦交錯以辯。內賓之少者、宗婦之少者又各舉觶于其長，以爲無算爵始。內賓長之觶，惟以旅主婦而已。宗婦長之觶，則以旅次內賓。亦交錯以辯，皆不拜，略如《鄉射》無算爵之儀也。”

世佐案，主婦以下旅酬法，註疏論之詳矣。敖云“內賓長之觶，惟以旅主婦”，非也。初舉旅時，內賓長當取觶以酬宗婦之長，而不及主婦，以主婦酬內賓長之時，已先自飲故也，其意與堂下賓酬長兄弟而不及主人同。及其無算爵也，內賓長之觶以酬次宗婦，宗婦長之觶以酬次內賓，主婦亦不與也。不與也者，尊之，且以其受爵已多也。又“嗣舉奠”之後，亦

① “拜受飲”之“受”原作“送”，校本同，誤。各注疏本作“受”，據改。按《禮經校釋》云：“‘拜受’二字衍，當在下文‘飲’字上。”

當有宗婦之少者舉觶于其長一條，而敖不言，亦未備。

宗婦贊薦者執以坐于户外，授主婦。

世佐案，此謂亞獻時也，經文已明。

尸卒食而祭饎爨、雍爨。

註曰："雍，孰肉。以尸享祭，竈有功也。舊説云：'宗婦祭饎爨，亨者祭雍爨。'用黍、肉而已，無籩、豆、俎。《禮器》曰：'燔燎於爨。夫爨者，老婦之祭，盛于盆，尊於瓶。'"

敖氏曰："此以尸享祭而祭竈，亦見其尊尸之意。牲、魚、腊之爨皆謂之雍爨。《少牢禮》曰：'雍爨在門東南，北上。'"

郝氏曰："尸卒食，則爨事畢。執爨者，祭爨以報也。饎爨以炊黍、稷，雍爨以烹牲、魚、腊。"

賓從尸，俎出廟門，乃反位。

註曰："賓從尸，送尸也。士之助祭，終其事也。俎，尸俎也。賓既送尸，復入反位者，宜與主人爲禮，乃去之。"

疏曰："若上大夫儐尸者，尸出，賓不送，以其事終於儐尸故也。"

郝氏曰："反位，復入門内西向之位。"

尸俎：右肩、臂、臑、肫、胳，正脊二骨、横脊，長脅二骨、短脅。

註曰："尸俎，神俎也。士之正祭禮九體，貶於大夫，有併骨二，亦得十一之名，合《少牢》之體數，此所謂放而不致者。凡俎食之數奇。脊無中，脅無前，貶於尊者，不貶正脊，不奪正也。正脊二骨、長脅二骨者，將舉於尸，尸食未飽，不欲空神俎。"

疏曰："放而不致"，《禮器》文。致，至也。《少牢》大夫禮三脊脅俱有，此但有二體，貶於大夫也。等貶牲體，不貶正脊者，不奪其正，長脅亦不貶者，義與正脊同。云"不欲空神俎"者，此脊與脅二骨本爲饌厭飫所設也。

敖氏曰："長脅，即正脅也。士之祭，其俎豆之屬既貶於大夫者二，而其俎實之脊脅之骨又貶其半，皆降殺以兩之意也。"

郝氏曰："俎實，牲體以骨爲本，因尊卑爲數多寡。吉牲尚右，故尸俎用右肩，肩下爲臂，臂下爲臑。肫作臀，股骨也，胳、骼同，脚骨也。正脊，脊領也，骨多，併二爲一。短脅近肩，骨短也。"

膚三，

註曰："爲葚用二，厭飫一也。"

敖氏曰："《特牲》無膚俎，故以膚附于牲俎焉。三者，亦貶於大夫之尸也。凡膚與牲體同在尸俎者，大夫五，士三。《少牢》下篇言'尸之豕脅膚五'是也。大夫以上，膚若别俎，則若七、若九，以差而加之。"

郝氏曰："肉無骨曰膚。"

離肺一，

註曰："離，猶挃也。小而長，午割之，亦不提心，謂之舉肺。"

刌肺三，

註曰："爲尸、主人、主婦祭。今文刌爲切。"

郝氏曰："刌肺，刌斷以祭者，此十一物皆豕俎也。"

魚十有五，

註曰："魚，水物，以頭枚數，陰中之物，取數于月十有五日而盈。《少牢饋食禮》亦云：'十有五而俎。'尊卑同，此所謂經而等也。"

疏曰：《禮運》云月"三五而盈，三五而闕"，文出於彼也。"經而等"，亦《禮器》文。

郝氏曰："魚俎用魚十五尾。"

腊如牲骨。

註曰："不但言體，以有一骨二骨者。"

疏曰："若但言體，體有九，有十一，則不兼二骨者，言牲骨，則一骨二骨兼在其中。"

郝氏曰："腊俎如牲骨，無膚與肺也。"

祝俎：髀，脡脊二骨，脅二骨。

註曰："凡接於神及尸者，俎不過牲三體，以《特牲》約，加其可併者二，亦得奇名。《少牢饋食禮》羊、豕各三體。"

疏曰：脅，代脅也。接神，謂祝與佐食接尸，謂賓長、長兄弟、宗人之等也。加其可併者二骨，尊祝也。佐食已下卑，無加，故下註云"卑者從正"。《少牢》二牲，故祝俎無加。

敖氏曰:“髀,謂右髀,亦用尸俎之不升者也。”

郝氏曰:“祝俎,祝豕俎。髀,尾骨。脡脊,即正脊。脡,直也。祝以下俎不言魚、腊,同也。”

世佐案,註云“以特牲約加其可併者二”者,對《少牢》二牲豐則不加也。云“亦得奇名”者,脊、脅各二,加髀爲五,是亦奇也。又案楊氏《牲體圖》脡脊在正脊、横脊之中,郝云“即正脊”,非。自祝以下,唯一俎而已,無魚、腊,故記不言。

膚一,離肺一。

敖氏曰:“此離肺,嚌肺也。祝祭以離肺,其義與《虞禮》同,餘放此。”

阼俎:臂,正脊二骨、横脊,長脅二骨、短脅,膚一,離肺一。

註曰:“主人尊,欲其體得祝之加數。五體,又於其可併者二,亦得奇名。臂,左體臂。”

敖氏曰:“阼俎尊,乃不用左肩而用左臂者,屈於尸也。脊脅非體也,故得與尸同,以伸其尊,亦以特牲之俎實少故爾。少牢俎實多,故主人、主婦脊脅皆減於尸。”

主婦俎:觳折,其餘如阼俎。

註曰:“觳,後足。折分後右足以爲佐食俎,不分左臑折,辟大夫妻。餘,謂脊、脅、膚、肺。”

疏曰:不用後左足者,左足太卑。

敖氏曰:“觳非正體,折骼之下而取之,故云‘觳折’。凡牲固皆折也,然經文之例,其先言體乃言折,或單言折者,必非正體若全體者也,蓋與折俎之説不同。”

郝氏曰:“觳,蹄尖,脛不足,用觳分折也。”

佐食俎:觳折,脊,脅,膚一,離肺一。

註曰:“三體,卑者從正。”

疏曰:“直云‘脊,脅’,不定體名,欲見得便用之。”

敖氏曰:“主婦俎與佐食俎同用觳,而主婦尊於佐食,則主婦右,佐食左與?或曰佐食宜用右觳,猶祝俎用右髀之意。未知孰是。”

世佐案,主婦及佐食之俎皆云“觳折”,明是一體分爲二,皆用右也。有左觳而不用者,亦以其太卑。

賓，骼。長兄弟及宗人折，其餘如佐食俎。

註曰："骼，左骼也。賓俎全體，尊賓。不用尊體，爲其已甚卑而全之，其宜可也。長兄弟及宗人折，不言所分，畧之。"

疏曰："尸用右骼，故知賓所用是左骼。"

敖氏曰："折，亦謂折分其全體也。不言其體者，或以其所用者不定，故與其餘謂脊、脅、膚、肺。"

郝氏曰："骼即胳。長兄弟及宗人皆胳分折。"

世佐案，折不言其體，得隨所有而用之，又降于賓也。郝云"皆胳分折"，非。

衆賓及衆兄弟、内賓、宗婦，若有公有司、私臣，皆殽脀，膚一，離肺一。

註曰："又略。此所折骨，直破折餘體可殽者升之俎，一而已。不備三者，賤。祭禮，接神者貴。凡骨有肉曰殽。《祭統》曰：'凡爲俎者，以骨爲主。貴者取貴骨，賤者取賤骨。貴者不重，賤者不虚，示均也。俎者，所以明惠之必均也[①]。善爲政者如此，故曰見政事之均焉。'公有司亦士之屬，命於君者也。私臣，自己所辟除者。"

疏曰：長兄弟及宗人已上俎皆三，以接神及尸貴，故衆賓以下折體而已，不接尸、神賤，無獻也。宗人雖不獻，執巾以授尸，亦接尸也。

敖氏曰："公有司，公家所使給私家之事者也。私臣，私家之臣。或已所自有，或假於他家，皆是也。云'若有'者，不定之辭。此俎無脊脅者，以其或用脊若脅爲殽脀故也。"

郝氏曰："衆賓、衆兄弟以至私臣俎豕，體骨不足，雜餘體備數，不必右。曰'殽脀'，殽，雜也，非正體；脀言蒸，升也。其膚、肺同，令皆可祭而食也。"又曰："古人借飲食行禮，不貴可食，貴以明義。《禮器》云'羔豚而祭百官'，皆足殺一牲，而内外、賓主、隆殺、貴賤、多寡，名數井然，辨于刀匕膚寸之微，禮義云爾，豈謂是足以充口腹乎？解者不講于禮義，而較骨體貴賤以爲士與大夫牲牢之等，末矣。"

世佐案，公有司、私臣皆士之屬官，特以命於君與否爲别。云"若有"

---

① "所以明惠"，"惠"字上校本無"明"字。據阮《校》，徐本、《集釋》、《通解》、《要義》皆有"明"字，毛本無。

者,見其不必有也。蓋士有上、中、下三等,主人上士,則中士、下士皆其屬也。中士,則下士其屬也。下士之屬,庶人在官者而已。庶人在官者,不得謂之“公有司”、“私臣”,故云“若有”。

公有司門西,北面東上,獻次衆賓。私臣門東,北面西上,獻次兄弟。升受,降飲。

註曰:“獻在後者,賤也。祭祀有上事者,貴之,亦皆與旅。”

疏曰:擇取公有司可執事者,門外在有司羣執事中,入門列在東面爲衆賓,餘者在門西位。不執事者賤於執事者,故曰“有上事者,貴之”。宗人獻與旅,齒於衆賓,則公有司爲之。佐食於旅齒于兄弟,則私臣之中擇爲之。但賓俎公有司設之,兄弟脀私人爲之,然則公有司、私臣薦俎,皆使徒隸爲之與?從楊氏《圖》節本。

敖氏曰:“獻公有司於西階上,私臣於阼階上。其受爵,則惟二者之長。拜於下,乃升受。主人答拜,乃降飲。餘皆不拜。”

郝氏曰:“門西,北面東上,賓位也。獻次于衆賓,皆賓屬也。門東,北面西上,臣位也,獻次于兄弟,皆主屬也。”

世佐案,東上,西上,皆統于門也。二者亦執事位於此者,見其異於賓耳。疏云擇取公有司可執事者爲衆賓,非。升受者,謂獻時公有司升西階,私臣升阼階受爵也。降飲,賤於衆賓與兄弟也,衆賓與兄弟皆立飲于階上。二者與旅之次如獻。

儀禮集編卷十五　男盛溶澄校字

儀禮集編卷十六

秀水盛世佐學　後學歙鮑漱芳、石門顧修參校

少牢饋食禮第十六

鄭《目録》云："諸侯之卿大夫祭其祖禰於廟之禮。羊、豕曰少牢。《少牢》於五禮屬吉禮。"

疏曰："《曲禮下》云'大夫以索牛'，用太牢[①]，是天子卿大夫。明此用少牢爲諸侯之卿大夫可知。賓尸是卿，不賓尸爲下大夫爲異也。"

敖氏曰："此篇言大夫祭其祖之禮。"

郝氏曰："少牢饋食者，饋食禮之盛于特牲者也。鄭氏謂羊、豕爲少牢，據篇中'刲羊'、'擊豕'，則誠少牢矣。然牢本養牲之所，豕亦云牢，《詩》曰'執豕于牢'，何獨牛羊稱牢乎？羊小于牛曰少，豕獨用曰特。少則稱牲，多則稱牢，所由名耳。鄭定以少牢爲大夫，謂大夫用羊、豕，士用特牲，天子、諸侯用大牢，此甚拘也。其實三牲通上下，隆殺非定局。《曲禮》云'大夫以索牛'，是大夫亦大牢也。《聘》及《公食大夫禮》皆大牢以待卿大夫，而《王制》諸侯社稷皆少牢，郊而特牲，是天子亦有時乎用特牲。作者但敘禮隆殺，非定特牲爲士，少牢爲大夫也。賈氏謂儐尸爲下大夫，天子大夫用大牢，諸侯之大夫不得用，尤杜撰。大抵是書所載多大夫禮，何嘗分天子、諸侯。周衰禮壞，王祭不供，典籍湮滅不可考，而禮樂自大夫出，故其所傳儀節止此。然引伸觸類，差等而上下之，皆可知也。"

姜氏曰："此《少牢饋食禮》本一篇，以簡重分爲上下。舊以徹俎前爲《少牢饋食》，而以其下别名爲'有司徹'者，非。"

---

① "太牢"，《句讀》引疏同，校本作"大"，《要義》、陳本、閩本、監本、毛本同。

世佐案，《王制》云："大夫三廟，一昭一穆，與大祖之廟而三。"《祭法》云："大夫立三廟二壇，曰考廟，曰王考廟，曰皇考廟，享嘗乃止。顯考、祖考無廟，有禱焉，爲壇祭之，去壇爲鬼。"此言大夫三廟雖同，而或數大祖而不及皇考，或數皇考而不及大祖則異。鄭答趙商問云："《祭法》周禮，《王制》所云，或以夏、殷雜，不合周制。"是鄭以爲殷、周之别也。愚謂《王制》是漢文帝使博士所作，其言往往與《周禮》及他經異，蓋以意爲增損，未必皆有所本也。夫積厚者流澤遠，積薄者流澤近，故天子之祭得及其大祖之所自出，諸侯及其大祖，而大夫以下不得干焉，此尊卑之差也。今謂大夫亦立大祖廟，是無等矣。且大夫止有三廟，大祖居其一，而曾祖之親反不得享春秋之祀焉，於人情詎爲宜乎？以是論之，則大夫廟制當以《祭法》爲正。此經所陳，乃其祭廟之禮。三廟同日祭，而其筮日、筮尸及祝辭惟云"薦歲事于皇祖"者，蓋舉中以該上下之例也。其實祭曾祖與禰，其禮亦猶是耳，惟祝辭爲異。敖説似大泥。郝氏力攻註疏，而其立説幾欲使天子以下尊卑所用牲牢混然莫辨，其爲經累甚矣，故謹録而正之。餘見上篇。

少牢饋食之禮。

註曰："禮，將祭祀，必先擇牲，繫于牢而芻之。羊、豕曰少牢，諸侯之卿大夫祭宗廟之牲。"

疏曰：《特牲》不言牢，但非一牲即得牢稱。三牲具，爲大牢。從楊氏《圖》節本。

日用丁、己。

註曰："内事用柔日，必丁、己者，取其令名，自丁寧、自變改，皆爲謹敬。必先諏此日，明日乃筮。"

敖氏曰："此指筮日之日也。所謂諏日者也，先諏是日，至其日乃筮。"

郝氏曰："丁，當也。己，自也。取當自盡之義。《曲禮》云：'内事用柔日。'宗廟事，内也。丁、己皆偶，爲柔，或丁或己。"

世佐案，乙、丁、己、辛、癸皆柔日也。惟言"丁己"者，舉二日以例其餘耳。

筮旬有一日。

註曰："旬，十日也。以先月下旬之己，筮來月上旬之己。"

敖氏曰:“以丁若己之日而筮旬有一日,則所筮之日亦丁若己可知矣。以丁、己之日而筮丁、己,乃云‘旬有一日’,則是并筮日之日而數之也。古者數日之法於此可見。”

郝氏曰:“必用十一日者,一日祭,十日齊戒。”

張氏曰:“註言己以例丁。言上旬者,先近日也。”

筮於廟門之外。主人朝服,西面于門東。史朝服,左執筮,右抽上韇,兼與筮執之,東面受命于主人。

註曰:“史,家臣,主筮事者。”

疏曰:“主人朝服者,爲祭而筮,還服祭服。”

敖氏曰:“朝服,大夫、士以筮之正服也。史,亦公有司也。《周官·筮人職》‘中士二人,史二人’,《士冠》、《特牲》之筮者言‘筮人’,此言‘史’,蓋互文也。大夫筮亦朝服者,降於卜也。《雜記》言大夫卜宅與葬日云‘占者皮弁’,又云‘如筮’,則占者朝服,是其服異也。”

郝氏曰:“史掌策命,故筮事屬史。左執筮,執蓍策也。韇,藏策器。上韇,韇蓋。兼執,兩手共執。”

主人曰:“孝孫某,來日丁亥,用薦歲事于皇祖伯某,以某妃配,某氏,尚饗。”

註曰:“丁未必亥也,直舉一日以言之耳。《禘于太廟禮》曰:‘日用丁亥。’不得丁亥,則己亥、辛亥亦用之,無則苟有亥焉可也。薦,進也,進歲時之祭事也。皇,君也。伯某,且字也。大夫或因字爲謚,《春秋傳》曰‘魯無駭卒,請謚與族,公命之以字爲展氏’是也。(若)〔某〕,仲、叔、季①,亦曰仲某、叔某、季某。某妃,某妻也。合食曰配。某氏,若言姜氏、子氏也。尚,庶幾。饗,歆也。”

疏曰:“禘于太廟,日用丁亥”,《大戴禮》文。“不得丁亥,則己亥、辛亥亦用之”者,以吉事先近日,惟用上旬,若上旬内不得丁、己配亥,苟有亥焉可也。若並無亥,則餘陰辰亦用之。《春秋》所書有事太廟,固不盡丁、己配亥也。經云“伯某”是正祭之稱,若時有告請而非常祭祀②,則去

---

① “某”原作“若”,校本同,各注疏本皆作“某”,與經文之“某”合,應據改。

② “而”原作“及”,校本作“而”,《句讀》節録疏文同,據改。

伯直云且字，言“某甫”。卿大夫無謚，正祭與非常祭一，皆言五十字在子上，與士正祭禮同。直云“某子”，《聘禮記》“皇考某子”是也。若士告請之祭，則稱且字。

劉氏敞曰：“《少牢饋食》曰‘日用丁己’，又曰‘來日丁亥’，此皆取於丁者也。所以取於丁者，以先庚三日，後甲三日，所謂‘内事用柔日’也。凡祭祀，卜日不卜辰，故郊卜辛，社卜甲，宗廟卜丁也。若卜辰，則此旬之辰後旬或有不備矣。康成註‘丁己’乃云‘來月之己’，註‘丁亥’乃云‘苟有亥焉可也’，皆失禮意。”

世佐案，劉云“祭祀卜日不卜辰”，持論甚善。然柔日有五，祭祀皆可用，而謂唯取於丁，似失之。上文“丁己”乃“戊己”之“己”，《釋文》“音紀”是也。劉乃以“辰巳”之“巳”解之，尤誤。若以丁巳日筮旬有一日，則祭日爲丁卯，而非丁亥矣。

楊氏曰：“案上文‘日用丁己’，註云‘取其令名，自丁寧，自變改’，謂十干丁日、己日也。如丁亥、己亥之類是也。下文‘來日丁亥’，亦舉一端以明之耳。註家乃云，不得丁亥，則己亥、辛亥，無則苟有亥焉可也，此則不論十干之丁己，而專取十二支之亥以爲解，其失經文之意遠矣。”

敖氏曰：“此惟云‘丁亥’，特見其一耳。必言‘丁亥’者，以其爲六丁之末者，故設言之也。末者且用，則其上者可知矣。己日亦宜如之。稱其祖字，則是指士之爲祖者而言，亦假設之辭耳。大夫祭士之爲祖者如此，亦所以明其從生者之爵也。其祖禰若爲大夫，則稱曰‘某子’，《聘禮記》曰‘皇考某子’是也。大夫三廟，其常祀自曾祖而下，此辭惟言皇祖者，亦見其一耳。”

郝氏曰：“來日丁亥，則筮之日丁丑也。必用亥者，亥爲天倉，受福禄也。丁用亥，則己可知。己丑日筮己亥日亦可也。歲事，時祭也。皇，尊稱。伯，行次。某，謚號。妃，其妻也。某者，妻之謚號。配，合祭。某氏，妃之族姓，如姬、姜之類。妃必異姓，繫其氏以明之，致敬慎也。尚饗，問之辭。”

張氏曰：“註‘伯某，且字也’，以其字無可指，故且言某以擬之。且者，聊且，解經言，某之意也，非謂人之字爲且字也。疏乃云如何祭則直云且字，如何祭則言五十字，似人之字有且有不且，大失註意矣，此其立言之未善也。《士喪禮》‘筮宅’，註云‘某甫，且字也，若言山甫、孔甫矣’，彼處疏云'孔甫之等,是實字,以某甫擬之,是且字',却甚分明,可以證此處之失。註又云'大夫或因字爲謚',未聞其説。顧炎武云:'謚乃氏之譌,鄭君因《左氏傳》而誤耳。'經文'某氏'在'某妃'之下,文義亦未詳。"

姜氏曰:"'伯某'合當爲字,若如註兼言謚,則當言'某伯',如武伯、文仲、莊叔、成季之類,不得'伯'在'某'上。况所引以展爲氏,乃是族,又不得以族爲謚乎。'某妃配某氏',註義亦未盡。如言'合食曰配',則'以'字當爲'用'字之解,而其文當云'以某妃某氏配',不得言'以某妃配某氏'。云'以某妃配某氏'者,妃、配二字連文,妻有敵體之義,故云'某妃配',而'以'字訓爲'與'字,則配食之義固具其中矣。至妻而云'某',註亦未發其義。程子嘗言主祭是繼妻所出,則以繼妻配可也。朱子廣其義曰,主祭是繼出,則可兼以繼配,非謂舍正而配以繼也。今以程、朱二子之義參之,蓋妻云'某'者,無繼則止言正妻,有繼則兼言繼妻與?"

世佐案,干支相配,日凡六十,而柔日居其半,惟云"丁亥"者,亦舉一以例其餘也。非柔日則不得用,是柔日則皆可用,舉一日而二義見矣。註説執滯,其爲後儒所斥也,宜哉。云"皇祖伯某"者,伯,其行也,亦假設之辭,仲、叔、季,唯其所當。某,其字也。古者二十冠而字,五十乃加伯仲。如孔子始冠稱尼父,五十乃稱仲尼是也。没後,有謚者稱謚,無謚則稱其字,諱名不諱字也。大夫合稱謚,而云"伯某"者,明其祖雖爲士,不改其禮,以祭從生者之爵故也。《聘禮記》云"皇祖某甫,皇考某子",兩稱互備,其明證矣。稱字者必曰"伯某甫",其辭乃備。而經中或云"某甫",或云"伯某",亦互見耳。或曰年未五十而卒者不稱伯仲,未知是否。疏以爲正祭云"伯某",非常祭則去伯直云"某甫",今不取。註云"大夫或因字爲謚",而引春秋隱八年《左傳》爲證,亦誤。《傳》云諸侯以字者,謂諸侯不敢賜姓,使其臣氏其王父字也。又云"爲謚因以爲族"者,亦謂諸侯之臣或即其先人之謚爲氏也。云"公命以字爲展氏"者,無駭之祖字展,故命之即以展爲氏也。鄭誤讀"諸侯以字爲謚"爲句,故其立説如此,而無駭之祖公子展在春秋前其謚無可考,疏因鄭君之誤,遂謂公子展以展爲謚,則不免曲于護註而不顧其理之安矣。疏又云"大夫無謚,正祭與非常祭一,皆言五十字在子上,與士正祭禮同云某子",若然,則此經當云"伯子",不當云"伯某"矣。以是斷之,其説亦不可通也。某妃,謂如元妃、二妃之類。《喪服小記》云"婦祔於祖姑",祖姑三人,則祔於其親。大夫容有再娶，故言“某妃”以別之。古者婦人無謚號，郝説非。配食之法，見《士虞記》。“某氏”在“某妃”之下者，容所配者不一人，則累言之，於下文便也。姜説鑿矣。所配必言其姓，男女辨姓也。

史曰：“諾。”西面于門西，抽下韇，左執筮，右兼執韇以擊筮。

註曰：“將問吉凶焉，故擊之，以動其神。《易》曰：‘蓍之德圓而神。’”

疏曰：“筮者是蓍，以其用蓍爲筮，故名蓍爲筮。”

敖氏曰：“擊筮者，爲將述命故也。不述命，則無此儀。”

郝氏曰：“史西面，神道尚右也。下韇，韇底。初右手抽上韇出策，今左手執策，右手抽下韇[①]，兼執，蓋以叩蓍策，述主人命，告之。”

遂述命曰：“假爾大筮有常。孝孫某，來日丁亥，用薦歲事于皇祖伯某，以某妃配，某氏，尚饗。”

註曰：“述，循也，重以主人辭告筮也。假，借也，言因蓍之靈以問之。常，吉凶之占繇。”

孔氏穎達曰：“假，因也。爾，汝也，指蓍筮也。泰，大，中之大也，欲褒美此龜筮，故謂爲泰也。”

吕氏大臨曰：“大夫之於卜，三命之涖卜，以主人所卜命卜史，如《士喪禮》：‘宗人受卜人龜，示高，涖卜，受視，反之。宗人還，少退，受命，命曰：“哀子某，來日卜葬其父某甫，考降無有近悔。”許諾，不述命，還即席，西面坐，命龜。興，授卜人龜。’蓋士禮略，故不述命。若大夫則命卜，以主人之命命宗人，宗人述涖卜之命，即席坐，又命龜曰‘假爾泰龜有常’，是所謂三命之。士卜不述命，則二命之是也。大夫於筮則二命之，《少牢饋食禮》史受命于主人，主人曰‘孝孫某，來日丁亥，用薦歲事’云云，史曰‘諾’，西面，遂述命曰‘假爾泰筮有常，孝孫某，來日丁亥’云云是也。士筮則一命之，《特牲禮》云‘宰自主人之左贊命，筮者許諾，即席，坐筮’是也。言‘泰龜’、‘泰筮’，尊而大之也。有常，言吉凶不僭也。”

馬氏晞孟曰：“大羹謂之泰羹，瓦尊謂之泰尊，龜謂之泰龜，筮謂之泰筮，以其有所尊故也。目有光而不能明，假日月而後明。事有吉凶而不

---

① “韇”字原作“蓍”，校本作“韇”，《節解》同，據改。

能知,假蓍龜而後知,故曰‘假’。而龜筮事之萬變不同,理之是非不一,卜筮而體吉,則吉體咎則咎,故曰‘有常’。”

敖氏曰:“大者,尊之之辭。假爾大筮,謂假借爾大筮之靈以問於神也。有常,謂其常常如此也。言每有疑事則必問之,而不敢專決,所以見其敬信之意。‘孝孫某’以下之辭,則所謂述命也。”

郝氏曰:“特牲筮不述命,此述命,禮盛也。人鬼交曰假。大筮,尊稱。有常,信之也。”

張氏曰:“註以常爲吉凶占繇,謂易卦爻之辭。愚詳文義,似謂蓍有常德,即知吉知凶之德,所謂圓而神者也。顧炎武云:‘假,大也。大筮之大,音太。’”

世佐案,述命者,大夫以上,威儀多也。述命而遂以命蓍,殺于卜也。則述命之後又命龜,與主人之命而三,藍田吕氏論之詳矣。假字之義,鄭、孔二説得之,訓大、訓格者皆非。大,《曲禮》作“泰”,古字通。有常者,美其平日之德,而冀今之亦有以告我也。

乃釋韇,立筮。

註曰:“卿大夫之蓍長五尺,立筮由便。”

疏曰:“卿大夫之蓍長五尺”,《大戴禮》、《三正記》皆有此文。以其蓍長,立筮爲便,對士之蓍三尺,坐筮爲便。若然,諸侯蓍七尺,天子蓍九尺,立筮可知。

敖氏曰:“立筮而又在門西,皆大夫之禮異者也。”

卦者在左坐,卦以木。卒筮,乃書卦于木,示主人,乃退占。

註曰:“卦者,史之屬也。卦以木者,每一爻畫地以識之,六爻備,書於板,史受以示主人。退占,東面旅占之。”

疏曰:“云‘史受以示主人’者,以經‘書卦’是畫卦者,恐是卦者以示於主人,以卦者卑,宜還使筮史以示主人也。”

敖氏曰:“上木,畫地者也。下木,板也。退,退于其位也。不言其位,亦西方東面可知。此占者亦當三人也。大夫廟門外之位,其有司之西方東面者,惟此耳。蓋筮者有事於神,故不爲大夫而變位也。”

世佐案,退占,謂史也。《士冠》云“筮人還,東面旅占”,此宜亦如之。

郝云"卦者退而占",非。

吉則史韇筮,史兼執筮與卦以告于主人:"占曰從。"

註曰:"從者,求吉得吉之言。"

敖氏曰:"既筮又釋筮于所筮之處,至是乃就而韇之也。韇筮而兼與卦執之以告,此亦與士禮異者也。"

郝氏曰:"占曰從,史告主人之辭。"

乃官戒,宗人命滌,宰命爲酒,乃退。

註曰:"官戒,戒諸官也。當共祭祀事者,使之具其物且齊也。滌,溉濯祭器,埽除宗廟。"

疏曰:筮日即齊,故云"乃",不云"厥明"也。從楊氏《圖》節本。

敖氏曰:"官戒,謂某官戒某人以某事也。宰、宗人乃官之尊者,故見其命者以明之。有司羣執事之位當在門東,東上。大夫之宗人亦私人爲之,自此以下,諸官司馬之屬皆放此。"

郝氏曰:"官戒,戒衆官,亦史戒也。宰命爲酒,祭用酒。《周禮·天官·酒正》所謂'事酒',有事新造者,即此也。"

世佐案,戒猶告也。官戒者,以"占曰從"之言徧告諸官,使之各共其事也。蓋占者使人告之,不使宰者,辟君也。《周禮·大宰職》云"前期十日,帥百官而卜日,遂戒",《士喪禮》卜日吉,使人告于衆賓,士無臣故也。大夫尊,助祭者皆其臣也,故不曰"告于衆賓"而曰"官戒"。

若不吉則及遠日,又筮日如初。

註曰:"遠日,後丁若後己。"

敖氏曰:"此遠日對筮之日而言,即所筮不吉之日也,至此日又筮旬有一日也。此文當承'占曰從'之下,欲終言上事,故至是乃見之。"

郝氏曰:"不吉,謂上旬不從也。及遠日,謂至上旬丁亥,又筮中旬丁未,不從,至中旬丁未,又筮下旬丁己,又不從,則止不祭也。《曲禮》:'卜筮不過三。'"

世佐案,及遠日而又筮,亦大夫禮之異者也,士則即於其日爲之。如初,謂"筮于廟門之外"以下之儀也。凡筮日之法,止于再而已,再若不吉,則直諏日而祀,不更筮也。説見《士冠禮》。

右筮日。

宿。

註曰："宿，讀爲肅。肅，進也。大夫尊，儀益多。筮日既戒諸官以齊戒矣，至前祭一日又戒以進之，使知祭日當來。"

疏曰："云'大夫尊，儀益多'者，大夫宿、戒兩有，士有宿而無戒，是儀畧。"

敖氏曰："宿，謂宿賓以下也，是亦官宿之。大夫於助祭之賓爲踰等，故不親宿。此宿當在宿尸之後，言於此者，爲下文節也。"

郝氏曰："宿，齋宿。凡祭，致齋三日，祭之前三日，齋宿于外。"

世佐案，宿，宿前所戒之官也。此祭前三日事。《周禮》"世婦掌女(官)〔宮〕之宿戒"①，疏云"亦祭前十日戒之，使齊祭前三日又宿之"，此戒宿之通例也。註云"前祭一日"，誤。《祭義》云"致齊於内，散齊於外"，《檀弓》亦云"君子非致齊也，非疾也，不晝夜居於内"。註云："内，正寢之中。"徐氏師曾云："致齊居内，非在房闥之中，蓋亦端居深處，於奥之内耳。"郝云"齊宿于外"，似失考。

前宿一日，宿戒尸。

註曰："皆肅諸官之日，又先肅尸者，重所用爲尸者，又爲將筮。"

敖氏曰："宿戒尸者，凡可爲尸者，皆宿戒之，爲將筮也。此宿戒蓋亦使人爲之。尸未筮，則未成其尊。宿前一日又宿戒尸，亦尊者之禮異也。"

世佐案，前宿一日，祭前四日也。疏云"當祭前二日"，蓋承註説之誤。前祭四日，廣戒凡可爲尸者，而後筮之。筮得吉，又宿之皆，異于士禮者也。宿戒，猶豫戒也。筮尸在明日，故以其日爲宿，與上"宿"字義異。

右戒尸。

明日朝，筮尸如筮日之儀。命曰："孝孫某，來日丁亥，用薦歲事于皇祖伯某，以某妃配，某氏，以某之某爲尸，尚饗！"筮、卦、占如初。敖氏曰："朝，如字。"

註曰："不前期三日筮尸者，大夫下人君，祭之朝乃視濯，與士異。"

---

① "宮"原作"官"，校本同，《周禮·世婦職》文作"宮"，應據改。

疏曰："天子、諸侯前期十日卜得吉日，則戒諸官散齊，至前祭三日，卜尸得吉，又戒宿諸官使之致齊，士卑不嫌，故得與人君同三日筮尸，但下人君，不得散齊七日耳，大夫尊，不敢與人君同，直散齊九日，前祭一日筮尸[①]，并宿諸官致齊[②]。"

郝氏曰："明日朝，謂祭前一日早。筮尸，筮男尸，象祖考者，妃無尸。"又曰："鄭謂祭前一日筮尸，與《特牲》前期三日異者，大夫避諸侯禮，夫用尸、用筮既同，士可三日前筮，何獨大夫不可？禮文多錯舉，一日至三日皆可筮，有不虞，則前一日亦可耳，豈特牲小禮從容，少牢反造次乎？"

張氏《石本誤字》云："'明日朝服筮尸'，脱'服'字。"

世佐案，戒尸之明日，即宿諸官之日也。《特牲禮》云"前期三日之朝筮尸"，正與此同。註疏説誤。云"筮卦，占如初"者，筮，立筮；卦，書卦；占，退占；初，謂筮日也。"如初"之中不止是三者，約舉之以見其餘耳。又案，"朝"下無"服"字，當以石本爲正，《續通解》、《儀禮圖》、《集説》、《節解》諸本並同[③]，唯監本有"服"字，衍也。既云"如筮日之儀"，則朝服不待言矣。張氏舍石本而監本是從，去取失當。

吉則乃遂宿尸，祝擯。

註曰："筮吉又遂肅尸，重尸也。既肅尸，乃肅諸官及執事者。祝爲擯者，尸，神象。"

疏曰：案《特牲》使宗人擯辭，祝致命。此惟祝擯者，士卑不嫌兩有。宗祝與人君同，大夫尊下人君，故闕之。

世佐案，此前祭一日事也。乃，緩詞，見其不與筮尸同日也。"乃"下復云"遂"者，見其間無他事也。筮尸之日當宿諸官，而謂其間無他事者，宿諸官，主人不親也。舊説即筮吉之日往宿，非。祝擯者，宗人以主人之命命祝，而祝爲告于尸也。《特牲禮》云"宗人擯"，據其贊命而言也。此云"祝擯"，據其致命而言也。

---

① "筮尸"，楊氏、敖氏同，校本"尸"上有"宿"字，陳本、監本、毛本同。

② "致"原作"至"，校本作"致"，各注疏本同，據改。

③ "節解"原作"集解"，校本作"節解"，據改。

主人再拜稽首。

敖氏曰:“已上之儀當略與《特牲》同,以其有成禮,故略之而不言。”

祝告曰:“孝孫某,來日丁亥,用薦歲事于皇祖伯某,以某妃配,某氏,敢宿。”

註曰:“告尸以主人爲此事來肅。”

郝氏曰:“‘祝告曰’下即擯辭。”

世佐案,上文筮尸及此告尸之辭皆云“以某妃配某氏”者,以祭時夫婦同尸故也。

尸拜,許諾,主人又再拜稽首。主人退,尸送,揖,不拜。

註曰:“尸不拜者,尸尊。”

世佐案,尸拜,答主人也,主人又拜謝其許也。此與《特牲》宿尸面位儀節大略相似,所異者,特文有詳畧先後耳。説見上篇。

若不吉,則遂改筮尸。

註曰:“即改筮之,不及遠日。”

敖氏曰:“此所筮者若又不吉,則直以其次者爲尸,不復筮,與筮日之意同。”

世佐案,改筮,即於筮尸之日爲之,乃言於此者,終言上事而后及之也。

右筮尸、宿尸。

既宿尸反,爲期于廟門之外。

註曰:“爲期,肅諸官而皆至,定祭早晏之期,爲期亦夕時也。言既肅尸反爲期,明大夫尊,肅尸而已。其爲賓及執事者,使人肅之。”

敖氏曰:“既宿尸反而爲期,是其事相繼,而不必至夕也。然則曏所宿者皆不在,可知大夫宿與爲期同日,此時又未有賓,皆大夫禮異者也。”

郝氏曰:“宿尸反,即祭之先夕,與諸執事爲期廟門外,約明旦行事之期也。”

世佐案,必云“既宿尸反”者,明其與宿尸同日也。是時凡助祭者皆在,經不見子姓兄弟等面位者,文不具也,亦以其已見于《特牲禮》,故畧之與? 敖説恐未然。

主人門東南面，宗人朝服北面，曰："請祭期。"主人曰："比於子。"

註曰："比次早晏，在於子也。主人不西面者，大夫尊，於諸官有君道也。爲期，亦唯尸不來也。"

郝氏曰："比，猶隨也。"

張氏曰："比，推量也，推量祭時之早晚。唯在於子，子謂宗人。"

宗人曰："旦明行事。"主人曰："諾。"乃退。

註曰："旦明，旦日質明。"

世佐案，此亦告兄弟及有司，告事畢，主人以下乃退也。約《士冠禮》爲期言之。唯云"乃退"，亦省文。

右爲期。

楊氏曰："少牢禮與特牲禮輕重詳畧不同。少牢禮日用丁己，特牲不諏日者，士卑，時至事暇可以祭，則筮其日矣，不必諏丁己之日如大夫禮。玄冠，一冠冠兩服，其一玄端，其一朝服，朝服重於玄端。《特牲》士禮，故筮則玄端，至祭而後朝服。世佐案，《特牲禮》祭日"主人服如初"，亦冠玄端也。記云"其服皆朝服"，謂助祭者耳，此不分别言之，殆誤。《少牢》大夫禮，筮與祭皆朝服也。《特牲》筮人筮，筮人者，官名，《周禮·春官》有簭人是也。《少牢禮》史筮，史者，家臣主筮事者，所謂府史是也。《特牲》坐筮，《少牢》立筮，不同者，註云，士蓍短，故坐筮；卿大夫蓍長五尺，故立筮，各由其便也。《特牲》、《少牢》皆筮尸，但《特牲》無'宿戒尸'之文。《少牢》宿戒(筮)〔尸〕而後筮者[①]，重所用爲尸者，亦大夫尊，儀益多也。《特牲》有宿賓之禮，《少牢》不宿賓者，大夫尊，肅尸而已。其爲賓執事者，使人肅之，《特牲》無爲期之禮，《少牢》爲期者，重其事也。爲期之日，主人門東南面，不西面，大夫尊於諸官，有君道也。"

明日，主人朝服，即位于廟門之外東方，南面。宰、宗人西面北上。牲北首東上。司馬刲羊，司士擊豕。宗人告備，乃退。

註曰："刲、擊，皆謂殺之。此實既省，告備，乃殺之，文互者，省文也。

① "少牢宿戒尸"，"尸"原作"筮"，校本同，楊氏《圖》作"尸"，應據改。

《尚書傳》:‘羊屬火,豕屬水。’”

疏曰:案《特牲》視牲與視殺別日,今《少牢》不言視牲,直言刲、擊,“告備乃退”者,省文。此大夫禮,視牲告充即刲、擊殺之,下人君,士卑不嫌,故異日矣。《祭義》云:“君牽牲,穆答君,卿大夫序從。既入門,麗于碑,卿大夫袒而毛牛尚耳。”諸侯禮殺于門内,此大夫與《特牲》士皆殺于門外者,辟人君也。豕言擊,動之使鳴,是視牲也。羊言刲,謂殺之,是視殺也。大夫視牲、視殺同日,故互見皆有。

楊氏曰:“《雜記》曰:‘大夫冕而祭於公,弁而祭於己。士弁而祭於公,冠而祭於己。’大夫爵弁自祭家廟,唯孤爾,其餘皆玄冠,與士同。”

敖氏曰:“東方,視殺之位,亦宜當塾少南,此異。宰、宗人之位亦與士禮異[①],宗祝之位者同,意牲亦當在東方少南。有司牽羊、豕,則東之而東足也。乃退,謂主人。”

郝氏曰:“古者大夫朝祭皆皮弁,《緇衣記》曰:‘大夫弁而祭于己。’即位于廟門外,視殺牲也。司馬、司士皆公有司。告備,告既殺也。”

姜氏曰:“《周禮》宿視牲,至祭旦而後視殺者,君體尊,故以兩日行之也。士卑于君,無嫌,得與君同兩日。而大夫近君,有嫌,則避君,而不得與君之兩日者同矣。歷考諸禮皆然,而《記·禮器》所謂‘順而摭’者蓋如此。”

世佐案,皮弁、朝服、玄端三者輕重之差,及其冠裳之異,詳見首篇。郝云“大夫朝祭皆皮弁”,《緇衣》誤也。《雜記》所云“弁而祭於己”者,説者謂唯公之孤四命爲然爾,引以證此,亦誤。

右視殺。

雍人摡鼎、匕、俎于雍爨,雍爨在門東南,北上。

註曰:“雍人,掌割亨之事者。爨,竈也。在門東南,統於主人,北上。羊、豕、魚、腊皆有竈,竈西有鑊。凡摡者,皆陳之而後告絜。”

疏曰:“雍人,掌割亨之事者”,《周禮·饔人職》文。案《特牲》視濯時皆陳之,視訖告絜,此亦當然。

敖氏曰:“摡,猶拭也。既筮日,而宗人命滌,則有司於祭器皆已濯之矣,故至此但摡之,爲去塵也。鼎、匕、俎皆牲器,故雍人摡之於雍爨之

① “士禮”,校本同,《集説》作“特牲”。

上，以其類也。下文'概甑甗匕敦于廩爨'，其義亦然。"

廩人概甑、甗、匕與敦于廩爨，廩爨在雍爨之北。

註曰："廩人，掌米入之藏者。甗如甑，一孔。匕，所以匕黍稷者也。"

疏曰："廩人，掌米入之藏者"，《周禮·地官·廩人職》文。《冬官·陶人職》云："甗實(一)〔二〕鬴①，厚半寸，脣寸。甑實二鬴，厚半寸，脣寸，七穿。"鄭司農云"甗，無底甑"，以其無底，故以一孔解之。上雍人云匕者，所以匕肉，此廩人所掌米，故云"匕黍稷"也。

敖氏曰："廩人與雍人對言，則是掌爲饎之事者也。甗如甑，蓋有底而無孔，所以盛米也與？甑則炊之，匕則出之。此四器與鼎、匕、俎皆陳于外，故雍人、廩人分概之。廩爨亦北上。"

郝氏曰："廩人掌炊黍稷。匕，飯匙。廩爨在北，上穀食也。"

張氏曰："雍爨以烹牲，廩爨以熟黍稷。"

司宮概豆、籩、勺、爵、觚、觶、几、洗、篚于東堂下，勺、爵、觚、觶實于篚。卒概，饌豆籩與篚于房中，放于西方。設洗于阼階東南，當東榮。

註曰："放，猶依也。大夫攝官，司宮兼掌祭器也。"

敖氏曰："司宮主陳設此器，故俱概之。勺、爵、觚、觶概之，則隨實于篚，不待其卒概也。勺亦實于篚者，爲將洗之，饌之蓋於北堂。放于西方，以次而西也。下篚亦饌于房，以俟事至而設之。不言陳几之處，未詳其所。《特牲禮》：'几席陳于西堂。'"

郝氏曰："司宮，亦公有司主陳設者。豆至篚共九器，而篚即盛勺、爵、觚、觶者。卒概，拭畢也。房中之篚，盛主婦獻、酢之易爵也。放，置也。"

張氏曰："司宮概此九種祭器，其酌酒之器則實之于篚。西方，房中近西處也。篚，謂實祭器者。"

姜氏曰："概通作溉，滌也，一曰拭也。几、席等雖不滌溉，亦自拂拭致潔。疏謂几、洗、篚三者不概，其說恐非。"

世佐案，饌豆、籩與篚于房中。篚，即實勺、爵、觚、觶者，本當設于洗

① "二鬴"之"二"原作"一"，校本同。陳本、監本、毛本均作"二"，《周禮·冬官·陶人職》同，應據改。

西，今與豆、籩等俱饌于房中，事未至也。放，至也，《孟子》云："放于琅邪。"言其下者至于西方，則東上也。不曰西墉，而曰"西方"，明其在房中半以北也。房中半以北無墉。

右摡器。

郝氏曰："《特牲》禮殺，執事人寡，以豫爲敬，視牲、視濯先日爲之；《少牢》禮盛，執事者多，以敏爲敬，殺牲、摡器皆當日爲之，所以異也。"

世佐案，摡與濯義異，云"摡"，則其先已濯可知。此言諸官摡器于祭之日，而其前一夕不見視濯之事，蓋文不具也。或曰"辟君禮"，未知是否。

羹定，雍人陳鼎五，三鼎在羊鑊之西，二鼎在豕鑊之西。

註曰："魚、腊從羊，膚從豕，統於牲。"

疏曰：上文摡鼎時，鄭云"羊、豕、魚、腊皆有竈，竈西有鑊"。今陳鼎宜各當其鑊，此三鼎在羊鑊之西，二鼎在豕鑊之西，故云"魚、腊從羊，膚從豕"也。知羊、豕、魚、腊各有鑊者，《士虞禮》云："側亨于廟門外之右，東面，魚、腊爨亞之，北上。"《特牲記》云："牲爨在廟門外東南，魚、腊爨在其南。"有爨即有鑊。士禮皆有爨、鑊，則大夫可知也。

敖氏曰："三鼎：羊、魚、腊。二鼎：豕與膚。膚鼎亦在豕鑊西者，以膚在豕鑊故也。魚、腊自有鑊，未升之時，其鼎乃從羊者，以膚鼎從豕之故而爲之也。蓋此鑊四而鼎五，若鼎各從其鑊，則豕鑊西之鼎二，羊鑊西之鼎一，嫌其輕重失次，故以魚、腊之鼎從羊，見其尊也。不云爨，而云'鑊'，據鼎實之所從出者而言。是篇獨著鑊西之鼎位，以其異也。士禮三鼎無嫌，故不見之。"

郝氏曰："陳鼎五，羊、豕、魚、腊、膚也。鑊，大釜以煑肉。陳鼎就鑊，以便升也。"

世佐案，此將實鼎之位也。前祭一夕，先陳鼎于門外北面，北上，至是移而近鑊焉，便升也。不各從其鑊之故，敖説得之。前夕不言陳鼎，以其已見于《特牲禮》也。《特牲禮》不言實鼎之法，故詳言之，互相備也。

司馬升羊右胖，髀不升，肩、臂、臑、膊、骼，正脊一、脡脊一、横脊一、短脅一、正脅一、代脅一皆二骨以並。腸三、胃三、舉肺一、祭肺三，實于一鼎。

註曰："升，猶上也。上右胖，周所貴也。髀不升，近竅，賤也。肩、臂、臑，肱骨。膞、骼，股骨。脊從前爲正，脅旁中爲正。脊先前，脅先後，屈而反，猶器之綪也。並，併也。脊、脅骨多，六體各取二骨併之，以多爲貴。舉肺一，尸食所先舉也。祭肺三，爲尸、主人、主婦。”

疏曰：十一體之中，五體不言一，而六體言一者，以其體下言皆二骨以並，見一體皆有二骨，而二骨共爲一體也。“脊先前”，即正脊是也。“脅先後”，即短脅是也。《特牲記》尸俎有正脊、横脊而無脡脊，有長脅、短脅而無代脅。註云“脊無中，脅無前”，貶也，明代脅最在前也。脊以前爲正，其次名脡，却後名横脡者。脡，脡然直也，横者，潤于脡也。凡皆隨形名之，唯言正者以義取稱也。註言“綪”者，專指脅、脊，不數肩、胳也。凡牲體四支爲貴，故先序肩、臂、臑、膞、胳于上，然後序脊、脅于下，但其次應先言正脅，而先言短脅①，乃取綪之義②。祭肺貴，序在下者，腸胃及肺在内，不得與外體爲尊卑之次，當自爲先後也。此經肩、臂以下皆言“一”，至十一體之下，總言“皆二骨”，知二骨據脊、脅骨多，六體各取二骨者，案《特牲記》肩、臂、臑、肫、胳不言二骨，至序脊、脅即言“二骨以並”，故知此言“皆二骨”亦據脊、脅言也。

敖氏曰：“升，謂升於鼎也。牲體盡在鑊，惟神之俎實升於鼎，其餘則皆自鑊升於俎也。正脊之屬用二骨，乃皆云‘一’者，則是但以其名相别耳，不繫其骨之多寡也。脊先前，脅先後，亦禮貴相變也。‘腸三、胃三’者，少牢之俎五而已，腸胃不得别俎，故但附於其牲也。附於其牲，則其數貶焉而止於三，亦如《特牲》豕俎膚三之意也。大夫或用大牢，而俎若九、若七，則腸胃别俎，得充其數，此制于《公食大夫禮》見之。”

郝氏曰：“凡牲肉，神俎由鑊升鼎，鼎入載俎，餘俎即自鑊載俎以入。此鼎皆由鑊升而入載，神俎者也。右胖，右半體。髀，股骨，不升于神鼎，餘俎不拘。正脊後爲脡脊，脡，直也。横脊，脊旁脅，胷旁短脅，近前骨短，次爲正脅，又次爲代脅，近要前後相代也。”

① “先言短脅”，姜氏《經傳》節引賈疏同，“脅”校本作“者”，陳本、監本、毛本同。

② “乃取綪之義”，姜氏《經傳》節引賈疏同，“乃”校本作“又”，陳本、監本、毛本同。

司士升豕右胖，髀不升[①]，肩、臂、臑、膊、胳，正脊一、脡脊一、横脊一、短脅一、正脅一、代脅一皆二骨以並，舉肺一、祭肺三，實于一鼎。

註曰："豕無腸、胃，君子不食溷腴。"

敖氏曰："此與上經升羊者皆出自鑊而入于鼎，其文之序則始於肩終於肺，與下經之出於鼎而載於俎者同，以其出入先後之節攷之，似正相反。然則此所云者，但據其已在鼎者上下之次而言，非謂入鼎之序亦然也。蓋與下經之文雖同，而意則異矣。"

雍人倫膚九，實于一鼎。

註曰："倫，擇也。膚，脅革肉。擇之，取美者。"

敖氏曰："膚九者，與其牲異鼎，不視腸胃，故得充其數焉。司士不倫膚，以其卑也。先魚、腊實之者，與牲體同鑊，宜因便也，既實則還之於腊爨之西南。"

郝氏曰："倫膚，豕肉無骨者。比次方正，九片爲一鼎，與豕同鑊而鼎別。"

姜氏曰："倫，倫理也，以脅革肉有倫理而名。周人貴骨，近脅骨，故用之，其脅下膚俗稱軟膛，不近脅骨，不用也。"

司士又升魚、腊，魚十有五而鼎，腊一純而鼎，腊用麋。

註曰："司士又升，副倅者。合升左右胖曰純。純，猶全也。"

疏曰：下經云"司士三人升魚、腊、膚"，則此豕、魚、腊宜各一人。又此升鼎宜俱時，明是副倅者，非升豕者可知。"倅"，亦副之别名，以其副牲鼎，故云"副倅"也。

敖氏曰："云'又升'，則司士即嚮之升豕者也。然則此時亦先升魚，後升腊與鼎，謂實于一鼎也。牲一胖而腊一純，亦大夫禮異也。不言髀，不升可知也。每於將升之時，則舉鼎以就其鑊西。他篇言腊者，皆不言其物，而此云'用麋'者，經特於此見之乎？"

卒脀，皆設扃鼏，乃舉，陳鼎于廟門之外東方，北面北上。

註曰："北面北上，嚮内相隨。"

---

① "髀"原作"脾"，校本作"髀"，楊氏、敖氏、陳本、監本、毛本、庫本同，據改。

敖氏曰："陳於東方，亦當塾少南。鼏不陳於此，亦異於士。"

郝氏曰："脀、烝同，升也。卒脀，升鼎畢也。陳鼎自鑊西，移近門東塾，北面向廟也。北上，自北直陳而南也。"

張氏曰："脀，以牲體實鼎也。"

司宮尊兩甒于房户之间，同棜，皆有冪，甒有玄酒。

註曰："房户之間，房西室户東也。棜，無足，禁者，酒戒也。大夫去足改名，優尊者，若不爲之戒然。"

疏曰："《特牲》用棜，仍云禁，此改名曰棜，是'優尊者'，若不爲神戒然。《鄉飲酒》雖是大夫禮，猶名斯禁者，尋常飲酒，異於祭祀。"

敖氏曰："棜，即所謂棜禁也。惟言棜，文省耳。"

司宮設罍水于洗東，有枓，設篚于洗西，南肆。

註曰："枓，𣂔水器也。凡設水用罍，沃盥用枓，禮在此也。"

疏曰：設水用罍，沃盥用枓，言"凡"者，總《儀禮》内凡用水者，皆須罍盛之，凡沃盥水者，皆用枓爲之也。《士冠禮》、《士昏禮》皆直言"水在洗東"，《鄉飲酒》、《特牲記》亦云然，皆不言罍器，亦不言有枓。其《燕禮》、《大射》云"罍水"，亦不言有枓也，故註總云"凡"以見其餘文不具也。從姜氏節本。

敖氏曰："枓者，沃盥與洗用之，加于罍上。經言'罍水'者，惟此與《大射》、《燕禮》耳。然則士之水器其異於此乎？凡沃洗及盥于洗者皆用枓，經特於此見之。"

改饌豆、籩于房中，南面，如饋之設，實豆、籩之實。

註曰："改，更也。爲實之更之，威儀多也。如饋之設，如其陳之左右也。饋設東面。"

敖氏曰："案註云'饋設東面'，以見其異者，此耳。"

張氏曰："此承上文，亦司宮爲之。前饌豆籩房中，依於西方，今欲實之，乃更陳如饋時之次第也。豆籩之實，謂葅醢等。"

世佐案，饋，饋食之時也。"如饋之設"者，謂其饌于房中如設于室也。饋時東面，此南面，而其上下左右之次則同。

小祝設槃、匜與簞、巾于西階東。

註曰："爲尸將盥。"

右實鼎饌器。

郝氏曰："禮文多互見，如《特牲》言腊髀不升，則豕髀可知。獨尸俎云'不用髀'，則是他牲俎猶用也，故祝俎有豕髀。《少牢》神俎言羊、豕，髀不升，則《特牲》神俎可知。《少牢》腊用麋，《特牲》用兔可知。《少牢》尊兩甒玄酒棜禁，冪不言覆兩甒，明日卒奠，皆互見也。他可類推。"

主人朝服，即位于阼階東，西面。

註曰："爲將祭也。"

敖氏曰："更言朝服者，嫌祭服或異於前也。阼階東，亦直東序，後放此。主人既視殺而退，至是乃出立于其位也。"

司宫筵于奥，祝設几于筵上，右之。

註曰："布陳神坐也。室中西南隅謂之奥。席東面，近南爲右。"

疏曰：案《特牲》云"祝筵几"，大夫官多，故使兩官共其事，亦是接神，故祝設几也。

右即位設筵、几。

主人出，迎鼎，除鼏。士盥，舉鼎，主人先入。

註曰："道之也。主人不盥，不舉。"

疏曰："此決《特牲》主人降及賓盥。士禮自舉鼎，此大夫尊，不舉，故不盥。"

敖氏曰："主人未入室而先迎鼎，且不舉，亦大夫禮異也。除鼏，示有事也。士盥於外。"

司宫取二勺于篚，洗之，兼執以升，乃啓二尊之蓋冪，奠于棜上，加二勺于二尊，覆之，南枋。

註曰："二尊，兩甒也。"

疏曰：二勺，兩尊用之。玄酒雖不酌，重古如酌者然也。

敖氏曰："蓋，冪蓋，尊之冪也。此時即徹冪而加勺，亦變於士。"

郝氏曰："司宫，即前尊兩甒者。勺以酌酒。蓋，尊蓋，冪巾也。勺加尊上，覆向下。南枋，柄向南，便執也。"

世佐案，蓋冪，謂蓋與冪也。凡祭祀之尊，蓋而又冪，與他尊異，説見《特牲記》。此徹蓋冪之節亦與士同，敖説非。

鼎序入，雍正執一匕以從，雍府執四匕以從，司士合執二俎以從，司士贊者二人，皆合執二俎以相，從入。

註曰："相，助。"

敖氏曰："雍正，雍人之長，府，其佐也。匕先俎後，變於君禮也。贊者二人，故云'相從'，嫌並行也。"

郝氏曰："司士贊者，助司士執俎者也。二人皆合執二俎，并司士執爲六俎，多一肵俎也。俎從匕，匕從鼎，鼎自門外入東階下。主人親，親載也。"

世佐案，合執者，合二俎而執之也。不手各一俎者，執俎之法宜然爾。"相從"二字當連讀，敖説是也。"相"如字，《釋文》"息亮反"，蓋爲註説所誤。

陳鼎于東方，當序，南于洗西，皆西面北上，膚爲下。匕皆加于鼎，東枋。

註曰："膚爲下，以其加也。南於洗西，陳于洗西南。"

疏曰：門外陳鼎時不言"膚爲下"，至此言之者，膚者，豕之實，前陳鼎在門外，據鼎所陳，膚在魚上，今將載于俎，設之最在後，故須别之也。羊無别俎而豕有膚俎，故謂之加。

敖氏曰："膚爲下，陳鼎于外之時則然矣，見於此者，蓋要終言之。必言'膚爲下'者，以其出於豕，且與之同鑊，嫌宜在魚、腊上也。加匕東枋，便匕者之執也。既錯鼎加匕，則右人及執匕者退，惟左人待載。"

世佐案，當序，東西節也。南于洗西，南北節也。洗當東榮，鼎當東序，則鼎在洗西矣。設洗之節，南北以堂深，而鼎則又在其南，不與洗相當也。

俎皆設于鼎西，西肆。肵俎在羊俎之北，亦西肆。

註曰："肵俎在北，將先載也。異其設文，不當鼎。"

疏曰："羊俎在羊鼎西，今云肵俎在羊俎北，不繼鼎，明不當鼎也。若繼鼎言者，即在鼎西也。"

敖氏曰："後言肵俎，亦以設在後也。執俎者既設俎，乃退。"

世佐案，鼎西面，俎亦西肆，則俎於鼎爲縮也。一俎當一鼎，鼎五而俎六，故肵俎特于羊俎之北也，亦西肆，從其類也。

宗人遺賓就主人，皆盥于洗，長枇。

註曰："長枇者，長賓先，次賓後也。主人不枇，言就主人者，明親臨之。古文枇作匕。"

敖氏曰："此所遺者，二佐食、三司士也。云'賓'者，省文耳。此佐食，賓也；司士，私人也。就主人，謂立于主人之南，西面也。既，乃序盥，復位，乃序進匕也。云'長匕'，則匕者亦有先後矣。此禮舉者、匕者異人，亦大夫禮異。鄭本'匕'作'枇'，今亦從古文作'匕'。"

世佐案，此所遺者，皆大夫之臣也，謂之賓者，以其助祭故也。是時賓位在門東，北面，主人西面于阼階東，洗與鼎俎之設皆與主人相近，故往而就之。云"就主人"者，明其立于主人之後，亦西面北上，乃序進盥也。卒盥，序進，西面匕。云"長匕"者，言匕者以長幼之次爲之也。

佐食上利升牢心、舌，載于肵俎。心皆安下切上，午割勿没，其載于肵俎，末在上，舌皆切本末，亦午割勿没，其載于肵，横之，皆如初爲之于爨也。

註曰："牢，羊、豕也。安，平也。平割其下，於載便也。凡割本末，食必正也。午割，使可絶也。勿没，爲其分散也。周禮祭尚肺，事尸尚心、舌，心、舌知滋味。今文切皆爲刌。"

疏曰：皆者，皆羊、豕。羊、豕皆有心、舌也。案《特牲記》云"肵俎心、舌皆去本末，午割之，實于牲鼎，載心，立舌，縮俎"，即是未入鼎時，則制此心、舌然也。既未入鼎，先制之，是爲之于爨也。從《集説》節本。

敖氏曰："此羊、豕之心、舌，蓋俱在羊鼎，故惟上利升之。勿没者不絶其中央也。必切上下本末者，欲其整也。《特牲記》云'舌縮俎'，此云'横之'，蓋於俎爲縮，於載者爲横，然則肵俎亦有執之以載者明矣。'皆如初爲之於爨'者，言此切割之制與爲之於爨之時無以異也。心、舌載於俎，皆二以並，羊左而豕右，與此載者蓋南面，以羊俎在其南也。"

郝氏曰："佐食二人，長爲上利。利食也，佐食之别號。安下切上，去本末也。安，猶平也，割下平使立也。午割，一縱一横。割勿没，不斷也，猶'没階'、'没霤'之'没'，盡也。舌順俎横陳，故謂横，其在俎爲縮，與《特牲》所記非異也。心、舌無特鼎，皆亨于門外。雍爨羊、豕，各自其鑊升于各鼎，今亦自各鼎載于肵俎，故曰'如初'。"

姜氏曰:“周雖尚肺,而心、舌亦所重,故進之。註説何陋耶。二者體味異不雜亂,未升鼎時,已午割勿没,至載俎乃言者,蓋因言其上下縱橫而補其文耳。”

世佐案,利及肵俎之説,皆見上篇。

佐食遷肵俎于阼階西,西縮,乃反。

敖氏曰:“肵俎既載,則執俎者以錯于故處,而佐食遷之也。西縮,猶西肆。”

郝氏曰:“佐食獨遷肵俎于東階下西者,肵俎尊,不與衆俎同處也。西縮,南北直陳,俎面向西,未奠,不橫向南也。乃反,反阼階東載衆俎也。”

姜氏曰:“西云縮,謂橫也。凡東西爲橫,南北爲縱。”

世佐案,佐食不言上利,文省也。肵俎不與衆俎同進,故遷之,使異其處。“西縮”之解,敖得之。反者,反于羊鼎東,西面之位也。

佐食二人。上利升羊,載右胖,髀不升。肩、臂、臑、膊、胳;正脊一、脡脊一、橫脊一、短脅一、正脅一、代脅一,皆二骨以竝;腸三、胃三,長皆及俎拒;舉肺一,長終肺;祭肺三,皆切。肩、臂、臑、膊、胳在兩端,脊、脅、肺、肩在上。

註曰:“升之以尊卑,載之以體次,各有宜也。拒,讀爲介距之距。俎距,脛中當橫節也。凡牲體之數及載,備於此。”

疏曰:此經所載牲體多少,一依上文升鼎,不異而重序之者,以其載俎之時,恐與入鼎時多少有異,故重序之。云“肩、臂、臑、膊、胳在兩端,脊、脅、肺、肩在上”者,此是在俎之次。俎有上下,猶牲體有前後,故肩、臑在上端,膊、胳在下端,脊、脅、肺在中。其載之次序:肩、臂、臑、正脊、脡脊、橫脊、代脅、長脅、短脅、肺、腸、胃、膊、胳也。云“升之以尊卑”者,即上文“上利升羊”以下,序其在鼎也。云“載之以體次”者,俎法四體尊於脊、脅,即經四體在兩端,脊、脅、肺在中者,故云“各有宜也”。《左氏傳》昭二十五年云“季氏介其雞”,“郈氏爲之金距”,引之者,彼“距”在雞足爲距,此“俎距”在俎爲橫也。案《明堂位》云“俎,有虞氏以梡。夏后氏以嶡，殷以椇，周以房俎”，註云“梡，斷木爲四足而已。嶡之言蹷也[①]，謂中足爲横距之象，周《禮》謂之距”，彼註云“周《禮》謂之距”，即指此“俎距”而言，是距爲俎足中央横者也。案此經即（節）〔折〕前體肩、臂、臑兩相爲六[②]，後體膊、胳兩相爲四；短脅、正脅、代脅兩相爲六；脊有三，摠爲十九體，唯不數㲉二，通之爲二十一體。二㲉正祭不薦於神尸，故不言，是牲體之數備於此也。

敖氏曰："此先言其出於鼎之序，後言其載於俎之次也。出於鼎者，其序如此，則其在鼎上下之次亦可見矣。'脊、脅、肺'不言腸、胃，可知也。或曰'肺'上當有'腸胃'二字，文脱耳。"

郝氏曰："牲體自門外鑊内升鼎時，髀已不升，此又重言者，明獨尸俎不用髀，非謂鼎中尚有髀也。俎足間横木曰拒。肩、臂、臑、膊、胳五體居俎兩端，象首足横陳也。脊、脅、肺三體居中央，便先舉也。肩居上，貴前，表其爲右也。此上皆羊俎。"

張氏曰："'脊、脅、肺、肩在上'，'肩'字殆誤。上文已言肩，不當重出，且遺胃，則'肩'字即'胃'字之誤可知。"

姜氏曰："五者在兩端，明脊、脅、肺在中也。而此五者，肩又在兩端之上，故明之。"

世佐案，"肺"下"肩"字非誤，張氏蓋失于分句之不審耳。"肩、臂、臑、膊、胳在兩端句，脊、脅、肺句，肩在上"，此三言者，所以明其載於俎之次也。云"肩、臂、臑、膊、胳在兩端"，則脊、脅、腸、胃、肺之在中央明矣。舉脊、脅、肺，而不言所在者，以其可知也。不言腸、胃，文省也。俎端有上下，故又言"肩在上"以别之。云"肩在上"，則臂、臑從肩而皆在俎之上端，膊、胳在其下端亦可知矣，此立言之法也。若改"肩"爲"胃"，則不當置于"肺"下，"腸胃"並言，亦不當舍腸而獨言"胃"。且肩、臂等五體既分居俎之兩端，則所云"在上"者，更在何者之上乎？妄改經文之失如是，故辨之。

下利升豕，其載如羊，無腸、胃。

世佐案，無腸、胃，著其異于羊者，説見上。

---

① "蹷"字原作"蹷"，校本作"蹷"，各注疏本同，據改。

② "此經即折前體"之"即"原作"節"，校本同。阮《校》云："'即折'毛本作'節祈'，陳本作'節析'，《通解》作'節折'，按'即折'是也。"據改。

體其載于俎，皆進下。

註曰："進下，變於食生也，所以交於神明，不敢以食道，敬之至也。《鄉飲酒禮》'進腠'，羊次其體，豕言'進下'，互相見。"

疏曰：《公食大夫》、《鄉飲酒》牲體皆"進腠"，腠是本，是食生人之法。此言進末，末爲終，謂骨之終，食鬼神法，故云"變於食生也"。云"所以交於神明"者，《郊特牲》文。云"不敢以食道"，《檀弓》文。言"互相見"者，羊言體，亦進下，豕言進下，亦"次其體"也。

敖氏曰："進下，謂以每體之下鄉神位也，載時則但爲鄉俎之右耳。"

郝氏曰："進下，以骨末向神，執末食本，便也。如肩近臂爲下，臂近臑爲下，他可推。"

姜氏曰："此總言羊、豕也。註疏單作言'豕'，故有互見之説。"

世佐案，姜説近是，而以"體"字讀屬上句，非。體，謂羊、豕之體也，自肩至代脅各十一。下，猶末也，每體各有本末，如肩以近脇處爲本，近臂處爲末；臂以近肩處爲本，近臑處爲末是也，其餘以是推之。

司士三人升魚、腊、膚。魚用鮒，十有五而俎，縮載，右首進腴。

註曰："右首進腴，亦變於食生也。《有司》載魚横之。《少儀》曰：'羞濡魚者進尾。'"

疏曰：生人、死人皆右首。鬼神進腴者，是氣之所聚。生人進鰭者，鰭是脊，生人尚味也。乾魚進首，是上大夫繹祭儐尸之禮；濡魚進尾，是天子諸侯繹祭可知。從楊氏《圖》節本。

敖氏曰："縮載，謂載而縮俎也。右首，據載者視之而言也。魚之進腴，猶牲之進下也。魚以腴爲下，鬐爲上。右首而進腴，則亦寢右矣。《士喪》奠用食生之禮，其魚則左首進鬐，與此異。又喪奠魚九而爲三列，此其列亦三，而每列用五與？"

張氏曰："有司載魚横之，即下篇《有司徹》，引此及《少儀》，欲見正祭與儐尸載魚禮異。"

腊一純而俎，亦進下，肩在上。

註曰："如羊、豕。凡腊之體，載禮在此。"

疏曰：諸經唯有腊文，無升載之法，唯此有之。

敖氏曰："腊一純，而俎則肩、臂、臑、膞、骼各二，而脊、脅之數亦倍於牲。其載之次，左右股肱皆二體以並，而右爲上。凡腊之體骨及載亦見於此。"

膚九而俎，亦横載，革順。

註曰："列載於俎，令其皮相順。亦者，亦其骨體。"

疏曰：革順，謂以此膚之體相次而作行列，以膚革相順而載也。上牲體横載，文不明，故舉膚"亦横載"以明之。此膚言横，則上羊、豕骨體亦横載可知也。

敖氏曰："上俎云'進下'，即横載也，故此亦之。'横載'者，載而横於俎也。"

郝氏曰："革，皮也。以肉皮向上，相順比也。"

姜氏曰："膚承心、舌横之，故言'亦'，疏説非是。"

右舉鼎、匕載。

卒脀，祝盥于洗，升自西階。主人盥，升自阼階。祝先入，南面。主人從，户内，西面。

註曰："將納祭也。"

敖氏曰："祝先升，亦大夫禮異也。祝南面，負墉。"

主婦被錫，衣侈袂，薦自東房，韭菹、醓醢，坐奠于筵前。主婦贊者一人，亦被錫，衣侈袂，執葵菹、蠃醢以授主婦。主婦不興，遂受，陪設于東，韭菹在南，葵菹在北。主婦興，入于房。"侈"本又作"移"。

註曰："被錫，讀爲髲鬄。古者或剔賤者、刑者之髮以被婦人之紒爲飾，因名髲鬄焉。此《周禮》所謂次也。不纚笄者，大夫妻尊，亦衣綃衣而侈其袂耳。侈者，蓋半士妻之袂以益之，衣三尺三寸，袪尺八寸。韭菹、醓醢，朝事之豆也而饋食用之。豐，大夫禮。葵菹在絳。今文錫爲緆。"

疏曰：云"主婦贊者一人，亦被錫"，則其餘不得如主婦，當與士妻同纚笄綃衣。若士妻與婦人助祭，一皆纚笄綃衣，以綃衣下更無服，服窮則同也。案《周禮·追師》掌王后以下副、編、次，三翟者首服副，鞠衣、襢衣首服編，褖衣首服次。鄭彼註云："副，首飾，若今步摇。編，編列髮爲之，若今假紒。次，次第髮長短爲之，所謂髲鬄。"鄭云"所謂髲鬄"者，指此文也。云“不纚笄者，大夫妻尊”者，此決《特牲》“主婦纚笄”，士妻卑故也。云“亦衣綃衣”者，亦如《特牲》士妻主婦綃衣也。綃衣者，六服下之外者。云“半士妻之袂以益之”者，士妻之袂二尺二寸，袪尺二寸，三分益一，故袂三尺三寸，袪尺八寸也。《周禮·醢人職》“朝事之豆，韭菹、醓醢、菖本[①]、麋臡，菁菹、鹿臡、茆菹、麇臡”，彼天子八豆，今取二豆爲饋食用之，豐大夫禮故也。葵菹、蠃醢亦天子饋食之豆[②]，以當其節，故不須言之。韭菹在南，醓醢在北，次東，葵菹在北，蠃醢在南，是其綪也。

敖氏曰：“被，如‘被袗衣’之‘被’，謂衣之也。‘緆’皆當作‘緣’字之誤也。緣、褖通。《内司服》曰‘緣衣素沙’是也。内子祭服緣衣，而又侈其袂焉，所以甚别於士妻之祭服也。卿大夫之妻展衣爲上，褖衣次之，此自祭於家，故服其次者，辟助祭於公也。不言首飾，其亦纚笄與？贊者亦被褖衣侈袂，婦人助祭者，其服宜與主婦同，亦如賓客之皆朝服也，然則雖非内子，其衣亦得侈袂矣。古者男女吉凶之衣，其袂二尺二寸，袪一尺二寸，此制之正也，侈袂之度則未詳。主婦贊者云‘一人’，見其數止於此耳。以授主婦，坐授之也，故主婦不興。上不言主婦之位，此不言盥，如《特牲》可知。○鄭本‘緆’作‘錫’，註曰：‘今文錫爲緆。’繼公謂‘錫’、‘緆’二字皆誤，而‘緆’於‘緣’爲差近，故但取其近者。”

郝氏曰：“被，著衣。錫，光澤也，如‘錫衰’之‘錫’，漢人云‘曳阿錫’。侈袂，大袖也。”

張氏曰：“韭菹在醓醢之南，葵菹在蠃醢之北，菹醢錯對，是在綪也。”

世佐案，被、髲通。《詩》云“被之僮僮”、“被之祈祈”是也。《莊子》“禿而施髲”，即此“被”字。錫，布之滑易者，《漢樂府》云“曳阿錫”，註云“細布，言其布滑易如錫也”。以細布爲衣而侈其袂，即褖衣也。褖衣與宵衣俱以布爲之，所異者，在袂之大小耳。大夫妻從夫助君祭，服展衣，此自祭於家，故服褖衣。服褖衣者首服次，次即被也。舊説多未安，謹參訂之。

---

① “菖”，校本同。阮《校》云：“陳本、《通解》同，毛本‘昌’作‘菖’。”

② “醢”原作“蝸”，校本作“醢”，陳本、監本、毛本同，據改。

佐食上利執羊俎，下利執豕俎，司士三人執魚、腊、膚俎，序升自西階，相從入。

敖氏曰："此執俎皆匕者也。不使載者設之，亦大夫祭禮異也。"

姜氏曰："相，即上章'司士贊者二人'。"

世佐案，"相從"説見上，姜説蓋承註疏之誤。

設俎，羊在豆東，豕亞其北，魚在羊東，腊在豕東，特膚當俎北端。

敖氏曰："當豕俎北端，乃云'特'者，明不與之爲列也。"

主婦自東房執一金敦黍，有蓋，坐設于羊俎之南。婦贊者執敦稷以授主婦，主婦興受，坐設于魚俎南，又興受贊者敦黍，坐設于稷南，又興受贊者敦稷，坐設于黍南。敦皆南首。主婦興，入于房。

註曰："敦有首者，尊者器飾也，飾蓋象龜。周之禮，飾器各以其類，龜有上下甲。"

疏曰：經云敦"南首"，明象蟲獸之形[①]。知象龜者，以蓋形龜象故也。案《周禮·梓人職》"外骨、内骨"，"以脰鳴者"，"以胷鳴者"之類，註云"刻畫祭器，博庶物也"。《司尊彝職》又有"雞彝"、"鳥彝"之類，是周禮"飾器各以其類"也。敦既象龜，明簠亦象龜爲之，故《禮器》云"管仲鏤簠，朱紘"，註云"謂刻而飾之。大夫刻爲龜耳，諸侯飾以象，象，蓋謂象齒。天子飾以玉"。《九嬪職》云"凡祭祀，贊玉齍"，註云"玉齍、玉敦，受黍稷器"，是天子八簋之外兼用敦也。《特牲》云"佐食分簋、鉶"，註云"敦，有虞氏之器也，周制，士用之。變敦言簋，容同姓之士得從周制耳"，則同姓大夫亦用簋。《特牲》、《少牢》用敦者，異姓大夫、士也。《明堂位》云"有虞氏之兩敦，夏后氏之四璉，殷之六瑚，周之八簋"，鄭註云"皆黍稷器，制之異同未聞"。案《周禮·舍人》註"圓曰簋"。《孝經》註直云"外方曰簠"者，據"據"下似有脱字。而言。若然，云"未聞"者，據殷已上未聞，周之簋則聞矣，故《易·損卦》云"二簋可用享"，註云"離爲日，日圓；巽爲木，木器像"，是

① "明象蟲獸之形"，校本同。阮《校》云："'明象龜蟲獸之形'，《通解》、《要義》同，毛本無'蟲'字，聶氏有'蟲'字，無'龜'字。"

其周器有聞也。《孝經緯·鉤命決》云"敦規首上下圓相連,簠、簋上圓下方,法陰陽",是有聞,而鄭云"未聞"者,鄭不信之故也。

敖氏曰:"金敦,以金飾之也,四敦皆然,特見其一耳。婦贊者,即主婦贊者一人也,不言主,省文也,後放此。以授主婦,立授之也,故主婦興受敦,與受豆籩不同,禮貴相變也。其後二敦,則婦人贊者執以立于户外,婦贊者一一反之,以授于主婦,蓋婦贊者惟一人而已。"

郝氏曰:"金敦、銅簋以盛黍稷,各二。南首,席以南爲上也。"

祝酌奠,遂命佐食啟會。佐食啟會蓋,二以重,設于敦南。

註曰:"酌奠,酌酒爲神奠之。後酌者,酒尊,要成也。《特牲饋食禮》曰:'祝洗,酌奠,奠于鉶南。'重,累之。"

敖氏曰:"已酌奠,即奠之於韭菹之南而東,當所設會之西,此文省也。設于敦南,卻而設于其南,兩敦之南也。云'會',復云'蓋',以明會之爲蓋也。"

主人西面,祝在左,主人再拜稽首。祝祝曰:"孝孫某,敢用柔毛、剛鬣、嘉薦、普淖,用薦歲事于皇祖伯某,以某妃配,某氏,尚饗!"主人又再拜稽首。

註曰:"羊曰柔毛。"

敖氏曰:"主人固西面矣,復見之者,嫌此時或異面也。"

張氏曰:"牲物異號,以殊人用也。"

世佐案,剛鬣、嘉薦、普淖並見《士虞記》,嘗以文次推之,定以嘉薦爲豆、敦之屬,普淖爲鉶羹矣,但是時鉶猶未設,而祝辭先及之,則不可解。

右陰厭。

祝出,迎尸于廟門之外。主人降,立于阼階東,西面。祝先入門右,尸入門左。

註曰:"《特牲饋食禮》曰:'尸入,主人及賓皆辟位,出亦如之。'祝入門右者,辟尸盥也,既則後尸。"

宗人奉槃，東面于庭南。一宗人奉匜水，西面于槃東。一宗人奉簞巾，南面于槃北。乃沃尸，盥于槃上。卒盥，坐奠簞，取巾，興，振之三，以授尸，坐取簞，興以受尸巾。

註曰："庭南，没霤。"

疏曰："庭南"者，於庭近南，是没盡門屋霤，近門而盥也，《特牲》亦云"尸入門，北面盥"。

郝氏曰："尸入門左，將升西階也。坐奠簞者，奉巾之宗人也。"

張氏《監本正誤》云："'取巾興，振之三'下脱'以授尸，坐取簞，興'七字。"

祝延尸，尸升自西階，入，祝從。

註曰："祝從，從尸升自西階[①]。"

敖氏曰："《特牲饋食禮》曰：'尸至于階，祝延尸。'祝從，從其升而入也。祝入亦南面。"

主人升自阼階，祝先入，主人從。

註曰："祝接神，先入宜也。"

敖氏曰："上云尸入祝從，則祝固已入矣，此復云'祝先入'者，明其先於主人。"

尸升筵，祝、主人西面立于户内，祝在左。

註曰："主人由祝後而居右，尊也。祝從尸，尸即席，乃卻居主人左。"

敖氏曰："在左者，當爲主人釋妥尸之辭也。在左之義見《聘禮》。"

祝、主人皆拜妥尸，尸不言，尸答拜，遂坐。

註曰："尸自此答拜，遂坐而卒食，其間有不啐奠、不嘗鉶、不告旨。大夫之禮，尸彌尊也。不告旨者，爲初亦不饗，所謂曲而殺。"

疏曰：不嘗鉶，謂不嘗豕鉶。饗者，"圭爲而孝薦之饗"，大夫尊，嫌與人君同，士賤，不嫌也。"曲而殺"，《禮器》文。

敖氏曰："云'尸不言'，則妥有辭矣。尸於既拜乃坐，亦變於士。所以升筵而未即坐者，以主人尊故也。"

---

① "從尸"，"尸"字上"從"字原不重出，校本重出"從"字，《集釋》、楊氏、陳本、監本、毛本同，據補。

郝氏曰："尸不言，象神也。"

世佐案，《特牲禮》言"尸坐"于"主人拜，妥尸"之上，此言于"妥尸"之下者，亦文有先後耳。敖云"以主人尊故"，非。尸在廟中，則全於君，固不以主人之尊卑而異其禮也。惟不祝饗與士禮異，所以然者，以其有儐尸於堂之禮，故於是略之與。云"遂坐"者，明其不復興也。

祝反南面。

註曰："未有事也。墮祭、爾敦，官各肅其職，不命。"

敖氏曰："妥尸事畢也。南面云'反'，以見從尸入時位在此。"

張氏曰："方陰厭之初，祝入南面，此既無事，故反其位。"

尸取韭菹，辯擩于三豆，祭于豆間。上佐食取黍稷于四敦，下佐食取牢一切肺于俎，以授上佐食。上佐食兼與黍以授尸，尸受，同祭于豆祭①。

註曰："牢，羊、豕也。同，合也，合祭於菹豆之祭也。黍稷之祭爲墮祭，將食神餘，尊之而祭之。"

楊氏曰："切肺，祭肺也，三取其一也。'俎豆'當作'菹豆'。"

敖氏曰："牢一切肺，羊、豕各一也。言'兼與黍'而不言稷，見其尊者耳。或曰'黍'下脱一'稷'字，同，猶兼也。豆祭，豆實所祭之處。"

張氏曰："合祭于豆祭，豆祭即韭菹之祭于豆間者。祭黍、稷者，就器減取而祭，故名'墮祭'。祭畢斂而藏之，肺與黍、稷皆得爲墮。《周禮·守祧職》'既祭則藏其墮'是也。先陳設爲陰厭，尸後來即席食，是尸餕鬼神之餘，故尊而祭之，非盛主人之饌而祭也。"

世佐案，載俎之時，牢俎皆有祭肺三，今各取其一留二，以爲主人、主婦用也。

上佐食舉尸牢肺、正脊以授尸，上佐食爾上敦黍于筵上，右之。

註曰："右之，便尸食也。重言上佐食，明更起不相因。"

疏曰：《曲禮》云"飯黍無以箸"，是古者飯食不用匙箸，故移之于席

① "尸受同祭于豆祭"，校本"受同"二字倒。阮《校》云："唐石經、徐本、《集釋》、《要義》、楊、敖同，《通解》、毛本'受同'二字倒。"

上，便尸食也。案《特牲》云“黍稷”，此不云稷者，文不具，其實亦爾之也。

楊氏曰：“案賈疏‘授尸’下有‘尸受祭肺’四字。”

敖氏曰：“此於所舉者皆繫以尸，明其爲尸物也。肺、脊先食舉之，亦明不與他舉同。重言上佐食者，授舉之後，尸有事也。不言振祭嚌之，文省耳。右之，蓋當尸前之南。”

郝氏曰：“尸牢，即尸俎羊、豕也。肺爲氣主，脊爲正體，故尸舉此二者以終十一飯。祭食惟取黍，食重黍也。上敦黍，當羊俎之南者也。筵上，神席上，坐曰席，饌曰筵。”

張氏曰：“吴氏云：‘“授尸”下有“尸受祭肺”四字。’今案，唐石本亦無四字，惟下文‘食舉’，疏云：‘云“舉牢肺、正脊也”者，上文云“上佐食舉尸牢肺、正脊以授尸，尸受祭肺”，明今食先云食舉，是上牢肺、正脊也。’據此文，則賈作疏時，經文尚有‘尸受祭肺’四字，故吴云然也。”

主人羞肵俎，升自阼階，置于膚北。

敖氏曰：“云‘升自阼階’者，嫌進俎者必升自西階，故以明之。置，亦横設之也。”

上佐食羞兩鉶，取一羊鉶于房中，坐設于韭菹之南。下佐食又取一豕鉶于房中以從，上佐食受，坐設于羊鉶之南。皆芼，皆有柶。尸扱以柶，祭羊鉶，遂以祭豕鉶，嘗羊鉶。

註曰：“芼，羊用苦，豕用薇，皆有滑。”

敖氏曰：“上佐食受，興受之也，故下云‘坐設’。芼，以菜和物之名。祭鉶，亦於豆祭也。下篇曰‘以羊鉶之柶扱羊鉶，遂以扱豕鉶，祭于豆祭’，若《公食大夫禮》用太牢，則祭鉶于上鉶之間，與此異。”

郝氏曰：“祭鉶、嘗鉶以下，皆右手爲之。左手執肺、脊，至十一飯畢，然後以授佐食也。”

食舉。

註曰：“舉，牢肺、正脊也。”

疏曰：“《特牲》爾敦下設大羹，此不云者，大羹不爲神，直是爲尸者，故此不言，儐尸乃有也。”

敖氏曰：“《特牲饋食禮》曰‘乃食，食舉’，謂一飯則食舉以安之也，《士昏禮》亦然。則此亦當先飯而後食舉也，不言乃食者，文有脱漏也。”

三飯。

註曰："食以黍。"

疏曰："以前文先言爾黍，故知先食黍也。"

上佐食舉尸牢幹，尸受，振祭，嚌之。佐食受，加于肵。上佐食羞胾兩瓦豆，有醢，亦用瓦豆，設于薦豆之北。

註曰："設于薦豆之北，以其加也。四豆亦綪，羊胾在南，豕胾在北。無臐、膮者，尚牲不尚味。"

疏曰："《特牲》略於《少牢》，故有豕膮，此少牢二牲，故不尚味，而無臐、膮也。"

敖氏曰："薦豆，兼二列而言也。無臐、膮，其遠別於太牢之禮與？禮用太牢，庶羞乃有膷、臐、膮。〇案註云'羊胾在南，豕胾在北'者，謂羊在西列之南，豕在東列之北也。"

尸又食，食胾。上佐食舉尸一魚，尸受，振祭，嚌之。佐食受，加于肵，横之。

註曰："或言食，或言飯，食大名，小數曰飯。魚横之者，異於肉。"

疏曰：一口謂之一飯，故云"小數曰飯"。大夫不儐尸者，於此時亦當設大羹。

敖氏曰："尸食胾亦異於士。横之，象其在魚俎也，此亦於俎爲縮，於人爲横。然則佐食於加物于肵俎之時，其亦西面與。"

又食。上佐食舉尸腊肩，尸受，振祭，嚌之。上佐食受，加于肵。

註曰："腊、魚皆一舉者，少牢二牲，畧之。腊必舉肩，以肩爲終也。别舉魚、腊，崇威儀。"

敖氏曰："肩，右肩也。骨體惟肩爲尊，腊但一舉，故即用其尊體也。别舉魚、腊，大夫禮異也。此言上佐食受，則前後所謂佐食受者，皆其上者也。"

張氏曰："少牢二牲，畧之者，對特牲三舉獸魚，别舉魚腊。崇威儀者，對特牲魚獸常一時同舉。以肩爲終者，牲體貴肩，以所貴者終也。"

又食。上佐食舉尸牢骼,如初。

註曰:"如舉幹也。"

又食。

註曰:"不舉者,卿大夫之禮不過五舉,須侑尸。"

疏曰:"云'五舉'者,舉牢肺一也,又舉牢幹二也,又舉一魚三也,又舉腊肩四也,又舉牢骼五也。"

尸告飽。祝西面于主人之南獨侑,不拜,侑曰:"皇尸未實,侑。"

註曰:"實,猶飽也。祝既侑,復反南面。"

疏曰:"云'祝既侑,復反南面'者,户内,主人及祝有事之位,尸席北,祝無事之位,今侑訖,亦復尸北南面位也。"

敖氏曰:"侑尸之禮,祝固不拜矣,乃言之者,嫌主人不拜,祝獨侑,則或當拜也。祝獨侑,亦與士禮異。"

張氏曰:"祝獨侑者,不與主人共侑也。"

尸又食,上佐食舉尸牢肩,尸受[1],振祭,嚌之。佐食受,加于

註曰:"四舉牢體,始於正脊,終于肩,尊於始終。"

疏曰:正脊及肩,皆牲體之貴者。

尸不飯,告飽。祝西面于主人之南。

註曰:"祝當贊主人辭。"

敖氏曰:"不飯而告飽,又變於上。"

主人不言,拜侑。

註曰:"祝言而不拜,主人不言而拜,親疏之宜。"

敖氏曰:"祝爲之辭,故不言也。"

尸又三飯。

註曰:"爲祝一飯,爲主人三飯,尊卑之差。凡十一飯,下人君也。"

敖氏曰:"於舉肩之後又三飯,爲主人加也。"

---

① "受"原作"授",校本作"受",《集釋》、楊氏、陳本、監本、毛本同,據改。

上佐食受尸牢肺、正脊，加于肵。

註曰："言受者，尸授之也。尸授牢幹，而實舉於菹豆，食畢操以授佐食焉。"

疏曰：牢肺、正脊，即上文所云"食舉"也。初食舉，不言置舉之所，至此十一飯後乃言"上佐食受尸牢肺、正脊，加于肵"，以《特牲禮》約推之，方尸三飯，上佐食舉牢幹時，尸蓋置之舉於菹豆，至此食畢，尸乃於菹豆上取而授上佐食也。從《句讀》節本。

敖氏曰："言受，明尸未嘗奠之也。特牲禮既舉幹魚，尸實舉于菹豆，故食畢，佐食自舉加于肵，與此禮異。佐食亦反上敦黍于其所，經文略也。"

世佐案，《特牲禮》三飯之後云"尸實舉于菹豆"，此不言者，文略也。敖説似泥。

右迎尸正祭。

郝氏曰："《特牲》體不足，故三鼎并舉。《少牢》牲倍，故重牲而略魚、腊。"

世佐案，自此以後，經文有與《特牲饋食禮》同者，不重釋之。

主人降，洗爵，升，北面酌酒，乃酳尸。尸拜受，主人拜送。

敖氏曰："云'北面酌酒'，見凡酌於此者之面位也。尊東西設勺，南枋，而北面酌之，則非酌於此者，其面位亦可得而推矣。"

尸祭酒，啐酒。賓長羞牢肝，用俎，縮執俎，肝亦縮，進末，鹽在右。

註曰："鹽在肝右，便尸擩之。"

疏曰："鹽在肝右，據賓長西面手執而言，尸東面，若至尸前，鹽在尸之左，尸以右手取肝，鄉左擩之，是其便也。"

敖氏曰："此'縮執俎'者，執其左右廉也。肝進末，即體進下之意。鹽在肝右，則羊肝在豕肝之左與？祭禮進末，則《昏禮》之'肝從'，當進本也。"

郝氏曰："肝，謂羊、豕肝。進末，以末向尸，使執末擩鹽也。"

尸左執爵，右兼取肝，抨于俎鹽，振祭，嚌之，加于菹豆，卒爵。主人拜，祝受尸爵，尸答拜。

註曰："兼，兼羊、豕。"

敖氏曰："於尸未受"受"當作"授"爵而主人拜，故祝亦不相爵，皆大夫禮異也。下凡與《特牲》異者皆放此，不悉見之。"

右主人酳尸。

祝酌，授尸，尸醋主人。主人拜受爵，尸答拜。主人西面奠爵，又拜。

註曰："主人受酢酒，俠爵拜，彌尊尸。"

疏曰：祝代尸酌，已是尊尸，今拜受訖，又拜，是彌尊尸也。

敖氏曰："初拜固西面矣，此言之者，著受爵而反位也。主人受酢而俠拜，亦大夫禮異也。"

上佐食取四敦黍稷，下佐食取牢一切肺以授上佐食，上佐食以綏祭。

註曰："綏，或作挼。挼，讀爲墮。將受嘏，亦尊尸餘而祭之。"

敖氏曰："綏，亦當作授，授祭者，授主人以祭也。以此使之祭者，若尊者賜之食然。"

張氏曰："取四敦黍稷，於四敦中各取少許也。上佐食以綏祭者，以此黍稷及切肺授主人爲墮祭也。綏，許規反。挼及墮，讀並同。"

主人左執爵，右受佐食，坐祭之，又祭酒，不興，遂啐酒。

註曰："右受佐食，右手受墮於佐食也。至此言坐祭之者，明尸與主人爲禮也。尸恒坐，有事則起。主人恒立，有事則坐。"

疏曰：《禮器》"周坐尸"，《曲禮》"坐如尸，立如齊"，註"齊，謂祭祀時"[①]。

敖氏曰："言'坐祭之'者，凡奠爵拜者執爵興，故至此云'坐'也。"

祝與二佐食皆出，盥于洗，入。

敖氏曰："三人皆爲將執所嘏之物而盥，敬其事也。"

---

① "註"字下校本有"曰"字。

二佐食各取黍于一敦，上佐食兼受，摶之以授尸，尸執以命祝。

註曰："命祝以嘏辭。"

疏曰："謂命祝使出嘏辭也。"

敖氏曰："各取黍，上者取於上敦，下者取於下敦。黍之上敦在西，下敦在東。"

卒命祝，祝受以東，北面于户西，以嘏于主人曰："皇尸命工祝，承致多福無疆于女孝孫，來女孝孫，使女受禄于天，宜稼于田，眉壽萬年，勿替引之。"

註曰："工，官也。承，猶傳也。來，讀曰釐，釐，賜也。耕種曰稼。勿，猶無也。替，廢也。引，長也。言無廢止時，長如是也。"

疏曰："案《特牲》尸親嘏主人，此尸使祝嘏主人者，大夫尸尊，故不親嘏。"

敖氏曰："受，受黍也。東北面，鄉主人于户西者，爲尸致嘏，宜近尸也。來，如'來禹'之來，來之者，欲其進而受黍也。"

郝氏曰："卒命祝，命祝畢也。祝受以東，尸在室西隅，祝席前受尸命，遂東就主人户内之位致嘏也。云'宜稼于田'，禄自田出，周人重農也。"

姜氏曰："來，註讀爲釐，則與賚字之義畧同，但味上文'致'字，下文'使'字，皆賜賚之義，不應複叠至此。來當讀如字，蓋命之來而使受之也。此于上下文義並相足，又何事轉變音讀而反失其義乎？"

世佐案，"以東"當句絶，敖云"東北面"，非。"承致多福，無疆于女孝孫"以下，即尸命祝之辭，而祝則述之以嘏于主人也。不親嘏者，大夫以上威儀多，疏云"尸尊"，恐未然。

主人坐奠爵，興，再拜稽首，興，受黍，坐，振祭，嚌之，詩懷之，實于左袂，挂于季指，執爵以興，坐卒爵，執爵以興，坐奠爵，拜，尸答拜。執爵以興，出。宰夫以籩受嗇黍，主人嘗之，納諸内。

註曰："出，出户也。宰夫，掌飲食之事者。收斂曰嗇，明豐年乃有黍稷也[①]。復嘗之者，重之至也。納，猶入也。"

敖氏曰："云'坐奠爵'，是立聽嘏也。興，少進，受黍，復位乃坐祭，嚌之也。宰夫受黍，主人左執爵，乃取而嘗之，而納之。内，謂籩中。既嚌之，復嘗之，亦大夫禮異也。此嘏禮詳於特牲者，大夫尊，尚多儀也。"

姜氏曰："飲食之事，膳宰掌之，若宰夫掌飲食之事。《周禮》並無文，蓋經宰夫即指《周禮》之膳宰，此註疏因以膳宰職釋之與?"

右尸酢主人。

主人獻祝，設席南面，祝拜于席上，坐受。

註曰："室中迫狹。"

疏曰：大夫、士廟皆兩下五架，正中曰棟，棟北一架爲室，南壁而開户，即是一架之開廣爲室，故云"迫狹"也。張氏曰："室中迫狹，故祝拜席上也。"

敖氏曰："亦先設席，乃酌獻之。"

郝氏曰："獻尸而及祝，佐食體神意也。拜于席上，坐受，變常禮也。蓋室中獻禮尊，祝與佐食因神受賜，故拜席上，跪受之，示不敢當也。"又曰："古者坐以兩膝著地，兩股貼足，謂之宴坐，賓、主席上之坐是也。兩膝著地直身起，謂之危坐，賤者及罪人之坐，即今跪也。鄭解混爲一，故以祝、佐食受獻同尸坐，謂祝拜，席上坐受爲室中狹，非也。古室在堂北，爲事神行禮陳設之所，非狹也。禮豈因地狹遂廢。"

世佐案，尸坐，優尊也。祝、佐食之受爵、授爵亦坐，略賤也。其坐同，而所以坐之故則不同，郝以謂坐有兩法，亦非。

主人西面答拜。

註曰："不言拜送，下尸。"

薦兩豆菹、醢。

註曰："葵菹，蠃醢。"

疏曰：葵菹、蠃醢是饋食之豆，今祝用之，亦其常事。

敖氏曰："薦者亦宰夫也。下篇云'主婦獻祝，宰夫薦棗糗'，此宜如之。菹醢，謂韭菹、醓醢也。蓋祝籩以尸之上籩，則其豆亦當以尸之上豆

① "豐"原作"豊"，校本作"豐"，據改。

也。不賓尸禮主人、主婦之薦皆以韭菹〔醓〕醢[1]，則此可知矣，其設之，亦菹在西，醢在東。"

姜氏曰："薦者，主婦薦也，詳見《特牲》獻祝。"

世佐案，《特牲》獻祝"設菹醢"，註云"主婦設之"，姜氏既正其失矣，於此又以薦者爲主婦，何自相矛盾耶。敖氏近是，而指言宰夫，亦非。闕疑之意，但當云以有司爲之爾。惟云"菹醢"，則其爲饋食之豆可知，註疏説是也。敖以朝事之豆易之，比例俱未確。

佐食設俎，牢髀、横脊一、短脅一、腸一、胃一、膚三，魚一横之，腊兩髀屬于尻。

註曰："皆升下體，祝賤也。魚横者，四物共俎，殊之也。腊兩髀屬于尻，尤賤，不殊。"

疏曰：髀與短脅、横脊皆羊、豕之下體，"屬于尻"，又腊之下體，爲祝賤故也。魚獨"獨"，坊本作"猶"，誤。在俎縮載，今横者，爲四物共俎，横而殊之也。縮有七物而云"四物"者，據羊、豕、魚、腊也。羊、豕體不屬于尻，以腊用左右胖，故有兩髀，尻在中，髀與尻相連屬不殊，是"尤賤"也。

敖氏曰："髀，右髀也。横脊、短脅不二骨者，俎實已多，故此略之。魚横之，亦據人而言也，其義與加于肵者同。牢皆用右肵。髀，腊兩髀不殊，皆取尸俎之不用者耳。腊亦髀者，與牲並用，故體亦放之。祝俎一而已，乃雜用五俎之物者，見其尊也。不賓尸之禮，主人、主婦俎亦然。"

郝氏曰："尻，尾骨。"

祝取菹抨于醢，祭于豆間。祝祭俎。

註曰："大夫祝俎無肺，祭用膚，遠下尸。不嚌之，膚不盛。"

疏曰：《特牲》尸俎有祭肺、離肺，祝俎有離肺無祭肺，是下尸。今大夫祝祭肺、離肺俱無，是遠下尸也。離肺祭訖嚌之，加于俎，今以膚替肺，是不盛，故不嚌。從《句讀》節本。

敖氏曰："祭俎，取膚以祭也，亦振祭，嚌之，既則反之於俎。士虞餞尸以乾肉，半尹爲祭，其祭之也，振祭，嚌之，反之。此膚乃俎實，異於(膚)〔豆〕祭[2]，不可以置于地，其儀當與乾肉之祭同，不言振祭，嚌之，亦

---

① "醢"字上原無"醓"字，校本同，《集説》作"醓醢"，應據補。

② "豆"字原作"膚"，校本同，《集説》作"豆"，應據改。

文省耳。”

祭酒，啐酒，肝牢從。祝取肝擩于鹽，振祭，嚌之，不興，加于俎。

敖氏曰：“‘肝牢’當作‘牢肝’。俎，牲俎也。”

卒爵，興。

註曰：“亦如佐食授爵乃興。不拜既爵，大夫祝賤也。”

疏曰：《特牲》祝卒爵則拜，士卑，祝不賤也。

主人酌，獻上佐食。上佐食户内牖東，北面拜，坐受爵，主人西面答拜。

敖氏曰：“取節於牖，見其少西於其他之北面拜者也。凡室中北面拜者皆在户牖間，其言户西者，則近於户；言牖東者，則近於牖。”

郝氏曰：“户内牖東，室户在牖東，皆南向。佐食拜于户内牖下，北向。云‘牖東’者，對神席在牖西也。”

世佐案，古人之室，東南户，西南牖，户内牖東，即户牖之間也。《士虞記》云：“佐食無事則出户，負依南面。”户牖之間謂之依，故其受獻于室東西之節亦然。必位于此者，以其西有尸席，東則主人立焉故也。敖説偏于西，郝説偏于東，皆非。

佐食祭酒，卒爵拜，坐授爵，興。

註曰：“不啐而卒爵者，大夫之佐食賤，禮畧。”

疏曰：“《特牲》士之佐食亦啐。”

敖氏曰：“‘拜’蓋衍文。祝與佐食皆不拜既爵者，遠下尸，亦大夫禮異也。佐食興，則出立户外。”

世佐案，卒爵拜，而主人不答，又下於祝也。佐食此拜非拜既爵，蓋因主人答其受爵之拜而爲之，是俠爵拜也。俠爵拜者，賤也。敖以“拜”爲衍文，非。

俎設于兩階之間，其俎，折、一膚。

註曰：“佐食不得成禮于室中。折者，擇取牢正體餘骨折分用之。有脀而無薦，亦遠下尸。”

疏曰：有脀，即俎實是也。無薦，謂無菹醢也。無胏已是下尸，又無薦,是“遠下尸”也。

敖氏曰:“下篇獻賓以至于私人皆有薦脀,佐食在衆賓之中,又有上事,不宜貶於私人,但有脀而無薦,此不云薦,亦似文略也。又不賓尸之禮云‘其獻祝與二佐食其位、其薦脀皆如儐’,然則此佐食有薦明矣。”

郝氏曰:“佐食室中受爵,而不設俎,俎在堂下兩階之間。《特牲記》云‘佐食無事,則中庭北面’,俎即設于其所。折、一膚,豕肉一片折分也。”

世佐案,俎設于兩階之間者,即《特牲禮》所謂“執事之俎陳于階間”也。階間非受薦之處,俟後獻兄弟,然後以齒薦諸中庭之位,所謂“齒於兄弟”也。言於此者,因其得獻而及之耳。其俎實用折,而不得正體,又無脊、脅、腸、胃,代肺之膚一而已,皆下于祝也。有俎,則有薦可知,不言者,文略也。敖説得之。

主人又獻下佐食,亦如之。其脀亦設于兩階間,西上,亦折、一膚。

註曰:“上佐食既獻則出,就其俎。《特牲記》曰佐食‘無事則中庭北面’,謂此時。”

敖氏曰:“卒獻,則主人受爵以實于下篚而升復位。”

張氏曰:“西上者,上佐食俎在西,此在其東。”

世佐案,是時室中之事未畢,二佐食受獻訖,皆當出就户外南面之位,註云“就其俎”,恐未是。

右主人獻祝、佐食。張氏曰:“初獻禮竟。”

有司贊者取爵于篚以升,授主婦贊者于房户。

註曰:“男女不相因。《特牲饋食禮》曰:‘佐食卒角,主人受角,降,反于篚。’”

疏曰:《内則》:“非祭非喪,不相授器。其相授,則女受以篚。其無篚,則皆坐奠之,而後取之。”

敖氏曰:“篚,下篚也。主婦亞獻用下篚之爵,豈此時内篚未有爵與?婦人不可以取爵于庭,故有司爲取之。‘户’字誤,若授受於户,當言内外西東,不宜單言也。下篇曰‘司宫取爵于篚,以授婦贊者于房東’,此‘户’亦當爲‘東’與?”

郝氏曰："有司，司祭事。贊者，助有司。主婦贊者，婦人也。有司不親使贊者與主婦贊者相授，厚別也。有司贊者立堂下，即取堂下爵承以篚，升，授主婦贊者。"

張氏曰："註引《特牲禮》者，見此亦主人受佐食爵，反于篚。贊者別取爵，授主婦，是男女不因爵而用也。"

世佐案，"贊者"之上復加"有司"者，所以別于主婦贊者耳。郝云"贊者，助有司"，非。云"于房户"，明其夾户而授也。有司贊者北面，奠爵於户外，主婦贊者户内南面取之，此男女授器法也。户在東，故下篇云"于房東"，一也。敖以"户"字爲誤，亦非。

婦贊者受，以授主婦。主婦洗于房中，出，酌，入户，西面拜，獻尸。

註曰："入户西面拜，由便也。不北面者，辟人君夫人也。拜而後獻者，當俠拜也。《昏禮》曰：'婦洗在北堂，直室東隅。'"張氏曰："引《昏禮》者，明此經婦洗所在亦然也。"

疏曰：案《特牲》"主婦北面拜"，士妻卑，不嫌得與人君夫人同也。

郝氏曰："出酌，出房酌酒于房户間之甒。"

世佐案，主婦亞獻，用下篚之爵，故亦酌于外尊，此皆與士妻異者也。

尸拜受。主婦主人之北，西面拜送爵。

註曰："拜於主人之北，西面，婦人位在内。此拜於北[1]，則上拜于南矣，由便也。"

郝氏曰："主婦又拜送，所謂俠拜也。"

尸祭酒，卒爵。主婦拜，祝受尸爵，尸答拜。

敖氏曰："尸不啐而卒爵，爲無從也。"

右主婦獻尸。

姜氏曰："自此主婦獻尸、獻祝、佐食，及賓長獻尸、獻祝。凡薦從之屬，視特牲禮反畧，蓋以特牲不儐尸，而此有儐尸禮故與？"

---

① "此拜於北"之"此"校本作"始"。按阮《校》云："徐本、《集釋》、敖氏俱作'此拜於北'，與上節疏合，《通解》作'始拜於北'，毛本'北'作'此'，楊氏作'也拜於北'。"

易爵,洗,酌,授尸。

註曰:"祝出易爵,男女不同爵。"

敖氏曰:"易爵,易于下篚也。醋而易爵,亦内子禮異也。"

主婦拜受爵,尸答拜。

敖氏曰:"主婦受酢,不夾爵拜,亦變於不賓尸之禮。"

上佐食綏祭,主婦西面于主人之北受祭,祭之。其綏祭如主人之禮,不嘏,卒爵拜,尸答拜。

註曰:"不嘏,夫婦一體。綏亦當作挼。"

敖氏曰:"士妻撫祭,内子受祭,又有于房于室之異,皆相變也。主婦既祭,又祭酒乃卒爵。下篇曰:'主婦立卒爵,執爵拜。'"

郝氏曰:"其綏祭如主人之禮,二佐食四敦黍稷,一切肺同也。不嘏,統于主人也。"

右尸酢主婦。

主婦以爵出,贊者受,易爵于篚,以授主婦于房中。

註曰:"贊者,有司贊者也。易爵,亦以授婦贊者。婦贊者受房户外,入授主婦。"

敖氏曰:"贊者與主婦親授受,亦變於初。此易爵于下篚,則内篚初無爵明矣。"

世佐案,此亦婦贊者受于房户,乃以授主婦也。唯云"以授主婦于房中"者,以其已有成禮而略之也。敖云"變於初",非。

主婦洗,酌,獻祝。祝拜,坐受爵,主婦答拜于主人之北。卒爵,不興,坐授主婦[①]。

註曰:"不俠拜,下尸也。"

主婦受,酌,獻上佐食于户内。佐食北面拜,坐受爵,主婦西面答拜。祭酒,卒爵,坐授主婦。主婦獻下佐食亦如之。主婦受爵,以入于房。

註曰:"不言拜於主人之北,可知也。爵奠於内篚。"

---

① "授"原作"受",校本作"授",各本經文同,據改。

敖氏曰："上云'主人之北'，此云'西面'；上云'不興'，此云'祭酒'，皆互見也。"

右主婦獻祝、佐食。張氏曰："亞獻禮竟。"

賓長洗爵獻于尸，尸拜受爵，賓户西北面拜送爵。尸祭酒，卒爵，賓拜。祝受尸爵，尸答拜。

右賓長獻尸。

祝酌，授尸。賓拜受爵，尸拜送爵。賓坐，奠爵，遂拜，執爵以興，坐祭，遂飲，卒爵，執爵以興，坐奠爵，拜，尸答拜。

敖氏曰："賓受酢而俠拜，與夫奠爵拜、執爵興之類，皆放主人事尸之禮爲之。"

右尸酢賓長。

賓酌，獻祝。祝拜，坐受爵，賓北面答拜。祝祭酒，啐酒，奠爵于其筵前。

註曰："啐酒而不卒爵，祭事畢，示醉也。不獻佐食，將儐尸，禮殺。"

疏曰："案《特牲》賓長獻，爵止，註云'欲神惠之均于室中'，待夫婦致爵，此大夫禮，或有儐尸者，致爵在儐尸之上，故不致爵，爵不止也。若然，《有司徹》尸作止爵，三獻致爵於主人，主人不酢主婦，又不致爵於主婦，下大夫不儐尸，賓獻尸止爵，主婦致爵于主人，酢主婦，主人不致於主婦，《特牲》主人與主婦交相致爵，參差不同者，此以尊卑爲差降之數，故有異也。上大夫得儐尸，故不致爵[①]，上辟人君。下大夫不儐尸，故增酢主婦而已。士卑，不嫌與君同，故致爵具也。"

敖氏曰："不卒爵，故啐而奠之。筵前，席南也，蓋北面奠之。奠於此者，明其與他奠爵之禮異。祝不卒爵，又不及佐食，蓋放不賓尸末獻之儀也。"

郝氏曰："不獻佐食，將與賓餕也。有儐尸，故獻禮從簡。"

右賓長獻祝。張氏曰："終獻禮竟。"

---

① "故"字下"不"字校本無。庫本補"不"字，卷末《考證》云："監本脱'不'字，今据經直節次補之。"

主人出,立于阼階上,西面。祝出,立于西階上,東面。祝告曰:"利成。"

敖氏曰:"階上,亦皆序内也。"

世佐案,此於階上告利成,亦異於士。

祝入,尸謖。主人降,立于阼階東,西面。祝先,尸從,遂出于廟門。

註曰:"事尸之禮,訖於廟門[①]。"

敖氏曰:"祝先,先尸而行也,其出户降階及門之時,亦皆鄉尸而還,略如《士虞記》所云也。尸出廟門,祝宜告以主人將有事,則尸於門外次中俟之。《士冠禮》曰'請醴賓','賓就次'。"

祝反,復位于室中。主人亦入于室,復位。祝命佐食徹肵俎,降設于堂下阼階南。

註曰:"徹肵俎不出門,將儐尸也。肵俎而以儐尸者,其本爲不反魚肉耳。不云尸俎,未歸尸。"

疏曰:《曲禮》謂食時魚肉不反俎,故尸食亦加肵俎。今儐尸將更食魚肉,儐尸訖,併後加者歸之。

敖氏曰:"徹肵俎,不出門,示將賓尸之意也。不賓尸之禮,尸出,則佐食出尸俎于廟門外,有司受,歸之肵俎,而以賓尸者。賓尸之俎宜俱用尊體,肵俎有肩、骼之屬在焉,不得不於是乎取之也。終以歸尸,故無嫌佐食,亦上佐食也。阼階南,近於纍者所升之處也。"

右祝告利成,尸出。

姜氏曰:"案《特牲禮》賓獻尸爵止,主人、主婦乃交致、交酢,比賓作止爵,尸乃酢賓,賓乃獻祝,佐食乃又致主人、主婦,主人乃獻賓及衆,于是堂下陳尊,主人乃又酬賓,乃又獻長兄弟、衆兄弟,乃又獻内賓、宗婦、長兄弟、衆賓長,乃又皆爲尸加爵,嗣又爲舉奠,而賓長兄弟以下乃皆旅酬,以至無算爵,而後利成,尸謖也。今賓獻尸以下,但尸酢賓,賓獻祝,而即尸謖,何煩簡不倫至是耶。迨觀儐尸而後知先聖之禮制隆殺有時

① "訖於廟門",《要義》、士禮居翻刻嚴州本同,校本"門"下有"外"字,《集釋》、陳本、監本、毛本、庫本同。

也,《易》曰‘錯綜參伍而不易其方’,此之謂也。”

司宫設對席,乃四人餕。

註曰:“大夫禮,四人餕,明惠大也。”

張氏曰:“設對席者,對尸席而設西向之席也。四人餕,二在尸席,二在對席。凡餕之道,施惠之象,故四人餕爲惠大,對特牲二人餕爲惠小也。”

上佐食盥升,下佐食對之,賓長二人備。

註曰:“備四人餕也。三餕亦盥升。”

疏曰:下佐食雖云西向對,實近北,不得東西相當,以其一賓長在上佐食之北,一賓長在下佐食之南也。

敖氏曰:“賓長二人,謂賓長及衆賓長也①。此佐食皆異姓也,故可使賓長對之。〇案註知‘三餕亦盥,升’者,以特牲禮舉奠及長兄弟盥而推之也。”

郝氏曰:“對,猶當也。佐食言對,賓長言備。佐食爲正居右,而賓皆居左。蓋室中之事,佐食與尸周旋久而闕一獻,神惠宜首及,賓長助獻,因得伴食也。”

張氏曰:“備者,兩佐食之外,又以賓二人充此數也。上佐食升,居尸席,下佐食西向對之。”

司士進一敦黍于上佐食,又進一敦黍于下佐食,皆右之于席上。

註曰:“右之者,東面在南,西面在北。”

郝氏曰:“席右爲上,左爲下。東席向西,以北爲右;西席向東,以南爲右。上佐食居西席之右,進一敦黍于前。下佐食居東席之右,亦進一敦黍于前,故曰‘皆右之于席上’。”

資黍于羊俎兩端,兩下是餕。

註曰:“資,猶減也。減置于羊俎兩端,則一賓長在上佐食之北,一賓長在下佐食之南。今文資作齎。”

疏曰:兩下者,據二賓長。地道尊右,故二佐食皆在右。上佐食居尸

---

① “賓長及衆賓長”,校本同,《集説》“賓長”二字互乙。

坐處,故知位次如此。從楊氏《圖》節本。

敖氏曰:"兩端,當肩骼之處也。羊俎兩端,其於兩下亦皆爲右兩下。是餕,謂二賓長,以此黍餕也。餕主於二佐食,故以二賓長爲兩下。"

郝氏曰:"資黍,以敦中黍分資兩賓。羊俎,即四人所餕之俎。一賓在上佐食北,一賓在下佐食南,坐于羊俎兩端,居二佐食之左,故謂之'兩下'。分黍于俎兩端,使二賓餕,明無專敦也。"

張氏曰:"兩下,是餕者二賓長在二佐食之左,於位爲下,故云'兩下'。分減敦黍置羊俎兩端,二賓於此取食也。"

姜氏曰:"'資',今文作'齎',謂取而資之也,舊訓資爲減者,非。"

司士乃辯舉養者,皆祭黍、祭舉。

註曰:"舉,舉膚。"

疏曰:尸舉肺,餕者下尸,當舉膚。

敖氏曰:"膚,即在特俎者。"

郝氏曰:"司士乃辯舉,舉羊體,徧授四人。特牲餕以豕膚,少牢餕以羊俎。"

張氏曰:"司士遍授養者各一膚也。"

世佐案,《特牲饋食禮》云"佐食授舉各一膚",下文言兩養奠舉、取舉、祭舉、食舉皆謂膚也。此唯云"辯舉"而不言所舉者,明與彼禮同可知。郝以爲舉羊體,非。

主人西面,三拜養者。養者奠舉于俎,皆答拜,皆反,取舉。

註曰:"三拜,旅之示徧也。言反者,拜時或去其席,在東面席者東面拜,在西面席者皆南面拜。"

疏曰:知面位如此者,以主人在户内,西面拜餕者,餕者在尸席東面答主人拜可知。在對席者不得與主人同面而拜,明迴身南面向主人而拜也。

敖氏曰:"西面於其位也。言此者,明其不爲二人西面而易位拜之也。奠舉于俎,亦各於其所近者與。皆答拜,答一拜也。養者答拜無異文,則是西面者亦西面拜矣。反取舉,復取舉于俎也,言反者,爲其嚮者亦在手也。"

世佐案，西面，蓋亦於對席之南也。反，反其席也。云"皆反"，則餕者拜時皆降席矣。必降席答拜者，下尸也。敖以"反取舉"三字連讀，失之。

司士進一鉶于上餕，又進一鉶于次餕，又進二豆湆于兩下，乃皆食，食舉。

疏曰：神坐止有羊、豕二鉶，故更羞二豆湆，從門外鑊中來。

敖氏曰："兩下，資黍於俎，又有湆無鉶，皆下立"立"字誤，疑當作"主"。餕者也。此二佐食，衆賓也。兩下，賓長也。餕則佐食反尊於賓長者，以其勞於室事，故報禮特重焉。祝不餕者，接神職尊，不敢使之餕也。二鉶，上餕羊，下餕豕，然則二豆湆亦羊、豕各一與？"

卒食，主人洗一爵，升，酌，以授上餕。贊者洗三爵，酌，主人受于户内，以授次餕，若是以辯。皆不拜受爵，主人西面三拜餕者。餕者奠爵，皆答拜，皆祭酒，卒爵，奠爵，皆拜，主人答一拜。

註曰："不拜受爵者，大夫餕者賤也。答一拜，畧也。"

疏曰：《特牲》使嗣子與兄弟餕爲貴，故拜受爵。《特牲》亦無再拜法，此云"略"者，以其四餕皆拜，主人總答一拜，故云"略也"。

敖氏曰："贊者，蓋亦宰夫也。每於將酌乃洗爵，云'洗三爵'，總言之耳。若是，謂酌受授也，辯及于兩下也。'皆不拜受爵'者，人多重勞，主人一一答之也。餕者奠爵拜，亦與士異，答一拜，卒爵，禮輕可以略。《特牲》二人餕，其禮亦然。凡大夫、士之禮，其答卒爵拜者皆一拜也，乃見之者，嫌人多或旅之也。"

姜氏曰："《特牲》拜祝乃兩拜，今云'《特牲》亦無再拜法'，蓋就答拜言之與？然《特牲》答拜不言其數，如疏之意，則謂《特牲》兩餕各答一拜，而此乃四餕，總答一拜也。經無明文，亦以此言一拜推度之耳。"

世佐案，贊者不言有司，文省也。凡男子拜法，必奠爵。《特牲》云"執爵拜"，文誤耳，當以此文正之。敖云"與士異"，非。又案疏意蓋謂《特牲》兩餕，主人總答一拜，此四餕亦總答一拜，故註以爲畧耳。姜云

“《特牲》兩(餥)〔餕〕各答一拜”①,亦非。

餥者三人興,出。

註曰:“出降實爵于篚,反賓位。”

上餥止,主人受上餥爵,酌以醋于户内,西面,坐奠爵,拜,上餥答拜。

註曰:“主人自酢者,上餥獨止,當尸位,尊不酌也。”

疏曰:上餥將嘏主人,故在尸位,不可親酌。

郝氏曰:“上餥止,獨留不出也。上餥居尸位,不出户親酌,故主人自酢。”

坐祭酒,啐酒。

敖氏曰:“主人啐酒者,爲聽嘏。凡既祭酒而未得即卒爵者必啐酒②。”

上餥親嘏,曰:“主人受祭之福,胡壽保建家室。”

註曰:“親嘏不使祝,(受)〔授〕之亦以黍③。”

敖氏曰:“上餥親嘏,且不用黍,惟以辭别於尸也。胡,如胡福之胡。”

郝氏曰:“胡壽,猶眉壽,老人頷下有胡。”

張氏曰:“亦摶黍以授主人而致辭也。”

世佐案,親嘏者,不以嘏辭命祝,下尸也。此經無“以黍”之文,下文亦不言主人受,則云“亦以黍”者,似屬鄭之臆説,當從敖氏。

主人興,坐奠爵,拜,執爵以興,坐,卒爵拜。

敖氏曰:“重嘏,故其禮盛,至是乃云‘主人興’,是坐而聽嘏也,亦殺於尸。”

上餥答拜,上餥興,出,主人送,乃退。

註曰:“送佐食不拜,賤。”

疏曰:“賓出,主人皆拜送。此佐食送之而不拜,故云賤也。”

---

① “餕”原作“餥”,校本同,上文及《經傳》作“餕”,應據改。

② “啐”原作“卒”,校本作“啐”,《集説》同,據改。

③ “授之”之“授”原作“受”,校本同,《集釋》、陳本、監本、毛本、士禮居翻刻嚴州本皆作“授”,應據改。

敖氏曰:“云‘上養興,出’,則是不受主人爵也。主人奠爵,上養不受,示禮有終,且爲有司將徹之也。出,亦謂出户。送,謂送之於户外。退者,上養退立于賓位也。賓以出爲退,主人以入爲退。”

張氏曰:“退,謂主人退。”

右養。

郝氏曰:“賓獻獨不及佐食,以佐食得正餕也。賓長不得正餕,以賓將爲侑也。此制禮損益之節。”

儀禮集編卷十六　男盛溶澄校字

儀禮集編卷十七

秀水盛世佐學　後學歙鮑漱芳、石門顧修參校

有司徹第十七

鄭《目録》云:"《少牢》之下篇也。上大夫既祭,儐尸於堂之禮。若下大夫祭畢,禮尸於室中,無别行儐尸於堂之事。天子、諸侯之祭,明日而繹。《有司徹》於五禮屬吉。"

疏曰:"言'大夫既祭,儐尸於堂之禮'者,謂上大夫室中事尸,行三獻禮畢,别行儐尸於堂之禮。又云'祭畢,禮尸於室中'者,據下大夫室内事尸,行三獻,無别行儐尸於堂之事,即於室内爲加爵禮尸,即下文云'若不儐尸'以下是也。"

敖氏曰:"此别爲一篇,及其名篇之意,皆與《既夕》同。"

郝氏曰:"《有司徹》承上饔事畢,有司徹室中饌,儐尸于堂之禮。儐尸,即繹。凡大祭,明日繹。《春秋》'辛巳,有事于大廟',壬午繹,《少牢》之儐,即祭日也。此篇本合《少牢》爲一,昔人以簡扎繁析之,猶《既夕》于《士喪》也,鄭因謂有司儐尸爲上大夫,不儐尸爲下大夫。儐與不儐,事故適然,或祭有大小,禮有損益,未可据此分大夫之上下也。"

世佐案,陸氏《釋文》、敖氏《集説》此篇名皆無"徹"字,當從之,餘見《既夕》。

有司徹。

註曰:"徹室中之饋及祝、佐食之俎。卿大夫既祭而儐尸,禮崇也。儐尸則不設饌西北隅,以此薦俎之陳有祭象而亦足以厭飫神。天子、諸侯明日祭於祊而繹,《春秋傳》曰'辛巳,有事于大廟,仲遂卒于垂,壬午猶繹'是也。《爾雅》曰:'繹,又祭也。'"

敖氏曰:"徹室中之饋及養者之豆、爵與祝之薦俎也。祝不自執其俎以出,是未歸也。其二佐食乃衆賓爲之,室中事畢,亦反于賓位。然則,祝與佐食皆當與賓尸之禮矣。此時有司徹祝俎,或設於堂下與?主人於養者之退,亦反入於室,及有司既徹,則出立於阼階東也。"

張氏曰:"有司,謂司馬、司士、宰夫之屬。徹,徹去祭時之饌。不儐尸者,尸出之後,設饌於西北隅,以厭飫神,謂之陽厭。此既儐尸,有祭象,故不設饌西北隅爲陽厭也。此儐尸與祭同日,天子、諸侯則明日爲之,名曰繹。繹之禮,設祭於廟門外之西室,謂之祊,而事尸於堂則爲繹,故註云'天子、諸侯明日祭于祊而繹'。祊、繹同時,而大名曰繹,又正祭時亦有祊祭,但正祭之祊在廟門内,明日又祭之祊於廟門外。"

埽堂。

註曰:"爲儐尸新之。《少儀》曰:'汎埽曰埽,埽席前曰拚。'"

司宫攝酒。

註曰:"更洗,益整頓之。"

疏曰:"洗"當作"撓",見《士冠禮》。從楊氏《圖》節本。

乃燅尸俎。

註曰:"燅,温也。温尸俎於爨,肵亦温焉。獨言温尸俎,則祝與佐食不與儐尸之禮。古文燅皆作尋,記或作燖。《春秋傳》曰:'若可燖也,亦可寒也。'"

敖氏曰:"俎,俎實,謂尸前之羊、魚、豕及所加于肵俎者也。雍爨之所燅者固不止此,是特爲其已在俎者言之耳。祝、佐食亦與賓尸之禮,其俎實不燅者,以無上位略之,但因其故俎而已。"

卒燅,乃升羊、豕、魚三鼎,無腊與膚,乃設扃鼏,陳鼎于門外,如初。

註曰:"腊爲庶羞,膚從豕,去其鼎者,儐尸之禮殺於初。如初者,如廟門之外東方,北面北上。"

敖氏曰:"《少牢》當五鼎,此乃無腊與膚鼎者,賓尸之禮,膚不專俎而附於豕俎,故是時亦不可以專鼎,而惟附於豕鼎也。然鼎數宜奇,是以併去腊鼎而爲三焉。腊全不用者,此禮貶於祭,而腊又賤,故略之。"

右燅尸俎。

乃議侑于賓，以異姓。

註曰："議，猶擇也，擇賓之賢者，可以侑尸。必用異姓，廣敬也。是時主人及賓、有司已復内位。"

敖氏曰："議侑于賓，謂與賓長謀議可以爲侑者也，此與《鄉飲酒》就先生而謀賓介之意相類。以異姓，謂於衆賓之中擇之也。必異姓者，以尸既同姓，故侑須用異姓。侑之言佑也，所以輔助尸者也。賓尸而立侑，亦示敬尸之意，且貴多儀也。"

世佐案，尸之有侑，猶賓之有介也，皆副貳之義。

宗人戒侑。

註曰："戒，猶告也。南面告於其位，戒曰：'請子爲侑。'"

疏曰："知'南面告於其位'者，以賓位在門東北面，請以爲侑，明面鄉其位可知。"

侑出，俟于廟門之外。

註曰："俟，待也。待於外[①]，"外"本或作"次"。當與尸更入。主人興，禮事尸，極敬心也。"

右立侑。

司宫筵于户西，南面。

註曰："爲尸席也。"

郝氏曰："户西，室户西。室在堂北，户稍東。筵于户西，則堂正中也。"

世佐案，户西，即户牖間客位也。席尸於此，蓋以賓禮事之。

又筵于西序，東面。

註曰："爲侑席也。"

尸與侑北面于廟門之外，西上。

註曰："言與，殊尊卑。北面者，賓尸而尸益卑。西上，統於賓客。"

疏曰：儐尸之禮，以尸爲賓客，當在門西，東面北上。今于門外北面，執臣道，是益卑也。

---

① "待於外"，陳本、監本、毛本同，徐本、楊氏、敖氏、士禮居翻刻嚴州本"外"作"次"。

敖氏曰:“尸北面者,尊大夫,若不敢爲賓客然也。其位當在門外之西,祭事已,尸出門,則不敢以尊自居。西上,賓位尚左也。”

郝氏曰:“西上,尸在西。”

主人出迎尸,宗人擯。

註曰:“賓客尸而迎之,主人益尊。擯,贊。”

疏曰:案上篇宿尸祝擯,今儐尸祝不與,故使宗人爲擯。又正祭時主人不迎尸,以申尸尊,今迎之,尸同賓客,是主人益尊也。

敖氏曰:“迎之而使宗人擯,待賓之禮也。賓客尸而迎之,亦爲祭事已。”

主人拜,尸答拜。主人又拜侑,侑答拜。

敖氏曰:“主人拜,蓋西面也。答拜者,其皆東面與?此拜,皆再拜,下文‘拜至’亦然。”

世佐案,尸、侑答拜亦皆北面,敖云“東面”,非。

主人揖,先入門右。

註曰:“道尸。”

敖氏曰:“凡主人與客揖而先入,皆入門右也。經獨於此見之。”

郝氏曰:“入門右,趨東階。”

尸入門左,侑從,亦左。揖,乃讓。

註曰:“没霤相揖,至階又讓。”

敖氏曰:“亦三揖至于階,乃三讓也。惟云‘揖乃讓’,經文省,亦以其可知故也。”

郝氏曰:“尸、侑入門左,趨西階揖,謂門内左右分首,及當塗、當碑三揖乃讓,謂及階三讓。”

主人先升自阼階,尸、侑升自西階,西楹西,北面東上。

註曰:“東上,統於其席。”

疏曰:“賓席以東爲上故也。”

敖氏曰:“尸、侑升自西階,尸升三等,侑從之中等,如上、下射升階之儀也。其降也亦然。東上,尸宜與主人相當也。”

主人東楹東,北面拜至,尸答拜。主人又拜侑,侑答拜。

註曰:“拜至,喜之。”

郝氏曰："自主人出迎及拜至皆用賓禮，與祭時尸入不迎異，所以爲儐尸，而尸稍卑矣。"

右迎尸、侑。

乃舉。

註曰："舉，舉鼎也。舉者不盥，殺也。"

司馬舉羊鼎，司士舉豕鼎、舉魚鼎以入，陳鼎如初。

註曰："如初，如阼階下西面北上。"

疏曰："如初"者，如上經正祭時陳鼎之事也。

敖氏曰："司馬二人，司士四人也。魚鼎重言'舉'，明其與豕鼎異人也。"

饔正執一匕以從，饔府執二匕以從。司事合執二俎以從，司士贊者亦合執二俎以從。匕皆加于鼎，東枋。二俎設于羊鼎西，西縮。二俎皆設于二鼎西，亦西縮。

註曰："凡三匕，鼎一匕。四俎爲尸、侑、主人、主婦，其二俎設于豕鼎、魚鼎之西，陳之宜具也。"

敖氏曰："一匕，羊匕也。二匕，豕、魚匕也。四俎，乃尸、侑、主人、主婦之羊俎也。設之，亦北上如鼎之序。然其載之，亦先北而後南也。此皆羊俎，其二乃在豕鼎、魚鼎西者，但欲使鼎前皆有俎耳，不嫌其所載者異也。羊鼎西特有二俎，尊之也。此執匕以少者爲貴，設俎以多者爲尊，亦宜也。"

郝氏曰："西縮，直西，順俎横設。"

姜氏曰："縮之言直，猶順也。凡全經言'南陳'、'南肆'及'南順'之屬，皆異名而同實。肆，亦陳也，謂其陳之皆直而順也。"

雍人合執二俎，陳于羊俎西，竝，皆西縮。覆二疏匕于其上，皆縮俎，西枋。

註曰："竝，并也[1]。其南俎，司馬以羞羊匕湆、羊肉湆。其北俎，司士

[1] "竝并也"，校本"竝"作"並"，阮《校》云："毛本'並'作'竝'，徐本、《釋文》、《集釋》、《通解》、《要義》、楊氏'并'俱作'併'。按'併'、'并'今多溷用，此下注云'古文並皆作併'，此云'並併也'，是以古文解今文也，不得岐出，故辨之。"

以羞豕匕湆、豕脀、湆魚[①]。疏匕，匕柄有刻飾者。"

疏曰：匕湆，謂無肉直汁，以其在匕湆也。肉湆者，直是肉從湆中來，實無汁。此二俎爲益送之俎。案下文"次賓羞羊匕湆，司馬羞羊肉湆"，此註并云"司馬"者。據上經"司馬刲羊"而言，其實羞羊匕湆者，是次賓也。又案下文次賓羞豕匕湆，司士羞豕脀，此并云"司士"者，亦據上經"司士擊豕"而言也。

敖氏曰："羊俎，指在羊鼎西者也。此二俎陳于其西[②]，亦北上。其北俎，次賓以羞羊匕湆、豕匕湆；其南俎，司馬以羞羊肉湆，司士以羞豕脀湆、魚。疏匕二者，羊豕之湆宜異器也。覆者，爲塵也。二匕覆于二俎之上，羊匕在北，豕匕在南。南非匕湆之俎，亦覆匕于其上者，事未至，權加之耳。此俎將載，則更以豕匕加于其北俎，既則反之。縮俎，西枋，爲縮執俎者在西也。"

郝氏曰："雍人又合執二俎，並陳于羊俎西，共前爲六俎。蓋初獻尸用三俎：羊正俎、羊匕湆俎、羊肉湆俎。亞獻尸用二俎：豕匕湆俎、豕脀俎。三獻尸用一俎，湆魚俎也。疏匕，疏刻文飾之。匕，蓋勺類，以盛湆。用二，羊、豕各一。魚不用，重在牲也。前二俎在羊鼎西者，爲實羊；此二匕俎在羊俎西者，爲薦湆。皆縮俎，疏匕，皆順俎，横覆其上，柄在西。"

姜氏曰："案後章經文，司馬先于羊鼎之東執挑匕枋以挹湆，注于疏匕、次賓因進匕湆，尸嚌之，而後司馬羞羊肉湆于尸前，蓋以汁先肉，如乘韋先牛之義，此註所以云'無肉直汁'也。或疑酒曰啐，羹曰嘗，牲體殽胾肝燔之屬皆曰嚌，汁無肉，應如鉶羹言嘗，大羹不嚌之例，此後文言嚌，蓋亦有肉也。此其説殊辯，但非鄭註意耳。"

世佐案，次賓羞羊匕湆，司馬羞羊肉湆，在主人獻尸章，主人受尸酢亦然。次賓羞豕匕湆，司士羞豕脀，在主婦獻尸章，致于主人亦然。獻侑則但有豕脀而無湆，殺于尸也。上賓三獻尸，尸作止爵之後，司士乃羞湆魚獻侑。"司馬羞湆魚"，説者以爲"司馬"當作"司士"，是也。致于主人，亦司士羞湆魚。以上諸物，皆非正俎，别用此二俎盛之，往來迭用，而不

---

① "湆"字下校本有"豕肉湆"三字，陳本、監本、毛本、士禮居翻刻嚴州本同。底本與庫本同，庫本卷末《考證》曰："'豕匕湆'下監本衍'豕肉湆'三字。臣紱按下'司士匕豕'即豕脀也，絶無'豕肉湆'之名，蓋後人妄增者，今删，疏文並同。"

② "二"字原作"三"，校本作"二"，《集説》同，據改。

設于席前，故所羞之物雖多，只用二俎而已，足也。其羞羊匕湆、豕匕湆于尸與主人也，尸與主人受其匕，祭而嚌之，還以授次賓，次賓縮匕于俎上以降。其羞羊肉湆、豕脀湆、魚則皆載于羊俎，而以其虛俎降，是益送之俎例，不設于席前矣。二俎陳于羊俎西，亦北上。其北俎以羞羊匕湆、羊肉湆，其南俎以羞豕匕湆、豕脀湆、魚也。註云南俎羞羊，北俎羞豕及魚，非。豕肉湆，即豕脀，註以"豕肉湆"與"豕脀"並言，必有一衍。疏匕，所以盛湆也。二，羊、豕各一也。覆之，爲未用也。其羞羊肉湆、豕脀湆、魚不須匕。

右舉鼎設俎。

主人降，受宰几。尸、侑降，主人辭，尸對。

註曰："几，所以坐安體。《周禮·大宰》掌'贊玉几、玉爵'。"

敖氏曰："爲尸受几，故尸從降。侑亦降者，從尸也。凡尸爲禮之類此者，侑則從之，此所以謂之侑也與？"

張氏曰："自此盡'主人及尸、侑皆升，就筵'，言主人初獻之儀。獻尸、獻侑、受酢，凡三大節。此獻尸一節內：授几，獻爵，主婦薦豆、籩，司馬載羊俎，賓長設羊俎，次賓進匕湆，司馬羞肉湆，次賓羞燔，又自有八細節。主人拜送爵而主婦薦賓長，設正俎而尸祭薦，司馬挹匕湆而尸祭俎，次賓授匕湆而尸啐酒、告旨，司馬羞肉湆而尸嚌肺，次賓羞燔而尸卒爵，此其相承相應之次，有不容稍紊者。若'司馬載羊俎'之下並列十一俎，則欲以類從，著諸俎之差等耳，不以其次也。"

宰授几，主人受，二手横執几，揖尸。

註曰："獨揖尸，几禮主於尸。"

敖氏曰："几自東壁來，其授受於阼階東與？《聘禮》：'公受几於序端。'"

主人升，尸、侑升，復位。

註曰："位，阼階、賓階上位。"

張氏曰："即上文'東楹東'、'西楹西'之位也。"

主人西面，左手執几，縮之，以右袂推拂几三，二手横執几，進授尸于筵前。

註曰："衣袖謂之袂。拂者，外拂之也[①]。推拂去塵，示新。"

敖氏曰："推拂，謂外拂之。推者，推手也。"

郝氏曰："拂几則直順，便也。授几則横對，便也。"

尸進，二手受于手間。

註曰："受從手間，謙也。"

敖氏曰："案《聘禮》曰'賓進，訝受几于筵前'，此亦訝受也。乃云'手間'者，但言其疏數之節耳。此授受者皆横執几，而二手之間有廣狹，則凡賓主之横執几者，二手共執其一廉，明矣。"

郝氏曰："主人二手執几兩端，尸併二手執几中間，授者極慎，受者極恭也。"

世佐案，手間，主人二手之間也。云'受于手間'，則主人之横執几也，執其兩端明矣。

主人退，尸還几，縮之，右手執外廉，北面，奠于筵上，左之，南縮，不坐。

註曰："左之者，異於鬼神。生人陽，長左。鬼神陰，長右。不坐奠之者，几輕。"

疏曰：尸横受之，將欲縱設於席，故還之使縮。

敖氏曰："主人退，復位也。還几，還而易執之也。縮執几，亦用二手，此惟云'右手執外廉'，特見其一耳。右廉而謂之外者，以其差遠於人故也。几稍高，故設之。不坐，《少儀》曰'取俎，設俎不坐'，其意類此。"

郝氏曰："還，旋同。既横受，復旋轉直設。右手執外廉，執主人所執之方設，向東曰外。筵南向，故北面奠于筵上。左之，謂奠几筵東。"

世佐案，廉，邊也。廉云"外"者，據横之之時而言也。横之，則以近身者爲内。初，横受几，二手共執其内廉，至是還而縮之，以右手執外廉，則左手執内廉可知。必縮之者，以其將北面縱設于席也。

---

① "拂者外拂之也"六字，校本無。此本與庫本同，庫本卷末《考證》曰："監本脱'拂者外拂之也'句。臣紱按，《士昏禮》疏引此注有之，今据彼補正。"

主人東楹東,北面拜。

註曰:"拜送几也。"

尸復位,尸與侑皆北面答拜。

註曰:"侑拜者,從於尸。"

疏曰:"立侑以輔尸,故侑從尸拜也。"

敖氏曰:"至此尸乃復位,則是主人拜時尸在筵前,東面也。《聘禮》曰'賓進,訝受几于筵前,東面俟,公壹拜,送',此異於彼者,先奠几與。飲酒而授几,其禮重,故侑亦拜答拜之,文主於尸也。"

右授尸几。

主人降洗,尸、侑降,尸辭洗,主人對。卒洗,揖。主人升,尸、侑升。

疏曰:"案《鄉飲酒》主人降洗,賓降,主人辭降,賓對,此中亦應主人降洗,賓降,主人辭降。"

敖氏曰:"辭對之儀,見《鄉飲酒》,故此略之。揖,亦主人揖尸也,文省耳,下放此。"

世佐案,主人于尸、侑之從降也,亦當辭之。尸對,而後主人適洗,尸辭洗也。此不見其辭降之節,文不具耳。凡尸、侑降階,東面于西階西,北上,辭洗則進。

尸西楹西北面拜洗,主人東楹東北面奠爵,答拜。降盥,尸、侑降。主人辭,尸對。卒盥,主人揖升,尸、侑升。主人坐取爵,酌,獻尸。尸北面拜受爵,主人東楹東北面拜送爵。

敖氏曰:獻、受之儀,亦當如《鄉飲酒禮》。

張氏曰:"以上獻爵。"

姜氏曰:"同降而尸辭,同升而尸拜,亦正從之意也。"

主婦自東房薦韭菹、醢，坐奠于筵前，菹在西方。婦贊者執昌菹、醢以授主婦，主婦不興，受，陪設于南，昌在東方。興，取籩于房，麷、蕡，坐設于豆西，當外列，麷在東方。婦贊者執白、黑以授主婦，主婦不興，受，設于初籩之南，白在西方。興，退。

註曰："昌，昌本也。韭菹、醓醢，昌本、麋臡。麷，熬麥也。蕡，熬枲實也。白，熬稻。黑，熬黍。此皆朝事之豆籩，大夫無朝事而用之儐尸，亦豐大夫之禮。主婦取籩興者，以饌異，親之。當外列，辟鉶也。退，退入房也。"

疏曰：正祭先薦後獻，繹祭先獻後薦。此儐尸禮與天子、諸侯繹祭同，故亦先獻後薦也。案《禮記》"坐尸於堂"，子北面而事之，註云天子、諸侯之祭，"朝事延尸於户外"，是以有北面事尸之禮，是《特牲》、《少牢》正祭無朝事於堂，直有室中之事。韭菹等物，皆朝事之豆、籩，而儐尸用之，是謂豐大夫之禮，然八豆、八籩之中各取其四耳。《籩人》云："朝事之籩，麷蕡、白黑、形鹽、膴、鮑魚、鱐。"《醢人》云："朝事之豆，韭菹、醓醢、昌本、麋臡、菁菹、鹿臡、茆菹、麇臡。"有骨爲臡，無骨爲醢。

敖氏曰："四豆、四籩，放室中之數也。賓尸以飲酒爲主，其禮變於饋食，不可復因其薦，故於其始，亦變而用朝事之豆、籩焉。不辟君禮者，變而用之，無嫌也。當外列，麷在麋臡西也。"

郝氏曰："韭菹、醢，謂韭菹、醓醢；昌菹、醢，謂昌本、麋臡，臡亦醢，此四豆也。麷，炒麥；蕡，炒麻子；白，炒稻米；黑，炒黍米，此四籩也。韭菹在筵西，醓醢在韭菹東，昌菹、醢陪設于南，接韭菹、醢之南也。昌在東，次醓醢南，麋臡在西，次韭菹南。麷、蕡在豆西，列于外，中空二列，避二鉶也。麷在東，在蕡東。蕡西、麷東，皆對韭西也。白、黑設于初籩之南，接麷、蕡南也。白在西蕡南也，黑在東麷南也。白西、黑東，皆對麋臡之西也。"

張氏曰："以上主婦薦豆、籩。"

世佐案，菹在西，昌在東，麷在東，白在西，此豆、籩之次，皆綼設之也。外列，謂豆之南一列也。昌菹、醢在韭菹、醢之南，故曰外列。麷、蕡之位必當外列者，以韭菹之西當空之以待鉶也。郝云麷、蕡皆對韭西，非。初籩即麷、蕡也，初籩之南，於豆無所對。郝云白、黑皆對麋臡之西，亦非。

乃升。

註曰："升牲體於俎也。"

司馬朼羊，亦司馬載。載右體，肩、臂、肫、骼、臑、正脊一、脡脊一、横脊一、短脅一、正脅一、代脅一、腸一、胃一、祭肺一，載于一俎。

註曰："言燅尸俎，復序體者，明所舉肩、骼存焉，亦著脊、脅，皆一骨也。臑在下者，折分之以爲肉湆俎也[①]。一俎，謂司士所設羊鼎西第一俎。"

疏曰：脊、脅載一骨在正俎，一骨在湆俎。第一俎者，在侑俎之南，故下文註侑俎云"北俎"也，故羊肉湆俎在豕俎之南。

敖氏曰："二司馬，即舉羊鼎者也。以下凡升羊者，皆司馬爲之，特於此見之耳。上言燅尸俎，而此肩、臂、臑、肫、胳具有，明其神俎、肵俎並用也。復序俎實者，其數及載與進俎之法皆有異於上故爾。是言載時先後之序也，其在俎則與正祭者略同，惟臑後於胳爲異耳。臑後於胳者，以其折也，折之，則不爲全體而在全體之下矣。臑必折者，見其貶於神俎，且欲以所折者爲肉湆俎也。其脊、脅皆一骨，及腸、胃各一者，義亦如之。賓尸主於飲酒，此俎乃有祭肺者盛之。一俎，謂司士所設羊鼎西之北俎也，司馬亦南面執之以載，與他俎異也。既載，則侑、主人、主婦之羊俎三亦繼此而序載之，每俎既載，則遷之於阼階西，亦北上，西縮，俟時乃設耳。所以然者，爲當進羊匕湆、羊肉湆於尸也。朼當作匕，下同。"

郝氏曰："上篇言俎實，此復歷言者，尸俎重燅，體變數更，用俎多也。司馬朼羊肩、臂以下共十四物載于一俎，即司士所執之二俎設于羊鼎西之第一俎也。'正脊'以下不言二骨並者，折爲衆俎也。"

張氏曰："此尸正俎，載已，即當設之豆南者。"

姜氏曰："此下三俎，皆尸俎也。不言尸俎，爲儐尸可知也。此尸之俎爲羊鼎西之第一俎，在南；侑俎爲羊鼎西之第二俎，在北。阼俎爲豕鼎

① "折分之以爲肉湆俎也"，校本同。據阮《校》，《通解》、楊氏、毛本同，徐本、《集釋》"俎"作"貶"。

西之俎，主婦俎爲魚鼎西之俎。緣尊羊，故爲四正俎。”

羊肉湆，臑折、正脊一、正脅一、腸一、胃一、嚌肺一，載于南俎。

註曰：“肉湆，肉在汁中者，以增俎實，爲尸加也。必爲臑折，上所折分者。嚌肺，離肺也。南俎，雍人所設在南者。此以下十有一俎[①]，俟時而載，於此歷説之爾。”

疏曰：凡牲體皆出于汁，此特得“湆”名者，正祭升牲體于鼎時，皆無匕湆，此升牲體于尸前，匕湆亦升焉，故得“湆”名。在俎實無汁，故進羊肉湆，必先進羊匕湆，見此湆爲肉而有，故在羊肉湆前進之，使尸嘗之，下註云“嚌湆者，明湆肉加耳，嘗之以其汁，尚味”是也。豕亦有匕湆，不名肉湆而名“豕脀”者，互見爲文。言“脀”者，見在俎無汁，言“肉湆”者，見在鼎内時有汁也。魚何以不言魚湆而云“湆魚”者，羊先言“肉”，後言“湆”，使肉前進匕湆，明是湆從肉來可知；魚前無進匕湆，故先言“湆”，以明魚在湆可知。魚無匕湆者，下註云：“不羞魚匕湆，略小味也。羊有正俎，羞匕湆、肉湆，豕無正俎，無匕湆[②]，隆汙之殺。”十一俎，即尸之羊肉湆，一也；豕脀俎，二也；侑之羊俎，三也；豕俎，四也；主人羊俎，五也；羊肉湆俎，六也；豕脀，七也；主婦羊俎，八也；尸、侑、主人三者皆有魚俎，是其十一，通尸羊正俎爲十二俎。其四俎，尸、侑、主人、主婦載羊體俎，皆爲正俎，其餘八俎，雍人所執二俎，益送往還，故有八，其實止二俎也。

敖氏曰：“云‘臑折’者，明其爲臑之下也。此臑蓋與後足之觳同，以無異名，故但云‘臑折’而已。羊俎之外，又分其體以爲此俎，貴多儀也。尊尸，不敢用左體，故分右臑爲之。用嚌肺，亦别於其正羊肉湆與羊俎之實。同鼎而名不同，以其於鼎有湆上、湆中之異也。羊俎西之二俎亦北上，肉湆載于南俎，則其北俎爲羞匕湆明矣。凡羊肉湆與豕脀湆、魚皆俟時而載，因升正俎之節而遂見之，欲其文相比也。”

郝氏曰：“羊肉湆，羊肉連汁者，以其重褻，故肉有湆。臑折以祭，俎之臑折分也。南俎，即司士所執設于羊鼎西之第二俎，上首爲北，次爲南。”

---

① “十有一俎”，《要義》同，校本“十”字下無“有”字，陳本、監本、毛本、庫本同。

② “無匕湆”，校本同，據阮《校》，毛本同，《通解》、《要義》“無”上有“魚”字。

姜氏曰："據本章十二俎皆同時自鼎升載，而其後乃即所升載之俎，陳設之耳。註謂先載一俎，而十一俎乃俟時而載者，以下經定之也。羊、豕匕湆二俎升必俟時者，蓋一以湆恐傾，不得先時預升；一又以湆宜温，自須臨時乃進，故下經升時有明文也。十一俎雖同升，亦自無害，故經因升尸俎而併陳之。然據上文執從凡六俎，不及十二俎之數，理既當俟時而升，况下文益送往還之儀，惟尸、侑、主人、主婦之四羊俎爲正俎，設于各筵，而餘則羊匕湆俎縮執以降，羊肉湆俎、羊燔俎皆載加于羊俎，即豕脀俎、豕燔俎、湆魚俎亦于羊俎載加之。所以然者，少牢禮以羊俎爲正俎，俎可容則載加之矣。其長賓兄弟、次賓兄弟以及内賓、私人之薦俎，并凡籩、豆、鉶器之屬皆不陳之者，祭器以俎爲重，俎又尸、侑、主人、主婦爲尊故也。然註家雖爲俟時而載之説，而往還益送之儀不明，則讀經者多疑其説，故通考前後，發之如此。"

司士朼豕，亦司士載，亦右體，肩、臂、肫、胳、臑、正脊一、脡脊一、横脊一、短脅一、正脅一、代脅一、膚五、嚌肺一，載于一俎。

註曰："臑在下者，順羊也。俎，謂雍人所設在北者。"

疏曰：豕脀不折臑，臑亦在下，順上文。豕無正俎。從楊氏《圖》節本。

敖氏曰："此謂豕脀也。二司士，即舉豕鼎者也。此下凡升豕者，皆此司士爲之。豕無正俎，故此尸俎之體骨皆放於羊俎。此俎與羊肉湆俎同，臑在胳下，是亦折矣。"

郝氏曰："司士朼豕肩、臂以下十七物，載于一俎，即贊者設于豕鼎西之俎也。此以上三俎與後朼魚一俎皆尸俎，皆升自阼階下之鼎，故皆言朼羊肉湆，不言朼者，從上'朼羊'之文也。又'雍人所執二俎陳于羊俎之西'者，亦不言朼，一爲羊朼湆俎，一爲豕朼湆俎，無肉，故不與牲體同敘。"

張氏曰："此與上羊肉湆並事尸加俎，用雍人所設二俎傳送之者。"

侑俎，羊左肩、左肫、正脊一、脅一、腸一、胃一、切肺一，載于一俎。侑俎，豕左肩折、正脊一、脅一、膚三、切肺一、載于一俎。

註曰："侑俎用左體，侑賤。其羊俎過三體，有肫，尊之，加也。豕左肩折，折分爲長兄弟俎也。切肺亦祭肺，互言之爾。無羊湆，下尸也。豕又祭肺，不嚌肺，不備禮。俎，司士所設羊鼎西之北俎也。豕俎與尸同。”

疏曰：鼎俎數奇，今有四，故云“加”。

敖氏曰：“侑無羊肉湆，故羊俎得用二體，前體以肩，後體以肫，尊之也。右體皆在尸俎，故此皆用左焉。有肩、有肫，則肫在下端矣。羊俎亦用祭肺者，與尸俎同在堂上，因其禮也，阼俎亦然。飲酒正禮，祭以離肺，其有以切肺者，或盛之，或有爲加之，或相因用之，非常禮也。豕左肩折，不用全體，爲羊俎已用二，故於此殺之。豕脅體數殺於羊俎，又無羊肉湆，皆下尸也。豕脅之肺宜如羊肉湆而用嚌，此乃放羊俎而用切者，亦以無羊肉湆故也。侑之羊俎，司士所設在羊鼎西之南者。侑之豕俎與尸之豕脅同用南俎。”

郝氏曰：“自侑俎以下，侑羊、豕俎，阼羊、豕俎，主婦羊俎，侑與主人魚俎，皆不在前所設六俎之數，其俎實亦不在司馬、司士所舉入三鼎之内，皆别錟之而升自門外，以入因尸俎並及耳。其以侑、阼、主婦俎併尸言者，因羊、豕類及，猶下文魚俎亦以侑、主人從尸言也。侑俎三：一羊、一豕、一魚。阼俎，主人俎四：一羊、一羊肉湆、一豕脅、一魚。主婦俎一羊。”

張氏曰：“羊左肩一俎，是侑正俎，豕俎則加俎。註云‘豕俎與尸同’，謂亦用雍人所設俎加之也。”

世佐案，以下註考之，“膚三”二字當屬衍文。楊本云“膚一”，未知是否。

阼俎，羊肺一、祭肺一，載于一俎。羊肉湆、臂一、脊一、脅一、腸一、胃一、嚌肺一，載于一俎。豕脅，臂一、脊一、脅一、膚三、嚌肺一，載于一俎。

註曰：“阼俎，主人俎。無體，遠下尸也。以肺代之，肺尊也。加羊肉湆而有體，崇尸惠亦尊主人。臂，左臂也。侑用肩，主人用臂，下之也。不言左臂者，大夫尊，空其文也。降於侑羊體一而增豕膚三，有所屈，有所申，亦所謂順而摭也。阼俎，司士所設豕鼎西俎也。其湆俎與尸俎同，豕俎又與尸豕俎同。”

楊氏曰：“摭，猶拾也。拾取主禮用之。”

敖氏曰：“尸之牲俎三，主人亦如之，故其正俎無體，遠下尸也。骨之屬但用肺而已,臂不言左者可知也。正俎太貶,故加俎宜用尊體。其脊、脅之屬,亦不嫌於與尸同也。侑正俎用肩,主人之加俎乃用臂,蓋示其不相統之意。豕脅,猶言豕俎也。不言肉湆者,一俎而已,無所别異也。豕脅體數乃放羊肉湆者,亦以羊俎太簡故爾。此羊肉湆、豕脅皆用雍人所設之南俎,與尸同。"

張氏曰:"羊肺一俎,主人正俎,其下二俎皆加俎,亦皆用雍人所設俎益送之,故註云'與尸俎同'。"

姜氏曰:"主人與侑皆豕膚三,註云增于侑,多豕膚三,未詳,當云增于侑,多羊湆一耳。"

世佐案,侑俎羊左肩、左肫二體,阼俎則唯臂而已,故註云"降於侑羊體一"也,云而"增豕膚三",則侑俎無膚明矣。今本於侑之豕俎亦云"膚三",蓋傳寫者誤衍之也。

主婦俎,羊左臑、脊一、脅一、腸一、胃一、膚一、嚌羊肺一,載于一俎。

註曰:"無豕體而有膚,以主人無羊體,不敢備也。無祭肺,有嚌肺,亦下侑也,祭肺尊。言嚌羊肺者,文承膚下,嫌也。膚在羊肺上,則羊、豕之體名同相亞也。其俎,司士所設在魚鼎西者。"

疏曰:"羊、豕雖異,脊、脅之等體名則同,今豕雖直言膚,不言體,以豕膚在羊肺之上,使繇羊之體,故云'相亞'。若然,下文主人獻賓之時,司士設俎羊骼一、腸一、胃一、切肺一、膚一,所以膚又在肺下者,彼取用之先後,故退膚在下。"

敖氏曰:"主婦有正俎而無豕脅,下侑也。必用膚者,明其可用豕脅而不用也,亦與阼俎惟用羊肺之意相近。用嚌肺者,此俎設於房中,故不因堂上之禮。"

張氏曰:"主婦有正俎無加俎。"

司士朼魚,亦司士載,尸俎五魚,横載之,侑、主人皆一魚,亦横載之,皆加膴祭于其上。

註曰:"横載之者,異於牲體,彌變於神。膴,讀如'殷冔'之'冔'。刳魚時,割其腹以爲大臠也,可用祭也。其俎又與尸豕俎同。"

疏曰:牲體皆横載,鬼進下,生人進腠。今進腠,從生人禮。魚皆縮載，右首，於俎爲縮，於尸爲横。祭進腴，生人進鰭，今横載，於人爲縮，不與正祭同，又與生人異。從楊氏《圖》節本。

楊氏曰："横載，則進尾也。祭膴缺一字。魚[①]，此所謂魚湇。"

敖氏曰："二司士，舉魚鼎者也。横載之，亦縮俎。其於載者則爲横，此益送魚肉之俎，載時皆横執之，與羞之之時異，於斯見之矣。凡經言載俎之例，惟云'横載'者，據俎而言也，加以'之'字者，據載者而言也。此三羞湇魚，亦皆迭用南俎。朼，亦當作匕。"

郝氏曰："司士朼魚，是尸之魚俎。尸以下俎不一設于堂上者，皆止一羊俎，其豕、魚等俎皆以其實併于羊俎，而各執虚俎降，詳見各節。"

張氏曰："魚三俎皆用尸豕俎，益送之，亦若侑、主人之豕脀，故註云'其俎又與尸豕俎同'。以上言司馬載尸正俎，遂歷數十一俎體物，皆俟事至乃載，非此時遽已載也。"

姜氏曰："膴只是大臠，註疏讀如'殷冔'之'冔'，曲甚矣。"

右通言載俎之法。

郝氏曰："案上文司士贊者與雍人所執六俎皆尸俎，文義曉然，鄭以十二俎分配，淆亂不可讀。牲體貴賤、多寡，禮曲而殺，不得不詳。然祭後重燅，肉已糜爛，欲于階下臨薦之頃，一一如法布置，以登于俎，亦煩且瑣矣，用禮者識其義可耳。"

世佐案，尸俎止於四羊也，羊肉湇也，豕、魚各一也。此與上文司士、司士贊者、雍人所執六俎之數不合，郝氏槩以爲尸俎，非。

卒升。

註曰："已載尸羊俎。"

敖氏曰："謂已升四羊俎也。"

姜氏曰："卒升，或通承上文升于二俎而言，蓋其時將升羊俎于尸前，于是尸羊俎自鼎升，而各俎亦皆升矣。然此下獻尸、侑及主人、主婦所言設俎、言羞湇，又言羞脀，凡皆各言載與加載于羊俎，而羊、豕匕湇俎乃次賓羞于尸前，而因縮執以退者，則註疏止以'卒升'爲升尸羊俎，固自得之。"

---

① "祭膴魚"，校本、通志堂本《儀禮圖》"膴"字下皆闕一字，據四庫本《儀禮圖》，此闕字或爲"于"。

賓長設羊俎于豆南，賓降。尸升筵自西方，坐，左執爵，右取韭菹，擩于三豆，祭于豆間。尸取麷、蕡，宰夫贊者取白、黑以授尸，尸受，兼祭于豆祭。

註曰：賓長，上賓。

敖氏曰："賓長設俎，尊尸之正俎也，阼俎亦然。云'賓降'，見尸升之節也。既祭，則右執爵[①]。於尸升筵，主人亦疑立于阼階東。"

郝氏曰："羊俎，即司馬所朼羊鼎西第一俎，設于主婦所薦四豆之南。賓既設羊俎，降。尸自西楹西升户西南面之筵，坐，以左手執主人所奠爵。韭菹、麷、蕡在北，近筵，尸自取。白、黑在南，遠，宰夫贊者取授尸，以併祭于韭菹之祭間。"

張氏曰："以上賓長設羊俎。"

雍人授次賓疏匕與俎，受于鼎西，左手執俎左廉，縮之，卻右手執匕枋，縮于俎上，以東面受于羊鼎之西。司馬在羊鼎之東，二手執挑匕枋以挹湆，注于疏匕，若是者三。

註曰："挑，謂之歃，讀如'或舂或抌'之'抌'字，或作挑者，秦人語也。此二匕者皆有淺升，狀如飯操[②]。挑，長枋，可以杼物於器中者。注，猶瀉也。今文挑作抌，挹皆爲扱。"

疏曰：淺升，對常勺升深也。

敖氏曰："疏匕與俎，在羊俎西之北者也。匕湆尊於肉湆，故用上俎羞之。陳俎時，俎西縮，疏匕縮俎西枋，而此左手執左廉，卻右手執匕枋以受湆，是身當俎下端也。然則凡縮執俎者，皆當其下端矣。左手執俎左廉乃縮之，是授受時皆横執俎也。縮執俎以受于鼎西者，惟此與豕匕湆耳。二手執挑匕枋，敬其事，不游手也。挹湆且若是，則匕牲體者可知。"

郝氏曰："疏匕，即雍人陳于羊俎西之第一俎。覆疏匕于上者，受于鼎西，就鼎取湆也。左廉，俎左邊。縮，直也。卻，仰手向後。匕中有湆，

① "則"字原無，校本有，與《集説》同，據補。

② "狀如飯操"，庫本同。"操"校本作"摻"，陳本、監本、毛本作"槮"。庫本卷末考證曰："'操'，監本作'摻'，今据《釋文》改正。臣紱按，'操'、'摻'經史每有互譌，'懆'、'慘'等字亦然，蓋曹魏避諱所改，後人相沿以致混淆，其實音義迥别，不可互通。"

直設俎上，以左手前執俎左邊，右手向後仰執匕柄。桃言淘，桃匕，亦勺似匕，以淘取羊湆于鼎，注于疏匕，若是者三。三挹，三注。”

姜氏曰：“受于鼎西，次賓受也。又言以東面受于羊鼎之西者，申明之耳。匕柄，疏匕枋也。挑匕以挹湆，疏匕以注湆。”

世佐案，受于鼎西，次賓受疏匕與俎于雍人也。此俎㱕陳于羊俎西，是時羊俎已設于尸席前，其地空，故直云“鼎西”也。俎西縮，以南爲左。次賓以左手執俎左廉而縮之，則是西面受，而身當俎之上端矣。敖云“身當俎下端”，非。陳俎時疏匕覆于其上，西枋。賓既西面受俎，乃仰右手執匕，轉其枋，使近身而於俎仍爲縮也。手云“卻”，則匕亦卻可知。必卻之者，以將受湆也。云“以東面受于羊鼎之西”者，謂次賓受匕俎訖，乃轉而東面，以受湆于司馬也。此與上受于鼎西之文雖同，而所受則異。雖同在羊鼎之西，而所面亦不同。姜以爲申明上文，亦非。郝説尤欠分曉，“挑匕”之“挑”，本或作“桃”，誤，註引《詩》“或舂或抌”之“抌”本或作“枕”，亦誤。今《詩》作“揄”，蓋“揄”與“抌”通也，云此二匕者皆有淺升，狀如飯操，蓋舉漢法以況。“摻”，今本誤作“椮”，《釋文》作“操”，《集説》作“摻”。椮，所今切，木長貌，又有糝、審、伈、騷、杉五音，俱與飯摻之義不協，惟《博雅音》“所斬切，取也，一曰執也”，引《詩》“椮執子之袪”爲證，於義近是，然“椮”今《詩》亦作“摻”，則其誤可知。“摻”，俗字，固不足辨。“摻”、“操”二字義俱可通，而“摻”之義可以該“操”，“操”不可以該“摻”，故定從“摻”，其義則從取、從執，其音則從七消、七刀二切，《詩》“摻執子之袪”之“摻”亦當同此音。《釋文》“所覽”、“所斬”二切皆誤也。魏了翁與張洽書中亦載此説，但其言本作“操”，魏晉間避曹操諱，改爲“摻”，則未知“摻”之本可以該“操”也。吴淑校古樂府中有“摻”字多改爲“操”，則未知“操”之不可以該“摻”也。《儀禮圖》音“七肖切”，當是“七消”之譌。

尸興，左執爵，右取肺，坐祭之，祭酒，興，左執爵。

註曰：“肺，羊祭肺。”

疏曰：上載尸羊俎云“祭肺一”，故知此是羊俎。上祭肺其羊肉湆雖有嚌肺一，此時未升。

敖氏曰：“言‘興，左執爵’，明其右執爵以興也，下文皆然。”

張氏曰：“尸興，承上文尸坐祭豆、籩之節。”

次賓縮執匕俎以升，若是以授尸。尸卻手受匕枋，坐祭，嚌之，興，覆手以授賓。賓亦覆手以受，縮匕于俎上以降。

註曰："嚌湆者，明湆肉加耳，嘗之以其汁，尚味。"

疏曰：此匕湆似大羹，案《特牲》大羹不祭、不嚌，以不爲神，非盛。此嚌之者，明肉湆加，先進其汁而嘗之，尚味故也。以湆肉加在鼎有汁，在俎無汁，故以匕進汁。大羹自門入，本不在鼎，不調之，此肉湆在鼎已調之，故云"尚味"也。

敖氏曰："若是者，謂執匕俎之儀無變也。卻手受匕枋，則匕内鄉而便於用。覆手以授賓，明其變於有事之時，次賓亦覆手以受統於尊者也。縮俎則不復執之，而二手執俎矣。祭湆如祭酒，然亦注於地，他時湆不祭，此祭者，重其在俎也。湆與肉湆相將之物，故以此先肉湆而進之。"

郝氏曰："尸卻右手，仰執匕柄，左手猶執爵，坐而瀉湆于地以祭，乃嘗羊湆，以匕授賓。覆手，手向下。初受匕湆，將祭，仰手執之，既祭、既嚌，覆手執匕以授也。賓受虛匕並俎下堂。凡加俎不設于堂，則直執之。蓋儐尸唯羊俎爲正，奠于堂上。其羊肉湆、羊匕湆、豕脀湆、魚俎，皆以其實併載于羊俎，而以虛匕俎降，不與羊俎同設也。"

張氏曰："以降者，以此匕俎而降。"○《監本正誤》云："'尸卻手受匕枋'，'受'誤作'授'。"○"'賓亦覆手以受'，'受'誤作'授'。"

尸席末坐，啐酒，興，坐奠爵，拜，告旨，執爵以興，主人北面于東楹東答拜。

疏曰：案，上篇尸不啐奠，不告旨，尸彌尊也。至儐尸、啐酒、告旨，異於神奠，尸禮彌卑矣。

敖氏曰："拜，告旨，不降筵，以有後事也。云'主人北面于東楹東'，明其復位，下放此。"

張氏曰："以上次賓授匕湆。"

司馬羞羊肉湆，縮執俎。尸坐奠爵，興，取肺，坐絶祭，嚌之，興，反加于俎。司馬縮奠俎于羊湆俎南，乃載于羊俎，卒載[1]，縮執俎以降。

註曰："絶祭，絶肺末以祭。《周禮》曰絶祭。湆使次賓，肉使司馬，大夫禮多，崇敬也。"

楊氏曰："案正俎皆横執，横奠，加俎皆縮執，縮奠。'羊湆俎'，'湆'字衍。"

敖氏曰："尸奠爵亦于左，宜避羞俎者。司馬北面縮奠俎，既則西面于俎東載之。"

郝氏曰："既進羊匕湆，復進羊肉湆者，匕湆清汁，肉湆有肉，用匕同也。尸既奠爵，祭肺，嚌肺，反肺于羊俎，司馬乃以羊肉湆俎升奠于羊俎南，取肉湆併載于羊俎，畢，縮執虚俎降。"

張氏曰："司馬縮執縮奠之俎，羊肉湆俎也，即雍人所設益送之南俎也。載於羊俎者，載此羊肉湆於尸之正俎也。經文'司馬縮奠俎於羊湆俎南'，疑誤。觀下受酢羞肉湆節，當是縮奠湆俎于羊俎南。以上，司馬羞肉湆。"○《監本正誤》云："'卒載'下羡一'俎'字。"

姜氏曰："此云'卒載'，乃尸嚌羊肺訖，而司馬以俎内凡所升者并載于先一羊體之俎也。或誤以此載爲自鼎升俎者，失之矣。"

世佐案，羊肉湆，即上司馬所匕載于南俎者，其實自臑折至嚌肺凡六物。縮執俎者，其法蓋與次賓執湆俎相似，唯無匕，而以二手共執俎爲異耳。無匕者，以此俎無湆也。無湆而謂之羊肉湆者，明上匕湆之設與此同屬羞俎，特以俎不可以盛湆，故分湆與肉爲二次進之也。肺，即此俎所盛之嚌肺也。反加于俎者，反之于羊肉湆俎也。司馬縮奠俎于羊俎南，經文衍一"湆"字，楊説得之。知非羊匕湆俎者，羊匕湆之俎，次賓於尸祭嚌之後即受以降，不設于尸席前也。必奠于羊俎南者，便載也。乃載于羊俎者，謂以羞俎所實六物悉載于正俎也。"卒載，縮執俎以降"者，羞俎不與正俎同設也。

---

① "卒載"，校本"載"下有"俎"字，《集釋》、楊氏、敖氏、《節解》、監本、毛本、庫本同。按阮《校》云："周學健云，石經'載'下無'俎'字。"武威漢簡本亦無"俎"字，陳夢家以無"俎"字爲是。

尸坐執爵以興，次賓羞羊燔，縮執俎，縮一燔于俎上，鹽在右。尸左執爵，受燔，揳于鹽，坐，振祭，嚌之，興，加于羊俎，賓縮執俎以降。

敖氏曰："室中之事無燔俎，故此與亞獻皆用之。受燔，取于俎也。"

郝氏曰："燒肉曰燔。以羊燔一片，直陳俎上，此俎之未陳者，以載燔進，尸執燔，祭、嚌，反加于羊俎，賓亦執虚俎降。"

世佐案，此羞燔之俎不在上所陳六俎内，其先所陳處未聞。《士虞禮》云："羞燔俎在内西塾上，南順。"

尸降筵，北面于西楹西，坐卒爵，執爵以興，坐奠爵，拜，執爵以興。主人北面于東楹東答拜，主人受爵。尸升筵，立于筵末。

右主人獻尸。

疏曰：獻尸有五節：主人獻酒并主婦設籩豆，一也；賓長設俎，二也；次賓羞羊匕湇，三也；司馬羞羊肉湇，四也；次賓羞羊燔，五也。

楊氏曰："案主人獻尸羞羊俎，及主婦獻尸始羞豕脀，及賓作三獻之爵始羞湇魚俎，今並述於主人獻尸之時者，以載俎事同一類，故以類相從，庶使易見也。不惟此也，主人獻侑羞羊俎，主婦獻侑奠豕脀，又尸酢主人羞阼羊俎，主婦致爵于主人始羞豕脀，又主婦羊俎亦尸酢主婦始用之，今並述於主人獻尸之下者，亦欲以類相從也。鄭註云‘此以下十一俎，俟時而載，於此歷説之爾’，蓋謂此也。"

主人酌，獻侑。侑西楹西北面拜受爵，主人在其右北面答拜。

註曰："不洗者，俱獻間無事也。主人就右者，賤不專階。"

疏曰：凡爵行，爵從尊者來向卑者，俱獻間無事則不洗爵，從卑者來向尊，雖獻間無事亦洗。"賤不專階"，對主人不就尸階者，尸尊，得專階也。

敖氏曰："獻侑，亦於席前西南面也。侑既拜，則進受之以復位。主人既拜，則立于西階東。及侑降筵北面，則復就其右。"

張氏曰："此下主人獻侑節。獻爵，薦豆、籩，設羊俎，設羊燔，有四細節。"

主婦薦韭菹、醓，坐奠于筵前，醓在南方。婦贊者執二籩麷、蕡以授主婦，主婦不興，受之，奠麷于醓南，蕡在麷東，主婦入于房。

註曰："醓在南方者，立侑爲尸，使正饌統焉。"

疏曰："凡設菹，常在右，便其擩，今菹在醓北者，以其立侑以輔尸，故菹在北，統於尸也。"

敖氏曰："醓在南方，是豆北上也。豆北上者，以席南上也。主人席豆相變之法[①]，於斯見之矣。下云侑升筵、降筵自北方，是席南上也。主婦薦豆而贊者即贊籩者，兩豆、兩籩同時設，故不必親取籩。"

侑升筵自北方，司馬横執羊俎以升，設于豆東。

敖氏曰："凡正俎皆横執，此乃明言之者，以司馬進之，嫌亦縮執也。"

郝氏曰："羊俎，即前所設侑俎，羊左肩以下七物共載者也。横執，正俎也。儐尸羊俎爲正，横執。其羊肉、羊湆、豕脀、湆魚以下加俎皆縮執[②]。"

侑坐，左執爵，右取菹擩于醢，祭于豆間，又取麷、蕡同祭于豆祭，興，左執爵，右取肺，坐祭之，祭酒，興，左執爵。次賓羞羊燔，如尸禮。

敖氏曰："不啐酒者，凡堂上每獻啐酒之節，皆當放於尸。上禮尸嚌湆乃啐酒，此無湆則不宜啐酒，以異其節。侑無羊匕湆者，以無肉湆故也。"

侑降筵自北方，北面于西楹西坐卒爵，執爵以興，坐奠爵，拜，主人答拜。

註曰："答拜，拜於侑之右。"

世佐案，不啐酒，不告旨，主人拜於侑之右，皆殺于尸也。其禮蓋與《鄉飲酒》主人獻介相似。

右主人獻侑。

疏曰：此節從獻有三事：主婦薦籩豆，一也；司馬羞羊俎，二也；次賓

---

① "主"字原作"生"，校本作"主"，《集説》同，據改。

② "下"字原作"不"，校本作"下"，《節解》同，據改。

羞羊燔，三也。侑降於尸二等，無羊匕湇，又無肉湇。

尸受侑爵，降洗。侑降立于西階西，東面。主人降自阼階，辭洗。尸坐奠爵于篚，興，對。

疏曰："《特牲》、《少牢》主人獻尸，尸即酢主人，主人乃獻祝及佐食，此尸待主人獻侑，乃酢主人，不同者，此尸卑，達主人之意，欲得先進酒於侑，廼自飲[①]，彼尸尊，欲自達己意，故先酢主人也。下文賓長獻尸，致爵主人，尸乃酢之，遂賓意，亦此類也。"

敖氏曰："尸適洗南，北面。主人阼階東南面辭洗，尸對。主人復阼階東，西面。"

張氏曰："此下尸酢主人節。主人受爵，主婦薦豆、籩，長賓設俎，次賓羞匕湇，司馬羞肉湇，次賓羞燔，主人拜崇酒，凡七細節。"

卒洗，主人升，尸升自西階。主人拜洗，尸北面于西楹西，坐奠爵，答拜。降盥，主人降，尸辭，主人對。卒盥，主人升，尸升，坐取爵，酌。

註曰："酌者，將酢主人。"

敖氏曰："主人亦揖乃升，與前後之儀同，不言者可知也。侑不升，辟酢禮也。與尸同升，則嫌若同酢主人然。"

司宮設席于東序，西面。主人東楹東北面拜受爵，尸西楹西北面答拜。

疏曰：《特牲》、《少牢》皆致爵乃設席，此儐尸受酢即設者，主人益尊。

敖氏曰："事至乃設席，略倣室中致爵之節，亦所以尊尸侑也。既設席，尸乃於席前東南面酢主人。主人拜受爵，復位。"

張氏曰："主人受酢爵。"

主婦薦韭菹、醓，坐奠于筵前，菹在北方。婦贊者執二籩麷、蕡，主婦不興，受，設麷于菹西北，蕡在麷西。主人升筵自北方，主婦入于房。

註曰："設籩于菹西北，亦辟鉶。"

---

① "廼自飲"，校本同，據阮《校》，《要義》作"乃"，《通解續》、毛本作"廼"。

敖氏曰:“主人之席亦南上,而菹在北方,豆席相變之法愈可見矣。升筵之節,侑速於尸,主人速於侑,皆所以示其異。”

張氏曰:“主婦薦主人豆、籩。”

長賓設羊俎于豆西。主人坐,左執爵,祭豆、籩,如侑之祭,興,左執爵,右取肺,坐祭之,祭酒,興。

郝氏曰:“羊俎,即前阼俎,羊肺、祭肺同載者。”

張氏曰:“設主人羊俎。”

世佐案,如侑之祭,謂亦右取菹擩于醢,祭于豆間,又取糗、蕡同祭于豆祭。啐酒,不告旨,酒,己物也。

次賓羞匕湆,如尸禮。席末坐,啐酒,執爵以興。

敖氏曰:“祭酒興,亦左執爵,乃受匕湆。”

張氏曰:“羞主人匕湆。”

姜氏曰:“如尸禮,如其縮執、卻受、覆手、縮匕之屬,但主人不告旨也。”

司馬羞羊肉湆,縮執俎。主人坐奠爵于左,興,受肺,坐絶祭,嚌之,興,反加于湆俎。司馬縮奠湆俎于羊俎西,乃載之,卒載,縮執虚俎以降。

註曰:“奠爵于左者,神惠變於常也。言受肺者,明有授。言虚俎者,羊湆俎訖於此,虚不復用。”

疏曰:此俎雍人所執,陳于羊俎西在南者。云“不復用”,見下次賓羞羊燔于主人,則用北之豕俎,用北之豕俎而得羊燔,禮殺也。

敖氏曰:“奠爵于左,辟肉湆俎也。受肺亦取於俎,言受者執俎以進,亦授也,故取之云‘受’。言‘虚俎’者,見其盡載於羊俎而無所釋也。此經言羞湆俎一節,其文有加尸者,所以足其義非異也。”

郝氏曰:“次賓羞匕湆,司馬羞羊肉湆之俎,皆即羞尸之匕俎,雍人所設于羊俎西者也。肉有湆,皆用匕。主人嚌肺,反加于羊俎,司馬乃載羊肉湆于羊俎,執虚俎降,與前獻尸同。”〇“反加于俎”,坊本多一“湆”字,誤,當删。

張氏曰:“羞,主人肉湆。”

姜氏曰:“俎降皆虚,此獨云‘虚’,蓋文有衍。縮也,舊謂‘虚不復用’

而下，羞燔用北之豕俎者，非。”

世佐案，此與羞尸羊肉湇之儀同，但文有加詳耳。“反加于湇俎”，“湇”字非衍也，説見上，郝説誤。

主人坐取爵以興，次賓羞燔，主人受，如尸禮。

疏曰：燔，即羊燔。主人與尸、侑皆用羊體，主婦獻尸以後悉用豕體，賓長獻尸後悉用魚從。

敖氏曰：“燔不言羊，可知也。”

張氏曰：“羞主人燔。”

世佐案，如尸禮者，如其“縮執俎，縮一燔于俎上”以下之儀也。

主人降筵自北方，北面于阼階上坐卒爵，執爵以興，坐奠爵，拜，執爵以興。尸西楹西答拜，主人坐奠爵于東序南。

註曰：“不降奠爵於篚，急崇酒。”

世佐案，“東序南”，主人奠酬爵之常處。《鄉飲酒》、《鄉射禮》賓酬主人訖，皆云“主人坐，奠爵于序端”是也。不奠于篚者，蓋爲後獻衆賓用之。

侑升，尸、侑皆北面于西楹西。

註曰：“見主人不反位，知將與己爲禮。”

世佐案，主人卒爵，而尸酢主人之禮畢矣。故侑至是乃升，皆北面于西楹西者，如其初升之位也，亦東上。

主人北面于東楹東，再拜崇酒。尸、侑皆答再拜。主人及尸、侑皆升就筵。

敖氏曰：“此尸酢主人，主人拜崇酒，而侑亦答拜者，緣主人意，亦欲并謝己也。云‘主人及尸、侑’，先後之辭也，後文放此。‘升就’二字宜衍其一。”

右尸酢主人。張氏曰：“主人初獻禮竟。”

疏曰：此亦有五節，尊主人，故與尸同。

司宫取爵于篚，以授婦贊者于房東，以授主婦。

註曰：“房東，房户外之東。”

敖氏曰：“以授主婦，婦贊者以授主婦于房中也。上篇亞獻畢，主婦以爵入于房，今司宫乃取爵于下篚以授者，其有司徹之後，此爵又反於下篚與？”

張氏曰：“自此至‘尸、主人及侑皆就筵’，凡四節，皆主婦亞獻之事。獻尸，一也；獻侑，二也；致爵于主人，三也；受尸酢，四也。”

世佐案，房東，即房户也，説見上篇。註説非。

主婦洗爵于房中，出，實爵，尊南西面拜獻尸。尸拜于筵上，受。

註曰：“尊南西面拜，由便也。”

疏曰：“賓主獻酢，無在筵上受法，今尸於筵上受者，以婦人所獻，故尸不與行賓主之禮，故不得各就其階。”

敖氏曰：“尸拜，于筵上受，以其殺于主人，且因室中之禮也。後三獻放此。”

郝氏曰：“尊，即祭時尊于房户間者。主婦洗爵，出，尊前酌酒，即尊前西面拜。獻尸，尸即筵上拜受，禮變于主人，殺也。”

主婦西面于主人之席北拜送爵。

郝氏曰：“主婦退，就主人席北，西向。又拜，婦人俠拜也。”

世佐案，拜送于主人之北，亦因室中之位而爲之。

入于房，取一羊鉶，坐奠于韭菹西。主婦贊者執豕鉶以從，主婦不興，受，設于羊鉶之西，興，入于房，取糗與腶脩，執以出，坐設之，糗在蕡西，脩在白西，興，立于主人席北，西面。

註曰：“飲酒而有鉶者，祭之餘鉶。無黍稷，殺也。”

敖氏曰：“飲酒而有鉶，尸尊，亦盛之。設二籩，而主婦親取之，以其與鉶異類，不可相因也。糗與脩雜用，饋食之籩也。去棗用脩，以示其變。糗脩北上，明不與初儀序，下儀類此。”

郝氏曰：“羊鉶，羊羹之和者。‘奠于韭菹西’，即前云豆西之外列，麷蕡之内也。豕鉶在羊鉶西，是麷之東也。糗，乾米餅。腶脩，即脯也。糗在蕡西，脩在白西，南北直陳也。二鉶用贊者，糗、脩皆親執，鉶鼎重，故特執，脩脯輕，故并執也。”

張氏《監本正誤》云：“‘立于主人席北，西面’，‘西面’誤作‘面西’。”

姜氏曰：“二鉶、二籩，如上二豆、二籩各執之例，亦宜主婦執二鉶以設，而婦贊者執二籩以授。今主婦止執羊鉶，婦贊者執豕鉶，而主婦又自興入房取二籩者，二鉶非可雙執，故主婦與贊者分執之，而二籩可雙執，乃獨親執之也。”

世佐案，二鉶皆繼韭菹而西，在麷、蕡之北也。郝説之誤，辨見上。鉶之爲器大于籩，二鉶當二籩而有餘，故于其南又設二籩焉，而饌方矣。糗在蕡西，脩在白西，糗北而脩南也。無黍稷，儐尸主于飲也。

尸坐，左執爵，祭糗、脩，同祭于豆祭。

敖氏曰："於此乃云'尸坐'，是受爵時立也。'祭糗、脩'之'祭'，當如下文作'取'，蓋字誤也。"

以羊鉶之柶挹羊鉶，遂以挹豕鉶，祭于豆祭，祭酒。

敖氏曰："祭鉶乃祭酒者，是禮初獻祭酒之節居其祭之四，三獻居其祭之二，故於此特居其祭之三以序之，且示禮殺有漸也。〇案上經云'以挹湆'，註曰'今文"挹"皆作"扱"'，皆此經文也。案《士昏禮》、《聘禮》賓以柶祭醴二，記皆云'始扱一祭'，又《公食大夫禮》曰'扱上鉶以柶，辯擩之，上鉶之間祭'，蓋以柶取物而祭，則必扱之，此亦以柶祭鉶也，宜云'扱'，與彼同，不宜云'挹'，當從今文。"

次賓羞豕匕湆，如羊匕湆之禮。

敖氏曰："如者，如其'左手執俎左廉'以下之儀。其異者，次賓自縮執匕俎以受雍人，不復授之也。羞豕匕湆亦用羊匕湆之俎，其匕則殊，乃緜之覆于羊俎西之南俎之上者也，將羞此湆，則以羊匕與之易處焉，既則各反之。"

郝氏曰："豕匕湆，豕肉汁盛以疏匕，載以俎，即羊俎西之第二匕俎也。"

尸坐，啐酒，左執爵，嘗上鉶，執爵以興，坐奠爵，拜，主婦答拜，執爵以興。

敖氏曰："此嘗鉶拜也，不告旨，異於主人也。《特牲饋食禮》曰，尸'祭鉶嘗之，告旨。主人拜，尸答拜'。"

郝氏曰："嘗上鉶，嚌羊鉶也。羊左爲上。"

司士羞豕脀，尸坐奠爵，興，受，如羊肉湆之禮，坐取爵，興。

敖氏曰："奠爵亦於左。"

郝氏曰："豕脀，即前司士所朼載豕右肩以下十七物共載者也。'受，如羊肉湆之禮'，亦奠于羊俎西，併于羊俎，縮執虚俎以降，等禮同也。"

次賓羞豕燔，尸左執爵，受燔，如羊燔之禮，坐卒爵，拜，主婦答拜。受爵。

敖氏曰："受爵亦於其席也。下文放此。"

右主婦獻尸。

疏曰：亞獻凡五節：設兩鉶，一也；設糗、脩，二也；次賓羞豕匕湆，三也；司士羞豕脀，四也；次賓羞豕燔，五也。

酌獻侑，侑拜受爵。主婦，主人之北西面答拜。

註曰："酌獻者，主婦。"

敖氏曰："亦拜于筵上受，蓋不敢異於尸，不言者，可知也。北，亦席北。"

世佐案，主婦不俠拜，下於尸。

主婦羞糗、脩，坐奠糗于麷南，脩在蕡南。侑坐，左執爵，取糗、脩，兼祭于豆祭。

敖氏曰："無鉶，亦殺也。不祭酒者，上禮尸祭鉶乃祭酒，此無鉶，則不祭酒，其義與上不啐酒同。"

世佐案，"脩在蕡南"，在糗之東也。

司士縮執豕脀以升，侑興，取肺，坐祭之。司士縮奠豕脀于羊俎之東，載于羊俎，卒，乃縮執俎以降，侑興。

註曰："豕脀無湆，於侑禮殺。"

敖氏曰："取肺，亦右取之，肺，謂切肺。豕脀無湆者，初獻無羊湆，故此雖有豕脀，亦不用湆也。"

郝氏曰："豕脀，即前侑俎'豕左肩折'以下七物共載者也。"

次賓羞豕燔，侑受，如尸禮，坐卒爵，拜，主婦答拜，受爵。

敖氏曰："如尸禮，亦如受羊燔之禮也。"

右主婦獻侑。

疏曰："降於尸二等，無鉶羹與豕匕湆。"

酌以致于主人。主人筵上拜受爵，主婦北面于阼階上答拜。

註曰："主婦易位，拜于阼階上，辟併敬。"

疏曰："前主婦獻尸、侑，拜送於主人北，今致爵於主人，拜於阼階上者，辟併敬主人與尸、侑，故易位也。案《特牲》三獻爵止乃致爵，此未三獻已致爵者，以上篇已有獻於尸，故此不待三獻，又見儐尸禮殺，故早致。"

敖氏曰："筵上受，因尸禮也。北面答拜，放室中之儀也。與主人行禮，故亦得獨拜於阼階上。"

郝氏曰："主人筵在東序，西向拜受。主婦阼階上北面，答拜于主人之西南也。"

世佐案，是時主人於筵上拜受，主婦若亦于主人之席北西面答拜，則是與主人同面矣，故之阼階上北面於主人之南，鄉主人也。註説似曲。

主婦設二鉶與糗、脩，如尸禮。

敖氏曰："有鉶者，阼俎如尸，故鉶亦因之。設二鉶，羊在菹北，豕在羊北。設糗、脩，糗在麷北，脩在蕡北。"

姜氏曰："如尸禮，如獻尸之授受奠設也。"

主人共祭糗脩、祭鉶、祭酒、受豕匕湆、啐酒[①]，皆如尸禮。嘗

註曰："主人如尸禮，尊也。其異者，不告旨。"

疏曰：案前主婦獻尸，"尸坐啐酒，左執爵，嘗上鉶，執爵以興，坐奠爵，拜"，拜雖在嘗鉶下，其拜仍爲啐酒，是以《特牲》、《少牢》尸嘗鉶皆不拜。或此經啐酒之上無"拜"文，有者，衍字也。

敖氏曰："此啐酒，爲將嘗鉶也。嘗鉶不拜，鉶，己物也。言此以别於尸禮。〇本云'拜啐酒'，疏曰'或此經"啐酒"之上無"拜"文'。繼公謂，'啐酒'之上不當有'拜'，今從疏之所謂或本者，去'拜'字。"

郝氏曰："前尸啐酒，嘗上鉶，興拜，今主人嘗鉶不拜。凡拜，爲啐酒

---

① "啐"字上校本有"拜"字，唐石經、陳本、監本、毛本同。敖氏與此本同，無"拜"字。

也。尸拜啐酒在嘗鉶後，此嘗鉶不拜，爲不拜啐酒。上文'拜啐酒'之'拜'當是衍字。鄭謂嘗鉶不拜，爲不告旨。夫尸告旨惟主人初獻，主婦亞獻尸亦不告旨。告旨與啐酒同拜，既云'拜啐酒'又云'不拜'，何以明其爲不告旨也。"

張氏曰："案，疏言謂經嘗鉶不拜，正謂啐酒不拜耳，'啐酒'上'拜'字衍。又註云'其異者，不告旨'，其意亦然。主婦獻尸，尸啐酒拜，亦告旨之意也。"○《監本正誤》云："'主人其祭糗、脩'，'其'誤作'共'。"

姜氏曰："皆如尸禮，通謂祭糗、脩以下，及受羊匕湆以下。凡祭，嚌啐之屬。正祭凡嘗鉶皆不拜，儐尸則尸拜者，尸就卑也。主人于主婦則尊矣，故不拜也。又主人受豕匕湆，拜如尸禮，獨嘗鉶則不拜，明其禮殺也。案經文甚明，註蓋誤。"

世佐案，云"嘗鉶，不拜"，著其異于尸者耳，其他則皆如尸受主婦獻之禮也。今以上文考之，彼於主婦設二鉶二籩之下，即云"尸坐，左執爵，祭敖云當作"取"。糗、脩，同祭于豆祭"，即此所謂"共祭糗、脩"也。又云"以羊鉶之柶挹敖本作"扱"，下同。羊鉶，遂以挹豕鉶，祭于豆祭，祭酒"，即此所謂"祭鉶、祭酒"也。又云"次賓羞豕匕湆，如羊匕湆之禮。尸坐啐酒"，即此所謂"受豕匕湆"，"啐酒"也。受豕匕湆與啐酒之間絶無所謂拜者，則此經"拜"字之爲衍文，信矣。彼又云"左執爵，嘗上鉶，執爵以興"，即此所謂"嘗鉶"也。但彼於執爵興之後復坐奠爵拜，而此則否，是其異也。嘗鉶而拜，重其禮也。主人之不拜，下尸也。正祭時，尸嘗鉶、啐酒皆不拜，尸尊也。至是以賓禮待尸，尸于主人之獻，啐酒則拜，于主婦之獻，嘗鉶則又拜，尸益卑也。其于主婦之獻，拜鉶而不拜酒者，以鉶是主婦所親設，而酒則與主人所獻同出一尊，曏已告旨訖，故於是略之也。至于主人之啐酒不告旨，則于受尸酢時已然，而此所云"皆如尸禮"者，亦足以蔽之矣，不必別言也。註乃以不告旨釋不拜，失經意矣，疏家又曲爲之説，皆非也。又案"共祭"猶言兼祭也，"共"坊本或作"其"，誤，今以監本爲正。張氏反謂監本誤，去取失當。

其受豕脀、受豕燔，亦如尸禮。坐卒爵，拜。主婦北面答拜，受爵。

世佐案，"如尸禮"者，如其"司士羞豕脀"以下至"受燔如羊燔"之禮也。此累言二事，而不見其羞之之人，及主人興、坐奠爵、執爵之節，文更略。

右主婦致爵于主人。

疏曰:此亦有五節,行事與尸同。

尸降筵,受主婦爵以降。

註曰:"將酢主婦。"

敖氏曰:"主婦受爵,尸即降筵,主婦以尸將受己爵也,其西面于主人之北以待之與?"

郝氏曰:"必待主婦致爵主人而後酢者,尊主人,使先受獻也。"

主人降,侑降,主婦入于房。

敖氏曰:"侑、主人降,從尸也。主婦入于房,尸降爲己,宜辟之也。凡婦人於丈夫之爲已而降洗者,例無從降之禮,蓋於此篇及《士昏禮》見之矣。"

主人立于洗東北,西面。侑東面于西階西南。

註曰:"俟尸洗。"

敖氏曰:"設洗當東榮,而主人降,位在阼階東,直東序,則宜西於洗北。又上文'侑降立于西階西',此亦從降也。而主人云'洗東北',侑云'西階西南',未詳,疑文有誤衍也。"

世佐案,凡主人於賓之爲己洗也,降立于阼階東,西面,當東序,辭,則進而南面,其禮見《鄉飲酒》、《鄉射》。今乃東于洗者,以其不爲己而洗故也。夫婦一體,尸爲婦洗,主人雖不代爲辭,而亦違其故位焉,示不敢當也。西階西,東面,乃賓、介降立之位,而介又在賓南,尸如賓,侑如介,故侑之降位宜在西階西少南也。上經云"侑降,立于西階西",不言南,此乃足成其義,非有異也。敖疑文有衍誤,非。

尸易爵于篚,盥,洗爵。

註曰:"易爵者,男女不相襲爵。"

敖氏曰:"易爵酢主婦,因室中之禮也。"

主人揖尸、侑。

註曰:"將升。"

敖氏曰:"亦異揖之,於此乃并揖侑者,以曏者尸酢主人之時,侑不升故也。必揖之使升者，尸酢之意已見於前，今無嫌也。”

主人升，尸升自西階，侑從。主人北面立于東楹東，侑西楹西北面立。

註曰：“俟尸酌。”

尸酌，主婦出于房，西面拜受爵，尸北面于侑東答拜。主婦入于房。

敖氏曰：“西面，亦於主人席北，蓋尸亦就此位而酢之。”

姜氏曰：“拜則出，禮也；拜即入，嫌也。”

司宫設席于房中，南面。主婦立于席西。

註曰：“設席者，主婦尊。今文曰：‘南面立于席西。’”

疏曰：“賓長以下皆無設席之文。”

敖氏曰：“既受爵，乃設席，降於主人也。席南面，變於不賓尸之禮也。‘立于席西’者，亦西爲下。未設豆而立席西，亦異於上。〇鄭本無‘南面’字，註曰：‘今文曰：南面立於席西。’繼公謂宜從今文，入‘南面’字。”

世佐案，房中南面，主婦之正位也，故受酢設席於此。

婦贊者薦韭菹、醓，坐奠于筵前，菹在西方。婦人贊者執麷、蕡以授婦贊者。婦贊者不興，受，設麷于菹西，蕡在麷南。

註曰：“婦人贊者，宗婦之少者。”

世佐案，云“婦人贊者”，所以别于婦贊者也。婦贊者，即主婦贊者一人也，其服飾與主婦同，蓋以宗婦之長者爲之，其次爲婦人贊者，則贊此長婦者也。

主婦升筵。司馬設羊俎于豆南。

郝氏曰：“羊俎，即前主婦俎‘羊左臑’以下七物共載者也。豆南，當菹醓南，蕡東也。”

主婦坐，左執爵，右取菹揳于醓，祭于豆間，又取麷、蕡，兼祭于豆祭。主婦奠爵，興，取肺，坐絶祭，嚌之，興，加于俎，坐挩手，祭酒，啐酒。

註曰：“挩手者，於帨。帨，佩巾。《内則》曰：‘婦人亦左佩紛帨。’”

敖氏曰："凡祭離肺者必捝手，經不盡見之也。"

世佐案，啐酒而不告旨，其義與主人同。

次賓羞羊燔，主婦興，受燔，如主人之禮。

姜氏曰："如主人受尸酢也。"

主婦執爵以出于房，西面于主人席北，立卒爵，執爵拜，尸西楹西北面答拜。主婦入，立于房，尸、主人及侑皆就筵。

註曰："出房立卒爵，宜鄉尊。不坐者，變於主人也。執爵拜，變於男子也。"張氏曰："鄉尊，謂對尸而卒爵。"

敖氏曰："出房卒爵，宜成禮於所酢者之前也。立卒爵，婦人常禮也。立卒爵而拜既，惟人君及主婦耳，其異者，奠爵與執爵也。《燕禮》曰，公'立卒爵，坐奠爵，拜'。云'立于房'，見其不就席。"

郝氏曰："主婦受爵、卒爵則于堂，薦祭以至啐酒、羞燔皆于房。執爵拜，婦人立拜也。"

右尸酢主婦。張氏曰："主婦亞獻禮竟。"

疏曰：此科内從酢有三：婦贊者設豆、籩，一也；司馬設羊俎，二也；次賓羞羊燔，三也。主婦與侑同，主人與尸同，尊卑差也。

上賓洗爵以升，酌獻尸。尸拜受爵，賓西楹西北面拜送爵。尸奠爵于薦左，賓降。

註曰："上賓，賓長也。謂之上賓，以將獻異之，或謂之長賓。奠爵，爵止也。"

疏曰：尸不舉者，以三獻訖，正禮終，欲使神惠均於庭，徧得獻乃舉之，故下文主人獻及衆賓以下訖，乃作止爵。《特牲》及下大夫尸在室内，始行三獻，未行致爵，尸奠爵，欲得神惠均於室。此上大夫之禮，室内已行三獻，至此儐尸，夫婦又已行致爵訖，儐尸又在堂，故爵止者，欲得神惠均於庭，與正祭者異。

敖氏曰："拜受爵，亦於筵上也。尸於三獻而奠爵，亦欲助祭者皆受獻也。薦左，醢東也。不奠於右，爲妨往來及行禮也。"

右上賓獻尸，爵止。

主人降，洗爵。尸、侑降。主人奠爵于篚，辭，尸對。

世佐案，"爵"，敖本作"觶"，當從之。《鄉飲酒記》云"獻用爵，其他用觶”是也。洗觶，爲酬尸也。主人體尸止爵之意，將獻長賓以下，乃先酬尸者，獻之禮成于酬，成尊者之禮，而後及其餘禮之序也。辭，辭降也。尸、侑皆降，而對者唯尸，統于尊也。不辭洗者，以其將自飲也。

卒洗，揖。尸升，侑不升。

註曰:“侑不升，尸禮益殺，不從。”

敖氏曰:“侑不升者，酬禮不及已升，嫌也。”

世佐案，註云“禮益殺”者，對上主人獻尸之時侑從升而言也。

主人實爵，酬尸，東楹東北面坐奠爵，拜，尸西楹西北面答拜。坐祭，遂飲，卒爵拜，尸答拜。

世佐案，此主人導飲也。

降洗，尸降，辭。主人奠爵于篚，對。卒洗。主人升，尸升。主人實爵，尸拜受爵。主人反位答拜，尸北面坐奠爵于薦左。

註曰:“降洗者，主人。”

疏曰:此主人酬尸，尸奠於薦左者不舉。案下註云“神惠右不舉，變於飲酒”，與此不同者，《特牲》及下不儐尸，皆無酬尸之事，此特有之，由儐尸如與賓客飲酒，無故有酬，異於神惠也。

敖氏曰:“卒洗，亦揖乃升。主人實觶，亦北面於尸之席前。尸階上拜，乃進受之而反位。主人既答拜，尸乃進，北面奠爵。薦左，其昌本之東與? 酬而授觶者，大夫之禮，異於士也。主人於尸爵止之後即舉觶以酬尸者，宜終尸禮，乃可以獻助祭者也。”

郝氏曰:“體尸止爵之意，將飲賓而先自尸始。然不曰獻，曰‘酬’者，獻終于三，酬繼之。特牲尸無酬，此酬者，尸既爲賓矣。”

世佐案，此與《鄉飲酒》酬賓之禮略同，惟主人於尸授爵而不奠爵爲異。反位，反東楹東北面之位也。

尸、侑、主人皆升筵。

敖氏曰:“侑升堂之節，其在尸奠爵之時乎?”

姜氏曰:“升筵不言主婦者，統于主人，省文也。”

右主人酬尸。

乃羞。宰夫羞房中之羞于尸、侑、主人、主婦，皆右之。司士羞庶羞于尸、侑、主人、主婦，皆左之。

註曰："二羞所以盡歡心。房中之羞，其籩則糗餌粉餈，其豆則酏食糝食。庶羞，羊臐豕膮，皆有胾、醢。房中之羞，内羞也。内羞在右，陰也。庶羞在左，陽也。"

疏曰：房中之羞，其籩是《周禮·籩人職》云"羞籩之實"，其豆則《醢人職》云"羞豆之實"。《公食大夫》牲皆臛及炙、胾，此直云臐、胾，不言炙者，彼是食禮，故庶羞並陳，此飲酒之禮，燔炙前已從獻，故止有臐、胾而已。内羞是穀物，穀本地産，故云陰。庶羞是牲物，牲本天産，故云陽。

敖氏曰："房中之羞，饌于房者也。言'房中'，以别於庶羞，明庶羞不自房來也。饋食之禮，庶羞亦設于薦豆之左，則庶羞在左乃其常處。庶羞左，則内羞右，亦宜矣。庶羞之物，恐亦不過胾、醢而已。〇案註以羞籩、羞豆之實爲此房中之羞，亦恐或然，但未必其俱用之也。"

郝氏曰："異味曰羞，羞從酬，賤味也。房中之羞，婦工所脩餅、餌之類。庶羞，雍人所脩胾、醢之類。"

右羞于尸、侑、主人、主婦。

主人降，南面拜衆賓于門東三拜，衆賓門東北面皆答壹拜。

註曰："拜于門東，明少南就之也。言三拜者，衆賓賤，旅之也。衆賓一拜，賤也。卿大夫尊，賓賤，純臣也，位在門東。"

敖氏曰："助祭之賓，主黨也，故主人降拜之，而尸、侑不從，與鄉飲、鄉射之禮異也。未獻之前，衆賓位在門東，亦大夫之禮異於士者。"

郝氏曰："主人拜，將獻也。門東，主位，賓門東北面，臣禮，不敢居賓也。主三拜，旅拜也。賓答一拜，賓衆，且不敢均禮也。"

張氏曰："衆賓，自長賓而下也。自此至'主人就筵'，皆主人酌獻外庭、内庭之事，所謂均神惠也。凡七節：獻長賓，一也；獻衆賓，二也；主人自酢于長賓，三也；酬長賓，四也；獻兄弟，五也；獻内賓，六也；獻私人，七也。"

主人洗爵，長賓辭。主人奠爵于篚，興對，卒洗，升酌，獻賓于西階上。長賓升，拜受爵，主人在其右，北面答拜。

敖氏曰："長賓辭亦北面，蓋於門東少進也。主人已酌長賓乃升，遠下尸也。獻賓當西南面。"

世佐案，以《鄉飲酒》等禮推之，則此爵蓋即主人受尸酢時奠于東序南者。衆賓答拜訖，主人揖，升，取爵乃降洗也。不言主人升降之節，文省也。長賓辭洗，自門東北行辭之。

宰夫自東房薦脯、醢，醢在西。

敖氏曰："醢在西者，爲降設於其位，則脯當在南也。賓位於庭，北上，而脯醢南上，亦席豆相變之意也。由是言之，則他禮之類此者，皆可得而推矣。"

郝氏曰："脯爲籩，醢爲豆。醢在西，則脯在東，一豆一籩。"

司士設俎于豆北，羊骼一、腸一、胃一、切肺一、膚一。

註曰："羊骼，羊左骼。上賓一體，賤也。薦與設俎者，既則俟于西序端。古文骼爲胳。"

敖氏曰："上賓一體，又無脊、脅，遠别於堂上者也。用切肺者，賓俎設於堂，故亦因尸禮。肺繼胃言之，羊肺可知。"

郝氏曰："豆北，醢之北也。羊骼以下五物爲一俎，前敘尸、侑、主人、主婦俎不及賓，于此詳之。"

賓坐，左執爵，右取脯擩于醢，祭之，執爵興，取肺，坐祭之，祭酒，遂飲，卒爵，執爵以興，坐奠爵，拜，執爵以興。主人答拜，受爵。賓坐，取祭以降，西面坐委于西階西南。

註曰："成祭於上，尊賓也。取祭以降，反下位也。反下位而在西階西南，已獻尊之。祭，脯、肺。"

疏曰：長賓位在門東，今得獻，反在西階南，與主人相對，已獻尊之故也。

敖氏曰："賓取祭以降，以已所有事者也，宜親執之。西階西南，賓之正位也。既獻，乃立於此，尊者之禮，節文彌多，以相變爲貴。"

郝氏曰："賓祭脯、祭肺、祭酒、卒爵拜皆在西階上，既成禮，乃取所祭脯、肺降西階下西南，坐委于地，不敢以賓禮終，且避衆賓獻位也。”

張氏《監本正誤》云：“‘賓坐，左執爵，右取脯，擩于醢，祭之’，‘脯’誤作‘肺’。”○“‘遂飲，卒爵，執爵以興’，脱下‘爵’字。”

宰夫執薦以從，設于祭東。司士執俎以從，設于薦東。

敖氏曰：“此設薦于祭東，則是凡祭于豆間，乃當其間之前耳。此獻長賓，而宰夫、司士薦，則自此以下皆私人爲之明矣。宰夫、司士，大夫之私人也。”

張氏《監本正誤》云：“‘宰夫執薦以從’，‘薦’誤作‘爵’。”

衆賓長升，拜受爵，主人答拜。坐祭，立飲，卒爵，不拜既爵。

註曰：“長賓升者，以次第升受獻。言衆賓長拜，則其餘不拜。”

郝氏曰：“衆賓、次賓，其長先升受爵，餘各以序升受。”

宰夫贊主人酌，若是以辯。

註曰：“主人每獻一人，奠空爵于棜。宰夫酌授於尊南。”

敖氏曰：“宰夫贊酌，大夫尊也。贊酌者，主人以虚爵授宰夫，宰夫爲酌之。於此乃言之者，見獻賓一人乃贊酌也。若是以辯，謂皆如‘衆賓長升拜、受爵’以下之儀。”

辯受爵，其薦脯醢與脀，設于其位。其位繼上賓而南，皆東面。其脀體，儀也。

註曰：“徧獻乃薦，略之，亦宰夫薦，司士脀。儀者[①]，尊體盡，儀度餘骨可用而用之，尊者用尊體，卑者用卑體而已。亦有切肺、膚。今文儀皆爲曦[②]，或爲議。”

敖氏曰：“言‘辯受爵’，嫌或有不與者也。《特牲饋食禮》曰：‘衆賓升，拜受爵，坐祭，立飲，薦俎，設于其位，辯。’此下經言兄弟之儀云‘升受

① “儀者”，校本同。阮《校》云：“徐本、楊、敖同，《集釋》、《通解》、毛本無‘用’字。按疏亦無。”

② “今文儀皆爲曦”，校本、毛本同。阮《校》云：“徐本、《釋文》、《集釋》、敖氏俱作‘作䑽’，《通解》作‘爲䑽’。按《五經文字》、《九經字樣》俱無‘䑽’字。按葉抄《釋文》作‘䑽’。《集韻》：‘䑽，曽羈切，度牲體骨也，曦字非也。’”

爵，其薦脀，設于其位'，然則此薦脀亦於每獻設之也。體儀，謂或體或儀也。尊者用體折，卑者但用儀且。"且"當是"耳"字之譌。儀者，其脊若脅之屬與？又下云長兄弟之脀，'折脅一、膚一'，則此非折，而儀者惟有膚而已。"

郝氏曰："脀，即俎也。其脀體隨宜儀。宜也，度也。脀與膚皆豕也，俎漸降，則無羊。"

姜氏曰："註謂'徧獻乃薦'，非也。以後徧獻兄弟章推之，此乃申辯受爵時之位饌甚明，豈先徧獻而後薦設乎？儀者，言其微末足以備儀而已。註謂儀度而用之，亦曲矣。"

世佐案，如註説，薦在徧獻之後，則經文當云"辯受爵乃薦"，今不云乃而云"其"，是亦於每獻薦之明矣。升於俎曰"脀體"者，言其不折。儀者，言其無定。不折者，隆于兄弟。無定者，殺于上賓，若羊、若豕則未聞。惟云"體儀"，則自腸胃以下皆如上賓可知。擇膚曰倫，度體曰儀，此經之字法也。

右主人獻賓。

乃升長賓，主人酌，酢于長賓，西階上北面，賓在左。

註曰："主人酌自酢，序賓意，賓卑不敢酢。"

疏曰：《特牲》獻長賓訖即酢，此主人益尊，先自達其意。

敖氏曰："'乃升長賓'者，其宗人與？後'長賓'二字似衍，蓋此乃主人自酢，非酢于長賓也。《鄉飲酒》曰'主人實爵，以酢于西階上'，此文宜類之。徧獻乃酢，變於士禮。賓辟尸，不敢親酢主人，故主人自酢以達其意。"

世佐案，主人自酢而云"酢于長賓"者，見其所以達長賓之意也。且此酢於辯獻衆賓之後，嫌統爲衆賓，故復言長賓以别之。敖以爲衍，非。

主人坐奠爵，拜，執爵以興，賓答拜。坐祭，遂飲，卒爵，執爵以興，坐奠爵，拜，賓答拜，賓降。

註曰："降反位。"

敖氏曰："賓降，反位，則主人亦就席矣。"

右主人自酢于長賓。

宰夫洗觶以升，主人受，酌，降酬長賓于西階南，北面，賓在左。主人坐奠爵，拜，賓答拜。坐祭，遂飲，卒爵拜，賓答拜。

註曰："宰夫授主人觶，則受其虛爵奠于篚。"

敖氏曰："宰夫授觶于上，便其酌也，此亦異于士。"

郝氏曰："觶在堂下，酒在堂上。賓位堂下，故宰夫洗觶，升堂，授主人，主人受，酌酒以降，酬長賓于其位。主人先自飲，導之。"

張氏曰："註'受其虛爵'，指上文酢爵也。"

主人洗，賓辭。主人坐奠爵于篚，對。卒洗，升酌，降復位。賓拜受爵，主人拜送爵。賓西面坐，奠爵于薦左。

敖氏曰："主人拜，亦北面也。賓西面奠爵于薦左，由便，説見《特牲禮》。薦左，薦北。"

張氏曰："案此爵至旅酬後，與兄弟之長交酬，爲無算爵。"

世佐案，位，西階南北面之位也。此酬爵主人親授而不奠，亦與《特牲禮》異。

右主人酬長賓。

主人洗，升酌，獻兄弟于阼階上。兄弟之長升，拜受爵，主人在其右答拜。坐祭，立飲，不拜既爵，皆若是以辯。

註曰："兄弟長幼立飲，賤不别。大夫之賓，尊於兄弟。宰夫不贊酌者，兄弟以親昵來，不以官待之。"

敖氏曰："獻兄弟不殊其長，與衆賓同，亦大夫禮異也。不言宰夫贊主人酌，略其文耳。兄弟卑於衆賓，主人于其次者不親酌可知，下獻内賓放此。此獻亦西南面。"

郝氏曰："兄弟至親，同爲主，故獻于東階上，而主人在東階東。"

世佐案，皆，皆衆兄弟也。若是，亦指"升，拜受爵"以下也。主人惟爲長兄弟一洗耳，其次以下皆不洗。《特牲禮》云"洗獻衆兄弟"，以其承主人自酢于長兄弟之後也。此于長兄弟無酢，故不復洗獻。兄弟不殊其長，卑于賓也。不使宰夫贊酌，親于衆賓也。一獻之間而尊卑之殺、親疏之等胥得之矣。

辯受爵。其位在洗東，西面北上。升受爵，其薦脀設于其位。

註曰："亦辯獻乃薦，既云辯矣，復言升受爵者，爲衆兄弟言也。衆兄弟升，不拜受爵，先著其位於上，乃後云薦脀設於其位，明位初在是也。位不繼於主人而云洗東，卑不統於尊。此薦脀皆使私人。"

疏曰：上賓拜受爵，又拜既爵，衆賓及長兄弟拜受爵，不拜既爵，衆兄弟又不拜受爵，是其差也。經云"其位在洗東，西面北上"，是"先著其位於上"，乃云"升受爵"者，謂發此位升堂受爵，又云"薦脀設於其位"者，謂受爵時設薦脀於洗東西面位也。案《特牲》主人卑，故兄弟助祭之位得繼主人於阼階下，南陳，此以大夫尊，故兄弟之位在洗東，不繼主人，卑不統於尊故也。

敖氏曰："又著兄弟長以下既獻之位，及其設薦脀之節也。至此乃言其位者，因文而見之也。升受爵，謂每人升受爵之時也。於其受獻，則爲之設薦脀于位，明不俟其降也。鄉飲酒禮衆賓每一人獻則薦諸其席，是禮似之矣。此不言宰夫贊酌，獻衆賓不言升受爵而設薦脀，其禮同，故互文以相足也。"

姜氏曰："獻私人亦如衆賓長，以官待之；獻内賓亦如兄弟，不以官待之，皆親疏之别也，以下文推之可見。徧獻乃薦，辯見上文。"

世佐案，復言"升受爵"者，著設薦脀之節也。註云"爲衆兄弟言"，非。又案，上賓拜受爵，又拜既爵，衆賓長以下皆拜受爵，不拜既爵，長兄弟以下亦然，此隆殺之差也。衆賓與兄弟皆不殊其長，略之。註意以謂衆賓長拜受爵，不拜既爵，衆賓又不拜受爵，長兄弟與衆賓長同，衆兄弟與衆賓同，失經意矣，疏説又非註意，故辯之。

其先生之脀，折、脅一、膚一。其衆，儀也。

註曰："先生，長兄弟。折，豕左肩之折。"

疏曰：知折是豕左肩之折者，"侑俎豕左肩折"，註云"折分爲長兄弟俎"是也

敖氏曰："脀，猶俎也。其折與脅若羊若豕，則不可攷。先生脀折，其衆則儀，亦以此别長幼也。無離肺者，因上賓俎也。俎不設於堂，故無切肺。"

張氏《監本正誤》云："'其先生之脅'，脱'其'字。"

世佐案，折脅者，折分脅骨以爲俎實也。舊説以折與脅爲二，非。上賓之俎已止一體，長兄弟安得有二體乎。惟云"膚一"，則腸胃之屬皆無之矣。脅惟一骨而折之，又無腸胃、切肺，遠下賓也。長兄弟之脅且折，則其衆之折可知。折而又無定體，又下于其長也。上賓羊骼，衆賓體儀，長兄弟折脅，衆兄弟折儀，此助祭者俎實之差。

右主人獻兄弟。

主人洗，獻内賓于房中。南面拜受爵，主人南面于其右答拜。坐祭，立飲，不拜既爵，若是以辯，亦有薦脅。

註曰："内賓，姑姊妹及宗婦。獻于主婦之席東，主人不西面，尊不與爲賓主禮也。南面於其右，主人之位恒左人。亦設薦脅於其位。《特牲饋食禮記》曰：'内賓立于房中西墉下，東面南上。宗婦北堂，東面北上。'"

疏曰：案《特牲》獻内兄弟于房中，如獻衆兄弟之儀，主人西面答拜，此大夫禮，主人南面拜，是不與爲賓主之禮也。左人，謂人在主人左也，若《鄉飲酒》、《鄉射》等。北面，則主人在東，賓在西，此南面則主人在西，賓在東，故云"恒左人"也。引《特牲記》者，欲見内賓設薦之位處。

敖氏曰："洗不言降，是洗于房也。獻之，蓋東北面。受、送之拜皆南面，猶堂上之皆北面也，是或一禮與？若是以辯，亦謂長幼拜受以下之儀同也。不言辯受爵，已於衆賓兄弟見之，此可知也。不著其位者，嫌未獻、既獻之位異也。"

郝氏曰："賓主皆南面，統于堂也。主人在右，尊賓也。"

世佐案，《特牲記》云"尊兩壺于房中西墉下"，"内賓立于其北"，又云"宗婦北堂"，然則内賓專指姑姊妹言也。自"南面拜受爵"至"不拜既爵"，皆言内賓長受獻之禮。云"若是以辯"，則宗婦亦在其中矣。

右主人獻内賓。

主人降洗，升，獻私人于阼階上。拜于下，升受，主人答其長拜。乃降，坐祭，立飲，不拜既爵，若是以辯。宰夫贊主人酌，主人於其羣私人不答拜。其位繼兄弟之南，亦北上，亦有薦脀。

註曰："私人，家臣，己所自謁除也。大夫言私人，明不純臣也。士言私臣，明有君之道。北上，不敢專其位。亦有薦脀，初亦北面，在衆賓之後爾。言繼者，以爵既獻爲文。凡獻，位定。"

疏曰：云"私人，家臣，己所自謁除也"者，此對公士得君所命者，此乃大夫自謁請於君，除其課役，以補任爲之。大夫尊，近於君，故屈己之臣名爲私人。士卑，不嫌近君，故得名屬吏爲私臣也。兄弟北上，今繼兄弟之南，亦北上，與兄弟位同，故云"不敢專其位"。云"凡獻，位定"者，是獻以前非定位也。未獻時在衆賓後，《特牲記》云，私臣位在"門東北面"是也。

敖氏曰："私人，猶私臣也。經記異人，故其文亦異。獻私人而降洗，重獻禮也。拜于下而降飲，賤也。獻亦西南面於東楹東，而拜於其右，私人賤，故但答其長拜以殊之。自獻衆賓至此，其獻凡四節，惟前後兩言'宰夫贊主人酌'，所以見其間二獻之不言此者爲省文耳。此言於'若是以辯'之後，見獻私人之長即贊之也。以是例之，則獻内賓以上，主人所親酌者惟於其長，益可見矣。此位亦北上者，賤於兄弟，故其位繼其後，而不更端也。《特牲記》言衆賓及衆兄弟、内賓、宗婦、公有司、私臣其俎同，然則此禮内賓以及私人，其俎亦皆儀而有膚矣。大夫無獻公有司之禮，豈其私臣多，足以任其事，不用公有司與？或公有司在衆賓之中，不必別見之與？"

郝氏曰："《特牲》有公有司，此唯私人，卿、大夫私人亦在公者。"

世佐案，《特牲記》有公有司及私臣，此唯見私人，則賓即公有司可知矣。賓與私人皆家臣也，而有公私之別者，以其得君命與否也。士卑，僚友有來助祭者，故以僚友爲賓。大夫尊，其僚友無來助祭者，故即以公有司爲賓，亦其宜也。獻私人亦洗者，以承獻内賓之後故也。男女不襲器，不云易爵，文省耳。拜於下，臣也。主人聽其拜下而不命之升拜於上，辟人君禮也。俟其升受乃答拜，是亦在其右，北面也。若是，指拜下、升受諸儀也，唯主人不答拜爲異。羣私人且拜受爵，則衆賓、衆兄弟之拜受益可見矣。於是復云"宰夫贊主人酌"，所以見獻兄弟及内賓之不用贊也，敖説誤。

主人就筵。

郝氏曰："主人獻畢，由階上就東序之筵。"

右主人獻私人。張氏曰："均神惠徧。"

尸作三獻之爵。

註曰："上賓所獻爵。不言三獻作之者，賓尸而尸益卑，可以自舉。"

敖氏曰："主人畢獻而就筵三獻，於是升立于西階上，尸乃舉爵也。此與不賓尸之禮皆尸自作止爵，不待獻者作之，亦異於士。"

郝氏曰："前上賓三獻尸，尸以爵未徧，奠而不舉。今自賓至私人均受獻，尸乃起三獻之爵，將祭以飲。"

張氏曰："自此盡'降實于篚'，尸舉所奠上賓之爵，以成三獻之禮。以上賓舉三獻，因號上賓爲三獻，是以事名官。此一禮内凡有四節：尸作爵，一也；獻侑，二也；致爵于主人，三也；受尸酢，四也。"

姜氏曰："註謂儐尸而尸益卑，故自作爵也，其説蓋非。下大夫不儐尸，尸亦自作爵也。此但大夫禮與士異耳。"

司士羞湆魚，縮執俎以升。尸取膴祭祭之，祭酒，卒爵。

註曰："不羞魚匕湆，略小味也。羊有正俎，羞匕湆、肉湆，豕無正俎，魚無匕湆，隆汙之殺。"

敖氏曰："不言左執爵與興坐者，如上禮可知。"

郝氏曰："湆魚，即前所朼'尸俎五魚横載'者也。大臠曰膴，即前所加膴祭于其上者也。"

司士縮奠俎于羊俎南，横載于羊俎，卒，乃縮執俎以降。尸奠爵，拜，三獻北面答拜，受爵。

敖氏曰："横載者，於俎爲横，與牲體同也。不縮載者，正俎之實已多，又加以益送之俎，故載魚於此不得象其在魚俎也。尸既卒爵，乃執虚爵以待執俎者降，而後奠爵，拜，行禮之序，於此可見。"

右尸作止爵。

酌獻侑。侑拜受，三獻北面答拜。司馬羞湆魚一，如尸禮。卒爵，拜，三獻答拜，受爵。

註曰："司馬羞湆魚，變於尸。"

敖氏曰："'司馬'當作'司士'，字之誤也。上下皆司士爲之，此不宜使司馬，且司馬惟主羊俎耳，羞湆魚非其事也。卒爵與拜，其節宜與尸同，此略言之耳，下文主人亦然。"

郝氏曰："前'司士杋魚'，'侑、主人皆一魚'即此。"

右上賓獻侑。

酌，致主人。主人拜受爵，三獻東楹東北面答拜。

註曰："賓拜於東楹東，以主人拜受於席，就之。"

敖氏曰："'致'下蓋脱'于'字也。賓拜東楹東者，以與主人爲禮，則不敢獨拜西階上，辟尸也。"

郝氏曰："此賓致爵于主人，即酌其獻侑之爵。不言獻主人，酒自主人出也。"

司士羞一湆魚，如尸禮。卒爵，拜。三獻答拜，受爵。

敖氏曰："此與侑如尸禮，皆兼祭酒而言。不致爵于主婦，變於不賓尸之禮。"

右上賓致爵于主人。

尸降筵，受三獻爵，酌以酢之。"酢"，石經作"醋"。[①]

註曰："既致主人，尸乃酢之，遂賓意。"

敖氏曰："賓尸，則尸與侑、主人爲序，故俟其畢獻乃酢之。酢而不洗，亦因室中之禮也。賓尸而不因室中之禮者，惟主人耳。"

張氏《監本正誤》云："'尸降筵，受三獻爵，酌以酢之'，脱'爵'字。"

三獻西楹西北面拜受爵，尸在其右以授之。尸升筵，南面答拜。坐祭，遂飲，卒爵，拜，尸答拜，執爵以降，實于篚。

敖氏曰："尸在其右，並授也。並授而不同面拜，遠辟主人獻賓之禮也。云'執爵以降'，則是既卒爵，亦奠之而拜矣。"

① "酢石經作醋"，校本無此五字。

姜氏曰："在其右，親授尸，彌卑也。執降者，三獻也。"

世佐案，尸在其右，亦北面也。必升筵而后答拜者，亦因室中之禮。

右尸酢上賓。張氏曰："三獻禮成。"

二人洗觶，升，實爵，西楹西北面東上，坐奠爵，拜，執爵以興，尸、侑答拜。坐祭，遂飲，卒爵，執爵以興，坐奠爵，拜，尸、侑答拜，皆降。

註曰："三獻而禮小成，使二人舉爵，序殷勤於尸、侑。"

疏曰：案《鄉飲酒》、《鄉射》、《特牲》等皆一人舉觶爲旅酬始，二人舉觶爲無算始[①]，今儐尸乃以二人爲旅酬始者，以其初時主人酬尸，尸奠之，侑未得酬，故使二人舉觶，侑乃得亦奠一爵，而尸之一爵遂行于下也。兄弟之後生者舉觶於其長爲無算爵者，以其賓長所舉奠酬亦爲無算爵，以此二觶者皆在堂下，故爲無算爵。尸不與無算爵，故舉堂下觶爲無算爵。凡旅酬皆從上發尸爲首，故《特牲》等使二"二"當作"一"。人舉觶爲旅酬[②]，與賓長所舉薦君"君"當作"右"。之觶[③]，此賓不舉旅酬，皆從尸舉，故所奠者爲無算一爵，亦是異於《特牲》。

敖氏曰："二人舉觶，爲旅酬始也。《中庸》曰'旅酬下爲上，所以逮賤也'，其是之謂與？"

張氏曰："自此以下，言旅酬及無算爵。二人舉觶爲旅酬；兄弟後生舉觶於長；賓長加獻尸；次賓舉爵又旅酬；兄弟舉止爵，賓舉奠觶，交錯，爲無算爵，又凡五節，而儐尸之禮畢矣。"

世佐案，《鄉飲酒》、《鄉射》舉觶者皆序立西階上，此於西楹西者，因尸、侑初升之位也。東上舉觶于尸者，爲上尸、侑答拜亦各於其席。此經"爵"字當作"觶"。下註云："古文觶皆爲爵，延熹"延熹"蓋"熹平"之誤，辨見後。中詔校書，定作觶。"此殆改之未盡者與？下文"爵"、"觶"雜者，當以意求之。

---

① "無算始"，校本同，各本"算"字下有"爵"字，疑有脱文。

② "特牲等使二人舉觶"，校本同，阮《校》曰："《要義》同，《通解》、毛本'一'作'二'。"今按，應作"一"爲是。

③ "薦君之觶"，校本同，阮《校》曰："《要義》同，《通解》、毛本'右'作'君'。"今按，應作"右"爲是。

洗，升，酌，反位。尸、侑皆拜受爵，舉觶者皆拜送。侑奠觶于右。

註曰："奠于右者，不舉也。神惠右不舉，變於飲酒。"

敖氏曰："反位于西楹西，俟拜也。受爵亦於其席，拜送亦於其位。舉觶者不奠觶于席前，不變於主人之儀也。侑奠觶不言坐，文省也。于右，亦由便耳。右，簨南。"

郝氏曰："奠于右，俟尸行酬而後舉，以酬長賓。"

張氏曰："雖二爵並舉，止用尸一爵酬於下。"

世佐案，云"尸、侑皆拜受爵"，則舉觶者各授于席前而不奠矣，此亦與《鄉飲酒》等禮異。又案《鄉飲酒記》云"凡奠者于左，將舉于右"，此侑觶奠于右而不舉，是變于飲酒也，郝説誤，辨見後。

右二人舉觶于尸、侑。

尸遂執觶以興，北面于阼階上酬主人，主人在右。

註曰："尸拜於阼階上，酬禮殺。"

疏曰："上文尸酢主人，主人東楹東北面拜受爵，尸西楹西北面答拜，是各於其階。今尸酬主人，同於阼階，故云'禮殺'也。"

敖氏曰："言'遂執觶以興'，是曏者亦執觶以坐而俟也。尸雖不奠觶猶坐，以其當然也。"

坐奠爵，拜，主人答拜。不祭，立飲，卒爵，不拜既爵。

敖氏曰："亦執觶興，主人乃答拜也。"

姜氏曰："此尸酬主而先導飲也。"

酌，就于阼階上酬主人。主人拜受爵，尸拜送。尸就筵。

註曰："言就者，主人立待之。酬不奠者，急酬侑也。"

敖氏曰："此酬主人，謂東面授之，如《特牲》賓兄弟旅酬之儀。"

姜氏曰："此尸既自導飲，而因酬主人也。"

主人以酬侑于西楹西，侑在左。坐奠爵，拜，執爵興，侑答拜。不祭，立飲，卒爵，不拜既爵。

姜氏曰："此主酬侑而先導飲也。"

酌，復位。侑拜受，主人拜送。主人復筵。

註曰："言酌，復位，明授於西階上。"

敖氏曰："復位而西面授之，下放此。"

姜氏曰："此主既導飲，而因酬侑也。"

世佐案，復位，復西楹西侑右之位。

乃升長賓。侑酬之，如主人之禮。

註曰："遂旅也。言升長賓，則有贊呼之。"

郝氏曰："長賓在西階下，侑升長賓，舉所奠薦右之觶酬之。"

世佐案，侑酬長賓之觶，即其受之于主人者。郝云"舉所奠薦右之觶"，非。

至于衆賓，遂及兄弟，亦如之，皆飲于上。

註曰："上，西階上。"

姜氏曰："'皆飲于上'，通承上文之詞。尸酬主人，主人酬侑，侑酬賓，賓酬兄弟，皆飲于上。自此兄弟酬私人飲于下，而主婦酬内賓，遂及宗婦，皆飲于房中矣。内賓不言酬者，蓋不與男子旅酬之列故與？"

遂及私人，拜受者升受，下飲。

註曰："私人之長拜於下，升受兄弟之爵，下飲之。"

疏曰："私人之位在兄弟之南，今言下飲之，則私人之長一人在西階下飲之，其餘私人皆飲於其位，故下經云'卒爵，升酌，以之其位，相酬辯'是也。"①

敖氏曰："私人拜而升受兄弟之爵，俟兄弟答拜乃下也。下飲，謂就其位而飲之，以酬其次者也。惟云'拜受'，云'下飲'，是兄弟及私人飲時皆不拜矣。兄弟飲不拜者，以所酬者在下，難爲禮也。私人飲不拜者，因酬己者之儀，且賤者禮簡也。"

卒爵，升酌，以之其位，相酬辯。

註曰："其位，兄弟南位。亦拜受、拜送、升酌由西階。"

敖氏曰："以之其位，飲所酬者也，亦於此相酬，則私人之長，其下飲之時亦在此明矣。"

---

① "相酬辯是也"，此五字底本原脱，據校本及各注疏本補。

姜氏曰："之，往也。"

卒飲者實爵于篚。

註曰："未受酬者，雖無所旅，猶飲。"

右旅酬。

乃羞庶羞于賓、兄弟、内賓及私人。

註曰："無房中之羞，賤也。此羞同時，羞則酌，房中亦旅。其始，主婦舉觶於内賓[①]，遂及宗婦。"

疏曰："内賓羞在私人之上，私人得旅酬，則房中内賓亦旅可知。"

敖氏曰："無房中之羞，別於主婦以上也。此節亦當祭薦、脅，文不具耳。"

郝氏曰："此加羞于堂下及房中，不及尸、侑、主人者，前三獻畢，主人酬尸，宰夫羞内羞、庶羞于尸、侑、主人、主婦，而此則賓以下及私人，有庶羞，無内羞，禮殺也。"

右羞于賓、兄弟、内賓及私人。

世佐案，《特牲禮》尸之庶羞，佐食羞之于尸九飯之時，至兄弟弟子舉觶于其長之下，云"宗人告祭脅，乃羞"，註云"此所羞者，自祝、主人至于内賓，無内羞"。是篇於主人酬尸後，宰夫及司士羞于主婦以上，内羞、庶羞兼有之，至是乃羞于賓以下，惟庶羞而已，其節又在旅酬之後，兄弟之後生者舉觶之前，皆與士禮異。

兄弟之後生者舉觶于其長。

註曰："後生，年少也。古文觶皆爲爵，延景中，詔校書定作觶。"世佐案，"延景"，《釋文》作"延熹"，今以史傳考之，皆誤也。《後漢書·靈帝紀》"詔諸儒正五經文字，刻石立于太學門外"，事在熹平四年，《儒林傳·蔡邕傳》並同。漢諸帝年號，無稱延景者，唯桓帝時有延熹之號，而事實又不合，當依《後漢書》作"熹平"爲是。或云"延熹"當作"建熹"，蓋謂建寧、熹平之間耳。《蔡邕傳》云，建寧中，"校書東觀，遷議郎，邕以經籍去聖久遠，文字多謬，俗儒穿鑿，疑誤後學。熹平四年，乃與五官中郎將堂谿典、光禄大夫楊賜、諫議大夫馬日磾、議郎張馴、韓説、太史令單颺等奏求正定六經文字，靈帝許之"。是事始于建寧而成于熹平，故合而稱之。此説亦有據，然割并年號而稱之者起自近代，恐漢人無此例也。

郝氏曰："此兄弟之幼者舉觶于其長，爲無算爵之始。旅酬畢，主人

---

① "觶"字下原有"酬"字，校本無。據阮《校》，徐本、《通解》、《要義》作"舉酬"，毛本、《集釋》、楊氏作"舉觶"。今據校本删"酬"字。

慇懃未已，兄弟之幼者爲主人達其意。”

洗，升酌，降，北面立于阼階南，長在左。坐奠爵，拜，執爵以興，長答拜。

註曰：“長在左，辟主人。”

疏曰：凡獻酬之法，北面則主人在東，今長兄弟北面，云“在左”，則在西，故辟主人也。

敖氏曰：“此後生者舉觶，與主人酬賓之儀略同，似有爲主人酬長兄弟之意，故位如主人而長在左。”

姜氏曰：“案《特牲禮》主人北面酬賓，賓在左，並拜，兄弟弟子舉觶于其長，儀亦然，今《少牢禮》並同也。彼長兄弟在左，雖非賓，亦如賓然，故云‘避主人’。”

坐祭，遂飲，卒爵，執爵以興，坐奠爵，拜，執爵以興，長答拜。

敖氏曰：“長既拜，則復于東“東”當作“西”。面位也。”

姜氏曰：“卒爵亦拜，長亦答拜，雖後生兄弟，行也。”

洗，升酌，降，長拜受于其位，舉爵者東面答拜，爵止。

註曰：“拜受、答拜不北面者，儐尸禮殺。長賓言奠，兄弟言止，互相發明，相待也。”

疏曰：上文主人酬賓，賓奠爵于薦左，與此爵止相待，俱時舉行，下文“交錯其酬”，爵無算是也。依次第不交錯爲旅酬。從楊氏《圖》節本。

敖氏曰：“此‘拜受于其位’者，别於主人之親酬，是亦變於士也。酬而受爵，因賓禮也。東面答拜，宜鄉之。爵止，奠之於薦左也，以其未即舉，故言止，亦省文。”

郝氏曰：“爵止者，奠于薦右，待賓爵行而后交錯也。”

姜氏曰：“此後生舉觶于長兄弟之禮，並同《特牲》，其位即是上北面之位，註疏踈也。所異者，《特牲》士禮，旅酬訖，賓弟子及兄弟弟子各舉觶于長，以行無算爵之禮。今《少牢》大夫禮，則旅酬訖，惟兄弟後生舉觶，不及賓弟子，而賓長乃又獻于尸耳。所以然者，彼士禮不儐尸，故皆舉觶于長，爲無算爵。此大夫禮儐尸，故賓長又舉爵于尸，乃遂之于下也。”

世佐案，其位，洗東西面位也。長西面拜受，故舉爵者東面答之，明與𢑴之阼階南北面異矣。姜氏反議註説之疎，似過。

右兄弟之後生者舉觶于其長。

賓長獻于尸，如初，無湆，爵不止。

註曰："賓長者，賓之長次上賓者，非即上賓也。如初，如其獻侑，酌致主人，受尸酢也，無湆，爵不止。别不如初者，不使兄弟，不稱加爵，大夫尊也。不用觚，大夫尊者也。"

疏曰：上賓獻"獻"下似脱"尸"字。侑，致爵于主人時，皆有湆魚從，今無湆魚從，故經云"無湆"也。上賓獻尸時，尸止爵，待獻堂下畢，乃舉觶，今尸不止爵即飲，故云"爵不止"。《特牲》云"長兄弟爲加爵"，又"衆賓長爲加爵"，不言獻，此言獻者，尊大夫，若三獻之外更容有獻也。《特牲》"長兄弟洗觚爲加爵"，此用爵，爵尊於觚。

敖氏曰："此獻當用觚，不言者，文省耳。《特牲饋食禮》長兄弟於三獻之後洗觚爲加爵，此節與之同，器亦宜同也。上篇實觚于篚，其爲此用與？"

姜氏曰："觚、爵對文則異，散文則通，經洗觚亦稱加爵，則爲通稱可見，非爲大夫尊，故用爵也。不儐尸禮放此。"

右衆賓長獻尸、侑，致爵于主人，尸酢之。

賓一人舉爵于尸，如初，亦遂之於下。

註曰："一人，次賓長者。如初，如二人洗觶之爲也。遂之於下者，遂及賓、兄弟下至于私人，故言'亦遂之于下'也。上言'無湆，爵不止'，互相發明。"

疏曰：此舉爵，更爲旅酬，如上旅酬之儀。但前二人舉，此一人舉爲異耳。其徧飲亦從上至下，故云"亦遂之于下"也。

敖氏曰："舉爵，即舉觶也。如初，如二人舉觶于尸、侑之儀。其異者，不及侑耳，亦"亦"下似脱一"如"字。上文'尸酬主人'以下之禮。"

張氏曰："之，適也，往也，謂行此爵于堂下，爲旅酬也。"

世佐案，"爵"亦當作"觶"。"遂之於下"者，言其自上而下，爵無不及也。"遂"字已該得"行"字意之者，指此爵而言耳。張訓之爲適，爲往，未是。

右賓一人舉觶于尸，更爲旅酬。

姜氏曰："又行旅酬，而乃及無算爵者，旅酬以差，猶禮也，無算爵不以差，則情也。禮恐不及，故達之情，恐有餘，故節之。"

世佐案，無算爵之異于旅酬者三：旅酬依尊卑之次，自尸而主、而侑、而賓，以至于兄弟、私人，秩然不相紊，無算爵則賓黨與主黨交錯其酬，不俟賓黨酬畢而後及于主黨，一也；無算爵唯行于堂下，在堂上者皆不與，二也；旅酬單行一觶，無算爵二觶並行，三也，此皆禮之以漸而殺者。又案《特牲》旅酬之時堂上亦不與，而賓與兄弟即得交錯其酬，皆與大夫禮異，至其旅酬者再乃行無算爵，則大夫、士祭禮之所同也。

賓及兄弟交錯其酬，皆遂及私人，爵無算。

註曰："長賓取觶酬兄弟之黨，長兄弟取觶酬賓之黨，唯己所欲，無有次第之數也。"

疏曰："長賓取觶"者，是主人酬賓觶。"長兄弟取觶"者，是後生舉于其長之觶。

敖氏曰："言'皆遂及私人'，則是賓及兄弟之奠爵先後迭舉而不並行也。其禮，則賓長取觶酬兄弟長，交錯以辯，不拜私人之卒飲者，洗，酌，反之，長兄弟乃取觶酬賓長，亦交錯以辯，卒飲者亦洗，酌，反之，賓與兄弟又加迭舉如初禮，爵行無數，至醉而止。賓尸主於飲酒，而堂上不行無算爵者，此雖變於祭禮，然尸猶有餘尊，不宜無所别異，無算爵之儀太簡，不崇敬。"

世佐案，此二觶並行，其禮與《特牲》略同，説見上篇。皆，皆二觶也。私人位于兄弟之南，亦屬主黨，云"皆遂及之"者，嫌其或以賤而不獲與也。是時禮末益殺，其爵又自堂下始，故可以逮私人，而不可以瀆堂上。

右無算爵。

尸出，侑從。主人送於廟門之外，拜，尸不顧。

敖氏曰："送尸于廟門外，以其賓之也。"

世佐案，凡賓于主人之拜送皆不顧，經不盡見之，其見之者，則必有故焉。於《聘》賓云"不顧"，以其臣也；於此云"不顧"，以其尸也。尸在廟門外，則疑於臣，故著之。

拜侑與長賓，亦如之，衆賓從。

註曰："從者，不拜送也。"

敖氏曰："從，從長賓也。"

世佐案，亦如之者，如其於廟門之外而去者，不顧也。

司士歸尸、侑之俎。

註曰："尸、侑尊，送其家。"

敖氏曰："賓長而下，則自徹而授其人以歸。"

主人退。

註曰："反於寢也。"

有司徹。

註曰："徹堂上下之薦俎也。外賓尸，雖堂上，婦人不徹。"

疏曰：云"有司"，明無婦人也。從楊氏《圖》節本。

敖氏曰："徹，徹胙俎與堂上下之薦羞之屬也。婦人不徹，則其所徹者不以入于房與？"

右尸出禮畢。

若不賓尸。

註曰："不賓尸，謂下大夫也。其牲物則同，不得備其禮耳。舊説云：'謂大夫有疾病，攝昆弟祭。'《曾子問》曰'攝主不厭祭、不旅、不假、不綏祭、不配，布奠于賓，賓奠而不舉'，而此備有，似失之矣。"

疏曰：不備禮，謂儐尸之禮厭祭，陽厭也。假，讀爲嘏。從楊氏《圖》節本。

敖氏曰："此下之禮視賓尸者爲少質，則是制禮之序，此先彼後，如冠禮之醴與醮者然也。而上下篇以賓尸者爲主，至是乃更端言不賓尸者焉。周禮尚文，抑又可見。是雖與冠禮言醴、醮之序者不同，意則相類也。然既有新儀，又存舊禮，使夫人自擇而行之，是又聖人至公無我之心，固不專主於所尚而已。"

世佐案，此以下記禮之異，註以是爲下大夫禮，似泥。

則祝侑亦如之。

註曰："謂尸七飯時。"

郝氏曰："凡饋食于室，儐尸于堂。《少牢》儐尸，故室中之事比《特牲》爲簡，至儐尸而後禮備。若有故不得儐尸，則室事加詳矣。自迎尸入室以後至祝侑尸食以前，禮與儐尸同，故曰‘亦如之’，尸食以後其禮稍異。”

張氏曰：“下大夫之不賓尸者，自祝侑以前皆與上大夫賓尸者同，此下乃陳其異者。祝侑，《少牢》篇尸七飯告飽，祝侑曰‘皇尸未實侑’是也。”

尸食。

註曰：“八飯。”

張氏曰：“祝既侑而尸又飯也。”

乃盛俎，臑、臂、肫、脡脊、横脊、短脅、代脅，皆牢。

註曰：“盛者，盛於肵俎也。此七體羊、豕，其脊、脅皆取一骨也，與所舉正脊、幹、骼凡十矣。肩未舉，既舉而俎猶有六體焉。”

疏曰：《特牲》尸食訖乃盛，今八飯即盛，大夫禮與士相變。先言臑，從下起，不言肩，肩未舉，不言正脊、長脅、骼，已舉在俎。有司徹，不盛俎者，更無所用，全以歸尸故也。三脊、三脅皆取一骨，盛於肵，各有一骨在俎，以備陽厭，故猶有六體。從楊氏《圖》節本。

敖氏曰：“先正體而後脊、脅，亦以尊卑也。前體先臑後臂者，肩未舉，若自下而上然。此所取者三體四骨，與所舉正脊、幹、骼，則羊、豕各四體六骨矣。肩既舉，而俎但有六骨，以爲所釋者也。”

郝氏曰：“盛俎，謂佐食取衆俎之實盛于肵俎，祭畢，歸尸。《特牲》尸九飯畢則盛俎，《少牢》儐尸則俎重羲，故不盛。若不儐尸，盛俎如《特牲》。”

張氏曰：“盛音成，盛於肵俎，將以歸尸。‘皆牢’者，謂此七體皆羊、豕，而非腊也。”

魚七。

註曰：“盛半也。魚十有五而俎，其一已舉。必盛半者，魚無足翼，於牲象脊、脅而已。”

疏曰：“牲脊、脅，亦盛半。”

敖氏曰：“魚盛七，并前所舉者一，僅八而已。牢之骨體已多，此可以略。《特牲》少，故魚盛十有二。”

腊辯，無髀。

註曰："亦盛半也。所盛者，右體也，脊屬焉。言無髀者，云一純而俎，嫌有之。"

疏曰：下經云"乃摭于魚腊俎，俎釋三个"，明不盡盛。腊在魚下，明盛半與魚同，牲用右，知此亦盛右體。腊脊不折，左右三脅，并脊爲七。通肩、臂等十爲十七體，肩既舉，俎惟有十六在。言"盛半"，明脊屬焉。兩髀在祝俎，明無髀。從楊氏《圖》節本。

楊氏曰："辯者，蓋辯盛右體也。盛半脊屬，則左脛五體并三脅八"八"當作"未"。舉耳。"

敖氏曰："前升腊於鼎俎時，不云髀不升，故此明之。腊用一純，故得取其半。云'辯'者，明右體及其脅與脊皆盛也。腸、胃、膚不盛者，以其於骨體爲賤，既取骨體，則賤者略之可也。"

郝氏曰："腊俎左右體全而徧取其半，如牢。但無髀，尸俎本無髀也。"

卒盛，乃舉牢肩。尸受，振祭，嚌之，佐食受，加于肵。

註曰："卒，已。"

敖氏曰："先盛衆骨體，乃舉肩，變於士禮，亦爲舉肩之後又實他俎，不宜與肵俎之事並行也。"

郝氏曰："盛畢，佐食舉牢肩授尸，尸祭，嘗之。體貴肩，故後舉，加于肵，居衆體之上，並前牢爲八體，而羊、豕俎各餘三體，以待陽厭。此上皆盛于肵俎者也。"

張氏曰："前此舉牢肺、舉正脊、舉牢幹、舉魚、舉腊肩、舉牢骼，已六舉，至此舉牢肩，故云'舉七'。"

世佐案，註訓卒爲已，謂盛畢也。"舉牢肩"以下，亦與儐尸者同，復言之者，所以明盛俎之節在尸食之後，上佐食舉牢肩之前耳。上篇尸七飯時，註云"卿大夫之禮不過五舉"，至是八飯舉牢肩，則六舉矣，乃云"舉七"，字之誤也，當依《續通解》本作"卒已"，爲是坊本或誤作"舉匕"，張氏因改"匕"爲"七"，而分牢肺、正脊爲二舉以足其數，謬甚。

佐食取一俎于堂下以入，奠于羊俎東。

註曰："不言魚俎東，主於尊。"

疏曰:《少牢》"魚在羊東",今摭魚、腊,宜在魚俎東。

敖氏曰:"'羊'當作'魚'字之誤也。"

郝氏曰:"佐食又取堂下一虚俎入室。"

乃摭于魚、腊俎,俎釋三个,其餘皆取之,實于一俎以出。

註曰:"魚摭四枚,腊摭五枚,其所釋者,腊則短脅、正脅、代脅,魚三枚而已。"

敖氏曰:"摭,猶取也。其餘,謂三个之外者也。魚摭四个,腊摭八个。其所釋者,腊則短脅、正脅、代脅各一骨,魚三个而已,魚、腊俎釋三个,而牢俎六个者,肵俎於三脊、三脅惟當各取一骨而已,故牢俎之所釋不容不有六骨。"

郝氏曰:"摭,分取也。盛肵俎之外,魚俎餘八,今摭其五,腊餘左半體,今摭取外,與魚各留三个于本俎,待改設其餘,盡取之以出,出室也。"

張氏曰:"所釋三个,亦備陽厭也。"

世佐案,盛肵俎之外,魚餘七,魚十有五,舉一盛七,故餘七。腊餘八,左肩、臂、臑、肫、胳、短脅、正脅、長脅。在俎。今云"俎釋三个",則所摭之數當依註説。郝云魚摭其五,敖云"腊摭八个",俱未是。

祝、主人之魚、腊取于是。

註曰:"祝、主人、主婦俎之魚、腊取于此者,大夫之禮文,待神餘也。三者各取一魚,其腊,主人臂,主婦臑,祝則骼也與?此皆於鼎側更載焉。不言主婦,未聞。"

疏曰:《特牲》祝、主人、主婦皆無腊,上大夫儐尸,腊爲庶羞,不載於俎,明此待神餘。下經祝無文,故云"與"以疑之。云"更載"者,摭時共在一俎,設時各異俎,故知更載。云"鼎側",不復升鼎也。不言主婦,傳寫脱耳。從楊氏《圖》節本。

敖氏曰:"此亦大夫之禮異者也。'取于是'者,主人、主婦之魚、腊及祝之魚也。祝俎之腊用髀,儐與不儐同耳。"

尸不飯,告飽。主人拜侑,不言,尸又三飯。

註曰:"凡十一飯。士九飯,大夫十一飯,其餘有十三飯、十五飯。"

疏曰:士、大夫既不分命數,則諸侯同十三飯,天子十五飯可知。

敖氏曰:"惟云'主人拜侑',省文。"

郝氏曰："'尸不飯'以下儀與儐同。"

佐食受牢舉，如儐。

註曰："舉，肺、脊。"

敖氏曰："儐者，賓之之謂，蓋指賓尸之禮也。惟言賓，則意有所不備，故以儐言之。經先見儐禮，已有成文，故此以'如'蒙之，省文耳。不言如初者，見是禮元不在儐禮後也。"

郝氏曰："'受牢舉'，謂受尸所舉肺、脊加于肵俎也。"

張氏曰："'如儐'者，與《少牢》篇所載上大夫儐尸者儀節同也。"

右不賓尸尸食之禮。其異于儐者二事：盛肵俎，摭魚、腊俎。

楊氏《盛尸俎圖》

羊豕右胖脊、脅各二骨

肩未舉臂盛　臑盛　肫盛　骼舉　正脊一骨舉

脡脊一骨盛　橫脊一骨盛　短脅一骨盛

正脅一骨舉　代脅一骨盛　餘脊、脅各一骨六體釋

腊一純脊、脅各一骨

右肩舉　臂盛　臑盛　肫盛　骼盛　脊不折盛

短脅盛　正脅盛　代脅盛

左肩摭臂摭臑摭肫摭骼摭短脅釋正脊釋代脅釋

魚十有五

一舉　七盛　四摭　三釋

以上舉者先已舉在俎，盛者方盛于俎，未舉者卒盛乃舉，摭者取爲祝、主人、主婦之俎，釋者備陽厭于西北隅。

主人洗，酌，酳尸，賓羞肝，皆如儐禮。

註曰："肝，牢肝也。"

卒爵，主人拜，祝受尸爵，尸答拜。

敖氏曰："自'卒爵'以下，不蒙如儐禮者，欲與後禮相屬也。凡與儐禮同而重見之者，其意皆然。"

右主人酳尸。

祝酌授尸，尸以醋主人，亦如儐。

敖氏曰："此與上文所謂儐者，皆前篇室中之事，初非儐禮，乃以儐旗

旗字誤。文者，以其已入儐之節内故爾，下文放此。”

其綏祭，其嘏，亦如儐。

註曰：“綏，皆當作挼。挼，讀爲藏其墮之墮。古文爲挳。”

敖氏曰：“此當云授祭，綏、挳二字皆誤也。但挳於授字爲尤近，故宜取其近者。”

右尸酢主人。

其獻祝與二佐食，其位，其薦脀皆如儐。

敖氏曰：“祝之薦脀如儐，則牢與腊皆髀明矣。祝於儐亦有肝從，不言者，與佐食連文，故略之耳。惟言位與薦脀，不及其儀者，可知也。下文類此者皆然。”

右主人獻祝、佐食。以上三節皆與儐同。

疏曰：此有五節，主人獻，一也；酢主人，二也；獻祝，三也；獻上佐食，四也；獻下佐食，五也。

主婦其洗，獻于尸，亦如儐。

註曰：“自尸侑侑字疑衍。不飯告飽至此，與儐同者在上篇。”

敖氏曰：“此‘如儐’，謂拜送爵以上之禮。”

郝氏曰：“主婦洗爵于房中，出，酌，入室，拜送，與儐同。”

主婦反取籩于房中，執棗、糗，坐設之。棗在稷南，糗在棗南。婦贊者執栗、脯，主婦不興，受，設之。栗在糗東，脯在棗東。主婦興，反位。

註曰：“棗，饋食之籩。糗，羞籩之實。雜用之，下賓尸也。栗、脯，加籩之實也。反位，反主人之北拜送爵位。”

疏曰：此設籩，繼在《少牢》陰厭神饌也。《籩人》：“饋食之籩，棗、栗、桃、乾藤、榛實。羞籩之實，糗餌、粉餈”，“加籩之實，蔆、芡、栗、脯”。上儐尸朝事之籩、羞籩之實，不雜也。又賓尸，主婦直有脯、脩二籩，此有四籩者，彼主人獻尸，主婦設麷、蕡、白、黑，故至主婦直設二籩，通六籩，此主人初獻無籩，則主婦四籩，猶少兩籩。

敖氏曰：“籩位自左而右綪之，變於敦位也。此饋食之禮，則四籩者，其饋食之籩與？《周官・籩人職》饋食之籩五，有棗、栗而“而”下脱一“無”字。糗、脯，蓋‘棗’下脱‘糗’，‘栗’下脱‘脯’也。天子、諸侯饋食之籩亦八，當與其豆數同。此從獻之禮，儐則闕之者，詳於堂上，故略於室中，隆殺之宜也。”

世佐案，《周禮》饋食之豆八，而其籩則止于五，棗也、栗也、桃也、乾穣也、即乾梅。榛實也。賈疏謂棗、桃、梅三物皆有乾濕，以充八籩之實，取與豆數相配。敖氏謂彼有脱文，欲以此糗、脯補之，然尚闕其一，豈亦以其一爲濕梅乎？姑存之以俟知者。

尸左執爵，取棗、糗，祝取栗、脯以授尸，尸兼祭于豆祭，祭酒，啐酒。次賓羞牢燔，用俎，鹽在右。尸兼取燔抰于鹽，振祭，嚌之。祝受，加于肵。卒爵，主婦拜，祝受尸爵，尸答拜。

註曰：“自主婦反籩至祝受加于肵，此異于儐。”

疏曰：“上篇主婦但有獻而已，無籩燔從之事，此篇首儐尸，主婦亞獻尸，乃有籩餌之事，其物又異，唯糗同耳，故云‘此異于儐’也。”

張氏曰：“賓尸者，方其正祭，主婦獻尸於室，無籩、燔從之事，此有籩、有燔爲異，以不賓尸，故加厚耳。”

右主婦獻尸。其異于儐者二事：有籩，有燔從。①

祝易爵洗，酌授尸，尸以醋主婦。主婦主人之北拜受爵，尸答拜。主婦反位，又拜。上佐食綏祭，如儐。卒爵拜，尸答拜。

註曰：“主婦俠爵拜②，爲不賓尸降崇敬。”

疏曰：《特牲》主婦不夾爵拜③，上篇主婦夾爵拜，此下大夫宜與士妻同，爲不賓尸降崇敬，故夾爵拜。

敖氏曰：“此夾爵拜④，内子正禮也，儐則略之。”

張氏曰：“儐尸者正祭，主婦受酢不俠拜爵，此俠拜爲異。”

右尸酢主婦。與儐異者，一事主婦俠拜。

主婦獻祝，其酌如儐。拜，坐受爵，主婦主人之北答拜。

註曰：“自尸卒爵至此，亦與儐同者，亦在上篇。”張氏曰：“謂同上篇正祭亞

---

① “燔”字上原空一字，校本作“有燔”，據補。

② “俠”，《句讀》同，校本作“夾”，陳本、監本、毛本、《集釋》、楊氏同。

③ “夾”原作“俠”，校本作“夾”，陳本、監本、毛本、楊氏同，據改，下二“夾爵”之“夾”字同。

④ “夾”原作“俠”，校本作“夾”，與《集説》同，據改。

獻之節。"

敖氏曰:"如儐其酌以前之禮。"

世佐案,"儐"、"拜"之間似脱一"祝"字。

宰夫薦棗、糗,坐設棗于菹西,糗在棗南。祝左執爵,取棗、糗,祭于豆祭,祭酒,啐酒。次賓羞燔,如尸禮。

註曰:"内子不薦籩,祝賤,使官可也。自宰夫薦至賓羞燔,亦異于儐。"

疏曰:《特牲》主婦設籩者,士妻卑也,尸與主人籩,皆主婦設之,至此祝,不使主婦而使宰夫設籩,故云"祝賤,使官可也"。《少牢》主婦獻祝亦無籩燔從一事,此有籩燔從者,亦異于儐也。

敖氏曰:"内子不薦而使官爲之者,遠下尸,亦大夫禮異也。士禮主婦薦豆、籩於祝。"

卒爵。主婦受爵,酌,獻二佐食,亦如儐。主婦受爵,以入于房。

敖氏曰:"祝卒爵而主婦受,是亦不拜既,如儐也。此以上如儐者皆在前篇。"

張氏《監本正誤》云:"'主婦受爵酌獻二佐食','婦'誤作'人'。"

姜氏曰:"獻二佐食,無籩、燔,故皆如儐也。"

右主婦獻祝佐食。其異于儐者二事,獻祝有籩、有燔從。①

疏曰:"獻數與主人同,惟不受嘏爲異。"

賓長洗爵,獻于尸。尸拜受,賓户西北面答拜,爵止。

註曰:"尸止爵者,以三獻禮成,欲神惠之均於室中,是以奠而待之。"

疏曰:《少牢》賓獻與此篇首賓長獻皆云"拜送",此言"答拜"者,下大夫也。拜送重,答拜輕。

敖氏曰:"此三獻爵止之義與《特牲饋食禮》同,受爵而即止,亦大夫禮異也。"

郝氏曰:"儐尸則賓長三獻,尸卒爵,酢賓長,賓長又獻祝,而主人出,尸遂起。不儐尸,則賓長獻,尸受奠而不舉,待主人、主婦交致爵而後舉,

---

① "燔"上原空一字,校本作"有燔",據補。

與《特牲禮》同,與《少牢》儐尸異。户西,室户内西。"

張氏曰:"賓尸者正祭,賓三獻,尸即卒爵酢賓,並不止爵,至事尸於堂,賓三獻,尸乃止爵,待神惠均於庭,乃作三獻之爵。此不賓尸者,亦三獻止爵,待神惠均於室,蓋略倣其儀也。"○《監本正誤》云:"'賓户西北面答拜','户'誤作'尸'。"

世佐案,尸先賓拜,故於賓云答,其實亦爲送爵拜也[①],文異耳,疏説似曲。

右賓長獻尸,爵止。自此以後與儐禮異,與《特牲饋食禮》略同,間有異者,各見本條之下。

姜氏曰:"將儐尸者既三獻,乃酢賓長,賓長獻祝,祝遂告利成,而尸謖,餕嘏矣。以其繼之以儐尸禮,故其時主人、主婦不致爵也。今爲不儐尸,故三獻爵止,令主人、主婦得相致爵,比主人、主婦致酢訖,尸乃酢賓長,賓長乃獻祝,佐食乃致主人、主婦,而其下羞獻又不一儀,然後尸謖,行餕,而未更爲陽厭也。此蓋以無儐尸之禮,故互相衍縮如此。"

主婦洗于房中,酌,致于主人。主人拜受,主婦户西北面拜送爵。

疏曰:"《祭統》云夫祭有十倫之義,七曰'見夫婦之别焉',又曰'尸酢夫人執柄,夫人受尸執足。夫婦相授受,不相襲處,酢必易爵',彼據夫婦致爵而言,又《詩·既醉序》云'醉酒飽德',謂見十倫之義,志意充滿,是天子、諸侯皆有夫婦致爵之事,但《少牢》上大夫受致不酢,下大夫受致又酢不致,士受致自致,是上大夫尊,辟君,受致不酢,下大夫與士卑,不嫌得與人君同,夫婦致爵也。"

司宫設席。

註曰:"拜受乃設席,變於士也。"

疏曰:"案《特牲禮》未致爵已設席,故云異於士,其上大夫正祭未致爵,至賓尸,尸酢主人,設席,以有尸賓,故設席在前也。案《周禮·司几筵》云'祀先王胙席亦如之',鄭註云'胙讀如酢,謂祭祀及王受酢之席',彼受酢時已設席,與大夫禮異也。鄭註《周禮·司几筵》又云'后、諸臣致爵乃設席',與此禮同者,士卑不嫌,多與君同故也。"

---

① "實"校本作"寔"。

敖氏曰:“設席亦於主人立處之南也。”

姜氏曰:“《周禮·司几筵》‘祀先王酢席’,註謂‘祭祀及王受酢之席’,是酢時已設席也,則疏謂尊者有嫌于君,士卑無嫌之説,似爲得之。然案上大夫賓尸,尸酢,主設席乃送爵,豈下大夫之尊嫌與君同,而上大夫較尊反無嫌耶?況王侯夫婦相致酢,上大夫受致不酢,疏固謂上大夫以尊避君,而下大夫與士卑,不嫌得與君同矣,豈有夫婦相致酢,上大夫有嫌,而下大夫與士皆無嫌,及設席乃致爵,則又下大夫有嫌,而上大夫與士又皆無嫌耶?不應自相矛盾至此。竊謂禮文互有異同,殆未可以臆説亂經也。或曰:致爵與設席當並行,或序在先,或序在後,互文耳,當存參之。”

世佐案,此席于室户内,西面,與《特牲禮》同,其設席之節亦同,特文有先後耳,註疏説泥。

主婦薦韭菹、醓,坐設于席前,菹在北方。婦贊者執棗、糗以從,主婦不興,受,設棗于菹北,糗在棗西。佐食設俎,臂、脊、脅、肺皆牢,膚三、魚一、腊臂。

註曰:“臂,左臂也。《特牲》五體,此三者,以其牢與腊臂而七。牢、腊俱臂,亦所謂‘腊如牲體’。”

疏曰:右臂尸所用,故知左臂也。牢謂羊豕也,羊豕臂、脊、脅俱有,是六,通腊臂而七,是牲體唯有三也。“腊如牲體”,《特牲記》文。

敖氏曰:“肺,離肺也。脊、脅各一骨,脊、脅之數皆少者,以俎實多故爾,亦遠下尸也。魚一,亦横之,與牲腊異。既設俎,主人乃升筵坐,與主婦升筵之節同。”

世佐案,自臂、脊以下諸物共一俎,與《少牢禮》祝俎相似,郝以爲五俎,非。

主人左執爵,右取菹揳于醓,祭于豆間,遂祭籩,奠爵,興,取牢肺,坐絶祭,嚌之,興,加于俎,坐挩手,祭酒,執爵以興,坐卒爵,拜。

註曰:“無從者,變於士也,亦所謂順而摭也。”

疏曰:“《特牲》主婦致爵主人,肝、燔並從。”

敖氏曰:“此籩祭不贊,且無從,與士禮異者,其辟尊者之禮與?此牢肺則絶祭，嚌之者，各一也。亦卒爵于席者，室中之禮已在席，則宜卒爵于席，不必於拜受之處成禮也。”

主婦答拜。受爵，酌以醋，户内北面拜，主人答拜。

註曰：“自酢不更爵，殺。”

疏曰：“上主婦受尸酢時，祝易爵洗，酌授尸，尸以酢主婦，今自酢又不更爵，故云‘殺’也。”

卒爵拜，主人答拜，主婦以爵入于房。

敖氏曰：“主婦亦坐祭、立飲而卒爵，此文略也。”

右主婦致爵于主人自酢。此與《特牲禮》異者三事：祭薦不贊，無肝燔從，主人不致爵于主婦。

李氏如圭曰：“主人不致爵于主婦，異於士。”

楊氏曰：“自主人醋“醋”疑當作“酳”。尸以後，其節率與《特牲禮》同，但主人不致爵于主婦爲異。”

郝氏曰：“自此以下之禮，儐尸皆行于堂，不儐尸皆行于室，所以異也。”

姜氏曰：“儐尸者至儐尸時始致，且無酢。”

尸作止爵，祭酒，卒爵，賓拜。祝受爵，尸答拜。

註曰：“作止爵乃祭酒，亦變於士。自爵止至作止爵，亦異於儐。”

疏曰：《特牲》祭酒訖乃止爵，今大夫作止爵，乃祭酒，故云“變于士”。賓尸止爵在致爵後，其作之在獻私人後，此止爵在主婦致爵前，作之在致爵後，與《特牲禮》同。《少牢》上篇所以不致爵者，爲賓尸，賓尸止爵者，欲神惠均於庭故也。《特牲》再止爵者，一止爵欲神惠均於室中，一止爵者順上大夫之禮也。

敖氏曰：“尸曏受爵而即止，故於是祭之。於三獻而無從，與士禮異者，其亦辟尊者之禮與?”

世佐案，此尸自作其所止之爵，而賓不作之，亦異於士禮。

祝酌，授尸。賓拜受爵，尸拜送。坐祭，遂飲，卒爵拜，尸答拜。

敖氏曰：“此賓受酢，不夾爵拜而卒爵之儀又略，以其間有爵止之事，既變於上，故此儀亦不得同於主人，是與儐少異者也。”

右尸作止爵酢賓長。此與儐禮異者一事，賓受酢不夾爵拜。與《特牲禮》異者三事：尸自作止爵，作止爵乃祭酒，無燔從。

獻祝及二佐食。

敖氏曰："賓獻祝，亦北面拜。獻佐食，亦西面拜與？上篇此節獻祝不卒爵，又不言獻佐食之禮，此經文略也，其或以主婦獻禮通之與？《特牲禮》曰獻祝及佐食皆如初。"

右賓長獻祝、佐食。此與儐禮異者二事：祝不奠爵，佐食亦得獻。與《特牲禮》異者二事：獻祝無燔從，多一佐食。

姜氏曰："儐尸者不獻佐食，佐食乃餕矣。"

洗，致爵於主人。

註曰："洗致爵者，以承佐食賤，新之。"

主人席上拜受爵，賓北面答拜。坐祭，遂飲，卒爵拜，賓答拜。受爵。

敖氏曰："主人雖拜于席，亦立受爵，與祝異。"

右賓長致爵于主人。此與《特牲禮》異者一事，無燔從。儐尸者室事終于賓長獻祝，賓長既獻祝，則三獻禮成，尸出遂餐矣，故自此以下皆無其禮，於堂乃有之，但不洗羞湇魚，是其異者。

姜氏曰："儐尸禮三獻，致主人，不洗羞湇魚。"

酌，致爵於主婦。主婦北堂，司宫設席，東面。

註曰："北堂，中房以北。東面者，變於士妻。賓尸不變者，賓尸禮異矣。内子東面，則宗婦南面西上，内賓自若東面南上。"

疏曰：《特牲》主婦南面，宗婦東面北上。

敖氏曰："賓致爵于主婦，異於儐。北堂，謂立于北堂，即所設席之北也。《特牲記》曰'宗婦北堂，東面北上'，主婦之席北堂東面，則在宗婦之北也，亦異於儐，此設席亦北上也，賓尸之禮，席主婦于房中南面，主婦立于席西，是東上而上左也。此禮設席雖變，而東面亦宜上左也，上左則北上也。"

郝氏曰："致主婦，承主人虚爵則不洗。堂之北，即房户之外，室户之東也。儐尸于堂，則主婦席在房中南面。今尸在室，則主婦席在北堂，東面。"

世佐案，《北堂圖》説見《士昏禮》，郝説殊不然。北堂東面，非主婦之正位也，席于此者，辟受尊者之賜也。上經云"司宫設席于房中南面"，此主婦受尸酢之位也。《特牲饋食禮》云"席于房中南面"，則其受主人致爵之位也。今惟受賓致爵，故宜辟之。《特牲禮》受賓致爵亦于房中南面者，因主人致爵之席也。是禮主人不致爵于主婦，主婦受尸酢於室，不於房，故房中南面不設席，其内賓、宗婦之位皆自若，註云"宗婦南面"，殆非。

主婦席北東面拜受爵，賓西面答拜。

註曰："席北東面者，北爲下。"

疏曰：《曲禮》："東鄉、西鄉，以南方爲上。"

敖氏曰："席北上，主婦乃拜于席北者，以其先立於此，故由便也。不拜于席南者，其以切近於宗婦長之位故與？"

世佐案，席北，席末也。此席南上，當以註疏爲正。宗婦之位于此者北上，而主婦之席南上，相變也，明其統，宗婦而不與之序也。

婦贊者薦韭菹、醢，菹在南方。

敖氏曰："以篇首設豆之例言之，菹在南方，則席北上明矣。"

世佐案，菹在南，便其右取之也，敖説似泥。

婦人贊者執棗、糗授婦贊者，婦贊者不興，受，設棗于菹南，糗在棗東。

世佐案，婦人贊者，説見上。主婦籩實用棗、糗，亦異于儐。

佐食設俎于豆東，羊臑，豕折，羊脊、脅，祭肺一、膚一、魚一、腊臑。

註曰："豕折，豕折骨也。不言所折，略之。《特牲》主婦觳折。豕無脊、脅，下主人。羊、豕四體，與腊臑而五。"

疏曰："主人牢與腊臂而七，此五，是其略也。"

敖氏曰："豕折，不言其所用之體，未詳。此肺，嚌羊肺也，曰'祭'者，誤衍爾。豕折而腊臑者，腊與牲並用則宜，放其尊者。"

世佐案，羊臑以下，亦共一俎，郝云"五俎"，非。

主婦升筵，坐，左執爵，右取菹揳于醢，祭之，祭籩，奠爵，興，取肺，坐絶祭，嚌之，興，加于俎，坐挩手，祭酒，執爵興，筵北東面立卒爵，拜。

註曰："立飲拜既爵者，變於大夫。"

姜氏曰："儐尸禮，立飲，不拜既爵。"

世佐案，註云"變于大夫"者，大夫謂主人也，主人受賓致爵，坐祭，遂飲，卒爵拜，此雖亦拜既爵，而立飲，是其異者，姜説誤。

賓答拜，賓受爵。

右賓長致爵于主婦。儐尸者無此禮。此與《特牲禮》異者三事：席于北堂東面，有薦，設特牲；主婦豆、俎皆于受主人致爵時已設之；無燔從。

易爵于篚，洗，酌，醋于主人，户西北面拜，主人答拜。卒爵拜，主人答拜，賓以爵降，奠于篚。

註曰："自賓獻及二佐食至此，亦異於儐。"

疏曰：《少牢》賓長獻，及祝而止。

敖氏曰："'易爵于篚'，亦下篚也。自'及佐食'至此，亦儐之所殺者，其義與上同。自是而後以至于末獻，室中之事，無復如儐者，以内外之禮異故耳。"

郝氏曰："易爵于篚，賓將自酢，男不承女爵也。洗而後酌，達主人意也。"

右賓長自酢于主人。儐尸者亦無此禮。《特牲》云"更爵，酢于主人，卒，復位"，蓋與此同。

疏曰：此節凡有十爵：獻尸，一也；主婦致爵于主人，二也；主人酢主婦，三也；尸作止爵訖，酢賓長，四也；賓獻祝，五也；獻上佐食，六也；獻下佐食，七也；致爵主人，八也；致爵主婦，九也；受主人酢，十也。

乃羞，宰夫羞房中之羞，司士羞庶羞于尸、祝、主人、主婦，内羞在右，庶羞在左。

註曰："不賓尸，則祝猶侑耳。"

姜氏曰："内羞，即房中之羞也。"

右羞于尸、祝、主人、主婦。

主人降，拜衆賓，洗，獻衆賓，其薦脀、其位、其酬醋，皆如儐禮。

敖氏曰："此禮長賓之俎，其異於儐者，無切肺耳。"

張氏曰："衆賓，謂自上賓而下。"

世佐案，薦脯醢也，脀俎也，位西階西南，東面北上之位。酬，謂主人酬長賓。醋，謂主人自酢于長賓。先言酬而後言醋，文便也。"如儐禮"者，如其"南面拜衆賓于門東"，至"賓西面坐，奠爵于薦左"之禮也。

右主人獻賓、自酢、酬長賓。

主人洗，獻兄弟與内賓與私人，皆如儐禮，其位、其薦脀，皆如儐禮。

世佐案，其位者，兄弟位在洗東，西面北上，内賓位在房中，私人位在兄弟之南。"如儐禮"，亦謂儐尸于堂之禮。自升，酌，獻兄弟于阼階上，至亦"有薦脀"是也。

右主人獻兄弟、内賓、私人。

卒，乃羞于賓、兄弟、内賓及私人，辯。

註曰："自乃羞至私人之薦脀，此亦與儐同者在此篇。卒，已也。乃羞者，羞庶羞。"

敖氏曰："卒，謂皆獻畢也。獻畢即羞之，亦其節之異於儐者。"

世佐案，主人於獻之卒也入，復户内西面位。

右羞于賓、兄弟、内賓及私人。以上四節皆與儐禮同，而其節則異。

賓長獻于尸，尸醋。獻祝，致，醋，賓以爵降，實于篚。

註曰："致，謂致爵于主人、主婦。不言如初者，爵不止，又不及佐食。"

疏曰："此次賓長爲加爵也。"

敖氏曰："此亦洗觚以獻，與《特牲》兄弟長加爵之器同。經見此禮之殺於上者，惟爵不止與不及佐食耳，餘則略之，以其可知故也。此亦衆賓長也，惟言賓長，説見於前。"

世佐案，此禮與《特牲》衆賓長爲加爵同，惟爵不止爲異。不稱加爵，亦以大夫尊故也。醋，謂醋于主人也。郝云"賓長受尸酢"，非。

右衆賓長獻尸，尸酢，獻祝，致爵主人、主婦，酢于主人。

世佐案，上經論儐尸于堂之禮云"賓長獻于尸如初，初，謂上賓獻、侑、酌、致主人、受尸酢之儀。無湆，爵不止"，與此禮相當，其異者四事：獻尸，尸即酢之，不待其獻致之畢，一也；彼無祝，此無侑，二也；致爵，兼及主婦，三也；又酢于主人，四也。

賓、兄弟交錯其酬，無算爵。

註曰："此亦與儐同者在此篇。"

疏曰："此堂下兄弟及賓行無算爵，似上大夫無旅酬，故鄭云'此亦與儐同者在此篇'，若此經兼有旅酬，鄭不得言'與儐同'，案《特牲》尸在室内，亦不與旅酬之事而堂下賓及兄弟行旅酬，又使弟子二人舉觶爲無算爵者，下大夫雖無儐尸之禮，堂下亦與神靈共尊，不敢與人君之禮同，既與神靈共尊，故闕旅酬，直行無算爵而已。《特牲》堂下得獻之後，與神别尊，故旅酬、無算爵竝皆行之，士賤不嫌與君同，故得禮備也。"姜氏曰："如上説，則亦上大夫與士皆于君無嫌，獨下大夫有嫌也，幾與前致爵乃設席之疏同病矣。考士旅酬，大夫儐尸旅酬，與不儐尸不旅酬，疏説具于《特牲》，士禮視此條之説爲詳，當參觀之。或又曰：儐尸、不儐尸，其禮之質文繁簡皆因時變通，猶冠禮用醴、用酒，及殺與不殺之屬，非分上、下大夫也。以經'若不儐尸'句推之，可見其説亦近有理，姑存之。"

李氏如圭曰："此兄弟舉觶于其長，亦當如儐禮，在羞于私人之後，賓長加獻之前，文不具耳。"

敖氏曰："此亦儐、不儐同，不言如儐，未詳。《特牲禮》衆賓長以觶"觶"當作"觚"，辨見第十五篇。爲加爵于尸，爵止，堂下乃舉觶而旅酬，既作止爵，復旅酬，遂行無算爵。大夫賓尸之禮，賓一人舉觶于尸，尸乃行酬，徧及于下，然後在庭者爵無算。以是二者觀之，則庭中之行觶皆以尸用觶之時爲節也，此於衆賓長以觚加獻之後，而賓兄弟乃舉觶以相酬而爲無算爵，似非其節，蓋此上之文不具者多矣，固不止如李氏所云也。"

張氏曰："主人獻"獻"當作"酬"。賓時，賓亦奠酬，薦左，主人徧獻堂下及内賓後，兄弟後生亦舉觶於長，至此交錯爲無算爵，然闕旅酬，直行無算爵，是其與賓尸者異，故經不言如儐也。"

右旅酬、無算爵。

世佐案，此禮與《特牲》同，上經論儐禮云"賓及兄弟交錯其酬，皆遂及私人，爵無算”與此文雖相似，實則不同，所以不同者，彼但言無算爵之禮，此則兼旅酬言之也。賓尸者，尸在堂上，與于旅酬而不與于無算爵，又有侑，故二人舉觶于尸、侑，侑奠而不舉，尸遂以其觶酬主人，主人酬侑，侑酬長賓，至于衆賓、兄弟、私人，以次而辯，此第一番旅酬也。又衆賓長爲加獻之後，賓一人舉爵于尸，如初，亦遂之于下，此第二番旅酬也。旅酬已再，而後賓取主人酬之之觶以酬次兄弟，長兄弟取後生所舉之觶以酬次賓長，二觶交錯，終而復始，辯于堂下，而尸、侑、主人不與焉，此其爲無算爵也。若《特牲》與此不賓尸者，尸祝主人皆在室中，並旅酬亦不與，又無侑，故無二人舉觶及賓一人舉爵之事，其旅也，特賓與兄弟交相酬而已。然亦有二番旅酬，而後及無算爵，此禮之序，必不可苟簡者。舊說云不賓尸者無旅酬，直行無算爵，非也。以《特牲禮》考之，其第一番旅酬也，賓取主人酬之之觶以酬長兄弟，長兄弟酬衆賓長，衆賓及衆兄弟交錯以辯，卒受者實觶于篚，所謂旅西階一觶也。第二番旅酬，則長兄弟取弟子所舉之觶以酬賓，其儀亦如之，所謂旅阼階一觶也。二番酬訖，於是賓弟子、兄弟弟子各舉觶于其長，而無算爵始矣。此經云“賓、兄弟交錯其酬”，是亦謂賓取主人酬觶以酬長兄弟，長兄弟取弟子所舉觶以酬賓，二觶先後迭舉，而爲二番旅酬也。云“無算爵”，則謂賓長、兄弟長各取其弟子所舉之觶以相酬，而二觶並行也。特是“賓長獻于尸”之上亦當有兄弟弟子舉觶于其長一條，“無算爵”之上亦當有賓弟子、兄弟弟子各舉觶于其長一條，而文皆不具，又將旅酬、無算爵兩大節之儀約于二句之中，似專爲無算爵而發者，所以啟後人不賓尸者不旅酬之議耳。然詳味經文，參觀諸禮，其義未始不顯然也。若謂不旅酬爲辟人君禮，則豈上大夫與士皆無所辟，而下大夫獨當避邪？其說固不可通矣。經文所以如是之略者，亦以其詳已見于《特牲禮》故也。

利洗爵，獻于尸，尸醋。獻祝，祝受，祭酒，啐酒，奠之。

註曰：“利獻不及主人，殺也。此亦異於儐。”

疏曰：此佐食爲加爵，云“殺”者，賓長加爵，及主人云“異”者，《少牢》無利獻，儐尸佐食又不與也。從楊氏《圖》節本。

敖氏曰：“奠之，亦北而奠于其筵前也。祭事將畢，其禮漸殺，衆賓長獻不及佐食，故祝於此亦不終其獻，以見己禮亦宜殺之意，是亦異於士。”

世佐案,利,謂上佐食也。此與《特牲禮》異者,祝不卒爵耳。

右上佐食獻尸,尸酢,獻祝。姜氏曰:"儐尸禮無。"

主人出,立于阼階上,西面。祝出,立于西階上,東面。祝告于主人曰:"利成。"祝入,主人降,立于阼階東,西面。尸謖,祝前,尸從,遂出于廟門。祝反,復位于室中。

敖氏曰:"祝反復位于室中,主人亦入于室,復位,經有脱文也。"

世佐案,自主人出至此,與《少牢》同。

祝命佐食徹尸俎,佐食乃出尸俎于廟門外,有司受,歸之。

世佐案,此與《特牲禮》同。《少牢》云"祝命佐食徹肵俎,降設于堂下,阼階南",以其將賓尸,故未之歸也。賓尸禮祝與佐食不與,故其歸尸、侑之俎皆司士爲之。

徹阼薦俎。

註曰:"自主人出至此,與賓雜者也[①]。先餕徹主人薦俎者,變於士。《特牲饋食禮》曰:'徹阼俎豆籩,設于東序下。'"

疏曰:"與賓雜",謂與賓尸者有同、有不同。士禮既餕乃徹阼俎,此餕前徹阼俎,故云"變於士"。引《特牲》者,證徹阼俎所置之處。

敖氏曰:"徹阼薦俎,亦佐食爲之。既徹阼俎,則堂下俎畢出,與《特牲禮》同也。"

右祝告利成,尸出。此與儐禮異者二事:歸尸俎,徹主人薦俎。與《特牲禮》異者亦二事:告利成于階上,先餕徹主人薦俎。

乃養,如儐。

註曰:"謂上篇自司宮設對席,至上餕興出也。"

右養。與儐禮同。

卒養,有司官徹饋,饌于室中西北隅,南面,如饋之設,右几,厞用席。

註曰:"官徹饋者,司馬、司士舉俎,宰夫取敦及豆。此於尸謖改饌,當室之白,孝子不知神之所在,庶其饗之於此,所以爲厭飫。不令婦人改

---

① "賓"原作"儐",校本作"賓",陳本、監本、毛本、《集釋》、楊氏同,與疏引注文相合,據改。下文引疏"與賓雜"同。

徹饌敦豆,變於始也,尚使官也。佐食不舉羊、豕俎,親餕,尊也。古文厞作茀。"

疏曰:宰夫多主主婦之事,敦、豆本主婦設之,今官徹,明宰夫爲之,故云"變於始"。從楊氏《圖》節本。

敖氏曰:"南面,亦大夫禮異。"

郝氏曰:"此不儐尸,而改設室中之饋,以陽厭也。儐尸則禮備而神厭足,可無改設,不儐尸,于是有改設之禮。官徹饋,謂有司各徹所主之饋,如司馬主羊徹羊,司士主豕徹豕之類。"

納一尊于室中。

註曰:"陽厭殺,無玄酒。"

司宫埽祭。

註曰:"埽豆間之祭。舊説云:'埋之西階東。'"

疏曰:神位在西,故近西階。《曾子問》幣帛皮圭爲主,命埋之階間。從楊氏《圖》節本。

敖氏曰:"舊説謂埋祭于西階東者,據《聘禮》埋幣之處而言也。"

主人出,立于阼階上,西面。祝執其俎以出,立于西階上,東面。司宫闔牖户。

右陽厭。姜氏曰:"儐尸禮無。"

世佐案,此與《特牲禮》大同小異。

祝告利成,乃執俎以出于廟門外,有司受,歸之。衆賓出,主人拜送于廟門外,乃反。

註曰:"拜送賓也者,亦拜送其長。不言長賓者,下大夫無尊賓也。"

疏曰:賓尸時"拜侑與長賓",則此云"拜送"者,拜送其長可知,不言長者,下大夫賤,無尊賓,故不别其長也。

婦人乃徹。

註曰:"徹祝之薦及房中薦俎,不使有司者,下〔上〕大夫之禮[①]。"

疏曰:"上大夫祭畢將儐尸,有司徹,賓尸禮終,亦有司徹。"

---

① "下"字下原無"上"字,校本同。陳本、監本、毛本、《集釋》、楊氏《圖》皆有"下"字,且疏引注亦作"下上",疑有脱文,應據補。

敖氏曰:"言'婦人',乃爲徹事也,其事在下。"

世佐案,《特牲饋食禮》云"宗婦徹祝豆、籩,入于房,徹主婦薦俎",此註説之所本也。然以文義推之,敖説近是。《特牲》言徹祝薦與主婦薦俎,而不及室中之饌,此言徹室中之饌,而不及祝薦與主婦薦俎,蓋互相備也。

徹室中之饌。

註曰:"有司饌之,婦人徹之,外内相兼,禮殺。"

敖氏曰:"'室中之饌',即改設者也。婦人徹此饌者,爲其當以入于房與?凡徹饌而以入于房者,婦人乃得爲之,不然則否。"

右祝告利成,賓出。姜氏曰:"儐尸禮異。"

世佐案,此與《特牲禮》文互有詳略。

監本正誤

張氏爾岐曰：十三經監本讀書者所考據，當時較勘非一手，疎密各殊。至《儀禮》一經，脱誤特甚，豈以罕習，故忽不加意耶？《易》、《書》、《詩》、《春秋》、《論語》、《孟子》、《禮記》充滿天下，固不容或誤。《周禮》、《孝經》、《爾雅》、三《傳》，人閒猶多善本，即有誤，亦易見。《儀禮》既不顯用於世，所賴以不至墜地者，獨此本尚在學宫耳，顧不免脱誤至此，坊閒所刻如《三禮解詁》之類，皆踵襲其訛，無所是正，而補石經闕字者不知以彼正此，反以此本爲據，竊恐疑誤方來，大爲此經累者，未必非監本也。予既僭定《儀禮鄭註句讀》，乃取石本、吴澄本與監本較，摘其脱者、誤者、羡者、倒置者、經註互淆者録之，以質同志如左：

《士冠禮》

《士昏禮》

"婦説服于室，御受"，"受"誤作"授"。第二十七紙。

"毋違命"，"毋"誤作"母"。第五十紙。

"視諸衿鞶"下脱"壻授綏，姆辭曰：未教，不足與爲禮也"十四字。第五十一紙。

"主人對曰：某以得爲外昏姻之數"，"昏"從女，誤。第五十三紙。

"某得以爲昏姻之故"作"某以得爲昏姻之故"。第五十三紙。

《士相見禮》

"若嘗爲臣者"，"嘗"誤作"常"。第八紙。

"毋"誤作"母"，凡三見。第十三、十四紙。

《鄉飲酒禮》

"尊兩壺于房户之閒，加二勺于兩壺"，並作"壷"。第六紙。

"司正升立于序端"，"序"誤作"席"。第三十九紙。

顧氏炎武曰："則使人授俎如賓禮。"監本"授"作"受"。

"介俎，脊、脅、肫、胳、肺"，脱"肫"字。第四十八紙。

世佐案，"肫"從朱子《通解》删，監本是。

《鄉射禮》

"主人實觶賓之席前，北面"，"北"誤作"不"。第十一紙。

"樂正告于賓，乃降"，"樂"字誤細書，混疏文内。第十八紙。

"適堂西改，取一个，挾之"，"取"誤作"作"。第三十紙。

"以耦告于大夫"，脱"以耦"二字。第三十五紙。

"與進者相左相揖，退反位"，脱"退"字。第三十九紙。

"適左个，中皆如之"，"皆如"作"亦如"。第五十紙。

"賓與大夫坐，反奠于其所"，脱"坐"字。第六十一紙。

"遂西取弓矢"，"遂"誤作"送"。第七十六紙。

"各以其物獲"下脱"士鹿中翿旌以獲"七字。第八十七紙。

《燕禮》

"兩圜壺"誤作"壼"。第四紙。

"主人盥洗象觚，升實之"，"實"誤作"賓"。第十四紙。

"媵爵者洗象觚，升實之"，"實"誤作"賓"。第十九紙。

"降奠于篚，易觶洗"，"篚"、"易"二字之閒誤用圈隔。第二十紙。

"射人乃升大夫，大夫皆升就席"，脱下"升"字。第二十七紙。

"鵲巢、采蘩、采蘋"，"蘩"誤作"繁"。第三十二紙。

"大師告于樂正"，脱"于"字。第三十三紙。

"士長升，拜受觶，主人拜送觶"，"送"誤作"受"。第三十八紙。

"大夫立卒爵，不拜實之"，"實"誤作"賓"。第四十二紙。

"亨于門外東方"上脱"其牲狗也"四字。第四十九紙。

《大射儀》

"大射儀第七"，脱"儀"字。第一紙。

"兩方壺"、"兩圜壺"、"兩壺獻酒"，三"壺"字並誤作"壼"。第十一、十二紙。

"大史在干侯之東北"，"大史"誤作"大夫"。第十四紙。

"主人洗觚，升實散"，"觚"誤作"酬"。第二十四紙。

"命去侯"，"侯"誤作"俟"。第三十七紙。

"司射進，與司馬正交于階前"，"于"誤作"與"。第三十八紙。

"上射降三等","三"誤作"二"。第三十九紙。

"中等並行,上射於左","於"誤作"與"。第三十九紙。

"司馬師坐乘之,卒",脱"卒"字。第四十紙。

"司射東面于大夫之西,比耦","比"誤作"北"。第四十一紙。

世佐案,"西北"之"北",石經誤作"比",當以監本爲正。張氏分句不審,反以監本爲誤,辨見本篇。

"梱之"與"梱復"二"梱"字俱誤作"棞"。第四十三、四十五紙。

世佐案,"梱"、"棞"同。

"退者與進者相左,相揖,退","揖"、"退"二字之閒羡一"還"字。第四十四紙。

"司射作射如初","射"誤作"揖"。第四十四紙。

"由阼階下北面告于公",脱"告"字。第五十一紙。

"司射遂袒執弓",脱"遂"字。第五十二紙。

"僕人師洗,升,實觶以授","實"誤作"賓"。第五十四紙。

"司馬師受虚爵,奠于篚",脱"師"字。第五十九紙。

"公答拜,賓反位",脱"賓"字。第六十九紙。

《聘禮》

"門外米禾皆二十車","二"誤作"一"。第二十八紙。

"賓辟,不答拜","賓"誤作"客"。第三十四紙。

"坐啐醴"誤作"啐酒"。第四十八紙。

"君貺寡君,延及二三老,拜,又拜送",誤以"又拜送"句倒置"君貺"句之上。第三十八紙。

《公食大夫禮》

"衆人騰羞者盡階不升堂,授,以蓋降,出",註云"授,授先者一人",誤以"一人"二字大書,同經文,連下"贊者"句。第十八紙。

"賓北面自間坐,左擁簠粱","左"誤作"右","簠"誤作"簋"。第十九紙。

"庶羞西東毋過四列","毋"誤作"母"。第二十五紙。

"卿擯由下","擯"誤作"賓"。第三十三紙。

《覲禮》

"侯氏裨冕"誤從"示"。第八紙。

"坐奠圭","圭"誤作"主"。第十三紙。
"王受之玉","玉"缺一點。第十三紙。
"伯父無事,歸寧乃邦","邦"誤作"拜"。第十八紙。
"天子乘龍載大旂","旂"誤作"旆"。第二十八紙。
《喪服》
"妾爲君","爲"誤作"謂"。第二十紙。
"持重于大宗者降其小宗也","持重"誤作"特重"。第四十三紙。
"適子不得後大宗","子"誤作"人"。第四十四紙。
"異居則服齊衰三月也",脱"也"字。第四十八紙。
"大夫去,君掃其宗廟","掃"誤作"歸"。第六十三紙。
"不滿八歲以下皆爲無服之殤",脱"皆"字。第六十五紙。
"小功布衰裳,牡麻絰,即葛五月者",脱"者"字。第八十五紙。
"壻。傳曰:何以緦也",唐石經無"也"字。第九十七紙。
《士喪禮》
"有大夫則特拜之,即位于兩階下","于"誤作"如"。第十紙。
"櫛於簞","於"誤作"用"。第二十一紙。
"巾待於阼階下","待"誤"侍"。第四十三紙。
"其實葵菹芋","芋"字誤少趯勾。第四十七紙。
"卜人先奠龜于西塾上","塾"誤作"墪"。第六十九紙。
"哀子某,來日某,卜葬其父某甫",脱第二"某"字。第七十二紙。
顧氏炎武曰:"'若不從,卜宅如初儀',監本'宅'作'擇'。"
《既夕》
"衆主人東即位",脱"主"字。第七紙。
"兩杅",誤缺"于"字趯勾。第十九紙。
"擯者出請,入告",脱"出"字。第二十六紙。
"藏苞筲於旁","苞"誤從竹。第四十二紙。
"外内皆掃",作"内外"。第四十六紙。
"設握,裹親膚","裹"誤作"裏"。第五十三紙。
"不説絰帶","説"誤作"設"。第五十九紙。
"主人降,即位,徹乃奠,升降自西階",脱下"降"字。第六十六紙。

"亦可張也",唐石經、吴(木)〔本〕俱作"亦張可也"[①]。第七十三紙。

《士虞禮》

"簞巾在其東","巾"誤作"布"。第五紙。

"祝饗","饗"誤作"響"。第九紙。

"卒徹,祝、佐食降,復位",脱"復"字。第二十八紙。

"適爾皇祖某甫,饗","饗"誤作"響"。第三十一紙。

"尸即席坐,唯主人不哭","唯"誤作"帷"。第三十四紙。

"尸受振祭","受"誤作"授"。第三十四紙。

"無尸則不餞,猶出几席,設如初,拾踊三"下脱"哭止,告事畢,賓出"七字。第三十七紙。唐石經剥蝕,尚有"賓出"二字脚可辨。補字闕,或亦承監本之誤。

"搔"誤從"木"。第四十紙。

《特牲饋食禮》

"壺禁在東序","壺"誤作"壼"。第十紙。

"主人再拜,賓答再拜",誤作"賓再答拜"。第十一紙。

"視壺濯","壺"誤作"壼"。第十一紙。

"主人服如初,立于門外東方,南面","方"誤作"房"。第十二紙。

"佐食啟會,卻于敦南,出立于户西,南面",脱"户"字。第二十紙。

"洗,獻衆兄弟,如衆賓儀",脱上"衆"字。第三十七紙。

"尸祭酒,啐酒,奠之",脱"尸"字。第三十九紙。

"賓立卒觶,酌于其尊","卒"誤作"干"。第四十二紙。

"衆賓長自左受旅如初",脱"自"字。第四十二紙。

"長皆答拜"下脱"舉觶者祭,卒觶,拜,長皆答拜"十一字。第四十三紙。

"舉觶者洗,各酌于其尊","尊"誤作"奠"。第四十三紙。

"主人出,立于户外,西面","外"誤作"内"。第四十八紙。

"纁裹","裹"誤作"裏"。第五十三紙。

"祝俎髀脡","髀"誤作"脾"。第五十八紙。

---

① "吴本"原作"吴木",張氏《監本正誤》作"吴氏木","木"應爲"本"字之訛,應改作"吴本"。

《少牢饋食禮》

“明日朝服，筮尸”，脱“服”字。第六紙。

世佐案，“朝”下無“服”字，當從監本，説見本篇。

“用薦歲事”，“薦”誤作“爲”。第六紙。

“取巾，興，振之三”下脱“以授尸，坐取簞，興”七字。第二十三紙。

“尸受，同祭于豆祭”倒作“同受”。第二十四紙。

“賓户西北面拜送爵”，“户”誤作“尸”。第三十四紙。

“尸設，主人降立于阼階東”，“降”誤作“祭”。第三十五紙。

《有司徹》

“匕皆加于鼎，東枋”，“枋”誤作“祊”。第六紙。

“覆二疏匕于其上，皆縮俎，西枋”，“枋”誤作“祊”。第六紙。

“司士朼豕，亦司士載，亦右體”誤作“載右體”。第十一紙。

“尸卻手受匕枋”，“受”誤作“授”。第十六紙。

“賓亦覆手以受”，“受”誤作“授”。第十六紙。

“乃載于羊俎，卒載”下羡一“俎”字。第十七紙。

“立于主人席北，西面”，“西面”誤作“面西”。第二十一紙。

“主人其祭糗脩”，“其”誤作“共”。第二十三紙。

世佐案，“其祭”之“其”當從監本定作“共”。

“賓坐，左執爵，右取脯，擩于醢，祭之”，“脯”誤作“肺”。第二十八紙。

“遂飲，卒爵，執爵以興”，脱下“爵”字。第二十八紙。

“宰夫執薦以從”，“薦”誤作“爵”。第二十八紙。

“其先生之脀，折脅一，膚一”，脱“其”字。第三十一紙。

“受爵，酌，獻侑，侑拜受，三獻，北面答拜”，重出此十四字。第三十四紙。

“尸降筵，受三獻爵，酌以酢之”，脱“爵”字。第三十四紙。

“祝易爵洗，酌，授尸”，“授”誤作“受”。第四十四紙。

“主婦受爵，酌，獻二佐食”，“婦”誤作“人”。第四十五紙。

“賓户西北面答拜”，“户”誤作“尸”。第四十五紙。

“賓兄弟交錯其酬，無算爵”，“錯”誤作“醋”。第五十紙。

共脱八十字，誤八十八字，羡十七字，倒置者六處，計十三字。經文誤細書一字,註文誤大書混經文二字,誤隔一圈。他如壹、一,貳、二,參、三,廟、庿,醋、酢,弃、棄,于、於,視、眂,姼、嫂,摯、贄,唯、惟,大、太,廿之爲二十,卅之爲三十,義既不殊,文難畫一,與夫點書小誤者,槩置之。

石本誤字

張氏爾岐曰：唐石經當時學者以爲蕪累，至於今日，已爲老成典型矣。乃《儀禮》亦不免多誤，逮補字承譌，則又甚焉。既録監本誤字，遂並及之。

《士冠禮》

"啐醴，捷柶，興"，作"建柶"。醴冠者節。

世佐案，"建柶"當從石本，説見本篇。

《士昏禮》

"降階受笲腶脩"，"腶"誤作"股"。婦見舅姑節。

"某得以爲昏姻之故"，監本作"某以得爲昏姻之故"，記文監本似長。

《士相見禮》

《鄉飲酒禮》

"執觶興，盥洗，北面坐，奠觶于其所"，疏云："案《鄉射》、《大射禮》皆直云'取觶洗，南面，反奠于其所'，不云盥，此俗本有盥字者誤。"司正表位節。

"若有諸公大夫，則使人受俎，如賓禮"，誤作"授"。徹俎節。

《鄉射禮》

"司射適堂西袒決遂"，"袒"誤作"祖"。補字。請射節。

"楅髤横而奉之"，"奉"誤作"拳"。記。

"大夫與士射，袒纁襦"，"纁"誤作"薰"。記。

《燕禮》

"司宫筵賓于户西，東上"，"筵"誤作"之"。陳饌節。

"卿升席坐，左執爵，右祭脯醢"，"脯"誤作"醐"。獻卿節。

"小臣又請媵爵者二大夫，大夫媵爵如初"，監本、吴本俱不再出"大夫"二字。再媵爵節。

“閽人爲大燭於門外”，無“大”字。終燕節。

《大射儀》

“兩圜壺”、“兩壺”俱誤作“壷”。陳饌節。

“主人卒洗，賓揖升”，監本、吴本俱“賓揖乃升”。獻賓節。

“賓升成拜”，“拜”誤作“敗”。補字。公酬賓節。

“坐授瑟，乃降”，“授”誤作“受”。補字。席工節。

“主人洗，升，實爵”，“實”誤作“賓”。補字。獻工節。

“南面坐，奠觶興”，“奠”誤作“取”。補字。司正表位節。

“司射適次，袒決遂”，“袒”誤作“祖”。補字。請射節。

“南揚弓，命去侯”，“侯”誤作“俟”。補字。三耦射節。

《聘禮》

“夫人使下大夫勞以二竹簠方”，“簠”作“簋”。郊勞節。《釋文》云：“簠音甫，或作簋。”固已疊簋，不從。

“若賓死，未將命”，“未”誤作“來”。賓介死節。

“使者既受行日”，脱“既”字。記。

“繅三采六等，朱白蒼”，“蒼”誤作“倉”。記。

“又齎皮馬”，“齎”誤作“賫”。記。

“對曰：非禮也，敢”，誤作“敢辭”。記。

“賓既將公事，復見訝以其摯”，“訝”誤作“之”。記。

“自西階升，受”，“階”誤作“門”。記。

“公答再拜”，“再”誤作“冄”。記。

“聘日致饔”，“日”誤作“自”。記。

《公食大夫禮》

“陳鼎于碑南，南面西上”，脱一“南”字。載俎節。

“如受饔禮，無儐”，誤作“擯”。若不親食節。

《覲禮》

“侯氏亦皮弁迎于帷門之外”，“帷”誤作“惟”。補字。郊勞節。

“天子賜舍，曰：伯父”，脱“曰”字。賜舍節。

“天子曰：非他，伯父實來”，脱“曰”字。補字。入覲節。

“几俟于東箱”，“俟”誤作“侯”。記。補字。

《喪服》

“若是則生養之終其身如母”,“如”誤作“慈”。補字。齊衰三年章。

《士喪禮》

“祭服不倒”,“倒”誤作“到”。小斂節。

“若不從,卜擇如初儀”,“擇”誤作“宅”。卜日節。

《既夕》

“御者四人,皆坐持體”之下脱“男女改服”四字。記。

“鹿淺幦,干、笮”,“干”誤作“于”。記。

《士虞禮》

《特牲饋食禮》

“主婦設兩敦黍稷于俎南,西上,及兩鉶,鉶芼設于豆南”,監本、吴氏本止一“鉶”字。陰厭節。

《少牢饋食禮》

“明日朝服筮尸”,脱“服”字。筮尸節。

世佐案,此當以石本爲正,監本衍一“服”字。

“如筮日之儀”,“儀”作“禮”。筮尸節。

“司宫摡豆、籩、勺、爵、觚、觶、几、洗、篚于東堂下”,“几”誤作“凡”。視濯節。

“主婦被錫衣移袂”、“主婦贊者一人,亦被錫衣移袂”,監本作“侈袂”當從。陰厭節。

“祝延尸”,“延”誤作“筵”。尸入節。

《有司徹》

“有司徹第十七”,脱“徹”字。篇目。

世佐案,此篇目本無“徹”字,陸氏《釋文》可證,當從之。

“二手執挑匕枋以挹湆”,“挑”誤作“桃”。薦尸節。

“尸卻手受匕枋”,“受”誤作“授”。薦尸節。

“主婦洗爵于房中”,脱“爵”字。主婦薦尸節。

“主婦北面答拜,受爵,尸降筵,受主婦爵以降”,誤作“受尸爵”。主婦致爵于主人節。

“主人降,洗爵”作“洗觶”,“主人實爵”作“實觶”。主人酬尸節。

“賓坐,左執爵,右取脯,擩于醢,祭之”,“脯”誤作“肺”。主人獻賓節。

“主人降洗,升,獻私人于阼階上”,“阼”誤作“降”。補字。獻私人節。

“主人拜受爵,尸拜送”,脱“爵”字。旅酬節。

“主婦受爵,酌,獻二佐食”,“婦”誤作“人”。不賓尸主婦亞獻節。

“佐食設俎于豆東,羊臑,豕折,羊脊、脅,祭肺一”,脱“祭”字。不賓尸賓致主婦節。

跋

盛庸三先生《儀禮集編》稿藏於家，集梧幼承庭誥，謂《儀禮》人所罕讀，此實善本，惜其子力未能刊行。子溶即集梧姊壻也，嘉慶辛酉春，取稿本商之同志，謀付剞劂。先君子知而色喜，猶慮力未能成。集梧先遴工寫宋體校藏，又二年，購梨木刻之，并得鮑、顧二君參校，以甲子夏竣事，先生之書可以傳矣。時先君子棄養已四年，不及見此刻之成，而上距先生之卒忽忽閲五十餘年，九原有知，可以慰矣。書仍古篇第十七卷，叙凡例、綱領、目録、姓氏爲首卷。後學馮集梧識。

四庫提要[①]

臣等謹案,《儀禮集編》四十卷。國朝盛世佐撰。世佐,秀水人。官龍里縣知縣。是書成於乾隆丁卯,裒輯古今説《儀禮》者一百九十七家而斷以己意。《浙江遺書總録》作十七卷,且稱積帙共二千餘翻,爲卷僅十七者,按經篇數分之,不欲於一篇之中横隔也。然此本目録列十七卷,書則實四十卷,蓋終以卷軸太重,不得已而分之矣。《總録》又稱末附《勘正監本石經》,補顧炎武、張爾岐之缺。此本亦有録而無書,豈《總録》但據目録載之歟?其書謂朱子《儀禮經傳通解》析諸篇之記分屬經文,蓋編纂之初,不得不權立此例,以便尋省,惜未卒業。而門人繼之,因仍不改,非朱子之本意。吴澄亦疑其經傳混淆,爲朱子未定之稿。故是編經自爲經,記自爲記,一依鄭氏之舊。其《士冠》、《士相見》、《喪服》等篇,經、記、傳、注傳寫混淆者,則從蔡沈考定《武成》之例,别定次序於後,而不敢移易經文。其持論頗爲謹嚴,無淺學空腹高談,輕排鄭、賈之錮習。又楊復《儀禮圖》久行於世,然其説皆本注疏,而時有併注疏之意失之者,亦一一是正。至於諸家謬誤,辨證尤詳。雖持論時有出入,而可備參考者多,在近時説禮之家,固不失爲根據之學矣。乾隆四十四年九月,恭校上。

總纂官臣紀昀臣陸錫熊臣孫士毅

總校官臣陸費墀

① 按:此爲文淵閣《四庫全書》書前提要,底本無,據校本過録。

儀禮集編原序[①]

《禮》古經篇五十六，漢出孔壁爲完書。劉歆欲列諸學宫，諸博士荒固，莫置對。唐時猶存，後亡之。所存十七篇，尚賴明經學究專科經注並習，未庋閣也。王氏新經眩亂，設科專《小戴》，而《禮古經》益否晦。然《禮古經》爲經，而《禮記》訓故之，特重於他禮。經學者抱守殘闕，十七篇中獨軍禮亡耳，吉、凶、賓、嘉，小大於是焉稽，通辨而推行之，有周盛時之宏典斌斌如矣。且所存原不止士禮，融貫精腴，可上下行於世。吕柟嘗偕其僚，合公、侯、伯及士子習行於太學。人識是經之寶貴，其行於今盖寡，特不之行耳。予壻友教南屏，山禾之盛生來從事是經，不輟寒暑昏曉。生精敏，送難鈎玄，暗與古合，多抒特見，發前箋之所未嘗，經奥之抉，疏訛之糾，砉中理，解刃之游且恢恢然。既數年，生用功益勤，而專倣何晏、范甯，臚先説而衷之己意，裒然成編。分卷如經之舊，前卷綱領其凡，後卷附録勘正監本、石本，補顧炎武、張爾岐之闕。鄭、賈、楊氏之《圖》之失，胥正之。高識炯炯，辨經與記之參錯。熊朋來目《儀禮》經後即記，惟《士相見》諸篇無之，敖繼公疑有之而逸。生則謂《士冠禮》舊自"記冠義"已下爲記，然此乃戴記《郊特牲》文耳。準諸例，自"若不醴則醮用酒"以下即記矣。《士相見禮》舊無記，準諸例，自"士見於大夫"已下即記矣。其注或連傳、經爲傳隔之類，悉與更定。諒哉言乎，庶乎經之功臣已！昔范祖禹奏陳祥道注解《儀禮》，乞下兩制看詳，備禮官討論，詔從之。今上崇右經術，世豈無范祖禹其人，而生爲陳祥道，詎忝乎！抑此自論，實獲固百世之業也。韓子曰："獨抱遺經究終始。"歐陽子曰："學者當師經。"生其務篤於經是師，求意得心定，道純而充實，盡終始之究，得聖人之意，次第釐訂羣經，而

---

① 按：底本無原序，此據校本過録。

《周官》、大小《戴》本是經表裏，當先就緒。予老矣，猶及爲生續序之。乾隆丁卯陽月錢塘桑調元書。

圖書在版編目(CIP)數據

儀禮集編 / (清) 盛世佐撰 ; 袁茵點校. —杭州:
浙江大學出版社, 2021.12
(中華禮藏)
ISBN 978-7-308-22035-4

Ⅰ. ①儀… Ⅱ. ①盛…②袁… Ⅲ. ①禮儀—中國—
清代Ⅳ. ①K892.9

中國版本圖書館 CIP 數據核字(2021)第 243142 號

儀禮集編

(清)盛世佐 撰 袁 茵 點校

出 品 人 褚超孚
總 編 輯 袁亞春
項目策劃 陳麗霞
項目統籌 宋旭華
責任編輯 王榮鑫
責任校對 吴 慶
封面設計 周 靈
出版發行 浙江大學出版社
(杭州市天目山路 148 號 郵政編碼 310007)
(網址:http://www.zjupress.com)
排 版 浙江時代出版服務有限公司
印 刷 浙江新華數碼印務有限公司
開 本 710mm×1000mm 1/16
印 張 85.25
字 數 1269 千
版 印 次 2021 年 12 月第 1 版 2021 年 12 月第 1 次印刷
書 號 ISBN 978-7-308-22035-4
定 價 398.00 元

版權所有 翻印必究 印裝差錯 負責調換

浙江大學出版社市場運營中心聯繫方式 (0571)88925591;http://zjdxcbs.tmall.com